PROPYLÄEN WELTGESCHICHTE

EINE UNIVERSALGESCHICHTE

Herausgegeben von Golo Mann

Zehnter Band

Mit einer aktualisierten Schlußbetrachtung von Golo Mann und einer bis 1985 fortgeführten Universalgeschichte in Stichworten

IM PROPYLÄEN VERLAG

BERLIN · FRANKFURT AM MAIN

Der Text dieser Sonderausgabe ist identisch mit der 1960 bis 1964 in zehn Bänden erschienenen, von Golo Mann, Alfred Heuß und August Nitschke herausgegebenen
PROPYLÄEN WELTGESCHICHTE
Die Schlußbetrachtung in diesem Band wurde durch eine Neufassung Golo Manns aus dem Jahr 1986 ersetzt und die Universalgeschichte in Stichworten bis zum Jahr 1985 von Hermann-Josef Rupieper fortgeführt. Namen- und Sachregister wurden entsprechend erweitert.

Einband: Theodor Bayer-Eynck
unter Verwendung von:
Astronaut Edward Aldrin auf dem Mond am 21. Juli 1969. Foto: dpa

Satz der Schlußbetrachtung und des Anhangs: Fotosatz Uhl + Massopust, Aalen
Druck und Bindung: Franz Spiegel Buch GmbH, Ulm

Printed in Germany 1986
ISBN für das Gesamtwerk: 3 549 05731 8

Band I
Vorgeschichte · Frühe Hochkulturen

Band II
Hochkulturen des mittleren und östlichen Asiens

Band III
Griechenland · Die hellenistische Welt

Band IV
Rom · Die römische Welt

Band V
Islam · Die Entstehung Europas

Band VI
Weltkulturen · Renaissance in Europa

Band VII
Von der Reformation zur Revolution

Band VIII
Das neunzehnte Jahrhundert

Band IX
Das zwanzigste Jahrhundert

Band X
Die Welt von heute

ZEHNTER BAND

DIE WELT VON HEUTE

Die Mitarbeiter

GOLO MANN
Dr. phil., Professor für Politik und Geschichte
an der Technischen Hochschule Stuttgart
Professor für Geschichte am Claremont Men's College

WOLFGANG FRANKE
Dr. phil., Professor für Sprache und Kultur Chinas
an der Universität Hamburg

KAVALAM MADHAVA PANIKKAR
Litt. D., LL. D., Professor, Member of the Council of States of India

HUGH SETON-WATSON
Professor für Russische Geschichte an der Universität London

JACQUES FREYMOND
Docteur ès Lettres, Professor für internationale Geschichte, Institut Universitaire
de Hautes Études Internationales et Université de Genève

HUBERT HERRING
Professor für lateinamerikanische Kultur am Claremont College
und am Pomona College

RAYMOND ARON
Docteur ès Lettres, Professor für Philosophie und Soziologie
an der Sorbonne, Paris

Carlo Schmid
Dr. jur., Professor für wissenschaftliche Politik an der Universität
Frankfurt a. M.
Vizepräsident des Deutschen Bundestages

Goetz Briefs
Dr. rer. pol., Dr. jur. h. c., Dr. oec. publ. h. c., Professor für Wirtschaftswissenschaft
an der Georgetown University, Washington

Hans Freyer
Dr. phil., Dr. rer. pol. h. c., Professor für Soziologie an der Universität Münster

Gabriel Marcel
Agrégé d'Université, Membre de l'Institut, Paris

INHALTSVERZEICHNIS

Textredaktion: *Dr. Heinz Klüter, Dr. Ernst Wilhelm Graf Lynar*

Bildredaktion: *Dr. Karl Danz, Wolfram Mitte*

Die Beiträge von *Kavalam Madhava Panikkar, Hugh Seton-Watson, Jacques Freymond, Hubert Herring, Raymond Aron* und *Gabriel Marcel* sind von *Dr. A. R. L. Gurland*, Berlin, in die deutsche Sprache übertragen worden.

Golo Mann

EINLEITUNG

Mit dem Band über »Die Welt von heute« schließt der moderne Teil der Propyläen-Weltgeschichte ab; über die Welt von morgen kann kein Historiker schreiben. Er kann es, im genauen Sinn des Wortes, auch über das Heute nicht. Dies muß er seinem Halbbruder, dem Journalisten, überlassen, der davon den Namen hat. Selbst ihm, dem »Heutigen«, mag es im Drang der sich jagenden Fernschreibmeldungen geschehen, daß das, was er schrieb, sich als von gestern, als drastisch veraltet erweist, indem noch die Zeitungsverkäufer es ausrufen. Dem Journalisten mag es vorkommen; nicht aber einem Werk wie dem unseren, das eben darum mit Zeitungen oder Zeitschriften zu wetteifern gar nicht versuchen darf.

Wenn aber die Autoren unseres Bandes dem unglaublich schnell Gleitenden, Hastenden, hier und da Explodierenden nicht befehlen konnten, stille zu stehen, wenn sie nicht Propheten spielen wollten, so konnten sie doch die großen Linien aufzuzeigen versuchen, auf denen sich die Zeitgeschichte bewegt; so konnten sie doch Bedingungen analysieren, Alternativen aufzeigen, das Mögliche, Wahrscheinliche unterscheiden vom Unmöglichen. So konnten sie doch das Gegenwärtige verbinden mit dem Vergangenen und damit auch die Zukunft, nicht bestimmen, das kann und soll niemand, wohl aber sie umschränken und die nächsten, dringendsten Aufgaben, welche sie lösen oder nicht lösen wird, bei ihrem Namen nennen. Wie schnell und tief auch das Leben des Menschen sich verändert, Bedingtheit des Neuen durch das Alte, will sagen: Kontinuität ist doch in der Wirklichkeit da, und der Historiker hat sie bewußt zu machen.

Das erste Kapitel gibt eine kurze Darstellung der Weltsituation im Jahre 1945, unmittelbar nach dem Zusammenbruch jener Staaten, die bis dahin so machtvoll mitgewirkt hatten, um nun plötzlich gar nicht mehr mitzuwirken, nur zu leiden und zu gehorchen. Es ist, als ob alle Fäden der Geschichte des Jahrhunderts sich zu einem einzigen Knoten verdichtet hätten. »Potsdam« ist ein Name dafür. Ein paar Regierungen, ein paar Männer glaubten diese Zusammenballung kontrollieren zu können. Aber die hielt nicht, hielt ihr Versprechen nicht, das am Ende auch kein gutes Versprechen war. Von der einen Konzentration des Augenblicks gingen neue Entwicklungen aus, die nun wieder, wie eh und je, in besonderen Kapiteln nachzuzeichnen waren. Da es sich um wesentlich gleichzeitige Entwicklungen handelt, so war ihre Anordnung willkürlich. Es verschlug nichts, ob man »Rußland und Osteuropa« vor der »Atlantischen Welt« betrachtete oder danach.

Wesentlich gleichzeitige Entwicklungen. Dennoch konnten die Verfasser einiger Kapitel nicht umhin, tief ins 19. Jahrhundert zurückzugehen. Dies nicht nur aus Gründen, die in unserem Plane liegen: von China, von Lateinamerika in modernen Zeiten ist erst in diesem letzten Band ausführlich die Rede. Auch in einem inneren Zusammenhang. Unter der »Chinesischen Revolution« versteht Wolfgang Franke nicht ein vergleichsweise kurzes Drama nach dem Vorbild der russischen »Zehn Tage, die die Welt erschütterten«, vielmehr einen säkularen Prozeß der Aufwühlung von außen und von innen, der Anpassung, der »Modernisierung«. Er schildert diesen Prozeß mit der ruhigen Sachlichkeit des Kenners. Er zeigt die Kontinuität, in welcher der Sieg und das aufbauende Werk der Kommunisten zu einer von den Taiping-Unruhen der achtzehnhundertfünfziger Jahre über die Reformbewegung von 1898 und den Umsturz von 1911 zur Kuo-min-tang-Periode führenden Revolutionsgeschichte stehen. Immer deutlicher werden im Lauf der Zeit die Mittel und Ziele: der Bruch mit der eigenen Lebens- und Geistestradition, die Wiedergewinnung souveräner Macht gegen außen, und das eine zum Zweck des anderen: China muß »westlich«, das heißt wissenschaftlich und industriell werden, um gegenüber dem Westen die Herrschaft über das eigene Schicksal zurückzugewinnen. Uralte Vorstellungen von Gerechtigkeit, uralte Sehnsüchte und Gewohnheiten verbinden sich mit Fragmenten westlichen Denkens und Glaubens: mit christlichen im 19. Jahrhundert, mit marxistischen im 20. In den Anfängen des chinesischen Kommunismus sieht Franke eine Bauernbewegung, wie es vor ihr andere gab: die typische Verbindung von Agrar-Reformismus und religiösem Fanatismus oder Aberglauben. So meint er, daß vieles, was seither getan wurde, sich in alte Traditionen fügt. Freilich: daß all dies Grade der Intensität erreicht hat wie nie zuvor, muß der Historiker zugeben. Manches erscheint auch ihm im Lichte der besten Traditionen Chinas als beklagenswerte Verwirrung, zumal die Erstickung aller Geistesfreiheit.

Wäre selbst China unvermeidlich und auf lange Sicht der Feind, so wäre es doch immer besser, den Feind zu kennen, als sich Illusionen über ihn zu machen; Illusionen, wie sie so lange in den Vereinigten Staaten umgingen und wonach die Eroberung Chinas durch die Kommunisten ein bloßer Zufall, eine Art von Betrug gewesen sein soll. Darin, daß Wolfgang Franke diese bequeme Legende zerstört, erblicken wir eines der Verdienste, und nicht das am wenigsten bedeutende, seines inhaltsreichen Berichtes. Trotzdem mag es manchmal so scheinen, als ob der Gelehrte das irrationale Element in der jüngsten chinesischen Geschichte, das Fanatische, Bösartige, Verrückte, ein wenig unterschätzte. Es läge dies in seiner Methode, die eben eine eminent historische Methode ist. Der Historiker, sagten wir, sucht Kontinuität. Aber damit sucht er auch Identität, setzt er das Neue dem Alten gleich, oder findet er es doch in diesem schon angelegt und vorgebildet. Eben damit geht leicht auch eine gewisse Verharmlosung des Neuen Hand in Hand. Es ist nicht so neu, wie es scheint, und damit auch nicht so einzigartig und bösartig, wie es scheint. »Alles verstehen heißt alles verzeihen.« Immer gibt es die beiden Elemente, Kontinuität und Spontaneität, einsehbaren Zusammenhang und schuldhaftes Handeln aus der Freiheit der Gegenwart. Was man dem einen, was dem anderen zuweist, wie man die Akzente setzt, das wird, innerhalb eines gewissen Spielraums, vom Geist des einzelnen Schriftstellers abhängen. Offenbar gäbe es keinen solchen Spielraum, wenn unser Werk in einem Lande totalitärer Herrschaft erschiene. Dann wäre es aus einem Guß, dann wäre der Herausgeber ein Befehlsempfänger und selber ein diktatorischer Befehlsweitergeber. Er ist sehr froh, dies nicht zu sein.

So hat er denn auch das folgende Kapitel, »Neue Staaten in Asien und Afrika«, mit soviel Interesse wie Gewinn gelesen, ohne deswegen mit allen Einzelheiten, welche dieser gewichtige Beitrag enthält, übereinzustimmen. Es schien angezeigt, gerade zu diesem Thema einen Nicht-Europäer sprechen zu lassen: den Inder Kavalam Madhava Panikkar, Historiker und Diplomaten, Verfasser eines berühmten Buches über »Asien und die Herrschaft des Westens«. Er macht uns mit Perspektiven vertraut, die sich von den uns gewohnten vielfach unterscheiden – die Wahrheit hat viele Seiten; die wir aber schon darum kennen sollten, weil sie eben Millionen von Asiaten und Afrikanern längst vertraut sind. Übrigens wird der Leser bemerken, daß die Bildung des indischen Gelehrten europäischer, genauer gesagt, englischer Züge nicht ermangelt, daß er kosmopolitische mit nationalen Gefühlen verbindet und daß er sich um Gerechtigkeit müht. Etwa dort, wo er den Einfluß europäischer Sanskritstudien auf das Erwachen eines neuen indischen Kulturbewußtseins beschreibt oder die Schaffung einer Schicht von Gebildeten durch das französische Kolonialsystem wertend anerkennt. Andere Thesen Panikkars müssen wir als Feststellungen wirklicher Sachverhalte zur Kenntnis nehmen: so die, wonach unter den Intellektuellen Asiens und Afrikas die Furcht vor einer Rückkehr des Kolonialsystems größer ist als die vor dem Kommunismus. (Ob sie es sein sollte, wäre eine andere Frage.) Ein rationaler, im Grunde optimistischer, man könnte nicht eben sagen, ein religiöser Geist spricht aus diesen Seiten, nahe verwandt jenem, der in der Gestalt des Premierministers Nehru historisch geworden ist. Und das, wovon sie handeln, Nationalismus, Neutralismus, Überwindung der kapitalistischen und kommunistischen Alternative durch ein Drittes, wird, aller menschlichen Voraussicht nach, in kommenden Jahren eine laute Rolle spielen; eine jederzeit so klare, feste und ordnungstiftende, wollen wir hoffen, wie Professor Panikkar erwartet.

Warum wir für die Staaten des »afro-asiatischen Blockes« einem Asiaten das Wort gaben, für die Staaten jenseits des »Eisernen Vorhangs« aber keinem Kommunisten? Die Antwort ist einfach. Professor Panikkar, wie alle Autoren dieses Werkes, sucht die Wahrheit, auch wenn er sie von einem anderen Aussichtspunkt aus sieht; sein Geist ist fremden Argumenten offen. Der Geist des ausgelernten Marxisten kümmert sich um Wahrheit nicht. Ihm Gastfreundschaft zu gewähren – so weit durfte unsere Liberalität nicht gehen.

Statt seiner hat ein Schriftsteller, der nun allerdings nichts weniger als Marxist ist, ein kompetenter Erforscher und Kritiker des Sowjet-Systems, das Kapitel über »Rußland und Osteuropa« übernommen: Professor Hugh Seton-Watson, dem man ein klassisches Buch über die »Volksdemokratien« verdankt. Es weht in diesem Kapitel ein scharfer, ironischer Geist. Was ist die Doktrin der russischen Machthaber? Der Sozialismus muß die Erde erobern. Was ist Sozialismus? Das, was in Rußland ist. Folglich zu verschiedenen Zeiten Verschiedenes, da in Rußland seit 1917 die verschiedensten Herrschafts- und Besitzverhältnisse einander abgelöst haben. Das aber, was in Rußland nicht ist, was sich nicht dem russischen Befehl und Vorbild fügt, kann nicht Sozialismus sein. Es ist dann entweder eine von der Geschichte verurteilte, frühere Stufe der gesellschaftlichen Entwicklung, Feudalismus, Kapitalismus; oder eine, gleichfalls verurteilte, Abirrung von der einzigen und wahren Straße zum sozialistischen Ziel... Die Folgen aus diesem Grundsatz sind ebenso dürftig wie logisch klar. Es besteht ein dauernder Konflikt zwischen den sozialistischen und den nichtsozialistischen Ländern. Nicht, jedenfalls nicht notwendigerweise, Krieg im herkömmlichen Sinn des Wortes; aber Konflikt. Er schließt die »Koexistenz« beider Lager nicht aus, er schließt sie ein; er wäre gar nicht, wenn die beiden Lager nicht »zusammen existierten«. Aber Koexistenz ist vorläufig, sie aufzuheben ist eben das Ziel des mit jedem tauglichen Mittel durchzuführenden Konfliktes. Er wird, logisch, erst dann aufhören, wenn es kein Land mehr gibt, das nicht »sozialistisch« ist, das heißt, sich dem russischen Herrschaftssystem nicht eingefügt hat.

Professor Seton-Watson weiß, daß eine so dummdreiste Glaubensformel uns, leider, viel über den Geist der russischen Außenpolitik, aber wenig über die Wirklichkeit des russischen und osteuropäischen Lebens sagt. Er zeigt uns die tiefen, auf Grund keiner Formel vorhersagbaren Veränderungen, die seit dem Verschwinden Stalins in Rußland stattgefunden haben. Vielleicht sogar hätte er uns gewisse Aspekte dieses Regimewechsels noch deutlicher zeigen können: das Gefühl der Erlösung, welches die breiten Massen nach dem Tod des alten Tyrannen empfanden, später die im Vergleich doch wesentlich verbesserte Rechtssicherheit, die gesteigerte Wohlhabenheit und Lebensfreude, die Erweiterung des dem geistigen Leben erlaubten Spielraumes. Verfeinerungen der Klassenstruktur bringen Stimmungen, Unterschiede, Reibungen mit sich, die in der Sphäre der obersten Macht nicht ganz verlorengehen können. Sie konnten es noch weniger in den seit 1945 von Rußland unterjochten Gebieten, deren »sozialistische« Regimes, wenn sie auch alle ein gemeinsames Los teilen, dennoch durch die unterschiedlichsten Ausgangsbedingungen charakterisiert blieben; Unterschiede in der gesellschaftlichen Struktur, in der Art, in der Macht erobert wurde, im traditionellen, gefühlsmäßigen Verhältnis zu Moskau. Seton-Watson hielt es für der Mühe wert, diese Unterschiede ausführlich darzulegen; es lassen sich ohne sie die Unruhen von 1953, die Explosionen von 1956 in der Graduierung ihrer Gewalt und ihrer Folgen nicht verstehen. Auch in diesen Ländern hat die Wirklichkeit des Lebens sich seit Stalins Tod geändert und etwas zum Besseren geändert; auf die Dauer, wie es scheint, selbst in Ungarn. Der Sowjetblock ist im Inneren kein starrer; er zeigt Bewegung. Seton-Watson unterschätzt sie keineswegs. Die magische Formel aber und der Machtwille nach außen, der sich an ihr nährt, sind trotz allen taktischen Schwankungen von Lenin zu Chruschtschow dieselben geblieben. Ihre Stoßkraft ist gewachsen, zusammen mit der Macht, die ihnen dient oder der sie dienen. Sogar spricht manches dafür, daß Chruschtschow ein ehrlicherer »Kommunist« ist, als Stalin es war, daß er also unbedingter an die kampf-verpflichtende, sieg-versprechende Kraft der Zauberformel glaubt.

An den Bericht über den Sowjetblock schließt sich das Kapitel über den Gegenpart im Kalten Krieg, die »Atlantische Welt«, Westeuropa–Nordamerika, an. Obgleich beide Kapitel sich im Plan des Bandes entsprechen, waren Jacques Freymond, dem Genfer Staatsgelehrten, hier doch vom Gegenstand her andere Fragestellungen, andere ordnende

Methoden vorgeschrieben. Professor Seton-Watson konnte seine Aufmerksamkeit auf die Formen der Herrschaft und das Leben der Gesellschaft konzentrieren; eine freie innere Dialektik, »innere« Außenpolitik kennt der Sowjetblock, wenn man von dem jugoslawischen Sonderfall absieht, nicht. Die »Freie Welt« kennt sie allerdings. Hier gibt es eine Fülle größerer und kleinerer Willenszentren, Traditionszentren, lebendiger Staaten noch immer, die, wenn auch die Not, die Weisheit und amerikanischer Führungswille sie zusammenbrachte, doch gleichzeitig immer auch wieder auseinanderstrebten auf den Linien besonderer Interessen und Denkweisen. Hier gibt es innere Außenpolitik und deren Träger, gibt es unterschiedene nationale Schicksale und Entwicklungen, deren jede wohl auch im altherkömmlichen Sinn eine besondere Behandlung vertragen hätte. Wenn wir diese nicht bieten wollten, darum nicht, weil wir an die höhere Einheit der »Atlantischen Welt« glauben, so hat Jacques Freymond, der sie darstellte, doch auch Vielheit und Widerspruch in der Einheit stets zur Geltung bringen müssen. Wir lesen hier von den antreibenden Ideen und Ratschlägen, von dem äußeren Druck, von den Mißverständnissen, Zögerungen, Rückschlägen, unter denen die nie fertige, ungewiß-dreifache Einheit, die westeuropäische, die kleineuropäische, die europäisch-amerikanische, allmählich zustande kam.

Nach China, Südasien und Afrika, Rußland und Osteuropa, Westeuropa und Nordamerika bleibt die neueste Geschichte des Kontinents, besser gesagt, der Zivilisation, zu beschreiben, die mit Nordamerika in einer etwas ungründlichen politischen Verbindung steht: der lateinamerikanischen. Hubert Herring, lange in den Vereinigten Staaten als ein Kenner dieser Zivilisation rühmlich bekannt, hat die Rolle Lateinamerikas in der »Welt von heute« dem Leser nicht vertraut machen können, ohne ihn tief ins 19. Jahrhundert zurückzuführen. Verwirrend ist die Monotonie der geschriebenen und zerrissenen Verfassungen der errichteten und gestürzten Diktaturen. Der amerikanische Historiker verhehlt nicht, daß hier auch sein Land eine gewisse Schuld trifft, daß, wenn nicht dessen Regierung, doch einzelne seiner reichen, mächtigen Bürger häufig mit jenen Diktaturen im Bunde waren. Die tiefe Unruhe, die heute durch Lateinamerika geht und sich in Kuba zur eigentlichen Revolution verdichtete, steht damit im Zusammenhang. Dem Leser mag sich der Verdacht aufdrängen, daß die kubanischen Ereignisse nicht die letzten ihrer Art sein könnten. Jedenfalls haben wir es mit einem Wettlauf zwischen Revolution und schöpferischen Reformen zu tun; auch von ihnen hat Professor Herring zu berichten.

Nachdem nun die Länder und Kontinente, Zentren natürlichen Lebens und Wirtschaftens, Zentren der Tradition, Zentren der Macht und des Willens, in ihrer geschichtlichen Entwicklung betrachtet worden sind, folgt ein eigentlich weltpolitisches Kapitel. Hier wird das Mit- und Gegeneinander aller dieser großen Kollektive nicht so sehr erzählt – der Stil ist kein historischer mehr – wie analysiert und durchleuchtet. Gestehen wir, daß wir ein wenig stolz auf diesen Beitrag sind. Adept der Philosophie und Gesellschaftswissenschaft, Kenner besonders der deutschen Soziologie, nebenher Leitartikler des »Figaro« und geehrtester politischer Kommentator Frankreichs, ist Raymond Aron einer, vor dessen intuitivem Blick nichts Falsches standhält. Wir würden nicht sagen, daß sein Geist ein eigentlich konstruktiver ist, aber ebensowenig ist er destruktiv; Klarheit ist sein Wesen. So enthüllt er uns hier die Formen der »totalen Diplomatie«, wie er es nennt; die Paradoxe unseres Zeitalters, das wie kein anderes die formale Rechtsgleichheit aller Staaten, den Grundsatz der Souveränität, auf seine Fahnen schreibt und wie kein anderes die wirkliche Souveränität der meisten zum Spott macht, das wie kein anderes von Frieden redet und wie kein anderes Krieg führt, aber Krieg neuer Art, das Waffen geschmiedet hat, wie kein Tyrann der Vorzeit sie sich in seinen Träumen vorstellte, und mit ihnen bisher gar nichts bewirkt und erreicht hat als immer nur den Zwang zu neuer Steigerung der schon absoluten Vernichtungskraft und das »Gleichgewicht des Schreckens«. Aron ist kein Optimist; nicht in seiner Beurteilung des Menschen überhaupt und nicht angesichts dessen, was der Mensch sich im 20. Jahrhundert erbaute. Er hält einen plötzlichen Einsturz des ganzen Baues kraft der »Dialektik der Macht« – der Leidenschaft, der Furcht, der falschen Berechnung – jederzeit für möglich. Er hält ihn nicht für wahrscheinlich. Indem er anderen Möglichkeiten nachdenkt und sie als noch unwahrscheinlicher verwirft – die Beendung des Weltkonfliktes durch die Abdankung einer Partei oder im Wohlgefallen erfolgreicher Verhandlungen –, gelangt er zu einem Bild der Zukunft, das er nur benennen, aber nicht zeichnen kann, weil er es nicht und niemand es kennt. Er nennt es »Evolution«; allmähliche Veränderung der Partner im Weltstreit und des Streites selber, im unsicheren Schutz des »Gleichgewichtes des Schreckens«. Der Mensch hat die Bequemlichkeit des begrenzten Krieges nicht mehr, der ehedem so viele Probleme löste. Er kann aber auch nicht auf sie, auf Gewalt verzichten, kann sein Wesen nicht überwinden. Von den beiden Alternativen, vor welche die Logik der Entwicklung ihn zu stellen scheint, wählt er keine: den absoluten Frieden nicht, weil er zu schlecht dafür ist, den absoluten Krieg, den Menschheits-Selbstmord nicht, weil Klugheit oder Erhaltungstrieb ihn davor zurückschrecken lassen. Folglich spielt er das alte Spiel der Politik weiter unter Bedingungen, die zu ihm nicht mehr passen, rüstet sich emsig zum Weltuntergangskrieg, den er vielleicht nie führen wird, gebraucht als Mittel zum Machtkampf, was früher von ihm getrennt war, Handel und Ideen, Wissenschaft und Glauben, Kultur und Sport. – So die Ansicht eines Mannes, der weiß, daß er nicht weiß, sondern auf Grund der ihm bekannten Bedingungen nur spekulieren kann. Er ist einer der zuverlässigsten Denker unserer Zeit und neigt, wie viele denkende Beobachter, zur Skepsis, fast möchte man sagen zur Trauer, ohne zu verzweifeln. Aron selber hat es einmal »Glauben ohne Illusionen« genannt.

Handelten alle bisherigen Kapitel von Politik im weitesten Sinn des Wortes, so ist der Gegenstand der folgenden die Gesellschaft, ohne Politik. Ohne Politik wenigstens der Fragestellung nach. Daß eine völlige Trennung der Bereiche sich nicht vollziehen läßt, heute weniger denn je, ist eine Ansicht, in der die drei Autoren entschieden übereinstimmen, ohne sich darüber verabredet zu haben.

Wir brauchen Professor Carlo Schmid, den Gelehrten, den akademischen Lehrer, den aktiven Politiker, unsern Lesern nicht vorzustellen. Die seltene Verbindung, die seine Existenz darstellt, kommt dem Beitrag zugute, den er hier seinem überbürdeten Arbeitsprogramm abgerungen hat. »Die zweite industrielle Revolution« – der Name, wissen wir, ist ein ungefährer; gibt es ja Wirtschaftshistoriker, die bestreiten, daß es je etwas wie eine »erste« industrielle Revolution gab, und gibt es andere, die den Sprung von der ersten zur zweiten nicht wahrhaben wollen. Aber wie es auch um die genaue Berechtigung des Namens stehen möge, der Leser wird bald merken, was gemeint ist. Der ungeheuer schnelle Fortschritt der Technik in unserer Zeit ist gemeint, samt allen seinen Folgen für das Leben des Einzelnen und die Organisation des Ganzen, für die Arbeitenden und für die Staaten. Hier kommt Politik, sozusagen zur Hintertür, wieder herein. Denn dieser technische Fortschritt, welcher dem politischen Prozeß unterliegt, welcher sein Substrat ist, wird auch von der Politik benutzt und forciert. Krieg und Kriegsvorbereitung sind in unseren Tagen der stärkste Antreiber der Technik gewesen, der Wettlauf zu den Sternen ist ein machtpolitischer wie ein wissenschaftlich-technischer. Wie die äußere Politik ist auch die innere vom Fortschritt der Industrie nicht zu abstrahieren, nicht bloß darum, weil, wie Schmid zeigt, eine geheime Verwandtschaft zwischen dem Geist totalitärer Diktaturen und dem Geist technischen Gesamtplanens besteht. Auch der freie Staat wird unvermeidlich zum größten Auftraggeber, zum Kontrolleur und Förderer der Wirtschaft, das demokratische Ringen um die Macht im Staat, zum Ringen um eben diese Kontrollfunktionen. Gesellschaft, Wirtschaft und Staat werden Eines.

Eine besondere Betrachtung wird Einrichtungen und Lebensbedingungen jener Gesellschaftsklasse gewidmet, von der man ehedem glaubte, sie sei die revolutionäre, die »gefährliche«, die demnächst herrschende und was noch. Sie ist das nirgends geworden. Was sie statt dessen geworden ist, analysiert Goetz Briefs, der deutschamerikanische Soziologe, in einem Kapitel, das in einer Weltgeschichte um so eher seinen Platz hat, als die Gewerkschaften in Formen, Wirkungen, Zielsetzungen, Staat und Gesellschaft sowohl reflektieren wie mitbestimmen. Eine Darstellung dessen, was die Gewerkschaften gestern waren und heute sind, in Europa und Amerika, in den kommunistischen, in den »Entwicklungs«-Ländern, wird, durch das besondere Beispiel, zur unterscheidenden Darstellung dieser Gesellschafts- und Staatstypen im allgemeinen. Die »pluralistische« Gesellschaft erscheint deutlich abgehoben gegenüber der »totalitären«. Probleme und Gefährdungen der verwirklichten Demokratie von 1960 werden lehrreich verglichen mit der demokratischen Idee früherer Zeiten. Die Verbindungen jener, die vor hundert Jahren die »Proletarier«, auch wohl einfach »die Armen« hießen, kennen heute, so lesen wir, die Versuchungen der Macht, wie vor ihnen die Kapitalisten, Adel und Könige.

Die zweite industrielle Revolution und die Rolle des Arbeiters in ihr sind besondere Aspekte einer Gesamtentwicklung, die nun, unter dem Namen »Gesellschaft und Kultur«, von Hans Freyer untersucht und geordnet wird. Es war eine schwere, fast uferlose Aufgabe, die der deutsche Soziologe hier übernahm. Er hat ihr aber, so meinen wir, Ufer zu geben, Form abzugewinnen gewußt, obgleich er zum Schluß alles offenläßt und, trotz unentrinnbarer Vorgegebenheiten, die Entscheidungen dem denkenden, handelnden Menschen zuweist. Die Gesinnung, die aus diesem Ende spricht, soll wiederum vertretend stehen für jene, in der unser Werk konzipiert wurde. Was Aufbau und Inhalt des Kapitels betrifft, so hat hier nicht Wirtschaftsgeschichte, Kunst-, Literatur-, Philosophiegeschichte in Miniatur gegeben werden sollen. Eine solche, wurde schon einmal gesagt, gehört in einschlägige Werke oder Enzyklopädien. Hans Freyers Fragestellungen sind universalgeschichtlich. Was ist Kunst, was Literatur und Philosophie in unseren Tagen? Was können, sollen sie sein? Welche Haltungen zeigt der schöpferische Mensch angesichts der geschichtlichen Erfahrung;

welche Arten des Protestes, der Bewältigung oder des bloßen Ausnutzens? Große Beispiele geben die Antwort darauf; nicht ein Aufzählen aller findbaren Beispiele. Daß das Leben und Streben des Geistes von dem der Gesellschaft, von Geschichte überhaupt, nicht zu trennen ist, wissen wir seit Hegel. Diese Zusammengehörigkeit ist aber heute wohl deutlicher, man möchte sagen belastender, fordernder als zur Zeit Goethes. Der Soziologe kennt beide Seiten des spannungsreichen Verhältnisses; er stellt zuerst die eine, dann die andere dar. Wenn er dabei neben den Gewinnen die Verluste beschreibt, das Schwinden von Autorität und Überlieferung, das kulturelle Leben »aus zweiter Hand«, die »Entfremdung« seiner Umwelt, die dem Menschen das Selber-Denken abnimmt und Arbeit wie Erholung und Unterhaltung auf ein vorgegebenes Geleise zwingt, so ist Freyer doch kein Pessimist. Ausdrücklich unterscheidet er zwischen billiger, das unrettbar Verlorene ohne Hoffnung beklagender Kulturkritik und solcher, die etwas erreichen will.

In dem Kapitel »Kultur und Gesellschaft« fehlt beinahe ganz ein Element, das wohl auch kulturbildend ist – Zeiten gab es, da war es das kulturbildende, kulturtragende –, das aber seiner geschichtlichen Gebundenheit ungeachtet vom Gedanken her ein ungebundenes, absolutes ist. Das letzte noch gegenständliche Kapitel unserer Weltgeschichte hat von Religion handeln sollen. Es wird damit einem Sinn unseres Vorhabens Ausdruck gegeben, der immer da war, aber sich nicht immer hat geltend machen können, und von dem auch nicht viel Aufhebens zu machen ist, weil er sich im Grunde von selbst versteht. Geschichte war nie ohne Religion, ist es heute nicht und wird es nie sein. Von Religion, meint Gabriel Marcel, werde »das endgültige Los des Menschengeschlechts« abhängen. Genauer wohl: sein Los überhaupt; »endgültig« ist ja nichts vor dem Ende.

Wenn der französische Philosoph sich, wie man weiß, zum Katholizismus bekennt, so hat er diesem Treueverhältnis in seinem Essay nur mit Diskretion stattgegeben. Er spricht nicht vorwiegend von der katholischen Kirche, ihrer Lehre, Wirkung und geistigen Macht. Er spricht auch nicht ausschließlich vom Christentum, das ihm nur ein Hauptbeispiel ist für Religion heute überhaupt, in ihrem Gegensatz zu unreligiösen, antireligiösen Kräften. Diese versteht er ungefähr wie Hans Freyer; die Übereinstimmungen werden nicht verfehlen, sich deutlich zu machen; wie denn die Autoren dieses Bandes, von wenigen charakteristischen Ausnahmen abgesehen, mehr freie Übereinstimmung und Gemeinsamkeit zeigen, als nur zu erhoffen war. Auch darin trifft Marcel sich mit Freyer, daß er die Verpflichtung religiösen Denkens dem Geschichtlichen gegenüber betont: Man kann, meint er, selbst in der Kirche nicht so tun, als gäbe es Geschichte nicht, als gäbe es nicht die historisch beispiellosen Erfahrungen dieser unserer Zeit. Übrigens ist er kühn genug, auch die Natur von seinen Betrachtungen nicht auszuschließen, auch ihr, ihrer blinden Grausamkeit, die Fragen zu stellen, welche das zugleich gebundene und offene Denken des Frommen nie hat vermeiden können.

Damit ist der wechselreiche, nicht immer erfreuliche, oft beschwerliche Rundgang durch unsere Zeit, welchen dieser Band darstellt, beendet. Daß der Herausgeber zuletzt noch einmal zu einer Betrachtung das Wort ergreift, wird der Leser, so hoffen wir, entschuldigen.

Golo Mann

NEUNZEHNHUNDERTFÜNFUNDVIERZIG

Wir blicken zurück auf zwielichtige Jahre, die in weiter Ferne zu liegen scheinen. Die Zeit arbeitet schnell. Auf dem Weg, der zuerst 1946 unsicher tastend beschritten wurde, nachdem zuvor eine andere Richtung ohne Rat, Lust und Glauben versucht worden war, sind wir mittlerweile so weit vorgerückt, daß ein Zurück zu dem Stande von damals uns anmutet wie ein Zurück ins 19. Jahrhundert; so weit, daß die Möglichkeit einer Wahl, einer offenen Entscheidung, welche damals gegeben schien, auch der Phantasie nicht mehr vollziehbar ist. Wir haben uns an die Welt gewöhnt, die in dem gärenden Chaos von 1945 bis 1946 geboren wurde. Eine Geburt war es, mehr als eine bewußte Schöpfung menschlichen Willens. Das, was geplant war, wurde nicht ausgeführt. Das, was kam, hat niemand geplant.

Während der letzten Kriegsjahre war Krieg und nichts als Krieg die Politik der aktiv beteiligten Mächte gewesen; aktiv beteiligt war, was damals auf Erden als Macht noch zählte oder schon zählte. Vereinfachungen von lange nicht erreichter Bösartigkeit ersetzten in der Theorie wie in der Praxis der Kriegführung die feineren Traditionen ehemaliger Diplomatie. Versuche, aus diesem Zirkel noch auszubrechen, wurden mit Gleichgültigkeit beiseite gestoßen. Krieg sollte sein, bis einer, bis zwei zusammenbrächen. Wer das sein würde, darüber gab es angesichts der Zahlen und Kräfteverhältnisse im Grunde keinen Zweifel seit 1942. Und danach? Nach den »totalen«, »globalen« Kriegen und Siegen? Man verlangte wohl zuviel von den mit ungeheuren technischen Aufgaben belasteten, übernommenen, zuletzt wie trunkenen Geistern der alliierten Staatsmänner, wenn man erwartete, sie würden dem Abenteuer des Wahnsinns ein konstruktives Ziel setzen und solches, den Gang der Dinge beherrschend, erreichen. Ein Bündel vager Grundsätze, menschenfreundlich genug, aber den Besiegten ihren Segen ausdrücklich verweigernd, war alles, was sie gaben. Der Masse der Einzelnen wurde »Freiheit von Furcht«, »Freiheit von Mangel« versprochen. Die Verwirklichung des letzteren Versprechens, die heute einem Teil, aber auch nur einem geringen Teil der Menschheit in der Tat zugute zu kommen im Begriff ist, hat mit Franklin Roosevelts froher Botschaft nur sehr indirekt und wie zufällig zu tun, steht übrigens in gar zu offenbarem Kontrast zu der Weise, in der das andere, das von einer Welt ohne Furcht, *nicht* verwirklicht wurde. Für die Nationen galt noch einmal, was 1918, was im Grunde seit

1776, 1792, 1848 ungefähr gegolten hatte: die Freiheit, über ihre Staatszugehörigkeit und Staatsform selber zu bestimmen. Und, wie 1918, sollte ein Staatenverein, ein Bund der Völker das neue vielräumige Gebäude krönen.

Noch einmal war dieser Friedensplan überwiegend amerikanisch; wie denn schon der neue Name, United Nations, eine Anspielung auf die Vereinigten Staaten enthielt. Der Glaube Winston Churchills an eine internationale Staatendemokratie wurde durch Zweifel realistischer Art stark gedämpft; Churchills England hätte einer Anzahl regionaler, durch einen universalen Bund allenfalls erhöhter Vereinigungen den Vorzug gegeben. Die Russen billigten nur zum Schein die Hoffnung des wohlmeinenden Verbündeten, mit der ihre nie preisgegebene Philosophie, ihr nie veränderter Charakter und tiefster Wille nichts Ernsthaftes anzufangen wußten. Übrigens war auch das amerikanische Programm von dem Woodrow Wilsonschen in einigen Beziehungen unterschieden. Zu den »Vereinten Nationen« sollten nur »Friedliebende« gehören dürfen; friedliebend, einer sonderbaren Definition zur Folge, waren die und nur die, die vor dem 1. März 1945 sich im Kriege gegen das Deutsche Reich befanden. Eine verewigte, in den Frieden mit übernommene Kriegsallianz waren die Vereinten Nationen dem ursprünglichen Gedanken nach, die Allianz der Gerechten, die fortdauern sollte auch nach der Ungerechten Sturz. Dem entsprach es, daß die Besiegten, Schuldigen, auf Gerechtigkeit und Rechte, welche die Charta der Vereinten Nationen verkündete, diesmal keinen Anspruch erheben durften. Sie konnten, vielleicht, an die Menschlichkeit und Ehre der Sieger appellieren, aber an keinerlei ihnen verbürgtes Recht. Eine solche manichäische Zweiteilung der Welt in Unschuldig und Schuldig, Friedliebend und Angreifer, welche sie jetzt verkündeten, widersprach dem demokratischen Idealismus der Amerikaner, oder entsprach ihr auf neuartig-nuancierte Weise: als eine Mischung ihres alten Glaubens-Weines mit dem bitteren Wasser der Erfahrung. Auch redete Präsident Roosevelt gern von den »vier Polizisten«, nämlich Amerika, England, Rußland und China, welche die wirkliche Macht auf Erden zunächst einmal ausüben und die Kleinen, die Ohnmächtigen in Ordnung halten würden; im äußeren Rahmen, aber kaum in der inneren Logik des neuen Bundes der Völker. Der russische Diktator stand diesem Begriff der Sache entschieden näher als dem einer Gleichheit aller Staaten vor dem einer bloßen Mehrheit zu dankenden internationalen Gesetz. Allerdings glaubte er von den »vier Polizisten« nur an zwei, Rußland und die Vereinigten Staaten. Die Zukunft der englischen Weltmachtstellung schien ihm fragwürdig. Noch weniger hielt er von der chinesischen.

Die große Ungefährheit dieses Programms hatte mit den Enttäuschungen zu tun, welche die gleiche Generation – Roosevelt sowohl wie Churchill waren schon damals mit dabeigewesen – mit den Präzisierungen der »Vierzehn Punkte« und des Versailler Vertrages erlebt hatte. Man stellte sich die Friedensordnung als eine vor, die nicht mit einem Schlage sein, sondern sich allmählich, unter immer erneutem praktischem Zutun, entwickeln würde. Besonders Roosevelt betonte die Notwendigkeit weitreichender »Aktionsfreiheit« über das Ende des eigentlichen Krieges hinaus. Und unbestreitbar gaben die Erfahrungen, die man seit 1919 mit einem starr-lastenden Vertragsgerüst gemacht hatte, diese Lehre ein. Blieb nur die Frage, welche von Männern wie dem amerikanischen Kriegsminister Stimson schon während der letzten Monate des deutschen Krieges warnend gestellt wurde: ob man nicht auch in einer anderen Richtung irren könnte und ob das Alles-Offenlassen, bis die Macht vollzogener Tatsachen keine Wahl mehr ließe, nicht ebenso schwere Gefahren in sich berge wie das zu frühe, zu genaue Entscheiden.

Elemente des Alten

Aller »Aktionsfreiheit« ungeachtet mußten die Sieger eine Masse von Wiederherstellungen versprechen. Materielle Wiederherstellung zunächst und vor allem, »Wiederaufbau«, um den deutschen Ausdruck zu gebrauchen. Wiederherstellung des Rechts, dort, wo es gebogen oder mit Füßen getreten worden war. Wiederherstellung der zerrütteten Moral. Wiederherstellung auch im Territorial-Politischen. Im Auskosten ihres imperialen Abenteuers hatten Deutschland wie Japan zahlreiche Souveränitäten in sich eingeschlungen, auf die eine und andere Art aufgehoben. Daß sie restauriert würden, verstand sich dem angelsächsischen Denken von selbst, nicht nur für die alten Staaten West- und Nordeuropas, auch für die neuen, unruhig-unsoliden, welche in Mittel- und Osteuropa zuerst 1919 das Licht der Welt erblickt hatten: für Deutschlands heroische, tragische Opfer, Polen und Serbien, wie für den weniger heroischen, weniger tragischen Kunststaat der Tschechen und Slowaken und für jene Balkanstaaten, die zwischen Opfern und Komplicen Hitlers eine unsichere Mitte hielten. Derselbe Eduard Beneš, der 1917 in Paris seine Fäden gesponnen hatte, um die Verwirklichung seines Traumes, eines unabhängigen tschechischen Staatswesens, vorzubereiten, durfte es 1939 bis 1945 in England und Amerika zum zweitenmal. Der beschränkte Nationalismus dieses Mannes ließ ihn, als er nun in Prag wieder etabliert war, die selbstzufriedene Frage stellen, ob man solches Glück sieben Jahre früher, zur Zeit des Münchener Vertrages, auch nur für möglich gehalten hätte: die Wiederherstellung der Republik nicht nur, sondern die erbarmungslose Austreibung der deutschen Böhmen aus ihrer Heimat, Millionen von ihnen, so daß nun die Tschechen, endlich, endlich, unter sich bleiben durften, ungestört durch die Zugehörigen einer fremden Kultur. Als ob ein solches Ziel den ganzen zweiten Weltkrieg und seine fünfzig Millionen Toten wohl gelohnt hätte ...

Beneš war nicht der einzige, der glaubte, mit einigen Verbesserungen noch einmal das Spiel von 1919 spielen zu können. Damals, 1919, hatte ein kluger amerikanischer Beobachter (Lincoln Steffens) geschrieben: »Bewußt oder unbewußt arbeiten, strampeln, putschen sich alle zu dem Punkt zurück, auf dem sie vor dem Krieg standen... Aber die Welt kann nicht rückwärts gehen; sie kann es nicht. Fallen oder absinken, wie Griechenland und Rom, kann sie; rückwärts gehen nie.« So auch 1945. Während der kurzen, unheimlichen Atempause, die dem Deutlichwerden einer neuen Konstellation vorherging, dachten die meisten Lenker und Vertreter der öffentlichen Meinung in den alten Kategorien. Auch ein so klarer und vornehmer Geist wie Charles de Gaulle tat es. Bündnis mit Rußland, um der deutschen Gefahr endgültig zu begegnen, zum gleichen Zweck Rückführung der deutschen Dinge zum Stande von 1865, Aufhebung von Bismarcks Werk, Trennung der Rheinlande vom *Corpus Germanicum*, so daß der Rhein nun doch, wenn nicht Frankreichs Staatsgrenze, doch Frankreichs Machtgrenze und schützendes Bollwerk wäre, Ringen mit England um den alten Einfluß im Nahen Osten, im Libanon, in Syrien, Ägypten, Rückgewinnung der französischen Größe in Europa und Übersee – so die Konzeptionen des Hauptes der provisorischen französischen Regierung; die europäischen Ziele, die de Gaulle mit dareingab, waren vage und nicht frei von französischer Egozentrik. Seinerseits hatte Winston Churchill während des Krieges betont, er sei nicht des Königs Erster Minister geworden, um der Auflösung des Britischen Weltreichs vorzustehen. Um alte Ordnungen zu halten, das Gleichgewicht, das Recht der Kleinen, um Europa vor dem Zugriff einer Hegemonialmacht zu retten, wie eh und je, und so sich Stellung und Tätigkeiten in der weiten Welt zu bewahren, war England 1939 noch einmal ausgezogen; und hatte noch einmal die alten Mittel gebraucht, die Allianzen, die Blockade. Daß die alten Mittel nicht mehr taugten und damit auch das alte Ziel nicht mehr, ahnte in seinen hellsten Augenblicken sein großer Staatsmann; wie anders wäre sein phantastischer Vorschlag aus dem Jahre 1940, die völlige Verschmelzung Englands und Frankreichs, zu erklären. So war es auch Churchill, der als erster von den Großen der Welt die neue Lage erkannte, neue, eigentlich revolutionäre Ratschläge bot. Er konnte es um so eher, als er seit Juli 1945 ohne Amt und so den Widerspruch zwischen seinen Anregungen und der traditionellen Politik seines Landes praktisch aufzulösen nicht verpflichtet war. Das »Europa«, dessen Konstituierung er, September 1946, in Zürich empfahl und dessen tragender Pfeiler eine neue französisch-deutsche Freundschaft sein sollte, wie würde die alte, sich noch immer als ungebrochene Weltmacht fühlende britische Identität sich dareinfügen? ... Daß sie ungebrochen sei, ja, daß von ihren herrschgierigen Bestrebungen und Intrigen klassischen Stils am Ende mehr zu besorgen sei als vom Imperialismus der Russen, war in den letzten Kriegsmonaten und noch danach die bei verantwortlichen Amerikanern überwiegende Ansicht gewesen. Auch ihr Denken war von altgewohnten, restaurativen Elementen nicht frei. Es galt, England und Frankreich zu kontrollieren und an einer Wiederholung der Racheausschweifungen von 1919 zu hindern; zu vermitteln zwischen England und Rußland, anstatt sich von jenem in eine schädliche Frontstellung gegen dieses manövrieren zu lassen; es galt, in Europa eine Ordnung herzustellen, aus der man sich möglichst bald, nicht ganz wie 1920, aber doch beinahe ganz würde zurückziehen können; diese Ordnung sollte gemeinsam mit den Russen verwaltet werden und sollte das Machtvakuum in der Mitte, die völlige, immerwährende Eliminierung des deutschen Kriegspotentials zu ihrem entscheidenden Merkmal haben. Umsonst beschwor im Frühsommer 1945 Winston Churchill den neuen Präsidenten, Harry S. Truman, den Rückzug amerikanischer Truppen aus den Gebieten, deren Besetzung abmachungsgemäß den Russen zukam, aus Sachsen und Thüringen, bis zu dem Moment zu verzögern, in dem Rußland seinerseits sein Gebaren in Polen und Ostdeutschland alten Abmachungen gemäß geklärt hätte. Selbst eine so elementare, dem Buchstaben nach aber inkorrekte Vorsichtsmaßnahme entsprach der amerikanischen Beurteilung der Dinge damals noch nicht.

Sollen wir sagen, die Russen, sie allein, hätten gewußt, was die neuen Machtkonstellationen und Konflikte sein würden, und hätten solche zynisch geplant, lange bevor sie äußere Form annahmen? Waren sie von Anfang an entschlossen, ihre Bundesgenossen übers Ohr zu hauen? Was im Geiste Stalins und seiner Helfershelfer vor sich ging, läßt sich aus intimen Zeugnissen des Augenblicks, aus Erinnerungen, mit ehrlichem Wahrheitswillen niedergeschrieben, nicht feststellen. Das aber, was wir von der menschlichen Natur überhaupt wissen, macht ein solches Vorausplanen unwahrscheinlich. Äußerungen und Taten der Sowjetführer bestätigen es nicht. Noch als er sicher sein konnte, daß seine Truppen nun den Rest auch allein besorgen konnten, rief Stalin nach einem Überqueren des Rheins durch seine westlichen Bundesgenossen, nach ihrem Vorstoß gegen Osten, so weit sie ihn führen könnten; wollte er mit ihnen brechen und Deutschland allein beherrschen, so hätte er sich die Forderung gespart. Wir wissen, daß er nicht viel von den deutschen Kommunisten, den deutschen »Arbeitern« hielt, auf die er sich stützen mußte, wenn er Deutschland dem Sowjetimperium angliedern wollte. So wie wir wissen, daß er das Unternehmen der chinesischen Kommunisten mit wenig Hoffnung und wenig Sympathie beurteilte. Welchen Sinn gaben die Einräumungen, die er sich von den Vereinigten Staaten, dann von Chiang Kai-shek machen ließ und kraft deren die Sowjetunion alle die Rechte und Stellungen in China zurückerhielt, welche das zaristische Rußland 1905 verloren hatte, wenn er in China schon die kommunistische Schwesterrepublik sah? Auch Josef Stalin hat im Frühling 1945 die Lage von 1950 oder 1960 nicht vorhergedacht. Sein Gedächtnis aber, sein Stolz reichten sehr wohl zurück in die Zeit des Zaren, und manches, was auch er jetzt tat, das gnadenlose Bestehen auf den zurückgewonnenen Positionen im Baltikum nicht ausgeschlossen, knüpfte an Altes, scheinbar längst Vergangenes an.

Aber das Denken des grauen Diktators, der in den dreißiger Jahren in Rußland selber sich in einer Verbindung von zaristischer Restauration mit radikalsten Neuerungen geübt hatte, der oft mehrerlei Möglichkeiten auf einmal verfolgte, gern sich Zwickmühlen offenhielt, war die eine Seite; die andere die ihm selber unbewußte Logik der Machtsituation, der auszunutzenden Chancen, der entfesselten Energien am Werk, die Logik des eigenen Wollens.

Weitergehen der Revolution

Der Sturz zweier der bislang mächtigsten Staaten der Erde ließ ein Vakuum zurück, welches, da die Politik ein Leeres so wenig duldet wie die Natur, die furchtbarsten Machtverschiebungen zur Folge haben mußte. Sie waren die zweiten ihrer Art in einem Jahrzehnt. Japans und Deutschlands Eroberungszug hatte die Schwächen der europäischen Stellungen in Südostasien, die Schwäche der europäischen Nationalstaaten enthüllt. Weder die neuen, mittel- und osteuropäischen, noch die alten, Frankreich, die Niederlande, Skandinavien, hatten 1940 ihre Autonomie erfolgreich verteidigen können. Daß nun ihre Eroberer selber am Boden lagen, gab ihnen ihre als mangelhaft ausgewiesene Existenzkraft nicht zurück. Der deutsche Nationalismus hatte in seinen Ausschweifungen nicht nur sich selber entlarvt, nicht nur sich selber ad absurdum geführt und ruiniert. Das plötzliche Wegfallen der deutschen Zentralmacht erwies sich für die kleinen europäischen Nationalismen nicht als die Kraftvermehrung, als welche es kurzsichtigen Ausnutzern zunächst erscheinen konnte, weder im moralischen noch im machtmechanischen Sinn. Noch vor Kriegsende erklang die ominöse Forderung Stalins: die neuen Regierungen Osteuropas sollten zwar unabhängig sein wie ehedem, aber auch durchaus nur »demokratisch« und der Sowjetunion freundlich gesinnt. Bald lag die schwere russische Hand über den Staaten der West- und Südslawen, die nun wohl »unter sich« waren, aber nicht freier, als sie es in Zeiten guter deutscher Nachbarschaft gewesen waren. Die jämmerlichen Umstände, unter denen Eduard Beneš, nur zwei Jahre nach seinem Triumphe, starb, konnten ihm zeigen, daß es kein echter Triumph gewesen war. Die Frage, ob er echt zu sein verdient hätte, bleibe für den Augenblick unberührt.

In anderen Erdgegenden hatte das Prinzip der nationalen Selbstbestimmung an sich nichts mit Wiederherstellung zu tun. Hier war es so bewegend und sprengend wie in Europa hundert Jahre zuvor. Die mußten es wissen, die es, wie die Amerikaner, für Asien und selbst schon für Afrika auf ihre Fahnen geschrieben. Hätten sie es übrigens nicht getan, hätte Franklin Roosevelt nicht noch kurz vor seinem Tode den Selbständigkeitswillen asiatischer Republikaner und afrikanischer Potentaten angespornt, so wäre die Revolution Asiens und Afrikas doch höchstens nur ein wenig langsamer vor sich gegangen, aber nie ganz zu verhindern gewesen. Man hatte laut und weithin hallend für die Freiheit gekämpft; konnte man sie jetzt den Völkern – farbig oder weiß – verweigern, die danach verlangten? Dann vielleicht konnte man es, wenn man die Unfreiheit im Heiligtum einer machtvollen, von Millionen abergläubisch verehrten weltlichen Kirche verbarg, wenn man die Tyrannei mit konstruktiven Zielen verband; eine Methode, die den Russen und ihren Anhängern überall, nicht aber den Angelsachsen zur Verfügung stand. Amerika, nicht Europa, war Sieger in diesem Krieg, und Amerika war immer gegen Imperialismus, gegen Kolonialherrschaft gewesen, gleichgültig, wie weit es in der Praxis von dieser seiner Grundtheorie gelegentlich abgewichen war. Was die Theorie verkündete, bestätigte die Machtsituation. Europa war doppelt besiegt, erst durch Deutschland, dann in Deutschland, seiner Kernmacht. Wer seine eigene Souveränität nur aus den Händen des Siegers zurückerhielt, der war zum Kolonialherrn in Asien, und demnächst in Afrika, schlecht ausgewiesen.

Der Imperialismus Japans hatte immer ein Doppelgesicht gehabt. Er war Imperialismus allerdings, und der nacktesten Art. Er war aber auch antiimperialistisch, weil er gegen Europa wirkte und Europa der imperialistische Kontinent par excellence war. Seit Beginn des Jahrhunderts hatten Asiaten den Aufstieg Japans zur Weltmacht als Triumph Asiens empfunden. Unvermeidlich wurde er auf asiatischem Boden gewonnen, in Korea, in der Manchurei, im eigentlichen China, schließlich im französischen Indochina, auf den amerikanischen Philippinen, im britischen Malaya, im holländischen Indonesien. Eroberungen alles das, zugleich aber, insofern die Herrschaft der Weißen betroffen war, eine Art von Befreiung. Von der letzteren blieb etwas, nachdem nun die ersteren mit einem Schlag aufgehoben waren. Es war dies den abziehenden Japanern voll bewußt; verloren sie ihre Beute, sollte doch Europa nicht den Vorteil davon haben. So war ihre späte Gründung einer indochinesischen Republik gemeint, so die einer indonesischen, unter Achmed Sukarno: eine »Zeitbombe«, die bald genug die zurückkehrenden Kolonialherren vertreiben würde. Unvermeidlich auch waren diese neuen, zurückbleibenden oder auftauchenden Machthaber stark nach »links« ausgerichtet, ob sie nun von den Japanern, gleichsam durch Nottaufe, anerkannt worden waren oder, wie die Führer der Viet-Minh-Bewegung in Indochina, ihren Platz ungebeten eingenommen hatten. Die Verwandtschaft von Nationalismus und Sozialismus, aus dem Grunde natürlich und nur durch ein Dekret von Karl Marx verleugnet und unterdrückt, sollte bald fast überall in den Gebieten europäischer Herrschaft in Asien und Afrika überzeugend zutage treten.

Und dies war ein anderes Merkmal des Augenblicks, das der restaurativen Tendenz und Sehnsucht gewaltig widersprach: der ungeheure Kraftzuwachs der kommunistischen Bewegung. Oberflächlichem Urteil konnte hier Adolf Hitler im Tod noch recht zu behalten scheinen; vor dem Bolschewismus hatte er überlaut gewarnt, gegen ihn hatte er angeblich gekämpft; und der Bolschewismus war nun überall der dreisteste, am ruchlosesten zupackende Nutznießer der deutsch-japanischen Niederlage. Oberflächlichem Urteil: Hitler selber hatte ja die Alternativen gestellt, die ohne ihn sich so nie geboten hätten; er hatte den Lauf der Dinge überstürzt und das Weltchaos verursacht, in dem nun überall neue kommunistische Machtkonzentrationen sich bilden konnten. Aber gleichgültig, wer schuld daran hatte; das Resultat war so. Groß war überall auf Erden, war momentan selbst in Amerika die Bewunderung für den russischen Staat und seine Rote Armee. Daß es sich hier um national-russische, militärische und technische Leistungen handelte, die zudem vom »kapitalistischen« Westen zuletzt doch entscheidend unterstützt worden waren, nicht aber um den Wahrheitsbeweis einer Doktrin, war wieder eines jener Argumente, die der denkfaule öffentliche Geist ein wenig zu beschwerlich fand. Moskau selber tat nun alles, um den wahren Charakter der russischen Kriegsanstrengungen zu verwischen. Nicht mehr war es ein vaterländischer Verteidigungskrieg gewesen gegen eine andere Nation, nicht einmal mehr die große Auseinandersetzung zwischen Slawen und Germanen; jetzt sollte es ein Krieg nach der Lehre Lenins, ein Krieg gegen den kapitalistischen Weltgegner gewesen sein. Die Kommunistische Partei Rußlands, die während des Krieges dem parteilosen Volk den Vortritt gelassen hatte, rückte schleunigst wieder in die Frontstellung, und mit ihr all die verstaubten, abergläubischen Thesen, die sich einmal mehr bewährt haben sollten.

Von Frankreich bis nach China, in dem vorübergehend von Deutschen und Japanern besetzten Doppelraum, hatten die kommunistischen Parteien die aktivsten Kerne des Widerstandes gebildet. Zuletzt selbst in Italien, gegenüber dem Faschismus, dem einheimischen wie dem deutschen. Sie taten es zu ihren eigensten Zwecken, die jedoch mit den allgemein-nationalen augenblicklich zusammenzufallen scheinen konnten und in gewissen Gegenden, vor allem in Asien, wirklich zusammenfielen. Daß dieser ihrer nationalkämpferischen Epoche eine andere schmachvoller Neutralität oder ein Zusammenspiel mit Hitler vorangegangen war und erst mit dem 21. Juni 1941 geendet hatte, wurde im Licht ihrer späteren Opfer vergessen. Sie besaßen den inneren Zusammenhalt, den Fanatismus, die Gehorsamsgewohnheit und Verschwörertechnik, welche anderen Widerstandsgruppen fehlten. Sie besaßen den ruchlosen Willen zum Nutzen jeder Chance. Im Moment, in dem die fremden Imperien zusammenbrachen, waren sie da, ruhmreich und ihren Ruhm durch Propagandalügen erhöhend, begierig, in jedes Machtvakuum zu strömen und politische Beute, auch materieller Art, sich anzueignen; welch letzteres ihnen etwa in Italien mit verblüffendem Erfolg gelang. Daß sie allein herrschen sollten, wünschte ihnen außerhalb Rußlands niemand. Wenige aber auch wagten laut zu bestreiten, daß sie ihren Anteil an den neuen Regierungen im befreiten Europa verdienten. Ihn erhielten sie zunächst überall, und das allein mußte die ganze politische Atmosphäre im revolutionären Sinn beeinflussen. Daß sie sich, wie sehr sie jetzt auch Demokratie heuchelten, mit einem bloßen Teil der Macht nie begnügen, sondern sich, mit russischer Hilfe, das Ganze erschleichen würden oder ganz abgestoßen werden müßten, lag in der Zukunft.

Dort, wo die Dimensionen am gewaltigsten waren, in China, war es auch der kommunistische Tätigkeitsbereich. Hier waren die Kommunisten längst ein Staat im Staat oder Nicht-Staat; hier hatten sie längst ein Herrschaftssystem entwickelt, das an Schlagkraft und konstruktiver Leistung die nach außen hin legale Regierung der Kuo-min-tang bei weitem übertraf; hier hatten sie, im Zeichen des Kampfes gegen Japan, die von ihnen kontrollierten und innerlich umgestalteten Territorien riesig erweitern können. Was lag dem amerikanischen Denken näher als die Erwartung, auch in China würden sich nun, wie in Frankreich oder Italien, die um die Freiheit ihres Landes so verdienten Kommunisten mit anderen Parteien in die Macht teilen? Das wünschten sie, das erwarteten sie. Gleichzeitig halfen sie freilich der Regierung Chiang Kai-sheks mit allen ihnen verfügbaren Mitteln, sich den Löwenanteil des Landes zu sichern; wodurch sie sich den Ruf unparteilicher Vermittler und das Vertrauen der Kommunisten, wenn sie es je hatten gewinnen können, schnell verscherzten. Demgegenüber war die Hilfe, welche Rußland seinem chinesischen Schützling angedeihen ließ, entschieden geringer und blieb es in den folgenden Jahren. Stalin, oft ununterrichtet und fehlbar selbst in seinen eigensten Angelegenheiten, glaubte an einen nahen Endsieg der chinesischen Kommunisten nicht.

Wie wir denn, noch einmal gesagt, die Planmäßigkeit, mit der sich die kommunistische Lawine vorwärts wälzte, und ihre Beherrschung durch Moskau nicht überschätzen dürfen, jedenfalls sie nicht genau einschätzen können. Im Moment war der Kreml bereit, mit vielerlei sogenannten friedliebenden, demokratischen, antifaschistischen Gruppen zusammenzuarbeiten; mit Königen, wie in Bukarest, mit Liberalen, wie in Prag, mit antikommunistischen Diktatoren, wie in Chunking. Daß solche Bündnisse mit der Flucht oder dem Massaker der betrogenen Bundesgenossen enden würden, lag in der von Lenin ererbten heimtückischen Revolutionskunst; die Frage, inwieweit es den russischen Anführern im Augenblick bewußt war, hätte höchstens psychologisches Interesse. Der »Kalte Krieg« hat dann die Lösung im leninschen Sinn beschleunigt. Es sollte die Zeit kommen, da nicht einmal waschechte Kommunisten, im Lande selbst gewachsen und geblieben, wenn sie auch nur einen Funken Nationalstolz besaßen, dem Kreml erträglich waren und ausgemordet wurden, wo immer sein Befehl galt.

Wenn Moskaus kommunistische Strategie im ersten Augenblick schwankte, so schwankte Washingtons antikommunistische Strategie noch viel mehr. Genauer, es gab sie zunächst überhaupt nicht. Als wesentlich reaktionär, als inspiriert von traditionellen Mächten, wie Heer, Junkertum und Schwerindustrie, war hier, nicht ohne Beihilfe semi-kommunistischer Ratgeber, der deutsche Nationalsozialismus mißverstanden worden. Daher die schnöde Nichtachtung des deutschen »Widerstandes« im letzten Kriegsjahr; daher das dem russischen Willen immerhin entgegenkommende Gesamturteil, dem zufolge vor allem jene alten Mächte zu bestrafen und für immer unschädlich zu machen seien. Das war nicht das

Gefühl der höheren Offiziere am Ort, die das wahre Gesicht der Roten Armee hatten erblicken müssen und deren Instinkte ohnehin zur Erhaltung neigten. Aber es war die vorherrschende Tendenz der Regierung Roosevelts, deren erster außenpolitischer Schritt die Anerkennung der Sowjetunion, deren Geist, in den Grenzen amerikanischer Tradition, immer ein entschieden »linker« gewesen war. So wurden jetzt Versuche zu einer Wiederherstellung des alten Königtums, die sich in Bayern schwach genug regten, im Keim erstickt, wurde das Plebiszit, welches (Juni 1946) die italienische Monarchie durch knappe Mehrheit beseitigte, mit Beifall begrüßt. Nicht den geringsten Eindruck konnte es machen, daß zwei so tief liberale Philosophen-Staatsmänner wie Benedetto Croce und Winston Churchill für die Bewahrung der italienischen Monarchie eintraten. Demokratie sollte sein, ganze, ungekrönte und ungeschützte. Sie wurde auch den Deutschen versprochen oder von ihnen gefordert. Nicht eben gründlich durchdacht blieb hier die Frage, wie der Begriff der Demokratie, den man theoretisch auch den Deutschen als Allheilmittel bot, sich vertrüge mit der denselben Deutschen vorgeworfenen »Kollektivschuld«. War das Volk schuldig, so war in gewissem Sinn die Demokratie schuldig, insofern sie Regierung durch das Volk, Verantwortung des Volkes bedeutete. Man ging dieser Schwierigkeit aus dem Wege, indem man einer zukünftigen deutschen Demokratie verbot, noch einmal zu versuchen, was die plebiszitäre Demokratie Hitlers getan hatte; sie sollte später einmal frei sein, aber so frei nicht. Diesem Zweck diente die sogenannte »Rückerziehung« des Volkes, die verkündet wurde; ihm auch die in ihrem Grundgedanken vertretbare, in der Ausführung monströse »Entnazifizierung«, die gestufte Bestrafung oder Ausschaltung aus dem öffentlichen Leben aller ehemaligen Nationalsozialisten. In jedem Fall kamen ihm die Stimmungen im Lande entgegen; denn dazu, Hitlers Experimente zu wiederholen, bestand damals unter Deutschen nicht die geringste Lust, und ihre Sehnsucht nach Frieden, Recht und einem menschenwürdigen Leben für alle war stärker, als das tiefe Mißtrauen der Sieger zunächst annahm.

Die Amerikaner suchten den unsicheren, stets von bloßer Formalität und Leere bedrohten Begriff der Demokratie durch gewisse Verbote, gewisse positive Bestimmungen einzuengen und zu erfüllen, indem sie ihm übrigens weiten Spielraum gaben. Die Russen bestritten ihm bald jeden Spielraum. Die Deutschen, wie die Polen oder Tschechen, sollten »Demokraten« sein, vorausgesetzt, daß sie sich für den »Kommunismus« entschieden, vorausgesetzt, daß ihr »Kommunismus« jeweils so aussähe, wie der schwankende Wille der Machthaber im Kreml es wollte.

Hier waren Gegebenheiten der Macht und der Stimmung, die eine bloße Wiederherstellung der Dinge, wie sie 1939 oder 1920 gewesen, ins Reich des Unmöglichen verbannten. Die ungeheure Arroganz der Sieger, die einen vor kurzem noch mächtigen Staat, Deutschland, zunächst einmal von der Karte strichen und sich selber an seine Stelle setzten, war an sich eine Quelle von Revolution; ihr in Berlin tagender Kontrollrat kam einer revolutionären Diktatur gleich, und ein Dekret wie jenes, welches die gesamte östlich der Oder und Neiße lebende deutsche Bevölkerung »auf geregelte, menschliche Weise« nach Westdeutschland zu evakuieren befahl, die abermalige Entwurzelung von Millionen, stürzte das schon in seinen Grundfesten erschütterte Land in neue Qualen. Die Quartiere der Alliierten waren Inseln der Ordnung und des Wohllebens in einem Meer von Ruinen und Leid. An Stimmen, die zu kritischer Selbsteinkehr der Sieger aufriefen, zu Ritterlichkeit, Maß, christlicher Bescheidenheit, fehlte es nicht. Sie wurden erhoben von Männern wie Winston Churchill, jetzt ohne Amt, von dem amerikanischen Theologen Niebuhr, von dem englischen Verleger Victor Gollancz, einem Juden, der nun das den Deutschen angetane Unrecht leidenschaftlich bekämpfte. Aber sie verhallten im ersten Taumel des Triumphs und der Rache, wie routinemäßig auch und ohne starke Überzeugung diese von den Offizianten am Orte ausgeübt wurde. – Konnte man eine neue Epoche des Weltfriedens und Glücks mit der rachsüchtigen Entmündigung ganzer Nationen beginnen?

Später kam dann wohl Einsicht, Maß und Ordnung in die Sache. Aber diese Ordnung beruhte auf einer neuen feindlichen Zweiteilung der Welt, erhielt durch sie ihre Form, wäre ohne sie gar nicht gewesen.

Schließlich hatten auch im Inneren der wesentlich intakt gebliebenen Siegerländer, vor allem der Vereinigten Staaten, tiefgehende Veränderungen stattgefunden. Erst der Krieg hatte dort im Grunde die letzten Nachwirkungen der großen Wirtschaftskrise beseitigt, hatte die Arbeitskräfte der Nation in noch nie erlebtem Maße mobilisiert, bisher gedrückte Bevölkerungsklassen nach vorn gebracht und die Forderungen an das Leben gewaltig gesteigert. In Amerika wie in England und in den Dominions herrschte buchstäblich »Vollbeschäftigung«. Von ihrem Dasein wurde auf ihr Recht geschlossen. Sie war das Rechte, und sie sollte nun bleiben. Konnte sie aber bleiben? War nicht im Gegenteil wie nach früheren großen Kriegen, 1815, 1920, Massenarbeitslosigkeit zu erwarten? Gerade die Russen erwarteten sie in den Ländern des »Kapitalismus« und freuten sich königlich auf sie. Daß ihr im wahrscheinlichen Notfall durch Planungen und Arbeitsaufträge des Staates gesteuert werden müßte, war vielerorts die Überzeugung; so wie in Europa, zumal in Deutschland, die Erwartung eines Wiederaufbaus durch den Staat, oder doch unter dessen Anleitung, überwog. Daß die vom Profitprinzip angetriebene Privatwirtschaft in den kommenden Jahren ihre konstruktivsten Erfolge erringen, daß sie Westdeutschland binnen kurzem aus einem Trümmerfeld in ein Gedräng glitzernden Wohlstandes verwandeln würde – nur wenige sahen es voraus.

Der Krieg hatte Dinge zerstört, Menschen getötet, einer moralischen Verwilderung Platz gegeben. Er hatte aber auch Menschen, feindlich und freundlich, einander nähergebracht, sie durcheinandergewirbelt, neue, noch schnellere Kommunikationen entwickelt. Der transatlantische Flugverkehr, 1939 in seinen Anfängen, stand in voller Blüte. Die Amerikaner, vor dem Krieg den Europäern fremd und fern, waren überall, waren zumal mit den Briten, gern oder ungern, zu einer eigentlichen Symbiose gelangt, die, bevor sie Wirklichkeit wurde, niemand auch nur erträumt hätte. Neue, zu kriegerischen Zwecken forcierte Erfindungen blieben nach dem Krieg zurück, unberechenbar in ihren revolutionierenden Möglichkeiten. Von ihnen war die entfesselte Atomkraft die unheimlichste; ein beliebter Gegenstand für Sonntagspredigten und eine drängende Aufgabe für die Politik des Werktages... Wiederherstellung? Nein, nicht in ihrem Zeichen vor allem würde die neue Zeit stehen.

Die Anfänge des »Kalten Krieges« und das Schicksal Deutschlands

Die Entwicklung eines feindlichen Verhältnisses zwischen Russen und Angelsachsen war im Frühling 1945 nicht das von der hohen Politik Geplante, wohl aber das von der öffentlichen Meinung, der auch Politiker und Militärs sich nicht entzogen, allenthalben Erwartete. Es war das Natürliche, das Einfache, das Starke und Dumme; jenes also, was, entgegen den subtileren Hoffnungen der Menschenfreunde, sich in der Geschichte meistens durchsetzt. Die deutschen Zivilisten, die vor den eindringenden russischen Truppen nach Westen flüchteten und ihre Eindrücke mitbrachten, sagten es voraus und waren insofern gescheiter als der große Präsident der Vereinigten Staaten. Übrigens ist es nicht so, daß Franklin Roosevelt ganz in Illusionen gestorben wäre. Die Haltung der Russen machte ihm in den letzten Wochen seines Lebens schwere Sorgen, schon ließ er die beginnenden Insulte des Kremls scharf beantworten; und daß Roosevelt, hätte er weitergelebt, den Gang der Dinge hätte ändern oder auch nur wesentlich verlangsamen können, hat wenig Wahrscheinlichkeit für sich. Das persönliche Vertrauen, das der Tyrann im Kreml ihm momentan wirklich entgegengebracht haben mag, die freundlichen Scherze, die zwischen beiden ausgetauscht wurden, hatten kein Gewicht im Vergleich mit jenen, die in feindlicher Richtung zogen. Wohl dem generös-leichtsinnigen, tieferer, dunklerer Einsicht in die Geschichte ermangelnden Praktiker, daß ihm die schlimmste Enttäuschung erspart blieb. – Umgekehrt ist es nicht so, daß sein Nachfolger, Harry Truman, alsbald andere Ansichten vertreten, andere Töne hätte hören lassen. Indem Truman die interalliierten Pläne für die Okkupation und militärische Aufteilung Mitteleuropas buchstäblich ausführte, setzte er auf die Fortdauer der großen Allianz bis in die Tage der Potsdamer Konferenz, Juli 1945, und darüber hinaus; jedenfalls wollte er nicht der erste sein, der sie brach. Erst im Hochsommer finden wir Andeutungen eines Abweichens von diesem Wege. Der Wechsel der Personen war nicht schuld daran. – Was war schuld?

Seit dem Frühjahr hörten die wechselseitigen Beschwerden und Vorwürfe nicht mehr auf; der Bericht über die letzte Moskaureise von Harry Hopkins, Roosevelts altem Vertrauten (Ende Mai), gibt beredtes Zeugnis davon. Sie hatten beiderseits Hand und Fuß, diese Vorwürfe, sie waren nicht aus der Luft gegriffen; jeder der beiden Partner hatte irgendwelche technischen Gründe, mit dem anderen unzufrieden zu sein. Aber diese Gründe, kleinlicher, wenig bedeutender Art, hätten nicht wirken können, wären sie nicht von beiden im Lichte dessen interpretiert worden, was an sich da war, weil es an sich erwartet wurde, nun, da kein gemeinsamer Gegner mehr sein Wachsen und Zutagedrängen hinderte: die neue Spannung, die neue Feindschaft. Einer provozierte den anderen und erhielt durch des anderen Reaktionen den eigenen Verdacht bestätigt.

Das Übrigbleiben und direkte Sich-Gegenüberstehen zweier Gigantenmächte in einem Umkreis von Halbmacht und Ohnmacht wäre an sich geeignet gewesen, diese Entwicklung herbeizuführen. Viel, viel bequemer als das Sich-Vertragen ist Feindschaft, und Deutschland und Japan waren jetzt keine möglichen Feinde mehr. Hätte selbst der Zar oder ein liberaler Staatschef im Kreml residiert, immer hätte es eines unwahrscheinlichen Aufschwunges zur Weisheit bedurft, um das, was nun begann, hintanzuhalten. Liberal war der russische Staatschef freilich nicht. Friedliche Vorsätze gegenüber Amerika mochte er wohl haben, es gibt Anzeichen dafür, daß er sie in den Tagen von Jalta oder von Roosevelts Tod noch hatte. Weil er ihrer Verwirklichung aber nicht die mindesten Opfer zu bringen, auf sie hin nichts zu riskieren bereit war, weil sie seinem Charakter, seiner Philosophie, dem Wesen seiner Herrschaft schnurstracks widersprachen, ist es so gut, als hätte er sie nicht gehabt. Gab es ein dauerndes Einvernehmen zwischen dem Lande des »Kommunismus« und dem »kapitalistischen« Westen, dann war die ganze Lehre falsch, auf der die russische Staatsmacht seit bald dreißig Jahren ruhte. Gab es die Legende eines äußeren Feindes nicht mehr, war der inneren Partei- und Schreckensherrschaft, die eben jetzt neu organisiert wurde, der lebensnotwendige Vorwand genommen. Und, gleichgültig, was der alte Despot selber glaubte oder nur als Arcanum Imperii gebrauchte: an die Ehrlichkeit, Selbstlosigkeit, menschliche Anständigkeit seiner Partner im Machtspiel glaubte er nie, und wer nicht für ihn war, unter ihm war, der war gegen ihn. Was verschlug es, daß Amerika eben jetzt, anstatt mit Hitler gemeinsame Sache und so dem Bolschewismus ein für allemal den Garaus zu machen, sich an die Spitze einer Weltkoalition gestellt hatte, die ihn rettete? Die windige Erklärung, das sei ein Krieg unter Kapitalisten gewesen und den Vereinigten Staaten keine andere Wahl geblieben, machte die russischen Anführer jeder Dankbarkeit quitt. Die Leistungen der Bundesgenossen wurden verkleinert oder verleugnet, gewisse Verzögerungen und Langsamkeiten, gewisse Sünden der Vergangenheit, vor allem der Münchener Vertrag, in den Vordergrund gerückt; die eigene Ursünde, welche den Weltkrieg ausgelöst hatte, der Pakt vom August 1939, blieb unerwähnt. Aber viel weiter reichte Stalins Gedächtnis zurück, in die Tage der Intervention von 1919 und des »Cordon sanitaire«, den Clemenceau und Churchill damals rings um das Land der Revolution hätten errichten wollen. In seinem Sinn verstand er das Interesse, das die Angelsachsen an der Unabhängigkeit Polens nahmen; uneingedenk der Tatsache, daß England doch einst um Polens wegen seinen letzten Krieg gegen Deutschland begonnen hatte, unfähig, an ein anderes Motiv als an das imperialistischer Tücke zu glauben. In Polen kam zuerst heraus, was Stalin unter einer »rußlandfreundlichen« Regierung verstand. Er traute nur denen, die er selber trainiert und ernannt hatte, den Anhängern desselben Glaubens, die seine gehorsamen Werkzeuge sein würden. Am Ende hatte er es immer so gemeint, wenn er von einem »demokratischen«, »friedliebenden« Polen sprach, hatte er es anders gar nicht meinen können. – Seine Bundesgenossen fühlten sich schändlich betrogen.

Neben der Installierung kommunistischer Machthaber oder Beauftragter in Warschau gab es ein anderes Mittel, Polen für immer an Rußland zu ketten. Es war dies die Verlegung der polnischen Grenzen tief nach Westen, tief ins eigentliche Deutschland hinein, bis zur Oder und Lausitzer Neiße. Und man muß sagen, daß die polnischen Demokraten, die Liberalen, deren Vertreter sich während des Krieges in London organisiert hatten, dieser unglücklichen Idee ebenso ergeben waren wie die Kommunisten, ja, daß Stalin sie von ihnen übernommen hatte. Der polnische Nationalismus, verblendet wie alle Nationalismen, ging nur zu gern in die Falle. Sie würde ihm Land, reiches deutsches Land einbringen, das in grauer Vorzeit einmal von Slawen bewohnt gewesen war und so das »Wiedergewonnene« genannt wurde; sie würde sicher machen, daß der ganze polnische Staat nichts sein könnte als ein von Gnade oder Ungnade der Russen abhängiger Satellit. Was die Polen unlängst von den Deutschen erfahren hatten, macht die Stimmung verständlich, in der sie nun von jenen Gebieten Besitz ergriffen; es war Rache, das Heimzahlen von Gleichem mit Gleichem, was der dort noch angetroffenen deutschen Bevölkerung geschah. Aber wenn von keinem Vorwurf die Rede sein soll, so ist doch von einem Glied in der Kette des Verhängnisses die Rede. Denn jene über alles zu rechtfertigende Maß weit hinausgehende Besitznahme und Vertreibung mußte den durch deutsche Schuld schon bestehenden Abgrund zwischen Polen und Deutschen noch einmal vertiefen, alle Brücken Polens zum Westen gefährden und die quer durch Europa gehende Trennungslinie festigen, an der den Russen gelegen war, solange sie das Ganze nicht haben konnten. Für die Tschechoslowakei hatte die Austreibung der Deutschböhmen knapp zwei Jahre danach die gleiche Folge; wie konnte man eine freie Demokratie im Inneren bleiben, nachdem man gegen außen, vielmehr gegen einen Teil des eigenen Volkes, sich eines so barbarischen Aktes schuldig gemacht hatte? – Auf der Potsdamer Konferenz kämpfte Churchill vergebens für eine Beschränkung der den Polen einzuräumenden deutschen Gebiete, so daß wenigstens Breslau deutsch geblieben wäre. Sein Nachfolger, Clement Attlee, kapitulierte vor der russischen Forderung. Daß sie nur vorläufig zugestanden und die endgültige Entscheidung einem »Friedensvertrag« überlassen wurde, hat es den Angelsachsen später ermöglicht, die Gültigkeit der neuen deutsch-polnischen Grenzen zu bestreiten. Aber diese Formalität darf nicht darüber hinwegtäuschen, daß sie in Wirklichkeit ja zu ihnen gesagt hatten, auch wenn sie ihr Ja später bedauerten. Denn der Befehl zur sogenannten »Umsiedlung« oder »Rücksiedlung«, den sie mitunterzeichneten und kraft dessen nun abermals Millionen von Menschen, gepfercht in Güterwagen oder in Marschkolonnen, westwärts getrieben wurden, konnte wohl kaum als vorläufiger gemeint sein. – Es war ein Beschluß wie dieser, der eine nicht für ihre Deutschfreundlichkeit bekannte Londoner Zeitschrift, den »Economist«, zu dem Urteil veranlaßte: die Alliierten hätten den Krieg gegen Hitler mit einem Frieden in Hitlers Stil beschlossen.

Es blieb nicht dabei. Als ein europäischer, als Krieg zwischen Deutschland und den Westmächten war der zweite Weltkrieg ein so widernatürlicher Anachronismus gewesen, daß die Stimmungen, die ihm entsprochen hätten, die deutsch-französische, die deutsch-englische »Erbfeindschaft«, sich nun nicht, wie nach 1918, einfrieren und für eine abermalige Wiederholung des sinnentleerten Spiels aufbewahren ließen. Dergleichen wurde im Frühjahr 1945 wohl erwartet, schon ein Jahr später aber nicht mehr. Gerade das Übermaß des Sieges und der Zerstörung, das dem Sieger keinen Staat wie 1919, sondern den Kadaver eines Staates in die Hände gab, ließ ihn, wenigstens im Westen, seines Triumphes bald überdrüssig werden und war geeignet, seine anständigeren, helfenden Instinkte zu erwecken, wie sehr er sich auch anfangs geschworen hatte, gerade diesen diesmal nicht nachzugeben. Befehle, wie der, der alle menschlichen Kontakte zwischen fremden Soldaten und deutschen Zivilisten verbot, pedantisch ausgearbeitete Pläne zur Niederhaltung der deutschen Industrieproduktion, hielten der neuaufsteigenden Psychologie und Politik nicht stand, so daß es sich nicht lohnt, jene nie wirklich durchgeführten Narrheiten im einzelnen zu erwähnen. Auch gewisse grundsätzliche Anfangspositionen der einzelnen Siegermächte dem deutschen Problem gegenüber erscheinen im Rückblick mehr als geschichtliche

Kuriositäten denn als Tatsachen von bleibendem Belang. Daß es Frankreich war, welches 1945/46 das Funktionieren der einzigen damals bestehenden deutschen Gesamtregierung, nämlich des Viermächte-»Kontrollrates« in Berlin, lähmte, weil es das Wiedererstehen eines zentralisierten deutschen Staates zu verhindern wünschte, und daß demgegenüber gerade die Vertreter Rußlands für Milde, für einen rascheren Wiederaufbau der deutschen Industrie und einer gesamtdeutschen Verwaltung plädierten, dergleichen ist heute vergessen; und mit Grund, weil es keine Folgen hatte. Schon 1948 gab es zwischen Franzosen und Angelsachsen keinen Wesensgegensatz mehr in der deutschen Frage. Eben damals schon war klar, daß die Einheit und Freiheit, welche der Kreml einem in seinem Ostgebiet verkürzten Deutschland bewilligen wollte, die Einheit und Freiheit der jetzt in Europa herrschenden »Volksdemokratien« gewesen wären.

Unmöglich zu sagen, ob ein deutscher Odysseus sich von den Westmächten die Erlaubnis hätte erspielen sollen und können, diese von Rußland in einem frühen Stadium der Entwicklung noch gebotenen Möglichkeiten anzunehmen und dann aus ihnen etwas ganz anderes zu machen, als was in der Absicht des Kremls lag. Die Schwierigkeiten einer solchen Politik spotteten jeder Vorstellung; auch wäre ein schweres Opfer damit verbunden gewesen, nämlich der Verzicht auf jene enge Verbindung mit Westeuropa, deren Beginn sich schon mit der Verkündung des »Marshallplanes« Frühjahr 1947 abzeichnete. Was soviel heißt, wie daß die Geschichte dann überhaupt ganz anders, niemand weiß wie, verlaufen wäre. Andererseits lag hier die einzige Hoffnung, die dauernde Spaltung Deutschlands zu verhindern und die Bewohner der von Rußland besetzten »Zone« vor der Drangsal eines landfremden, totalitären Despotismus zu bewahren. Wir entscheiden nicht, ob diese Hoffnung, diese Möglichkeit überhaupt real war; vielleicht war sie es von Anfang an nicht, so grundverdorben, wie Hitlers Krieg die Dinge zurückgelassen hatte. Jedenfalls wurde weder von Deutschen noch von den Angelsachsen eigentlich der Versuch zu ihrer Verwirklichung gemacht. Der Mann, der 1949 in der neuerrichteten »Bundesrepublik Deutschland« die Zügel ergriff, Konrad Adenauer, besaß Autorität und Geschicklichkeit in bewunderungswürdigem Maße. Aber ein listenreicher, phantasievoller Odysseus war er nicht. Unbeirrbar ging er den einen geraden Weg, auf dem die Gründung des Staates, den er führte, eben der Bonner Republik, selber der weisende Markstein war; den Weg, den Amerika wies, den vor ihm seine Vorgänger, die alliierten Militärgouverneure, gegangen waren. Sein Ziel, ein sich selber regierendes, blühendes, eng an Westeuropa und die Vereinigten Staaten angeschlossenes Westdeutschland, war der Art, daß es der Forderung nach einer Wiedervereinigung beider deutscher Teile nichts von ihrem moralischen Recht nahm, in der Welt der Machtpolitik sie aber nun praktisch unmöglich machte; denn an ein so ausgerichtetes Westdeutschland würden die Russen ihrem Teil der Beute den Anschluß nie und nimmer erlauben (wenn sie ihn je unter anderen als ihren eigensten, den kommunistischen Bedingungen erlaubt hätten).

War der Streit um Deutschland der eigentliche Gegenstand, die Ursache des »Kalten Krieges«? Oder war er nur dessen Folge und Symptom? Er war beides. Hätten die Sieger sich in der deutschen Sache einigen können, so würde solches Einverständnis sich wohl auch auf andere Konflikte wie den um Korea oder den um eine gemeinsame Ausbeutung

Die »Großen Drei« der Potsdamer Konferenz, Juli 1945
Churchill, Truman, Stalin

»Dem Kriegsverbrecherprozeß entronnen«
Karikatur von Thomas Theodor Heine. München, Städtische Galerie

der Atomenergie mäßigend ausgewirkt haben. Sie einigten sich nirgends. Nicht in der Frage einer internationalen Kontrolle und Ausbeutung der Atomenergie, für die die Vereinigten Staaten einen bahnbrechend-kühnen, von der Sowjetunion jedoch verworfenen Plan vorlegten; nicht in Korea, wo, ungefähr wie in Deutschland, die Grenze zwischen zwei Okkupationsgebieten sich in eine zwischen zwei feindlich konkurrierenden Staaten verwandelte; nicht in der Grundsatzfrage, was »Demokratie« sei. Sie mißtrauten einander überall, wünschten einander überall zu beschränken und zu blamieren; wobei das Beleidigtsein der Russen über dies Mißtrauen, ihr, vielleicht genuines, Sich-im-Recht- und Mißverstanden-Fühlen nur um so sonderbarer berühren mußte, als sie ja wirklich und zugegebenermaßen in allen Nicht-Kommunisten ihre früher oder später zu vertilgenden Feinde sahen. Viel begründeter war die Entrüstung der Amerikaner, wenn sie auch leicht in eine gewisse Selbstgerechtigkeit und fremder Psychologie unzugängliche Starre umschlug. Nie, während die Fronten erstarrten, während die Hoffnung auf eine Welt »ohne Furcht« ihnen ins Unerreichbare entglitt, zogen sie auch nur von ferne die präventive Ausnutzung des Atombombenmonopols in Betracht, solange sie es besaßen. Geduldig warteten sie, bis an die Stelle dieser ihrer entscheidenden Überlegenheit ein »Gleichgewicht des Schreckens« trat. Ebensowenig aber konnten sie sich entschließen, dem neuen Weltgegner irgendwo nachzugeben; auch nicht in einer vergleichsweise zweitrangigen Frage wie der russischen Forderung nach deutschen Reparationsleistungen »aus laufender Produktion«, die, isoliert betrachtet, nicht unvernünftig war. Von allen Regionen, in denen Amerikaner und Russen feindlich aufeinandertrafen, war Deutschland die energiereichste, zentralste. Folglich entbrannte hier ihr Gegensatz am stärksten, und beide behielten sie ihren Teil, indem sie ihn, jeder auf die für ihn typische Art, gegen den anderen organisierten.

Für die Deutschen war dieser Gang der Dinge zugleich sehr schlimm und sehr vorteilhaft. Schlimm, weil er das an sich schon furchtbar verstümmelte Land in zwei Teile spaltete, auf modernere, das hieß schärfere, wirkungsvollere, bösartigere Manier als je in der Vergangenheit. Vorteilhaft, weil eben kraft dieser Entwicklung und Spaltung die Sieger, wenigstens die im Westen, sich aus Eroberern rasch in freundliche Kontrolleure, in Berater und Helfer, zuletzt in förmliche Bundesgenossen verwandelten. So wie Russen und Angelsachsen nur gemeinsam Deutschland hatten besiegen können, so konnten sie nur gemeinsam den Charakter von Siegern behalten, und so lange war ihre deutsche Politik überwiegend negativ: Bestrafung von Hitlers politischen und militärischen Helfern und Werkzeugen, »Reparationen« und »Demontagen«, »Industriepläne« zur Niederhaltung und Dezentralisierung der Wirtschaft, Vergangenheitsforschung und Gesinnungsspionage. Von Anfang an schon standen diesen rein negativen Zielen auch positive Maßnahmen widerspruchsvoll gegenüber: die Schritt für Schritt vorwärtsschreitende Reorganisation einer deutschen Selbstverwaltung und private, großzügige Wohltätigkeit. Am Ende ist denkbar, daß solche helfenden Tendenzen auch ohne den »Kalten Krieg« allmählich die Oberhand gewonnen hätten. Ist ja der Mensch ein aufbauendes wie ein zerstörendes Wesen, in kurzen orgiastischen Augenblicken mehr dieses, auf die Dauer mehr jenes; und gerade, daß sie an Ort und Stelle die unumschränkten Herren waren, mußte die Alliierten geneigt machen, sich mit dem Land, ihrem Teil davon, und seinen leidenden Bewohnern zu identifizieren. In dem Maße nun, wie die Amerikaner, welche Engländer und Franzosen mit sich zogen, in den Russen den Gegner von morgen erkannten, hörte der Gegner von gestern auf, es zu sein; der Sieg hörte auf, einer zu sein, wurde nicht, wie der von 1918, durch die Jahrzehnte künstlich in seinem giftigen Leben erhalten; schließlich gaben sie selber den Homunkulus, die »Bundesrepublik Deutschland«, in Auftrag, die sich dann, wohl zu aller Überraschung, binnen kurzem zu einem lebenskräftigen Staat entwickeln sollte.

Über alledem lag das Gefühl, auf unvergleichlich-unbekanntem, gefährlichem Boden zu gehen. Es waren nicht die exaltierten Hoffnungen von 1919, die humanitären, revolutionären. Revolution, geführt von idealistischen Literaten, war im Grunde nirgends gewesen, sie entsprach dem Stil der Zeit nicht mehr. Auch die Bolschewisten waren jetzt keine Literaten mehr, sondern Militärs, Techniker, Macht-Techniker; wo sie einzogen, da hielt nicht Revolution, sondern neue, hartherzige Ordnung ihren Einzug, die von befohlener Lyrik geistlos verherrlicht wurde. Auch Enttäuschung und Zynismus konnten nicht so wie nach 1919 Platz greifen, weil die Wellen der Hoffnung, aller offiziellen Rhetorik zum Trotz, nie sehr hoch geschlagen hatten. Mannigfaltig und schwankend ist immer, was man die Stimmung einer Zeit nennt. In den Jahren nach 1945 waren dort, wo der öffentliche Geist sich selber frei überlassen blieb, Furcht und Skepsis stark hervortretende Elemente. Wo das möglich war, was man unlängst entdeckt und im Nürnberger Prozeß investigiert hatte, der Judenmord, und alle die Greuel, zu denen, mit Gradunterschieden, beide kriegführenden Lager sich hatten verleiten lassen – was war da nicht möglich? – In Europa, zumal in Deutschland, gab es eine gewisse Hoffnung auf die Amerikaner, eine Bereitschaft, von ihnen zu lernen – mehr vielleicht, als sie lehren konnten. Den Amerikanern fehlte das alte Europa. Sein Ausfall gab ihnen eine Weltverantwortung, die sie sich so nie gewünscht hatten, die sie aber nun für endgültig hielten. Europa erschien ihnen erschöpft, »fortgewelkt«, wie es hieß, physisch und moralisch verbraucht und keines *come-back* mehr fähig. Daß sie so bald die Führung im »Kalten Krieg« energisch übernahmen, so sehr viel darüber und fast nichts anderes mehr redeten, war bedingt durch die wirkliche russische Provokation; es mochte aber auch damit zusammenhängen, daß hier wenigstens eine profilierte Ordnung zu finden war, wenn auch eine bloß negative. Indem man jetzt Stalin mit Hitler verglich, hatte man etwas Altvertrautes in der Hand und konnte den Schlachtruf »Keine Beschwichtigungspolitik!« aus dem Erfahrungsschatz der jüngsten Vergangenheit nehmen, die sonst für diese Gegenwart verzweifelt wenig zuverlässige Lehren bot.

War der europäische Fortschrittsglaube schon längst erschüttert, so war es der amerikanische erst jetzt – der kommunistische auch jetzt nicht. Ein Erstarken der Religion konnte damit verbunden sein; nicht nur in dem unverbindlich politischen Sinn, daß jetzt in drei europäischen Ländern konservativ-demokratische Parteien ihre Politik auf dem Christentum zu gründen vorgaben; auch in dem eines schärferen, beteiligteren Fragens nach des Menschen Natur und Schicksal im Licht der christlichen Tradition. Von seiner Freiheit und deren bösem Mißbrauch, von der immerwährenden, selbstverschuldeten Gefährdung seiner Existenz und aller seiner Schöpfungen hatte das jüngst Erlebte Zeugnis gegeben. Wer es, wie der amerikanische Theologe Reinhold Niebuhr, als bestrafte menschliche Hybris auslegte, hatte jetzt mehr Zuhörer als ehedem. – Eine andere, in ihrem Anspruch gleich radikale, in ihrem seelischen Antrieb weniger wahrhaftige Interpretation war möglich: die machiavellistisch-zynische, die in dem zweiten Weltkrieg samt allen seinen Greueln und allen seinen Folgen nur eine nicht weiter zu bejammernde Bestätigung ewiger Lebensregeln sah. So konnte in Amerika ein Prophet auftreten und verkünden: Macht sei noch immer vor Recht gegangen, in Zukunft aber werde die Erde einer einzigen Macht, der russischen oder der amerikanischen, gehören müssen, dieser Kampf sei mit allen Mitteln vorzubereiten und zu führen – und gleichfalls viel gläubige Zuhörer finden.

Die Geschichtsphilosophie des Engländers Arnold Toynbee, schon in den dreißiger Jahren geschaffen, aber erst jetzt in populären Ausgaben verbreitet, wirkte gleich nach 1945 ungefähr so, wie Oswald Spenglers Philosophie nach 1919 gewirkt hatte. In vielen Beziehungen war sie der Spenglerschen ähnlich; auch sie löste die Geschichte des Menschen in die Geschichten einzelner Kulturen auf, die im Ablauf ihres Lebens und Sterbens einander ähneln. Wie Spengler glaubte Toynbee auf Grund eines so vergleichenden Systems zeigen zu können, wo die westliche Zivilisation jetzt stand; und dies war ein Grund dafür, warum viele, die ohne ihn nicht wußten, wo sie standen oder wohin sie gingen, sein Werk begierig lasen. Übrigens war er frommer als Spengler, für den das Abendland »religiös fertig« gewesen war. Wo Spengler nichts anderes empfahl als eine wohlige Erfüllung des so oder so unvermeidlichen Verfalls, wußte Toynbee von jeweils verfehlten besseren Möglichkeiten, von Schuld, von der Offenheit der Zukunft. Er rief zu moralischen Anstrengungen auf, damit unsere Zivilisation dem Schicksal entginge, das noch alle früheren getroffen hatte. Eine Haltung, die sein Wirken als praktisch entschieden nützlicher auswies, trotz der Einwände, die man gegen seine historischen Einteilungen erheben mochte.

Wie tief aber auch die Sorge derer war, die in sich den Auftrag spürten, ihr und ihrer Mitmenschen Schicksal deutend zu erhellen: in den breiten Massen überwog doch gewaltig die Lust, jetzt endlich wieder zu bauen und zu genießen; die gegebene Friedenszeit zu genießen, wäre sie nun lang oder kurz. Dieser Lust wurde freie Bahn gegeben. Dank ihrer sollte die westliche Zivilisation, die angeblich verbrauchte, erschöpfte, binnen weniger Jahre produktiver und reicher sein als je zuvor in ihrer langen Geschichte.

Wolfgang Franke

CHINESISCHE REVOLUTION

Unter dem Begriff »Chinesische Revolution« soll hier nicht ein einzelnes Ereignis hervorragender revolutionärer Bedeutung verstanden werden, sondern der gesamte Zeitabschnitt von der Mitte des 19. Jahrhunderts bis zur Gegenwart, der durch die Auflösung des traditionellen chinesischen Staates mit einer vorindustriellen landwirtschaftlichen Gesellschaftsstruktur und durch die Ansätze zur Entwicklung eines modernen Staatswesens mit einer industrialisierten Wirtschaft und Gesellschaft gekennzeichnet ist. Bis zur Mitte des vorigen Jahrhunderts war China als politische und kulturelle Einheit im wesentlichen auf sich selbst gestellt gewesen. An Einflüssen und Einwirkungen von außen hat es zwar im Laufe der Geschichte nicht gefehlt; sie haben die politische und soziale Ordnung modifizieren, aber niemals in ihren Grundlagen ernstlich in Frage stellen können. Bis an die Schwelle des 17. Jahrhunderts war China auf fast allen Gebieten, insbesondere in der politischen Organisation und in der materiellen Kultur, dem Westen überlegen gewesen. Dann begann aber das Abendland einen immer größer werdenden Vorsprung in Wissenschaft und Technik zu erlangen, der in der Industrialisierung und in der Ausbreitung westlicher Herrschaft über die Kulturvölker Asiens im 19. und frühen 20. Jahrhundert seinen Höhepunkt erreichte. Durch den Opiumkrieg 1840 bis 1842 gewaltsam dem fremden Handel und damit allen Einflüssen westlicher Kultur und Zivilisation geöffnet, wurde China in den Grundlagen seiner geistigen und materiellen Existenz erschüttert wie niemals zuvor. Der westliche Einfluß konnte nicht anders als zersetzend und auflösend auf Chinas traditionelle politische, soziale, wirtschaftliche und kulturelle Ordnung wirken und mußte China weitgehend auf den von der Entwicklung im Abendland vorgezeichneten Weg drängen. Während der Übergang zum modernen Industriestaat sich im Abendland aber über Jahrhunderte erstreckt hatte, mußte er in China innerhalb weniger Generationen erfolgen. Wie in Europa diese Entwicklung von gewaltsamen und tiefgreifenden Umwälzungen aller Art begleitet war, so brachte sie auch in China eine Folge revolutionärer Erhebungen mit sich. Diese einzelnen revolutionären Erhebungen lassen sich als Stufen in der Gesamtentwicklung der chinesischen Revolution betrachten. Freilich waren auch andere Ereignisse, wie etwa äußere Verwicklungen oder bestimmte innerpolitische Regierungsmaßnahmen, gleichfalls zuweilen von entscheidender Bedeutung für den Gang der revolutionären Umgestaltung. Doch scheinen die einzelnen Erhebungen in besonders markanter Weise aus dem Laufe der Entwicklung herauszuragen und deshalb geeignet, die folgende Darstellung in erster Linie daran zu orientieren. Dabei zeigen sich die revolutionären Bewegungen vor 1911 nur als Vorstufen, als Auftakt zu den dann folgenden größeren Umwälzungen.

Die Vorstufen zur Revolution des 20. Jahrhunderts

Die Taiping-Revolution (1851–1864)

Die Taiping-Revolution war eine der größten revolutionären Bewegungen nicht nur in China, sondern in der Weltgeschichte überhaupt. Sie ergriff ganz Mittelchina sowie große Teile von Nord- und Südchina, insgesamt ein Gebiet mit mehr als hundert Millionen Einwohnern. Etwa zwanzig Millionen Menschen sollen während der fünfzehn Jahre dauernden Kämpfe umgekommen sein. Die Taiping-Revolution trug zwar im wesentlichen noch den traditionellen Charakter der aus der chinesischen Geschichte seit zwei Jahrtausenden bekannten Bauernaufstände und vereinte soziale, religiöse und nationale Elemente. Daneben fanden sich aber zum ersten Male auch solche Elemente, die direkt oder indirekt auf westliche Einflüsse zurückgehen, so daß die Taiping-Revolution als ein Vorläufer der revolutionären Bewegungen des 20. Jahrhunderts angesehen werden muß. Sie ging einerseits auf Ursachen zurück, die auch schon in früheren Zeiten Aufstandsbewegungen hervorgerufen hatten, wie der seit der zweiten Hälfte des 18. Jahrhunderts rasch zunehmende politische Verfall der fremdstämmigen Manchu-Dynastie (1644–1912) und die wachsende Korruption des Beamtentums. Ein entscheidender Faktor war auch das ungeheure Wachstum der Bevölkerung, die sich innerhalb eines Jahrhunderts um mehr als 200 Millionen Menschen auf über 400 Millionen vermehrt hatte. Zu den wirtschaftlichen Schwierigkeiten gesellten sich aber nun zum ersten Male Einwirkungen des westlichen Imperialismus: Die für China ungünstige Handelsbilanz und der dadurch bedingte Abfluß von Silber verschärften die wirtschaftliche Notlage; der unglückliche Ausgang des Opiumkrieges schwächte das Prestige der Dynastie und trug zur Demoralisierung von Truppen und Beamten bei; durch die Verschiebung eines Teiles des früher ausschließlich auf Kanton konzentrierten Überseehandels auf die nach dem Opiumkrieg zwangsweise geöffneten nördlicheren Häfen verloren viele Transportarbeiter in Südchina ihren Lebensunterhalt und vermehrten dort die Unzufriedenheit. So konnte Karl Marx im Jahre 1853 zu dem freilich etwas zu weit gehenden Schluß kommen, daß die Taiping-Revolution durch die britischen Kanonen hervorgerufen sei und daß der Opiumkrieg das chinesische Volk zum Erwachen gebracht habe. Wirtschaftliche und soziale Faktoren waren aber für den Ausbruch der Revolution nicht allein verantwortlich. Das nationale Element, der Widerstand gegen die zumal in Südchina nie restlos verwundene Fremdherrschaft der damals freilich schon weitgehend sinisierten Manchu-Dynastie spielte keine geringe Rolle.

Die entscheidende Dynamik erhielt die revolutionäre Bewegung aber erst durch ihre sektiererische religiös-soziale Ideologie, zu deren Formung das durch die Aktivität abend-

Europäische Handelsniederlassungen in Kanton
Aus einem Gemälde, Anfang 19. Jahrhundert. Salem/Mass., Peabody Museum

»Schlagt die fremden Teufel tot und verbrennt ihre Schriften!«
Holzschnitt aus einem Pamphlet gegen die Missionare, Ende 19. Jahrhundert

ländischer Missionare in China bekanntgewordene Christentum beigetragen hatte. Dem späteren Führer der Revolutionäre, Hung Hsiu-ch'üan, der einer armen Bauernfamilie der südchinesischen Provinz Kuangtung entstammte, war in seiner Jugend durch Zufall eine Broschüre der christlich-protestantischen Mission in die Hände gekommen, deren Inhalt sein Leben entscheidend beeinflussen sollte. Nach mißglückten Versuchen, die unterste Staatsprüfung zu bestehen – die einzige Möglichkeit zum sozialen Aufstieg –, erkrankte Hung Hsiu-ch'üan und verfiel in einen geistigen Dämmerzustand. Er hatte dabei Visionen von einem alten Mann als Vater und dessen Sohn als älterem Bruder, die ihn beauftragten, die Dämonen in der Welt zu vernichten. Nach seiner Genesung glaubte er, diese Gestalten seien Gott und Jesus Christus gewesen, die ihn zu einer besonderen Mission auf Erden auserwählt hätten. Ob die Berichte über diese Visionen im einzelnen zutreffen oder nicht, ist unwesentlich. Entscheidend bleibt, daß sie für die revolutionäre Bewegung eine außerordentliche Bedeutung hatten und daß es sich dabei um nichtchinesische, christliche Gedanken handelte.

Jene Propagandabroschüre und eine zweimonatige Schulung bei einem amerikanischen Missionar in Kanton konnten Hung Hsiu-ch'üan freilich nur eine oberflächliche Vorstellung von der christlichen Religion vermittelt haben. So bestand das Christentum für ihn im wesentlichen in der Verehrung *eines* Gottes und in der Verwerfung anderer Gottheiten. Er kannte die Zehn Gebote und glaubte, daß Jesus Christus Verbrechen und Sünden vergeben und einem helfen könne, ein guter Mensch zu werden, um nach dem Tode ins Paradies einzugehen. Es waren vorwiegend Begriffe aus dem Alten Testament, die Hung übernahm. Die tieferen Ideen des Neuen Testamentes und der eigentlichen christlichen Ethik blieben ihm fremd. Die Auswirkung der Religion bei Hung und seinen Anhängern bestand in der Zerstörung der Idole anderer Religionen einschließlich der konfuzianischen Ahnentafeln. Man schrieb Gottes Namen auf ein Stück Papier, kniete davor, verbrannte Weihrauch, entzündete Kerzen und opferte Wein und Opferspeisen. Auf Grund der Visionen sah Hung Hsiu-ch'üan sich als jüngeren Bruder von Jesus Christus und Sohn Gottes an, berufen im Auftrage Gottes, die Dämonen auf Erden zu vernichten und ein Reich Gottes zu begründen. Praktisch bedeutete das den Vorsatz, die manchurische Dynastie sowie das bestehende Staatssystem zu stürzen und eine neue soziale Ordnung zu schaffen. Die Idee vom Reiche Gottes war so vollkommen säkularisiert.

Auf den Verlauf der Revolution braucht nicht näher eingegangen zu werden. In den Bergen des östlichen Teiles der Provinz Kuangsi sammelten Hung und seine Genossen Tausende von Anhängern um sich. Im Sommer 1850 begann die offene Erhebung, die ihren Herrschaftsbereich schnell ausdehnte. Im folgenden Jahre riefen die »Gottesverehrer« – so nannten sich die Anhänger der Bewegung – Hung Hsiu-ch'üan zum »Himmlischen König« im »Reiche des Himmlischen Friedens (T'ai-p'ing t'ien-kuo)« aus. Daher kommt der Name Taiping-Revolution. 1851 war das erste Jahr der neuen Dynastie, die an die Stelle des manchurischen Kaiserhauses treten sollte. In einem raschen Siegeszug drang die Bewegung nach Norden zum Yangtse vor. 1853 fiel nach kurzer Belagerung Nanking in die Hände der Aufständischen und blieb bis zur endgültigen Niederlage deren Hauptstadt.

Von besonderer Wichtigkeit sind die revolutionären Grundsätze und Maßnahmen der Taiping. Sie bedeuten zum Teil einen unmittelbaren Bruch mit der chinesischen Tradition. Teilweise gehen sie aber auch auf ältestes chinesisches Denken zurück, und es wird nicht immer klar zu entscheiden sein, welche Elemente sich jeweils stärker auswirkten. Manche Prinzipien der Taiping haben anregend und vorbildlich gewirkt sowohl auf Sun Yat-sen und die Kuo-min-tang wie auch auf die »Bewegung vom 4. Mai« und auf die Kommunisten.

Aus dem Christentum hatten die Taiping die Idee der Gleichheit aller Menschen übernommen, und daraus erklären sich zum Teil einige besonders revolutionäre Punkte des sozialen Programms. Es sollte keinen Privatbesitz mehr geben, sondern nur ein gemeinsames Eigentum der Gemeinde, also auch keinen privaten Landbesitz. Alles Land sollte der Kopfzahl entsprechend unter die Bevölkerung zur Nutznießung – nicht zur freien Verfügung – verteilt werden. Jeder durfte von der Ernte nur den zur eigenen Ernährung notwendigen Teil behalten. Alles übrige war abzuliefern. Es liegen allerdings keine zuverlässigen Nachrichten darüber vor, daß dieses System in irgendeiner Gegend durchgeführt worden ist. Jedenfalls verdient es wegen der Radikalität seiner Theorie Beachtung. Aller chinesischen Tradition widersprechend war auch die absolute Gleichstellung der Frau mit dem Manne. Frauen konnten genau wie die Männer alle zivilen und militärischen Ämter innehaben. Es gab weibliche Soldaten in besonderen Frauen-Kontingenten der Taiping-Armee. Ferner wurde Monogamie gefordert. Verkrüppelung der Füße und Prostitution waren verboten. Auf Mädchenhandel und Vergewaltigung von Frauen stand die Todesstrafe. Unbedingte Enthaltsamkeit von Opium, Tabak und Alkohol wurde von den Anhängern der Bewegung gefordert. Die pseudo-christlichen Taiping waren intolerant gegen alle anderen Religionen; Bildersturm gehörte zu ihrem Programm. An Stelle des traditionellen Mondkalenders wurde ein neuer Kalender eingeführt, der eine Verbindung zwischen solarem und lunarem Kalender darstellte. Der stark konventionelle literarische Schriftstil wurde durch Annäherung an die gesprochene Sprache aufgelockert. Von den Ausländern verlangten die Taiping die Unterstellung unter die chinesische Gerichtsbarkeit, und sie erlaubten ausländischen Missionaren nicht, im Lande zu reisen und zu predigen. Die meisten dieser Prinzipien wurden in den ersten Jahren der Erhebung auch praktisch durchgeführt. Die von einer einheitlichen religiös-politisch-sozialen Idee begeisterten Revolutionäre mit ihrer vorzüglich organisierten und disziplinierten Armee waren den demoralisierten und desorganisierten Regierungstruppen weit überlegen. Die meist schlecht bewaffneten und nur kümmerlich ausgerüsteten Revolutionäre konnten auf Grund ihrer besseren Moral, Disziplin und Organisation in der Regel die gut bewaffneten und ausgerüsteten Regierungstruppen schlagen. Diese Erscheinung kennzeichnete seit der ältesten Zeit fast alle chinesischen Revolutionsbewegungen in ihren Anfangsstadien.

Lange konnten sich die Taiping nicht auf der Höhe ihrer Macht halten. Sittlicher Verfall der führenden Schicht, der infizierend auf alle Darunterstehenden wirkte, bildete den Hauptgrund für den endgültigen Mißerfolg. Dazu kamen Nepotismus und Cliquenwirtschaft, der Mangel an fähigen Nachwuchskräften für zivile Aufgaben und militärische Führung sowie die Tatsache, daß die Revolutionäre Sympathie und nennenswerte Unterstützung weder von der konfuzianischen Gentry noch auf die Dauer von den bestehenden antimanchurischen Geheimgesellschaften zu erlangen verstanden. Auch die nach anfangs schwankender Haltung erfolgende endgültige Parteinahme der westlichen Mächte für die Manchu-Dynastie erschwerte die Lage der Revolutionäre. England und Frankreich mußten nämlich befürchten, bei einem Siege der Revolution die 1858 im Vertrag von Tientsin von der Manchu-Dynastie erlangten Konzessionen und Vorteile wieder zu verlieren. Denn die Taiping verfolgten einen wesentlich nationalistischeren Kurs als die schwache Dynastie, mit deren Schicksal die eben erkämpfte Vorzugsstellung der fremden Mächte in China verknüpft war.

Das Hauptverdienst der Niederschlagung der Taiping-Revolution gebührt aber nicht fremder Hilfe, sondern der T'ung-chih-Restauration. Gegen Ende der fünfziger Jahre schienen die Manchu-Dynastie und die traditionelle Ordnung Chinas unmittelbar vor dem Zusammenbruch zu stehen. Seit einem Jahrzehnt hatte die Taiping-Revolution die Ordnung in den zentralen, reichsten Provinzen des Reiches aufgelöst und drohte in einem neuen Ansturm die Manchu-Herrschaft hinwegzufegen. Gleichzeitig waren englische und französische Truppen in Nordchina gelandet und hatten Peking besetzt. Der Kaiser war 1860 in äußerster Verzweiflung mit seinem Hof in die nördliche Sommerresidenz am Rande der Mongolei geflüchtet, wo er im folgenden Jahre starb. Das Schicksal der Dynastie schien besiegelt. Da geschah es fast wie ein Wunder, daß mit dem Regierungsantritt des neuen Kaisers T'ung-chih in letzter Minute die führenden manchurischen und chinesischen Kreise sich in loyaler Einigkeit um das Herrscherhaus scharten. Hervorragende Persönlichkeiten nahmen die führenden Stellungen in der Regierung ein, mit der Eroberung von Nanking im Jahre 1864 wurde die Taiping-Revolution niedergeschlagen, und die Regierung konnte auch verschiedener anderer Aufstände Herr werden. Die verwüsteten Gebiete wurden wirtschaftlich wiederaufgebaut und die Ordnung wiederhergestellt. Mit den fremden Mächten gelangte man zu einem zeitweiligen *modus vivendi*. Die T'ung-chih-Restauration war ein großartiger Versuch, durch planvolle, schrittweise Reformen von oben her die traditionelle politische und soziale Struktur zu wahren und Chinas Stellung den fremden Mächten gegenüber zu festigen. Es gelang so – im Kampf gegen eine hartnäckige Reaktion –, der revolutionären Bewegung den Wind aus den Segeln zu nehmen. Während der sechziger Jahre schien der Restauration ein vorübergehender Erfolg beschieden zu sein, doch war der Verfall nicht mehr aufzuhalten. Denn auf die Dauer wurden die traditionellen Mittel den Anforderungen einer für China völlig neuen Situation nicht mehr gerecht.

Die Reformbewegung (1898)

In den neunziger Jahren erreichte das politische und wirtschaftliche Eindringen der abendländischen Großmächte in China, zu denen sich auch das schnell erstarkte Japan gesellt hatte, seinen Höhepunkt. Bis in die sechziger Jahre des 19. Jahrhunderts war eine gewinnbringende Ausdehnung des Handels vorwiegend das Ziel der fremden Mächte in China gewesen. Danach aber machte sich das Streben nach machtpolitischen Stützpunkten und nach unerschlossenen Gebieten zu kolonialwirtschaftlichen Investitionen auch in China immer mehr geltend. Es wurden nicht nur die nominell unter chinesischer Oberhoheit stehenden Randgebiete, wie die Ryukyu-Inseln, Annam, Burma und Korea, abgetrennt, sondern Deutschland, England, Frankreich und Rußland nahmen in den neunziger Jahren außer dem bereits 1842 abgetretenen Hongkong weitere Plätze Chinas gewaltsam in ihren Besitz. Die Erlangung weitgehender Konzessionen für Bergbau oder Eisenbahnbau im Innern des Landes war vorausgegangen, und die Mächte versuchten, sich bestimmte, für eine eventuelle spätere Annexion als Kolonie geeignete Gebiete zunächst als Einflußsphären zu sichern. So schien China 1898 einer Aufteilung durch die fremden Mächte nach dem Vorbild Afrikas nahe zu sein, und es ist kein Zufall, daß gerade in diesem Jahre die Reformbewegung ihren Höhepunkt erreichte.

In den Kreisen der jungen Intelligenz wuchs mehr und mehr die Erbitterung über die fremde Willkür und die eigene Schwäche. Man forderte durchgreifende Reformen des in Verfall geratenen Staatswesens. Die Anhänger der Reformbewegung, unter Führung des jungen kantonesischen Gelehrten und Anwärters für die höhere Beamtenlaufbahn K'ang Yu-wei, waren zu der Überzeugung gekommen, daß es mit der Übernahme technischer und praktischer Errungenschaften des Westens für China nicht getan sei, sondern das gesamte politische System müsse geändert werden. Sie vertraten die Ansicht, daß die altüberkommenen, grundlegenden Prinzipien der chinesischen Gesellschaft und des chinesischen Staatswesens zwar nicht angetastet werden dürften, daß staatliche Institutionen und Gesetze aber dem Wandel unterworfen und nach westlichem Vorbild zu reformieren seien. »Chinas Lehren dienen als Substanz, die Lehren des Westens zu praktischen Zwecken«, so lautete ein bekannter Wahlspruch. K'ang Yu-wei und seine Freunde wandten sich der Tradition entsprechend den geheiligten kanonischen Schriften des Konfuzianismus zu, um darin einen Weg zur Rettung aus dem Unglück der Gegenwart zu finden. Dabei kamen sie zu dem Ergebnis, daß die ursprüngliche Tradition verdorben und verfälscht sei und daß es auf das wirkliche Vorbild der ältesten Zeit zurückzugehen gelte. So glaubten sie Hinweise auf zahlreiche Institutionen und Errungenschaften des Abendlandes, die sie bewunderten und in China einzuführen hofften, bereits in den kanonischen Schriften zu finden, wie etwa die Beteiligung des Volkes an der Regierung in Form eines Parlaments, fachliche Ausbildung und Organisation des Berufsbeamtentums – das chinesische Beamtentum hatte lediglich eine allgemeine, humanistische Schulung und war kein Fachbeamtentum –, Reform des Schul- und Bildungswesens. Mit dieser neuen Auffassung der konfuzianischen Lehre gerieten die Anhänger der Reformbewegung in scharfen Gegensatz zu der offiziell seit Jahrhunderten geheiligten orthodoxen Auslegung und damit auch zu den konservativen Beamten- und Literatenkreisen. Sie konnten zwar den Kaiser und einige höhere Beamte für ihre Pläne gewinnen, sich aber nur etwa hundert Tage am Ruder halten. Dann wurde durch einen Staatsstreich der konservativen Partei unter Führung der Kaiserinwitwe Tz'u-hsi die Reformbewegung gewaltsam unterdrückt. Palastintrigen spielten dabei auch eine Rolle. Alle von der Reformpartei erwirkten kaiserlichen Verordnungen wurden nach dem Staatsstreich sofort wieder annulliert. Doch waren die neuen Ideen überall verbreitet worden und hatten, zumal im jüngeren Literatentum, das heißt in der Intelligenz, ein erhebliches Echo gefunden. In der folgenden Zeit wurden dann auch nicht wenige der von der Reformpartei geforderten Neuerungen verwirklicht, welche die von der Kaiserinwitwe gelenkte Regierung allmählich als unumgänglich erkannte. So haben K'ang Yu-wei und sein Kreis durch die Propagierung ihrer für die damalige Zeit unerhörten, neuen Ideen – auch wenn sie erst nach 1898 voll zur Auswirkung kamen – dazu beigetragen, den Boden weiterhin für die entscheidenden Stufen der Revolution vorzubereiten.

Antichristliche Agitation und die Boxerunruhen (1900)

In enger Verbindung mit der politischen und wirtschaftlichen Invasion der abendländischen Mächte in China stand das Eindringen der christlichen Mission. In erster Linie Frankreich, aber auch die anderen Kolonialmächte erzwangen entsprechende Vertragsbestimmungen oder besondere kaiserliche Verordnungen, die nicht nur die freie Verbreitung der christlichen Religion mit der dazugehörigen Errichtung von Kirchen und Missionsstationen durch ausländische Missionare sicherten, sondern auch die unbehinderte Ausübung der Religion durch einheimische Christen vertraglich garantierten und damit unter den Schutz der fremden Mächte stellten. Dadurch erhielt der fremde Missionar, gedeckt durch die Macht seines Konsuls und seiner Regierung, in seiner chinesischen Residenz eine Stellung, die der des bevorrechtigten Literaten-Standes der Shen-shih nahekam. Der Missionar konnte unmittelbaren Kontakt mit den lokalen Behörden haben und sich in Rechtsfälle zugunsten einheimischer Christen einmischen. Diese Sonderstellung des Missionars bedeutete einen Einbruch in die traditionelle, soziale Struktur Chinas und führte nicht selten zu erheblichen Spannungen. Die Shen-shih standen verständlicherweise dem die Ausschließlichkeit ihres sozialen Prestiges untergrabenden Fremden und der von ihm verbreiteten religiösen Lehre strikt ablehnend gegenüber, und sie suchten ihren Einfluß im Volke in dieser Richtung wirksam zu machen. So fanden die Missionare oft am ehesten bei Elementen, die aus irgendeinem Grunde im Gegensatz zur Gesellschaft standen, die Bereitwilligkeit zur Aufnahme der christlichen Lehre, aber nicht um des Inhaltes der Lehre willen, sondern aus sozialen Motiven, zuweilen sogar, um irgendwie die soziale Sonderstellung des fremden Missionars für sich auszunutzen. Der zum Christentum bekehrte Chinese mußte in der Regel weitgehend mit überlieferten Sitten und Gebräuchen brechen. Es ist daher begreiflich, daß die chinesischen Christen von ihrer Umwelt bereits als halbe Ausländer betrachtet wurden, zumal sie ja tatsächlich unter ausländischem Schutz standen. Wohl ohne sich dessen bewußt zu sein, haben die Mächte durch die Verquickung von Staatsmacht und Religion dem Christentum in China einen schlechten Dienst erwiesen. Die unvermeidliche Folge war, daß die Chinesen das Christentum nicht als eine religiöse Lehre werteten, sondern vielmehr als ein den politischen Interessen der abendländischen Mächte dienendes Werkzeug.

Nicht selten machten die Shen-shih ihren entscheidenden Einfluß in der öffentlichen Meinung aktiv gegen die Missionare geltend. Die provokatorische Haltung vieler Missionare trug dazu bei, leicht eine fremdenfeindliche Stimmung in weiten Kreisen der Bevölkerung aufkommen zu lassen. So kam es seit den sechziger Jahren häufig zu antichristlichen Ausschreitungen. Zuweilen mußten Missionare ihr Leben dabei lassen, und in mehreren Fällen dienten solche Zwischenfälle als willkommener Anlaß, neue Ansprüche und Forderungen an die chinesische Regierung zu stellen. Besonders aufsehenerregend war das Blutbad von Tientsin im Jahre 1870, das bei Streitigkeiten um ein katholisches Waisenhaus achtzehn Franzosen – darunter zehn Nonnen und dem französischen Konsul – den Tod brachte. Ihren Höhepunkt erreichte die antichristliche Agitation aber erst dreißig Jahre später bei den Boxerunruhen.

Zu folgenschweren Ereignissen kam es 1900 in Peking und Nordchina durch die Vereinigung von zwei Bewegungen, die anfangs nichts miteinander zu tun hatten. Die eine ging von einer religiösen Geheimsekte aus, die andere von einer Clique des Palastes. Infolge örtlicher Mißstände breitete sich in Shantung während der neunziger Jahre die sozialrevolutionäre Aufstandsbewegung einer Geheimgesellschaft mit dem Namen »Boxer der Rechtlichkeit und Eintracht« aus. Sie richtete sich, wie alle Bewegungen dieser Art, gegen wohlhabende Kreise und Beamte. Als fanatisch religiöse Sekte wandte sie sich gegen Andersgläubige, darunter auch gegen die Christen. Außerdem sahen viele in den fremden Missionaren, die sich zumal in Shantung in allen großen Ortschaften niedergelassen hatten und deren Auftreten nicht immer dazu angetan war, dem Christentum Sympathie zu verschaffen, die Hauptschuldigen an dem eigenen Unglück. Durch geschickte Einwirkung von seiten bestimmter Shen-shih- und Beamtenkreise gelang es allmählich, alle sozialrevolutionären Tendenzen in eine fremdenfeindliche Richtung abzulenken und antichristliche Agitation mehr und mehr zum alleinigen Inhalt der Aufstandsbewegung zu machen. 1900 hatte sich der Schwerpunkt der Boxer in die Provinz Hopei (Chili) verlagert. Damals gab es im kaiserlichen Palast eine reaktionäre, allen Reformen feindliche Clique, die erbittert die gemäßigte Reformen befürwortenden Elemente in Hof und Regierung sowie die mit diesen sympathisierenden fremden Gesandten bekämpfte. Es ging dabei nicht allein um sachliche Argumente, sondern weitgehend um persönlichen Ehrgeiz und persönlichen Vorteil. In den Boxern meinten nun die ziemlich bornierten Führer der reaktionären Palast-Clique ein für ihre Zwecke geeignetes Instrument gefunden zu haben. Mit Hilfe der Boxer und deren übernatürlicher Fähigkeiten – daran glaubten sie anscheinend – dachten sie die Fremden aus China vertreiben und die reformfreudigen chinesischen Kreise unschädlich machen zu können. Es gelang der reaktionären Clique, die an der Spitze der Regierung stehende Kaiserinwitwe für ihre Pläne zu gewinnen und ihre Zustimmung zum Einzug der Boxer in Peking zu erwirken. Es kam dann zu den auf Befehl der Kaiserinwitwe begonnenen Feindseligkeiten gegen die Fremden, die Belagerung der fremden Gesandtschaften durch die Boxer, vereint mit regulären Truppen, und zu einem Terrorregime in der Stadt gegen alle der Verbindung mit Fremden auch nur verdächtigen Personen. Es folgten Belagerung und Entsatz der fremden Gesandtschaften in Peking, Ankunft der internationalen Armee, Flucht der Kaiserinwitwe und des Hofes, Plünderung Pekings durch die fremden Truppen, Niederwerfung der Boxer, Rückkehr des Hofes nach Peking und das internationale Boxerprotokoll von 1901 mit seinen harten Bedingungen für China. Diese Ereignisse sind jedoch für die Entwicklung der Revolution nicht von grundlegender

Bedeutung und können deswegen übergangen werden. Wenn die Aufstandsbewegung der Boxer auch noch überwiegend traditionelle Elemente zeigt, so beruhten doch die Ereignisse von 1900 auf einer bis zu einem gewissen Grade spontanen Erhebung gegen die Fremden, die da meinten, mit gutem Recht China auf politischem, wirtschaftlichem und moralischem Gebiete demütigen zu dürfen. So ist auch die Boxererhebung eine Vorstufe für die weitere Entwicklung der chinesischen Revolution.

Die Beseitigung des staatlichen Prüfungssystems

Ähnlich wie nach der Niederwerfung der Taiping-Revolution eine Periode konservativer Reformversuche, die T'ung-chih-Restauration, folgte, so sahen nach den verhängnisvollen Ereignissen von 1900 die Kaiserinwitwe und ihre Umgebung rasch die Notwendigkeit grundlegender Reformen ein. Eine weitgehende Neuordnung und Neuorganisation des gesamten Staatswesens von oben her wurde erstrebt, um eben die Existenz dieses Staatswesens vor dem Druck der fremden Mächte und vor der Flut der anwachsenden revolutionären Bewegung zu bewahren und um es den veränderten Verhältnissen anzupassen. Dabei wurde zum großen Teil auf die Anregungen der immer noch verfemten Reformbewegung von 1898 zurückgegriffen, und viele der Maßnahmen, die in der kurzen Reform-Ära angeordnet und dann widerrufen waren, wurden nach 1900, teilweise in noch durchgreifenderer Form, erneut in Angriff genommen.

Die einschneidendste Maßnahme dieser Periode war die Beseitigung des staatlichen Prüfungswesens durch ein Edikt von 1905. Dieses Prüfungssystem war aufs engste mit dem gesamten Schul- und Bildungswesen verknüpft. Ziel allen Studiums war, in der Regel von der Elementarbildung an, das Bestehen einer Staatsprüfung. Und so entsprach der gesamte Bildungsstoff im wesentlichen dem Inhalt der staatlichen Prüfungen. Das waren nahezu ausschließlich die kanonischen Schriften des Konfuzianismus und die Anwendung der darin niedergelegten staatsethischen Doktrin in Politik und Verwaltung. Das Prüfungssystem hatte nicht nur seit der Zeit seines Bestehens dem Staate ein gleichmäßig geschultes, einheitlich ideologisch ausgerichtetes Zivil-Beamtentum geliefert, sondern es diente gleichzeitig auch dazu, die herrschende Schicht der Shen-shih zu konstituieren und durch regelmäßige Routine-Prüfungen für ihre ständige Schulung in der orthodoxen Doktrin Sorge zu tragen. Nur auf dem Wege über die offiziellen staatlichen Prüfungen war es möglich, die mit dem Shen-shih-Status verbundenen Privilegien zu erlangen; es war auch der einzige Weg zum sozialen Aufstieg. Das Prüfungssystem war in seiner Geschlossenheit und Wirksamkeit einzigartig und ist deswegen oft bewundert worden; doch hafteten ihm auch sehr erhebliche Nachteile an, und die Kritik daran ist so alt wie das System selbst. Sie erhob insbesondere den Vorwurf, bei der Beurteilung der entscheidenden literarisch-historischen Prüfungsaufsätze seien lediglich formale Gesichtspunkte ausschlaggebend, so daß der Formalismus eine wirklich geistige Durchdringung des Stoffes verhindere. In der Tat bewirkte, zumal seit dem 18. Jahrhundert, der Formalismus in weiten Kreisen der chinesischen Intelligenz geistige Erstarrung und Mangel an selbständigem Denken, so daß man einer geistigen Auseinandersetzung mit den sich rasch ändernden Verhältnissen und mit den aus dem Westen einströmenden neuen Ideen kaum gewachsen war. Alle von weiterblickenden Persönlichkeiten unternommenen Versuche, das Prüfungswesen zu reformieren, scheiterten an dem starr jede Neuerung ablehnenden Widerstand der überwiegenden Mehrheit der gebildeten Schicht. Auch die für praktische Bedürfnisse seit den sechziger Jahren errichteten Schulen für »westliche« Wissenschaft und Technik waren wenig erfolgreich; denn sie konnten keine literarischen Prüfungsgrade verleihen, und das Studium dort führte nicht zu dem mit der Erlangung eines Prüfungsgrades verbundenen sozialen Prestige und nicht zu den entsprechenden Privilegien. Die Studenten der neuen Schulen sahen – wenn sie nicht rechtzeitig in das traditionelle Prüfungssystem absprangen – ihre Karriere vereitelt. Sie mußten ihr Leben verbittert in untergeordneten Stellungen verbringen und fanden oft leicht den Weg zur revolutionären Bewegung. Es ergab sich ein verhängnisvoller *circulus vitiosus*, den es irgendwie zu durchbrechen galt: Um den traditionellen Staat zu erhalten, war die Ausbildung von Beamten in modernen, »westlichen« Wissensgebieten notwendig. Um ein ernsthaftes Studium dieser neuen Wissensgebiete durchzusetzen und um darin ausgebildete Beamte zu erhalten, mußten sie in das Prüfungswesen einbezogen werden. Durch die Aufnahme westlicher Wissensgebiete in die Prüfungen mußte aber die Ausschließlichkeit des konfuzianischen Bildungsmonopols durchbrochen und die einheitliche ideologische Ausrichtung in Frage gestellt werden. Der Verzicht, die konfuzianische Ideologie durchzusetzen, mußte aber den Bestand des traditionellen Staates gefährden und – wie es dann auch tatsächlich der Fall war – zu dessen Zusammenbruch führen. Die nach 1900 definitiv beschlossenen grundlegenden Reformen im Prüfungswesen brachten keine entscheidende Wandlung, so daß die 1905 angeordnete Integration des Prüfungswesens in die modernen Schulen, das heißt die völlige Aufgabe des traditionellen Systems der einzige Ausweg schien. Zwar blieben die alten Prüfungsgrade unverändert, konnten aber nur durch die erfolgreich bestandene Abschlußprüfung an den modernen Schulen erworben werden. Wie sich jedoch bald zeigte, war mit der Aufgabe des traditionellen Systems auch die Berechtigung für die weitere Verleihung der alten Grade zweifelhaft geworden: Die alten Formen paßten nicht für den neuen Inhalt. Der neue Inhalt sprengte schließlich nicht nur die alten Formen, sondern das ganze Gebäude des traditionellen Staates, das diese Formen umgab. Die Beseitigung des Prüfungswesens war ein Vorgang von so entscheidender Bedeutung für den bald folgenden Zusammenbruch des traditionellen politischen Systems, daß sie auch ohne das charakteristische Element einer revolutionären Erhebung als eine Vorstufe der chinesischen Revolution bezeichnet werden muß.

Die Revolution der Staatsverfassung von 1911

Die revolutionäre Bewegung und ihre Ideen

Die Revolution von 1911 ist verbunden mit dem Namen Sun Yat-sen (Sun Wen, Sun Chung-shan). Auch er stand zunächst unter dem Einfluß der Reformbewegung K'ang Yu-wei's, hatte aber auch gleichzeitig Verbindungen zu den traditionellen antimanchurischen Geheimgesellschaften. Diese hatten ihren Ursprung in den Überresten loyaler

Anhänger der in der Mitte des 17. Jahrhunderts von den Manchus gestürzten chinesischen Ming-Dynastie, und ihre Losung war: »Sturz der manchurischen Ch'ing-Dynastie und Restitution der Ming.« Wiederholt waren im 18. und 19. Jahrhundert ländliche Aufstände von ihnen ausgegangen. Sowohl die Taiping-Revolution wie die Boxer-Bewegung hatten anfangs gewisse Beziehungen zu ihnen. Sun Yat-sen wurde 1866 in einem kleinen Dorfe bei Kanton geboren; er hatte in Honolulu die Schule besucht und in Hongkong Medizin studiert. Dabei war er mit abendländischem Denken bekannt geworden. Besonders hatte ihn die christliche Erziehung in Hawaii stark beeinflußt, so daß er sich durch einen amerikanischen Missionar in Hongkong christlich taufen ließ. Er soll zunächst einer der traditionellen Geheimgesellschaften angehört haben, scheint dort aber nicht die gewünschte Resonanz für seine Ideen gefunden zu haben. Daraufhin gründete er 1892 oder 1894 mit einer kleinen Anzahl Gleichgesinnter eine eigene, revolutionäre Geheimgesellschaft unter dem Namen »Gesellschaft zur Entwicklung Chinas«. Oberflächlich gesehen schienen die Geheimgesellschaften alten Stiles die radikaleren zu sein; denn sie wollten die Manchu-Dynastie stürzen. Sie waren revolutionär im traditionellen Sinne, sie wollten eine neue Dynastie an die Stelle der alten setzen, die grundlegende politische und soziale Struktur aber unverändert lassen. Sun Yat-sen und sein Kreis wollten zwar anfangs nicht unbedingt die Dynastie beseitigen – das hielten sie erst später für unerläßlich –, sie wollten viel mehr: die Staastverfassung ändern und zunächst eine konstitutionelle Monarchie schaffen. Sie waren revolutionär im modernen Sinne. Zur gleichen Zeit entstanden Gesellschaften mit ähnlichen Zielen in anderen Teilen Chinas. Das Zentrum aller dieser Bewegungen wurde mehr und mehr die japanische Hauptstadt Tôkyô. Hier fanden die einzelnen revolutionären Führer Asyl, falls sie aus der Heimat fliehen mußten; hier konnten sie einander kennenlernen und ihre gemeinsamen Pläne und Ziele in Ruhe besprechen. Damals begannen chinesische Studenten moderner Wissenschaft und Technik in großer Zahl nach Japan zu gehen, und unter ihnen fanden die revolutionären Ideen rasch Anklang und Sympathie. So schlossen sich 1905 in Tôkyô die drei bedeutendsten Gesellschaften unter Führung von Sun Yat-sen zusammen zum Chinesischen Revolutionsbund, dem Vorläufer der späteren »Nationalen Partei« *(Kuo-min-tang)*. Als Zeichen des Protestes gegen die Manchu-Dynastie schnitten sich die Revolutionäre den Zopf ab. Die starke Betonung der antimanchurischen Haltung ging auf die Tradition der alten Geheimgesellschaften und einer Gruppe von Literaten zurück, die den Ming loyal waren; kaum minder stark wirkten aber nationalistische Ideen des Abendlandes, mit denen die Revolutionäre, meist durch japanische Vermittlung, bekannt geworden waren.

Die chinesischen Revolutionäre waren in Japan nicht nur wohlwollend geduldet, sondern sie fanden dort auch Unterstützung für ihre Ziele. Es gab zahlreiche Japaner, die aktiv bei der chinesischen Revolution mitwirkten, und bedeutende materielle Hilfeleistungen, vor allem in Form von Waffen und Munition, kamen aus Japan. Wenn man von einer Anzahl Einzelpersönlichkeiten absieht, die sich aus Idealismus und aus Sympathie für die Sache der revolutionären Bewegung in China und für Sun Yat-sen einsetzten, verfolgte die japanische Politik damals vielleicht noch nicht fest umrissene, aber doch in eine bestimmte Richtung weisende Pläne. Politische Flüchtlinge aus China sind bis zum zweiten Weltkrieg in Japan meist willkommen gewesen, nicht nur Revolutionäre, welche die bestehende Regierung zu stürzen trachteten, sondern auch Anhänger eines bereits gestürzten Regimes. Man dachte den eigenen Interessen zu dienen, wenn man Persönlichkeiten zur Macht verhalf, die Japan freundlich gesinnt waren und zur Erhaltung ihrer Machtposition des japanischen Wohlwollens bedurften. Ferner wurde seit dem Ende des 19. Jahrhunderts bis zum zweiten Weltkrieg die japanische Vorherrschaft in Ost- und Südostasien nach der Devise »Asien den Asiaten« immer offenkundiger das Ziel der japanischen Politik. Schon bald nach Ende des chinesisch-japanischen Krieges 1895 gelang es den Japanern durch geschickte Propaganda, unter Betonung der gemeinsamen asiatischen Rasse und Kultur Haß und Feindschaft der Chinesen von Japan abzulenken auf den eigentlichen gemeinsamen Gegner, das Abendland. Nicht nur standen die Führer der Reform- wie der revolutionären Bewegung stark unter japanischem Einfluß, sondern die Japaner selbst entfalteten überall in China, teilweise im Zusammenwirken mit amtlichen chinesischen Stellen, eine rege Informations- und Propagandatätigkeit. Diesem Zwecke diente insbesondere der 1898 in Tôkyô gegründete »Ostasiatische Kulturbund« mit der Aufgabe, die gemeinsamen nationalen Belange Chinas, Japans und Koreas zu koordinieren und zu fördern. Der japanische Sieg über Rußland im Jahre 1905 steigerte noch erheblich das japanische Ansehen und die Sympathie für Japan in China. Man sah in China, wie das ursprünglich verachtete kleine Inselvolk durch Modernisierung seiner militärischen, wirtschaftlichen und politischen Verhältnisse schnell erstarkt war und in einem kurzen Krieg ohne fremde Hilfe eine der gefürchteten europäischen Großmächte hatte besiegen und aus ihrer vorgeschobenen Position in Ostasien zurückdrängen können. Es ist leicht zu ermessen, welche Reaktion dieser japanische Sieg bei den ständig unter dem Druck der westlichen Großmächte stehenden Chinesen hervorrufen mußte. Wozu das kleine Japan in der Lage wäre, dazu müßte das viel größere China auch in der Lage sein. Man müßte nur China in der gleichen Weise modernisieren wie Japan. In Japan glaubte man den Vorkämpfer der Freiheit in Ostasien sehen zu können. Es galt, von Japan zu lernen und den Japanern nachzueifern. So war der japanische Sieg nicht nur ein ganz bedeutender Schritt vorwärts in Japans asiatischen Bestrebungen, sondern auch Wasser auf die Mühlen der chinesischen Revolution.

Das Programm des chinesischen Revolutionsbundes enthielt vier grundsätzliche Punkte. Es waren dies 1. die Vertreibung der Manchus und ihrer chinesischen Helfershelfer, 2. die Restauration der Herrschaft der Chinesen, 3. die Errichtung der Republik und 4. der Ausgleich der Grundbesitzrechte. Der letzte Punkt sah vor, daß, unbeschadet des Eigentumsrechtes an Grund und Boden, der Wertzuwachs des Bodens bei steigenden Bodenpreisen der Allgemeinheit, das heißt dem Staate zugute kommen solle. Diese Ideen gingen vor allem auf John Stuart Mill und die von ihm nach 1870 gegründete englische »Land Tenure Reform Association« sowie auf Henry George zurück. Es ist dies der erste Hinweis auf die später in der revolutionären Bewegung Chinas so bedeutende Agrarfrage. Damals standen freilich soziale Probleme noch sehr im Hintergrund, und Sun Yat-sen dürfte die Schwierigkeit ihrer Lösung wohl unterschätzt haben. Richtig ahnte er freilich voraus, daß eine soziale Revolution nach der politischen Revolution sehr unheilvolle Folgen haben müsse. Es dürfe daher nicht versäumt werden, beim Wechsel des politischen Systems auch für die sozialen Probleme eine befriedigende Lösung zu finden. Dementsprechend bezog Sun Yat-sen nach der »Nationalen Grundlehre« und der »Grundlehre von den Rechten des Volkes« auch die »Grundlehre von der Lebenshaltung des Volkes« in die damals bereits in ihren Grundzügen entwickelten »Drei Grundlehren vom Volk« (San min chu-i) ein. Zur politischen Organisation entwarf Sun die sogenannte »Fünf-Gewalten-Verfassung«, die eine Verbindung der drei im Westen ausgebildeten Gewalten, Legislative, Exekutive und Justiz, mit den beiden traditionellen chinesischen, Prüfung für die Beamtenauswahl und Kontrolle der staatlichen Organe und Funktionäre, darstellte. Für die Durchführung der Revolution sah Sun Yat-sen drei Perioden vor: eine dreijährige Periode der Militärregierung, eine weitere dreijährige Periode der Regierung der vorläufigen Konstitution und daran anschließend die Zeit der verfassungsmäßigen Regierung. Hier schien Sun Yat-sen an Theorien anzuknüpfen, die vor fast zweitausend Jahren durch die Kung-yang-Schule aus den »Frühlings- und Herbstannalen« (Ch'un-ch'iu) des Konfuzius entwickelt und dann am Ende des 19. Jahrhunderts von K'ang Yu-wei wiederaufgenommen worden waren.

Sehr vorsichtig war die Haltung der Revolutionäre gegenüber den fremden Mächten, die in China politische und wirtschaftliche Interessen hatten. Bereits 1907 verkündeten sie, daß sie grundsätzlich alle bis dahin von der Kaiserlichen Regierung mit ausländischen Mächten abgeschlossenen Verträge anerkennen und die China daraus erwachsenen Verpflichtungen einhalten würden. Lediglich gegen solche Fremde würden sie sich wenden, welche die Kaiserliche Regierung gegen die revolutionäre Armee unterstützten.

Durchführung und Bedeutung der Revolution von 1911

Eine Reihe von Putschversuchen, welche die Revolutionäre, meist von Südchina ausgehend, seit 1895 unternommen hatten, war fehlgeschlagen. Doch kam die Entwicklung der Revolution entgegen. Die Kaiserliche Regierung hatte zwar weitgehende und einschneidende Reformen verkündet und – wie die Beseitigung des Prüfungssystems – teilweise auch durchgeführt. Es zeigte sich aber bald, daß die Manchus letzten Endes nicht bereit waren, auch nur einen Teil ihres Herrschaftsanspruches oder ihrer besonderen Vorrechte in der politischen und sozialen Struktur des Landes preiszugeben. So kam es, daß immer weitere Kreise, ohne sich unbedingt dem Programm der Revolutionäre anzuschließen, der verfallenden Manchu-Dynastie die Gefolgschaft versagten und mit der Revolution sympathisierten.

Das wichtigste Element der revolutionären Bewegung bildeten damals wie auch später die jungen Akademiker und Studenten. Mit der Beseitigung des Prüfungssystems hatte die konfuzianische Doktrin aufgehört, eine entscheidende Stelle im Bildungswesen einzunehmen. So entstand ein Vakuum, das nur teilweise durch moderne, westliche Bildung ausgefüllt werden konnte. Das soziale Prestige ging von den Inhabern der traditionellen Prüfungsgrade auf die Absolventen der modernen Schulen im In- und Ausland über, die dadurch einen außerordentlich starken Einfluß ausübten. Ein großer Teil von ihnen wurde zweifellos von idealer Begeisterung für die hohen Ziele der Revolution und von dem ehrlichen Wunsch zur Rettung ihres Vaterlandes getragen, und manche hervorragend gebildete Persönlichkeiten befanden sich unter ihnen. Aber auch viel snobistische Arroganz, unreifes Besserwissen, mangelnde Bildung und mangelndes Verständnis für die Gegebenheiten der eigenen Kultur und der eigenen Tradition fanden sich zumal bei einem Teil der Auslandsstudenten in Europa, Amerika und Japan. Mit unverarbeiteten, oberflächlichen Kenntnissen abendländischer Kultur, ohne Können und Fähigkeiten waren die meisten der jungen Leute darauf bedacht, unter dem neuen republikanischen Regime einen einträglichen Beamtenposten zu finden. Wenn auch nur ein Teil der aus dem Ausland zurückgekehrten Studenten sich aktiv für die Revolution einsetzte, so wirkten sie doch insgesamt zersetzend auf die traditionelle Kultur und die bestehende Ordnung und trugen so dazu bei, den Boden für die Revolution vorzubereiten.

Auch die neuen, nach westlichem Vorbild ausgebildeten Kontingente der Armee, die mehr und mehr an Bedeutung gewannen, waren von den neuen Ideen erfaßt. Besonders die jungen Offiziere, die – oft im Ausland – eine moderne militärische Ausbildung erhalten hatten und schnell avanciert waren, neigten meist der revolutionären Bewegung zu – sei es aus Idealismus oder aus persönlichem Ehrgeiz. Sie sollten bei der Revolution schließlich ausschlaggebend sein und auch in der folgenden Zeit Chinas Schicksal weitgehend bestimmen.

Große Teile der Kaufleute und Industriellen, zumal unter den Auslandschinesen, sympathisierten gleichfalls mit der Revolution. Bei geschäftlichen und industriellen Unternehmungen sahen sich die chinesischen Geschäftsleute überall den Ausländern gegenüber benachteiligt. Die in den erzwungenen »ungleichen« Verträgen festgesetzten niedrigen Einfuhrzölle ließen ausländische Waren billig ins Land strömen und versagten der beginnenden einheimischen Industrie den zu ihrer Entwicklung notwendigen Schutz. Der konfuzianischen Tradition entsprechend war die Regierung grundsätzlich handelsfeindlich eingestellt und kannte keinen Unterschied zwischen Außen- und Binnenhandel. So suchten sich die Regierung wie das korrupte und habgierige Beamtentum am einheimischen Handel für die Verluste am ausländischen schadlos zu halten, indem sie Binnenzölle und andere zusätzliche Abgaben unter den verschiedensten Bezeichnungen erhoben, denen die ausländischen Händler und Waren auf Grund ihrer Machtposition nicht unterworfen waren. So konnten die einheimischen Waren, selbst wenn sie erheblich billiger herzustellen waren als die ausländischen, kaum konkurrenzfähig sein. Auf günstige Investitionsmöglichkeiten, wie Eisenbahnbauten oder Bergwerksunternehmen, legten zunächst die Ausländer die Hand. Im Ausland sahen viele Chinesen, daß sie trotz aller Diskriminierung dort unter gesetzlich geordneten Verhältnissen oft besser ihre Tätigkeit entfalten konnten als in China. Es ist so leicht zu verstehen, daß die chinesischen Geschäftsleute des In- und Auslandes wenig Sympathie für die den Fremden gegenüber machtlose Dynastie und für ein korruptes Beamtentum hatten, von dem sie sich nach Willkür ausgebeutet und ausgeplündert sahen, und daß ihnen eine Änderung der bestehenden politischen und wirtschaftlichen Zustände dringend am Herzen lag. Um sich in ihren geschäftlichen Unternehmen entfalten zu können, brauchten sie ein geordnetes Staatswesen, das über die Macht verfügte, ihnen im In- und Ausland Schutz zu gewähren. Seit Ende des 19. Jahrhunderts haben sie sich mehr und mehr auf die Seite der Revolution geschlagen und sie durch Geldspenden in einem gewissen Grade überhaupt erst ermöglicht. Es gab allerdings auch andere Geschäftsleute, die als »Kompradore« für die Ausländer arbeiteten, durch ausländische Wirtschaftsunternehmen verdienten und die bis zum Ende der dreißiger Jahre zum Teil auch in den fremden Pachtgebieten oder in den fremden Niederlassungen der Hafenstädte lebten und hier weitgehend gegen berechtigte oder unberechtigte Zugriffe der chinesischen Behörden geschützt waren. Diese Kreise standen einer revolutionären Bewegung weit weniger positiv gegenüber, aber beide Gruppen waren nicht immer klar voneinander zu unterscheiden; doch verkörperten sie grundsätzlich verschiedene Interessen und zeigten eine unterschiedliche Haltung zur Revolution.

Von Sun Yat-sen und einigen anderen abgesehen, stammten die revolutionären Akademiker und Studenten zum großen Teil aus wohlhabenden Beamten- oder auch Kaufmannsfamilien. Die neuen Ideen, die sich einzelne Familienmitglieder im In- odeı Ausland zu eigen gemacht hatten, beeinflußten häufig die übrigen Familienangehörigen. So breitete sich allmählich auch innerhalb der herrschenden Schicht die Überzeugung von der Notwendigkeit einer grundlegenden Umgestaltung des Staatswesens, nötigenfalls einer Revolution, aus. Andere Teile der früheren Shen-shih blieben freilich streng konservativ und der herrschenden Dynastie loyal ergeben. So waren oft innerhalb der einzelnen Familie die unterschiedlichsten Auffassungen vertreten. In der Zeit nach 1905 begann – zunächst nur langsam und vereinzelt – bei der herrschenden Schicht die Auflösung der strengen Familien-Hierarchie. Mit dem Prüfungssystem fiel praktisch das Kriterium für die Zugehörigkeit zu den Shen-shih, und diese verloren ihre Bedeutung als fest abgegrenzte, einheitliche staatstragende Schicht. Damit begann aber auch eine Zersetzung im Innern; schon 1911 standen die Shen-shih nicht mehr als einheitliche Gruppe geschlossen hinter der herrschenden Dynastie, wie es noch während der Taiping-Revolution der Fall gewesen war.

Am 10. Oktober 1911 wurde ein Putsch revolutionär gesinnter Truppenteile in Wuchang bei Hankou am Yangtse das Fanal der vom Revolutionsbund und von den Geheimgesellschaften sorgfältig vorbereiteten Erhebung im ganzen Land. Dank der Hilfe großer Teile des Militärs setzte sich die Revolution rasch ohne größeres Blutvergießen durch. Die Regierung war völlig kopflos und legte ihr Geschick in die Hände des aus der Zurückgezogenheit gerufenen einflußreichen und fähigen Staatsmannes Yüan Shih-k'ai. Dieser sah, daß die Manchu-Dynastie nicht mehr zu retten war, und begann mit den Revolutionären zu verhandeln. Am 12. Februar 1912 erklärte daraufhin die Kaiserliche Regierung in einem feierlichen Edikt ihre Abdankung, nachdem sie vorher Yüan Shih-k'ai unbeschränkte Vollmacht zur Organisation einer provisorischen republikanischen Regierung erteilt hatte. Damit war der auf eine etwa zweitausendjährige Vergangenheit zurückblickende konfuzianische Staat zusammengebrochen und China eine Republik geworden. Die revolutionäre Bewegung hatte ihr erstes Ziel erreicht.

Der Rahmen für die soziale und politische Ordnung des traditionellen China war der vom konfuzianisch ausgerichteten Beamtentum beherrschte Universalstaat mit dem Kaiser an der Spitze gewesen. Die Staats- und Weltanschauung, auf der dieser Staat und die soziale Ordnung beruhten, war im Laufe der Jahrhunderte zwar in ihren Einzelheiten modifiziert und weiterentwickelt worden, ihre wesentlichen Grundlagen haben sich aber vor jeder ernstlichen Erschütterung bewahren können. Seit der Han-Zeit war der konfuzianische Staat konstant der Rahmen, in dem sich alle sozialen und politischen Wandlungen vollzogen. Mit dem Sturz der Dynastie im Jahre 1911 brach dieser Staat zusammen und damit die traditionelle soziale und politische Ordnung. Der Sturz der Ch'ing-Dynastie und die ihm folgende Errichtung der Republik hatte für China eine andere, tiefere Bedeutung als der Sturz der Monarchie für die europäischen Länder. Eine zweitausendjährige – oder gar noch längere – Entwicklung war plötzlich abgeschnitten. Die konfuzianische Idee des Weltstaates hatte sich als Utopie erwiesen. Der Umsturz von 1911 war der endgültige Zusammenbruch des im Innern seit dem Opiumkrieg und der Taiping-Revolution nach und nach mehr unterhöhlten und morsch gewordenen Baues. Wichtig ist, daß die Ereignisse von 1911 nicht – wie es vielleicht anfangs scheinen mochte – eine neue Form des Dynastiewechsels darstellten, wenn sie auch noch viele charakteristische Merkmale der traditionellen Dynastiewechsel trugen und die Gründung einer neuen Dynastie bald darauf noch einmal versucht wurde. Auch war der Sturz der Manchu-Dynastie nicht die Einleitung einer neuen Epoche der Zerreißung in mehrere Teile, von denen sich der Herrscher eines jeden zum legitimen Nachfolger des Himmelssohnes erklärte. Es war vielmehr der Abschluß einer Epoche, das Ende des konfuzianischen Weltstaates. Alle traditionellen sozialen, politischen, geistigen und moralischen Grundlagen und Maßstäbe, die seit Jahrhunderten unantastbares Dogma, unanzweifelbare Wirklichkeit, ja Selbstverständlichkeit gewesen waren, verloren plötzlich ihren Halt und kamen ins Wanken. Daß sich die sozialen und sonstigen Verhältnisse im Lande nach 1911 zunächst nur sehr wenig änderten, schmälert nicht die grundlegende Bedeutung des Umsturzes der Staatsverfassung; denn er war die Voraussetzung für alle späteren Wandlungen auf geistigem, politischem und sozialem Gebiet.

Die kulturelle Revolution von 1919

Die Anfänge der Republik

Sun Yat-sen und sein Kreis, die den entscheidenden Impuls zum Sturz der Manchu-Dynastie gegeben hatten, waren von den idealsten und uneigennützigsten Absichten getrieben; und es gebührt ihnen das Verdienst, dem nicht mehr haltbaren, morschen Bau des konfuzianischen Staates den letzten Stoß zum Zerfall gegeben zu haben. Ihr Wirken war so in erster Linie destruktiv. Sie waren aber nicht in der Lage, etwas überzeugend Neues an die Stelle des zerfallenden Alten zu setzen. Ihre Ideen vom Aufbau der Republik, wie die »Drei Grundlehren vom Volk« und die »Fünf-Gewalten-Verfassung«, waren allzu theoretisch und trugen den gegebenen Verhältnissen keine Rechnung. Den revolutionären Theoretikern fehlte die Einsicht in die sich aus den historischen Voraussetzungen ergebenden politischen Möglichkeiten. Das gemeinsame Ziel des Sturzes der Dynastie hatte zeitweilig die heterogensten Elemente zusammengeführt. Als das Ziel erreicht war, lösten sie sich sogleich wieder voneinander. Sun Yat-sen und seine Anhänger waren nicht imstande, auf demokratischen Grundlagen eine Regierung ins Leben zu rufen. Die 1913 stattfindenden Wahlen zu einem Parlament waren nicht mehr als ein groteskes Spiel. Bestechung und Terror gaben dabei den Ausschlag, und bei dem »Wahlkampf« ging es lediglich um Vorteile einzelner Personen und Gruppen, für die der Sieg der eigenen Partei eine finanzielle Lebensfrage war. Politische Programme oder Ideologien spielten kaum eine Rolle. Das auf diese Weise »gewählte« Parlament hatte dann auch keinerlei Autorität, und so behielten einstweilen traditionelle Kräfte die Oberhand, die mehr politische Erfahrung und weniger Skrupel besaßen als die Revolutionäre. Yüan Shih-k'ai war in der Lage, mit Hilfe ausländischer Anleihen eine große Armee zu unterhalten und käufliche Elemente durch Bestechung auf seine Seite zu bringen. Andere Widersacher suchte er durch List und Gewalt unschädlich zu machen. Eine von Sun Yat-sen und seinen Anhängern, die die Sache der Revolution durch Yüan verraten sahen, im Sommer 1913 von Nanking aus begonnene Erhebung, die »Zweite Revolution«, konnte dieser ohne größere Mühe niederschlagen. Yüans Macht wuchs, er ließ sich vom Parlament zum Präsidenten auf Lebenszeit »wählen«, und sein letztes Ziel war die Proklamation zum Kaiser. Das konnte jedoch durch die gewaltsame Intervention anderer Militärmachthaber verhindert werden, und Yüan starb 1916, ohne sein Ziel erreicht zu haben.

Yüan Shih-k'ai und die ihm folgenden Militärmachthaber wußten zwar die sich bietenden Möglichkeiten geschickt für sich auszunutzen, aber ihre Handlungen dienten keiner Idee und keinem höheren Zweck; denn der traditionelle Staat und die traditionelle Staatsethik bestanden nicht mehr. Die in der Vergangenheit nach einem Umsturz in der Regel bald wieder an die zivile Autorität zurückgehende Staatsgewalt blieb für die nächsten Jahrzehnte beim Militär. Für die Militärmachthaber waren aber meist nur der eigene Ehrgeiz und das eigene Machtstreben maßgebend. Die Zeit nach 1911 ist gekennzeichnet durch die Kämpfe einzelner Militärmachthaber oder Gruppen von Militärmachthabern gegeneinander um die Herrschaft in der Zentrale oder auch nur in einer Provinz oder in einem Teil des Reiches. Uralte, durch die Jahrhunderte nur teilweise ausgeglichene regionale Sonderinteressen und Gegensätze machten sich erneut geltend und überwogen meist die politischen Meinungsverschiedenheiten. Neue Machtzentren bildeten sich nicht selten in den Gebieten, in denen sie sich auch schon in der Vergangenheit gebildet hatten. Überhaupt ähnelte die Lage vergangenen Übergängen von einer verfallenen Dynastie zu einer neuen. Der entscheidende Unterschied war nur das Fehlen der konfuzianischen Staatsidee von der Einheit des Reiches mit einer zentralen Herrschergewalt an der Spitze. Viele oder vielleicht sogar die meisten der erfolgreichen Militärmachthaber der Vergangenheit hatten sich ausgesprochen oder unausgesprochen als künftige Kaiser gefühlt, ihre Aufgabe in der Einigung des Reiches gesehen und so ihren Anhängern eine leitende Idee geben können. Die nach 1911 noch vorhandenen Überreste der traditionellen konfuzianischen Staatsidee hatten nicht mehr die Lebenskraft, als grundlegend zu wirken. Yüan Shih-k'ai's Streben nach der Kaiserwürde war daher zum Scheitern verurteilt, und die rein persönlichen, machtpolitischen Interessen der einzelnen Militärmachthaber traten um so unverhüllter hervor. Die meisten waren in den von ihnen beherrschten Gebieten mehr oder weniger unumschränkte Diktatoren, die kaum mehr taten, als sich auf Kosten der Bevölkerung, in erster Linie der

Bauern, die Kassen zum Unterhalt ihrer Truppen zu füllen. Zuweilen suchten sie auch durch industrielle und Bergwerksunternehmen neue Hilfsquellen zu erschließen. An die immer dringender werdenden politischen und sozialen Reformen dachte kaum einer. Allen Militärmachthabern und den mit ihnen zusammenarbeitenden Gruppen und Personen, die in der Hauptstadt Peking und in den Provinzen um die Macht kämpften, war vielmehr eine sehr konservative, wenn nicht gar reaktionäre, fortschrittsfeindliche Haltung gemeinsam. Im Grunde standen sie alle Sun Yat-sen und den Revolutionären feindlich gegenüber. Indessen reichte diese gemeinsame Gegnerschaft nicht dazu aus, gegenseitige Differenzen zu überbrücken. Manche verbündeten sich sogar zeitweilig mit Sun Yat-sen, der mit ihrer Hilfe 1918 in Kanton eine Gegenregierung gegen Peking ins Leben rief.

Die Vorgänge in China wurden in nicht geringem Grade mittelbar oder unmittelbar durch die Politik der fremden Mächte beeinflußt, die bald diesen, bald jenen Militärmachthaber unterstützten und so ihr Teil dazu beitrugen, daß es zu keiner Einigung kam. Dabei war seit der Zeit um die Jahrhundertwende Japan immer mehr in den Vordergrund getreten. Japans erster Versuch, auf dem Festland Fuß zu fassen, war zwar 1895 mit dem Einspruch von Shimonoseki durch Rußland, Frankreich und Deutschland vorläufig verhindert worden. Der japanische Sieg über Rußland im Jahre 1905 ließ dann aber Japan seine ersten Ziele auf dem Festland erreichen: die Übernahme des russischen Pachtgebietes Liao-tung und der von den Russen gebauten südmanchurischen Eisenbahn und die Angliederung Koreas, dessen Annexion 1910 folgte. Parallel zu dieser auswärtigen Expansion war – wie erwähnt – Japan seit den neunziger Jahren bemüht, auch auf die innerchinesische Politik Einfluß zu gewinnen. Das Haupthindernis für ein weiteres politisches und wirtschaftliches Vordringen der Japaner auf dem Kontinent waren die westlichen Großmächte, die dann allerdings durch den ersten Weltkrieg weitgehend in Europa gebunden waren, so daß Japan bald seine Ziele in Ostasien offen verfolgen konnte. Japans Eintritt in den Krieg auf seiten der Alliierten gab den Grund, das deutsche Schutzgebiet Kiaochou anzugreifen und sich in der Provinz Shantung festzusetzen. Einflußreiche Kreise Japans drängten aber, die Gelegenheit noch weiter auszunutzen, und so kam es Anfang 1915 zu den »Einundzwanzig Forderungen« an China. Die am 18. Januar 1915 dem damals noch mächtigen Präsidenten Yüan Shih-k'ai vorgelegten Forderungen betrafen 1. die Übernahme der deutschen Rechte und Interessen in Kiaochou und Shantung, 2. japanische Sonderinteressen in der Manchurei und Inneren Mongolei, 3. die weitgehende Unterstellung wichtiger chinesischer industrieller Unternehmungen unter japanische Kontrolle, 4. die Nichtabtretung irgendwelcher Küstenplätze an eine dritte Macht und 5. die weitgehende Verwendung japanischer »Berater« in allen politischen, militärischen, wirtschaftlichen und kulturellen Institutionen in ganz China, so daß praktisch die Japaner dann das gesamte öffentliche Leben Chinas kontrollieren würden. In den folgenden Verhandlungen setzte die chinesische Regierung dem japanischen Ansinnen nachdrücklichen Widerstand entgegen, und auch England und die Vereinigten Staaten intervenierten, da sie eigene Interessen bedroht sahen. Schließlich ließen die Japaner die fünfte Gruppe der Forderungen fallen und erzwangen die Annahme der übrigen in modifizierter Form durch ein Ultimatum am 5. Mai 1915, vor dem die chinesische Regierung notgedrungen kapitulierte.

Sun Yat-sen

Chinesische Grundstoffindustrie der zwanziger Jahre:
Kokerei und Steinkohlengruben bei Fushun in der Mandschurei

Die Erbitterung weitester Kreise in ganz China über die japanischen Forderungen war stark, und die Erregung schlug hohe Wogen. Hätte Yüan Shih-k'ai damals die Entschlossenheit gefunden, das Ultimatum der Japaner zurückzuweisen und zum bewaffneten Widerstand aufzurufen, wäre er wohl der begeisterten Sympathie des ganzen Landes – einschließlich des größten Teils der ihm an sich feindlich gesinnten Revolutionäre – sicher gewesen, und man hätte ihn als den Führer der Nation anerkannt. Yüan hat diesen sehr riskanten und folgenschweren Schritt nicht gewagt. Das hat sein Prestige in China sehr geschwächt, zu seinem Sturz im folgenden Jahr beigetragen und die Ereignisse von 1919 vorbereiten helfen. Zudem mußte Yüan jetzt mit einem Einspruch der Japaner bei seinen monarchistischen Plänen und mit weiterer Unterstützung der Revolutionäre um Sun Yat-sen durch die Japaner rechnen. Denn Yüans zentralistische Politik bot den Japanern wenig Chancen, ihren besonderen lokalen Interessen in der Manchurei wie in Süd-China nachzugehen. Ein möglichst geteiltes China mit zwei oder mehr Japan genehmen, völlig von Japan abhängigen Persönlichkeiten an der Spitze war ein in Japan viel propagiertes Ziel, und die japanische Politik hat seitdem stets zu verhindern gesucht, daß sich in China eine starke Zentralgewalt bildete und dabei offen oder geheim die Kräfte unterstützt, die gegen die bestehende Zentralgewalt kämpften.

Der japanische Druck trug nicht unwesentlich zu dem im August 1917 erfolgten Eintritt Chinas in den Krieg gegen Deutschland bei. Wenn man von den keineswegs zu unterschätzenden innerpolitischen Beweggründen bestimmter Gruppen absieht, die glaubten, durch die Kriegserklärung Vorteile für die eigene Machtposition erlangen zu können, versprachen sich viele etwas weiter blickende Chinesen auf Grund der Kriegserklärung Stimme und Berücksichtigung Chinas beim künftigen Friedensvertrag zu erlangen. Sie hofften, die mit den »Einundzwanzig Forderungen« zugestandene Abtretung der ehemaligen deutschen Besitztitel und Rechte in Shantung an Japan bei den Friedensverhandlungen zugunsten Chinas rückgängig machen zu können. Die von England und Frankreich bereits vor dem Eintritt Chinas in den Krieg Japan gegebenen geheimen Versprechungen hinsichtlich der deutschen Rechte in Shantung waren damals in China noch nicht bekannt. Als sich zwei Jahre später die chinesischen Hoffnungen nicht erfüllten, waren Enttäuschung und Erbitterung um so größer.

Die Bewegung vom 4. Mai 1919

Zu Beginn des Jahres 1919 sandte China als eine am Kriege gegen Deutschland beteiligte Macht eine große Abordnung zur Friedenskonferenz nach Paris. Auf chinesischer Seite knüpfte man große Erwartungen an diese Konferenz nicht zumindest auf Grund des fünften Punktes der dem Waffenstillstand vorausgegangenen Erklärung des amerikanischen Präsidenten Wilson, der »eine freie, vorurteilslose und absolut unparteiliche Schlichtung« aller kolonialen Fragen vorsah. Die chinesischen Abgeordneten unterbreiteten einen umfangreichen Vorschlag, der durch die Annullierung der »ungleichen Verträge« China aus seinem halbkolonialen Status befreien und ihm eine gleichberechtigte Stellung unter den Siegermächten gewährleisten sollte. Die Konferenz wies jedoch die Behandlung der

Vorschläge zurück, indem sie sich für diesen Themenkreis als nicht zuständig erklärte. Auch hinsichtlich der Rückgabe der deutschen Rechte in Shantung konnte China seine Ansprüche gegen Japan nicht durchsetzen und fand dabei nicht einmal die erhoffte amerikanische Unterstützung. So kamen die Artikel 156–158 des Versailler Vertrages zustande, die das ehemalige deutsche Schutzgebiet und alle früheren deutschen Rechte in der Provinz Shantung ohne alle Einschränkung Japan zusprachen.

Als in China die Öffentlichkeit vom Stand der Verhandlungen erfuhr, riefen die Nachrichten größte Erregung und Empörung hervor, zumal in den akademischen Kreisen. Am 4. Mai 1919 fand eine große Protestdemonstration Pekinger Studenten gegen die Unterzeichnung des Friedensvertrages und gegen eine Gruppe japanfreundlicher Politiker in der Regierung statt. Dabei wurden mehrere Studenten verhaftet. Daraufhin folgten weitere Studentendemonstrationen im ganzen Land sowie Streiks der Arbeiter in den neuen Industriezentren und ein Boykott japanischer Waren, der von großen Teilen der Kaufmannschaft unterstützt wurde und während seiner etwa einjährigen Dauer den japanischen Chinahandel sehr empfindlich traf. Die Regierung gab daraufhin dem Druck der öffentlichen Meinung nach und verweigerte die Unterzeichnung des Vertrages. Die angegriffenen Politiker traten von ihren Regierungsämtern zurück. Damit hatte die Studentenbewegung ihre wesentlichen Ziele erreicht.

Diese äußeren Vorgänge der 4.-Mai-Bewegung scheinen nicht allzu wesentlich und ihrer Bedeutung nach weit hinter den Ereignissen von 1898, 1900 und 1911 zurückzustehen. Dennoch sind sie der sichtbare Ausdruck einer außerordentlich bedeutsamen Entwicklung und daher von entscheidender Wichtigkeit für die chinesische Revolution.

Neben den bereits erwähnten, grundlegenden politischen Veränderungen mit ihren verhängnisvollen Folgen hatten die Jahre zwischen 1911 und 1919 auch manche Wandlungen wirtschaftlicher und sozialer Art mit sich gebracht. Infolge des Krieges war die wirtschaftliche Aktivität der europäischen Mächte in China wesentlich zurückgegangen. Die Industrien Europas produzierten in erster Linie kriegswichtige Güter, so daß die europäischen Waren mehr und mehr vom chinesischen Markt verschwanden. Vermehrung der amerikanischen und japanischen Einfuhr konnte diesen Rückgang nur teilweise ausgleichen, so daß sich eine günstige Gelegenheit zur Ausdehnung der bisher nur sehr geringen einheimischen Industrie bot. Das betraf insbesondere die Textilindustrie und Getreidemühlen sowie die Herstellung von Streichhölzern, Zigaretten, Zement, Konserven. Städte wie Shanghai, Hankou und Tientsin wurden in dieser Zeit weitgehend industrialisiert. Auch an den Knotenpunkten der neu gebauten Eisenbahnen bildeten sich neue Wirtschaftszentren, die große Mengen von Bauern als Arbeiter anzogen. So begann sich eine, wenn auch im Verhältnis zur Gesamtbevölkerung noch recht kleine Schicht von Industriearbeitern zu bilden, die es vordem in China nicht gegeben hatte. Diese Arbeiterschaft löste sich von den Bindungen der traditionellen Familie, auf deren wirtschaftlicher Einheit vorwiegend die absolute Autorität des Familienoberhauptes beruht hatte. Die traditionelle Bauernfamilie war im wesentlichen selbstgenügsam in der Produktion wie im Konsum, und über den engsten Kreis der Nachbarn hinaus war die Verbindung mit Außenstehenden auf ein Minimum beschränkt. Wirtschaftliche Unternehmen der Vergangenheit wählten ihr

Personal stets in erster Linie nach Gesichtspunkten der Familienzugehörigkeit aus. Eine Ausnahme bildeten lediglich die großen staatlichen Bauten, für die *zeitweilig* Arbeitskräfte wahllos rekrutiert wurden, die aber nach Beendigung der Arbeit in ihre Familie zurückkehrten.

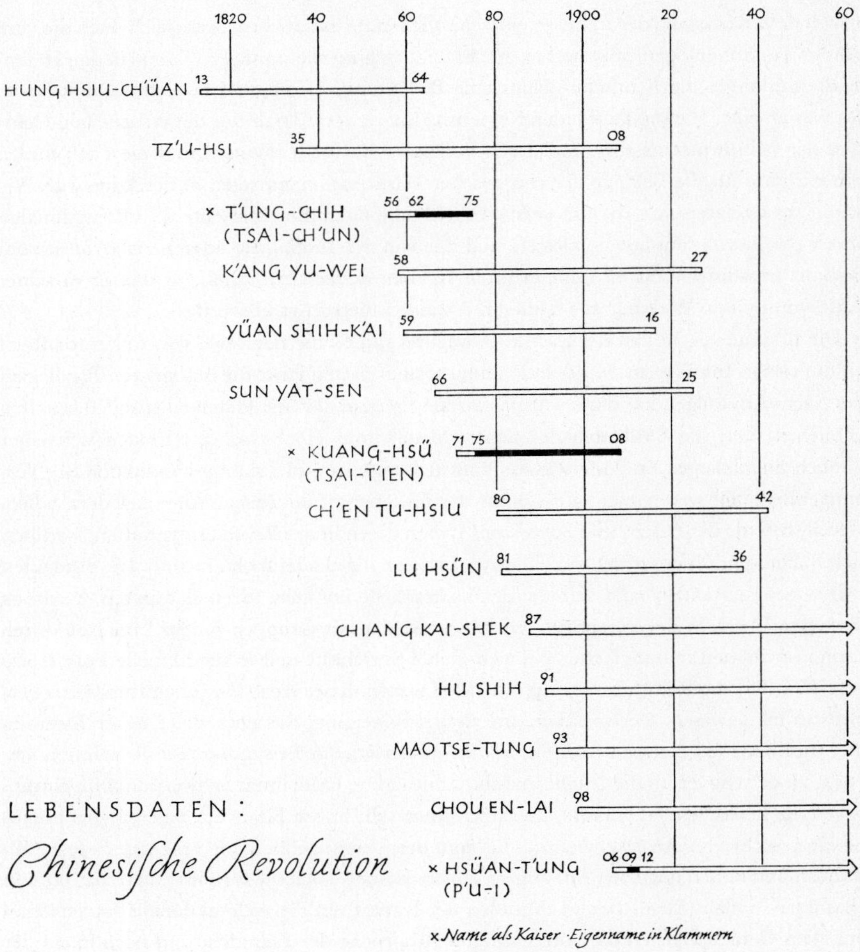

Moderne Betriebe müssen ihr Personal aber in erster Linie nach individueller Eignung und Befähigung auswählen, ohne durch Rücksichtnahme auf Familienzugehörigkeit gebunden zu sein. So eröffneten moderne Betriebe mit ihrem *dauernden* Bedarf an Arbeitern dem einzelnen eine Existenzmöglichkeit außerhalb der Groß-Familie. Der einzelne konnte sich gegebenenfalls der Autorität des Familienoberhauptes entziehen oder wenigstens damit drohen und so die eigenen Wünsche gegen den Druck der Familie durchsetzen. Damit geriet die vorher nahezu absolute Autorität des Familienoberhauptes und die traditionelle

Familienstruktur ins Wanken. Die so emanzipierten Arbeiter moderner Betriebe bildeten den Grundstock einer neuen proletarischen Klasse, die neuen Ideen und Lehren leichter zugänglich war als die konservativen, an den alten Normen und Bindungen festhaltenden Bauern.

Mit dem Rückgang der fremden wirtschaftlichen Aktivität vermehrten sich auch die vom Ausland unabhängigen chinesischen geschäftlichen Unternehmungen. Zumal in den Hafenstädten erlangte die Kaufmannschaft eine Bedeutung, die sie vorher nicht gehabt hatte. Sie war an einer starken nationalen Regierung interessiert, die sie vor der Willkür und Geldgier der Militärmachthaber und deren korrupter Beamten schützte und die nach außen hin wirksam für die Belange der chinesischen Wirtschaft einzutreten in der Lage war. Wie schon 1911 zeigten sich 1919 in verstärktem Maße auch die Kaufleute für alle nationalen Ideen der Revolution aufgeschlossen, und der von der Intelligenz ausgehende Aufruf zum Boykott japanischer Waren fand in ihren Kreisen starken Widerhall, so daß er in seiner Ausdehnung und Wirkung alle früheren Aktionen dieser Art übertraf.

Die führende Rolle bei der 4.-Mai-Bewegung spielte die nach wie vor außerordentlich einflußreiche Intelligenz. Mit dem Prüfungssystem hatten zwar die besonderen Privilegien der Shen-shih aufgehört; doch war das soziale Prestige des Gebildeten einstweilen erhalten geblieben, und die Studenten der neuen Mittel- und Hochschulen erfreuten sich einer ähnlich angesehenen Stellung wie die jungen Literaten und Prüfungskandidaten der Vergangenheit. Sie waren nicht unbedingt die Urheber neuer Ideen. Aber bei dem hohen Anteil, den die des Lesens und Schreibens Unkundigen in der Bevölkerung hatten, wandten sich Bücher und Zeitschriften stets in erster Linie an die akademische Jugend. Die Studenten waren gewissermaßen »die Stimme des Volkes«. Sie konnten Ideen sichtbaren Ausdruck verleihen. Auch in der Vergangenheit hatten wiederholt Gruppen junger Literaten durch Demonstrationen mannigfacher Art sich Gehör verschafft und in die aktuelle Politik eingegriffen. Für die Reformbewegung von 1898 war in dieser Weise die junge Intelligenz verantwortlich gewesen. Sie war aber eine *Reform*-Bewegung, die trotz vieler neuer Ideen an den traditionellen Normen festhielt, und keine *revolutionäre* Bewegung. Die Revolution von 1911, an der wiederum die Intelligenz stark mitwirkte, hatte ihren Schwerpunkt im Kampf gegen die herrschende Dynastie, und über einen sehr engen Kreis um Sun Yat-sen hinaus bestand nicht die Absicht, vollständig mit der Vergangenheit zu brechen. Selbst Sun Yat-sen und seinen nächsten Anhängern fehlten damals noch die für die spätere Revolution charakteristischen Elemente: nach außen der Kampf um die volle nationale Souveränität auf allen Gebieten gegen die Vorrechte und Ansprüche der Fremden, und nach innen der Kampf gegen die althergebrachten Normen und Gewohnheiten sowie gegen die traditionelle soziale Struktur – in der kommunistischen Terminologie »Kampf gegen den Imperialismus« und »Kampf gegen den Feudalismus« genannt. Erst bei der 4.-Mai-Bewegung traten diese Elemente zum ersten Male scharf hervor. Anders noch als 1911 standen sich hier die Fronten des Neuen und des Alten deutlich gegenüber. Die fortschrittlich gesinnten Dozenten der Hochschulen und die unter ihrem Einfluß stehenden Studenten waren die Repräsentanten der neuen Ideen, die in der »Bewegung für kulturelle Erneuerung« ihren Ausdruck fanden.

Von entscheidendem Einfluß auf das Zustandekommen und auf die Entwicklung dieser Bewegung war die 1915 in Shanghai gegründete Zeitschrift »Neue Jugend« – später mit dem französischen Untertitel »La Jeunesse« –, um die sich die führenden Männer des Fortschritts sammelten. Inhalt der Zeitschrift bildeten einmal die Kritik an der chinesischen Tradition und zum anderen die Behandlung der abendländischen Kultur und ihrer Exponenten. Begründer und Herausgeber der Zeitschrift war Ch'en Tu-hsiu. Er hatte zu Beginn des Jahrhunderts in Japan studiert, aber trotz revolutionärer Gesinnung seine Unabhängigkeit gewahrt und sich nicht der revolutionären Bewegung Sun Yat-sens angeschlossen. 1917 berief ihn der neu ernannte, aufgeschlossene Präsident der Universität Peking, Ts'ai Yüan-p'ei, an die dortige literarische Fakultät. Andere aus dem Kreise um die »Neue Jugend« folgten, unter ihnen Hu Shih, Li Ta-chao, Wu Yü, Lu Hsün. So wurde die Universität Peking das geistige und dann auch das organisatorische Zentrum der 4.-Mai-Bewegung. Angeregt durch die »Neue Jugend« und die zu ihrem Kreise gehörenden akademischen Lehrer riefen die Studenten der Universität Anfang 1919 selbst eine Zeitschrift ins Leben unter dem Titel »Neue Flut«, die zu einer geistigen Revolution aufrief. Andere Zeitschriften mit ähnlicher Tendenz begannen bald in allen akademischen Zentren Chinas zu erscheinen. Auch Mao Tse-tung weilte im Winter 1918/19 als Bibliotheksangestellter an der Universität Peking. Die unmittelbare Berührung mit der neuen Bewegung war für seine weitere geistige Entwicklung von erheblicher Bedeutung.

Die Ideen der »Bewegung für kulturelle Erneuerung«

Die »Bewegung für kulturelle Erneuerung« richtete ihre Angriffe in erster Linie und mit besonderer Schärfe gegen den Konfuzianismus. Die Anhänger der neuen Ideen sahen ihn als den Hauptträger der traditionellen Ordnung und des traditionellen Denkens und daher als ein Hindernis für allen Fortschritt an. Dem entgegen traten die konservativ-reaktionären Kreise der Militärmachthaber und ihrer Gefolgsleute – Beamte, Politiker und Literaten alten Stiles – für den Konfuzianismus und für die traditionellen Lebensformen und Ideen ein. Durch die mit dem Opiumkrieg einsetzende Entwicklung war der Konfuzianismus in seiner politisch-universalistischen Grundlage mehr und mehr erschüttert und schließlich ad absurdum geführt worden. Durch die Reformbewegung, die Abschaffung des Prüfungssystems und die Verkündung der Republik war er auch als ethisch-politische Staatsdoktrin zusammengebrochen. Dies mögen viele der führenden Anhänger des Konfuzianismus, zu denen auch K'ang Yu-wei, der Führer der Reformbewegung von 1898, gehörte, instinktiv gefühlt haben, ohne sich über die letzten Konsequenzen dieser Vorgänge klar zu sein. Hinzu kam in manchen Kreisen ein aus den psychologischen Wirkungen des Kolonialismus und der damit verbundenen christlichen Mission erklärliches Inferioritätsgefühl, daß in China keine Religion eine dem Christentum im Abendlande vergleichbare Bedeutung habe. So glaubten sie gewissermaßen das Dach eines Hauses noch ausschmücken zu können, dessen Grundmauern bereits eingestürzt waren. Konfuzius sollte als Gott verehrt werden, und dem Konfuzianismus sollte in China die Rolle zufallen, die das Christentum im Abendland spielte. Eine Reihe teilweise weit verbreiteter Zeitschriften warb, zumal durch Beiträge

K'ang Yu-weis, für die Proklamation des Konfuzianismus als Staatsreligion. Bei Yüan Shih-k'ai fielen diese Anregungen auf fruchtbaren Boden; 1914 führte er den Konfuzius-Kult wieder ein, und auch die folgenden Präsidenten und Machthaber zeigten sich dem Konfuzianismus kaum weniger geneigt, da sie in ihm einen Schutz ihrer Herrschaft gegen revolutionäre Kräfte zu sehen meinten.

Beim Kampf, der von der »Neuen Jugend« gegen den Konfuzianismus geführt wurde, ging man zunächst vorwiegend von traditionellen chinesischen Voraussetzungen aus. Man rief die bekannte Tatsache wieder ins Bewußtsein zurück, daß zu Lebzeiten des Konfuzius im 6. und 5. vorchristlichen Jahrhundert und in den ersten Jahrhunderten danach die konfuzianische Lehre ja nur eine unter vielen gewesen sei und sich erst später allmählich als allein anerkannte offizielle Staatsdoktrin habe durchsetzen können. Man griff auf die Argumente der mit dem Konfuzianismus rivalisierenden Lehren der Taoisten, der Legalisten, des Mo Ti und anderer zurück und entwickelte sie weiter. Gern führte man alte Gegner der Konfuzianer wieder ins Feld, wie etwa Li Cho-wu (1527–1602), den die literarische Inquisition des 18. Jahrhunderts fast der Vergessenheit hatte anheimfallen lassen. Einige Titel von Aufsätzen zeigen, von wo aus der Angriff gegen die traditionelle Lehre ging: »Über das Familiensystem als Wurzel des Despotismus«, »Die Moral des Konfuzius und das Leben der Gegenwart«, »Menschenfresserei und Sittliche Lehre«, »Die taoistische und die Rechtsschule als Gegner der traditionellen Moral«, »Die passive Revolution des Lao-tzu und Chuang-tzu«, »Widerlegung von K'ang Yu-wei's These, daß die traditionelle Beziehung von Fürst und Untertan nicht aufhebbar sei«. Viele sahen, wie zu ihrer Zeit hinter den hohen Begriffen der konfuzianischen Ethik sich oft nur niedrige Selbstsucht versteckte, wie die auf Ehrfurcht gegen die Älteren gegründete traditionelle, patriarchalische Familienordnung nicht selten dem Familienoberhaupt dazu diente, die übrigen Familienmitglieder zu unterdrücken und auszunutzen, wie die Autorität und Würde von Kaiser und Beamten vortreffliche Gelegenheit zur Ausdehnung der eigenen Macht und des eigenen Reichtums auf Kosten anderer boten. Immer wieder wird auf Beispiele in der chinesischen Geschichte hingewiesen, die ein krasses Mißverhältnis zwischen Theorie und Praxis der konfuzianischen Moral erkennen lassen. Freilich wurde nicht selten über das Ziel hinausgeschossen, aber es war auch viel Wahres in den temperamentvollen Angriffen auf den Konfuzianismus enthalten. Nicht anders als im Abendland die Grundsätze des Christentums häufig von den sich darauf berufenden Machthabern in Kirche und Staat mißbraucht worden sind, hat in China die konfuzianische Lehre oft als Werkzeug oder als Deckmantel für Handlungen dienen müssen, die ihrem Geiste widersprachen. In den letzten Jahrhunderten ist der Konfuzianismus unter einer engherzigen Orthodoxie immer mehr zu einem hohlen System von Formen und Regeln ohne eigentliches Leben geworden. Und vollends im 20. Jahrhundert waren Vorschriften der konfuzianischen Ethik allzuoft nicht mehr als ein billiges Mittel für reaktionäre Machthaber in der Familie oder im Staate, um alle Oppositionen gegen die eigene Mißwirtschaft und Verkommenheit zu unterdrücken. Yüan Shih-k'ai und seine Nachfolger als Präsidenten sowie die lokalen Militärmachthaber haben den Konfuzianismus in diesem Sinne hochgehalten. Die bis in den Anfang der dreißiger Jahre vorwiegend anti-konfuzianische Kuomintang (KMT) sprach in dem Grade, wie sie innerlich verfiel, von den traditionellen konfuzianischen Tugenden. Und das letzte Beispiel war schließlich die Wiedereinführung des Konfuziusopfers und die Propagierung konfuzianischer Ideen durch die Japaner in den von ihnen besetzten Gebieten Nordchinas 1937 bis 1945.

Beim Angriff auf den Konfuzianismus blieb es nicht bei den traditionellen Argumenten. Ch'en Tu-hsiu sah ihn untrennbar verknüpft mit dem monarchistischen System und unvereinbar mit der Republik. Vollständiger Bruch mit der Tradition – nicht nur mit dem Konfuzianismus –, Übernahme der westlichen Kultur und Fortschritt oder Beibehaltung der traditionellen Kultur sowie des Konfuzianismus und Untergang, das schien ihm die einzige Alternative zu sein. Die westliche Kultur war für Ch'en Tu-hsiu und seine Anhänger gleichbedeutend mit »Demokratie« und »Wissenschaft«; darin sahen sie den Grund für die Aktivität und Vitalität des Westens und für seine Überlegenheit über China. Ihr Verständnis des Abendlandes war sehr oberflächlich, das Europa vor dem 18. Jahrhundert war ihnen unbekannt. Ihr Begriff von der »Demokratie« stammte vom Manchester-Liberalismus, ihr Ziel war die Befreiung des Individuums von allen Schranken traditioneller Bindungen; sie glaubten, daß das von allen Fesseln gelöste Individuum in China ähnliche Erfolge erringen könne wie im Westen. Unter »Wissenschaft« verstanden sie einmal eine Methode zum materiellen Fortschritt, vor allem aber ein Mittel zum Kampf gegen den »Aberglauben«, als den sie schlechthin jeden religiösen Glauben bezeichneten. Die »Wissenschaft« sollte zur Auflösung der auf gewissen religiösen Grundbegriffen beruhenden traditionellen sozialen Ordnung dienen, sie sollte den Konfuzianismus wie auch alle anderen religiösen Lehren und religiös bedingten Überlieferungen überwinden helfen. Diese Traditionsfeindlichkeit sowie die kritiklose, oberflächliche Bewunderung westlicher Staats- und Gesellschaftsformen und westlichen Denkens waren charakteristisch für die meisten Angehörigen der chinesischen Intelligenz jener Zeit; und sie haben sich zum Teil auch noch weit darüber hinaus erhalten. Durch die amerikanische Kulturpropaganda wurden immer mehr die Vereinigten Staaten und die amerikanischen Lebensformen das Vorbild. Eine außerordentlich starke Wirkung hinterließen etwa die Gastvorlesungen, die der amerikanische Philosoph John Dewey in den Jahren 1919/20 an der Universität Peking und anderenorts in China hielt. Deweys positivistisches, auf das praktische Leben gerichtete Denken sprach die chinesischen Akademiker in besonderem Maße an. Denn obschon die revolutionären Intellektuellen wie Ch'en Tu-hsiu die gesamte chinesische Tradition verwarfen, standen sie doch – wenn auch unbewußt – noch stark unter dem Einfluß der konfuzianischen, ausschließlich auf die soziale und politische Wirksamkeit gerichteten Denkweise.

Der Kampf gegen den Konfuzianismus und gegen die traditionellen Normen schloß in folgerichtiger Weise auch den Kampf für die Lösung der chinesischen Frau aus den strengen traditionellen Bindungen und aus ihrer dem Mann – zumindest nach außen hin – in jeder Beziehung untergeordneten Stellung ein. Die Frau sollte nicht lediglich ein Anhängsel des Mannes, sondern eine selbständige, unabhängige Persönlichkeit sein. Die Freiheit, sich selbst den Ehemann nach eigener Neigung zu wählen, und das Recht einer Witwe, sich wiederzuverheiraten, wurden allgemeine Forderung. Hinsichtlich der Keuschheit dürften für den Mann und die Frau nicht verschiedene Maßstäbe gelten. Ferner verlangte man gleiche Bildungsmöglichkeiten für Jungen und Mädchen. Im Herbst 1919 nahm die Universität Peking die ersten Studentinnen auf, und bald darauf wurde die Zulassung von Frauen auch an allen anderen chinesischen Hochschulen üblich. Freilich mußten die jungen Chinesinnen ihren Willen zum Besuch einer höheren oder Hochschule zunächst erst gegenüber ihrer Familie durchsetzen, denn die älteren Familienmitglieder hielten die Bildung als dem traditionellen Ideal der »tugendhaften Ehefrau und guten Mutter« abträglich. Die Frage gleicher Möglichkeiten für die Frau im Berufsleben war damals noch nicht akut, doch fand sie dann in der folgenden Zeit ohne größere Kämpfe eine befriedigende Lösung. Der entscheidende Schritt für die Emanzipation der chinesischen Frau wurde mit der »Bewegung für kulturelle Erneuerung« getan.

Kaum weniger wichtig als der Kampf gegen die konfuzianische Tradition und die Propagierung der neuen Ideen von Demokratie und Wissenschaft war die »Literarische Revolution«. Wenn wie in China die Schrift nicht eine Laut-, sondern eine Begriffsschrift ist, können im Laufe der Entwicklung gesprochene Umgangssprache und literarische Schriftsprache leicht verschiedene Wege gehen. So war der gewählte literarische Stil, in dem man in China schrieb und dichtete, keineswegs eine gehobene Wiedergabe der gesprochenen Sprache, sondern ein Kunstprodukt, nur durch eingehendes Studium der klassischen Literatur und intensive Übung erlernbar. Freilich gab es auch in der Umgangssprache geschriebene Lieder, Dramen und Romane. Sie galten in gebildeten Kreisen aber offiziell als vulgär und unfein und zählten nicht zur eigentlichen Literatur. Das hinderte nicht, daß sie jeder las und kannte. Die literarische Bildung war auf die zahlenmäßig sehr kleine Schicht der Shen-shih beschränkt. Denn wer hatte sonst Zeit und Mittel zu ruhigem und ausgedehntem Studium? Nur in den größeren Städten gab es zuweilen noch andere Kreise, die eine gewisse Elementarbildung und beschränkte Kenntnisse der Schrift hatten. Die Mehrzahl des Volkes konnte jedoch nicht lesen und schreiben. So war es für eine Revolution in der politischen und sozialen Struktur des Landes unerläßliche Voraussetzung, den Wall der literarischen Bildung zu durchbrechen, mit dem sich die herrschende Schicht umgab, und die Bildung zu verallgemeinern. Bestrebungen zur Auflockerung des literarischen Stiles waren bereits seit der zweiten Hälfte des 19. Jahrhunderts im Gange. Der entscheidende Angriff gegen die traditionelle Schriftsprache erfolgte aber erst zur Zeit der 4.-Mai-Bewegung. Manche wollten die chinesische Schrift überhaupt beseitigen und sie durch die lateinische ersetzen, doch war hierfür die Zeit noch nicht reif. Zunächst war eine sprachliche Reform notwendig. Sie ist mit dem Namen von Hu Shih verknüpft, der 1917 in der »Neuen Jugend« seine »Vorschläge für eine literarische Reform« veröffentlichte. Seine Ideen fanden ein weites Echo. Ch'en Tu-hsiu brachte sogleich Hu Shihs rein literarische Gesichtspunkte in Zusammenhang mit der allgemeinen revolutionären Tendenz. Die Frage wurde eingehend in der »Neuen Jugend« diskutiert. Mehr und mehr Autoren der »Neuen Jugend« gingen in ihren Aufsätzen zur Benutzung der Umgangssprache über, und auch Gedichte in dieser Sprache erschienen in wachsendem Umfang. Damit begann der Siegeszug der Umgangssprache, die sich auch in der Dichtung rasch durchsetzte und in dem Schriftsteller Lu Hsün ihren hervorragendsten Vertreter fand. Auch Lu Hsün hatte zu Beginn des Jahrhunderts in Japan studiert und sich dort der revolutionären Bewegung angeschlossen. In seinen teilweise auch ins Deutsche übersetzten Novellen und Essays prangerte er eindrucksvoll die Mißstände der traditionellen Gesellschaft Chinas und ihrer heuchlerischen Moral an. Er hat durch seine Schriften die nach Erneuerung des gesamten sozialen und moralischen Lebens strebende Jugend der zwanziger, dreißiger und vierziger Jahre beeinflußt wie kaum ein anderer und verdient daher bei der »Bewegung für kulturelle Erneuerung« mit an erster Stelle genannt zu werden. Er ist wohl der bedeutendste Schriftsteller, den China in diesem Jahrhundert bis jetzt hervorgebracht hat.

In dem Maße, wie die Umgangssprache auch zur geschriebenen Sprache wurde, öffnete sich der Weg zur Verallgemeinerung der Bildung. Das war die entscheidende revolutionäre Bedeutung der literarischen Reform. Es fehlte nicht an Versuchen der konservativen Opposition, die Regierung zu einer gewaltsamen Unterdrückung aller Veröffentlichungen in der Umgangssprache zu veranlassen, da sie radikale, für das Volk schädliche Ideen verbreite. Aber der schnell voranschreitende Erfolg der Literarischen Revolution konnte nicht aufgehalten werden. In den offiziellen Unterrichtsbüchern der Grund- und Mittelschulen trat die klassische Schriftsprache mehr und mehr zugunsten der geschriebenen Umgangssprache zurück. Zeitungen und Zeitschriften erschienen in einem Mischstil, bei dem das umgangssprachliche Element immer mehr zunahm. Am wenigsten machten sich bis zur kommunistischen Machtübernahme Änderungen im offiziellen Amts- und Briefstil bemerkbar.

Wie schon erwähnt, spielte bei der »Bewegung für kulturelle Erneuerung« neben der »Neuen Jugend« die Pekinger Zeitschrift »Neue Flut« eine wichtige Rolle, die den bezeichnenden Untertitel »The Renaissance« trug. Die Gründer jener Zeitschrift sahen in der geistigen Bewegung Chinas jener Zeit eine Parallele zur europäischen Renaissance des 15. und 16. Jahrhunderts. Außer der Befreiung von den Fesseln der Tradition und der Schaffung einer neuen Literatur in der lebenden Sprache des Volkes war die Neubewertung der chinesischen Tradition nach neuen wissenschaftlich-kritischen Erkenntnissen ein wichtiges Element der Bewegung. Der anfangs vorwiegend materiell verstandene Begriff der »Wissenschaft« wurde damit erweitert. Insbesondere galt es, die in China auf eine ruhmreiche Tradition zurückblickende philologische und historische Forschung von den Schranken des Dogmas der konfuzianischen Orthodoxie zu befreien und mit einer neuen kritischen Einstellung an die Behandlung des eigenen kulturellen Erbes heranzugehen. Die schon im 18. Jahrhundert lebhaft entfachte kritische Diskussion trat nun in eine neue Phase. Es begannen eingehende Erörterungen zumal über die alte Geschichte Chinas. Die traditionelle chinesische Geschichtsschreibung hatte keine klare Grenze zwischen Mythologie und Geschichte gezogen und kannte eigentlich keine historische Entwicklung. Nun wurde zum ersten Male klar die Geschichte von der Mythologie getrennt. Einzelne historische Persönlichkeiten waren früher oft nur auf Grund ihrer Haltung zur konfuzianischen Lehre und nach konfuzianischen Maßstäben beurteilt; jetzt sah man sie plötzlich in einem ganz anderen Lichte. Die chinesische Geschichte, über die wegen der schematisch-moralisierenden konfuzianischen Geschichtsschreibung noch Hegel urteilte, daß sie »selbst nichts entwickelt«, zeigte nun, nachdem der sie umgebende konfuzianische Schleier entfernt worden war, plötzlich eine mannigfaltige und reichhaltige kontinuierliche Entwicklung von rund

DATENGERÜST

Chinesische Revolution

1840 Opiumkrieg zwischen England und China (bis 1842).

1850 Beginn der Taiping-Revolution unter *Hung Hsiu-ch'üan* in Kuangsi.

1851 »Reich des Himmlischen Friedens« (Taiping) ausgerufen.

1853 Nanking wird Hauptstadt des Taiping-Reiches.

1860 Besetzung Pekings durch englische und französische Truppen.

1861 Regierungsantritt des neuen Kaisers *T'ung-chih*. Beginn der *T'ung-chih*-Restauration.

1864 Niederschlagung der Taiping-Bewegung.

1892 Gründung der »Gesellschaft zur Entwicklung Chinas« durch *Sun Yat-sen* (geb. 1866).

1895 Niederlage Chinas im Krieg gegen Japan, Friede von Shimonoseki (17.4.).

1898 Reformbewegung unter *K'ang Yu-wei*, von der Kaiserinwitwe *Tz'u-hsi* gewaltsam unterdrückt. Gründung des »Ostasiatischen Kulturbundes« in Tôkyô.

1900 Boxerunruhen in Shantung und Hopei.

1901 Boxerprotokoll (7.9.), das den europäischen Mächten neue Sonderrechte einräumt.

1905 Abschaffung des traditionellen staatlichen Prüfungssystems. Gründung des »Chinesischen Revolutionsbundes« durch *Sun Yat-sen* in Tôkyô.

1907 Der Revolutionsbund veröffentlicht sieben Punkte über seine Haltung gegenüber den fremden Mächten: ihre Rechte in China sollen durch die Revolution nicht berührt werden.

1911 Militärputsch in Wu-ch'ang bei Hankou (10.10.), Auftakt zur Revolution.

1912 Abdankung der kaiserlichen Regierung (12.2.). *Yüan Shih-k'ai* erhält Vollmacht zur Bildung einer provisorischen republikanischen Regierung. Gründung der Kuomintang (12.8.).

1913 Parlamentswahlen. »Zweite Revolution« in Nanking gegen *Yüan Shih-k'ai*.

1915 Japans »Einundzwanzig Forderungen« an China (18.1.); ein Teil von ihnen mit Hilfe eines Ultimatums (7.5.) durchgesetzt. Bildung einer antimonarchistischen Front gegen *Yüan*. Gründung der Zeitschrift »Neue Jugend«.

1916 Tod *Yüan Shih-k'ais*.

1917 Eintritt Chinas in den Krieg gegen Deutschland (August).

1919 Demonstration der Pekinger Studenten gegen die Bestimmungen des Versailler Vertrages. Beginn der »Bewegung des 4. Mai«, die für eine kulturelle Erneuerung eintritt. Gastvorlesungen des amerikanischen Philosophen *John Dewey* in China. Erste Immatrikulation weiblicher Studenten in Peking.

1920 Verzicht der Sowjetregierung auf alle Rechte und Konzessionen in China. Entsendung eines Kominternvertreters nach Shanghai (Frühjahr).

1921 Gründung der Kommunistischen Partei Chinas (KPCh; 1.7.). Konferenz von Washington (13.11.—6.2.1922), Unabhängigkeit Chinas und Grundsatz der »Offenen Tür« von neun Mächten anerkannt.

1923 Gemeinsame Erklärung von *Sun Yat-sen* und dem russischen Vertreter *Joffe* über die chinesisch-sowjetischen Beziehungen und die Zusammenarbeit zwischen der Kuomintang und den Kommunisten (26.1.). Ankunft einer Gruppe von russischen Beratern unter *Michail Borodin* (September).

1924 Erster Parteitag der Kuomintang (20.1.). Gründung der Militärakademie Whampoa (Huang-p'u) im Mai. Militärische Leitung: *Chiang Kai-shek*, politische Leitung: *Chou En-lai*.

1925 Tod *Sun Yat-sens* (12.5.). Gründung der chinesischen Nationalregierung in Kanton. »Bewegung des 30. Mai«, Auftakt des Boykotts gegen Großbritannien.

1926 Beginn des Feldzuges der Revolutionsarmee unter *Chiang Kai-shek* gegen die Militärmachthaber in Mittel- und Nordchina (Juli). Eroberung von Wuhan (August). Verlegung des Sitzes der Nationalregierung nach Wuhan (November).

1927 Eroberung von Shanghai und Nanking (Frühjahr). Bruch *Chiang Kai-sheks* mit der Kuomintang-Regierung in Wuhan (März). Liquidation der Kommunisten von Shanghai (12.4.). Gründung einer Militärregierung in Kanton durch *Chiang Kai-shek*. *Mao Tse-tung*: »Ergebnisse der Untersuchung der Bauernbewegung von Hunan« (August).

1928 Einmarsch *Chiang Kai-sheks* in Peking. Nanking wird offizielle Hauptstadt der Nationalregierung. Gründung der »Roten Armee« in Hunan (Mai).

1930 Gründung der »Liga der linksgerichteten Schriftsteller«. Beginn der Offensiven der Kuomintang-Truppen gegen die kommunistischen Stellungen in Hunan und Kiangsi (Dezember).

1931 Zwischenfall von Mukden (18.9.), Abtrennung der Manchurei durch Japan. Beseitigung der Binnenzölle.

1934 »Bewegung Neues Leben« zur Wiederbelebung der traditionellen konfuzianischen Tugenden gegründet. Beginn des »Langen Marsches« der Roten Armee (16.10.).

1936 Yenan in Shensi wird Hauptquartier der Kommunistischen Partei (Dezember).

1937 Zwischenfall an der Marco-Polo-Brücke bei Peking (7.7.), Auftakt des Krieges zwischen Japan und China. Manifest über die Zusammenarbeit der Kuomintang und der Kommunistischen Partei in der gemeinsamen Front gegen Japan.

1942 Cheng-feng-Bewegung innerhalb der Kommunistischen Partei zur ideologischen Ausrichtung der Mitglieder (Februar).

1943 China erhält volle internationale Gleichberechtigung. Die Alliierten verzichten auf sämtliche Vorrechte in China.

1945 Kapitulation Japans (14.8.). Ausbruch des Kampfes zwischen Kuomintang und den Kommunisten um die Vorherrschaft in China.

1946 Verhandlungen zwischen KMT und KPCh durch Vermittlung des Generals *Marshall.*

1948 Errichtung der »Volksregierung Nordchina« (19.8.) in Hopei.

1949 Siegeszug der Roten Armee: Tientsin (15.1.), Peking (31.1.), Nanking (23.4.), Shanghai (25.5.), Lan-chou (26.8.), Kanton (14.10.), Chungking (30.11.). Verlegung der Nationalregierung nach Taipeh auf Formosa. Errichtung der Zentralen Volksregierung Chinas mit *Mao Tse-tung* als Präsidenten und Peking als neuer Hauptstadt (1.10.).

1950 Großbritannien erkennt die Regierung in Peking an (6.1.). Sowjetisch-chinesischer Freundschaftspakt (14.2.). Gesetz für die Bodenreform (30.6.). Chinesische Truppen beginnen Tibet zu besetzen (10.10.). Chinesische »Freiwilligen«-Verbände greifen in den Korea-Krieg ein (25.10.).

1952 Rußland übergibt China die manchurische Eisenbahn (31.12.).

1953 Erster Fünfjahresplan zur Entwicklung der Volkswirtschaft (1.1.). Ende des Korea-Krieges, Waffenstillstandsabkommen von Panmunjon (27.6.).

1954 Genfer Außenministerkonferenz über Indochina (26.5.—21.6.). Erklärung über die fünf Prinzipien der Koexistenz durch *Nehru* und *Chou En-lai* (28.6.). Neue Verfassung der Volksrepublik China angenommen (20.9.).

1955 Asien-Konferenz in Delhi (April). Asiatisch-afrikanische Konferenz in Bandung (18. bis 24.4.). Beginn der Kollektivierung der Landwirtschaft und der Verstaatlichung der privaten Unternehmen (1956 abgeschlossen).

1957 *Mao Tse-tungs* Rede über die »Widersprüche« und die »Hundert-Blumen-Politik« (27.2.).

1958 Beginn des zweiten Fünfjahresplans (1.1.). Neuer Wirtschaftsplan (»Großer Sprung vorwärts«) (Mai). Beschluß über die Bildung von Volkskommunen (29.8.). Amerikanisch-chinesische Besprechungen in Warschau über die Formosa-Krise (September).

1959 Beginn des Volksaufstandes in Tibet (März). Der *Dalai Lama* flieht nach Indien; Errichtung einer neuen Regierung in Tibet unter dem *Pantschen Lama. Mao Tse-tung* tritt vom Amt des Staatsoberhauptes zurück, um sich ganz der Partei zu widmen; *Liu Shao-ch'i* übernimmt sein Amt (27.4.). Die Ziele des zweiten Fünfjahresplans werden reduziert, und die Wirtschaftsstatistik wird korrigiert (August). Grenzstreit mit Indien (September).

1960 *Chruschtschow* kritisiert während seiner Indonesienreise die Methoden der chinesischen Wirtschaftsexpansion (März). Indisch-chinesische Verhandlungen über den Grenzkonflikt (April). Sowjetrussische Wirtschaftsexperten werden aus China zurückgezogen; chinesische Wissenschaftler meiden internationale Kongresse in Moskau (Sommer).

---

drei Jahrtausenden, die in der Weltgeschichte kaum ein Gegenstück haben dürfte. Ungeheure Mengen kaum ausgewerteten historischen Quellenmaterials harren noch der Verarbeitung. Auch in der literarhistorischen Forschung machte sich die neue Einstellung bemerkbar. Die vordem völlig vernachlässigten, in der Umgangssprache geschriebenen volkstümlichen Gedichte, Dramen, Novellen und Romane traten in den Vordergrund des Interesses. Sie wurden textkritisch bearbeitet und inhaltlich neu bewertet. So ist die Zeit um die 4.-Mai-Bewegung auch der Beginn moderner geisteswissenschaftlicher Forschung. Sie hat sich seitdem rasch entwickelt, wenn auch mit der Übernahme des Marxismus-Leninismus als offizieller Staatsdoktrin die erneute Einengung durch ein Dogma den weiteren Fortschritt einstweilen aufhält.

Die Anfänge des Marxismus-Leninismus und die Gründung der KPCh

Die »Neue Jugend« ließ in den ersten Jahrgängen die verschiedensten abendländischen Denker und Geistesrichtungen zu Worte kommen, jedoch von Marx oder vom Marxismus war kaum die Rede. Dennoch ist nicht anzunehmen, daß niemand aus ihrem Kreise zu Marx' Lehre Zugang hatte oder daß sie gar zu extrem erschien. Der aufgeschlossenen Intelligenz jener Zeit waren ja die neuesten und radikalsten abendländischen Ideen nur recht. Der Grund für die Nichtbeachtung lag vielmehr darin, daß sich der Marxismus in seiner ursprünglichen Form auf eine hoch industrialisierte Gesellschaft bezog und für China irrelevant erschien. Erst mit der russischen Oktoberrevolution begann plötzlich der Marxismus in Lenins Auslegung und Dogmatisierung auch in China Beachtung zu finden. Man sah, wie in einem wirtschaftlich kaum weniger rückständigen Lande ein zahlenmäßig sehr kleines, aber unter Führung Intellektueller straff organisiertes Proletariat eine monarchistische Regierung und eine bevorrechtigte, herrschende Schicht beseitigte. Die revolutionäre Welle dehnte sich augenscheinlich auf andere Länder aus und schien tatsächlich der Beginn der von Marx vorausgesehenen Weltrevolution des Proletariats gegen die Kapitalisten, der Ausgebeuteten gegen die Ausbeuter zu sein. Und Lenin verkündete als die messianische Botschaft der Revolution die Befreiung der kolonialen und halbkolonialen Völker vom Joch des westlichen Imperialismus. Die bisher in ihrer Haltung gegenüber diesen Völkern einheitliche Front der abendländischen Mächte war damit durchbrochen, zumal die neue sowjetische Regierung bereits 1920 durch eine Erklärung Karachans kundtat, daß sie auf alle Konzessionen und Rechte, darunter auch auf die Exterritorialität, welche die zaristische Regierung besessen hatte, verzichte. Sowjetrußland gewährte damit als erste der westlichen Nationen China freiwillig die lange erstrebte Gleichberechtigung. So begannen weite Kreise in China, auf die Sowjetunion als den Freund und Vorkämpfer für Freiheit und Gleichberechtigung der unterdrückten Nationen zu blicken.

Eine der ersten sichtbaren Wirkungen des Marxismus war die im Frühjahr 1918 an der Universität Peking gegründete »Gesellschaft zum Studium des Marxismus«. Ihre Mitglieder waren meist Studenten der Universität, aber auch der Bibliotheksangestellte Mao Tse-tung gehörte dazu. Ihrem Namen entsprechend war die Gesellschaft anfangs tatsächlich nur eine Studiengesellschaft. Erst allmählich kamen einzelne ihrer Mitglieder zu der Überzeugung, daß man die messianische Botschaft der russischen Revolution kaum ohne die Doktrin, auf der sie beruhte, annehmen könne. So wurde die »Gesellschaft zum Studium des Marxismus« allmählich zum Vorläufer der KPCh.

1919 oder spätestens 1920 schloß sich auch Ch'en Tu-hsiu, der inzwischen nach Shanghai übergesiedelte Herausgeber der »Neuen Jugend«, dem Marxismus-Leninismus an. Er wurde dort schnell der Mittelpunkt eines Kreises revolutionärer Intellektueller der verschiedensten Richtungen, mit denen er 1920 eine sozialistische Jugendgruppe organisierte. Auch in der »Neuen Jugend« begann seitdem mehr und mehr die sozialistische Tendenz zu überwiegen. Im gleichen Jahre schickte die Komintern ihren ersten Vertreter, Gregor Woitinsky, nach China. Er eröffnete in Shanghai ein Büro und sah seine Aufgabe zunächst darin, die heterogenen Elemente um Ch'en Tu-hsiu in eine gemeinsame Richtung zu bringen und organisatorisch der Komintern zu unterstellen; er versuchte, aus diesen in ihren Ideen recht verschiedenen und oft unklaren jungen Intellektuellen allmählich brauchbare Kommunisten zu machen. Ähnliche Gruppen wie in Shanghai entstanden in Peking und Kanton; in seiner Heimatprovinz Hunan versuchte Mao Tse-tung nach marxistischen Grundsätzen eine revolutionäre Bewegung zu organisieren. Im Sommer 1921 trafen sich Kommunisten aus verschiedenen Teilen des Landes und gründeten die Kommunistische Partei Chinas. Die Angaben über die Teilnehmer weichen etwas voneinander ab. Es waren etwa ein Dutzend und Mao Tse-tung bestimmt unter ihnen. Generalsekretär wurde Ch'en Tu-hsiu. Auch in verschiedenen europäischen Ländern bildeten um die gleiche Zeit chinesische Studenten kommunistische Jugendgruppen.

So zeigt die 4.-Mai-Bewegung bereits einen gewissen marxistisch-leninistischen Einfluß. Doch trägt sie in erster Linie nationalen und kulturellen Charakter, und es liegt kein Anlaß vor, sie als »einen Teil der proletarischen Weltrevolution jener Zeit« zu bezeichnen, wie es zuweilen geschieht. Ihre Bedeutung liegt vor allem darin, daß sie auf geistigem Gebiet endgültig die »Große Mauer« zum Einsturz brachte, mit der sich das chinesische Denken seit Jahrhunderten umgeben hatte. China begann nun, mit seinem geistigen und sozialen Leben an dem der übrigen Welt teilzunehmen. Alle großen geistigen Strömungen der westlichen Welt fingen an, sich auch in China bemerkbar zu machen. Bereits bei der 4.-Mai-Bewegung werden die beiden großen Ideologien – demokratischer Liberalismus und Marxismus-Leninismus – sichtbar, die später China und die Welt in verschiedene Lager teilen sollten. So bildet die 4.-Mai-Bewegung einen entscheidenden Wendepunkt, und die Bedeutung, die ihr im heutigen China zuerkannt wird, ist auch vom weltgeschichtlichen Standpunkt aus voll gerechtfertigt.

Die Nationale Revolution von 1926/27

Der Ausbau der Lehre Sun Yat-sens

Die 1918 unter Führung Sun Yat-sens in Kanton gegründete Militärregierung und die hinter ihr stehenden Kräfte setzten sich, ähnlich wie 1912, aus sehr heterogenen Elementen zusammen, unter denen Sun Yat-sen und seine vertrauten Mitarbeiter nur eine kleine Gruppe bildeten. Lediglich in ihrem Gegensatz zu der Pekinger Zentrale und zu den Machthabern des Nordens stimmten alle überein. Sun Yat-sen mußte selbst wiederholt aus Kanton fliehen und entkam einmal nur mit knapper Not. Bei diesem Interessenkampf stand es schlecht um die Sache der Revolution, und die führende Rolle im revolutionären Kampf schien an die Exponenten der 4.-Mai-Bewegung übergegangen zu sein. Doch zu Beginn der zwanziger Jahre wandelten sich Sun Yat-sens und seiner Mitarbeiter Ideen; das hatte eine völlige Reorganisation und Neuorientierung der Kuomintang zur Folge und führte schließlich zum Siege über die zahlreichen Militärmachthaber des Südens und Nordens.

Sun Yat-sen hat seine Ideen der »Drei Grundlehren vom Volk« und der »Fünf-Gewalten-Verfassung« stets als Grundlagen beibehalten und weiterentwickelt. Aber er begann nun, einige Ansichten erheblich zu modifizieren, teilweise sogar zu ändern. Das betraf vor allem seine Haltung zu den fremden Mächten und zur sozialen Frage. Die »Nationale Grundlehre« hatte sich anfangs ausschließlich gegen die Fremdherrschaft der Manchus, nicht aber gegen die abendländischen Kolonialmächte gerichtet, deren demokratische Regierungsformen Sun Yat-sen und seine Anhänger aufrichtig bewunderten. Noch in den ersten Jahren nach dem Sturz des manchurischen Kaiserhauses hatte sich Sun Yat-sen für die vorbehaltlose Anerkennung aller von der kaiserlichen Regierung mit den fremden Mächten abgeschlossenen Verträge ausgesprochen. Gewiß fühlten er und seine Anhänger das Unrecht, das die fremden Vorrechte China gegenüber bedeuteten. Sie sahen aber den Grund dafür weniger in dem imperialistischen Charakter der Großmächte als in der Schwäche und in der politischen Rückständigkeit Chinas. Sun Yat-sen gab sich der Illusion hin, die Fremden würden China beim politischen und wirtschaftlichen Aufbau des Landes nach der Revolution helfen und dann freiwillig auf alle ihre Vorrechte verzichten. Noch sein 1921 abgeschlossenes umfangreiches Werk »Plan zum Aufbau des Reiches« basiert auf der Annahme einer großzügigen Unterstützung durch die westlichen Mächte und einer harmonischen Zusammenarbeit mit ihnen. Bald sollte Sun Yat-sen aber eines Besseren belehrt werden. Das Ergebnis der Pariser Verhandlungen von 1919 war ein erster Beweis, daß die Großmächte nicht gewillt waren, freiwillig auf irgendwelche Vorrechte in China zu verzichten oder auch nur China bei der Wahrung seiner Rechte gegenüber Japan ernsthaft zu helfen. Das Resultat der Konferenz von Washington 1921/22 bestätigte trotz einiger Zugeständnisse an China in unwesentlichen Punkten diesen Eindruck. Der Vorwand für die Ablehnung vieler chinesischer Wünsche war der, daß China kein geeinter und geordneter Staat sei. Die Politik der Großmächte war aber de facto weitgehend darauf gerichtet, eine solche Einigung zu verhindern, indem sie wechselweise die verschiedenen Militärmachthaber gegeneinander unterstützten. Lediglich die Kantoner Regierung fand wegen ihres revolutionären Charakters kaum ausländische Hilfe.

Diese Erfahrungen blieben nicht ohne Wirkung auf Sun Yat-sen und veranlaßten ihn, seine »Nationale Grundlehre« in wesentlichen Punkten völlig neu zu fassen. In seinen Vorlesungen über die »Drei Grundlehren vom Volk« von 1924 teilt er die Völker der Erde in zwei Gruppen ein: auf der einen Seite die unterdrückten Nationen, denen er die Sowjetunion, Deutschland und alle asiatischen Völker – außer Japan – zurechnet, und auf der anderen die imperialistischen Mächte, in erster Linie England, Frankreich, die Vereinigten Staaten und Japan. Kriege der Zukunft würden nur zwischen diesen beiden Fronten stattfinden und den Kampf des Prinzips des Rechts gegen die unrechtmäßige Macht darstellen. Wenn auch anders formuliert, berühren sich doch diese Gedanken eng mit denen von Marx und Lenin. Sun bezeichnet dabei China als eine Art »Hyperkolonie«, die nicht nur wie andere Kolonialländer *einen* Kolonialherrn habe, sondern die Kolonie aller Mächte sei, die mit China Verträge abgeschlossen hätten. Sun erwähnt dann auch die Erklärung Wilsons vom Selbstbestimmungsrecht der Völker, mit der die Großmächte die unterdrückten Völker betrogen hätten. Paris und Washington hätten gezeigt, daß die imperialistischen Mächte tatsächlich nicht gewillt seien, den asiatischen Völkern das Selbstbestimmungsrecht zu geben. Sun ruft das chinesische Volk auf, sich unter der nationalen Idee zusammenzuschließen, um den Fremden Widerstand leisten zu können. Er fordert auf zur passiven Resistenz nach dem Vorbild von Indien, zur Ablehnung der Zusammenarbeit mit den Vertretern der imperialistischen Mächte, zum Boykott ihrer Waren. Diese Gedanken führen dann weiter zum »Kampf gegen den Imperialismus«, einem der Hauptprogrammpunkte der Kommunisten. Ein sehr wesentlicher Unterschied bestand allerdings darin, daß Sun im Imperialismus lediglich ein politisches Mittel zum Zwecke wirtschaftlicher Expansion sah und nicht, wie die Kommunisten, das zwangsläufige Endstadium der Entwicklung des Kapitalismus. Sun Yat-sen suchte die Verbindung mit Deutschland und Rußland und hatte sogar die Idee eines Bündnisses dieser drei Länder. Er fand das Verständnis für Chinas Lage und die Bereitschaft zu enger Zusammenarbeit aber nur bei der Sowjetunion.

Auch seine soziale Lehre baute Sun Yat-sen weiter aus. Die »Grundlehre von der Lebenshaltung des Volkes«, ursprünglich an letzter Stelle der »Drei Grundlehren vom Volk«, nahm in den 1924 veröffentlichten »Grundsätzen des staatlichen Aufbaus« sogar den ersten Platz ein. Sun hielt seine »Grundlehre von der Lebenshaltung des Volkes« dem Sozialismus für überlegen; sie sollte an die Stelle des Sozialismus treten. Sun hatte sogar den Eindruck, daß die 1921 eingeleitete »Neue ökonomische Politik« in Rußland eine Abkehr vom Sozialismus und eine Hinwendung zu seinen Grundsätzen bedeute. Er distanzierte sich wiederholt nachdrücklich vom abendländischen Sozialismus und Marxismus. Trotz aufrichtiger Bewunderung für Marx verwarf er im einzelnen eine Reihe der wesentlichen Grundsätze des Marxismus, wie den historischen Materialismus, die Lehre vom Klassenkampf und die Theorie vom Mehrwert. Waren bei Marx Produktionsverhältnisse und Produktionsmittel Ausgangspunkt für die Behandlung aller sozialen Fragen, so bildeten bei Sun Yat-sen die menschlichen Bedürfnisse Nahrung, Kleidung, Wohnung und Verkehr die Grundlagen der Lebenshaltung des Volkes. Dabei legte Sun zwar großes Gewicht auf die in der chinesischen Tradition seit jeher besonders hoch geschätzte Landwirtschaft, erkannte aber nicht die Agrarfrage, das Kernproblem der sozialen Ordnung Chinas, in ihrer ganzen Tragweite. Das sollte erst später durch Mao Tse-tung geschehen. Sun Yat-sen beschränkte sich lediglich auf den weiteren Ausbau der schon vor 1911 aufgestellten Forderung vom »Ausgleich der Grundbesitzrechte«. Danach sollte jeder Grundbesitzer den Wert seines Landbesitzes zur Registrierung angeben. Dieser Grundwert würde ihm bleiben. Lediglich, wenn sich infolge verkehrstechnischer Verbesserungen oder aus anderen Gründen der Wert des Bodens erhöhte, würde der Wertzuwachs der Allgemeinheit, das heißt dem Staate anheimfallen. Wenn ein Besitzer den Wert zu niedrig ansetzte, würde er zwar Steuern sparen, aber einen großen Verlust erleiden, wenn die Regierung von ihrem Kaufrecht zu diesem Preise Gebrauch machte. Würde der Besitzer umgekehrt einen zu hohen Wert angeben, könnte er zwar beim Verkauf gewinnen, zahlte aber zuviel Steuer. Um in keiner Richtung ein Risiko zu laufen – so meinte Sun Yat-sen –, würde der Grundbesitzer dann den tatsächlichen Wert des Bodens angeben. Diese Theorie verrät trotz mancher guter Gedanken weder für die geschichtliche Entwicklung noch für die aktuelle Situation auf dem Lande ein tieferes Verständnis. Sun nannte es auch eine Ungerechtigkeit, daß ein großer Teil der Pachtbauern nur weniger als die Hälfte der Ernte für sich behalten könnte und den Rest dem Grundbesitzer abliefern müßte. Er stellte wohl die Forderung auf, daß der Grund

und Boden demjenigen gehören müsse, der ihn bebaue. Sun wies auch auf die Dringlichkeit der Lösung dieses Problems auf politischem und gesetzlichem Wege hin, ohne jedoch einen Weg dafür zu nennen. Von einer zwangsweisen Enteignung und Neuverteilung des Bodens war bei ihm nirgends die Rede, lediglich vom Recht der Regierung, den Boden zu dem festgelegten Preis aufzukaufen. Die Forderung, daß der Bebauer den Boden zu eigen haben müsse, hat erst später große Bedeutung erlangt, als die Kommunisten sie erhoben und nach ihrer Machtergreifung zunächst auch durchführten.

Auch die Theorie der drei Perioden der Revolution modifizierte Sun Yat-sen. Er hatte nach 1911 erfahren, daß Revolution und Aufbau des Landes auf dem Wege der parlamentarischen Demokratie nicht vorwärts kamen. So setzte er nun an die zweite Stelle anstatt der Periode der vorläufigen Konstitution die der »Belehrenden Regierung«, mit anderen Worten eine Periode der Indoktrinierung mit den grundlegenden Ideen der Kuomintang, die sich für den Neuaufbau des Reiches verantwortlich fühlte. Auch war diese Übergangszeit nicht mehr auf drei Jahre beschränkt. Das war schlechthin die Aufgabe der Idee einer parlamentarischen Demokratie und mußte zur Diktatur der Herrschaft *einer* Partei führen, zumal Sun auch in seiner »Grundlehre von den Rechten des Volkes« den Anspruch des einzelnen auf Freiheit hinter der Forderung nach Freiheit der Nation zurückstellte. Dabei setzte er chinesischer Tradition entsprechend Freiheit mit Ungebundenheit oder Willkür gleich. Freiheit der Person in dem im Abendlande ausgeprägten Sinne hatte weder im traditionellen China einen Platz noch in der Lehre Sun Yat-sens. So zeigten die »Drei Grundlehren vom Volk« bereits Tendenzen in Richtung auf den autoritären Staat, welchen später die Kuomintang zu verwirklichen sich bemühte.

Die Allianz zwischen Kuomintang und Kommunisten

Schon beim Ausbau der »Drei Grundlehren vom Volk« hatte die veränderte internationale Lage nach dem ersten Weltkrieg in manchen Punkten Sun Yat-sens Ideen eine neue Richtung gegeben. Dabei kam der Auffassung von der neuen Rolle Rußlands nach der Revolution nicht geringe Bedeutung zu. Bei der Neuorganisation der Kuomintang und bei den Vorbereitungen und Plänen zur Durchführung der Revolution war russische Hilfe entscheidend. In Rußland war damals, abgesehen von der sowjetischen Sympathie für die Revolution in China, das Auswärtige Amt in Moskau an der Anerkennung gewisser Rechte in der Äußeren Mongolei und in der nördlichen Manchurei sowie an der Schaffung eines kontinentalen Gegengewichts gegen Japan interessiert und setzte, nachdem Versuche mit der Pekinger Regierung gescheitert waren, auf Sun Yat-sen und seine Partei. Sun Yat-sen seinerseits brauchte dringend einen Verbündeten im Kampf gegen die Militärmachthaber. Nach einleitender Fühlungnahme fand die so von beiden Seiten erstrebte Zusammenarbeit in einer gemeinsamen Erklärung Sun Yat-sens und des russischen Vertreters Joffe vom 26. Januar 1923 ihren sichtbaren Ausdruck. Beide Parteien erklärten übereinstimmend, daß die Einführung des Kommunismus oder auch nur des Sowjetsystems in China nicht möglich sei. Die Annäherung Sun Yat-sens an die Sowjetunion war von einer Verbindung mit der KPCh begleitet. Diese bestand nach ihrer Gründung zunächst aus einem ziemlich engen Kreise von Intellektuellen, die auf streng dogmatisch-marxistischem Wege ihre Ziele verfolgen wollten. Sie suchten Verbindung mit der Kuomintang und anderen revolutionären Gruppen, wollten aber dabei ausdrücklich ihre Unabhängigkeit und – Marx entsprechend – ihren eigenen Charakter als die Partei der Arbeiterklasse wahren. Sie erstrebten eine Front der Arbeiter, Bauern und Kleinbürger, die gemeinsam nach außen gegen den Imperialismus und im Innern gegen die reaktionären Militärmachthaber kämpfen und eine demokratische Revolution durchführen sollte. Dabei waren die Kommunisten in erster Linie um die Organisation der Arbeiter in den Industriestädten bemüht. Die chinesischen Kommunisten wollten als selbständiger Block ein Bündnis mit der KMT. Sun Yat-sen wünschte jedoch, daß die Kommunisten der KMT beitreten und sich seiner Führung unterstellen sollten. Der sehr an dem Zustandekommen der Allianz interessierte Komintern-Abgesandte Maring wußte sowohl Moskau von der Richtigkeit dieser Forderung zu überzeugen wie auch die Bedenken der chinesischen Kommunisten zu überwinden. Sie traten der KMT als individuelle Mitglieder bei und machten dort mit Erfolg ihren Einfluß geltend, wenn sie sich auch der Parteidisziplin der KMT und dem Parteiführer Sun Yat-sen zu fügen hatten. Auf dem ersten großen Parteitag der KMT Anfang 1924 fand die enge Verbindung zwischen der KMT und der Sowjetunion sowie der KPCh ihren sichtbaren Ausdruck. Die Parteiorganisation der KMT und das Militär wurden nach sowjetischem Muster und mit Hilfe der bereits Ende 1923 in Kanton eingetroffenen Gruppe russischer Berater unter Führung von Michail Borodin von Grund auf reorganisiert. Gleichzeitig schickte Sun Yat-sen als seinen Abgesandten Chiang Kai-shek zum Studium des Aufbaus von Partei und Militär nach Moskau. Nach seiner Rückkehr wurde er Präsident der neu gegründeten Militärakademie von Whampoa (Huang-p'u) nahe bei Kanton, unterstützt durch eine Anzahl russischer Instrukteure unter Leitung des Generals Bluecher (Galen). Hier unterrichtete man nicht nur eigentlich militärische Dinge; die parteipolitische Schulung in der Ideologie der KMT, in der revolutionären Propaganda und in der Taktik des revolutionären Kampfes spielte kaum eine geringere Rolle. Stellvertretender, maßgebender Leiter der politischen Abteilung der Akademie wurde Chou En-lai, der schon damals in der KPCh eine wichtige Stellung innehatte. Die Angehörigen der Akademie haben einen starken Korpsgeist entwickelt und später als Truppenführer das Rückgrat für den militärischen und politischen Aufstieg ihres Chefs Chiang Kai-shek gebildet. Darüber hinaus haben sie aber in verhängnisvoller Weise auf das Geschick Chinas und der KMT eingewirkt. Auch einige Führer der späteren kommunistischen Armeen sind aus der Akademie hervorgegangen.

Die enge Verbindung zwischen KMT und Kommunisten war bei der Verschiedenheit der Ideologien und der Interessen von Anfang an konfliktgeladen; sie konnte nur temporärer Natur sein. Jeder der beiden Partner versprach sich von der Zusammenarbeit Vorteile für die eigenen Ziele. Die zahlenmäßig nur schwachen Kommunisten hofften, durch das Zusammengehen mit der weit verbreiteten KMT unter den Arbeitern, Soldaten und Bauern in ganz China festen Fuß zu fassen und schließlich die Kuomintang gewissermaßen zu ersticken, indem sie gleichzeitig von innen durch ihren Einfluß auf die Führung und von außen durch die Massenorganisation Druck ausübten. Die KMT wiederum bedurfte einer festen Organisation, aktiver revolutionärer Kader mit einer überzeugenden politischen

Propagandamethode, wie sie ihr die Kommunisten lieferten. Vor allem aber brauchte sie einen mächtigen Bundesgenossen zum Kampfe gegen den Imperialismus. Die Aufnahme der chinesischen Kommunisten in die Partei war nur eine Folge des Wunsches nach russischer Hilfe. Sun Yat-sen war überzeugt, daß er auch den kommunistischen Parteimitgliedern gegenüber seine Autorität durchsetzen und daß er sie allmählich fest in die KMT eingliedern könne. Freilich fehlte es in der Kuomintang auch von Anfang an nicht an kritischen Stimmen gegen diese Annahme. Unter beiden Partnern der KMT-KPCh-Allianz war der Glaube verbreitet, daß man eines Tages den anderen aufsaugen werde.

Der Sieg der revolutionären Armee und der Bruch zwischen Kuomintang und Kommunisten

Ende 1924 reiste Sun Yat-sen nach Peking, um dort mit den verschiedenen Militärmachthabern über eine friedliche Einigung Chinas zu verhandeln, obgleich diese Reise von den Kommunisten sehr mißbilligt wurde. Sun Yat-sen war damals bereits ein todkranker Mann; er starb in Peking am 12. März 1925, bevor die offiziellen Verhandlungen begonnen hatten. In seinem kurzen Testament rief er seine Kameraden und Anhänger zur Vollendung der begonnenen Revolution auf. Dieses Testament und Suns Bild wurden in den von der KMT beherrschten Gebieten und später in ganz China zum Symbol. Sun Yat-sen wurde Gegenstand eines förmlichen Kultes. Bei feierlichen Gelegenheiten wurden vor dem geschmückten Bilde des Revolutionsheros von allen Anwesenden drei Verbeugungen gemacht, an die sich die Verlesung des Testaments und drei Minuten langes Schweigen anschlossen. So trat einstweilen die öffentliche Verehrung Sun Yat-sens an die Stelle des früheren Konfuzius-Kultes.

Den Siegeszug der von ihm ins Leben gerufenen Bewegung hat Sun Yat-sen nicht mehr erlebt; er war allerdings nur teilweise mit der Revolution identisch, und er trug bereits den Keim für den Untergang der KMT-Herrschaft in sich. Bald nach Suns Tod ging die Kantoner Militärregierung in die nach Sun Yat-sens Grundsätzen und mit Hilfe der sowjetischen Berater aufgebaute Chinesische Nationalregierung über. An die Spitze von Partei und Regierung trat der aus sechsunddreißig Mitgliedern bestehende Zentralexekutivrat, dem auch mehrere Kommunisten angehörten. Inzwischen waren auch in der neuen Militärakademie genügend tüchtige Offiziere ausgebildet worden. Die in erster Linie von den Kommunisten geleistete Propaganda- und Organisationsarbeit unter den Arbeitern und Bauern hatte dem Vormarsch der revolutionären Armee vorgearbeitet. Die revolutionären Truppen wurden als die Befreier der unterdrückten Volksklassen von ihren Bedrückern angekündigt; und tatsächlich unterschied sich als Ergebnis der intensiven Schulung das Verhalten der revolutionären Truppen gegenüber der Bevölkerung weitgehend von dem der Heere der Militärmachthaber. So begann im Sommer 1926 der Feldzug der Revolutionsarmee unter dem Oberkommando von Chiang Kai-shek gegen die Militärmachthaber Mittel- und Nordchinas. Die Zentralgebiete südlich des Yangtse fielen der Revolutionsarmee rasch in die Hände, und bereits im August wurde die Yangtse-Metropole Wuhan genommen. Ende des Jahres siedelte auch ein Teil der politischen Führung der

Revolution nach Wuhan über. Chiang Kai-shek drang weiter nach Osten vor und brachte im Frühjahr 1927 das östliche Mittelchina mit Shanghai und Nanking in seine Gewalt. Gleichzeitig stieß ein anderes Heer von Wuhan nach Norden vor und vereinte sich in Honan mit den Truppen Feng Yü-hsiangs, eines Militärmachthabers, der sich im Jahre davor in Moskau der KMT angeschlossen hatte. So stand Mitte 1927 bereits ein beachtlicher Teil Chinas direkt oder indirekt unter der Herrschaft der KMT.

Während es Sun Yat-sen gelungen war, die Gegensätze zwischen KMT und Kommunisten zu überbrücken und auszugleichen, machten sich nach seinem Tode die verschiedenen Auffassungen innerhalb der KMT, besonders hinsichtlich der Zusammenarbeit mit den Kommunisten, mehr und mehr bemerkbar. Dabei setzten sich zunächst die Befürworter der Allianz mit der Sowjetunion und den Kommunisten durch, zu denen auch Chiang Kai-shek gehörte. Wenn auch manche Äußerungen Chiangs darauf hindeuten, daß er im Grunde den chinesischen wie den sowjetischen Kommunisten mißtrauisch gegenüberstand, so war er doch klug genug zu erkennen, daß ohne Hilfe der Kommunisten nicht an ein Gelingen des geplanten Feldzuges gegen die Militärmachthaber zu denken war. So befürwortete er die Allianz auf das entschiedenste und wurde auch von kommunistischer Seite dem linken Flügel der Kuomintang zugerechnet. Chiang wollte die Kommunisten für seine Zwecke benutzen, aber nicht seine führende Stellung durch sie beeinträchtigen lassen. So kam es im März 1926 zu einem Zwischenfall: Chiang ließ eine Anzahl leitender Kommunisten festnehmen und aus führenden Stellungen in den ihm unmittelbar unterstehenden Truppenteilen sowie aus der Militärakademie entfernen. Auch die sowjetischen Berater wurden vorübergehend in Hausarrest gehalten. Dieses Vorgehen Chiangs zeigte deutlich, daß er die Gefahr der kommunistischen Infiltration für die Kuomintang erkannte und entschlossen war, sie zu verhindern. Nach außen hin bekannte er sich nach wie vor zur engen Zusammenarbeit mit den Kommunisten und der Sowjetunion, und er entschuldigte sich sogar bei den sowjetischen Beratern wegen der Unbequemlichkeiten. So ließen sich trotz warnender Stimmen auch Moskau und insbesondere Stalin über Chiang Kai-sheks wahre Absichten täuschen. Man sah dort auch gar keine andere Möglichkeit, als Chiang weiter zu unterstützen und die chinesischen Kommunisten sozusagen »Kuli-Dienste« für ihn tun zu lassen, da Chiangs und seiner Armee Kampf gegen die einheimischen Militärmachthaber und gegen die fremden Imperialisten, an dem Moskau in erster Linie gelegen war, nicht ohne Teilnahme der Kommunisten erfolgen durfte. Erst der Erfolg dieses Kampfes – so meinte man – würde den Kommunisten neue Möglichkeiten öffnen.

Der schnelle und erfolgreiche Vorstoß der revolutionären Armeen verlagerte rasch das Schwergewicht zugunsten der militärischen Führung, zugunsten Chiang Kai-sheks, des Oberkommandierenden des Feldzuges. Mit dem militärischen Erfolg begann der Konflikt zwischen der militärischen Führung und den zivilen Organen von Partei und Regierung, in diesem Falle gleichbedeutend mit dem Konflikt zwischen dem rechten, antikommunistischen Flügel unter Chiang Kai-shek und dem linken mehr zu den Kommunisten neigenden Flügel in Wuhan. Entgegen dem Plan der politischen Führung ordnete Chiang die Fortsetzung des Feldzuges in die reichen Gebiete des östlichen Mittelchina an, und es kam im März 1927 zum völligen Bruch zwischen ihm und der Regierung in Wuhan, wo sich auch die russischen Berater befanden. Daraufhin begann Chiang unabhängig von Wuhan offen seine eigenen Pläne zu verfolgen. In Shanghai, wo die revolutionären Arbeiterorganisationen unter Führung der Kommunisten der nationalen Armee den Weg bereitet hatten, unterdrückte er in einem blutigen Gewaltakt die Gewerkschaften und alle kommunistischen oder auch nur linksgerichteten Elemente. Tausende von Kommunisten und Arbeiterführern wurden von Chiangs Militär in und um Shanghai festgenommen und zum großen Teil hingerichtet. Die Kommunistische Partei sowie die revolutionären Arbeiter- und Bauernorganisationen wurden verboten und mit blutigem Terror verfolgt. In Nanking errichtete Chiang eine Gegenregierung gegen Wuhan. Aber auch in Wuhan dauerte die zunächst fortgesetzte Zusammenarbeit zwischen KMT und Kommunisten nicht mehr lange. Es kam auch hier zu Konflikten, die damit endeten, daß sich die Mehrzahl der Regierungsmitglieder der Nankinger Regierung Chiang Kai-sheks unterstellte. Die russischen Berater verließen China, die Kommunisten wurden aus der KMT ausgestoßen und konnten hinfort nur als illegale Organisation weiterbestehen. Das war das für die Kommunisten niederschmetternde Ende der Allianz mit der Kuomintang.

Die Verantwortung hierfür lag zum großen Teil bei der Führung in Moskau, die eine rein theoretische, praktisch völlig unzureichende Vorstellung von den Verhältnissen und Persönlichkeiten in China hatte. Trotz aller Warnungen, die aus China kamen, beharrte Stalin auf der Fortsetzung der Zusammenarbeit der Kommunisten mit der KMT. Noch kurz vor dem endgültigen Bruch äußerte er in einem Brief, die Kommunisten würden Chiang Kai-shek und die anderen KMT-Generale wie eine Zitrone ausquetschen und dann fortwerfen. Eher war das Umgekehrte der Fall. Chiang Kai-shek und seine Freunde hatten sich für den Feldzug und dessen Vorbereitung weitgehend der russischen Berater und der durch die chinesischen Kommunisten mobilisierten Massenorganisationen der Bauern und Arbeiter bedient. Nach errungenem Sieg waren sie nicht mehr notwendig und konnten beseitigt werden. Manches deutet darauf hin, daß man in Moskau vielleicht sogar bereit gewesen wäre, Chiang Kai-sheks blutige Niederschlagung der Arbeiterbewegung in Shanghai nicht zu beachten, zumal Chiang selbst auch damals noch seine Freundschaft mit der Sowjetunion betonte. Aber die Gründung der antikommunistischen Regierung in Nanking konnte man ihm nicht mehr verzeihen. Außer der Unkenntnis chinesischer Verhältnisse spielte in Moskau auch der Machtkampf Stalins gegen die Opposition, besonders gegen Trotzkij, eine Rolle; Stalin war darauf festgelegt, gegen alle Kritik an der Zusammenarbeit mit der KMT bis zum äußersten festzuhalten. Aber auch Trotzkij verstand kaum mehr von China als Stalin, und seine Pläne hätten für die Kommunisten in China kaum mehr Erfolg versprochen als Stalins. Als schließlich das Fiasko für die Kommunisten in China auch in Moskau nicht mehr zu verheimlichen war, mußte der als Sündenbock dienen, der die von Stalin angeordnete Politik ausgeführt hatte. Ch'en Tu-hsiu und seinen engsten Mitarbeitern, die von Anfang an stärkste Bedenken gegen die Moskauer Anweisungen gehabt und sich oft gegen ihre bessere Überzeugung der Autorität der Komintern gefügt hatten, wurde nun als »Opportunisten« alle Schuld für die Katastrophe aufgebürdet. Sie verloren zunächst alle Ämter und wurden bald darauf sogar aus der Partei ausgestoßen.

Die anti-imperialistische Bewegung

Nicht weniger wichtig als der Feldzug gegen die Heere der Militärmachthaber war der anti-imperialistische Kampf der Revolution. Fremde Niederlassungen, Exterritorialität und Beschränkung der Zollhoheit wurden als die schmählichste Beeinträchtigung der chinesischen Souveränität empfunden, und der Kampf richtete sich vor allem gegen die »Ungleichen Verträge«, in denen China die Anerkennung dieser Vorrechte aufgezwungen worden war. Doch waren es nicht nur diese formalen, vertraglich festgesetzten Vorrechte der Fremden, die den Chinesen Grund zur Erregung gegen die Ausländer boten. In der Regel behandelten die Fremden den Chinesen nur als den weit unter ihnen stehenden, kolonialen Eingeborenen, und sie traten selbst als die Kolonialherren auf. Die Chinesen sahen sich im eigenen Lande in vieler Hinsicht von den Fremden diskriminiert. Gerade die kulturstolzen, gebildeten Chinesen, die trotz Armut und Anspruchslosigkeit dem Gros der in China lebenden, meist wenig gebildeten Ausländer in mehr als einer Hinsicht überlegen waren, mußten eine solche Behandlung als besonders aufreizend empfinden.

Das Anwachsen der revolutionären Bewegung war von einer größeren Anzahl fremdenfeindlicher Demonstrationen begleitet, die teilweise schwere Opfer forderten. Es begann mit der »Bewegung vom 30. Mai« (1925) in Shanghai, wo bei einer Demonstration von Studenten und Arbeitern die Polizei der Internationalen Niederlassung unter dem Befehl eines englischen Unteroffiziers das Feuer auf die Demonstranten eröffnete. Dabei kamen dreizehn Demonstranten ums Leben, zahlreiche weitere wurden verletzt. Der zumal von den Kommunisten geschickt ausgenutzte Zwischenfall verschärfte die fremdenfeindliche Stimmung im ganzen Lande und gilt daher als der Höhepunkt der revolutionären Arbeiterbewegung gegen den Imperialismus. Es kam zu weiteren Zwischenfällen mit Toten und Verwundeten. Darauf griffen die Chinesen zu der Waffe, mit der sie 1919 schon einmal die Japaner sehr empfindlich getroffen hatten: dem Boykott. Dieses Mal richtete er sich gegen England, das damals noch die erste und führende Stellung unter den Großmächten in Ostasien innehatte. Vom Boykott wurden nicht nur englische Waren und Schiffe betroffen; ein erheblicher Teil chinesischer Arbeiter und Angestellter bei englischen Unternehmen, insbesondere in Kanton und Hongkong, verließ seine Arbeitsplätze. Der Boykott dauerte bis zum Oktober 1926 mit unverminderter Schärfe an.

Bald nach der Übersiedlung der Nationalregierung nach Wuhan drang eine chinesische Volksmenge in die dortige britische Konzession ein und forderte deren Rückgabe an China. Dank der Einsicht der Regierung in London – sie entsprach durchaus nicht den Wünschen der in China lebenden Engländer – kam es bei der Rückgabe zu keinem bedeutenden Zwischenfall. In ähnlicher Form wurde kurz darauf die englische Konzession in Kiukiang von den Chinesen zurückgenommen. Die Beziehungen zwischen England und China waren 1926/27 derart gespannt, daß alle Engländer, zumeist Missionare und Kaufleute, aus dem Inland evakuiert werden mußten, und selbst aus den britischen Konzessionen in den Hafenstädten schickte man zum großen Teil die englischen Frauen und Kinder fort. Die Engländer und andere beteiligte Nationen hatten eine große Menge von Kriegsschiffen und Militär in Shanghai zusammengezogen, um die dortige große internationale Niederlassung gegen die revolutionäre Armee zu schützen. Dabei hoffte man allerdings, die den

Fremden mehr oder minder willfährigen und ungefährlichen nördlichen Militärmachthaber würden die Oberhand behalten gegen die gefürchteten revolutionären nationalen Truppen, deren Ziel es war, die Fremden in ihre Schranken zu verweisen und die Souveränität Chinas überall wiederherzustellen. Nach dem Wunsche der Ausländer in Shanghai wäre noch vor der Besetzung der unter chinesischer Verwaltung stehenden Teile Shanghais eine bewaffnete Intervention angebracht gewesen, um einen Erfolg der revolutionären Armee zu verhindern. Doch sahen die Regierungen in London, Paris, Tôkyô und Washington etwas weiter und unternahmen nichts. Bei den Unruhen, die vor der Übernahme Shanghais und Nankings durch die Revolutionsarmee entstanden, kamen ein paar Ausländer ums Leben. Insgesamt steht aber die geringe Zahl der ausländischen Verluste dieser Zeit in keinem Verhältnis zu den Toten und Verletzten, die es durch fremde Übergriffe unter den Chinesen gab.

In engem Zusammenhang mit der anti-imperialistischen Bewegung steht die antichristliche Bewegung. Bis zur 4.-Mai-Bewegung waren die Widerstände gegen die christliche Mission, die in der Boxererhebung ihren Höhepunkt erreicht hatten, vorwiegend von traditionellen Kräften mit traditionellen Argumenten ausgegangen. Mit der 4.-Mai-Bewegung trat eine Wandlung ein. Die Vorkämpfer der neuen Ideen von »Demokratie« und »Wissenschaft« sahen zum großen Teil jede Religion, also auch das Christentum, als unzeitgemäß, fortschritts- und wissenschaftsfeindlichen Aberglauben an. Mit dem naiven Fortschrittsglauben, dem die meisten Vertreter der »Bewegung für kulturelle Erneuerung« huldigten, war Religion schlechthin unvereinbar. Hinzu kam unbewußt als das Erbe der konfuzianischen Tradition die grundsätzlich agnostische, rein diesseitige Einstellung des gebildeten Literaten, der auf die religiösen Bräuche des Volkes überlegen hinabsah. Unter diesen Motiven bildeten sich ab 1922 durch die Initiative von Studenten und Akademikern eine Reihe antireligiöser Organisationen, die sich in Publikationen, Versammlungen und Demonstrationen vor allem gegen die christlichen Missionare und gegen die christliche Religion wandten. In den folgenden Jahren floß die antichristliche Bewegung mehr und mehr mit der nationalen, anti-imperialistischen zusammen und wurde schließlich ein Teil davon. Es schlossen sich dann nicht nur die am Anfang abseits stehenden Schüler und Studenten christlicher Missionsschulen, sondern auch christliche Studenten der Bewegung an. Eine ihrer wesentlichen Forderungen wurde die chinesische Erziehungshoheit. In den Missionsschulen wurde nämlich bis dahin noch oft nach dem System und den Lehrplänen des Landes unterrichtet, aus dem die betreffenden Missionare kamen, meist mit nur geringer Berücksichtigung der China betreffenden Wissensgebiete. Man forderte nun von den christlichen Schulen, den chinesischen Lehrplänen zu folgen, sich der chinesischen Unterrichtsverwaltung zu unterstellen, auf obligatorischen Religionsunterricht für alle Schüler zu verzichten und die Schulleitung in chinesische Hände zu legen. Auf der Forderung der chinesischen Erziehungshoheit hat dann auch die KMT-Regierung mit Nachdruck, allem Widerstreben der fremden Missionare und allen Protesten fremder Regierungen zum Trotz, meist mit Erfolg bestanden.

Außer dem naiven Fortschrittsglauben und dem Nationalismus spielte als drittes Element der Kommunismus bei der antichristlichen Bewegung eine Rolle. Die Zeit der Zusammenarbeit zwischen KMT und Kommunisten war auch die Blütezeit der antichristlichen Bewegung. Beim Vormarsch der revolutionären Armeen 1926/27 kam es wiederholt zu Plünderungen von Missionseigentum und zu Ausschreitungen gegen ausländische Missionare. Im Zuge der erwähnten Evakuierung von Engländern aus Mittel- und Südchina verließen mehr als dreitausend Missionare, meist Engländer, Kanadier und Amerikaner, das Land. Mit der Errichtung der Nationalregierung in Nanking und dem Bruch zwischen KMT und Kommunisten fanden auch die anti-imperialistische wie die antichristliche Bewegung ihr vorläufiges Ende.

Im Kampfe gegen die Vorrechte der fremden Mächte hatte die Revolution einen ersten Erfolg erzielt. Um aber die Großmächte zur Annullierung der »Ungleichen Verträge« zu veranlassen, reichte ihre Kraft noch nicht aus. Auch der Versuch einer sozialen Revolution gegen die traditionelle gesellschaftliche Struktur fand rasch ein Ende. Nur die Zerschlagung der politischen Autorität der Militärmachthaber und ihrer Gefolgsleute war weitgehend, wenn auch nicht durchweg, erfolgreich. Mit der Nationalregierung in Nanking erhielt China wieder eine einheitliche politische Autorität und ein neues politisches System. So wird die Revolution von 1925 bis 1927 nicht zu Unrecht als die Nationale Revolution bezeichnet.

Die soziale Revolution der Kommunisten

Die Nationalregierung der Kuomintang

Die neue Regierung in Nanking konnte ihre Macht zunächst rasch konsolidieren. Es gelang Chiang Kai-shek, die noch Widerstand leistenden Militärmachthaber teils mit Gewalt, teils auf friedliche Weise zur Unterstellung unter die Nanking-Regierung zu bewegen, wenn auch viele noch die Handlungsfreiheit in ihren Gebieten behielten. 1928 zog Chiang in Peking ein, nachdem sich die dortige Regierung aufgelöst hatte und Nanking zur offiziellen Hauptstadt erklärt war. Im folgenden Jahre schloß sich auch die Manchurei an, bis sie 1931 gewaltsam durch die Japaner abgetrennt wurde. Die übrigen Außenländer – Mongolei, Sinkiang, Tibet – blieben de facto mehr oder minder unabhängig. So war das gesamte eigentliche China zumindest nach außen hin unter der Nanking-Regierung geeint, und die rote Flagge mit der weißen Sonne im blauen Feld der oberen Ecke wehte in allen Teilen des Reiches.

Eine gewisse Mäßigung des anti-imperialistischen Kurses der KMT und die überwältigenden Erfolge Chiang Kai-sheks veranlaßten bald die meisten der fremden Mächte, die neue Regierung anzuerkennen und mit ihr Verträge auf grundsätzlich gleichberechtigter Basis abzuschließen. Die Nanking-Regierung setzte den Kampf um die Aufhebung der »Ungleichen Verträge« beharrlich und mit Entschiedenheit fort; doch ging sie dabei weniger radikal vor als in den vergangenen Jahren. Die fremden Mächte sahen sich genötigt, zu gegebener Zeit die Aufgabe aller Vorrechte in Aussicht zu stellen, wenn sie auch einstweilen noch auf der Beibehaltung einiger besonders wichtiger Positionen bestanden. In den Jahren von 1927 bis 1937 wurden das britische Pachtgebiet Weihaiwei und die fremden Niederlassungen in einer Reihe von Hafenstädten von China zurückgewonnen. Eine Anzahl kleinerer Länder verzichtete freiwillig auf die Exterritorialität ihrer Staatsangehörigen. Die Großmächte England, Frankreich, USA und Japan freilich behielten sie noch. Auch blieben noch eine Reihe von Niederlassungen, darunter die große Internationale Niederlassung in Shanghai, unter fremder Verwaltung, desgleichen die Leitung des chinesischen Seezolls. Gewisse Modifikationen des Zolltarifs konnte die KMT-Regierung erreichen, aber noch keine volle Zollautonomie. Gegen die fremden christlichen Missionen setzte die chinesische Regierung die Forderung der Erziehungshoheit durch. Die Missionsschulen wurden in gleicher Weise wie chinesische Privatschulen dem chinesischen Unterrichtsministerium unterstellt und hatten sich nach den chinesischen Lehrplänen zu richten, obligatorischer Religionsunterricht wurde verboten, und der Schulleiter mußte ein Chinese sein.

Auch im Innern wurden bedeutende Fortschritte erzielt und manche hoffnungsvollen Ansätze zu einem Neuaufbau Chinas gemacht. Seit 1911 hatte China keine so stabile Regierung mehr gehabt wie von 1927 bis 1937, wenn es auch in diesen Jahren nicht an Auseinandersetzungen mit widerspenstigen Militärmachthabern fehlte. Die gefährlichsten Gegner Chiang Kai-sheks waren aber die Kommunisten, die sich allmählich in einzelnen Sowjetgebieten reorganisierten, und die Japaner, die durch die Manchurei nach Nordchina vordrangen. In der Vergangenheit Chinas hatte die Verlegung der Hauptstadt nach Mittelchina stets ein Zurückweichen vor Gegnern aus dem Norden bedeutet. Die Wahl Nankings zur Hauptstadt der Nationalregierung muß mit unter diesem Gesichtspunkt gesehen werden. Freilich waren auch andere Gründe von Bedeutung. Man wollte sich von der dekadenten politischen Atmosphäre Pekings und von der Kontrolle durch die im dortigen »Gesandtschaftsviertel« stationierten fremden Truppen frei machen. Im Sinne Sun Yat-sens wurde der Aufbau einer wirksamen Regierung und Verwaltung begonnen, die zunächst verhältnismäßig sauber und ohne Korruption arbeitete. Die Gewinnung kompetenter Persönlichkeiten für die leitenden Stellen der Finanz- und Wirtschaftspolitik gab den kapitalkräftigen chinesischen und ausländischen Geschäftsleuten Shanghais Vertrauen zur neuen Regierung. Auch das Ausland zeigte sich an Investitionen interessiert. Doch hat sich die chinesische Regierung stets geweigert, fremde Hilfe anzunehmen, die – wie früher – mit politischen Bedingungen oder mit der Verpfändung wichtiger Regierungseinnahmen verknüpft war. Ein besonderer Erfolg der Regierung war die 1931 in ganz China gegen die Interessen der lokalen Machthaber durchgesetzte endgültige Beseitigung der unter dem Namen Likin bekannten Binnenzölle. Auf dem Gebiete des Rechtswesens nahm die Regierung ein umfassendes Gesetzgebungswerk in Angriff. Dabei wurde weitgehend kontinentaleuropäisches Recht rezipiert. Das überlieferte chinesische Recht fand inhaltlich und dem Geiste nach kaum Berücksichtigung. Daher war das neue Recht nur einer kleinen, westlich gebildeten Oberschicht verständlich und trug den Bedürfnissen der großen Masse keine Rechnung. Seine Wirksamkeit war nur sehr beschränkt. Es hat die Auflösung der althergebrachten Moral und der traditionellen Ordnung erleichtert, aber keine neuen Fundamente setzen können. Die alten Rechtsordnungen galten nicht mehr, die neuen wurden meist als fremd und unverbindlich betrachtet.

Auch der Wichtigkeit der Agrarfrage konnte sich die Regierung zunächst nicht verschließen. Bei den nunmehr von amtlicher oder halbamtlicher Seite unternommenen Versuchen zur Verbesserung der Lebensverhältnisse auf dem Lande zeigte sich aber bald, daß hierzu grundlegende Reformen notwendig sein würden, die in ihren Folgen unabsehbare Änderungen der gesamten sozialen Struktur nach sich ziehen müßten. Davor schreckte die Regierung zurück; denn sie stand stark unter dem Einfluß konservativer Kreise, die jede Änderung der ländlichen Besitz- und Einkommensverhältnisse mit Nachdruck zurückwiesen. Auch die lokalen Militärmachthaber waren jeder Agrarreform abhold, und die Regierung glaubte, nicht das Risiko neuer Auseinandersetzungen mit diesen eingehen zu können, so daß praktisch alles beim alten blieb. Die führenden Kreise der KMT sahen nicht, daß sie auf diese Weise unhaltbare Verhältnisse bestehen ließen, die den Kommunisten die Möglichkeit des Aufstiegs gaben und die wesentlich zum Untergang der KMT-Herrschaft beitrugen.

Der Verzicht auf die Lösung der Agrarfrage war jedoch nicht das einzige Symptom der inneren Schwäche des KMT-Regimes. Für Chiang Kai-shek und seine Anhänger war seit 1927 nicht mehr die Vollendung der Revolution, sondern Ruhe und Ordnung im Lande, also Restauration, das oberste Ziel. Dafür erschien die traditionelle konfuzianische Ideologie, die sich durch zwei Jahrtausende hindurch als ein vorzügliches Mittel zur Sicherung der Herrschaft einer kleinen Eliteschicht bewährt hatte, nun in Verknüpfung mit dem Machtapparat einer nach kommunistischem Vorbild aufgebauten Ein-Parteien-Regierung besonders geeignet. So traten Hinweise auf die traditionellen Tugenden und auf die traditionelle Moral mehr und mehr in den Vordergrund, häufig nicht ohne einen nationalistischen Unterton, daß dies die spezifischen Werte seien, die China dem Westen entgegenzusetzen habe. In der 1934 ins Leben gerufenen »Bewegung Neues Leben« fanden diese Tendenzen eine allgemein sichtbare Wirkung. Die traditionellen Tugenden, deren Wiederbelebung diese Bewegung erstrebte, waren aber mehr oder weniger zu leeren Begriffen geworden. Sie sollten im wesentlichen als Mittel zur Wahrung der bestehenden sozialen Struktur und zur Disziplinierung des Volkes dienen. Anders als Tseng Kuo-fan, auf den er sich gern berief, verstand Chiang Kai-shek unter Restauration nicht in erster Linie die Bemühung um eine sauber arbeitende Zivilverwaltung und um Maßnahmen zum wirtschaftlichen Aufbau für eine Besserung der Lebensbedingungen der Bauern, sondern eine strenge Kontrolle zur Unterbindung aller revolutionären Aktivität. In den dreißiger Jahren breiteten sich Korruption und Nepotismus wieder aus. Zuweilen ging man gegen kleine Sünder mit großer Schärfe vor; in Chiang Kai-sheks nächster Umgebung wurde aber niemand zur Verantwortung gezogen. Chiang konnte seiner Umgebung alle Übertretungen verzeihen, solange die unbedingte Loyalität nicht in Frage stand. Er verstand es, den Einfluß der zivilen KMT-Mitglieder in der Regierung immer mehr auszuschalten, so daß man mehr von einer Militärdiktatur als von einer Parteidiktatur sprechen konnte. Wenn auch der äußere Aufbau von Partei und Regierung dem von Sun Yat-sen vorgezeichneten System entsprach, hatte doch die Regierungspraxis nur noch wenig mit Suns Ideen gemein. Chiang Kai-shek war umgeben von einer Whampoa-Offiziersgruppe, die sein unbedingtes und ausschließliches Vertrauen besaß, während er außerhalb dieser Gruppe stehenden Persönlichkeiten stets mit Mißtrauen begegnete. Hatte er ihnen aus politischen Gründen leitende Stellungen einräumen müssen, so suchte er sie in der Regel durch ständige Umgehung wieder mattzusetzen.

Mit der Übernahme einer Reihe privatwirtschaftlicher Unternehmen durch die Regierung hatten führende Persönlichkeiten der Wirtschaft einflußreiche Regierungsämter erhalten. Manche Regierungsmitglieder betätigten sich auch gleichzeitig als private Unternehmer in Handel, Industrie und Bankwesen. Das bedeutete zwar einerseits den Gewinn sachkundiger Kräfte in Finanz- und Wirtschaftsfragen für den Staat, führte aber anderseits zur Vermengung staatlicher und privater Interessen, wobei nicht selten Regierungsgelder zur Finanzierung privater Geschäfte dienten und der Regierung zukommende Gewinne in private Kanäle flossen. Das in der nächsten Umgebung Chiang Kai-sheks gegebene schlechte Beispiel wirkte nach unten weiter. Die Kommunisten haben diese Erscheinung mit einem als »Beamtenkapitalismus« oder »bürokratischer Kapitalismus« nur unvollkommen übersetzbaren Ausdruck bezeichnet und darin nicht zu Unrecht einen der Krebsschäden des chinesischen öffentlichen Lebens gesehen.

Die Mißstände der KMT-Herrschaft bewogen weite Kreise, insbesondere der Intelligenz, die der Regierung in Nanking zunächst positiv gegenübergestanden hatten, sich mehr und mehr in die offene oder geheime Opposition zurückzuziehen. Die auch innerhalb der KMT gegen den restaurativen Kurs laut werdenden Stimmen konnten sich nicht durchsetzen und mußten sich entweder der neuen Parteilinie fügen oder aus der Partei ausscheiden. Immer mehr ging die Regierung dazu über, nicht nur gegen die Tätigkeit kommunistisch-revolutionärer Personen einzuschreiten, sondern auch gegen die Verfechter liberaler Anschauungen vorzugehen, die sich in Widerspruch zur Restaurationspolitik setzten. Gelehrte und Schriftsteller mit radikalen Ansichten sahen sich vielfach genötigt, in den fremden Niederlassungen oder im Ausland Schutz zu suchen, zuweilen sogar in Japan.

In den zwanziger Jahren hatte der Marxismus in Japan starke Beachtung gefunden. Viele Chinesen waren erst auf dem Umweg über Japan mit marxistischen Ideen bekannt geworden und zeigten sich auf Grund der agnostischen, konfuzianischen Tradition für die modernen positivistischen und materialistischen Theorien besonders aufgeschlossen. Historischer Materialismus und marxistische Theorien über die Entwicklung der Gesellschaft zogen seit etwa 1930 nicht wenige chinesische Historiker, Archäologen und Soziologen in ihren Bann, wenn sie auch politisch dem Kommunismus zunächst noch fernstanden. Doch wies ihnen die Unzufriedenheit mit der KMT-Regierung mehr und mehr diesen Weg. Auch unter den Schriftstellern wuchs der Unwille gegen die Regierung, je schärfer man gegen mißliebige Veröffentlichungen vorging. 1930 bildete sich in Shanghai die »Liga der linksgerichteten Schriftsteller«, die bald zum Sammelpunkt der Opposition wurde. Ohne daß diese Organisation eigentlich kommunistisch war, trieb doch die Politik der Regierung, die alle von links kommende Opposition als kommunistisch verfemte, die linksliberalen Schriftsteller, wie Lu Hsün und viele andere, in zunehmendem Maße auf die Seite der Kommunisten. So zeigten sich bereits in den dreißiger Jahren sehr deutlich die Schwächen der KMT und auch schon die Ansätze für die Bereitwilligkeit, mit der ein gutes Jahrzehnt später weite Kreise der Bevölkerung, vor allem aber der überwiegende Teil der Intelligenz, die kommunistische Herrschaft aufnahmen.

Bauernbewegung und Reorganisation der Kommunisten

Nach dem Bruch mit der KMT versuchten die chinesischen Kommunisten zunächst, sich in lokalen Aufständen Geltung zu verschaffen, nach den Richtlinien aus Moskau meist in größeren Städten, wo ein Proletariat existierte; doch waren sie alle erfolglos. Sie endeten stets mit großen Verlusten für die KPCh und konnten ihr kaum neue Anhänger gewinnen. Die in Shanghai »untergrund« arbeitende Parteileitung war nicht in der Lage, den Lauf der für sie überaus ungünstigen Entwicklung zu ändern. Ständig wurden Kommunisten von dem wachsamen Geheimdienst der Regierung verhaftet und meist hingerichtet. Auch alle gewerkschaftliche Aktivität wurde durch die Regierungsorgane unterdrückt, und die Arbeiter kamen vielfach zu der Überzeugung, daß sie sich für die Kommunistische Partei aufopfern sollten, während die unmittelbaren Interessen der Arbeiter für die Partei keine entscheidende Rolle spielten. Immer wieder wurden die Führer der KPCh für die erlittenen Fehlschläge zur Verantwortung gezogen und in rascher Folge abgelöst.

Die Rettung für die KPCh aus dieser für sie ziemlich trostlosen Lage sollte aus einer im kommunistischen Programm nicht vorgesehenen Richtung kommen. Bei der Allianz zwischen KMT und Kommunisten hatte die revolutionäre Propaganda- und Organisationsarbeit unter den fünfundachtzig Prozent der Gesamtbevölkerung ausmachenden Bauern eine wichtige Rolle gespielt. Zumal in Südchina überwog die Kategorie der armen Bauern, meist Pächter oder Halbpächter, die nur kümmerlich ihr Leben fristeten, verschuldet waren und ständig unter dem Druck von Grundeigentümern und Gläubigern standen. Hinzu kamen noch zahllose Steuern unter den verschiedensten Namen, welche die jeweiligen Militärmachthaber der Bevölkerung auferlegten, sowie Räuber und Soldaten, die in der Ausplünderung der Landbewohner sich kaum voneinander unterschieden. So war die Bauernschaft meist gern bereit, sich den von geschulten Revolutionären ins Leben gerufenen Bauernbünden anzuschließen, und sie zeigte sich aufgeschlossen für die Parolen vom Kampf gegen die Militärmachthaber und ihre marodierenden Soldaten, von der Ausrottung der Räuber, Beseitigung zusätzlicher Steuern, Herabsetzung des Pachtzinses oder sogar von der Enteignung der Grundbesitzer und Neuverteilung des Bodens. Diese Forderung wurde freilich nur in den kommunistisch orientierten Bauernbünden erhoben. Im Programm der KMT lag die Regelung der Agrarfrage in weiter Zukunft, und es blieb offen, wie sie im einzelnen zu handhaben war. Zu weit gehende Forderungen der Bauernbünde waren nicht im Sinne der KMT, da sie ihr andere national-revolutionäre Kreise, die an der Aufrechterhaltung ihres Besitzstandes auf dem Lande interessiert waren, entfremdet hätten. Aber auch die gemäßigten Forderungen brachten große Mengen von Bauern auf die Seite der KMT und trugen viel zum schnellen Erfolg des revolutionären Feldzuges bei.

Während dieser Zeit war Mao Tse-tung, der damals in der Führung der KPCh noch keine wichtige Rolle spielte, mit der Organisation der Bauernbünde in seiner Heimatprovinz Hunan beauftragt. Die eingehenden Erfahrungen, die Mao während dieser Tätigkeit sammelte, brachten ihn zu der Überzeugung, daß die Revolution in China nur Erfolg haben könne, wenn sie sich auf die von Militärmachthabern, korrupten Beamten und skrupellosen Grundbesitzern unterdrückte und ausgebeutete arme Bauernschaft stützte. Mao hat seine Erkenntnisse sehr deutlich in seiner literarisch vielleicht eindrucksvollsten und für das

Verständnis der chinesischen Revolution grundlegenden Schrift »Bericht über die Untersuchung der Bauernbewegung in Hunan« vom März 1927 ausgesprochen:

> In kürzester Zeit werden sich Hunderte von Millionen Bauern in allen Provinzen Mittel-, Süd- und Nordchinas erheben; ihre Gewalt wird sein wie ein wilder Sturm und plötzliche Regenschauer, von ungewöhnlicher Heftigkeit. Keine noch so große Macht wird sie unterdrücken können. Sie werden alle bindenden Fesseln sprengen und auf den Weg zur Freiheit eilen. Der Imperialismus, die Militärmachthaber, die korrupten Beamten, die schlechte Gentry der Dorftyrannen werden alle (von den Bauern) ins Grab gebracht werden. Alle revolutionären Parteien und alle revolutionären Kameraden werden von ihnen auf die Probe gestellt werden, und es wird (von den Bauern) entschieden, ob sie zu verwerfen oder anzunehmen sind ...
>
> Das Hauptangriffsziel der Bauern waren die schlechte Gentry der Dorftyrannen sowie gesetzlose Grundeigentümer; daneben alle Arten patriarchalischer Ideen und Systeme, korrupte Beamte in den Städten und schlechte Sitten auf dem Lande. Dieser Angriff war gerade wie reißender Sturm und Gewittergüsse. Wer sich beugte, blieb bestehen; wer Widerstand leistete, ging zugrunde. Der Erfolg war, daß die jahrtausendealten Privilegien der feudalen Grundeigentümer wie herabgefallene Blüten im Strome weggeschwemmt wurden. Ansehen und Würde der Grundeigentümer wurden vollkommen hinweggefegt. Nach dem Sturz der Macht der Grundeigentümer wurden die Bauernbünde die einzigen Machtorgane und (die Parole) »Alle Macht den Bauernbünden« wurde wirklich erfüllt ...
>
> Es ist die Erhebung der großen Masse der Bauern zur Erfüllung ihrer historischen Aufgabe; es ist die Erhebung der demokratischen Kräfte des Dorfes zum Sturz der feudalen Kräfte des Dorfes. Die patriarchalisch-feudale schlechte Gentry der Dorftyrannen, die Klasse der gesetzlosen Grundeigentümer sind die Grundlage der absolutistischen Regierung von Jahrtausenden und der Unterbau des Imperialismus der Militärmachthaber und der korrupten Beamten. Der Sturz dieser feudalen Mächte ist das wahre Ziel der nationalen Revolution. Sun Yat-sen widmete vierzig Jahre der nationalen Revolution; was er erstrebte und nicht erreichte, haben jetzt die Bauern in wenigen Monaten erreicht. Das ist eine in vierzig Jahren und selbst in Jahrtausenden nicht erreichte außergewöhnliche Leistung ... Um dort Anerkennung zu zollen, wo sie gebührt – wenn wir der Durchführung der demokratischen Revolution zehn Punkte zuerteilen, dann betragen die Leistungen der Stadtbewohner und des Militärs nur drei Punkte, während die übrigen sieben Punkte den Bauern bei der Revolution auf dem Lande zukommen ... Die nationale Revolution erfordert eine große Umwälzung auf dem Lande. Die Revolution von 1911 hat diese Umwälzung nicht mit sich gebracht und ist daher gescheitert. Jetzt gibt es eine solche Umwälzung, und sie ist ein wesentliches Element für die Vollendung der Revolution ...
>
> Die Revolution ist keine Einladung zum Essen, kein literarischer Aufsatz, keine Malerei oder Stickerei; sie kann nicht so vornehm, so gelassen und maßvoll sein, schönes Äußeres und inneren Gehalt in gleicher Weise vereinend, nicht so »milde, freundlich, ehrerbietig, mäßig und bescheiden«. Revolution ist Aufruhr, sie ist ein gewalttätiger Akt der Überwältigung einer Klasse durch eine andere. Die Agrarrevolution ist die Revolution der Bauernklasse zur Überwältigung der Macht der feudalen Grundeigentümer-Klasse. Wenn die Bauern nicht ihre äußerste Kraft anwenden, können sie keinesfalls die seit mehreren Jahrtausenden fest verankerte Macht der Grundeigentümer überwältigen. Auf dem Lande muß eine große revolutionäre Flut sein, um die Massen von Tausenden und Zehntausenden in Bewegung zu bringen und eine gewaltige Kraft zu bilden ... Die Macht der Gentry muß ganz und gar überwältigt werden, die Gentry muß zu Boden geschlagen und sogar noch zertrampelt werden.

Obwohl Mao Tse-tung sich selbst als einen überzeugten Anhänger des Marxismus-Leninismus betrachtete, zeigt doch dieser Bericht ein erhebliches Abweichen von der orthodoxen Linie. So wurden auch Maos Ansichten von seinen kommunistischen Parteigenossen – einschließlich der sowjetischen Berater – nicht verstanden und meist verworfen. Das hat Mao aber nicht gehindert, auch nach dem Bruch mit der KMT seine revolutionäre Arbeit unter den Bauern zielbewußt fortzusetzen und gemeinsam mit anderen kommunistischen Führern eine Rote Bauernarmee aufzubauen. Im Südteil der Provinz Kiangsi schufen sie einen starken kommunistischen Machtbereich, der sich dank überlegener Führung und hervorragender Moral lange Zeit gegen Chiang Kai-sheks wiederholte, mit einem riesigen Truppenaufgebot unternommene »Vernichtungsfeldzüge« halten konnte. Dabei fehlte es nicht an scharfer Kritik der KPCh-Führung in Shanghai gegen Mao. Doch gab der Gang der Entwicklung Mao Tse-tung und seinen Anhängern recht. Im Herbst 1932 konnte sich die Parteileitung in Shanghai unter dem Druck der KMT-Regierung nicht mehr halten und suchte auf Drängen Mao Tse-tungs in seinem Machtbereich Zuflucht. Damit wurde Mao allein auf Grund seiner politischen und militärischen Erfolge der unumstrittene Führer der KPCh, und seitdem ist sein Name untrennbar mit dem Geschick des Kommunismus in China verknüpft. Auch Moskau erhob gegen diese Entwicklung keinen Einspruch; es hätte sonst die KPCh aufgeben müssen.

Im Herbst 1934 war durch die zunehmende Stärke der KMT-Offensiven die Position der Kommunisten in Kiangsi nicht länger zu halten. Es gelang dem Gros der Roten Armee und den politischen Führern, die Umzingelung zu durchbrechen und auf dem »Langen Marsch« durch Südwest-China unter ungeheuren Strapazen und mit schweren Opfern gegen Ende des folgenden Jahres schließlich das entlegene und ärmliche Bergland von Nord-Shensi zu erreichen. Hier errichtete Mao Tse-tung mit seinen durch den »Langen Marsch« zu einer festen Gemeinschaft zusammengeschweißten Anhängern eine neue Machtbasis, die später der Ausgangspunkt für die Eroberung ganz Chinas werden sollte. Zunächst hatten sie hier Ruhe, sich zu konsolidieren und zu reorganisieren. Unter dem zunehmenden Druck Japans kam 1936 eine neue, diesmal gegen Japan gerichtete Einheitsfront zwischen Kommunisten und Kuomintang zustande. Als Ende 1936 Chiang Kai-shek von einem widerspenstigen Militärmachthaber überfallen und gefangengesetzt war, erwirkten die Kommunisten seine Freilassung. Denn auch sie sahen in Chiang Kai-shek den einzig möglichen Führer einer gemeinsamen Front gegen Japan. Nur über die Einheitsfront und einen Krieg gegen Japan sahen die Kommunisten eine Chance, in China endgültig an die Macht zu gelangen. Die Erfahrungen von 1927 veranlaßten sie aber, ihre eigenen Truppen und ihr eigenes Hoheitsgebiet beizubehalten. Alle Kämpfe zwischen KMT und Kommunisten hörten einstweilen auf und machten nach außen hin freundschaftlichen Beziehungen Platz. Es kam aber nicht zu einer wirklichen Allianz wie in den Jahren 1924 bis 1927.

Der Konflikt mit Japan

Es waren die Japaner, die mit ihren Angriffen auf China die Herrschaft der KMT schwächten und zerrütteten und damit die endgültige Voraussetzung für die Machtübernahme durch die Kommunisten schufen. Ein kommunistisches China war zwar nicht die Absicht ihrer Politik, aber doch ihr Ergebnis.

Seit Ende des 19. Jahrhunderts hatte Japan konsequent seine Politik der Machtausdehnung auf dem Kontinent verfolgt mit dem Endziel der Vorherrschaft über ganz Ostasien.

Dies geschah einmal durch Annexionen auf dem Kontinent und zum anderen durch die Bemühungen, die Konsolidierung einer starken Zentralgewalt in China zu verhindern. Der erfolglose Versuch, 1928 den Vormarsch Chiang Kai-sheks nach Nordchina in Shantung aufzuhalten, die Loslösung der Manchurei von China nach dem Zwischenfall von Mukden am 18. September 1931 mit der Proklamation eines nominell selbständigen »Manchukuo« im folgenden Jahr, der Angriff in Shanghai 1932 und das langsame weitere Eindringen in Nordchina waren die Etappen, deren letzte, der Zwischenfall bei der Marco-Polo-Brücke, nahe bei Peking, am 7. Juli 1937 schließlich der Auftakt des zweiten Weltkrieges wurde. Das japanische Vorgehen in China bewirkte, daß sich die nationalistische, anti-imperialistische Bewegung immer stärker gegen Japan richtete und sich immer mehr von den westlichen Mächten abwandte. Wenn sich auch chinesische Hoffnungen auf eine Intervention der westlichen Mächte gegen Japan nicht erfüllten, wirkte doch die Anwesenheit westlicher Truppen und westlicher Kriegsschiffe vielfach als ein begrenzter örtlicher Schutz gegen japanische Übergriffe. So sahen die Japaner vielfach in den westlichen Mächten, die sie an der Erreichung ihrer Ziele hinderten, ihre eigentlichen Gegner. Doch auch die innere Entwicklung in China bereitete den japanischen Führern Sorge. Die mit der neuen Einheitsfront erzielte Konsolidierung der Verhältnisse in China und das rasche Anwachsen seines Kriegspotentials bedrohten Japans Ziele auf dem Kontinent. Chiang Kai-shek und seine Regierung versuchten eine bewaffnete Auseinandersetzung so lange wie möglich hinauszuschieben, um Chinas Militärmacht weiter zu stärken, wurden aber durch den Druck der Einheitsfront zu sofortigem energischem Widerstand gedrängt. Beim Beginn des Krieges gegen Japan im Sommer 1937 ging durch ganz China eine Welle der nationalen Begeisterung und des Widerstandswillens. Die Parole der Einheitsfront überwand zunächst alle innerchinesischen Streitigkeiten. Die Regierung amnestierte die politischen Gegner. Reaktion und Restauration schienen einer neuen Phase des 1927 abgebrochenen revolutionären Kampfes Platz zu machen. So übertraf der chinesische Widerstand anfangs alle Erwartungen der Japaner, und der Rückzug der Chinesen ins Innere des Landes nötigte sie, immer mehr Truppen in China einzusetzen. Die japanischen rückwärtigen Verbindungslinien wurden länger und empfindlicher unter der ständigen Bedrohung durch die hinter der Frontlinie sehr aktiven Guerillaeinheiten. Die führenden Schichten aus Politik, Wirtschaft und Intelligenz verließen in großen Mengen die japanisch besetzten Wirtschafts- und Kulturzentren Ost- und Nordchinas; in Westchina mit der Kriegshauptstadt Chungking als Mittelpunkt entstand ein neues reges Leben.

Die die ersten Kriegsjahre charakterisierende Dynamik des gemeinsamen Widerstandes hielt jedoch auf die Dauer nicht vor. Mit dem Beginn des pazifischen Krieges im Dezember 1941 war China nicht mehr auf sich allein gestellt und überließ es mehr und mehr den Alliierten, für China den Krieg gegen die Japaner zu führen. Sowohl die KMT wie auch die Kommunisten sahen nicht mehr ihr oberstes Ziel im Widerstand gegen die Japaner, sondern in der Sicherung ihrer eigenen Macht für die Zeit nach dem Ende des Krieges. Der große Unterschied zwischen beiden Seiten bestand nur darin, daß in der KMT-Regierung, bei den höchsten Spitzen angefangen, Korruption und Demoralisierung in erschreckendem Maße voranschritten, während die Funktionäre der Kommunisten arm, sauber und von hohem Idealismus erfüllt waren. Ihre Truppen waren zwar schlecht bewaffnet, aber gut geführt und zeichneten sich durch hervorragenden Kampfesgeist aus. So verschob sich von Jahr zu Jahr, von Monat zu Monat das Gleichgewicht zugunsten der Kommunisten, ohne daß dies nach außen hin in Erscheinung trat. Die Alliierten mußten Sorge tragen, die Widerstandskraft Chinas überhaupt aufrechtzuerhalten und einen durchaus nicht unmöglich erscheinenden Separatfrieden der KMT-Regierung mit Japan zu verhindern. Der endgültige Verzicht der Alliierten auf alle Rechte und Vorrechte aus den »Ungleichen Verträgen« wurde zwar aufrichtig begrüßt, konnte aber die allgemeine Lage kaum verbessern. So war bei Ende des Krieges das KMT-Regime der Rolle eines Siegerstaates nicht mehr gewachsen: Den Sieg hatten andere erfochten; ganz China war verarmt, verhungert, zermürbt und demoralisiert, dazu durch Korruption und inneren Zwist zerrüttet, reif für eine neue Stufe der Revolution.

Der Sieg der Kommunisten

Die japanische Invasion ermöglichte den Kommunisten, ihren Einfluß in ungeahntem Grade auszudehnen. Die von der KPCh eingeschlagene Linie auf eine den speziellen chinesischen Verhältnissen Rechnung tragende, nationale bürgerlich-demokratische Revolution hin nahm ihr die für viele abschreckende Gestalt des extremen Radikalismus. Ein gemäßigtes Vorgehen bei der sozialen Revolution, die stets betonte Bereitschaft zur Zusammenarbeit mit nichtkommunistischen Gruppen und der Vorrang des nationalen Befreiungskampfes gegen Japan zog viele der besten Kräfte des Landes, vor allem aus der Jugend, auf die kommunistische Seite in die Zentren des kommunistischen Widerstandes, die sogenannten »Befreiten Gebiete«, um sich hier für die nationale Sache des Kampfes gegen Japan einzusetzen. So stieg die Mitgliederzahl der KPCh in den Kriegsjahren 1937 bis 1945 von etwa vierzigtausend auf weit über eine Million, und auch die kommunistischen Truppen vermehrten sich entsprechend. Das sich immer weiter ausdehnende, unter kommunistische Herrschaft kommende Gebiet lag verstreut über ganz Nord- und Ostchina, zum großen Teil hinter den japanischen Linien und bis vor die Tore der japanisch besetzten großen Städte dieses Gebietes. Die »Befreiten Gebiete« waren in viele, nicht unmittelbar verbundene Teile getrennt und vielfach ständig von den Japanern bedroht. Die Verkehrsmittel waren Pferd, Esel oder auch nur die menschlichen Füße. In den harten und schweren Kriegsjahren haben die Kommunisten sich hier die materielle und ideelle Grundlage für ihren späteren Sieg geschaffen. Entscheidend war dabei, daß sie auf dem Lande weitgehend von radikalen Maßnahmen absahen, oftmals den Besitzstand zunächst unangetastet ließen und nur die gröbsten Mißstände beseitigten. Darüber hinaus suchten sie den Bauern in ihren dringendsten Nöten mit Rat und Tat beizustehen. So konnten sie sich Sympathie und aktive Unterstützung der Landbevölkerung sichern, die für ihre Guerillataktik unerläßlich war. Im Gegensatz zur immer üppiger wuchernden Korruption und Dekadenz in den von Japanern und den von der KMT beherrschten Teilen des Landes entwickelte sich in den »Befreiten Gebieten« ein idealistischer Geist der Kameradschaft und Opferbereitschaft.

Die Aufgabe, die verschiedenen Gebiete zusammenzufassen, fiel der KPCh zu, unter deren Banner sich seit Beginn des Krieges sehr verschiedene Elemente zusammengefunden hatten. Um Denken und Handeln der vielen neuen Parteimitglieder zu vereinheitlichen, eröffnete Mao Tse-tung 1942 in Yen-an die unter dem Namen Cheng-feng-Bewegung bekannte Kampagne zur »Berichtigung der allgemeinen Einstellung«. Das war trotz Schuldbekenntnissen mancher führenden Parteimitglieder weniger eine Säuberungsaktion als eine intensive Indoktrinierung und Erziehung in den von Mao Tse-tung ausgearbeiteten Prinzipien für die Anwendung der marxistisch-leninistischen Grundsätze auf die besonderen chinesischen Verhältnisse, offiziell »Mao Tse-tungs Gedanken« genannt. In der Tat brachte diese Kampagne Einheitlichkeit in die Parteilinie und bereitete die kommende Auseinandersetzung mit der KMT vor. Sowjetische Hilfe blieb in dieser Zeit auf das Ideologische beschränkt. Materielle Unterstützung konnten die chinesischen Kommunisten damals von der Sowjetunion nicht erwarten. Auf Grund der Erfahrungen von 1927 hatte Stalin wenig Vertrauen zu den chinesischen Kommunisten und rechnete nicht mit ihrem Erfolg.

Das Verhältnis der Kommunisten zur KMT war trotz amerikanischen Vermittlungsversuchen bereits bei Kriegsende äußerst gespannt. Chiang Kai-shek war von einer Gruppe ehrgeiziger und habsüchtiger Whampoa-Offiziere und kurzsichtiger KMT-Politiker umgeben, die allein sein Vertrauen besaßen und alle unerwünschten Nachrichten von ihm fernzuhalten wußten, so daß er kaum über die tatsächliche Lage im Bilde sein konnte. Der wachsenden Unzufriedenheit suchte die KMT-Regierung durch Terrormaßnahmen zu begegnen, die sich nicht nur gegen kommunistische Aktivität, sondern auch gegen die liberale und kritische Intelligenz richteten. So wandten sich immer mehr Angehörige dieser Schicht innerlich von der KMT ab, und unter Schülern und Studenten griff die kommunistische Untergrundbewegung von Tag zu Tag weiter um sich. Durch die Wirren des Krieges hatte ein nicht geringer Teil der nominell noch Land besitzenden Familien dieses Land praktisch bereits seit Beginn des Krieges verloren und auch mehr oder weniger abgeschrieben. Vor allem war dies bei der jüngeren Generation der Fall, die ein wirtschaftlich gesichertes und sorgenfreies Leben mit Grundbesitz und Pachteinnahme fast nur noch vom Hörensagen kannte und keinen Besitz zu verlieren hatte. In diesen Kreisen fanden die Kommunisten und die revolutionäre Bewegung überhaupt einen großen Teil ihrer eifrigsten Vorkämpfer und aktivsten Führer.

Die plötzliche, nicht so früh erwartete Kapitulation der Japaner stellte die Regierung in Chungking vor das Problem, in kürzester Frist die bisher von den Japanern besetzten Gebiete in Nord- und Ostchina sowie die ganze Manchurei zu übernehmen, dort eine Verwaltung einzurichten und vor allem zu verhindern, daß die Kommunisten ihr zuvorkämen. Dieser schwierigen Aufgabe war das demoralisierte und zerrüttete KMT-Regime trotz amerikanischer Hilfe nicht mehr gewachsen. Beim Versuch der mit amerikanischen Flugzeugen nach Norden und Osten transportierten Regierungstruppen die von den Japanern evakuierten Gebiete zu übernehmen, kam es an vielen Stellen zu Zusammenstößen mit der kommunistischen Armee; eine bewaffnete Auseinandersetzung großen Stils bahnte sich an. Erneute amerikanische Vermittlungsversuche unter General Marshall scheiterten nach anfänglichen Erfolgen schließlich an dem unüberwindlichen Mißtrauen und Widerwillen

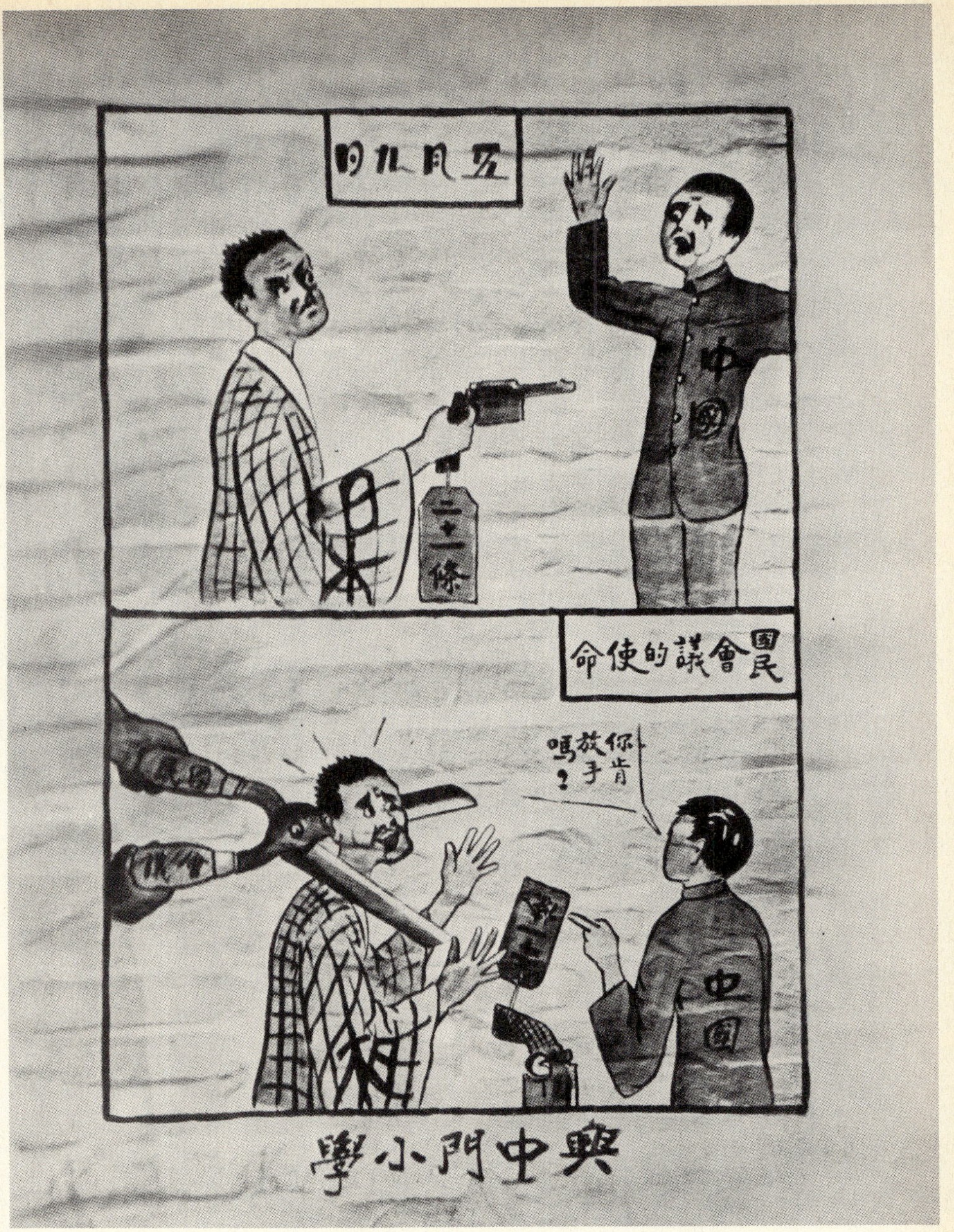

Die Rache der Chinesen an den japanischen Aggressoren
Chinesisches Plakat, 1931

Unterzeichnung eines chinesisch-polnischen Kommuniqués zur Wiedervereinigung Deutschlands
unter Anerkennung der Oder-Neiße-Linie in Peking am 11. April 1957
durch Chou En-lai und Cyrankiewicz

zwischen Kommunisten und KMT und an der zu keiner Verständigung bereiten Haltung der radikalen Elemente auf beiden Seiten. Dazu überschätzten Chiang Kai-shek und seine Umgebung ihre Kräfte bei weitem und meinten trotz amerikanischen Warnungen, auf Grund der rein zahlenmäßigen Überlegenheit ihrer Truppen leicht der Kommunisten Herr werden zu können. In der 1947 beginnenden Endphase des Kampfes wurden die von den KMT-Truppen gehaltenen Schlüsselstellungen in der Manchurei und Nordchina durch Zerstörung der Eisenbahnlinien allmählich zu isolierten Inseln, die nur noch auf dem Luftwege erreicht werden konnten. Die noch bei Kriegsende den Kommunisten um das Vielfache überlegene Militärmacht der KMT verringerte sich in dem gleichen Maße, wie die der Kommunisten zunahm. Verluste durch Tote und Verwundete, Deserteure und Überläufer dezimierten die Reihen der KMT-Truppen. Von der KMT erbeutetes oder auch durch Mittelsmänner aufgekauftes amerikanisches Kriegsmaterial sowie japanische Waffen, die die Russen beim Abzug aus der von ihnen bei Kriegsende besetzten Manchurei den chinesischen Kommunisten in die Hände gespielt hatten, gab die zu großen Kampfaktionen notwendige Ausrüstung. Die militärische Führung der KMT versagte völlig. Hervorragende, bewährte Heerführer, die nicht zur Whampoa-Clique gehörten, schob man auf praktisch bedeutungslose Posten ab, während jene nur daran dachte, sich ein möglichst großes Stück Beute von den Japanern und von den wirklichen oder angeblichen chinesischen Kollaborateuren anzueignen. Die militärischen Führer der Whampoa-Clique gaben das Beispiel, das weithin nachgeahmt wurde. Jeder suchte ohne Verantwortungsgefühl und ohne Rücksicht auf die ursprünglichen chinesischen Besitzer zu greifen, was greifbar war. Dementsprechend wandte sich auch die Sympathie der Bevölkerung in den von den Japanern besetzten Gebieten, die anfangs die KMT-Truppen als die Befreier von der fremden Besatzungsmacht begrüßt hatte, bald den Kommunisten zu: Nicht weil man ihr Programm oder ihre Theorien besser fand als die der KMT, sondern weil man in ihnen eine lebendige, gesunde, nicht von Korruption verseuchte Kraft sah, die als einzige in der Lage schien, das verkommene, nicht mehr haltbare Regime der KMT abzulösen. So konnten vom Herbst 1948 an innerhalb eines Jahres die kommunistischen Heere ohne nennenswerte fremde Hilfe in einem einzigartigen Siegeszug von der Manchurei bis in den äußersten Süden und Südwesten ganz China in ihre Gewalt bringen.

Die Machtübernahme durch die Kommunisten vollzog sich überall in vorzüglicher Ordnung. Die kommunistischen Truppen zeigten im Gegensatz zu denen der KMT eine hervorragende Disziplin. Die Bevölkerung brauchte nicht um Leben und Eigentum zu bangen – die Soldaten nahmen nichts ohne eine dem Wert entsprechende Bezahlung –, und auch Frauen und Mädchen hatten nichts zu befürchten. Ruhe und Ordnung kehrten überall rasch zurück. Alle staatlichen und privaten Betriebe wurden angewiesen, ihre Arbeit fortzusetzen. Nur langsam und mit großer Vorsicht schalteten sich die Kommunisten ein. Eisenbahnen und andere Verkehrswege wurden rasch repariert. Der bewährten chinesischen Tradition entsprechend trat die zivile Autorität wieder an die erste Stelle, und die seit 1911 verhängnisvolle Militärherrschaft fand ihr Ende. Endlich war Friede im Lande, und die gequälte Bevölkerung konnte erst einmal aufatmen, bevor schrittweise die entscheidenden Maßnahmen der sozialen Revolution folgten.

Nach Befriedung des eigentlichen China wurden auch die vordem von der KMT-Regierung weitgehend unabhängigen Außenländer Sinkiang und Tibet wieder fest an die Zentrale angegliedert. Nur auf die Äußere Mongolei, deren Unabhängigkeit die KMT-Regierung noch nach Kriegsende anerkannt hatte, mußten auch die Kommunisten um der Freundschaft mit Rußland willen verzichten. Die Rückverlegung der Hauptstadt von Nanking nach Peking ließ Nordchina wieder stärker als Schwerpunkt hervortreten. Die kommunistische Regierung zeigte dadurch, daß sie sich stark genug fühlte, eventuell Nordchina drohenden fremden Einflüssen entgegenzutreten. 1955 zogen sich die Russen aus ihren letzten Stützpunkten Port Arthur und Dairen zurück.

Bereits 1943 hatte China ohne irgendein Zutun der Kommunisten de jure die volle internationale Gleichberechtigung als Nation erlangt. Doch war aus vergangenen Tagen zum Teil noch das überhebliche Verhältnis des Ausländers zum Einheimischen geblieben. Wenn auch alle aus den »Ungleichen Verträgen« herrührenden Vorrechte gefallen waren, so blieb doch die Erinnerung an die vergangenen Demütigungen, und das Verhalten der Fremden trug nicht immer dazu bei, daß sie vergessen wurden. Schon die KMT griff nach dem Kriege gelegentlich zu kleinlichen Schikanen der Ausländer, wie man sie von den Japanern gelernt hatte. So fanden die Kommunisten ein williges Echo auf ihre Parole vom Kampf gegen den Imperialismus. Manche bereits offene Tür wurde noch einmal eingestürmt, und alle noch bestehenden besonderen Gewohnheitsrechte der Fremden in China wurden beseitigt. Der einzelne Ausländer wurde nun für das China seit einem Jahrhundert zugefügte Unrecht zur Vergeltung herangezogen. Früher hatten die Fremden über dem Recht gestanden. Nun ließ man sie bei jeder Gelegenheit fühlen, daß sie allenfalls geduldet seien, aber keinerlei Rechte besäßen, im Gegenteil Subjekte minderen Rechtes gegenüber den Einheimischen und den Angehörigen anderer asiatischer Nationen seien. Fast alle in China ansässigen Angehörigen westlicher Nationen haben in den Jahren nach 1949 freiwillig oder gezwungen das Land verlassen.

Im Grunde vollzog sich die kommunistische Machtübernahme nicht wesentlich anders als bei ähnlichen Situationen in der Vergangenheit, wenn eine Dynastie eine andere ablöste. Die aus Bauernaufständen hervorgegangene, von Bauernführern geleitete revolutionäre Bewegung gewann mit Hilfe der Landbevölkerung und einer zunehmenden Zahl von Mitgliedern der Intelligenz zunächst langsam, dann immer schneller an Macht und Ausdehnung, bis schließlich unter dem letzten großen Ansturm das innerlich geschwächte und ausgehöhlte Regime trotz äußerlich überlegener Militärmacht wie ein Kartenhaus in sich zusammenfiel. Wie in der Vergangenheit oft Bauernbewegung und religiöse Geheimgesellschaften zusammenflossen, so waren es nun Bauernbewegung und Kommunismus. Daß dabei an die Stelle des Aberglaubens an Geister, übernatürliche Kräfte und übernatürliche Offenbarungen der Aberglaube an eine utopische Idee trat, war kein entscheidender Unterschied. Gleich war der fanatische Glaube, dort an eine religiöse, hier an eine soziologische Lehre, gleich war auch die Überzeugung vom Herannahen einer neuen Weltordnung. Unterschiedlich war nur der Erfolg. Endeten in der Vergangenheit solche Umstürze in der Regel nur mit sehr beschränkten Reformen und folgte stets bald eine grundsätzliche Rückkehr zur traditionellen politischen und sozialen Ordnung, so haben die Kommunisten sich die

Umwandlung des von ihnen als halb-feudalistisch, halb-kolonial bezeichneten alten China in einen modernen sozialistischen Staat als Ziel und Aufgabe gestellt, und sie arbeiten mit aller Entschiedenheit auf dieses Ziel hin. Mit der durchgreifenden sozialen Revolution ist vorläufig die letzte Stufe der rund hundertjährigen revolutionären Entwicklung erreicht.

Tendenzen der Entwicklung seit 1949

Die Konzentration der politischen Macht durch die kommunistische Regierung

Hatten sich die Vorgänge bis zum Siege der Kommunisten noch weitgehend in einem traditionellen Rahmen vollzogen, so begann mit der Konsolidierung der kommunistischen Herrschaft eine Entwicklung, die als Ganzes gesehen kaum eine Parallele in der Geschichte Chinas finden dürfte. Das schließt nicht aus, daß sie in manchen einzelnen Zügen offensichtlich an die vorrevolutionäre Vergangenheit anknüpft und daß bei genauerer Betrachtung sich nicht alles als so völlig neu erweist, wie es zunächst den Anschein haben mag. Entscheidend dürfte sein, daß die durch die politischen Ereignisse seit Mitte des 19. Jahrhunderts nur ganz langsam eingeleitete Wandlung Chinas von einer vorindustriellen agrarwirtschaftlichen Struktur zu einem modernen Industriestaat erst seit Beginn der kommunistischen Herrschaft in vollem Umfange eingesetzt hat und nun in ein atemberaubendes Tempo gedrängt wird. Die am 1. Oktober 1949 formal begründete Regierung der Volksrepublik China hat schon nach wenigen Jahren eine Konzentration aller staatlichen Macht in ihrer Hand erreicht, wie es in diesem Ausmaße bisher wohl kaum in der chinesischen Geschichte der Fall gewesen sein dürfte. Diese Machtkonzentration wird garantiert durch die KPCh und ihre Unterorganisationen, die sämtliche Organe und Betriebe bis in die kleinsten dörflichen Einheiten durchdringen. Die einheitliche praktische und ideologische Ausrichtung der Funktionäre und Kader wird durch eine ständige Indoktrinierung gewährleistet, deren Methodik seit der Cheng-feng-Bewegung von 1942 systematisch weiterentwickelt worden ist. Dabei knüpft die Idee der ständigen Schulung in der orthodoxen Lehre als Garantie für die einheitliche Denk- und Handlungsweise der führenden Schicht an traditionelle konfuzianische Praktiken an. Allerdings ist die Technik kommunistischer Indoktrinierung den Anforderungen der modernen Zeit angepaßt, denen ein dem konfuzianischen analoges Prüfungswesen nicht mehr entsprechen würde.

Aus der Praxis der zunächst auf die Mitglieder der KPCh beschränkten Indoktrinierung hat sich allmählich die Methodik der »Gedankenreform« entwickelt. Sie scheint ein besonders charakteristisches Element des chinesischen Kommunismus zu sein. Als die Kommunisten 1948/49 wider Erwarten schnell ganz China eroberten, galt es nicht nur große Teile der früheren KMT-Armee in die »Volksbefreiungs-Armee« einzugliedern, sondern auch in kürzester Frist große Mengen zuverlässiger Kader für zivile Verwaltung, Bildungswesen und Wirtschaft auszubilden. Das geschah durch besondere Schulungskurse, die sich zunächst auf freiwilliger Basis vornehmlich an die Intelligenz wandten, sich allmählich aber auf weitere Bevölkerungsgruppen ausdehnten und obligatorisch wurden. Diese Schulungskurse dauerten in der Regel mehrere Monate und umfaßten bis zu einigen tausend

Teilnehmern, die in verschiedene Einheiten bis zu kleinen Gruppen von sechs bis zehn Personen aufgegliedert waren. Die Teilnehmer lebten in fester Gemeinschaft zusammen; zunächst ziemlich zwanglos, dann aber immer mehr von Vorträgen, Berichten und an Intensität zunehmenden Diskussionen ausgefüllt. Alles bisherige Tun und Denken wird dabei schärfster Kritik unterworfen. Jeder muß nicht nur sein eigenes Leben, sondern auch das der anderen Mitglieder seiner Gruppe kritisieren. Jeder soll die Irrtümer und Sünden seiner Vergangenheit erkennen, bekennen und überwinden. Auf Grund der ihm durch die marxistisch-leninistische Ideologie gesetzten neuen Maßstäbe soll er gewissermaßen seine frühere Existenz ablegen und ein neuer Mensch werden. Dabei sind Szenen höchster emotioneller Spannung wie bei Glaubenserweckungen religiöser Sekten nicht selten.

Der Erfolg dieser Gedankenreform ist erstaunlich. Der Appell an den aus der traditionellen Gesellschaftsstruktur erwachsenen starken Gemeinschaftssinn der Chinesen läßt individualistische Neigungen verhältnismäßig leicht als fremd und abwegig verwerfen. So vermögen sich nur wenige der Wirkung der Gedankenreform zu entziehen. Die Anwendung von Kritik und Selbstkritik ist zwar keine chinesische Erfindung. Sie ist aber in China zu einem äußerst wirkungsvollen sozial-psychologischen Instrument entwickelt worden. Über die geschlossenen Schulungskurse hinaus wird bei den Kampagnen verschiedenster Art – von wichtigen politischen Fragen bis zur Insektenbekämpfung und zur Verbesserung der Hygiene – in allen Berufs- und Wohngruppen die Methode der Kritik und Selbstkritik angewandt, und sie erstreckt sich über Partei und Kader hinaus auf weiteste Teile der Bevölkerung. Ihre entscheidende Wirkung erhält diese Methode aber erst dadurch, daß die volle Macht eines autoritären Regimes dahintersteht, bereit einzugreifen gegen den, der sich aller Kritik und Überredung zum Trotz nicht gutwillig einfügen will. »Umerziehung durch Arbeit«, das heißt Zwangsarbeit in entlegenen Gebieten, droht denen, die sich hartnäckig widersetzen. Große Kampagnen verschärfter Kritik und Selbstkritik begleitet von Zwangsmaßnahmen wandten sich gegen widerwillige oder nicht konformistische Elemente. So diente die Landreform ab 1950 nicht nur der wirtschaftlichen Enteignung der Grund besitzenden Kreise, sondern auch der Liquidierung ihres bisherigen sozialen Prestiges, zuweilen sogar ihrer physischen Vernichtung. Die Kampagne zur Niederwerfung der »Konter-Revolutionäre« 1951/52 bezweckte nicht nur die Ausrottung tatsächlicher oder vermeintlicher Gegner des Regimes, sondern sie sollte mit ihren Terrormaßnahmen einschüchternd auf jeden potentiellen Gegner, ja auf die gesamte Bevölkerung wirken. Die fast gleichzeitigen Kampagnen »Gegen die drei Übel« (gegen Korruption, Verschwendung und Bürokratismus unter den Mitarbeitern der staatlichen Organe) und »Gegen die fünf Übel« (gegen Bestechung, Steuerhinterziehung, Diebstahl von Staatseigentum, gewissenlose Erfüllung von Regierungsaufträgen und den Mißbrauch staatlicher Wirtschaftsinformationen für private Zwecke) richteten sich gegen alle Kreise der freien Wirtschaft, aber auch gegen Funktionäre und Kader, die sich für die fast traditionell gewordenen Laster der chinesischen Beamten anfällig zeigten. Der Unterdrückung kritischer, nicht konformistischer Angehöriger der Intelligenz diente schließlich die Kampagne gegen die Rechts-Orientierten von 1957/58. Diese ständige Indoktrinierung und Überredung verbunden mit Druck und Zwangsmaßnahmen wechselnder Intensität geben der chinesischen

Regierung Macht und Autorität für die Veränderung der gesamten politischen, wirtschaftlichen und sozialen Struktur Chinas.

Der inneren Machtkonzentration durch die kommunistische Regierung folgte rasch eine Konsolidierung der Position nach außen hin. Alle Einschränkungen der chinesischen Souveränität durch die »Ungleichen Verträge« waren bereits *de jure* wie *de facto* bei Beginn der kommunistischen Herrschaft gefallen. An den Grenzen des Landes sucht die kommunistische Regierung für China die Stellung wiederzugewinnen, die es dort vor der abendländischen und japanischen Machtausweitung im 19. Jahrhundert innehatte. Beim Vorgehen in Korea, Annam und Tibet knüpfte das neue Regime an imperiale Traditionen früherer Jahrhunderte an. China ist wieder zum wichtigsten politischen Faktor in Asien geworden. In der Allianz der kommunistischen Länder ist China der einzige völlig gleichberechtigte Partner der Sowjetunion und erkennt deren führende Stellung nur als die eines *primus inter pares* an. Das von China schon wiederholt beanspruchte Mitspracherecht auch in außerasiatischen Fragen hat einstweilen wohl noch kaum praktische Bedeutung. Doch deutet diese Forderung darauf hin, daß nach der stets nur schwer und widerwillig verwundenen Schwächung während der vergangenen hundert Jahre das traditionelle Selbstbewußtsein Chinas als der Weltmacht schlechthin zu neuem Leben erwacht ist. Die nachgiebige, allenfalls passiven Widerstand leistende Haltung gegenüber dem Abendland hat sich in militante Aggressivität verwandelt. Die Verweigerung der diplomatischen Anerkennung wie auch der Aufnahme in die Vereinten Nationen wird von den Chinesen als eine besonders schwere Kränkung empfunden und ist *ein* wesentlicher Grund für die Feindschaft Chinas gegen die Vereinigten Staaten von Amerika. Entscheidend ist aber für die Haltung Chinas, daß die Vereinigten Staaten Chiang Kai-shek und seine Anhänger unter ihren Schutz gestellt haben und die Vereinigung der Insel T'ai-wan (Formosa) mit dem Festland verhindern. Damit ist die Frage der Haltung Chinas zu den Vereinigten Staaten weitgehend aus dem Gebiet der äußeren Politik auf das der inneren verschoben. Die Vereinigten Staaten spielen die Rolle des Beschützers der tatsächlichen oder auch nur potentiellen chinesischen Opposition gegen das kommunistische Regime. Diese ist auch innerhalb Chinas gewiß vorhanden, ohne sich jedoch sichtbar geltend machen zu können. Außerhalb Chinas kommt ihr aber nicht nur in Gestalt der Regierung von T'ai-wan, sondern auch in den zahlreichen Auslandschinesen in Südostasien und in Amerika erhebliche Bedeutung zu. Zumal in den Vereinigten Staaten gibt es mehr als zehntausend gut ausgebildete und meist vorzüglich befähigte chinesische Intellektuelle, die dem kommunistischen Regime kritisch gegenüberstehen und deswegen einstweilen die Rückkehr nach China scheuen, obwohl sie dort dringend für den wirtschaftlichen Aufbau benötigt werden. Quantitativ wie qualitativ ist das Auslandschinesentum (einschließlich T'ai-wans) so bedeutend, daß es eine stete Herausforderung für den alleinigen Machtanspruch der kommunistischen Regierung darstellt und bei allen wichtigen politischen Maßnahmen in Rechnung gestellt werden muß.

Die Wandlungen auf wirtschaftlichem und sozialem Gebiet

Das erklärte Ziel der kommunistischen Regierung ist, eine Entwicklung, zu der das Abendland mehr als ein Jahrhundert brauchte, nun in wenigen Jahrzehnten nachzuholen. China soll aus einem wirtschaftlich unterentwickelten, rückständigen, »halb-feudalen – halb-kolonialen« Agrarland in einen modernen Industriestaat verwandelt werden, und zwar nach den Prinzipien und Methoden des Marxismus-Leninismus, angewandt auf die besonderen chinesischen Verhältnisse. Der industrielle Aufbau muß in erster Linie aus den Überschüssen der landwirtschaftlichen Produktion finanziert werden. Diesen Zweck glaubte die Regierung nur durch die restlose Unterstellung der landwirtschaftlichen Produktion unter ihre Planung und Kontrolle erreichen zu können. So blieb die Landreform nicht bei der Enteignung der Grundbesitzer und bei der Neuverteilung des Landes unter die Bauern als frei verfügbares Eigentum stehen. Es folgte eine zunächst lose, dann straffer werdende kooperative Zusammenfassung der landwirtschaftlichen Kleinbetriebe, wobei theoretisch das Land noch Eigentum der einzelnen Bauern blieb. Die nächste Stufe war die Kollektivierung. Hier ging das Land in Gemeinschaftsbesitz über. Schließlich wurden 1958 jeweils mehrere landwirtschaftliche Kollektive mit industriellen und anderen Betrieben zu großen wirtschaftlichen Einheiten, den Kommunen, kung-she, zusammengefaßt. Trotz mancher Widerstände scheinen sich diese weiteren Schritte in der Umwandlung landwirtschaftlicher Besitz- und Produktionsverhältnisse im Gegensatz zu der von erheblichem Terror begleiteten Enteignung der Grundbesitzer im wesentlichen ohne größere Schwierigkeiten vollzogen zu haben. Auch war damit kein nennenswerter Produktionsrückgang verknüpft, sondern die landwirtschaftliche Produktion konnte durch Rationalisierung, bessere Düngung und Bewässerung laufend gesteigert werden. Die Mechanisierung der Landwirtschaft macht nur langsame Fortschritte. Der chinesische Bauer hatte in den vergangenen Jahrzehnten unter so ungünstigen Bedingungen gelebt, zumal in ständiger Unsicherheit vor Soldaten und Räubern, daß allein schon eine Stabilisierung seiner Lebensverhältnisse als ein ungeheurer Fortschritt erscheinen muß. Freiheit bedeutet für ihn zunächst Freiheit von Hunger und Kälte. Hierfür wird er auf vieles andere zu verzichten bereit sein. Gelingt es, im Zusammenhang mit der Kollektivierung, die kärgliche materielle Existenz der einzelnen Bauernfamilie auch nur ganz wenig zu verbessern und dem Bauern deutlich zu machen, daß er diese Verbesserung vermehrter eigener Anstrengung verdankt, dann mag er sich sogar voll für die gemeinsame Sache des wirtschaftlichen Aufbaus einsetzen, wie es teilweise der Fall gewesen und noch zu sein scheint. Ehe sich der Lebensstandard der chinesischen Bauern so weit hebt, daß sie höhere Ansprüche anmelden, wird noch geraume Zeit vergehen.

Bei der Gründung der Kommunen schwingt neben den sich aus der politischen und wirtschaftlichen Entwicklung ergebenden Gesichtspunkten noch ein traditionelles chinesisches Element mit, das nicht hinwegzudenken ist. Der Ausdruck für Kommune, kung-she, findet sich bereits im ältesten Schrifttum und bezeichnet hier offenbar frühe dörfliche Besitzgemeinschaften aus der – marxistisch gesprochen – sozialen Stufe des primitiven Kommunismus. Der Ausdruck taucht dann laufend in der chinesischen Literatur auf und diente unter anderem den Anarchisten zur Bezeichnung des von ihnen erstrebten Idealzustandes. Lebendiger noch als der Ausdruck kung-she war in der chinesischen Vorstellung sein Inhalt, meist unter dem Namen der »Großen Gemeinschaft« (ta t'ung), eines idealen kommunistischen Zustandes. Auch dieser ist bereits in Texten der vorchristlichen Zeit beschrieben, und die Idee davon läßt sich dann durch die ganze chinesische Geschichte bis in die Gegenwart hinein verfolgen, und zwar nicht nur in philosophisch orientierten Schriften, sondern auch in der Praxis vieler Geheimgesellschaften und der von ihnen hervorgerufenen Bauernaufstände. Ihre letzte und konsequenteste Ausarbeitung fand diese Idee in dem »Buch von der Großen Einheit« (Ta t'ung shu) von K'ang Yu-wei, dem Führer der Reformbewegung, das heute in China viel gelesen wird.

Die eigentliche wirtschaftliche Neugestaltung begann 1953 mit dem ersten Fünfjahresplan. 1955/56 wurden alle noch bestehenden privaten Wirtschaftsbetriebe in staatliche oder halbstaatliche Betriebe umgewandelt. Auch der gesamte Handel wurde verstaatlicht. Neue staatliche Fabriken und Betriebe schossen im ganzen Land empor. Das Ziel des zweiten, 1958 begonnenen Fünfjahresplanes ist es, in den wichtigsten Zweigen der industriellen Produktion England zu erreichen. Freilich bleibt auch dann die Pro-Kopf-Quote der chinesischen Produktion immer noch sehr gering, da Chinas Bevölkerung mehr als zehnmal so zahlreich ist wie die Großbritanniens. Dennoch hat die chinesische Entwicklung bisher alle Erwartungen weit übertroffen, und es ist anzunehmen, daß bei ihrer ungestörten Fortdauer China in wenigen Jahrzehnten zu den ersten Industriemächten der Welt gehören wird.

Ansätze zu einer freien privatwirtschaftlichen Entwicklung, die sich seit 1911 langsam gezeigt hatten, sind durch eine bürokratische Staatswirtschaft abgelöst, bevor sie sich entfalten konnten. Damit wird an eine alte Tradition angeknüpft. Seit ältesten Zeiten war der chinesische Staat bestrebt, alle wichtigen gewerblichen und kommerziellen Unternehmen für sich zu monopolisieren. Kapitalistische Wirtschaftsformen in Verbindung mit einem eigenständigen Bürgertum haben sich nie entfalten können. Ansätze dazu wurden stets von der allmächtigen staatlichen Bürokratie im Keime erstickt. Die Idee freier privatwirtschaftlicher Entwicklung kam erst im 19. und 20. Jahrhundert aus dem Westen nach China. Sie ist für die Chinesen etwas Fremdes, nicht aber die staatliche Wirtschaftskontrolle. Freilich geht diese heute erheblich weiter als jemals in früheren Zeiten, als man in der Regel nicht nur Kleinhandel und Kleingewerbe der privaten Initiative überließ, sondern als auch größere Unternehmen, zumal bei erlahmender staatlicher Autorität, zeitweise recht gut gedeihen konnten. Heute ist auch für die kleinste wirtschaftliche Privatinitiative kein Platz. Alles ist dem Staat vorbehalten. Ob dieser Zustand andauern wird, bleibt abzuwarten.

Nicht minder groß als die Wandlungen auf politischem und wirtschaftlichem Gebiet sind die der sozialen Struktur. Nach der Bodenreform und der praktischen Enteignung aller privaten wirtschaftlichen Unternehmen gibt es keine wirtschaftlich unabhängige Schicht mehr, sondern nur noch Arbeiter und Angestellte des Staates. Die Intelligenz hat die noch verbliebenen Reste ihres früheren sozialen Prestiges eingebüßt. Eine neue herrschende bürokratische Schicht der Parteimitglieder und Funktionäre scheint sich zu konstituieren, zu der freilich nicht wenige Angehörige der Intelligenz zählen. Wie im vorrevolutionären China genaue Kenntnis der orthodoxen konfuzianischen Staats- und Gesellschaftslehre und – in der Theorie wenigstens – die Fähigkeit, diese im Leben anzuwenden, Voraussetzung für die Zugehörigkeit zur herrschenden Shen-shih-Schicht und zum Beamtentum waren, so ist heute die gleiche Qualifikation in der Ideologie von Marx, Lenin und Mao Tse-tung notwendig, um Parteimitglied oder Funktionär werden zu können. Wenn auch diese neue Gruppe noch bei weitem nicht die bevorrechtigte Stellung der früheren Shen-shih hat, so steht sie doch an erster, führender Stelle und genießt das damit verbundene Prestige in einer seit Jahrhunderten bürokratisch organisierten und in bürokratischen Kategorien denkenden Gesellschaft. Auch hier knüpft die neueste Entwicklung an Traditionen aus der vorrevolutionären Zeit an.

Das traditionelle System der Großfamilie mit der nahezu absoluten Autorität des Familienoberhauptes über die einzelnen Familienmitglieder war bereits seit 1911 und stärker seit der 4.-Mai-Bewegung ins Wanken geraten. Die Auflösung traditioneller Bindungen und die voranschreitende Industrialisierung drängten die Entwicklung auf die Kleinfamilie (Eltern, Großeltern, noch nicht erwerbstätige Kinder) westlicher Art als Einheit hin. Durch die Maßnahmen der Kommunisten ist diese Entwicklung noch beschleunigt worden: Die neuen wirtschaftlichen Verhältnisse erlauben nicht mehr das Zusammenleben einer Großfamilie als wirtschaftlicher Einheit, und bei der auch in der Praxis mehr und mehr verwirklichten Gleichberechtigung der Frau mit dem Manne ist kein Platz mehr für ein autoritäres Familienoberhaupt. Geblieben zu sein scheint ein ziemlich enges Zusammengehörigkeitsgefühl mit einer starken gegenseitigen Hilfsbereitschaft zwischen Mitgliedern der gleichen Familie. Die traditioneller Moral entsprechende Verantwortlichkeit der Kinder für ihre alten, nicht mehr erwerbsfähigen Eltern sieht sogar das neue Ehegesetz von 1950 ausdrücklich vor. Gelegentliche Verlautbarungen über eine völlige Auflösung jeder Familie zugunsten einer allumfassenden sozialen Gemeinschaft sind wohl kaum mehr als ideale Wunschträume einiger besonders eifriger Theoretiker. So dürfte es sich bei den gelegentlich berichteten Denunziationen von Verwandten oder sogar der eigenen Eltern auch nur um Einzelfälle handeln, die aus propagandistischen Gründen stets besonders herausgestrichen werden.

In den Beziehungen zwischen Mann und Frau herrscht Sittenstrenge, wenn nicht gar Prüderie. Die früher so üppige Prostitution soll nahezu völlig ausgerottet sein. Die einstigen Prostituierten sind durch Umerziehung in den Arbeitsprozeß eingegliedert worden. Gewiß bleibt auch hier abzuwarten, wie lange und wie weit bei einem Volk mit einem so entwickelten und verfeinerten Sinn für Erotik und mit einer besonderen Neigung zum kultivierten Lebensgenuß sich eine solche Sittenstrenge aufrechterhalten läßt. In der chinesischen Vergangenheit haben die Extreme schon wiederholt einander abgelöst.

Auf dem Gebiet des Rechts hat die kommunistische Regierung bald nach ihrer Konstituierung sämtliche bestehenden Gesetze und Rechtsverordnungen außer Kraft gesetzt und damit das gesamte rezipierte abendländische Recht wieder abgestoßen. Nur ganz wenige Gesetze sind seitdem erlassen worden. Rechtsfälle werden nach Gewohnheitsrecht oder nach Ermessen im Einklang mit der herrschenden Ideologie entschieden. Die neue Rechtspraxis ist in vielem der traditionellen chinesischen näher als der abendländischen. Auch ist die Justizgewalt wieder mit der Exekutive vereint, was gleichfalls der traditionellen chinesischen Praxis entspricht.

Auf geistigem und kulturellem Gebiet hat die seit der Überwindung des konfuzianischen Dogmas neu aufgeblühte Regsamkeit und Vielseitigkeit wieder einer strengen Uniformität

Neue Industrieanlagen im Steinkohlenrevier von Fushun in der Mandschurei

Vormilitärische Ausbildung junger Chinesen

weichen müssen. Die kommunistische Regierung ist zwar mit Erfolg um die Beseitigung des Analphabetentums und um die allgemeine Schulpflicht sowie um die Ausbildung zahlreicher Spezialisten auf den verschiedenen Gebieten der Naturwissenschaften und der Technik bemüht. Doch ist für eigene, von der orthodoxen Linie abweichende Gedanken in den geisteswissenschaftlichen oder literarischen Gebieten heute fast noch weniger Platz als im konfuzianischen China der vorrevolutionären Zeit. Offenbar waren sich auch die führenden Regierungskreise dieser geistigen Erstarrung bewußt und leiteten 1956/57 die Kampagne »Laßt hundert Blumen blühen und hundert verschiedene Richtungen miteinander wetteifern« ein. Sie rief aber nach anfänglichem Zögern eine solche Woge der Kritik und Opposition hervor, daß die Regierung die Herrschaft der KPCh bedroht sah, alle Kritik des Regimes erneut untersagte und eine Kampagne gegen die Rechts-Orientierten einleitete. Denn alles steht im Zeichen des gemeinschaftlichen materiellen Aufbaus und Fortschritts. Bedeutende Resultate sind auf diesem Gebiet erzielt. Für eine freie geistige Entfaltung des einzelnen ist einstweilen noch ebensowenig Raum wie für die Rechte der einzelnen Persönlichkeit oder für demokratische Formen politischer Willensbildung. Die Leistungen des chinesischen Volkes im Laufe seiner Geschichte auf allen Gebieten und seine neu erwachte Dynamik lassen aber erwarten, daß nach Überwindung der materiellen Not und Rückständigkeit der chinesische Genius sich auch auf geistigem Gebiet wieder geltend machen und daß eine freiere Form des gemeinschaftlichen Zusammenlebens sich eines Tages durchsetzen wird. Erst dann wird die chinesische Revolution ihren eigentlichen Sinn und ihr Ziel gefunden haben.

Kavalam Madhava Panikkar

NEUE STAATEN IN ASIEN UND AFRIKA

Nationales Erwachen

Weder in Asien noch in Afrika gab es zu Beginn des 20. Jahrhunderts völlig unabhängige Staaten – mit einer Ausnahme: Japan. Dank seinem Bündnis mit England hatte sich Japan nach dem chinesisch-japanischen Krieg Schritt um Schritt in die internationale Staatengemeinschaft hineingedrängt. Das große chinesische Reich war faktisch in Einflußsphären zerlegt und durch »Ungleiche Verträge« und exterritoriale Konzessionen, das heißt fremde Niederlassungen auf seinem Staatsgebiet, gefesselt, und seine Machtbefugnisse waren sogar in inneren Angelegenheiten – Zölle, Postverkehr – vertraglich eingeschränkt. Siam blieb dank der in dieser Region akuten Rivalität zwischen Frankreich und England seine nominelle Unabhängigkeit erhalten. Afghanistan war international nicht anerkannt und Persien in Einflußsphären Englands und Rußlands aufgeteilt. Die arabischen Völker waren ein Bestandteil des Imanenreichs. Ägypten, offiziell unter türkischer Oberhoheit, war ein britisches Protektorat geworden. In Afrika wurde außer dem uralten Reich Abessinien nicht ein Fleckchen Erde von eigenen Herrschern regiert.

Zu den von europäischen Staaten direkt beherrschten Gebieten gehörten der Subkontinent Indien, Burma, Ceylon, der Indonesische Archipel, die Malaienländer, die Länder Indochinas und die Philippinen. Entscheidend für dies ungewöhnliche internationale System, das mehr als die Hälfte der Weltbevölkerung unter der Herrschaft europäischer Staaten hielt, war die britische Position in Indien. Indien war nicht bloß eine Kolonie Großbritanniens; es war ein großes Reich, eine Quelle militärischer und wirtschaftlicher Macht, eine riesige Tragfläche, von der aus Großbritannien seine Machtstrahlen aussenden konnte. Die geographische Lage Indiens, das von den Islam-Ländern Westasiens bis zu den Monarchien des Fernen Ostens reichte, das einerseits in den Indischen Ozean hineinragt und anderseits bis an die Grenzen Zentralasiens vorstößt, gab dem britischen Empire eine strategische Stellung, von der aus es über Asien zu Lande wie zur See gebieten konnte. Traditionell eine Seemacht in Europa, war Großbritannien in Asien auch Landmacht – mit einer gut ausgebildeten und erprobten Armee. Diese Armee hatte Hollands Besitzungen auf Java erobert und eine Zeitlang annektiert. Sie hatte in Afghanistan und Abessinien gekämpft. Sie war das wichtigste Instrument der europäischen Herrschaftsordnung in Asien, das sich zu verschiedenen Zwecken benutzen ließ: zur Unterdrückung des Boxeraufstands, zu Aufmärschen in den Straßen Shanghais, wenn es einmal kritisch wurde, zum Gefechtseinsatz in Englands Kriegen in Mesopotamien, Ägypten und anderswo.

Außerdem war das Indische Empire als ein großes internationales System organisiert, das seine Fühler in verschiedene Teile Asiens ausstreckte, mit souveränen Staaten vertragliche Beziehungen einging, in anderen Gebieten die lehnsherrliche Gewalt ausübte und ganz allgemein eine Politik der imperialen Expansion betrieb. Sofern die Scheiche und Stammesfürsten vom Persischen Meerbusen politische Beziehungen mit der Außenwelt unterhielten, verhandelten sie mit den Behörden Britisch-Indiens. Der erste Staatsvertrag, den Abdul Asis Ibn Sa'ud als Sultan des Nedschd zustande brachte, war ein Vertrag mit der englischen Regierung Indiens, dem Government of India. Der englische diplomatische Agent in Afghanistan vor 1919 war von der Indischen Regierung bestellt. Ebenfalls vom Auswärtigen Amt in Delhi wurden die auswärtigen Beziehungen Nepals und Tibets gehandhabt.

Das von England aufgebaute internationale System, das Indien zur Tragfläche hatte, beschreibt ein scharfsichtiger englischer Historiker folgendermaßen:

> Das Indische Empire muß man sich als aus einem Kern und einer äußeren Schutzhülle bestehend vorstellen: den Kern bildeten die (von England) direkt verwalteten reichen Ländereien, die Schutzhülle setzte sich teils aus kleineren und mehr oder minder primitiven Staaten, wie Bhutan und Nepal, teils aus Gebirgs- und Wüstengebieten mit stammesmäßig organisierten Völkerschaften zusammen . . . Über diese beiden Sphären übte die Indische Regierung eine Herrschaft aus, deren Formen . . . verschieden waren, die aber überall den Zweck verfolgte, Beziehungen zwischen diesen Gebieten und anderen Ländern zu verhindern oder einzuschränken oder wenigstens dafür zu sorgen, daß sie nicht feindlichen Zielen dienstbar gemacht würden.
>
> Noch weiter außen schuf sich die Indische Regierung, gleichsam als offenes Gelände vor ihren Grenzbastionen, einen Ring neutraler Staaten: Persien, Arabien, Tibet und Afghanistan, wozu eine Zeitlang sogar ein Teil von Sinkiang hinzukam. Nach der einen Richtung war die Grenze der Interessensphäre Indiens in der Regel die Arabische Wüste zwischen Bagdad und Damaskus, die auch die wahre Grenze zwischen den nach Europa und den nach Asien blickenden Ländern ist und einst die Grenze des Römischen Reiches war . . . Nach der anderen Richtung erstreckte sich die Interessensphäre bis nach Indonesien und Indochina, wenn sich auch das Interesse hier aus verschiedenen Gründen nicht so penetrant und wachsam bekundete wie in westlicher Richtung.
>
> Ein Spezialistenkorps im indischen Heer und im Auswärtigen Amt der Indischen Regierung sicherte unauffällig und zuweilen in dem Bewußtsein, Verschwörerarbeit zu leisten oder esoterische Riten eines geheimen Kults zu vollziehen, die Kontinuität des politischen Kurses. Um diese Kontinuität spann sich das romantische Epos: die Vision von der britischen Flotte, die die Meere beherrscht; die fünftausend Kilometer Gebirgsgrenzen in Nordindien; die Länder jenseits der Berge, in der Phantasie der klassisch gebildeten Kolonialbeamten dem Barbarenland jenseits des Limes des Römischen Reiches so sehr ähnlich; das geheimnisvolle Zentralasien, wo sich eines Tages Kräfte sammeln und verschmelzen würden zum Vorstoß in die tropischen Länder des Südens; die kleinen Grenztruppen, deren Kriege gegen die Gebirgsstämme der Außenwelt (sofern sie von ihnen zu hören bekam) wie unterhaltsame Anachronismen vorkamen, die aber in Wirklichkeit Millionen friedfertiger Bauern beschützten; die Geheimagenten, die wie die Kumpane von Kiplings Kim, als Händler oder Lamas verkleidet und mit Silberrupien und Vermessungsgeräten beladen, durch das Bergland flitzten.

Hier verschob sich das Bild 1905 in bemerkenswerter Weise. Schon vorher hatten sich in Indien und China vage nationale Bestrebungen geregt. So war 1885 der Indische Nationalkongreß gegründet worden, der sich seitdem beharrlich bemüht hatte, im Lande ein nationales Empfinden ins Leben zu rufen. In China, wo das Zusammenspiel der reaktionären

Manchu-Dynastie und der europäischen Mächte es einer nationalen Bewegung schwer machte, offen hervorzutreten, arbeiteten für die nationale Wiedergeburt verschiedene Gruppen aus dem Ausland. In den Islam-Ländern predigte Jamal-ud-Din Afgani die neue Lehre des Panislamismus, die in der Konsequenz einen direkten Angriff auf die europäische Herrschaft heraufbeschwor. Dennoch schien die Herrschaftsordnung des Westens nahezu uneinnehmbar zu sein. Aber nun zerstörte Japans Sieg im russisch-japanischen Krieg den Glauben an die Unbesiegbarkeit Europas. Der Feldzug in der Manchurei und die große Seeschlacht bei Tsushima wirkten auf die Völker Asiens wie eine Offenbarung. Fast über Nacht wandelte sich die Stimmungslage des asiatischen Nationalismus. Zum erstenmal wurde 1906 auf der Jahrestagung des Indischen Nationalkongresses *swaraj*, eine eigene Nationalregierung für Indien, gefordert. Bis dahin hatten sich die indischen nationalistischen Parteien damit begnügt, Verwaltungsreformen und Regierungsbeteiligung zu verlangen.

Es darf auch nicht außer acht gelassen werden, daß in Indien in der zweiten Hälfte des 19. Jahrhunderts – hauptsächlich als Ergebnis der Berührung mit dem Westen – eine einschneidende religiöse und gesellschaftliche Umorientierung vor sich gegangen war. Die Gegenreformation des Hinduismus, die mit Ram Mohan Roy (1774–1833) eingesetzt hatte, war eine der für das 19. Jahrhundert wichtigsten Tatsachen, deren wirkliche Tragweite erst jetzt erkannt wird. Zu Beginn des Jahrhunderts hatte der Hinduismus in vielen Teilen Indiens Zerfallserscheinungen offenbart. Uralte, archaische Sitten knechteten die Menschen Indiens. In großen Teilen des Landes waren die Massen in Unwissenheit und Aberglauben verfallen. In dieser Situation hatte die Tätigkeit christlicher Missionare zum unmittelbaren Ergebnis, daß die Existenz des Hinduismus als Religion und der Hindu-Gesellschaft als Lebensweise des Volkes in Frage gestellt schien. Das war eine Herausforderung, auf die der Hinduismus reagieren mußte, und aus seiner Reaktion ging eine Bewegung hervor, die sich in Wucht, Schwungkraft und Wesensart mit der Gegenreformation der katholischen Kirche in Europa vergleichen läßt. Indien erlebte eine lange Reihe großer Künder der religiösen Erneuerung und der Gesellschaftsreform, unter denen Ram Mohan Roy, Keshab Chandra Sen, Sri Rama Krishna, Swami Vivekananda, Sarasvati Dayanand und Ranade hervorragen. Sie schufen eine neue Deutung der Lehren des Hinduismus und trugen dazu bei, ihn von den vielen Schlacken des Aberglaubens und des barbarischen Brauchtums zu befreien, die er im Laufe einer langen Zeit angesetzt hatte.

Wesentlich erleichtert wurde dieses große Werk durch den phantastischen Aufschwung der Sanskritstudien in Europa. Eine ganz neue geistige Welt wurde von Gelehrten in England, in Frankreich und ganz besonders in Deutschland im Sanskrit, der großen klassischen Sprache Indiens, entdeckt. An allen bedeutenden Universitäten, in Oxford, Paris, Heidelberg, Bonn, Berlin, wurden Sanskritstudien gefördert, und die heiligen Texte des Hinduismus, die der Kastengeist priesterlicher Selbstabschließung ausschließlich den Brahmanen vorbehalten hatte, wurden nun in den Übersetzungen europäischer Gelehrter dem Volke Indiens zugänglich gemacht. Der Beitrag, den Europa zur Neuinterpretation der Hindu-Ideale und zur Neuorientierung des Hinduismus beigesteuert hat, sollte nicht unterschätzt werden.

Ebenfalls in die zweite Hälfte des 19. Jahrhunderts fällt der langsame Aufstieg der modernen Technik in Indien. Das erste nach modernen Gesichtspunkten aufgebaute Technikum entstand 1848 in Roorkee; weitere technische Lehranstalten folgten in verschiedenen Teilen des Landes. Zu Beginn des Jahrhunderts hatte sich bereits eine leistungsfähige Baumwollindustrie, hauptsächlich in Bombay und Ahmadabad, durchgesetzt. Auch in China gab es in den verschiedenen europäischen Konzessionen, namentlich in Shanghai und Tientsin, Ansätze der Industrialisierung, und die Chinesen eigneten sich in weitem Rahmen neuzeitliche technische Verfahren an.

Häufig wird in bezug auf Indien und China etwas Entscheidendes übersehen: In beiden Ländern war der Apparat des Binnenhandels fast ausschließlich in den Händen der Einheimischen geblieben. Infolgedessen konnte sich in diesen Ländern die Struktur der Verteilungsorganisation intakt erhalten. Überdies war indisches und chinesisches Kapital stets so stark, daß es sich bis zu einem gewissen Grad sogar am Überseehandel beteiligen konnte. Um die Mitte des 19. Jahrhunderts waren große indische Handelsfirmen – wie etwa die Camas – mit den Engländern im Chinahandel aktiv. Auf indische Kaufleute und Bankiers entfiel ein erheblicher Teil der Umsätze in Burma, in den Malaienländern und sogar in Indochina. In Südostasien war das Eindringen des chinesischen Handels schon seit Jahrhunderten eine gewichtige Tatsache; in Indonesien spielten Chinesen eine bedeutende Rolle als Mittelsleute im Warenaustausch zwischen Holländern und Indonesiern. In gewissem Umfang haben solche Faktoren Indien und China geholfen, ihre verlorene wirtschaftliche Position allmählich zurückzugewinnen. Auf dem Wege zur industriellen Belebung Indiens waren die Errichtung der großen indischen Eisen- und Stahlwerke in Jamshedpur (1908) und die Tata-Projekte für den Bau von Wasserkraftwerken bei Bombay, die dessen Textilindustrie mit Strom beliefern sollten, wichtige Meilensteine.

Der erste europäische Krieg von 1914 bis 1918 brachte die große Wende für den Aufstieg der asiatischen Nationen. Gleich nach Kriegsende wurde sichtbar, daß sich Europas wirtschaftlicher und politischer Griff gelockert hatte. Mit der Gewährung einer teilweise selbständigen Regierung in den Montagu-Chelmsford-Reformen von 1919 kam Großbritannien dem indischen Nationalismus auf halbem Wege entgegen. Im Gefolge des Zerfalls der Zentralregierung nach der Revolution von 1911/12 war in China eine große Volksbewegung entstanden; ihre Stärke zeigte sich zum erstenmal in der das ganze Land umspannenden Protestkampagne gegen den Versailler Vertrag, der Japan die früheren deutschen Konzessionen in Shantung zugesprochen hatte. Siam machte sich von der Bevormundung durch das britisch-französische Abkommen frei. In Ägypten errang die von Saghlul Pascha geführte Bewegung einen beachtlichen Sieg, als die Unabhängigkeit des Landes von Großbritannien anerkannt wurde: Das war die erste wesentliche – freilich noch nicht völlige – Durchbrechung des britischen Herrschaftsanspruchs. Nach einem kurzen Krieg, der keine militärische Entscheidung brachte, setzte Afghanistan dennoch seine Unabhängigkeit durch. Die Siedlungsgebiete der Araber wurden von der türkischen Herrschaft befreit und, wenn auch für eine begrenzte Zeit britischer und französischer Mandatsherrschaft unterstellt, als Staaten mit einem Anspruch auf spätere Unabhängigkeit anerkannt.

Galaempfang nach der Krönung König Georgs V. und der Königin Mary zum Kaiser und zur Kaiserin von Indien
in Delhi am 12. Dezember 1911
Aus einem Aquarell von G. P. Jacomb-Hood. Windsor Castle, Royal Collection

Hindus beim Bad im heiligen Ganges in Benares

Dem Völkerbund, der auf der Grundlage des Versailler Vertrags ins Leben getreten war, gehörten als Gründungsmitglieder nur vier asiatische Staaten an: China, Siam, Iran und Indien. Obgleich Indiens Mitgliedschaft infolge der fehlenden Souveränität etwas Paradoxes an sich hatte, bewies sie die erstarkende internationale Position des Landes. Noch zählte Asien nicht als Faktor der internationalen Politik. Indes waren epochemachende Ereignisse im Werden. Die nationalen Bewegungen Indiens, Chinas, Indonesiens und anderer asiatischer Länder waren dabei, neue Formen anzunehmen.

Ein neuer, unvorhergesehener Faktor, der die politische Situation in Asien komplizierte, kam 1917 hinzu. In der Formung der Entwicklung des asiatischen Nationalismus hat die Oktoberrevolution eine entscheidende Rolle gespielt. Teils dank dem revolutionären Enthusiasmus, mit dem sie das Recht aller Kolonialvölker auf Freiheit verkündete, teils dank der geographischen Lage des russischen Reiches, dessen Grenzen auf alle bedeutenderen asiatischen Länder trafen, übte sie auf die nationalen Bewegungen Asiens einen unmittelbaren und unwiderstehlichen Einfluß aus. Die von Afghanistan soeben gewonnene Unabhängigkeit wurde vom Sowjetstaat sofort anerkannt. Er verzichtete auch freiwillig auf die Sonderrechte, die das Zarenreich in Persien mit dem englisch-russischen Vertrag erworben hatte. In China gab der Sowjetstaat seine Exterritorialitätsrechte auf und sprach sich zugunsten der chinesischen Forderungen aus. Die Bewegung der »Neuen Welle«, die damals das Denken des chinesischen Volkes modelte, nahm wesentliche Elemente der marxistischen Ideologie in sich auf. Nur in Indien war der Einfluß der Oktoberrevolution um diese Zeit wenig spürbar: erstens verstanden es die britischen Behörden, halbwegs bedeutende Kontakte mit Rußland zu verhindern, und zweitens waren inzwischen die indischen nationalen Traditionen mit Westeuropas liberalen Prinzipien eng zusammengewachsen.

Die Vorkämpfer der nationalen Bewegung in Asien und Afrika in dieser Werdeperiode waren Menschen von charakteristischer Eigenart. Man muß sich mit ihren Wesensmerkmalen und ihren Leistungen vertraut machen, will man die Faktoren verstehen, die das nationale Bewußtsein in den einzelnen Ländern geformt haben. Als Vater der ersten chinesischen Revolution muß zweifellos Sun Yat-sen angesehen werden. Als Sohn einer verarmten Familie in der Nähe von Kanton geboren, lehnte er sich schon als junger Mensch gegen die Formgebundenheit und Starre des chinesischen Lebens auf. Er emigrierte nach Hawaii, wo sein Bruder in einer amerikanischen Missionsschule arbeitete, trat dort zum Christentum über und empfing starke Impulse von den liberalen Einflüssen der amerikanischen Tradition. Als er nach China zurückkehrte, war er von der Überzeugung durchdrungen, daß nur eine Revolution gegen den rapiden Zerfall der politischen Ordnung in China Abhilfe schaffen konnte. Er rief verschiedene Gruppen ins Leben, die sich den gewaltsamen Sturz der Manchu-Herrschaft zum Ziel setzten. Außer dem Glauben an eine demokratische Ordnung nach amerikanischem Muster hatte er um diese Zeit noch kein politisches Programm. Anhänger fand er vor allem unter chinesischen Studenten in Japan und Amerika und in den großen und wohlhabenden chinesischen Siedlungen in Südostasien. Als im Oktober 1911 die Dynastie durch die Militärrevolte in Hankou und Wu-ch'ang gestürzt wurde, war Sun Yat-sen in Amerika. Kaum heimgekehrt, wurde er zum Präsidenten gewählt, mußte aber bald für Yüan Shih-k'ai Platz machen. Die Demokratie und der Westen schlechthin waren für Sun eine bittere Enttäuschung. Die westlichen Mächte brachten dem revolutionären China nicht mehr Sympathie entgegen als dem Kaiserreich der Manchus. Die größeren westlichen Staaten hatten lediglich versucht, aus der Schwäche Chinas Vorteile herauszuschlagen, und nichts getan, um dem neuen Staat zur Stabilisierung zu verhelfen.

Charakteristisch und aufschlußreich ist die nächste Phase in der Entwicklung Suns. In einem Manifest an das chinesische Volk vom 25. Juli 1919 schrieb er: »Wenn das chinesische Volk wie das russische frei sein und dem Schicksal entgehen will, das ihm die Alliierten in Versailles vorgezeichnet haben, . . . muß Klarheit darüber bestehen, daß seine einzigen Bundesgenossen und Brüder im Kampf um die nationale Freiheit die Arbeiter und Bauern der Roten Armee sind.« Diese veränderte Haltung kam auch in der späteren Tätigkeit Sun Yat-sens zum Ausdruck: in seinen Verhandlungen mit Sowjetbeauftragten, in der Gründung der Militärakademie von Whampoa mit ihren russischen Instrukteuren, im politischen Aufbau der von ihm gegründeten Kuomintang-Partei, schließlich im Bündnis mit den Kommunisten in der ersten Phase des Marsches der nationalen Kräfte gen Norden. Sun verkörperte das Komplexe und Widerspruchsvolle des chinesischen Daseins zu Beginn des 20. Jahrhunderts. Sun, das Produkt christlicher Missionarerziehung und der erste Vorkämpfer der Verwestlichung Chinas, starb als Schöpfer eines Bündnisses des chinesischen Nationalismus mit dem Kommunismus.

Bāl Gangādhar Tilak (1920 gestorben), Vorkämpfer des neuen Nationalismus in Indien vor Mahatma Gandhi, war ein Mann von anderem Schlage. Als orthodoxer Brahmane aus dem Marathenland, das für ein indisches Reich gegen England gekämpft hatte, und hervorragender Kenner des Sanskrit und der Hindu-Überlieferung bedurfte Tilak keiner Beeinflussung von außen, um zum Nationalisten zu werden. In sozialen Fragen konservativ, glaubte er zuvörderst an die inneren Werte der hinduistischen Lebensgestaltung. Der kämpferischen Bewegung, die er schuf, prägte er als Vorbild nicht den Liberalismus westlichen Ursprungs auf, sondern die politische Tradition des eigenen Landes. Der indischen Nationalbewegung gab er eine dynamische Philosophie, indem er das *Bhagavad Gītā*, die im weitesten Umkreis als Sittenkodex geltende heilige Schrift der Hindus, in einem zeitgemäßen Sinn umdeutete. In diesem religiösen Epos, das vom Kampf zwischen den Mächten des Guten und des Bösen erzählt, entdeckte er den Aufruf zum politischen Handeln. Seit über anderthalb Jahrtausenden hatten die Hindus das *Gītā* als Buch der religiösen Weisheit und Sittenlehre verehrt. Nun erklärte Tilak in seinem *Gītā Rahasya* (»Geheimnis des Gītā«), das heilige Buch rufe das Volk zu mannhafter Auflehnung gegen die Unterdrückung auf. Der Jugend des Landes entgingen nicht die weitausgreifenden Konsequenzen dieser Interpretation. Wegen seiner Kampftätigkeit immer wieder für längere Zeit ins Gefängnis geworfen, erklärte Tilak herausfordernd, die Freiheit sei sein angeborenes Recht. Mit diesem Schlachtruf organisierte er eine Massenbewegung, vor allem in seiner Heimat. Zu seinem Programm gehörten der Boykott englischer Waren und die Verweigerung der Zusammenarbeit mit der Regierung. Vor seiner Ära war die aktiv nationale Bewegung auf die westlich erzogenen Mittelschichten beschränkt; sie fand Anhänger unter Vertretern der erstarkenden industriellen Interessen; ihre politische Betätigung erschöpfte sich in Versammlungen und Resolutionen. Das änderte sich mit Tilak: er trug die Freiheitsbotschaft ins Volk; er mißbilligte auch nicht die zu seiner Zeit gerade entstehenden terroristischen Gruppen. Seine Agitationskampagne zugunsten echter Autonomie war die erste wirkliche Volksbewegung in Indien.

Die dritte charakteristische Gestalt dieser Zeit war Mahmud Abdouh, der Begründer des arabischen Liberalismus. Stark beeinflußt wurde Abdouh, der zum Lehrkörper der berühmten Al-Azhar-Hochschule in Kairo gehörte, durch Jamal-ud-Din Afgani, den man mit Recht den Vater der Islam-Renaissance nennen darf. Für Jamal-ud-Din, der die Idee des Panislamismus propagierte, waren alle westlichen Tendenzen ein Greuel. In gewissem Sinne war seine Lehre die erste bewußte Reaktion des Islams auf die politische Verrottung, in die die mohammedanischen Länder im 19. Jahrhundert abgesunken waren. Auf die Dauer fand indes Mahmud Abdouh, der an die Wiedergeburt des Islams in diesem engen Rahmen nicht zu glauben vermochte, im Panislamismus keine befriedigende Lösung. Was er in den Vordergrund stellte, waren die liberalen Elemente der mohammedanischen Religion. Obgleich er an seiner eigenen Hochschule auf heftigen Widerstand stieß, gelang es ihm, einen bemerkenswerten Einfluß auf eine ganze Generation junger Menschen auszuüben, von denen der bedeutendste Saad Pascha Saghlul war, der spätere Führer des ägyptischen Nationalismus. In nachträglicher Betrachtung läßt sich sogar sagen, daß der liberale Nationalismus des Wafd, der schließlich die Unabhängigkeit Ägyptens erkämpft hat, den Lehren Mahmud Abdouhs seine Entstehung verdankte.

Asien und die arabischen Länder hatten die Bahn eingeschlagen, die zum großen Erwachen führen sollte.

Staatenbildung 1919–1945

In die zwei Jahrzehnte zwischen den Kriegen (1919–1939) fällt ein auffallender Wandel im Gesamtbild Asiens. Als der erste Weltkrieg in Europa vorbei war, ließ sich in ganz Asien – von Peking bis Kairo – eine gründlich veränderte Atmosphäre feststellen. Die von Saghlul geführte ägyptische Bewegung errang einen Teilsieg in dem Abkommen von 1923, mit dem das von den Engländern errichtete Protektorat sein Ende fand. In China hatte der Versailler Vertrag eine das ganze Land umspannende Protestkampagne ausgelöst, an der die neue Haltung der Volksmassen abzulesen war. Und in seiner ganzen Breite wurde der Kampf zwischen der einheimischen nationalen Bewegung und der Kolonialgewalt in Indien aufgerollt.

Zu Ende des Krieges flackerten Unzufriedenheit und Unruhe in ganz Indien auf. Die Montagu-Chelmsford-Reformen, zu denen sich die englische Regierung bequemt hatte, hatten das Verlangen des indischen Volkes nach einer eigenen Staatsordnung nicht erfüllt. Dazu hatte die britische Regierung Indiens unter dem Eindruck der allenthalben sichtbaren Auflehnung der Gesetzgebenden Versammlung des Landes einen Gesetzentwurf unterbreitet, der die Exekutivgewalt der Polizei bei der Niederhaltung oppositioneller Bestrebungen so radikal erweiterte, daß sogar gemäßigte Kreise bestürzt waren. Daraus erwuchs eine Protestbewegung, die in schweren Unruhen im Punjab gipfelte. Alle Ansätze zu einer Erhebung wurden von der Regierung mit brutaler Gewalt unterdrückt. In Amritsar ging ein britischer Truppenkommandeur, General Dyer, im April 1919 gegen eine friedliche Massenversammlung mit Artilleriefeuer vor – mit einer Grausamkeit, die die ganze Welt aufrüttelte. Da waren viele Tausende von Menschen in einem umzäunten Park zusammengekommen, aus dem nur ein einziger Ausgang ins Freie führte. An diesem Ausgang ließ Dyer eine Batterie auffahren und, solange die Munition reichte, auf die Menge feuern. Das Gemetzel von Amritsar wurde zu einem Wendepunkt in der Geschichte der indischen Nationalbewegung; mit ihm trat in den Vordergrund des politischen Geschehens eine bis dahin nur wenigen bekannte Persönlichkeit: Mōhandās Gandhi.

Zuerst hatte Gandhi, der spätere Mahatma, auf einem fernen Schauplatz ins öffentliche Leben eingegriffen. Als junger Anwalt in Kathiawad (im Staate Bombay) tätig, war er nach Südafrika gereist, um die Sache eines Mandanten zu vertreten. Die rechtlose Lage der Inder Südafrikas und die Schwierigkeiten, denen sie auf Schritt und Tritt begegneten, bewogen Gandhi, sich im Lande niederzulassen und den Kampf für die Rechte seiner Landsleute aufzunehmen. Um die Interessen der indischen Einwanderer in Südafrika entspann sich ein episches Ringen, in dessen Verlauf Gandhi seine politische Aktionsmethode, von ihm selbst *Satyagraha* genannt, entwickelte und vervollkommnete. Nach Gandhi sollte Satyagraha von drei Pfeilern getragen werden: Wahrheit, Gewaltlosigkeit und Bereitschaft, um der Gerechtigkeit willen Leid zu ertragen, statt anderen Leid zuzufügen. In Indien wurden die südafrikanischen Kämpfe mit gespanntem Interesse und tiefer Anteilnahme verfolgt.

Die Probleme der Inder Südafrikas schienen 1914 eine mehr oder minder befriedigende Lösung gefunden zu haben. Gandhi entschloß sich zur Heimkehr. Als er aber 1915 in Indien eintraf, fand er seine Kenntnis des Landes unzureichend und nahm sich vor, sich drei Jahre lang jeder aktiven politischen Betätigung zu enthalten. In dieser Zeit bereiste er ganz Indien und beschäftigte sich eingehend mit dem Studium der lokalen Verhältnisse. Ende 1918 war die Lehrzeit, die sich Gandhi gesetzt hatte, abgelaufen, aber auch noch zu diesem Zeitpunkt hatte er sich nicht entschieden: die vom Parlament in London beschlossenen politischen Reformen schienen ihm einige Voraussetzungen für eine friedliche Entwicklung geschaffen zu haben. Der Regierungsterror in Punjab, der im Massaker von Amritsar seine schlimmsten Auswüchse zeigte, zerstreute die Zweifel; nun wußte Gandhi, daß bei allen Milderungen und Reformen die Fremdherrschaft das Hauptübel blieb und daß das Volk zuallererst eins brauchte: volle politische Freiheit und einen eigenen Staat – *swaraj*.

Gandhis Appell an das Land war der Aufruf zu gewaltloser Verweigerung der Zusammenarbeit mit der Kolonialmacht *(non-violent non-cooperation)*. Studenten sollten Colleges und Hochschulen verlassen, Anwälte sollten nicht mehr vor Gericht auftreten, englische Waren sollten boykottiert werden. Bei alledem sollte die Haltung absoluter Gewaltlosigkeit befolgt werden. Fast überall rief Gandhis Aktionsplan Begeisterung hervor. Eine solche Massenreaktion kam der britischen Regierung völlig überraschend; bis dahin hatte sie sich dem tröstlich-bequemen Glauben hingegeben, daß nur die gebildeten Schichten ein Interesse an nationalen Bestrebungen hätten, daß sich die indischen Massen dagegen mit der englischen Herrschaft abfinden und ihr gegenüber loyal bleiben würden. Im übrigen war Gandhis Programm nicht nur negativ. Er hatte ein klares Bild von den Gebrechen der indischen

Gesellschaft, und sein Programm enthielt eindeutige positive Forderungen: Abschaffung der Unberührbarkeit, des überlieferten Diskriminierungssystems, das mehr als dreißig Millionen Menschen der elementarsten sozialen Rechte beraubte; Umgestaltung des dörflichen Daseins; Heranziehung der Frau zur aktiven Teilnahme am öffentlichen Leben; Aufbau eines unabhängigen nationalen Schulsystems und anderes mehr.

Die Bewegung, die Gandhi 1919/20 entfesselte, weckte in den indischen Massen zum erstenmal den Drang zu revolutionärer Tat. In zwei Jahren veränderte Gandhi das innerste Wesen der nationalen Bestrebungen. Aus ihnen war eine Massenbewegung geworden, die vom aufbegehrenden Volk getragen wurde und deswegen in ihrem Wesen revolutionär war. Sie fand Widerhall sowohl in den breiten Massen als auch in der gebildeten Mittelschicht. Dem Wirtschaftsprogramm der Bewegung, das den Boykott englischer Waren verlangte, brachten – es ist wichtig, das festzuhalten – die aufstrebenden kapitalistischen Klassen des Landes Sympathie entgegen. Trotzdem endete die erste Phase der Bewegung mit einem Fiasko.

Der Geschichte der *Non-cooperation*-Bewegung braucht hier im einzelnen nicht nachgespürt zu werden. Die Feststellung möge genügen, daß Gandhis gewaltiger Einfluß auf die Volksmassen Indiens durch den Mißerfolg der ersten Phase nicht gemindert wurde. Gandhi wiederum dachte nicht daran, das Programm des passiven Widerstandes gegen die Kolonialmacht fallenzulassen. Ein Vierteljahrhundert lang wurde der Kampf fortgeführt. Während dieser Zeit wurde Gandhis Autorität von keiner Bevölkerungsschicht ernsthaft in Frage gestellt. Ein tiefer Riß wurde allerdings nach 1936 in die nationale Bewegung hineingetragen: unter der Führung Mohammed Ali Jinnahs bildeten die Mohammedaner eine eigene Organisation, die Moslem-Liga, die nunmehr einen eigenen mohammedanischen Staat (Pakistan) für Gebiete mit mohammedanischer Bevölkerungsmehrheit forderte.

Die lange Dauer der Führerschaft Gandhis hat drei entscheidende Ergebnisse gezeitigt, die immer noch nachwirken. Sie hat der nationalen Bewegung den ihr bisher fehlenden sozialen Inhalt gegeben: Abschaffung der Unberührbarkeit, Beseitigung der Kastenschranken und Gleichberechtigung der Frau auf allen Daseinsgebieten wurden nicht bloß zu Programmforderungen einer politischen Partei, sondern zu unabdingbaren Zielen der gesamten nationalen Befreiungsbewegung. Zweitens wurde die Flamme der Revolution vom Mahatma in die indischen Dörfer getragen, die jahrhundertelang von allen Reformbewegungen abgeriegelt geblieben waren; seit den Anfängen seiner politischen Tätigkeit hatte sich Gandhi mit dem einfachen Dorfbewohner identifiziert: sein Hauptquartier lag in einem armseligen Dorf im Inneren des Landes; er kleidete sich und lebte wie die Ärmsten der Armen; er machte es seinen Parteimitarbeitern zur Pflicht, ihre Tätigkeit auf ländliche Gebiete zu konzentrieren. Das Ergebnis war das Erwachen der Dorfbevölkerung im ganzen Lande; das Dorf aber stellt achtzig Prozent der Gesamtbevölkerung Indiens. Drittens bewirkte der lange Kampf die Entstehung einer gutausgebildeten und vom Vertrauen der Massen getragenen Führungsschicht auf allen Stufen und in allen Teilen des Landes.

Für den Mahatma war öffentliches Wirken gleichbedeutend mit selbstloser disziplinierter Hingabe. Das war etwas Neues. Vor Gandhi hatte Teilnahme am öffentlichen Leben allgemein als Zeitvertreib Arrivierter gegolten. Ausnahmen gab es nur im Umkreis von Tilak und unter einer kleinen Gruppe von Intellektuellen, die Gōpāl Krishna Gokhale folgten;

aber auch Gokhale schwebten im wesentlichen die guten Werke einer Elite vor. Gandhi dachte ganz anders. Als aktive Mitglieder der Kongreßpartei akzeptierte er nur Menschen, die bereit waren, sich einer strikten intellektuellen Disziplin zu unterwerfen und ein asketisches Leben zu führen. Er organisierte und leitete verschiedene Sonderorganisationen – wie den Heimspinnereiverband, die *Harijan Sewak Sangh* (Fürsorgeorganisation für die Unberührbaren), die Hindustani *Talimi Sangh* (Indischer Bildungsverband), die *Kasturba*-Gedenkstiftung für die Arbeit unter den Frauen – und mobilisierte mit ihrer Hilfe ein ganzes Heer von Männern und Frauen, die sich dem Dienst an der Allgemeinheit verschrieben. In allen Teilen des Landes rief er Ausbildungsstätten *(ashram)* für junge Sozialhelfer beiderlei Geschlechts ins Leben, und diese jungen Menschen nahmen an der ländlichen Aufbauarbeit teil, verrichteten Fürsorgedienste, propagierten unter der Landbevölkerung die Vorzüge der vergessenen indischen Dorfgewerbe, bemühten sich um die Hebung des Lebensniveaus der notleidenden Massen und verbreiteten einige Wissenselemente. In dieser praktischen Arbeit wurde eine neue Führungsschicht für verschiedene Bereiche des indischen Lebens herangebildet und zugleich das Fundament einer neuen demokratischen Ordnung errichtet.

Um dieselbe Zeit entwickelte sich im Lande ein neues Wirtschaftsdenken. Die Anfangserfolge der kommunistischen Bewegung waren im ganzen unbedeutend, wenn es auch um 1930 bereits viele organisatorische Zentren gab, die unter der aktiven Führung der Kommunistischen Partei Großbritanniens in der rasch wachsenden indischen Arbeiterbewegung Fuß zu fassen suchten. Wichtiger jedoch als die kommunistische Parteiorganisation war der Einfluß marxistischer Gedankengänge auf junge indische Führer wie etwa Jawāharlāl Nehru. Anläßlich des zehnten Jahrestages der Sowjetrevolution hatte Nehru 1927 einen Abstecher in die Sowjetunion gemacht; er hatte auch an der Brüsseler Konferenz teilgenommen, aus der die Liga gegen den Imperialismus hervorgegangen war. Von seinen Reisen hatte er die Gewißheit nach Hause gebracht, daß die Sowjetunion eine entscheidende Kraft im Weltgefüge sei und daß eine rapide Industrialisierung Indiens ohne Wirtschaftsplanung kaum werde erreicht werden können. Solche Eindrücke lenkten das Wirtschaftsdenken innerhalb der nationalen Bewegung in sozialistische Bahnen. Als die Kongreßpartei 1937 die Provinzregierungen besetzte, war einer ihrer ersten Schritte die Errichtung einer Planwirtschaftskommission für ganz Indien.

*

Auch unter anderen Aspekten kam der Zeitspanne von 1930 bis 1939 größere Bedeutung zu. Die britische Regierung ließ sich von dem Vizekönig Lord Irwin, dem späteren Earl of Halifax, überzeugen, daß die Schaffung einer indischen Regierung mit weitgehender Selbständigkeit und dem Status eines Dominions unvermeidlich geworden sei. Nachdem eine »Konferenz am runden Tisch«, die englische Regierungsvertreter mit Vertretern der indischen nationalen Parteien zusammenführte, zu keiner eindeutigen Lösung geführt hatte, schuf das englische Parlament im Government of India Act von 1935 die gesetzliche Grundlage für einen föderativen indischen Staat mit weitgehender Autonomie. Unterdes hatte sich aber die Problemstellung in Indien selbst gewandelt.

Die Aussicht auf die baldige Unabhängigkeit Indiens gab den Bemühungen um die organisatorische Zusammenfassung der mohammedanischen Bevölkerung einen neuen Auftrieb. Unter der starken Führung Mohammed Ali Jinnahs forderte jetzt die mohammedanische Führung die Zusammenfassung der Provinzen mit mohammedanischer Mehrheit in einen selbständigen eigenen Staat. Jinnah hatte seine politische Laufbahn unter dem Kongreßbanner als energischer Befürworter der Einheit Indiens begonnen; er hatte sogar vor der Übernahme der Führung der nationalen Bewegung durch Gandhi und dem Beginn der *Non-cooperation*-Politik zu den führenden Männern des Indischen Nationalkongresses gehört. Danach – von 1920 bis 1930 – stand er an der Spitze einer gemäßigten Nationalpartei, die sich die Erringung des Dominion-Status für Indien zum Hauptziel setzte. Als aber die Verhandlungen »am runden Tisch« die Perspektive eines föderativen Staates in greifbare Nähe gerückt hatten, schreckte Jinnah zurück: der föderative Aufbau schien ihm die Mohammedaner in alle Ewigkeit zur Unterwerfung unter die Hindu-Mehrheit zu verdammen. Mit Entschiedenheit setzte er sich nun für einen besonderen Mohammedanerstaat ein. Die neue Forderung wurde damit begründet, daß Hindus und Mohammedaner in Indien zwei verschiedene Nationen darstellten, die in einem gemeinsamen Staat nicht existieren könnten. Jinnah übernahm die Führung der Moslem-Liga und baute sie zu einer Massenorganisation aus, deren Kampfparole die Teilung Indiens wurde. So war die nationale Bewegung Indiens, als in Europa der zweite Weltkrieg begann, in zwei Teile gespalten, die zwar beide für Unabhängigkeit kämpften, von denen aber der kleinere, mohammedanische Teil auch noch staatliche Selbständigkeit für sich beanspruchte.

Noch mehr wurde das Problem durch die Forderung der halbunabhängigen indischen Territorialfürsten kompliziert. Zwei Fünftel der Gesamtfläche Indiens unterstanden der Herrschaft indischer Monarchen, die die lehnsherrliche Oberhoheit der englischen Krone gelten ließen, dafür aber auf voller Unabhängigkeit vom übrigen Indien bestanden. An Gebietsumfang, Größe der Bevölkerung und Bodenschätzen wiesen diese monarchischen Staaten gewaltige Unterschiede auf: von Hyderabad mit einer Fläche von zweihundertzehntausend Quadratkilometern und einer Bevölkerung von achtzehn Millionen bis zu Miniaturfürstentümern von wenigen Hundert Hektar. Immerhin waren hundertsechsunddreißig fürstliche Gebiete, die ein Drittel der Gesamtfläche Indiens umfaßten, in ihrer inneren Gestaltung als unabhängig anerkannt. Dazu gehörten Besitztümer uralter und reicher Dynastien, wie Mysore (neun Millionen Einwohner) und Travancore (sieben Millionen Einwohner), die Länder der großen Rājputānadynastien, die über ein Jahrtausend geherrscht hatten, und die Überbleibsel des großen Marathen-Reichs, dem im 18. Jahrhundert fast ganz Indien untertan gewesen war. Das Bild, das Indien darbot, erinnerte an das deutsche Staatenmosaik vor der Napoleonischen Neuregelung.

Je mächtiger die nationale Bewegung unter der Führung Gandhis wurde, um so mehr mußten die Fürsten befürchten, daß England eines Tages die Macht einfach an das indische Volk abtreten könnte. Von einigen Interessentengruppen in England unterstützt, bestanden sie nun darauf, daß sie lediglich vertragliche Abmachungen mit der englischen Krone hätten, sonst aber unabhängige Souveräne ohne politische Bindungen an das übrige Indien seien. In einem gewissen Ausmaß wurde dieser Rechtsanspruch der indischen Fürsten von

England 1929 anerkannt. Freilich gab es hier keine Übereinstimmung zwischen Rechtstheorien und politischen Realitäten. Die indische Einheitsbewegung hatte die Fürstentreue, die die Untertanen ihren Monarchen schuldeten, untergraben. Gandhi selbst war der Untertan eines indischen Fürsten; sein Vater hatte als Chefminister des Staates Porbandar seinem Monarchen treu gedient. Viele andere Führer der nationalen Bewegung hatten ihren Wohnsitz in fürstlichen Gebieten. Die Bewegung hatte auch diese Staaten erfaßt; unter dem Einfluß Gandhis sorgte eine besondere Organisation, der Völkerkongreß der indischen Staaten, für die Verbreitung der nationalen Idee im Machtbereich der angestammten Monarchen. Während der Verhandlungen »am runden Tisch« 1930 und 1933 hatten sowohl die englische Regierung als auch die Fürsten selbst eingesehen, daß sich der absolute Unabhängigkeitsanspruch der monarchischen Staaten nicht mehr aufrechterhalten ließ, und die von der Kolonialmacht nach diesen Konferenzen ausgearbeitete Verfassung sah eine föderative Lösung vor, in deren Rahmen die Fürstenstaaten unter Beibehaltung weitgehender innenpolitischer Selbständigkeit der Autorität der indischen Zentralregierung unterstellt werden sollten. Im letzten Augenblick (1936) sprangen die Fürsten allerdings in der Befürchtung ab, daß die Zugehörigkeit zu einem Bundesstaat die staatliche Selbständigkeit ihrer Herrschaftsgebiete am Ende doch zunichte machen würde; von neuem erhoben sie für den Fall des Auszugs Englands aus Indien den Anspruch auf volle Unabhängigkeit. Darin wurden sie durch die separatistischen Bestrebungen der Moslem-Liga bestärkt.

So standen die Dinge, als der zweite Weltkrieg ausbrach. Mit dem Krieg änderte sich die Situation grundlegend. Daß die Regierung dem Deutschen Reich den Krieg erklärt hatte, ohne sich um Indiens Wünsche zu kümmern oder indische Führer zu Rate zu ziehen, verletzte den Stolz des Landes; die Inder glaubten in einen Konflikt hineingezogen zu werden, der sie unmittelbar nichts anging. Sowohl der Indische Nationalkongreß als auch die Moslem-Liga verweigerten England jede Zusammenarbeit, wobei der Kongreß eine betont feindliche Haltung, die Liga die Haltung passiver Indifferenz an den Tag legte. Für England wurde Indiens Stellung zum Krieg in dem Moment lebenswichtig, da die Kampfhandlungen auf den Fernen Osten übergriffen. Neue Verhandlungen mit den Führern der politischen Richtungen Indiens wurden aufgenommen, und 1942 entsandte London eine Delegation unter Führung von Sir Stafford Cripps nach Indien, die den Indern für die Nachkriegszeit die Unabhängigkeit als Preis für die Unterstützung der Alliierten im Kampf gegen Japan anbot. Die Verhandlungen führten aus zwei Gründen zu keinem Ergebnis: einmal war die für den Augenblick vorgeschlagene Regelung vom indischen Standpunkt aus insofern unannehmbar, als den indischen Führern keine Mitwirkung an der politischen Führung des Krieges zugesichert wurde, und zum andern ließ sich zwischen dem Kongreß und der Moslem-Liga keine Verständigung erzielen. Das Scheitern der Verhandlungen beantwortete Gandhi 1942 mit der Entfesselung der letzten *Non-cooperation*-Kampagne, die der Volksmund die »Raus-aus-Indien-Bewegung« taufte. Wenn sie auch von der Kolonialmacht unnachsichtig unterdrückt wurde, ließ die Kampagne deutlich erkennen, wie einheitlich und intensiv das indische Unabhängigkeitsverlangen geworden war.

Eine nicht unwichtige Rolle spielte im Ablauf des Kampfes um die Unabhängigkeit die von Subhās Chandra Bose geführte »provisorische Regierung«, die im Bunde mit Japan

Gratulationscour zum Geburtstag des Maharajas von Baroda

Die konstituierende Versammlung Indiens bei ihrer Schlußsitzung
für die Unabhängigkeitserklärung am 15. August 1947

eine »Indische Nationalarmee« geschaffen hatte und auf seiten der Achsenmächte am Krieg teilnahm. Bose (1945 tödlich verunglückt) hatte seit 1920 an der nationalen Widerstandsbewegung teilgenommen und lange Zeit eng mit Gandhi zusammengearbeitet. Er war zweimal zum Präsidenten der Kongreßpartei gewählt worden und hatte einen großen Einfluß auf die junge Generation, vor allem in Bengalen, erlangt. Später hatte er sich, da ihm Gandhis Politik nicht dynamisch genug erschien, von Gandhi getrennt und die Führung eines oppositionellen Kongreßflügels, des »Vorwärtsblocks«, übernommen. Bei Kriegsausbruch von der englischen Regierung interniert, brachte er es fertig, nach Kabul zu entkommen, von wo aus er die Verbindung mit der Hitler-Regierung aufnahm. In Europa zog er dann mit Hilfe der deutschen Behörden eine indische Organisation zur Weiterführung des Unabhängigkeitskampfes auf. Gewiß hatte es in Deutschland auch schon im ersten Weltkrieg eine provisorische Regierung für Indien gegeben, die dann auch den Versuch unternahm, eine Volkserhebung in Indien zu organisieren. Und doch war der Unterschied augenfällig: während die erste provisorische Regierung aus Emigranten bestand, die in Indien fast völlig unbekannt waren, lag die Führung diesmal in den Händen eines Mannes, der sich als eine der führenden Persönlichkeiten der Nation der Wertschätzung weiter Kreise erfreute.

Japans Eintritt in den Krieg und die ersten Eroberungen der japanischen Armeen in Siam, den Malaienländern und Burma verschafften Subhās Bose die willkommene Gelegenheit, nach Asien zurückzukehren. Ein Unterseeboot brachte ihn zur Malaiischen Halbinsel; dort organisierte er seine »Provisorische Regierung des freien Indiens«, und dort stellte er auch seine Armee zusammen. In den südostasiatischen Ländern gibt es eine ständige indische Bevölkerung von ziemlichem Umfang. Aus ihren Reihen wie auch aus den Reihen der indischen Soldaten, die in japanische Kriegsgefangenschaft geraten waren, rekrutierte Bose die Truppen der »Indischen Nationalarmee«, die dann mit den japanischen Streitkräften in Burma zusammenarbeitete. Obgleich diese indischen Truppen, als es zu Kampfhandlungen kam, nicht gerade Lorbeeren einheimsten, zumal die Japaner selbst bei Kohima auf energische Abwehr gestoßen und nun auf dem Rückzug waren, machte schon die bloße Teilnahme unabhängiger indischer Streitkräfte an den militärischen Operationen einen beträchtlichen Eindruck auf die Bevölkerung in Indien selbst.

Als der Krieg im Fernen Osten vorbei war, löste das Labour-Kabinett Attlee seine Wahlversprechungen ein, indem es eine neue Verhandlungskommission nach Indien entsandte. Das Ergebnis ihrer Bemühungen war die Verkündung der Unabhängigkeit Indiens am 15. August 1947.

*

Nicht minder bedeutende Veränderungen hatten sich in der Zeit zwischen den Kriegen auch in anderen Teilen Asiens vollzogen. Mit der Verkündung des Government of India Act von 1935 war Burma aus dem Indischen Empire herausgelöst worden. Der neue Staat Burma trat 1936 mit einer halbselbständigen Regierung ins Dasein, ohne daß sich die selbstbewußte Jugend des Landes mit der halben Unabhängigkeit zufriedengegeben hätte. Die Lage änderte sich radikal, als der Vormarsch der japanischen Armee die britische Kolonialmacht zu Fall brachte. In General Aung San, der in den ersten Stadien des Krieges mit den Japanern kollaborierte, fand Burma einen geschickten und tüchtigen politischen Führer. Den Japanern mit ihrer Politik der »Gemeinsamen Ostasiatischen Prosperitätssphäre« blieb auf die Dauer nichts anderes übrig, als mit den nationalen Bewegungen der von ihnen militärisch beherrschten Länder Kompromisse zu schließen; so erkannten sie auch die Unabhängigkeit Burmas an. Unter dem Präsidenten (»Adhipati«) Dr. Ba Maw wurde Burma zur selbständigen Republik. Die Schwächung der japanischen Position in den ostasiatischen Gebieten benutzte nun aber General Aung San, der inzwischen an die Spitze der mit japanischer Hilfe aufgebauten burmesischen Hilfstruppen gestellt worden war, dazu, sich von Japan zu lösen und eine japanfeindliche Position zu beziehen. Nach dem Kriege war es ihm dann ein leichtes, die Unabhängigkeit Burmas auch gegenüber dem britischen Herrschaftsanspruch durchzusetzen.

Etwas anders war vor dem zweiten Weltkrieg die Entwicklung in Indonesien verlaufen. Frühe nationalistische Bewegungen, wie sie durch die Organisationen Budo Utomo und Serakat Islam vertreten wurden, waren verhältnismäßig schwach geblieben. Unter dem Einfluß der russischen Revolution fanden nach dem ersten Weltkrieg marxistische Gedankengänge Widerhall bei der intellektuellen Führerschaft Indonesiens, und die nationale Bewegung nahm neue Formen an. Der weitgehend unter kommunistischer Führung organisierte Aufstand von 1926 zeigte anschaulich, daß es mit den patriarchalischen Zeiten der Kolonialherrschaft vorbei war. Die holländischen Behörden versuchten, der revolutionären Gärung durch die Schaffung scheinparlamentarischer Körperschaften mit beratenden Befugnissen zu begegnen; zu spät: die nationale Bewegung unter der Führung Sukarnos und Dr. Hattas gewann immer größeren Einfluß. Bevor es auch nur zum Versuch eines Ausgleichs zwischen der nationalen Bewegung und der Kolonialmacht hatte kommen können, brach der Krieg im Fernen Osten aus, und den Japanern gelang nach einem kurzen Feldzug die Eroberung des gesamten Archipels. Wie in Burma verfolgten die Japaner auch hier eine zweigleisige Politik: strenge Kontrolle der Wirtschaft und zentrale Bewirtschaftung der Bodenschätze und Produktionsanlagen einerseits, Errichtung einer nominell unabhängigen einheimischen Regierung anderseits. Als ihnen aber mit der Zeit aufging, daß die Aussicht auf den Endsieg immer mehr verblaßte, schlugen die Japaner einen anderen Kurs ein; jetzt wurden Linksgruppen nicht nur gefördert, sondern auch in der Technik des Guerillakrieges ausgebildet. Auf diese Weise war Indonesiens nationale Bewegung nach dem Krieg und nach der Vertreibung der japanischen Besatzungstruppen nicht nur stärker und mächtiger geworden, sondern sie verfügte auch noch über eine Partisanenarmee und erhebliche Waffenvorräte. Aber erst nach einem Krieg von neununddreißig Monaten fanden sich die Holländer schließlich auf amerikanische Vermittlung hin bereit, die Unabhängigkeit Indonesiens anzuerkennen.

Noch markanter war in der Zeit vor dem zweiten Weltkrieg die Entwicklung in Indochina. Im ersten Weltkrieg hatte Frankreich viele Indochinesen als Soldaten und Arbeiter nach Europa geholt. Das französische Schulsystem hatte im Lande eine Schicht von Gebildeten geschaffen. Und nach dem Krieg begannen auch die Franzosen einzusehen, daß in ihrer fernöstlichen Kolonie entscheidende Wandlungen vor sich gegangen waren. Vor dem Kolo-

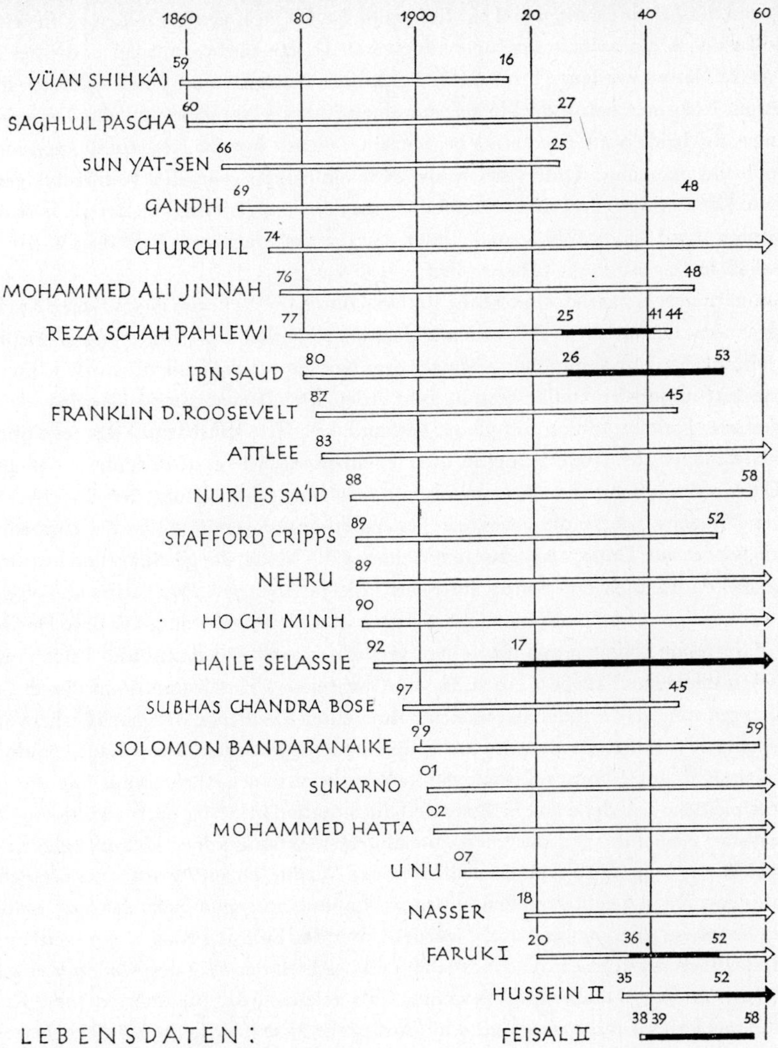

Neue Staaten in Asien und Afrika

nialrat erklärte am 21. Dezember 1925 der französische Generalgouverneur Varenne: »Sowohl Menschen und Ideen als auch Asien selbst machen eine Wandlung durch. Heute ist der Orient bereits auf dem Wege, der zu höheren Zivilisationsformen führt. Dieser Emanzipationsbewegung kann Indochina nicht entgehen ... Indochina stellt seine Fragen an die Zukunft und versucht, seine Geschicke zu bestimmen. Was wird die Zukunft bringen?

Bleibt uns der Friede erhalten und hat Indochina die Chance, sich in Freiheit zu entwickeln, so wird es nach einem besseren, unabhängigeren Dasein streben müssen und eines Tages eine große Nation werden.« Trotz dieser Erkenntnis bescherten die von Frankreich durchgeführten Reformen den Indochinesen nur einen Rat von Notabeln und eine Deputiertenkammer, die beide auf Grund eines begrenzten, faktisch nur für Klanälteste, pensionierte Beamte und ehemalige Unteroffiziere der Kolonialtruppe geltenden Wahlrechts gewählt wurden. Die Reform schuf ein Staatsgebilde, das notwendigerweise von den reaktionärsten Elementen des Landes abhing und hinter der parlamentarischen Fassade die Kolonialherrschaft uneingeschränkt bestehen ließ.

Verschärft wurde das indochinesische Problem durch die Nähe des gigantischen Nachbarlandes China, das um diese Zeit gleichfalls schwere politische Erschütterungen erlebte. In den Jahren, die dem Kuomintang-Marsch gen Norden (1926) folgten, wurde China zum Brennpunkt nationaler Hoffnungen in ganz Asien. Das benachbarte Indochina, das eine gemeinsame Kulturtradition mit China verband, reagierte spürbar auf das revolutionäre Vorwärtsdrängen der Kuomintang in ihrer Frühperiode, wie es auch später, 1948/49, auf die Erfolge des chinesischen Kommunismus reagieren sollte. Unter der Oberfläche des inneren Friedens, wie sie die Franzosen geschaffen hatten, breitete sich die nationale Bewegung weiter aus. Dann, als im zweiten Weltkrieg die Macht des geschlagenen Frankreichs zerbröckelte, drängten sich Schritt für Schritt die Japaner vor. Das hatte zur Folge, daß auch die geistige Autorität Frankreichs zerbrach und die Franzosen, als sie ihre Herrschaft nach Kriegsende von neuem aufzurichten versuchten, an allen Ecken und Enden auf bewaffneten Widerstand stießen. Auch da wäre ein verständiger Kompromiß insofern noch möglich gewesen, als die indochinesischen Führer einen friedlichen Ausgleich herbeiwünschten. Aber mit dem Bombardement von Haiphong schwand auch diese Chance dahin, und nach einer Periode erbitterter Kämpfe mußte Frankreich seinen Rückzug aus Asien antreten.

Einschneidend wandelte sich in dieser Zeit die Situation in Westasien, im Mittleren Osten. Afghanistan erreichte 1919 die internationale Anerkennung seiner Unabhängigkeit. Der Irak schüttelte 1930 die Vormundschaft fremder Mächte ab und wurde auf Empfehlung der Mandatsmacht Großbritannien in den Völkerbund aufgenommen: das erste arabische Land, dem diese Anerkennung zuteil wurde. Unter der Führung Riza Khans warf Persien (Iran) das Joch der Kadscharendynastie ab und beschritt den Weg der Modernisierung. In Ägypten wurde 1936 ein neues Abkommen unterzeichnet, das die internationale Rechtsposition des Landes verbesserte und seine Aufnahme in den Völkerbund möglich machte. Im Kampf um uneingeschränkte Souveränität waren die arabischen Länder unter französischer Mandatsverwaltung, Syrien und der Libanon, in hellem Aufruhr.

Der zweite Weltkrieg brachte weitere Veränderungen mit sich, die die politische Konstellation im Mittleren Osten radikal umgestalteten. Mit der Entdeckung gewaltiger Ölvorkommen in den Wüsten Arabiens erlangten die Länder der Halbinsel, vor allem Saudiarabien, eine neuartig gewichtige Stellung in der Weltpolitik. Die Bedeutung des Erdöllandes für die europäische Welt machte König Abdul Asis Ibn Sa'ud zu einer tonangebenden internationalen Persönlichkeit. Sein Weg führte vom Sultanat Nedschd über den Sturz des haschemitischen Königs Hussein von Mekka (1925) zur fast lückenlosen

Herrschaft über die Halbinsel Arabien. Dennoch wurde Ibn Sa'ud, da sein Land wirtschaftlich unerschlossen und sozial rückständig war, vor dem zweiten Weltkrieg wenig beachtet; erst die Entdeckung des Ölreichtums des Landes durch die Amerikaner verhalf ihm zu einer überragenden Position in Westasien und in der ganzen islamischen Welt.

Zu Ende des Krieges kam auch die gewaltsame Verdrängung Frankreichs aus Syrien und dem Libanon. Damit gelangten auch diese arabischen Völker in die Arena der internationalen Politik.

Demokratischer Aufbau in Indien

Auf Grund einer vorläufigen Vereinbarung zwischen der Verhandlungskommission der englischen Regierung und der Kongreßpartei bildete Jawāharlāl Nehru 1946 das erste indische nationale Kabinett; nach einigem Zögern benannte Jinnah die Regierungsmitglieder, die die mohammedanische Bevölkerung vertreten sollten. Dem Kabinett waren sämtliche Befugnisse einer selbständigen Regierung zugedacht; dem englischen Gouverneur sollten nur die verfassungsmäßigen Funktionen eines Staatsoberhauptes verbleiben. Einer auf Grund des allgemeinen Wahlrechts zu wählenden verfassunggebenden Versammlung war die Aufgabe vorbehalten, für das neue Dominion eine Verfassung auszuarbeiten. Eine Teilung des Landes wollte weder die englische Regierung noch der Indische Nationalkongreß. Jinnah jedoch drängte auf eine Entscheidung hin. Die Moslem-Liga wies ihre Abgeordneten an, sich jeder aktiven Tätigkeit in der Verfassunggebenden Versammlung zu enthalten. Jinnahs Vertreter im Kabinett setzten sich offen zum Ziel, anschaulich zu demonstrieren, daß eine andere Lösung als die Teilung nicht möglich sei. Jinnah selbst bewies das, indem er fast überall in Nordindien Zusammenstöße zwischen Hindus und Mohammedanern entfesselte. Schwere Konflikte zwischen Hindus und Mohammedanern brachen im August 1946 in Calcutta aus; darauf folgten weitverbreitete Unruhen und Kämpfe in Bihar, in Uttar-Pradesh und im Punjab. Zwischen den beiden großen Religionsgemeinschaften war der Bürgerkrieg ausgebrochen; auch er sollte zeigen, daß es ohne einen Sonderstaat für die Mohammedaner auch für Indien keine Freiheit geben könne. Schweren Herzens gaben die Kongreßführer nach langen ernsthaften Überlegungen ihre Zustimmung zur Errichtung des mohammedanischen Sonderstaates.

So wurde das Indische Empire in zwei Staaten, Indien und Pakistan, zerschnitten, die gleichzeitig am 15. August 1947 ins Leben traten. Abgetrennt vom übrigen indischen Subkontinent wurden Gebiete mit mohammedanischer Bevölkerungsmehrheit, und zwar auf der einen Seite Sind, die nordwestliche Grenzprovinz, Beluchistan und der westlich vom Rawi gelegene Teil des Punjabs, auf der anderen Seite Ostbengalen. Der vornehmlich von Hindus bewohnte größere Teil des Subkontinents – mit einer Fläche von 3288347 Quadratkilometern und einer Bevölkerung von 350 Millionen – wurde als Indische Union konstituiert. Der neue indische Staat konnte auf jeden Fall für sich in Anspruch nehmen, das historische Indien zu repräsentieren, denn er erstreckt sich vom Himalaja bis zum Kap Comorin und umfaßt die Ganges-Ebene, Zentralindien und das Dekhan.

Die Teilung der Gebiete, die über hundert Jahre unter einer einheitlichen Verwaltung gestanden hatten und wirtschaftlich miteinander verflochten waren, war ein schmerzensreicher Vorgang. Aus Westpakistan wurde die gesamte Hindu-Bevölkerung vertrieben. Ebenso explodierten nationale Leidenschaften im indischen Teil des Punjabs, und die dortige mohammedanische Bevölkerung wurde über die Grenze nach Westpakistan gedrängt. Sowohl Indien als auch Pakistan begannen ihre staatliche Existenz mit einem Flüchtlingsproblem von phantastischem Ausmaß, das nicht nur ihre wirtschaftliche Leistungsfähigkeit bis zum äußersten anspannte, sondern auch bittere Feindschaft zwischen ihnen zur Folge hatte.

Daneben hatte der indische Staat gleich zu Beginn seines selbständigen Daseins ein weiteres Problem von grundlegender Bedeutung zu lösen: die Zusammenfügung seines eigenen riesigen Staatsgebietes. Unter englischer Oberherrschaft hatten, wie bereits erwähnt, selbständige indische Fürsten zwei Fünftel des Empire-Gebietes beherrscht. Als die englische Regierung den Unabhängigkeitsanspruch Indiens anerkannte, entband sie die Fürsten von ihrer vertraglichen Treuepflicht gegenüber der britischen Regierung Indiens und erweckte zugleich den Eindruck, als ob es den Fürsten freistehe, nach Belieben ihre Unabhängigkeit zu proklamieren. Das schuf eine für Indien äußerst gefährliche Situation; wie groß die Gefahr war, verdeutlicht schon die eine Tatsache, daß von der Eisenbahnstrecke, die Delhi mit Bombay verbindet, drei Viertel in Gebieten liegen, die damals zu fürstlichen Staaten gehörten. Im riesigen Territorium Zentralindiens zwischen Westpakistan und dem Küstenstreifen von Orissa gab es nur wenige Distrikte, die von der britischen Regierung Indiens direkt verwaltet wurden. In das Hochland von Dekhan teilten sich die großen Monarchien Hyderabad und Mysore. All diese Staaten, von denen die meisten autokratisch regiert wurden, hatten sich der Oberhoheit der britischen Krone unterworfen, und die äußere Einheit Indiens beruht auf juristischen Konstruktionen, die die Krone daraus ableitete. Nachdem nun die englische Regierung in der Erklärung, in der sie die Unabhängigkeit Indiens anerkannte, die Fürsten aus jeder Bindung an eine indische Zentralregierung herausgelassen hatte, war der junge Staat durch die feindliche Haltung der mächtigen Gebietsherrscher und ihre Ansprüche auf territoriale Unabhängigkeit in seinem Bestand gefährdet. Hinzu kam, daß die Stammes- und Glaubensgemeinschaften, aus denen sich die britisch-indische Armee in der Hauptursache rekrutierte, die Jats, Sikhs, Rajputen und andere (die, wie die Engländer sagten, »martialischen Klassen«), in einem von der englischen Regierung eifrig geförderten Treueverhältnis zu einigen der fürstlichen Herrscher standen. Dementsprechend war auch noch zu befürchten, daß die Beibehaltung der Fürstenherrschaft zu schweren Loyalitätskonflikten und Zersetzungserscheinungen in der Armee führen könnte. Überdies hatte Jinnah als Wortführer der Moslem-Liga mit der Anerkennung der Ansprüche der Fürsten Wasser auf ihre Mühlen gegossen. Tatsächlich wurden die weitestgehenden Souveränitätsansprüche von mehreren fürstlichen Staaten angemeldet.

Angesichts dieser Bedrohung der territorialen Einheit Indiens erklärten Nehru und seine Mitarbeiter ihre Bereitschaft zu Verhandlungen mit den Fürsten. Unterhändler der Verfassunggebenden Versammlung trafen in der Tat mit Vertretern der Fürsten zusammen und brachten eine Vereinbarung zustande, wonach die Fürsten den Zusammenschluß mit der

Indischen Union akzeptierten und auf ihre Hoheitsrechte in Angelegenheiten der Landesverteidigung, der auswärtigen Beziehungen und des Post- und Fernmeldewesens verzichteten. Auf diese Weise waren bis zum 15. August 1947, dem Tag, an dem Indien unabhängig wurde, sämtliche fürstlichen Staaten bis auf Hyderabad im Dekhan-Hochland und Kashmir im Norden der Indischen Union freiwillig beigetreten. Nach einem Einfall von Stammeskriegern aus Pakistan entschloß sich einige Monate später auch der Herrscher von Kashmir zum Anschluß an Indien. Hyderabad folgte erst nach schweren Auseinandersetzungen, die sogar zu einem bewaffneten Konflikt – allerdings von kurzer Dauer – geführt hatten. (Eine ausführliche und fundierte Darstellung der Vorgeschichte der Eingliederung Hyderabads hat K. M. Munshi, der die alte Indische Regierung in Hyderabad vertreten hatte, in seinem Buch *The End of an Era*, Bombay, 1957, gegeben.)

Vor der endgültigen Verabschiedung der Verfassung fanden zu einem späteren Zeitpunkt weitere Verhandlungen mit den Fürsten statt. Ihr Ergebnis war, daß die Fürsten ihre Herrschaftsgebiete ganz an die Union abtraten und sich dafür bestimmte Rechtsansprüche und Sondervorrechte nebst einer finanziellen Entschädigung garantieren ließen. Das war eine wirkliche Revolution, die die überlieferte politische Struktur Indiens umwälzte und das ganze Land zum erstenmal in einem einheitlichen Regierungs- und Verwaltungsgefüge zusammenschloß.

Daß die indischen Fürsten, deren Häuser zum Teil seit undenklichen Zeiten über ihre Völker geherrscht hatten, ihre Länder und ihre souveräne Macht freiwillig aufgaben, war ein geschichtliches Novum. Mit der Anerkennung der kaiserlichen Macht durch Japans *daimyôs* ist dieser Vorgang nicht zu vergleichen: in Japan ging es um die Wiederherstellung der legitimen Macht des obersten Lehnsherrn, nicht um den Machtverzicht souveräner Herrscher. (Die meisten bedeutenden indischen Herrscher verdankten ihre Machtposition ja auch keineswegs der Belehnung durch einen kaiserlichen Herrn.) Daß es zu einem solchen Verzicht kommen konnte, erklärt sich zum Teil aus der patriotischen Haltung vieler Fürsten, die sich dessen bewußt waren, daß sie mit dem Festhalten an ererbten monarchischen Rechten die Zukunft ganz Indiens gefährden würden. Jahrzehnte früher hatte Sayaji Rao, der Maharadscha von Baroda, einer der bedeutendsten Fürsten seiner Zeit, diese Entwicklung vorausgesehen: schon 1908 hatte, wie der verstorbene Aga Khan in seinen Memoiren erzählt hat, Sayaji Rao den Verzicht der Fürsten auf ihre Rechte nach der Befreiung Indiens als unvermeidlich bezeichnet, da es ohne ihn keine Verwirklichung der nationalen Einheit geben könnte. Nicht minder wichtig als die patriotische Haltung der Fürsten war das Erwachen der von ihnen beherrschten Völker. Im Geiste Gandhis und unter der Führung Nehrus hatten die fürstlichen Untertanen den organisierten Kampf um die nationale Freiheit aufgenommen. Die Einheit Indiens war bereits durch die Aktion der Volksmassen hergestellt worden, und obgleich sich die Fürsten in den meisten Fällen noch der Ergebenheit ihrer Untertanen erfreuten, hatte sich in deren Bewußtsein das viel stärkere Ergebenheitsgefühl gegenüber Indien festgesetzt, womit jeder Gedanke an die Erhaltung der Unabhängigkeit der fürstlichen Herrschaftsgebiete in der Praxis hinfällig wurde.

Zum erstenmal in seiner langen Geschichte war Indien zu einem geschlossenen territorialen Gebilde geworden. Ein einziger souveräner Staat behauptete nun seine Herrschaft unangefochten vom Himalaja bis Rāmeswaram und von Pakistan bis zur Grenze Burmas. Das große Reich Ashōkas hatte nur bis Mysore gereicht. Auch die früheren Hindu-Reiche hatten aus vielen Gebieten bestanden, über die sie nur in einem vagen Sinne die lehnsherrliche Hoheit ausübten. Das Reich der Großmoguln hatte sich nie im Süden des Subkontinents durchsetzen können: als der letzte wirklich unabhängige Großmogul Aurangzeb 1707 starb, kämpften seine Truppen immer noch am Tungabhadra auf der Dekhanhalbinsel. Die Engländer hatten große Gebiete unter der Souveränität indischer Fürsten belassen und sich mit einer indirekten Überwachung ihrer Regierungsgeschäfte begnügt.

Indes drohte dem neuen Staat eine noch viel schlimmere Gefahr. Das selbständige Pakistan war auf konfessioneller Grundlage errichtet worden; mehr noch: Pakistan bekannte sich sogar ganz offiziell als Islam-Staat. Als Reaktion darauf entstand in Indien eine starke Bewegung, die den neuen Staat zu einem »Hindustan« machen, dem indischen Staat ein eindeutiges Hindu-Gepräge geben wollte. Welche Gefahr darin lag, wurde von der indischen Führung beizeiten erkannt. Mit besonderem Nachdruck wandte sich Gandhi gegen den Hindustan-Gedanken. Auf indischem Staatsgebiet lebten um diese Zeit außer den Hindus fünfunddreißig Millionen Mohammedaner, über sechs Millionen Christen und auch noch andere, kleinere Religionsgemeinschaften wie Parsen und Juden. Zu allen Zeiten hatte sich Indien an die Tradition der religiösen Toleranz gehalten. Der Agitation zugunsten eines Hindu-Staates nachzugeben hätte bedeutet, die eigene Vergangenheit zu verleugnen und die Zukunft mit einer schweren Hypothek zu belasten. Zu einer leidenschaftlich umstrittenen Frage wurde der Schutz der Mohammedaner und die Sicherung ihrer Gleichberechtigung im Rahmen des neuen Staatsgebildes. Erst als Mahatma Gandhi, der größte Vorkämpfer der Gleichberechtigung aller ethnischen und religiösen Gruppen, am 30. Januar 1948 in Delhi ermordet wurde, kam dem indischen Volk schlagartig zu Bewußtsein, wie ernst das Problem geworden war, und erst dann wurde die Idee des Hindu-Staates endgültig zu den Akten gelegt.

Die erste konstruktive Aufgabe, der sich das unabhängige Indien gegenübersah, war die Schaffung einer Verfassung. Die Verfassunggebende Versammlung, der diese Aufgabe zufiel, war 1946 einberufen worden. Sie vollendete ihr Werk 1949; die Republik wurde ausgerufen, auch wenn Indien als Mitglied des Commonwealth seine Verbindung mit der englischen Monarchie beibehielt. Die Verfassung Indiens ist in mancher Beziehung bedeutsam. Sie entlehnt vieles den Erfahrungen Großbritanniens und der Vereinigten Staaten. Im Sinne der Tradition von Westminster hat sie das parlamentarische Regierungssystem übernommen. In Anlehnung an das Beispiel der Vereinigten Staaten legt sie dem Staatsaufbau das föderative Prinzip zugrunde und macht den Obersten Gerichtshof zum Hüter und Interpreten der Verfassungsgrundsätze. Die Zuständigkeit der »Staaten« genannten Provinzen ist auf vielen Gebieten weitgespannt; das gilt vor allem für Bodenrecht und Bodennutzung, Schule, Arbeitsbeschaffung, Forstwirtschaft und öffentliche Sicherheit. Die Provinzen verfügen auch in beträchtlichem Umfang über Steuerhoheit. Bezeichnenderweise ist aber aus der indischen Geschichte insofern eine Lehre gezogen worden, als die der Zentralregierung eingeräumten Vollmachten sehr viel größer sind als die der bundesstaatlichen Regierung in Amerika und in die Autonomie der Provinzen viel stärker eingreifen als in irgendeinem

Das von deutschen Firmen errichtete Wasserkraftwerk Hirakud in Indien

Indische Lastträgerinnen beim Bau eines Staudamms

anderen Bundesstaat. Die Parlamente – sowohl im Bund wie in den Provinzen – gehen aus allgemeinen Wahlen hervor.

Eine charakteristische Eigenart der Verfassung Indiens ist der wichtige Abschnitt über die Grundrechte, der das zu verankern sucht, was die soziale Revolution des letzten Jahrhunderts an Errungenschaften gebracht hat. Kastenunterschiede kennt die Verfassung nicht mehr. Die Unberührbarkeit, die so lange ein Schandmal des indischen Lebens war, ist abgeschafft; wer die alten Bräuche der Unberührbarkeit praktiziert, macht sich strafbar. Die Gleichberechtigung der Frau in allen Lebensbereichen wird nachdrücklich garantiert. Ebenso verbürgt die Verfassung die Religions-, Vereins- und Redefreiheit wie auch alle anderen Wesensmerkmale eines liberalen Staates. Sie beschränkt sich nicht darauf, dem demokratischen Streben des Volkes Ausdruck zu verleihen, sondern will auch für die Zukunft sicherstellen, daß sich das politische Leben in Indien in der Richtung der liberal-demokratischen Traditionen entwickelt, die Indien als unverletzliches Erbe von Europa übernommen hat.

War einmal die Einheit des Staatsgebietes gesichert und die Verfassungsgrundlage des Staates geschaffen, so türmten sich vor der neuen Regierung drei gewaltige und vordringliche Aufgaben auf: 1. Erschließung und Entwicklung der Naturschätze des Landes und Aufbau einer Industriewirtschaft, 2. Umwandlung der Struktur des flachen Landes und 3. Modernisierung der Hindu-Gesellschaft.

Am Ende der Periode der britischen Herrschaft in Indien war die Wirtschaft des Landes zum größten Teil noch in einem kolonialen Zustand. Obgleich sich im 19. Jahrhundert auf manchen Gebieten eigene indische Industrien entwickelt hatten, war die Gesamtwirtschaft unproportioniert, unausgeglichen. Die landwirtschaftliche Erzeugung vermochte den Ernährungsbedarf des Landes nicht zu decken. Um die Zeit des großen Sieges im Unabhängigkeitskampf fehlten Indien gerade mehr als vier Millionen Tonnen Getreide. Bei einem jährlichen Bevölkerungszuwachs von rund fünf Millionen schien das Ernährungsproblem nahezu unlösbar. Indien hatte aber außer Stahl auch keine eigene Grundstoffindustrie. Seine Bodenschätze waren – mit Ausnahme von Kohle – unerschlossen. Obgleich das Land reich an wasserreichen Strömen ist, wurden sie bis auf wenige Ansatzpunkte der Krafterzeugung nicht dienstbar gemacht. Von Anfang an stand fest, daß die Neugestaltung der Wirtschaft die vordringlichste Aufgabe des neuen Staates war; von ihrer Lösung hing ab, ob Indiens gigantische Bevölkerung mit einem erträglicheren Leben rechnen konnte.

Die Regierung des neuen Staates schlug infolgedessen den Weg eines geplanten Aufbaus ein. Ihr erster Fünfjahresplan, der 1956 zu Ende gegangen ist, war in erster Linie auf den Ausbau von Bewässerungsanlagen, die Elektrizitätserzeugung und die Vermehrung der Lebensmittelproduktion gerichtet. Im Planjahrfünft wurden 6,88 Millionen Hektar Land vom neuen Bewässerungssystem erfaßt. Brachliegendes Land mit einer Gesamtfläche von 740000 Hektar wurde urbar gemacht. Die akute Krise in der Lebensmittelversorgung war damit um 1953/54 überwunden. Im ersten Planjahrfünft wurde ferner die Elektrizitätserzeugung verdoppelt; einige lebenswichtige Industrien – Düngemittelerzeugung, Lokomotivbau, Schiffbau, Werkzeugmaschinenproduktion und andere – wurden geschaffen. Am Ende des Planjahrfünfts war das Volkseinkommen um über elf Prozent gestiegen, die Lebenshaltung der Volksmassen fühlbar gehoben worden. Der zweite Fünfjahresplan sieht die

Weiterführung der großen Bewässerungsarbeiten vor, verlegt aber das eigentliche Schwergewicht in die industrielle Produktion. In Zusammenarbeit mit der Sowjetunion, der Bundesrepublik, Großbritannien und den Vereinigten Staaten werden vier große Stahlwerke gebaut, die Indiens jährliche Rohstahlerzeugung auf sechs Millionen Tonnen erhöhen sollen. Im gemeinwirtschaftlichen Sektor werden die Produktion von Schwerchemikalien, der Maschinenbau, die elektronische Industrie, der Flugzeugbau, die pharmazeutische Industrie, der Lokomotivbau, die Fabrikation von Fernsprechgeräten, die Elektrifizierung der Eisenbahnen und andere grundlegende Wirtschaftsbereiche ausgebaut. Im privatwirtschaftlichen Sektor ist das Planziel der Aufbau der Personen- und Lastkraftwagenerzeugung, des Leichtmaschinen- und Gerätebaus, der Aluminiumgewinnung.

Oft wird behauptet, die Wirtschaft Indiens sei in ihren Zielsetzungen sozialistisch. Eine solche Formulierung führt leicht in die Irre. Es stimmt zwar, daß einige der wichtigsten Wirtschaftsbereiche in staatlichem Besitz sind und unter staatlicher Verwaltung stehen, aber der Staat unterstützt ebenso auch private Kapitalbildung und privatwirtschaftliche Unternehmen. Was Indien wirklich erstrebt, ist eine gemischte Wirtschaft, in deren Rahmen staatliche Investitionen in großem Ausmaß dazu dienen sollen, Schlüsselindustrien zu schaffen, die für die gesamtwirtschaftliche Entwicklung unentbehrlich sind.

Von großer Bedeutung für die Verwirklichung der indischen Industrialisierungspläne ist der Beitrag der führenden Industrieländer. Abgesehen von der finanziellen und technischen Hilfe, die der amerikanische Staat leistet, wirkt die Industrie der Vereinigten Staaten an verschiedenen Entwicklungsvorhaben im privatwirtschaftlichen Sektor mit. Die Sowjetunion ist am Bau eines der wichtigsten Stahlwerke (Bhilai), am Maschinenbau, an der Erschließung der Braunkohlevorkommen in Nyvelli und am Aufbau der die Braunkohle verwertenden Industrien beteiligt. Die deutsche Industrie führt eine Anzahl wichtiger Aufbauprojekte durch, vor allem den Bau der Stahlwerke von Rourkela, daneben in Zusammenarbeit mit einer indischen Firma den Aufbau der Lastkraftwagenproduktion. Französische Industrieinteressen nehmen am Schiffbau, an der elektronischen Industrie, an einer Fabrik seltener Erden und an der Elektrifizierung der Eisenbahnen teil. Die langjährige Verbindung der englischen Industrie mit dem indischen Wirtschaftsleben erklärt den hohen Anteil Englands an dem in Indien investierten Auslandskapital. Indien liefert ein lehrreiches Beispiel dafür, was enge Zusammenarbeit zwischen Europa und den neuen asiatischen Staaten auf dem Gebiete des Industrieaufbaus zu leisten vermag.

Jede in größerem Rahmen angestrebte Industrialisierung hängt von den Leistungen der Wissenschaft, der Koordinierung wissenschaftlicher und industrieller Vorhaben und der Ausbildung des Personals ab, das für kompliziertere technologische Pläne benötigt wird. Eins der ersten Probleme, dem sich Indien nach Erlangung der staatlichen Unabhängigkeit zuwandte, war daher die Errichtung von wissenschaftlichen Forschungsanstalten und spezialisierten Hochschulen auf verschiedenen Fachgebieten der Technik. Die ins Leben gerufenen Forschungsanstalten fallen in drei Kategorien: 1. Institute für theoretische Grundlagenforschung, wie das Landeslaboratorium für Physik in Delhi, das Landeslaboratorium für Chemie in Poona und das Institut für Grundlagenforschung in Bombay; 2. Forschungsinstitute, die mit einzelnen Industriezweigen zusammenhängen, wie das Leder-

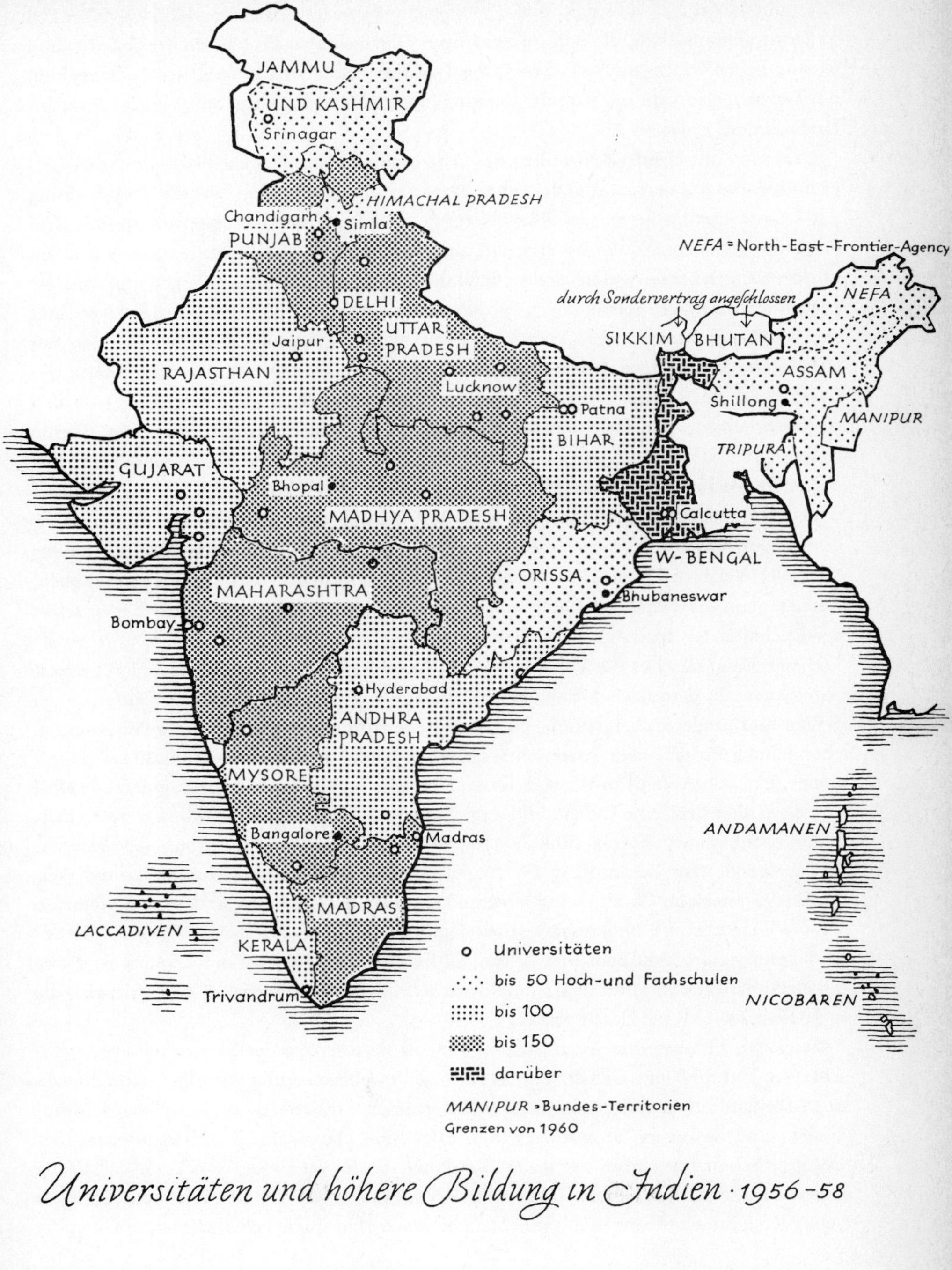

Universitäten und höhere Bildung in Indien · 1956–58

forschungsinstitut in Madras, das Textilforschungsinstitut in Ahmadabad, schließlich 3. Forschungsanstalten, die sich mit wichtigen allgemeineren Problemen der sozialen und ökonomischen Umgestaltung befassen, wie das Lebensmittelforschungsinstitut in Bangalore, das Forschungsinstitut für Stromregulierung in Poona und das Zentralinstitut für Straßenbauforschung in Delhi.

Das zweite entscheidende Problem, das neben dem Aufbau einer ausreichenden Industriegrundlage die Aufmerksamkeit des neuen Staates in Anspruch nahm, war die Umgestaltung der Lebensverhältnisse der Landbevölkerung. Eine Seite dieses Problems hatte mit dem unter der englischen Kolonialherrschaft aufgebauten Großgrundbesitz zu tun. Vor allem in der Ganges-Ebene waren riesige Feudaldomänen geschaffen worden, deren Besitzer *(zamindari)* nach den Vorstellungen der Kolonialverwaltung eine der englischen Herrschaft treu ergebene konservative Klasse bilden sollten. Die feudalen Ländereien wurden mit Hilfe eines mehrstufigen Belehnungssystems bewirtschaftet: über der großen Masse der Bauern, die den Boden bebauten, erhoben sich in mehreren Stockwerken die von den *zamindari* eingesetzten, gleichsam als Zwischenmeister fungierenden Lehnsträger. Ebenso waren in den Herrschaftsgebieten der indischen Fürsten im Norden des Landes große Ländereien im Besitz des feudalen Hofadels. Bevor an eine Umgestaltung des Lebenszuschnittes des Dorfes geschritten werden konnte, war die Durchführung einer radikalen Bodenreform unerläßlich. Das war denn auch die erste große Reform, die die Regierung in Angriff nahm: die vielen Vermittler, die sich zwischen den Staat und den besitzlosen Bauern schoben, wurden ausgekauft und das Land zum größeren Teil in den Besitz der den Boden selbst bewirtschaftenden Bauern übergeführt.

Dieser Eingriff schuf die Voraussetzungen für einen gründlichen Umbau der Lebensgrundlagen auf dem flachen Lande. Jahrhundertelang waren die indischen Dörfer, deren es über fünfhundertsechzigtausend gibt, vom Leben draußen fast unberührt geblieben, und über achtzig Prozent aller Inder leben auch heute noch in diesen vorsintflutlichen Landgemeinden. Von Anfang an war sich Gandhi darüber im klaren, daß das stagnierende Dorf den Kern aller Probleme Indiens bildet und daß auch der allergrößte städtische Fortschritt Indien nicht in einen normal funktionierenden Staat zu verwandeln vermag, solange nicht Entscheidendes zur Bekämpfung der Armut, Unwissenheit und sozialen Rückständigkeit des Dorfes geschieht. Gandhi selbst lebte und arbeitete unter Bauern, und am fruchtbarsten für die Wiedergeburt Indiens war seine ständige Mahnung, für den Aufstieg der Landbevölkerung zu sorgen. Sein wichtigstes politisches Vermächtnis ist die Erkenntnis, die er seinen Anhängern vermittelt hat, daß ihre erste Pflicht den Bauern und Arbeitern gilt, die in Indiens Dörfern ihr Dasein fristen.

Auch den Führern des neuen Staates war, als sie den Weg der Industrialisierung einschlugen, klar, daß eine Gesellschaft, in der eine Stadtbevölkerung mit gehobenem Niveau und Lebensstil neben einer rückständigen Bauernschaft existieren müßte, ständigen Schwankungen und Störungen ausgesetzt sein würde. Eine planmäßige Umstrukturierung der Dorfgesellschaft im ganzen Lande mußte daher das logische Gegenstück zur Schaffung neuer Industrien sein. Was die Regierung sich vornahm, war, die Organisation von ländlichen Kommunalverbänden mit je achtzig bis hundert in einem gemeinsamen Aufbauplan zusammengefaßten Dörfern, die sich kollektiv um neue Produktionsverfahren, bessere Verkehrseinrichtungen, staatsbürgerliche Erziehung, Gesundheitspflege und Hygienemaßnahmen bemühen würden. Auf diese Weise sollte die hoffnungslose Isolierung, in der das indische Dorf Jahrhunderte hindurch vegetiert hatte, von den größeren Distriktseinheiten mit vermehrten Mitteln und Planungsmöglichkeiten für die gemeinschaftliche Aufbauarbeit überwunden werden. Im Rahmen des nationalen Umbauplanes arbeitet jede Distriktseinheit an ihrem eigenen Aufbauprogramm. Der Nachdruck liegt auf der Herausbildung einer lokalen Führung, und diesem Zweck dienen besondere Ausbildungszentren für lokale Selbstverwaltungsfunktionäre. Die Zentralregierung, die den Gesamtplan überwacht, stellt technische Hilfe zur Verfügung und kommt für einen Teil der Ausgaben auf. Was hier versucht wird, ist eine von der organisierten Gemeinschaftsarbeit der Bevölkerung getragene Revolution im Leben des Dorfes, die das gesellschaftliche und wirtschaftliche Dasein der Landbevölkerung radikal umgestaltet.

Natürlich kann ein so umfassender Plan, der das Dasein von Hunderten von Millionen berührt, nicht überall auf gleiche Erfolge rechnen. In einigen Gebieten haben die Gemeinschaftsvorhaben erstaunliche Ergebnisse hervorgebracht; in anderen hat es sich als sehr viel schwieriger herausgestellt, die festverwurzelten Gewohnheiten des ländlichen Daseins zu überwinden und die Menschen für neue Ideen zu gewinnen. Die Entfaltung der lokalen Initiative ist nicht etwas, was sich immer plangerecht erreichen läßt. Überall aber hat der Versuch des Aufbaus der Gemeinschaftsorganisationen einen mehr oder minder einschneidenden psychologischen Wandel bewirkt, das Verlangen nach besseren Lebensbedingungen, das Bedürfnis nach wirtschaftlichem Aufstieg geweckt.

Was die Modernisierung des ländlichen Daseins auf lange Sicht erreichen wird, läßt sich heute noch nicht vorausahnen. Fest steht nach der Erfahrung der letzten sechs Jahre jedenfalls, daß das Dorf allmählich aus seinem jahrhundertelangen Winterschlaf erwacht. Dank der politischen Macht, die ihm mit dem allgemeinen Wahlrecht zugefallen ist, und dank der intensiveren wirtschaftlichen Tätigkeit, die mit Industrialisierung und landwirtschaftlicher Modernisierung verbunden ist, hat das ländliche Indien bereits angefangen, sich nachdrücklicher zu behaupten und größere Beachtung seiner Bedürfnisse und Interessen zu fordern.

Parallel mit diesen Veränderungen auf dem flachen Lande ist ein von der Regierung im letzten Jahrzehnt entschieden geförderter sozialer Umstellungsprozeß vor sich gegangen. Schon vor der Erringung der Unabhängigkeit hatte ein Jahrhundert europäischer Bildungsbeeinflussung und zunehmender kultureller Berührung mit dem Westen in den gesellschaftlichen Vorstellungen der Inder überhaupt und der Hindus im besonderen radikale Veränderungen bewirkt. Da aber die britische Regierung Indiens eine Stillhaltepolitik der religiösen und sozialen Neutralität befolgte, lebte die Hindu-Gesellschaft weiter nach ihren archaischen Gesetzen und im Banne von Sitten und Bräuchen, von denen viele vernunftwidrig und fortschrittsfeindlich und manche mit den Daseinsnotwendigkeiten einer modernen Gesellschaft schlechterdings unvereinbar waren. Nach wie vor behauptete sich als Gebot der Hindu-Religion das System der Unberührbarkeit, das über dreißig Millionen Menschen zur Rechtlosigkeit, Isolierung und Ausstoßung aus der Gesellschaft verurteilte, als unwiderruflich »unrein« und durch Berührung »verunreinigend« brandmarkte. Gandhi hatte bereits die Abschaffung der Unberührbarkeit zu einer politischen Programmforderung gemacht, aber das System war geblieben. Daneben bestanden noch andere unüberbrückbare soziale Schranken. Die Hindu-Soziallehre schloß Frauen von der Erbfähigkeit aus. Eheschließung zwischen Angehörigen verschiedener Kasten war nach den Gesetzen des Hinduismus verwerflich und wurde nur in den Fällen geduldet, in denen der Mann einer »höheren«, die Frau einer »niedrigeren« Kaste angehörte. Vielweiberei war, wenn auch nicht sehr verbreitet, gesetzlich erlaubt. Dagegen verbot das Hindu-Recht die Ehescheidung. Auch in mancher anderen Beziehung verriet die Hindu-Gesellschaft deutliche Spuren einer künstlich gebremsten Entwicklung. Und eben an diese Probleme ging der neue Staat mit Mut und Entschlossenheit heran. Die Unberührbarkeit wurde durch die Verfassung abgeschafft und durch Gesetz unter Strafe gestellt. Die in der Verfassung niedergelegten Grundrechte garantierten die Gleichberechtigung der Frau im Arbeitsverhältnis. Das neue Eherecht sicherte die Monogamie, erlaubte unter bestimmten Bedingungen die Ehescheidung und proklamierte die Freiheit der ehelichen Verbindung zwischen Angehörigen verschiedener Kasten. Das überlieferte Erbrecht der Hindus wurde revidiert und den Töchtern der gleiche Anspruch auf die Hinterlassenschaft der Eltern verbürgt wie den Söhnen. Bedeutsamer noch als der fortschrittliche Inhalt dieser Reformen war die Tatsache, daß sie zum erstenmal die gesamte Hindu-Bevölkerung betrafen. Früher hatten für verschiedene Hindu-Sekten und -Kasten verschiedene Rechtssysteme gegolten. Die neuen Gesetze dehnten ihren Anwendungsbereich auf alle Hindus in ganz Indien aus. Aus dem unverbindlichen Nebeneinander verschiedener Hindu-Kasten, die nur dem Namen nach zur selben Gesellschaft gehörten, wurde mit der Einführung eines für alle geltenden Rechtssystems so etwas wie eine homogene Hindu-Gesellschaft geschaffen.

Was die dreifache Revolution – in der Wirtschaft, im Dorfgefüge und im gesellschaftlichen Dasein – möglich gemacht hat, war die Stärke der demokratischen Struktur des Landes, die sowohl das Verlangen nach Reformen als auch die Apparatur für ihre Durchführung hervorbrachte. Die indische Demokratie beruht auf dem allgemeinen Wahlrecht. Bei den ersten Wahlen, die 1951 stattfanden, gaben über fünfundneunzig Millionen Menschen ihre Stimme ab. Bei den zweiten Wahlen – 1957 – waren es bereits über hundertzehn Millionen. Wichtiger als die große Zahl der Wähler ist aber das kontinuierliche Funktionieren der Demokratie auf allen Stufen vom dörflichen Gemeinderat bis zu den Provinzparlamenten. Kommunale Verwaltungsinstitutionen – Distriktämter, Gemeinden und öffentlich-rechtliche Körperschaften mit Selbstverwaltungsfunktionen – gibt es in Indien seit über sieben Jahrzehnten. Alle diese Organe werden jetzt auf Grund des allgemeinen Wahlrechts gewählt. Diese gewaltige, ständig in Bewegung gehaltene Wahlmaschinerie bewirkt, daß sich die große Masse nicht nur ihrer Macht bewußt wird, sondern auch ihre Probleme geistig zu verarbeiten beginnt. Das gibt der Zentralregierung in Delhi die Möglichkeit, weitreichende gesetzgeberische Maßnahmen mit aktiver Zustimmung und Teilnahme der Bevölkerung in die Praxis umzusetzen.

Die indische Demokratie operiert durch die normalen Kanäle organisierter politischer Parteien. Im Anfang – 1947 – war der Indische Nationalkongreß praktisch die einzige Partei. Er war aber auch mehr als eine Partei: eine nationale Bewegung unter der Führung

Gandhis und zugleich eine Gemeinschaft überzeugter, gläubiger Menschen, die sich um den Mahatma um eines Zieles willen – der Verwirklichung der Unabhängigkeit des Landes – geschart hatten. Außer der nationalen Zielsetzung hatte der Kongreß keine besondere Ideologie. Es war die große Leistung Jawāharlāl Nehrus, diese umfassende nationale Bewegung zu einer Partei mit einer eigenen Ideologie und einem eigenen Programm umgeschmolzen zu haben. Leicht war dieser Umstellungsprozeß nicht. Der Kongreß, der den Freiheitskampf geführt hatte, umfaßte politische Richtungen aller Schattierungen – von den Sozialisten bis zu denen, die die Rückkehr zu den Urtugenden der Hindu-Religion

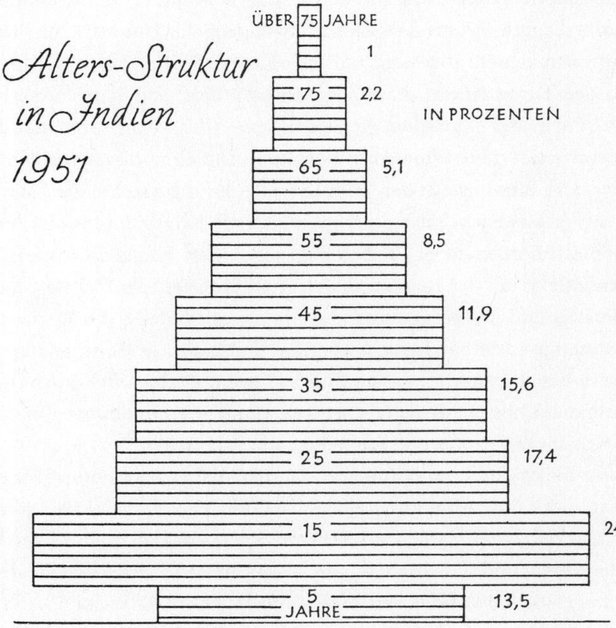

predigten. Langsam, schrittweise brachte Nehru den Kongreß dazu, einen sehr unorthodoxen Sozialismus als sein Kredo zu akzeptieren. Auf ihrem Jahresparteitag von 1956 erhob die Kongreßpartei die Schaffung eines sozialistischen Gesellschaftsgebildes zu ihrem programmatischen Ziel. Diese allmähliche Wendung zu einer festen programmatischen Haltung brachte die Lostrennung verschiedener Gruppen sowohl auf dem rechten als auch auf dem linken Flügel mit sich. Neben den Kommunisten sind nunmehr die wichtigeren Oppositionsparteien: auf der einen Seite die Jan Sangh (Volkspartei), eine Organisation rechtsgerichteter Hindus, die eine Sammlung des konservativen Hinduismus erstreben, weil sie der Meinung sind, daß die weltlich eingestellte Regierung die ideellen Werte der Hindu-Überlieferung vernachlässigt; auf der anderen Seite die Sozialistische Praja-Partei, eine Richtung, die sich vom Kongreß getrennt hat, weil sie seinen Sozialismus für viel zu verwässert hält. In der Tendenz erhöht die Tätigkeit der Oppositionsparteien die Wirksamkeit des demokratischen Willensbildungsprozesses.

Der eigentliche Oppositionswiderstand gegen die Kongreßpartei rührt von den Kommunisten her. Die Kommunistische Partei Indiens ist Anfang der zwanziger Jahre entstanden; größeres Ansehen erlangte sie dank den Meerut-Prozessen von 1931/33, in denen ihre Führer, von einigen englischen Kommunisten flankiert, wegen Teilnahme an einer Verschwörung zum gewaltsamen Sturz der britischen Herrschaft vor Gericht standen. Trotzdem blieb die kommunistische Bewegung bis zum zweiten Weltkrieg unbedeutend und einflußlos. Gleich ihren Gesinnungsgenossen in anderen Ländern wandten sich die indischen Kommunisten zu Kriegsbeginn mit großer Schärfe gegen jegliche Unterstützung des »imperialistischen« Krieges, machten aber eine radikale Kehrtwendung in dem Moment, da die Sowjetunion in den Krieg eintrat. Nunmehr, im »antifaschistischen Volkskrieg«, bot die Kommunistische Partei der englischen Regierung ihre Mithilfe an. Aber mit diesem taktischen Kurswechsel geriet sie in Widerstreit mit der in Indien vorherrschenden nationalistischen Stimmung. Das Bündnis mit der englischen Regierung machte die Partei unpopulär in den Augen der Volksmassen, um so mehr, als sich die Kommunisten im Bunde mit den britischen Kolonialbehörden in einen Feldzug gegen den Kongreß stürzten. Anderseits brachte die Vernunftehe mit der Regierung den Kommunisten eine Zeitlang auch spürbare Vorteile: um den Einfluß des Kongresses einzudämmen, förderte die Regierung das Eindringen der Kommunisten in die Gewerkschaften, und auf diese Weise gelang es der Partei zum erstenmal, in der Arbeiterbewegung Fuß zu fassen. Freilich fiel das Bündnis mit der Regierung auseinander, als der Krieg vorbei war, und die Kommunisten blieben mit dem Brandmal der Kollaboration mit der Fremdherrschaft behaftet.

Dennoch schien die Nachkriegssituation bei oberflächlicher Betrachtung für die Kommunisten im Anfang nicht ungünstig auszusehen. Daß die Unabhängigkeit Indiens in Bälde verwirklicht sein würde, war damals schwerlich vorauszusehen, zumal kein Kompromiß zwischen Moslem-Liga und Kongreß in Sicht war und das Land nach den schweren Straßenschlachten zwischen Hindus und Mohammedanern in Calcutta (1946) von Bürgerkriegswirren geschüttelt wurde. Daß England auf seine Macht zu einem Zeitpunkt verzichten würde, da Indien vor dem Zerfall zu stehen schien, konnten die Kommunisten nicht glauben. Sie richteten sich infolgedessen darauf ein, daß der nationale Freiheitskampf noch lange anhalten würde, und standen gleichsam Gewehr bei Fuß, um dem Kongreß die Führung in diesem Kampf zu entreißen.

Als indes die Unabhängigkeit wider Erwarten erreicht war, taten sie so, als habe sich nichts geändert und als sei der neue indische Staat pure Staffage. Sie prangerten Nehru als Agenten des englischen Imperialismus an und taten ihr möglichstes, um mit einer Sabotage- und Terrorkampagne eine revolutionäre Situation herbeizuführen. Als auch das mißlungen war, gingen sie daran, in Telingana in Hyderabad ein »befreites Gebiet« zu organisieren; das sollte der erste Schritt zur Durchführung des, wie es hieß, nach Komintern-Direktiven entworfenen allgemeinen Revolutionsschemas für Südostasien sein. In einer Zeit, da der Herrscher von Hyderabad die Eingliederung seines Staates in die Indische Union zu hintertreiben suchte, konnten sich die Kommunisten bequem darauf berufen, daß sie mit der Errichtung ihrer Herrschaft im »befreiten« Telingana die Befreiung ganz Hyderabads vorbereiteten und damit zur Verwirklichung der Einheit Indiens beitrugen. Ihre theoretische Konzeption um diese Zeit besagte, daß der Kongreß nichts anderes sei als eine indische Version der Kuomintang, und Nehru wurde als das indische Gegenstück zu Chiang Kai-shek hingestellt. In einer solchen Situation, so lautete die These, sei das vordringlichste die Schaffung eines indischen Yen-an, eines »befreiten Gebietes«, das ebenso als Zentrum einer Gegenoffensive gegen die reaktionäre Politik der Regierung in Delhi dienen werde, wie das erste Yen-an in Shensi als Zentrum der Offensive Mao Tse-tungs gegen die Kuomintang gedient habe. Daraus ist nichts geworden: die indischen Regierungstruppen besetzten Hyderabad, und das »befreite Gebiet« von Telingana wurde liquidiert.

Mittlerweile hatte das Nehru-Regime die Verfassung der Republik geschaffen und Parlamentswahlen abgehalten. Die Kommunisten hatten sich entscheiden müssen. Boykottierten sie die Wahlen, so liefen sie Gefahr, jegliche Unterstützung im Volke zu verlieren; beteiligten sie sich an den Wahlen, so mußten sie sich im Rahmen der Verfassung halten und an der gesetzgeberischen Arbeit der Parlamente im Bund und in den Provinzen teilnehmen; damit wäre aber auch die These hinfällig geworden, daß die Unabhängigkeit eine Fiktion und Indien immer noch ein halbkoloniales Land sei.

Nach einigem Zögern entschieden sich die Kommunisten für Wahlbeteiligung. Bei den Wahlen von 1951/52 eroberten sie 27 Parlamentssitze (während auf die Kongreßpartei 362 entfielen) und wurden zur stärksten Oppositionsgruppe im Parlament. In drei Provinzparlamenten im Süden schnitten sie sogar noch besser ab. Aber die Teilnahme an der parlamentarischen Arbeit wirkte insofern ernüchternd, als sich die Partei nicht auf bloße Kritik an der Regierungspolitik beschränken konnte, sondern sich auch genötigt sah, an der Gesetzgebungsmaschinerie mitzuwirken und in Ausschüssen mitzuarbeiten. Außerdem ergab sich mit der Herauskristallisierung der eigenen Außenpolitik Indiens nach der Entstehung der Volksrepublik China und der Verkündung der »Fünf Prinzipien der Koexistenz« die für die Kommunisten peinliche Situation, daß der außenpolitische Kurs der Regierung ihren Wünschen entsprach. Sogar in der Innenpolitik mußten die Kommunisten bei aller Kritik und bei allem Eintreten für radikalere Maßnahmen feststellen, daß der Kongreß mit der Bodenreformgesetzgebung in den Provinzen, so gemäßigt sie auch sein mochte, und mit der planwirtschaftlich forcierten Industrialisierung ihnen jede Möglichkeit genommen hatte, mit einem grundsätzlich anderen Wirtschaftsprogramm aufzutreten. Auch die Hilfe, die die Sowjetunion Indien beim Industrieaufbau anbot, die Besuche führender Staatsmänner aus China, Rußland, Polen und anderen kommunistischen Ländern des kommunistischen Blocks ließen der Kommunistischen Partei keine andere Wahl, als die Gesamtpolitik des Kongresses – wenn auch mit Vorbehalten – zu unterstützen. Die 1956/57 abgehaltenen zweiten Wahlen ließen diese Entwicklungstendenz nur noch stärker hervortreten. Nur in einem einzigen Bundesstaat, Kerala, gewannen die Kommunisten so viel Parlamentssitze, daß sie mit Unterstützung einiger parteiloser Abgeordneten eine Regierung bilden konnten. Die »Koexistenz« der von den Kommunisten geführten Regierung von Kerala mit den vom Kongreß beherrschten Regierungen des Bundes und aller anderen Bundesstaaten hat noch deutlicher gemacht, daß die Kommunistische Partei in Indien, sofern sie als Partei eine Rolle spielen will, gezwungen ist, als demokratische Organisation im Rahmen des parlamentarischen Systems zu operieren. Dem entspricht die vor einiger Zeit durchgeführte Reorganisation des Parteiaufbaus: die Kommunistische Partei hat die Parteizellen abgeschafft und ihr Organisationsgefüge dem der anderen politischen Organisationen des Landes angepaßt. Auf die Dauer hat sich die Koexistenz aber nicht halten können. Schon zwei Jahre später führte die Opposition gegen die neuen Schulgesetze und die drastische Bodenreform zu Unruhen, die Nehru im Juni 1959 durch seine Vermittlung beizulegen versuchte. Als aber noch im selben Monat ein Generalstreik ausbrach und die Regierung von Kerala Massenverhaftungen vornahm, entschloß sich Delhi, sofort zu handeln. Staatspräsident Prasad löste die Regierung auf und entließ das Parlament (31.7.). Die Neuwahlen im Februar 1960 brachten zwar den Kommunisten einen Stimmenzuwachs, der Kongreßpartei aber die ersehnte stabile Regierungsmehrheit.

In demselben Jahr, in dem die Unabhängigkeit Indiens verkündet wurde, zerfiel die Welt in zwei feindliche Blöcke. Die Verwirklichung des Marshall-Planes in Europa und die Eroberung der Tschechoslowakei durch die Kommunisten hatten zur Folge, daß die einstigen Kriegsverbündeten zwei gegnerische Lager bildeten. Indien, das weiterhin mit dem Britischen Commonwealth verbunden blieb, aber der von den Westmächten in Asien immer noch vertretenen Kolonialpolitik tief mißtraute, war von Anfang an entschlossen, sich nicht in eine Auseinandersetzung hineinziehen zu lassen, die damals im wesentlichen als ein Streit um Europa zwischen Rußland und den Westmächten erschien. Dieser Haltung lagen zwei grundsätzliche Überlegungen zugrunde. Einmal waren für Indien Frieden und innere Reformen lebensnotwendig. Dem wirtschaftlichen Aufbau und der Umgestaltung seiner gesellschaftlichen Lebensgrundlagen mußte das Land seine ungeteilte Aufmerksamkeit zuwenden. Diese Aufbauaufgaben schienen ihm durch die Verschärfung der internationalen Spannungen gefährdet, und eben deswegen wollte es ihnen um jeden Preis fernbleiben. Zum andern war für Indien, sowenig Sympathie es dem Kommunismus entgegenbrachte, jede eigene Stellungnahme zu internationalen Streitfragen durch den Kampf gegen die Kolonialpolitik vorgezeichnet, und 1947 war das Kolonialsystem in Asien immer noch ein entscheidender politischer Tatbestand. In Indonesien schlugen sich die Holländer noch in verzweifelten Rückzugsgefechten. In Indochina klammerten sich die Franzosen an ihre Besitzungen und führten, um die Kolonien nicht hergeben zu müssen, einen opferreichen Krieg. In den Malaienstaaten war England damit beschäftigt, eine kommunistische Aufstandsbewegung niederzuwerfen, welche Aufgabe allerdings dann nach der Unabhängigkeitserklärung am 31. Juli 1957 von der neuen Regierung des Königs Sir Abd ul Rahman übernommen wurde, weil die Malaien selbst die Rebellion als einen Angriff von außen ansahen. Immerhin war es aber unter solchen Umständen nicht verwunderlich, daß Indien es vorzog, außerhalb des Westblocks zu bleiben und einen eigenen, unabhängigen Kurs zu steuern.

Mit der Vertreibung der Kuomintang vom chinesischen Festland und der Errichtung einer von Kommunisten beherrschten Volksrepublik in China hatte der Kalte Krieg von Europa auch auf Asien übergegriffen. Damit wurde für Indien die bereits eingeschlagene Politik des Draußenbleibens noch wichtiger. Indien betrachtete die Entwicklung in China eher als neues Symptom der Wiedergeburt Asiens denn als Ausdruck einer kommunistischen Bedrohung der asiatischen Welt. Dagegen neigte der Westblock dazu, in China einen feindlichen Störenfried in der internationalen Politik, eine unvorhergesehene und höchst unerwünschte Verstärkung des gegnerischen Lagers zu sehen. Bedrohlich wurde die Lage mit dem Ausbruch des Korea-Konflikts, in dem Indien nach vorübergehendem Zögern die Haltung strikter Neutralität einnahm.

Unterdes hatten sich die Beziehungen zwischen Indien und China, vor allem nach der Regelung der Tibet-Frage, recht günstig entwickelt. Die Machtsphäre Chinas erstreckte sich bis an die Nordgrenze Indiens; Indien seinerseits hatte seine Position an den Gebirgsketten des Himalaja konsolidiert. Ein Übereinkommen war geboten, und ein indisch-chinesischer Vertrag konnte abgeschlossen werden. In der Präambel zu diesem Vertrag wurden zum erstenmal die »Fünf Prinzipien der Koexistenz« niedergelegt.

Das positive Ergebnis der Außenpolitik Indiens in den letzten zehn Jahren war die Schaffung einer »Friedenszone« in Süd- und Südostasien. Mit dem Ausbau enger Beziehungen zu Burma, Indonesien und Ceylon ist es Indien gelungen, seine nächste Umgebung außerhalb des Spannungsbereichs des Kalten Krieges zu halten. Eine Ausnahme bildet nur das unerfreuliche Verhältnis zwischen Indien und Pakistan.

Allerdings gehören die Beziehungen zwischen Indien und Pakistan in dieser Periode nicht eigentlich in die Ebene der auswärtigen Politik. In ihnen spiegeln sich die Nachwirkungen der Teilung, die viele Probleme komplizierter Natur hinterlassen hat. Die wichtigsten Streitfragen, die den Konflikt zwischen Indien und Pakistan schüren, ergeben sich aus Forderungen und Gegenforderungen, die sich auf das Schicksal der Millionen Heimatvertriebener auf beiden Seiten beziehen, aus Ansprüchen auf die Nutzung von Gewässern und aus dem Anschluß Kashmirs an Indien. Die Vertreibung von Millionen von Menschen im Punjab hat sowohl Indien als auch Pakistan das fast unlösbare Problem des »Evakuierteneigentums«, das heißt des von den Vertriebenen auf beiden Seiten der Grenze zurückgelassenen Besitztums, aufgebürdet. Nicht minder kompliziert ist das Problem der Wasserrechte. Die Flüsse fließen von Indien nach Pakistan. Zwar verfügt Pakistan im Stromgebiet des Indus über ausreichende Wassermengen, die es für seinen eigenen Bedarf ausnutzen kann, aber es bestreitet nichtsdestoweniger Indiens Recht, Gewässer aus dem Oberlauf der Indus-Nebenflüsse, die von Indien nach Pakistan fließen, nach eigenem Gutdünken in Kanäle abzuleiten. Der Streit um Kashmir, der das Verhältnis der beiden Staaten beherrscht, berührt das zentrale Problem der Teilung Indiens überhaupt. Pakistan steht auf dem Standpunkt, daß Kashmir wegen des mohammedanischen Bekenntnisses des größten Teils seiner Bevölkerung von Rechts wegen zu Pakistan gehören müsse, da die Teilung des Landes nach konfessionellen Gesichtspunkten vorgenommen worden sei. Demgegenüber vertritt Indien die Auffassung, daß die religiöse Zugehörigkeit der Bevölkerung mit dem strittigen Problem in einem weltlichen Staat nichts zu tun haben könne; Kashmir habe sich der Indischen Union freiwillig angeschlossen und sei damit rechtlich zu einem integrierenden Bestandteil Indiens geworden, von dem Pakistan einen Teil unter Gewaltanwendung besetzt habe. Diese drei Streitfragen haben – neben zahlreichen Konflikten von minderer Bedeutung – einen Zustand ständiger Spannung zwischen den beiden Staaten hervorgerufen.

Die Hauptzüge der Entwicklung Indiens unter Nehrus Führung in den letzten zwölf Jahren lassen sich in Kürze folgendermaßen zusammenfassen: Schaffung und Konsolidierung der territorialen Einheit Indiens durch Eingliederung der früher fürstlichen Gebiete und britischen Provinzen, die unter der Oberhoheit der englischen Krone nur lose zusammengefaßt waren; Errichtung eines weltlichen Staates, in dem alle Glaubensgemeinschaften die gleichen Rechte genießen, und sein Ausbau auf der Basis einer liberal-parlamentarischen Demokratie, die die staatsbürgerlichen Rechte und Freiheiten all ihrer Staatsbürger verbürgt; Aufbau eines Verwaltungsapparats, der alle komplexen Probleme eines modernen Staatswesens zu bewältigen vermag; Modernisierung der gesellschaftlichen Lebensgrundlagen durch Vereinheitlichung des Ehe- und Erbrechts, Abschaffung der Kastenabschließung, Unberührbarkeit und anderer überholter Bräuche und Sicherung der vollen Gleichberechtigung der Frau in allen Daseinsbereichen; beschleunigte Industrialisierung und wissenschaftliche Erschließung der Naturschätze des Landes mit dem Ziel der Hebung des Lebensstandards; gleichzeitig Umgestaltung des archaischen Dorfgefüges durch Einführung moderner Techniken und Zusammenfassung der Dörfer zu größeren Selbstverwaltungseinheiten; Umwandlung Indiens in ein modernes Land mit Hilfe umfangreicher staatlicher Investitionen und einer sorgfältigen und umfassenden Planung, die sich auf alle Sphären der wirtschaftlichen Tätigkeit erstreckt. In der Ebene der auswärtigen Politik hat Indien konsequent eine Politik verfolgt, die den Weltfrieden durch Fernbleiben von jeder weltpolitischen Blockbildung zu fördern sucht und eine Friedenszone aufbaut, die mit beiden Lagern gleich gute Beziehungen aufrechterhält.

Südostasien im Umbruch

Von allen Ländern, die ihre Unabhängigkeit nach dem zweiten Weltkrieg erlangten, schien Burma anfänglich in der prekärsten Situation zu sein. Die Japanerherrschaft während des Krieges hatte die Wirtschaft des Landes zerrüttet. Anders als in Indien oder in Pakistan fehlte es Burma an geschultem Verwaltungspersonal. In weiten Teilen des Landes hatte Gesetz und Ordnung aufgehört zu funktionieren. Ein Bürgerkrieg war im Gange, an dem als aktive Kämpfer eine Splittergruppe der Regierungspartei, das bedeutende Minderheitsvolk der Karen und die Kommunisten beteiligt waren. Das allgemeine Durcheinander wurde noch dadurch verschlimmert, daß die führende Regierungsgruppe, von der das Volk die Lenkung der Staatsgeschicke erwartete, darunter General Aung San und seine nächsten Mitarbeiter, während einer Sitzung dem Mordanschlag einer feindlichen Clique zum Opfer fiel. Rangoon glich 1949 einer belagerten Stadt. Der Machtbereich der Regierung reichte kaum über die Vororte der Hauptstadt hinaus. Die Karen hielten große Teile des Landes besetzt. Die Kommunisten durchstreiften das flache Land mit einer eigenen »Befreiungsarmee«. In den Nordprovinzen hatte ein Kuomintang-General, der den chinesischen Kommunisten entflohen war, sein Hauptquartier aufgeschlagen und einen eigenen Staat zusammengestückelt.

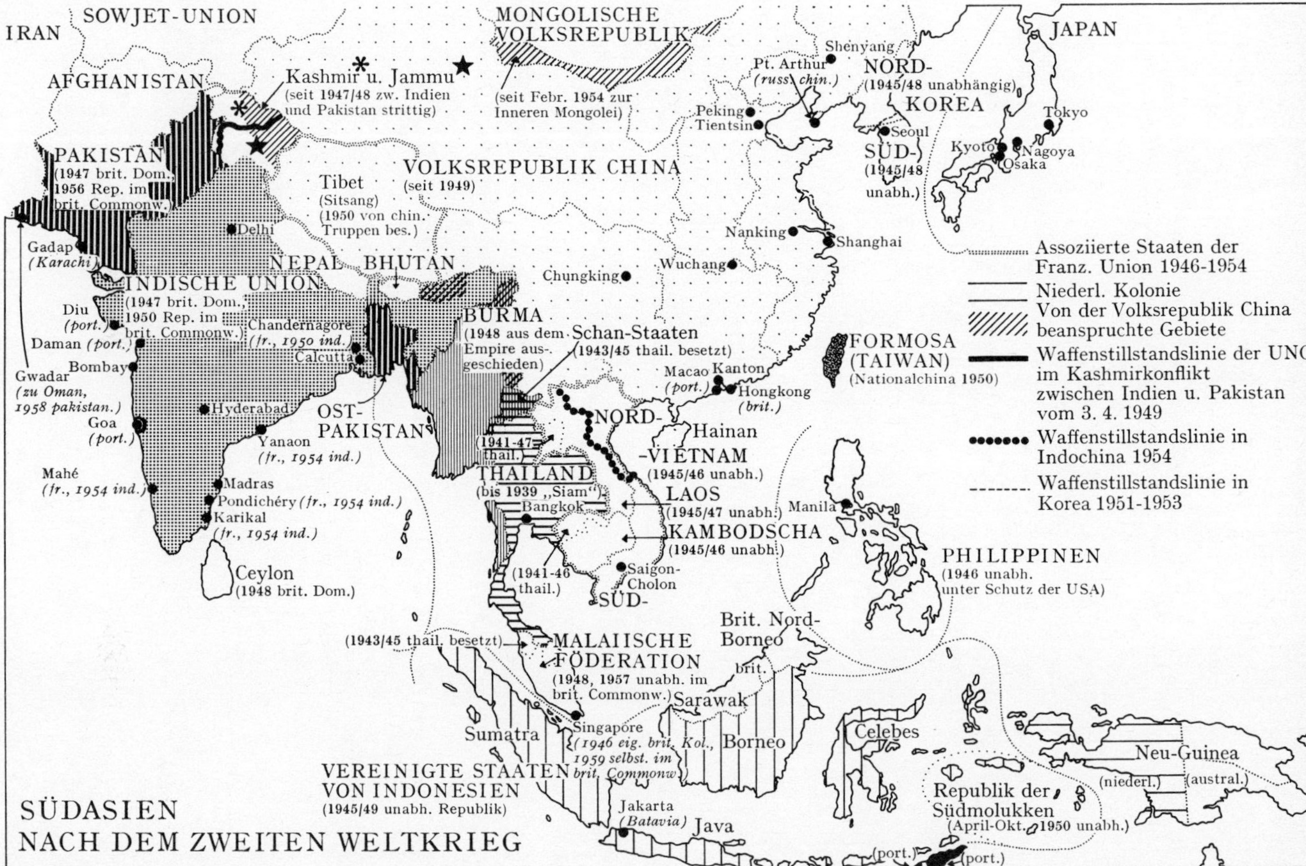

SÜDASIEN
NACH DEM ZWEITEN WELTKRIEG

Von diesem anarchischen Zustand erholte sich Burma langsam, aber stetig, hauptsächlich dank dem persönlichen Einfluß des Premierministers U Nu und der Wirksamkeit der Antifaschistischen Volksliga für Freiheit (AFPL), die als Partei des Freiheitskampfes gegen die japanische Besatzungsmacht großes Prestige bei den Massen genoß. Nach der Ermordung Aung Sans und fast der ganzen Regierung richteten sich die Blicke der Bevölkerung hoffnungsvoll auf U Nu, den einzigen bedeutenden Angehörigen der Regierungsgruppe, der dem Massaker entgangen war. Daß U Nu die Führung übernahm, war für das Land ein Glücksumstand. Ein früherer Lehrer ohne allzu große politische Erfahrung, hebt sich U Nu vom Gros der politischen Führer durch zwei ungewöhnliche Eigenschaften ab. Er ist tief religiös und führt, auch ohne die Priesterweihe empfangen zu haben, das Leben eines buddhistischen Mönches. Er ist aber auch ein Mensch ohne politischen Ehrgeiz, dem es ein inneres Bedürfnis ist, der Welt zu entsagen und sich in ein Kloster zurückzuziehen; eben deswegen genießt er allgemeines Vertrauen. Das Gewicht seiner Persönlichkeit hat ihn zum unumstrittenen Chef der Regierung gemacht.

U Nus erstes Problem war die Rebellion der Karen. Die Karen sind ein kriegerischer Gebirgsstamm, den die Engländer in der Zeit ihrer Kolonialherrschaft sehr gefördert hatten. Viele Karen waren zum Christentum übergetreten und hatten so die Sympathien englischer und amerikanischer Missionare gewonnen. Was sie wollten, war ein unabhängiger Staat, und obgleich die burmesische Verfassung eine Autonomie des Karengebietes vorsah, bestanden sie auf der völligen Lostrennung. Das hätte den Zerfall des neuen Staates bedeutet. Mit einer Politik des Entgegenkommens, die aber auch der Härte nicht entbehrte, gelang es der Regierung U Nu schließlich, den Aufstand beizulegen. Gegen eine echte nationale Regierungspolitik, wie sie U Nu verfolgte, vermochten sich die Kommunisten trotz allen Versuchen, aus jeder Schwierigkeit der Regierung Kapital zu schlagen, und trotz ihrem Bündnis mit den Karen nicht durchzusetzen, zumal die erwartete Hilfe aus China ausblieb. Allmählich erholte sich dann auch die Wirtschaft des Landes. Parlamentswahlen konnten 1956 durchgeführt werden. Eine unblutige Militärrevolte brachte, nach dem Rücktritt U Nus im August 1958, den Armeeoberbefehlshaber General Ne Win an die Regierung. Ihm gelang im Januar 1960 in einem Abkommen mit Peking, alte Grenzkonflikte mit China beizulegen. Unter der strengen Leitung der neuen Regierung gewann die öffentliche Verwaltung bald wieder Vertrauen bei der Bevölkerung. Die von den Regierungen erstrebte Stabilisierung der allgemeinen Verhältnisse tritt mit der Zeit immer deutlicher in Erscheinung.

Die Verfassung Burmas sieht einen föderativen Staatsaufbau vor und folgt im übrigen dem parlamentarisch-demokratischen Vorbild Englands. Jede nationale Minderheit – Karen, Schan, Kachin, Tschin und andere – hat im Rahmen der Föderation ihr eigenes autonomes Gebiet. Das Bundesparlament besteht aus einer Kammer, die auf Grund des allgemeinen Wahlrechts gewählt wird. Das Kabinett ist dem Parlament verantwortlich.

Die Wirtschaft Burmas hat seit jeher auf dem Reisanbau beruht. Da der Boden fruchtbar ist und das Land keine überzählige Bevölkerung hat, werden Reisüberschüsse erzielt, die exportiert werden und die Finanzen des Landes stabil zu halten erlauben. Burma ist reich an Bodenschätzen, wozu auch Erdöl gehört, an Waldungen und an Wasserkräften, die den

Aufbau einer ergiebigen Hydroelektrizitätswirtschaft versprechen. Das Erdölgebiet war zwar lange Zeit unter der Kontrolle der Aufständischen, aber 1955 konnte die Regierung mit der früher in Burma tätigen Ölgesellschaft Verhandlungen über die Wiederaufnahme der Bohrungen anknüpfen. Eine behutsame Industrialisierungspolitik ist ebenfalls in Angriff genommen worden. Die Unzulänglichkeit des Verwaltungsapparates und die chronischen Nachwehen der Rebellion wurden in den letzten beiden Jahren der Regierung Ne Win weitgehend überwunden. Und da es auf eine stabile Wirtschaft bauen kann und an zu großer Bevölkerungsdichte nicht leidet, kann Burma einer gesicherten Zukunft entgegenblicken.

Gleich Indien hat Burma von Anfang an eine Politik der Nichtbeteiligung am Kalten Krieg getrieben. Es weigerte sich, sich dem einen oder dem anderen Block anzuschließen, und begnügte sich damit, sich um seine eigenen Interessen zu kümmern und gute Beziehungen zu seinen unmittelbaren Nachbarn – Indien, China und den Ländern Südostasiens – auszubauen.

*

Ceylon erreichte Unabhängigkeit und Dominion-Status zur selben Zeit wie Indien. Aber die Entwicklung ist hier etwas anders verlaufen. Ceylon hatte für seine Unabhängigkeit nicht wie Indien einen langen erbitterten Kampf führen müssen, hatte aber anderseits auch nicht wie Burma an den Folgen der japanischen Besetzung zu tragen. Die scheidende Kolonialregierung trat somit ihre Macht an ein Volk ab, das auf eigene nationale Führung gar keinen Anspruch erhob. In der ersten Unabhängigkeitsphase schien daher Ceylons politische Ordnung lediglich eine Fortsetzung der alten Kolonialherrschaft zu sein, dies um so mehr, als die britische Flotte ihren Hauptstützpunkt im Trincomali-Hafen auf Ceylon beibehielt. Die Regierung war in den Händen einer anglisierten Oligarchie, die sich mehr an Europa als an Asien orientierte und fast blind war gegenüber den tiefgehenden Wandlungen, die im übrigen Asien vor sich gegangen waren. Auch das koloniale Wirtschaftssystem wurde beibehalten. Die Hauptquellen der wirtschaftlichen Energie Ceylons waren die Tee- und Gummiplantagen, fast ausnahmslos im englischen Besitz und von Engländern bewirtschaftet. Die Plantagenarbeit wurde hauptsächlich von Indern verrichtet. Im Handel überwogen Auslandsinteressen. Die politische Macht dagegen war der grundbesitzenden Aristokratie anheimgefallen. Die Trennung von politischer und wirtschaftlicher Macht hüllt die Unabhängigkeit Ceylons in den Anfangsstadien in eine Atmosphäre des Unwirklichen.

Ein gravierendes Problem im politischen Leben Ceylons ist die zahlreiche aus Indien stammende tamulische Bevölkerung, hauptsächlich Plantagenarbeiter, rund ein Zehntel der Gesamtbevölkerung der Insel. Daneben leben auf Ceylon viele einheimische Tamulen; in zwei Provinzen bilden sie die Mehrheit der Bevölkerung, im übrigen Lande eine starke und einflußreiche Minderheit. Ursprünglich waren die tamulischen Arbeiter mit Billigung der britischen Ceylon-Regierung aus Südindien importiert worden; inzwischen sind heute die meisten von ihnen gebürtige Ceylonesen und ceylonesische Staatsangehörige. Da sie dieselbe Sprache sprechen wie die einheimischen Tamulen, hatte die neue Regierung von

Anfang an Angst vor ihrem politischen Einfluß, der um so bedrohlicher schien, als die Plantagenarbeiter gut organisiert sind und weitgehend sozialistischen oder gar kommunistischen Gedankengängen folgen.

Ebensoviel Kopfzerbrechen verursacht die Einmischung der buddhistischen Geistlichkeit in die Führung der nationalen Politik. Unter den Oberschichten der asiatischen Völker – mit Ausnahme vielleicht der Filipinos – ist die ceylonesische Aristokratie am meisten verwestlicht. Der Einfluß der Portugiesen und Holländer war auf der Insel viel mehr spürbar als auf dem Festland, und das Schulsystem, das die Engländer eingeführt hatten, hatte die singhalesischen Aristokraten in östliche Ebenbilder englischer Gutsbesitzer verwandelt. Die buddhistische Kirche wirkte zwar auf die Massen, war aber nicht als Staatskirche anerkannt. Erst mit der Gründung des Ananda-College zu Beginn des 20. Jahrhunderts begann eine echte buddhistische Renaissance. Die Einführung gewählter Verwaltungskörperschaften führte dazu, daß sich die Politiker des Einflusses der buddhistischen Priester auf die Volksmassen und die Priester – die *sangha* – ihrerseits ihrer neuen politischen Macht bewußt wurden. Mit der Unabhängigkeit und der Einführung des allgemeinen Wahlrechts wurden sie zu einem ausschlaggebenden politischen Faktor; nur noch die marxistischen Parteien trauten sich, gegen den Herrschaftsanspruch der Priester offen anzugehen. Die Priester aber verlangten die Verwandlung Ceylons in einen buddhistischen Staat und die Erhebung des Singhalesischen zur einzigen offiziellen Landessprache. Die Sprachenforderung war eine gewollte Provokation an die Adresse sowohl der alteingesessenen Tamulen als auch der aus Indien stammenden Arbeiter. (Die Tamulen sind keine Buddhisten.)

Bei den Wahlen von 1956 wurde die alte Feudalpartei von einer Linkskoalition unter Solomon Bandaranaike praktisch vernichtet. Bandaranaike, ein in Oxford erzogener junger Aristokrat, war frühzeitig unter den Einfluß Gandhis und Nehrus geraten, trug handgewebte Kleidung, bekannte sich zum liberalen Nationalismus und galt seit geraumer Zeit als der Nehru von Ceylon. Er war aber unklug genug, in seinen Bemühungen um die Gewinnung der Wählerschaft die Hilfe der buddhistischen Priesterschaft zu akzeptieren, und mußte daher, als er an die Macht kam, ihre Sprachenpolitik durchführen. Singhalesisch wurde zur alleinigen Landessprache. Das hat ihn in einen schweren Konflikt mit der straff organisierten tamulischen Bevölkerung hineingetrieben.

Von solchen besonderen Problemen und Schwierigkeiten abgesehen, war Bandaranaikes Regierung ein getreulicher Ausdruck des neuen asiatischen Nationalismus. Bandaranaike forderte und erreichte die Zurückziehung der englischen Flotte aus Trincomali, übernahm die unabhängige außenpolitische Marschroute Indiens und wandte sich energisch gegen den französisch-britischen Einfall in Ägypten. 1959 wurde er von einem buddhistischen Fanatiker ermordet, der, wie es hieß, gegen die den Traditionen widerstreitende Schulreform protestieren wollte. Nach den Neuwahlen im Juli 1960 übernahm seine Frau Sirimavo Bandaranaike die Regierung, gestützt auf die marxistische Lanka Sama-Samaja-Partei und die Kommunisten.

*

Von allen neuen Staaten des Ostens hat Indonesien die buntscheckigste Entwicklung durchgemacht. Obgleich es von der Natur begünstigt ist und über gewaltige Erdölvorkommen, unzählige Gummibäume und andere Rohstoffquellen verfügt und obgleich seine Bevölkerung begabt und arbeitsam ist, hat sich Indonesien in den ersten Jahren seiner selbständigen staatlichen Existenz in einer mehr und mehr verworrenen politischen Situation verfangen und seine Wirtschaft immer mehr ins Wanken kommen lassen. Ohne daß hier der Abstieg, der den neuen Staat an den Rand des Chaos gebracht hat, Schritt für Schritt nachgezeichnet zu werden brauchte, müssen doch die Tatsachen hervorgehoben werden, die eine baldige Lösung der Grundprobleme Indonesiens schwierig erscheinen lassen.

Die geographische Lage des Staates ist einzigartig. Indonesien ist ein Archipel, der aus über dreitausend Inseln besteht, von denen einige – wie Borneo, Celebes, Sumatra und Java – sehr groß und andere zwergenhaft klein sind. Von den achtzig Millionen Einwohnern Indonesiens leben über fünfundfünfzig Millionen auf der Insel Java. Wollte man die Insel der Länge nach auf eine Karte Europas einzeichnen, so würde sie von Cornwall bis Ankara reichen. Eine historische Tradition, die die Tausende von Inseln miteinander verbände, gibt es nicht. Vor allem Sumatra hat ausgeprägt partikularistische Neigungen, die historische Wurzeln haben. Das Sri-Vijaya-Reich, eins der großen Reiche Südostasiens, das fünf Jahrhunderte lang die Meerengen beherrschte und diplomatische Beziehungen mit Indien und China unterhielt, hatte Sumatra zum Mittelpunkt. Aber auch in der Zeit der holländischen Herrschaft war der Widerstand gegen die Kolonialmacht in Atjeh, Minangkabau und anderen Teilen Sumatras schärfer ausgeprägt und hielt länger an als auf den anderen Inseln. Auch auf Celebes halten sich starke lokalpatriotische Gefühle, die mit dem starken Einfluß der großen christlichen Bevölkerungsgruppe zusammenhängen.

In der allerletzten Phase ihrer Kolonialherrschaft hatten die Holländer versucht, die Geschlossenheit der indonesischen Nationalbewegung durch die Gründung von sechzehn autonomen Staaten und die Einführung einer föderativen Verfassung zu zerreißen. Obgleich sich ein föderativer Aufbau als die logische Lösung aufdrängte, war das holländische Experiment, das der Republik Indonesien mit über dreißig Millionen Menschen nicht mehr Rechte zubilligte als Inseln mit wenigen hunderttausend Einwohnern, offensichtlich darauf berechnet, das nationale Einheitsbewußtsein zu untergraben. Die Reaktion auf diesen machiavellistischen Versuch hat sich darin gezeigt, daß sich das unabhängige Indonesien eine Verfassung mit stark zentralistischen Zügen gegeben hat. Darin wird der übervölkerten Insel Java ein Übergewicht in der staatlichen Gestaltung eingeräumt, gegen das sich vor allem Sumatra auflehnt. Die ständigen Versuche der lokalen Verwaltungen, unter diesem oder jenem Vorwand aus dem von Djakarta aus gelenkten Regierungssystem auszubrechen, gehen auf diese überspitzt einheitsstaatliche Konstruktion zurück.

Ein zweites Kennzeichen der indonesischen Politik seit der Erlangung der Unabhängigkeit ist die scharfe Polarisierung der politischen Parteien. Zum Unterschied von Indien, Ceylon und Burma hatte Indonesien keine starke liberale Tradition entwickelt. Das Erwachen des nationalen Bewußtseins war im Gewande einer Islam-Renaissance vor sich gegangen, wenn auch marxistisches Denken nach 1926 einen sichtbaren Einfluß auf die jüngere Generation ausübte. Im Gegensatz zur religiösen Färbung der frühen natio-

Wasserbude an der Shwe-Dagon-Pagode in Rangoon, der Hauptstadt von Burma

Sitzung des indonesischen Parlaments in Djakarta, 1956

nalen Tradition lag indes die Führung der Unabhängigkeitsbewegung in der Periode, die unmittelbar auf den japanischen Krieg folgte, in den Händen einer Gruppe machtvoller Persönlichkeiten – Sukarno, Sutan Sjahrir, Dr. Hatta und anderen –, die vornehmlich als Vorkämpfer eines weltlichen Staates auftraten. Bald nach der Verkündung der Unabhängigkeit drängten jedoch die älteren Tendenzen von neuem in den Vordergrund. Die Parteien *Masjumi* und *Najhat ul Ulema* mobilisierten die orthodox mohammedanischen Kreise und riefen eine Gegenbewegung ins Leben, die für einen religiös gebundenen Staat nach dem Vorbild Pakistans kämpft. Besonders stark zeigten sich diese Parteien auf Sumatra und einigen anderen Inseln, denen die Vormachtstellung Djakartas ein Dorn im Auge war.

Auf der anderen Seite haben die Kommunisten die Schlappe, die sie mit dem Zusammenbruch ihres mißratenen Putsches 1948 erlitten hatten, recht schnell überwunden – mit dem Ergebnis, daß sie bei den letzten Wahlen auf Java über sechs Millionen Stimmen aufbrachten und zur zweitstärksten Partei des Staates wurden. Von der religiösen Rechten und der kommunistischen Linken bedrängt, befand sich die Führung der Nationalbewegung in einer bedenklich schwierigen Position. Ein Kompromiß mit den *Masjumi*- und *Ulema*-Richtungen hätte den Verzicht auf das Prinzip des weltlichen Staates bedeutet, während eine Volksfront mit den Kommunisten zur Preisgabe des Neutralitätsprinzips, auf das sich die Außenpolitik des neuen Staates gründet, und möglicherweise zu einem Bürgerkrieg mit der Gefahr ausländischer Intervention hätte führen können. Aus diesem zentralen Dilemma ergibt sich der Mangel an politischer Stabilität, der Indonesien seit dem Beginn seines staatlichen Eigendaseins plagt.

Noch zwei weitere Komplikationen schwächen das indonesische Staatsgebilde: das Problem der Armee und der Niedergang der Wirtschaft. Die politische Rolle des Militärs steht im Vordergrund. Die Japaner hatten eine kleine indonesische Truppe geschaffen und ausgebildet und, als sie das Land verließen, auch reichlich mit Waffen versehen. Diese Truppe bildete den Kern der Guerillakräfte, die den Holländern beim Versuch der Zurückeroberung der Inseln Widerstand leisteten. Als die Holländer abzogen, war diese einheimische Armee auf dreihundertfünfzigtausend Mann angewachsen und zu einem entscheidenden politischen Faktor geworden. Da die einheimischen Berufssoldaten, die von der holländischen Kolonialtruppe übriggeblieben waren, politisch nicht zuverlässig schienen, wurden die Partisanen von der indonesischen Regierung in die reguläre Armee eingebaut. Die Partisanengenerale blieben aber weiter Politiker und griffen, als die Regierungsautorität in zunehmendem Maße Zeichen von Schwäche erkennen ließ, direkt ins politische Geschehen ein. Auf Celebes bildete sogar ein Teil der Militärs eine selbständige Regierung. In einem Teil Sumatras organisierten rebellische Militärs 1955 im Bunde mit der regierungsfeindlichen Bewegung Dar ul Islam einen separatistischen Staat. Überall lautete das Argument der Militärs: die Zentralregierung lege dem Kommunismus gegenüber eine gefährliche Schwäche an den Tag. In Wirklichkeit war das nie mehr als ein Vorwand, der dem durchsichtigen Zweck dienen sollte, den Rebellen westliche, insbesondere amerikanische Unterstützung zu sichern. Der wirkliche Grund der Revolte war Sumatras Protest gegen die Vormachtstellung Javas. Aus seiner wirtschaftlichen Position glaubt Sumatra einen größeren Machtanspruch ableiten zu können: vom indonesischen Außenhandel, der über Singapore abgewickelt wird, kommen fünfundachtzig Prozent aus Sumatra und nur sechs Prozent aus Borneo und Java. Auch der mohammedanische Fanatismus ist auf Sumatra, das der weltlichen Politik Sukarnos feindlich gegenübersteht, stärker ausgeprägt als anderswo. Nach den Wahlen von 1956, bei denen die Kommunisten ihre großen Erfolge auf Java errangen, wurde der Islam-Staat, den die Rebellen unter dem Namen Dar ul Islam auf Java und Sumatra gebildet hatten, entschieden aggressiver; das Ergebnis war ein offenes Bündnis mit den aufrührerischen Armeegruppen.

Anfang 1958 kam der Konflikt zum Durchbruch. Die Zentralregierung hatte mit den Holländern gebrochen und das holländische Eigentum an sich gerissen und damit erhebliche Mißstimmung unter den Westmächten ausgelöst. Daraus suchten die Rebellen zu profitieren. Aus ganz Indonesien kamen rebellische Truppenkommandeure im Januar 1958 zusammen, und es wurden detaillierte Beschlüsse über ein gemeinsames Vorgehen gegen die Regierung ausgearbeitet. Einige Wochen später kündigten sie der Zentralregierung in Djakarta den Gehorsam auf, errichteten auf Sumatra eine eigene Regierung und entfesselten einen Bürgerkrieg. Auch diesmal wurde die Aktion damit begründet, daß die kommunistischen Neigungen der Zentralregierung bekämpft werden müßten.

Weit und breit wurde in Indonesien angenommen, daß sich die Abfallbewegung auf Sumatra der geheimen Unterstützung der Westmächte erfreue. Sumatra ist ein Erdölgebiet, und an seinen Ölquellen sind beträchtliche amerikanische, englische und holländische Interessen beteiligt. Die Insel gehört auch zu den wichtigsten Gummilieferanten, und in den Gummiplantagen ist wiederum viel Auslandskapital investiert. Mit dem wachsenden Einfluß der Kommunistischen Partei auf Java habe der Westen, so wurde behauptet, seine Interessen in Gefahr gesehen; Indonesier vermuten infolgedessen, daß die Westmächte Aufstandsbewegungen fördern, um ein Gegengewicht gegen die javanischen Kommunisten zu bilden. Seit der Zeit der Turco-Westerling-Revolte, mit der die holländische Regierung insgeheim sympathisiert haben soll, sieht die Zentralregierung von Djakarta stets die Hand des Westens in allen Loslösungsbewegungen auf Sumatra und den anderen Inseln. Mit wem die Westmächte aber auch sympathisieren mögen, die erwartete materielle Hilfe ist den Rebellen nicht in ausreichendem Maße zuteil geworden. Dagegen war die Djakarta-Regierung in der Lage, Kriegsmaterial in großen Mengen in der Tschechoslowakei und in der Sowjetunion zu kaufen; es ist ihr daher auch nicht allzu schwergefallen, die »Revolte der Obersten«, die dann in sich zusammenfiel, niederzuschlagen.

Schlimmer als die anderen südostasiatischen Länder hat Indonesien bei der Bewältigung seiner wirtschaftlichen Probleme versagt. Als das Land unabhängig wurde, hatte es weder Kapital noch eine Managerklasse, die imstande gewesen wäre, die Betriebe der Holländer zu übernehmen. In fremden Händen waren aber nicht nur die Erdölgesellschaften, sondern auch schlechthin alle wichtigeren Wirtschaftszweige: Gummi, Kaffee, Zucker. Beim Abschluß des indonesisch-holländischen Abkommens wurden den Holländern infolgedessen ihre Plantagen, Fabriken, Ölfelder und Banken belassen, und die Verkündung der Unabhängigkeit hatte dementsprechend lange nicht dieselbe wirtschaftliche Bedeutung wie etwa in Indien, Burma oder Pakistan. Nicht minder abnorm war die Situation in der Staatsverwaltung. Unter den Indonesiern gab es so gut wie gar keine ausgebildeten Verwaltungsfachleute. Die holländische Schulpolitik war auf minimale Auslese von Bevorzugten bedacht und hatte europäische Bildung nur einer sehr schmalen Schicht ermöglicht. Vom Standpunkt eines modernen geisteswissenschaftlichen oder technisch-praktischen Bildungswesens war Indonesien unter den Ländern Asiens das bei weitem rückständigste. Im ersten indonesisch-holländischen Abkommen wurde deswegen vereinbart, daß eine Anzahl holländischer Beamter im Land blieb, um den Verwaltungsapparat in Gang zu halten. In den ersten Jahren funktionierte das System ganz gut, und überhaupt war die Stellung Indonesiens zu Holland in diesem ersten Abkommen noch im Sinne einer Dominion-Commonwealth-Beziehung in Aussicht genommen. Aber das Scheitern der Verhandlungen über Irian (Holländisch-Neuguinea) brachte 1953 eine radikale Verschlechterung. Im folgenden Jahr wurde das ursprüngliche Abkommen fallengelassen, und anschließend löste Indonesien seine föderative Sonderbeziehung zu Holland. Damit gerieten die in Indonesien arbeitenden holländischen Beamten in eine peinliche Situation, und in der gesamten Verwaltungsmaschinerie zeigten sich deutliche Zeichen des Zerfalls.

Ende 1957 gaben Streiks, die sich gegen die Kontrolle der Holländer über West-Neu-Guinea (Irian) und gegen die holländischen Besitzer im ganzen Land richteten, den Auftakt zu heftigen Spannungen. Es kam zu neuerlichen Enteignungen holländischen Eigentums. Wenige Wochen später (Februar 1958) forderte eine revolutionäre Gruppe ultimativ den Rücktritt der Regierung und das Ende der »gelenkten Demokratie« Staatspräsident Sukarnos. Der Einsatz gut ausgerüsteter Regierungstruppen führte bis in den Sommer zu schweren Kämpfen mit den Rebellen. Erst ein Jahr später gewann Sukarno eindeutig die Oberhand. Er löste das Parlament auf und setzte die ohnehin wenig demokratische Verfassung von 1950 außer Kraft. Gremien mit bloß beratender Funktion konnten ihn nicht daran hindern, nahezu diktatorische Vollmachten ohne Rücksicht auf die öffentliche Meinung auszuüben. Unter diesen Umständen war es nur eine Frage der Zeit, daß die Beziehungen zu den Niederlanden den Spannungen nicht mehr standhalten konnten. Sie wurden im August 1960 abgebrochen.

Pakistan und die mohammedanische Welt

Die vielen Plagen Indonesiens illustrieren die inneren Widersprüche von Staaten, deren nationale Haltungen auf religiöser Grundlage gewachsen sind. Auf ihre Art erzählt die Geschichte Pakistans die gleiche traurige Mär. Die Gebiete, aus denen sich Pakistan zusammensetzt, wurden im August 1947 von Indien losgetrennt, um zu einer »Heimat für die Mohammedaner« zusammengefügt zu werden. Anders als Indonesien, das als weltlicher Staat begonnen hat, ist Pakistan gleich mit einer Islam-Ideologie aus der Wiege gehoben worden. Seit 1947 ist denn auch in Pakistan der Kampf zwischen der weltlichen und der theokratischen Staatsauffassung eins der wichtigsten Elemente des politischen Geschehens. Zwar war Mohammed Ali Jinnah, der Begründer Pakistans, auch wenn er den Kampf um die Mohammedanerheimat bis zum bitteren Ende der Teilung geführt hat, ein liberal gesinnter Staatsmann, dem das künftige Pakistan keineswegs als minderheitenfeindlicher Staat vorschwebte. Aber sein früher Tod hat den Konflikt zwischen einer modernen Staatsauffassung und den theokratischen Islam-Lehren in den Vordergrund treten lassen. Weil es so schwer war, einen Kompromiß zwischen den beiden Positionen zu finden, hat es über neun Jahre gedauert, ehe eine Verfassung für Pakistan verabschiedet werden konnte. Ostpakistan hat unter seinen nicht ganz vierzig Millionen Einwohnern eine Hindu-Minderheit von rund neun Millionen. Ein erbitterter Kampf wurde um die Frage geführt, ob Mohammedaner und Hindus in einem gemeinsamen Wahlkörper wählen sollten. Die Anhänger des Islam-Staates meinen, daß ein gemeinsamer Wahlkörper den mohammedanischen Charakter des Staates in Frage stelle; demgegenüber weisen die Befürworter des gemeinsamen Wahlkörpers darauf hin, daß die Wahl der Minderheitenabgeordneten in einem getrennten Wahlkörper das Zusammenwachsen der Minderheit mit der Mehrheit verhindern und mit der Zeit zu einer Gefahrenquelle für den Bestand des Staates werden müsse. Obgleich die Verfassung nun doch einen gemeinsamen Wahlkörper vorsieht, hat die seit 1957 amtierende Regierung der Awami-Liga versucht, die Frage von neuem zur Debatte zu stellen; daran zeigt sich, wie tief der Riß geht.

Weitgehende politische Auswirkungen ergeben sich auch aus der geographischen Lage des Landes. Pakistan besteht aus zwei Teilen, die durch mehr als anderthalbtausend Kilometer indischen Staatsgebiets voneinander getrennt sind. Das einzige Bindeglied zwischen den beiden Staatsteilen ist der Islam. Der größere Teil der Bevölkerung lebt in Ostpakistan, einem wasser- und sumpfreichen Deltaland an der Mündung des Ganges und des Brahmaputra. Hier überwiegt die Landwirtschaft. Die Bevölkerung spricht Bengali, ist von einer ausgeprägten ethnischen Eigenart und durch eine eigene Kultur, im wesentlichen ein Produkt der Monsunzone, einheitlich geprägt. Dagegen gehört Westpakistan, aus dem Zusammenschluß des westlichen Punjabs, Sinds, Beluchistans, der Nordwestlichen Grenzprovinz und der früheren Fürstenstaaten Bahawalpur, Khairpur und Kelat entstanden, kulturell, zum Teil ethnisch und auch klimatisch primär zum Mittleren Osten. Es gibt nur wenige gemeinsame Interessen, die die beiden Pakistan-Hälften miteinander verbinden.

Ostpakistan mit seiner riesigen Juteproduktion ist das Gebiet, das die meisten Dollars verdient; es ist aber industriell weniger entwickelt als Westpakistan. Daraus erwachsen Eifersüchteleien und Rivalitäten zwischen den beiden Staatsteilen, um so mehr, als die politische Macht zumeist von einer oligarchischen Gruppe in Westpakistan monopolisiert wird. Auch in dieser Beziehung besteht eine gewisse Ähnlichkeit zwischen Pakistan und Indonesien.

Dafür liegt aber Pakistans Stärke in zwei Dingen, die Indonesien fehlen. Pakistan hat eine hervorragend ausgebildete und tüchtige Beamtenschaft und eine gutorganisierte, schlagkräftige Berufsarmee, die sich bis jetzt dem Kampf der politischen Parteien ferngehalten hat. Zur Zeit der Teilung optierte die überwältigende Mehrheit der mohammedanischen Angehörigen der Britisch-Indischen Verwaltung für Pakistan, so daß der neue Staat tüchtige und zuverlässige Verwaltungskader erhielt, die ihm bis jetzt als Stahlgerüst gedient haben. Und die Teilung der Indischen Armee stattete Pakistan mit einer bewaffneten Macht aus, die auf eine lange Tradition strikter militärischer Disziplin zurückblickt.

Diese beiden Faktoren verleihen dem Staatsgebilde Pakistan eine Stabilität, deren sein politisches Leben bis jetzt ermangelt.

Die politische und wirtschaftliche Entwicklung Pakistans seit der Staatsgründung im Jahre 1947 hat die in sie gesetzten Hoffnungen nicht erfüllt. In den ersten zehn Jahren hat das Land sieben Kabinette verbraucht; das ist kein Ruhmesblatt. Bis zum Februar 1960 haben keine Wahlen unter Beteiligung der Masse der Bevölkerung stattgefunden. Alle Personen, die Wahlämter innehaben, sind auf Grund des begrenzten Wahlrechts gewählt worden, das in der von den Engländern für ganz Indien 1935 ausgearbeiteten Verfassung vorgesehen war. Eine reaktionäre Oligarchie grundbesitzender Magnaten aus Sind und dem Punjab hat jeder grundlegenden sozialen und wirtschaftlichen Reform im Wege gestanden und sich damit begnügt, die Pakistan von Amerika bewilligten beträchtlichen Unterstützungsbeträge zu verbrauchen. Im Oktober 1958 setzte der Staatspräsident Iskander Mirza die Verfassung außer Kraft, übergab Ayub Khan die Macht und trat wenige Wochen später von seinem Amt zurück. Die Wirtschaftsentwicklung entsprach den politischen Verhältnissen. Der nicht unbeträchtliche industrielle Neubau beschränkte sich auf die Errichtung von Jute- und Baumwollfabriken, da die Verarbeitung dieser Hauptrohstoffe Pakistans vor der Teilung fast ausschließlich in Bezirken konzentriert war, die seit der Teilung zur Indischen Union gehören.

Ebenso wie Indien mußte Pakistan ein dornenreiches Flüchtlingsproblem zu lösen suchen. Seit der Teilung sind über fünf Millionen Mohammedaner nach Pakistan eingewandert. Ihre Ansiedlung und wirtschaftliche Eingliederung gehörten in den ersten Jahren zu den schwierigsten Aufgaben des neuen Staates; eine zufriedenstellende Lösung hat sich bis auf den heutigen Tag nicht finden lassen. Abgesehen von dieser Problematik haben zwei weitere Folgewirkungen der Teilung eine zunehmend feindliche Haltung Indien gegenüber genährt: Kashmir und die Wasserfrage. Der Jammu- und Kashmir-Staat grenzt sowohl an Indien als auch an Pakistan. Da die Mehrheit der Bevölkerung mohammedanisch ist, hatte Pakistan mit dem Anschluß Kashmirs gerechnet. Da sich aber der Maharaja von Kashmir nicht ohne weiteres entschließen konnte, sein Schicksal an das Schicksal Pakistans zu binden, fielen Stammeskrieger aus Pakistan in Kashmir ein und besetzten einen Teil des Landes. In dieser Situation rief der Maharaja Indien zu Hilfe und beschloß zugleich den Beitritt zur Indischen Union. Indische Truppen vertrieben die Pakistaner aus dem Kashmir-Tal, und Indiens Regierung appellierte gegen die Aggression Pakistans an den Sicherheitsrat der Vereinten Nationen. Heute ist Kashmir *de facto* geteilt, wobei Pakistan etwa ein Drittel des Landes besetzt hält und die restlichen zwei Drittel von der Kashmir-Regierung in Srinagar, die sich Indien angeschlossen hat, verwaltet werden. Der Streit hat sich mit der Zeit noch verschärft. Indien bleibt bei der Auffassung, daß Pakistan widerrechtlich an indischem Staatsgebiet festhalte, während Pakistan ganz Kashmir als mohammedanisches Mehrheitsgebiet für sich fordert, auch wenn es diesen Anspruch als Ruf nach Selbstbestimmung für das Volk von Kashmir verkleidet.

Der andere Konfliktsgegenstand betrifft die Gewässer der Ströme, die von Indien nach Pakistan fließen. Das Gebiet, das in der britischen Zeit von diesen Flüssen bewässert wurde, liegt zum größten Teil innerhalb der heutigen Pakistan-Grenzen. Nun muß aber Indien mit seinem akuten Ernährungsproblem die Bewässerung großer Ländereien durchführen und würde diese Gewässer gern in Bewässerungskanäle leiten, ohne die gegenwärtigen Rechte Pakistans, das überdies andere Wasserquellen zur Verfügung hat, zu verletzen. Das Problem ist seit Jahren Gegenstand eines heftigen Disputs zwischen den beiden Staaten. Auf Veranlassung der Internationalen Bank für Wiederaufbau und Entwicklung wird seit langem über die Beilegung des Konflikts verhandelt.

In der Politik Pakistans ist die Auseinandersetzung mit Indien ein überragender Faktor. Die Fehde mit Indien bestimmt Pakistans Stellungnahme zu internationalen Fragen. Pakistans Zugehörigkeit zum Südostasienpakt (SEATO) und zum Bagdadpakt, sein Militärabkommen mit den Vereinigten Staaten und seine Haltung zur Zeit der Suez-Krise: das alles – und manches mehr – waren Folgen des Streits mit Indien.

Die Tradition der Mohammedaner im noch ungeteilten Indien war im wesentlichen panislamistisch. Auf unterworfene, ihrer Freiheit beraubte Völker machte die Lehre von einer Weltgemeinschaft der Islam-Völker größeren Eindruck als auf Mohammedaner in unabhängigen mohammedanischen Staaten. Diese Tradition wurde von Pakistan übernommen; nun träumte es davon, als der größte mohammedanische Staat an der Spitze der Gemeinschaft der Islam-Staaten zu stehen. Bei den Auseinandersetzungen in den Vereinten Nationen, die der Gründung des Staates Israel vorausgingen, war der Vertreter Pakistans, Sir Mohammed Zafrullah, der wirksamste Vorkämpfer der Islam-Ansprüche. Im Januar 1949 organisierten pakistanische Führer in Karachi eine Weltkonferenz der Mohammedaner, an der auch der Ex-Mufti von Jerusalem und andere Islam-Prominente teilnahmen; obgleich die Konferenz sich als unpolitische Kulturtagung ausgab, war die Absicht der Einberufer, sie als Werkzeug panislamistischer Politik zu benutzen, unverkennbar. Auf diese Konferenz folgte wiederum in Karachi eine internationale mohammedanische Wirtschaftstagung, auf der Ghulam Mohammed, damals Finanzminister und später Generalgouverneur von Pakistan, den Ton angab; offiziell sollte die Tagung der Koordinierung der wirtschaftlichen Entwicklung der Islam-Länder dienen. Erneut wurde 1952 eine Weltkonferenz der Mohammedaner abgehalten. Nach all diesen Vorarbeiten beschloß Pakistan schließlich, die zwölf unabhängigen mohammedanischen Staaten zu einer Regierungskonferenz zu laden, die im April 1952 in Karachi zusammentreten sollte. Es fand zu seiner Enttäuschung kein Gehör. Den Arabern sagte ein Plan nicht zu, der sie um die Sympathien der christlichen Libanesen gebracht und durch die Verkoppelung der arabischen Nationalbewegung mit dem Islam der Unterstützung nichtmohammedanischer Staaten beraubt hätte. Iran und Afghanistan lehnten die Einladung ab. Die Konferenz, die Pakistan zur führenden Macht der islamischen Welt machen sollte, kam nicht zustande.

Nach solchen Enttäuschungen mußte Pakistan nach anderen Bundesgenossen Ausschau halten. Es fand sie im Südostasienpakt und später auch im Bagdadpakt. Aber die Verbindung mit dem Bagdadpakt vertiefte noch mehr die Kluft zwischen Pakistan und den meisten arabischen Staaten.

Ein weiteres schwieriges Problem, das zum mindesten indirekt Pakistans Anspruch auf die Führung der Islam-Staaten tangierte, ergab sich aus dem gespannten Verhältnis, in dem es mit Afghanistan lebt. Zwischen Afghanistan und dem Indus, der traditionell als die

Grenze des Subkontinents Indien gilt, liegt ein kahles, unzugängliches Gebirgsland, das sich von der Grenze Kashmirs bis Beluchistan zieht. Hier leben die mit den Afghanen ethnisch und sprachlich eng verwandten Pachtunen (Pathanen). Auf diese Stämme waren schon die Engländer gestoßen, als sie auf der Suche nach einer Grenze, die sich leicht verteidigen ließe, immer weiter nach dem Westen vorstießen. Nach langen Verhandlungen wurde zwischen Afghanistan und Britisch-Indien eine Demarkationslinie, die sogenannte Durand-Linie, vereinbart; dabei beließen die englischen Behörden ein ziemlich umfangreiches Grenzgebiet als »unabhängiges Territorium« unter der Herrschaft der einheimischen Stammeshäuptlinge. Als nun der Abzug der Engländer aus Indien bevorstand, ließ Afghanistan die Britisch-Indische Regierung wissen, daß es der Abtretung der britischen Rechte aus dem Grenzvertrag an eine dritte Partei – Pakistan also – nicht zustimmen könne; infolgedessen könne auch die Durand-Linie nicht mehr als Grenze zwischen den beiden Ländern gelten, und das von Pachtunen besiedelte Gebiet müsse als unabhängig behandelt werden. Tatsächlich wurde dann von einer lokalen Bewegung mit Unterstützung der Regierung von Kabul ein eigener Regierungsapparat für »Pachtunistan« errichtet. Infolge dieses Streits um das Grenzland haben sich die Beziehungen zwischen Pakistan und Afghanistan sehr unfreundlich gestaltet. Das hat dazu beigetragen, Pakistan in der Welt des Islams noch mehr zu isolieren. Diese Isolierung macht es Ayub Khan auch heute noch schwer, die engen Bindungen an den Westen (CENTO – früher Bagdadpakt – und SEATO) zu lösen, obwohl panislamistische und neutralistische Gruppen in Pakistan starke Bedenken schon bei deren Abschluß geäußert hatten, nicht zuletzt die Partei des Regierungschefs selbst.

Arabische Welt im Werden

Erhebliche Veränderungen zeigten sich am Ende des zweiten Weltkriegs im Mittleren Osten. Nach der Zusammenkunft Franklin D. Roosevelts mit König Abdul Asis Ibn Sa'ud von Saudiarabien, die zur Erteilung von Erdölkonzessionen an die ARAMCO führte, wurde Amerika zum führenden Mitspieler in mittelöstlichen Angelegenheiten. Die traditionelle Vormachtstellung Großbritanniens in diesem Teil der Welt war damit entscheidend geschmälert. Hauptsächlich britische Eingriffe bereiteten ihrerseits der französischen Herrschaft in Syrien und im Libanon ein Ende. Neben Ägypten, dem Irak, Saudiarabien und dem Jemen waren den Siegermächten auch Syrien und der Libanon als Gründungsmitglieder der Vereinten Nationen willkommen. Der erste Weltkrieg hatte die arabischen Länder vom türkischen Joch befreit; der zweite vollendete die Befreiung der arabischen Welt, und alle arabischen Länder bis auf das transjordanische Gebiet (das spätere Jordanien) wurden als unabhängige Staaten anerkannt und in überstaatliche internationale Organisationen aufgenommen.

Schon während des Krieges hatte England klare Vorstellungen über die künftige Bedeutung des Gesamtgebietes der arabischen Völker gewonnen und den Gedanken der Arabischen Liga konzipiert. Damals schien der Plan risikofrei: das Außenministerium in

London würde über die Liga die arabischen Länder wirksam beeinflussen können, ohne direkt eingreifen zu müssen. Dafür sprach mancherlei: mit dem Irak war England durch ein Vertragsverhältnis verbunden, das ihm Sonderrechte garantierte; Jordanien war faktisch ein englisches Protektorat, auf englische Subventionen und den Schutz der von englischen Offizieren kommandierten Arabischen Legion angewiesen; in Ägypten sah die englische Position recht stark aus; schließlich war zu hoffen, daß sich Syrien und der Libanon als unabhängige Staaten für Englands Hilfestellung bei der Abwehr der französischen Machtansprüche dankbar erweisen würden. So trat die Arabische Liga als politische Organisation der arabischen Völker und als Symbol ihrer Einheit mit englischer Unterstützung ins Leben. Zum Leidwesen der englischen Weltreichpolitik hat sich das als Fehlkalkulation erwiesen. Obschon die arabischen Staaten schwach und praktisch machtlos und ihre Könige und Fürsten nicht schwer zu gängeln waren, hatte sich unterdes die arabische Nationalbewegung zu einem entscheidenden Faktor entwickelt, und die arabischen Massen bekundeten einen mächtigen nationalen Einheitswillen. Statt die Erwartungen ihrer eigentlichen Initiatoren zu erfüllen, wurde die Arabische Liga zu einem weithin hörbaren Sprachrohr des arabischen Nationalismus. Abd ur Rahman Azzam Pascha, ihr erster Generalsekretär, war tüchtig und begabt; er erkannte beizeiten die Möglichkeiten der neuen Organisation und nutzte sie wirksam zur Förderung der arabischen Unabhängigkeitsbestrebungen.

Daß sich die Stimmung der Araber wesentlich gewandelt hatte, bekamen die Engländer schon 1945 zu spüren, als ihr neues Abkommen mit dem Irak eine Revolte auslöste, die den Rücktritt des für das Abkommen verantwortlichen Ministers Nuri es Said erzwang. In Ägypten wurde die Forderung nach Entfernung der englischen Garnisonen aus Kairo und dem Militärstützpunkt Ismailia und nach Regelung des Sudan-Problems immer nachdrücklicher erhoben. Mehr als alles andere trug das Palästina-Problem dazu bei, alle arabischen Richtungen zusammenzuführen; es gab auch Azzam Pascha die willkommene Gelegenheit, die Arabische Liga, die ursprünglich als Arbeitsgemeinschaft der Staatsregierungen gedacht war, in eine Organisation der Volksmassen zu verwandeln. Bald wurde die Israel-Frage zum zentralen Streitproblem des Mittleren Ostens. Die englische Regierung sah sich einerseits dem Verlangen der Zionisten nach einem jüdischen Staat, anderseits der Entschlossenheit der Araber gegenüber, sich mit allen Mitteln dagegen zu wehren; in dieser Bedrängnis zog sie es vor, auf das Palästina-Mandat zu verzichten. Die Entscheidung der Vereinten Nationen fiel zugunsten der Teilung Palästinas und der Schaffung zweier getrennter Staaten – Israels und Arabisch-Palästinas – aus. Da beschlossen die arabischen Staaten, den Kampf auszutragen und die Teilung des Landes, das sie als angestammtes arabisches Gebiet betrachteten, mit Gewalt zu verhindern. Das Ergebnis war katastrophal. Sie waren nicht nur nicht imstande, die Errichtung des Staates Israel zu verhindern; mehr noch: der jüdische Staat, der dann zustande kam, umfaßte auch einen erheblichen Teil des arabischen Palästinas. Nur Transjordanien konnte sein Staatsgebiet erweitern, nachdem es der Arabischen Legion unter dem Kommando englischer Offiziere gelungen war, einen Gebietsstreifen zu besetzen, der bis Jerusalem reichte und sogar die Altstadt von Jerusalem einschloß. Ägypten, der größte arabische Staat, hatte eine schwere militärische Niederlage erlitten. Dank der Vermittlung der Vereinten Nationen wurde ein Waffenstillstand zwischen

Zeichenstunde in einer ägyptischen Volksschule in Karnak

Besuch des Sultans Sidi Mohammed V. ben Jussef in Casablanca
vor der Unabhängigkeitserklärung Marokkos, 1956

Israel und den arabischen Ländern (mit Ausnahme Iraks) vereinbart; aber die arabischen Staaten weigerten sich, Israel anzuerkennen, verhängten über das neue Staatsgebilde einen politischen und wirtschaftlichen Boykott und machten das Israel-Problem zum Kristallisationspunkt der arabischen Sammlung.

Der Mißerfolg der arabischen Politik in der Israel-Frage hatte weitreichende Konsequenzen. Die ägyptische Revolution läßt sich als direkte Folge der Niederlage begreifen, die Israel der ägyptischen Armee zugefügt hatte. Ägyptens politische Abhängigkeit von England war vorher in demütigender Weise demonstriert worden, als die englische Armee ihre Kanonen auf den Abadan-Palast richtete und König Faruk zwang, Nahas Pascha als Ministerpräsidenten zu akzeptieren. Solche und ähnliche Vorkommnisse hatten in den Reihen der ägyptischen Armee heftigen Unwillen ausgelöst, und eine Gruppe junger Offiziere unter Führung Oberst Nassers fand sich in einer Geheimorganisation zusammen, die sich die Eroberung der Staatsgewalt zum Ziele setzte. In diesem Stadium hatten »die freien Offiziere« keine besondere revolutionäre Ideologie; gemeinsam war ihnen nur das Ziel der Unabhängigkeit Ägyptens und der Beseitigung von Korruption und Unfähigkeit in der Staatsführung. Die allgemeine Unzufriedenheit, die sich nach der Niederlage im Israel-Krieg verbreitete, und die zunehmende Empörung über das ausschweifende und sittenlose Treiben am königlichen Hof gaben der Bewegung einen mächtigen Auftrieb. Im Juli 1952 führte ein Staatsstreich der Offiziere zur Abdankung und Verbannung des Königs und kurz darauf zur Einsetzung einer dem Revolutionsrat direkt verantwortlichen Regierung unter dem nominellen Vorsitz des Generals Mohammed Nagib.

Die ägyptische Revolution brachte zwar ein Bündel von Reformgesetzen hervor, war aber im Grunde nicht durch starke gesellschaftliche Antriebe ausgelöst worden. Das Hauptinteresse der Revolutionsführung galt dem Aufbau der militärischen Organisation, deren Schwäche durch die Niederlage im Israel-Krieg vor aller Welt enthüllt worden war. Die Verwaltung wurde von korrupten Beamten gesäubert, die Parteien verfielen der Auflösung, die Monarchie wurde abgeschafft, und Ägypten erhielt das Gepräge eines militärisch regierten autoritären Staates. Sobald die Regierung fest im Sattel saß, kamen ihre nächsten Absichten klarer zum Vorschein. Es ging ihr um die Wiedergewinnung der Souveränität des ägyptischen Staates, und im Hinblick darauf erstrebte sie erstens den Abzug Englands aus dem Sudan, der, dem Namen nach unter ägyptischer Oberhoheit, faktisch in eine englische Kolonie verwandelt worden war, zweitens die Beseitigung des englischen Militärstützpunkts in Ismailia, der die Souveränität Ägyptens sehr wirksam zunichte machte, und drittens die Unterstellung des Suezkanals unter die Hoheit des ägyptischen Staates. Solange diese drei Etappenziele nicht erreicht waren, schien Nasser die Souveränität Ägyptens bestenfalls bruchstückhaft bleiben zu müssen.

Was den Sudan betraf, hatte schon der Wafd die These von der Unteilbarkeit der Nil-Ebene verkündet und König Faruk zum Herrscher Ägyptens und des Sudans erhoben. Damit war das Problem kompliziert worden, denn Ägyptens offizieller Anspruch hatte im Sudan selbst eine starke Nationalbewegung entfesselt, die die Herrschaft Ägyptens ebenso ablehnte wie die Englands. Der ägyptische Revolutionsrat trug dem Rechnung und erklärte sich zu einer Regelung im Sinne der Unabhängigkeit des Sudans bereit.

Mit England wurde dann ein Abkommen getroffen, wonach der Sudan zu einem unabhängigen Staat wurde.

Schwieriger durchzusetzen war die Zurückziehung der in Ägypten stationierten englischen Truppen. Das Abkommen von 1936 hatte England das Recht zuerkannt, zum Schutz des Suezkanals einen Militärstützpunkt zu errichten und eine Truppe von zehntausend Mann im Bezirk von Ismailia zu halten. Dieser Stützpunkt war nach Englands Auszug aus Indien zur Hauptbasis der englischen Militärmacht außerhalb der heimatlichen Inseln geworden. Von den vorgesehenen zehntausend Mann war die Garnison von Ismailia auf achtzigtausend angewachsen, und dazu gab es in Ismailia starke Luftstreitkräfte und unzählige Kriegsmaterialdepots, Reparaturwerkstätten und andere Heereseinrichtungen. Auch in dieser Frage konnte die ägyptische Revolutionsregierung einen beachtlichen Erfolg erzielen. Nach langen Verhandlungen erklärte sich England bereit, seine Streitkräfte zurückzuziehen; Ismailia sollte aber auch weiterhin ein Stapelplatz für englisches Kriegsmaterial bleiben, von einer englischen Zivilbehörde verwaltet und ägyptischer Aufsicht unterstellt; England behielt sich dafür das Recht vor, seine Truppen wieder ins Land zu bringen, falls einer der arabischen Staaten oder die Türkei einem bewaffneten Angriff ausgesetzt sein sollte. Mit dem Abzug der letzten britischen Truppeneinheit vom ägyptischen Boden war eine fünfundsiebzig Jahre alte Besetzung zu Ende gegangen. Zum erstenmal in der Geschichte der Neuzeit war Ägypten wirklich unabhängig geworden.

Viel komplizierter war die dritte Frage: Unterstellung des Suezkanals unter ägyptische Souveränität. Selbstverständlich bedeutete die Verwaltung einer innerhalb der Hoheitsgrenzen Ägyptens gelegenen Wasserstraße durch eine überstaatliche Organisation unter direkter Beteiligung Englands und Frankreichs eine fühlbare Beschneidung der ägyptischen Souveränität. Es war auch keineswegs zu vermuten, daß England und Frankreich auf ihre bevorzugte Position in der Verwaltung eines so wichtigen Verkehrsweges freiwillig verzichten würden. Aber England selbst hatte Nasser den Weg geebnet. Nach dem Scheitern der Bemühungen um eine »Mittelöstliche Verteidigungsorganisation« (»MEDO«), die die englische Operationsbasis in Ägypten diplomatisch verkleiden und legalisieren sollte, organisierte England den Bagdadpakt – zweifellos mit dem Ziel der Abschirmung der englischen Position im Irak mit einem internationalen Abkommen statt mit dem »Ungleichen Vertrag«, der 1945 die Wut der Iraker zur Explosion gebracht hatte. In Wirklichkeit bedeutete der Bagdadpakt die Auflösung der Arabischen Liga, da er den Irak zum Hauptpartner in einem nichtarabischen Staatenbündnis machte. Direkt wirkte er sich dahin aus, daß die Sowjetunion über Nacht auf dem mittelöstlichen Schauplatz erschien: sie nahm mit einem Satz die niedrige Hürde der »Nordbarriere« und gelangte zu einer Vereinbarung mit Ägypten, wobei sie die Lieferung von Waffen für die ägyptischen Streitkräfte übernahm und ihre Hilfe beim Ausbau der ägyptischen Wirtschaft in Aussicht stellte.

Nachdem sich die Sowjetunion auf diese Weise ein Sprungbrett im Mittleren Osten gesichert hatte, konnte Nasser in der Angelegenheit des Suezkanals viel eher entscheidende Schritte unternehmen. Er gab ohne jede vorherige Warnung die Nationalisierung der Suezkanalgesellschaft bekannt und übernahm mit sofortiger Wirkung die Kanalverwaltung. Der auf der Londoner Konferenz unternommene Versuch, die öffentliche Meinung der Welt gegen Ägypten zu mobilisieren, scheiterte am Widerstand Indiens, Indonesiens, Ceylons und der Sowjetunion; auch der Versuch, Nasser mit einer eindrucksvollen Mission unter Führung des australischen Premierministers Menzies einzuschüchtern, führte zu nichts. England und Frankreich mußten entweder die eklatante diplomatische Niederlage hinnehmen oder ihrem Standpunkt mit militärischen Mitteln Geltung verschaffen. Entgegenkommenderweise griff in diesem Augenblick die Israel-Regierung mit der aktiven Unterstützung Frankreichs und der passiven Zustimmung Englands Ägypten an, und die verbündeten Mächte England und Frankreich unternahmen eine militärische Expedition zur Besetzung des umstrittenen Gebietes, um, wie sie erklärten, die Israelis an der Besetzung der Kanalzone zu hindern.

Die Geschichte dieses kurzen und unrühmlichen Feldzuges steht hier nicht zur Erörterung. Auf die französisch-englische Expedition folgten mehrere internationale Demarchen: eine Interventionsdrohung der Sowjetunion, die Weigerung der Vereinigten Staaten, ihre Verbündeten zu unterstützen, und eine negative Entscheidung der Vereinten Nationen, die Frankreich und England aufforderten, ihre Truppen unverzüglich aus Ägypten abzuziehen. Unter dem Druck dieser internationalen Entwicklung sahen sich Frankreich und England gezwungen, die Expeditionsflotte zurückzurufen. Ebenso scheiterten politische Intrigen, die die diskreditierten Paschas in Kairo wieder an die Macht bringen sollten.

Der Rückzug der englisch-französischen Expeditionskräfte aus Ägypten ist mit der Niederlage des Großen Königs bei Salamis verglichen worden. Obgleich der Suez-Rückzug nicht die Folge einer militärischen Niederlage war, könnten künftige Historiker seine Konsequenzen in der Tat für ebenso wichtig halten wie die der Niederlage der Perser beim Angriff auf Griechenland. Zwei der größten Mächte der Welt hatten versucht, einem verhältnismäßig schwachen Staat ihren Willen aufzuzwingen, und mußten unverrichteterdinge abziehen. In den Beziehungen des Westens zu den kleineren Staaten des Orients war so etwas bis dahin noch nicht vorgefallen.

In der zeitgenössischen Geschichte zieht das Suez-Abenteuer einen deutlichen Trennungsstrich: es bezeichnet den endgültigen Zusammenbruch europäischer und westlicher Herrschaft im Mittleren Osten. Weder die amerikanischen Versuche, sie mit der überstürzten Verkündung der Eisenhower-Doktrin unter dem Deckmantel militärischen Schutzes und wirtschaftlicher Hilfe wiederzubeleben, noch deren Auffrischung durch den Bagdadpakt haben die Tatsache verschleiern können, daß der Westen in diesem Teil der Welt aufgehört hat, der dominierende Faktor zu sein. Bemühungen, die arabische Welt mit einem prowestlichen Staat als führender Macht zu beglücken, um den Einfluß Ägyptens zurückzudrängen, endeten ebenfalls mit einem Mißerfolg.

Besonders deutlich zeichneten sich während der Krise zwei Momente ab: einmal die Stärke der arabischen Nationalbewegung, zum andern die Tatsache, daß sich die Sowjetunion in dieser umkämpften Region als permanenter Faktor etablierte. Oberflächlich gesehen, hatte England, als es Ägypten angriff, allen Grund, einen Riß in der arabischen Front zu erwarten. Nicht nur war der Irak durch den Bagdadpakt an England gebunden; hinzu kam, daß die irakische Regierung probritisch und ihr Ministerpräsident Nuri es Said seit langem als ergebener Freund Englands bekannt war. Auch mit Libyen hatte England ein Abkommen, wonach dieser Staat nicht nur beträchtliche englische Subventionen erhielt, sondern auch seine Armee von englischen Militärs ausbilden ließ. Der Libanon wiederum war offen frankreichfreundlich. Unter solchen Umständen konnte vernünftigerweise angenommen werden, daß die arabische Front angesichts einer britisch-französischen Aktion auseinanderfallen würde. Die gegenteilige arabische Reaktion auf den Angriff wirkte wie ein Schock. Libyen untersagte die Benutzung der in seinen Grenzen gelegenen Militärstützpunkte für eine Offensive gegen Ägypten. Sogar Nuri es Said fühlte sich veranlaßt, seine Solidarität mit Ägypten bekanntzugeben; mehr noch: er verlangte nachdrücklich den einstweiligen Ausschluß Englands aus dem Bagdadpakt. (Natürlich war der Gesamtausgang der Affäre dadurch vorbestimmt, daß die Interessen der Vereinigten Staaten und der Sowjetunion in diesem Fall auf merkwürdige Weise übereinstimmten.)

Nicht minder auffallend war die von den asiatischen Staaten bekundete Solidarität. Der einzige Staat, der eine laue Haltung an den Tag legte, war die islamische Republik Pakistan. Alle anderen – Indien, Ceylon, Indonesien, Burma, China – standen geschlossen hinter Ägypten. Das Britische Commonwealth wurde dadurch bis in seine Grundfesten erschüttert. Die Suez-Krise hatte seine Schwäche der ganzen Welt offenbart.

Trotz dem unmißverständlichen Ausgang der Suez-Aktion wurden unter der Führung Amerikas erneute Versuche unternommen, Ägypten zu isolieren und die arabische Nationalbewegung zu schwächen. Jordaniens König Hussein, der sich vorher von der Vormundschaft Englands befreit hatte, brach mit Syrien und Ägypten mit der Begründung, daß der Sowjeteinfluß in diesen Ländern wachse und die Sicherheit seines Königreiches gefährde; darauf wurde ihm der Schutz der Eisenhower-Doktrin zugesichert. Dieser Schutz sollte auch auf Syrien ausgedehnt werden, das sich inzwischen zu einer aktiv neutralistischen Politik entschlossen hatte und sowohl Wirtschaftshilfe als auch Kriegsmaterial von der Sowjetunion angenommen hatte; das Unterfangen mußte nach einer Warnung der Sowjetunion an die beteiligten Mächte, daß sie keinerlei Intervention in Syrien dulden würde, aufgegeben werden. Eine Folge dieser Politik des Druckes auf die Regierung in Damaskus war die Beschleunigung der syrisch-ägyptischen Föderation, die den ersten Schritt zum Zusammenschluß der arabischen Welt darstellte.

Der Traum von einem einigen arabischen Großreich war in der neuen Nationalbewegung des Mittleren Ostens von Anfang an ein wesentliches Motiv. Schon 1916 hatten sich die Araber erhoben, um einen einigen arabischen Staat zu erkämpfen. Aber die Rivalitäten der europäischen Mächte hatten die arabischen Länder auseinandergerissen. Was im Osmanenreich das eine Wilajet Syrien war, wurde nach dem Kriege in vier Staaten zerlegt: Libanon, Syrien, Transjordanien, Palästina. Dynastische Kämpfe verewigten die Teilung. Doch das arabische Volk träumte weiter von einem vereinten Staat von fünfundvierzig Millionen Arabern mit gewaltigen Naturschätzen und einer strategischen Vorzugsposition zwischen Europa und Asien. Die zwei möglichen Kombinationen waren: entweder ein Staatenbund des »Fruchtbaren Halbmonds« – Syrien, Jordanien und Irak – mit dem Teilanschluß Saudiarabiens und Ägyptens oder eine syrisch-ägyptische Union mit einer lockeren Verbindung zu den anderen Ländern. Der Gang der Ereignisse und die Intervention des Westens haben die Entscheidung forciert: im Januar 1958 schlossen sich Syrien und

Ägypten zu einem einzigen arabischen Staat mit fünfundzwanzig Millionen Einwohnern zusammen, ein epochemachendes Ereignis in der Geschichte des Mittleren Ostens, nach welchen Maßstäben man es auch beurteilen möge.

Die Position Syriens hat ein führender arabischer Staatsmann einmal als das strategisch wichtigste Feld auf dem Schachbrett der arabischen Politik bezeichnet. In der ursprünglichen haschemitischen Konzeption war eine dynastische Föderation vorgesehen: mit Emir Feisal als König von Syrien, seinem Vater Hussein als Scherif (später König) von Mekka und seinem Bruder Abdullah als Regenten von Jordanien. Durch den Eingriff Frankreichs wurde Feisal aus Damaskus vertrieben und mußte mit einem Thron in Bagdad versehen werden. Solange die Franzosen in Damaskus blieben, war natürlich keine Rede mehr von einer Vereinigung Syriens mit Bagdad oder mit dem eigentlichen Arabien, wo Ibn Sa'ud die haschemitische Dynastie verdrängt hatte. Das Problem wurde von neuem akut, nachdem Syrien 1945 seine Unabhängigkeit erlangt hatte. Der »Fruchtbare Halbmond« wurde zum Ziel pan-arabischer Bestrebungen in Bagdad. Der Abwehr einer solchen Entwicklung galt die energische Politik Ibn Sa'uds, der sich in dieser Frage auf die Unterstützung Ägyptens verlassen konnte. Die politischen Wirren in Syrien, wo von 1946 bis 1958 ein Staatsstreich dem anderen folgte und Präsidenten und Regierungschefs ermordet oder aus dem Lande getrieben wurden, ergaben sich in erster Linie aus dieser Rivalität.

Aktuelle Bedeutung erlangte das Problem mit der Verkündung der Eisenhower-Doktrin und dem durch sie ausgelösten Bruch zwischen Saudiarabien und Ägypten. Jetzt mußten sich die syrischen Führer sagen, daß die Unabhängigkeit Syriens gefährdet wäre, wenn nicht sofort eine endgültige Entscheidung getroffen würde; sie wählten die Vereinigung mit Ägypten und führten sie ungeachtet des entschiedenen Widerstandes des Herrschers Saudiarabiens durch: ausnahmsweise versagte diesmal seine übliche Methode, Entscheidungen in Syrien herbeizuführen. Mit diesem Zusammenschluß, der später durch eine föderative Verbindung mit Jemen eine breitere Basis erhielt, hatte die arabische Nationalbewegung einen bedeutsamen Schritt vorwärts getan.

Natürlich trieb die Errichtung der Vereinigten Arabischen Republik den König Jordaniens in die Arme seines Bagdader Vetters. Die föderative Verbindung der beiden Königreiche unter Aufrechterhaltung der getrennten Throne in Amman und Bagdad war die schwächliche Antwort der Haschemiten auf die Kampfansage der arabischen Nationalbewegung. Als im Sommer 1958 in beiden Ländern die Revolution ausbrach, konnte König Hussein zwar seinen Thron mit äußerster Anstrengung halten, aber seinen Vetter Feisal fegte der Aufstand hinweg, als der ihm scheinbar ergebene General Abdel Kerim Kassem in den frühen Morgenstunden des 14. Juli Bagdad besetzte. Der König fiel durch die Kugeln eines Offiziers; sein Regierungschef Nuri es Said, der als Vater des Bagdadpaktes gelten kann, wurde ein Opfer der Volkswut.

Kassem übernahm die Regierung und brachte die westlichen Mächte in arge Bedrängnis: würde er sich dem arabischen Nationalismus Nassers anschließen oder sich gar mit der starken kommunistischen Bewegung seines Landes vereinen und so einen wichtigen Stein aus dem westlichen Bündnissystem herausbrechen? Anfangs konnte es so aussehen, als sollte das zweite eintreten. Kassem nahm sowjetrussische Waffen- und Wirtschaftshilfe an, arbeitete eng mit kommunistischen Gruppen zusammen und bewaffnete sogar die von kommunistischen Kadern durchsetzte Miliz. Im Oktober 1958 schlug er die Revolte des als Nasser-Freund bekannten Oberst Abdel Salam Aref nieder. Aber schon ein Jahr später, im Juli 1959, schien es, daß Kassem das Bündnis mit den Kommunisten nicht allzu eng zu gestalten gedachte. Aufstände im Norden des Landes, die kurdische Nationalisten offenbar mit russischer Unterstützung angezettelt hatten, machten ihm zu schaffen. Er entwaffnete die Miliz, unterstellte sie der ihm treu ergebenen Armee und warnte die Kommunisten davor, die Interessen des Iraks zu mißachten. Noch ist offen, ob Kassem sich in eine lose Bindung zur Vereinigten Arabischen Republik begibt oder die so gefahrvolle Selbständigkeit in dem Gewirr der politischen Interessen bewahren will und kann. Seine Haltung dem Westen gegenüber ist durch den Austritt des Iraks aus dem Bagdadpakt (März 1959) gekennzeichnet.

Auch andernorts zerfiel in dieser Periode die europäische Herrschaftsstellung. Der neue arabische Staat Libyen trat die Nachfolge der italienischen Kolonien Cyrenaica und Tripolis an. Im Jahre 1956 löste sich das französische Protektorat über Tunesien auf. Im selben Jahr erlangte Marokko seine Unabhängigkeit wieder. Beide Staaten traten zwei Jahre später der Arabischen Liga bei. Diese nach außen proklamierte Einheit der arabischen Länder hat jedoch Konflikte namentlich Tunesiens und Marokkos mit Ägypten nicht zu verhindern vermocht. Mit Ausnahme Algeriens und der Scheichdomänen an der Seeräuberküste im Persischen Meerbusen sind in den zehn Jahren, die dem zweiten Weltkrieg folgten, alle Länder der Araber frei geworden. Vom Irak bis nach Marokko entfaltet sich eine neue Welt.

Erst in jüngster Zeit beginnt sich das Gesicht Afrikas von Grund auf zu wandeln. Haben in den fünfziger Jahren in der nördlichen Hälfte Afrikas schon eine Reihe von Staaten ihre Unabhängigkeit erlangt – Marokko, Tunesien, Libyen und der Sudan –, so zeigte sich im Jahre 1960, daß die von de Gaulle 1958 gegründete »Communauté« Ausgangsbasis für eine stürmische Entwicklung geworden war. Zahlreiche Gebiete wurden unter dem Druck mehr oder weniger breiter Volksbewegungen zu selbständigen Staaten ausgerufen, ohne daß sogleich die engen wirtschaftlichen und vor allem kulturellen Bindungen zu ihren ehemaligen Kolonialherren abgebrochen werden sollten. In weiser Einsicht setzte de Gaulle diesen Bestrebungen keinen Widerstand entgegen. Auch Belgien gewährte dem Kongo Unabhängigkeit. Der neue Staat Kongo erwies sich aber als nicht stark genug, die widerstrebenden Richtungen in seiner Bevölkerung zusammenzuhalten. Unmittelbar nach der Proklamation der Unabhängigkeit (Juli 1960) brachen Unruhen aus, das reichste und höchstindustrialisierte Gebiet Katanga suchte aus dem Verband auszubrechen und mit direkten Beziehungen zu Belgien einen eigenen Staat zu gründen. Selbst UN-Truppen vermögen noch nicht die Kämpfe rivalisierender Gruppen und einzelner Stämme gegeneinander zu beenden.

Dieses Dilemma zeigt neben vielem anderem sehr deutlich, wie wenig die Begriffe »Nation« und »Nationalismus« im westlichen Sinne für afrikanische Verhältnisse passen. Vor allem aber zeigt es, mit welcher Willkür zur Zeit der kolonialen Gründungen die Grenzen gezogen wurden, ohne jede Rücksicht auf Stammeszugehörigkeit, Sprache und kulturelle Traditionen. Solange nicht auf diese rein afrikanischen, vorkolonialen Bedingungen eingegangen wird, läßt sich mit Sicherheit keine dauerhafte politische Lösung für die neuen Staaten und ihre durchaus eigenständigen Kulturen finden.

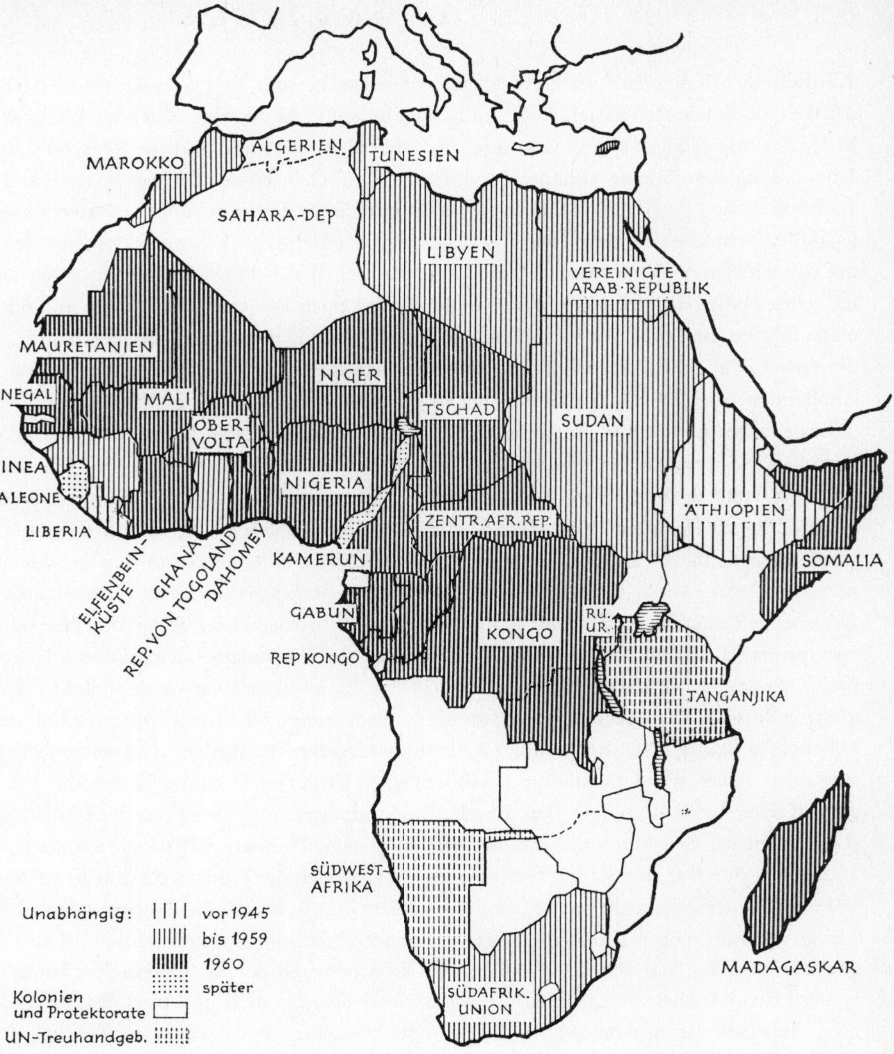

Die neuen Staaten Afrikas

Die neuen Staaten und der Kalte Krieg

Ein Jahr nach Kriegsende war nur wenigen Menschen bewußt, daß neue Kräfte die Arena der Weltpolitik betreten hatten. Volle politische Freiheit hatte um diese Zeit noch keiner der neuen Staaten erlangt. China war durch inneren Zwist zerrissen, und die Regierung der Kuomintang war immer abhängiger von amerikanischer Unterstützung geworden. In Indonesien kämpften die Holländer verzweifelt um die Wiederherstellung ihrer Herrschaft. In Indien bemühte sich eine Übergangsregierung, der Nehru als Vizepräsident angehörte, um die schwierige Versöhnung der mohammedanischen Ansprüche mit der Position des indischen Nationalismus. Noch waren weder Indien noch Pakistan unabhängig. In Indochina führten die Franzosen einen Feldzug zur Vernichtung der vietnamesischen Nationalbewegung. Nur ein Prophet konnte voraussehen, daß in knappen zehn Jahren ein radikaler Wandel diese Gebiete erfaßt und eine neue politische Welt geschaffen haben würde.

Ein einziger hatte diese prophetische Gabe und sah den Wandel kommen: Jawāharlāl Nehru. Für Nehru war die Wiedergeburt Asiens die zentrale politische Tatsache. Auf diese Tatsache lenkte er die Aufmerksamkeit der Welt, als er zum Februar 1946 die erste Asienkonferenz nach Delhi einberief. Ursprünglich sollte die Konferenz auf Initiative des indischen Council of World Affairs, einer dem englischen Chatham House nachgebildeten privaten Organisation, in kleinerem Rahmen abgehalten werden. Dem vorbereitenden Komitee gehörten Dr. Appadorai, B. Shiva Rao, der Schreiber dieser Zeilen und eine oder zwei weitere Personen an. Die mögliche Tragweite des Konferenzplanes erkannte Nehru besser als das vorbereitende Komitee. Er griff den Plan auf und verwandelte ihn in eine große politische Kundgebung von historischer Bedeutung. Nicht nur Vertreter der unabhängigen Staaten Asiens waren zur Teilnahme aufgefordert worden, sondern auch Vertreter der Völker, die noch um ihre Unabhängigkeit kämpften, darunter Korea, die Mongolei, Kambodscha, Burma, Ceylon, Israel. Anwesend waren auch Delegierte der asiatischen Republiken der Sowjetunion. Trotz der verschärften holländischen Blockade konnte sich Indonesien durch Sutan Sjahrir vertreten lassen. Obgleich die Franzosen versucht hatten, Vietnam abzuriegeln, war von dort ein Abgesandter der Aufständischenregierung Ho Chih Minhs gekommen. Die Konferenz zeigte der ganzen Welt, daß ein neues Asien ins Leben getreten war. Ein ständiges Büro mit einem indischen und einem chinesischen Sekretär wurde errichtet, aber die Ereignisse gingen darüber hinweg: die Revolution in China, die zum Abbruch der diplomatischen Beziehungen zwischen der Formosa-Regierung und Indien führte, machte das Sekretariat arbeitsunfähig.

Indes war das Gemeinschaftsbewußtsein Asiens in der Wirklichkeit bereits so tief verwurzelt, daß es sich nicht mehr unterdrücken ließ. Die Repressalien der Holländer gegen die Indonesische Republik hatten bei den asiatischen Völkern tiefe Empörung hervorgerufen. Zwecks gemeinsamer Stellungnahme zu den Ereignissen berief Nehru 1948 die zweite Asienkonferenz nach Delhi, diesmal als Zusammenkunft von Regierungsvertretern. Diese zweite Konferenz, die mithin einem konkreten Zweck diente, ließ die Welt erkennen, daß sich mittlerweile eine gemeinsame asiatische Haltung zu internationalen Angelegenheiten herausgebildet hatte, die nicht mehr ignoriert werden konnte.

Die Konstituierung des neuen chinesischen Staates komplizierte das Problem. Während Amerika und die meisten europäischen Länder die veränderte Situation in China vom Standpunkt des Kalten Krieges beurteilten, sahen darin die asiatischen Länder ziemlich geschlossen eine wichtige Abschlußetappe in der großen Bewegung des asiatischen Risorgimento. Für den Westen war der Sieg des Kommunismus in China eine Katastrophe, die nicht nur die definitive Ausschaltung ihres Einflusses in diesem riesigen Territorium, sondern auch eine entscheidende Verschiebung des Mächtegleichgewichts zugunsten der Sowjetunion bedeutete. Dagegen betrachteten die Asiaten den Aufstieg Chinas, wenn auch in manchen Fällen angesichts der Machtfülle des Landes nicht ohne Angst, doch im wesentlichen als den Endsieg eines tapferen Volkes im hundertjährigen Kampf gegen die Fremdherrschaft. Diese unterschiedliche Betrachtungsweise kam aus Anlaß des Korea-Krieges deutlich zum Ausdruck. Während Amerika und die europäischen Staaten eine Front gegen China bildeten und China zum Aggressor erklärten, weil es sich der im Verlauf der Kämpfe erfolgten Überschreitung des 38. Breitengrades durch die Truppen MacArthurs widersetzte, nahmen die asiatischen Staaten – bis auf solche, die wie Thailand und die Philippinen unter dem militärischen Schutz der Vereinigten Staaten stehen – eine andere Haltung ein. Mehr noch: der »afro-asiatische Block« in den Vereinten Nationen hat überhaupt erst im Zusammenhang mit den Verhandlungen mit China über einen Waffenstillstand in Korea wirksam zu funktionieren begonnen. Die damalige Haltung der Westmächte China gegenüber war eins der wichtigsten Momente, die den Block in Erscheinung treten ließen.

Vorher war diese Gruppierung hauptsächlich in drei Fragen zusammengegangen: Schutz arabischer Interessen in Palästina, Gleichberechtigung der Rassen und Unterstützung der Freiheitsbewegung unterdrückter Völker. Gewiß war das Israel-Problem eine Frage besonderer Art; überblickt man sie im größeren Zusammenhang, so muß man feststellen, daß die asiatischen Staaten im Eintreten des Westens für die Teilung Palästinas und die Schaffung eines jüdischen Staates einen Versuch sahen, mitten unter die arabischen Länder ein westliches Staatswesen einzuschmuggeln. Die beiden Problemgruppen hatten unmittelbar mit der asiatischen Haltung zur Kolonialpolitik zu tun. Daß die Gleichberechtigung der Rassen überhaupt zu einem Problem geworden war, war eine Folge der Kolonialpolitik, eine Auswirkung des europäischen Überlegenheitsgefühls, das eine Begleiterscheinung der Kolonialherrschaft ist und im wesentlichen auf ihr beruht. Die Freiheitsbewegungen in immer noch von Kolonialmächten beherrschten Gebieten gingen alle Staaten Asiens und Afrikas ebenfalls schon deswegen an, weil in ihrem Bewußtsein das eigene Erlebnis der politischen Unterdrückung in dieser oder jener Form noch überaus lebendig war. Mit vollem Recht kann man sagen, daß der Haß gegen die Kolonialherrschaft das war, was den Block der afrikanischen und asiatischen Staaten zusammenführte.

Von europäischen Beobachtern ist oft eingewandt worden, daß diese Haltung unrealistisch sei, daß die europäische Kolonialpolitik der Vergangenheit angehöre und daß die Freiheit der ehemals kolonialen Länder nicht mehr vom Westen, sondern von den neuen Kräften des »aggressiven internationalen Kommunismus«, den die Sowjetunion repräsentiere, bedroht werde. Namentlich die amerikanischen Kritiker verweisen auf ihre eigene antikoloniale Tradition und insbesondere auf die Tatsache, daß Amerika die nationale Bewegung in

Indien und Indonesien seit eh und je unterstützt habe. Die Amerikaner finden es seltsam und fühlen sich dadurch verletzt, daß die asiatischen Staaten den Westen und Amerika nach wie vor mit kolonialen Herrschaftsinteressen identifizieren und dabei die Gefahren aus dem Auge verlieren, die ihnen von kommunistischer Seite drohen.

Wie immer sich die asiatischen Staaten dem Kommunismus gegenüber verhalten mögen: unbestreitbar ist die Tatsache, daß sich die Gefahr der Wiederkehr der Kolonialherrschaft – und sei es auch nur in abgewandelter Form – den meisten Asiaten als sehr viel akuter aufdrängt. Zu einem erheblichen Teil ist diese Haltung auch nicht unberechtigt. Nehru, einer der Haupturheber der »afro-asiatischen« Politik, hat es nie unterlassen, hervorzuheben, in wie hohem Maße die Versuche Amerikas und der einstigen Kolonialmächte, Militärbündnisse in Asien aufzubauen, eine Wiederbelebung der Kolonialherrschaft in neuem Gewand darstellen. Das SEATO-Bündnis und der Bagdadpakt sind charakteristische Beispiele dieser Politik. So wird als Ziel der SEATO die Verteidigung Südostasiens – vermutlich gegen chinesische Aggression – hingestellt. Aber Mitglieder der SEATO sind die Vereinigten Staaten, England, Frankreich, Australien und Neuseeland, also fünf westliche Staaten, neben den drei asiatischen Staaten Thailand, Pakistan und den Philippinen. Keiner dieser Staaten grenzt an China. Die unmittelbaren Nachbarn Chinas – Indien, Burma, Kambodscha, Laos und Vietnam – gehören dem Südostasienpakt ebensowenig an wie Indonesien, der bedeutendste südostasiatische Staat. Es ist also eine Allianz westlicher Staaten mit drei durch besonders geartete Bindungen an sie geketteten asiatischen Ländern, die die Verteidigung dieses Teils der Welt auf sich nimmt. Das praktische Ergebnis dieser Konstellation ist die Legalisierung der Beibehaltung westlicher Streitkräfte in Südostasien.

Eine Lehre ist Indien auf jeden Fall durch die Geschichte der westlichen Kolonialexpansion beigebracht worden: in der Vergangenheit hat das Argument der »Verteidigung« den europäischen Mächten immer dazu gedient, die Errichtung ihrer Herrschaft in Asien zu begründen. In Indien war dies System unter dem Pseudonym »Unterordnungsbündnis« bekannt: ein schwächerer Staat erklärte sich damit einverstanden, daß ihn ein stärkerer verteidigte, und wurde nach einer gewissen Zeit fast automatisch zu dessen Protektorat. Der indischen Führung kommen SEATO und Bagdadpakt wie eine Neuauflage der frühen Kolonialpolitik vor; sie sieht in diesen Pakten einen Deckmantel, unter dem die früheren Kolonialmächte und Amerika die verlorenen Positionen in Asien wiederzugewinnen suchen. Sieht man von den Philippinen, die eine besondere Vertragsbeziehung an Amerika bindet, ab, so ist offenkundig, daß sich die beiden anderen asiatischen Staaten, die diese Politik mitmachen, von besonderen Gründen leiten lassen. Thailand war durch die Niederlage im Krieg in eine schwierige, isolierte Position geraten, aus der es heraus wollte, und außerdem hatte es seit jeher eine chinafeindliche Politik betrieben, ganz gleich, wer in China regierte. Und Pakistan gab sich angesichts der Fehde mit Indien und des mißglückten Versuchs, die Führung der mohammedanischen Staaten an sich zu reißen, der Vorstellung hin, daß der Beitritt zu den Pakten seine Position Indien gegenüber festigen würde.

Der entschiedene Widerstand Nehrus und der indischen Regierung gegen diese Neubelebung der Kolonialherrschaft in Asien hat die Bündnissysteme geschwächt und ihren Nutzen reduziert. Auch waren die asiatischen Völker, deren erstes Ziel die Erhaltung der so schwer erkämpften Unabhängigkeit ist, von diesen westlichen Übergriffen wenig begeistert: der Bagdadpakt isolierte den Irak in der arabischen Welt; in Pakistan gab es erst im Februar 1960 allgemeine Wahlen, mit denen sich die Volksmeinung hätte ermitteln lassen, aber Provinzwahlen in Ostbengalen brachten der Partei, die offen gegen die Paktpolitik kämpft, einen überwältigenden Sieg.

Die Gegnerschaft gegen die Kolonialpolitik ist freilich nur eine Seite der besonderen weltpolitischen Haltung der asiatischen und afrikanischen Staaten. Ihre andere, positivere Seite, die im wesentlichen das Werk Nehrus ist, besteht in der Schaffung und Erweiterung einer Friedenszone, die außerhalb der Konflikte des Kalten Krieges bleibt. In Europa und Amerika als »Neutralismus« und von manchen als indirekte Unterstützung der Sowjetpolitik angegriffen, ist diese Strategie von Nehru mit vorbildlicher Konsequenz beibehalten und zur allgemeinen Haltung der asiatischen Völker gemacht worden. Sie beruht auf drei Grundvoraussetzungen: erstens, daß schon die Teilung der Welt in zwei Lager nicht nur unnötig, sondern auch ein Übel ist und unvermeidlich zu immer größeren Spannungen führen muß; zweitens, daß es, da der Kommunismus eine bleibende Tatsache ist und überdies mit der Unterstützung von über neunhundert Millionen Menschen rechnen kann, unrealistisch und gefährlich ist, einen *cordon sanitaire* um die kommunistischen Staaten zu legen oder mit Hilfe einer Sperrkette von Militärbündnissen und Militärstützpunkten eine Politik der »Eindämmung« zu betreiben: da die nichtkommunistische Welt neben der kommunistischen zu leben habe, sei eine Politik der Koexistenz nicht nur wünschenswert, sondern auch zur unentrinnbaren Notwendigkeit geworden; drittens, daß die Staaten Asiens, die von den politischen Konflikten zwischen der europäischen und amerikanischen Welt und der Sowjetwelt nicht direkt betroffen sind, einen eigenen Beitrag leisten, das heißt eben eine Friedenszone, die die Atmosphäre des Kalten Krieges bewußt ausschaltet, schaffen und ausweiten müssen.

Ursprünglich hatten Indien, Burma und Indonesien den Kern dieser Zone gebildet; später sind Ägypten, Syrien, Ceylon, Nepal und Afghanistan hinzugetreten. Die Festigung der freundschaftlichen Beziehungen zwischen Indien und China hat die Bewegung verstärkt. Seit der Zeit des Korea-Krieges hat die Rolle Indiens, dessen unabhängige Position mit der Zeit sowohl in Moskau als auch in Peking begriffen und als fruchtbar erkannt wurde, an Bedeutung für die internationale Politik gewonnen. Indiens Bemühungen um eine Beilegung des Korea-Konflikts fanden die Unterstützung der meisten asiatischen Staaten. Das wachsende Einvernehmen zwischen Indien und China führte zur Festlegung der »Fünf Prinzipien der Koexistenz« *(Pancha Shila)*, des ersten brauchbaren Rahmens für ein Zusammenwirken kommunistischer und nichtkommunistischer Staaten auf der Basis der Gleichberechtigung. In diesen »Prinzipien«, zuerst in der Präambel zum indisch-chinesischen Tibet-Abkommen formuliert, bekundeten beide Staaten ihren Willen, die beiderseitige Souveränität und territoriale Unverletzlichkeit zu achten, sich jeder Einmischung in die inneren Angelegenheiten des Vertragspartners zu enthalten, gemeinsame Interessen und kulturelle Zusammenarbeit zu fördern und in Frieden miteinander zu leben.

Nachdem sich die Beziehungen zwischen Indien, China, Indonesien und Burma gefestigt hatten, schien die Einberufung einer größeren Konferenz der Regierungen asiatischer und afrikanischer Staaten möglich. Die Konferenz, die auf Einladung der Regierungschefs Burmas, Ceylons, Indiens, Indonesiens und Pakistans unter Teilnahme von 29 Staaten vom 18. bis zum 24. April 1955 in Bandung tagte, war ein hochbedeutsames Ereignis. Zum erstenmal in der Geschichte waren die unabhängigen Staaten Asiens und Afrikas zusammengekommen, um ihre gemeinsamen Probleme zu erörtern. Die »internationale Staatengemeinschaft« ist ein Begriff rein europäischen Ursprungs. Gewiß hatten die Staaten Asiens in der vorkolonialen Zeit ihres unabhängigen Daseins diplomatische Beziehungen mit Nachbarländern unterhalten; aber die Idee einer internationalen Staatengemeinschaft war ihnen fremd geblieben. Zum erstenmal war 1955 ein asiatisches »Staatenkonzert« zustande gekommen.

Es war aber auch das erste Mal, daß Asiaten und Afrikaner ihre eigenen und die Angelegenheiten der Welt ganz unter sich besprachen. Bis 1955 waren asiatische Probleme hauptsächlich von Westmächten erörtert und geregelt worden. Mit Ausnahme Japans hatte in vergangenen Zeiten kein einziger asiatischer Staat bei der Regelung asiatischer Probleme mitreden dürfen. In Bandung erörterten diese Staaten erstmalig ohne Mitbeteiligung europäischer Mächte Probleme, die, wie das Schlußkommuniqué sagte, »die Länder Asiens und Afrikas gemeinsam interessieren und angehen«, und nahmen Stellung zu den Mitteln, »mit denen ihre Völker eine umfassendere politische, kulturelle und wirtschaftliche Zusammenarbeit erreichen könnten«. Dabei wurden nicht nur regionale Probleme, sondern in weitem Umkreis auch andere Fragen – darunter Abrüstung, Kernwaffenverbot und Friedenssicherung – behandelt und die Grundsätze formuliert, die es allen Staaten erlauben sollten, als gute Nachbarn miteinander zu leben.

Die Bedeutung der Konferenz wurde noch dadurch erhöht, daß jede politische Strömung Asiens und Afrikas vertreten war. Die Teilnehmer Türkei, Irak, Iran, Pakistan, Philippinen, Thailand und Südvietnam waren Staaten mit engen Bindungen an Amerika. Japan, potentiell eine Großmacht, trat zum erstenmal seit dem Kriege als unabhängiges Gebilde auf einer internationalen Bühne auf. China und Nordvietnam waren kommunistische Staaten, von den meisten Konferenzteilnehmern noch nicht einmal anerkannt. Ghana und der Sudan hatten ihre volle Unabhängigkeit noch nicht erlangt. Indien, Nepal, Burma, Indonesien und Ägypten vertraten eine Strategie der Nichtbeteiligung an der Politik des Kalten Krieges. Trotzdem konnte in erstaunlich hohem Maße Übereinstimmung erzielt werden. Damit wurde der Welt kund und zu wissen getan, daß die neuen Staaten Asiens und Afrikas, auch wenn sie in vielen Fragen verschiedener Meinung sind, sich nicht mehr damit zufriedengeben, vom Westen gegängelt zu werden, daß sie gehört werden müssen, weil sie neue und für die Welt überaus wichtige Kräfte vertreten. Es muß auch als rein asiatische Angelegenheit angesehen werden, die nicht in das allbekannte Ost-West-Schema paßt, daß sich die indisch-chinesischen Beziehungen in den Jahren 1959/60 zunehmend verschärften. Im März 1959 rief der Aufstand in Tibet weltweite Entrüstung hervor, die indes übersah, daß mit der Aufhebung der tibetischen Autonomie nur ein alter, immer wieder verwirklichter Anspruch Chinas erfüllt wurde. Auch die Grenzkonflikte zwischen Indien und China in den Gebieten Kashmir und Ladakh sind nicht neu. Sie sollten im Vertrag von Simla 1914 mit der McMahon-Linie gelöst werden, die von China jedoch nicht anerkannt worden war.

Einwohner von Lagos beim Studium der Ergebnisse der allgemeinen Wahlen in Nigerien, Dezember 1959

Jawāharlāl Nehru

Antichinesische Demonstration in New Delhi, März 1959

Der zunehmende Druck auf die Nordgrenze wurde mit energischen Protesten des Staatspräsidenten Prasad und Nehrus beantwortet. Zugleich zeigte sich die Regierung entschlossen, der »chinesischen Aggression mit der Waffe in der Hand zu begegnen«. Das hinderte Nehru aber keineswegs, an dem Prinzip der Bündnisfreiheit festzuhalten. Wenn auch die Gespräche mit Chou En-lai im April 1960 noch zu keiner Lösung des Problems geführt haben, so besteht doch begründete Hoffnung, diesen Konflikt intern in zähen Verhandlungen zu lösen.

Über die Stellung der asiatischen Welt zum kommunistischen Block ist in diesem Zusammenhang einiges zu sagen. Kein einziger asiatischer Staat, auch keiner von denen, die mit dem Westen durch antikommunistische Pakte verbunden sind, teilt die gegenwärtige Auffassung der europäischen Staaten, wonach der Kommunismus etwas in sich Böses sei. Die asiatischen Länder erinnern sich, daß vor nicht allzulanger Zeit sogar die Vereinigten Staaten im Kampf gegen die Achsenmächte eng mit dem stalinistischen Rußland zusammenarbeiteten; es entgeht ihnen nicht, daß das, was die beiden Mächtegruppen trennt, ein Interessenkonflikt ist und nicht eine Sittenlehre. Die meisten Asiaten sehen in der Sowjetunion das Beispiel eines technisch rückständigen Landes, das fast aus eigener Kraft eine nicht nur an Machtfülle, sondern auch an wissenschaftlichen und sonstigen Leistungen überragende Position unter den Staaten erreicht hat. Sie sehen ähnlich gewaltige Anstrengungen im heutigen China. Die vom Kommunismus drohende Gefahr, die das Bewußtsein der Europäer beherrscht, hat keinen großen Wirklichkeitswert in den Augen der asiatischen und afrikanischen Länder, die, auch wenn sie den Kommunismus ablehnen, der Meinung sind, daß ihre Unabhängigkeit von ganz anderen und sehr viel akuteren Gefahren bedroht wird. Den Arabern scheint die Gefahr überwiegend von Israel herzurühren. Die Länder Asiens sehen ihre Freiheit mehr durch ihre eigene Rückständigkeit bedroht, die sie von den höherentwickelten Ländern Europas abhängig macht. Im übrigen haben sie in ihrem Kampf um die Unabhängigkeit in den kommunistischen Ländern von Anfang an eine moralische Stütze gehabt und von ihnen nach Erreichung der Unabhängigkeit Hilfe bei der Modernisierung ihrer Wirtschaft angeboten bekommen, ohne daß daran politische oder militärische Bedingungen geknüpft worden wären. Was immer die Motive der Sowjetunion sein mögen, sie hilft beim Aufbau einer modernen Wirtschaft in Syrien und Ägypten und hat Indien, Indonesien, Burma und Ceylon technischen und finanziellen Beistand gewährt, wenn auch zweifellos nicht in demselben massiven Umfang wie die Vereinigten Staaten. Der Appell des Westens, den Sowjetstaat als einen natürlichen Feind zu betrachten, der die Unabhängigkeit der neuen Länder gefährdet, hat infolgedessen unter den Völkern der neuen asiatischen Länder nur wenig Gegenliebe gefunden; sie ziehen es vor, im Angesicht der beiden Mächtegruppierungen eine neutrale Haltung zu bewahren.

Es wäre daher falsch, anzunehmen, die Grundauffassung der Staaten Asiens und Afrikas sei antieuropäisch oder prokommunistisch. Im wesentlichen sind die meisten dieser Länder Europa gegenüber freundlich eingestellt und begrüßen jede kulturelle, wirtschaftliche und politische Zusammenarbeit. Aber die meisten von ihnen haben auch gegenüber den Staaten des kommunistischen Blocks keinerlei Vorurteile. Hier ist, aus einer weiteren Perspektive betrachtet, eine neue Welt entstanden, auf die die Vorurteile und Rivalitäten der Vergangenheit nicht mehr passen.

Freiheit und wissenschaftlicher Fortschritt

In das Jahrzehnt, das der Kapitulation Japans folgte, fällt die politische Befreiung der Völker Asiens. Von China bis Marokko haben die asiatischen und arabischen Völker, die früher von anderen Mächten direkt beherrscht oder unter Vormundschaft gehalten worden waren, die politische Unabhängigkeit erlangt und sie dazu benutzt, eine eigene internationale Gemeinschaft zu bilden, die sich sowohl vom kommunistischen Block als auch vom Westen unterscheidet. Es stimmt zwar, daß politische Beweggründe einige dieser Staaten an den Westen und andere an den kommunistischen Block herangebracht haben, aber zweifellos ist in dieser Periode eine eigene Haltung Asiens zu Problemen der Weltpolitik entstanden, die es vorher nicht gegeben hat.

Beachten sollte man indes, daß sich von den meisten dieser Länder, obgleich sie unabhängig geworden sind und der Kontrolle fremder Mächte nicht mehr unterstehen, bis jetzt nicht sagen läßt, sie hätten sich zu einigermaßen stabilen politischen Verhältnissen durchgerungen. Ihre Regierungssysteme weisen die allergrößten Unterschiede auf. An dem einen Pol – in Burma, Ceylon und Indien – findet man eine demokratische Staatlichkeit, die recht zufriedenstellend funktioniert, mit regelmäßigen und ordentlichen Wahlen, mit verankerten staatsbürgerlichen Freiheiten, mit einer freien Presse und religiöser Toleranz. Am anderen Pol – in Saudiarabien und Jemen – herrscht eine mittelalterliche Theokratie. Zwischen diesen beiden Extremen besteht eine Vielfalt von politischen Systemen: halbkonstitutionelle Monarchie, gelenkte Demokratie, verhüllte faschistische Diktatur. In den meisten dieser neuen Staaten hat sich ein dauerhaftes politisches Gefüge noch nicht herausgebildet; ihre innere Politik steht bis jetzt im Zeichen des Ungewissen. In den meisten Fällen war das erste Jahrzehnt der staatlichen Existenz politisch eine Zeit des Werdens.

Anderseits läßt sich aber ebensowenig sagen, die wirtschaftlichen und sozialen Probleme dieser Länder seien im ersten Jahrzehnt gelöst oder auch nur in voller Größe ins Auge gefaßt worden. Indien ist, wie sich gezeigt hat, die einzige Ausnahme. In Indien wird eine in Stadt und Land koordinierte Aufbaupolitik, die ins gesellschaftliche, wirtschaftliche und technische Leben eingreift, mit großer Entschlossenheit durchgeführt. In Ägypten und Syrien ist wirtschaftliche Neugestaltung auf einer weiten Stufenleiter in Angriff genommen worden. Im Irak haben die Erdöleinkünfte die Aufstellung eines wirtschaftlichen Erschließungsprogramms ermöglicht. In den anderen Ländern hat die Unabhängigkeit – wenigstens bis jetzt – im großen und ganzen keine Besserung im Leben der Menschen und keine Veränderung in den wirtschaftlichen und sozialen Daseinsbedingungen mit sich gebracht.

Noch charakteristischer ist in diesen Ländern das Fehlen jeglichen Interesses an naturwissenschaftlichem Fortschritt. Eine Konferenz von Wissenschaftlern, die vor einiger Zeit in Bangkok tagte, hat mit Bedauern die indifferente Haltung der südostasiatischen Länder gegenüber wissenschaftlicher Aufbauarbeit verzeichnen müssen. Das trifft ebenso auf den Mittleren Osten und die neuen afrikanischen Staaten zu. Wiederum ist Indien die einzige beachtenswerte Ausnahme. Im letzten halben Jahrhundert konnte Indien einen Stamm von Wissenschaftlern heranbilden, die einen nicht unerheblichen Beitrag zur internationalen wissenschaftlichen Arbeit beigesteuert haben. Nachdem die Unabhängigkeit errungen war, setzte sich bald die Erkenntnis durch, daß Indien den Abstand, der es von den großen Nationen der Erde trennt, nie würde überbrücken können, wenn es sie nicht auf dem Gebiet qualifizierter wissenschaftlicher Arbeit einholte. Nehrus visionärem Weitblick war es zu verdanken, daß der Aufbau von Forschungsanstalten sowohl auf dem Gebiete der theoretischen Grundlagenforschung als auch auf dem der angewandten Industrieforschung mit der größten Vordringlichkeit behandelt wurde. Sogar im Bereich der Atomenergie hat Indiens Beitrag internationale Anerkennung gefunden.

Heute wird qualifizierte wissenschaftliche Arbeit nur in drei asiatischen Ländern – Indien, Japan und China – geleistet. Aber nur Verständnislosigkeit gegenüber der Bedeutung der exakten Wissenschaft und der wissenschaftlich fundierten Technik hatte im 19. Jahrhundert die politische Unterjochung Asiens und der arabischen Länder ermöglicht: der phantastische wissenschaftliche und technische Fortschritt der westlichen Länder bei völligem Fehlen einer entsprechenden Entwicklung in den asiatischen und arabischen Ländern bedingte die Rückständigkeit Asiens und Afrikas und riß die Kluft zwischen ihnen und der europäisch-amerikanischen Welt auf. Politische Unabhängigkeit allein kann diese Rückständigkeit nicht aus der Welt schaffen. Noch wichtiger ist, daß in den höherentwickelten Ländern Wissenschaft und wissenschaftliche Arbeitsmethoden in den letzten anderthalb Jahrzehnten eine revolutionäre Umwälzung erfahren haben, die qualitativ viel wichtiger ist als die wissenschaftliche Umwälzung, die seinerzeit in der industriellen Revolution ihren Ausdruck fand und den Aufschwung der westlichen Welt im 19. Jahrhundert vorantrieb. Mit der Wissenschaft vom Atomkern tritt der Abstand zwischen den fortgeschrittenen und den rückständigen Ländern noch deutlicher hervor; er wird in der nächsten Zukunft immer größer werden. In den Ländern, denen diese Betrachtung gilt, hat es – außer in Indien – keine ernsten Bemühungen gegeben, den wissenschaftlichen Fortschritt des Westens einzuholen. Die Kluft vertieft sich, und die zunehmende Ungleichheit ist dazu angetan, von neuem die Bedingungen hervorzubringen, aus denen in früheren Zeiten die Abhängigkeit und Versklavung der asiatischen Länder erwuchs.

Zur Überwindung dieses Zustands wird an einem umfassenden System technischer Hilfe für rückständige Länder gearbeitet. Wonach überall in den neuen Staaten verlangt wird, sind technischer Beistand und Kapitalzufuhr aus den industriell entwickelten Ländern. Die Vereinigten Staaten, die Sowjetunion, England mit Hilfe des Colombo-Plans, die Vereinten Nationen durch die entsprechenden Fachkörperschaften: sie alle tragen in großem Maßstab dazu bei, den neuen Staaten technische Unterstützung zuteil werden zu lassen. Ohne Zweifel wird an manchen Stellen Hervorragendes geleistet. Aber angesichts der immer breiter und tiefer werdenden Kluft auf dem Gebiete wissenschaftlicher Arbeit kommt diese technische Hilfe kaum an die Peripherie des Problems heran. Gelingt es jedoch den rückständigen Ländern nicht, entscheidende wissenschaftliche Fortschritte zu erzielen, so werden sie unvermeidlich immer abhängiger von den höherentwickelten Ländern werden, weil sie die Technik werden importieren müssen, die sie selbst nicht beherrschen, die aber ihrerseits in ihren Ursprungsländern einen unaufhörlichen Wandel durchmacht. Und wie in einem früheren Zeitalter die Einfuhr von Kapital, so kann heute und morgen die Einfuhr der Technik in Länder, die sie nicht selbst entwickeln oder handhaben können, nur zu einem neuen

Kolonialsystem führen; die Abhängigkeit müßte noch größer werden, als sie in der Vergangenheit war.

Nur die Länder haben im 19. Jahrhundert ihre Unabhängigkeit bewahren können, die – wie Afghanistan und Nepal – ausländischem Kapital den Zutritt verwehrten oder – wie Japan – die größten Anstrengungen auf sich nahmen, die neue Technik zu meistern. In gewissem Sinne ist das Problem heute ähnlich gestellt. Die komplexe Gesamtsituation der Länder mit unausgereiftem politischem Gefüge, die vom Standpunkt des wissenschaftlichen Könnens täglich rückständiger werden, erlaubt zwar keine Zukunftsvoraussage, läßt aber eins deutlich hervortreten: gerade das politische Erwachen dieser Völker bei einer technisch und wirtschaftlich überalterten Daseinsgrundlage macht sie zum Schlachtfeld der miteinander streitenden Ideologien der heutigen Welt. Heute – gleichsam am Vorabend des Gefechts – halten die Kräfte einander das Gleichgewicht; aber überall – in Indien, in Indonesien, in Westasien – stehen sie einander von Angesicht zu Angesicht gegenüber. Das Beispiel Chinas weist in eine Richtung. Die Abkommen und Bündnisse, die der Westen in diesem Teil der Welt aufgebaut hat und mit denen er die neuen Staaten an seine Politik zu binden sucht, weisen in eine andere. Schließlich weist das Experiment in Indien den Weg zu einem möglichen dritten Kurs. Welchen Weg die einzelnen Länder wählen werden, kann sehr wohl von der wirtschaftlichen Entwicklung der nächsten Jahre abhängen, denn was sie alle wollen und erreichen müssen, ist ein besseres Leben für ihre Völker.

Hugh Seton-Watson

RUSSLAND UND OSTEUROPA

Dank seinen Siegen im zweiten Weltkrieg konnte Rußland seine Herrschaft über den größten Teil des Gebiets ausdehnen, das zwischen Deutschland, Österreich und Italien im Westen und den traditionell russischen Landen im Osten liegt. Von diesem Gebiet ist die Rede, wenn hier von »Osteuropa« gesprochen wird; indes sollen weder Finnland und Griechenland, die zwar geographisch zum Osten gehören, aber von der russischen Herrschaft unabhängig geblieben sind, noch die Sowjetzone Deutschlands einbegriffen sein (obgleich sie unter Sowjet- und kommunistischer Herrschaft steht, ist die Zone geographisch ein Teil Deutschlands und kann am besten zusammen mit ganz Deutschland behandelt werden); dagegen wird hier Jugoslawien zu »Osteuropa« gerechnet, das, obgleich es von Kommunisten regiert wird, politisch von Rußland unabhängig ist. Eine völlig befriedigende Abgrenzung der thematischen Komplexe ist schwer möglich; diese kurze Erklärung sollte dem Leser lediglich sagen, was er in der folgenden Übersicht finden kann.

Sowohl in der Sowjetunion als auch in Osteuropa ist der Tod Stalins im März 1953 ein Wendepunkt gewesen. Dieser Punkt bezeichnet die Scheidelinie, an der die Übersicht chronologisch in zwei Teile zerfällt. Innerhalb jeder der beiden Perioden (1945–1953 und 1953–1960) zerfällt die Behandlung in zwei Abschnitte: die Sowjetunion selbst und Osteuropa. Ein Schlußkapitel soll der Außenpolitik der Sowjetregierung und der Stellung des Blocks der kommunistischen Staaten Europas in der Weltpolitik vorbehalten bleiben.

Sowjetunion 1945–1953

Stalins Erbe

Die Diktatur der kommunistischen Partei über das russische Volk wurde von Lenin im Zuge der bolschewistischen Revolution errichtet, und jede Opposition organisierter Gruppen innerhalb der Partei wurde bereits vom 10. Parteitag der Kommunistischen Partei 1921 verboten. Unter Stalin aber schritt das System weiter von der einfachen Diktatur zum totalitären System. Stalin entfernte der Reihe nach alle Parteiführer, die sich an Bedeutung mit ihm messen konnten, und errichtete seine persönliche autokratische Herrschaft. Durch Kollektivierung der Landwirtschaft und die staatlich betriebene überstürzte Industrialisierung stellte er sowohl die Wirtschaft als auch die staatliche Maschinerie auf eine modernere Basis und schuf wirksamere Instrumente zur Beherrschung des Lebens der russischen Bauern und Arbeiter, als sie in der Geschichte Rußlands je existiert hatten. Die Medien der Massenbeeinflussung wurden systematisch zur Verbreitung einer einzigen allumfassenden und ausschließliche Geltung beanspruchenden Wahrheit benutzt, die sich von einem Tag zum andern ändern konnte, aber immer für alle Sowjetuntertanen verbindlich war. Diese Wahrheit wurde nur durch den einen allweisen Führer Stalin offenbart, dessen immer gottähnlicheres Bild dem Sowjetbürger vorgeführt wurde. Die Machtzusammenballung in seinen Händen erreichte ihren Höhepunkt während der »großen Säuberung« von 1936 bis 1938. Was an dieser umwälzenden Personalablösung entscheidend war, war nicht die Abschlachtung so alter Bolschewiki wie Sinowjew, Kamenew, Bucharin und Rykow, die schon bei der Niederlage in den Richtungskämpfen von 1925 bis 1930 jede Chance, an Stalins Politik ernsthaft zu rütteln, eingebüßt hatten, sondern das Hinwegräumen von Menschen, auf die sich Stalin im Kampf gegen diese Rivalen gestützt hatte, die Beseitigung der treuesten stalinistischen Kader. Von seinen engsten Mitarbeitern verblieben nur wenige – wie Molotow, Woroschilow, Kaganowitsch – im innersten Kreis der Machthaber. Drastisch »gesäubert« wurden auch das Oberkommando der Armee und die obere Schicht der Ministerialbürokratie und der Industrieführung. Mehr als die Hälfte der Schlüsselpositionen in Partei und Staat gingen in die Hände einer jüngeren Generation über, in die Hände von Menschen, die unter dem bolschewistischen Regime aufgewachsen und für die Revolution und Bürgerkrieg nicht persönlich Erlebtes, sondern Heldensage waren. Auf dem 18. Parteitag, der im März 1939 abgehalten wurde, waren von den 1570 Delegierten (die als Elite der Gesamtpartei angesehen werden können) vier Fünftel noch nicht vierzig und die Hälfte unter fünfunddreißig Jahre alt. So hatte Stalin gegen die alte Generation eine neue großgezogen und die ganze soziale und politische Hierarchie durcheinandergerüttelt, um seine eigene unumschränkte Macht zu sichern. Sein Regime war totalitär in den drei entscheidenden Aspekten, die totalitäre Herrschaft von bloßer Diktatur unterscheiden. Während Diktaturen negative Macht ausüben, indem sie ihren Untertanen vorschreiben, was sie nicht tun oder nicht sagen dürfen, handhaben totalitäre Herrscher auch positive Macht, indem sie anordnen, was die Untertanen zu tun, zu sagen und zu denken haben. Diktaturen unterscheiden zwischen dem öffentlichen und dem privaten Leben ihrer Untertanen und beanspruchen Gefolgschaft nur im öffentlichen; totalitäre Herrscher kennen einen solchen Unterschied nicht und erheben Anspruch auf das gesamte Leben ihrer Untertanen. Diktaturen sind skrupellos, was politische Macht betrifft, erkennen aber einen Bereich der Gesittung an, in den sie nicht eingreifen; für totalitäre Herrscher ist das einzige moralische Kriterium die Unterwerfung unter den Willen des Führers. In diesen drei Aspekten waren sowohl Stalins als auch Hitlers Regimes totalitär: in beiden war alles relativ außer dem Willen des obersten Chefs.

Die Sowjetunion trat die Erbschaft des russischen Kaiserreichs an, das ebenso wie die alte Habsburgermonarchie ein Nationalitätenstaat war. Etwa zur Hälfte waren die Untertanen der Sowjetunion 1945 keine Russen. Die größte nichtrussische Nationalität waren die Ukrainer, ein Volk griechisch-orthodoxen Bekenntnisses und slawischer Sprache. Eine zweite, viel kleinere und gesellschaftlich weniger entwickelte slawische Nationalität waren die Weißrussen. In Transkaukasien lebten zwei Nationalitäten mit uralter christlicher Kultur, die älter war als die der Russen: die Georgier und die Armenier. Von den vielen mohammedanischen Völkern der Sowjetunion gehörten die meisten zur Familie der Turksprachen; die kulturell höchststehenden waren die Tataren an der Wolga und in Aserbeidschan.

Seit 1917 hatte die Außenpolitik des Sowjetstaates von geographischen Realitäten ausgehen müssen. Rußland blieb Rußland – mit denselben Nachbarn zu Lande und jenseits der Binnenmeere (Ostsee und Schwarzes Meer) wie zu Zeiten des Zarenreichs. In diesem strikt geographischen Sinn kann von einer Kontinuität der russischen Außenpolitik von den Zaren zu den Bolschewiki gesprochen werden. Aber die bewußten Ziele der bolschewistischen Führer waren von denen der Zaren grundverschieden. Als Kommunisten hatten sie es auf sich genommen, für die Weltrevolution zu kämpfen. Zu Lenins Lebzeiten wurde diese elementare Wahrheit von keinem Kommunisten in Frage gestellt. In der Periode, in der Stalin um die Macht kämpfte, verschoben sich die Akzente. Wenn auch der Streit um »Sozialismus in einem Lande« hier nicht zur Debatte steht, muß hervorgehoben werden, daß Stalin selbst stets betont hat, der »vollständige« Sieg des Sozialismus sei auch in Rußland nicht gesichert und könne nicht gesichert sein, solange nicht sozialistische Revolutionen in wenigstens einigen der industriell fortschrittlichen Länder stattgefunden hätten. Nicht minder als Trotzkij hatte Stalin die Weltrevolution zum Ziel, auch wenn er sie als weniger vordringlich betrachtete. Ende der dreißiger Jahre begann ein drittes Stadium, in dem die Formel »sozialistische Weltrevolution« einen veränderten Inhalt bekam. Nach der Kollektivierung der Landwirtschaft und der Verwirklichung der zwei ersten Fünfjahrespläne proklamierte Stalin die These, der Sozialismus sei errichtet. Diese Lehre hat Eingang gefunden in die Verfassung von 1936, die Stalins Namen trägt und in der es heißt, die Sowjetunion sei ein »sozialistischer Staat der Arbeiter und Bauern«. Daraus folgte, daß das, was in der Sowjetunion bestehe, Sozialismus sei und etwas anderes nicht Sozialismus sein könne. Sozialisten seien Menschen, die in ihren Ländern um die Errichtung eines dem Sowjetmodell nachgebildeten sozialen und politischen Systems kämpften, und niemand anders könne Sozialist sein. Demnach kann eine sozialistische Revolution nichts anderes bedeuten, als daß dem Land, in dem sie stattfindet, ein Regime nach Sowjetart aufgezwungen wird. Sagt man unter diesen Umständen, daß die Sowjetaußenpolitik die Unterstützung und Förderung der sozialistischen Weltrevolution zum Ziel habe, so heißt das nunmehr, sie verfolge das Ziel, den anderen Völkern in der ganzen Welt das Sowjetregime zu oktroyieren. So lagen die Dinge schon in den dreißiger Jahren, nur daß die Sowjetunion damals international noch nicht sehr mächtig war und dieser Lehre deswegen noch keine große praktische Bedeutung zukam. Sie wurde aber 1944 in Osteuropa mit Erfolg angewandt.

Obwohl die Sowjetaußenpolitik dies unabdingbare Fernziel schon immer verfolgte und immer noch verfolgt, waren sich ihre Schöpfer natürlich auch der Bedeutung der Taktik vollauf bewußt. Gerade Lenin und Stalin hatten stets die Notwendigkeit betont, die »inneren Widersprüche des Kapitalismus und Imperialismus« auszunutzen. Damit war gemeint, daß die Sowjetregierung nach Kräften alles tun müsse, um die Gegensätze zwischen den Großmächten, ihren wirklichen oder potentiellen Feinden, zu vertiefen und aus ihnen Vorteile zu ziehen. Ganz besonders galt das für Konflikte zwischen Deutschland und den Westmächten. Jede deutsche Regierung, die Frankreich und England feindlich gegenüberstand, war Moskau mehr oder minder willkommen, auch wenn sie – wie die Regierung Cuno 1923 – von extrem konservativer Färbung war. Und jede deutsche Partei dagegen, die sich für Verständigung mit Frankreich einsetzte, galt in Moskau als Todfeind, auch wenn sie – wie die Sozialdemokraten – von der Arbeiterklasse getragen war. Sogar Hitler wurde, als er an die Macht kam, zunächst mit gemischten Gefühlen betrachtet. Die Sowjetregierung verfolgte nebeneinander zwei diplomatische Marschrouten: Zusammenschluß mit dem Westen gegen Hitler und mit Hitler gegen den Westen. Die Münchner Kapitulation des Westens brachte Stalin die Überzeugung bei, daß die zweite Marschroute die bessere sei. Die Abmachungen mit Hitler im August 1939 gaben ihm die Möglichkeit, das Territorium der Sowjetunion auf Kosten Polens zu vergrößern; 1940 wurden die drei baltischen Staaten (Litauen, Lettland und Estland) ganz in die Sowjetunion eingegliedert und Rumänien zur Abtretung Bessarabiens und der Nordbukowina gezwungen. Diese Eroberungen erhöhten die Bevölkerung der Sowjetunion um über zwanzig Millionen.

Stalin hatte sich 1939 insofern verrechnet, als er darauf gebaut hatte, daß sich die Westmächte und Deutschland im Kampf gegeneinander restlos verbrauchen müßten und er als der lachende Dritte übrigbliebe. In Wirklichkeit aber eroberte Hitler Europa, und als er in Rußland einzufallen beschloß, gab es keine »zweite Front«, die den russischen Armeen hätte helfen können. Indes ging auch Hitlers Rechnung nicht auf: einmal unterschätzte er die militärische Stärke des Sowjetstaats und zum andern verwandelten die Grausamkeiten seiner Gauleiter und der SS die Bevölkerung der besetzten Gebiete, die die Befreiung vom kommunistischen Regime ersehnt hatte, in erbitterte Feinde Deutschlands. Die Sowjetarmee rückte bis nach Berlin vor. Die 1939/40 eroberten polnischen, rumänischen und baltischen Gebiete wurden von der Sowjetunion 1945 erneut annektiert, und hinzugefügt wurde ein Teil Ostpreußens mit dem in Kaliningrad umgetauften Königsberg.

Der Sieg der russischen Heere 1945 erinnerte an den von 1815. Wie damals lag Rußland in Trümmern, doch das russische Volk war voller Stolz und Hoffnung. Nachdem sie dem Lande so tapfer gedient hätten, dürften sie doch wohl auf die Dankbarkeit der Regierung bauen, die Zeiten würden besser werden, und es werde mehr Freiheit geben. Aber wie 1815 Zar Alexander I. die Bauernsoldaten geheißen hatte, zum Leibeigenendasein zurückzukehren und weiterhin gehorsamst ihren Herren zu dienen, so wurde 1945 den Bauern und Arbeitern befohlen, wieder in Kolchosen und Fabriken zu gehen, neue Freiheiten nicht zu erwarten und der Partei und ihrem Führer zu gehorchen. Wieder bestätigte sich die traurige Wahrheit, daß es Niederlagen sind, die dem russischen Volk ein besseres Dasein bringen (1856, 1905, 1917), und Siege, die seine Knechtung verschärfen.

Politische Macht

Stalins autokratische Herrschaft beruhte – mindestens seit der großen Säuberung – auf einer Anzahl parallelgeschalteter Hierarchien, die der Alleinherrscher gegeneinander ausspielen konnte. In den ersten Jahrzehnten des kommunistischen Regimes hatte die Partei unzweifelhaft über allen anderen Machtinstrumenten gestanden. In Stalins späten Jahren war das viel weniger der Fall. Bestenfalls ließ sich sagen, daß die Partei das wichtigste Teilgebilde war, nicht daß sie alle anderen beherrschte. Neben der Partei stand die Regierungshierarchie, die vom Ministerrat (die neue Bezeichnung hatte 1946 die von Lenin 1917 eingeführte – Rat der Volkskommissare – ersetzt) über die Abteilungen der einzelnen Ministerien und die verschiedenen Stufen der Industrieleitung bis in die Fabriken hinunterreichte. Und neben dieser zivilen Regierungsmaschinerie gab es noch die bewaffnete Macht und die Polizei.

Der Ministerrat war eine ungefüge Körperschaft mit über fünfzig Mitgliedern, von denen die meisten lediglich leitende Wirtschaftsdirektoren oder Ministerialbürokraten waren. Es ist zweifelhaft, ob der Ministerrat als Ganzes oft zusammentrat. Nominell war er dem Obersten Sowjet, gleichsam dem Parlament der Union, verantwortlich. Diese Körperschaft wurde zwar auf Grund des allgemeinen Wahlrechts gewählt, da es aber immer nur eine von der kommunistischen Partei vorgeschlagene Kandidatenliste gab und die Gewählten pro Jahr nur für ein paar Tage zusammentraten, um die liturgisch vorgeschriebenen Lobpreisungen der Regierungspolitik entgegenzunehmen, kann der Oberste Sowjet als politische Institution nicht gerade ernst genommen werden. In der Zeit zwischen den Sitzungsperioden wurden sämtliche erforderlichen gesetzgeberischen Akte ohne sein Zutun ausgearbeitet und erlassen, und zwar von seinem Präsidium, einem wiederum nominell vom Obersten Sowjet gewählten Organ, das sich aus einigen verdienten Parteiführern und den amtierenden Präsidenten der Obersten Sowjets der einzelnen Gliedrepubliken der Sowjetunion zusammensetzte.

Das wichtigste Organ der Regierungshierarchie ist in der Verfassung nicht vorgesehen; es ist das »innere Kabinett«, das aus den Stellvertretern des Vorsitzenden des Ministerrats besteht, deren Zahl in den Kriegs- und Nachkriegsjahren zwischen acht und dreizehn geschwankt hat und dem in der Regel die obersten Funktionäre der kommunistischen Partei und einige prominente Bürokraten und Wirtschaftler angehören. Vermutlich war dies »innere Kabinett« ursprünglich aus Augenblicksbedürfnissen, nicht auf Grund planvoller Überlegungen entstanden. Da die komplexe Struktur der Wirtschaft unvermeidlich zu einer Vermehrung der Zahl der Hauptverwaltungen in der Ministeriumsebene führte, erwies es sich als unumgänglich, die Leitung größerer Sektoren sowohl des Verwaltungs- als auch des Wirtschaftsapparats in den Händen einiger besonders einflußreicher Personen zu konzentrieren. Tatsächlich ließen sich die Stellvertreter des Regierungschefs der Sowjetunion mit den *overlords* in Churchills Kriegskabinett vergleichen. Es ist nicht bekanntgeworden, ob diese Stellvertreter während der Ministerpräsidentschaft Stalins (der sie 1941 Molotow abnahm und bis zu seinem Tode behielt) regelmäßig zusammentraten; aber es ist nicht unwahrscheinlich, daß das der Fall war.

In der Parteihierarchie entsprachen der nach dem Parteistatut von 1939 alle drei Jahre einzuberufende Parteitag dem Obersten Sowjet, das Zentralkomitee dem Ministerrat und das Politische Büro des Zentralkomitees (Politbüro) dem »inneren Kabinett«. Der 1942 fällige Parteitag konnte wegen der Kriegslage schwerlich abgehalten werden, aber auch nach dem Krieg wurde die Einberufung des Parteitags immer wieder hinausgeschoben; echte Auseinandersetzungen zwischen verschiedenen Standpunkten hatte es auf Parteitagen seit 1925 ohnehin nicht gegeben. Das Zentralkomitee tagte dreimal im Jahr, und viele seiner Mitglieder waren Parteisekretäre in abgelegenen Gebieten, die nur selten in die Hauptstadt kamen; Zugehörigkeit zum Zentralkomitee war faktisch eher eine Rangauszeichnung als eine Gelegenheit, Macht auszuüben. Eine so vielköpfige und räumlich weitverstreute Körperschaft konnte das Land nicht regieren. Diese Funktion verrichtete das Politbüro, von dessen Mitgliedern etwa zwei Drittel als Stellvertreter des Ministerpräsidenten auch im Regierungsapparat dem »inneren Kabinett« angehörten. Ein außerordentlich wichtiges zweites Parteiorgan war das Sekretariat des Zentralkomitees, an dessen Spitze Stalin stand (von 1922–1934, vielleicht auch danach) mit dem Titel »Generalsekretär« und zu dem außerdem noch ein oder mehrere Politbüromitglieder gehörten. Das Sekretariat entschied über die Besetzung der wichtigsten Posten in Partei und Regierung; es leitete die gesamte Zentralverwaltung der Partei, deren wichtigste Gliederungen die Kaderabteilung (Personalverwaltung, Postenbesetzungen, Überwachung der Parteidisziplin) und die Agitpropabteilung (zur Lenkung sowohl der anspruchsvolleren ideologischen Propagandaarbeit als auch der Massenagitation) waren.

Es ist möglich, daß das Politbüro in den Nachkriegsjahren an Einfluß einbüßte und daß mehr Macht von den Polen Sekretariat und Innenkabinett angezogen wurde. Eine Weile sah es 1949 so aus, als stehe die Einberufung des längst fälligen 19. Parteitags unmittelbar bevor: in den einzelnen Gliedrepubliken wurden bereits zur Vorbereitung Landesparteitage abgehalten. Doch wurde der Parteitag der Gesamtpartei von neuem vertagt, offensichtlich weil der Machtkampf unter denen, die sich um Stalins Thron scharten, noch nicht zum Abschluß gekommen war. Endlich trat der Parteitag im Oktober 1952 zusammen. Er beschloß die Abschaffung des Politbüros und ersetzte es durch ein Präsidium des Zentralkomitees. Während das Politbüro zumeist aus etwa zwölf stimmberechtigten Mitgliedern und einigen »Kandidaten« mit beratender Stimme bestanden hatte, zählte das Präsidium fünfundzwanzig Mitglieder und elf Kandidaten. Offenbar war Stalin bemüht, neue Männer in die oberste Parteileitung zu ziehen. Seine frühere Praxis ließ darauf schließen, daß er sich mit dem Gedanken trug, diese Neuen zu benutzen, um wenigstens einige von denen, die ihm seit 1939 am nächsten gestanden hatten, auszustoßen, ja, daß überhaupt eine Ablösung der Wache bevorstand.

Während des Krieges hatte die Sowjetarmee viel Ruhm geerntet und war zum populärsten Machtgebilde im Lande geworden. Die siegreichen Marschälle waren in der Öffentlichkeit beliebte Gestalten, darunter vor allem Marschall Georgij Konstantinowitsch Schukow, der Eroberer Berlins. Freilich hatte Stalin nicht die Absicht, seine Machtstellung von den Marschällen untergraben zu lassen. Nach einjährigem Kommando in Deutschland wurde Schukow im Sommer 1946 abgesetzt und auf obskure Posten im Innern der Sowjet-

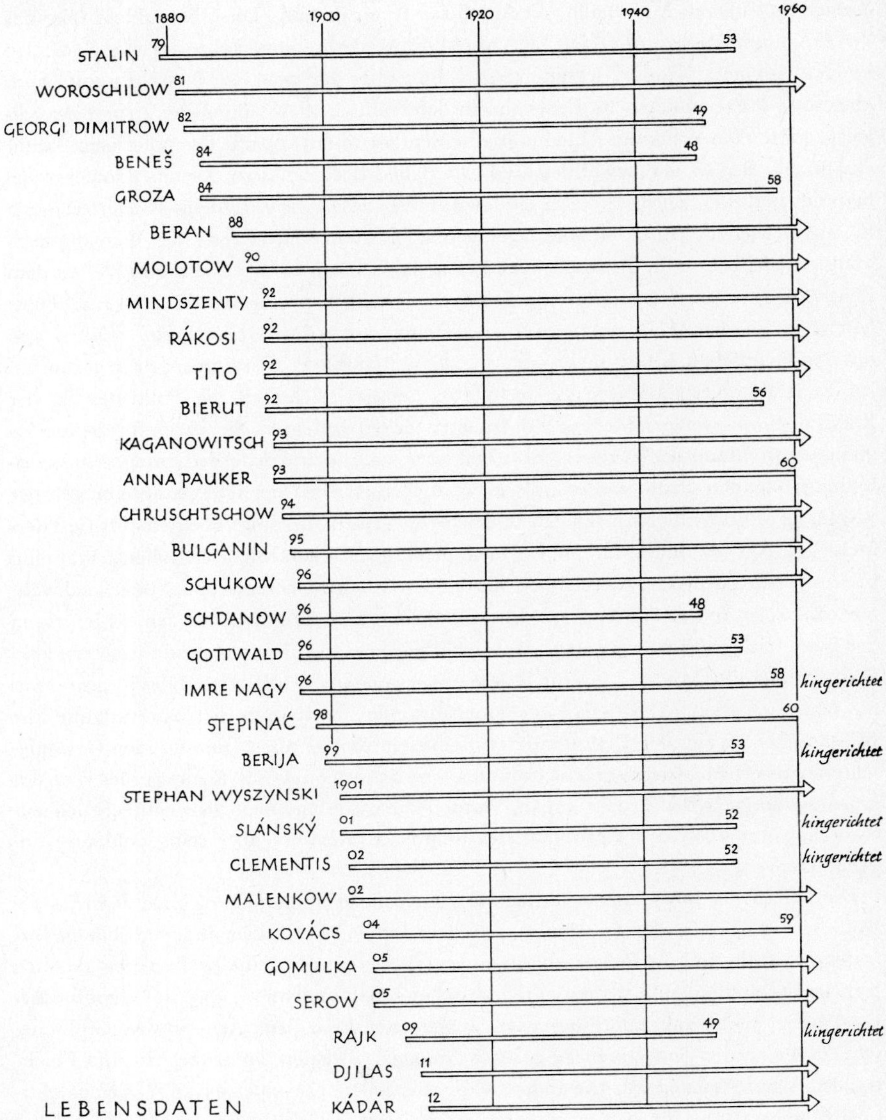

LEBENSDATEN

Russland und Osteuropa

union abgeschoben; erst gegen Ende 1952 durfte er einen Posten in Moskau übernehmen. Keiner der anderen Marschälle gab Anlaß zur Beunruhigung. Die Oberaufsicht über das Verteidigungsministerium erhielt, erst als Minister, dann einige Jahre als »overlord« im inneren Kabinett, Nikolai Aleksandrowitsch Bulganin, der zwar im Marschallsrang stand, aber seine kurze militärische Laufbahn in der Politischen Abteilung der Armee zurückgelegt hatte. Die Politische Abteilung faßte den gesamten Apparat der politischen Leiter zusammen, der in der bewaffneten Macht neben der regulären Kommandohierarchie bestand und der normalen Rangstufenordnung vom *zampolit,* dem stellvertretenden Kompaniechef für politische Angelegenheiten, bis zum Stellvertreter des Verteidigungsministers und Leiters der Politischen Abteilung parallel lief, der seinerseits unmittelbar dem Zentralkomitee der Partei unterstand. Die Beziehungen zwischen Offizieren und Politleitern (anfänglich Politkommissaren) waren seit 1917 durch mancherlei Stadien von bitterer Feindschaft bis zu mehr oder minder reibungsloser Zusammenarbeit gegangen. Zu Ende des Krieges waren sie recht gut, hauptsächlich weil die Politleiter in der Praxis über viel weniger Macht als in früheren Zeiten verfügten. Sie waren für die ideologische Ausrichtung der Truppen, zum Teil aber auch für manche Betreuungs- und Ausbildungsaufgaben verantwortlich, die in westlichen Armeen besonderen Abteilungen der Militärverwaltung obliegen. Es gab in der Sowjetarmee allerdings noch eine dritte Hierarchie, die viel gewaltiger war und viel mehr gehaßt wurde: den Sicherheitsdienst. Während in westlichen Armeen die Aufgaben der militärischen Sicherheit und Spionageabwehr normalerweise von einem Apparat der Militärbehörde gehandhabt werden, waren sie in der Sowjetunion der polizeilichen Staatssicherheitsbehörde übertragen und gehörten zum Dienstbereich des Ministeriums für Innere Angelegenheiten (MWD) und des Ministeriums für Staatssicherheit (MGB). Die Sicherheitsbeamten machten es sich zur Aufgabe, die Militärangehörigen aller Dienstgrade zu bespitzeln und in allen Dienstgraden Gewährsleute anzuwerben. Auch wenn sich daraus eine Schwächung des Kampfgeistes und der Leistungsfähigkeit der Truppe ergab, wurden diese Maßnahmen als unentbehrlich zur Sicherung der absoluten Herrschaft des totalitären Regimes über seine Soldaten hingenommen.

Die Polizei der Sowjetunion verrichtete verschiedene Funktionen. Zunächst ist da die Miliz zu nennen, die der gewöhnlichen uniformierten Polizei aller anderen Staaten entspricht. Sodann sind die Polizeiarmeen zu verzeichnen, große militärische Verbände ohne jegliche Verbindung zum regulären militärischen Oberkommando, aber mit allen modernen Waffen, auch Tanks und Flugzeugen, ausgestattet. Eine dieser Armeen war der Grenzschutz, der an den Sowjetgrenzen gegen Schmuggel, illegalen Grenzübertritt und Flucht aus dem Lande Wache hielt. Die andere waren die Inneren Truppen des MWD, eine politische Eliteformation, die sich in groben Umrissen mit der Waffen-SS des Dritten Reiches vergleichen ließe. Drittens hatte die Polizei ihr eigenes Wirtschaftsimperium, ihren territorialen Staat im Staat, namentlich in fernen Forst- und Bergbaubezirken, wo politische Häftlinge in unübersehbarer Zahl Fronarbeit unter Bedingungen leisteten, unter denen freie Arbeitskräfte nur bei so hoher Bezahlung hätten angeworben werden können, daß sich das polizeiliche Unternehmen nicht rentiert hätte.

Schließlich hatte die Polizei ihren Sicherheitsdienst, der in dieser Periode abwechselnd entweder ein besonderes Ministerium oder eine Ministerialabteilung bildete. Ihm unterstanden Spionage und Spionageabwehr, und dafür hatte er über alle wichtigen organisatorischen Gebilde des Landes ein Netz von »Sonderämtern« geworfen, die in Industriebetriebe und Eisenbahnverwaltungen, in zentrale und lokale Regierungsbehörden eingedrungen waren. Das Sicherheitsnetz in der bewaffneten Macht war nur ein besonders charakteristisches Beispiel der netzartigen Organisation der »Sonderämter«. Der Sicherheitsdienst war nicht nur dazu da, jede Art regimefeindlicher Betätigung aufzudecken; er sollte die Gesamtgesellschaft durchdringen, er sollte wissen, was wo gedacht und gesprochen wurde – auch über unpolitische Dinge –, und er sollte jede menschliche Tätigkeit in bestimmte Bahnen lenken. Ohne Wissen und Billigung der Polizei konnte nichts geschehen. Ein Botanisierverein hätte nicht gegründet werden können, ohne daß die Polizei einen Agenten eingeschmuggelt hätte, damit er über das Verhalten der Mitglieder berichte. Tatsächlich war die Polizei das Werkzeug der Atomisierung der Gesellschaft, wie sie totalitäre Staaten kennzeichnet: jeder Einzelne muß isoliert werden, der gewaltigen Machtfülle des Staates allein gegenübergestellt sein und Verbindungen mit anderen Einzelnen nur in den vom Staat für Staatszwecke geschaffenen Organisationen eingehen dürfen.

In den Nachkriegsjahren waren die prominentesten Mitarbeiter und Gehilfen Stalins Andrej Aleksandrowitsch Schdanow und Georgij Maximilianowitsch Malenkow. Seine Karriere hatte Schdanow als Parteichef von Leningrad gemacht. Während des Krieges, in der belagerten Stadt vom zentralen Apparat abgeschnitten, und nach dem Krieg sah es eine Weile so aus, als habe er viel von seinem früheren Einfluß verloren. Malenkow hatte seine Laufbahn Anfang der dreißiger Jahre in Stalins persönlichem Sekretariat begonnen und bei der großen Säuberung von 1936/38 eine wichtige Rolle gespielt. Auch in den Kriegsjahren blieb er in Stalins Nähe und erledigte für ihn manche wichtigen Aufträge. Aber 1946 wurde Schdanow wieder ins Sekretariat berufen, wo er sich unter Stalins Leitung mit Malenkow in die Macht teilte. Beide nahmen 1947 am Gründungskongreß der Kominform in Polen teil. Natürlich kämpften sie miteinander um die Macht, und es ist wahrscheinlich, wenn auch nicht zuverlässig erwiesen, daß sie in Fragen des einzuschlagenden Kurses verschiedener Meinung waren. Oft ist vermutet worden, daß Schdanow eine radikalere Politik der internationalen kommunistischen Revolution und Malenkow die stärkere Betonung russischer Staatsinteressen vertreten habe. So soll Malenkow für eine rücksichtslose Ausbeutung der deutschen Wirtschaft zur Wiedergutmachung der Rußland zugefügten Kriegsschäden eingetreten sein, Schdanow dagegen eine mildere Behandlung Deutschlands zur Stärkung des Ansehens der SED beim deutschen Volk befürwortet haben. Diese Vermutungen haben einiges für sich; beweisen lassen sie sich nicht.

Schdanow starb unerwartet im August 1948. Anfang 1949 wurde in der Leningrader Bezirksorganisation der Partei eine durchgreifende Säuberung durchgeführt; ihr fielen Funktionäre zum Opfer, die in enger Verbindung mit Schdanow gestanden hatten. Daneben stürzten aber auch Politbüro-Mitglied Wosnessenskij, einer der führenden Planwirtschaftsspezialisten, und der frühere Ministerpräsident der Gliedrepublik Rußland (RSFSR), Rodionow. Diese Säuberungsaktion, die als »Leningrader Affäre« bekanntgeworden ist, wurde von Chruschtschow in seiner bekannten Rede auf der Geheimsitzung des 20. Parteitags erwähnt, aber der wirkliche Zusammenhang ist unklar geblieben. Fest steht nur, daß die Schdanow-Fraktion dabei Verluste einsteckte und daß Malenkow profitierte. In den folgenden Jahren schien Malenkow nach Stalin die führende Gestalt im Parteiapparat zu sein, während Molotow nach Stalin die führende Person im Staatsapparat war. Im Dezember 1949 kam Nikita Sergejewitsch Chruschtschow, seit 1938 oberster Chef der Ukrainischen Republik, als Erster Sekretär der Bezirksparteiorganisation nach Moskau und wurde kurz darauf Mitglied des Sekretariats des Zentralkomitees; ihm fiel damit im Parteiapparat die nach Malenkow wichtigste Rolle zu.

In Stalins letzte Lebensmonate fiel die offizielle Mitteilung, daß im Kreml ein verbrecherisches Komplott von Ärzten »entlarvt« worden sei, die einer Anzahl hoher ziviler und militärischer Führer nach dem Leben getrachtet hätten. Alle beschuldigten Ärzte waren Juden, und die im Zusammenhang mit dem Komplott lancierte Kampagne hatte eine eindeutig antisemitische Färbung. Die Sprache, in der die Presse erhöhte »Wachsamkeit« und Durchgreifen forderte, erinnerte deutlich an die Atmosphäre der großen Säuberung von 1936/38. Die Affäre des Ärztekomplotts gleich nach der Ersetzung des kleinen Politbüros durch das größere Präsidium deutete unverkennbar darauf hin, daß Stalin eine Säuberung der obersten Parteiführungsschicht vorbereitete. Zum Glück für die vorgemerkten Opfer starb er am 5. März 1953.

Gesellschaftsklassen

Die große Kollektivierungswelle zu Beginn der dreißiger Jahre hatte mit einem Kompromiß geendet, der die Bauern zwar weiterhin zwang, in Kolchosen einzutreten, ihnen aber erlaubte, neben dem Wohngebäude noch eine Bodenparzelle zur individuellen Bearbeitung für den Eigenbedarf zu behalten und über alle nach Erfüllung des staatlichen Ablieferungs-Solls hier anfallenden Überschüsse zu verfügen, sei es für den Eigenverbrauch, sei es zum Verkauf auf dem freien Markt. Diese Eigenparzellen spielten in der Dorfwirtschaft immer noch eine bedeutende Rolle: nahezu die Hälfte der Viehhaltung der Sowjetunion entfiel in den Nachkriegsjahren auf diesen bäuerlichen Privatbereich. Während des Krieges hatten die Bauern bis zu einem gewissen Grade von der Lebensmittelknappheit und der Lockerung der Parteiaufsicht über die Landwirtschaft in einer Situation profitiert, in der sich alle Anstrengungen der Staatsgewalt auf die Niederringung der Eindringlinge konzentrierten: die Bauern konnten ihre Überschüsse zu hohen Preisen verkaufen und den Umfang ihrer Parzellen durch Übergriffe auf Kolchos-Land ausdehnen. Als der Krieg vorbei war, wandte sich die Partei erneut der Landwirtschaft zu und unternahm eine neue Kampagne, um einerseits das »gestohlene« Land wieder den Kollektivbetrieben zuzuführen und anderseits die Bauern dazu zu bringen, weniger Zeit auf die Bearbeitung der eigenen Parzellen zu verwenden, dafür aber mehr Zeit für die Kolchos-Arbeit aufzubringen. Die konkurrierende Inanspruchnahme der Zeit und Arbeitskraft der Bauern durch Kolchos und Eigenparzelle (bei Bevorzugung der Eigenwirtschaft) erinnerte an den Konflikt zwischen Gutsland und bäuerlichem Hof in der Zeit der Leibeigenschaft vor 1861.

Stalin-Standbild in einer Schule in Moskau

Sportlerparade
Wandteppich, Kollektivarbeit kasachischer Bildwirkerinnen

In den Nachkriegsjahren litten die Kolchosen unter außerordentlicher Knappheit an Arbeitskräften. Die Arbeit wurde hauptsächlich von Frauen verrichtet. Die Männer waren zu einem erheblichen Teil noch beim Militär, und als sie entlassen wurden, versuchten sie, Arbeit in der Stadt zu finden, statt ins Dorf zurückzukehren. Auch Jugendlichen schien Industriearbeit, selbst unter ungünstigen materiellen Bedingungen, verlockender als Landarbeit. Die Zahl der Parteimitglieder in den Kolchosen war ziemlich klein; in den meisten gab es überhaupt keine Parteiorganisation. Die Zentren des Parteieinflusses auf dem flachen Lande waren die Maschinen- und Traktorenstationen (MTS), die den landwirtschaftlichen Betrieben schwere Maschinerie für Anbau- und Erntearbeit zur Verfügung stellten, wobei eine MTS rund dreißig Kolchosen versorgte. Für die Benutzung der Maschinen lieferten die Kolchosen einen beträchtlichen Teil der Ernte an die MTS ab, die ihn an den Staat weiterleiteten. Jedem MTS-Direktor stand ein Stellvertreter für politische Angelegenheiten zur Seite, der faktisch als Parteiboß für den ganzen Distrikt fungierte.

Im Jahre 1950 begann eine Kampagne für die Zusammenlegung der Kolchosen zu größeren Einheiten. Die treibende Kraft dabei war Chruschtschow, damals Sekretär der Moskauer Parteiorganisation. Die Kampagne galt sowohl wirtschaftlichen als auch politischen Zielen. Viele Kolchosen waren relativ kleine Betriebseinheiten, die etwa der Größe der Bauerngemeinden der zaristischen Zeit entsprachen. Vieles sprach für ihre Zusammenfassung zu größeren und anders strukturierten Betrieben, die den wirtschaftlich optimalen Nutzen erbringen könnten. Anderseits bestand die Aussicht, daß bei Zusammenlegung eines Kollektivbetriebes mit gut funktionierender Parteiorganisation mit mehreren anderen ohne Parteiorganisation die Parteizelle durch Anwerbung neuer Mitglieder aus den vernachlässigten Kolchosen wesentlich verstärkt und in dem neuen Großkolchos eine feste Basis für Vorherrschaft des Parteiapparats geschaffen werden könnte. Von 1950 bis 1952 wurde die Kampagne mit großer Energie durchgeführt. Die Zahl der Kolchosen in der Sowjetunion wurde von über zweihundertfünfzigtausend auf weniger als hunderttausend reduziert. In derselben Zeit wurde auch in den baltischen Staaten und den früher polnischen und rumänischen Gebieten, wo zwischen 1939 und 1941 die Zeit nicht gereicht hatte, die Kollektivierung der Landwirtschaft zu Ende geführt.

Keine Verwirklichung fand ein weiterer Plan Chruschtschows, der darauf hinauslief, die landwirtschaftliche Bevölkerung in Großsiedlungen zu konzentrieren, die alten Dörfer zu beseitigen und statt dessen »Agrarstädte« *(agrogoroda)* aufzubauen, aus denen die Bauern ebenso zur Landarbeit fahren würden wie die Industriearbeiter zur Arbeit in der Fabrik, in denen aber dafür aller städtische Komfort und alle Annehmlichkeiten modernen städtischen Daseins sämtlichen Einwohnern zugänglich wären. Das wäre gleichbedeutend gewesen mit der Umwandlung der Landwirtschaft in eine Industrie, die mit fabrikähnlicher Disziplin zu betreiben gewesen wäre, und mit der Verwandlung des Bauern zum Stadtmenschen. Dieser Idee widersetzten sich sowohl die Bauern, die ihre Eigenparzellen hätten aufgeben müssen, als auch die Mehrheit der Staatsführung, die die schweren finanziellen Lasten der Versorgung der Bauern mit städtischen Wohngelegenheiten und sozialen Diensten nicht verantworten wollte. Schon im März 1951, kurz nach seiner Bekanntgabe, wurde der

Plan desavouiert. Im Oktober 1952 wurde er auf dem 19. Parteitag von Malenkow kritisiert; Chruschtschow wurde dabei allerdings nicht genannt.

Die Industriearbeiter hatten im Krieg sehr schwere Lebensbedingungen ertragen müssen, die auch noch in den ersten Wiederaufbaujahren nach dem Krieg anhielten. Arbeitsplatzwechsel bedurfte der schriftlichen Genehmigung des Arbeitgebers; Verstöße gegen die Arbeitsdisziplin, ja sogar Zuspätkommen zur Arbeit wurden strafrechtlich verfolgt und zogen Gefängnisstrafen nach sich; Sicherheitsvorrichtungen in Fabriken und Bergwerken wurden vernachlässigt. Das Lohnsystem zeichnete sich durch scharfe Staffelung nach Qualifikationsstufen aus. Große Vergünstigungen wurden Arbeitern geboten, die besonders hohe Leistungen erbrachten. Die Heldentaten dieser »Stachanowisten«, die durch besondere, von den Betriebsleitungen organisierte Arbeitserleichterungen ermöglicht und von Propagandafanfaren hinausgeblasen wurden, sollten dazu dienen, die Mindestleistungssätze, die »Quoten«, in die Höhe zu treiben. Leistungssteigerung wurde aber auch noch mit einer anderen Methode erstrebt, dem »sozialistischen Wettbewerb«, in dessen Rahmen Belegschaften verschiedener Betriebe einander »herauszufordern« hatten, bestimmte Fabrikatmengen zu bestimmten Terminen zu produzieren. Natürlich entsprachen solche »Herausforderungen« nicht der Initiative der Arbeiter, sondern wurden von den Parteiorganisationen im Einvernehmen mit der Betriebsleitung festgesetzt.

Einige Jahre nach dem Krieg begannen sich die Verhältnisse zu bessern. Die schlimmsten Mangelerscheinungen der Kriegszeit waren überwunden, der Reallohn stieg, und mehr Waren tauchten in den Läden auf. Es zeigte sich auch eine Tendenz zur Abschwächung des Lohngefälles. Erreicht wurde das nicht durch Lohnerhöhungen bei ungelernten Arbeiterkategorien, sondern durch Höhereinstufung der Minderqualifizierten und verschiedenerlei Prämienzahlungen mit weitgehend erfundenen Begründungen. Die Betriebsleitungen brauchten Arbeitskräfte, und es lag in ihrem Interesse, höhere Löhne als die behördlich vorgeschriebenen zu zahlen, und sei es auch nur mit fingierten Begründungen, die eine Umgehung der gesetzlichen Vorschriften erlaubten. Als Stalin starb, hatte sich die Lage der Sowjetarbeiter zweifellos gebessert; sie war vermutlich bereits besser als 1940, im letzten Vorkriegsjahr. Weitere Fortschritte stießen allerdings auf zwei Schranken: einmal wurde von der Regierung die absolute Vorrangstellung der Produktionsgüterindustrien beibehalten, und zum anderen gab es nach wie vor keinerlei echte Arbeiterorganisationen, mit deren Hilfe die Arbeiter ihre Interessen hätten selbst wahrnehmen können. Die Gewerkschaften blieben Organe der kommunistischen Partei, das heißt des Arbeitgebers Staat. Ihre Aufgabe erschöpfte sich darin, aus den Arbeitern höhere Produktionsleistungen herauszupressen und verschiedene von der Regierung zugestandene Wohlfahrtseinrichtungen zu verwalten. Wenn eine gewisse Besserung eintrat, so nur deswegen, weil sich die Regierung zu Zugeständnissen entschloß. Die Arbeiter hingen auch weiterhin vom Wohlwollen der Regierung ab; aus eigener Kraft konnten sie nichts unternehmen.

Wie die privatwirtschaftlich betriebene Industrialisierung Europas und Amerikas im 19. Jahrhundert, brachte auch die staatlich betriebene Sowjetindustrialisierung der dreißiger Jahre neue große Gesellschaftsklassen hervor, die sich aus den für den Betrieb der modernen Industrie unentbehrlichen Geschäftsführern und Betriebsleitern, Technikern und

Büro- und Buchhaltungsangestellten zusammensetzen. Diese Männer und Frauen waren nicht Arbeiter oder Bauern, wenn es auch ihre Eltern gewesen sein mochten. Ihre Bezahlung war höher als die aller Arbeiterkategorien bis auf die höchstqualifizierten, und einige von ihnen – die obersten Direktoren und die glanzvollsten Wissenschaftler und Techniker – erfreuten sich phantastischer wirtschaftlicher Vorteile. Selbstverständlich konnte die Gesellschaftslehre der Sowjetunion, nachdem der »Sozialismus« als verwirklicht galt, keine »Oberklasse« unterbringen, aber die Tatsache, daß diese Menschen existierten, ließ sich nicht bestreiten. Offensichtlich konnten sie nicht »herrschende Bürokratie« oder »Staatskapitalisten« genannt werden – und schon gar nicht »Staatsbourgeoisie«. Die Lösung, auf die man verfiel, bestand darin, daß man sie als »werktätige Intelligenz« klassifizierte. Das Wort »Intelligenz« hatte einen »fortschrittlichen« Beiklang, denn die Intelligenz des zaristischen Rußlands – die Schriftsteller, Lehrer, Naturwissenschaftler, Ingenieure – hatte viele Führer der revolutionären Parteien, auch der Bolschewiki, gestellt und insgesamt der revolutionären Bewegung mehr Sympathie bezeigt als dem zaristischen Staat. Das Wort konnte benutzt werden, sofern man mit dem qualifizierenden Adjektiv klarstellte, daß es sich um eine neue Schicht handelte, die im Gegensatz zur »bürgerlichen Intelligenz« vergangener Zeiten aus den »werktätigen Massen«, aus Arbeiter- und Bauernfamilien hervorgegangen war. Offizielle Sowjetquellen gaben allerdings nie zu, daß die »werktätige Intelligenz« eine Gesellschaftsklasse sei, sondern beschrieben sie doppeldeutig als »Gesellschaftsschicht zwischen den Klassen« *(klassowaja proslojka)*.

Indes waren diese Gesellschaftsschichten viel mehr als bloß »Intelligenz«, auch wenn sie die Intelligenz in sich einschlossen. In Stalins letzten Lebensjahren kristallisierte sich da eine neue herrschende Klasse mit eigenen Einstellungen und Perspektiven heraus, die in vielem (beispielsweise in ihrer puritanischen Haltung zur individuellen Moral und in ihrer Vorliebe für pompöse Architektur) an das »bürgerliche Spießertum« der industriellen Bourgeoisie im viktorianischen England oder im wilhelminischen Deutschland erinnerte. In den Eingriffen der kommunistischen Partei in Literatur und Kunst, die sich in den Jahren der größten Macht Schdanows zu einer bis dahin unbekannten Brutalität steigerten, spiegelten sich bis zu einem gewissen Grade die Vorurteile dieser aufsteigenden Schicht. Einem Birminghamer Geschäftsmann aus dem Jahre 1880 hätte Schdanows kategorische Forderung, daß Musik aus einfachen, allen verständlichen Weisen bestehen und jeden »Formalismus« aufgeben müsse, ebenso eingeleuchtet wie seine Vorschrift, daß Schriftsteller optimistische Bilder ihrer Gesellschaft zu zeichnen hätten. Freilich besteht der Unterschied darin, daß die europäischen Kapitalisten des 19. Jahrhunderts zwar schlechten Geschmack gehabt und jegliche Originalität in der Kunst gehaßt haben mögen, daß ihnen aber wenigstens keine administrative Gewalt über Schriftsteller und Künstler zustand. In der Sowjetunion aber verfügte die Partei im Auftrag ihres Führers, des »genialen Lehrmeisters der gesamten fortschrittlichen Menschheit«, über geistige, moralische und politische Macht. Dem Führer mußten alle gehorchen. Die Wirtschaftler und Bürokraten mochten an den Geboten Gefallen finden, die er für Schriftsteller und Künstler aufstellte, aber in ihrer eigenen Arbeitssphäre waren sie ihm widerspruchslos untertan. Groß war der materielle Gewinn, der ihnen zufiel; nur fehlte ihnen eines: die Sicherheit des Daseins.

Nationalitäten

Das offizielle Ziel der Nationalitätenpolitik des Sowjetstaates war, jeder Nationalität eine »der Form nach nationale, dem Inhalt nach sozialistische« Kultur zu garantieren. Im großen und ganzen bedeutete das, daß in jedem nationalen Gebiet der freie Gebrauch der lokalen Sprache im privaten wie im öffentlichen Leben gesichert war und daß die Regierungstätigkeit nach Möglichkeit in den Händen Angehöriger der lokal vorherrschenden Nationalitäten liegen sollte, daß aber die nationale Sprache nur dazu zu dienen hatte, von der kommunistischen Partei gebilligte Lehren und Meinungen zum Ausdruck zu bringen, und daß die lokalen Herrscher vom Führer der kommunistischen Partei in Moskau zu bestellen waren und seine Befehle auszuführen hatten. Die Sowjetunion war kein föderativer Staat. In einem föderativen Staat teilen sich zentrale und regionale Gewalten die Macht; jede ist in ihrem Bereich souverän. So gestalten sich beispielsweise in den Vereinigten Staaten die Beziehungen zwischen der bundesstaatlichen Regierung und den Regierungen der einzelnen Gliedstaaten. In der Sowjetunion waren die Regierungen der sechzehn Gliedrepubliken nicht wie die der achtundvierzig Staaten Nordamerikas der zentralen Staatsgewalt gleichgeordnet, sondern ihr untergeordnet. Höchstens hätte gesagt werden können, einige Machtbefugnisse der zentralen Staatsgewalt seien den Republikregierungen übertragen gewesen. Das Recht auf Loslösung, das die Sowjetverfassung von 1936 den Gliedrepubliken verbürgte, war eine Fiktion. Wer die Loslösung befürwortete, war nach Artikel 58 des Strafgesetzbuches der Sowjetunion gegenrevolutionärer Propaganda schuldig. Auch die Möglichkeiten der Delegation von Machtbefugnissen waren dadurch eingeengt, daß die Republikregierungen von Mitgliedern der kommunistischen Partei beherrscht wurden, die den Parteiführern direkt untergeordnet sind. Das Statut der kommunistischen Partei kennt aber keine Parallele zu der formalen Dezentralisation, wie sie die Sowjetverfassung für den Staatsaufbau vorschreibt.

Seit eh und je hatte die kommunistische Nationalitätentheorie vor zwei Verirrungen gewarnt, die unter allen Umständen zu vermeiden waren: einerseits vor dem »großrussischen Chauvinismus«, der Tendenz, die kleineren Nationalitäten zu russifizieren, anderseits vor dem »Nationalismus der lokalen Bourgeoisie«, der Tendenz also, die Interessen einer kleineren Nationalität über die der Sowjetunion oder des »Sozialismus« als Ganzes zu stellen. In der Praxis wurde die zweite Verirrung seit den dreißiger Jahren viel brutaler und wütender unterdrückt als die erste. Die große Säuberung von 1936/38 hatte mit besonderer Schärfe die Minderheitsnationalitäten getroffen: Ukrainer, Tataren, Usbeken, Burjäten und manche anderen. Die fanatische Sorge um die Staatssicherheit hatte zu barbarischen Verfolgungen der in den Grenzgebieten ansässigen Völker geführt. Bei der Einverleibung der baltischen Staaten im Jahre 1940 wurden Hunderttausende ihrer Bürger, darunter vor allem protestantische Geistliche und Intellektuelle, in abgelegene Gegenden im Innern der Sowjetunion deportiert. Die Autonome Republik der Wolgadeutschen wurde 1941 aufgelöst und ihre Bevölkerung deportiert, nicht weil sie den Hitlerschen Armeen geholfen hatte (dazu hatte sie noch gar keine Gelegenheit gehabt), sondern weil sie dessen für fähig gehalten wurde. Ebenfalls in ferne Gegenden verschleppt wurden 1944 die Krimtataren, die buddhistischen Steppenkalmücken vom Kaspischen Meer und die kaukasischen Nationalitäten der Tschetschenen, Inguschen und Karatschaier; die autonomen Republiken all dieser Völker wurden mit einem Federstrich aufgelöst.

Nach dem Krieg wurde die Theorie der Nationalitätenpolitik umformuliert. Jetzt gab es zwei Hauptsünden: Nationalismus und Kosmopolitismus, und zwei Haupttugenden: proletarischen Internationalismus und Patriotismus. Nationalist ist nunmehr, wer die Unterschiede zwischen seiner Nation und der russischen betont; Kosmopolit ist, wer kulturelle Gemeinsamkeiten zwischen seiner Nation und einer anderen betont, deren nationale Heimstätte außerhalb der Sowjetunion liegt. Ein Aserbeidschan-Tatare, der von der Sprachgemeinschaft der Aserbeidschaner und der anatolischen Türken oder vom gemeinsamen schiitischen Erbe spricht, das Aserbeidschan mit Persien verbindet, macht sich demnach des Kosmopolitismus schuldig. Dagegen unterstreicht der proletarische Internationalismus die Solidarität mit der russischen Nation oder die Unterwerfung unter die russische Nation. Es ist die Pflicht des Sowjetpatrioten, die Überlegenheit der Sowjetkultur über die Kultur verwandter Nationen des Auslands zu verkünden. Deshalb müssen Georgier und Armenier, wenn sie gute Sowjetpatrioten sein wollen, fordern, daß die Sowjetunion türkische Gebiete annektiere, und ebenso müssen Turkmenen die Annexion persischen und Usbeken die Annexion afghanischen Territoriums verlangen.

Unruhen in weitem Umfang gab es in den ersten Nachkriegsjahren in der Westukraine, dem annektierten Gebiet, das vor dem Krieg zu Polen gehört hatte. In diesen Bezirken war der ukrainische Nationalismus schon seit den Zeiten, da sie als Galizien ein Land der Habsburgermonarchie waren, ein sehr gewichtiger Faktor. Bis mindestens 1948 hielten sich bewaffnete Partisanentrupps in den Karpaten. Die Unterdrückung der Aufständischen war von einer großangelegten Propagandakampagne gegen den »Bourgeoisnationalismus« in der Ukraine begleitet. Ukrainischer Parteiboß in dieser Zeit war Chruschtschow.

Der Teil der Sowjetunion, in dem das Übergewicht der Einheimischen in der Staatsverwaltung am ausgeprägtesten war, waren die transkaukasischen Republiken der christlichen Georgier und Armenier. Hier waren die Schlüsselstellungen in Partei und Regierung, sogar im Sicherheitsdienst, in georgischen und armenischen Händen, und die nationalen Sprachen waren im öffentlichen Leben dem Russischen vorherrschend. Im benachbarten Aserbeidschan spielten Russen eine beträchtliche Rolle, aber das hatte auch seinen guten Sinn angesichts des starken Anteils russischer Arbeiter im bedeutenden Industriegebiet von Baku. Es darf vermutet werden, daß transkaukasische Angelegenheiten im Politbüro hauptsächlich zum Ressort Berijas gehörten; jedenfalls waren die Parteichefs der drei Republiken (vor allem Bagirow in Aserbeidschan) Personen, die früher eng mit Berija zusammengearbeitet hatten. Das änderte sich im April 1952, als eine Säuberung der georgischen Parteiorganisation zur Beseitigung zahlreicher Berija-Leute führte.

In Mittelasien entsprach das Verhältnis zu Moskau mehr der kolonialen Situation; darin spiegelte sich die Tatsache, daß diese Gebiete von den Armeen der Zaren auf ähnliche Weise erobert worden waren wie Algerien von den Franzosen oder Indien von den Engländern. Die Revolution war in Zentralasien fast ausschließlich von Russen vollbracht worden, und seit den zwanziger Jahren hatten russische Kommunisten die Gegend beherrscht. Unterdes war eine neue Bildungsschicht aus kommunistisch erzogenen Asiaten herangewachsen; viele von ihnen rückten in öffentliche Ämter ein, aber die reale Macht blieb in russischen Händen. Zu Ersten Sekretären der Zentralkomitees und Bezirkskomitees der kommunistischen Partei in den einzelnen Republiken wurden Asiaten berufen, aber die Posten der Zweiten Sekretäre und auch die der Abteilungsleiter in den Zentralkomitees wurden mit Russen besetzt. Die Ministerpräsidenten waren Asiaten, aber wenigstens ein Stellvertreter war jeweils ein Russe. Die meisten Minister (aber nicht die Staatssicherheitsminister) waren Einheimische, aber es gab viele Russen unter ihren Stellvertretern und den Hauptabteilungsleitern der Ministerien. An Hochschulen und in der Leitung der Industrieunternehmungen waren Russen führend, und als Amtssprache überwog Russisch. Über die Wirtschaftspolitik wurde in Moskau entschieden. Daß die Wirtschaft Usbekistans auf Kosten anderer Kulturen auf die Erzeugung von Baumwolle konzentriert wurde, so daß die Lebensmittelversorgung der Bevölkerung von der Zufuhr aus Sibirien abhing, lag im Gesamtinteresse der Sowjetunion, aber keineswegs im Interesse des usbekischen Volkes. In Löhnen und Sozialleistungen erhielten die usbekischen Bauern nur einen Bruchteil des großen Reichtums, den sie erzeugten.

Die Politik der Ausbeutung Zentralasiens im Interesse der Gesamtwirtschaft des Sowjetreiches, wie sie lange vor dem Kriege eingeführt worden war, wurde in den Nachkriegsjahren durch eine Russifizierungspraxis verschärft, die es in diesen Landen weder unter den Zaren noch in den ersten Jahrzehnten des Sowjetregimes gegeben hatte. Auf Geheiß von Moskau wurde die Literatur der mittelasiatischen Nationalitäten »gesäubert«. Das altehrwürdige nationale Epos der Kirgisen wurde mit der Begründung, daß es nationalistische Haltungen (nicht so sehr antirussische wie antichinesische) zum Ausdruck bringe, totgeschwiegen. Ein ähnliches Schicksal wurde dem nationalen Epos der Aserbeidschan-Tataren zuteil. Die Geschichte sowohl der Kasachen als auch der Dagestan-Völker des Kaukasus wurde revidiert. Der Kampf der Kasachen gegen die Heere des Zaren Nikolaus I. um die Mitte des 19. Jahrhunderts, den kommunistische Historiker vordem als »nationalen Befreiungskampf« gepriesen hatten, wurde jetzt als reaktionäre Bewegung entlarvt; die russische Eroberung wurde in etwas »objektiv Fortschrittliches« umgedeutet, weil sie den gesellschaftlichen Aufstieg der Kasachen von der feudalen zur kapitalistischen Entwicklungsstufe beschleunigt und ihnen den Kontakt mit der überlegenen Kultur der großen russischen Nation ermöglicht habe. Diese Argumente erinnern an die der europäischen Imperialisten des 19. Jahrhunderts: Kiplings »Bürde des weißen Mannes«, die französische *mission civilisatrice* und des amerikanischen Präsidenten McKinley Vorsatz, die Filipinos »auf eine höhere Stufe zu heben und zu Christen zu machen«. Eine ähnliche Neuinterpretation fand sich auch für die Bewegung der Dagestan-Völker unter dem großen Imam Schamil, der nun nicht mehr als heldenhafter nationaler Führer, sondern als reaktionärer Mullah und gemeiner Agent des anglo-türkischen Imperialismus dargestellt wurde. Besonderer Nachdruck wurde bei diesem namentlich in den letzten Lebensjahren Stalins betriebenen Feldzug, der die asiatischen Völker ihrer Geschichte und Literatur berauben und sie der russischen Kultur in ihrer kommunistischen Form unterwerfen sollte, auf die Anprangerung und »Entlarvung« des Islams gelegt.

Außenpolitik

Noch mindestens zwei Jahre nach dem Kriege stützte sich die Sowjetaußenpolitik demonstrativ auf das Kriegsbündnis mit den angelsächsischen Mächten, in das nach Stalins anfänglich beträchtlichem Widerstand auch Frankreich einbezogen worden war. Aus dem Bündnis folgte, daß die kommunistischen Parteien die Politik der Volksfront mit dem Ziel einer Koalition aller demokratischen und antifaschistischen Parteien, wozu selbstverständlich auch sie zu gehören hatten, einschlugen. Betätigung des Sowjetstaates und der kommunistischen Parteien in Osteuropa, Sowjetbeistand für das »unabhängige« kommunistische Regime in Persisch-Aserbeidschan, Ausbreitung des Bürgerkriegs in China, Konflikt zwischen den Franzosen und der von Kommunisten geführten Vietminh-Bewegung in Indochina: das alles nahm den Parolen vom Großmächtebündnis und von der Volksfront viel von ihrem realen Wert. Im Frühjahr 1947 wurden die kommunistischen Parteien aus den Regierungskoalitionen in Frankreich und Italien ausgestoßen und damit die Kluft zwischen den früheren Verbündeten weiter aufgerissen. Aber erst die Weigerung der Sowjetunion, an der Marshall-Plan-Hilfe teilzunehmen, und die Gründung der Kominform – beides im Sommer 1947 – führte zur endgültigen Aufgabe der »freundlichen« Nachkriegsparolen. Im Februar 1948 ergriffen die Kommunisten die Macht in der Tschechoslowakei, im Juni begann die Berlin-Blockade, und im Sommer brachen kommunistische Aufstände in Burma, auf der Malaiischen Halbinsel, in Indonesien und in Hyderabad in Indien aus. Im Juni erfolgte der offizielle Bruch mit Jugoslawien. Nach Abbruch der Berlin-Blockade im Mai 1949 war die Sowjetpolitik ein Jahr lang etwas vorsichtiger, aber im Juni 1950 kam die Südkorea-Invasion. Da es dazu authentische Dokumente nicht gibt, läßt sich nicht sagen, wie Stalin das Risiko der Korea-Operation beurteilt und inwieweit ihm dabei der Plan vorgeschwebt hatte, einerseits das kommunistische China und die Vereinigten Staaten in einen Konflikt zu verwickeln und anderseits den Haß der Asiaten gegen Westeuropäer und Nordamerikaner zu schüren, um die Sowjetunion auf diese Weise anziehender für asiatische Augen zu machen. Sicher ist jedenfalls, daß genau das bei der Korea-Aktion herausgekommen ist: sie hat dem Westen geschadet und Moskau geholfen.

Stalins letzte Veröffentlichung war eine Sammlung von Artikeln über »Ökonomische Probleme des Sozialismus«. Darin vertrat er die Auffassung, daß die Hauptursache der internationalen Spannungen nicht so sehr der ideologische Konflikt zwischen dem Sowjetblock und dem westlichen (»kapitalistischen« oder »imperialistischen«) Block sei als die Gegensätze und Risse im Lager des Westens, insbesondere zwischen den Vereinigten Staaten und England, zwischen Deutschland und den westlichen Siegermächten, zwischen Japan und Amerika. Stalins letztes Werk war eine Aufforderung an seine Jünger, eine biegsamere, weniger dogmatische Außenpolitik zu betreiben, zur Taktik der »Ausnutzung der Widersprüche des Kapitalismus« zurückzukehren. Stalin starb, bevor Nennenswertes in dieser Richtung geschehen war. Aber wenigstens auf diesem Gebiet haben sich seine Nachfolger als treue und gelehrige Schüler erwiesen.

Osteuropa 1945–1953

Nachkriegsmosaik

Was zwischen den Weltkriegen auf den außenstehenden Beobachter Eindruck machte, war die Buntheit der osteuropäischen Szenerie, nicht etwa das Bewußtsein einer Interessen- oder Schicksalsgemeinschaft. Im Gesamtgebiet Osteuropas wurden überwiegend slawische Sprachen gesprochen, aber die Nordslawen (Tschechen und Slowaken) trennte von den Südslawen (Slowenen, Kroaten, Serben und Bulgaren) die nichtslawische Barriere der Rumänen, die eine hauptsächlich aus dem Latein stammende Sprache sprechen, und der Ungarn, deren Sprache mit keiner westlich der Wolga gesprochenen verschwistert ist, auch wenn sie mit dem Estnischen und Finnischen entfernt verwandt ist. Aber auch die Tatsache, daß sie von einem slawischen Ozean umgeben waren, brachte Ungarn und Rumänien nicht dazu, sich um ein freundschaftliches Verhältnis zu bemühen; es gab in ganz Europa kaum zwei andere Nationen, die einander so feindselig gegenüberstanden.

Sowohl durch die slawischen als auch durch die nichtslawischen Völker zog sich der Gegensatz zwischen der römisch-katholischen und der griechisch-orthodoxen Kirche. Polen, Slowenen, Kroaten und die Mehrzahl der Tschechen, Slowaken und Ungarn zählten zum katholischen Bekenntnis, Serben, Bulgaren und die meisten Rumänen zum griechisch-orthodoxen. Bei Ungarn und Slowaken gab es protestantische, bei Rumänen und Polen griechisch-unierte, bei Bulgaren und Jugoslawen mohammedanische Minderheiten; die Albanier waren in ihrer Mehrheit Mohammedaner.

Auch wirtschaftlich unterschieden sich die osteuropäischen Staaten sehr erheblich voneinander. In tschechischen Gebieten herrschte industrielle und städtische Wirtschaft vor, bei den Rumänen, Jugoslawen, Bulgaren und Albaniern agrarisch-ländliche, während in Polen, der Slowakei und Ungarn der industrielle und der agrarische Sektor besser aufeinander abgestimmt waren.

Vom Standpunkt der politischen Überlieferung und der staatlichen Gestaltung ließen die Länder Osteuropas sich in drei Gruppen einteilen. Nur die Tschechen hatten eine geistig-liberale und politisch-parlamentarische Tradition. Auf dem Balkan verband sich eine eher demokratische Gesellschaftsstruktur (ohne festgegründete erbliche Oberklassen) mit einer Tendenz zu despotischen Regierungsmethoden, die zu einem erheblichen Teil auf das byzantinische und osmanische Erbe zurückgeführt werden kann. In der dritten Gruppe – Polen und Ungarn – war die Tradition oligarchisch: eine seit langem etablierte Hocharistokratie, eng verbunden mit einer breiten Landadelsschicht, hielt die Massen in ihrer gesellschaftlichen Maciht, aber innerhalb dieser Oberklassen herrschte weitgehende Gedanken- und Redefreihe t und vererbte sich eine traditionelle Vorliebe für parlamentarische Regierungsformen.

Schließlich unterschieden sich die Länder Osteuropas in ihrer Haltung gegenüber den europäischen Großmächten. Tschechen, Serben und Bulgaren waren gewöhnt, in Rußland einen Freund zu sehen; dagegen sahen in ihm Polen, Ungarn und Rumänen einen Feind. Den Deutschen waren Polen, Tschechen und Serben gewöhnlich feindlich gesinnt, Rumänen und Bulgaren gewöhnlich freundlich, Ungarn ambivalent und schwankend.

Frankreich hatte die Sympathien der Bildungsschicht der meisten Nationen der Gegend genossen, am meisten wohl in Polen, Rumänien und Serbien. Die Tatsache, daß Tschechen, Serben und Rumänen von den Friedensverträgen von 1919/20 profitiert hatten, ließ ihre Außenpolitik im zweiten Weltkrieg zu den Westmächten hinneigen, wenn auch Rumänien seine Politik 1940 umwarf und sich der Achse anschloß. Verständlich war auf der anderen Seite die Achsenfreundschaft Ungarns und Bulgariens, die 1919/20 schwere Gebietsverluste erlitten hatten.

Der größte Teil der Gegend wurde 1944/45 von Sowjetarmeen überflutet. Nach Polen, der Tschechoslowakei und Jugoslawien kamen sie theoretisch als Verbündete, nach Ungarn, Rumänien und Bulgarien als siegreiche Feinde. Die Dinge änderten sich in den letzten Kriegsmonaten, als die rumänischen und bulgarischen Armeen Seite an Seite mit den Sowjettruppen gegen ihre früheren deutschen Verbündeten kämpften. Aber die Sowjethaltung zu den einzelnen Ländern richtete sich nicht einfach danach, ob es sich um Verbündete oder Feinde handelte. So verhielt sich die Sowjetobrigkeit gegenüber den verbündeten Polen äußerst feindselig, ging dagegen im früher feindlichen Bulgarien recht sanftmütig vor. Bald jedoch wurde eine einheitliche Linie der Sowjetpolitik sichtbar; sie bestand darin, die lokalen kommunistischen Parteien im Kampf um die Macht zu unterstützen.

Kommunistische Parteien von größerer Bedeutung hatte es zwischen den Weltkriegen in der Tschechoslowakei, in Bulgarien und Jugoslawien gegeben. Die tschechoslowakische war durch Abspaltung aus der alten sozialdemokratischen Bewegung hervorgegangen – wie die KPD in Deutschland. Wie die kommunistischen Parteien in westeuropäischen Ländern blieb sie ein linker Flügel der Arbeiterbewegung und arbeitete in voller Legalität, bis das parlamentarische System durch die deutsche Besetzung zerstört wurde. Dagegen waren die bulgarische und die jugoslawische Partei einer europäischen Arbeiterbewegung sogar noch viel weniger ähnlich als die alte bolschewistische Partei des Zarenreiches. Diese beiden Parteien waren konspirative Organisationen, die von Polizeidiktaturen brutal verfolgt wurden und sich nur dank der Disziplin, dem Mut und der Überzeugung einer kleinen Elite von Berufsrevolutionären behaupteten. Von den Berufsrevolutionären waren einige Industriearbeiter und einige sogar Bauern, aber ihre Hauptkader rekrutierten sich aus den Reihen der Intelligenz, der Studenten und Absolventen der Universitäten von Sofia, Belgrad und Zagreb. Darin glichen diese Parteien natürlich dem bolschewistischen Prototyp.

Sowohl die bulgarische als auch die jugoslawische Partei fanden viel Widerhall und Sympathie bei den Massen, die Grund genug hatten, mit dem sozialen und politischen System der dreißiger Jahre unzufrieden zu sein und nach einer grundlegenden sozialen Umstellung zu verlangen. Aber erst als das bestehende Staatsgefüge durch Schläge von außen zertrümmert worden war, konnten die kommunistischen Kader die Verbindung mit den Massen herstellen und die Führung einer starken Revolutionsarmee übernehmen. In Jugoslawien geschah das, nachdem die Achsenmächte den alten Staat zerschlagen und zerstückelt hatten. Unter Titos brillanter Führung formierten sich die jugoslawischen Partisanen zu einer aktionsfähigen Armee; sie hatten bereits mehr als die Hälfte des Landes unter ihre Herrschaft gebracht, als die Sowjetarmee von Bulgarien aus den Marsch in jugoslawisches Gebiet antrat. In Albanien war die kommunistische Partei von einer Handvoll

Intellektueller gegründet worden; nach jugoslawischem Vorbild schuf sie mit Hilfe von Jugoslawen und Westalliierten ebenfalls eine Revolutionsarmee, die ihr 1944 dazu verhalf, sich des ganzen Landes zu bemächtigen. In Griechenland bot sich der kommunistischen Partei, die zwar schwächer war als die jugoslawische, aber eine ähnliche Struktur hatte, die Gelegenheit, die Führung einer nationalen Bewegung in die Hand zu bekommen; gegen Ende 1944 hatte sie auf diese Weise den größten Teil des Landes in ihren Besitz gebracht. An der Eroberung der Staatsmacht hinderte sie jedoch im Dezember 1944 und Januar 1945 eine bewaffnete Intervention britischer Truppen in und um Athen. Weniger erfolgreich war die von Kommunisten geführte Partisanenbewegung in Bulgarien, im wesentlichen weil das Staatsgebilde bis Kriegsende zusammenhielt.

In Ungarn, Polen und Rumänien waren die Kommunisten zwischen den Kriegen ein bedeutungsloser Faktor. In Ungarn waren sie zwar 1919, von starken Massensympathien getragen, an die Macht gekommen, aber nachdem ihre Regierung mit Gewalt gestürzt worden war, wurden sie nicht nur von der Polizei unterdrückt, sondern verloren auch das Vertrauen der Massen. In Polen hatte die kommunistische Partei in den zwanziger Jahren einige begabte Führer, es gelang ihr aber nie, das Odium loszuwerden, das ihr wegen ihrer engen Verbindung mit Polens traditionellem Feind Rußland anhaftete. In Rumänien gab es zwar zwischen den Kriegen einige Hunderte Menschen, die kommunistischen Überzeugungen anhingen, aber es läßt sich kaum sagen, daß auch nur eine organisierte kommunistische Partei bestanden habe.

Machteroberung 1944—1948

Die Problematik der Machteroberung, der die Kommunisten gegenüberstanden, war in den einzelnen Ländern verschieden. In Jugoslawien und Albanien hatten die Kommunisten im Kriege gegen die Besetzungstruppen eine militärische und zivile Herrschaftsmaschinerie aufgebaut und brauchten, als die deutschen Truppen das Land verließen, den Machtbereich dieser Maschinerie, der die Berge umfaßte, nur auf die Ebenen und Städte auszudehnen. In Polen hatte die Widerstandsbewegung schon unter der deutschen Besetzung einen gut organisierten »unterirdischen Staat« geschaffen, und die große Mehrheit der Polen akzeptierte seine Autorität. Einen schweren Schlag erlitt dieser »Staat« mit der Niederlage des Warschauer Aufstands von 1944, der von den deutschen Truppen zerschmettert wurde, während die Sowjetarmeen in aller Gemütsruhe zusahen, bis das Massaker zu Ende war. Aber auch danach funktionierte der »unterirdische Staat« noch in weiten Teilen Polens. Schließlich zerstörte ihn die Sowjetarmee, indem sie seine Organisatoren verhaftete oder umbrachte und an die Stelle des in der Illegalität gewachsenen Gebildes eine eigene Verwaltung aus polnischen Agenten, die in der Sowjetunion ausgebildet worden waren, setzte. In der Tschechoslowakei und in Ungarn gab es, als die Sowjetarmee einmarschierte, überhaupt keine Staatsmaschine. Die deutschen Truppen hatten bis zum bitteren Ende gekämpft, und nach ihrer Niederlage entstand ein politisches Vakuum, das die Sowjetregierung nach Belieben ausfüllen konnte. In Rumänien und Bulgarien funktionierten noch mit geringen Veränderungen die alten Staatsapparate. Die Regierungen waren ausgewechselt worden, an die Stelle von Anhängern der Achse waren Anhänger der Alliierten getreten. Der bürokratische Apparat und die Armee waren kaum angerührt worden. Hier mußte, wenn ein kommunistisches Regime errichtet werden sollte, eine noch bestehende Staatsmaschine zerschlagen werden.

In ihren allgemeinen Zügen war die Sowjethaltung überall dieselbe. Die von der Hitler-Herrschaft »befreiten« Völker sollten eigene demokratische Regierungen bekommen, die ihrerseits alle demokratischen und antifaschistischen Parteien einschließen sollten. Gab es solche Parteien nicht, so waren sie zu schaffen oder wenigstens halbwegs passende Parteien, die in den dreißiger Jahren bestanden hatten, wieder ins Leben zu rufen. In Rumänien und Bulgarien gab es solche Parteien als Vertretungen der Bauernbewegung: die Union der Landwirte in Bulgarien, die Nationale Bauernpartei in Rumänien. In Koalitionen gesellten sich zu ihnen kleine sozialistische Parteien, zwei konservativere Gruppen (in Rumänien die Liberalen, in Bulgarien Zveno) und die Kommunisten. In der Tschechoslowakei, in Ungarn und in Polen, wo das einzige Machtgebilde die Sowjetarmee war und jede in Moskau beschlossene Politik hätte erzwungen werden können, bestand die Sowjetregierung bezeichnenderweise trotzdem darauf, daß das Spiel mit den demokratischen Koalitionen exerziert wurde. Das entsprach den allgemeinen »antifaschistischen« Einstellungen der Periode und paßte auch gut zu der von der Sowjetunion getriebenen Außenpolitik der Zusammenarbeit mit den zwei angelsächsischen Großmächten.

Demokratische Koalitionen wurden Wirklichkeit in der Tschechoslowakei und in Ungarn; hier halfen die Sowjetbehörden den alten politischen Parteien, ihre Organisationen neu aufzubauen, und hier fanden die Koalitionsregierungen auch echten Widerhall bei den Volksmassen. Die beiden wichtigsten Parteien in Ungarn waren die Kleinbauernpartei und die sozialdemokratische Partei, die offensichtlich über größeren Massenanhang verfügten als die Kommunisten; bei den in Freiheit durchgeführten Wahlen vom Oktober 1945 entfielen auf die Kleinbauernpartei siebenundfünfzig Prozent der abgegebenen Stimmen. Dagegen war in der Tschechoslowakei die stärkste Massenpartei die kommunistische Partei (mit fast vierzig Prozent der abgegebenen Stimmen bei den Wahlen vom Mai 1946), sie teilte sich aber in die Macht mit zwei nichtsozialistischen tschechischen und einer nichtsozialistischen slowakischen Partei und den Sozialdemokraten (der schwächsten der fünf Parteien). In Polen war das Koalitionsspiel eine Farce, denn die Sowjetbehörden ließen die Tätigkeit der im Volke verwurzelten Parteien nicht zu. Die Rechtsnationalisten (Nationaldemokratische Partei) waren entschiedene Gegner des durch die militärischen Operationen der Sowjetarmee begründeten Regimes. Die Bauernbewegung (Volkspartei) machte eine kurze Optimismusperiode durch, als ihr Führer Stanislaw Mikolajczyk, Ministerpräsident der polnischen Exilregierung, auf Grund des Kompromisses, das die Westmächte in Moskau durchgesetzt hatten, aus dem Londoner Exil zurückkam, um in die Regierung einzutreten. In Wirklichkeit aber erhielt Mikolajczyk keinen Anteil an der Macht, seine Partei wurde verfolgt, und eine von den Kommunisten manipulierte Splittergruppe durfte den Namen Volkspartei usurpieren und »die Massen vertreten«. Nicht anders erging es der dritten polnischen Partei mit einer echten Massenbasis, den Sozialisten: eine Anzahl ihrer Führer wurde von den Russen verhaftet, andere wurden von der Besatzungsmacht ihrer Parteiämter enthoben, in Schlüsselpositionen wurden Personen eingesetzt, die für kommunistische Erpressungen oder Drohungen besonders anfällig waren, und im Endeffekt wurde die Parteiführung gezwungen, vor den Kommunisten zu kapitulieren, obgleich in den unteren Funktionärschichten und in der Masse der polnischen Arbeiterklasse noch ein zäher Widerstandsgeist lebendig war.

Im Prozeß der kommunistischen Machteroberung, der von 1944 bis 1948 dauerte, lassen sich drei Stadien unterscheiden, die als Stadien der echten Koalition, der fiktiven Koalition und der Einparteiherrschaft bezeichnet werden können. Im ersten Stadium wurde den einzelnen Parteien gestattet, ihre eigene, wirklich unabhängige Organisation und Presse aufrechtzuerhalten, Meinungen zu äußern, die von denen der Kommunisten abwichen, und sogar an den Kommunisten Kritik zu üben; nur das Sowjetregime und die Sowjetpolitik durften unter keinen Umständen kritisiert werden. In diesem Stadium war auch Opposition gegen die Koalitionsparteien erlaubt. Im zweiten Stadium wurden die Parteien ihrer wirklichen Führer beraubt, und an ihre Stelle kamen Menschen, die nicht von den Parteimitgliedern, sondern von den Kommunisten ausgesucht waren; keinerlei Meinungen wurden geduldet – außer oberflächlich verhüllten Varianten kommunistischer Ansichten; und Opposition, die von außerhalb der Koalition kam, wurde verfolgt, wenn auch noch nicht völlig unterdrückt. Im dritten Stadium ging alle Macht auf die kommunistischen Parteien über: eine einheitliche »monolithische« Regierungsfront wurde gebildet, in der Rumpfgebilde der früheren nichtkommunistischen Parteien ein nur noch formales Eigendasein fristeten; jede Opposition wurde erbarmungslos zerschmettert.

In Jugoslawien und Albanien war das dritte Stadium von Anfang an erreicht. Polen begann seine Nachkriegsgeschichte mit dem zweiten Stadium. Rumänien, Bulgarien, Ungarn und die Tschechoslowakei haben alle drei Stadien durchgemacht.

Der Übergang vom ersten zum zweiten Stadium war in Rumänien, Bulgarien und Ungarn entscheidend mit der Vernichtung der Bauernparteien verknüpft. In allen drei Fällen war der direkte Eingriff der Besatzungsbehörde, das heißt des Sowjetmilitärs, der ausschlaggebende Faktor. In Rumänien wurde König Michael im Februar 1945 mit der militärischen Besetzung Bukarests gedroht; er mußte daraufhin die von Kommunisten beherrschte fiktive Koalition unter der nominellen Führung Dr. Petru Grozas akzeptieren; die Nationale Bauernpartei wurde damit in die Opposition gedrängt. In Bulgarien erzwang eine Sowjetintervention im selben Monat den Rücktritt G. M. Dimitrows vom Posten des Sekretärs der Union der Landwirte, und ein weiterer Vorstoß der Besatzungsbehörde führte im Mai 1945 zur Besetzung der Vorstandsräume der Union durch kommunistische Agenten. In Ungarn wurde im Februar 1947 von Beamten des russischen Sicherheitsdienstes Béla Kovács, Parteisekretär der Kleinbauernpartei und einer ihrer prominentesten Führer, verhaftet, und damit begann die Auflösung der Partei, die noch im Oktober 1945 die absolute Mehrheit der ungarischen Wähler hinter sich gehabt hatte.

Der Übergang vom zweiten zum dritten Stadium setzte mit der Vernichtung der sozialdemokratischen Parteien auf dem Wege der Zwangsverschmelzung mit den kommunistischen Parteien ein. Als Vorbild diente dabei natürlich die im April 1946 vorgenommene Gründung der SED in der Sowjetzone in Deutschland. In anderen Ländern gingen die Sowjetbehörden mit weniger offenkundiger Eile und Brutalität vor, aber nicht minder schonungslos. Die stärkste sozialistische Partei Osteuropas, die PPS in Polen, widerstand dem Druck der Kommunisten trotz wiederholten Säuberungen und Verhaftungen drei Jahre lang, und die »Verschmelzung« kam erst im Dezember 1948 zustande. Auch die bulgarischen Sozialisten, eine kleine, aber tapfere Partei, widersetzten sich hartnäckig bis zum Januar 1948. Die ungarische Partei war in drei Richtungen gespalten und wurde eine Zeitlang hauptsächlich von Funktionären beherrscht, die zwar bereit waren, mit den Kommunisten politisch zusammenzuarbeiten, aber auf der Unabhängigkeit der Parteiorganisation bestanden. Diese Richtung wurde von kommunistischen Agenten im Februar 1948 endgültig aus der Partei ausgeschlossen, worauf die »Verschmelzung« im Juni unter Dach und Fach gebracht werden konnte. In Rumänien hatte die »Verschmelzung« im November 1947 stattgefunden.

Der Fall Tschechoslowakei unterschied sich sehr erheblich von den anderen. Hier hatten sich Tschechen und Slowaken drei Jahre lang einer im wesentlichen freien demokratischen Regierungsform erfreuen können. Die einzige große Kategorie von Opfern in dieser Zeit waren die Sudetendeutschen, die – nicht selten unter den grausamsten Begleitumständen und mit vielen Todesopfern – aus dem Lande getrieben wurden. Ab Dezember 1945 gab es in der Tschechoslowakei keine Sowjettruppen mehr. Die Kommunisten schienen sich an die verfassungsmäßigen Spielregeln zu halten. Allerdings verfügten sie über überragenden Einfluß in der Polizei und im Meinungsbildungsapparat, und in den ehemals deutschen Gebieten hatten sie gleichsam einen Staat im Staate aufgebaut, in dem gute Posten und leitende Schlüsselpositionen Mitgliedern oder Anhängern der kommunistischen Partei vorbehalten waren. Aber äußerlich schienen sich die Kommunisten wie gute Demokraten zu gebärden. Der Wandel kam, nachdem die Sowjetunion im Juli 1947 den Marshall-Plan verworfen hatte. Die tschechoslowakische Regierung hatte zunächst (mit Zustimmung der kommunistischen Minister) die Einladung zu der vorgeschlagenen internationalen Konferenz angenommen, beschloß aber dann auf Einspruch der Sowjetunion, die Einladung abzulehnen. Von diesem Augenblick an waren die Kommunisten bemüht, die gesamte Macht an sich zu bringen. Die Krise kam im Februar 1948: der Anlaß war die Weigerung des kommunistischen Innenministers, einen Kabinettsbeschluß zu befolgen, wonach die Ernennung einer Anzahl von Kommunisten zu hohen Beamten der Prager Polizei rückgängig gemacht werden sollte. Darauf schieden die Minister der drei nichtsozialistischen Parteien aus der Regierung aus; allerdings schlossen sich die Minister der sozialdemokratischen Partei, die in drei Richtungen zerfiel, ihnen nicht an, so daß die Regierung eine kleine Mehrheit im Parlament behielt. Nun ließen die Kommunisten Abteilungen der Arbeitergarde in den Straßen aufmarschieren, setzten in der Provinz »Aktionskomitees« unter ihrer Führung ein, kommandierten Rundfunk und Presse und isolierten den Präsidenten Beneš von der Armee und vom Volk. Mit einer geschickten Dosierung von verfassungsmäßigen Mitteln und Gewaltdrohungen gelang es ihnen, die Macht zu übernehmen.

Diese Vorgänge haben manche Ähnlichkeit mit dem, was sich 1933 in Deutschland ereignet hat. Beide Präsidenten – Hindenburg und Beneš – waren körperlich hinfällig. Beide gaben sich politischen Illusionen hin: Hindenburg konnte nicht glauben, daß ein »patriotischer« Ex-Gefreiter ein Regime errichten könnte, das die vornehmsten Überlieferungen der deutschen Geschichte mit Füßen treten würde; Beneš konnte nicht glauben, daß die Kommunisten die Demokratie zerstampfen oder die russischen »Befreier« seinem Lande ein ihm ebenso fremdes und ebenso totalitäres Regime aufzwingen würden, wie es das Hitlersche war. Die Rolle des tschechischen sozialdemokratischen Renegaten Fierlinger glich der des nicht minder ehrgeizigen und intrigantenhaften Franz von Papen als Hitlers Mitläufer von rechts. Ein weiteres gemeinsames Merkmal beider Situationen war das Übergewicht verstaubter Mythen. In Deutschland herrschte 1932/33 in weiten Kreisen die (durch die Tatsachen nicht gerechtfertigte) Angst vor einer »kommunistischen Gefahr«: sie trieb viele Angehörige der Bourgeoisie und viele Konservative Hitler in die Arme. In der Tschechoslowakei von 1948 entsprach dem die Angst vor dem Wiedererstarken Deutschlands; obgleich die Tschechen selbstverständlich genug Gründe hatten, Deutsche wegen der Hitlerschen Verbrechen zu hassen und den Haß der Deutschen wegen der von Tschechen bei der Deutschenvertreibung 1945 begangenen Verbrechen zu fürchten, bestand 1948 nicht die Gefahr deutscher Racheaktionen, während in Wirklichkeit die Macht des Sowjetstaates eine sehr reale Gefahr darstellte. Dennoch waren viele Tschechen, um sich vor einer hypothetischen Zukunftsgefahr zu schützen, bereit, die Unabhängigkeit ihres Landes den Agenten der Sowjetunion zu überantworten.

Hätte es diese Sondermomente – die Schwäche Beneš', die Spaltung der Sozialdemokraten, den Verrat Fierlingers und die weitverbreiteten Illusionen über Deutschland und Rußland – nicht gegeben, so hätten die Tschechen möglicherweise dem kommunistischen Versuch der Machtergreifung widerstehen können, und es ist keineswegs sicher, daß die Sowjetregierung unter solchen Umständen das Risiko einer militärischen Intervention eingegangen wäre. Nur drei Monate später, im Mai 1948, erzwang das finnische Parlament den Rücktritt eines kommunistischen Innenministers, der ebenfalls versucht hatte, die Polizei mit Kommunisten vollzupfropfen. Die Finnen blieben fest, die Kommunisten mußten sich mit der Niederlage abfinden, und die Sowjetarmee hat sich nicht gerührt.

Titoismus und Säuberung

Am 28. Juni 1948 erfuhr eine erstaunte Welt vom Ausschluß der Kommunistischen Partei Jugoslawiens aus der Kominform und von den gegen ihre Führer erhobenen Beschuldigungen, in vielen Fällen eine falsche Politik getrieben und theoretische Ketzereien begangen zu haben. Zum Konflikt zwischen der Sowjetunion und Jugoslawien hatten verschiedene Faktoren beigetragen. Da gab es Differenzen über die Beziehungen zwischen Jugoslawien und Bulgarien und zwischen Jugoslawien und Albanien: die Probleme der albanischen Minderheit in der Provinz Kosowo und der bulgarischen Ansprüche auf Mazedonien, die schon in der ersten Jahrhunderthälfte die Beziehungen zwischen diesen Staaten beherrscht hatten, waren in einer neuen Gestalt in den Beziehungen der drei kommunistischen Parteien wiedererstanden. Da gab es die Empörung der Jugoslawen über die Versuche der Sowjets, ihr Land wirtschaftlich auszubeuten. Da gab es Streit über die Ausrüstung und den organisatorischen Aufbau der neuen jugoslawischen Armee. Sowjetoffiziere und Sowjetwirtschaftler benahmen sich in Jugoslawien mit einer Arroganz, die allgemein übelgenommen wurde, und die

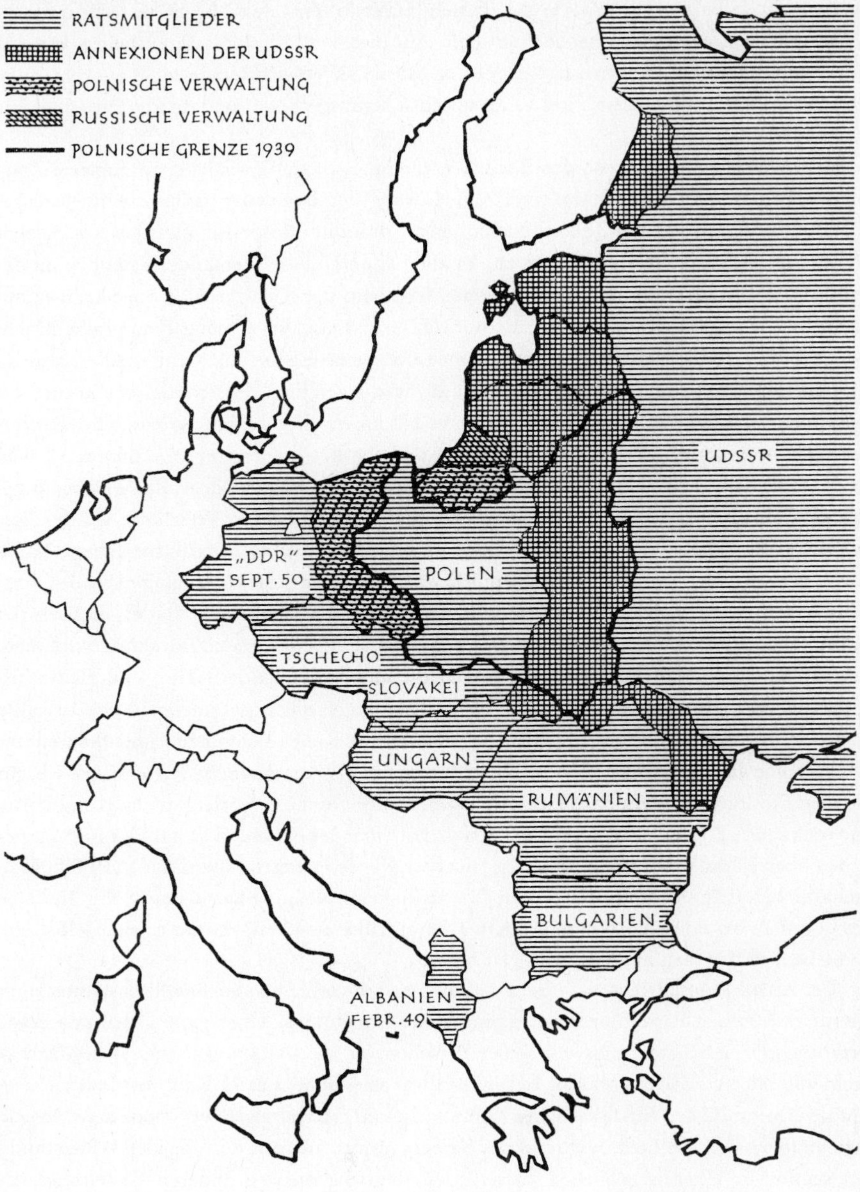

Rat für gegenseitige Wirtschaftshilfe · COMECON

WARSCHAU 25.1.1949

jugoslawische Regierung brachte die Russen damit in Rage, daß sie sie wie alle anderen Ausländer von der Polizei beobachten ließ. Auf diese und ähnliche Einzelheiten braucht hier nicht näher eingegangen zu werden: in Marschall Titos autorisierter Biographie, von Vladimir Dedijer unter dem Titel »Tito spricht« herausgegeben, sind sie ausführlich genug behandelt.

Die wesentlichste Ursache des Konflikts, die allen diesen Zwistigkeiten zugrunde lag, bestand darin, daß es für Stalin unerträglich war, Jugoslawien als gleichberechtigt zu behandeln und sich mit der Tatsache abzufinden, daß die Führer Jugoslawiens aus eigener Kraft an die Macht gekommen waren. In allen anderen Satellitenländern standen an der Spitze der kommunistischen Regierungen Menschen, die die siegreiche Sowjetarmee aus dem Exil heimgebracht hatte und die nur auf Grund von Sowjeteingriffen an der Macht waren. Sie hatten weder eine eigene Armee noch eine eigene Bürokratie. Alles, was sie hatten, verdankten sie Moskau, dessen Beauftragte ihnen ihre Herrschaftssysteme zurechtgezimmert hatten. Die Jugoslawen dagegen hatten in vierjährigen Kriegs- und Bürgerkriegskämpfen ihren eigenen Machtapparat aufgebaut. Ihre Führer verdankten Moskau sehr wenig. Diese Situation war für Stalin persönlich unleidlich: er wollte auch in Jugoslawien eigene, von ihm selbst erschaffene Marionetten haben. Verschärft wurde diese Grundhaltung noch durch die bereits erwähnten besonderen Konfliktsursachen. Nachdem es aber einmal zum Bruch gekommen war, erwies sich die Unabhängigkeit des jugoslawischen Apparats, die den Bruch in der Hauptursache verursacht hatte, auch als der Hauptgrund, warum Titos Regime am Leben blieb. Die Offiziere und Bürokraten des jugoslawischen Regimes verdankten ihre Karriere nicht Stalin, sondern Tito, und als sie sich entscheiden mußten, entschieden sie sich für ihn. Auch das Zusammengehörigkeitsgefühl aus den furchtbaren Jahren 1941 bis 1945 spielte eine Rolle. Drohungen und theoretische Bannflüche aus der Sowjetunion machten darum auf die jugoslawische Partei so gut wie gar keinen Eindruck: nur ein paar Dutzend zweitrangige Gestalten hörten auf die Kominform. Schmerzhafte Folgen hatte der Wirtschaftsboykott, den der gesamte Sowjetblock im Sommer 1949 über Jugoslawien verhängte, aber auch er wurde ertragen, allerdings mit Hilfe wirtschaftlichen Beistands aus dem Westen. Da Stalin keine Neigung hatte, durch eine Invasion in Jugoslawien einen europäischen Krieg heraufzubeschwören, mußte er sich selbst eingestehen, daß er den kürzeren gezogen hatte.

Der Abfall Jugoslawiens war eine Mahnung, in den verbleibenden Satellitenstaaten keine kommunistischen Parteiführer mit eigenem Kopf zu dulden. Über ganz Osteuropa ergoß sich 1949/50 eine Säuberungswelle gegen Personen, die der »nationalistischen Abweichung« schuldig oder verdächtig waren. In Ungarn war das Opfer László Rajk, vordem mehrere Jahre Innenminister. Ein fanatischer Kommunist und erbarmungsloser Oppositionsvernichter, hatte er den Nachteil, während des Krieges als Organisator der illegalen Widerstandsbewegung in Ungarn geblieben zu sein, während die meisten anderen Parteiführer im Moskauer Exil darauf trainiert wurden, zu Sowjetstatthaltern für Ungarn zu werden. Vom obersten Parteiführer Mátyás Rákosi wurde Rajk als möglicher Bewerber um das höchste Parteiamt gefürchtet. Er wurde verhaftet und in einem Schauprozeß abgeurteilt, in dem er – wie Sinowjew und die anderen in den Moskauer Prozessen von 1936 bis 1938 – ein

Maifeier auf dem Wenzelplatz in Prag, 1958

Speisung koreanischer Flüchtlingskinder in einem UN-Auffanglager in Pusan, März 1951

sorgfältig eingeübtes Geständnis, mit den allerunwahrscheinlichsten Verbrechen gespickt, herunterleierte. Er wurde im September 1949 hingerichtet. In Albanien war das Opfer Innenminister Kotschi Dsodse. Von allen Säuberungsopfern war er der einzige, der mit den jugoslawischen Führern in enger Verbindung gestanden hatte, und er mag vielleicht wirklich ein Agent Titos gewesen sein. Stimmte das, so war es kaum sinnvoll, ihn einen Nationalisten zu nennen: die Unterordnung albanischer Interessen unter jugoslawische wäre wohl das genaue Gegenteil des Nationalismus gewesen. Dsodse wurde im Mai 1949 hingerichtet. In Bulgarien war das vorgesehene Opfer der stellvertretende Ministerpräsident Traitscho Kostow. In seinem Fall war die Nationalismusanklage nicht unbegründet, denn er hatte sich der Sowjetherrschaft über die bulgarische Wirtschaft widersetzt und sogar in Außenhandelsverhandlungen mit der Sowjetunion die bulgarischen Interessen mit Energie verteidigt. Ein Freund Titos war er jedoch keineswegs, denn bulgarischer Nationalismus bedingt umgekehrt eine eindeutig feindliche Stellung zur jugoslawischen Mazedonien-Politik. Kostows wirkliches Verbrechen war, wie der höchste kommunistische Führer Georgij Dimitrow es ausdrückte, die »schändliche Unterstellung«, daß es jemals einen Interessenkonflikt zwischen seinem Lande und dem »Vaterland der Werktätigen« geben könne. Kostow wurde im Dezember 1949 hingerichtet. Das vierte prominente Opfer war Wladyslaw Gomulka, stellvertretender Ministerpräsident und Generalsekretär der Partei in Polen. Gomulka war gewiß einer polnischen nationalistischen Haltung schuldig – nicht nur Deutschen, sondern auch Russen gegenüber. Es war bekannt, daß er Tito bewunderte und eine Politik größerer Zugeständnisse an die Bauern, als sie die Sowjetführer und ihre polnischen Agenten zulassen wollten, befürwortete. Wie Rajk, Kostow und Dsodse hatte auch Gomulka Kriegsjahre in illegaler Arbeit in der Heimat verbracht, war nie Emigrant in der Sowjetunion gewesen. Er wurde seiner Ämter 1949 enthoben, aber erst 1951 verhaftet, im Gefängnis nicht gefoltert und nie in einem öffentlichen Verfahren abgeurteilt.

Kaum waren die »nationalistischen Abweicher« entfernt, als auch schon 1951 und 1952 eine neue Säuberungswelle einsetzte. In Ungarn traf sie vor allem die früher »linken« Sozialisten, die die ungarische Sozialdemokratie 1948 auf Geheiß der Kommunisten zerschlagen hatten. In der Tschechoslowakei und in Rumänien hatte die Säuberung eine eindeutig antisemitische Färbung. Ihre bedeutendsten Opfer waren Rudolf Slánský, der Generalsekretär der tschechoslowakischen Partei, und Anna Pauker, die Führerin des rumänischen Kommunismus, beides Juden. Ebenfalls entfernt wurde der stellvertretende rumänische Ministerpräsident Vasile Luca. Die Rumänen wurden verhältnismäßig mild behandelt. Luca bekam zwar eine hohe Gefängnisstrafe, aber Anna Pauker wurde nur um ihre Parteiämter gebracht und blieb frei. Slánský wurde dagegen zur Hauptfigur in einem Schauprozeß in Prag im November 1952 und wurde zum Tode verurteilt. Die meisten seiner Mitangeklagten waren auch Juden und gehörten der Parteigruppe an, die den Sowjetinteressen am unterwürfigsten ergeben war. Eine Ausnahme war nur der slowakische Kommunist Vladimir Clementis, der in einem gewissen Sinn nationalistische Neigungen an den Tag gelegt hatte. Fest steht, daß der Slánský-Prozeß mit dem Moskauer »Ärztekomplott« zusammenhing, und wahrscheinlich ist, daß er Teil eines von Stalin gegen Berija und andere Sowjetführer vorbereiteten Manövers war. Aber dafür gibt es keinen unumstößlichen Beweis.

Auf die einzelnen Parteien hatten die Säuberungsaktionen eine verschiedene Wirkung. In diesen Jahren (1949–1954) verschwanden aus dem öffentlichen Leben die Hälfte der Zentralkomiteemitglieder der ungarischen Partei und fast drei Fünftel der Zentralkomiteemitglieder der tschechoslowakischen Partei. In Polen und Bulgarien dagegen war nur etwa ein Viertel der Parteileitung betroffen. Nicht mit der gleichen Intensität wurde in den einzelnen Ländern bezeichnenderweise der aus der Sowjetunion importierte »Persönlichkeitskult« befolgt, der darin besteht, daß eine bestimmte Parteipersönlichkeit gleichsam als Stalin im Miniaturformat, als »genialer Lehrmeister« für den lokalen Bereich in den Himmel gehoben wird. Am ausgeprägtesten war der »Persönlichkeitskult« um den ungarischen Boß Mátyás Rákosi; tatsächlich ließe sich sagen, daß die ungarische Partei von 1949 bis 1953 ausschließlich auf dem autokratischen persönlichen Regiment Rákosis beruhte. Fast derselbe Publizitätsgrad wurde in der Tschechoslowakei Klement Gottwald zuteil. In Bulgarien wurde ein beträchtlicher »Persönlichkeitskult« um Dimitrow aufgezogen, den einstigen Helden des Leipziger Reichstagsbrandprozesses von 1933 und früheren Generalsekretär der Komintern. Wulko Tscherwenkow, der nach dem Tode Dimitrows (1949) die Nachfolge übernahm, wurde nicht ganz dieselbe Statur verliehen. In Polen und Rumänien nahmen die Parteiführer Boleslaw Bierut und Gheorge Gheorgiu-Dej eine relativ bescheidene Stellung ein.

Über das in Osteuropa nach 1948 errichtete politische System braucht nicht viel gesagt zu werden. Es war nur eine bloße Kopie des totalitären Regimes der Sowjetunion. Die nationalen Parlamente hatten dieselbe zeremonielle Aufgabe wie der Oberste Sowjet, und bei ihrer »Wahl« gab es nur eine einzige Kandidatenliste. Die Gerichte unterstanden der kommunistischen Partei, und die Befugnisse der Sicherheitspolizei waren unbegrenzt. Schulen, Presse, Literatur, Kunst und Rundfunk waren Werkzeuge kommunistischen Bewußtseinsdrills. In jeder Beziehung war die Sowjetunion das Vorbild, und die öffentliche Anbetung Stalins wurde ohne Unterlaß praktiziert.

Klassenstruktur

Die neuen politischen Systeme führten Wirtschaftsplanung nach Sowjetart ein. Die ersten Pläne bezogen sich nur auf den Wiederaufbau des im Krieg Zerstörten, aber schon um 1949 wurden Neuaufbaupläne in Angriff genommen. Der 1947 beschlossene jugoslawische Plan enthielt Elemente des Wiederaufbaus ebenso wie Elemente neuen Aufbaus. Der erste langfristige rumänische Plan trat erst 1951 in Kraft.

Alle langfristigen Pläne waren auf rapide Industrialisierung gerichtet und räumten den Produktionsgüterindustrien, namentlich der Schwerindustrie, einen Vorrang vor den Konsumgüterindustrien ein. Wie in der Sowjetunion, legte das der Bevölkerung eine schwere Last auf; damit wurde im voraus festgelegt, daß auch ein schnelles Wachstum der Industrieproduktion die Lebenshaltung der Arbeiter nur sehr langsam heben würde. Mit der verschärften Kriegsgefahr, die sich aus dem Korea-Krieg zu ergeben schien, wurden 1951 die Produktionsziele für die Schwerindustrie beträchtlich höher geschraubt. Das Jahr 1952 war das Jahr der größten Wirtschaftsmisere.

Ein auffallendes Merkmal der Industriepläne war in jedem Land die Absicht, möglichst viel verschiedenartige Güter zu erzeugen. Einer Spezialisierung der einzelnen Länder in den Wirtschaftszweigen, für die sie günstige natürliche Voraussetzungen mitbrachten, wurde eine möglichst autarke Wirtschaft vorgezogen. Einer der Gründe, weswegen die Sowjetregierung diese verschwenderische Methode begünstigte, lag darin, daß sie die Staaten Osteuropas daran hinderte, ihre Wirtschaftspolitik miteinander abzustimmen. Es wurde vermutet, daß wirtschaftliche Verbindungen auch zu politischer Zusammenarbeit führen könnten, und darin sah die Sowjetregierung eine Bedrohung ihres übergreifenden Interesses: der eigenen Vorherrschaft. Jedes Land sollte auf politischem wie auf wirtschaftlichem Gebiet bilaterale Beziehungen mit Moskau pflegen, aber möglichst wenig Kontakte mit seinen Nachbarländern aufrechterhalten.

In der Landwirtschaftspolitik schienen die Kommunisten im Anfang für Mäßigung zu sein. In Ungarn wurde eine längst fällige Bodenreform durchgeführt: über drei Millionen Hektar Land aus dem Besitz der großen Gutsherren, davon etwa drei Fünftel Ackerland, wurden enteignet und auf über sechshunderttausend Bauernfamilien aufgeteilt. In Polen und Rumänien betraf die Neuaufteilung eine kleinere, aber immerhin ganz beträchtliche Fläche. In Polen und der Tschechoslowakei wurde außerdem eine erhebliche Bodenreserve mit der Vertreibung der Deutschen frei, die allerdings eher ein nationaler Racheakt war als eine sozialpolitische Maßnahme. Auch in Jugoslawien wurde der Grundbesitz der einstigen deutschen Minderheit in der Woiwodina enteignet.

Von der Bodenreform hatten die Bauern profitiert, aber sie sahen sich bald lästigen Eingriffen des Staates gegenüber, der ihnen die Zwangsablieferungen von Getreide zu niedrigen Preisen vorschrieb und verschiedenerlei Steuern auferlegte. Ein neues Stadium begann 1949, als eine kommunistische Regierung nach der anderen ihre Absicht bekanntgab, Kollektivbetriebe in der Landwirtschaft einzuführen. Die Erfahrungen der Sowjetunion in den dreißiger Jahren mahnten zwar zur Vorsicht, aber als Endziel erschien nichtsdestoweniger durchgängige Kollektivierung. Am schnellsten ging der Prozeß in Bulgarien vor sich, wo der »sozialistische Sektor« (Kollektivbetriebe und Staatsgüter) 1951 bereits achtundvierzig Prozent der Ackerfläche des Landes umfaßte. Um dieselbe Zeit betrug der Anteil des sozialistischen Sektors an der Ackerfläche in der Tschechoslowakei siebenundzwanzig und in Ungarn zwanzig Prozent. In Polen und Rumänien hatte die Kollektivierung kaum angefangen, in Jugoslawien dagegen machte sie 1948/49 rapide Fortschritte und erfaßte bald etwa ein Viertel des gesamten Ackerlandes. Daraus waren indes ernste wirtschaftliche Schwierigkeiten erwachsen, und da der Kampf gegen den Sowjetblock und die Abwehr seines Wirtschaftsboykotts alle Kräfte der Führung in Anspruch nahmen, wurde der Kampf gegen die Bauern nach und nach aufgegeben. Nach 1951 wurden neue Kollektivbetriebe nicht mehr zwangsweise ins Leben gerufen, und im März 1953 erhielten die Bauern das Recht, aus Kollektivbetrieben auszuscheiden, und die Betriebsleitungen wurden ermächtigt, die Kollektivbetriebe auf Verlangen der Mehrheit der Mitglieder aufzulösen. Das Ergebnis war eine Massenflucht aus den Kollektivbetrieben.

Die Lage der Arbeiterklasse in Osteuropa war der der Sowjetarbeiter sehr ähnlich. Zahlenmäßig wuchs sie rasch im Zuge des Industrieaufbaus, insbesondere in den wirtschaftlich rückständigeren Ländern, so in Rumänien, Bulgarien und den Gebirgsbezirken Jugoslawiens. Die niedrige berufliche Qualifizierung der neuen Arbeiter mußte in jedem Fall auf das durchschnittliche Lohnniveau drücken. Verschärft wurde das durch die Entschlossenheit der kommunistischen Regierungen, vermehrte Produktion zu erzwingen, ohne den Staatshaushalt zu sehr zu belasten, und durch die gewollte Vernachlässigung der Konsumgütererzeugung. Stachanow-Rekordarbeit und »sozialistischer Wettbewerb« wurden eingeführt, und den leistungsfähigsten und fleißigsten Arbeitern wurden als Anreiz hohe Lohnzuschläge in Aussicht gestellt. Aber auch die höchstbezahlten Arbeiter hatten Grund zur Unzufriedenheit, da es an Waren mangelte, für die sie ihre hohen Löhne hätten verwenden können. Wie in der Sowjetunion waren die Gewerkschaften in den Händen der kommunistischen Parteien und nicht dazu da, die Interessen des Arbeiters gegen den Arbeitgeber zu verteidigen; ihre Funktion erschöpfte sich darin, den Arbeitern den Willen des Arbeitgebers Staat aufzuzwingen.

Die einstigen Mittelschichten – Staatsbeamte, kleine Geschäftsleute und Angehörige freier Berufe – wurden verdächtigt, schikaniert und verfolgt, hatten aber bestimmt weniger zu leiden als nach 1917 die entsprechenden sozialen Schichten in Rußland. Hier hatte es (außer in Jugoslawien) keinen langen Bürgerkrieg gegeben, und das neue Regime benötigte dringend alle Kräfte, die technisch oder administrativ etwas konnten. Anfang der fünfziger Jahre hatten die osteuropäischen Länder eine Oberschicht, die der »werktätigen Intelligenz« (oder »Staatsbourgeoisie«) der Sowjetunion nicht unähnlich war. Aber während diese Schicht in Rußland fast ausschließlich aus neuen Menschen bestand, die im Sowjetsystem groß geworden waren, war die analoge Schicht in Osteuropa ein merkwürdiges Gemisch aus altbewährten Kommunisten, in einer »Bourgeoisgesellschaft« erzogenen nichtkommunistischen Fachleuten und jungen Menschen, die das neue Schulsystem hervorbrachte. Auf dem Gebiet der Erziehung und Ausbildung machten die Kommunisten nicht ohne Erfolg gewaltige Anstrengungen. Die Zahl der höheren Schulen und Hochschulen wurde erhöht, und Hunderttausenden von Söhnen und Töchtern von Arbeitern und armen Bauern, die vor 1945 kaum Zugang zu höherer Schulbildung hatten, wurde sie jetzt gesichert. Die Kommunisten waren überzeugt, daß diese neue Intellektuellengeneration, die dem neuen Regime alles zu verdanken hatte, die »Bourgeoisideale« und den »Nationalismus« der älteren Generation über Bord werfen und zu ergebenen Marxisten-Leninisten, zu geistigen Trägern des totalitären Systems heranwachsen würde. Wenige Jahre später sollten sie damit eine bittere Enttäuschung erleben.

Unvermeidlich mußte die kommunistische Ordnung mit den christlichen Kirchen in Konflikt geraten. In ihrem Wesen sind christlicher Glaube und marxistische Lehre unvereinbar: wird eins von beiden zum offiziellen Staatsbekenntnis erhoben und der ganzen Nation mit Gewalt aufgezwungen, so muß das andere der Unterdrückung verfallen. Das zunächst vordringliche Ziel der Kommunisten war, die Kirchen daran zu hindern, irgendeine Rolle im politischen Leben zu spielen oder irgendeine gesellschaftliche Aktivität zu entfalten. Der schärfste Konflikt ergab sich mit der katholischen Kirche. Am dramatischsten kam er in der Verhaftung und demonstrativen öffentlichen Aburteilung des ungarischen Kardinals Mindszenty im Jahre 1949 zum Ausdruck. In Jugoslawien wurde 1947

Erzbischof Stepinać, das Haupt der katholischen Kirche in Kroatien, wegen Kollaboration mit dem kroatischen faschistischen Kriegsregime zu sechzehn Jahren Gefängnis verurteilt; in Wirklichkeit war sein Verhalten in den Kriegsjahren unanfechtbar gewesen, und es war offensichtlich, daß er nicht wegen vergangener Sünden, sondern wegen seiner oppositionellen Haltung gegenüber den Kommunisten bestraft wurde. In der Tschechoslowakei wurde im März 1951 Monsignore Beran, der Erzbischof von Prag, verbannt. In Polen zog sich der Streit zwischen Kirche und Regierung jahrelang hin: erst im September 1953 wurde Kardinal Wyszyński, Primas der polnischen Kirche, verhaftet. Die griechisch-orthodoxen Kirchen widersetzten sich weniger offen und wurden auch weniger systematisch verfolgt, obwohl viele ihrer Geistlichen von Zeit zu Zeit verhaftet wurden. Zu Beginn der fünfziger Jahre standen an der Spitze sowohl der rumänischen als auch der bulgarischen Kirche Männer, die bereit waren, sich äußerlich den Wünschen der Regierung zu fügen. In Albanien wurde die mohammedanische Religion von den Kommunisten heftig angegriffen, und wer sich zu ihr bekannte, wurde auf mannigfache Weise benachteiligt.

In der Behandlung der Kirchen unterschied sich das jugoslawische Regime wenig von dem der Satellitenstaaten. In jeder anderen Hinsicht waren die Unterschiede sehr erheblich. Von der Auflösung der landwirtschaftlichen Kollektivbetriebe war bereits die Rede. Zur Milderung dieses Anschlags auf die kommunistische Orthodoxie wurde die Maßnahme von einem Gesetz begleitet, das die zulässige Höchstfläche des einzelbäuerlichen Betriebes von zwanzig auf zehn Hektar senkte; trotzdem waren im Gesamtergebnis die Bauern die Gewinner. Der Industrielenkungsapparat wurde weitgehend dezentralisiert. In den Betrieben wurden Arbeiterausschüsse errichtet, die, wenn sie auch größtenteils von kommunistischen Parteimitgliedern beherrscht wurden, den Arbeitern in gewissem Umfang eine Mitwirkung in der Betriebsleitung und einen Einfluß auf die Verteilung des Betriebsertrages sicherten. Eine neue Verfassung wurde 1953 erlassen, die gewisse syndikalistische Züge aufwies und die Wahl der Parlamentsmitglieder nicht nur in territorialen Wahlkreisen, sondern auch durch die Produktionsausschüsse der Betriebe vorsah. Die praktische Wirksamkeit dieser Bestimmung war natürlich dadurch eingeengt, daß die Partei die Aufstellung der Parlamentskandidaten beherrschte. Dennoch war sie schon als Ausdruck einer bestimmten politischen Absicht von Interesse. Im übrigen veröffentlichte die jugoslawische Presse tiefschürfende kritische Untersuchungen über das politische und gesellschaftliche System der Sowjetunion, in denen die Ansicht vertreten wurde, die Sowjetunion sei kein sozialistischer Staat, sondern eine Abart des bürokratischen Staatskapitalismus, ein System, das seit den zwanziger Jahren einen Regenerationsprozeß durchgemacht und den ihm von Lenin vorgezeichneten Weg verlassen habe. Der Hauptvertreter dieser Auffassung, die in ihren Konsequenzen auch das eigene jugoslawische Regime traf, war Milovan Djilas, Politbüro-Mitglied und vertrauter Berater Titos.

Sowjetunion 1953–1960

Machtkampf

Stalins Nachfolger erklärten, sie würden sich von den Grundsätzen »kollektiver Führung« leiten lassen, und sowohl innerhalb wie auch außerhalb des Sowjetstaates wurde unter Kommunisten und Nichtkommunisten weit und breit angenommen, die Zeiten der persönlichen Alleinherrschaft seien vorbei. Wer da meinte, daß von neuem um die Macht gekämpft werden würde, wurde im Westen und andernorts als altmodisch und unwissenschaftlich, als blind gegenüber den eigentlich wirksamen und entscheidenden gesellschaftlichen Kräften abgetan. Aber wer so dachte, sollte recht behalten. Gewiß verdienen die entscheidenden gesellschaftlichen Kräfte angelegentliches Studium; nichtsdestoweniger hat der Kampf um die Macht stattgefunden. Von dem Zeitpunkt im Jahre 1922, da Lenin arbeitsunfähig wurde, bis zum Sieg Stalins über seine Rivalen vergingen sieben Jahre. Vom Tode Stalins bis zum Sieg Chruschtschows waren es nicht ganz fünf.

Unmittelbar nach Stalins Tod übernahm Malenkow, der im Sekretariat gleich an zweiter Stelle neben Stalin gestanden hatte und nun an die erste Stelle rückte, auch das Amt des Ministerpräsidenten und hielt damit in seinen Händen die beiden entscheidenden Ämter des toten Alleinherrschers. Aber in der Plenarsitzung des Zentralkomitees am 14. März 1953 wurde der Beschluß gefaßt, die Funktionen zu trennen. Malenkow blieb Ministerpräsident, die Leitung des Sekretariats ging auf Chruschtschow über. Ob Malenkow etwa freigestellt worden war, zwischen den beiden Ämtern zu wählen, und ob er sich für die Ministerpräsidentschaft in dem Glauben entschied, daß sie die einflußreichere Position sei, oder ob er zum Verzicht auf das Sekretariat ohne viel Federlesens gezwungen wurde, ist nicht bekanntgeworden.

Während der nächsten drei Monate wurde im Westen allgemein angenommen, die drei mächtigsten Männer seien Malenkow, Molotow und Berija. Berija übernahm erneut das Innenministerium, das inzwischen das Ministerium für Staatssicherheit verschlungen hatte; er führte sofort eine Säuberung der kommunistischen Parteiorganisation in Georgien durch, brachte seine Fraktionsgenossen in die entscheidenden Machtpositionen und beseitigte die Gegner, die im April 1952 zur Schmälerung seines Einflusses ernannt worden waren. Damals, 1952, schien Berija eine liberalere Politik zu repräsentieren. Das galt vor allem für den Bereich der Nationalitätenpolitik. Schon auf dem 19. Parteitag hatte er in vorsichtiger Form für Gleichstellung von Nichtrussen Stellung genommen. Im Frühjahr 1953 wurden in der Ukraine und den baltischen Republiken mehrere Personen abgesetzt, die als Träger von Russifizierungstendenzen galten. Auch die liberalere Politik, die in der Sowjetzone Deutschlands versucht wurde, scheint Berijas Werk gewesen zu sein. Allerdings wurde sie ihm zum Verhängnis. Der Aufstand vom 17. Juni 1953, den die zonale deutsche Sicherheitsbehörde nicht niederzuwerfen vermochte, fügte Berijas Prestige einen schweren Schlag zu, denn schließlich war er der für alle Sicherheitsvorkehrungen verantwortliche Mann. Zweifellos hatte Berija viele Feinde, nicht zuletzt unter den Armeekommandeuren. Die Tatsache, daß die Sowjetarmee zur Unterdrückung eines Aufstands geholt werden mußte, den der Sicherheitsdienst hätte verhindern sollen, war für die Armeeführer die willkommene

Der Nationalitätenrat des Obersten Sowjet bei einer Sitzung im Kreml, 1959

Maifeier und Novemberparade auf dem Roten Platz in Moskau

Gelegenheit, Berija zu stürzen. Ob Berija selbst den Plan verfolgte, die gesamte Macht an sich zu reißen, kann nicht festgestellt werden. Jedenfalls gaben seine Regierungskollegen am 10. Juli 1953 bekannt, daß sie ihn hatten verhaften lassen, und am 23. Dezember 1953 wurde mitgeteilt, er sei nach einem Geheimverfahren vor einem Militärgericht des Landesverrats, wozu mehrere höchst unwahrscheinliche Einzelheiten angeführt wurden, für schuldig befunden und hingerichtet worden.

Nach Berijas Sturz wurde sichtbar, daß Chruschtschow nunmehr jemand war, mit dem gerechnet werden mußte. Sein Posten im Sekretariat gab ihm die günstigste Gelegenheit (die auch Stalin in den zwanziger Jahren genutzt hatte), seine Macht auszubauen, und er zeigte bald, daß seine politisch-organisatorische Begabung nicht geringer war als die der viel bekannteren Parteigrößen Molotow und Malenkow. (Auch darin glich er Stalin: Auch Stalin wurde, als er 1922 bis 1924 den Parteiapparat eroberte, von Sinowjew, Kamenew und Trotzkij gründlich unterschätzt; im Grunde erschien er ihnen als bestenfalls brauchbarer Organisationsbeamter, gut genug, die vielen Routinegeschäfte zu erledigen, die für so illustre revolutionäre Geister viel zu alltäglich waren.) Chruschtschow ging daran, seine eigenen Leute in Schlüsselstellungen in der Partei zu bringen, vor allem auf die Posten der Ersten Sekretäre der Bezirksorganisationen. Es fing mit Leningrad an: der Malenkow-Mann Andrianow, dem die Leitung der Leningrader Organisation nach der Hinrichtung oder Verbannung der in die »Leningrader Affäre« verwickelten Funktionäre 1949 übertragen worden war, wurde im Dezember 1953 abgesetzt. Chruschtschow verstand, das in der Partei weitverbreitete Ressentiment gegen Malenkow als Stalins Handlanger in der »Leningrader Affäre« mit Geschick gegen ihn auszunutzen. Im Laufe des Jahres 1954 zeigten weitere Sekretariatsumbesetzungen den wachsenden Einfluß Chruschtschows und das Abbröckeln der Machtposition Malenkows.

Die beiden Männer trennte ein tiefgehender Gegensatz in Fragen der grundlegenden politischen Orientierung. Schon früher hatten zwischen ihnen erhebliche Meinungsverschiedenheiten in der Agrarpolitik bestanden. Jetzt trat Chruschtschow entschieden für sehr viel größere Investitionen zur Hebung der landwirtschaftlichen Produktion, darunter auch zur Vermehrung der Produktion landwirtschaftlicher Maschinen ein und befürwortete gleichzeitig wirtschaftliche Zugeständnisse an die Bauern, die sich zunächst in einer Verringerung der Staatseinnahmen auswirken mußten. Dabei war freilich die Notwendigkeit unumstritten, das hohe Niveau der schwerindustriellen Produktion und die riesigen Militärausgaben beizubehalten. Indes lag Malenkow vor allem daran, die leichte Industrie und die Erzeugung von Konsumgütern zu fördern, so daß den Arbeitern sofort greifbare materielle Vorteile gewährt werden könnten. Auf alle diese Ziele konnte unmöglich zu gleicher Zeit hingearbeitet werden. Wurde die Schwerindustrie auf dem erreichten Stand gehalten, so mußten entweder die landwirtschaftlichen Investitionen oder die Konsumgüterproduktion erheblich beschnitten werden. Wurde aber sowohl der Verbrauchsgütererzeugung als auch dem Ausbau der Landwirtschaft der Vorzug gegeben, so war es unvermeidlich, daß die Militärausgaben und die Ausweitung der Schwerindustrie beträchtliche Einschränkungen erfahren mußten. In diesem Konflikt fand Chruschtschow, der inzwischen den Parteiapparat unter seine Kontrolle gebracht hatte, die Unterstützung sowohl der militärischen Führer als auch der alten Garde der Stalinisten, die sich um Molotow und Kaganowitsch scharte. Malenkow wurde isoliert und im Februar 1955 gezwungen, die Ministerpräsidentschaft aufzugeben. An seine Stelle kam Bulganin, auf dessen Beistand sich Chruschtschow glaubte verlassen zu können.

Bedeutete die Niederlage Malenkows den Sieg eines konservativen Kurses in der Innenpolitik, so war das keineswegs der Fall in der Außenpolitik. Chruschtschow setzte sich zum Ziel die Überwindung des Konflikts mit Jugoslawien, der dem Sowjeteinfluß in linken Kreisen in der ganzen Welt, vor allem aber in den »nicht festgelegten« asiatischen und arabischen Ländern schweren Schaden zufügte. Diese Politik erforderte eine erhebliche Auflockerung der Sowjetherrschaft über Osteuropa und die ausdrückliche Absage an manche Grundgebote der Stalinschen Strategie. Die Wendung gipfelte in Chruschtschows Rede in der »Geheimsitzung« des 20. Parteitags der Kommunistischen Partei der Sowjetunion im Februar 1956. Auf dem Parteitag hatte Mikojan mit der Kritik an der stalinistischen Politik begonnen, und erst im letzten Augenblick schloß sich Chruschtschow dem Vorstoß an. Aber er ging auch, als er es schließlich tat, sehr viel weiter als irgendein Redner vor ihm. Die Enthüllungen in seiner »Geheimsitzungs«rede übten eine gewaltige Sprengwirkung auf die kommunistischen Parteien in der ganzen Welt aus, ganz besonders in Osteuropa, und trugen sicherlich zu den Oktober-Ereignissen in Polen und Ungarn bei. Diese Ereignisse ihrerseits setzten Chruschtschow den Angriffen der Rivalen aus, die in der Parteispitze noch übriggeblieben waren, und nur mit Mühe und Not gelang es ihm auf der Plenarsitzung des Zentralkomitees im Dezember 1956, seine Position zu halten. Im Frühjahr 1957 war er jedoch wieder stark genug, mit seinen neuen Plänen der Dezentralisierung der Industrie zur Offensive überzugehen. Seine Vorschläge wurden vom Zentralkomitee gutgeheißen.

Die letzte für Chruschtschow gefährliche Krise kam im Juni 1957. Bei einer Sitzung des Präsidiums in entscheidenden Fragen wurde er überstimmt. Malenkow hatte sich mit Molotow und Kaganowitsch, der alten Garde, verbündet. In der Sitzung stießen zu ihnen Perwuchin und Saburow, die beiden Präsidiumsmitglieder, die die Wirtschafts- und Regierungsbürokratie vertraten, und schließlich auch Bulganin. Verläßliche Unterstützung fand Chruschtschow nur bei Mikojan und Kiritschenko, dem neuen Boß der Ukraine, der mit Chruschtschow viele Jahre eng liiert war. Chruschtschow nahm indes seine Niederlage nicht kampflos hin. Er brachte die Angelegenheit vor eine Plenarsitzung des Zentralkomitees, in dem er dank seinem Einfluß auf den Apparat der Parteisekretäre eine Mehrheit zustande brachte. Seine Gegner wurden als »parteifeindliche Gruppe« bloßgestellt. Molotow, Kaganowitsch und Malenkow wurden aus dem Zentralkomitee ausgeschlossen und ihrer Posten enthoben. Perwuchin und Saburow wurden in niedrigere Ränge versetzt, aber nicht ausgeschlossen. Bulganin blieb einstweilen noch Ministerpräsident, wurde jedoch am 27. März 1958 ebenfalls abgesetzt. Nun übernahm Chruschtschow die Ministerpräsidentschaft und hatte damit endlich wieder die Koppelung der beiden Stalinschen Hauptämter in einer Hand erreicht, die er und seine Kollegen Malenkow im März 1953 verweigert hatten.

Machtverteilung

Chruschtschows Aufstieg zur absoluten Macht wurde durch seine kontrollierende Position im Sekretariat des Zentralkomitees ermöglicht und hatte zur unvermeidlichen Folge, daß die Herrschaft dieser Körperschaft über die Partei und die Herrschaft der Partei über andere Institutionen gefestigt wurde. Während Stalin mit Hilfe der vier Hierarchien, der Partei, der Regierungsbürokratie, der Armee und der Polizei, regiert hatte, unterstellte Chruschtschow Regierungsapparat, Armee und Polizei der Herrschaft der Partei.

Das große Präsidium, das der 19. Parteitag geschaffen hatte, wurde gleich nach Stalins Tod durch ein kleineres Gremium ersetzt, das in Zusammensetzung und Machtbefugnissen dem Politbüro von vor 1952 ähnlich war. Nach der Niederlage der »parteifeindlichen Gruppe« im Juni 1957 wurde indes die Zusammensetzung des Präsidiums radikal verändert, und nunmehr gehörten von den fünfzehn Präsidiumsmitgliedern neun zugleich auch dem Sekretariat an. Von diesen neun Mitgliedern, die im Sekretariat Untergebene des Ersten Sekretärs Chruschtschow waren, konnte natürlich nicht angenommen werden, daß sie im Präsidium gegen Chruschtschow stimmen würden. Faktisch hatte das Präsidium aufgehört, ein bedeutendes Kristallisationszentrum politischer Macht zu sein; eigentlich war es zu einer Nebenstelle des Sekretariats geworden. Wie in Stalins letzten Lebensjahren waren jetzt die beiden Zentren der Macht das Sekretariat und das »innere Kabinett« im Ministerrat, das heißt die stellvertretenden Ministerpräsidenten. Und die Leitung beider lag – 1959 ebenso wie 1952 – in einer Hand.

Weiter verstärkt wurde die Vormachtstellung der Partei gegenüber dem Staatsapparat durch die »Dezentralisierungs«reformen von 1957. Die meisten zentralen Ministerien, denen einzelne Sektoren der Industriewirtschaft unterstanden, wurden abgeschafft. Statt dessen wurde die staatliche Wirtschaftslenkung und Wirtschaftsverwaltung an zwei Stellen konzentriert: einmal beim Staatlichen Planausschuß, dessen Machtbefugnisse sowohl in der zentralen Ebene als auch in der Ebene der Gliedrepubliken erweitert und verstärkt wurden, zum andern bei den neuerrichteten bezirklichen Volkswirtschaftsräten. Anfänglich war angenommen worden, daß die Bezirke, für die je ein Volkswirtschaftsrat zuständig sein würde, nach wirtschaftlichen Notwendigkeiten gebildet und so abgegrenzt werden könnten, daß jede für sich ein wirtschaftliches Ganzes darstellte und lokale Initiative entfaltete. Bis zu einem gewissen Grad geschah das in der Ukraine und in einigen Republiken Mittelasiens, wo tatsächlich neue Wirtschaftsbezirke geschaffen wurden. Aber in der Republik Rußland (RSFSR), auf die etwa zwei Drittel der Bevölkerung der Sowjetunion entfallen, entsprachen die Wirtschaftsbezirke einfach der bestehenden politischen Bezirksgliederung. Das Resultat war die Stärkung des Parteiapparats auf Kosten des Staatsapparats. Die eigentlichen Herren der politischen Bezirke sind die Ersten Sekretäre der Bezirkskomitees der Partei, und hinter ihnen steht ihre vorgesetzte Behörde, das Sekretariat des Zentralkomitees in Moskau. Die Direktoren der Industrieunternehmen in der Bezirksebene, deren traditioneller Apparatpanzer, das zentrale Ministerium für den betreffenden Wirtschaftszweig, zerschlagen worden war, gerieten auf diese Weise in eine Situation, in der sie vom Parteisekretär abhingen und ihm in der Praxis untergeordnet sein mußten. Ändern konnte sich das in zwei hypothetischen Fällen: wenn in der RSFSR durch Zusammenlegung je mehrerer politischer Bezirke zu wirtschaftlich sinnvollen Gebieten neue Wirtschaftsbezirke gebildet würden oder wenn Chruschtschow beschlösse, die Lenkungsbefugnisse des Staatlichen Planausschusses bis in die Bezirksebene reichen zu lassen und dort organisatorisch zu unterbauen. Der Planausschuß *(Gosplan)* hätte etwa die abgeschafften zentralen Ministerien in neuer Gestalt, als zentrale Abteilungen, wiedererstehen lassen können. Aber 1959 sprachen mancherlei Anzeichen dafür, daß Chruschtschow es vorzog, die Industrieorganisation über den Parteiapparat statt über den *Gosplan* zu beherrschen.

Die Macht der Polizei wurde nach dem Sturz Berijas erheblich beschnitten. Das Wirtschaftsimperium des MWD wurde zerstückelt. Wirtschaftsbetriebe, die vordem von der Polizei verwaltet worden waren, wurden den entsprechenden Fachministerien unterstellt. Die meisten Zwangsarbeiter – keineswegs alle – wurden aus den Arbeitslagern entlassen und durften entweder als Lohnarbeiter in den Lagergebieten bleiben oder nach Hause zurückkehren. Was diese Entscheidung schon ziemlich frühzeitig herbeiführte, waren die Streiks, die 1953 und 1954 in den Lagern von Workuta und Norilsk ausgebrochen waren und die nur hatten durchgeführt werden können, weil sich die Brutalität des Lagersystems nach Stalins Tod gelockert hatte. Natürlich wurden die Streiks niedergeschlagen, aber schon die Tatsache, daß sie hatten stattfinden können, mußte den Machthabern zu denken geben. Außerdem trug zur Einschränkung der Zwangsarbeit der Umstand bei, daß die alte Vorstellung, menschliche Arbeitskraft sei beliebig ersetzbar, allmählich zu zerflattern begann. Die Bevölkerung der Sowjetunion, die 1940 rund hundertfünfundneunzig Millionen betragen hatte, hätte bei der normalen jährlichen Zuwachsrate von ungefähr drei Millionen bis 1955 auf zweihundertvierzig Millionen gestiegen sein müssen. Tatsächlich belief sich aber die Gesamtbevölkerung 1955 nur auf etwas über zweihundert Millionen. Das Vierzig-Millionen-Defizit war zum größeren Teil durch Kriegsverluste (einschließlich des Hungersterbens der Zivilbevölkerung) entstanden, aber einen nicht geringen Anteil daran hatte auch der enorme Geburtenrückgang infolge der Trennung der Ehegatten sowohl beim Militär (Soldaten bekamen viele Jahre lang keinen Heimaturlaub) als auch in den Zwangsarbeitslagern. Gegen Mitte der fünfziger Jahre begannen die Sowjetführer zu begreifen, daß die Arbeitskraft ein wertvolles Gut sei, mit dem sparsam umgegangen werden müsse.

Das MWD behielt jedoch die Verfügungsgewalt über die Inneren Truppen und den Grenzschutz, die weiterhin außerhalb der regulären Heeresorganisation blieben. Der Sicherheitsdienst wurde 1954 vom MWD losgelöst und einem Staatssicherheitskomitee (KGB) unterstellt, zu dessen Leiter General Iwan Aleksandrowitsch Serow berufen wurde und das dem Ministerrat direkt verantwortlich sein sollte. Eine Zeitlang war auch der Grenzschutz dem KGB angegliedert. Zu seinem Amtsbereich gehörte darüber hinaus der Sicherheitsdienst innerhalb der gesamten bewaffneten Macht, der der Befehlsgewalt des Militärkommandos nach wie vor entzogen blieb.

Die Armee selbst schien vorübergehend mehr Macht erlangt zu haben, als sie je vorher gehabt hatte. Nach Stalins Tod war Marschall Schukow zum Ersten Stellvertreter des Verteidigungsministers Bulganin ernannt worden. Als Bulganin Malenkow in der Ministerpräsidentschaft ablöste, wurde Schukow Verteidigungsminister und nach der Niederlage der »parteifeindlichen Gruppe« im Juni 1957 auch stimmberechtigtes Mitglied des Parteipräsidiums. Zum erstenmal war damit ein Berufsoffizier in die höchste politische Körperschaft des Sowjetstaates aufgestiegen. Schukow genoß große Autorität in der Armee und erfreute sich besonderer Beliebtheit bei der Bevölkerung. Er stützte sich darauf in dem Bemühen, den Machtbereich der politischen Leiter in der Armeeorganisation einzuengen, konnte die Armee jedoch nicht aus den Fangarmen des Sicherheitsdienstes befreien. Im Herbst 1957 machte Schukow einen Staatsbesuch in Jugoslawien und Albanien. Als er am 26. Oktober zurückkam, wurde ihm eröffnet, daß er aufgehört hatte, Verteidigungsminister zu sein. Die Absetzung war während seiner Abwesenheit verfügt worden, er hatte keine Fühlung mehr mit seinen nächsten Mitarbeitern und konnte, auch wenn er es gewollt hätte, keinen Widerstand leisten. Nach seiner Entlassung wurde in der Presse eine Schmähkampagne veranstaltet: Schukows frühere Verdienste wurden unter besonders aktiver Mitwirkung mehrerer seiner Marschallskollegen verkleinert oder geleugnet. Ein neuer Versuch wurde unternommen, die Institution der politischen Leiter wieder lebenskräftiger zu machen. Ob das gelingen wird, ist zweifelhaft, denn dem stehen die Erfordernisse militärischer Aktionsfähigkeit entgegen. Immerhin hatte aber Schukows Sturz deutlich sichtbar werden lassen, daß sich die Herrschaftsstellung Chruschtschows und das Übergewicht der Partei in der Armee nicht weniger durchgesetzt hatten als in den anderen Teilbereichen des staatlichen Baus.

Klassenkonflikte

Den großen Erfolgen, die die Sowjetunion seit den dreißiger Jahren auf dem Gebiet der Industrieproduktion erzielt hatte, entsprachen keine gleichwertigen Erfolge in der Landwirtschaft. Die Kollektivierung schuf wirksame Instrumente zur Beherrschung der Bauern und zur Wegnahme eines großen Teils ihrer Erzeugung, brachte aber keine wesentliche Zunahme der Hektarerträge zuwege. Sie war politisch erfolgreich, aber ökonomisch ein Fehlschlag; sie machte die Bauern gefügig, aber nicht leistungsfähig. Indes war um die Mitte der fünfziger Jahre ein so beträchtliches Nachhinken der Landwirtschaft zu einer ernsten Störungsquelle für die Gesamtwirtschaft geworden. Stalins Nachfolgern war klar, daß Entscheidendes getan werden mußte. In den folgenden Jahren verwirklichte Chruschtschow, der sich für die Landwirtschaft besonders interessierte, eine Anzahl wichtiger Maßnahmen. Darin lassen sich zwei Ziele, ein kurzfristiges und ein langfristiges, erkennen: Hebung der Kolchosproduktion und Verwandlung der Landwirtschaft in eine Industrie und der Bauern in Industriearbeiter.

Durch eine Reihe von Verordnungen, die sich über die Jahre 1953 bis 1955 erstreckten, wurden das Zwangsablieferungssoll und die Landwirtschaftssteuern gesenkt, Steuerrückstände gestrichen und die Preise verschiedener Agrarerzeugnisse erhöht. Mit diesen Zugeständnissen konnte die Lebenshaltung der Kolchosbauern beträchtlich gehoben und die in den Kollektivbetrieben geleistete Arbeit ertragreicher gemacht werden. Dafür mußte der Staat einen ebenfalls beträchtlichen Einnahmeausfall in Kauf nehmen. Gleichzeitig wurden Schritte unternommen, um die Bauern dazu zu bewegen, auf einen Teil ihrer

Eigenparzellen zu verzichten. Stark erhöht wurde die von den Bauern verlangte Mindestarbeitsleistung für den Kollektivbetrieb, das heißt die Mindestzahl der nach Zeit und Leistung berechneten Pflicht-»Tagewerke« *(trudodni)*.

Chruschtschow verschärfte aber auch die Parteikontrolle auf dem flachen Lande. Ursprünglich hatte diese Aufgabe in den Händen der kommunistischen Parteiorganisationen der MTS gelegen: die MTS-Parteizellenleiter amtierten als Sekretariatsmitglieder des Distriktskomitees *(rajkom)* der Partei, dem die MTS-Zellen für die gesamte Parteiarbeit im jeweiligen MTS-Bereich verantwortlich waren. Aber als mit der Zusammenlegung der Kolchosen zu größeren Einheiten auch die Kolchos-Parteizellen größer und stärker wurden und nun auch in so gut wie allen Kolchosen eigene Parteiorganisationen funktionierten, fiel ihnen auch eine größere Rolle bei der Ausübung der Parteiherrschaft auf dem flachen Lande zu. Schließlich beschloß Chruschtschow im März 1958, den MTS ihre wichtigsten Funktionen überhaupt zu entziehen. Weder als Apparat zur Eintreibung des Ablieferungssolls noch als politisches Werkzeug waren sie noch vonnöten, und die neuen Großkolchosen waren so umfangreich, daß sich in ihrem Rahmen ein eigener Maschinenpark durchaus rentieren konnte. Es wurde dementsprechend verfügt, daß die Kollektivbetriebe die gesamte Maschinerie der MTS zu erwerben hatten und die MTS künftighin nur noch als Reparatur- und Kundenbetreuungsstellen (RTS) beibehalten werden sollten. Es war zu erwarten, daß die Übernahme des MTS-Maschinenparks für die Kollektivbetriebe in den ersten Jahren eine schwere finanzielle Belastung darstellen würde; auf lange Sicht mußte sie aber zum Vorteil der Kolchosen ausschlagen. Auf jeden Fall mußte das neue System die Arbeit der staatlichen Verwaltung vereinfachen und rationalisieren. Und in die politische Kontroll- und Integrationsarbeit würden sich die Sekretariate der Distriktskomitees und die Parteibetriebsgruppen in den Kolchosen teilen.

Chruschtschows »Agrarstädte«-Projekt war zwar 1951 verworfen worden; aber es ist nicht gerade wahrscheinlich, daß er seinen Plan, die Bauern in Städter und landwirtschaftliche Industriearbeiter zu verwandeln, aufgegeben hat. Er unterbreitete 1954 einen neuen Plan, der nicht nur der Erhöhung der Getreideproduktion der Sowjetunion dienen, sondern zugleich auch einen neuen gesellschaftlichen Lebenszuschnitt vorzeichnen sollte. Dabei handelte es sich um die Urbarmachung großer Flächen jungfräulichen Landes in Kasachstan und Westsibirien. Die Ergebnisse der ersten Jahre waren in bezug auf den Ernteertrag durchaus zufriedenstellend. Zum größten Teil wurden sie nicht in Kollektivbetrieben erzielt, sondern auf großen Staatsgütern, für die Neusiedler zu Tausenden aus dem europäischen Rußland (zu einem sehr erheblichen Teil aus den Städten) herangeholt worden waren; diese Staatsgüter waren nach Grundsätzen organisiert, die der industriellen Werksdisziplin viel eher verwandt waren als den traditionellen Methoden landwirtschaftlicher Arbeit. Beabsichtigt war die Errichtung neuer Siedlungen mit städtischem Komfort, und obgleich eine rasche Verwirklichung der Pläne nicht möglich war, sind doch einige Erfolge erzielt worden. Es darf angenommen werden, daß der Plan der Erschließung »jungfräulichen Landes« eine Variante der alten »Agrarstädte«-Politik ist und daß die Lehren des Kasachstan-Experiments zu gegebener Zeit auch auf die Bauern der europäischen Bezirke der Sowjetunion angewandt werden sollen.

Zweifellos hat sich seit Stalins Tod die Lage der Industriearbeiter gebessert. Die Konsumgütererzeugung wuchs erheblich an, wenn auch in einem langsameren Tempo, als von Malenkow in Aussicht genommen. Mit Billigung von oben wurden das Verbot des Arbeitsplatzwechsels und die Vorschriften über die strafrechtliche Verfolgung des Zuspätkommens zur Arbeit und anderer Verstöße gegen die Arbeitsdisziplin in den fünfziger Jahren kaum noch angewandt und 1957 auch formal außer Kraft gesetzt. Auch das Stachanow-Rekordsystem kam außer Kurs, und der sozialistische Wettbewerb wurde im Industriealltag zu einem weniger bedeutenden Faktor. Ein Staatliches Komitee für Arbeit und Löhne wurde 1955 mit der Aufgabe eingesetzt, in die buntscheckigen Entlohnungsmethoden größere Ordnung hineinzubringen. Im Gegensatz zu der vorher erwähnten Tendenz zur Verringerung des Lohngefälles durch Erhöhung der niedrigsten Lohnsätze bemühte sich das Komitee, die scharfe Staffelung der Löhne aufrechtzuerhalten. Das neue System sollte auf einer noch komplexeren Berücksichtigung der Ortsklassenunterschiede, der Arbeitsbedingungen, der Qualifikation der Arbeitskräfte und der volkswirtschaftlichen Bedeutung der geleisteten Arbeit beruhen. Die Auswirkungen der neuen Lohnpolitik können erst nach längerer Bewährungsfrist zutage treten.

Selbstverständlich waren alle diese Verbesserungen Zugeständnisse, die von oben kamen, nicht Forderungen, die durch Druck von unten durchgesetzt wurden. Bestimmte konkrete Umstände kamen den Arbeitern zugute. Einmal legte die Regierung angesichts der bereits erwähnten ungeheuren Bevölkerungsverluste größeren Wert auf die Erhaltung der Arbeitskraft. Zum andern wirkte sich die Tatsache aus, daß die Arbeiter bereits unter besseren Bedingungen lebten und besser geschult waren. Die Erfahrungen anderer Industrieländer deuten darauf hin, daß eine Arbeiterklasse, deren Lebenslage sich gebessert hat und weiter bessert und die eher zum selbständigen Denken befähigt ist und mehr Zeit zum Nachdenken hat, auch eher in der Lage ist, den Arbeitgebern Schwierigkeiten zu bereiten, als eine Arbeiterschaft, die – wie die Sowjetarbeiter von 1930 – in Armut und Unwissenheit versunken ist. Nachrichten über Arbeitsniederlegung in einigen Sowjetbetrieben sickerten 1956 durch, und die Presse der Sowjetgewerkschaften sprach von »demagogischen Umtrieben« unter den Arbeitern (in Wirklichkeit Forderungen, die über das hinausgingen, was die Partei zu bewilligen bereit war). Das waren nur bescheidene Hinweise, aber bedeutungslos waren sie nicht. Im Westen erfreuten sich die Arbeiter politischer Freiheit, ehe sie erträgliche Lebensbedingungen erreicht hatten: sie machten von der Freiheit Gebrauch, um Gewerkschaften und Parteien zu bilden, den Arbeitgebern höhere Löhne und kürzere Arbeitszeit abzuzwingen und die Parlamente dazu zu bringen, Gesetze in ihrem Interesse zu erlassen. In der Sowjetunion haben die Arbeiter materielle Verbesserungen erhalten, aber keine Freiheit. Eine der für die Zukunft der Sowjetgesellschaft belangreichsten Fragen lautet daher: Werden die Arbeiter von ihrer günstigeren Wirtschaftslage Gebrauch machen, um ihre Arbeitgeber, die ihre Herrscher sind, zu zwingen, ihnen Freiheit zu geben?

Die neue herrschende Schicht, die »Staatsbourgeoisie« oder »werktätige Intelligenz«, profitiert vom Regime, hat aber dennoch Interessen, die mit denen der Partei in Widerstreit sind. Der eigentliche Gegensatz trennt sie, deren Hauptmaßstab berufliche Leistung ist, von denen, die ideologische Reinheit über alles stellen. Es ist ein Gegensatz zwischen dem

Betriebsleiter und dem Parteibeamten, dem Apparatmenschen *(apparatschik)*, aber er besteht auch innerhalb des Parteiapparats, ja im gespaltenen Bewußtsein des Apparatmenschen selbst. Für den Wirtschaftsmanager als »Praktiker« ist der Apparatmensch ein Parasit, ein lästiger Störenfried, der seine und seiner Arbeiter Zeit mit politischen Versammlungen und langweiliger Parteischulung vertut. Für den Propagandisten der Parteireinheit ist Wirtschaftler jemand, der zuviel materielle Vorteile genießt und zuviel Macht hat, für die auf jeden Ehrgeizling lauernden »kapitalistischen Überbleibsel im menschlichen Bewußtsein« auf die gefährlichste Weise anfällig ist und von ihnen leicht auf die abschüssige Bahn der »Ausbeutung des Menschen durch den Menschen« gelockt werden kann. Gegen diese Überbleibsel – im Grunde die kommunistische Variante der theologischen Vorstellung von der Erbsünde – muß der energischste Kampf geführt werden. Seit der Beschneidung der Befugnisse des Wirtschaftlers und der schärfsten Überwachung seiner möglichen Abweichungen vom Pfade der ideologischen Tugend glauben die Reinheitspropagandisten, die Massen vor den Gefahren einer Wiederkehr des Kapitalismus zu bewahren. Beide Seiten vertreten sowohl verankerte Interessen als auch moralische Werte: der Wirtschaftler die Freiheit, aber auch seine Vorrechte; der Parteimensch das Recht der Massen, aber auch die monopolistische Herrschaft der Partei. Es ist anzunehmen, daß dieser Gegensatz fortbestehen wird. Chruschtschows »Dezentralisierungs«reform von 1957 hat die Partei auf Kosten der Wirtschaftler gestärkt, aber dieser Sieg kann weder umfassend noch endgültig sein.

Ein weiteres ernstes Problem stellt für die Sowjetgesellschaft der Konflikt der Generationen dar. Natürlich gibt es diesen Konflikt in jeder Gesellschaft, und in dem Lande, das Turgenews »Väter und Söhne« hervorgebracht hat, gehört er gleichsam zur Tradition. Aber besonders ausgeprägt ist er in der Sowjetunion seit 1945. Ein wesentliches Moment ist der krasse Unterschied in der Möglichkeit des raschen Aufstiegs für die Jugend von 1939 und die Jugend von 1959. Nach der großen Säuberung fielen die höchsten Posten im Lande an Männer und Frauen, die damals Ende Zwanzig oder Anfang Dreißig waren, jetzt also etwa fünfzig Jahre alt sind und noch viele Jahre aktiven Lebens vor sich haben. Für die heute Dreißigjährigen und mehr noch für Menschen, die gerade ins Arbeitsleben treten, sind die Aussichten trübe. Am besten läßt sich der Wandel an Hand der Alterszusammensetzung der Delegierten zum 18. und zum 20. Parteitag veranschaulichen: 1939 waren achtzig Prozent dieser Parteielite noch nicht vierzig Jahre alt, 1959 nur dreiundzwanzig Prozent. Die veränderten Karriereaussichten dürften den natürlichen Antagonismus zwischen dem Denken der Alten und dem Denken der Jungen erheblich verschärfen. Das verfügbare Material zeigt, daß die Jungen stolz auf die Fortschritte ihres Landes und zutiefst patriotisch sind und unweigerlich in marxistischen Kategorien denken. Es zeigt aber auch, daß sie selbständig denken, Klischees und Dogmen in Frage stellen und wenig Achtung vor prominenten Persönlichkeiten oder geltenden Autoritäten an den Tag legen. Dieselbe Neigung zum »Revisionismus« zeigt sich unter der intellektuellen Jugend Osteuropas. Sie ist 1956 bei den Hochschuldiskussionen über die ungarische Revolution und über so »kritische« literarische Erzeugnisse wie Dudinzews »Der Mensch lebt nicht vom Brot allein« deutlich zutage getreten.

Chruschtschow hat seine Verwunderung und seinen Ärger über die Intellektuellen, junge und alte, nicht verheimlicht. Seit 1953 war die Literaturzensur abwechselnd bald mild, bald streng, wenn sie auch nie wieder zur rigorosen Schärfe der Schdanow-Ära zurückfand. Chruschtschow selbst hat sich über Studenten und Schriftsteller äußerst aufgebracht geäußert. Das offizielle Getöse gegen Boris Pasternak, das 1958 im Zusammenhang mit dem ihm verliehenen Nobelpreis angestellt wurde, hörte sich wie ein Rückfall in den Stalinismus an, war aber von keinerlei ernsthaften Repressalien gegen Pasternak begleitet. Chruschtschows Schulreform von 1958, die die Oberschule um einige Jahre verkürzte und die Zulassung zum Hochschulstudium ohne mehrjährige vorherige Erwerbsarbeit in der Produktion erschwerte, war zum Teil darauf abgestellt, das Problem der überzähligen Oberschulabsolventen, für die es keine geeignete Beschäftigung gab, zu lösen und das Schulsystem mit den Erfordernissen der Wirtschaft besser in Einklang zu bringen. Sie verfolgte aber auch den Zweck, junge Leute daran zu hindern, ihre Zeit mit Nachdenken und Gesprächen zu verbringen, die dem Regime gefährlich werden könnten. Offenbar glaubte Chruschtschow, daß, wenn die intellektuelle Jugend zu einer engeren Tuchfühlung mit den »werktätigen Massen« gezwungen werden könnte, ihre ausgefallenen Ideen von selbst zerflattern würden. Eigentlich sollte ihm die Geschichte der russischen revolutionären Bewegung beigebracht haben, daß eine solche Tuchfühlung ein wechselseitiger Prozeß ist: manchmal können auch die Massen von den Studenten lernen.

Nationales Erwachen?

In der Grundlinie blieben die Beziehungen zwischen der Zentralregierung und den Regierungen der Gliedrepubliken ebenso wie das Unterordnungsverhältnis der nichtrussischen kommunistischen Parteien zur Zentrale in Moskau in der nachstalinschen Periode unverändert. Aber das für die letzten Lebensjahre Stalins charakteristischer Moment der forcierten Russifizierung wurde stark abgebaut.

Mit großem Pomp wurde 1954 die dreihundertjährige Wiederkehr der Vereinigung der Ukraine mit Rußland begangen, und die Ukrainer wurden als der zweitälteste Bruder in der Familie der Sowjetnationen – gleich nach dem ältesten russischen – gefeiert. In dem auf dem 20. Parteitag 1956 gewählten Zentralkomitee der Kommunistischen Partei der Sowjetunion waren die ukrainischen Bezirkskomitees stärker vertreten als je zuvor. Ebenso berief Chruschtschow mehrere Ukrainer, die mit ihm in den elf Jahren seiner Parteiherrschaft in der Ukraine eng zusammengearbeitet hatten, auf hohe Posten im Regierungsapparat der Sowjetunion und im Parteiapparat der RSFSR. Dem Parteipräsidium gehörten 1959 mehr Vertreter der Gliedrepubliken an als je bisher in früheren Jahren. Seit Oktober 1957 ist Muchitdinow, vordem Erster Sekretär der usbekischen Parteiorganisation, stimmberechtigtes Mitglied des Präsidiums: er ist der erste Mittelasiat, dem diese hohe Ehre zuteil geworden ist. Stimmberechtigtes Präsidiumsmitglied ist auch der Erste Sekretär der Parteiorganisation Kasachstans, und die Ersten Sekretäre des Zentralkomitees der Ukraine, Weißrußlands, Georgiens und Lettlands gehören dem Präsidium als Kandidaten mit beratender Stimme an.

In seiner »Geheimsitzungs«rede auf dem 20. Parteitag brandmarkte Chruschtschow Stalins Politik der Zwangsaussiedlung ganzer Nationalitäten. Nicht lange danach wurde den verschleppten Tschetschenen, deren Zahl allerdings mittlerweile schwer zusammengeschrumpft war, die Heimkehr erlaubt. Die Anprangerung der Nationalepen der mohammedanischen Nationalitäten und die russifizierende Umdeutung der zaristischen Eroberung des Kaukasus und der Kirgisensteppe wurden in aller Stille fallengelassen.

Auf der anderen Seite hielt die Spannung zwischen Russen und anderen Nationalitäten weiter an. Unruhen und Demonstrationen großen Stils gab es 1956 in Tiflis (Tbilisi), der Hauptstadt Georgiens. Den Anlaß dazu hatte die öffentliche Diskreditierung Stalins, des berühmtesten Sohnes des georgischen Volkes, gegeben. Die Wut der Bewunderer Stalins scheint aber in Wirklichkeit zusammengeflossen zu sein mit der allgemeineren Stimmung georgischer nationaler Empörung über Moskau. In Turkmenistan wurde im Dezember 1958 der Erste Sekretär der Parteiorganisation abgesetzt, und man sprach von »Bourgeoisnationalismus«. In Usbekistan wurden im Mai 1959 der Erste Sekretär der Parteiorganisation und der Ministerpräsident beseitigt. Diese Säuberung schien mit dem Streit über den Anteil der Baumwolle an der Wirtschaft Usbekistans zusammenzuhängen, der seit über zwanzig Jahren die Hauptursache aller Dispute zwischen usbekischen nationalen Strömungen und dem Moskauer Zentralismus ist. Die Urbarmachung »jungfräulichen Landes« in Kasachstan hat auch ihre nationalen Aspekte, denn der Zustrom von Neusiedlern aus Rußland und der Ukraine hat die Kasachen bereits zur Minderheit in ihrem eigenen Lande gemacht, und diese Entwicklung geht weiter.

Zweifellos hat das Sowjetregime die wirtschaftlichen Potenzen der asiatischen Gebiete entwickelt und den Völkern Asiens große Bildungsmöglichkeiten eröffnet, die unter den Zaren undenkbar waren. Es hat eine moderne Intelligenz im Kaukasus und in Mittelasien entstehen lassen. Ob sich diese Männer und Frauen, die ihre Erziehung und ihren Aufstieg dem Sowjetregime verdanken, als dankbar erweisen werden, steht allerdings auf einem anderen Blatte. Die jungen Slowaken, die eine gute Ausbildung in Budapest erhalten hatten, die jungen Inder, die zum Studium nach London zu kommen pflegten, und die jungen indonesischen Absolventen Pariser Modeschulen sind nicht zu Lobrednern der Tugenden der herrschenden Nation, sondern zu Führern der Unabhängigkeitsbewegungen ihrer eigenen Völker geworden. In den politischen Verhältnissen der Sowjetunion sind solche Bewegungen natürlich nicht möglich. Es widerspräche indes den Erfahrungen aller überlieferten Geschichte der Kolonialpolitik, wenn die seelischen und intellektuellen Reaktionen der jungen Intellektuellen Sowjetasiens von den Reaktionen derer, die ihre Prägung unter anderen europäischen Imperien erhielten, wesensverschieden wären.

Osteuropa 1953–1960

Neuer Kurs

Die erste osteuropäische Reaktion nach Stalins Tod zeigte sich in der Tschechoslowakei. Im März 1953 starb Gottwald, anscheinend an den Folgen einer Erkältung, die er sich bei der Beisetzung Stalins in Moskau zugezogen hatte. Offenbar wirkte das Ausscheiden des prominenten tschechoslowakischen Führers und seines Schirmherrn in Moskau ermutigend auf die Bevölkerung. Der wirtschaftliche Protest, der schon seit 1952 in zugespitzter Form

Der 17. Juni 1953 in Ost-Berlin

Demonstranten in Budapest
Ende Oktober

Der ungarische Volksaufstand, 1956

Sowjetische Panzer in Budapest
Mitte November

bemerkbar war, wurde noch verschärft durch die im Mai 1953 durchgeführte neue Währungsreform, die einerseits die in den Jahren zuvor (als die Löhne beträchtlich waren, es aber nichts zu kaufen gab) zurückgelegten Ersparnisse der besserbezahlten Arbeiter vernichtete und anderseits mit dem erhöhten Preisniveau die ärmeren Arbeiter- und Bauernschichten benachteiligte. Die allgemeine Unzufriedenheit kam Anfang Juni in einer Volkserhebung in Pilsen zum Ausbruch. Einen Tag lang war die Stadt in den Händen der demonstrierenden Arbeiter, die nicht nur einen wirtschaftlichen, sondern auch einen politischen Wechsel verlangten und die Bilder von Masaryk, Beneš und Eisenhower mit sich umhertrugen. Das Militär war nicht willens, auf die Demonstranten zu schießen, und der Aufstand wurde von Einheiten der Sicherheitspolizei niedergeschlagen, die erst hatten herbeigeholt werden müssen.

Zwei Wochen später brach der sehr viel umfangreichere Aufstand in Ost-Berlin und der Sowjetzone in Deutschland aus. Nun sahen die Sowjetführer ein, daß eine Politik der Zugeständnisse nicht mehr zu vermeiden war. So begann der »Neue Kurs«, der im Laufe des Sommers 1953 fast ganz Osteuropa erfaßte.

Zuerst wurde er in Ungarn proklamiert und ist dort auch am weitesten gegangen. Nach dem Sowjetvorbild wurden die Ämter des Ersten Sekretärs der Parteileitung und des Ministerpräsidenten getrennt. Rákosi blieb Parteichef, aber Regierungschef wurde Imre Nagy. Von Moskau energisch gestützt, war Nagy nunmehr der Mann, der die Politik bestimmte. In einer Rede vom 4. Juli kündigte er eine Reihe von Reformen an. Die Planziffern für die Industrieproduktion sollten gesenkt und der Konsumsphäre größere Aufmerksamkeit zugewandt werden. Vorgesehen waren umfangreiche Agrarinvestitionen. Den Bauern sollte das Ausscheiden aus Kollektivbetrieben erlaubt werden, die Auflösung der Kollektivbetriebe sollte auf Mehrheitsbeschluß der Mitglieder hin statthaft sein. Den Kirchen wurde Freiheit versprochen. Nagy forderte den Parteiapparat auf, Angehörige der früheren Bourgeoisie und der Intellektuellenberufe anständig zu behandeln. Die Konzentrationslager sollten aufgelöst werden, Personen, die in den vorangegangenen Jahren aus Budapest ausgesiedelt worden waren, durften nach Hause zurückkehren. In den folgenden Monaten wurden viele politische Gefangene, sowohl Antikommunisten als auch die in vier Jahren Säuberung verhafteten Kommunisten, aus der Haft entlassen. Obgleich der Parteiapparat, vom Parteichef Rákosi bis zu einem gewissen Grade dazu animiert, die Durchführung dieser Maßnahmen zu verschleppen suchte, wurde ziemlich viel davon verwirklicht. Vom Mai 1953 bis zum Mai 1954 ging namentlich die kollektivierte Ackerfläche um ein Drittel und die Zahl der von Kollektivbetrieben erfaßten Bauern um fast die Hälfte zurück. Aber die Umstellung der Industrie auf erhöhte Konsumgütererzeugung war nicht sehr erfolgreich, und die Arbeitsproduktivität sank fühlbar. Rákosi und seine Anhänger konnten diese wirtschaftlichen Schwierigkeiten bequem gegen Nagy ausschlachten.

In der Tschechoslowakei wurde der Polizeidruck weniger gelockert, aber die wirtschaftspolitischen Maßnahmen waren ähnlich. Offiziell erhielten die Bauern zwar nicht das Recht, aus Kollektivbetrieben auszuscheiden, aber viele Kollektivbetriebe wurden aufgelöst, und die kollektivierte Ackerfläche verringerte sich vom Juni 1953 bis zum Oktober 1954 um ein Drittel. Besser als in Ungarn gelang die Umstellung der Industrie auf erhöhte Konsumgütererzeugung. Der Grund dafür war, daß das Land über eine höherentwickelte Industriewirtschaft und mehr qualifizierte Arbeitskräfte und leitendes Personal verfügte. Wichtig war auch, daß die Parteiführung einig war und die neue Politik nicht durch eine starke innerparteiliche Opposition wie die Rákosis in Ungarn hintertrieben wurde. Das Ergebnis war, daß sich das Lebenshaltungsniveau der Tschechen und Slowaken innerhalb eines Jahres wesentlich besserte und die Besserung weiter anhielt. Bestimmt war die Tschechoslowakei 1959 von allen Satellitenstaaten der wohlhabendste. In Polen und Rumänien waren ähnliche wirtschaftliche Reformen versprochen worden, aber erreicht wurde verhältnismäßig wenig. Dagegen wich Bulgarien von der allgemeinen Marschroute radikal ab: es machte weder politische noch wirtschaftliche Zugeständnisse von irgendwelcher Bedeutung.

Der Sturz Malenkows im Frühjahr 1955 gab Rákosi die Chance, Nagy zu stürzen. Nagy wurde für die anhaltenden wirtschaftlichen Schwierigkeiten verantwortlich gemacht und derselben Vergehen beschuldigt, die Malenkow in Moskau zur Last gelegt wurden, vor allem der Vernachlässigung der Schwerindustrie. Er wurde als Ministerpräsident abgesetzt und zuerst aus dem Zentralkomitee, dann aber auch aus der Partei ausgeschlossen.

Die Wiedereinsetzung Rákosis führte jedoch nicht zur Wiederherstellung seiner autokratischen Herrschaft. Vor allem deswegen nicht, weil Chruschtschow entschlossen war, sich mit Tito zu verständigen, und gerade Rákosi, der von allen osteuropäischen Führern die feindseligste Haltung Jugoslawien gegenüber eingenommen hatte, nicht freie Hand lassen konnte. Im Laufe des Jahres 1955 wurde der Neue Kurs in Ungarn eingedämmt, aber nicht umgestoßen, in der Tschechoslowakei und in Rumänien änderte sich nichts Wesentliches, aber in Polen setzte sich eine freiheitlichere Entwicklung durch. Das »Tauwetter« in Polen war die direkte Folge der Einschränkung der Befugnisse der Sicherheitspolizei. Die Ursache der Polizeiniederlage war nicht nur der Sturz Berijas, sondern vor allem auch die Flucht des hohen Polizeifunktionärs Jozef Swiatlo, der im Westen viele Polizeiverbrechen und Komplotte kommunistischer Parteiführer gegeneinander enthüllte und dessen Enthüllungen dem polnischen Volk durch amerikanische Rundfunksendungen und mit Luftballons abgeworfene Flugblätter bekannt wurden. Der Sicherheitsdienst wurde gesäubert, seine Befugnisse wurden beschnitten und sein Kampfgeist gebrochen. Die Polen fingen wieder an, frei zu sprechen und sogar frei zu schreiben. Literarische Erzeugnisse – etwa Adam Wazyks »Gedicht für Erwachsene« – protestierten gegen den Terror der vergangenen Jahre. Die Presse veröffentlichte zahlreiche erstaunlich freimütige Darstellungen und kritische Analysen der wirtschaftlichen und sozialen Zustände, namentlich der Arbeiternot.

Im Juni 1955 machte Chruschtschow seinen Besuch in Belgrad, wobei er die frühere Sowjetpolitik gegenüber Jugoslawien desavouierte und sie Berija in die Schuhe zu schieben versuchte. Er übernahm nun auch offiziell die These, daß jedes Land seinen eigenen Weg zum Sozialismus zu finden habe. Marschall Tito verhielt sich gegenüber dem Liebeswerben der Sowjetabgesandten recht kühl und betonte seine Absicht, die guten Beziehungen, die er in den Jahren zuvor zu den Westmächten und zu den nichtkommunistischen Balkannachbarn Griechenland und Türkei hergestellt hatte, unter allen Umständen aufrechtzuerhalten. Anderseits kamen die Sowjetavancen zu einem Zeitpunkt, da sich in der jugoslawischen Parteiführung die Abwehrhaltung gegenüber liberalen Tendenzen zu versteifen begann. Milovan Djilas, der Ideologe der Periode der Sowjetfeindschaft, hatte sich im Winter 1953/54 mit seiner Revision der marxistisch-leninistischen Orthodoxie zu weit vorgewagt. Er hatte vorgeschlagen, daß politische Opposition erlaubt sein sollte, und scharfe Angriffe gegen die Parteibürokratie gerichtet. Gegen diese Kritik schlossen sich die oberen und mittleren Funktionärschichten wie ein Mann zusammen, und im Januar 1954 wurde Djilas seiner öffentlichen Ämter enthoben und aus dem Zentralkomitee der Partei ausgeschlossen. Der Gedanke einer Versöhnung mit Moskau, die dazu beitragen könnte, den von Djilas geförderten »Verwestlichungs«tendenzen in der Partei Einhalt zu gebieten, hatte daher für den Parteiapparat auch ein Jahr später seinen Reiz.

Revolutionsjahr

Auf die kommunistischen Parteien Osteuropas übte Chruschtschows »Geheimsitzungs«-rede vom Februar 1956 einen entscheidenden Einfluß aus. Am unmittelbarsten war die Wirkung in Polen. Bierut, der dem 20. Parteitag beigewohnt hatte, starb in Moskau. Sein Nachfolger wurde Edward Ochab. Eine der ersten Taten der neuen Führung bestand darin, daß Jakub Berman, der vertrauteste Mitarbeiter Bieruts und der für das Polizeiressort Verantwortliche, aus dem Politbüro entfernt wurde.

In der Tschechoslowakei ließen sich im Frühjahr einige kritische Stimmen auf dem Schriftstellerkongreß vernehmen. Im Mai wurden von den Studenten von Prag und Bratislawa der Regierung Forderungen unterbreitet, die über studentische Beschwerden und Berufssorgen weit hinausgriffen und Probleme der politischen Freiheit aufwarfen. Keine ihrer Forderungen wurde erfüllt, aber die Tatsache, daß sie sie so mutig vorgebracht hatten, war symptomatisch für die veränderte Atmosphäre. Auch in Rumänien gab es Anzeichen einer Gärung unter Studenten und Intellektuellen.

Im Frühsommer erfolgte in Ungarn ein Durchbruch der politischen Opposition sowohl in der Presse als auch in öffentlichen Veranstaltungen des Petöfi-Klubs. Die Regierung duldete diese oppositionellen Kundgebungen, bei denen frühere kommunistische Opfer der Säuberung eine sehr deutliche Sprache führten. In aller Öffentlichkeit wurde die Beseitigung Rákosis gefordert. Das entsprach auch durchaus den Wünschen Titos, dem sich Chruschtschow mehr denn je gefällig zeigen wollte. Schließlich wurde am 18. Juli 1956 die Absetzung Rákosis bekanntgegeben. Freilich wurde er durch seinen engen Mitarbeiter Ernö Gerö ersetzt, einen Mann von nicht geringerem Fanatismus, aber weniger brutaler Zielstrebigkeit.

Schon vorher hatten sich in Polen die Arbeiter Posens erhoben. Wie 1953 in Berlin, hatte der Aufstand mit einem Streik und Protestkundgebungen gegen die drückenden wirtschaftlichen Verhältnisse begonnen und sich in eine politische Bewegung verwandelt. Er wurde blutig niedergeschlagen. Sofort zeigte sich aber ein auffallender Unterschied in den Reaktionen innerhalb des kommunistischen Blocks. Die Sowjetführer stellten in einer Erklärung, die das Zentralkomitee nach seiner Plenarsitzung vom Juni 1956 veröffentlichte, fest, der Posener Aufstand sei das Werk imperialistischer Agenten gewesen. Dieser Version schloß sich auch die jugoslawische Presse an. Dagegen erklärten die kommunistischen Führer

Polens, der Aufstand sei aus wirtschaftlichen Mißständen entstanden, und wenn sie auch das illegale Vorgehen der Arbeiter verurteilten, gaben sie immerhin bekannt, daß sie ihren Beschwerden Rechnung tragen wollten. Als die Führer der Aufstandsbewegung im Herbst vor Gericht standen, wurden sie mit großer Nachsicht behandelt. Inzwischen war innerhalb der Partei und der gesamten Arbeiterklasse immer nachdrücklicher gefordert worden, daß der prominente Kommunist Gomulka, der 1948 in Ungnade gefallen und angeprangert, 1951 verhaftet und 1955 ohne Aufsehen freigelassen worden war, wieder an die Macht gebracht werden sollte. Die Parteiführer mußten sich zwischen einem offenen Konflikt mit der Bevölkerung, besonders mit den Warschauer Arbeitern, die keine Angst mehr vor dem Polizeiterror hatten, und der Heranziehung Gomulkas entscheiden. Der Parteichef Ochab entschied sich für Nachgeben und rettete damit das Land vor schwerem Blutvergießen. Die entscheidende Tagung des Zentralkomitees fand vom 19. bis zum 21. Oktober 1956 statt. Mit großer Mehrheit beschloß das Zentralkomitee, den Sowjetmarschall Rokossowskij, den Stalin der polnischen Armee 1949 als Oberbefehlshaber aufgezwungen hatte, nicht wieder ins Politbüro zu wählen, und fast einstimmig wählte es Gomulka zu seinem Ersten Sekretär (an Stelle Ochabs). Noch während der Tagung des Zentralkomitees traf Chruschtschow, begleitet von Molotow, Mikojan und Kaganowitsch, uneingeladen in Warschau ein. Die Sowjettruppen in Polen standen zum Marsch auf die Hauptstadt bereit, wobei ihnen wahrscheinlich die polnische Armee und bestimmt die jetzt von Gomulkas Freund, General Waclaw Komar, befehligten Sicherheitstruppen und Warschauer bewaffnete Arbeiterwehrformationen Widerstand geleistet hätten. Nachdem er sich von der Unnachgiebigkeit der polnischen Führung und des polnischen Volkes überzeugt hatte, zog es Chruschtschow jedoch vor, sich mit dem Sieg Gomulkas abzufinden.

In Ungarn gab die polnische Krise Anlaß zu den ersten Straßendemonstrationen, bei denen gemäßigte Forderungen nach politischen Reformen – durchaus noch im Rahmen des Einparteistaats mit kommunistischer Diktatur – erhoben wurden. Aber während Ochab dem Druck der Massen nachgegeben hatte, lehnte der ungarische Führer Gerö jegliches Zugeständnis fanatisch ab. Wahrscheinlich wurde er in seinem Starrsinn dadurch bestärkt, daß Tito ihn als Rákosis Nachfolger akzeptiert hatte und daß er gerade von einem zufriedenstellenden Belgrad-Besuch heimgekehrt war. Als die Demonstrationen nicht aufhörten, verfiel Gerö in Panik und rief die Truppen der Sowjetbesatzung zu Hilfe. Gleichzeitig ernannte er auf dem Papier Imre Nagy zum Ministerpräsidenten, hielt ihn aber in der Parteizentrale gefangen und ließ ihn nicht an die Regierung. (Die Rückkehr Nagys war eine der Hauptforderungen der Reformer, wie die Rückkehr Gomulkas die Hauptforderung der ihnen entsprechenden polnischen Kreise gewesen war.) Es brach nun ein Krieg zwischen dem ungarischen Volk und den Sowjettruppen aus, denen nur einige tausend Gerö-treue Angehörige der ungarischen Sicherheitstruppen zur Seite standen. Auf ungarischer Seite war die Bewegung von der intellektuellen Jugend ausgegangen, ihre eigentlichen Kerntruppen stellten die Budapester Industriearbeiter, und zu ihr gestoßen waren einzelne Angehörige ebenso wie geschlossene Einheiten der regulären ungarischen Armee. Bevor eine Woche vergangen war, hatten sich die ungarischen Kräfte als die stärkeren erwiesen, und die Sowjetregierung willigte in einen Waffenstillstand ein.

Aber nun hatte die Bewegung die Schranken des Einparteistaats gesprengt. Als Nagy die Regierung wirklich übernahm, bekam er es mit Arbeiterräten (die mit den russischen Sowjets von 1905 und 1917 große Ähnlichkeit hatten) und Provinzkomitees zu tun, die alle die Wiederherstellung voller politischer Freiheit und die Zulassung mehrerer politischer Parteien forderten. Nagy mußte sich zwischen dem eindeutigen Verlangen des ungarischen Volkes nach einem demokratischen System und seiner Parteipflicht entscheiden, die ihm die Verteidigung der Einparteiherrschaft vorschrieb, und sei es um den Preis der Herbeirufung weiterer Sowjettruppen zum Kampf gegen das ungarische Volk. Nagy zog Ungarn dem Kommunismus vor, bildete eine Regierung aus vielen Parteien und erklärte unter Berufung auf das Beispiel Österreichs und in der Hoffnung auf die Hilfe der Vereinten Nationen Ungarn zu einem neutralen Staat. Indessen waren die Vereinten Nationen vom 30. Oktober an durch die Suezkrise fast vollauf in Anspruch genommen, und inzwischen marschierten Sowjettruppen in starken Formationen in Ungarn ein. In der Hoffnung auf eine Kompromißlösung verhandelte Nagy mit der Sowjetbotschaft und dem Sowjetarmeekommando, die ihn auch mit Absicht in seiner Hoffnung bestärkten. Aber sobald Moskau zum Zuschlagen bereit war, verhaftete der Sowjetpolizeichef General Serow die ungarischen Unterhändler, und die Sowjettruppen griffen Budapest an. Zu gleicher Zeit wurde eine ungarische Strohmännerregierung (ähnlich der sowjetpolnischen von 1920 in Bialystok und der sowjetfinnischen von 1939 in Terioki) zusammengestellt und als ihr Chef János Kádár eingesetzt, ein Kommunist, der während der Rákosi-Säuberungen verhaftet und gefoltert und in den Revolutionstagen als Nachfolger Gerös zum Ersten Sekretär der Parteizentrale ernannt worden war. Kádár war öffentlich für Nagy eingetreten, hatte der Mehrparteienregierung wie der Außenpolitik der Neutralität zugestimmt und wurde allgemein als Reformer angesehen. Im Laufe des 1. November wurde er jedoch bewogen, sich auf die Sowjetseite zu schlagen, und ist dann zum prominentesten Sowjetagenten in Ungarn geworden. Die Hinrichtung seines Gegenspielers Imre Nagy wurde im Juni 1958 bekanntgegeben.

Der ungarische Widerstand wurde nicht sofort zerstampft. In Budapest dauerten die Straßenkämpfe noch mehrere Tage an. Das Industrieviertel von Csepel und die neue Industriestadt Dunapentele südlich von Budapest (die – welche Ironie des Schicksals! – einige Jahre vorher Sztalinvaros, das heißt Stalinstadt, getauft worden war) waren die letzten Zitadellen des bewaffneten Widerstands. Noch einen Monat lang hielten die Arbeiterräte in Budapest einen Generalstreik durch. Mit gutem Grund kann man sagen, daß die ungarische Revolution als kombinierte politisch-militärische Aktion der industriellen Arbeiterklasse den Vergleich mit jeder ähnlichen Aktion in der Geschichte, auch mit der Pariser Kommune von 1871 und den Petersburger Revolutionskämpfen von 1905, nicht zu scheuen braucht.

Daß die ungarische Krise in eine bewaffnete Revolution, in Krieg und Niederlage mündete, die polnische Krise dagegen in einen unblutigen Sieg, lag, wie gesagt, vor allem daran, daß sich Ochab und seine Kollegen als polnische Patrioten erwiesen, während Gerö an die Russen appellierte, und daß an der Spitze der polnischen Polizeitruppen ein Patriot stand und die ungarische Polizei die Sowjetunion über ihr eigenes Land stellte. Daneben ist aber auch die Frage aufzuwerfen, warum diese Krisen gerade in Polen und Ungarn zum Ausbruch kamen und nicht an anderer Stelle. Die Unzufriedenheit der Arbeiter und Bauern, eine national gefärbte sowjetfeindliche Haltung in allen Gesellschaftsklassen und die Ablehnung der Grundvoraussetzungen der totalitären Herrschaft durch die intellektuelle Jugend (trotz ihrer proletarischen oder bäuerlichen Herkunft und trotz der Tatsache, daß sie ihren kulturellen Aufstieg den Kommunisten verdankt): all das waren allen osteuropäischen Ländern gemeinsame Wesensmerkmale. Die besondere Eigenart der polnischen und der ungarischen Lage, die den Ausbruch der Krise gerade dort und nicht anderswo verständlich macht, bestand darin, daß sich nur in diesen beiden Ländern die Unzufriedenheit innerhalb und außerhalb der kommunistischen Parteien um zwei prominente Kommunisten herum kristallisieren konnte, die allen als Kritiker der geltenden Politik bekannt waren: Gomulka und Nagy. Auch die anderen kommunistischen Parteien hatten Kritiker in ihren Reihen gehabt, aber die Säuberungen von 1949 bis 1953 hatten sie hingemordet. Nur Gomulka und Nagy waren am Leben geblieben. In höherem Maße als die allgemeine Unzufriedenheit hatte dieses spezifische oberflächenhafte Moment den Gang der Ereignisse bestimmt.

Jahr der Ernüchterung

Gomulkas Sieg zog in Polen beträchtliche Veränderungen nach sich. Ein Abkommen zwischen der Regierung und der Hierarchie der katholischen Kirche kam zustande, wonach der Religionsunterricht in der Schule dort, wo die Eltern ihn verlangten, wiedereingeführt wurde. Dies Verlangen war so weit verbreitet, daß die Wiedereinführung des Religionsunterrichts fast allgemein erfolgte. Die Anträge der Kirchenführung auf Rückgabe eines Teils des Kirchenvermögens und der kirchlichen Presse und Wohlfahrtseinrichtungen wurden zum größten Teil abgewiesen. Die Beziehungen zwischen Kirche und Staat verschlechterten sich 1958 von neuem, aber die Position der Kirche blieb wesentlich stärker als vor Oktober 1956, und es war offensichtlich, daß die Regierung großen Wert darauf legte, einen völligen Bruch zu vermeiden.

Auch die polnischen Bauern profitierten von der Wiederkehr Gomulkas. Fast alle landwirtschaftlichen Kollektivbetriebe wurden aufgelöst, die Agrarpreise erhöht, der Getreideablieferungszwang abgeschwächt, und den Einzelbauern wurde sogar gestattet, Land aus dem staatlichen Bodenfonds zu erwerben. Kommunistische Redner bekannten sich zwar hin und wieder noch der Form halber zum Zukunftsideal einer »sozialistischen Landwirtschaft« – auch Gomulka legte in seiner Rede auf dem 3. Parteitag im März 1959 ein solches Bekenntnis ab –, doch deutete nichts auf eine Absicht der Regierung hin, die Bauern in Kollektivbetriebe hineinzuzwingen.

Viel weniger gewannen die Arbeiter, die so viel getan hatten, um Gomulka zu retten. Im Winter 1956/57 wurden in den Betrieben Arbeiterräte geschaffen, aber die Umgestaltung ihrer Befugnisse im Jahre 1958 hat sie zur Bedeutungslosigkeit verurteilt. Die Reallöhne erhöhten sich nur wenig, einfach weil Polens Wirtschaftslage so schlecht war, daß materielle Verbesserungen nicht möglich waren. Auch die intellektuelle Jugend, die in der Verteidigung Gomulkas 1956 eine noch aktivere Rolle gespielt hatte, gewann wenig. Einige Monate lang wurde der Vertretung »revisionistischer« Ideen – nicht nur in der Kritik an den gesellschaftlichen Zuständen, sondern auch in der Kritik an manchen Dogmen des »Marxismus-

Leninismus« – große Freiheit gewährt. Aber zum Sommer 1957 war es damit vorbei, die ketzerischsten Zeitungen wurden verboten, und der »Revisionismus« wurde zur Sünde erklärt. Trotzdem gab es 1959 noch große Freiheit der Diskussion im individuellen Bereich. Der wiedergewonnene, nicht ganz freie, aber fruchtbare Kontakt mit dem Geistesleben des Westens blieb erhalten. Sofern kritische Gedanken nicht im Druck erschienen und keine organisierte Gruppenbildung versucht wurde, duldete die Polizei abweichende Meinungen. Weniger behindert als in der Epoche Bierut konnte die katholische Kirche ihre religiösen Aufgaben erfüllen und ihren mäßigenden Einfluß auf Leben und Politik des Landes ausüben. Es kam ihr dabei zugute, daß sie sich mit den nationalen Interessen Polens weitgehend identifizierte, wenn auch der Burgfriede zwischen Staat und Kirche immer wieder durch Spannungen gefährdet wurde. Polen blieb eine Einparteidiktatur, aber es war keine totalitäre Diktatur. In der Außenpolitik unterstützte Gomulka vorbehaltlos den Kurs der Sowjetunion und schien das Vertrauen Chruschtschows gewonnen zu haben. Offenbar in dessen Einverständnis veröffentlichte der Außenminister Adam Rapacki im März 1957 einen Plan, dem zufolge eine atomwaffenfreie Zone in Mittel- und Osteuropa vorgesehen war. Die Zone sollte sich über Deutschland, Polen und die Tschechoslowakei erstrecken. Praktische Wirkungen hatte der Plan nicht, und wenn Polen damit die Absicht verbunden hatte, sich einen gewissen außenpolitischen Spielraum zu schaffen, so blieb sie unerfüllt. Die schwierige Lage, in der sich Gomulka angesichts des Drucks seiner Landsleute einerseits und der Sowjetführer anderseits befand, diente ihm als Kraftquelle. Den Russen konnte er sagen, daß die Polen revoltieren würden, wenn er der kommunistischen Orthodoxie zu weit entgegenkäme, und den Polen konnte er entgegenhalten, daß die Russen Polen zertreten würden, wenn er zuviel Freiheit zuließe.

In den anderen Satellitenstaaten wirkten die Niederlage der ungarischen Revolution, das Ausbleiben der westlichen Unterstützung und die völlige Passivität der Vereinten Nationen, die noch nicht einmal aus dem Bericht ihres eigenen Unterausschusses Konsequenzen zogen, außerordentlich deprimierend. Überall erschien die Machtposition des kommunistischen Regimes als verstärkt und das Vasallenverhältnis Moskau gegenüber als gerechtfertigt. Die mächtigsten Parteien Osteuropas blieben die bulgarische und die tschechoslowakische. Beide schienen über eine einheitliche Führung und einen aktionsfähigen Funktionärstamm zu verfügen. Der Erfolg der bulgarischen Kommunisten beruhte auf der Brutalität ihres Polizeiterrors, der nicht einmal 1954 oder 1956 gelockert wurde; der Erfolg der tschechischen Kommunisten konnte dem stetigen wirtschaftlichen Aufschwung zugeschrieben werden, der den allgemeinen Lebensstandard im Inland erhöhte und die Tschechoslowakei zu einem wichtigen Faktor im internationalen Handel und zu einer bedeutenden Quelle wirtschaftlicher Hilfeleistung für unterentwickelte Länder wie Syrien und Indien machte. In Rumänien blieb dagegen die kommunistische Partei eine kleine Sekte ohne Prestige und Massenbasis, und in Ungarn war sie einfach das Instrument der fremden Besatzungsmacht.

Um 1958 war die Kollektivierung der Landwirtschaft in Bulgarien fast vollständig. Im Herbst wurde die Zusammenlegung der Kollektivbetriebe zu größeren Einheiten nach dem Sowjetmodell von 1950 rasch und mit Erfolg durchgeführt. Es war sogar von einer Nachahmung der chinesischen »Volkskommunen« die Rede, aber die Idee wurde plötzlich fallengelassen. In der Tschechoslowakei umfaßte der »sozialistische Sektor« Mitte 1959 rund siebzig Prozent der gesamten Landwirtschaft, wovon über fünfzig Prozent auf Kollektivbetriebe und der Rest auf Staatsgüter entfielen. In Ungarn, wo sich die Zahl der Kollektivbetriebe 1955 nach dem ersten Sturz Nagys erhöht hatte und während der Revolution von 1956 noch stärker abgesunken war, ging sie 1958 und 1959 von neuem rapid in die Höhe. Im Sommer 1959 umfaßte der »sozialistische Sektor« die Hälfte der ungarischen Landwirtschaft, fünfunddreißig Prozent in Kollektivbetrieben und fünfzehn Prozent in Staatsgütern. In Rumänien blieb die Kollektivierung beträchtlich hinter den anderen Ländern zurück. Zwar wurde 1959 behauptet, daß fünfundsechzig Prozent der landwirtschaftlichen Produktion zum »sozialistischen Sektor« gehörten, in Wirklichkeit bezog sich jedoch diese Zahl zum größten Teil auf bäuerliche Genossenschaften ohne gemeinschaftlichen Bodenbesitz, während auf echte Kollektivbetriebe nur ein Fünftel der Ackerfläche des Landes entfiel.

Nach 1956 wurden größere Anstrengungen zur Koordinierung der Wirtschaftsplanung der osteuropäischen Länder unternommen. Stalins Politik der bilateralen Beziehungen zwischen der Sowjetunion und einer Anzahl fast autarker Wirtschaftsgebiete wurde von dem Versuch größerer Arbeitsteilung abgelöst, wobei den einzelnen Ländern nahegelegt wurde, die Wirtschaftszweige auszubauen, die ihrer gegebenen Struktur am ehesten entsprachen. Wirtschaftliche Zusammenarbeit zwischen den einzelnen Ländern wurde nicht mehr als gefährlich betrachtet: die Sowjetunion war inzwischen jedem der anderen Staaten wirtschaftlich so sehr überlegen, daß deren Abhängigkeit von ihr ohne weiteres unterstellt werden konnte. Das Gesamtsystem wurde in zunehmendem Maße durch den von Moskau ins Leben gerufenen Rat für gegenseitige Wirtschaftshilfe gesteuert und überwacht.

Nach der ungarischen Revolution verschlechterten sich die Beziehungen zwischen Jugoslawien und der Sowjetunion. Obgleich Tito Gerö akzeptiert und sogar seine Mißbilligung bewaffneter Aktionen gegen kommunistische Parteidiktaturen durch die Verurteilung des Posener Aufstands vom Juni 1956 bekundet hatte, nahm er den Russen übel, daß sie Imre Nagy, dem im November in der jugoslawischen Botschaft Asyl gewährt worden war, verhafteten, als er die Botschaft auf die Zusicherung freien Geleits durch die Kádár-»Regierung« verließ. Als aber Milovan Djilas in einer amerikanischen Zeitung einen begeisterten Artikel über die ungarische Revolution veröffentlichte, wurde er verhaftet und nach der New Yorker Publikation seines Buches »Die neue Klasse« 1957 zu acht Jahren Gefängnis verurteilt. Im Lauf des Jahres 1957 bemühte sich Tito um eine Versöhnung mit Chruschtschow. Die beiden trafen sich im August in Bukarest, und im Oktober erkannte Tito das Ulbricht-Regime in der deutschen Sowjetzone an, womit er die Bundesrepublik nötigte, die diplomatischen Beziehungen zu Jugoslawien abzubrechen. Aber einen Monat später weigerten sich die jugoslawischen Delegierten, die zum 40. Jahrestag der bolschewistischen Revolution nach Moskau gekommen waren, eine ideologische Erklärung der zwölf bedeutendsten kommunistischen Parteien Europas und Asiens zu unterzeichnen. Damit hatten die Jugoslawen erneut gezeigt, daß sie bei aller Bereitschaft, die Außenpolitik der Sowjetländer in besonderen Fällen zu unterstützen, nicht gewillt waren, Jugoslawien zum Mitglied

Empfang einer polnischen Delegation unter Führung von Gomulka durch Chruschtschow in Moskau am 14. November 1956

Ankunft Woroschilows in Peking zu einer Besprechung mit Mao Tse-tung am 15. April 1957

des von der Sowjetunion geführten »sozialistischen Blocks« zu machen oder ihre Partei der Sowjetpartei hierarchisch zu unterstellen. Diese jugoslawischen Vorbehalte hatte Chruschtschow 1955 hingenommen; 1957 war er nicht mehr geneigt, Geduld zu üben. Zum Frühjahr 1958 hatte die jugoslawische Partei ihren 7. Parteitag einberufen und für die Parteitagsberatungen einen Programmentwurf vorbereitet, der aus einer langen ideologischen Prinzipienerklärung und einer umfassenden Analyse der weltpolitischen Lage bestand. Dies Dokument wurde von der Sowjetpresse aus drei Gründen heftig angegriffen: es hatte ausgeführt, daß es möglich sei, den Sozialismus ohne Revolution zu verwirklichen, daß kommunistische Parteien auf dem Weg zum Sozialismus nicht notwendigerweise das Führungsmonopol beanspruchen müßten und daß die Hauptursache der Kriegsgefahr in der Welt das bloße Vorhandensein zweier Machtblöcke sei, nicht die naturgegebene Schlechtigkeit nur des einen westlichen Blocks. Diese Thesen waren in der Tat mit der Sowjetorthodoxie nicht vereinbar, und sie mußten in Moskau um so größeren Unwillen auslösen, als sie offensichtlich darauf abgestellt waren, auf die Linke unter der Bildungsschicht und den Regierungskreisen der »nicht festgelegten« asiatischen Länder Eindruck zu machen. Nun setzte in der Sowjetpresse und noch heftiger in der chinesischen Presse ein Entlarvungsfeldzug gegen den jugoslawischen »Revisionismus« ein. Unter den osteuropäischen Satellitenstaaten wurde Jugoslawien am heftigsten von Bulgarien und Albanien angegriffen, die beide territoriale Ansprüche an Jugoslawien (in Mazedonien und Kosovo) hatten. Unklar blieb, ob der Vorschlag einer kernwaffenfreien Zone auf dem Balkan, den Chruschtschow bei seinem Besuch in Albanien im Mai 1959 lancierte, und seine bei dieser Gelegenheit vorgebrachten relativ sanftmütigen Äußerungen über Jugoslawien der Absicht entsprungen waren, die Kampagne gegen Jugoslawien zu beenden.

Die Sowjetunion in der Weltpolitik

Weder die langfristigen Ziele noch die Taktik der Sowjetpolitik änderten sich merklich im Gefolge des Todes Stalins. Das Ziel blieb die Ausdehnung des »Sozialismus«, das heißt des Sowjetsystems der Ausübung politischer Macht, auf jedes Land der Welt als notwendige Voraussetzung der Entwicklung der Menschheit über den »Sozialismus« hinaus zum Kommunismus. Der wichtigste taktische Grundsatz blieb die Ausnutzung der »Widersprüche des Kapitalismus und Imperialismus«, also aller Interessenkonflikte zwischen potentiell oder tatsächlich der Sowjetunion feindlichen Staaten. Die nach 1953 ausgiebig gebrauchte Formel von der »friedlichen Koexistenz« war keineswegs neu. Lenin und Stalin hatten sie benutzt, um genau das auszudrücken, was sie auch für Chruschtschow bedeutete: den permanenten Kriegszustand, in dem im Augenblick gerade keine Gewaltanwendung erfolgt. Im Westen kam die Formel »Kalter Krieg« in Umlauf. Als Zustandsbeschreibung war die Formel brauchbar. Ihrem innersten Wesen zufolge befindet sich die Sowjetunion im ständigen Kriegszustand mit allen Staaten, die sie ihrem Willen nicht unterworfen hat oder die nicht – wie China – die Sowjetpolitik freiwillig mitmachen. Aber dieser Kriegszustand erfordert nicht den Gebrauch von Armeen, Flugzeugen oder Bomben, solange die Umstände diese Mittel nicht besonders zweckmäßig erscheinen lassen. Die Unterscheidung zwischen »kaltem« und »heißem« Krieg ist infolgedessen durchaus realistisch und verdeutlicht die immanent feindliche Haltung der Sowjetunion. »Kalter Krieg« und »friedliche Koexistenz« bezeichnen in Wirklichkeit genau dieselbe faktische Situation. In neuerer Zeit wird allerdings »Kalter Krieg« weniger im Sinne einer Zustandsbeschreibung als im Sinne der Kennzeichnung einer Politik begriffen, genauer: einer vom Westen beschlossenen Politik. Der Westen, wird dabei behauptet, habe sich unter der Führung des unbeugsamen John Foster Dulles für eine Politik der Feindschaft gegenüber der Sowjetunion entschieden. Dagegen sei die Sowjetunion dem Westen gegenüber nicht feindlich eingestellt, sondern ziehe eine Politik friedlicher Koexistenz vor. Diese auch unter westlichen Menschen, die mit dem Kommunismus in keiner Beziehung sympathisieren, weitverbreitete Ansicht ist aus einem sprachlichen Mißverständnis hervorgegangen. Der Kalte Krieg ist nicht eine vorsätzlich beschlossene Politik, sondern ein realer Zustand. Er könnte auf zweierlei Weise geändert werden: entweder indem die Sowjetführer ihr ideologisches Ziel der Ausbreitung des »Sozialismus« in der ganzen Welt aufgäben oder indem der Westen einfach aufhörte, sich auch nur irgendwo dem Sowjetdruck zu widersetzen.

Die Sowjeteinstellung zu langfristigen Zielen ist dogmabedingt, während der Westen überhaupt keine langfristigen Ziele außer der bloßen Lebenserhaltung hat. Auf der anderen Seite ist die Einstellung des Westens zu Mitteln der Politik doktrinär, während die Sowjetunion in dieser Beziehung völlig empirisch vorgeht. Westliche Politiker und Journalisten debattieren ständig darüber, ob die westliche Politik auf Diplomatie oder Propaganda, auf wirtschaftliche oder militärische Macht bauen sollte. Für die Sowjetführer gibt es da kein Entweder-Oder. Für sie kommen jederzeit alle denkbaren politischen Methoden in Betracht, und die Wahl der Methoden oder ihre Kombination hängt von den Umständen ab. Zu solchen Methoden gehören die traditionelle Diplomatie, Presse- und Rundfunkpropaganda, Propaganda mit Hilfe internationaler Konferenzen (beispielsweise im Rahmen der Vereinten Nationen oder der »Gipfeltreffen«), Zersetzung, Guerillakrieg, kleine lokale Kriege, große Kriege mit konventionellen Waffen, thermonukleare Massenvernichtung. Im Prinzip haben die Sowjetführer gegen den Gebrauch keines dieser Mittel etwas einzuwenden. Das entscheidende Auswahlkriterium ist die Wahrscheinlichkeit des Erfolgs zu erträglichen Kosten. Die Sowjetregierung ist entschlossen, sich eine Position zu sichern, in der sie je nach Bedarf jede Art Krieg führen kann, und hält darum ausreichende Mengen von Waffen aller Typen auf Lager (von Propagandisten und Spionen bis zu konventionellen Waffen, taktischen Atomwaffen und Wasserstoffbomben).

An all diesen Dingen hat sich seit Stalins Tod nichts geändert. In der Durchführung der Sowjetaußenpolitik sind allerdings zwei Veränderungen festzuhalten.

Erstens hat der Sieg Chruschtschows, der ein Sieg des Parteiapparats über alle anderen Machtfaktoren im Sowjetstaat war, das Element des Ideologischen in der Außenpolitik eher verstärkt als abgeschwächt. Das hat sich 1956 bei dem mißlungenen Versuch gezeigt, die Beziehungen zu Osteuropa und zu Jugoslawien nicht auf die Herrschaftsstellung Moskaus, sondern auf eine echte Zusammenarbeit unabhängiger und gesinnungstreuer kommunistischer Parteien zu gründen. Nach der Desillusionierung in Ungarn hat sich daraus das Bestreben ergeben, in der theoretischen Erklärung der zwölf kommunistischen Parteien vom November 1957 einen starreren ideologischen Rahmen zu schaffen, und das wiederum hat zum neuen Bruch mit Jugoslawien geführt.

Zweitens ist Chruschtschow und sind die doch wohl jüngeren Männer, die er an die Spitze gebracht hat, impulsiver und abenteuerlustiger, als es der umsichtige Molotow war. Molotow war unnachsichtig, wo es um die Behauptung der von der Sowjetunion eroberten Positionen ging, aber er war nicht geneigt, mit dem Griff nach neuen Positionen das Risiko eines Krieges einzugehen. So hatte er sich insbesondere im Mittleren Osten nach dem erfolglosen Vorstoß in Persisch-Aserbeidschan von 1945/46 mit dem Status quo abgefunden. Dagegen war Chruschtschow entschlossen, von jeder irgendwo in der Welt spürbaren, gegen den Westen gerichteten nationalistischen oder rassistischen Haltung Gebrauch zu machen. Das Debakel der englisch-französischen Politik in Ägypten im November 1956 hat ihn nur weiter angespornt. Die Aufgabe ist nicht schwierig. Einerseits kann er antiwestliches Ressentiment ausnutzen, anderseits braucht er keine Lösungen zu offerieren. Jede westliche Politik im Mittleren Osten muß auf eine Verständigungslösung zwischen den Arabern und Israel hinarbeiten; die Sowjetpropagandisten können die Existenz Israels einfach ignorieren, den Arabern (ohne es ausdrücklich zu sagen) zu verstehen geben, daß Moskau gegen die Ausrottung der Israelis nichts einzuwenden hätte, und alle gegenwärtigen Mißstände dem »Imperialismus« zur Last legen. In Algerien muß irgendeine Zukunft für eine Million Europäer, in Kenia und Rhodesien für zweihunderttausend weiße Landwirte, Geschäftsleute oder Arbeiter ersonnen werden; auch hier können die Sowjetführer die Probleme, ohne mit den Wimpern zu zucken, beiseite schieben.

Selbst wenn die Sowjetaußenpolitik nicht ideologischen Motiven entspränge, selbst wenn eine neue Generation an die Macht käme, der die Ausbreitung des »Sozialismus« gleichgültig wäre, so bliebe doch zum größeren Teil die Unruhe in der Welt – heute in Asien und Afrika, später vielleicht auch in Südamerika –, und die Regierung der Sowjetunion, die eine Weltmacht ist, müßte zu den Problemen, die die Unruhe hervorbringen, Stellung nehmen; dabei ist es keineswegs sicher, daß ihre Haltung mit den westlichen Interessen in Einklang wäre.

Der Sowjeteinfluß auf die »nicht festgelegten« Länder hängt bis zu einem gewissen Grade von den Taten der Sowjetunion in Osteuropa und vielleicht ganz besonders von ihrem Verhalten Jugoslawien gegenüber ab, denn Jugoslawien als ein Land mit einer marxistisch orientierten Regierung, das zweifellos nicht imperialistisch ist, genießt große Sympathien in Indien und Südostasien. Freilich sollte dies Moment nicht überschätzt werden. Die mohammedanischen Araber haben sich als restlos uninteressiert am Schicksal der mohammedanischen Völker der Sowjetunion gezeigt, und bei den Debatten über Ungarn in den Vereinten Nationen hat der indische Delegierte Krishna Menon demonstriert, daß ihn Imperialismus nicht stört, wenn die Hautfarbe seiner Opfer weiß ist.

Ein unbekannter Faktor von großem Gewicht ist das Verhältnis zwischen Rußland und China. Bald nach Gründung der chinesischen Volksrepublik kam es 1950 zu einem für alle Welt überraschenden Interessenausgleich in der Manchurei. Dazu gewährte die Sowjetunion großzügig Wirtschaftshilfe, mit der die Entsendung russischer Experten für den raschen Aufbau, vor allem einer Schwerindustrie, verbunden war. Darüber hinaus machte sich die Sowjetunion zum beredten Anwalt der Aufnahme Chinas in die Vereinten Nationen und seiner asiatischen Interessen. Erst Jahre später, 1959, wurden Spannungen bekannt, die sich schnell so sehr verschärften, daß im Sommer 1960 die sowjetrussischen Fachleute fast überstürzt das Land verließen und ein weltweiter Sinologenkongreß in Moskau, zum gleichen Zeitpunkt ohne chinesische Teilnehmer ablief. In Leitartikeln, die nun in Moskau wie in Peking zu erscheinen begannen, drehte sich der Streit um das Problem des »gerechten Krieges«. Während man in Moskau die kommunistischen Ziele ohne kriegerische Verwicklungen glaubte erreichen zu können, schien Peking bereit, selbst auf Kosten der Hälfte seiner Bevölkerung den Kapitalismus mit Waffengewalt niederzuringen.

In Osteuropa hat China in den Jahren 1956 bis 1958 eine eigene Politik verfolgt: anfänglich begünstigte es einen liberaleren Kurs und unterstützte die polnischen Kommunisten bei dem Versuch, ihre Unabhängigkeit von Moskau durchzusetzen; später verurteilte es den »Revisionismus« in seiner polnischen und jugoslawischen Fassung viel heftiger, als es Moskau tat. Und 1958 waren die theoretischen Ansprüche, die Chinas Wortführer für die »Volkskommunen« als Übergangsform vom Sozialismus zum Kommunismus anmeldeten, den Sowjetführern bestimmt höchst ungelegen.

Im Jahre 1960 stand auf jeden Fall fest, daß die Sowjetunion eine der beiden Riesenmächte der Welt geworden und entschlossen war, ihr Imperium in Osteuropa und Mittelasien auf jeden Fall zu halten und dabei ihr möglichstes zu tun, die Überreste europäischer Großreiche in Afrika zu unterminieren; daß ihre Politik von ideologischen Zielen bestimmt wurde und daß sie darauf ausging, die Differenzen im westlichen Lager, die gelegentlich nicht schwer wahrzunehmen sind, bis zum äußersten auszunutzen.

Jacques Freymond

DIE ATLANTISCHE WELT

Versuch einer Begriffsbestimmung

Was ist die Atlantische Welt? Ihre Mitte ist deutlich zu erkennen: es ist der Atlantische Ozean. Man gewahrt ihre sichtbaren Umrisse, die sich an den Küsten dieses Ozeans im Osten und im Westen abzeichnen; in einem relativen Sinn kann man sich auch ihre Grenzen im Norden und im Süden vorstellen. Damit ist aber noch nicht viel gewonnen. Die Atlantische Welt erschöpft sich nicht mit den Küsten, die den Atlantik umschließen. Sie umfaßt auch Land, das über die Küsten hinausgreift. Aber wie weit geht dies Land? Soll man nur den Nordatlantik in Betracht ziehen und sich damit begnügen, daß man einerseits Europa, anderseits den nordamerikanischen Kontinent einbezieht? Auf welche geographischen Kriterien soll sich diese Entscheidung stützen? Wo wäre die südliche Grenze des Nordatlantiks zu ziehen? Weiß man aber nicht, wie man sie bestimmen soll, und nimmt man noch den Südatlantik dazu, ist man dann nicht logisch genötigt, zur Atlantischen Welt auch Südamerika und Afrika zu zählen, die beiden Kontinente, die nach Alfred Wegeners Theorie zu einem frühen Zeitpunkt in der Geschichte der Erde miteinander verbunden waren? So würde die Atlantische Welt die westliche Erdhalbkugel, Europa und Afrika umfassen, und die Geschichte des Atlantischen Ozeans, ähnlich wie die des Mittelmeers, wäre – nach einer Formulierung Fernand Braudels – ebensowenig von den Landmassen zu trennen, die sie umgeben, »wie der Ton von den Händen des Töpfers, der ihn formt . . .«.

In dem Augenblick aber, da man sich ins Landinnere begibt, entsteht die klassische Schwierigkeit: wo ist die Grenze anzusetzen? Welcher Teil Europas gehört dann zur Atlantischen Welt? Hat man keine Bedenken in bezug auf die Britischen Inseln und die Länder, die die atlantische Stirnseite des Kontinents bilden, so entstehen, je weiter man nach Osten vordringt, Fragen, die immer diffiziler werden. Hat nicht Frankreich auch eine Stirnseite zum Mittelmeer? Wie soll man Frankreich von Italien abtrennen? Und nimmt man Italien dazu, wie sollte man dann Griechenland auslassen? Das gleiche Grenzproblem entsteht übrigens auch weiter nördlich, am Rhein oder an der Elbe und im Baltikum. Es entsteht ebenso in Nordamerika, in Kanada und in den Vereinigten Staaten; man kennt die leidenschaftlichen Auseinandersetzungen um die »Frontier«-Theorie Frederick J. Turners. Es entsteht schließlich in Lateinamerika wie in Afrika, wo das Land nur dank äußeren Einflüssen, Beiträgen atlantischen Ursprungs, schrittweise und nur zum Teil erschlossen worden ist.

Charakteristisch für die Grenzen dessen, was der Sprachgebrauch die Atlantische Welt nennt, ist überall, auf welchem Kontinent man sich auch immer befinden mag, das Fließende, Bewegliche. Die geographische Fläche, die die Atlantische Welt umfaßt, ist veränderlich.

Diese Feststellung hat nichts Überraschendes an sich. Haben uns nicht die Geographen, vor allem die Geographen der französischen Schule, gelehrt, jeglichem geographischen Determinismus zu mißtrauen? Denken wir an Lucien Febvre: »Es gibt nichts mehr, was dem Menschen von der Natur fertig gegeben, was der Politik von der Geographie aufgezwungen wäre. Es gibt nur die Anpassung des Menschen an Möglichkeiten . . .« Vor kurzem erst hat Jean Gottmann in »La Politique des États et leur Géographie« auf einige Konzeptionen von Vidal de Lablache und Henri Demangeon zurückgegriffen, um den Verkehr als »Schöpfer der Veränderung in der im Raum bestehenden Ordnung« theoretisch zu erfassen. »Im politischen Bereich«, schreibt er, »bewegt er die Menschen, die Armeen und die Ideen; im wirtschaftlichen Bereich bewegt er die Waren, die technischen Verfahren, das Kapital und die Märkte; im kulturellen Bereich bewegt er die Ideen, rührt er die Menschen durcheinander. Manchmal ist er wechselseitige Bewegung, manchmal Bewegung in einer Richtung. Weil die dem Menschen zugängliche Welt eine Einheit darstellt, bildet er ein Ganzes, unendlich fließend, unendlich verzweigt. Die Erscheinungen im Raum lokalisieren heißt sie in das vom Verkehr in Bewegung gehaltene Bezugssystem einfügen. Die geographische Lage eines Ortes oder eines Gebietes, angesichts ihrer politischen Konsequenzen ein entscheidendes Bestimmungsmerkmal, ist erst durch den jeweiligen Zustand des Verkehrs gegeben.«

Könnte man unter diesem Aspekt die Elemente einer Begriffsbestimmung der Atlantischen Welt aus der Analyse der transatlantischen Bevölkerungsverschiebung ableiten? Ohne jeden Zweifel. Der Verkehr über den Atlantik ist in der modernen Geschichte in erster Linie europäischen Ursprungs. Europa ist dabei der aktive Faktor: Europa drängt; Europa sendet Menschen nach Kanada, in die Vereinigten Staaten, nach Lateinamerika, nach Afrika; Europa flicht über den Ozean hinweg die Bande zwischen den Kontinenten. Aber diese europäische Expansion hatte die Bildung kultureller und politischer Zentren zur Folge, die, wiewohl ursprünglich von Europa beeinflußt, ein eigenständiges Leben entwickelt und nach und nach eigenen Einfluß und eigenes Strahlungsvermögen erworben haben. Und zwar so, daß die Atlantische Welt, statt einem so gut wie monopolistischen Einfluß Europas ausgesetzt zu sein, ihrerseits zum Brennpunkt der Wechselwirkung verschiedenartiger Einflüsse geworden ist. Die Europäisierung der Neuen Welt ist von einer fortschreitenden Amerikanisierung der Alten Welt abgelöst worden, die sich allerdings auch nicht auf den europäischen Kontinent beschränkt, sondern auch auf Afrika hinübergreift.

Führt diese Doppelerscheinung der Europäisierung und Amerikanisierung zwei ihrem Wesen und Ursprung nach verschiedene Zivilisationen gegeneinander ins Gefecht? Es sieht nicht danach aus. In Wirklichkeit stammen beide von der abendländischen Zivilisation ab. Ist daraus zu schließen, daß Atlantische Welt und abendländische Zivilisation identisch sind, so daß die Definition der abendländischen Zivilisation uns mit einem Schlag auch die gesuchte Begriffsbestimmung der Atlantischen Welt gäbe und zugleich zur Feststellung ihrer Grenzen beitrüge?

Die Identität ist auf den ersten Blick so überzeugend, daß sie den Geographen, Historikern, Anthropologen und Politikern, die sich aus mehr oder weniger stichhaltigen Gründen für die Atlantische Welt interessierten, neuerdings ein offenbar unerschöpfliches Thema geboten hat. So bemerken – um nur diese beiden Historiker zu zitieren – J. Godechot und P. Palmer: »In der kolonialen Epoche entwickelt sich in Amerika nicht weniger als in Europa die europäische Zivilisation, genauer gesagt: die Zivilisation Westeuropas, der die ersten Entdecker und Kolonisatoren, Spanier, Portugiesen, Franzosen, Engländer und Holländer, angehörten.« Worauf Godechot und Palmer die bekannte Konzeption Jacques Pirennes aufgreifen, die die Agrarverfassung Mitteleuropas und Rußlands als »Unterbau« des Feudalismus und der Autokratie in Gegensatz setzt zur westlichen Wirtschaft, wo ein dank den Seewegen intensiverer Verkehr die Entwicklung des Warenaustauschs und die Entstehung der bürgerlichen Gesellschaft begünstigte. »Diese Zivilisation des Abendlandes«, folgern die beiden Historiker, »konnte, während sie als Grundlagen die beherrschenden Ideen der jüdisch-christlichen Geistigkeit, des römischen Rechts und der griechischen Vernunft beibehielt, eine Gesellschaft entstehen lassen, die liberaler und dynamischer war als die Gesellschaft im Osten des alten Kontinents. Der Freiheit und Perfektibilität der menschlichen Person, der Idee des Gesetzes als Verkörperung der Gerechtigkeit, der Vorstellung von der Bestimmung und Beschränkung legitimer Macht durch das Recht verlieh sie zunehmend einen immer höheren Rang. Immer weniger zeigte sie sich geneigt, Schritt für Schritt dem überlieferten Brauch zu folgen oder sich der Gewalt zu unterwerfen.« »Eben diese Zivilisation Westeuropas hat sich, gewiß mit ihrem recht großen Variationsgefälle – das von Spanien bis England reichte –, seit dem 16. Jahrhundert in Amerika eingepflanzt.«

Aber das Variationsgefälle, von dem Godechot und Palmer sprechen, beruhte nicht allein auf Unterschieden in der Sozialstruktur, der Lebensweise oder der Religion im Innern Europas. Es ergab sich nicht minder aus Einflüssen, die von außerhalb der westlichen Welt herkamen. Denn »abstrakt gesprochen, sind die Zivilisationen«, sagt der von den beiden Autoren zitierte Anthropologe Kroeber, »gleichsam unscharf abgetrennte Teilstücke des Ganzen der geschichtlichen Entwicklung«, deren Loslösung vom Ganzen »bisweilen nötig oder nützlich ist«, weil man so »bestimmte, besonders ausgewählte Aspekte, natürlich mit der nötigen Vorsicht, sichtbar« machen kann. Freilich läßt sich diese Loslösung nicht ohne Schwierigkeiten vornehmen: zu zahlreich sind die Erscheinungen gegenseitiger Durchdringung, die in Grenzregionen besonders spürbar sind und immer deutlicher hervortreten, je dichter und rapider der Weltverkehr wird. Sollte man über die mit der Entwicklung der technischen Zivilisation fortschreitende Abschleifung der Unterschiede im Lebensstil nicht erstaunt sein? Sollte man übersehen, daß der technische Fortschritt die zentrifugalen Kräfte ebenso begünstigt wie die zentripetalen, daß er gleichzeitig zur Intensivierung des Austauschs im Innern einer bestimmten Region und zu seiner Ausweitung über ihre Grenzen hinaus führen kann? Gewiß hat es in den Jahrhunderten, die auf die Entdeckung des Christoph Kolumbus folgten, ein sich immer mehr entfaltendes »atlantisches Leben« gegeben: zunächst das des spanischen Atlantiks, später das des britischen. Mit der Verbesserung der Verkehrsmittel ist dies Leben im Laufe des 20. Jahrhunderts und besonders seit dem zweiten Weltkrieg immer intensiver geworden. Aber die damit angezeigte »Durchlässigkeit« des Meeres, wie der Geograph sagt, wurde in zunehmendem Maße wettgemacht durch die beachtliche, fast revolutionäre Erhöhung der »Durchlässigkeit« des Landes. Das Mehr an Bedeutung, das die Kontinente einfach dadurch erfuhren, daß sie Aufmerksamkeit und Energie anzogen, trug dazu bei, die atlantischen Bande zu lockern.

So stellt sich heraus, daß die Grenze der Atlantischen Welt durch eine unmögliche Einheit der Zivilisation nicht besser definiert ist als durch willkürliche Vorschriften eines geographischen Determinismus. Sie ist ein politisches Phänomen und verändert sich mit dem Spiel der politischen Kräfte. Aber ebensowenig kann man aus der Feststellung, daß es ein »atlantisches Leben« oder eine »atlantische Zivilisation« gibt, folgern, daß eine »atlantische Gemeinschaft« existiere. Dazu müßte man voraussetzen, daß sich die, die in ihrem Namen sprechen wollen, so mächtiger und so zwingender wirtschaftlicher, politischer und ideologischer Bande bewußt sind, daß damit die Anziehung anderer Kräfte hinfällig würde, die die Mitglieder dieser Gemeinschaft veranlassen, ihre Blicke nach außen zu richten.

Vom Mythos der einen Welt zu den ersten Zusammenschlußversuchen

In Wirklichkeit zeigte sich in der Atlantischen Welt am Ende des Krieges so gut wie gar kein Bewußtsein einer sich von der Außenwelt abhebenden Interessengemeinschaft. Man konnte sich zwar auf die Atlantikcharta berufen, die, zu einem Zeitpunkt verfaßt und verkündet, da sich die Vereinigten Staaten und Großbritannien anschickten, ihre Kräfte enger zusammenzuschließen, das Wollen der westlichen Demokratien gegenüber den im Dreierpakt verbundenen Mächten und der, wie es schien, noch das Spiel Hitler-Deutschlands besorgenden Sowjetunion zum Ausdruck brachte. Aber die Leitmotive der Atlantikcharta waren auch in die Erklärung der Vereinten Nationen eingegangen. Das heißt: die Weltkoalition umschloß, überragte, ja, sie erstickte die regionale Organisation, von der sie die Prinzipien zur Grundlegung ihrer eigenen Tätigkeit übernommen hatte. Und im übrigen war der Kampf gegen den Kriegsgegner so erbittert, daß er die Zusammenlegung der Kräfte aller Alliierten erforderte; das trug gleichzeitig – vor allem im Westen – dazu bei, das Bewußtsein von der Notwendigkeit der Aktionseinheit nicht nur zur Erringung des Sieges, sondern auch zur Sicherung des Friedens zu stärken.

Das Thema, das die Große Allianz zwischen 1943 und 1945 beherrscht, ist die Einheit der Welt. »Wir sind sicher«, erklären Roosevelt, Churchill und Stalin gegen Ende der Konferenz von Teheran, »daß das Einvernehmen, das uns verbindet, zu einem dauerhaften Frieden führen wird. Wir sind uns der hohen Verantwortung voll bewußt, die uns ebenso wie allen Vereinten Nationen zufällt: einen Frieden zu schmieden, der bei der überwältigenden Mehrheit der Völker der Erde aus freien Stücken Unterstützung findet, einen Frieden, der die Kriegsgeißel und die Kriegsgreuel für viele Generationen bannt.« Und am Ende der Erklärung das Versprechen, alle Länder, große und kleine, »in die große Weltfamilie der demokratischen Staaten« aufzunehmen. Die »große Weltfamilie«: das ist eher der Stil Roosevelts als der Stil Stalins. Aber das ist der Stil der Koalition, zum mindesten für den Westen. Aus ihm spricht eine aufrichtige Überzeugung: »Wir«, schreibt Hopkins nach Jalta, »glaubten wirklich aus vollem Herzen, die Morgenröte eines neuen Tages aufkommen zu sehen, dem unsre Gebete galten und von dem wir seit so vielen Jahren gesprochen hatten. Wir waren absolut sicher, den ersten großen Sieg des Friedens errungen zu haben, und unter *uns* verstehe ich alle zivilisierten Völker der Menschheit.« Im State Department hat man es bereits festgelegt: »In dem Maße, wie die in der Viermächteerklärung vorgesehenen Maßnahmen zur Durchführung kommen, werden keine Einflußsphären, keine Sonderbündnisse, kein Mächtegleichgewicht und keine sonstigen Abmachungen benötigt werden, die die Staaten zum Schutz ihrer Sicherheit und zur Förderung ihrer Interessen in früheren Zeiten der Wirren trafen.« Angesichts des so bekundeten Glaubens an die Möglichkeit einer Weltorganisation scheinen die wenigen Stimmen, die die Schaffung eines bescheideneren Systems, eines regionalen Sicherheitssystems im atlantischen Rahmen befürworten, ganz isoliert.

In der vordersten Reihe der Anhänger einer regional beschränkten, die Staaten diesseits und jenseits des Atlantiks umfassenden politischen Gemeinschaft steht Clarence K. Streit, der 1939 in seinem »Union Now« (der in Frankreich gewählte Titel »Vereinigung oder Chaos« gibt die dramatische Tonart besser wieder) »die sofortige Vereinigung der durch den Nordatlantik und tausend andere Bande bereits verbundenen Demokratien« vorgeschlagen hat, »die Vereinigung dieser Völker in einer großen föderativen Republik, gegründet auf das demokratische Prinzip des staatlichen Schutzes der persönlichen Freiheit, die ihren ureigensten gemeinsamen Besitz darstellt, und mit dem Ziel geschaffen, dies Prinzip zu erhalten«. In dem 1943 veröffentlichten Buch »U.S. Foreign Policy« widmet Walter Lippmann ein Kapitel der »atlantischen Gemeinschaft«, deren politische Organisation die Grundlage des neuen amerikanischen Sicherheitssystems bilden müsse. Ohne einen so vollständigen Zusammenschluß ins Auge zu fassen, wie ihn Streit entwirft, hebt er nicht minder das Zusammenfallen der Interessen der Staaten Westeuropas und der Staaten des nordamerikanischen Kontinents hervor. »Nicht in dem, was Menschen sagen, denken oder fühlen«, schließt Lippmann, »bewährt sich eine Gemeinschaft, sondern in dem, was sie tun, wenn sie zum Handeln gezwungen sind. Der Beweis ist aber erbracht, daß es auf dem Erdball eine große Gemeinschaft gibt, aus der nicht ein einziges Mitglied ausgeschaltet werden noch sich selbst herauslösen kann. Diese Gemeinschaft hat ihren geographischen Mittelpunkt im großen Becken des Atlantischen Ozeans.«

Diese amerikanischen Stimmen finden in denen einiger Europäer ihren Widerhall. Jacques Pirenne, der viele Jahre mit dem Studium der großen Ströme der Geschichte verbracht hat, formuliert 1944 in seiner Analyse des neuen internationalen Gleichgewichts Vorschläge, die gleichsam von selbst seinen historischen Forschungen entspringen: »Der gegenwärtige Krieg wird nicht vergeblich gewesen sein, wenn sich die Staatsmänner, denen das Schicksal der westlichen Länder anvertraut ist, zum Werkzeug der geschichtlichen Entwicklung ihrer Völker machen und diese Entwicklung mit der Zusammenfassung der Völker in einer großen atlantischen Föderation krönen.« Ein Jahr später zeigt der Schweizer Historiker Gonzague de Reynold in einer Untersuchung der politischen und historischen Voraussetzungen des Friedens, daß Europa, durch die von den Siegermächten gezogene

Demarkationslinie in zwei Teile zerschnitten, zu schwach ist, sich selbst zu schützen, und der Hilfe des auch europäischen Nordamerikas bedarf.

So sehen die Beweisstücke aus. Aber so denken nur wenige. So groß ihr Ruf sein mochte, so wenig Einfluß haben sie auf die, die entscheiden, oder auf eine öffentliche Meinung, die voller Optimismus ist, weil der Krieg zu Ende gegangen ist und weil ihr die Regierungen mit schönen Worten Hoffnung machen. Umsonst wiederholt Clarence Streit seine Appelle und Demarchen. Man hört auf ihn nicht mehr als auf die Befürworter einer Weltregierung. In den Zeitschriften, die sonst die wichtigsten Sorgen und Interessen politischer Kreise getreulich wiedergeben, wird das atlantische Thema in den Jahren 1945 bis 1947 kaum erwähnt; es ist nicht anders in den Memoiren oder Büchern von Politikern oder in Parlamentsdebatten.

Indes mußte die kritische Zuspitzung der Beziehungen zwischen der Sowjetunion und ihren angelsächsischen Verbündeten die Vorstellungen des Westens über die internationale Konstellation der Nachkriegszeit entscheidend verändern. Mit den Tatsachen konfrontiert, büßte der Mythos von der einen Welt Schritt für Schritt an Anziehungskraft ein. In einer Rede vom 9. Februar 1946 erinnerte Stalin unter Berufung auf die leninistische Imperialismus- und Revolutionstheorie an die unüberbrückbaren Schranken, die der interalliierten Zusammenarbeit gesetzt seien. Wer dieser Erklärung keine Aufmerksamkeit schenken wollte, dem brachte Molotows Haltung auf den verschiedenen Außenministerkonferenzen die Verschärfung der Sowjetforderungen bei. Nach und nach schloß sich Osteuropa gegen den Westen ab und machte einen Gleichschaltungsprozeß durch, der 1946 und 1947 trotz allen westlichen Berufungen auf die Vereinbarungen von Jalta unerbittlich zu Ende geführt wurde. So wurde die neue politische Grenze festgelegt, an der Europa und der Westen enden. Gleichzeitig ließ der wachsende Druck, den die Sowjetunion durch Vermittlung ihrer Balkanverbündeten oder durch Aktionen der kommunistischen Parteien auf manche westeuropäischen und Mittelmeerländer ausübte und der um so empfindlicher wirkte, als Europa am Rande des wirtschaftlichen Zusammenbruchs stand, den Anschlag der Sowjetunion auf den gesamten Kontinent zu einer akuten Drohung werden.

Diese Drohung bewirkte eine zweifache Reaktion: sie förderte eine Umgruppierung der Kräfte Westeuropas und intensivere Bemühungen um die politische Zusammenfassung des von der Sowjetvormundschaft noch verschonten Teils des Kontinents; sie veranlaßte zugleich die Regierung der Vereinigten Staaten, das Manöver des Abrückens von allen Positionen, die nicht schon bei Kriegsende besetzt waren, abzubrechen und Amerikas Anwesenheit in Europa und im Mittelmeerbecken von neuem zu betonen.

Winston Churchill blieb es vorbehalten, der europäischen Föderation, deren Grundstein von vielen Pionieren schon während des Krieges ohne Blitzlicht gelegt worden war, einen effektvollen Auftrieb zu geben. Auf die explosive Rede von Fulton vom 5. März 1946 folgte am 19. September die Züricher Rede, in der er Völker und Regierungen des Kontinents von der Notwendigkeit zu überzeugen suchte, die Vereinigten Staaten von Europa ins Leben zu rufen, und mit Nachdruck aussprach, daß eine solche regionale Organisation dem Aufbau der Vereinten Nationen nicht widerspreche, sondern ihren beiden großen Tragpfeilern, dem interamerikanischen System und dem Commonwealth, nur einen dritten hinzufüge. Im

Unterzeichnung der Satzung der Vereinten Nationen in San Francisco am 26. Juni 1945

Winston Churchill während des englischen Wahlkampfes, Oktober 1951

Munde Churchills war dieser Vorschlag nicht neu; er hatte schon im Krieg die Grundzüge einer europäischen Föderation vorgezeichnet. Demselben Plan galt die Rede des Feldmarschalls Jan Christiaan Smuts, in der der südafrikanische Staatsmann angesichts des Aufstiegs der beiden Kolosse USA und UdSSR und der erschütterten Position Großbritanniens nachwies, daß das englische Inselreich keine andere Wahl habe, als sich gleichzeitig auf das Commonwealth und ein föderiertes Europa zu stützen. Und obgleich diese Wahl – vor allem mit der starken Betonung der deutsch-französischen Verständigung – als Bruch mit der traditionellen, der Einigung des Kontinents widerstrebenden englischen Politik erscheinen mochte, entsprach sie auch den Zielen, die die Labour Party, seit sie an der Macht war, ihrer Europa-Politik gesetzt hat. Denn die englischen Führer und die am politischen Geschehen interessierten Kreise Englands waren sich dessen bewußt, daß ihr Land seine Großmachtposition nur halten könne, wenn es nicht nur im Commonwealth, dessen Anfälligkeit für Einwirkungen von außen im Krieg deutlich hervorgetreten war, sondern auch in Europa eine Stütze fand.

Aber Europa war ein geographischer Begriff, nicht eine politische Realität. Mehr noch: der Krieg hatte ein Vakuum geschaffen. Deutschland war nicht mehr. Im Herzen Europas, in der großen nördlichen Ebene, waren nur verwüstete Gebiete übrig, in denen sich eine zerschlagene, auseinandergetriebene, desorientierte und von den Alliierten, den Erben des Hitlerschen Zusammenbruchs und der bedingungslosen Kapitulation, schlecht und recht regierte Bevölkerung langsam neu zu organisieren suchte.

Sehr schnell waren die im Potsdamer Abkommen versteckten Doppeldeutigkeiten und Widersprüche zutage getreten. Die Zerlegung des Landes in Besatzungszonen hatte nicht etwa in einer zentralen Verwaltung und einer Wiederaufnahme des Wirtschaftsverkehrs ein Gegengewicht erhalten. Die Alliierten hatten sich in ihren Besatzungszonen verbarrikadiert und verwalteten sie nach Gutdünken. Die Entnazifizierungs- und Demokratisierungsmaßnahmen, überall grobschlächtig, waren auf verschiedene Weise durchgeführt worden. Um die Fragen der Reparationsforderungen und der Demontage waren Zwistigkeiten ausgebrochen, die um so heftiger waren, als man im Westen die Sackgasse erkannte, in die die strikte Anwendung der Bestimmungen über Abbau und Produktionsbeschränkung der Hüttenindustrie hineinführte. Wie sollte man in den westlichen Besatzungszonen eine Bevölkerung, die durch den Massenzustrom von Flüchtlingen aus dem Osten angeschwollen war, auf einem Boden, der landwirtschaftlich nicht genug trug, am Leben erhalten, wenn man die Ausschöpfung der normalen Produktionsmöglichkeiten der Industrie untersagte? Der Unsinn einer Politik, in der sich Anklänge an den berühmten Morgenthau-Plan wiederfanden, war allen sichtbar. Das mußte die Alliierten, die die wirtschaftliche Wiedervereinigung, auf der sie bestanden, nicht erlangen konnten, dazu bringen, sich untereinander zusammenzuschließen und ihre Zonen zusammenzulegen, was seinerseits die Zweiteilung Deutschlands unterstrich.

Von den Schwierigkeiten blieben auch die Sieger nicht verschont. In Frankreich widerstand die in der Résistance dem Anschein nach wiedergefundene Einheit, die die drei großen Parteien – Kommunisten, Sozialisten und Volksrepublikaner – hatte zusammengehen lassen, nur kurze Zeit der Belastungsprobe des Regierens. In der kritischen Zeit der

Befreiung hatte sich Scheußliches und Erhabenes vermengt, hatten die Auswüchse der »Résistance-Gesinnung« die auf innenpolitische Versöhnung gerichteten Bestrebungen erdrückt und die Hoffnungen zusammenschrumpfen lassen, die das Erscheinen neuer, durch die Bewährungsprobe des Widerstands gehärteter, aber nicht abgestumpfter Menschen hervorgerufen hatte. Nachdem diese kritische Zeit vorbei war, kamen grundlegende Differenzen in politischen Auffassungen und Methoden zum Vorschein. Nach dem Rücktritt General de Gaulles (Januar 1946) durfte die Dreiparteienkoalition noch über ein Jahr, bis Anfang Mai 1947, am Leben bleiben. Aber in dieser Zeit konzentrierte sich die Aufmerksamkeit auf Verfassungsfragen; die Spannungen zwischen der kommunistischen Partei und ihren beiden Verbündeten mußten unaufhörlich weiterwachsen, jede grundsätzliche Entscheidung in Politik und Wirtschaft vereiteln und damit die allgemeine Unsicherheit zum Dauerzustand machen.

Italien, das es beizeiten verstanden hatte, eine Umstellung vorzunehmen und Männer zu finden, die den Alliierten als Gesprächspartner ernst genug schienen, war auf diese Weise einer Besetzung entgangen und hatte Anfang 1947 einen Friedensvertrag zugestanden bekommen, der nicht allzu hart war. Aber dem Krieg hatte es nicht ausweichen können. Der langsame Rückzug der deutschen Truppen über die ganze Länge der Halbinsel und das Zwischenspiel der republikanisch-faschistischen Regierung hatten große Zerstörungen hinterlassen. Das Land war arm. Das Mussolini-Abenteuer kam es teuer zu stehen. Deswegen waren die Nachkriegsjahre schwer. Zu den wirtschaftlichen und finanziellen Problemen, die der Wiederaufbau eines Landes ohne die Naturschätze Frankreichs verursachte, gesellten sich die Folgen des Regimewechsels: auf Monarchie und Faschismus war eine demokratische Republik gefolgt. Zu ihrem Glück verfügte die junge Republik über genug politisches Ersatzpersonal, bewährte Patrioten, die im Exil überlebt hatten und gewachsen waren. Einen stabilisierenden Einfluß konnte die Nähe des Vatikans und die Heranziehung der Geistlichkeit ausüben. Dennoch belastete eine mächtige kommunistische Partei, die als Staat im Staat organisiert war, die Republik mit einer schweren Hypothek; das trug zur Verschärfung gefährlicher politischer Spannungen in der schwierigen Wiederaufbauzeit bei.

So hatte das Auseinanderfallen der großen Allianz mit der darauffolgenden Teilung der Welt in zwei Lager nicht bloß zur Folge, daß sich die von den Armeen bei Kriegsende quer durch Europa gezogene Demarkationslinie in eine ständige Grenze verwandelte. Eine weitere Folge war, daß die Einheit der Nationen zerbrach und die beiden Staaten, die die wichtigsten Bastionen des Westens darstellen, geschwächt wurden. Weiter östlich, am äußersten Zipfel der Balkanhalbinsel, gelang es Griechenland nicht, sich aus den Fängen eines Bürgerkriegs zu lösen, der einen internationalen Charakter annahm. Nur einige kleine Staaten hielten sich, gefährdeten Inseln gleich, über den Fluten: Belgien, das sich rasch erholt hatte, Schweden und die Schweiz, die der Krieg verschont hatte und deren Armeen für den Augenblick – welch paradoxer Hinweis auf die Öde des europäischen Schlachtfeldes! – im Westen des Kontinents als die stärksten galten. Kein Wunder, daß die Beunruhigung zunahm.

Die englische Sympathieerklärung für den Wiederaufbau Europas, von der die Rede war, bedeutete nicht, daß Großbritanniens Führung bereit war, ihr Land auf die Dauer in ein europäisches Gebilde einzubauen. Churchill hatte von deutsch-französischer Aussöhnung gesprochen. Großbritannien ermutigte Europa von außen und band sich nur in dem Maße, wie die Sowjetgefahr es dazu nötigte: zunächst im Vertrag von Dünkirchen, dann unter dem Druck der Erregung, die die kommunistische Machtergreifung in Prag im Frühjahr 1948 auslöste, im Brüsseler Vertrag. Was England wirklich sein und bleiben wollte, war »das gemeinsame Segment, in dem sich drei Kreise überschneiden: Europa, das Commonwealth und der transatlantische Sonderbund, der das wichtigste Verbindungsstück zwischen den beiden Erdhalbkugeln bildet«. In dem Augenblick, da England zur Organisierung des europäischen Kontinents drängte, erinnerte es sich seiner atlantischen und weltumspannenden Mission.

Die Rückkehr Amerikas kündigte sich zunächst in einer Anleihe an England an, die den wirtschaftlichen Zusammenbruch eines der Pfeiler der atlantischen Verteidigung verhindern sollte, dann – am 12. März 1947 – in der Formulierung der so folgenschweren Truman-Doktrin. Mit ihrem Entschluß, Griechenland und die Türkei zu unterstützen, um dem seit Kriegsende immer bedrohlicheren Druck der Sowjetunion auf diese beiden Länder entgegenzuwirken, wollte die Regierung der Vereinigten Staaten nachdrücklich betonen, daß sie in der Sowjetexpansion an den östlichen Grenzen Europas eine Gefahr für ihre eigene Sicherheit sah. Ihre Solidaritätserklärung umspannte den Atlantik und das Mittelmeer und reichte bis zu den Küsten des Ägäischen Meeres und Kleinasiens.

Nicht daß die Vereinigten Staaten eine enge Verbindung mit Europa hätten eingehen oder ein Bündnisverhältnis besonderer Art ins Auge fassen wollen. Ihre Handlungsweise erklärte sich daraus, daß sie als Weltmacht die Ausdehnung der Einflußsphäre des Partners von gestern der sich nun als gefährlicher Rivale entpuppte, nicht zulassen konnten, weil eine solche, Ausdehnung das Kräfteverhältnis zu dessen Gunsten verschoben hätte. Aber mit ihrem Eingriff setzten sie einen selbsttätigen Mechanismus in Bewegung. Die Unterstützung Griechenlands und der Türkei zog, wollte man die Verkehrsverbindungen schützen, unweigerlich die Unterstützung Italiens und Westeuropas nach sich, die ja auch schwer bedroht waren. Der Zusammenhang zwischen der Truman-Doktrin und dem Marshall-Plan, dessen Grundkonzeption Anfang Juni 1947 lanciert wurde, lag auf der Hand. Indes hatte sich in der Zwischenzeit der politische Kurs herauskristallisiert, und die Ziele waren klar herausgearbeitet worden: die Wirtschaftshilfe, die die Vereinigten Staaten den kontinentalen Staaten zu gewähren bereit waren, sollte zum Zustandekommen des europäischen Zusammenschlusses beitragen. Die Vereinigten Staaten von Europa: das war das Bild, von dem die amerikanische Regierung und das amerikanische Volk hofften, daß es sich nach einigen Jahren wirtschaftlicher Zusammenarbeit ihren Augen darbieten würde.

Solcherart von allen Seiten angeregt, durch die Sowjetgefahr getrieben, durch die Hilfe von außen, die die Vereinigten Staaten und Großbritannien stellten, belebt und von einer Bewegung, an der Intellektuelle und Politiker gemeinsam teilnahmen, vorwärtsgestoßen, schien Europa zum Bewußtsein seiner selbst zu erwachen und sich ein neues Daseinsgesetz geben zu wollen. Die Erinnerung an die Größe vergangener Jahrhunderte und die mahnenden Bilder der letzten Katastrophe gaben den Anstoß zum Handeln. Von den verschiedensten Seiten ging der Appell an die Europäer aus, die Reihen zu schließen. Die

Widerstandskämpfer aus neun Ländern Europas, die sich 1944 auf den »Entwurf einer föderalistischen Erklärung« geeinigt hatten, setzten ihre Bemühungen fort. Organisationen wurden gegründet. Auf die Initiative Paul van Zeelands hin entstand 1945 die Unabhängige Liga für wirtschaftliche Zusammenarbeit. Ende 1946 gründeten die Föderalisten die Europäische Union der Föderalisten. Drei neue Organisationen traten 1947 ins Leben: United Europe Committee in London, Nouvelles Équipes Internationales in Lüttich und Conseil Français pour l'Europe Unie in Paris.

Diese Organisationen hatten ihre Verästelungen in den politischen Parteien; zum Teil waren sie selbst aus den bestehenden Parteien hervorgegangen. Unter Sozialisten ebenso wie unter christlichen Demokraten gab es Anhänger des Europa-Gedankens. Auch das war eine Kriegsfolge. Da der Krieg einige politische Strukturen bestehenließ, während er zugleich den Europäern die Gewissensprüfung aufnötigte, der sie sich so lange entzogen hatten, hatte er in verschiedenen Ländern den Willen zur Erneuerung gekräftigt. Den Sozialisten, die mehr als andere Parteien von den Auswirkungen der kommunistischen und der faschistischen Welle getroffen worden waren und die zwischen die Mühlsteine der Sowjetunion und des amerikanischen Kapitalismus zu geraten fürchteten, erschien die Vereinigung Europas als wünschenswert. Sie stellte sich manchen von ihnen als Verwirklichung des alten internationalistischen Ideals und zugleich als der »dritte Weg« dar, den der westliche Sozialismus repräsentieren möchte. Aber die Sozialisten waren nicht immer einer Meinung. Die ideologische Krise, die sie seit Jahren durchmachten, und die Verschiedenheit der historischen Erfahrung, vor der sie in Deutschland, in Italien, in Frankreich hatten bestehen müssen, brachten Differenzierungen und Schwankungen mit sich und verhinderten eine einheitliche Willensbildung.

Anders war die christlich-demokratische Bewegung aus dem Krieg hervorgegangen: vom Elan der Jugend beflügelt und von einer Überzeugung getragen, deren Strahlungsweite durch praktische Erprobung und politische Triumphe gewonnen hat. Faktisch war die christliche Demokratie die einzige große europäische Partei. In allen Ländern des europäischen Westens vertreten, in den meisten einflußreich, zuerst in Italien, dann auch in Deutschland sogar Mehrheitspartei, durfte sie sich nicht nur auf einen gemeinsamen Glauben stützen, sondern auch auf die Kirche, die den Rahmen abgab und koordinierend wirkte. Gegenüber dem Kommunismus erschien sie als die einzige gleichermaßen nationale wie internationale Partei, die die Fähigkeit hatte, nicht nur innerhalb jedes einzelnen Staates Widerstand zu leisten, sondern auch den Aufbau einer europäischen Gesellschaft in die Hand zu nehmen. In Alcide De Gasperi, Robert Schuman und bald auch Konrad Adenauer verfügte sie über Männer von Format, die diesem Aufbauwerk während einer kurzen, aber entscheidenden Periode den rechten Antrieb zu geben wußten. Man mag hier von einem glücklichen Zusammentreffen von Umständen sprechen: daß zur selben Zeit ein Lothringer, ein Rheinländer und ein Südtiroler in den drei Staaten Westeuropas am Ruder des Staatsschiffs standen, war ein Sinnbild der Bestrebungen, die über einen überholten Nationalismus hinausführen.

Von zwei Machtgebilden umklammert, konnten die europäischen Völker ihre Unabhängigkeit und ihren geistigen Einfluß nur wiedergewinnen, wenn sie ihre Energien koordinierten und wenn ihre Staaten eine Einbuße an Souveränität hinnahmen. Gespalten ist Europa verloren; vereint ist es eine Großmacht: solche Erklärungen hörte man von allen Seiten – sie waren fast eine Manie in diesem Jahr 1948, in dem das Thema der europäischen Union, von den Föderalisten in die Debatte geworfen, auf dem Haager Kongreß entwickelt, von Ministern auf der Pariser Konferenz aufgegriffen, die öffentliche Meinung immer mehr faszinierte, die auch noch von verantwortlichen Politikern – durchaus nicht minderen Ranges! – aufgerufen wurde, die Regierungen unter Druck zu setzen.

In der Mühsal des Bewußtwerdens mußte Europa dazu kommen, seinen Begriff aus der Negation zu bestimmen und seine Grenzen nicht nur gegenüber dem Osten, sondern auch gegenüber dem Westen, gegenüber der Atlantischen Welt abzustecken. Das Schwächegefühl der Europäer machte sie mißtrauisch nicht nur gegenüber dem revolutionären Imperialismus der Sowjetunion, sondern auch gegenüber dem amerikanischen Beschützer. Sie waren rasch dabei, in dem einen wie in dem andern – trotz allem Unterschied in Haltungen und Methoden – potentielle Eroberer zu sehen. Daher die Versuchung, sich stark zu machen, indem man beiden den Rücken kehrte, eine Versuchung, der man um so weniger widerstehen wollte, als man sich auf diese Weise die bequeme Möglichkeit verschaffte, einen Gegensatz zu konstruieren, der das eigene Selbstbewußtsein stärkte: zwischen den beiden Kolossen, zwischen diesen beiden Landmassen, zwischen Sowjetkommunismus und amerikanischem Kapitalismus konnte Europa, das Gelände, das sich dem Menschen fügt, der Kulturraum, der das Erbe der griechisch-römischen Zivilisation wahrt, in dem verschiedene Einflüsse aufeinandertreffen und der allem Partikulären Zuflucht gewährt, immer noch wie ein Leuchtturm strahlen und einer in Fehlalternativen verstrickten Welt gültige Lösungen darbringen.

Diese Abwehrhaltung gegenüber den Vereinigten Staaten, am häufigsten in der Absage an einen amerikanischen Kapitalismus kundgetan, dessen Wesen man freilich gar nicht kannte, war überlagert von einem Streit unter Europäern über die Europa-Konzeption und über die Art, wie man Europa zusammenfassen sollte. Die Engländer, pragmatisch wie immer, neigten zum Vorgehen nach Zweckgegebenheiten, das eine Koordinierung von Fall zu Fall je nach Bedarf ermöglicht, und stießen dabei unvermeidlich auf den Widerstand der Franzosen, die in ihrer systematischeren, aber auch schematischeren Haltung die Organisation des Kontinents so bald wie möglich in feste institutionelle Formen gießen wollten. Aber die institutionelle Methode, für die sich die Franzosen mit Unterstützung der Mehrheit der europäischen Föderalisten auf dem Haager Kongreß und in den folgenden Monaten unzählige Male einsetzten, war unannehmbar für die Engländer, weil sie sie zu Entscheidungen nötigte, die sie nicht treffen wollten. Je mehr Europa einem organisatorischen Zusammenschluß zuneigte und je mehr sich der Gedanke der überstaatlichen Organisation durchsetzte, um so mehr sah sich Großbritannien, das an seiner Sonderposition festhalten wollte, aus einer Gemeinschaft hinausgedrängt, die es indes als unentbehrlich für seine Sicherheit erachtete.

Der Atlantik war also gar nicht der Mittelpunkt der ersten Zusammenschlußbemühungen, die der vom Sowjetmessianismus genährte Ansturm unerläßlich gemacht hatte. Die Einigung vollzog sich in Westeuropa, dazu in einem Ausschließlichkeitsgeist, der darauf hinauslief, die beiden großen atlantischen Mächte außerhalb der werdenden Gemeinschaft zu halten, obwohl gerade von ihnen die Initiative zur Förderung der europäischen Zusammenarbeit, ja sogar einer Föderation ausgegangen war. Beiden Seiten schien an einer Festigung der Bande zwischen den Völkern diesseits und jenseits des Atlantiks wenig zu liegen. Die europäischen Völker verlangten und akzeptierten die amerikanische Wirtschaftshilfe nur, um sich vor der dynamischen Kraft Amerikas besser schützen zu können. Die amerikanische Regierung bewilligte ihre Unterstützung nur in der Hoffnung, Europa dazu zu verhelfen, die Verteidigung gegen den Osten selbst sicherzustellen und damit Amerika eine Last abzunehmen, die die Regierung für zu schwer hielt. Großbritannien seinerseits erhoffte vor allem die politische und wirtschaftliche Wiederaufrichtung Europas als Beitrag zur Stärkung der Position der gleichsam in der Mitte liegenden Staaten, unter denen es sich befindet; damit glaubte es sich die Möglichkeit zu erhalten, je nach Situationserfordernissen von der Bewegungsfreiheit Gebrauch zu machen, die ihm seine Insellage, das Fortbestehen des Commonwealth und die Realität der Gemeinschaft englischsprechender Völker sichern. Die einen wie die anderen sollte die weitere Entwicklung dazu treiben, ihre Zusammenarbeit sehr viel enger zu gestalten.

Vom Marshall-Plan zum Atlantikpakt

Tatsächlich ließ der Sowjetdruck nicht nach. Im Gegenteil: auf die an Aufstand grenzenden Streiks, die Italien und vor allem Frankreich im Winter 1947/48 in Atem gehalten hatten, und die Sensation der Machtergreifung in der Tschechoslowakei folgte der Versuch, Berlin durch die Blockade zu Fall zu bringen. Das Unternehmen begann in der zweiten Märzhälfte 1948 und gipfelte am 24. Juni in der völligen Schließung der Grenze zwischen der Sowjetzone und Westdeutschland für jeden Personen- und Warenverkehr. Das war nur eine gelinde Überraschung. Die unbefristete Vertagung der Londoner Konferenz von Ende 1947 war bereits gleichbedeutend mit dem Abbruch der Deutschland-Verhandlungen. Entsprechend hatten beide Seiten den Standpunkt bezogen, daß sie ihre Handlungsfreiheit wiedergewonnen hätten. Die von den Alliierten in Angriff genommene und auch auf die westlichen Sektoren Berlins angewandte Währungsreform unterstrich, falls es dessen noch bedurft hätte, die Trennung der beiden Teile Deutschlands. Zugleich bot sie den Sowjetbehörden die Gelegenheit oder den Vorwand zu einem auf die Beseitigung der alliierten Enklave in ihrer Besatzungszone gerichteten Vorstoß.

Diese Sowjetprovokation, die insofern ernster war als die früheren, als sie unmittelbar die westlichen Alliierten traf, sollte indes nicht die Wirkung erzielen, die die Sowjetregierung erwartet hatte. Sie gab den Amerikanern Gelegenheit, die Stärke ihrer Luftflotte und die Größe ihrer organisatorischen Leistung zu beweisen, und bewirkte gleichzeitig die Versteifung des westlichen Widerstands und die festere Zusammenfassung der westlichen Kräfte. Allerdings hatte sich schon vor dem Ausbruch der Berlin-Krise das Bedürfnis geltend gemacht, die mit dem Brüsseler Pakt geschaffene neue Sicherheitsorganisation durch eine

Verzahnung mit den Vereinigten Staaten zu stärken. Dies Bedürfnis war vor allem durch die pessimistischen Überlegungen genährt worden, die sich aus dem Studium der Verhandlungen des Sicherheitsrates aufdrängten: in der Tat waren die Vereinten Nationen durch das Veto lahmgelegt. Es kam infolgedessen darauf an, ein kollektives Sicherheitssystem für die Verteidigung des Westens zu organisieren.

Bereits Anfang März 1948 hatte Ernest Bevin den amerikanischen Außenminister Marshall auf die Notwendigkeit hingewiesen, die Position der im Brüsseler Pakt zusammengeschlossenen Nationen zu stärken. Er denke, erläuterte er, an einen Verteidigungsplan für den Atlantik, der mit einem Sicherheitssystem für das Mittelmeer zu koppeln sei. Dieser englische Vorstoß traf nicht ins Leere. Die kanadische Regierung, die die Entwicklung aufmerksam verfolgte, betonte öffentlich ihr Interesse an der Stärkung der westlichen Gemeinschaft. Am 29. April schloß Außenminister Louis Stephen Saint Laurent einen Bericht über die internationale Lage mit dem Hinweis auf die mögliche Intensivierung der Zusammenarbeit freier Staaten, die einander im Rahmen des Artikels 51 der Charta der Vereinten Nationen Schutz auf Gegenseitigkeit zusichern wollten. »Es ist möglich«, führte er aus, »daß die freien Staaten oder einige von ihnen es bald nötig finden werden, miteinander über die beste Methode der Schaffung einer gemeinsamen Sicherheitsorganisation in Beratungen einzutreten. Möglicherweise wird bei den Plänen einer westlichen Union, die gegenwärtig in Europa ausreifen, etwas herauskommen.«

In den Vereinigten Staaten gingen die Überlegungen in der gleichen Richtung. Am 17. März 1948, dem Tag, an dem der Brüsseler Vertrag unterzeichnet wurde, richtete Präsident Truman eine Botschaft an den Kongreß, in der er sich für den Vertrag einsetzte und die Hoffnung aussprach, daß die Vereinigten Staaten den freien Staaten die durch die Situation gebotene Hilfe mit den geeigneten Mitteln gewähren würden. Der Entschluß der freien Staaten Europas, sich selbst zu verteidigen, werde, so meinte er, durch den ebenso festen Willen der Amerikaner, ihnen dabei behilflich zu sein, verstärkt werden. Diese grundsätzliche Erklärung besagte nicht, daß die Vereinigten Staaten geneigt waren, mit den fünf Unterzeichnermächten des Brüsseler Paktes ein Bündnis zu schließen und entsprechend dem Vorschlag Bevins im Rahmen eines regionalen Paktes konkrete Verpflichtungen auf sich zu nehmen. So entschlossen der Präsident auch war, er blieb doch vorsichtig. Die praktische Initiative sollte vom Senat kommen, und zwar von einem Mann, dessen Eingreifen in diesem entscheidenden Augenblick einen tiefen, fast revolutionären Umschwung in der öffentlichen Meinung Amerikas oder jedenfalls in der Haltung der politischen Führung anzeigte: Senator Arthur H. Vandenberg.

Vandenberg-Entschließung. Seit Monaten hatte Vandenberg nach Möglichkeiten gesucht, das Sowjetveto zu umgehen, ohne die Charta der Vereinten Nationen zu verletzen. Bei seiner Mitwirkung an den Vorarbeiten zum Pakt von Rio de Janeiro machte er einige Erfahrungen, die ihm die Elemente einer Lösung eingaben. Als regionaler Vertrag beruft sich der Pakt von Rio auf die Artikel 52, 53 und 54 der Charta, die unter bestimmten Voraussetzungen regionale Vereinbarungen gutheißen. Im übrigen billigt Artikel 51 jedem von einem bewaffneten Angriff betroffenen Mitgliedsstaat der Vereinten Nationen ausdrücklich »das Recht der legitimen Verteidigung auf individueller und kollektiver Basis« zu, jedenfalls

»bis der Sicherheitsrat die zur Aufrechterhaltung des Friedens und der internationalen Sicherheit nötigen Maßnahmen getroffen hat«. Vandenberg entwarf nun eine Senatsentschließung, die das Verlangen nach Einschränkung der Vetopraxis zum Ausdruck brachte und die Möglichkeit einer Beteiligung der Vereinigten Staaten an einem Regionalvertrag mit Europa vorsah. Bei der Formulierung der Entschließung wirkte der Stellvertretende Außenminister Robert Lovett mit, und der endgültige Text wurde nach Erörterung mit Vertretern des Oberkommandos und des Außenministeriums und den Parteiführern im Kongreß dem Senatsausschuß für auswärtige Angelegenheiten vorgelegt, der ihn nach sorgfältiger Prüfung billigte. Am 11. Juni 1948 wurde die Entschließung im Senatsplenum mit 64 gegen 6 Stimmen genehmigt. Für die Geschichte der Atlantischen Welt ist sie von so großer Tragweite gewesen, daß es angebracht ist, an ihren Inhalt zu erinnern. Die Ziele, die der Senat »nach Maßgabe der Verfassung« im Rahmen der Charta der Vereinten Nationen verwirklicht sehen wollte, waren:

1. Freiwillige Vereinbarung über die Beseitigung des Vetos in allen die friedliche Regelung von Streitfragen und internationalen Reibungen betreffenden Fragen und bei der Aufnahme neuer Mitglieder.
2. Allmählicher Aufbau regionaler Abkommen und anderer kollektiver Vereinbarungen zur legitimen individuellen und kollektiven Verteidigung gemäß den Zielen, Grundsätzen und Bestimmungen der Charta.
3. Nach Maßgabe der Verfassungsbestimmungen Anschluß der Vereinigten Staaten an regionale oder kollektive Vereinbarungen, die dauerhafte und wirksame individuelle und gegenseitige Hilfeleistung vorsehen, soweit solche Vereinbarungen für die Sicherheit der Vereinigten Staaten von Bedeutung sind.
4. Förderung der Friedenssicherung durch die deutliche Bekundung der Entschlossenheit [der Vereinigten Staaten], von dem Recht der legitimen individuellen oder kollektiven Verteidigung im Sinne des Artikels 51 Gebrauch zu machen, sofern ein bewaffneter Angriff ihre nationale Sicherheit bedrohen sollte.
5. Größtmögliche Anstrengungen, zu Abmachungen zu gelangen, die den Vereinten Nationen im Sinne ihrer Charta bewaffnete Streitkräfte zur Verfügung stellen, und die Mitgliedsstaaten zu einem Übereinkommen über die allgemeine Reglementierung und Beschränkung der Rüstungen auf Grund angemessener und verläßlicher Sicherungen gegen Verstöße zu bringen.
6. Falls nach entsprechenden Schritten zur Stärkung der Vereinten Nationen erforderlich, zu einem geeigneten Zeitpunkt Revision der Charta durch eine laut Artikel 109 einzuberufende Konferenz der Mitgliedsstaaten oder durch die Generalversammlung.

Der Senat hatte sich mithin bereit gefunden, den Beitritt der Vereinigten Staaten zu einem regionalen kollektiven Sicherheitsabkommen in Erwägung zu ziehen. Die Entscheidung war revolutionär. Gewiß war die Teilnahme Amerikas an regionalen Abkommen nichts grundsätzlich Neues: die Vereinigten Staaten waren bereits einem interamerikanischen Vertragssystem angeschlossen, zu dessen Zustandekommen sie entscheidend beigetragen hatten, und mancherlei Umstände hatten sie früher dazu gebracht, an Koalitionen mit denselben europäischen Staaten teilzunehmen, in deren gefährliche Auseinandersetzungen sie sich indes unter keinen Umständen einzumischen gedachten; aber das war jeweils nur eine vorübergehende Beteiligung, nur für die Dauer eines bereits begonnenen Krieges zugestanden. Demgegenüber bedeutete die Vandenberg-Entschließung einen Bruch mit der traditionellen amerikanischen Zurückhaltung Europa gegenüber und auch mit der Monroe-Doktrin – oder mit dem, was von der Monroe-Doktrin nach zwei Weltkriegen noch übrig

Denkmal zur Erinnerung an die erfolgreiche Überwindung der Blockade West-Berlins durch die Luftbrücke

Frauen in einem Flüchtlingslager

war –, denn sie bekundete die Bereitschaft der Vereinigten Staaten, sich – auch in Friedenszeiten – an regionale Dauerabkommen zu binden. Sie zeigte zugleich, daß die für die amerikanische Politik Verantwortlichen die Schwierigkeiten auf dem Wege zum kollektiven Sicherheitssystem, das wenige Jahre früher noch als Allheilmittel erschienen war, mittlerweile erkannt hatten.

Dennoch verfolgte die Senatsentschließung nur ein begrenztes Ziel. Die Abkommen, an die gedacht wurde, konnten nur militärischer Natur sein. Im wesentlichen ging es um ein kollektives regionales Sicherheitssystem, das sich in ein weltumspannendes System im Rahmen der Vereinten Nationen einfügen sollte. Nirgends war die Rede vom Aufbau eines politischen Gebildes – etwa als Fundament der Atlantischen Welt. Außerdem war die Entschließung als Ganzes vorsichtig und nuanciert gehalten: die Beteiligung Amerikas wurde nur »nach Maßgabe« der Verfassung in Aussicht genommen, ein Vorbehalt, der bei einem auf seine Vorrechte sehr bedachten Senat nicht weiter wundernimmt. Daneben berief sich die Entschließung immer wieder auf die Charta der Vereinten Nationen, womit betont wurde, daß Amerika die Hoffnung nicht aufgegeben hatte, die Charta könnte eines Tages doch noch mit Erfolg zur Anwendung kommen. Der einzige Artikel (Art. 3), der Amerika neue Verpflichtungen auferlegen konnte, war mit präzisen Vorsichtsmaßregeln versehen; in dem der Entschließung vorausgeschickten Ausschußbericht wurden sie noch nachdrücklich unterstrichen und verstärkt.

In Wirklichkeit erwies sich die revolutionäre Entschließung bei näherem Zusehen als besonders weise. Es sah nicht so aus, als ob die Senatoren, die für sie gestimmt hatten, ihr traditionelles Mißtrauen Sonderbündnissen gegenüber völlig überwunden oder die Hoffnung aufgegeben hätten, das Ziel zu erreichen, das sich die Vereinigten Staaten gesetzt hatten. Doch die Atmosphäre, in der der Beschluß zustande gekommen war, die Geschichte der einzelnen Formulierungen und vor allem die Tatsache, daß die Entschließung im Senat entstanden und von einem der angesehensten Führer der Oppositionspartei eingebracht worden war: das alles hob ihre bahnbrechende Bedeutung hervor und verlieh ihr einen symbolischen Charakter. Der öffentlichen Meinung sollte sich nur der Artikel 3 einprägen, der, wollte man ihn isoliert betrachten, eine neue Etappe der amerikanischen Außenpolitik einzuleiten schien.

Auf dem Wege zur NATO. Der Sowjetdruck auf Berlin sollte die amerikanische Regierung und die Mitgliedsstaaten des Brüsseler Paktes sehr bald dazu bringen, die in der Entschließung formulierten Absichten in ein formal bindendes Bündnis umzusetzen. Bereits am 6. Juli 1948 begannen in Washington Verhandlungen, an denen neben dem Stellvertretenden Außenminister der Vereinigten Staaten und den Botschaftern der am Brüsseler Pakt beteiligten Staaten auch der kanadische Botschafter teilnahm. Die Besprechungen zogen sich bis zum Herbst hin und wurden dann von den Außenministern der Teilnehmermächte weitergeführt, die schließlich volle Übereinstimmung über das Prinzip eines nordatlantischen Verteidigungspaktes erzielten. Im Dezember wurde beschlossen, Dänemark, Irland, Norwegen und Portugal zum Beitritt und zur Teilnahme an der Endphase der Vertragsvorbereitungen aufzufordern; am 14. Januar 1949 kündigte Präsident Truman in seiner Botschaft an den Kongreß den bevorstehenden Abschluß des Vertrages an.

Noch einige Wochen vergingen. Am 18. März wurde der Wortlaut des Vertrages veröffentlicht, am 4. April erfolgte die Unterzeichnung in Washington. Das wesentlichste Ziel des Vertrages blieb durchaus ein kollektives regionales Sicherheitsabkommen, und seine wichtigsten Bestimmungen bezogen sich denn auch auf die militärische Seite des Problems. Aber das Bedürfnis, diese regionale Mächtegruppierung vor der übrigen Welt und namentlich vor den Vereinten Nationen zu rechtfertigen, hatte die Urheber des Paktes bewogen, nicht nur ihr Bekenntnis zu den Grundsätzen der Charta und ihre Bereitschaft, sich daran zu halten, erneut darzulegen, sondern auch die der Charta zugrunde liegenden weltanschaulichen und politischen Prinzipien zu formulieren. In diesem Sinne bekräftigt die Präambel den Glauben der Teilnehmermächte an die Ziele und Grundsätze der Charta und spricht anschließend von ihrer Entschlossenheit, »die Freiheit ihrer Völker, ihr gemeinsames Erbe und ihre Zivilisation, die sich auf die Prinzipien der Demokratie, der Freiheiten des Individuums und der rechtsstaatlichen Ordnung gründen, zu erhalten«, und bekundet ihren Willen, »Wohlstand und Stabilität im nordatlantischen Bereich zu fördern«. Noch deutlicher kommt die Berufung auf das gemeinsame Erbe in dem am Tag nach der Bekanntgabe des Vertrags veröffentlichten amerikanischen Weißbuch zum Ausdruck: »Der Vertrag hat seine Wurzeln in der Zivilisation und dem gemeinsamen Erbe der Völker, die diesseits und jenseits des Atlantischen Ozeans leben. Die Bande zwischen diesen Völkern beruhen nicht nur auf derselben kulturellen Vergangenheit, sondern auch auf dem tiefverwurzelten gemeinsamen Glauben an die Menschenwürde und den Wert der menschlichen Person, die Grundsätze der Demokratie und die rechtsstaatliche Ordnung.«

So begann die Idee einer atlantischen Gemeinschaft Gestalt anzunehmen. Indes blieb das Bild, das man sich von ihr machte, verschwommen, und was über das gemeinsame Interesse gesagt wurde, ging kaum über rhetorische Formeln hinaus. Man rückte zusammen, um gemeinsamer Bedrohung zu begegnen, und man bestimmte das eigene Wollen nur im Hinblick auf den Gegner. Die führenden Männer der Sowjetunion bekräftigten immer wieder ihren Glauben an die Zukunft einer kommunistischen Gesellschaftsordnung und lehnten mit Entschiedenheit jede Art Zusammenarbeit und Austausch mit der nichtkommunistischen Welt ab, die ihren Staat in einen Prozeß gegenseitiger Durchdringung einbeziehen und sowohl ihr eigenes Experiment als auch die Aussichten der Weltrevolution bedrohen könnte. Diese Haltung des Gegners brachte schließlich die Staaten Westeuropas und Amerikas zu der Erkenntnis, daß sie einer gemeinsamen Konzeption der gesellschaftlichen Beziehungen und der Demokratie anhängen.

Natürlich lieferte die Sowjetregierung, von allen kommunistischen Führern im Westen sekundiert, eine andere Erklärung für die Entstehung des Nordatlantikpaktes. Die volle Verantwortung für eine regionale Allianz, in der sie nicht ein kollektives Sicherheitssystem, sondern ein Angriffswerkzeug sieht, bürdete sie dem amerikanischen Imperialismus auf, der sich ihr nach der Leninschen Formel als die notwendige Folge des Monopolkapitalismus darstellt. Bei all ihrer Virulenz entbehrten diese Angriffe jeglicher Grundlage, und der kanadische Außenminister Lester Pearson kam der Wahrheit viel näher, als er anläßlich der feierlichen Unterzeichnung des Paktes sagte: »Der Atlantikpakt wurde aus Furcht und Enttäuschung geboren: aus der Furcht vor der aggressiven und umstürzlerischen Tätigkeit des

Kommunismus und den Rückwirkungen dieser Tätigkeit auf den Frieden, auf unsere Sicherheit und unseren Wohlstand und aus der Enttäuschung über die hartnäckige Obstruktion der kommunistischen Staaten, die unseren Bemühungen um ein wirksames Funktionieren der Vereinten Nationen als eines allgemeinen Sicherheitssystems den Weg versperrt.«

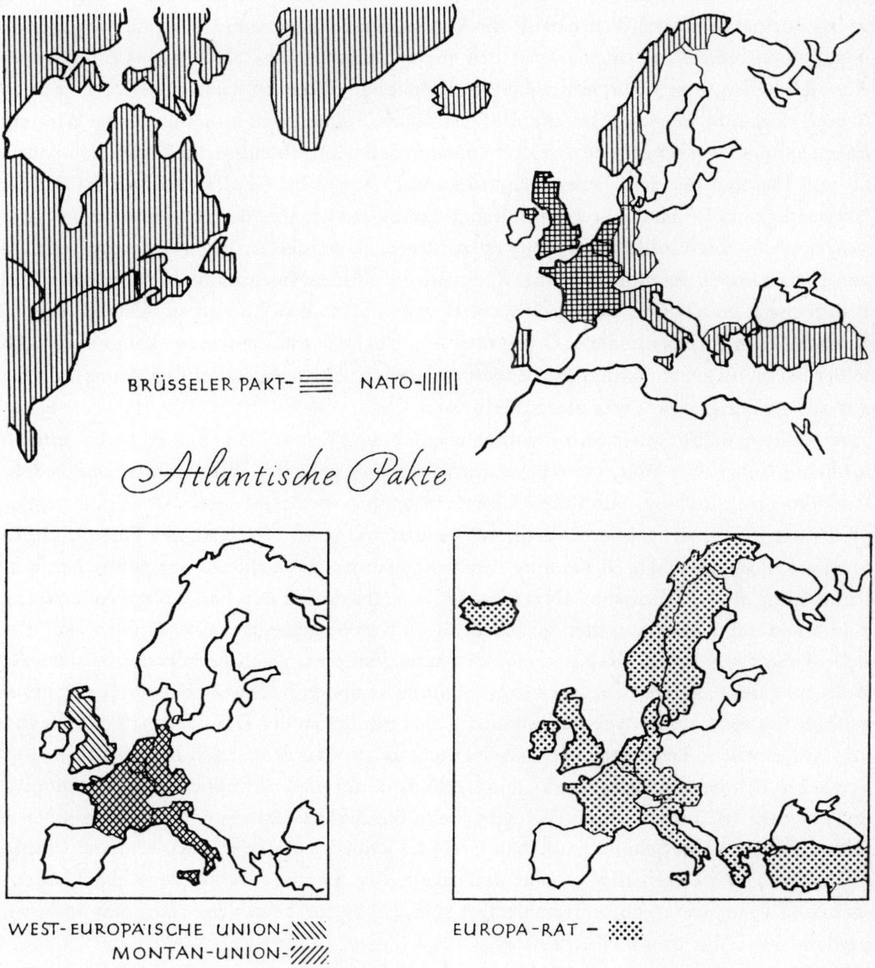

Der Nordatlantikpakt und die Öffentlichkeit. Die Aufnahme des Paktes in der Öffentlichkeit zeigte von neuem, wie wenig sein Abschluß der inneren Entwicklung einer atlantischen Gemeinschaft entsprungen, wieviel mehr er das Ergebnis äußeren Drucks auf die Atlantische Welt war. Bezeichnend war, daß sich die meisten Kommentare auf den militärischen Aspekt konzentrierten. So ging Dean Acheson in seiner Radioansprache vom 18. März 1949, in der er den Pakt auf die »Affinität und Identität der natürlichen Interessen der Atlantikmächte« zurückführte, vor allem darauf aus, die Bedrohung dieser Mächte durch die Sowjetunion als das Hauptmotiv des Bündnisses darzutun. Nach ausführlicher Darlegung des rein defensiven Charakters des Paktes fügte er recht aufschlußreich hinzu: »In der Welt von heute stellt sich die Sicherheit der Vereinigten Staaten nicht in Grenzen und Demarkationslinien dar, und jede ernste Bedrohung des internationalen Friedens und der Sicherheit in irgendeinem Teil der Welt betrifft die Vereinigten Staaten unmittelbar. Unsere Politik besteht infolgedessen darin, daß wir den freien Völkern nicht bloß in Westeuropa oder Amerika helfen, ihre Unverletzlichkeit und Unabhängigkeit zu wahren, sondern es auch überall dort tun, wo die Hilfe, die die Vereinigten Staaten leisten können, eine Wirkung haben kann.« Deutlicher ließe sich kaum dartun, daß beim Abschluß des Paktes die »Affinität und Identität der natürlichen Interessen« viel weniger ins Gewicht gefallen war als die Notwendigkeit, die sich der amerikanischen Politik aufdrängte, der Sowjetdrohung in der ganzen Welt – auch im Atlantik – entgegenzutreten. Über den Artikel 2 des Paktes, in dem von gemeinsamen Bemühungen die Rede ist, die »freien Institutionen« zu festigen und Bedingungen zu schaffen, »die geeignet sind, Stabilität und Wohlstand zu sichern«, meinte Dean Acheson bei einer anderen Gelegenheit, der Text sei zwar interessant, könne aber nach seiner Meinung keine erstrangige Bedeutung beanspruchen. Auch der Senatsausschuß für auswärtige Beziehungen war dieser Meinung.

Argumente militärischer Natur wurden ebenfalls von Ernest Bevin und Robert Schuman ins Feld geführt. Der Pakt, sagte Bevin im Unterhaus, gebe den Westmächten eine bedeutende Vormachtstellung, »und diese Vormachtstellung wird zum Besten des Friedens, der Sicherheit und einer stabileren Ordnung genutzt werden«. Der Chef des Foreign Office unterstrich die historische Bedeutung der Entscheidung, die nicht auf der politischen Verwirklichung einer atlantischen Gemeinschaft, sondern darauf beruhe, daß die Amerikaner zum erstenmal in Friedenszeiten Verpflichtungen Europa gegenüber übernähmen. Auf dieselbe Tonart waren die Erklärungen Schumans gestimmt. Auch er hob die militärische Bedeutung des Paktes hervor. Auch er bemühte sich um den Nachweis, daß die Bestimmungen des Paktes in keiner Weise unvereinbar seien mit denen der UN-Charta. Auch für ihn lag die historische Bedeutung der Entscheidung darin, daß Frankreich das erhalte, was es »zwischen den beiden Kriegen vergeblich erhofft hatte: die Vereinigten Staaten erkennen, daß es weder Frieden noch Sicherheit gibt, wenn Europa in Gefahr ist«. Vom »gemeinsamen Erbe« freilich sprach Schuman überhaupt nicht. Vielmehr betonte er, daß, wenn sich Frankreich, um sich zu verteidigen, »mit demokratischen Ländern zusammenschließt, deren politische Tendenzen recht unterschiedlich sind, ... es für keins dieser Regimes optieren, sondern sich selbst treu bleiben wird«.

Die Reaktionen der Öffentlichkeit, wie sie bei Ratifizierungsdebatten in den Parlamenten oder in Kommentaren der verschiedenen Zeitungen und Zeitschriften zum Ausdruck kamen, konzentrierten sich ebenso auf die militärischen und politischen Aspekte des Abkommens. Man fragte sich zuallererst, ob der Vertrag wirklich zur Erhaltung des Friedens beitrage und ob er nicht viel eher den Kalten Krieg dadurch verschärfe, daß er die Teilung der Welt in zwei Machtblöcke besiegele. Unentwegt von den kommunistischen Parteien vorgebracht, wurden diese Argumente in Europa auch von manchen Gruppen und Personen der Linken aufgegriffen, die schon in den Jahren zuvor ihr Mißtrauen gegenüber den Vereinigten Staaten wiederholt bekundet hatten. Ihre Kritik, die bereits in der Marshall-Plan-Debatte lautgeworden war, charakterisierte eine eigenartige europäische Nachkriegsatmosphäre.

Ohne daß es hätte genau sagen können, welche Art Sozialismus es wollte, war das Westeuropa von 1945 sozialistisch: die Jungen, weil es gar nicht anders sein konnte, aber auch Menschen in gereiftem Alter, die aus der Gefangenschaft oder aus der Zwangsverschleppung heimkehrten, Menschen, die in der Widerstandsbewegung gekämpft hatten, Menschen, die sich an der Front oder in der Heimat unter Kugeln, Granaten, Bomben geschlagen hatten, und schließlich alle – die erdrückende Mehrheit also –, die an den Bergen von Ruinen die Größe des Unheils ablasen und in der Gemeinsamkeit des Elends und Leidens Solidarität lernten. Man stand links, womit man meinte, daß man eine soziale Demokratie als Ideal vor Augen hatte, eine Gesellschaft, die die wirtschaftlichen Feudaldomänen abschaffen und jedem Einzelnen nicht nur politische Freiheit garantieren würde, sondern auch das, was man wirtschaftliche Freiheit nennt, anders ausgedrückt: materielle Sicherheit. Gewiß bediente man sich marxistischer Formeln, aber in den meisten Fällen waren das Stilübungen, Überbleibsel einer mehr oder weniger verdauten Lektüre oder Gewohnheiten, die man sich fast ebenso unbewußt zugelegt hatte, wie man Prosa spricht, ohne es zu wissen. Der orthodoxe Marxismus, wenn auch in der von Lenin und anderen Sowjetdenkern revidierten und komplettierten Fassung, war das Ausstattungsstück der Kommunisten. Dagegen war der Sozialismus Westeuropas, je nach den nationalen Traditionen von Land zu Land in der Schattierung verschieden, eng verwandt mit dem humanistischen Sozialismus des 19. Jahrhunderts, auf dem sich in verschiedenen Schichten die Einflüsse des Proudhonismus, der Fabier und auch eines durch die Vermittlung Eduard Bernsteins und Jean Jaurès', Karl Kautskys und Jules Guesdes oder Léon Blums abgewandelten Marx abgelagert hatten.

Dies Europa, das sich links sah, hatte Mühe, Amerika zu verstehen, um so mehr, als es vom instinktiven Mißtrauen des Armen gegen den Reichen, des Schwachen gegen den Starken erfüllt war. Die ständigen Gleichgewichtsstörungen im politischen Leben der Vierten Republik, die anhaltende Spannung in Italien, wo die Christliche Demokratie auf eine straff organisierte kommunistische Partei stieß, die unaufhörlichen wirtschaftlichen Schwierigkeiten, mit denen England kämpfte: alle diese inneren Probleme nahmen die Menschen nicht gerade für die transatlantischen Verbündeten ein, die mit der wohlgefälligen Betrachtung ihrer materiellen Errungenschaften zufrieden schienen.

Was wußte man auch schon von Amerika? Bruchstücke von Bildern, aus Zufallslektüre haftengeblieben, der Utopie des *Looking Backward* oder Reisebüchern entnommen, die nur zu oft die Vorurteile des Reisenden widerspiegeln und, statt das wirkliche Amerika des Alltags, das Amerika des schwerarbeitenden Menschen, das suchende, denkende, schöpferische, sich wandelnde Amerika zu schildern, das Schema-Amerika der modernen Großstadt, der Slums, Kinos und Gangster, das Amerika von Harlem und vom Negerproblem, das Amerika der Nachtklubs und »Bestattungssalons«, des Kinsey-Berichts und des *sex life* beschreiben. Zufallslektüre und Zufallsbegegnungen. Begegnungen, die nicht immer zu den angenehmsten gehörten, mit amerikanischen Soldaten, bei Kriegsende, zur Stunde der Befreiung. Immer wieder tauchten im Gespräch daher dieselben Themen auf, in England ebenso wie auf dem Kontinent: Fälle von Disziplinlosigkeit und Trunkenheit, Verhaltensweisen, die man als Ausdruck verabscheuenswerter Ungezogenheit oder Zügellosigkeit empfand. Man wollte Amerika auch nach den Vergnügungsreisenden beurteilen, mit denen es Europa Jahr für Jahr überschwemmt und die nicht immer gebildet genug oder geneigt sind, die kostbaren Wunder der Alten Welt so zu erleben, wie es der kultivierte Europäer von ihnen verlangt. Die Reisegesellschaften mit ihren klassischen Reiseplänen wurden belächelt, denn der Europäer hat Mühe, die Gier zu verstehen, die den amerikanischen Besucher dazu treibt, *alles* sehen zu wollen, was er auf seiner Überseereise zu sehen bekommen kann. Und dann wollte man sich auch noch an das Beispiel der mehr oder minder begabten College-Studenten halten, die nach Europa kommen, um mit mehr oder weniger Fleiß Ferienkurse oder ein paar Semester mitzunehmen.

Zu solchen Eindrücken aus persönlichem Kontakt gesellten sich verschiedene andere. Bestimmte Formen der Werbung störten die Gewohnheiten oder die Empfindlichkeit des Europäers. Wer mit der amerikanischen Verwaltung zu tun hatte, entrüstete sich mitunter über ihr langsames Tempo und ihre Komplikationen. Man fand die Vorsichtsmaßnahmen irritierend, mit denen sich Amerika umgibt, wenn es ein simples Touristenvisum erteilen soll. Im Handel, in der Abwicklung von Finanzgeschäften fielen Unterschiede im Verfahren auf, die das schon normal gewordene Mißtrauen verstärkten.

Schließlich präsentierte sich Amerika in Europa wie in der übrigen Welt mit seinen typischen Kommunikationsmitteln in allen Größenordnungen: den Filmen, den Zeitschriften, den Zeitungen, den Reportagen. Auch darin – in den laufenden Erzeugnissen der Hollywood-Studios, in der ständigen Zurschaustellung animalischer Befriedigung und leicht greifbaren Glücks, durch die sich die meisten Zeitschriften auszeichnen – sollten die Europäer genug Nahrung für ihre Kritik finden, genug Bestätigung ihrer Vorurteile, ihrer schon zwischen den Kriegen konzipierten Vorstellung von einem Amerika des Reichtums, der Zufriedenheit, der schönen Körper und luxuriösen Autos, von einem kapitalistischen und materialistischen Amerika, beunruhigend in seiner naiven Kraft, bedrückend in seiner Freigebigkeit und ermüdend in seinen simplistischen Haltungen.

Daß diese bunten Vorstellungen und Eindrücke das Leben Amerikas nicht wirklich wiedergeben, daß beispielshalber der amerikanische Kapitalismus seit dem Wall-Street-Zusammenbruch und der Rooseveltschen Revolution dem Bild, das man von ihm in Europa entwirft, kaum noch ähnlich sieht, darauf wiesen die hellsten Köpfe in Frankreich wie in Italien, auf dem Kontinent wie in England immer wieder hin. Doch ihr Zeugnis und ihre Hinweise vermochten gegenüber einer Haltung nur wenig auszurichten, die um so hartnäckiger war, als sich in ihr die Reaktionen und Überlegungen des Mannes auf der Straße in voller Übereinstimmung mit denen des Intellektuellen niederschlugen. Dabei hatte schon Alexis de Tocqueville, dessen Scharfsinn von den amerikanischen Intellektuellen bewundert wird, gewarnt: »Man sollte sich ... hüten, Gesellschaften, die im Entstehen sind, mit Begriffen zu beurteilen, die man nicht mehr existierenden Gesellschaften entlehnt hat. Das wäre ungerecht, denn diese Gesellschaften unterscheiden sich voneinander im höchsten Maße, sind nicht miteinander vergleichbar.« Aber nicht Tocqueville wurde 1949 und 1950 in Frankreich gelesen, sondern Georges Duhamel, der das »Volk des hohen

Wirkungsgrades« daran erinnerte, daß alle »grundlegenden Gedanken« aus Europa stammen, oder François Mauriac, der Amerika verächtlich als »Technokratie« abtat. Auch die englische öffentliche Meinung suchte eine Erklärung für die Verhaltensweise der Amerikaner oder für die amerikanische Außenpolitik nicht bei dem subtilen Dennis W. Brogan, sondern in der Presse mit den Massenauflagen, die alte Motive aus der langen Zeit inzwischen überwundener Rivalität von neuem aufwärmte. Man hörte auch auf Jean-Paul Sartre, als er summarisch proklamierte: »Noch nie hat sich ein Amerikaner für eine europäische Idee erwärmt!« Aber nur ganz wenige Europäer haben die Bemerkung des großen Amerika-Spezialisten Carlton Hayes gelesen: »Die amerikanische Grenze ist die Grenze der europäischen oder westlichen Kultur. Diese Kultur, mag sie auch durch die geographischen Bedingungen und das amerikanische Gesellschaftsmilieu modifiziert worden sein, ist in ihren wesentlichen Aspekten noch immer *die* Kultur und deshalb ein bleibendes Gut der Gebietsgemeinschaft, die die Nationen diesseits und jenseits des Atlantiks zusammenhält.«

So erklärt sich die feindselige Haltung, auf die der Nordatlantikpakt in Frankreich, Italien und – in geringerem Maße – Großbritannien stieß. Man hatte kein Vertrauen zu den Amerikanern, was allerdings nicht bedeutete, daß man sich hinter die Sowjetunion stellen wollte. Man wollte einfach nicht vor die Wahl gestellt sein: für den einen und gegen den andern. Der Kommunismus fiel nicht unter dasselbe unaufhebbare Verdammungsurteil wie die Hitlerei. Konnte er nicht nach seiner Revolutions- und Eroberungsperiode wieder zu seiner ursprünglichen Befreiungsmission zurückfinden? Konnte die Sowjetunion nicht eine Evolution durchmachen? Man behielt also einige Hoffnung. In Wirklichkeit waren die entschiedensten Gegner der Sowjetunion, die am ehesten Widerstand leisten wollten, in der nächsten Nähe der Demarkationslinie zu finden, denn sie hatten das Sowjetregime in der Praxis erlebt. Je weiter man sich von dieser bedrohten Grenze entfernte, je näher man an die Atlantikküste herankam, um so geringere Furcht stellte man fest, um so weniger scharf war da die Beurteilung, um so mehr schienen sich die Menschen vagen Hoffnungen hinzugeben. Paradoxerweise sollte der Atlantikpakt im Osten des Kontinents die wärmste Zustimmung, im Westen die bitterste Kritik finden.

Neben grundsätzlichen Gegnern des Vertrages gab es Menschen, deren reservierte Haltung mit ihren Zweifeln an der Wirksamkeit der Vertragsbestimmungen zusammenhing, da es entscheidend darauf ankam, wie diese Bestimmungen von bestimmten Paktteilnehmern ausgelegt werden würden. Konnte man in Europa sicher sein, daß sich die Amerikaner an die von ihnen übernommenen Verpflichtungen halten und sofort herbeieilen würden, um dem Opfer eines Angriffs beizustehen? Von den Skeptikern kamen kritische Betrachtungen, die ihre Wirkung nicht verfehlen konnten. Die Anwendung der Vertragsklauseln hing von den Vorschriften der amerikanischen Verfassung ab: der amerikanische Senat hatte sich das Recht vorbehalten, von Fall zu Fall zu entscheiden, welche Verpflichtungen Amerika zu erfüllen habe; er war nicht gewillt, sich durch einen Automatismus binden zu lassen, der die Vereinigten Staaten gezwungen hätte, in jedem Fall die Entscheidungen ihrer europäischen Verbündeten zu befolgen. In den offiziellen amerikanischen Erklärungen unmißverständlich formuliert und in Pressekommentaren unterstrichen, wurde dieser Vorbehalt natürlich auch in Europa diskutiert. Am Vorabend der

Unterzeichnung des Paktes wies ein Artikel von Sirius in *Le Monde* ausdrücklich darauf hin: »Europäer, die über die amerikanischen Institutionen und Bräuche Bescheid wissen, geben sich Mühe, einem möglichen, wenn nicht gar wahrscheinlichen Mißverständnis vorzubeugen. Sie sehen durchaus ein, daß sich die Amerikaner, durch mancherlei Erfahrungen gewitzigt, über die Kraft und Ausdauer ihrer Verbündeten Gedanken machen. Sie möchten jedoch auch ihrerseits wissen, wann und wie uns Schutz zuteil werden wird. Ist der undurchdringliche Atomvorhang kein Mythos? Nimmt man aber an, daß er eine Realität sein könne: werden die Amerikaner diesen erschreckenden Mechanismus früh genug in Bewegung setzen, um den Angriff lahmzulegen? Der Paktentwurf sagt es nicht. Aber auch wenn er es sagte, wäre die Garantie keineswegs absolut, denn den automatischen Eintritt in den Krieg gibt es bei einem demokratischen Staat und einem friedliebenden Volk nicht, hat es vermutlich auch nie gegeben. Muß hier daran erinnert werden, daß Frankreich durch einen sehr präzisen Pakt an die Tschechoslowakei gebunden war? Und da nun festgelegt ist, daß jeder Angriff auf die eine oder andere Unterzeichnermacht des Atlantikpaktes als Angriff auf alle gilt, was geschähe, wenn Amerika, als einziger Staat angegriffen, und zwar an der Pazifikküste, den Automatismus des Paktes in Anspruch nähme? Würden sich die europäischen Armeen sofort in östlicher Richtung in Marsch setzen? Seien wir doch wenigstens ehrlich genug, die Frage zu stellen.«

In Frankreich war Sirius nicht der einzige, der die Warnung aussprach. Im gleichen Sinne äußerte sich, von der Gastfreundschaft derselben Zeitung *Le Monde* profitierend, Étienne Gilson, der in seiner Darstellung den Gedankengängen James Restons in der *New York Times* folgte. Was aber hatte Reston gesagt? Nach dem von Gilson angeführten Zitat das folgende: »Der Vertrag enthält sowohl einen feierlichen Grundsatz als auch das Mittel, ihm auszuweichen. Er ist zum Schutz der atlantischen Gemeinschaft vor einem bewaffneten Angriff entworfen worden. Er verpflichtet die Unterzeichnermächte, gegen einen bewaffneten Angriff, der die Sicherheit des Gebietes bedroht, ›sofort‹ zu den Waffen zu greifen, aber zugleich stellt er jedem Staat frei, aus eigenem zu entscheiden: a) ob ein ›bewaffneter Angriff‹ erfolgt ist, zum Beispiel ob ein kommunistischer Aufstand in Griechenland ein bewaffneter Angriff ist; b) welche Schritte er gegen diesen Angriff zu unternehmen gedenkt – auch ein diplomatischer Protest ist ein ›Schritt‹; c) ob der bewaffnete Angriff die ›Sicherheit‹ der nordatlantischen Zone wirklich bedroht.« In diesem Zusammenhang erinnerte Gilson an die Mißerfolge Wilsons und stellte zum Schluß fest: »Eine Entschuldigung gibt es fortan für keinen Franzosen, der übersieht, daß ein Vertrag mit den Vereinigten Staaten unsere Freunde auch nicht um einen Zollbreit über die Verpflichtungen hinaus bindet, die sie selbst unterzeichnet haben, und auch nicht über die genaue Sinnbestimmung hinaus, die sie diesen Verpflichtungen geben.«

Die Auseinandersetzung war deswegen von Bedeutung, weil sie die Haltung eines Teils der öffentlichen Meinung in Europa und in den Vereinigten Staaten zum Ausdruck brachte, vor allem aber auch die diesseits und jenseits des Atlantiks gemachten Vorbehalte deutlich hervortreten ließ. Man ging Verpflichtungen ein, weil man nicht anders konnte, aber man ging sie in der Hoffnung ein, nie in eine Lage zu geraten, in der man gezwungen wäre, die übernommenen Verpflichtungen zu erfüllen. Was die Billigung des Vertrages durch die amerikanische öffentliche Meinung ermöglicht und ihm am Ende – nach schwierigen Auseinandersetzungen – auch die Zustimmung des Senats eingetragen hatte, war gerade die Vorstellung, daß es wahrscheinlich nie nötig sein werde, so gravierende Entschlüsse zu fassen, daß man sich vielmehr mit Hilfe des Paktes die Entschlußfreiheit erhalte.

Auch auf europäischer Seite stritten, selbst bei Anhängern des Paktes, widerspruchsvolle Gefühle miteinander: einmal die Befürchtung, daß der Schutz der Vereinigten Staaten, dessen man bedurfte, an ihren rechtlichen Vorbehalten scheitern könnte, zum andern das unruhige Gefühl, das man angesichts dieses zu mächtigen und zu dynamischen Bundesgenossen empfand. Man hätte doch seine Unabhängigkeit bewahren mögen. Europa glaubte imstande zu sein, einen dritten Weg zu zeigen, und die Bewegung für die europäische Integration bestärkte es darin. Mit den Vereinigten Staaten wollte es nicht verschmolzen werden, denn es hielt sich für die Wiege einer Zivilisation, deren »Ferment« es durchaus noch zu sein glaubte. Deswegen war es auch nicht überraschend, daß auf das »gemeinsame Erbe« nur selten angespielt wurde. Nur gelegentlich gab es Bemerkungen in diesem Sinne: »Sie haben diesen Klub gegründet, weil sie alte Verbündete sind«, schrieb der *Economist*, »sie sind nicht deswegen verbündet, weil sie den Klub gegründet haben.« Wenn man sich entschließt, einen Klub zu gründen, pflegt man viel eher das hervorzuheben, worin man nicht übereinstimmt, als das, was man miteinander gemein hat. Resignation war denn auch die Haltung, die überwog.

Wen sollte man in den Klub aufnehmen? Die Grenzen des Bündnisbereichs waren von Anfang an problematisch. Würde sich Italien beteiligen? Am Tag der Bekanntgabe des Vertrages stimmte die italienische Kammer nach einer ungewöhnlich heftigen Debatte für die grundsätzliche Teilnahme Italiens am atlantischen Bündnis. Aber auch außerhalb Italiens wurde die Frage seines Beitritts diskutiert. Besonders die Engländer verhielten sich reserviert. Bezog man aber die italienische Halbinsel in den atlantischen Bereich ein, weshalb sollte man dann Griechenland und die Türkei, denen gegenüber die Regierung der Vereinigten Staaten auf so auffällige Weise Verpflichtungen übernommen hatte, draußen lassen? In bezug auf einen etwaigen Beitritt Westdeutschlands äußerten sich alle Teilnehmer kategorisch: davon könne keine Rede sein. Sollte das bedeuten, daß die Grenze der Atlantischen Welt am Rhein lag?

Viel wurde über den Rahmen gestritten, in dem das Wirksamwerden der Vertragspflichten zu denken war. Darauf, daß die Verpflichtungen der Vereinigten Staaten nach der Charta der Vereinten Nationen allgemein und nicht regional seien, wies Hamilton Fish Armstrong in *Foreign Affaire* vom Herbst 1948 hin. Sei es nicht in der Tat recht schwierig, in einer so sehr veränderlichen politischen Situation eine »Region« im Sinne des Paktes eindeutig zu bestimmen? Im April 1949 nahm Armstrong, der mit seinen Ansichten keineswegs allein dastand, den Angriff von neuem auf. Wie sollten sich Großmächte verhalten, die mehreren regionalen Gruppierungen zugleich angehörten? In welchem Maße würden sie für die Politik von Verbündeten, die für Kolonien zu sorgen hätten, mitverantwortlich sein? Welche Haltung sollte man einnehmen, falls Zwistigkeiten entständen, die ein anderes Bündnissystem in Mitleidenschaft zögen? Und auf der anderen Seite: wie konnte man verhindern, daß sich Staaten, die man außerhalb des Wirksamkeitsbereichs der Bündnisverpflichtungen ließe, nicht vernachlässigt und verstoßen vorkämen und der Versuchung erlägen, sich auf die andere Seite zu schlagen?

Irreale atlantische Gemeinschaft. Die Übersicht über die Strömungen, die zu der Zeit vorherrschten, da Regierungen und Parlamente den Weg zum Atlantikpakt einschlugen, läßt sich kaum anders abschließen als mit der Feststellung, daß eine atlantische Gemeinschaft zu dieser Zeit nicht existierte. Die zwölf Staaten, die sich verbündeten, schienen mehr auf ihre Unabhängigkeit bedacht als über die Aussichten der sich anbahnenden Zusammenarbeit im Rahmen einer Atlantischen Welt befriedigt, die manchen von ihnen überhaupt nur aus politischen Augenblicksgründen etwas bedeutete, nicht aus schicksalhaftem Zwang der geographischen Lage. Nur das am Schnittpunkt mitunter gegensätzlicher Interessen zwischen seiner historischen Bindung an Großbritannien und der geographischen Anziehungskraft des amerikanischen Kontinents hin- und hergerissene Kanada schien an die Zukunft einer atlantischen Gemeinschaft zu glauben, in der es ein Mittel sah, den eigenen inneren Zwiespalt zu bewältigen und ihn in einem Großverband aller Erben der westlichen Zivilisation verschwinden zu lassen. Die atlantische Union, schrieb damals Lester Pearson, müsse ein neues Verhalten und einen Willen zur Zusammenarbeit weit über die Augenblickskrise hinaus wecken; mit dem Bemühen um die Verbesserung der Lebensbedingungen der beteiligten Völker werde sie den Grund legen für einen wirklichen Zusammenschluß, bei dem sich formale Abmachungen erübrigen würden.

So weit blickten die anderen Verbündeten allerdings nicht in die Zukunft. Europa, das sich amerikanischer Wirtschaftshilfe erfreute, brauchte militärischen Schutz, und die Amerikaner waren bereit, ihn zu gewähren, weil das ihren eigenen Interessen entsprach. Im übrigen kümmerte sich jeder um seine eigenen Sorgen, die nicht gering waren. In Amerika sah sich die Regierung der Demokraten, auch wenn sie aus den Präsidentschaftswahlen von 1948 mit dem Sieg Präsident Trumans über den Republikaner Thomas E. Dewey gestärkt hervorgegangen war, einem immer massiveren Angriff der republikanischen Opposition gegenüber. Die Republikaner machten sich zweierlei zunutze: die Schwäche einer Partei, die sich im Regieren verbraucht hatte, und die allgemeine Beunruhigung, die die Enthüllungen über die Affäre Alger Hiss, das Ende des amerikanischen Atommonopols und der Sieg Mao Tse-tungs über Amerikas Verbündeten Chiang Kai-shek ausgelöst hatten. In Frankreich hatten das Auseinanderfallen der Dreiparteienkoalition und die Wiederauferstehung der alten politischen Gebilde einen Kräfteverschleiß zur Folge, der um so beängstigender war, als die von jeder Teilnahme am staatlichen Geschehen ausgeschaltete kommunistische Partei etwa ein Viertel der Wählerschaft ausmachte; zu allem Überfluß war Frankreich gerade dabei, sich in Indochina in einen höchst unpopulären Kolonialkrieg hineinziehen zu lassen, in dem ein Kabinett nach dem anderen – ohne parlamentarische Mehrheit und daher auch ohne wirkliche Macht – aufgerieben werden sollte. In England erlebte die Labour Party, nachdem sie ihr Reformprogramm zu Ende geführt hatte, ein Nachlassen des Elans in den eigenen Reihen und schwere Prestigeverluste bei dem Teil des Kleinbürgertums, der im Gegensatz zu den Arbeitern von den Sozialreformen nicht eigentlich profitiert hatte, dafür aber mit wachsendem Unmut die Auswirkungen der Sparsamkeits- und Einschränkungspolitik der Regierung zu spüren bekam. Außerdem hatte auch

England zunehmende Schwierigkeiten außerhalb seiner Inselgrenzen zu bewältigen: im Mittleren Osten waren die Beziehungen zu Ägypten in eine neue Krisenphase geraten, und in Südafrika spitzte sich das Problem des Zusammenlebens von Weißen und Negern immer mehr zu. Italien schließlich fristete sein Leben weiterhin schlecht und recht auf der schwankenden Grundlage des bei Kriegsende hergestellten labilen Gleichgewichts; eine drückende Last blieb das ewige Mißverhältnis zwischen schwachem Wirtschaftspotential und wachsendem Überschuß an Menschen ohne Brot.

Nun ist aber die Stärke eines Bündnisses bestimmt durch die Stärke der Teilnehmerstaaten, und seine Geschlossenheit hängt davon ab, wieviel Autorität und Ansehen die verbündeten Regierungen zu Hause genießen. In den wichtigsten Mitgliedsstaaten war indes die Stellung der amtierenden Regierung mehr oder weniger unsicher, und überdies waren einige der schwierigsten Probleme wirtschaftlicher und politischer Natur weder im Zuständigkeitsbereich dieser Regierungen noch überhaupt im nationalen Rahmen zu lösen. Daran mußte das Nordatlantikbündnis schweren Schaden nehmen. Einerseits stieß die Durchführung der im gemeinsamen Interesse gefaßten Beschlüsse auf Widerstände im Innern eines jeden der verbündeten Staaten; anderseits erzwang die weitgehende Interessenverflechtung die Verlegung ungelöster nationaler Fragen in die internationale Ebene, so daß dem Bündnis Probleme aufgebürdet wurden, zu deren Behandlung es keinerlei Voraussetzungen mitbrachte und über die noch nicht einmal im Grundsätzlichen Übereinstimmung bestand. In der Tat hatte das neugeschaffene Bündnis keinen anderen Kitt als die Gegnerschaft zur Sowjetunion.

Die Krise von 1950/51

Organisationsgerippe. Das Bedürfnis der im Brüsseler Pakt zusammengeschlossenen Staaten, für den Aufbau ihrer Verteidigung in Europa die nötige militärische und finanzielle Hilfe der Vereinigten Staaten zu erlangen, war der eigentliche Beweggrund, der sie dazu gebracht hatte, sich um die Schaffung des Nordatlantikbündnisses zu bemühen. Es war daher nur natürlich, daß sie gleich nach der Unterzeichnung des Paktes eine Demarche in Washington unternahmen, um finanzielle und militärische Unterstützung auch tatsächlich zu erhalten. Analoge Wünsche wurden von Dänemark, Italien und Norwegen angemeldet.

Die amerikanische Regierung stand den Anträgen freundlich gegenüber. Doch mußte sie mit dem Widerstand rechnen, der sich schon bei der Debatte um die Ratifizierung des Paktes bemerkbar gemacht hatte. Die Paktgegner wollten ihr die Feststellung abpressen, daß der Pakt keinerlei Verpflichtungen mit sich bringe, an die Verbündeten Waffen zu liefern. Darauf ließ die Regierung durch ihre Sprecher erklären, daß eine solche Festlegung im Vertrag nicht enthalten sei, und umging damit eine gefährliche Auseinandersetzung. Sie hatte dazu allen Grund, denn unmittelbar nach der Ratifizierung des Paktes beantragte der Präsident die Bewilligung eines Militärhilfe-Programms von 1,4 Milliarden Dollar; nicht ohne Mühe gelang es im September, den Kongreß zur Bewilligung des größten Teils der angeforderten Mittel zu bewegen.

Erst nachdem diese Schlacht gewonnen war, konnte an den organisatorischen Ausbau des Paktsystems und an die Ausarbeitung einer gemeinsamen Konzeption der Nordatlantikverteidigung und der aus ihr abzuleitenden strategischen Pläne gegangen werden. Damit waren der Herbst und Winter 1949/50 ausgefüllt. Aber schon bald stießen die Organisatoren auf Probleme, die sie nötigten, die ersten Pläne abzuändern und das vorgesehene organisatorische Gebilde zu erweitern. In der ersten Organisationsberatung waren neben einem aus den Außenministern der Mitgliedsstaaten bestehenden Rat und einem aus den Verteidigungsministern bestehenden Verteidigungskomitee, die beide jährlich tagen sollten, ein militärisches Komitee und fünf regionale Strategieausschüsse vorgesehen worden, denen die Aufstellung der konkreten Pläne zugedacht war. Einige Monate später wurden ein aus den Finanzministern der Teilnehmermächte zu bildendes Komitee für wirtschaftliche und finanzielle Verteidigung und ein Kriegsproduktionskomitee hinzugefügt. Als dann der Plan der gemeinsamen Verteidigung des atlantischen Raums zustande gekommen war und sowohl die finanziellen Konsequenzen als auch die organisatorischen Probleme der gemeinsamen Verteidigung ins Auge gefaßt werden konnten, wurde im Frühjahr 1950 ein ständiger Rat der Stellvertreter der Außenminister geschaffen, der die gesamte Arbeit auf militärischem wie auf wirtschaftlichem und finanziellem Gebiet mit dem Ziel eines graduellen und proportionierten Ausbaus der NATO-Kräfte koordinieren sollte. War auf diese Weise das organisatorische Gerippe errichtet, so war es auch unvermeidlich, daß es eine Eigengesetzlichkeit entwickelte und die Mitgliedsstaaten nach und nach in einen selbsttätigen Integrationsmechanismus einbezog. Gemeinsame Verteidigung kann gewiß nicht ohne überstaatliche Zusammenfügung eines Teils der nationalen Armeen organisiert werden, und das mußte wiederum in allen Sphären, namentlich auf dem Gebiet der Produktion, Rationalisierungsmaßnahmen nach sich ziehen, die in die Gesamtwirtschaft der einzelnen Länder eingriffen und budgetäre Umstellungen erzwangen.

Während Regierungen und Militärs mit dem Aufbau der Verteidigungsorganisation zu tun hatten, verschärften sich die Spannungen in einigen der verbündeten Staaten. In Europa wurde von einer von den Kommunisten ins Leben gerufenen und geleiteten »Friedensbewegung« eine »Friedensoffensive« lanciert. In ihrem Rahmen forderte ein »Stockholmer Manifest« das Verbot der Atomwaffen und brandmarkte als verbrecherisch jede Regierung, die von Atomwaffen als erste Gebrauch machen sollte. Der Appell fand Widerhall in weiten Kreisen, die in Unruhe geraten waren, als Präsident Truman zu Beginn des Jahres die bevorstehende Herstellung thermonuklearer Waffen angekündigt hatte. Europa wurde sich nicht nur in zunehmendem Maße seiner eigenen Schwäche bewußt, sondern stand dazu auch noch unter dem Eindruck, daß die Sowjetunion in bezug auf konventionelle Streitkräfte den Vereinigten Staaten für immer und ewig überlegen sei; daraus erwuchs die Befürchtung, daß sich die Vereinigten Staaten veranlaßt sehen könnten, das gestörte Gleichgewicht durch Benutzung der Atomwaffen wiederherzustellen. Europa wußte, daß seine Befreiung im Falle eines Krieges nur um den Preis totaler Zerstörung zu erreichen sein würde, und lehnte sich wütend gegen diese Perspektive auf.

In diesem äußeren Rahmen sollte sich die »neutralistische« Bewegung entfalten. Schon zur Zeit der Unterzeichnung des Atlantikpaktes hatten sich Vorboten dieser Bewegung in

Frankreich bemerkbar gemacht. Hatte nicht Étienne Gilson von einer bewaffneten Neutralität Europas gesprochen? Ein Jahr vor ihm hatte Claude Bourdet eine Propagandakampagne für eine ähnliche Politik betrieben. Im Jahre 1950 gewann die Bewegung an Breite. Einige Erfolge erzielte die »Ohne-mich«-Parole in Deutschland. In Italien wurde eine Politik der Neutralität von Nenni und den Linkssozialisten in Aussicht genommen. Aber vor allem in Frankreich behauptete sich der Neutralismus in größerem Umkreis. Die Zeitung *Le Monde* entfaltete einen regelrechten neutralistischen Feldzug. Er wurde von Gruppen aufgegriffen, die sich um die Periodika *Esprit* und *l'Observateur* geschart hatten.

Worin unterschied sich dieser Neutralismus von der klassischen Neutralität? Das war schwer zu sagen, und es ist nicht einmal sicher, daß seine Verteidiger die Antwort wußten: sie benutzten beide Ausdrücke unterschiedslos. Es sah auch nicht so aus, als seien sie sich über die Konsequenzen einer solchen Politik oder die mit ihr notwendigerweise verbundenen militärischen Lasten im klaren gewesen. Je nach ihren einzelnen Vertretern waren auch die neutralistischen Konzeptionen verschieden. Ihnen allen war allerdings ein Ziel gemeinsam: die Annullierung des Atlantikpaktes, weil er zum Kriege führe. Was neben anderen Claude Bourdet dazu zu sagen hatte, gab Aufschluß über die neutralistische Gesamthaltung. Nach seiner Meinung ließ sich die neutralistische Position in folgende prägnante Formel fassen: »Die Sicherheit eines Landes oder einer Gruppe von Ländern hängt letztlich von drei Faktoren ab: der materiellen Stärke, der geistigen Geschlossenheit und der Gefahr, die dies Land oder diese Gruppe von Ländern für andere Nationen darstellt, dem, was man den *Provokationsfaktor* nennen könnte.« Sicherheit war demnach »wie ein mathematischer Koeffizient« zu bestimmen: »materielle Stärke mal geistige Geschlossenheit, das Produkt dividiert durch den Provokationsfaktor«. Und die Neutralität Europas mußte nach Bourdet den »Provokationsfaktor« verkleinern: »Sie gestattet dem russischen Generalstab, die Vor- und Nachteile einer Invasion gegeneinander abzuwägen, während ein atlantisches Europa Rußland militärisch zur sofortigen Invasion nötigt. Auf der anderen Seite stärkt die europäische Neutralität die geistige Geschlossenheit der Nation ganz gewaltig.«

Im Grunde wollte der Neutralismus nicht nur Frankreich und Europa von der Politik der Großmächte lösen, sondern auch einer Wahl zwischen dem Kommunismus und Amerikas kapitalistischer Zivilisation aus dem Wege gehen. Solche Vorstellungen konnten eine gewisse Anziehungskraft ausüben, doch blieb ihr politischer Einfluß in engen Grenzen: einmal weil man auf die Barriere des Kommunismus stieß, der eine Entscheidung forderte – für ihn oder für den Kapitalismus – und einen dritten Weg nicht zuließ, zum andern aber auch weil Frankreichs und Europas Bekehrung zum Neutralismus eine Absage an jede Verantwortung für das Schicksal der Welt bedeutet hätte, und das wäre tatsächlich eine revolutionäre Entscheidung gewesen.

Korea-Krieg und europäischer Zwiespalt. Mittlerweile war der Krieg in Korea ausgebrochen. Sowohl den Anhängern des Atlantikpaktes als auch den Neutralisten war er völlig überraschend gekommen. Was man sich aus Bequemlichkeit für unwahrscheinlich zu halten gewöhnt hatte, war plötzlich Wirklichkeit geworden: die offene Aggression war da, und man mußte sich sagen, daß sie auch anderswo möglich sei. Fast von selbst drängte sich der Vergleich zwischen Korea und dem geteilten Deutschland auf. Indes war zur Abwehr eines eventuellen Sowjetangriffs nichts vorbereitet. Die vierzehn alliierten Divisionen, die noch in Europa und in Deutschland standen und von denen einige nicht über die normale Kampfstärke verfügten, waren weder unter einem gemeinsamen Oberbefehl zusammengefaßt noch nach operativen Gesichtspunkten stationiert. Ihre Verbindungslinien, die parallel zur Front verliefen, hätten mit Leichtigkeit abgeschnitten, die von keinerlei Truppen geschützten Flugplätze sofort von feindlichen Kräften besetzt werden können.

Die Welle der Unruhe, die das Atomwettrüsten ausgelöst hatte und die sich gegen die Vereinigten Staaten auswirkte, wurde nun von einer durch die Angst vor dem Sowjeteinmarsch hervorgerufenen Gegenströmung abgelöst. Binnen wenigen Wochen stellte der Korea-Krieg die Einigkeit im atlantischen Lager wieder her: es scharte sich von neuem um die Amerikaner, weil sie allein über die Mittel verfügten, der Sowjetunion die Stirn zu bieten. Man war ihnen dankbar dafür, daß sie die Herausforderung angenommen und ihre Bereitschaft bekundet hatten, für das Prinzip der kollektiven Sicherheit einzustehen. Man fühlte sich sicherer, da man sah, daß sie endlich mit Entschlossenheit daran gingen, ihre Armee, die sie in gefährlichem Maße abgebaut hatten, neu aufzubauen. Darum konnte der Rat der Atlantikpaktorganisation im September einmütig den Beschluß fassen, in Europa eine »nach vorn gerichtete Strategie« anzuwenden, das heißt einem etwaigen Angriff denkbar weit östlich zu begegnen, so daß ein möglichst großer Teil europäischen Territoriums geschützt bliebe; zu diesem Zweck wurde die Aufstellung einer gemeinsamen Streitmacht unter einheitlichem Kommando beschlossen.

Die neue Strategie verlangte nicht nur eine beschleunigte Ausführung der NATO-Pläne, sondern auch größere Anstrengungen der einzelnen Mitgliedsstaaten. Darüber hinaus hatte sie zur Folge, daß die Frage der deutschen Wiederbewaffnung akut wurde. Wie hätte man sich eine Verteidigung auf vorgeschobenem Posten, also unter Einschluß weiter Teile deutschen Staatsgebietes, denken sollen, ohne die Deutschen selbst heranzuziehen? Es war schwer vorstellbar, daß man sie in der Passivität verharren lassen könnte, während die sie schützenden französischen, britischen, belgischen oder holländischen Truppen für sie in den Tod gingen. Sollten die militärischen Anstrengungen intensiviert werden, so mußte auch jeder, der von ihnen profitierte, sein Teil beitragen. Allerdings wurde Deutschland auch nicht mehr als Feind angesehen. Damit, daß die Front der Sieger zerbrach, als sie sich über eine gemeinsame Organisation der Verwaltung aller Teile des besetzten Deutschlands nicht zu einigen vermochten, hatte die radikale Umgruppierung der Kriegsallianzen angefangen. Da die Sowjetregierung darauf bestand, ihre Zone nach eigenem Gutdünken zu regieren, hatten die Westalliierten in weiser Erkenntnis der Gefahren einer Verewigung des Besatzungsregimes keine andere Möglichkeit mehr gesehen, als ihrerseits die Initiative zu ergreifen. Die Berlin-Blockade hatte nur den logischen Ablauf einer Entwicklung beschleunigt, die die Westmächte von der Währungsreform (als Voraussetzung des ihnen wie der deutschen Bevölkerung gleich erwünschten wirtschaftlichen Wiederaufbaus) zur Wiedererrichtung eines deutschen Staates führen mußte. Sie überließen die Wiederherstellung eines geeinten Deutschlands einer besseren Zukunft und begnügten sich damit, dem von ihnen beherrschten Teil deutschen Gebietes die Möglichkeit zu geben, sich als Staat zu organisieren. Anfang Mai 1949 wurde das Grundgesetz des neuen westdeutschen Staates vom verfassunggebenden Parlamentarischen Rat beschlossen. Einige Wochen später, am 23. Mai, trat die Bundesrepublik Deutschland offiziell ins Leben. Nach Parlamentswahlen, bei denen die Christlichen Demokraten knapp vierhundertfünfzigtausend Stimmen mehr erhielten als die Sozialdemokraten (bei über einunddreißig Millionen Wahlberechtigten), begann Mitte September Konrad Adenauers Karriere als Regierungschef des neuen Staates.

Auch das andere Lager ließ nicht auf sich warten. Schon im März 1949 hatte in der Sowjetzone der »Deutsche Volksrat« eine Verfassung verabschiedet. Anfang Oktober wurde die »Deutsche Demokratische Republik« ausgerufen. Nun standen einander zwei entwaffnete deutsche Staaten gegenüber; der Konflikt zwischen ihnen war um so erbitterter, als die beiden Staaten den unüberbrückbaren Gegensatz zweier Ideologien an einem besonders empfindlichen Punkt Europas verkörperten. Die Grenze, die sie voneinander trennte, mochte zwar das Produkt historischen Zufalls sein, wurde aber nichtsdestoweniger zur Grenze der Atlantischen Welt. Von Anfang an stand die Bundesrepublik infolgedessen vor einem schweren Dilemma: sie war sich ihrer »westlichen« Natur bewußt und wollte auch »westlich« sein, konnte jedoch ihre deutsche Mission nicht preisgeben. Schwach, wie sie war, wurde sie durch die Sowjetgefahr dazu getrieben, bei ihrem Anschluß an die Westmächte Verpflichtungen einzugehen, die die Spaltung Deutschlands zu vertiefen drohten. War es überhaupt möglich, die beiden auf den ersten Blick gegensätzlichen Zielsetzungen: Wiedervereinigung und Westbündnis, auf einen gemeinsamen Nenner zu bringen? Dem politischen Leben des neuen Staates mußte diese dornige Frage eine schwere Hypothek aufbürden.

Den Alliierten war das nur zu gut bekannt. Gerade der Wunsch, sich nicht die Sympathien und die Mitwirkung eines Bundesgenossen zu verscherzen, den man als mächtig und gebrechlich zugleich empfand, hatte beim amerikanischen Wiederbewaffnungsvorschlag Pate gestanden. Der Bundesrepublik das Vertrauen zu versagen, sie auszuschalten, hätte bedeutet, das Risiko auf sich zu nehmen, daß ihr Prestige untergraben und der Sowjetunion die Gelegenheit gegeben würde, mit anderen Kreisen als den gerade in der Bundesrepublik regierenden ein Spiel zu versuchen, das zu einem neuen Rapallo führen konnte. Schließlich erinnerten die Befürworter einer deutschen Beteiligung an der Verteidigung Europas daran, daß die »Deutsche Demokratische Republik« bereits eine beachtliche Polizeimacht auf die Beine gestellt hatte.

All diesen Argumenten sollte indes gegenüber der gefühlsmäßigen Reaktion, die der Vorschlag der Wiederbewaffnung Deutschlands in Europa auslöste, kein allzu großes Gewicht zukommen. Der Krieg war noch zu nah, der Anblick der Zerstörungen, die er angerichtet hatte, noch zu augenfällig und zu lebendig noch die Erinnerung an die deutsche Besetzung. Wenn sich die englische Regierung nach einer anfänglich reservierten Haltung doch noch bereit fand, sich die Ansichten der amerikanischen Regierung zu eigen zu machen, so sollten die französischen Minister umgehend die Gewißheit äußern, daß sich im französischen Parlament keine Mehrheit für die Wiederbewaffnung Deutschlands finden werde. Da nun aber doch ein Ausweg aus der neuen Sackgasse gefunden werden mußte, griff in dieser Situation René Pleven eine Idee Robert Schumans und Jean Monnets auf und warf den Vorschlag einer europäischen Armee unter deutscher Beteiligung in die Debatte.

Der Augenblick war nicht schlecht gewählt. Das Thema Europa hatte weder für die Europäer noch für die Amerikaner an Anziehungskraft verloren. Freilich entsprach der Europa-Rat, wie er 1949 ins Leben gerufen worden war, nicht den Erwartungen der Anhänger einer echten europäischen Union, die sich denn auch darüber beschwerten, daß den englischen Vorbehalten in zu hohem Maße Rechnung getragen worden sei; und es hatte auch eines diskreten amerikanischen Druckes bedurft, damit aus der Organisation für europäische wirtschaftliche Zusammenarbeit (OEEC) etwas anderes wurde als bloß eine Rechnungsstelle für die Verteilung der Marshall-Plan-Gelder. Immerhin sah man in der Schaffung der Europäischen Zahlungsunion eine erfreuliche Etappe auf dem Weg zum Ausbau der wirtschaftlichen Zusammenarbeit Europas, und der im Mai 1950 lancierte Schuman-Plan wurde – namentlich in den Vereinigten Staaten – als eine entscheidende Bekundung der deutsch-französischen Verständigung begrüßt. Was an diesem Plan so positiv wirkte, war, so fruchtbar die Idee der Zusammenlegung von Kohle und Stahl auch sein mochte, weniger sein wirtschaftlicher Inhalt als die unverkennbare Absicht, den nationalen Rahmen zu sprengen, um die Grundlagen übernationaler Institutionen zu errichten. Zudem war das Projekt dem Weitblick Robert Schumans zu verdanken, der sich von Jean Monnet hatte gut beraten lassen; die Initiative war mithin von einer Regierung ausgegangen, die auch allein das Zeug hatte, das Projekt in die Praxis umzusetzen. Und schon das genügte, den Amerikanern, die Frankreich kaum noch hatten trauen wollen, neues Vertrauen zu geben. Die von Pleven in Aussicht genommene Lösung schien unter diesen Umständen durchaus dazu angetan, die Zustimmung der Amerikaner zu finden und zugleich die Besorgnisse seiner Landsleute zu zerstreuen, denn für sie war eine militärische Zusammenarbeit mit Deutschland, auf die sie direkt Einfluß nehmen konnten, eher akzeptabel als eine deutsche Wiederbewaffnung unter nur amerikanischer Kontrolle.

Die Perspektive einer deutschen Wiederbewaffnung beschäftigte nicht nur die Regierungen. Einmal zur Diskussion gestellt, rief sie in ganz Europa und besonders in Frankreich, aber auch in Deutschland eine fieberhafte Erregung hervor, die zu schüren die Sowjetunion und die kommunistischen Parteien nicht versäumten. Besonders unangenehm stellten sich die Dinge im Herbst und Winter 1950/51. Die ganze Welt – vor allem die Amerikaner und ihre atlantischen Verbündeten – verfolgte mit leidenschaftlicher Anteilnahme die Entwicklung in Korea, die Wechselfälle eines an Überraschungen reichen Feldzugs. Auf die erfolgreiche Wiederherstellung der militärischen Position der Amerikaner folgte nach dem Vorstoß über den 38. Breitengrad die plötzliche Offensive chinesischer »Freiwilliger«, die einige Tage lang unwiderstehlich schien. Aber diese Ereignisse lösten in Europa und in den Vereinigten Staaten gegensätzliche Reaktionen aus. In dem Maße, wie sich der Krieg entfaltete, verbreiteten sich in Europa Unruhe und Mißstimmung in weiten Kreisen. Die Befürchtung wurde wach, daß die Vereinigten Staaten ihre militärischen Kräfte in zu hohem Maße in einem Konflikt von untergeordneter Bedeutung einfrieren lassen könnten – zum Schaden der wichtigeren Verteidigung Europas. Kritik wurde an bestimmten Entscheidungen geübt, so zum Beispiel an dem – allerdings von der NATO gebilligten – Entschluß, über den 38. Breitengrad hinaus vorzustoßen; man glaubte, dieser Entschluß habe den chinesischen Gegenstoß provoziert und zur Ausweitung des Konflikts mit dem damit verbundenen Risiko eines allgemeinen Krieges beigetragen. Die Angst vor der deutschen Wiederbewaffnung führte an manchen Stellen zu einer veränderten Beurteilung der Sowjetpolitik. Schließlich, so meinte man, habe die Sowjetunion nicht eingegriffen, sondern sich damit begnügt, den Standpunkt Nordkoreas vor den Vereinten Nationen zu vertreten und für seine militärischen Operationen Material zu liefern; weder in Asien noch in Europa, wo sie immerhin militärisch der stärkere sei, habe sich die Sowjetunion auf eine militärische Aktion eingelassen. Das beweise, daß Stalin nicht geneigt sei, das Risiko eines offenen Krieges auf sich zu nehmen, daß er »verständiger« sei, als seine Kritiker behaupteten. Entscheide man sich im Westen zugunsten der Wiederbewaffnung Deutschlands, so werde er das für eine Provokation halten. Das Argument war nicht neu. Es war bereits zur Zeit der Unterzeichnung des Atlantikpakts vorgebracht worden. Es machte trotzdem Eindruck.

Alles in allem fühlte sich Europa – oder jedenfalls die europäischen Kreise, die sich nicht für den Kommunismus entschieden hatten – durch die dynamische Kraft Amerikas zugleich angezogen und verängstigt. Man hätte es lieber gesehen, wenn man diese Energiequelle hätte packen und nach eigenem Gutdünken nutzen können. Man rief die Amerikaner und stieß sie gleichzeitig zurück. Man animierte sie zum Eingreifen und fürchtete sich vor den Konsequenzen. Im Herbst und Winter bemühten sich die europäischen NATO-Mitglieder, ihren amerikanischen Verbündeten klarzumachen, daß sie an die Entschlossenheit der Vereinigten Staaten, sich im Notfall wirklich zu engagieren, nur würden glauben können, wenn amerikanische Truppen nach Europa gebracht würden: es sei Sache der Amerikaner, das durch den Ausfall der deutschen Truppen in Europa geschaffene Vakuum zu füllen. Zugleich aber versuchte man, dieselben Amerikaner, die den Kampf in Korea führten, davon abzuhalten, sich in Korea gründlicher zu engagieren. Besonders bemühte sich die englische Regierung, durch Vermittlung der indischen Regierung mit der Volksrepublik China in Fühlung zu bleiben, und predigte Mäßigung in Washington. Nur mit Mühe gelang es der amerikanischen Regierung, ihre Verbündeten dazu zu bewegen, für die Verurteilung Chinas als Aggressor zu stimmen!

»Große Debatte« in Amerika. Die Haltung der europäischen Verbündeten und die kritischen Auslassungen, die um so verletzender wirken mußten, als sie mit dem Angriff auf die amerikanische Regierungspolitik in Wirklichkeit das Wesen der amerikanischen Zivilisation attackierten, lösten in den Vereinigten Staaten sehr lebhafte Reaktionen aus. Von einer Politik der Konzessionen an die, die den bewaffneten Konflikt mutwillig vom Zaun gebrochen hatten, wollten die Amerikaner nichts wissen. Sie verlangten von ihren Verbündeten im Gegenteil viel größere Anstrengungen für die gemeinsame Verteidigung. »Die Langsamkeit der europäischen Wiederbewaffnung und insbesondere das Zögern Frankreichs«, schrieb die *New York Times* kurz nach den Novemberwahlen, bei denen die Republikaner wieder an Boden gewonnen hatten, »scheinen die Vorstellung hervorgebracht zu haben, daß die Last, die die Vereinigten Staaten mit ihren Verpflichtungen auf sich genommen haben, viel zu schwer ist.« Weniger rücksichtsvoll äußerte sich der frühere Präsident Herbert Hoover: »Sachverständige Beobachter stellen täglich die Frage, ob diese Länder, von Großbritannien abgesehen, wirklich gewillt sind, sich zu verteidigen oder auch nur Vorkehrungen dafür zu treffen. Die Taten und Äußerungen ihrer Regierungen legen nur einen mangel-

haften Beweis für diese Entschlossenheit ab... Es ist höchste Zeit, daß das amerikanische Volk seine Stimme lauter und fester als in den üblichen diplomatischen Wendungen erhebt.« Noch deutlicher wurde Hoover Anfang Dezember in einer zweiten Erklärung, die einen beträchtlichen Eindruck im Lande machte. Er sagte: »Es steht fest, daß die Vereinten Nationen in Korea geschlagen worden sind. Es steht fest, daß die anderen nichtkommunistischen Länder nicht in der Lage waren, der Aufforderung der Vereinten Nationen nachzukommen und Truppen nach Korea zu schicken. Es steht fest, daß die Vereinten Nationen keine wesentlichen militärischen Kräfte mobilisieren können. Es steht fest, daß das kontinentale Europa in den drei Jahren, in denen wir ihm geholfen haben, die zu seiner eigenen Verteidigung erforderliche einheitliche Zielsetzung und den Willen dazu nicht entwickelt hat. Es steht fest, daß unsere britischen Freunde mit dem kommunistischen China flirten. Es steht fest, daß sich die Vereinten Nationen in einem Durcheinander von Diskussionen verlieren und bei der Frage angelangt sind, ob sie beschwichtigen oder nicht beschwichtigen sollen...«

Herbert Hoover brachte die Meinung sehr vieler Amerikaner zum Ausdruck: sie kamen sich von Undankbaren ausgenutzt und geprellt vor, die sich auch noch den Luxus gestatteten, ihnen Belehrungen zu erteilen. Die atlantische Solidarität und die gemeinsame Zivilisation, mit denen man ihnen in den Ohren gelegen hatte, stellten sich als ein auf Amerikaner berechneter Dummenfang heraus. Wozu seien denn die Dollars der Marshall-Plan-Hilfe verwendet worden? Nur zur Finanzierung kostspieliger und unwirksamer wirtschaftlicher und sozialer Experimente. Woher der so gewaltige Unterschied in der Produktivität zwischen Amerika und England? Veraltet sei in England nicht bloß die Maschinerie, veraltet seien vor allem Arbeitsverfahren und Arbeitsgewohnheiten, an denen die Regierung der Labour Party nichts ändern könne. Und woher die Fortdauer sozialer Spannungen in Frankreich, wenn nicht aus dem Grunde, daß die französischen Arbeitgeber in ihren »bürgerlichen« und »kapitalistischen« Vorstellungen von zwischenmenschlichen Beziehungen eingekapselt geblieben seien, die die Vereinigten Staaten längst überwunden hätten? Was aber die europäischen Intellektuellen mit ihren ewigen Belehrungsversuchen angehe, so stehe doch wohl eindeutig fest, daß sie von einem Zerrbild Amerikas lebten und weder von der kulturellen Entwicklung des Landes noch von der Leistung seiner großen Hochschulen etwas wüßten. Amerika sei stolz auf seine großen Gelehrten auf allen Gebieten und dürfe sie mit Recht als amerikanische Patrioten betrachten, ob sie nun in Europa oder sonstwo zur Welt gekommen seien.

In Wirklichkeit war der amerikanische Wutausbruch nur eine Antwort auf die viele Kritik, die seit dem Krieg – und vor allem seit der Inangriffnahme des Marshall-Planes – aus Europa nach Amerika gedrungen war. Seit Monaten schon hatte man den Ausbruch kommen sehen. Die doppelte Krise, die sich aus dem Korea-Krieg und der deutschen Wiederbewaffnung ergab, war nur der äußere Anlaß.

Wie weit konnte die Entzweiung gehen? Bis zum Bruch? Herbert Hoover und auch Joseph Kennedy, früher amerikanischer Botschafter in London, forderten radikale Schritte: Räumung Europas und Rückkehr zu einer auf das amerikanische »Gibraltar« gestützten Strategie der Verteidigung an der Peripherie. Die Formel schien verlockend, konnte aber eine ernste Prüfung nicht bestehen. Eine periphere Verteidigung konnte nur ins Auge gefaßt werden, sofern man über Kampfmittel von großer Reichweite verfügte. Solange man aber keine interkontinentalen Geschosse hatte, mußte der Rückzug auf das amerikanische »Gibraltar« die Preisgabe Europas bedeuten, und man glaubte zu wissen, daß es der Sowjetunion kaum Schwierigkeiten bereiten würde, sich Europas mit einer Kombination von militärischem Druck, Propaganda und innerer Einkreisung zu bemächtigen. Wäre indes der Sowjetstaat Herr über das europäische Industriepotential, so wäre das Kräfteverhältnis entscheidend zu seinen Gunsten verschoben; isoliert, bald auch von Afrika abgeschnitten und von einem Umgehungsmanöver über den südamerikanischen Kontinent bedroht, müßten die Vereinigten Staaten unterliegen. Eine Zerreißung des Atlantikpaktes konnten sich die Vereinigten Staaten – diese Auffassung teilte auch der »internationalistische« Flügel der Republikaner – schlechterdings nicht mehr leisten. Angesichts des messianischen Eroberungszuges der Sowjetwelt waren sie in ihren politischen Entschlüssen nicht freier als Franklin D. Roosevelts Amerika im Angesicht der Offensive Hitler-Deutschlands. Europa war zu einem Schild geworden. Genau das sagte dem amerikanischen Volk Eisenhower, inzwischen Oberbefehlshaber der NATO-Streitkräfte, nach einer Inspektionsreise durch Europa: »Unsere Schiffe werden nicht mehr lange die Meere befahren und unsere Flugzeuge nicht mehr lange ihre Kreise am Himmel ziehen, wenn wir uns in einer Sicherheit, die nur Einbildung ist, abseits halten, während ein aggressiver Imperialismus die Teile des Erdballs verschlingt, an die unsere eigene Zukunft unzertrennlich gebunden ist.« Am Schluß seiner Ansprache stellte Eisenhower fest, daß die »Erhaltung eines freien Amerikas« die Teilnahme an der Verteidigung Westeuropas zur Notwendigkeit mache; er plädierte für die Entsendung amerikanischer Truppeneinheiten nach Europa, auch wenn der Hauptbeitrag der Vereinigten Staaten in der Lieferung von Munition und Kriegsmaterial werde zu bestehen haben.

Eisenhowers Erklärung erleichterte es der Regierung, die Entscheidung durchzusetzen. Am Ende der »Großen Debatte« nahm der Senat am 4. April 1951 eine Entschließung an, in der Eisenhowers Ernennung zum Alliierten Oberbefehlshaber in Europa gebilligt und festgestellt wurde, daß »die Bedrohung der Sicherheit der Vereinigten Staaten und unserer nordatlantischen Bündnispartner... den Auslandsaufenthalt von Truppeneinheiten, deren Entsendung als zweckmäßig erachtet werden sollte, erforderlich« macht. Es folgten ausführliche Instruktionen über das einzuschlagende Verfahren und die vor jeder Truppenverlagerung von den Verbündeten einzuholenden Garantien. Darüber hinaus unterstrich die Entschließung die Unumgänglichkeit, die Bestimmungen über die Höchststärke der Armee im Friedensvertrag mit Italien zu revidieren und das Verteidigungspotential Westdeutschlands und Spaniens zu nutzen.

Damit hob der Senat selbst die Bedeutung der gefaßten Entscheidung besonders hervor. Die Vereinigten Staaten hatten die Teilnahme der Bundesrepublik Deutschland an der Verteidigung Europas gefordert. Sie hatten nur den französischen Plan einer europäischen Armee erreicht, der noch ebenso zur Debatte stand wie die Voraussetzungen des deutschen Verteidigungsbeitrags. Dennoch waren sie willens, den größten Teil der Lasten, die der Ausbau der europäischen Verteidigung verursachte, auf sich zu nehmen. Eine Krise, die zum Bruch hätte führen können, endete mit der Vergrößerung des amerikanischen Beitrags in Europa. Nachdem die Vereinigten Staaten Wirtschaftshilfe geleistet hatten, einem System kollektiver Sicherheit beigetreten waren und sich zu Waffenlieferungen entschlossen hatten, übernahmen sie es nun auch noch, Menschen zum Schutz des europäischen Kontinents hinüberzuschicken.

Manch einer mag angesichts der logischen Aufeinanderfolge dieser Entscheidungen versucht gewesen sein, in ihnen die Verwirklichung eines »imperialistischen« Plans zur Aufrichtung der amerikanischen Vorherrschaft in Europa zu sehen. Aber aus der Untersuchung der Umstände, unter denen die diversen Entschlüsse zustande gekommen waren, und aus dem Studium der leidenschaftlichen Auseinandersetzungen, in denen die gegensätzlichsten Meinungen um so heftiger vorgebracht wurden, als niemand wußte, wohin die Reise ging und was für Konsequenzen sie nach sich ziehen würde, gewinnt man umgekehrt die Überzeugung, daß die Amerikaner da ohne ihr Zutun in eine zwangsläufige Kette von Ereignissen geraten waren. Indes löste die Stärkung der militärischen Verteidigung der Atlantischen Welt, der die Vereinigten Staaten nun zustimmten, die Probleme, denen sie sich gegenüber sahen, nur zum Teil. Den Verbündeten ging alles ab, was für ein gemeinsames Unterfangen unerläßlich ist: geistige Geschlossenheit, gegenseitiges Vertrauen und Übereinstimmung über die zu befolgende Politik. Neue Krisen waren vorauszusehen.

Über die EVG-Schlacht zu den Pariser Verträgen

NATO-Reorganisation. Der Kampf, der im Winter 1950/51 über den Ozean hinweg und in Amerika selbst geführt wurde, hinderte den NATO-Generalstab keineswegs, an die Arbeit zu gehen. Aus den Entscheidungen über die Errichtung des alliierten Oberkommandos und über die Vermehrung der Truppen erwuchsen, wenn auch auf einer anderen Stufenleiter und mit größerer Schärfe, die politisch dornenreichen und technisch komplizierten Organisationsprobleme einer Koalition, die vorgab, eine einheitliche gemeinsame bewaffnete Macht schaffen zu wollen.

Sofort machte man sich an die Fertigstellung eines Unterbaus aus Stützpunkten und Materiallagern, ohne den die geplante Truppenverteilung nicht vorgenommen werden konnte. Zu diesem Zweck wurden zwischen den Vereinigten Staaten einerseits, Frankreich, Dänemark und Portugal anderseits bilaterale Verträge über die Errichtung von Luftstützpunkten abgeschlossen. Daneben wurden von den verbündeten Ländern Abmachungen über die Rechtslage der außerhalb ihrer Heimatländer im Dienst der NATO stehenden Soldaten und Zivilpersonen getroffen. Solche Vereinbarungen, dann aber auch Errichtung und Ausbau eines Netzes von Stützpunkten trugen zum Zusammenschweißen des Bündnisses mehr bei, als man sich im Augenblick vorstellen konnte. Dieser Unterbau stellte das Bündnis fest auf den Boden der einzelnen Mitgliedsländer und verlieh der sich anbahnenden Zusammenarbeit einen bleibenden Charakter.

Auch eine Reorganisation des Rates der NATO wurde fällig: das Verteidigungskomitee und das Wirtschafts- und Finanzkomitee wurden in den Rat eingebaut, der somit zum einzigen Ministerrat der Organisation wurde. Nunmehr waren die ständig zur NATO abgeordneten Stellvertreter nicht bloß die Vertreter der Außenminister, sondern auch die ihrer Regierungen, verantwortlich für die Gesamtheit der die NATO betreffenden Fragen. Auf diese erste Rationalisierungsmaßnahme folgten entsprechend den Beschlüssen der Konferenz von Lissabon weitere, darunter die Umbildung des Sekretariats unter der Leitung eines Generalsekretärs, dessen politische Rolle über seine administrativen Aufgaben bald hinauswachsen sollte, und die Unterbringung sämtlicher Dienststellen wie auch des jetzt aus ständigen Vertretern der Regierungen gebildeten Rates in Paris.

Aber wenn diese Reorganisierungsmaßnahmen die Leistungsfähigkeit der leitenden Organe erhöhten, so stärkten sie noch nicht den Einfluß der NATO auf die Länder, die Geld und Soldaten zu stellen hatten. Waren die Vereinigten Staaten imstande, ihren Verpflichtungen nachzukommen, und hatte Kanada die Mittel, seine bewaffnete Macht auszubauen, so stießen die meisten anderen Länder auf wachsende Schwierigkeiten. Das ungewöhnlich rasche Tempo der technischen Entwicklung brachte ständige Preiserhöhungen bei Waffen mit sich, die in immer rapiderer Folge der Erneuerung bedurften. Außerdem hatte der Korea-Krieg die Rohstoffpreise spürbar in die Höhe getrieben, was sich wiederum auf die Gesamtwirtschaft auswirkte. Auf der Konferenz von Ottawa im September 1951 stellten die für Produktion und Finanzen Verantwortlichen übereinstimmend fest, daß die Fortschritte wegen des Widerstands der Regierungen recht dürftig geblieben waren. Dafür konnte ein dreiköpfiger Studienausschuß eine Fülle von Regierungsauskünften über die Verteidigungspläne, den genauen Truppen- und Ausrüstungsbestand, die Kosten des Verteidigungsprogramms, seinen Einfluß auf die verschiedenen Wirtschaftssphären, die bereits unternommenen oder geplanten Schritte zum Ausbau der Volkswirtschaft zusammentragen. Die Zusammenstellung einer solchen Gesamtübersicht über die von den Regierungen in Angriff genommenen Maßnahmen und die Probleme, die zu lösen blieben, erschien als fast revolutionärer Fortschritt auf dem Wege zur Integration. Es war, wie zu Recht betont wurde, das erstemal, daß Regierungen souveräner Staaten bereit waren, ihre Verbündeten über bis dahin als streng geheim behandelte Fragen zu unterrichten und sie gemeinsam zu erörtern. Der Dreierausschuß seinerseits bestand auf der Notwendigkeit jährlicher Berichte und verlangte, daß einerseits auf gerechte Verteilung der Lasten auf die einzelnen Staaten, anderseits auf die Erhaltung eines »gesunden wirtschaftlichen und sozialen Gleichgewichts« und eines »ausreichenden Niveaus der allgemeinen Ausweitung der Wirtschaft« geachtet werde. Von neuem wurde die Tatsache sichtbar, daß militärische Integration fast unvermeidlich ein gewisses Maß an wirtschaftlicher Integration bedingt.

Allerdings hätten die Regierungen, die sich über die Unmöglichkeit beklagten, den ihnen abverlangten Beitrag zu leisten, bei der Aufstellung ihrer Militärprogramme auch die ihnen unterbreiteten Empfehlungen berücksichtigen sollen oder zum mindesten imstande gewesen sein müssen, sie zu befolgen. Das war nicht der Fall. Einige der auf der Lissaboner Konferenz gefaßten Beschlüsse, vor allem solche, die sich auf eine Verringerung der Gleichgewichtsstörungen in der Zahlungsbilanz bezogen, wurden tatsächlich durchgeführt. Aber der Aufrüstungsplan, der bis Ende 1952 fünfzig NATO-Divisionen und viertausend NATO-Flugzeuge vorsah, wurde keineswegs verwirklicht.

Dennoch bezeichnete die Lissaboner Konferenz eine wichtige Etappe in der Entwicklung der NATO. Die Periode des Improvisierens und der tastenden Versuche war vorbei. Die Probleme waren klar gestellt. Deutlicher zeichnete sich der einzuschlagende Weg ab, und sichtbarer waren die Hindernisse geworden, die ihn säumten. Die Militärs, die einen Anfang hatten machen können mit der Bestandsaufnahme ihrer Kräfte und mit der Aufstellung zwar nicht der Truppen, die ihnen noch fehlten, aber doch wenigstens der Kommandoorgane, atmeten etwas freier. Der erste Jahresbericht General Eisenhowers schloß sogar mit einer optimistischen Note: die Zahl der Divisionen habe sich fast verdoppelt; sie seien in besserer Gefechtsbereitschaft; die Möglichkeit ihres Einsatzes sei im Hinblick auf die aus dem Osten drohende Gefahr dem Studium unterworfen worden; eine Verbesserung der rückwärtigen Verbindungslinien stehe bevor.

Eine Verstärkung erfuhr die NATO durch den Beitritt zweier neuer Mitglieder, Griechenlands und der Türkei. Ihre Einbeziehung in den Nordatlantikpakt mochte manchen überraschen. Sie hatte auch zu Auseinandersetzungen unter den Alliierten geführt. Nicht daß man sich am geographisch Paradoxen der Aufnahme zweier Mittelmeerländer in eine sich »atlantisch« nennende Koalition gestoßen hätte; die Mitgliedschaft Italiens hatte im voraus die Griechenlands legitimiert, und im übrigen hatte man auf beiden Seiten seit geraumer Zeit aus der Praxis gelernt, den Begriff des Regionalen in weitem Sinne zu interpretieren. Es ging bei den Auseinandersetzungen auch weniger um Begriffsbestimmungs- oder Grundsatzfragen als um die Vermehrung der Risiken, die sich aus dem vergrößerten Anwendungsbereich der Paktgarantien ergab. Daß Griechenland und die Türkei in einer besonders gefährdeten Zone lagen, war kein Geheimnis, und es war daher auch nicht verwunderlich, daß es kleineren Mitgliedsstaaten der atlantischen Allianz, besonders Norwegen und Dänemark, schwerfiel, das Mehr an Verantwortung zu akzeptieren. Für die Vereinigten Staaten, für Großbritannien, sogar für Frankreich, die Weltmächte – wenn auch verschiedenen Ranges – sind und Mittelmeerinteressen, ja Mittelmeerverpflichtungen haben, war die Entscheidung selbstverständlich. Übrigens hatte die amerikanische Regierung seit der Unterzeichnung des Paktes nicht verhehlt, eine wie große Bedeutung sie der engen Zusammenarbeit mit Griechenland und der Türkei beimaß, weil sie gleichsam als Wächter des Mittelmeerweges den Zugang zu den Verkehrsknotenpunkten und Erdölzentren des Mittleren Ostens wenigstens teilweise schützten. Sie war denn auch von dem Beitritt der beiden Mächte durchaus befriedigt. Dieser Beitritt unterstrich erneut das Übergewicht militärischer Faktoren in der Gesamtkonzeption des atlantischen Bündnisses: konnte man Griechenland noch als Wiege der atlantischen Zivilisation auch weltanschaulich zu den Atlantikmächten rechnen, so ließ sich die Einbeziehung der Türkei auch nach ihrer »Verwestlichung« schwerlich anders als mit Argumenten militärischer Natur begründen.

Innere Spannungen. In die Genugtuung über die in Lissabon festgestellte Konsolidierung der NATO-Organisation mischte sich indes ein Gefühl der Unruhe. Berücksichtigte man die innenpolitische Situation der Regierungen der einzelnen Mitgliedsstaaten, so sah das atlantische Bündnis immer noch ebenso zerbrechlich aus wie am Anfang. In den Vereinigten Staaten hatte die Regierung der Demokraten, um sich in der »Großen Debatte« um Europa und der gleichzeitigen Auseinandersetzung um General MacArthur und die China-Politik durchzusetzen, ihr ganzes Pulver verschossen. Seitdem war sie angesichts der wütenden Angriffe der Republikaner, die schon die Stunde der Rache kommen sahen, aus der Defensive nicht mehr herausgekommen. Welche Argumente sollte sie auch ihren Gegnern, die ihr das Scheitern ihrer Außenpolitik vorwarfen, entgegenhalten? Daß die amerikanische Intervention in Griechenland und der Türkei, der Marshall-Plan, die Luftbrücke nach Berlin und die Korea-Aktion es möglich gemacht hätten, den Sowjetvorstoß zum Halten zu bringen? Das konnte sie gewiß sagen, aber wie viele Hoffnungen hatten sich nicht erfüllt, und wie viele Versprechungen waren nicht gehalten worden! Die Vereinigten Staaten von Europa, die man am Ende von vier Jahren Wirtschaftshilfe erwartet hatte, waren eher eine Fata Morgana, wie sie der Wanderer in der Wüste zu sehen glaubt. China war verloren. Der Korea-Krieg nahm kein Ende. Das viele Geld, das man freigebig und klug verteilt zu haben glaubte, schien in einem Danaidenfaß gelandet zu sein. Die Amerikaner standen allein. Was sie auch tun mochten, von allen Seiten wurden sie mit Kritik überschüttet, an deren Stelle Schmeicheleien erst traten, wenn sich das Bedürfnis nach amerikanischem Geld geltend machte. Den Republikanern war es ein leichtes, auch noch an die Illusionen von Jalta, an die Fehleinschätzung der Sowjetpolitik zu erinnern. Sie versäumten nicht, die Affäre Hiss auszuschlachten, um zu beweisen, in welchem Maße die Regierung die kommunistische Infiltration geduldet habe. So bedeutend Truman als Präsident sein mochte, er bot nichtsdestoweniger genug Angriffsflächen. Einige Personen aus seiner nächsten Umgebung waren diskutabel, und über sie wurde denn auch ausgiebig diskutiert. Skandale, in die Regierungsleute verwickelt waren, wurden sogleich gegen die Regierung ausgenutzt. Der konservative Süden, wo entschiedene Gegner – wie etwa James Byrnes – gegen Truman standen, bekämpfte nicht nur die Politik des Fair Deal, sondern auch überhaupt das Anwachsen der Ausgaben, das sich aus der Ausweitung der öffentlichen Wirtschaft und den zunehmenden internationalen Verpflichtungen Amerikas ergab. Ziemlich allgemein war 1952 die Meinung verbreitet, daß die Tage der Demokraten gezählt seien. Daß der Parteikonvent der Republikaner Eisenhower statt Taft als Präsidentschaftskandidaten aufstellte, zerstreute trotz den unstrittigen Qualitäten des demokratischen Gegenkandidaten Adlai Stevenson jeden Zweifel am Ausgang der bevorstehenden Wahlen.

Europa lebte weiterhin in der Unsicherheit. Keine schwere Krise schien im Kommen, aber auch keine wirksame Besserung der Wirtschaftslage oder der politischen Situation. Die Konservativen unter der Führung Winston Churchills, die dank der Uneinigkeit der Labour Party und der Unterstützung des Kleinbürgertums die Wahlen von 1951 gewonnen hatten, sahen nun einige Jahre vor sich, in denen sie das Versprechen einlösen konnten, die Wirtschaft Englands zu beleben und die von der Regierung Attlee eingeleitete Verstaatlichung der Stahlindustrie und des Verkehrs rückgängig zu machen; für den Augenblick mußten sie sich in dem armen Land, das dem Arbeitsrhythmus der ausländischen Konkurrenz nicht folgen wollte, mit dem grauen Alltag der längst eingeführten Politik der Knappheit und Sparsamkeit zufriedengeben. Auch in Italien waren wesentliche Verschiebungen im politischen Kräftegleichgewicht nicht festzustellen. Die wirtschaftliche Erschließung Süditaliens war noch Zukunftsmusik; für den Augenblick gab es nur Notbehelfe, und unterdes konnte man versuchen, die Tragweite der zu lösenden Probleme zu bestimmen und einen umfassenden Aufbauplan aufzustellen. Dagegen schien die Bundesrepublik Deutschland einen großen Aufschwung zu erleben. Unter der straffen Führung des Bundeskanzlers Adenauer, der die politischen Voraussetzungen einer gesunden Finanzgebarung geschaffen hatte, von Wirtschaftsminister Erhard auf den Weg der »sozialen Marktwirtschaft« gebracht, profitierte sie gleichzeitig vom Arbeitsenthusiasmus der Bevölkerung, die sich um die Wiederkehr eines besseren Lebens bemühte, und von der aufgezwungenen Entwaffnung, die Arbeitsenergie und Kapital für die Zivilproduktion frei gemacht hatte, und ließ sich von diesem »Wirtschaftswunder« in die Höhe bringen.

In Frankreich verschärfte sich die Spannung. Der Indochina-Krieg zog sich hin, ohne daß ein Ende abzusehen gewesen wäre. Er belastete die Staatsfinanzen und schuf Uneinigkeit in der Regierung, in den Parteien und im ganzen Land. So mancher glaubte, daß Frankreich in Indochina bleiben müsse, um seine Weltmachtposition zu halten. Andere wieder, die die Volksstimmung auf ihrer Seite hatten, meinten, die Zeit der Kolonialexpeditionen sei vorbei und man tue besser daran, dem Beispiel Englands in Indien und Burma zu folgen, statt nach dem Vorbild der Holländer in Indonesien Gefahr zu laufen, alles zu verlieren. Diese Beweisführung, die den gesunden Menschenverstand für sich hatte, stieß auf einen neuen Einwand der Befürworter weiterer militärischer Aktionen: die Anerkennung der Ho-Chi-Minh-Regierung durch die Sowjetunion und die Volksrepublik China schaffe insofern eine Zwangslage, als nunmehr jede Verständigung mit der Vietminh-Bewegung einem Sieg des internationalen Kommunismus gleichkommen müsse.

Der Indochina-Krieg hatte indes, weil er einen immer größeren militärischen Aufwand verlangte, noch schlimmere Konsequenzen: er hinderte Frankreich nicht nur daran, aus der Hilfe des Marshall-Planes den größtmöglichen Nutzen zu ziehen, sondern auch an einer intensiven Mitwirkung am Ausbau des NATO-Potentials. Frankreich geriet auf diese Weise in eine schiefe Situation gegenüber seinen Verbündeten und verlor sich immer mehr in Widersprüchen. Zu schwach, seine Verteidigung in Europa und den Schutz seiner fernöstlichen Interessen gleichzeitig zu organisieren, erging es sich in demonstrativen Bekundungen eines übersteigerten Nationalismus, der um so rabiater wurde, je mehr sich das Land seiner Schwäche bewußt wurde. Von seinen amerikanischen Verbündeten verlangte Frankreich, daß sie sowohl für seine Versäumnisse in Europa aufkommen als auch die Mittel zur Verfügung stellen sollten, mit denen es seine Position im Fernen Osten halten wollte. Aber es bestand nichtsdestoweniger auf seiner Vormachtstellung auf dem europäischen Kontinent und auf der alleinigen Verfügung über die Führung des Krieges in Indochina. Nun rechtfertigte zwar die nach der Unterstützung Ho Chi Minhs durch China unvermeidliche Internationalisierung des Konflikts die Gewährung amerikanischer wirtschaftlicher und militärischer Hilfe an ein Land, dessen Schlüsselstellung auf dem europäischen Kontinent von entscheidender Bedeutung für die amerikanische Sicherheitspolitik war, sie lieferte aber der Washingtoner Regierung keinen Rechtsgrund, sich in die Beziehungen zwischen Frankreich und Vietnam einzuschalten. Praktisch mutete Frankreich dem amerikanischen

Bundesgenossen zu, er sollte doch auch einmal zugeben, daß der Antikolonialismus in dem Augenblick nicht mehr gelte, da die Gefahr des internationalen Kommunismus akut sei.

Auch in bezug auf Deutschland sollte sich der Selbstschutzreflex in einem Maße auswirken, das die Verwirklichung der Europäischen Verteidigungsgemeinschaft unmöglich machte. Nicht daß eine Verständigung mit Deutschland abgelehnt wurde. Im Gegenteil: das Abkommen über die Schaffung der Europäischen Gemeinschaft für Kohle und Stahl (Montanunion), das am 25. Juli 1952 in Kraft getreten war, schien die deutsch-französische Verständigung besiegelt und eine Ära guter freundschaftlicher Gefühle eingeläutet zu haben. Die Ernennung Jean Monnets zum Präsidenten der Hohen Behörde der Montanunion war ein Ansporn für die Anhänger überstaatlicher Institutionen; sie machten sich unverzüglich daran, Verfassungsentwürfe für die spätere politische Gemeinschaft Europas auszuarbeiten. Sie glaubten sich auf Schuman und Adenauer verlassen zu können, die als überzeugte Europäer bereit waren, dieser politischen Gemeinschaft auch ein Stück Souveränität zu opfern. Wäre es nach Schuman und Adenauer gegangen, so wäre auch das die deutsch-französischen Beziehungen belastende Saarproblem frühzeitig einer Lösung zugeführt worden, die wenigstens dies Hindernis der europäischen Integration aus dem Wege geräumt hätte. Aber beide Regierungen standen unter starkem Druck. In Deutschland war die sozialdemokratische Opposition nicht die einzige Kraft, die die Rückkehr der Saar ins Mutterland forderte: sie fand Unterstützung in den Reihen der liberalen FDP und auch der eigenen Partei Adenauers, der CDU. Und in Frankreich wurde jeder Schritt Schumans von einer nicht minder energischen Opposition, zu der namhafte Initiatoren der französisch-saarländischen Wirtschafts- und Zollunion gehörten, genau verfolgt. Er leitete ja auch schon so lange Frankreichs auswärtige Politik, zu lange jedenfalls für seine Gegner. Ende Dezember 1952 sollte ein Regierungswechsel die Gelegenheit bieten, ihn auszuschalten. Sein Abgang – so bald nach der Schaffung der ersten europäischen Institution – offenbarte die Zerbrechlichkeit seines großen Konstruktionsentwurfs.

Freilich spielte die Saarfrage in Frankreich nur eine untergeordnete Rolle, und der von René Mayer Anfang 1953 ausgearbeitete »Saar-Vorbehalt« war nur eine Teiletappe eines innenpolitischen Manövers. Zu den vielen Ursachen der Uneinigkeit, die die Vorliebe für Prinzipiendebatten bei einem Volk mit viel zu gutem Gedächtnis hervorzubringen pflegt, gesellte sich als zentraler Streit, der fast die Möglichkeit parlamentarischen Regierens zunichte machen sollte, die Auseinandersetzung um die Europäische Verteidigungsgemeinschaft (EVG). Zur Vermeidung einer Wiederbewaffnung Deutschlands im Rahmen des Atlantikpakts hatte die französische Regierung die Aufstellung einer europäischen Armee vorgeschlagen. Sie hatte auf dieser Idee so hartnäckig bestanden, daß sie schließlich trotz der Skepsis des amerikanischen Verteidigungsministeriums die Führung der amerikanischen Außenpolitik und auch den Präsidenten Truman für das Projekt gewonnen hatte. Auch der Rat der NATO sprach sich – gerade auf der Lissaboner Konferenz – zu seinen Gunsten aus, und Anfang Mai 1952 wurde das EVG-Abkommen von den sechs unmittelbar betroffenen Staaten unterzeichnet.

Von den Vorteilen dieser Lösung mußte aber noch das französische Parlament überzeugt werden. Der Widerstand war beträchtlich und ständig im Zunehmen. Vor allem wandte sich die Kritik gegen die Nichtbeteiligung Englands, das Frankreich im Stich lasse und es zwinge, Deutschland allein gegenüberzutreten. Nicht minder galt die Kritik allerdings auch dem eigentlichen Zweck des Abkommens, der Wiederbewaffnung Deutschlands, und allen Klauseln, die, ähnlich wie bei der Montanunion, die nationale Souveränität zugunsten überstaatlicher Gebilde einschränkten. Was bei Kohle und Stahl als tragbar erschienen war, wurde für unannehmbar erklärt, sobald es sich um militärische Dinge handelte. Zum Verhängnis für das EVG-Abkommen wurden dieselben politischen Stimmungen, denen es seine Entstehung zu verdanken hatte. In dem Abkommen spiegelten sich in Wirklichkeit die Ängste und Hoffnungen seiner Väter wider, aber nicht nur ihrer allein: die Hoffnung auf das Werden Europas und die Angst, immer noch die Angst vor Deutschland. Diktiert von der Angst, waren bestimmte gegen Deutschland gerichtete Sicherheitsvorkehrungen getroffen worden; aber die entsprechenden Klauseln engten notwendigerweise die Bewegungsfreiheit auch der anderen Vertragspartner ein. Was man hatte verhindern wollen, war die Neubildung einer deutschen Nationalarmee, und zu diesem Zweck hatte man in das Abkommen Bestimmungen eingebaut, die auch die Regierungen Frankreichs, Italiens, Belgiens und Hollands automatisch der Verfügungsgewalt über ihre nationalen Streitkräfte beraubten. So wurde denn das Abkommen von allen Seiten angegriffen, sowohl wegen der Dehnbarkeit seines Wortlauts als auch aus Gründen wesentlicherer Natur. Es bildete sich eine – wenn auch nur recht lockere – Anti-EVG-Koalition, in der sich Seite an Seite mit den Kommunisten, einer trotz aller Isolierung beachtlichen Macht, die alte, »klassische« Rechte, die »Gaullisten«, ein Teil der Radikalen und ein Teil der Sozialisten zusammenfanden. Die meisten Parteien waren gespalten, und die einander ablösenden Kabinette zögerten, es zum offenen Kampf kommen zu lassen. Erst im Januar 1953 wurde der EVG-Vertrag dem Parlament zur Genehmigung vorgelegt. Seit seiner Unterzeichnung waren acht Monate vergangen. Die Gegner der Verteidigungsgemeinschaft hatten diese Zeit zu nutzen gewußt.

Die Republikaner an der Macht. Tiefgreifende Veränderungen hatten sich in den Vereinigten Staaten vollzogen. Dwight D. Eisenhower war zum Präsidenten gewählt worden. Er hatte einen persönlichen Sieg errungen, und in seiner Gefolgschaft war die Republikanische Partei an die Macht gekommen. Dieser Sieg erweckte große Hoffnungen sowohl in Europa als auch in den Vereinigten Staaten; begründete Hoffnungen, wenn man die Möglichkeiten bedenkt, die dem neuen Präsidenten offenstanden. Durch eine fast plebiszitäre Wahl an die Spitze einer Präsidialdemokratie gestellt, hatte er gewaltige Machtbefugnisse übertragen bekommen. Er hatte die Massenstimmung auf seiner Seite; die Wähler hatten es ihm überlassen, Entscheidungen zu treffen. Er genoß in weitem Maße das Vertrauen der atlantischen Verbündeten. Der Mann, der zweimal mit dem Oberkommando betraut war und überall Sympathie geerntet hatte, erfreute sich weithin dankbarer Anerkennung. Man wußte, wie stark die amerikanische Entscheidung, Truppen nach Europa zu senden, von ihm beeinflußt worden war. Man glaubte aber auch an die friedfertige Gesinnung dieses Generals, von dem man meinte, er sei in erster Linie Politiker und erst in zweiter Linie Militär.

Die Anfänge wirkten ermutigend. Der neue Präsident »verbarrikadierte sich hinter ordentlichen Menschen« von ziemlich gemäßigter Couleur. Weder Reaktionäre noch Neuisolationisten waren um ihn herum zu sehen. Man erwartete von der neuen Regierung eine gemäßigt konservative Haltung, aber auch genug Courage zu einer eindeutig liberalen Position – beispielsweise in der Negerfrage. Der Unterschied zur Präsidentschaft Truman schien sich eher im Stil als in den Grundsätzen kundzutun.

Ziemlich schnell wurde jedoch Enttäuschung spürbar. Die amerikanische Demokratie baut darauf, daß der Präsident ihren Lebensgeist belebt. Von ihm soll die Initiative ausgehen; es ist seine, nur seine Sache, die Richtung zu weisen, die eingeschlagen werden soll: der Präsident herrscht und regiert. Für den Menschen, der an der Spitze der mächtigsten Nation der Welt steht, ist die Aufgabe überwältigend. Diese Last versuchte der Präsident abzuwälzen. Er machte sich daran, Machtbefugnisse zu delegieren, nach der Art eines Armeeführers, der es seinem Generalstabschef überläßt, die Tätigkeit der einzelnen Dienstbereiche zu koordinieren. Schlecht ist die Methode nicht, wenn sie dem Kommandierenden die Möglichkeit gibt, den nötigen Abstand und genug Zeit zum Nachdenken zu gewinnen. Aber sie trägt ihre Früchte nur, wenn die tragende Absicht im vorhinein bestimmt und die Richtung festgelegt worden ist. Indes verbreitete sich schon von den ersten Monaten an der Eindruck, daß die zentrale Antriebskraft nicht so stark war, wie sie bei einem solchen Regierungssystem hätte sein müssen. Dem Präsidenten schien daran zu liegen, den Kongreß im größtmöglichen Umfang von seinen Befugnissen Gebrauch machen zu lassen. Er verzichtete darauf, die Partei, die ihn an die Macht gebracht hatte, mit fester Hand zu lenken. Er war in seinem Verhalten weniger Chef als Schiedsrichter.

Diese Regierungsmethode überraschte nicht nur, sondern stiftete auch Verwirrung. Sie entsprach so gar nicht den Vorstellungen, die man sich bis dahin von den Machtbefugnissen der Präsidentschaft gemacht hatte. Sie veränderte die Rollen und das Zusammenspiel der Präsidentschaft und des Kongresses und gewährte den Mitgliedern der gesetzgebenden Körperschaften einen größeren Aktionsbereich; manche von ihnen zögerten nicht, die vermehrte Macht zu mißbrauchen. In der Wirkung war die Schmälerung der Präsidialmacht um so gefährlicher, als die Republikanische Partei uneinig war und die sich um das Weiße Haus scharenden »Internationalisten« weder im Repräsentantenhaus noch im Senat den Ton angaben. Robert Taft, der bald von der Bühne abtreten sollte, war für den Präsidenten trotz unterschiedlichen Auffassungen immerhin noch ein ebenbürtiger Verhandlungspartner. Was aber ließ sich von einem William E. Jenner oder Joseph R. McCarthy sagen? Und gerade das Schweigen des Präsidenten oder sein Ausweichen vor verbindlicher Stellungnahme war es, was McCarthy und seinen Nacheiferern die Möglichkeit gab, einige Monate lang das politische Bild zu beherrschen und eine wilde Kommunistenhetze zu veranstalten, deren rechtliche und moralische Voraussetzungen und Begleitumstände in einer Demokratie höchst anfechtbar anmuten mußten; bald wurde daraus eine Hetzjagd auf Intellektuelle und Beamte, deren einziges Vergehen darin bestand, daß sie dem Staat unter Regierungen der Demokratischen Partei gedient hatten.

Diese Phase der Ausbeutung des Wahlsieges löste verhängnisvolle Wirkungen aus. Sie führte dazu, daß zahlreiche wertvolle Kräfte dem Staatsdienst, vor allem dem diplomatischen Dienst, den Rücken kehrten. Sie schädigte das Prestige des Präsidenten, dessen Zurückhaltung eher als Ausdruck der Schwäche denn als Ergebnis taktischer Überlegungen gedeutet wurde. Daß der Präsident nichts dazu tat, flagrantes Unrecht und bösen persönlichen Schaden, wie sie in der McCarthy-Kampagne häufig genug vorkamen, wiedergutzumachen, war schwer zu verstehen und zu entschuldigen. Das Schweigen des Präsidenten hatte überdies zur Folge, daß auf den unteren Stufen der Verwaltungshierarchie Feigheit in demoralisierendem Maße um sich griff. Schließlich rief die McCarthy-Welle in der ganzen Welt einen höchst beklagenswerten Eindruck hervor und lieferte in einem für die neue Regierung besonders wichtigen Zeitpunkt den zahlreichen Kritikern der amerikanischen Politik wirksame Argumente. Der McCarthyismus versah die Kommunisten mit genau der Beweisführung, die sie brauchten, um darzutun, daß aller Antikommunismus in Faschismus umschlagen müsse.

Das war freilich nicht der einzige Grund des Staunens und Enttäuschtseins. Die neue Regierung hatte versucht, der amerikanischen Außenpolitik die dynamische Energie, die sie eingebüßt hatte, wiederzugeben. Das gelang ihr nicht, und sie verstrickte sich in Widersprüche. Die von der Regierung verkündete Absicht, die Politik der Eindämmung *(containment)* des Kommunismus durch eine Politik der Zurückdrängung *(rollback)* seines Einflusses zu ersetzen, hatte ebensoviel Hoffnung wie Besorgnis erweckt. Als Stalin starb und das Sowjetregime von den verschiedenartigsten Strömungen hin- und hergerissen wurde, als vor allem in Ost-Berlin der Aufstand des 17. Juni ausbrach, schien gerade im Hinblick auf die außenpolitische Neuorientierung eine politische Initiative der Vereinigten Staaten unausweichlich. Aber nichts geschah. Aus Washington kam lediglich die Ermahnung, kaltes Blut zu bewahren. Dies Verhalten mag von sehr vernünftigen Überlegungen diktiert gewesen sein; nichtsdestoweniger widersprach es den Erklärungen, die die Republikaner im Wahlkampf abgegeben hatten. Ebenso überraschend war die Haltung der Regierung in Korea und auf Formosa. In Korea, wo man auf eine Aggression, die die Anwendung des Prinzips der kollektiven Sicherheit erheischte, im Namen der Vereinten Nationen reagiert hatte, zog man sich jetzt zurück; aber auf Formosa stellte man sich umgekehrt hinter ein Regime ohne jede Zukunftschance. Weswegen? Und weswegen ließ man, während man in Panmunjon verhandelte, Chiang Kai-shek freie Hand, wo doch jeder wußte, daß kein Schritt Chiang Kai-sheks ohne amerikanische Unterstützung möglich war? Vielleicht ließ sich die Verlagerung der amerikanischen Aktivität von Korea nach Formosa mit strategischen Argumenten oder innenpolitischen Rücksichten begründen; den Bundesgenossen Amerikas – vor allem England – mußte sie unverständlich bleiben.

Schließlich vollzog sich in der Politik der Vereinigten Staaten gegenüber der Sowjetunion ein Wandel, der nicht ohne Rückwirkung auf die Beziehungen Amerikas zu seinen atlantischen Verbündeten bleiben konnte. Die Politik der Regierung der Demokratischen Partei hatte in der Beurteilung des Sowjetverhaltens dem Faktor Ideologie eine große Bedeutung beigemessen: die Sowjetunion betreibe die Politik einer revolutionären Macht; sie lasse sich von einem messianischen Ausbreitungsdrang treiben, der russischen Wurzeln ebenso wie spezifischen Sowjetwurzeln entspringe; die Mittel, deren sie sich zur Erreichung ihrer Ziele bediene, seien ebensosehr ideologischer und politischer wie militärischer Natur. Dagegen neigte John Foster Dulles der Ansicht zu, daß die Sowjetpolitik nichts anderes sei als klassische Machtpolitik; ohne darin die Bedeutung der revolutionären Tätigkeit außer acht zu lassen, glaubte er der Rolle des rein Militärischen größeres Gewicht zubilligen zu müssen. Im Gegensatz zu seinen Vorgängern, die dem politischen Aspekt der Sowjetgefahr die größere Bedeutung beimaßen, betonte er in erster Linie den militärischen Aspekt. Anderseits veranlaßten ihn die Erfahrungen von Korea, die Frage aufzuwerfen, wie man der Gefahr entgehen könne, sich vom Gegner dorthin manövrieren zu lassen, wo er die Schlacht liefern wolle, und wie man im Gegenteil dazu gelangen könne, dem Gegner aus eigener Entscheidung das Schlachtfeld und die Kampfwaffe vorzuschreiben. Aus solchen Überlegungen erwuchs Dulles' Theorie der durchgreifenden Vergeltung, die Konzeption der *massive retaliation.*

In Europa führte diese Hervorkehrung des militärischen Charakters des Krieges, gepaart vor allem mit den Äußerungen über »Zurückdrängung« und »durchgreifende Vergeltung«, zu verschärfter Kritik und verstärkten Vorbehalten gegenüber der amerikanischen Politik. Weit davon entfernt, den atlantischen Verbündeten Mut und Begeisterung einzuflößen, erschreckte sie diese neue »dynamische« Politik der Vereinigten Staaten nur noch mehr. Sie verringerte nicht, sondern vermehrte die Reihen der EVG-Gegner. Als John Foster Dulles den Franzosen im Dezember 1953 in unmißverständlichen Worten sagte, es sei höchste Zeit, mit dilatorischen Manövern Schluß zu machen, und ihnen die Drohung einer »schreckenerregenden Revision« der amerikanischen Außenpolitik an den Kopf warf, stiegen Wut und Empörung bis zum Siedepunkt.

Von Dien-Bien-Phu bis Paris. Dulles' eindeutige Verwarnung hatte jedenfalls ein Gutes: sie klärte die Lage. Sie zeigte aber auch das Ausmaß der Differenzen zwischen Frankreich und den Vereinigten Staaten. Daran war nichts Erstaunliches. Das Zusammentreffen von Indochina-Krieg und EVG-Streit hatte in Frankreich zu Beginn des Jahres 1954 eine explosive Situation geschaffen. Die Regierung wußte, daß es fortan eine parlamentarische Mehrheit weder für die Fortführung des Krieges in Indochina noch für den EVG-Vertrag gab. Aber sie wollte das nicht zugeben – und konnte es auch nicht, wenn sie nicht Gefahr laufen wollte, ihre Anhänger gegen sich aufzubringen, in offener Abstimmung geschlagen zu werden und abtreten zu müssen.

Ganz kurz leuchtete die Perspektive eines Umschwungs in Indochina auf. Da die chinesische Intervention erwiesen war, überprüfte die amerikanische Regierung ihre Einstellung. Durfte der endgültige Verlust Indochinas hingenommen werden? Das Land war reich und von unbestreitbarem strategischem Wert für jeden, der Südostasien beherrschen wollte. Von einigen seiner Berater wurde Eisenhower zum Eingreifen gedrängt. Er war dazu bereit, entschied sich aber am Ende für weitere Zurückhaltung. Eine amerikanische Intervention hätte zu einer Ausweitung des Konflikts führen können, für die der Präsident die Verantwortung nicht übernehmen wollte. Es blieb also nichts übrig, als zu verhandeln, dazu auch noch unter den allerungünstigsten Bedingungen, denn während die Asienkonferenz, die über den Frieden in Indochina beraten sollte, in Genf tagte, kam die Nachricht vom Fall Dien-Bien-Phus.

Für Frankreich war die Demütigung so brutal, daß sie die Krise, die alle zu fürchten schienen, zum Durchbruch kommen ließ. Nun kam endlich Mendès-France an die Regierung. Auf diesen Augenblick hatte er, hatten andere mit ihm lange gewartet. In der französischen Nachkriegspolitik war er einer der wenigen, die staatsmännische Qualitäten zeigten; von Anfang an ließ er spüren, daß er wußte, was er wollte, und daß er einer eigenen politischen Konzeption folgte. Wegen dieser Qualitäten wurde er gefürchtet, und ihre Schattenseiten trugen ihm handfeste Feindschaften ein. Vorgeworfen wurde ihm vor allem, er sei viel zu ich-bezogen, als daß er das parlamentarische Spiel mitmachen und sich in den Rahmen einer Kabinettsequipe einfügen könnte. Dennoch stand Mendès-France nicht allein. Er hatte Bewunderer und, wie jeder Politiker von Statur, eine Klientel. Er verfügte über solide Stützpunkte in der Radikalen Partei und erfreute sich großer Sympathien in den Reihen der Sozialistischen Partei und in anderen Linksgruppierungen, in denen man ihn für den Mann hielt, der die Linke wieder zusammenführen könnte.

Was wird er tun? Was kann er tun? Nichts anderes, als das Vordringlichste in Ordnung bringen. In Genf sind Verhandlungen im Gange. Mendès-France glaubt, daß sie Frankreich die Chance bieten, einen Krieg loszuwerden, der es schwächt. Er hat keine Angst, sich selbst vor aller Welt eine Frist zu setzen, die er einhält. Das ist ein diplomatischer Erfolg, offensichtlich mit der Preisgabe einer französischen Position erkauft. In Frankreich weiß ihm die Mehrheit Dank dafür, daß er mit dem Abenteuer Schluß macht.

Auch noch an anderer Stelle hat sich Frankreich in Schwierigkeiten verwickelt. Es geht darum, das Verhältnis zu Tunesien zu entgiften. Mendès-France zögert nicht, die nötigen Konzessionen zu machen. Dann ist die EVG an der Reihe. Weitere Verzögerungen scheinen weder möglich noch wünschenswert. Die Stunde der Entscheidung hat geschlagen. Die Entscheidung fällt, ohne Debatte, bei einer Geschäftsordnungsabstimmung: die Nationalversammlung lehnt es ab, über die Genehmigung des Vertrages in Beratungen einzutreten. Die Regierung hat sich nicht festgelegt, ihr Schicksal ist vom Ausgang der Abstimmung nicht betroffen.

In Europa ist die Bestürzung allgemein. Die Verbündeten sind sichtlich verstimmt. Die Bonner Regierung, die alles darangesetzt hat, die Ratifizierung des Vertrages zu erlangen, ist nicht davon begeistert, daß sie nun zum Gespött der Opposition wird. In Belgien und in Holland, wo die Verfassung geändert worden ist, damit der EVG-Vertrag Rechtskraft erlangen könne, kommt man sich wie vor den Kopf gestoßen vor. Die Italiener, die vorsichtigerweise auf die französische Entscheidung gewartet haben, sind weniger verärgert, aber wie alle anderen voller Besorgnisse. Kündigt die Ablehnung des EVG-Vertrags eine völlige Umkrempelung der Bündnisfronten an? Die Angst davor ist weit verbreitet. Sie beruht aber auf einer etwas voreiligen Beurteilung der Lage und einer allzu pessimistischen Deutung der politischen Absichten des französischen Regierungschefs. Seine Gegner beschuldigen ihn eines geheimen Einvernehmens mit den Kommunisten und machen sich auf eine neue Volksfront gefaßt, von deren Außenpolitik vermutet wird, daß sie bestimmte neutralistische Haltungen zur Geltung bringen werde.

Aber so unabhängig Mendès-France ist und so entschlossen, mit den Methoden seiner zahlreichen Vorgänger zu brechen, so wenig hat er freie Bahn. Den Atlantikpakt zerreißen hieße, sich auf ein neues Abenteuer einlassen. Das ganze seit 1948 im Innern Europas und über den Atlantik hinweg errichtete Gebilde wäre erschüttert und die Position der Bundesrepublik Deutschland, ohne daß Frankreich einen Vorteil davon hätte, von neuem in Frage gestellt. Was sich wirtschaftlich aus der Zerschneidung der atlantischen Bande ergeben muß, kann Mendès-France besser beurteilen als sonst einer, wie er auch den Schaden ermessen kann, den eine Umkehrung der Richtung des Außenhandelsverkehrs – die allerdings nicht gerade wahrscheinlich ist – anrichten müßte. Für eine solche Politik gibt es in Frankreich keine Mehrheit.

Im übrigen zieht die Ablehnung der EVG das Auseinanderfallen der atlantischen Allianz keineswegs automatisch nach sich. Im Gegenteil: da die NATO besteht, gibt es eine Alternativlösung, die Lösung nämlich, die 1950 verworfen wurde. Der französische Regierungschef sieht sich veranlaßt, den Ausweg aus der Krise in einem Projekt zu suchen, das bestimmten französischen Einwänden Rechnung trägt. Der Brüsseler Pakt bietet ihm die Grundlage, von der aus er eine neue westeuropäische Union aufbauen kann. Ist nicht der Brüsseler Pakt insofern in doppelter Hinsicht von Vorteil, als er die Beteiligung Englands an der Verteidigung des Kontinents sichert und den Unterzeichnermächten keinerlei Verzicht auf Souveränität zugunsten überstaatlicher Körperschaften aufzwingt? Eifrig wird verhandelt. Am 23. Oktober 1954 führen die Besprechungen zum Abschluß der Pariser Verträge, deren Ratifizierung nicht mehr als sechs Monate in Anspruch nehmen wird.

So tritt die Bundesrepublik Deutschland der NATO bei. Eine Krise, die nach zwei Fieberjahren beinahe zum Zerfall des atlantischen Bündnisses geführt hat, findet ihren Abschluß in einer Entscheidung, die eine wesentliche Verstärkung der militärischen Kräfte des Bündnisses gewährleistet.

Zwischen Suez und Budapest

Zur Tagung des Rates der NATO im Mai 1957 wurde von NATO-Generalsekretär Lord Ismay ein Tätigkeitsbericht vorgelegt, in dem hörbar optimistische Töne anklangen. Es sei nicht einfach, hieß es darin, die seit 1952 von der NATO erzielten Fortschritte genau abzuschätzen. Dafür ließen sich über den »Unterbau« der Organisation sogar einige Zahlen anführen. Der NATO hatten 1952 weniger als 20 Flugplätze zur Verfügung gestanden, 1957 waren es bereits 150. In fünf Jahren waren 8800 Kilometer Telegraphenlinien, 2000 Kilometer Unterseekabel und über 3000 Kilometer Radarnetzverbindungen gelegt worden. Die NATO verfügte 1957 über 4570 Kilometer Ölleitungen und über Benzinreserven von 1,4 Millionen Hektoliter. Die Ausgaben für die Bauprogramme der NATO beliefen sich in fünf Jahren auf 716 Millionen Pfund Sterling; die Entscheidungen über die Aufbringung der Kosten seien, fügte Lord Ismay hinzu, trotz den Einwänden mancher Staaten gegen den auf sie entfallenden Anteil stets einstimmig gefaßt worden.

Diese wenigen Angaben unterstrichen die Bedeutung der geleisteten Arbeit. Man möchte sie fast als Indiz dafür deuten, daß die atlantische Solidarität gewachsen sei. Indes zeigt die Geschichte der im Ismay-Bericht behandelten Periode seit Abschluß der Pariser Verträge im Gegenteil, wie sehr sich die Spannungen und Differenzen in der politischen Ebene verschärft hatten.

Entspannungsperiode. Die Gegensätze traten nicht sofort in Erscheinung. Die Sowjetpolitik schien 1955 eine gewisse Elastizität zu zeigen. Zuerst kam das Österreich zugute: die ihm schon 1943 versprochene Unabhängigkeit wurde jetzt mit der Beseitigung der letzten Hindernisse verwirklicht; am 15. Mai 1955 wurde der Staatsvertrag unterzeichnet. Österreich erhielt seine Souveränität wieder und verkündete zugleich seine Neutralität, was es nicht hinderte, die Aufnahme in die Vereinten Nationen zu beantragen und bewilligt zu bekommen und dem Europa-Rat beizutreten. Aus den schweren Prüfungen der vergangenen Jahre war der österreichische Staat gestärkt hervorgegangen. In der Wirtschaft wie in der politischen und geistigen Ebene hatte er das Gleichgewicht wiedergewonnen. Österreich hatte sich damit abgefunden, ein Kleinstaat zu sein. Es hatte den Schock seines »Marignano« verwunden; im Gegensatz zu den Vätern in der Zeit zwischen den Weltkriegen fand die junge Generation kein Gefallen an der Beschwörung vergangener Größe; sie schien das Leben abseits der großen Abenteuer vorzuziehen. Die Erinnerung an die Sowjetbesetzung und die geographische Nähe eines Regimes, das die Österreicher nach den Erfahrungen vieler von ihnen keineswegs anzog, mahnten zur Vorsicht. Die beiden großen Parteien, SPÖ und ÖVP, waren trotz den Schwierigkeiten, wie sie jeder Regierungskoalition innewohnen, weise genug, ein Regime der nationalen Verständigung aufrechtzuerhalten.

Bei diesem einen Beweis ihres guten Willens ließen es die Sowjetchefs nicht bewenden. Sie reisten nach Belgrad, nahmen mit Japan Friedensvertragsverhandlungen auf, luden Bundeskanzler Adenauer zwecks Herstellung diplomatischer Beziehungen zwischen der Sowjetunion und der Bundesrepublik nach Moskau ein. Die Genfer »Gipfel«konferenz im Juli 1955 schien eine Entspannung anzukündigen. Unterdes setzten Chruschtschow und Bulganin ihren Feldzug fort, vervielfachten die Reisen und Begegnungen, bemühten sich überall um engere Fühlungnahme, ohne freilich auch nur eine einzige Gelegenheit zu versäumen, ihr Bekenntnis zum Marxismus-Leninismus zu bekräftigen und der Überzeugung Ausdruck zu geben, daß der Kommunismus eines Tages über den Kapitalismus siegen werde. In Wirklichkeit beschäftigte sie natürlich nicht diese noch ferne Zukunftsaussicht, sondern ein sehr viel näheres Ziel: die Liquidierung der belastenden Hinterlassenschaft Stalins. Die auf dem 20. Parteitag abgegebenen Erklärungen ließen daran keinen Zweifel.

Das Nachlassen des Sowjetdrucks schuf eine etwas günstigere Atmosphäre im Innern der Atlantischen Welt. Es entspannen sich keine heftigen Auseinandersetzungen. Jeder verfolgte mit Aufmerksamkeit die »Friedensoffensive« der Sowjetunion, die je nach Temperament und Wissen entweder Hoffnung oder Zweifel gebar. Aber die Regierungen waren sich trotz vielen offiziellen Kontakten über manche Grundprobleme in keiner Weise einig, und die öffentliche Meinung in den einzelnen Ländern reagierte durchaus nicht in einem Sinne. So wurden in Europa die Widersprüche der amerikanischen Wirtschaftspolitik registriert und die Zugeständnisse mit Staunen vermerkt, die der Präsident den Protektionisten machen zu müssen glaubte – trotz gegenteiligen Ratschlägen von Politikern, die ihm nahestanden und wie er zum internationalistischen Flügel der Republikaner gehörten. Weiterhin wurde John Foster Dulles, der Chef der amerikanischen Diplomatie, mit einer gewissen Reserve betrachtet: er genoß Achtung, aber keinerlei allgemeine Sympathie. Temperament und Situation legten ihm ein Auftreten nahe, das weniger das eines Diplo-

Unterzeichnung des österreichischen Staatsvertrages in Wien am 15. Mai 1955

Die »Großen Vier« der Genfer Gipfelkonferenz, Juli 1955
Bulganin, Eisenhower, Faure, Eden

maten war als das eines politisch führenden Regierungsmannes. In der Formulierung der amerikanischen Außenpolitik spielte er in der Tat die Rolle, die der Präsident nicht übernehmen wollte. Er hatte die Linie festzulegen, sich laut und unbeugsam vernehmen zu lassen, während doch seine Hauptaufgabe hätte sein müssen, Verhandlungen zu führen. Dieser Widerspruch, nach der Erkrankung Eisenhowers noch offenkundiger geworden, erschwerte Dulles die Arbeit. Das Mißverhältnis zwischen Amt und Aufgabe machte den Außenminister zur Zielscheibe der Kritik und rief mitunter Mißtrauen bei seinen Gesprächspartnern hervor, denen es auf diese Weise nicht gelingen konnte, seine wirklichen Absichten zu erkennen. Hinzu kamen die Meinungsverschiedenheiten der Verbündeten in der Beurteilung des Wesens der Sowjetgefahr, die durch die größere Beweglichkeit der Sowjetpolitik erst recht genährt wurden. Dulles' hartnäckige Betonung des militärischen Charakters der Gefahr hatte ihr Gegenstück in der Beharrlichkeit, mit der seine Opponenten die Bedeutung des wirtschaftlichen Wettstreits und des politischen Krieges unterstrichen. Trotzdem setzte sich seine überragende Autorität regelmäßig durch. – Im April 1960 zwang ihn eine tödliche Krankheit, sein Amt einem Nachfolger zu übergeben, der die so entstandene Lücke kaum auszufüllen vermochte.

Vor allem wurden aber die gegenseitigen Beziehungen durch die unterschiedliche politische Atmosphäre diesseits und jenseits des Atlantiks kompliziert. Zwischen dem England der Labour Party und dem Amerika Trumans hatte es trotz allen gelegentlichen Spannungen mehr Berührungsflächen und Verständigungsmöglichkeiten gegeben als zwischen dem England der Konservativen und dem Amerika der Republikaner. Der Gegensatz zwischen dem Liberalismus Trumans und der Labour-Politik Attlees war doch wohl weniger ausgeprägt als der zwischen dem Sozialliberalismus eines Butler und den Wirtschaftsauffassungen der Republikanischen Partei, deren orthodoxe Finanzpolitik mit einer gewissen Engstirnigkeit einhergeht und bei der sich das Bekenntnis zur freien Wirtschaft mit der Beibehaltung eines protektionistischen Kurses verträgt. So paradox das bei einer Partei anmuten mag, deren Anhängerschaft sich aus den amerikanischen Kreisen mit den vermeintlich größten internationalen Verbindungen rekrutiert: am Regierungssteuer erweckten die Republikaner den Eindruck, als wüßten und verständen sie von Europa weniger als ihre Vorgänger, die Demokraten. Daher die vielen Reibereien und anhaltendes Unbehagen.

Zugleich ließ die europäische Linke keine Gelegenheit ungenutzt, ihre mehr als reservierte Haltung gegenüber der Republikanischen Partei, die sie für reaktionär hielt, zum Ausdruck zu bringen. Daß die Labour Party in die Opposition ging und so von den Lasten der Regierungsverantwortung befreit wurde, hatte eine Versteifung ihrer Haltung zur Folge, was die Aufgabe der konservativen Regierung, in der Anthony Eden die nicht leichte Nachfolge Winston Churchills übernommen hatte, erheblich komplizierte. In Frankreich und in Italien änderte sich kaum Wesentliches in der Einstellung zum amerikanischen Verbündeten. Während die amtlichen Stellen für die Aufrechterhaltung der unumgänglichen und praktisch zweckmäßigen Kontakte sorgten, blieb die allgemeine Haltung reichlich zurückhaltend und die der Kommunisten bis zu dem Augenblick scharf kritisch, da der 20. Parteitag sie veranlaßte, sich intensiver um ihre inneren Angelegenheiten zu kümmern. Im ganzen gesehen, konnten die auswärtigen Beziehungen der Vereinigten Staaten nur in einem Fall als hervorragend gelten: im Verhältnis zur Bundesrepublik Deutschland. Zweifellos hatte das mit der persönlichen Fühlungnahme und gegenseitigen Wertschätzung der beiden Männer zu tun, die die Führung der Geschäfte ununterbrochen in der Hand behielten; es lag aber auch an einer gewissen Temperamentsverwandtschaft und am Erfolg des deutschen Wirtschaftsexperiments. Deutschland hatte wieder Vertrauen zu sich selbst gefaßt und gewann damit auch das Vertrauen der Vereinigten Staaten.

Es gewann auch das Vertrauen Frankreichs. Die Erledigung des EVG-Streits und der Abschluß der Pariser Verträge brachten eine entscheidende Entlastung im deutsch-französischen Verhältnis. Daß die Saarländer bei der Volksabstimmung von 1955 das ihnen vorgeschlagene europäische Statut für die Saar ablehnten, verursachte keineswegs eine neue Krise, sondern machte im Gegenteil den Weg frei für eine Regelung, die die letzte Ursache der Spannung aus der Welt schaffen sollte. In Paris fanden sich dann Regierung und Parlament mit einer Entscheidung ab, gegen die es schwerlich eine Berufung geben konnte. Jegliche Reaktion der öffentlichen Meinung blieb aus; die französischen Massen hatten sich auch ohnehin für die Saarfrage nie besonders leidenschaftlich interessiert. Die große Befriedigung, die die Saarabstimmung allgemein in Deutschland auslöste, erlaubte es wiederum der deutschen Regierung, sich bei den Schlußverhandlungen, in denen über die Bedingungen der Überleitung vom französischen zum deutschen Regime beraten wurde, recht großzügig zu zeigen. Nunmehr sah es so aus, als sei die Verständigung der beiden Länder, die so lange in einem unüberwindlich scheinenden Gegensatz zueinander gestanden hatten, endlich geglückt. Auf beiden Seiten schien die Überzeugung vorzuherrschen, daß eine engere Zusammenarbeit nicht nur auf wirtschaftlichem, sondern auch auf politischem Gebiet und eine weitgehende Interessenverflechtung geboten seien. Der Gewinn, den diese deutsch-französische Annäherung für Europa bedeutete, machte vollauf den Schaden wett, der aus der Ablehnung der EVG und der Saarabstimmung entstanden war. Die nationalistischen Strömungen, die sich gegen überstaatliche Einrichtungen aufgelehnt hatten, fanden in der Art der praktisch überaus wirksamen Zusammenarbeit, die nun zustande gekommen war, nichts Erschreckendes.

Mittelmeerprobleme. Wer sich, gebannt auf die Sowjetunion starrend, einige Jahre lang von der Hoffnung auf Entspannung hatte gefangennehmen lassen, sollte bald brutal daran erinnert werden, daß sich die Weltgeschichte im 20. Jahrhundert nicht in einem Zwiegespräch zwischen dem Sowjetimperium und den Vereinigten Staaten und deren Bundesgenossen erschöpft. Das Vorwärtsdrängen der nationalen Bewegungen Asiens und Afrikas und die ziemlich allgemeine Revolte der noch in ein imperialistisches System eingezwängten Völker brachten Europa und besonders die Mitglieder des atlantischen Bündnisses in eine sehr schwierige Lage.

Im Mittelmeerraum überstürzten sich die Ereignisse. Unter dem Ansturm der arabischen Nationalbewegung, der das Ägypten Oberst Nassers einen neuen Auftrieb gegeben hatte, mußte das nach der Ausschaltung Frankreichs im Mittleren Osten isolierte England alle Positionen, die es noch behalten hatte, eine nach der anderen aufgeben. Es hielt sich genauestens an die Bestimmungen des Vertrages vom Oktober 1954, der die Räumung der Stützpunkte am Suezkanal und die Übergabe des Kanals und der Verkehrsanlagen an die

Ägypter vorsah. Am 13. Juni 1956 verließ der letzte britische Soldat ägyptischen Boden. Ägypten hatte seine volle Unabhängigkeit wiedererlangt. Aber die englische Regierung hatte schweres Pech. Die Nachteile der Preisgabe von Stützpunkten, die ihr nicht nur die Kontrolle der Zugänge zum Mittleren Osten, sondern auch die Offenhaltung des Seewegs zum Indischen Ozean gesichert hatten, hätten durch die Benutzung anderer Stützpunkte – sei es auf der arabischen Halbinsel, in Jordanien und im Irak, sei es auf Cypern – gemildert werden können. Aber gerade in diesem Augenblick trat der Cypern-Konflikt, der seit Jahren geschwelt hatte, in eine akute Phase. Was die Cyprioten wollten, war Unabhängigkeit, die den meisten von ihnen überdies nur als Zwischenstation auf dem Weg zum Anschluß an Griechenland erschien. Der Konflikt war um so gravierender, als er drei Mitgliedsstaaten der NATO in Mitleidenschaft zog und Griechenland und die Türkei auf Jahre hinaus in einen unversöhnlichen Gegensatz zueinander bringen, damit aber auch die verwundbarsten Flanken des atlantischen Bündnisses entblößen sollte.

Auch Frankreich machte Schwierigkeiten durch. Die Maghreb-Länder forderten ihre Unabhängigkeit. Die Tunesien bewilligten Zugeständnisse, auf die die Rückkehr Bourguibas und die Anerkennung der Unabhängigkeit Tunesiens mit einer Gegenseitigkeitsbindung an Frankreich gefolgt waren, bedingten eine ähnliche Regelung auch gegenüber Marokko. Hier beanspruchte aber schon der erste Schritt mehr Zeit, da der Widerstand von einflußreicheren und wesentlich stärker interessengebundenen Kreisen ausging. Die Absetzung des Sultans Sidi ben Youssef hatte auf beiden Seiten die gegensätzlichen Haltungen verschärft. Erst 1955 war die französische Regierung zu einer entscheidenden Geste bereit. Im November 1955 konnte Sidi ben Youssef zurückkehren. Darauf kam ein Vertrag zustande, der nach dem Muster der tunesischen Regelung Unabhängigkeit im Rahmen gegenseitiger Bindungen vorsah.

Ungelöst blieb das algerische Problem. In Algerien brach der Aufstand Anfang November 1954 aus. Die Lösung bereitete viel größere Schwierigkeiten: Algerien ist dem französischen Kontinentalgebiet angegliedert, gilt als Bestandteil Frankreichs und hat eine wesentlich größere europäische Bevölkerung als Tunesien oder Marokko, die dazu auch noch das Land als ihre Heimat betrachtet. Auf der Gegenseite schlossen sich die Rebellen organisatorisch zusammen. Sie waren hart und zäh. Sie wandten die Methoden des Guerillakrieges an, die sich angesichts der Geländeverhältnisse und der Siedlungs- und Lebensweise des Volkes als höchst wirksam erwiesen. Das Mutterland sah sich daher gezwungen, mehr und mehr Truppen nach Algerien zu schicken, und war infolgedessen außerstande, seine europäische Front ausreichend zu besetzen und auszurüsten. Das Indochina-Drama begann von neuem.

Diese Komplikationen im Mittelmeerraum machten die Position der NATO äußerst zwiespältig. Selbstverständlich hatte sie das größte Interesse an der Lösung der Cypern-Probleme; Vermittlungsversuche scheiterten indes an den starren Positionen der Beteiligten. Anderseits war die Krise in Algerien insofern besonders gefährlich, als sie das Verhältnis Frankreichs zu Tunesien und Marokko erneut in Frage stellte, und gerade in diesen Ländern hatten die Amerikaner ihre Stützpunkte errichtet, die einen unentbehrlichen Bestandteil des NATO-»Unterbaus« bildeten. Außerdem waren die »französischen Departements von Algerien« ausdrücklich in das Territorium einbezogen, auf das sich das atlantische Sicherheitssystem erstreckt. Bei längerer Dauer des Konflikts, die nach der bekannten Gesetzmäßigkeit solcher Dinge auch die Gefahr seiner Ausbreitung und der Versteifung der gegnerischen Haltungen bedeutet hätte, wären die atlantischen Verbündeten möglicherweise vor eine schwere Entscheidung gestellt worden, die ihnen um so größeres Kopfzerbrechen hätte bereiten müssen, als es ihnen nicht leicht fiel, das Problem überhaupt zu begreifen, mit dem Frankreich nicht fertig wurde.

Die Frage, die sich hier aufdrängte, ging über den Rahmen Algeriens weit hinaus. Zuallererst mußte klargestellt werden, ob Mächte, die Weltinteressen haben, aber durch einen Regionalpakt gebunden sind, sich außerhalb der geographischen Region, auf die sich der Pakt bezieht, ihre Aktionsfreiheit bewahren können. Im Hinblick auf die Situation in Lateinamerika, Asien und Afrika und den immer mächtigen Ansturm der nationalen Bewegungen war es der Regierung der Vereinigten Staaten wichtig, weder im Schlepptau Europas zu segeln noch einen solchen Eindruck zu erwecken. Dies Selbständigkeitsbedürfnis war deswegen besonders stark, weil es auch von der alten antikolonialen Tradition des amerikanischen Volkes genährt wurde. Weshalb sollte man eine Politik unterstützen, die man mißbilligte, und auf diese Weise das Tischtuch zwischen sich und Völkern zerschneiden, die verhängnisvollerweise bei der Sowjetunion oder bei der Volksrepublik China Anschluß suchen müßten, wenn sie sich nicht auf die Vereinigten Staaten stützen könnten? Wäre nicht im Gegenteil die Festigung der Bande mit den neuen Staaten und den Völkern, die sich als Nationen zu konstituieren suchen, der zweckmäßigste Weg, den kommunistischen Ansturm einzudämmen und Europa zu schützen? Unter diesem Gesichtspunkt gab es für John Foster Dulles keinen Widerspruch zwischen der Beteiligung der Vereinigten Staaten am atlantischen Bündnis und der materiellen oder moralischen Stärkung von Völkern, die den Kampf um die Befreiung vom Kolonialimperialismus führen.

Es war darum auch nicht verwunderlich, daß die Bekanntgabe der Nationalisierung der Suez-Kanal-Gesellschaft die Atlantikpaktmächte, namentlich die drei unmittelbar beteiligten, in eine verzwickte Lage versetzte. Nassers sorgfältig geplantes Vorgehen war vorauszusehen gewesen. Es stiftete dennoch beträchtliche Verwirrung. Für Nasser stand die Aktion im Zeichen des Antikolonialismus, und er machte aus ihr eine antiimperialistische Demonstration. Das in diesem Fall keineswegs stichhaltige Argument zog in den Vereinigten Staaten, wo im übrigen auch der Name der Suez-Kanal-Gesellschaft nicht die Assoziationen zu erwecken vermochte, die in der europäischen Geschichte mit ihm verbunden sind. Von Anfang an traten die Differenzen zutage: während die als Provokation gedachte einseitige Annullierung der Suez-Vereinbarungen durch Ägypten Franzosen und Engländer zusammenführte, legte die amerikanische Regierung größere Zurückhaltung an den Tag. Nach seiner Rückkehr von der ersten Londoner Konferenz beruhigte John Foster Dulles seine Landsleute: Amerika habe keinerlei Verpflichtungen übernommen. Unter diesen Umständen mußte sich die Affäre in die Länge ziehen, und die Chancen einer wirksamen Gegenaktion schrumpften zusammen. In England und Frankreich führte das zu einer äußerst gereizten Haltung gegenüber dem amerikanischen Verbündeten. Man hatte das Gefühl, im Stich gelassen worden zu sein, und fiel besonders über Dulles her, dem man auch schon deswegen Leichtfertigkeit und Skrupellosigkeit vorwarf, weil die Art, wie er die Frage des Assuan-Dammes behandelt hatte, dazu beigetragen hatte, die Krise auszulösen.

November 1956. Auf die Provokation des Präsidenten Nasser und das amerikanische Achselzucken reagierten die Regierungen Frankreichs und Großbritanniens Anfang November mit ihrer Suez-Aktion. Höchst geheim, ohne Wissen der Mitglieder des Atlantikpaktes vorbereitet, begann der Feldzug in dem Augenblick, da in Osteuropa die ungarische Revolution ausbrach und Sowjettruppen gegen das ungarische Volk aufgeboten wurden.

Die Intensität der verschiedenartigen Reaktion auf den Eingriff der Sowjetunion in Ungarn und auf die Aktion der französisch-britischen und Israeli-Truppen gegen Ägypten entsprach dem Überraschungseffekt. In Westeuropa verfolgte die Öffentlichkeit den Freiheitskampf der Ungarn mit der leidenschaftlichen Anteilnahme dessen, der weiß, daß seine Zukunft auf dem Spiel steht. In der übrigen Welt, für die Ungarn ein Randgebiet ist, galt das Interesse dem Mittleren Osten. Hier stießen in der Tat die gegensätzlichen Kräfte aufeinander. Für die asiatischen Staaten war die französisch-britische Intervention eine neuerliche Betätigung des Kolonialimperialismus, von dem sie sich erst vor so kurzer Zeit befreit hatten, daß ein kollektiver Abwehrreflex fast automatisch einsetzen mußte. Der Sowjetunion, die im Mittleren Osten nach langer Vorarbeit Bündnisse zustande gebracht und wichtige Positionen besetzt hatte, bot sich eine glänzende Gelegenheit, den arabischen Staaten zu Hilfe zu eilen und damit ihren Einfluß zu festigen und die Bande zwischen Nationalbewegung und Kommunismus enger zu knüpfen.

Und Amerika? Von ihren Verbündeten mitten im Wahlkampf zu einer Entscheidung gezwungen, der sie sich stets zu entziehen gesucht hatte, reagierte die amerikanische Regierung äußerst unmutig auf eine Politik, die sie als einen Versuch empfand, ihr ihre Handlungsweise vorzuschreiben. Und sie entschied sich ganz anders, als in Londoner und Pariser Regierungskreisen unzweifelhaft erwartet worden war. Wie hätte sie auch in der Tat die Unterstützung einer von ihr mißbilligten Kolonialpolitik vor der asiatischen und afrikanischen Welt rechtfertigen sollen, die sich mehr und mehr der Sowjetunion als der einzig denkbaren Schutzmacht gegenüber dem europäischen Imperialismus zuzuwenden drohte? Und das in einer Situation, in der sich die französische und die britische Regierung den Vereinten Nationen widersetzten und damit die Existenz dieser für den Weltfrieden als unentbehrlich geltenden Institution in Gefahr brachten! Anderseits konnten aber die Vereinigten Staaten der französisch-britischen Aktion gegenüber auch nicht gleichgültig bleiben, weil sie selbst im Mittleren Osten viel zu wichtige Interessen zu verteidigen hatten. Wie weit mußte darauf Rücksicht genommen werden? Welche Haltung war von den großen Ölkonzernen zu erwarten? Wie sehr konnten sie bei der Entscheidung des amerikanischen Außenministeriums ins Gewicht fallen? Das alles ist auch nachträglich schwer zu entscheiden. Wer dem Einfluß ökonomischer Faktoren eine hervorragende, wenn nicht gar bestimmende Bedeutung beimißt, könnte versucht sein, die Erdölinteressen für ausschlaggebend zu halten. Zur Erhärtung einer solchen Auffassung fehlen aber nachweisbare oder erwiesene Tatsachen. Daß die amerikanische Regierung diese Seite des Problems in Rechnung gestellt hat, ist sicher, zumal der jüngere Hoover, der während der Abwesenheit Dulles' die Hauptverantwortung trug, in erster Linie Erdölfachmann ist; das besagt aber nicht, daß er bei einer für die Politik der Vereinigten Staaten richtunggebenden Entscheidung bereit gewesen wäre, das Interesse des Landes dem einer Sondergruppe, so mächtig sie auch sein mochte, unterzuordnen. Im übrigen spielte in der kritischen Situation der Präsident eine entscheidende Rolle. Hätte er die vollendeten Tatsachen, vor die ihn die Verbündeten gestellt hatten, hingenommen, so wäre er als mitschuldig am Kriege erschienen, und dazu in einem Augenblick, da er sich der amerikanischen Wählerschaft als Hüter des Friedens präsentierte. Unter solchen Umständen konnte er nicht lange zweifeln: er entschied sich dafür, die Autorität der Vereinten Nationen hochzuhalten.

Vor der buntscheckigen Koalition, die sich abzeichnete, mußten die drei Regierungen, die gegen Ägypten zu Felde gezogen waren, zurückweichen. Vor dem Forum der Vereinten Nationen, wo ihre atlantischen Verbündeten sie desavouierten, völlig isoliert, von der angekündigten militärischen Aktion der Sowjetunion bedroht und von den Vereinigten Staaten unter Druck gesetzt, konnten sie nicht anders, als den Feldzug abbrechen. Zu allem Überfluß hatte sich in England die Stimmung der Öffentlichkeit – oder derer, die in ihrem Namen zu sprechen vorgaben – mit ungewöhnlicher Aggressivität gegen die Regierung gekehrt. Premierminister Eden konnte es nicht riskieren, die gemeinsame Kampagne in Ägypten weiterzuführen.

Der Abbruch des Feldzugs nach dem unbestreitbaren Sieg der Israeli-Truppen war für Frankreich und England eine schwere politische Niederlage. Das Scheitern der Suez-Expedition enthüllte vor aller Welt die Grenzen ihrer Macht und den Grad ihrer Abhängigkeit von den Vereinigten Staaten. Noch schwerer war der Schlag, der dem Prestige Europas und der atlantischen Solidarität zugefügt worden war. Gewiß: indem sich die Vereinigten Staaten auf die Seite der asiatischen und arabischen Staaten schlugen, sicherten sie sich Sympathien, die indirekt auch dem Westen zugute kamen; aber dieser Propagandaeffekt reichte zur Lösung der Probleme nicht aus, die durch Europas verändertes Verhältnis zu den Nachbarkontinenten aufgeworfen wurden. Bloßer Antikolonialismus ist keine Politik, vor allem wenn er, wie das in manchen Ländern der Fall ist, nur einen angriffslüsternen und eroberungssüchtigen Nationalismus verhüllt. Mit dem Festhalten an ihrem Entschluß, die Verpflichtungen aus dem Atlantikpakt geographisch zu begrenzen und sich außerhalb dieses engen Rahmens volle Aktionsfreiheit vorzubehalten, mußte die amerikanische Regierung in eine Sackgasse geraten: einmal wegen der Fragwürdigkeit der geographischen Begrenzung, bei der sofort die Frage auftauchen mußte, ob denn der Anwendungsbereich des Atlantikpaktes nicht auch Griechenland und die Türkei, demnach also das gesamte östliche Mittelmeerbecken einschloß, und zum andern – und in viel höherem Maße –, weil die wichtigsten europäischen Vertragspartner der Vereinigten Staaten weltumspannende Verpflichtungen zu erfüllen hatten und jede Schwächung ihrer internationalen Position einer Schwächung der NATO gleichkam.

Zugleich ließ die zweigleisige Novemberkrise auch die Schwächen der militärischen Strategie der Vereinigten Staaten und der NATO offen hervortreten. Mit der Einschränkung der konventionellen Waffen zugunsten der atomaren Bewaffnung und mit der Überbetonung der Vergeltungswaffen hatte man das Werkzeug für einen Krieg geschmiedet, den man gar nicht führen wollte. Da sie über »mittlere« Waffen nicht verfügten, schlitterten die

Vereinigten Staaten und die NATO in ein ausswegloses Dilemma hinein: sich entweder für den totalen Krieg zu entscheiden oder Positionen räumen zu müssen; angesichts der unausbleiblichen politischen und psychologischen Folgewirkungen konnte aber die Räumung auch der kleinsten Position gleichbedeutend sein mit der Kapitulation vor einem manövrierfähigeren Gegner, der keinerlei Druckmittel aus der Hand gegeben hatte. Im November 1956 waren die Westmächte der Gefahr eines allgemeinen Krieges ausgewichen: sie hatten die Suez-Operation aufgegeben und der legitimen ungarischen Regierung den von ihr angesuchten Schutz vor ausländischer Intervention verweigert. Zu gleicher Zeit hatte die Sowjetunion, während sie in Budapest Gewalt anwandte, nicht gezögert, den Engländern und Franzosen mit dem Einsatz ihrer ferngelenkten Waffen zu drohen.

Geschwächt und gespalten erlebte die Atlantische Welt den Ausgang des Jahres 1956. Mehrere Monate sollten verstreichen, ehe sie die wirtschaftlichen und politischen Auswirkungen der Krise überwinden konnte. Die Schwierigkeiten der Ölversorgung, die Europas Abhängigkeit vom Mittleren Osten und vom amerikanischen Bündnispartner besonders deutlich aufdeckten, waren doppelt schlimm, weil sie auch das finanzielle Gleichgewicht und die Zahlungsbilanz angriffen. In England war das Prestige der konservativen Regierung so schwer erschüttert, daß es noch eine Weile fraglich blieb, ob sie sich überhaupt werde halten können; zur Normalisierung der Situation bedurfte es der exemplarischen Festigkeit und Gewandtheit, die sich hinter der äußeren Nonchalance des Eden-Nachfolgers Harold Macmillan verbirgt. In Frankreich, wo sich seit langen Monaten die Minderheitsregierung Mollet an der Macht hielt, waren die politischen Folgen der Suez-Angelegenheit trotz der allgemeinen Bestürzung weniger einschneidend. Viele Franzosen hatten in der Suez-Expedition ein willkommenes Mittel gesehen, der Einmischung Ägyptens in Algerien ein Ende zu bereiten, und bedauerten nur ihren vorzeitigen Abbruch. Die Stellung Guy Mollets geriet aber dennoch ins Wanken. Dem linken Flügel der Sozialisten und den Anhängern einer freiheitlichen Haltung gegenüber den Kolonien erschien er als reaktionärer Nationalist und am Ende sogar als Verräter am Sozialismus, ohne freilich dadurch größere Unterstützungschancen bei der Rechten zu gewinnen. Die Demütigung der Niederlage vertiefte das Ressentiment der Armee und verstärkte die Mißstimmung im Volke; der Eindruck griff um sich, daß das Land überhaupt nicht regiert werde.

In dieser bedrückenden Situation, in der das atlantische Bündnis aus den Fugen zu gehen schien und der Westen plötzlich seiner Schwäche und Isolierung gewahr wurde, schöpften Europäer und Amerikaner einigen Trost aus der Überlegung, daß auch die Sowjetwelt eine Periode der Schwierigkeiten und Wirren durchmache. Die Siege, die die Führer der Sowjetunion hatten verbuchen können, verloren viel von ihrem Glanz, nachdem ihre Voraussetzungen zutage getreten und die im Innern des Sowjetimperiums herrschenden Spannungen vor der ganzen Welt enthüllt worden waren. Der polnische Oktober und der Budapester Aufstand hatten die Brüchigkeit eines Regimes offenbart, gegen das sich gerade die erhoben, auf die es sich zu stützen vorgab: die Arbeiter, die Jugend, die Intellektuellen. Auch der mächtigste Propagandaapparat konnte solche Tatsachen nicht mehr verschleiern. Die offizielle Version von den Machenschaften reaktionärer Kreise täuschte niemanden. Was in Budapest geschehen war, war keine belanglose kleine Meuterei, sondern eine wahre

Revolution gegen eine Regierung, die nur noch im Ausland Stützen hatte, und diese Revolution war von Truppen einer fremden Macht brutal niedergeschlagen worden. Der Schock, den diese Ereignisse im Westen auslösten, trug zweifellos dazu bei, die politischen Folgen des Suez-Abenteuers abzuschwächen. Mit den Perspektiven, die er durchscheinen ließ, und der Drohung, die er plakatierte, erinnerte er an die Verwundbarkeit und Unbeständigkeit der Ostgrenzen der Atlantischen Welt; er festigte damit die Bande, die von inneren Spannungen angefressen worden waren. Er desorientierte Linkskreise, die noch geneigt waren, an die Möglichkeiten einer friedlichen Koexistenz mit der Sowjetunion zu glauben; er trug Unruhe sogar in die Reihen der kommunistischen Parteien, denen dann die Wiederherstellung der Disziplin und der theoretischen Geschlossenheit so viel zu schaffen machen sollte, daß sie nicht mehr dazu kamen, die durch die politischen Entgleisungen der französischen und der englischen Regierung heraufbeschworene Krise auszuschlachten.

Sputnik und – doch wieder Europa (1957–1959)

Auf die Verwirrung nach der Novemberkrise folgte ein neuer Versuch, Energien zu sammeln und zu entfalten. Ein Zerfall des atlantischen Bündnisses hätte das Ende der Staatengemeinschaft bedeutet, der man ein politisches Weltbild aufzuprägen bemüht war, und die in eine europäische Integration gesetzten Hoffnungen zerstört. Angesichts dieser Gefahr gaben sich die Regierungen einen kräftigen Ruck. Die »europäische Neubelebung« erhielt wieder einen neuen Auftrieb.

»Europäische Neubelebung.« Die organisatorischen und Forschungsarbeiten hatten in Wirklichkeit nie aufgehört. Durch das Scheitern der EVG nur einen Augenblick entmutigt, hatten sich die Vorkämpfer Europas von neuem der großen Aufgabe zugewandt. Bereits Anfang Juni 1955 hatten die Regierungen des Sechsmächtebündnisses auf der Konferenz von Messina die Einsetzung eines Komitees von Regierungsvertretern beschlossen, das das Integrationsproblem erneut als Problem einer von Fall zu Fall nach Sachaufgaben zu organisierenden Zusammenarbeit aufgreifen sollte, auf einem Weg also, der als Umweg galt. Der Umweg wurde eingeschlagen, weil die Methode der Schaffung europäischer Institutionen, also der Direktversuch eines politischen Zusammenschlusses, am Widerstand des Nationalismus, vor allem des französischen Nationalismus gescheitert war. Deswegen sollte nunmehr die wirtschaftliche Integration mit dem Ziel der Schaffung eines gemeinsamen Marktes und der weitestgehenden Zusammenarbeit in der Entwicklung der Atomenergie vorangetrieben werden.

Unter dem Vorsitz eines so überzeugten Europäers wie Paul-Henri Spaak, der von Jean Monnet und dem Aktionskomitee für die Vereinigten Staaten von Europa kräftig unterstützt wurde, kam der Regierungsausschuß rasch voran und konnte schon im April 1956 einen Bericht über die Aufbaugrundlagen für den Gemeinsamen Markt und Euratom vorlegen. Der Bericht fand die Zustimmung der Regierungen, und den Sommer über wurde an der recht mühevollen Formulierung eines Vertragsentwurfs gearbeitet. Vor allem

Antonio Segni und Konrad Adenauer
nach der Unterzeichnung des EWG- und des Euratom-Vertrages in Rom am 25. März 1957

Eröffnung des englischen Parlaments durch Königin Elizabeth II. am 28. Oktober 1958

begegnete die Organisation des Gemeinsamen Marktes zahlreichen Widerständen. Es kam darauf an, der schwachen Zahlungsbilanz Frankreichs, der die starke Position Deutschlands gegenüberstand, Rechnung zu tragen; das Mißtrauen der durch Schutzzölle verwöhnten französischen Industriellen zu überwinden, die sich in vielen Fällen um die unumgängliche Umstellung und Modernisierung gar nicht mehr bemühten; auf die besonderen Verhältnisse Süditaliens Rücksicht zu nehmen; Formulierungen zu finden, die sich auf die Landwirtschaft anwenden ließen; schließlich Lösungen zu entwickeln, die die Einbeziehung abhängiger überseeischer Gebiete in die gemeinschaftliche Marktorganisation erlauben würden. Guter Wille und manche Zugeständnisse an besonders anspruchsvolle oder besonders starrsinnige Partner ermöglichten endlich – nicht ohne den Druck der Ereignisse – eine allseitige Verständigung. Am 25. März 1957 wurden die beiden Verträge, die die Europäische Wirtschaftsgemeinschaft (EWG) und Euratom begründeten, in Rom unterzeichnet.

Schon im Juli wurden die Verträge von Deutschland und Frankreich, bald darauf auch von den anderen Teilnehmerstaaten ratifiziert. Mit Recht konnte Robert Schuman in einer Rede feststellen: »Die Ratlosigkeit unter den Atlantikmächten, die unsere Niederlagen am Suezkanal und in Ungarn hervorgerufen hatten, hat die parlamentarische Billigung der Europa-Projekte Euratom und Gemeinschaftsmarkt gefördert. Es ist dieser Situation zu verdanken, daß unerwartet große Mehrheiten die Vereinbarungen von Rom genehmigt haben.«

Doch der Sieg der Europäer, den die amerikanische Regierung mit der größten Befriedigung begrüßte, weil sie in ihm das erste Ergebnis der von ihr seit 1947 geförderten und unterstützten Politik sah, blieb ein Teilsieg. Das Europa, das sich zusammenschloß, war nur Kleineuropa. Aus Furcht, den politischen und wirtschaftlichen Zusammenhang mit dem Commonwealth zu gefährden, hatte sich Großbritannien nicht anschließen können. Spanien und Portugal, Griechenland und die Türkei, Irland und Island blieben abseits, ebenso die Schweiz, Österreich und die skandinavischen Länder. Was waren die Gründe dieser ablehnenden Haltung angesichts der im Vertrag von Rom vorgesehenen Möglichkeit der Ausweitung der EWG? Sie mochten in den einzelnen Ländern verschieden sein. Von besonderen Hindernissen abgesehen, die mit einigen unterentwickelten Gebieten oder der Regelung landwirtschaftlicher Fragen zusammenhingen, richtete sich indes der gemeinsame Haupteinwand gegen die geplante Zollunion, die eine Minderung der Außenhandelsumsätze im Handelsverkehr einiger dieser Länder mit Nichtmitgliedsstaaten mit sich zu bringen drohte. Die sechs Gründungsmitglieder der EWG hatten das einheitliche Zollgebiet vorgesehen, weil für sie der Gemeinsame Markt nur eine Etappe auf dem Weg zur politischen Integration Europas darstellte. Den anderen Ländern wäre eine elastischere Regelung akzeptabler erschienen. Als OEEC-Mitglieder verwiesen sie auf die erfreuliche Bilanz der OEEC seit 1948: Liberalisierung des innereuropäischen Handels bei etwa 85 Prozent der Umsätze – mit dem Erfolg, daß zwischen 1948 und 1956 dies Außenhandelsvolumen innerhalb Europas um 120 Prozent, in der übrigen Welt dagegen nur um 54 Prozent zunahm; freie Konvertierbarkeit der europäischen Währungen dank der Tätigkeit der Europäischen Zahlungsunion; dazu eine Anzahl anderer erfolgreicher Maßnahmen, von denen eine im Auftrag der OEEC veröffentlichte Untersuchung berichtete: Abschaffung der meisten zwischenstaatlichen Beschränkungen bei Dienstleistungen, laufende Zusammenstellung von systematisierten Angaben über die Wirtschafts-, Finanz-, Haushalts- und Investitionspolitik der Mitgliedsstaaten mit vergleichender Analyse, Einsetzung eines ständigen Ausschusses der Minister für Ernährung und Landwirtschaft, Anfänge der Freizügigkeit für Arbeitnehmer, Gründung des Europäischen Amtes für Produktivität und des Europäischen Amtes für Kernenergie, schließlich – nach der Suez-Krise – Überwachung der Verteilung der Öllieferungen in Europa. Da diese Art der Zusammenarbeit, die die Verschiedenartigkeit der Lage in den einzelnen Ländern berücksichtigte, greifbare Erfolge erbrachte, konnten die Länder, die nicht zur Sechsergruppe der EWG gehörten, nicht einsehen, warum man mit dem starreren System des einheitlichen Zollgebiets der natürlichen Entwicklung vorauseilen sollte. Da sie aber auch die Folgen der Diskriminierung fürchteten, die sich aus dem fortschreitenden Abbau der Zollschranken innerhalb der EWG ergeben müßte, suchten sie nach einer Kompromißlösung; sie sahen eine solche Kompromißmöglichkeit in der Idee einer Freihandelszone, deren Mitglieder bei allmählichem Abbau der mengenmäßigen Beschränkungen des Außenhandels und der Zollsätze innerhalb der Zone ihre volle handelspolitische Autonomie im Verkehr mit Ländern außerhalb der Zone behalten würden. Entsprechende Vorschläge wurden im Juli 1956 in die Debatte geworfen.

Die Lösung war klug. Klar abgegrenzt und mit den nötigen Sicherungsmaßnahmen – vor allem hinsichtlich der Feststellung des Ursprungs der Waren – versehen, hätte sie dazu beitragen können, die Teilung Europas zu verhindern, die der Plan der sechs EWG-Mächte herbeizuführen drohte. Aber wenn einzelne Unterzeichner des Vertrags von Rom aus Angst vor den Folgen eines Handelskrieges nicht abgeneigt waren, über eine Vereinbarung zu verhandeln, ließen andere, besonders Frankreich, erkennen, daß sie von ihrem unversöhnlichen Standpunkt nicht abgehen wollten. Angeführt wurden als Gegenargument die technischen Schwierigkeiten der Bestimmung des Ursprungslandes von Waren, die etwa aus der Freihandelszone in das einheitliche Zollgebiet des Gemeinsamen Marktes importiert werden würden. Mehr noch wurde den Anhängern der Freihandelszone vorgeworfen, sie wollten von den Vorteilen des Gemeinsamen Marktes der EWG profitieren, ohne die Nachteile in Kauf zu nehmen, so etwa die Angleichung der Wirtschaftspolitik und der Soziallasten, die die Herstellung gleicher Konkurrenzbedingungen ermöglichen sollte. In dieser Frage hatten namentlich die französischen Arbeitgeber eine unzweideutige Position bezogen. So war in einem für die französischen Unterhändler abgefaßten Memorandum der Confédération Nationale du Patronat Français Ende 1956 zu lesen: »Um vernünftige Arbeit zu leisten, müßte man die Betonung weniger auf den eigentlichen Aufschub der Zollsenkung legen als auf den unzertrennlichen Zusammenhang, der hergestellt werden müßte zwischen solchen Senkungen und den anderen Strukturelementen des Gemeinsamen Marktes (Vereinheitlichung der Wirtschafts-, Sozial- und Steuergesetzgebung und der Wirtschafts-, Sozial- und Steuerpolitik, fortschreitende Durchführung der Freizügigkeit der Arbeitnehmer und der freien Kapitalbewegung).«

Freilich wäre es sehr wohl möglich gewesen, trotz dieser Intransigenz, die in einer alten protektionistischen Tradition wurzelte, einen Ausgleich zu finden. Nur waren die Schwierigkeiten nicht nur wirtschaftlicher und technischer, sondern auch politischer Natur. In Wirklichkeit ging es um den Kerninhalt der Vorstellungen, die man sich von der europä-

Europäische Wirtschaftszonen 1960
EWG 25.3.1957
EFTA 3.5.1960
NORWEGEN
SCHWEDEN
DÄNEMARK
GROSS-
BRITANN.
NIEDERL.
BELGIEN
LUX.
B.REP.
DEUTSCH-
LAND
WEST-BERLIN
FRANKREICH
SCHWEIZ
ÖSTERREICH
ITALIEN
PORTUGAL

schen Zusammenarbeit machte. Zwei Strömungen standen einander gegenüber: auf der einen Seite die Vorkämpfer eines »geeinten Europas«, eines wirtschaftlich und politisch zusammengeschlossenen Kontinents, dessen Länder ihre Souveränität nach und nach zugunsten einer wirklichen Europa-Regierung aufgeben müßten; auf der anderen Seite die Anhänger einer europäischen Zusammenarbeit, die sich im Bewußtsein der positiven Bedeutung der nationalen Besonderheiten bemühten, Einheit und Vielfalt zu versöhnen, und die Meinung vertraten, daß die unerläßlichen Vorbedingungen echter europäischer Zusammenarbeit durch Liberalisierung des Handels und Verkehrs und Abbau der Zollsätze geschaffen werden müßten.

Überdies waren die Auseinandersetzungen über die Integrationsmethode durch die alte französisch-englische Rivalität kompliziert worden. Obgleich sich England und Frankreich seit Beginn des 20. Jahrhunderts immer wieder im Angesicht gemeinsamer Gefahren zusammengefunden haben, sind ihr Lebensstil und ihre Denkweise viel zu verschieden, als daß sich hier zwei politische Wege, die dazu noch weitgehend durch die verschiedenartige geographische Lage bestimmt sind, ohne weiteres hätten zusammenlegen lassen. Die Franzosen hätten Großbritannien enger an Europa binden mögen. Als der Schuman-Plan vom Stapel gelassen und vor allem als an der Vorbereitung des EVG-Vertrages gearbeitet wurde, hatten sie eifrig darum geworben. Da sie sich vor einem Tête-à-tête mit einem stürmisch emporstrebenden Deutschland fürchteten, brauchten sie zur Aufrechterhaltung des Gleichgewichts das Beisein Englands. Die Ablehnung der Londoner Regierung hatte ein Ressentiment hervorgerufen, das bei den Diskussionen um die EVG-Ratifizierung oft genug zum Ausdruck kam. Nun aber, da Frankreich in einer Atmosphäre gegenseitigen Vertrauens herzliche Beziehungen zur Bundesrepublik Deutschland hergestellt hatte, verspürte es ein geringeres Verlangen, England heranzuholen: dessen Gegenwart hätte das vielversprechende Tête-à-tête stören können. Es wurde sogar eine gewisse Reserve an den Tag gelegt, in der Bitterkeit und Schadenfreude in einem spürbar waren: die Europäer, ließ man durchblicken, seien dabei, sich miteinander zusammenzuschließen; sie hätten nichts dagegen, den Kreis zu erweitern, um die englischen Nachbarn mit von der Partie sein zu lassen; aber sie dächten nicht daran, sich vom neuen Teilnehmer als Voraussetzung seines Mitmachens seine Integrationsansichten aufzwingen zu lassen; es sei nunmehr Englands Sache, sich anpassungsbereit zu zeigen.

So etwa dachten viele Franzosen; vor allem dachten so die Franzosen, die für die Europapolitik Frankreichs verantwortlich waren. Kein Wunder, daß sich die Erörterungen hinzogen. Seit Anfang 1957 war der Rat der OEEC (Organisation für Europäische wirtschaftliche Zusammenarbeit) der Meinung, daß die technischen Voraussetzungen für die Planung einer Freihandelszone unter Einschluß der Zollunion der Sechs gegeben seien; er hatte auch die Aufnahme von Verhandlungen mit den Mitgliedsstaaten der EWG (Europäische Wirtschaftsgemeinschaft) beschlossen. Aber zunächst mußte der Abschluß der Debatten über die Ratifizierung der Verträge von Rom abgewartet werden, und erst im Herbst 1957 wurde das Problem, immer noch sehr behutsam, in Angriff genommen.

NATO und »nichtmilitärische Zusammenarbeit«. Ihrerseits bemühte sich die NATO, die allzu sichtbaren Risse zu kitten. Einige Monate vor der Novemberkrise hatte der Rat der NATO die Einsetzung eines Komitees für nichtmilitärische Zusammenarbeit beschlossen, dem die Aufgabe zugewiesen wurde, »dem Rat Vorschläge über Maßnahmen zu unterbreiten, die zur Verbesserung und Weiterentwicklung der Zusammenarbeit der NATO-Länder auf nichtmilitärischen Gebieten und zur Festigung der Geschlossenheit der atlantischen Gemeinschaft getroffen werden sollten«. Daß die drei Mitglieder des Komitees, die man »die Weisen« taufte, keine leichte Aufgabe vor sich hatten, sollten die weiteren Ereignisse zeigen: recht brutal wurde den Mitgliedsstaaten der NATO im November die Unumgänglichkeit einer Revision ihrer Politik vorgeführt. Als der Rat der NATO im Dezember 1956 zusammentrat, stand er unter dem frischen Eindruck der Ereignisse und beeilte sich, die Empfehlungen des Dreierkomitees gutzuheißen. Was aber sagten »die Weisen«? Daß Sicherheit »viel mehr« sei als »ein militärisches Problem«, daß »die Ausgestaltung der politischen Fühlungnahme und der Zusammenarbeit, die Verwertung der Naturschätze, die Verbesserung des Bildungswesens und die Vertiefung der Völkerverständigung« für die »Sicherheit eines Staates oder eines Bündnisses« »ebenso wichtig ... wie der Bau eines Panzerschiffes oder die Ausrüstung einer Armee« oder sogar »noch wichtiger« sein könnten.

Das war ebenso offensichtlich richtig wie die Feststellung, daß die Sowjetunion fremde Länder »durch wirtschaftliche Mittel und politische Umsturzversuche« zu sich herüberzuziehen suche. Hatte George Kennan nicht schon im Juli 1947 in einem Artikel in *Foreign Affairs* das Verhalten der Sowjetunion ähnlich gekennzeichnet und die Parole der »Eindämmung« ausgegeben, die nichts anderes besagte, als daß die Schlacht auf dem Gelände der Wirtschaft und der Politik geliefert werden sollte? Die »Weisen« der NATO glaubten allerdings eine neue Tatsache festgestellt zu haben, die der NATO ein »zusätzliches Problem« aufgebe. Die NATO sei zur Abwehr einer militärischen Herausforderung geschaffen worden, und von Anfang an hätten ihr die Sorgen um die Berlin-Blockade und den Korea-Krieg ihr Gepräge gegeben; nur habe sie den totalen Charakter der Sowjetoffensive immer mehr aus den Augen verloren. Doch mittlerweile habe es sich Chruschtschow angelegen sein lassen, seine atlantischen Gesprächspartner daran zu erinnern, was die ständigen Ziele der Sowjetaußenpolitik seien, und ihnen vor Augen zu führen, über welche Vielfalt von Aktionsmitteln die Sowjetunion verfüge. Eben daraus ergebe sich die Notwendigkeit, eine gründliche Umstellung vorzunehmen.

Deswegen betonte der Bericht der »Weisen« die Vordringlichkeit des Aufbaus einer »atlantischen Gemeinschaft«, die er als »ständige Verbindung der freien Völker des Nordatlantiks mit dem Ziel der Verstärkung ihrer Einheit, der Verteidigung und Wahrung der diesen Ländern als freien Demokratien gemeinsamen Interessen« definierte. Diese Verbindung der Nordatlantikvölker, hieß es weiter, sei das Ergebnis eines durch die Geburt des Atomzeitalters bedingten geschichtlichen Wandels; in der neuen Ära sei es keinem einzelnen Staat mehr gegeben, sich nur auf sich gestellt zu entwickeln oder auch nur zu überleben. Erhaltung und Ausbau der atlantischen Gemeinschaft, deren Dasein keineswegs unvereinbar sei mit dem Dasein eines geeinten Europas, verlange somit eine engere zwischenstaatliche Zusammenarbeit in allen Ebenen und auf allen Gebieten, möge es sich um die Vereinheitlichung der Politik der einzelnen Staaten oder um wirtschaftlichen, wissenschaftlichen und kulturellen Austausch handeln.

Die Billigung des Dreierberichts durch den Rat der NATO hätte eine entscheidende Wendung mit sich bringen sollen. Hatte man nicht in der Tat anerkannt, daß Einfluß und Interessen der NATO-Mitglieder »sich nicht auf die Anwendungszone des Vertrags beschränken« und daß aus diesem Grund die Abstimmung der Außenpolitik der einzelnen Staaten schon im vorbereitenden Stadium unerläßlich sei? Hatte man nicht den Nutzen des Austauschs von Informationen, die für den wissenschaftlichen Fortschritt unentbehrlich seien, zugegeben?

Indes folgten auf die Beschlüsse keine Taten. In Wirklichkeit waren die grundlegenden Probleme ungelöst geblieben. Die Regierung der Vereinigten Staaten war keineswegs eher geneigt als vordem, die Politik ihrer englischen oder französischen Verbündeten in Afrika mit moralischen Garantien auszustatten. Sie begeisterte sich nicht im geringsten für eine Methode der wissenschaftlichen Zusammenarbeit, die zur Erweiterung des »Atomklubs« hätte führen müssen. Es war ihr zwar, jedenfalls solange sie nicht über interkontinentale Geschosse verfügte, durchaus recht, Abschußbasen auf dem Territorium ihrer europäischen Verbündeten zu errichten, aber keineswegs hatte sie die Absicht, die Verfügung über den Einsatz von Atomsprengköpfen aus der Hand zu geben: die Gefahr einer Zersplitterung der Entscheidungsgewalt schien ihr zu groß. Manchen Verbündeten war diese amerikanische Haltung unbegreiflich. Vor allem Frankreich reagierte darauf um so empfindlicher, als es schon durch die englisch-amerikanische Zusammenarbeit in Atomrüstungsfragen auf eine tiefere Stufe hinabgedrängt worden war.

Es konnte deswegen nicht überraschen, daß der Sputnik-Abschuß im Herbst 1957 überall Erregung auslöste. Die Amerikaner, die seit vielen Jahren im Glauben an ihre technische Überlegenheit gelebt hatten, stellten entsetzt fest, daß die Sowjetrivalen sie beim Wettlauf durch die interplanetarischen Räume überholt hatten; unter dem Druck der öffentlichen Meinung mußte die Regierung ihren unerschütterlichen Gleichmut durchbrechen und Reorganisationsmaßnahmen auf dem Gebiet der Forschung ergreifen, die manche Kritiker seit langem gefordert hatten. In Europa hielten Bewunderung, Entsetzen und Schadenfreude einander die Waage. Man wurde sich sowohl der Möglichkeiten des großen russischen Volkes als auch der Machtfülle eines autoritären Regimes bewußt. Und man malte sich zugleich voller Schrecken aus, welchen Gebrauch die Führer der Sowjetunion von ihrem zweifellos nur vorübergehenden Vorsprung machen könnten. Aber man konnte sich auch einer gewissen Ironie gegenüber diesem so selbstsicheren Amerika nicht erwehren, das es verschmäht hatte, seine Verbündeten an seinen Forschungen zu beteiligen. Würde der Schlag, der es getroffen hatte, Amerika dazu bewegen, die Voraussetzungen der atlantischen Zusammenarbeit zu überprüfen und seine Geheimnisse mit einem größeren Kreis zu teilen?

Der Sputnik war eine neue – diesmal friedliche – Herausforderung an die Adresse der westlichen Welt; die Moskauer Regierung machte sie sich dadurch zunutze, daß sie in erhöhtem Maße auf die Staaten einzuwirken suchte, die sich mit der Absicht trugen, ihre Atomrüstung auszubauen oder die Errichtung von Raketenbasen auf ihrem Boden zuzulassen. Auf all das antwortete die NATO mit einer mehr geräuschvollen als wirksamen Demonstration ihrer Einheit. Zu der Sitzung des Rates der NATO in Paris erschienen die Regierungschefs, an ihrer Spitze der Präsident der Vereinigten Staaten. Nach der üblichen

Situationsanalyse wurden einige Beschlüsse gefaßt: die Unterbringung von Abschußbasen für Atomgeschosse durch direkte Vereinbarungen zwischen dem NATO-Oberbefehlshaber in Europa und den betroffenen Staaten regeln zu lassen und einen Fachausschuß unter Beteiligung aller Mitgliedsstaaten einzusetzen, der die Möglichkeiten verstärkter Zusammenarbeit auf wissenschaftlichem Gebiet prüfen sollte. Einige Monate später meldete nach einer weiteren Ratssitzung ein amtliches Kommuniqué neue Fortschritte auf dem Weg zu einer »echten Gemeinschaft freier Länder, in deren Rahmen diese Länder in einem in der Geschichte nie dagewesenen Ausmaß eine Politik enger Zusammenarbeit in Friedenszeiten verfolgen, ohne auf ihre Unabhängigkeit zu verzichten«. Alles, fügte das Kommuniqué hinzu, müsse zur Sicherung wirtschaftlicher Prosperität geschehen, namentlich durch Ausdehnung des internationalen Handels und Unterstützung unterentwickelter Länder. Ergänzend bemerkte Spaak, es handle sich um mehr als bloße Zusicherungen und Hoffnungen.

Daß die besten Absichten bestanden, kann unterstellt werden, und es steht sogar fest, daß innerhalb der NATO Anstrengungen unternommen wurden, das offensichtlich einmütige Verlangen nach engerer Zusammenarbeit in die Praxis umzusetzen. Aber die Politik der einzelnen Staaten zu koordinieren blieb nach wie vor schwierig. Zwar billigten die Mitglieder der atlantischen Gemeinschaft die englisch-amerikanische Intervention im Libanon, aber die plötzliche Intensivierung chinesischer Vorstöße vor Formosa schuf eine Atmosphäre voller Spannung, in der sich die Isolierung der Vereinigten Staaten klar abzeichnete. Und die Stimmenthaltung des amerikanischen Delegierten bei der Abstimmung der Vereinten Nationen über Algerien machte die französische Regierung auf die Entschlossenheit ihrer Verbündeten aufmerksam, sich deutlich zu distanzieren.

Frankreichs Fünfte Republik. Auch wenn die internationalen Krisen des Jahres 1958 mit der gleichsam permanenten Spannung, die sie bewirkten, die allgemeine Aufmerksamkeit immer wieder in Anspruch nahmen und die Revolution im Irak dem Westen im ersten Augenblick als besonders gravierend erschien, trat das dramatischste und folgenschwerste Ereignis des Jahres in Frankreich ein: die Vierte Republik brach endgültig zusammen. Man hatte das Ereignis kommen sehen. Seit Jahren schon hatte jedermann den Zerfall der Staatsautorität beobachten können, der aus der Unmöglichkeit der Mehrheitsbildung für die Durchführung wichtiger politischer Entscheidungen resultierte. Das Ausweichen vor politischen Entscheidungen war seinerseits die Folge einer Intellektualisierung des politischen Kampfes und seiner Verwandlung in Dispute um Ideen, die nicht notwendigerweise der Wirklichkeit entsprachen, und um Prinzipien, die von den Beteiligten keineswegs immer respektiert wurden; dies Ausweichen war aber auch die Folge des Unvermögens, aus der Verarbeitung des geschichtlichen Erbes die Probleme der Gegenwart und Zukunft herauszuschälen, die Folge auch der Angst vor dem Wagnis, das jeder Entscheidung innewohnt. Für die meisten der Akteure war die Revolution zum Gegenstand religiöser Verehrung geworden, sie hatte aufgehört, ein Kampfinstrument zu sein.

Auf diese Lässigkeit, diesen Ausfall des Staates schienen sich die Franzosen oft mit Leichtigkeit einzustellen. Sie hatten sich daran gewöhnt, ihr Leben an der Peripherie des staatlichen Daseins zu organisieren. Die zentrale Staatsverwaltung, meinten sie, müsse zur Sicherung der Kontinuität in den wichtigsten öffentlichen Diensten, deren die Nation bedürfe, vollauf genügen. Indes konnte das nicht genügen, sobald es sich um die Lenkung der Außenpolitik handelte. Hier konnte den Entscheidungen nicht ausgewichen werden, weil sie durch die Entwicklung der Ereignisse erzwungen wurden, die sich außerhalb Frankreichs abspielten, aber Frankreich in ihren Umkreis hineinzogen. Weil sie die internationalen Folgen des Zerfalls der Staatsautorität nicht zu ermessen vermochte, war die Dritte Republik 1940 zusammengebrochen. Aus denselben Gründen war der Vierten Republik dasselbe Schicksal beschieden.

Die Entscheidung wurde dem Staat von Algerien auferlegt. Fast vier Jahre zuvor war der bewaffnete Kampf aufgenommen worden; er griff immer mehr um sich und nahm nun schon über vierhunderttausend Menschen in Anspruch. Nicht daß die Gegner besonders zahlreich gewesen wären: einige tausend oder einige zehntausend Mann im Höchstfall, dafür aber schwer zu fassen. Das Land ist riesig, an manchen Stellen von Gebirgsketten auseinandergeschnitten, wie geschaffen für den Guerillakrieg, wie er von den Streitkräften der nationalen Befreiungsbewegung unter Mitwirkung einer sympathisierenden oder terrorisierten mohammedanischen Bevölkerung und mit Unterstützung der arabischen Nachbarländer geführt werden konnte. In Frankreich selbst war der Krieg nicht populär. Er hielt Männer, die man anderswo gebraucht hätte, außerhalb des Landes; er nahm bedeutende Wirtschaftspotenzen in Anspruch und beeinträchtigte infolgedessen die wirtschaftliche Entwicklung des Landes; vor allem schien er das Selbstbestimmungsprinzip zu untergraben, dessen historische Urheberschaft die Franzosen nicht verleugnen können und auf das sich die ganze Welt beruft. Den Krieg bis zur Vernichtung der revolutionären Kräfte weiterzuführen hieß, sich an eine überholte Kolonialpolitik zu klammern und in ein möglicherweise auswegloses Abenteuer verstrickt zu werden.

Nachzugeben bedeutete aber, nicht nur den Verlust Algeriens zu riskieren, sondern auch die Gefahr auf sich zu nehmen, vom Zugang zu Afrika abgeschnitten zu werden, vor allem vom Zugang zur Sahara, mit deren Ausbeutung man gerade begonnen hatte und deren Naturschätze Frankreich die Möglichkeit boten, sich von der politischen Hypothek frei zu machen, die ihm die Versorgung mit fremdem Erdöl aufgebürdet hatte. Konnte Frankreich überhaupt nachgeben? Algeriens Verhältnis zu Frankreich hatte sich anders gestaltet als das Marokkos oder Tunesiens. Organisatorisch war Algerien ein Teil des kontinentalen Mutterlandes, und eine beträchtliche französische Bevölkerung betrachtete das Land als ihr Besitztum und konnte sich nicht vorstellen, daß sie vertrieben werden könnte. Die Franzosen Algeriens waren zum Kampf entschlossen. In ihrem täglichen Dasein und in ihrer Zukunft bedroht, verfolgten sie mit wachsender Empörung die Auseinandersetzungen in Frankreich, in denen Befürworter und Gegner von Verhandlungen mit den Revolutionsführern einander gegenüberstanden, und beobachteten voller Unruhe die taktischen Manöver der Regierung. Dabei standen sie nicht allein. Auch in den Reihen der Armee wuchs die Ungeduld. Sie wuchs, weil der Krieg immer noch weiterging und neue Formen annahm, die eine Umstellung in Kampfmitteln und Kampfmethoden erheischten, und weil man bei Kriegshandlungen auf vorgeblich französischem Boden auf den Widerstand oder die Passivität einer feindlichen oder indifferenten Bevölkerung stieß, ohne auch nur auf Rückhalt bei der politischen Führung des Landes oder in der Volksmeinung rechnen zu können. Die

Besuch Charles de Gaulles zu politischen Gesprächen mit Konrad Adenauer in Bad Kreuznach am 26. November 1958

Eröffnung des neuen NATO-Gebäudes in Paris
mit einer Sitzung des Ministerrates des Nordatlantik-Paktes, Dezember 1959

Armee, von der ein erheblicher Teil den Krieg in Indochina mitgemacht hatte und entmutigt und gedemütigt heimgekehrt war, hatte das Gefühl, daß die schwankende Haltung des Mutterlandes sie einer neuen Kapitulation entgegenführte, und dagegen lehnte sie sich auf. Auf Grund der Indochina-Erfahrungen glaubte sie mit der Revolte fertig werden zu können, wenn man ihr nur die nötigen Mittel zur Verfügung stellte. Sie war bereit, die Kräfte in Frankreich zu unterstützen, die nicht nachgeben wollten. Sie sollte sich auf die Seite der Franzosen von Algerien schlagen, die eine aufflammende Volksbewegung am 13. Mai 1958 vor das Regierungsgebäude in Algier trieb. Dorthin drängte die Truppe die Haltung ihrer Führer, aber auch die Tatsache, daß sie keinen Ausweg sah. Sie war in einer zwiespältigen Lage, und ihre Haltung, zum mindesten die ihres Befehlshabers General Salan, sollte zweideutig bleiben.

In Frankreich, wo die Öffentlichkeit zwar mit Aufruhr, aber nicht mit dieser nackten Mißachtung der Regierungsautorität gerechnet hatte, schuf das grenzenlose Konfusion. Die Minister ließen sich ratlos treiben; bei einer zerrissenen Nationalversammlung konnten sie weder Rat noch Rückenstärkung finden. Die Regierung, die weder auf die Polizei noch auf die Armee bauen konnte, hatte keine Machtmittel, und das Parlament hatte nicht das Zutrauen des Volkes.

Einige Tage schwankte das Land am Rande des Abgrunds, der in den Bürgerkrieg führte. Aber es blieb bei Reden, Aufrufen und Demonstrationen. Die Beschwörung der Manen der großen Vorfahren fand nicht mehr Widerhall als der Ruf ins Maquis. Eine Revolution wollten die Franzosen nicht. War es Müdigkeit? War es die Wirkung einer durch das Zusammengehen der Bauern und der städtischen Mittelschichten, die der Wandel der Technik hatte anwachsen lassen, verstärkten konservativen Haltung?

Jedenfalls wurde das Wiedererscheinen General de Gaulles auf der politischen Bühne mit großer Erleichterung aufgenommen. Trotz den Mißerfolgen in den ersten Nachkriegsjahren hatte sich de Gaulle seine moralische Autorität intakt erhalten. Er blieb ein nationaler Heros und für die, die an seiner Seite gekämpft hatten, der Chef. Man hatte Respekt vor seiner Integrität und seinen geistigen Fähigkeiten: er war ein »Schriftsteller«, und das zählte in Frankreich. Die politische Umstellung und Umgruppierung, die in mühseligen Verhandlungen vorbereitet worden war, wurde erleichtert durch den maßvollen Ton, den er anschlug, und auch durch seine taktische Wendigkeit, die um so größeren Eindruck machte, als man mit ihr nicht gerechnet hatte.

Es begann eine Periode intensiver Arbeit. Das Parlament war zerbrochen. Die Regierung hatte freie Hand für die Durchführung des angekündigten Reformprogramms. Schritt um Schritt wurde in Algerien die Armee unter Kontrolle gebracht; die Männer des 13. Mai wurden in die Schranken gewiesen. Nach wenigen Monaten wurde eine neue Verfassung vorgelegt, die am 28. September mit großer Mehrheit angenommen wurde. In einem Zug wurde eine ganze Reihe von Problemen angepackt, an denen sich vorhergehende Regierungen versucht hatten, ohne sie lösen zu können. Die französische Verwaltung hatte bis dahin noch in einem organisatorischen Rahmen funktioniert, den Bonaparte geschaffen hatte. Jetzt wurde der Versuch unternommen, sie zu modernisieren. Im Sturmschritt und im Stil des Konsulats gehandhabt, riefen alle diese Reformen verschiedenartige Kritik hervor. Und doch war der Widerstand verhältnismäßig schwach, und die Vorbehalte bezogen sich weniger auf das Ganze als auf einzelne konkrete Punkte in der Durchführung der angeordneten Maßnahmen. Vernünftige Menschen waren sich über die Notwendigkeit dieser zu lange hinausgeschobenen Reorganisation des Verwaltungsapparates ohnehin im klaren, und manche neigten sogar zu der Meinung, daß energischer hätte durchgegriffen werden können. Die neue Verfassung entsprach ungefähr dem, was man von den politischen Vorstellungen des Regierungschefs auch vorher schon gekannt hatte. Sie gab dem Präsidenten der Republik genug Macht zur selbständigen Bestimmung der Politik des Staates. Der Ministerpräsident wurde in den Hintergrund gedrängt. Dem Parlament wurden die entscheidenden Kontrollprärogativen, nicht zuletzt die Beschlußfassung über den Staatshaushalt, belassen, jedoch die Möglichkeit genommen, zu Parlamentsregierungen zurückzukehren, jedenfalls solange der Präsident der Republik gewillt war, die ihm von der Verfassung bewilligte Waffe der Parlamentsauflösung zu gebrauchen. Eine Präsidialrepublik also, auf den Mann zugeschnitten, den alles dazu prädestinierte, ihr erster Präsident zu werden. Zugleich sollte allerdings diese Republik, Frankreichs fünfte, als Zentrum eines größeren Staatenbundes dienen. Die Verfassung sah die Schaffung einer Föderation vor, deren Präsidentschaft dem Präsidenten der französischen Republik in Personalunion zufallen sollte. Sie bot den Madegassen und den der Französischen Union angeschlossenen Völkern die Möglichkeit, für volle Unabhängigkeit oder für Angliederung an die Föderation zu optieren. Nur Guinea zog 1958 Unabhängigkeit vor. Alle anderen entschieden sich zunächst für Zusammenarbeit mit Frankreich im Rahmen der Föderation (»Französische Gemeinschaft«).

So schien die Fünfte Republik in ihren Anfängen von augenscheinlich gegensätzlichen Strömungen beherrscht. Die Reaktion auf die Überspitzung des Parlamentarismus hatte zur Stärkung der Exekutive und zum Sieg einer Demokratievariante geführt, die manchen als bonapartistisch erscheinen sollte. Aber zugleich offerierte das neue Regime den von Frankreich abhängigen Völkern eine föderative Lösung, wie sie die Vierte Republik nie vorzuschlagen gewagt hatte. Den Luxus eines solchen Liberalismus konnte sich aber wiederum nur ein Staat leisten, der seiner Herrschaftsstellung ganz sicher war. Unter diesen Umständen war es nicht verwunderlich, daß Kritik von allen Seiten kam. Auf der extremen Rechten wie auf der extremen Linken stellte man sich gegen ein Regime, das man, an seiner Härte gemessen, als zu schwächlich empfand. Das eigene Personal der Fünften Republik neigte zu einer skeptischen Haltung, die nach den Wahlen eine feindliche Färbung annahm, weil die Wahlen eine »unauffindbare« Kammer hervorbrachten. Die Mehrheit schließlich schenkte ihr Vertrauen dem einen Mann an der Spitze eher als seiner Umgebung oder den Institutionen, die er geschaffen hatte. Aber sie wußte, daß der Mann eines Tages nicht mehr da sein würde. Deswegen war das Gefühl ziemlich allgemein verbreitet, daß man sich in ein Abenteuer hineinbegeben habe, von dem die meisten wenigstens hoffen wollten, daß es zu einem positiven Ergebnis führen werde. Diese Hoffnung war allerdings an die Voraussetzung gebunden, daß es gelingen könne, mit dem Krieg in Algerien Schluß zu machen.

Gemeinsamer Markt und Freihandelszone. Auch Europa beobachtete die Vorgänge. Wie die amerikanischen Verbündeten hatte es, zwischen Furcht und Hoffnung schwankend, das Auf und Ab der französischen Krise verfolgt. Europa wußte – genau wie Frankreich und schließlich die ganze Welt es wußte –, daß Frankreich eines Tages Dingen, die längst fällig waren, würde ins Gesicht schauen müssen. Es konnte sich aber auch nicht der Erkenntnis verschließen, daß alle seit Jahren ausgearbeiteten Pläne, alles, was für die Wiederaufrichtung des Westens und der Atlantischen Welt getan worden war, vom Ausgang dieser Krise abhing. Montanunion, Gemeinsamer Markt, Euratom, NATO: das alles konnte wieder in Frage gestellt werden durch eine Revolution, die das Kräfteverhältnis zwischen der Sowjetunion und den Westmächten mit einem Schlag verändern würde. Die Machtübernahme durch de Gaulle löste infolgedessen in Europa dieselbe Reaktion aus wie in Frankreich. Trotz aller Angst vor einem Mann, dessen überempfindlicher Patriotismus ebenso bekannt war wie die Ansprüche, die er im Namen Frankreichs erhob, wirkte die Lösung der Krise beruhigend, und man atmete erleichtert auf, als die Taten des neuen Regierungschefs den Eindruck bestätigten, daß Frankreich nach wie vor bei seinen Bündnissen zu bleiben und seinen Verpflichtungen nachzukommen gedachte. Sehr bald stellten sich auch die positiven Ergebnisse der Stärkung der Staatsautorität ein: in der Ebene der Diplomatie bedeutete das die Rückkehr zu den klassischen Methoden, vor allem zur strengen Wahrung diplomatischer Geheimnisse. Auf dem internationalen Schauplatz fand Frankreich von neuem Gehör bei vielen, die seine Stimme nicht mehr hatten hören wollen.

In ganz Europa kamen die Termine heran, an denen manche Versprechungen eingelöst werden mußten. Zum 1. Januar 1959 war das Inkrafttreten des Vertrages von Rom vorgesehen. Die französische Krise hatte eine weitere Verzögerung der Verhandlungen über die Freihandelszone bedeutet, die sich ohnehin schon wegen der Unnachgiebigkeit Frankreichs monatelang hingezogen hatten. Die Befürworter der Freihandelszone glaubten nun erst recht, auf eine Kompromißlösung hoffen zu dürfen: General de Gaulle und seine Hauptmitarbeiter hatten sich für eine zu weit gehende Integration nie begeistern können, und dem geeinten Europa eines Robert Schuman zogen sie ein Europa der Vaterländer vor; von ihnen wurde mehr Kompromißbereitschaft als von ihren Vorgängern erwartet. Diese Erwartung bestätigte sich nicht. Im Gegenteil: die französische Regierung brachte deutlich zum Ausdruck, daß sie sich durch den Vertrag von Rom gebunden fühle, betonte nachdrücklich, wie sehr ihr an einer engen deutsch-französischen Zusammenarbeit gelegen sei, und zeigte sich zugleich England gegenüber äußerst reserviert. Das Manöver war so durchsichtig und die Absicht so unzweideutig, daß man sich zunächst fragen mußte, ob de Gaulle, dessen Memoiren seine große Empörung über die angelsächsische Bevormundung in den Kriegsjahren noch nachträglich bekundeten, nicht einfach die Gelegenheit nutzte, Rache zu üben. Indes drängte sich eine einfachere und plausiblere Erklärung auf: der französische Regierungschef wollte sich auf ein Europa stützen, dessen engerer Zusammenschluß dem französischen Interesse dienen würde, weil er auf diese Weise einen größeren Einfluß auf die von ihm angestrebte Dreimächteleitung der NATO würde ausüben können. Derselben Überlegung entsprang auch der Entschluß, eine französische Atombombe zu entwickeln und so die Aufnahme Frankreichs in den Atomklub gegen den Widerstand der Engländer (mehr noch als der Amerikaner) zu erzwingen.

Das Bemühen der französischen Politik um größere Unabhängigkeit von den Vereinigten Staaten, als sie die Regierungen der Vierten Republik zuwege gebracht hatten, bedingte mithin eine enge Zusammenarbeit mit den europäischen Verbündeten und die Übernahme der von der Sechsmächtegruppierung ausgearbeiteten Pläne. Mit einer Entscheidung zugunsten der Freihandelszone wären möglicherweise die politischen Zielsetzungen der Integration, wie sie in den Plänen der Sechs projektiert war, gefährdet worden. In der Richtung der Ablehnung der Freihandelszone wurde überdies starker organisierter Druck auf die Regierung ausgeübt. Die in der Confédération Nationale du Patronat Français zusammengeschlossenen Industrieverbände, die nur mit Schwierigkeiten für den Gemeinsamen Markt hatten gewonnen werden können, wollten von der Freihandelszone schon überhaupt nichts wissen. Da die Wahlen unmittelbar bevorstanden, war es für die Regierung das wichtigste, die erste schwierige Übergangsphase zum Abschluß zu bringen und für die Anfänge der Fünften Republik eine breite Massenbasis zu sichern. Und schließlich: durfte sich Frankreich bei seiner prekären Wirtschafts- und Finanzlage den Luxus erlauben, den Kreis seiner Konkurrenten zu erweitern, ohne vorher eine Finanz- und Wirtschaftsreform durchgeführt zu haben? Charles de Gaulle ist ein Pragmatiker. Da ein Kompromiß zu schwierig war, ließ er es zu der Krise kommen, die die OEEC-Staaten vergeblich zu bannen versuchten. Aber zugleich milderte er mit der Annahme des von Jacques Rueff vorbereiteten und von Pinay empfohlenen Wirtschafts- und Währungsprogramms die wirtschaftlichen und politischen Auswirkungen der Krise ab. Ende Dezember 1958 wurde die Liberalisierungsquote für die Einfuhr aus OEEC-Staaten auf neunzig Prozent und für die aus Dollarländern auf fünfzig Prozent erhöht und zugleich bei Abwertung des Franken um fünfzehn Prozent die Wiederherstellung seiner Konvertierbarkeit für Nichtinländer beschlossen. Tatsächlich machten diese Maßnahmen auf das Ausland und besonders auf die OEEC-Staaten, die der abrupte Abbruch der Verhandlungen vor den Kopf gestoßen hatte, einen günstigen Eindruck, vor allem auch deswegen, weil im selben Atemzug ein weiteres Bukett von Sanierungsmaßnahmen bekanntgegeben wurde, die die französische Wirtschaft von neuem konkurrenzfähig machen sollten.

Da die englische Regierung gleichzeitig beschlossen hatte, die Konvertierbarkeit des Pfundes für Nichtinländer wiederherzustellen, konnte die Tagung des Ministerrats der OEEC im Januar 1959 in einer etwas weniger gespannten Atmosphäre abgehalten werden als die vom Dezember. Es ließ sich voraussehen, daß die Maßnahmen der beiden Regierungen und die sich in ihnen spiegelnden politischen Absichten im Erfolgsfall und bei konjunkturellem Anstieg eine Situation schaffen müßten, in der die Besprechungen über den Rahmen des wirtschaftlichen Zusammenschlusses unter günstigeren Voraussetzungen würden wiederaufgenommen werden können. Mit dem Inkrafttreten des Gemeinsamen Marktes war in den meisten europäischen Ländern die Hoffnung auf neue Verhandlungen noch keineswegs erloschen. In der Bundesrepublik Deutschland machte Wirtschaftsminister Erhard kein Hehl aus seiner Absicht, eine Zerreißung Europas, die nachteilige Folgen für die deutsche Wirtschaft haben müßte, unter allen Umständen zu vermeiden. Die Regierungen der Benelux-Länder und Italiens machten ebensowenig ein Geheimnis aus ihrem Wunsch, das Gespräch von neuem zu eröffnen. Diese Haltung teilten auch die »Nicht-Sechs«-Länder, die die Angst vor der Diskriminierung zu neuen Schritten veranlaßte. Es war denn auch keine große Überraschung, als im Frühjahr 1959 die Nachricht kam, Großbritannien, die skandinavischen Länder, die Schweiz, Österreich und Portugal beschäftigten sich mit dem Plan einer »kleinen Freihandelszone«; die Urheber des Planes sahen in ihm den Weg zu einer Frontbildung, die für die Wiederaufnahme der Verhandlungen weniger ungünstige Bedingungen als 1958 schaffen mußte.

Berlin-Krise. Während sich die Mitglieder der NATO überlegten, wie die Zusammenarbeit im Schoß der atlantischen Gemeinschaft intensiviert werden könnte, und die Europäer über die Modalitäten der Integration debattierten, zeichnete sich am Horizont eine neue Gefahr ab. Ende November 1958 warf Chruschtschow von neuem die Berlin-Frage auf, die seit der Blockade geruht hatte. Seine erste Rede, im ultimativen Ton gehalten, erlaubte keinerlei Illusionen über seine wirklichen Absichten. Der Chef der Sowjetregierung sprach zum Westen im Vollbewußtsein seiner Macht und mit der sichtlichen Entschlossenheit, diese Macht zu nutzen. Seine Selbstsicherheit beruhte aber nicht nur auf der Überzeugung, Herr über die Sowjetunion zu sein, und auf den Erfolgen der Sowjetwissenschaft und Sowjettechnik; aus ihr sprach nicht minder das Wissen um die Schwächen der westlichen Position. Im Sektor der konventionellen Waffen verfügte die Sowjetunion über eine erdrückende Übermacht, die ihre etwaigen Gegner nur mit Atomwaffen wettmachen konnten, das heißt, nur wenn sie die Verantwortung für einen Konflikt, den sie nicht wollten, auf sich nähmen. Eine westliche Operation zur Befreiung Berlins mußte eine NATO-Offensive voraussetzen, und auf offensives Vorgehen war die öffentliche Meinung, gewöhnt, in der NATO ein ausschließlich defensives Bündnis zu sehen, in keiner Weise vorbereitet. Das alles war Chruschtschow ebenso bekannt wie die seit Jahren vor aller Welt erörterten Zerwürfnisse unter den NATO-Mächten, der Streit um die Freihandelszone mit der kaum verhüllten französisch-englischen Rivalität, die Differenzen über Algerien, die Schwierigkeiten der wissenschaftlichen Zusammenarbeit, die Kontroverse um die Politik des *disengagement* oder die entsprechenden Einwände der Engländer gegen die Strategie John Foster Dulles' und Konrad Adenauers. Er spürte die Desorientiertheit des von keiner festen Hand gelenkten amerikanischen Volkes, er wußte von den Problemen Frankreichs, er kannte die Schwankungen der englischen Außenpolitik und die Neigung der beiden großen englischen Parteien, einander in Friedensparolen zu überbieten, sobald Wahlen auf der Tagesordnung standen.

Auch die Bundesrepublik Deutschland, die ja in erster Linie betroffen war, schien nicht mehr so steinhart und entschlossen zu sein wie einige Jahre zuvor. Gewiß verfügte Bundeskanzler Adenauer trotz seinem hohen Alter noch über eine unumstrittene Macht. Ihm vor allem hatte die Christlich-Demokratische Union den Wahlsieg von 1957 zu verdanken. In seiner Hand liefen alle Fäden zusammen, von ihm hingen alle wesentlichen Entscheidungen ab, vor allem Entscheidungen auf außenpolitischem Gebiet. Und Konrad Adenauer ist ganz gewiß nicht einer, der eine Politik ändert, die er für erfolgreich hält. Dank ihm hatte Deutschland seinen Platz in Europa und unter den atlantischen Nationen von neuem einnehmen können; es hatte sich mit Frankreich ausgesöhnt, mit dem es nun feste, auf gemeinsamen Interessen beruhende Bande verknüpften; es hatte das Vertrauen der Vereinigten Staaten gewonnen. Überdies war die Bundesrepublik zu einer wirtschaftlichen und finanziellen Macht geworden, und ihr Aufstieg machte einen gewaltigen Eindruck nicht nur auf die Deutschen selbst, sondern auch auf ihre Verbündeten und die vielen Völker in der übrigen

Welt, die nach Kapital und Produktionsgütern suchen; sie war eher als Frankreich oder England in der Lage, anderen wirksam zu Hilfe zu kommen. Im Vergleich zu ihr bot sich die »Deutsche Demokratische Republik«, die im Schlepptau der Sowjetpolitik segelte und sich nur dank der Sowjetunion am Leben erhielt, recht unscheinbar dar. Wer Gelegenheit hatte, beide Teile Deutschlands zu besuchen, und all die vielen Reisenden, die von West-Berlin aus Ost-Berlin aufsuchten, waren beeindruckt vom Unterschied in der Lebenshaltung, den der regelmäßige tagtägliche Exodus der Deutschen aus dem Osten nur noch deutlicher unterstrich; nicht nur bessere Lebensbedingungen suchten die Flüchtlinge im Westen, sondern auch die geistige Freiheit, die ihnen ihre Herren um so brutaler verweigerten, je brüchiger ihre Herrschaft wurde.

Doch weder das »Wirtschaftswunder« noch der politische Wiederaufstieg hatten der Bundesrepublik die Stabilität und Garantie des Dauerhaften beschert, die sie erstrebte. Adenauers Deutschland blieb das Deutschland von Bonn, beladen mit der schweren Last der Spaltung des Landes und erfüllt von der – bei den einen mehr, bei den anderen weniger intensiven – Hoffnung auf Wiedervereinigung. Der Schwierigkeiten des Unterfangens bewußt und vermutlich von der Sinnlosigkeit von Verhandlungen überzeugt, hatte sich der Kanzler nicht in dieser Richtung bemüht. Er hatte sich im Gegenteil ganz dem Westen zugewandt und mit all der Hartnäckigkeit, deren er fähig ist, daran gearbeitet, Deutschland immer fester mit Europa und mit dem mächtigen amerikanischen Verbündeten zusammenzuschweißen. Nur dieser Weg schien ihm zur Konsolidierung der Position Deutschlands und zur Schaffung günstiger Voraussetzungen für Wiedervereinigungsverhandlungen zu führen. Aber damit hatte er, ob er wollte oder nicht, dazu beigetragen, den Schnitt, der durch das Land geht, immer tiefer werden zu lassen und eine Osmose, die die künftige Wiedervereinigung hätte vorbereiten können, zu erschweren. Hatte es die Möglichkeit einer Alternativpolitik gegeben? Wer das behauptet, unterschätzt offenbar die Tragweite der Maßnahmen, die die Sowjetunion am Tage nach dem Sieg in ihrer Besatzungszone durchgeführt hatte. Von den ersten Jahren an war der Bruch angelegt, und die Währungsreform, die die Vorbedingung des wirtschaftlichen und politischen Wiederaufbaus war, hatte ihn dann besiegelt. Jetzt fühlten sich die Machthaber frei, Wirtschaft und Gesellschaft der Zone nach den Erfordernissen ihrer Ideologie gleichzuschalten. Waren sie nach der sofortigen Enteignung des Großgrundbesitzes im Sommer 1945 mit der gewerblichen Wirtschaft und den nichtkommunistischen Parteien noch verhältnismäßig behutsam umgegangen, so änderte sich das nun von Grund auf. Industrie und Handel wurden fast restlos verstaatlicht. Auf das noch selbständige Kleingewerbe und auf die Bauern wurde ein wachsender Druck ausgeübt. Ihre Endphase erreichte diese Entwicklung im Jahre 1960, als jene Bauern, die bis dahin ihre Existenz so geschickt wie zäh verteidigt hatten, in die Produktionsgenossenschaften gezwungen und so praktisch enteignet wurden. In das Räderwerk der Gegensätze war man aber schon recht früh geraten; kaum etwas trug zur Annäherung bei, die Rivalitäten wurden immer schärfer, die Kluft immer tiefer. Eine »Lösung« wäre nur durch Verschiebung im Stärkeverhältnis der Großmächte möglich gewesen.

Dieses Kräfteverhältnis war jedoch im Winter 1958/59 nicht so günstig für die Bundesrepublik, wie Bundeskanzler Adenauer es sich gewünscht hätte. Wert und Nutzen des Westbündnisses hingen von der Stärke und Entschlossenheit der Verbündeten ab, aber die Verbündeten waren unsicher und gespalten. Adenauer selbst begegnete in Deutschland einer wachsenden Opposition. Auf vorgeschobenem Posten jedem Angriff ausgesetzt, hätte die Bundesrepublik der Einigung der Parteien auf eine gemeinsame Außenpolitik bedurft. So hatten es in Österreich ÖVP und SPÖ lange Jahre für unerläßlich gehalten, ihre theoretischen Differenzen einstweilen in den Hintergrund treten zu lassen, um angesichts der Gefahr von außen die Unabhängigkeit und Unverletzlichkeit des Landes zu erhalten. Anders war es in Deutschland, wo Christliche Demokraten und Sozialisten sich umgekehrt ihre Handlungsfreiheit zu bewahren suchten. Daher der immer schärfere Kampf zwischen den Gegnern, die immer weniger gewillt waren, aufeinander Rücksicht zu nehmen. Von Anfang an hatte Kurt Schumacher der Auseinandersetzung einen leidenschaftlichen Charakter verliehen. Und Konrad Adenauer, ein Kämpfer, ging nicht auf Versöhnung aus. Das Alter hatte ihm nicht sonnige Ausgeglichenheit geschenkt, sondern ihn im Gegenteil in der Unversöhnlichkeit starr werden lassen, und da er den Kampf selbst zu führen gedachte und nie zögerte, sich ins Gemenge zu stürzen, wogte die Schlacht immer um ihn und seine Politik. Was die Sozialdemokraten ihm vor allem vorwarfen, war sein ewiges Verbleiben an der Macht, das seiner Partei dank seiner persönlichen Autorität die Mehrheit im Bundestag sicherte. Dreimal – 1949, 1953 und 1957 – hatte er seine Partei zum Sieg geführt und so die Sozialdemokraten zur Oppositionsrolle verurteilt, die sie als immer unerträglicher empfanden. Nicht minder lehnten sich die Sozialdemokraten gegen seine Regierungsmethoden auf, gegen seine Einmannpolitik, die sich nach Meinung seiner Gegner mit einem wirklich demokratischen Regime schlecht verträgt. Die autoritären Neigungen des Kanzlers stießen auf Kritik um so häufiger, als Unmut und Mißstimmung auch unter CDU-Führern um sich gegriffen hatten.

Aber in erster Linie wurde seine Außenpolitik angegriffen, denn was die Innenpolitik anging, waren die Sozialdemokraten in einer unbehaglichen Lage: das »Wirtschaftswunder«, das ihren schwarzseherischen Voraussagen zum Trotz Wirklichkeit geworden war, hatte ihnen Umsicht beigebracht. Wenn sie auch kritisierten und der »sozialen Marktwirtschaft« den sozialen Inhalt absprachen, der ihr von ihren Trägern zugeschrieben wird, so kamen sie doch in Ungelegenheiten, sobald es darauf ankam, eine sozialistische Wirtschaftspolitik zu formulieren. Tatsächlich gingen sie – wie alle sozialistischen Parteien Westeuropas – durch eine ideologische Krise hindurch und hatten den Glauben an das Allheilmittel der Vergesellschaftung der Produktionsmittel verloren. Darum begnügten sie sich damit, eine gerechtere Verteilung des Sozialprodukts als unumgänglich zu fordern und die Notwendigkeit der Anpassung von Bildungswesen und Lebensstil an die industrielle Revolution des neuen Zeitalters der großen wissenschaftlichen Entdeckungen zu betonen: alles in allem ein überaus gemäßigtes Programm, das zu einem maßvollen Ton verpflichtete, sofern man sich in einer Gesellschaft Gehör verschaffen wollte, in der technischer Fortschritt und wirtschaftliche Konzentration die Mittelschichten immer weiter zunehmen ließen.

Dagegen fand sich im Kapitel Außenpolitik genug Gelegenheit, Versäumtes nachzuholen. Hier boten sich die Themen an, mit denen man die Zuhörer erschauern lassen konnte: geteiltes Deutschland, Atomtod, Gefahren der Bündnisse. Hier ließen sich die Sozialdemokraten wenig entgehen. Getragen von der Passion des großen Führers Schumacher, dessen Einfluß lange nach seinem Tode nachwirkte, hatten sie wachsamen Auges die Tätigkeit des Kanzlers verfolgt und sich zu Hütern des deutschen Erbes gegenüber einer Politik aufgeworfen, von der sie meinten, daß sie das nationale Interesse dem Aufbau eines europäischen Gebildes opferte. Sie hatten sich gegen die Frankreich an der Saar eingeräumten Zugeständnisse erhoben und sich erst zufriedengegeben, als das Saargebiet dem deutschen Vaterland wiedergegeben worden war. Sie hatten den Weg der Bundesrepublik zur Atlantischen Welt zu verstellen gesucht. Nicht daß sie im Prinzip gegen die Schaffung eines geeinten Europas gewesen wären; manche von ihnen – wie Carlo Schmid – sind sogar aktive Vorkämpfer der Europa-Bewegung. Indes befürchteten sie, daß die Schaffung eines westlichen Europa-Gebildes die Sowjetherrschaft über die »Deutsche Demokratische Republik« festigen und die Teilung Deutschlands verewigen könnte. Und obwohl sie für Konzessionen in bezug auf die Ostgrenze Deutschlands nicht zu haben waren (in dieser Frage zeigten sich die beiden einander befehdenden Parteien übervorsichtig, weil keine der anderen Gelegenheit zum Stimmenfang geben wollte), hofften sie auch weiterhin, daß es möglich sein würde, mit der Sowjetunion zu verhandeln. Sie wiederholten unermüdlich, daß die Bundesrepublik und die Westmächte 1952 mit der unüberlegten Ablehnung eines Sowjetvorschlags, der die Wiedervereinigung Deutschlands unter annehmbaren Bedingungen in Aussicht gestellt habe, einen kapitalen Fehler begangen hätten; statt dessen hätten sie den Weg der Wiederbewaffnung eingeschlagen, auf dem Deutschland in eine Sackgasse geraten sei. Eben darum komme es darauf an, die sich bietenden Gelegenheiten einer militärischen Loslösung Deutschlands von Westallianzen zu nutzen, um die für eine Wiederaufnahme der Gespräche unerläßliche Entspannung herbeizuführen.

So fiel Chruschtschows Vorstoß auf einen aufnahmebereiten Boden. Gewiß löste er eine lebhafte und fast einhellig negative Reaktion aus. Namentlich waren die Berliner, die in ihrem neuen Regierenden Bürgermeister, dem Sozialdemokraten Willy Brandt, einen politischen Kopf und charakterfesten Repräsentanten vom Format eines Ernst Reuter gefunden hatten, ebensowenig einzuschüchtern wie 1948. Aber der im Ultimatum gesetzte Termin ließ beiden Seiten Zeit zum Nachdenken, und in seinem Rahmen waren Drohungen und Vernunftgründe so geschickt dosiert, daß in den Vereinigten Staaten und in Westeuropa eine Debatte in Gang gebracht wurde, in deren Verlauf sich die Differenzen in der Beurteilung der Lage und in der Wahl der Mittel immer schärfer herauskristallisierten. Die Sowjetführer trugen dazu nicht wenig bei, indem sie mit großer Raffinesse Nackenschläge und Liebkosungen, Drohungen und Versprechungen aufeinander folgen ließen.

Dieser Art Bewährungsprobe waren die westlichen Verbündeten wenig gewachsen. Hätte es sich um ein klassisches Ultimatum mit der Zurschaustellung nackter Gewalt gehandelt, so hätte sich Einigkeit in den Reihen der NATO rasch eingestellt, und der Verteidigungsmechanismus wäre in Bereitschaft gebracht worden. Aber die militärische Drohung war nur indirekt. So deutlich spürbar, daß sie Unruhe erzeugte und das Gefühl hervorrief, es sei Gefahr im Verzug, wurde indes die militärische Drohung so vorsichtig gehandhabt, daß eine Versteifung vermieden wurde. Primär war der Vorstoß politischer Natur. Er verfolgte den Zweck, Verhandlungen zu erzwingen, wie sie die atlantischen Verbündeten bis dahin immer abgelehnt hatten, Verhandlungen, über deren mögliche Ziele und Modalitäten unter ihnen notorisch keine Einigkeit herrschte.

Auch diesmal war ihre erste Reaktion glatte Ablehnung. Aber die Größe des Risikos, dem man sich aussetzte, und der Druck der Massenstimmung, in der sich die Angst vor der Atomkatastrophe spiegelte, nötigten sie, die rein negative Haltung zu durchbrechen. Regierungen demokratischer Länder sind in ihrem Handeln eben nicht so frei, wie ihre Gegner es zu sein scheinen. Weit davon entfernt, im stillen Kämmerlein Entschlüsse fassen zu können, erleben sie den täglichen Ansturm der Volksmeinung oder derer, die in ihrem Namen zu sprechen vorgeben. Was sie auch sagen und tun mögen, sind sie ständig in Gefahr, sich in einem Netz aus sich überschneidenden Kommentaren, Deutungen und Vermutungen zu verfangen und von einer Flut, die um so unwiderstehlicher ist, als sie aus anonymen Reaktionen entsteht, irgendwohin getrieben zu werden, wo sie nicht hinwollen. Macmillan und Adenauer waren sich dessen bewußt, daß die Oppositionsparteien in England wie in der Bundesrepublik auf eine Politik des *disengagement* festgelegt waren. Und die Regierung der Vereinigten Staaten konnte, da es um eine Krise ging, die vor allem Europa traf, eine allzu unversöhnliche Haltung nicht einnehmen, ohne Gefahr zu laufen, einen Teil der europäischen Öffentlichkeit gegen sich aufzubringen.

In Deutschland brachte die Sozialdemokratische Partei der Wiedervereinigung ein weiteres Opfer, indem sie den Plan einer »gesamtdeutschen Konferenz auf der Grundlage der Parität« aufstellte. Sie faßte darüber hinaus eine »Entspannungszone« ins Auge, die beide Teile Deutschlands, Polen, die Tschechoslowakei und Ungarn umfassen und den Austritt dieser Staaten aus den regionalen Sicherheitspakten, denen sie angehören, mit sich bringen sollte. Macmillan, der das Näherrücken der Wahlen nicht ignorieren konnte, machte aus der Not eine Tugend und unternahm eine Erkundungsreise in die Sowjetunion. Die Reise war wichtig, weil sie das Tor zu diplomatischen Verhandlungen öffnete, die allerdings nichts Neues erbringen sollten, und weil sie andere Verhandlungen einleitete oder vorbereitete, die für die Verwirrung unter den atlantischen Verbündeten charakteristischer und vielleicht auch von größerer Bedeutung sein würden. Sollte nicht in der Tat der Ministerpräsident der Sowjetunion den Vorzug haben, die Führer der westdeutschen und englischen Oppositionsparteien zu empfangen und den Beginn des amerikanischen Präsidentschaftswahlkampfs in Moskau zu erleben? Im Herbst 1959 hielten die Alliierten noch immer Berlin, aber Chruschtschow war in Washington.

Atlantische Welt 1960

Die letzten zehn Jahre sind für die Wirtschaft Westeuropas eine sehr dynamische Periode gewesen. Das Produktionspotential hat sich gewaltig ausgedehnt; die europäischen Verbraucher haben einen Lebensstandard erreicht, wie sie ihn nie gekannt hatten; die in dieser Zeit neueingeführten Methoden internationaler Zusammenarbeit haben ihren Nutzen bewiesen.« So urteilt über die wirtschaftliche Entwicklung Europas zwischen 1947 und 1957 der im April 1958 veröffentlichte OEEC-Bericht über die Errungenschaften und Aussichten eines Jahrzehnts der Zusammenarbeit *(Dix Ans de Coopération. Réalisations et Perspectives)*. Begreiflicherweise äußerten die Verfasser ihre Befriedigung über das Fazit einer Arbeit, an der sie selbst teilgenommen hatten. Sie konnten aber auch beredte Tatsachen und Zahlen zur Bekräftigung ihrer Ansicht anführen. So wiesen sie darauf hin, daß die europäische Gesamtproduktion von Gütern und Dienstleistungen 1947 noch 7 Prozent unter dem Vorkriegsstand gelegen hatte, während die Bevölkerung um 8 Prozent gewachsen war; daß der langsame Wiederaufbau des Kohlenbergbaus und der Eisenindustrie zu Engpässen geführt hatte; daß die Ausfuhr nur 70 Prozent und die Einfuhr trotz Bedarfssteigerung nur 90 Prozent des Vorkriegsvolumens erreichte; daß die Nettoeinnahmen aus Auslandsinvestitionen, Fracht und anderen Dienstleistungen, die 1938 fast den Passivsaldo der Zahlungsbilanz gedeckt hatten, 1947 »unbedeutend« waren, daß die Zahlungsbilanz für 1947 einen beträchtlichen Passivsaldo aufgewiesen und daß sich Westeuropas Gold- und Dollarreserven trotz einer Hilfeleistung von außen in Höhe von fast 6 Milliarden Dollar im Laufe des Jahres um 2,5 Milliarden Dollar vermindert hatten; daß der Güterwagenbestand und die Tonnage der Handelsflotte ebenfalls unter den Vorkriegsstand gesunken waren; und daß zur Deckung des Wohnraumdefizits etwa 7 Millionen Wohnungen hätten gebaut werden müssen. Dagegen war 1957 die Lage Westeuropas oder genauer der OEEC-Länder ganz anders. Das Bruttosozialprodukt, in Marktpreisen berechnet, betrug bereits 234 Milliarden Dollar gegen 148 Milliarden 1938. Die Getreideproduktion war von 47 Millionen Tonnen 1947 auf 86 Millionen 1957 gestiegen, die Elektrizitätserzeugung von 179 auf 409 Milliarden Kilowattstunden, die Rohstahlerzeugung von 31 auf 88 Millionen Tonnen, die Produktion von Erdölerzeugnissen von 11 auf 100 Millionen Tonnen. In der gleichen Zeit war der gesamte private Pro-Kopf-Verbrauch von 380 auf 550 Dollar, der Pro-Kopf-Verbrauch an Fleisch von 31 auf 47 Kilogramm gestiegen. Auf je 1000 Einwohner kamen 1957 bereits 52 Autos gegen 15 im Jahre 1947; der Wohnungsbau erreichte den Durchschnitt von 7 Wohnungen auf 1000 Einwohner gegen nur 2 zehn Jahre früher.

Freilich sind das Summen oder Durchschnittsziffern, die die Unterschiede in den Lebensverhältnissen oder im Entwicklungstempo von Land zu Land und insbesondere die Lage in den unterentwickelten Gebieten Südeuropas nicht erkennen lassen. »Im allgemeinen«, sagt die von der Wirtschaftskommission für Europa veröffentlichte Untersuchung über die europäische Wirtschaftslage 1958, »war die Entwicklung in den industrialisierten Ländern Nord- und Nordwesteuropas schneller vor sich gegangen als in den weniger entwickelten Ländern des Südens und in Irland: das Bruttosozialprodukt pro Kopf der Bevölkerung war in der zuerstgenannten Ländergruppe um mehr als zwei Fünftel, in der zuletztgenannten um ein Viertel gestiegen.« Ein Vergleich zwischen einzelnen Ländern läßt die Kontraste noch deutlicher hervortreten: in Deutschland und Österreich war das Nettosozialprodukt pro Kopf der Bevölkerung um zwei Drittel höher als vor dem Krieg, in Belgien, Frankreich, der Schweiz, Schweden und Norwegen um 40 Prozent, in Großbritannien und Dänemark um ein Viertel, in Griechenland dagegen nur um 7 Prozent. Die Entwicklung des privaten Verbrauchs pro Kopf der Bevölkerung bestätigte diese Beobachtung: das Gefälle zwischen den industrialisierten und den industriell unterentwickelten Ländern Europas war hier sogar größer geworden.

Dennoch war die Gesamtbilanz positiv. So ernst die Probleme mancher unterentwickelten Bezirke oder Länder blieben und auf so reale Schwierigkeiten, namentlich politischer Natur, die Regierungen bei dem Versuch stießen, die Produktionssteigerung mit der Sicherung eines hohen Beschäftigungsstandes, stabiler Finanzen und einer ausgeglichenen Zahlungsbilanz zu vereinbaren: das Bild, das Europa 1959 darbot, berechtigte zu wesentlich größeren Hoffnungen als das Bild, das unmittelbar nach dem Krieg, in dem Unheil über Unheil hereingebrochen war, hatte beobachtet werden können. Günstige Berichte kamen von überallher; nicht nur aus Deutschland, sondern auch aus Italien, Frankreich, sogar Großbritannien.

Wie war dieser eindrucksvolle Aufschwung zu erklären? War er lediglich das Produkt der amerikanischen Hilfe? Zweifellos war der Beistand der Vereinigten Staaten recht beachtlich; auch wenn die politischen Aufgaben, die die Amerikaner dem Marshall-Plan zugedacht hatten, unerfüllt blieben, hatte die Marshall-Plan-Hilfe in hohem Maße dazu beigetragen, Europa vor Elend und Chaos zu bewahren. Dennoch darf man auch die günstigen Wirkungen, die von dem unverkennbaren Wandel in den Methoden der Wirtschaftspolitik ausgingen, nicht zu gering einschätzen. Viele Beobachter verwiesen auf die spürbare Abkehr vom System der gelenkten Wirtschaft und das Wiederaufleben liberaler Wirtschaftstendenzen. Unmittelbar nach Kriegsende, als es darum ging, die Berge von Schutt und Trümmern abzutragen und die Wirtschaft der europäischen Länder wieder in Gang zu bringen, hatte man in sorgsam koordinierten Kollektivbemühungen, die den planenden und lenkenden Staatseingriff voraussetzten, den einzigen Ausweg erblickt. Aber mit der Zeit wurden solche Lenkungsmethoden immer weniger als unabweisbar empfunden. Man schob sie beiseite; den Teilnehmern am Wirtschaftsgeschehen wurde zunehmend größere Bewegungsfreiheit eingeräumt; an die Stelle einer »gelenkten« trat eine staatlich nur noch »regulierte« Wirtschaft.

Mit den Erfolgen der wirtschaftspolitischen Umkehr kam eine geistige Wendung. An den Nutzen sozialistischer Lösungen und Methoden glaubte das Europa von 1960 viel weniger, als es das Europa von 1948 getan hatte. Mit der Beharrlichkeit, mit der Deutschland den Liberalisierungsversuchen nachging, hatte es den Weg geebnet. Andere Länder folgten seinem Beispiel. Frankreichs Fünfte Republik war mutig genug, die von Antoine Pinay und Jacques Rueff vorgeschlagene Stabilisierungspolitik in Angriff zu nehmen. In England hatte die konservative Regierung mancherlei Maßnahmen zu treffen gewagt, die als unpopulär gegolten hatten, und war daraufhin von einer gefestigten Wählermajorität im Amt bestätigt worden; erfolgreich behaupteten sich die Konservativen gegenüber einer Labour Party, die uneinig blieb und nicht recht wußte, welchen Weg sie einschlagen sollte. Überall in Europa lösten sich die sozialistischen Parteien von marxistischen Vorstellungen, die ihnen als überholt erschienen, und nahmen in ihre Parteiprogramme elastischere Lösungsvorschläge auf; indirekt war das eine Verbeugung vor der liberalen Wirtschaftspolitik, der damit ein entscheidender Beitrag zum erstaunlichen Wiederaufbau der europäischen Wirtschaft bescheinigt wurde; so wurde der liberalen Wirtschaftsgestaltung auch der neue wirtschaftliche Aufschwung zugeschrieben, der durch die Wiedereinführung konvertierbarer Währungen und durch den fortschreitenden Abbau der Zollschranken und anderer Wettbewerbsbeschränkungen nur beschleunigt wurde.

Den Amerikanern gab die unerwartete Prosperität, deren sich Westeuropa erfreute, Anlaß zur Zufriedenheit, aber auch zu Besorgnissen. Die europäischen Verbündeten wurden zu Konkurrenten, mit denen fortan gerechnet werden mußte, und das geschah zu einer Zeit, da die Vereinigten Staaten nach den vielen Unterstützungsleistungen, die sie mancherorts auf sich genommen hatten, zu erkennen begannen, daß auch ihre Wirtschaftskraft nicht unerschöpflich war. Die Stimmung in Washington war allerdings noch optimistisch, und die Regierung der Republikaner, der die Flaute des Winters 1957/58 eine Weile Sorgen gemacht hatte, sah dem weiteren Ablauf des Jahres mit Vertrauen entgegen. Am 20. Januar 1959 schrieb der Präsident der Vereinigten Staaten in seiner Jahresübersicht für den Kongreß:

> Die Ereignisse der letzten achtzehn Monate zeigen erneut die große Widerstandsfähigkeit der Wirtschaft gegenüber Schrumpfungsfaktoren und die Kraft, die ihr erlaubt, Rückschläge in engen Grenzen zu halten.
>
> Zahlreiche Faktoren tragen dazu bei. Die wichtigsten sind die Energie und Wendigkeit unserer Menschen, die Festigkeit und Spannkraft unserer auf freien Wettbewerb gegründeten Institutionen und das ständige Wirken mächtiger Kräfte in der amerikanischen Wirtschaft, die ihre Entfaltung über große Zeiträume hinweg sichern.

Im Januar 1960 äußerte sich Eisenhower in der Botschaft an den Kongreß nicht minder positiv: Produktion und Einkommen hatten 1959 Rekordziffern erreicht, und alles sprach dafür, daß die Aufwärtsbewegung anhalten würde. Allenthalben überwog dennoch das Gefühl der Unsicherheit. Es beherrschte Europa und hatte auf die Vereinigten Staaten übergegriffen. Angst vor dem Atomkrieg. Friede durch Schrecken kann die Gemütsruhe nicht bringen, ohne die das Leben auf die Dauer unerträglich wird. Alle waren sich durchaus im klaren darüber, daß das Gleichgewicht der Atomrüstung labil war und durch Erweiterung des Atomklubs oder durch Veränderung der Geschosse oder ihrer Verwendungsbedingungen erschüttert werden konnte. Der vermutete Vorsprung der Sowjetunion auf dem Gebiet der interkontinentalen Geschosse gab zu denken. Immer mehr mußten sich die Europäer fragen, ob die amerikanische Regierung die ungeheure Verantwortung je werde auf sich laden können, das Leben von Millionen von Amerikanern aufs Spiel zu setzen, um auf einem fremden Kontinent eingegangene Verpflichtungen zu erfüllen. Immer höher stieg der Preis der kollektiven Sicherheit. Konnte man noch daran glauben, daß er jemals erlegt werden würde?

Die Unruhe hatte auch noch andere Ursachen. Sie entsprang nicht nur der Umwälzung des Kräfteverhältnisses im Gefolge des zweiten Weltkriegs, sondern auch dem revolutionären Rhythmus der wissenschaftlichen Entdeckungen und des technischen Fortschritts. Man ahnte nicht, wohin der Weg führte. Man konnte die wirtschaftlichen Folgen der Automation nicht absehen. Und wenn man sich die durch die Entwicklung der Atomenergie erschlossenen Aussichten noch ausmalen konnte, so war man viel schlechter daran, wenn es darum ging, die Stufenfolge des Aufbaus vorauszubestimmen oder die mannigfachen Probleme wirtschaftlicher, politischer und wissenschaftlicher Art abzugrenzen, die im Zusammenhang mit der Organisation der Forschung und dem Übergang zur industriellen Verwendung der neuen Energiequelle entstehen mußten. Industrielle wie Wissenschaftler lebten in ständiger Angst, im Wettrennen um neue Produktionsverfahren, neue Energiequellen, bessere Verkehrsmittel überholt zu werden. Jahr für Jahr mußte eine neue Energiebilanz aufgestellt, mußten die Schätzungen revidiert werden, auf die sich Arbeits- und Finanzpläne stützten. Die Entdeckung und Ausbeutung des Erdöls der Sahara berührte nicht nur das Vorgehen Frankreichs in Algerien, sondern auch seine Einstellung zu den arabischen Staaten und mit der Zeit auch seine Zahlungsbilanz. Die Errichtung von Raffinerien und Ölleitungen trägt Veränderungen in den Handelsverkehr hinein, erschüttert festetablierte Beziehungen. Auf die Kohlenknappheit war ein Kohlenüberfluß gefolgt, der Gärung in Belgien und an der Ruhr hervorbrachte und Reibungen zwischen EWG-Regierungen und Montanunion zur Folge hatte.

Gewiß hätte jedes dieser Probleme, isoliert betrachtet, ohne große Mühe gelöst oder wenigstens eingedämmt werden können. Aber die Schwierigkeit bestand gerade darin, daß sich die Probleme gleichzeitig aufdrängten und daß sich ihre Komponenten im Blitztempo veränderten: die Wissenschaft in ihrer Gesamtheit war in Bewegung geraten. Auf allen Sachgebieten schien die Forschung unaufhaltsam voranzuschreiten. Indes wirkten diese Fortschritte, so mächtig sie den menschlichen Geist anspornen mochten, desorientierend. In dem Maße, wie sich der Wissenschaftler spezialisierte, mußte er der Isolierung anheimfallen. Die große Masse der Menschen, deren Vorstellungen vom Universum sich verschieben, die einiges von den Entdeckungen der Mikrophysik zu hören bekommt und vor neuen Einblicken in die interplanetarischen Räume steht, vermag nur zu erfassen, daß sich vor ihr ungeheuer Komplexes auftut. Sie fühlt den Boden unter den Füßen schwinden, glaubt sich in ein Abenteuer hineingerissen, dessen Ausgang nicht abzusehen ist. »Die Zukunft hat schon begonnen«: für die Tricks der *science fiction* ausgeschlachtet, ist die Formel so sehr zum Klischee geworden, daß sie nichts mehr sagt.

Man lebte in der Gegenwart, aber das Gepräge dieser Gegenwart stammte doch großenteils aus der Vergangenheit, von der sich der Europäer nur schwer losreißen konnte. Man mochte zwar erklären, daß diese oder jene Ideologien überholt seien; aber man hörte deswegen nicht auf, ihnen zu huldigen. Man mochte nachdrücklich auf die Notwendigkeit einer Neueinschätzung und Neugruppierung der Parteien hinweisen, mit einer gewissen Regelmäßigkeit das Ineinanderfließen sozialistischer und liberaler Richtungen feststellen und die Bedeutung der Veränderungen in der Wirtschaftsgestaltung und der Gesellschaftsstruktur hervorheben; aber Gewohnheiten und Vorurteile blieben stärker als all das. Das Verlangen nach einem Wandel wurde wie immer vom Gewicht der Alltagserfordernisse und von überstarken Bindungen an die Institutionen des Bestehenden gezügelt. Daraus erwuchs ein Zwiespalt, der zusätzliche Spannungen in sich barg.

Europas Besorgnisse hatten eine weitere Ursache im zunehmenden Druck der anderen Kontinente. Obwohl man den Sowjetstatistiken mit einiger Skepsis gegenüberstand und Chruschtschows Prophezeiungen über die Hebung der Lebenshaltung in der Sowjetunion, die schon sehr bald die unausweichliche Überlegenheit des kommunistischen Regimes offenbaren sollte, nicht unbedingt für bare Münze nahm, war man sich der beträchtlichen Fortschritte der Sowjetwirtschaft und der enormen Macht ihrer Leiter durchaus bewußt. Wie hätte man sich auch dem Eindruck der großen Leistungen der Sowjetwissenschaft oder der Reichweite der in ganz Asien entfalteten wirtschaftlichen und politischen Offensive entziehen können? Wer die Entwicklung der Weltlage seit 1950 verfolgt hatte, konnte nicht umhin, ein Nachlassen des Einflusses des Westens und ein Anwachsen des Einflusses der Sowjetunion festzustellen. Seit die Sowjetdiplomatie mit Hilfe der Fehler Großbritanniens und

Frankreichs das Schloß, das den mittleren Osten abriegelte, aufgebrochen hatte, weitete sich das von der Sowjetpolitik betriebene Einkreisungsmanöver ständig aus und begann ganz Afrika zu umfassen. Und im Rücken der Sowjetunion organisierte sich das kommunistische China. Alle Nachrichten aus diesem Riesenland betonten die mit der Mobilisierung der Massen erzielten Ergebnisse. Sechshundert Millionen Chinesen waren in eine enorme industrielle Revolution hineingezogen worden; selbst wenn sie die ihr gesteckten Ziele in der vorgeschriebenen Frist nicht in allen Details erreichen sollte, würde sie in einer mehr oder minder fernen Zukunft das Kräfteverhältnis zwischen den Kontinenten umwälzen.

Wie sollte Europa diesen kolossalen Ansturm eindämmen? Immer klarer trat zutage, daß die Gefahr nicht ausschließlich militärisch, sondern auch wirtschaftlich und politisch ist und daß, nachdem China verloren war, alles dazu getan werden mußte, Südasien und Afrika vor der Einbeziehung in den kommunistischen Bereich zu bewahren. Im Laufe der Jahre hatten die westlichen Regierungen und die NATO-Länder immer stärker die Notwendigkeit hervorgehoben, die Hilfeleistung für die unterentwickelten Länder auszubauen, damit weiteres Unheil gebannt werden könnte. Aber das Ausmaß der zu bewältigenden Aufgabe flößte Schrecken ein. Fachleute hatten ausgerechnet, daß zur bloßen Verdoppelung des Pro-Kopf-Einkommens in allen unterentwickelten Ländern in einem Zeitraum von 35 Jahren bei einem jährlich zweiprozentigen Zuwachs Investitionen benötigt werden würden, die je nach dem Bevölkerungswachstum im ersten Jahr 38,5 bis 60,3 Milliarden Dollar, im letzten Jahr 211,1 bis 296,9 Milliarden betragen müßten. Was konnte da getan werden? Wie sollten beispielsweise trotz allen Aufrufen de Gaulles die Franzosen angesichts solcher Lasten nicht zögern, nachdem ihnen der Verfasser einer Studie »Von Malthus bis Mao« auseinandergesetzt hatte, daß Frankreichs öffentlicher und privater Ausgabenbedarf jährlich um mindestens 6 Prozent anwachse, selbst ohne zusätzliche Belastung durch die Vermehrung der nichterwerbstätigen Bevölkerung?

Die Konfusion unter den Europäern und die Leidenschaftlichkeit der Aufrufe zur Einheit, die als einziger Rettungsanker erscheint, sind unter solchen Umständen leicht zu verstehen. Im Bericht des von der Konferenz von Messina eingesetzten Regierungsausschusses kann man lesen:

> Es gibt in Frankreich nicht ein einziges Kraftwagenwerk, das groß genug wäre, die mächtigsten amerikanischen Maschinen wirtschaftlich sinnvoll zu benutzen. Kein Land des Kontinents ist ohne Hilfe von außen imstande, große Transportflugzeuge zu bauen. Keins unserer Länder kann die gewaltigen Anstrengungen an Forschungsarbeit und Beschaffung von Anlagekapital aufbringen, mit denen die vom Atomzeitalter verheißene technische Revolution anfangen muß. Ihrerseits würde die durch diese neue Energiequelle und ihre neue Verwertungstechnik ermöglichte Produktionsentfaltung auf die viel zu engen Grenzen der getrennten europäischen Märkte stoßen. In wenigen Jahren wird die Atomrevolution die archaische Gestalt unserer Wirtschaftsstrukturen in die Luft sprengen.

Illustrationen zu vielen solchen Erklärungen, Reden und Berichten waren schon im voraus geliefert worden: dazu gehörten die Frevel der Kräfteverzettelung und die gefährliche Abwanderung von Wissenschaftlern und Technikern, die nach Amerika gingen, weil sie in Europa keine ordentlich eingerichteten Laboratorien oder keine Fabriken fanden, die sie hätten verwenden können. Solche Dinge unterstrichen nur das Unvermögen der europäischen Länder, ihre Grundprobleme im nationalen Rahmen zu lösen. Dagegen müßte ein geeintes Europa in der Lage sein, seine wissenschaftliche Elite und seine qualifizierten Arbeiter, die leistungsfähiger sind als die Arbeitskräfte der Konkurrenz, mit maximalem Erfolg zu beschäftigen und dank seinem Industriepotential seine Position zwischen den beiden Kolossen Sowjetunion und Amerika zu behaupten.

Der Glaube der europäischen Einigungsfreunde an den Wiederaufstieg, der Europa neue Möglichkeiten erschließen müßte, seine Zivilisation in der ganzen Welt erstrahlen zu lassen, wurde allerdings nicht überall geteilt. Konnte man ohne die Vereinigten Staaten auskommen? Man hatte es unmittelbar nach dem Krieg gehofft, als man die Richtung der europäischen Integration wählte und der Meinung war, man werde eines Tages einen dritten Weg zwischen Kapitalismus und Kommunismus ausfindig machen können. Aber 1959 war man nicht mehr so sicher, daß man es schaffen könnte. Selbst wer die ständige Führung der NATO-Truppen durch einen von seiner Regierung bestellten amerikanischen Oberbefehlshaber am schlechtesten vertrug, mußte zugeben, daß auf Bitten der Europäer gerade die Amerikaner seit Jahren schon den Schutz des Kontinents gewährleistet hatten und daß ihr Abzug ein nicht mehr zu füllendes Vakuum hinterlassen würde. Und auch die fanatischsten Europäer erkannten die Rolle der amerikanischen Wirtschaftshilfe beim Wiederaufbau Europas ebenso an wie die Bedeutung der moralischen Unterstützung, die der innereuropäischen Zusammenarbeit damit zuteil geworden war, und die potentielle Möglichkeit einer atlantischen Gemeinschaftsarbeit. Nicht zufällig hatte das Europa-College 1957 die Initiative zu einer atlantischen Konferenz ergriffen, deren Teilnehmer sich um die Herausarbeitung der Voraussetzungen einer atlantischen Gemeinschaft bemühen sollten.

Aber auch die Amerikaner stellten sich eine ähnliche Frage: Sollte man sich damit begnügen, die Bemühungen der Europäer um wirtschaftliche und politische Integration zu ermutigen? Sollte man nicht auf die Stärkung der atlantischen Gemeinschaft hinwirken, die weder die Bildung einer europäischen Union noch den Zusammenschluß einer Gruppe europäischer Staaten auszuschließen brauchte? Man zögerte, sich festzulegen und die Risiken und Belastungen zu übernehmen, die die Umwandlung eines Bündnisses in eine Gemeinschaft unvermeidlich mit sich bringt. Aus diesem Zögern erklärte sich sogar das langsame Tempo, in dem die Ende 1956 gefaßten Beschlüsse über die nichtmilitärische Zusammenarbeit in die Praxis umgesetzt wurden. Die am Ausgang des Londoner Atlantischen Kongresses im Juni 1959 ausgegebenen Berichte wiederholten eigentlich nur frühere Empfehlungen, die nicht befolgt worden waren.

Freilich verfügten die Amerikaner über keine größere Aktionsfreiheit als die Europäer. Auch sie mußten auf Faktoren außerhalb der Atlantischen Welt, an die sie geographisch gebunden sind, Rücksicht nehmen. Nicht das Bewußtsein der Zugehörigkeit zu einer atlantischen Gemeinschaft hatte zu einer transatlantischen Zusammenfassung der Kräfte geführt, sondern die Umstände, die Gemeinsamkeit der Gefahr. Und diese Umstände – der Druck der Sowjetunion, hinter der sich das kommunistische China erhebt – könnten vielleicht nach 1960 die Nationen Europas und Amerikas dazu bringen, ihre Anstrengungen noch intensiver zusammenzufassen und das, was nur ein von den Widrigkeiten der Zeitläufte erzwungenes Bündnis war, in eine dauerhafte Verbindung zu verwandeln.

Hubert Herring

LATEINAMERIKA HEUTE

Staatliches und gesellschaftliches Dasein

Der Sammelname Lateinamerika bezeichnet die riesigen Ländereien Nord- und Südamerikas, die sich über mehr als elftausend Kilometer von der Südgrenze der Vereinigten Staaten bis Kap Hoorn erstrecken, ein Gebiet, das doppelt so groß ist wie der europäische Kontinent. Freilich ist diese Bezeichnung, die in der Kolonisatorenrolle Spaniens, Portugals und – in viel geringerem Maße – Frankreichs ihre Rechtfertigung findet, nicht unumstritten. Spanien würde, da ja schließlich die Pyrenäenhalbinsel seit den Tagen der Römer Hispania gerufen wird, »Hispano-Amerika« vorziehen oder auch »Ibero-Amerika« gelten lassen. Wer für die Sache der indianischen Völker der Neuen Welt eintritt, würde lieber von »Indo-Amerika« sprechen, womit die Erinnerung an Spanier und Portugiesen ausgelöscht wäre. Vergessen werden allemal die Afrikaner. Und dann mag Lateinamerika noch gerade so gut sein.

Die Staaten

Die Fläche Lateinamerikas von nahezu zwanzig Millionen Quadratkilometer verteilt sich auf zwanzig selbständige, souveräne Republiken. Jede von ihnen ist robust nationalistisch, jede hat eine eigene Verfassung mit gesetzgebenden, rechtsprechenden und vollziehenden Gewalten. In ihrem Umfang sind diese Republiken recht unterschiedlich: das dichtbesiedelte Salvador ist halb so groß wie die Schweiz, das menschenleere Brasilien fast so groß wie ganz Europa. Die äußeren Merkmale der zwanzig Staaten stellt die Tabelle auf der nächsten Seite dar. Nicht als Bestandteile Lateinamerikas gelten die innerhalb seiner Gebietsgrenzen gelegenen Kolonien Großbritanniens, Hollands, Frankreichs und der Vereinigten Staaten.

Das Land

Unter den Gegebenheiten der physischen Geographie, die die Entwicklung Lateinamerikas bestimmt haben, ist am wichtigsten die Tatsache, daß drei Viertel der Gesamtfläche zwischen den Wendekreisen des Krebses und des Steinbocks liegen. Das ist eine tropische Welt: Amazonien (zwei Fünftel Südamerikas) ist eine unwegsame Wildnis, wo immergrüner Regenwald und Dschungel einander ablösen; ähnlich sind zum großen Teil die Inseln und Küsten des Karibischen Meeres. Diese Tropenwelt bewohnbar und fruchtbar zu machen, würde vom Kultur- und Hygienetechniker viel Scharfsinn und Erfindergeist verlangen.

Was die Tropen an Nachteilen mit sich bringen, mildern die Berge: Gebirgstäler und Hochlandgebiete bieten Zuflucht vor der Hitze. Drei große Gebirgszüge gestalten die

Land	Fläche in qkm	Bevölkerung 1958 (Schätzung in 1000)	Hauptstadt
Argentinien	2 777 668	20 438	Buenos Aires
Bolivien	1 098 286	3 311	La Paz
Brasilien	8 511 665	63 466	Rio de Janeiro
Chile	741 568	7 276	Santiago
Costa Rica	50 885	1 100	San José
Dominikanische Republik	48 720	2 791	Ciudad Trujillo
Ecuador	270 599	4 007	Quito
Guatemala	108 859	3 546	Guatemala
Haiti	27 741	3 424	Port au Prince
Honduras	112 058	1 822	Tegucigalpa
Kolumbien	1 137 250	13 522	Bogotá
Kuba	114 493	6 466	Habana
Mexico	1 968 742	32 348	Mexico
Nicaragua	147 960	1 378	Managua
Panamá	74 449	995	Panamá
Paraguay	406 642	1 677	Asunción
Peru	1 248 767	10 213	Lima
El Salvador	19 995	2 434	San Salvador
Uruguay	186 880	2 679	Montevideo
Venezuela	911 805	6 413	Caracas
Insgesamt	19 965 032	189 306	

Daseinsbedingungen von vielen Millionen Menschen. Die hochragenden Gebirgsketten der Anden ziehen sich von der Magalhãesstraße bis nach Kolumbien und Venezuela; so kann ein erheblicher Teil der Bevölkerung Boliviens, Perus, Ecuadors, Kolumbiens und Venezuelas im gemäßigten oder kalten Hochlandklima leben und arbeiten. Die Hochebenen des brasilianischen Hochlands, die vor vielen Zeitaltern mit den Sierras Argentiniens und dem Bergland Guayanas verbunden waren, ermöglichen es den Brasilianern, größere wirtschaftliche Aktivität zu entfalten. Ähnliches gilt von den Gebirgen Mittelamerikas und Mexicos: am lebenstüchtigsten sind hier die Völkerschaften, die das Tafelland tausend und mehr Meter über dem Meeresspiegel bewohnen.

Einen beträchtlichen Einfluß auf Geschichte und Wirtschaft Lateinamerikas haben seine Flüsse ausgeübt. Der größte – auch der größte aller Flüsse der Welt – ist der Amazonenstrom, der eine Fläche von rund sieben Millionen Quadratkilometer in Brasilien, Guayana, Venezuela, Kolumbien, Ecuador, Peru und Bolivien bewässert. Unbedeutend ist freilich noch die Schiffahrt im Stromsystem des Amazonas: Ozeandampfer dringen bis Manáos vor, sechzehnhundert Kilometer von der Atlantikküste; kleinere Schiffe gelangen noch

Tropische Landschaft am Oberlauf des Rio Huallaga, eines Quellstromes des Amazonas in Peru

Tanks im Erdölgebiet von Talara im Norden Perus

sechzehnhundert Kilometer weiter, bis zum peruanischen Flußhafen Iquitos. Aber erst der weitere Ausbau Boliviens und der östlichen Regionen Perus wird einst das Schiffahrtssystem des Amazonas zu einem lebenswichtigen Wasserstraßennetz gestalten können.

In der Größenordnung steht an zweiter Stelle das wirtschaftlich weitaus bedeutendere Paraná-Uruguay-Stromnetz, das sich in den Mündungsbusen Rio de la Plata ergießt. Es bewässert an die vier Millionen Quadratkilometer in Nordargentinien, Paraguay, Südbrasilien und Uruguay, ein Gebiet, in dem über zwanzig Millionen Menschen leben. Ozeandampfer (sieben Meter Tiefgang) gelangen etwa fünfhundert Kilometer stromaufwärts – bis Rosario, Paraná und Santa Fé. Ein regelmäßiger Schiffsverkehr mit kleineren Fahrzeugen erreicht Paraguays Hauptstadt Asunción.

Der drittgrößte Strom ist der Orinoco, dessen Quellflüsse im südwestlichen Kolumbien und im südlichen Venezuela entspringen und der ins Karibische Meer mündet. Oberhalb von Ciudad Bolívar, also nicht viel mehr als dreihundert Kilometer vom Delta, ist der Orinoco heute kaum noch schiffbar; mit der nötigen Stromregulierung und Entschlammung wird er eines Tages das kaum noch besiedelte Innere Venezuelas und Kolumbiens versorgen können.

Unter den übrigen wichtigen Wasserwegen beanspruchen besondere Bedeutung der São Francisco, dessen Stromgebiet – mit großen Schiffahrts- und Wasserkraftverheißungen – die östlichen Plateaus Brasiliens umfaßt, und das Magdalena-Cauca-System, das Kolumbiens Binnenland mit dem Karibischen Meer verbindet.

Die Flüsse Mexicos und Mittelamerikas sind periodische Ströme, die anschwellen und versiegen; sie werden erst schrittweise für den Betrieb von Wasserkraftwerken und zu Bewässerungszwecken nutzbar gemacht. Der bescheidene San Juan (für kleine Dampfer schiffbar), der die Grenze zwischen Nicaragua und Costa Rica bildet, könnte später einmal einem zweiten Durchstich der Landenge Platz machen.

Die Westküste Südamerikas ist mit Flüssen wenig bedacht. In begrenztem Umfang dient der Guayas der Binnenschiffahrt in Ecuador. Dreitausend Kilometer Wüste in Peru und Chile werden von Flüssen berührt, die Zucker- und Baumwolloasen am Leben erhalten. Nicht schiffbar sind die reißenden Ströme Südchiles; sie könnten, falls diese Waldregion einmal in Kultur genommen werden sollte, hydroelektrische Kraft liefern.

Die Völker

Die Gesamtzahl der Lateinamerikaner wird für 1958 auf 189 Millionen geschätzt. Dem ließen sich vergleichsweise 418 Millionen Europäer (ohne die Sowjetunion), 175 Millionen Amerikaner (USA) und 230 Millionen Afrikaner gegenüberstellen. Die Lateinamerikaner verfügen über rund 13,5 Prozent der Erdoberfläche und machen etwa 6,6 Prozent der Bevölkerung der Erde aus. Verglichen mit anderen Regionen der Welt, ist Südamerika dünn besiedelt: in Brasilien entfallen auf einen Quadratkilometer 7,5 Einwohner, in Argentinien 7,4, in Chile 9,8, in Mexico 16,4, in El Salvador 121,7, in Haiti 123,4. Auch hier ist der Vergleich lehrreich: 22,7 Einwohner je Quadratkilometer in den Vereinigten Staaten, 208 in Deutschland (Bundesrepublik), 81 in Frankreich, 165 in Italien. Es gibt noch viel unbesiedeltes Land in Lateinamerika; die größte Leere zeigt das Stromgebiet des Amazonas, zwei Fünftel der Gesamtfläche Südamerikas: hier leben kaum mehr Menschen als in West-Berlin.

Wer sind die Lateinamerikaner? Sie lassen sich am einfachsten in der Reihenfolge ihres Auftretens aufzählen. Zuerst waren die Indianer da; sie allein waren im Land, als gegen Ende des 15. Jahrhunderts die ersten Spanier ankamen. Da gab es die Stämme, denen die großen Ländereien zwischen Südbrasilien und der Magalhãesstraße als Jagdgründe und Stätten der Fruchtlese dienten. Da gab es die zahlreichen Stämme des tropischen Dschungels im Amazonenstromland. Da gab es die Aruak, die Kariben und die anderen Stämme der karibischen Welt. Da gab es die verschiedenen Zivilisationen der Kordillerenzone; die Chibcha dort, wo heute Kolumbien liegt; viele Hunderte von Stämmen und Stammesverbänden, die die Inkas zu einem Großreich von Quito südwärts bis Nordchile und Argentinien (in gerader Strecke fast fünftausend Kilometer) zusammengeschmiedet hatten. Da gab es die Maya, die Azteken und die anderen Völker Mexicos und Guatemalas. An dem Tag, an dem Kolumbus amerikanischen Boden betrat, mögen diese ersten »Lateinamerikaner« fünfzehn bis zwanzig Millionen gezählt haben (oder sogar, wie manche Gelehrten meinen, noch viel mehr). Heute dürfte es fünfzehn oder zwanzig Millionen lateinamerikanische Menschen geben, die ethnisch und kulturell als Indianer zu klassifizieren wären.

Dann zogen die Europäer in diese neue Welt ein: einige Hundert in den letzten Jahren des 15. Jahrhunderts, wenige Zehntausende – genaue Zahlen gibt es nicht – im 16., 17. und 18. Jahrhundert. Die Spanier siedelten sich in der karibischen Welt, in Mexico, auf der Landenge von Panamá, in Kolumbien, Venezuela, Ecuador, Peru, Bolivien und Chile an, und einige wenige gelangten bis zu den Landstrichen, die heute zu Argentinien, Paraguay und Uruguay gehören. Die Portugiesen ließen sich an der brasilianischen Küste nieder. Franzosen, Holländer, Briten wanderten an der Ostküste Südamerikas und in karibischen Gefilden auf- und abwärts, errichteten Handelspunkte, besetzten zeitweise den einen oder anderen kleineren Bezirk. Gegen Anfang des 18. Jahrhunderts setzten sich einige Tausend Franzosen in dem Land fest, das heute Haiti heißt.

Unterdes hatte von den ersten Tagen des 16. Jahrhunderts an eine andere Welle ins Land zu strömen begonnen: Neger aus Afrika. In Ketten verschleppt, wurden sie am Karibischen Meer und in Brasilien zur Arbeit auf den Zuckerfeldern getrieben. Wieviel Sklaven insgesamt nach Amerika geschafft wurden, ist nicht mehr zu ermitteln. Vielleicht stimmt es, daß es am Anfang des 19. Jahrhunderts, wie Alexander von Humboldt vermutete, in ganz Amerika – Nord- und Südamerika – 6443000 Neger gab. Besser fundiert sind andere Schätzungen auch nicht.

Während der drei kolonialen Jahrhunderte haben sich Indianer, Weiße und Neger vermischt; sie haben es auch danach getan; sie tun's bis auf den heutigen Tag. Zum größten Teil wurde Lateinamerika von Mestizen und Mulatten zum besiedelten Land gemacht. Nur Haiti ist überwiegend afrikanisch. Nur Argentinien, Uruguay und Costa Rica sind überwiegend weiß. Nur Guatemala, Ecuador, Peru und Bolivien sind überwiegend indianisch.

Dies ganze Völkergemisch wurde sodann im 19. Jahrhundert, vor allem ab etwa 1850, von neuen Einwanderermassen aus Europa überlagert. Italiener und Spanier zogen nach Argentinien, Uruguay und Chile, in geringerem Maße auch in die anderen Länder Lateinamerikas. Deutsche kamen zuhauf nach Brasilien (wo heute – hauptsächlich im Süden – etwa eine Million Deutsche erster, zweiter und dritter Generation leben), ins La-Plata-Gebiet, nach Chile, in kleineren Scharen in die übrigen Republiken. Weniger zahlreich waren die einwandernden Engländer, aber sie sind fast überall einflußreich geworden, ganz besonders in Argentinien und Chile. Es kamen Franzosen, nicht viele; es kamen Menschen aus den Balkanländern; es kamen vereinzelt Skandinavier. Andere wieder strömten aus Asien ein. Einwanderer aus Ostindien siedelten sich in Panamá und auf den Antillen an. Nach 1860 wurden Chinesen als Tagelöhner nach Peru gebracht. Dann rückten Japaner nach, eine halbe Million; sie zogen zumeist nach Peru und Brasilien.

Staatenbildung und politische Entwicklung

Die gegenwärtige Lage der Völker und Staaten Lateinamerikas kann man nur verstehen, wenn man sich mit den Kämpfen vertraut macht, die sie durchgemacht haben, seit die letzte spanische Garnison 1826 aus Peru vertrieben wurde. Zehn unabhängige Staaten hatten bis dahin Gestalt gewonnen. Das kleine Haiti hatte sich 1803 von Frankreich gelöst. Brasilien zerschnitt 1822 auf recht schmerzlose Weise die Bande mit Portugal. Acht Staaten waren aus dem spanischen Amerika-Imperium hervorgegangen: Mexico, die Vereinigten Provinzen Mittelamerikas, Groß-Kolumbien, Peru, Bolivien, Chile, die Vereinigten Provinzen des Río de la Plata und Paraguay. Groß-Kolumbien, dem die große Liebe seines Schöpfers Simón Bolívar galt, zerfiel 1830 in drei selbständige Gebilde: Venezuela, Kolumbien und Ecuador. Die Vereinigten Provinzen des Río de la Plata waren im Grunde gar nicht vereinigt: jede von ihnen – Argentinien, Paraguay, Brasilien und Uruguay – schlug ihren eigenen Weg ein. Nach einem dreijährigen Krieg zwischen Argentinien und Brasilien gewann Uruguay, auf das Brasilien reflektierte, 1828 wenigstens nominell seine Unabhängigkeit, wurde aber auch weiterhin sowohl von Argentinien als auch von Brasilien bedrängt. Die Vereinigten Provinzen Mittelamerikas brachen 1838 auseinander: es entstanden die unabhängigen Staaten Guatemala, Honduras, El Salvador, Nicaragua und Costa Rica. Zwei Jahrzehnte lang von Haiti besetzt, wurde 1844 die Dominikanische Republik selbständig. Erst sehr viel später nahmen zwei weitere Staaten ihren Platz unter den freien Nationen Lateinamerikas ein: 1898 Kuba, 1903 Panamá; in beiden Fällen ging die Unabhängigkeit auf die Intervention der Vereinigten Staaten zurück. Ab 1903 waren die zwanzig lateinamerikanischen Republiken vollzählig. Betrachtet man diese zwanzigfache Staatenbildung und die Entwicklung jedes einzelnen der zwanzig Länder bis zur Mitte des 20. Jahrhunderts, so muß man einige hervorstechende Faktoren im Auge behalten:

1. Auf Schritt und Tritt gewahrt man die Spuren Spaniens, noch recht frisch in allen achtzehn Spanisch sprechenden Staaten, und die Spuren Portugals in Brasilien. Die überlieferte Tradition war royalistisch: da hatten Könige, durch ihre Vizekönige vertreten, geherrscht und wenig Diskussion geduldet. Die Tradition war aber auch katholisch: die

Herrschaft der Kirche reichte sehr weit. Spanien und Portugal gaben den amerikanischen Untertanen ihre Sprache und erlegten ihnen ihr kulturelles Erbe, ihr Religionsbekenntnis und ihre Regierungsgebräuche auf. Gewiß hat die Neue Welt mit der Alten gebrochen, aber der Bruch war langsam, oft widerwillig vonstatten gegangen; in vielen Fällen ist das Leben der Neuen Welt ein blasser Abklatsch der Alten geblieben.

2. An die Gründung ihrer Staaten gingen die Lateinamerikaner ohne jede eigene Selbstverwaltungserfahrung. Sie hatten drei Jahrhunderte absolutistischer Herrschaft hinter sich; Könige, die von ihrem Gottesgnadentum überzeugt waren, hatten durch Vizekönige ihre Herrschaft ausgeübt; den Vizekönigen unterstanden die königlichen *audiencias*, die königlichen Präsidenten und die königlichen Generalkapitäne, die – jeder in seinem Bereich – den Willen des Königs verkörperten. Nur in einem einzigen Verwaltungssektor – den kommunalen Körperschaften – gab es in begrenztem Umfang eine Mitbeteiligung der Untertanen an der Regierungsverantwortung. Eine Schulung im Selbstregieren, wie sie die britischen Kolonien in Nordamerika kennzeichnete, hat es weder in Spanisch- noch in Portugiesisch-Amerika jemals gegeben. Überdies hatten die Lateinamerikaner, als sie sich mit der Schaffung neuer Staatsgebilde befaßten, keine Führer, die das Finanzwesen, die Organisation der Rechtsprechung, das parlamentarische Getriebe und das Funktionieren der sonstigen Staatsorgane praktisch erlernt hätten. Die sachkundigen Männer der Kolonien waren aristokratische Grundbesitzer, Bürokraten aus den vizeköniglichen Ämtern und hohe geistliche Würdenträger. Die Sorge um das Schicksal der notleidenden Massen lag diesen Kreisen meist ziemlich fern; gewöhnlich waren sie Royalisten und an der Schaffung freier, sozialgesinnter republikanischer Staaten wenig interessiert.

Das bejammernswerte Durcheinander der ersten republikanischen Regierungen solcher feudalen Länder wie Peru und Mexico bezeugte den Mangel an sachverständiger Führung. Und das gegenwärtige Durcheinander in der staatlichen Organisation solcher Länder wie Paraguay, Haiti und Kuba deutet darauf hin, daß die zur Führung geeigneten Menschen, die imstande wären, die aus dem Leim gehenden Staatsgebilde wieder zusammenzusetzen und in Ordnung zu bringen, immer noch fehlen. Die großen Befreier Lateinamerikas, Simón Bolívar und José de San Martín, hatten beide mit dem Gedanken gespielt, arbeitslose europäische Fürsten zu importieren, um sie im Rahmen konstitutioneller Monarchien regieren zu lassen. Tatsächlich wurde dieser Weg auf Anraten des »Vaters der brasilianischen Unabhängigkeit«, José Bonifácio de Andrada e Silva, von Brasilien eingeschlagen, das sich denn auch unter Kaiser Pedro II. einer friedlicheren und sogar demokratischeren Entwicklung erfreuen durfte als die meisten seiner Nachbarn.

3. Einer demokratischen Entwicklung wenig zuträglich war die für Lateinamerika typische Klassenstruktur. Die Spitze der gesellschaftlichen Pyramide bildete in allen Ländern eine schmale soziale und wirtschaftliche Eliteschicht, die die größte Macht und fast den gesamten Grund und Boden in ihren Händen hielt. Besonders schwer lastete auf Mexico, Peru, Chile und Brasilien der Fluch der Latifundien, derselbe Fluch, der einer freiheitlichen Entwicklung in Spanien und Portugal im Wege gestanden hatte. Die Volksmassen waren nicht viel mehr als Leibeigene, mit dem von ihnen beackerten Land erworben und veräußert. Die große Masse war ohne Schulbildung: Menschen, die keine

Rechnung aufstellen und keine Zeitungen oder Bücher lesen konnten. Sie wurden miserabel bezahlt, lebten in zerfallenden Hütten, trugen Fetzen am Leibe und hatten selten genug zu essen. Zwischen der Oberschicht der *gente decente*, der »anständigen Menschen«, und diesen *rotos*, den »Zerbrochenen«, wie es in Chile heißt, gab es so gut wie keine Mittelschicht. Den Lateinamerikanern fehlte die treibende Kraft der begüterten Handelsleute, der Unternehmer, der Angehörigen freier Berufe, welche die demokratischen Einrichtungen in Westeuropa und in den Vereinigten Staaten geschaffen hatten.

4. In einigen der Republiken wurde in die politische Auseinandersetzung von Anfang an der erbitterte Streit zwischen fanatischen Anhängern eines zentralisierten Staatsaufbaus und eines losen Föderalismus hineingetragen. Daß sich Menschen für staatlichen Zentralismus begeisterten, war eine Hinterlassenschaft der Monarchie. Da die Könige von Spanien durch den Vizekönig in Mexico souverän regiert hatten, sollte auch ein Präsident, der die Stelle des Vizekönigs einnahm, über dieselbe absolute Macht verfügen. Auf der anderen Seite gab es ehrliche und naive Führer, die die mexicanische Staatsgewalt gern auf Guadalajara, Puebla, Oaxaca und Yucatan aufgeteilt hätten. Viele Köpfe wurden in Mexico in diesem Ringen um die Machtverteilung im Staat eingeschlagen. Nicht minder scharf war der Konflikt in Argentinien. Von den ersten Unabhängigkeitstagen an sah sich Buenos Aires dem unversöhnlichen Machtneid der übrigen Provinzen gegenüber; fast durch das ganze 19. Jahrhundert hindurch rief der Kampf zwischen Föderalismus und Zentralismus schwere Zusammenstöße hervor. Aber auch die weitverstreuten Gliedstaaten Brasiliens befehdeten einander unablässig; es gab sporadische Versuche verschiedener Staaten, aus dem Staatsverband auszuscheiden; und ständig war die Zentralregierung in Rio de Janeiro von Mißtrauen gegenüber den Provinzen erfüllt. Bis zum Ende des Jahrhunderts hatte die Monarchie die Schärfe des Konflikts gemildert; in neuerer Zeit haben einige Staaten – vor allem São Paulo, Rio Grande do Sul und Minas Gerais – dank ihrer überragenden Wirtschaftsmacht die anderen beherrschen können, wobei sich allerdings die Mächtigen untereinander streiten; gelegentlich hat São Paulo so getan, als wollte es sich selbständig machen. Lange Zeit hat dieselbe Auseinandersetzung Kolumbien in Atem gehalten; die starke geographische Unterschiedlichkeit der einzelnen Landesteile förderte ausgeprägten Regionalismus; seit das Land selbständig geworden ist, vergeht selten längere Zeit ohne heftige Kämpfe zwischen denen, die die Staatsgewalt in Bogotá zentralisieren, und denen, die die Machtbefugnisse der einzelnen Provinzen erweitern möchten. In Chile bestand im 19. Jahrhundert wenig Neigung, die Macht Santiagos und der Zentralebene anzufechten; neuerdings wird die Vormachtstellung der Grundbesitzeraristokratie der Zentralebene von den Bergbaugemeinden des Nordens und den selbstbewußten Farmern des Südens energisch attackiert. Immer wieder stört die Rivalität zwischen Quito und Guayaquil die Ruhe des kleinen Ecuador. In anderen Ländern hat der Zentralismusstreit wenige Konflikte verursacht: in Peru könnte kaum ein Rivale der Hauptstadt Lima die Führung streitig machen; die übrigen Republiken sind von solchen Spannungen größtenteils verschont geblieben.

5. Fast alle zwanzig Republiken leiden seit den frühesten Zeiten unter zähen Kämpfen zwischen denen, die sich »Konservative« nennen, und denen, die sich für »Liberale« halten. Scharf schieden sich die Fronten; die Schlachten sind meistens stürmisch und oft

blutig verlaufen. Um die Konservativen scharten sich die Großgrundbesitzer, Kirchenfürsten, fest im Sattel sitzende militärische Chefs. Die Liberalen waren in der Frühzeit der Unabhängigkeit Männer, die einiges vom ansteckenden Geist Montesquieus, Rousseaus, Voltaires, Raynals, d'Alemberts mitbekommen hatten; sie hatten gelernt, die königlichen Gewalten zu verhöhnen und über die Kirche ihren Spott auszugießen. Die Kirche war denn auch zumeist, seit die Unabhängigkeit errungen war, das eigentliche Streitobjekt. Am schärfsten unterschieden sich die Liberalen durch ihren Antiklerikalismus von den der Kirche eher wohlgesinnten Konservativen. Der Zusammenprall war am heftigsten in Mexico, mit hitzigen, leidenschaftlichen Kämpfen in den dreißiger und fünfziger Jahren des 19. Jahrhunderts und in der bewegten Zeit, die auf die Revolution von 1910 folgte. Im Mittelpunkt stürmischer Auseinandersetzungen stand die Kirchenfrage auch in Kolumbien und Chile. Andernorts waren die Angriffe auf die Geistlichkeit weniger massiv; in allen Ländern gab es aber ständige, anhaltende Bestrebungen, die Sondervorrechte der Kirche zu beschneiden, die der Geistlichkeit zugesicherten Sondergerichte abzuschaffen und der Kirchenaufsicht über Friedhöfe und Schulen ein Ende zu bereiten. Dagegen kümmerten sich die »liberal« firmierenden Bewegungen nur selten um den Mißbrauch wirtschaftlicher Macht – also etwa das Grundbesitzmonopol einer kleinen Gruppe – oder um die Weigerung der im Staat herrschenden Schichten, das Volk an der Machtausübung zu beteiligen. Bezeichnend ist, daß zum Beispiel die Liberale Partei Chiles, die im 19. Jahrhundert all ihre Energien auf den Kampf gegen die Kirche verwandt hatte, im 20. Jahrhundert schließlich zur Helfershelferin der Konservativen wurde, so daß sich beide Parteien auf dem extremen rechten Flügel zusammenfanden.

6. Das politische Chaos des 19. Jahrhunderts – und einiges andere dazu – spiegelt sich in der Verfassungsgeschichte der lateinamerikanischen Republiken wider. Mit jeder Umdrehung des Glücksrads der Politik wurde in den meisten Ländern von der neuen Machthabergruppe oder – oft genug – vom neuen Diktator eine neue Verfassung verkündet. Unzählige Male wurden Verfassungen abgeändert und die gerade geltenden Ansichten der jeweils herrschenden Gruppe über Föderalismus und Zentralismus, Klerikalismus und Antiklerikalismus oder – in neuerer Zeit – Arbeiterrechte und Unterstellung der Naturschätze unter staatliche Kontrolle zum Bestandteil des Verfassungswerkes gemacht. Ruhepausen in diesem Dauerlauf von Verfassung zu Verfassung gab es nur selten; immerhin blieb Argentiniens Verfassungsurkunde von 1853 fast hundert Jahre in Kraft, bis Perón sie 1949 in Stücke riß und eine eigene Verfassung an ihre Stelle setzte, und Chiles Verfassung von 1833 bewahrte ihre Gültigkeit bis 1925, als Alessandri sie durch eine neue ersetzte.

In den letzten Jahrzehnten hat sich die Tendenz bemerkbar gemacht, in die Verfassungsdokumente detaillierte gesetzgeberische Bestimmungen über eine Unzahl von Sonderproblemen aufzunehmen. Das krasseste Beispiel ist Mexicos Verfassung von 1917. Sie regelt mit vielen Einzelheiten im nationalistischen Sinne das ausschließliche Eigentum des Staates am gesamten Grund und Boden, seine alleinige Zuständigkeit in Fragen der Landzuteilung und seine uneingeschränkte Verfügungsgewalt über alle Bodenschätze. Sie enthält daneben einen ausführlichen Arbeitskodex mit Detailvorschriften, die den Achtstundentag garantieren, die Lohnfestsetzung regeln, gleichen Lohn für gleiche Leistung verfügen, die

Kinderarbeit verbieten und die Haftung der Arbeitgeber für Betriebsunfälle und Berufskrankheiten einführen. Schließlich erhebt sie zum Grundgesetz die damals vorherrschenden Ansichten über die Zerschlagung der Macht der Kirche, die Verstaatlichung aller Kirchenländereien und Gottesdiensthäuser und die Begrenzung der Zahl der Geistlichen und die Beschränkung ihrer Rechte. In den meisten Ländern haben die Verfassungen nur wenig bedeutet. Ihre Bestimmungen wurden mißachtet oder kurzerhand abgeändert, wenn es die jeweiligen Diktatoren danach gelüstete. Und sie wurden je nach Bedarf ohne nennenswerte Schwierigkeiten außer Kraft gesetzt.

7. Lateinamerikas Wirtschaft weist immer noch die Markierungen auf, die ihr zu der Zeit aufgetragen worden sind, da das Territorium eine spanische und portugiesische Kolonialdomäne war. Die beiden iberischen Mächte – Spanien noch unerbittlicher als Portugal – verlangten von ihren Kolonien die Belieferung des Mutterlandes mit Edelmetallen zuvörderst, daneben aber auch mit Nahrungsmitteln und Rohstoffen aller Art: Zucker, Pelzen, Häuten, Tabak, Kakao und vielen anderen Waren. Darüber hinaus suchten sie die Kolonien dazu zu zwingen, Fertigwaren nur aus dem Mutterland zu beziehen. Spaniens merkantilistische Politik war unbeugsam, und ihre Durchführung wurde strikt überwacht. Als Unterpfand diente ihr die Einrichtung von Monopolhäfen, über die der gesamte Güterverkehr abzuwickeln war. Das Ganze wurde von einer Flottenmacht geschützt, die Raubzüge der Engländer, Holländer und Franzosen abzuwehren hatte. Theoretisch mußte jedes Pfund peruanischer Baumwolle nach Sevilla gebracht, von dort zur Verarbeitung nach Flandern weitergeleitet und das Fertigprodukt von Flandern nach Sevilla und von da wieder nach Amerika befördert werden. In der Praxis konnte noch nicht einmal Spanien die lückenlose Einhaltung dieses Systems erzwingen, und nur in kleinerem Umfang gediehen einzelne einheimische Industrien in Mexico und Peru. Aber die Grundstruktur war vorgezeichnet, und es blieb auch später dabei, daß die Kolonien Rohstoffe und Lebensmittel ausführten und Industrieerzeugnisse einführten. Darin besteht auch heute noch das Grundgebrechen der lateinamerikanischen Wirtschaft. Erst in der allerneuesten Zeit beginnt der Aufstieg der Industrie diese Belastung zu verringern, namentlich in Mexico, Argentinien und Brasilien, in geringerem Maße auch in Chile, Kolumbien und Peru. Fast in allen übrigen Ländern hat gleichfalls der Aufbau einiger Industriezweige eingesetzt.

Besonders schwer hat die lateinamerikanische Wirtschaft daran zu tragen, daß einige Länder fast ausschließlich von der Ausfuhr eines oder zweier einheimischer Produkte leben. Von den Außenhandelserlösen für 1957/58 entfielen (in abgerundeten Zahlen):

in Kuba 81 Prozent auf Zucker,
in Haiti 72 Prozent auf Kaffee,
in der Dominikanischen Republik 74 Prozent auf Zucker und Kaffee,
in Kolumbien 77 Prozent auf Kaffee,
in Bolivien 55 Prozent auf Zinn,
in Chile 90 Prozent auf Erze und Mineralien,
in El Salvador 78 Prozent auf Kaffee,
in Guatemala 79 Prozent auf Kaffee,
in Honduras 61 Prozent auf Bananen,
in Brasilien 61 Prozent auf Kaffee,
in Venezuela 92 Prozent auf Erdöl.

Die Monokultur liefert das einzelne Land auf Gedeih und Verderb den Wechselfällen der Weltmarktkonjunktur aus. Die Preisschwankungen auf den Weltmärkten sind besonders gravierend bei Zucker und Kaffee: da es in der ganzen Welt viele neue Pflanzer gibt, ist Überproduktion die Regel. Es wird immer schwieriger, die Produzenten in Brasilien, Kuba und Mittelamerika vor schweren Rückschlägen zu schützen.

Andere Fesseln hemmen die Entwicklung der lateinamerikanischen Landwirtschaft. Die Mechanisierung der agrarischen Produktion ist dadurch hinausgezögert worden, daß genug billige Arbeitskräfte verfügbar waren; die Arbeitsmethoden sind allgemein rückständig (wenn auch selten ganz so rückständig wie im heutigen Spanien oder Portugal). Der größte Teil der lateinamerikanischen Landwirtschaft leidet nach wie vor unter der Aufrechterhaltung der Latifundien, die den besten Boden monopolisieren. Besonders drückend wird diese Agrarstruktur in Peru, Chile, Argentinien und Brasilien empfunden. Mexico, Bolivien und Kuba haben wagemutig radikale Maßnahmen zur Enteignung und Zerschlagung der Großgüter, die zugunsten der Kleinbauern aufgeteilt werden sollen, ergriffen. Was das Ergebnis auf lange Sicht sein wird, ist einstweilen noch schwer zu beurteilen.

Das Problem der ausländischen Unternehmungen bringt Störungen und Spannungen eigener Art mit sich. Die am heftigsten umstrittene Frage ist die von ausländischen Gesellschaften betriebene Ausbeutung der Erdölvorkommen: daß Mexico 1938 alle amerikanischen und britischen Ölfelder enteignet hat, gibt den Produzenten auch in anderen Ländern Anlaß zu Befürchtungen. Auslandsinteressen überwiegen noch in der Erdölgewinnung in Venezuela (rund fünfundachtzig Prozent der gesamten Ölproduktion Lateinamerikas), Kolumbien, Ecuador und Peru. Überall fordern die Einheimischen von den ausländischen Produzenten die Abführung höherer Gewinnanteile an die Länder, die ihnen die Ölförderung gestatten. Im Bergbau sind ausländische Unternehmer (hauptsächlich aus USA) die größten Produzenten in Mexico, Peru, Chile und Kolumbien. Allenthalben erschwert der wachsende Nationalismus die Position der Auslandsinteressen in zunehmendem Maße. Amerikanische Interessen beherrschen die Bananenwirtschaft in Mittelamerika, Kolumbien und Ecuador; der Streit um den Anteil am Gewinn reißt nicht ab.

Das Gesamtbild der lateinamerikanischen Wirtschaft zeigt Überfluß und Elend in grellem Kontrast. Der gewaltige Reichtum an landwirtschaftlich nutzbarem Land, riesigen Wäldern und unübersehbaren Bodenschätzen steht in schreiendem Gegensatz zur Not der breiten Massen. Das Jahreseinkommen pro Kopf der Bevölkerung gibt beredten Aufschluß: in Venezuela und Argentinien, den wohlhabendsten Ländern Lateinamerikas, liegt das Pro-Kopf-Einkommen beträchtlich unter dreißig Prozent des Pro-Kopf-Einkommens der Vereinigten Staaten; im ärmsten Lande, in Bolivien, erreicht es noch nicht drei Prozent des USA-Einkommens.

Zwei zahlenmäßige Vergleiche, die sich, soweit nicht anders vermerkt, auf das Kalenderjahr 1956 beziehen, mögen den Abstand veranschaulichen. Einmal die Elektrizitätserzeugung in Kilowattstunden pro Kopf der Bevölkerung: Durchschnitt für ganz Südamerika 257, Chile (1955) 606, Brasilien 258, Mexico 256, Honduras 45; im Unterschied dazu Vereinigte Staaten 4055, Großbritannien 1976, Bundesrepublik Deutschland 1605, Weltdurchschnitt 613. Zum andern die Versorgung der Bevölkerung mit Kraftfahrzeugen: in ganz Südamerika kommt ein Kraftfahrzeug auf 60 Einwohner, in Argentinien auf 32, in Chile auf 66, in Haiti auf 384; dagegen entfällt in den Vereinigten Staaten ein Kraftfahrzeug auf 2,5 Einwohner, in Großbritannien auf 10, in Westdeutschland auf 18, im Weltdurchschnitt auf etwa 28.

8. Überall besteht das Problem der Einmann-Diktatur. Die Anfänge der lateinamerikanischen Diktaturen datieren schon seit der Frühzeit der Unabhängigkeit: fast überall schoben sich damals Generale als Beherrscher ihrer Völker in den Vordergrund. Das Ergebnis war eine Prätorianerherrschaft, in der der gestiefelte und gespornte Diktator Verfassungen machte und Parlamente beherrschte. Die meisten Länder haben das durchgemacht: Venezuela unter José Antonio Páez (1830–1863); Ecuador unter Juan José Flores (1830–31, 1839, 1843–45); Peru unter verschiedenen Kriegshelden, die einander gegenseitig aus der Präsidentschaft vertrieben; Guatemala, wo Francisco Morazán und Rafael Carrera bis 1865 herrschten; Mexico, das von 1821 bis 1855 von Antonio López de Santa Anna geplagt und gepeinigt wurde; Argentinien, wo Juan Manuel de Rosas von 1829 bis 1852 seinen Willen zum Gesetz machte; das rückständige Paraguay, das Dr. José Gaspar Rodríguez de Francia von 1814 bis 1840 zum unumstrittenen Herrn und Meister hatte.

Überschaut man die gesamte Periode vom Anfang des 19. bis zur Mitte des 20. Jahrhunderts, so muß man feststellen, daß alle lateinamerikanischen Länder wenigstens einen Teil der Zeit Diktaturen von verschiedenen Despotiegraden erlitten und daß einige von ihnen fast die gesamte Zeit unter Diktaturen geschmachtet haben. Zu den unseligsten Fällen gehören die Diktaturen Mexicos, Guatemalas, Nicaraguas, Kubas, Haitis, der Dominikanischen Republik, Venezuelas, Ecuadors, Perus, Boliviens und Paraguays. Auf der etwas lichtvolleren Seite findet man Costa Rica, wo die Diktaturen nur selten und von kurzer Dauer waren; Chile, das seinen Diktatoren mit demokratischem Feuereifer Widerstand zu leisten wußte; Argentinien, das seit 1852 erhebliche Fortschritte auf dem Wege zu einem freien Staatswesen gemacht hat – trotz schweren Rückschlägen unter Juan Domingo Perón; Kolumbien, wo die wenigen Diktaturen, die es gab, auf erbitterte Feindschaft und kräftige Opposition stießen und die Konsolidierungserfolge einer friedlichen und demokratischen Regierungsweise zwischen 1910 und 1948 unverkennbar waren; Uruguay, das sich nach turbulenten Erfahrungen mit Diktaturen und Bürgerkriegen im letzten halben Jahrhundert gut herausgemacht hat; schließlich Brasilien, wo die Monarchie von 1841 bis 1889 für Ordnung mit gewichtigen demokratischen Sicherungen sorgte, wenn auch der Übergang zur Republik weniger erfreuliche Zeiten im 20. Jahrhundert zur Folge haben sollte.

Das Überwiegen der Diktaturregimes mag darin seine Erklärung finden, daß Armut und Unwissenheit die breiten Volksmassen schutzlos dem Demagogentum großer und kleiner Cäsaren preisgeben. Freilich versagt diese Erklärung im Fall Argentiniens: auch das besternährte und aufgeklärteste unter den Ländern Lateinamerikas erlitt als Opfer Peróns von 1944 bis 1955 das gleiche Schicksal. Etwas trostreicher stellt sich die Bilanz bei einem Rückblick 1960: im Verlauf von fünf Jahren sind Argentinien, Peru, Kolumbien, Venezuela und Kuba ihre Diktatoren losgeworden. Gegen Jahresende 1960 bleiben nur noch zwei Länder zu verzeichnen, in denen sich absolute Tyrannen an der Macht halten: die Dominikanische Republik und Paraguay.

Das Interesse wendet sich den Einzelschicksalen der Nationen in Politik und Wirtschaft zu. Obgleich das spanische Sprach- und Kulturerbe achtzehn Ländern gemeinsam ist, die auch alle am katholischen Glauben festhalten, gibt es unter ihnen keine zwei, die auch nur in groben Umrissen wesensgleich wären. Jedes hat seine eigene Individualität. Keinem seiner Nachbarländer gleicht das Portugiesisch sprechende Brasilien. Und Haiti, das Französisch spricht, ist wiederum ganz anders als alle anderen.

Mexico

Seiner Fläche nach das drittgrößte Land Lateinamerikas, steht Mexico in bezug auf die Größe der Bevölkerung unter den zwanzig Republiken an zweiter Stelle. Von seinen 32,3 Millionen Einwohnern sind etwa 25 Prozent nach Abstammung und Kultur Indianer, 65 Prozent Mestizen und 10 Prozent Weiße. Heute gehört das Land, so stürmisch seine Entwicklung seit 1821 auch verlaufen ist, zu den politisch und wirtschaftlich stabilsten Staaten Lateinamerikas. Als demokratisch wird man es zwar schwerlich bezeichnen können, denn die offizielle Regierungspartei, Partido Revolucionario Institucional (PRI), die von einer kleinen Spitzengruppe von Politikern beherrscht wird, entscheidet unwiderruflich, wer sich mit Erfolg um öffentliche Ämter von der Präsidentschaft der Republik bis zur Bürgermeisterei der kleinsten Gemeinde bewerben darf; aber Mexicos Presse ist weitgehend frei, der politische Meinungsstreit wird in aller Öffentlichkeit unbehindert ausgetragen, und neuerdings mehren sich Bestrebungen, die auf eine Durchbrechung des Herrschaftsmonopols der PRI abzielen.

Von der Unabhängigkeit zur Diktatur

Die geschichtliche Entwicklung, auf die Mexico von der Gegenwart aus zurückblickt, ist düster gewesen. Nach elf Jahren blutiger Revolutionskämpfe wurde die Unabhängigkeit 1821 von Augustín de Iturbide erfochten. Nach dem Sieg ließ sich Iturbide, ein nicht gerade sauberer Geselle, als Kaiser Augustín I. krönen, regierte zehn Monate ohne Erfolg, wurde gestürzt und des Landes verwiesen. Es folgten zweiunddreißig Jahre Chaos (1823–1855), in denen die Liberalen die Konservativen befehdeten, Texas von Mexico abfiel, der Krieg von 1846/48 zur Abtretung der Hälfte des Staatsgebietes an die Vereinigten Staaten führte und die ohnehin labile Wirtschaft des Landes immer mehr zerrüttet wurde. Das war die Ära des lächerlichen, grenzenlos korrupten Antonio López de Santa Anna, der wiederholt Gastrollen im Präsidentenamt gab, die fruchtbarsten Bemühungen zahlreicher ehrlicher Liberaler und Konservativer zunichte machte und schließlich 1853/55 seine unselige politische Karriere als Operettendiktator – »Seine Durchlauchtigste Hoheit« – eines verzweifelt um Lebensluft ringenden Volkes beendete.

Dann kam das *La Reforma* genannte donquichottenhafte liberale Zwischenspiel (1855 bis 1876) mit dem Vollblut-Zapoteken Benito Juárez als Bannerträger. Die Liberalen waren antiklerikale Reformer: sie beseitigten 1855 die meisten Sonderrechte *(fueros)* der Geistlichkeit und schafften die Kirchengerichte ab; sie beschlagnahmten 1859 den gesamten kirchlichen Grundbesitz (nahezu die Hälfte des landwirtschaftlich nutzbaren Bodens Mexicos) und verhießen seine Verteilung an landlose Bauern, ließen ihn aber den Großgrundbesitzern zukommen, die bereits über Riesengüter verfügten. Sie schufen schließlich 1857 eine neue Verfassung, die den Bürgerkrieg von 1858/60 auslöste. Im Bürgerkrieg führte Juárez die Liberalen gegen die von Miguel Miramón befehligten konservativen Kräfte; er gewann den Krieg und wurde 1860 erneut zum Präsidenten gewählt. Das brachte jedoch noch lange nicht den Frieden: 1862 rückten die Truppen Napoleons III. in Mexico ein und machten den wankelmütigen österreichischen Erzherzog Maximilian zum Kaiser; Juárez' Streitkräfte gaben den Kampf nicht auf, bis auch der letzte französische Soldat 1867 den mexicanischen Boden verlassen hatte. Von neuem wurde Juárez Präsident und blieb dann auch bis zu seinem Tode (1872) an der Regierung. Aber sein Nachfolger wurde 1876 von General Porfirio Díaz gestürzt und damit *La Reforma* beendet.

Die nächstfolgende Periode stand im Zeichen der Diktatur Díaz' (1876–1911). Seit Miguel Hidalgo den Spaniern im Jahre 1810 den Krieg bis zur Vernichtung angesagt hatte, hatte Mexico keinen Frieden mehr gekannt. Jetzt kam der verschlagene und skrupellose Díaz und sorgte für Ordnung. Er regierte zu Nutz und Frommen der Grundbesitzer, deren fürstliche Großgüter auf Kosten des Gemeinschaftsbesitzes der Dorfgemeinden und der Staatsdomänen weiter vergrößert wurden. Er erhielt seine Offiziere bei guter Laune, indem er ihnen gute Bezahlung und allerhand Vorrechte zusicherte. Er versöhnte die Kirche, indem er ihr einige der ihr von den Reformern entrissenen Rechte wiedergab. Er hieß ausländisches Kapital willkommen; die Bergwerke waren wieder in Betrieb, und um die Jahrhundertwende waren auch schon englische und amerikanische Ölbohrungen im Gange. Er trug dazu bei, daß das Eisenbahnnetz von achthundert auf fünfundzwanzigtausend Kilometer anwuchs. Er umgab sich mit Mitarbeitern, die tüchtig und oft sogar ehrlich waren. An den internationalen Börsen stand Mexico hoch im Kurse. Um 1900 galt die Díaz-Diktatur klugen Leuten in der ganzen Welt als überaus erfolgreich. Sie war es auch – für vielleicht fünf Prozent der Mexicaner; der Rest zählte nicht.

Die Revolution

Und dann brach 1910/11 »Die Revolution« (von mexicanischen Patrioten immer groß geschrieben) aus. Der mittlerweile achtzigjährige Don Porfirio wurde von einer Koalition von miteinander rivalisierenden Militärs, Intellektuellen, Gewerkschaftsagitatoren und Agrarreformern beiseite geschoben. Zehn Jahre lang wurde Mexico von Verschwörungen und Gegenverschwörungen zerrissen; die wenigsten entsprangen idealistischen, die meisten schäbig eigennützigen Motiven. Der erste Bannerträger der Revolution war Francisco I. Madero, in den Jahren 1911 bis 1913 fünfzehn Monate lang Präsident des revolutionären Staates, ein naives kleines Männlein von apostolischem Glaubenseifer und geringem Verständnis für die politische und wirtschaftliche Realität. Im Hintergrund zeichnete sich die Gestalt des indianischen Agrarreformers Emiliano Zapatá ab, dessen Bauernarmee unter

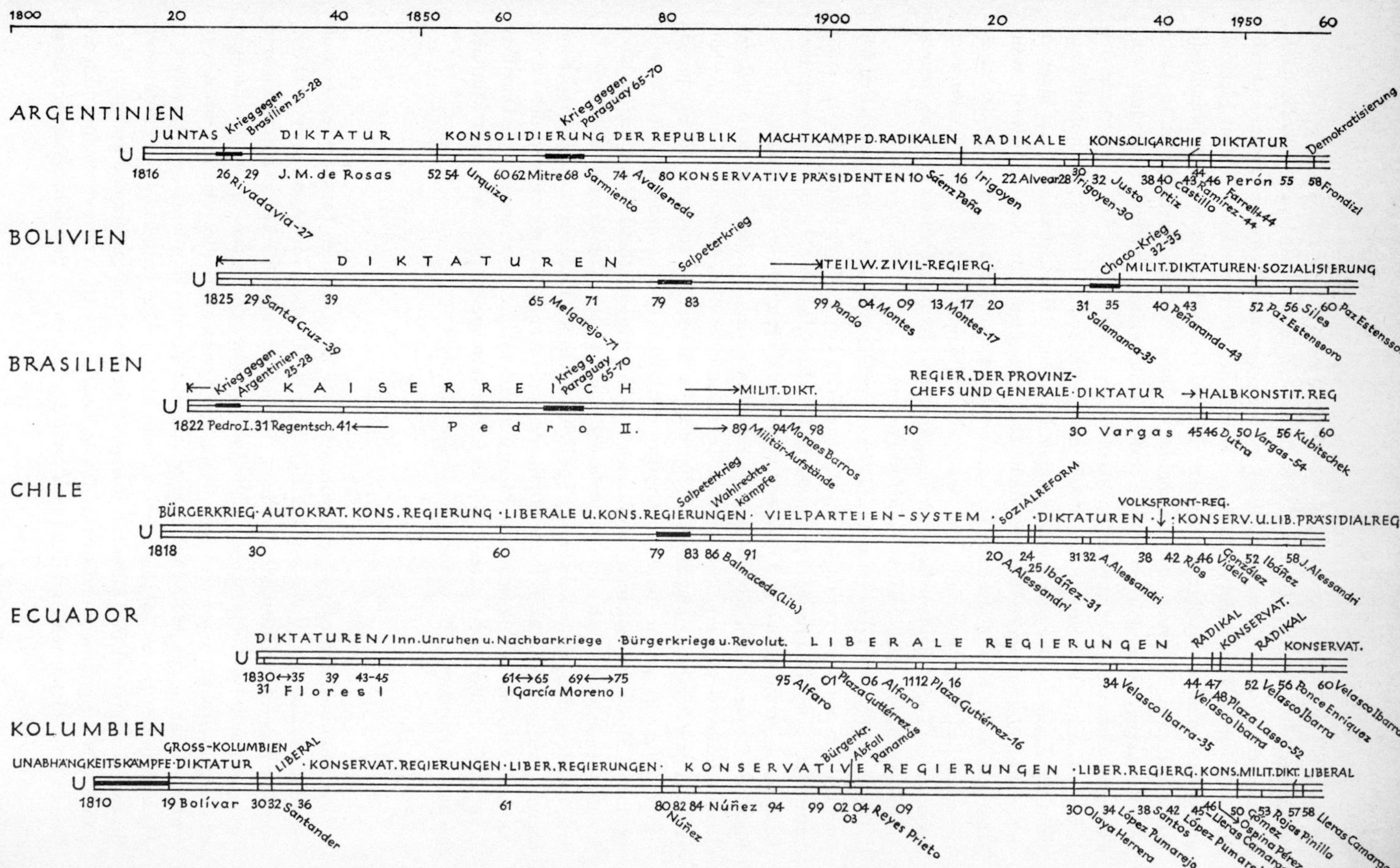
1800 20 40 1850 60 80 1900 20 40 1950 60
ARGENTINIEN
JUNTAS
Krieg gegen Brasilien 25-28
DIKTATUR
KONSOLIDIERUNG DER REPUBLIK
Krieg gegen Paraguay 65-70
MACHTKAMPF D. RADIKALEN
RADIKALE
KONS.OLIGARCHIE
DIKTATUR
Demokratisierung
1816 26 29 J. M. de Rosas 52 54 60 62 Mitre 68 74 80 KONSERVATIVE PRÄSIDENTEN 10 16 22 Alvear 28 30 32 Justo 38 40 43 44 46 Perón 55 58 Frondizi
Rivadavia-27
Urquiza
Sarmiento
Avalleneda
Saenz Peña
Irigoyen
Irigoyen-30
Ortiz
Castillo
Ramirez-44
Farrell-44
BOLIVIEN
DIKTATUREN
Salpeterkrieg
TEILW. ZIVIL-REGIERG.
Chaco-Krieg 32-35
MILIT. DIKTATUREN · SOZIALISIERUNG
1825 29 39 65 71 79 83 99 04 09 13 17 20 31 35 40 43 52 56 60
Santa Cruz-39
Melgarejo-71
Pando
Montes
Montes-17
Salamanca-35
Peñaranda-43
Paz Estenssoro
Siles
Paz Estenssoro
BRASILIEN
Krieg gegen Argentinien 25-28
KAISERREICH
Krieg g. Paraguay 65-70
MILIT. DIKT.
REGIER. DER PROVINZ-CHEFS UND GENERALE · DIKTATUR
HALBKONSTIT. REG
1822 Pedro I. 31 Regentsch. 41 Pedro II. 89 94 98 10 30 Vargas 45 46 50 56 60
Militär-Aufstände
Moraes Barros
Dutra
Vargas-54
Kubitschek
CHILE
BÜRGERKRIEG · AUTOKRAT. KONS. REGIERUNG · LIBERALE U. KONS. REGIERUNGEN · VIELPARTEIEN-SYSTEM · SOZIALREFORM · DIKTATUREN · VOLKSFRONT-REG. · KONSERV. U. LIB. PRÄSIDIALREG.
Salpeterkrieg
Wahlrechts-kämpfe
1818 30 60 79 83 86 91 20 24 31 32 38 42 46 52 58
Balmaceda (Lib.)
A. Alessandri
25 Ibáñez-31
A. Alessandri
Rios
Videla
González
Ibáñez
J. Alessandri
ECUADOR
DIKTATUREN / Inn. Unruhen u. Nachbarkriege · Bürgerkriege u. Revolut. LIBERALE REGIERUNGEN RADIKAL KONSERVAT. RADIKAL KONSERVAT.
1830 31 35 39 43-45 61 65 69 75 95 01 06 11 12 16 34 44 47 52 56 60
Flores I
García Moreno I
Alfaro
Plaza Gutiérrez
Alfaro
Plaza Gutiérrez-16
Velasco Ibarra-35
48 Plaza Lasso-52
Velasco Ibarra
Velasco Ibarra
Ponce Enríquez
Velasco Ibarra
KOLUMBIEN
UNABHÄNGKEITSKÄMPFE · GROSS-KOLUMBIEN DIKTATUR · LIBERAL · KONSERVAT. REGIERUNGEN · LIBER. REGIERUNGEN · KONSERVATIVE REGIERUNGEN · LIBER. REGIERG. · KONS. MILIT. DIKT. · LIBERAL
Bürgerkr. Abfall Panamás
1810 19 Bolívar 30 32 36 61 80 82 84 Núñez 94 99 02 03 04 09 30 34 38 42 45 46 50 53 57 58
Santander
Núñez
Reyes Prieto
Olaya Herrera
López Pumarejo
Santos
López Pumarejo
Lleras Camargo
Ospina Pérez
Gómez
Rojas Pinilla
Lleras Camargo

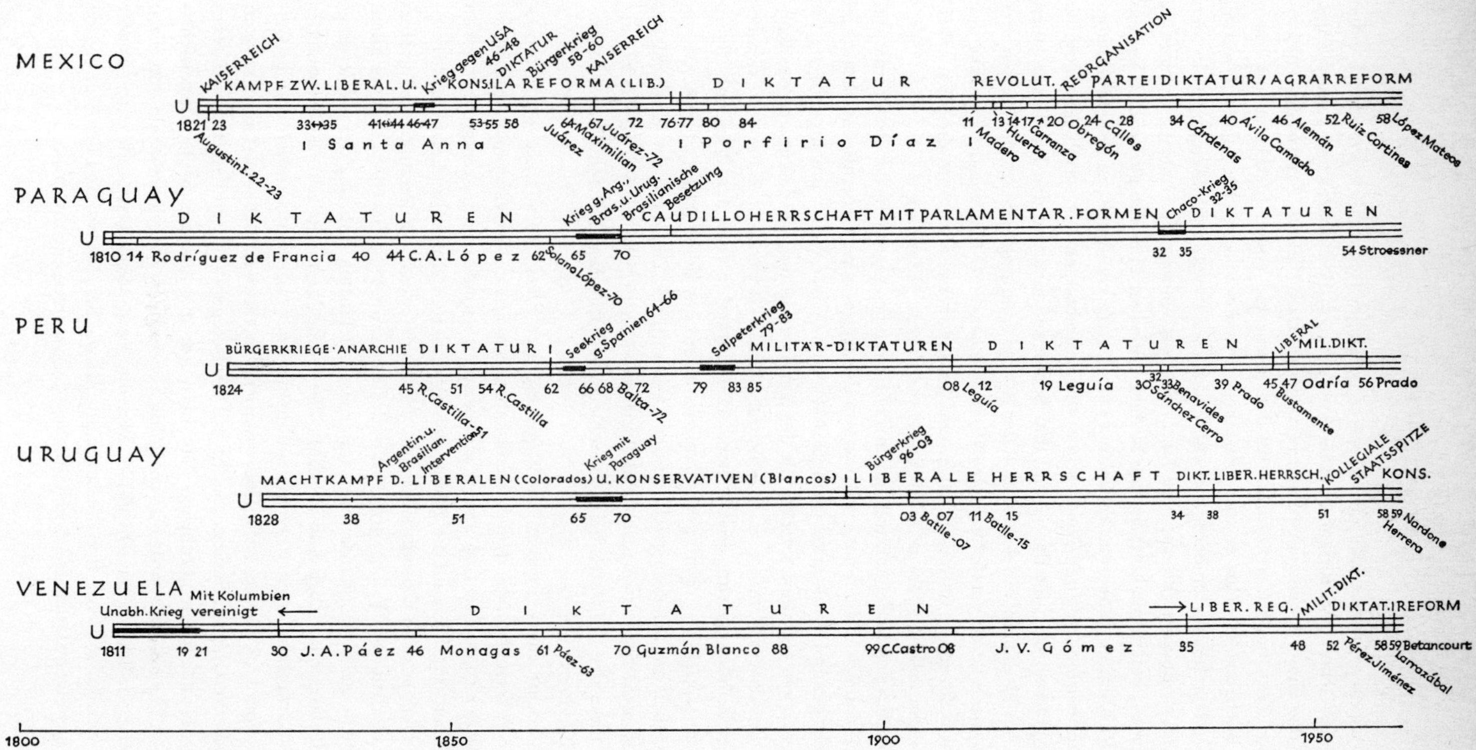

Perioden Lateinamerikanischer Staatengeschichte

U = UNABHÄNGIGKEIT

dem Banner *Tierra y Libertad* kämpfte. Maderos unfähiges Regiment wurde durch einen Staatsstreich des Generals Victoriano Huerta hinweggefegt; die Diktatur dieses sadistischen Halsabschneiders dauerte siebzehn Monate (1913/14). Dann fiel das Staatsruder 1914 an den ideenlosen Venustiano Carranza, hinter dem immerhin einige Menschen mit Ideen standen; er blieb im Amt, bis er 1920 bei einem neuen Staatsstreich erschossen wurde.

Allgemeines Durcheinander herrschte während dieses Revolutionsjahrzehnts; Kirchen wurden überfallen und geplündert; bald hier, bald dort wurden die Güter der *hacendados*, der Grundherren, beschlagnahmt; feurige Redner orakelten über die glorreichen Verheißungen der Revolution. Eine neue Verfassung wurde 1917 verkündet; in diesem umfangreichen Dokument fanden ihren Niederschlag die Bestrebungen der verschiedenartigsten Kreise: der Agrarreformer, die den Grund und Boden aufteilen und den Landlosen geben wollten; der Antiklerikalen, die den Einfluß der Kirche endgültig zu zerstören hofften; der Nationalisten, nach deren Vorstellung der nationale Staat die Ölfelder und Bergwerke den ausländischen Besitzern zu entreißen hatte; und der Gewerkschaftsführer, die allen arbeitenden Menschen unschätzbare neue Rechte zu verbürgen gedachten.

Ab 1920 zeigten sich in der mexicanischen Politik einige Anzeichen der Besinnung und Reife. Freilich wurden Wahlen nach wie vor von der regierenden Generals- und Politikerclique, die über genug Gewaltmittel verfügte, auf die einfachste Weise zurechtgebogen: mit Minderheitsgruppen, vor allem solchen, die die Kirche vertraten, wurde kurzer Prozeß gemacht, und alle Ämter in Staaten und Gemeinden blieben denen vorbehalten, die den Beherrschern der Bundesregierung gehorchten. Aber immerhin trug der Präsident Alvaro Obregón (1920–1924), ein tüchtiger und bis zu einem gewissen Grade sauberer Mann, nicht unwesentlich zur Wiederherstellung der Ordnung, zur Zähmung der Kaziken, der auf ihre Hausmacht bedachten Orts- und Bezirksgewaltigen, und zur Wiederaufrichtung der Disziplin unter den Offizieren bei. Er machte auch den Anfang mit dem Bau von Schulen und der Landverteilung.

Sein begabter und rücksichtsloser Nachfolger Plutarco Elías Calles (1924–1928) provozierte mit seinen Versuchen, die dem Auslandskapital gewährten Konzessionen einzuengen, Wutausbrüche der englischen und amerikanischen Petroleumkonzerne, erregte mit seinen leidenschaftlichen Angriffen auf die Kirche den Zorn der Gläubigen und erschreckte ausländische und inländische Grundbesitzer mit der angekündigten Enteignung der großen Haciendas. Entscheidende Erfolge erzielten in der Regierungszeit Obregóns und vor allem in der Calles' die Arbeiterorganisationen unter der geschickten Führung des – allerdings korrupten – Gewerkschaftschefs Luis Morones. Der Kampf gegen die Kirche, der nach der Vertreibung Porfirio Díaz' immer heftiger und heftiger geworden war, erreichte unter Calles seinen Höhepunkt. Überdies hatte Calles um 1927 mit seiner Petroleum-, Kirchen- und Agrarpolitik die Vereinigten Staaten so sehr in Harnisch gebracht, daß einer bewaffneten Intervention des mächtigen nördlichen Nachbarn nur mit knapper Mühe ausgewichen werden konnte. Die Gefahr wurde erst endgültig abgewendet, nachdem Washington einen besonders tüchtigen Botschafter, Dwight W. Morrow, nach Mexico entsandt hatte; es war im wesentlichen sein Verdienst, daß die Beziehungen zwischen Mexico und den Vereinigten Staaten ab 1927 einen immer freundschaftlicheren Charakter annahmen.

Nachdem Calles die Freuden der Macht ausgiebig gekostet hatte, war er bei Ablauf seiner Amtszeit 1928 nicht mehr geneigt, von der Bühne abzutreten. Er behauptete seine faktisch diktatorische Herrschaft, indem er die Präsidentschaft mit Strohmännern besetzte. Unterdes war der Revolutionsbrand fast erloschen; der Krieg gegen die Kirche ebbte allmählich ab; im Streit um die ausländischen Ölkonzessionen war Ruhe eingekehrt; etwas Land war an die Bauern verteilt worden.

Im Jahre 1934 installierte Calles für eine Amtsperiode von sechs Jahren einen neuen Strohmann, Lázaro Cárdenas, im Präsidentenpalais. Zur allgemeinen Überraschung, vor allem aber zur großen Verblüffung Calles', weigerte sich Cárdenas, das Marionettenspiel fortzusetzen. Er nahm »Die Revolution« sehr ernst; er fing damit an, daß er Calles ins Exil schickte; sodann ging er an die Entlassung einiger der arrogantesten Calles-Helfer. Er bremste die schon traditionell gewordene Hetze gegen die Geistlichkeit. Er beschleunigte die Enteignung der Haciendas und ließ tatsächlich etwa achtzehn Millionen Hektar Land verteilen, in der Hauptsache an *ejidos*, eine Art dörflicher Genossenschaften. Er animierte die organisierte Arbeitnehmerschaft, für höhere Löhne und bessere Arbeitsbedingungen zu streiken. Im Jahre 1938 verstaatlichte er den Besitz von siebzehn Ölgesellschaften (zu drei Fünfteln britisch, zu zwei Fünfteln amerikanisch); das brachte zwar zornige Reaktionen in den Vereinigten Staaten hervor, hatte aber, außer daß die betroffenen Gesellschaften zum Boykott mexikanischen Öls aufriefen, keine Repressalien zur Folge. So ungünstig Cárdenas' Politik von Washington und London beurteilt werden mochte, daheim löste sie auf jeden Fall stürmische Begeisterung aus.

Elend und Aufbau

Seit 1940 ist es um die mexicanische Politik stiller geworden. Es gab nur noch wenige öffentliche Propagandakampagnen; den größeren Grundbesitzern wurde nicht mehr viel Land genommen; die Kirche wurde nicht weiter belästigt. Natürlich behielt sich die Regierungspartei auch weiterhin das Recht vor, die zu wählenden Kandidaten für Bundes-, Staats- und Gemeindeämter auszusuchen, und natürlich wurden diese Kandidaten wie in früheren Jahren fast einstimmig gewählt. Von den so gewählten Präsidenten regierte Manuel Ávila Camacho (1940–1946) mit Geduld und ohne viel Aufsehen; während des zweiten Weltkrieges arbeitete er verläßlich mit den Vereinigten Staaten zusammen. Miguel Alemán (1946–1952) beschleunigte die Industrialisierung des Landes (1950 zählte Mexico bereits 53000 Industriebetriebe; 1935 hatte es erst 6916 gegeben). Mit der Förderung der Landwirtschaft war er weniger erfolgreich; noch immer mußten sich viele Mexicaner mit einem leeren Magen bescheiden. Zuallererst kam es Alemán auf äußere Effekte an: seine glanzvolle neue Universitätsstadt hat fünfundzwanzig Millionen Dollar verschlungen und verfügt über ein Stadion, in dem hunderttausend Zuschauer untergebracht werden können; woran es ihr fehlt, sind Bücher und Lehrkräfte. In Angriff genommen wurde unter Alemán der Bau mehrerer Wasserkraftwerke, die in erster Linie der Bewässerung dienen und neuen Boden für den Ackerbau erschließen sollen. Mit alledem hat Alemán zuviel öffentliche Gelder ausgegeben, und sowohl er als auch seine nächsten Mitarbeiter sind daran etwas zu reich geworden.

Als es an die Wahlen von 1952 ging, machte sich in weiten Kreisen das Verlangen nach einem weniger anspruchsvollen und weniger ehrgeizigen Kandidaten geltend; ein solcher Kandidat fand sich in Adolfo Ruiz Cortines, dessen Regierungszeit (1952–1958) sich durch Ruhe, Sauberkeit und Aufbauarbeit auszeichnete. Der neue Präsident entfernte unfähige und käufliche Amtsträger, entließ oder versetzte neunundzwanzig kommandierende Generale. Aber er hatte von Alemán eine leere Staatskasse und schwere Zahlungsverpflichtungen aus allerhand öffentlichen Bauvorhaben hinterlassen bekommen und mußte 1954 den Peso abwerten (von 11,6 auf 8 amerikanische Cents). Zu seinem Nachfolger wurde 1958 Adolfo López Mateos.

Während der Amtszeit Alemáns und Ruiz Cortines' gab es erneut ernsthafte Reibungen mit den Vereinigten Staaten. In Mexico war 1946 eine Epidemie der Maul- und Klauenseuche ausgebrochen, und Amerika schützte sich gegen mexicanische Rinderimporte mit einer Einfuhrsperre. Das schuf für Mexico eine verzweifelte Situation, die nur mit amerikanischer Finanzhilfe bei der Seuchenbekämpfung behoben werden konnte. Wiederholt gab es Zwistigkeiten zwischen Washington und Mexico in der Frage der Fischereirechte in der Nähe der mexicanischen Küste: Mexico nahm für sich die Hoheitsrechte über eine Neunmeilenzone in Anspruch, während die Vereinigten Staaten darauf bestanden, daß nur eine Dreimeilenzone als mexicanischer Hoheitsbereich gelten könnte. Die schärfste Kontroverse bezog sich auf die Zulassung mexicanischer Saisonarbeiter zur Arbeit in der amerikanischen Landwirtschaft: rund vierhunderttausend mexicanische *braceros* (wörtlich »Arme«) pflegten jährlich für einige Erntemonate nach Kalifornien, Texas und anderen Gegenden der Vereinigten Staaten zu kommen; der Streit betraf die Art der Anwerbung und die Behandlung dieser Wanderarbeiter. Bittere Anklagen und Gegenanklagen kamen von beiden Seiten und trugen nicht wenig zur Verbreitung einer antiamerikanischen Stimmung in Mexico bei. Amerikanisches Baumwolldumping auf dem Weltmarkt führte zu einer heftigen Preissenkung und löste in Mexico wiederum scharfe Kritik aus. Schließlich setzte Washington 1958 Einfuhrkontingente für Blei und Zink fest und verringerte damit die amerikanische Einfuhr dieser für Lateinamerika wichtigen Exportmetalle um dreißig Prozent, was wiederum die antiamerikanische Stimmung in Mexico verschärfte.

Im Lauf der Jahre war unterdes die mexicanische Volkswirtschaft etwas kräftiger geworden. Die Erdölgewinnung, in der die staatliche Monopolgesellschaft Pemex viel Unfug angerichtet hatte, wurde endlich unter Ruiz Cortines auf eine gesunde Grundlage gestellt. Die Schaffung neuer einheimischer Industriezweige blieb zwar bruchstückhaft, war aber nichtsdestoweniger im ganzen ermutigend. In dem Maße, wie Bewässerungsmaßnahmen dank den neuerbauten Staudämmen neuen Ackerboden erschlossen, verzeichnete auch die Landwirtschaft einige Fortschritte. Die Zucker- und Baumwollgewinnung konnte gesteigert werden, und Kaffee wuchs zu einem wichtigen Ausfuhrartikel heran.

Den segensreichen Wirkungen des wirtschaftlichen Aufschwungs stand ein allzu rasches Anwachsen der Bevölkerung gegenüber. Die Zahlen waren beängstigend: 1940 hatte Mexico 19,7 Millionen Einwohner, 1950 bereits 25,8 und 1959 über 32 Millionen. Anlaß zu Besorgnissen gab auch die Vermehrung der städtischen Bevölkerung: 1910 hatte es in der Hauptstadt des Landes weniger als eine halbe Million, 1930 eine Million Einwohner ge-

Die Pocito-Kapelle in Guadalupe in Mexico, eine Kirche aus der spanischen Kolonialzeit

Verschiffung von Bananen in Guayaquil in Ecuador. Inneres einer Rohrzuckerfabrik in Costa Rica

geben; bis 1959 waren es bereits vier Millionen geworden. Freudig hatte Ruiz Cortines die jährliche Geburtenzahl von fast einer Million »Mexicos größten Schatz« genannt; weniger freudig gestimmte Beobachter fragten sich, wie Mexico, dessen Gebietsfläche nur zu einem Zehntel anbaufähig ist, eine so schnell wachsende Bevölkerung ernähren sollte.

Dennoch war für Mexico im Jahre 1960 der Blick in die Zukunft nicht ohne Hoffnung. Wenn Mexico auch noch nicht zu einem demokratischen Staatswesen geworden ist, war doch unter vielen seiner Gliedstaaten und Gemeinden das zunehmende Bedürfnis nach Teilnahme an politischen Entscheidungen wahrzunehmen. Der Streit um die Kirche, der über ein Jahrhundert getobt hatte, schien zur Ruhe gekommen zu sein. Die Wirtschaft zeigte einen gewissen Aufstieg. Auf der anderen Seite blieb jedoch die Lage der ländlichen Arbeitskräfte sowohl in landwirtschaftlichen Privatbetrieben als auch im Rahmen des mit großen Ansprüchen auftretenden *ejido*-Systems nach wie vor elend. Mexico war immer noch ein armes und hungriges Land.

Mittelamerika

Mittelamerika umfaßt die Länder, die vom Karibischen Meer, dem »Mittelmeer Amerikas«, umspült werden. Nur neun von ihnen sollen hier zunächst behandelt werden: die Inselstaaten (Kuba, Haiti und die Dominikanische Republik), die fünf Republiken Mittelamerikas und Panamá. In einem späteren Zusammenhang wird über Venezuela und Kolumbien noch zu sprechen sein. (Die Insel- und Küstenbesitzungen Großbritanniens, Hollands und Frankreichs gehören nicht in den Rahmen der vorliegenden Übersicht.)

Die Inselrepubliken

Von den Antilleninseln ist Kuba die größte: 1220 Kilometer vom westlichen zum östlichen Zipfel, mit einer Bevölkerung von 6,5 Millionen, von der rund die Hälfte aus Weißen, ein Viertel aus Negern und das restliche Viertel aus einer Mischung von Europäern, Negern und Asiaten besteht. Die zweitgrößte Insel, die Kolumbus Hispaniola taufte, ist geteilt: ein Drittel bildet die Negerrepublik Haiti mit einer Bevölkerung von 3,4 Millionen, zwei Drittel gehören zur Dominikanischen Republik, deren 2,8 Millionen Einwohner hauptsächlich Mulatten sind. Haiti, im 18. Jahrhundert eine blühende französische Kolonie, löste sich von Frankreich nach zwölfjährigem Blutvergießen im Jahre 1804. Die Spanisch sprechenden Dominikaner vertrieben die Franzosen 1809, waren bis 1822 unter spanischer Oberhoheit und gelangten dann in die Botmäßigkeit Haitis; sie erkämpften ihre Unabhängigkeit erst 1844. Von Kuba hatten die Spanier im Jahre 1511 Besitz ergriffen; die Insel diente ihnen als Sprungbrett für die Eroberung der Landenge von Panamá, Mexicos und Floridas. Als einzige unter Spaniens amerikanischen Kolonien blieb Kuba noch bis zum Ausgang des 19. Jahrhunderts in spanischem Besitz; erst 1898 begann seine selbständige staatliche Existenz.

Kubas Weg nach 1898 ist überaus wechselvoll gewesen. Zwei Klippen waren bedrohlich: einmal hängt hier alles vom Zucker ab, der vier Fünftel der kubanischen Ausfuhrerlöse einbringt, und die Preisschwankungen auf dem Weltzuckermarkt machen die Wirtschaft der Insel außerordentlich anfällig; zum andern sind die Vereinigten Staaten ein zu naher und zu mächtiger Nachbar, was die Gefahr ernsthafter Eingriffe mit sich bringt. Der erste Anfang nach dem Abzug der Amerikaner im Jahre 1902 war nicht ungünstig, doch hat das Glück nicht lange vorgehalten. Kubas Präsidenten waren zum größten Teil entweder unfähig oder korrupt, meistens beides zugleich. Gerardo Machado (1925–1933) war ein Henker, dessen Sturz dem Land eine kurze Atempause verschaffte. Schlimmer noch war Fulgencio Batista, seit 1933 als Präsident oder durch Mittelsmänner fast ununterbrochen an der Macht – bis zu seiner Vertreibung Anfang 1959. Die Zuckerausfuhr (1957: 656,3 Millionen Dollar) hatte indessen Geld für öffentliche Arbeiten hereingebracht und die Präsidenten nebst Helfershelfern bereichert; der großen Mehrheit des Volkes blieben die Krumen von der festlich gedeckten Staatstafel.

Der letzte Umschwung kam im Januar 1959, als der junge Fidel Castro und seine Mitstreiter Batista verjagten. Castros siegreicher Staatsstreich war die Krönung einer brillanten und mutigen sechsjährigen Verschwörerarbeit. Unter seinem Kommando hatte ein Häuflein junger Menschen, größtenteils Studenten, schon im Juli 1953 die Kaserne von Santiago de Cuba zu erstürmen versucht, wurde damals allerdings überwältigt. Nach der Entlassung aus dem Gefängnis ging Castro nach Mexico und begann die Mobilisierung von Kampfgefährten. Im Dezember 1956 landete er an der Südostküste Kubas. Von dort ging es in die Berge, wo er sich mit einer Handvoll Jugendlicher verschanzte. Von hier aus warb Castro neue Streiter an, hielt zwei Jahre durch, organisierte die Opposition auf der ganzen Insel und marschierte schließlich am 1. Januar 1959 in Habana ein.

Das von Fidel Castro im Januar 1959 errichtete Regime war eine Diktatur, die engmaschigste, die Kuba je gekannt hat. Castro übernahm die Ministerpräsidentschaft und machte den allgemein geschätzten Urrutia Lleo zum Präsidenten der Republik; als jedoch kurz darauf Meinungsverschiedenheiten zwischen dem Staatsoberhaupt und dem Regierungschef auftraten, setzte Castro den Präsidenten ab und setzte an seine Stelle Oswaldo Dorticos Torrado, eine willfährige Null. Wer 1959 und 1960 eine andere Meinung als die vom Ministerpräsidenten vertretene zu äußern wagte, wurde des Amtes enthoben, in die Verbannung geschickt oder ins Gefängnis geworfen. Die Einmannregierung war wieder zum kubanischen Herrschaftssystem geworden.

Vom Beginn der Castro-Herrschaft an wurden die Partner und Schützlinge Fulgencio Batistas summarischer Justiz unterworfen: Tausende wurden eingekerkert oder mußten ins Ausland fliehen; über siebenhundert wurden nach ebenso kurzen wie leichtfertigen Prozessen von Exekutionskommandos erschossen. Castros Anhänger, denen Zweifel an seinen Methoden kamen, wurden aus ihren Ämtern gedrängt und in vielen Fällen auch in Haft genommen; manch einer suchte in den Vereinigten Staaten oder in anderen Asylländern Zuflucht. Die freie Presse wurde mundtot gemacht; im Oktober 1960 gab es nicht eine einzige Zeitung mehr, die irgendwelche vom offiziellen Regierungsstandpunkt abweichende Ansichten äußerte.

An der Regierungsgewalt nahm neben Castro nur ein kleines inneres Gremium teil: sein Bruder Raúl, dem die bewaffnete Macht unterstand, sein Wirtschaftsberater Ernesto Guevara, dem die Leitung der Staatsbank anvertraut war, und Antonio Nuñez Jiménez, der die Agrarreform leitete. Diese Staatsspitze machte sich in Eile und mit kräftigen Eingriffen an die Verwirklichung des von Castro verkündeten Programms der »wirtschaftlichen Befreiung«. Das Gesetz über die Agrarreform, im Frühjahr 1959 erlassen, verfügte die Enteignung aller Ländereien, die über einen bestimmten Mindestbesitz hinausgingen, sicherte den enteigneten Grundbesitzern als Entschädigung Staatsschuldverschreibungen mit einem Zinsfuß von viereinviertel Prozent zu und versprach allen landlosen Bauern eigene Höfe mit einer Fläche von siebenundzwanzig Hektar. Mit der Ausführung des Gesetzes wurde die neugebildete Landesanstalt für Bodenreform beauftragt, die im Blitztempo an die Arbeit ging; bis zum Oktober 1960 hatte sie fast den gesamten ausländischen Grundbesitz (einschließlich so großer Besitzungen wie die hunderttausend Hektar der United Fruit Company) und einen erheblichen Teil des Ackerlandes aus kubanischem Besitz übernommen. Die Zusagen des Reformgesetzes wurden indes nicht eingehalten: bis zum Oktober 1960 hatten die enteigneten Besitzer keinerlei Entschädigung erhalten, und die vorgesehenen Staatsschuldverschreibungen waren noch nicht einmal gedruckt worden; dafür wurden den Opfern der Enteignung ohne jedes Rechtsverfahren auch Inventar und Vieh genommen; trotzdem kamen die landlosen Bauern nicht in den Genuß des versprochenen Eigenbesitzes, sondern wurden zur Arbeit auf den von der Landesanstalt für Bodenreform bewirtschafteten Großgütern abkommandiert. In vielen Fällen wurden die von Ausländern (namentlich Amerikanern) betriebenen Bergwerke, Hotels und Industriebetriebe beschlagnahmt.

In den ersten zwei Jahren der Castro-Herrschaft waren die Vereinigten Staaten die Hauptzielscheibe erbitterter Schimpfkanonaden. Den Anlaß boten zunächst ungenehmigte Flüge amerikanischer Kleinflugzeuge über kubanischem Gebiet, die von den zahlreichen privaten Flughäfen Floridas aufstiegen; in den Flugaktionen erblickte die Castro-Regierung den Beweis für die feindselige Haltung Washingtons, und auch nachdem die amerikanische Regierung energische Schritte unternommen hatte, um diese Flüge zu unterbinden, stellte Kubas Regierungschef seine Angriffe nicht ein. Wiederholt hielt Castro mehrstündige Fernsehreden, in denen er wütende Angriffe gegen den »Imperialismus« der Vereinigten Staaten schleuderte. Seinerseits weigerte sich Washington, der Castro-Regierung Waffen und Flugzeuge zu verkaufen, und übte einen Druck auf europäische Regierungen aus, um entsprechende Lieferungen an Kuba zu verhindern. Die Explosion eines französischen Schiffes, das mit einer Munitionsladung aus Belgien im Hafen von Habana vor Anker lag, wurde von Castro als Akt amerikanischer »Sabotage« gebrandmarkt. Obgleich die Washingtoner Regierung Geduld übte und auf Castros wilde Anklagen mit maßvollen Noten antwortete, verschlechterten sich die Beziehungen zwischen Washington und Habana. Zur Verschärfung der Spannung trugen mancherlei Eingriffe von außen bei: der Abschluß von Handelsverträgen zwischen Kuba einerseits und der Sowjetunion, Polen und China anderseits; die lauten Drohungen von Sowjetseite, in denen es hieß, Kuba werde mit interkontinentalen Ferngeschossen verteidigt werden; schließlich auch die gegen die

Vereinigten Staaten gerichteten Umtriebe kubanischer diplomatischer Vertreter in Mittelamerika, in Panamá und in anderen Gegenden.

Im Juni 1960 beschloß die Eisenhower-Regierung nach langem Zögern die erste Vergeltungsmaßnahme gegen das Castro-Regime: für das Jahr 1960 wurde der Ankauf kubanischen Zuckers eingestellt. Das war ein empfindlicher Schlag. Über ein halbes Jahrhundert hatte sich der kubanische Zucker freundlicher Aufnahme auf dem amerikanischen Markt erfreut; seit 1934 hatten die Vereinigten Staaten regelmäßig etwa ein Drittel ihrer Zuckerimporte aus Kuba bezogen; überdies nahmen die Vereinigten Staaten den kubanischen Zucker zu einem Sonderpreis ab, der rund zwei Prozent über dem Weltmarktpreis lag, was Kuba allein im Jahre 1959 eine zusätzliche Einnahme von ungefähr sieben Millionen Dollar eingebracht hatte. Fidel Castros Antwort auf Eisenhowers Strafmaßnahme war die beschleunigte Beschlagnahme amerikanischen Eigentums. Bis zum Oktober 1960 waren amerikanische Anlagen im Werte von fast neunhundert Millionen Dollar – nahezu neun Zehntel des Besitztums amerikanischer Staatsbürger und amerikanischer Erwerbsgesellschaften auf der Insel Kuba – der Beschlagnahme verfallen; dazu gehörten Zuckerplantagen, Viehzuchtbetriebe, drei Ölraffinerien, Elektrizitätswerke, Banken, Hotels, Bergwerke, Fabriken und viele andere Unternehmungen.

Im August 1960 wurde auf Initiative Perus in San José, der Hauptstadt Costa Ricas, eine Konferenz der Organisation der amerikanischen Staaten (OAS) abgehalten, auf der zur Bedrohung der interamerikanischen Solidarität durch die Eingriffe der kommunistischen Mächte auf Kuba Stellung genommen werden sollte. Der Vertreter Kubas verurteilte aufs heftigste den »Imperialismus« der Vereinigten Staaten, dem er Versuche bewaffneter Intervention und wirtschaftliche Einmischung (Drosselung der Zuckerkäufe) zur Last legte. Der amerikanische Außenminister führte einen Gegenangriff: er forderte die OAS auf, die von Kuba erhobenen Beschuldigungen zu untersuchen. Das wurde von Kuba brüsk abgelehnt. Nach einwöchigen Auseinandersetzungen einigten sich die Vertreter der amerikanischen Republiken widerstrebend auf die »Erklärung von San José«, in der die Einmischung des China-UdSSR-Blocks in die »politischen, wirtschaftlichen oder sozialen Verhältnisse eines amerikanischen Staates« zurückgewiesen, Kuba jedoch mit keinem Wort erwähnt wurde. Die leidenschaftliche Debatte um diese Entschließung hatte zutage treten lassen, daß beträchtliche Teile der öffentlichen Meinung Lateinamerikas eine starke Neigung verspürten, sich im Streit mit den Vereinigten Staaten auf die Seite Fidel Castros zu schlagen. Dennoch lehnte die kubanische Delegation die weitere Teilnahme an den Beratungen der Konferenz ab, und in Habana wurde die OAS als »das Kolonialministerium der USA« angeprangert.

*

Schmerzensreich war die Geschichte Haitis seit der Lostrennung von Frankreich. In den ersten vier Jahrzehnten herrschten städtische Mulatten, eine Minderheit, die sich für die Elite des Volkes hielt; sie hatte geringen Erfolg und wurde 1843 gestürzt. Danach – und bis auf den heutigen Tag – stellten die Negermassen die meisten Präsidenten; gewöhnlich waren diese Präsidenten unfähig, korrupt und grausam. Für Erziehungswesen und öffentliche

Arbeiten wurde wenig getan. Die Wirtschaft stand auf schwachen Füßen; wild an den Gebirgsabhängen wachsender Kaffee war das einzige Produkt, das etwas Geld brachte. Die »Elite« bewohnte die besten Häuser und bezog die höchsten Einkommen; die Negermassen hatten so gut wie nichts. Über neunzig Prozent der Bevölkerung waren Analphabeten.

Dann kam die fast zwanzigjährige amerikanische Besetzung (1915–1934), aus verschiedenerlei Motiven erwachsen: hier paarte sich das Schutzbedürfnis des in Haiti investierten Kapitals mit der Befürchtung, daß sich Deutschland des Landes bemächtigen und es als Operationsbasis gegen die Vereinigten Staaten benutzen könnte, und der vagen Vorstellung, daß es zu Amerikas moralischen Verpflichtungen gehöre, die Haitianer vor Torheiten zu bewahren. Nun herrschten amerikanische Marineoffiziere mit Hilfe diensteifriger Präsidenten; sie ordneten das Finanzwesen, bauten Straßen und Schulen, verbesserten die hygienischen Verhältnisse und – ernteten die bittere Feindschaft der Haitianer. Als die Marineinfanterie 1934 abzog, hinterließ sie das Land in etwas besserer Verfassung. Ab 1934 amtierten nacheinander zwei Mulattenpräsidenten, die einige Erfolge aufzuweisen hatten. Aber seit 1943 ist Haiti wieder in den alten Trott verfallen: häufiger, meist gewaltsamer Wechsel der Präsidenten; manipulierte Wahlen; geknebelte Presse; diktatorische Regierungspraxis. Kritiker des gegenwärtigen Präsidenten François Duvalier haben nichts Gutes zu erwarten. Die Vereinigten Staaten, denen an der Beseitigung aller Unruheherde in der karibischen Zone liegt, unterstützen Duvalier als kleineres Übel.

Die Volkswirtschaft stagniert. Die Not der Volksmassen ist kaum weniger drückend als vor hundert Jahren. Der Bau einer Talsperre im Atribonite-Tal mit einem Kraftwerk von vierzigtausend Kilowatt Kapazität und der geplanten Bewässerung von vierundzwanzigtausend Hektar Ackerland ist trotz einer amerikanischen Regierungsbeihilfe von vierundzwanzig Millionen Dollar noch nicht fertig. Was eine UN-Kommission 1949 festgestellt hat, trifft auch heute zu: »Das wirtschaftliche Grundproblem Haitis ergibt sich daraus, daß eine stetig wachsende Bevölkerung von unzureichendem Bildungsniveau unvermindert die begrenzten und, soweit es um landwirtschaftlich nutzbaren Boden geht, in erschreckendem Maße schrumpfenden Naturkräfte abzapft.« Das Elend Haitis, sagt Raymond E. Crist, besteht darin, »daß es weder eine Monokulturwirtschaft noch eine autarke Wirtschaft hat, sondern nur eine Wirtschaft, bei der man nichts anderes tun kann, als an seinen Nägeln kauen«.

*

Die Dominikanische Republik mit ihren 2,8 Millionen Einwohnern (vornehmlich Mulatten) ist seit der Befreiung von haitianischer Herrschaft im Jahre 1844 von einer Diktatur zur anderen gestolpert. Die ersten Herrscher suchten Sicherheit unter dem Schutz einer fremden Macht, und faktisch war Spanien 1861–1865 wieder der Kolonialherr. Später kam der Plan auf, das Land an die Vereinigten Staaten abzutreten, was dem Präsidenten Ulysses S. Grant akzeptabel schien, aber zum Glück vom amerikanischen Senat abgelehnt wurde. Das ausgepowerte Volk lebte inzwischen unter der finsteren Herrschaft schäbiger Tyrannen. Zu Beginn des 20. Jahrhunderts betrugen die Schulden der Republik an Frankreich, Belgien, Deutschland, Italien, Spanien und die Vereinigten Staaten nicht weniger als zweiunddreißig Millionen Dollar. Um die Schuldeneintreibung durch die europäischen Gläubigermächte und manches andere zu verhindern, besetzten die Vereinigten Staaten das Land im Jahre 1916 und errichteten eine Militärverwaltung, die acht Jahre beibehalten wurde. Eine der größten Leistungen der amerikanischen Marineinfanterie war die Ausbildung einer dominikanischen Polizeitruppe. Gegen 1930 war der Kommandeur dieser Truppe, dem die Amerikaner Schießen und Kommandieren beigebracht hatten, zur dominierenden Persönlichkeit des Landes geworden. Seitdem bestimmt das Schalten und Walten des Diktators Rafael Leónidas Trujillo Molina die Geschicke der Dominikaner.

Trujillos dreißigjährige Unterjochung der Dominikanischen Republik dürfte von allen Anachronismen des heutigen Lateinamerikas der widersinnigste sein. Trujillos Diktatur ist allumfassend, schamlos und von einer ungewöhnlichen Sturheit. Diskussionen gibt es in diesem Lande nicht: die Diskutierenden sind im Gefängnis, ins Ausland entflohen oder tot. Santo Domingo (inzwischen in Ciudad Trujillo umgetauft), wo Trujillo regiert, ist die älteste Stadt Amerikas; vielleicht paßt es sogar zum archaischen Stil, daß sich Trujillo in aller Bescheidenheit den Titel »Wohltäter des Vaterlandes« zugelegt hat. Jetzt, da er neunundsechzig geworden ist, ist Trujillo ein sehr reicher und viel gefeierter Mann. In der Hauptstadt allein gibt es 1870 Trujillo-Denkmäler, zu denen nicht wenige andernorts hinzukommen. »Gott und Trujillo« verkündet flammende Leuchtschrift von allen öffentlichen Gebäuden. Des Diktators vielköpfige Verwandtschaft bildet eine Hierarchie, die die Republik verwaltet und den größten Teil der Republik besitzt. Ein Bruder des Diktators amtiert als Präsident, ein Sohn als Generalstabschef, ein anderer Sohn als Vizepräsident. Seit den Tagen, da er als schlechtbezahlter Telegraphenschreiber sein Brot verdiente, hat der Generalissimus einen beachtlichen Weg zurückgelegt.

Der »Wohltäter« hat seine Verdienste. In dreißig Jahren ist das Land aus Elend und Bankrott zu einem Zustand äußerer Prosperität, die eines gewissen Liebreizes nicht entbehrt, aufgestiegen. Die Einkünfte aus Zucker-, Kakao- und Kaffeeumsätzen haben sich seit 1930 vervierzigfacht. Es sind Schulen gebaut worden, und einige davon sind gut. Einige Industrien sind entstanden und florieren. Dem Generalissimus und seiner Verwandtschaft gehören viele Tausende Hektar des fruchtbarsten Landes, dazu Zeitungen, die dominikanische Luftverkehrsgesellschaft, eine Zementfabrik, die nationalen Waffenwerke, eine Beteiligung am Tabakmonopol und viele andere attraktive Vermögenswerte. Billigerweise soll nicht unerwähnt bleiben, daß auch Angehörige der unteren Schichten so aussehen, als seien sie besser ernährt und gekleidet und mit besseren Behausungen versehen. Jede Stadt, jeder größere Marktflecken hat eine funktionierende Wasserversorgung. Auch Krankenhäuser und Kliniken sind vorhanden.

Um 1960 sah es in vielem so aus, als seien die Tage des »Wohltäters« gezählt. In allen Ländern des karibischen Raums mehrten sich Proteste gegen Trujillos blutige Tyrannenherrschaft. Ein mißlungener Landungsversuch an der Küste der Dominikanischen Republik war im Juni 1959 von dominikanischen Emigranten mit der Unterstützung einiger Kubaner unternommen worden. Trujillo verlangte darauf von der OAS eine Stellungnahme zu den Anschlägen auf sein Regime und entfaltete überdies eine stürmische Kampagne zur Vermehrung der dominikanischen Streitkräfte (Mehraufwand: fünfzig Millionen

Dollar). Im Januar 1960 deckten Trujillos Behörden eine Verschwörung gegen das Regime auf; die Rache ließ nicht auf sich warten: Tausende von Menschen füllten die Gefängnisse; anerkannte und angesehene Bürger – Männer und Frauen – wurden unmenschlich gefoltert; die Gerichte, die den Angeklagten die bescheidensten Verteidigungsmöglichkeiten verwehrten, verhängten Gefängnisstrafen von zwanzig bis dreißig Jahren. Die katholische Kirche protestierte mit einem Hirtenbrief, in dem sie die »schweren Verstöße gegen Gott und gegen die Würde des Menschen« verurteilte. Venezuela verlangte, die OAS möge die »Annullierung der Menschenrechte« im Lande Trujillos zum Gegenstand einer internationalen Untersuchung machen. Im Juni 1960 erstattete der Friedensausschuß der OAS seinen Bericht, in dem er die Dominikanische Republik »flagranter und weitverbreiteter Verletzungen der Menschenrechte« beschuldigte und feststellte, das Verhalten des Trujillo-Regimes habe die Spannungen im karibischen Raum verschärft.

Um ein Haar wäre im Juni 1960 Venezuelas Präsident Betancourt einem Mordanschlag zum Opfer gefallen, von dem einwandfrei erwiesen werden konnte, daß er auf Pläne des »Wohltäters« der Dominikanischen Republik zurückging. Von neuem appellierte Venezuela an die OAS, die sich daraufhin im August auf der Außenministerkonferenz in San José mit dem Problem Trujillo auseinandersetzen mußte. Fast alle Mitgliedstaaten zeigten sich nunmehr gewillt, gegen den ewigen Tyrannen der Dominikanischen Republik vorzugehen. Auch der Vertreter der Vereinigten Staaten, denen es schon lange nicht mehr zusagte, den Schirmherrn Trujillos zu spielen, nahm kein Blatt vor den Mund: der amerikanische Außenminister schlug sogar die Entsendung einer Kommission der OAS in die Dominikanische Republik mit dem Auftrag vor, die Durchführung freier Wahlen zu überwachen; eine so weitgehende Einmischung in innere Angelegenheiten eines souveränen Staates ging allerdings den Lateinamerikanern zu weit. Eine Resolution wurde angenommen, die dem Trujillo-Regime »Akte der Aggression und Intervention« gegen Venezuela vorhielt; die Mitgliedstaaten wurden aufgefordert, die diplomatischen Beziehungen zur Dominikanischen Republik abzubrechen und gegen sie wirtschaftliche Sanktionen einschließlich eines Waffen- und Kriegsgerätembargos zu verhängen.

Unverzüglich wurden die Empfehlungen der Konferenz von den Vereinigten Staaten befolgt: zum erstenmal in vierzig Jahren entschloß sich Washington zum Abbruch der diplomatischen Beziehungen zu einem lateinamerikanischen Staat. Im letzten Vierteljahr 1960 schien kein Zweifel daran möglich, daß die dreißigjährige Herrschaft Rafael Trujillos ihrem Ende entgegenging. Die bange Frage, was nach Trujillo kommen werde, blieb jedoch offen.

Mittelamerika und Panamá

Einst von spanischen Generalkapitänen regiert, verteilen sich heute diese Gefilde des Kaffees, der Bananen und der Revolutionen auf fünf Republiken: Guatemala, El Salvador, Honduras, Nicaragua und Costa Rica. Wirtschaftlich und geographisch ist auch Panamá, das bis 1903 eine Provinz Kolumbiens war, ein Bestandteil Mittelamerikas. Diese sechs Staaten – »der Balkan Amerikas« – ziehen sich etwa 1900 Kilometer von Mexico bis

Kolumbien hin, haben eine Gesamtfläche von rund 515000 Quadratkilometern und eine Bevölkerung von über elf Millionen.

Kaffee und Bananen beherrschen die Wirtschaft, Kaffee an erster Stelle. Die sechs Staaten sind typische Monokulturländer. Vom gesamten Ausfuhrwert entfielen 1958 in Guatemala 87 Prozent auf Kaffee und Bananen, in El Salvador 78 Prozent auf Kaffee, in Honduras 80 Prozent auf Bananen und Kaffee, in Nicaragua 70 Prozent auf Kaffee und Baumwolle, in Costa Rica 87 Prozent auf Kaffee und Bananen, in Panamá 64 Prozent auf Bananen. Der Anbau zusätzlicher Kulturen hat einige Fortschritte gemacht: zugenommen haben die Reis-, Kakao-, Baumwoll- und Zuckerernten, die Rinderzucht, die Gewinnung von Textilfasern. Gelegentlich sind auch Exkursionen ins Gebiet der Industrialisierung unternommen worden, aber im großen bleibt es bei der traditionellen Kolonialwirtschaft mit ihrer durchgängigen Abhängigkeit von der Rohstoff- und Nahrungsmittelausfuhr, die den tumultuarischen Wechselfällen des Weltmarkts unterliegt, und der Maschinen- und Fertigwareneinfuhr aus den Industrieländern.

Das politische Leben dieser sechs Länder ist fast immer chaotisch verlaufen – mit wiederholten Revolutionen, dem schrillen Mißklang der Diktaturen und blutigen Zusammenstößen zwischen den einzelnen Staaten. Die einzige Ausnahme ist Costa Rica, das immerhin, wenn auch mit einigen Rückfällen, auf sieben Jahrzehnte geordneten, verfassungsmäßigen staatlichen Daseins zurückblicken kann. Die mittelamerikanischen Länder lösten sich von Spanien 1821, waren ein Jahr lang von Mexico annektiert und präsentierten sich der Welt 1823 als die »Vereinigten Provinzen Zentralamerikas«. Die Vereinigung war nicht von Bestand. Es gab blutige Schlachten zwischen der Kirche und den Antiklerikalen. Seit 1838 ist jedes der sechs Länder seinen eigenen Weg gegangen.

Guatemala, das an Bevölkerung und Naturschätzen reichste der sechs Länder, zeigt eine fast ununterbrochene Kette von Diktaturen: Rafael Carrera 1838–1865, Justo Rufino Barrios 1871–1885, Manuel Estrada Cabrera 1898–1920, Jorge Ubico 1931–1944. Immer wieder hat Guatemala das eine oder andere Nachbarland zu unterwerfen gesucht. Dabei strauchelte und litt das Land unter Regierungen, die oft korrupt und verschwenderisch, meistens brutal und nie demokratisch waren. Um die Interessen der unwissenden Massen der indianischen Bevölkerung kümmerte sich niemand; der Ertrag dessen, was sie dem Boden abrang, floß zum größten Teil in die Taschen ausländischer Unternehmer. Ein unvermeidlicher Ausbruch der aufgespeicherten Unzufriedenheit vertrieb 1944 Jorge Ubico, den letzten und besten der langlebigen Diktatoren, und machte den Weg frei für zwei Reformpräsidenten: Juan José Arévalo (1945–1950) und Jacobo Arbenz (1950–1954). Eine 1945 angenommene neue Verfassung funkelte in Verheißungen, die an die mexicanische Verfassung von 1917 erinnerten, und löste den Protest der Großgrundbesitzer, der konservativen Kirchenleute und der Auslandsinteressen aus. Guatemala schien endlich seine soziale Revolution zu erleben: der United Fruit Company und anderen Großunternehmungen wurde Land fortgenommen; die Rechte der Arbeiter wurden verkündet und zum Gesetz erhoben; den Indianern wurden größere Vorrechte eingeräumt.

Da wurde gegen die Reformer die Anklage geschleudert, im Dienste des Kommunismus zu stehen; tatsächlich gab es einige Kommunisten in Schlüsselpositionen. Dann traf in Guatemala im Mai 1954 eine russische Waffensendung ein. Das war für alle Mißmutigen das Signal, gegen Arbenz loszuschlagen, Flugzeuge, die von Honduras und Nicaragua kamen, warfen Bomben auf guatemaltekische Garnisonen ab. Arbenz und viele seiner Mitarbeiter mußten fliehen. Im Juli 1954 bemächtigte sich eine Militärjunta der Hauptstadt, und Oberst Carlos Castillo Armas wurde als Präsident eingesetzt. Von den Lateinamerikanern wurde der Staatsstreich allgemein als »*made in USA*« und Castillo Armas als Werkzeug der Amerikaner angesehen. Das Castillo-Armas-Regime war unbeholfen, stumpfsinnig und durch und durch unpopulär und führte zu Aufständen und Terrorakten; im Juli 1957 wurde Castillo Armas ermordet. Nach sechsmonatigem Kampf gelangte der General Miguel Ydígoras Fuentes auf den Präsidentensitz. Ydígoras hatte unter dem Diktator Ubico Dienst getan, und 1959 war es so weit, daß er selbst als Diktator auftrat. Sein Hauptbeitrag zur internationalen Uneinigkeit war die Wiederverkündung der Ansprüche Guatemalas auf das Gebiet, das die Guatemalteken Belize nennen und das die Engländer als Britisch-Honduras regieren. Ydígoras gab bekannt, er werde Belize »mit Vernunft oder Gewalt« nehmen.

Honduras, das rückständigste Land Mittelamerikas, ist wiederholt das Opfer von Aggressionsversuchen Guatemalas und Nicaraguas gewesen. Diktaturen sind die Regel. Zehn Verfassungen wurden im Lauf der Jahre entworfen, verkündet und ignoriert. Der langlebigste der Diktatoren war Tiburcio Carias Andino (1932–1948). Die Politiker, die sich mit großem Redefluß über »Liberalismus« und »Konservativismus« auslassen, plündern die Massen aus. Die Wirtschaft des Landes, die auf Bananen und Kaffee beruht, zeigt eine stagnierende Entwicklung. Ramón Villeda Morales, der seit Ende 1957 an der Macht ist, zeichnet sich durch keine aktive Politik aus und beschwichtigt abwechselnd die Linke und die Rechte.

El Salvador, der an Fläche kleinste der sechs Staaten, der lange Zeit ständige Eingriffe Guatemalas zu erdulden hatte, ist eine Feudaldomäne: ein paar führende Familien besitzen das meiste Land, stecken den Profit aus der Kaffeeausfuhr ein und beherrschen die Landespolitik. Wenn die aristokratischen Familien miteinander gut auskommen, herrscht Frieden; eine bemerkenswert friedliche Periode war in diesem Sinne die Zeit von 1914 bis 1950, in der die Kämpfe in der politischen Führung minimal waren, die Kaffeewirtschaft prosperierte und einige Fortschritte im Straßenbau und anderen öffentlichen Arbeiten erzielt wurden. Der gegenwärtige Inhaber des Präsidentenamtes, Oberst José María Lemus, regiert von Heeres Gnaden mit Einwilligung der Aristokratie.

Nicaragua lag die meiste Zeit im Streit mit anderen Mächten. Innenpolitisch gab es einen ewigen Operettenkrieg zwischen den »Konservativen«, deren Hauptstärke in Granada liegt, und den »Liberalen«, die sich auf León stützen; die politischen Aushängeschilder besagen, soweit der außenstehende Beobachter feststellen kann, nicht das geringste. In den fünfziger Jahren des vorigen Jahrhunderts kam es, nachdem die Engländer den karibischen Seehafen San Juan del Norte (den sie Greytown nannten) besetzt hatten, zu Reibereien mit England, zumal Nicaragua das Protektorat über die von England seit ewigen Zeiten beherrschte Moskito-Küste beanspruchte; neue Zwistigkeiten entstanden, als die Amerikaner ihren Gegenanspruch auf den Rio San Juan als mögliches Durchstichgelände für einen Pazifik-Atlantik-Kanal erhoben. Dann wurden die Nicaraguaner von dem amerikanischen Abenteurer William Walker geplagt, der es 1856 sogar fertigbrachte, Präsident des Landes zu werden. Von der langen Reihe nicaraguanischer Diktatoren war der unmenschlichste José Santos Zelaya (1893–1909). Nach ihm gab es ständige Schwierigkeiten mit den Vereinigten Staaten, die zwischen 1909 und 1933 wiederholt militärisch intervenierten. Die amerikanische Marineinfanterie befaßte sich mit der Wiederherstellung der Ordnung und freier Wahlen, der Sicherung amerikanischer Eisenbahn-, Goldgruben- und Bankinvestitionen und der Verankerung der amerikanischen Ansprüche auf das projektierte Kanalgelände am Rio San Juan und am Nicaraguasee. Die amerikanische Besetzung war lästig und irritierend. Eine ihrer Hauptleistungen war – wie in der Dominikanischen Republik – die Ausbildung einer Nationalgarde und die Schulung ihres Chefs Anastasio Somoza.

Somoza, der 1937 gewählt worden war, herrschte über das Tropenland absolut, bis er im September 1956 ermordet wurde. Als einer der tüchtigeren Diktatoren sorgte Somoza für spartanische Ordnung, baute gute Straßen, modernisierte die Landwirtschaft, errichtete Wasserkraftwerke, dehnte die Viehzucht aus und förderte den Bergbau. Natürlich führten die schönen neuen Landstraßen in der Regel zu einem der Somozaschen Mustergüter (am Ende seiner Laufbahn besaß der Diktator ein Zehntel des gesamten Ackerlandes der Republik). Dafür hatte Somoza charmante Umgangsformen und erfreute sich der Gunst bedeutender Leute in den Vereinigten Staaten; die amerikanische Regierung ehrte ihn und versah ihn reichlich mit Mitteln. Brutalen Terror nach der Art eines Trujillo, Batista oder Pérez Jiménez übte Somoza nur selten aus; aber die, die ihn kritisierten, fanden es praktischer, in Mexico oder New York zu leben.

Nach der Ermordung Somozas übernahm sein Sohn Luis die provisorische Nachfolge (und wurde auch ein Jahr später mit der hübschen Mehrheit von neunundachtzig Prozent der abgegebenen Stimmen zum Präsidenten gewählt); Luis' Bruder, der jüngere Anastasio, blieb Chef der Nationalgarde. Die Söhne erbten die großen Vorrechte, aber auch die Probleme des Vaters, darunter eine wütende Fehde mit Costa Rica und Honduras. Als bedrohliche Gewitterwolke zeichnete sich am Horizont die Karibische Legion ab, eine ziemlich gestaltlose Ansammlung junger Patrioten aus dem gesamten karibischen Gebiet, die der Wunsch eint, die Gegend von Diktatoren zu säubern. Immerhin atmete Nicaragua unter Luis eine etwas freiere Luft: die Pressezensur wurde gelockert, und die Menschen auf der Straße wagten Meinungen zu äußern. Freilich bleiben Luis und Anastasio junior, wie der Vater »Tacho« gerufen, dabei, alle Kritiker als »Kommunisten« hinzustellen.

Costa Rica, von dessen Bevölkerung – über eine Million – etwa fünfundachtzig Prozent rein europäischer Abstammung und nur zwanzig Prozent Analphabeten sind, weicht in vielem auffallend von den Nachbarländern ab. Es führt im allgemeinen ein friedfertiges Dasein und verkündet seit Jahren voller Stolz, es habe mehr Lehrer als Soldaten. In der verfassungsmäßigen, demokratischen Regelung des politischen Lebens hat es größere Fortschritte aufzuweisen als alle anderen mittelamerikanischen Staaten. Im vorigen Jahrhundert waren seine Präsidenten fast ausnahmslos verfassungstreue und unbestechliche Männer; nur ein einziges echtes Diktaturregime (Tomás Guardia, 1870–1882) verunzierte das Bild. Charakteristisch für Guardias zwölfjährige Herrschaft war die unternehmerische Tätigkeit des Minor Keith, des Gründers der United Fruit Company, der die Bananenkultur einführte und Eisenbahnen baute.

Seit den freien Wahlen von 1889 genießt Costa Rica den Ruf einer der stabilsten Demokratien Lateinamerikas. Es gab zwar, wenn sich allzu ehrgeizige Politiker über die Verfassung hinwegsetzten, Rückfälle, aber sie waren nie von langer Dauer. Unter den Präsidenten der jüngsten Zeit sticht José Figueres hervor. Im Jahre 1948 war er der erfolgreiche Anführer eines – nichtmilitärischen – Aufstands gegen den Versuch einer von Kommunisten vorgeschobenen Clique, das Ergebnis ordnungsgemäß durchgeführter Wahlen zunichte zu machen; Figueres übernahm die Regierungsgewalt und händigte sie nach einer kurzen Interimsregierung den regulär gewählten Kandidaten aus. Mit Leichtigkeit gelang es dann Figueres, der Sozialist ist und ebenso leidenschaftlich den Kommunismus wie die lateinamerikanischen Diktaturen bekämpft, die Präsidentschaftswahlen von 1953 zu gewinnen. Er hat viel zur Hebung des Schulwesens, zur Anwendung wissenschaftlicher Methoden in der Landwirtschaft und zur Inangriffnahme öffentlicher Arbeiten beigetragen. Seine eindeutige Verurteilung der Diktaturen und seine konsequente Befolgung demokratischer Grundsätze in der costaricanischen Politik haben ihn zum Bannerträger der Freiheit in allen karibischen Ländern gemacht.

Damit hat sich »Pepe« Figueres nicht wenig Erzfeinde erworben; die Diktatoren Kubas, Venezuelas, Kolumbiens, Nicaraguas und der Dominikanischen Republik haben ihn als »Kommunisten« gebrandmarkt. Im Januar 1955 gingen seine Feinde zum offenen Angriff über: fremde Flugzeuge kreuzten über San José, und eine Invasionstruppe fiel über die nicaraguanische Grenze in Costa Rica ein. Auf den Appell Costa Ricas hin entsandte die Organisation der amerikanischen Staaten einen Untersuchungsausschuß ins Unruhegebiet. Der Ausschuß berichtete, es sei tatsächlich eine Invasion vom Norden her – aus Nicaragua – im Gange, und ersuchte die Vereinigten Staaten, der Regierung Costa Ricas gegen Bezahlung Flugzeuge zum Schutz des Landes zu liefern. Prompt ließ Washington vier Mustangs P-51 nach Costa Rica fliegen, und der kleine Krieg war in wenigen Tagen zu Ende. Die interamerikanische Zusammenarbeit hatte sich in diesem Fall jedenfalls ausgezeichnet bewährt.

Lauten Beifall trug Costa Rica – und Figueres – die Durchführung der Wahlen von 1958 ein. Figueres hatte drei UN-Beobachter ins Land gerufen, die die Wahlen überwachen sollten. Sein Kandidat wurde geschlagen und der Konservative Mario Echandi als Präsident gewählt. Als fairer Streiter erklärte Figueres: »Ich betrachte unsere Niederlage gewissermaßen als Beitrag zur Errichtung der Demokratie in Lateinamerika. Es ist bisher nicht üblich gewesen, daß eine Partei, die an der Macht war, die Wahlen verlor.«

Panamá, der letzte Nachzügler unter den unabhängigen Staaten Lateinamerikas, hatte 1903 mit Kolumbien gebrochen und war faktisch zu einem Protektorat der Vereinigten Staaten geworden. Washington pachtete ihm »auf ewige Zeiten« einen sechzehn Kilometer breiten Streifen für den Bau eines Kanals ab und übernahm – außerhalb der Kanalzone – die Polizei- und Hygieneaufsicht in Panamá City und Colón; dafür verpflichteten sich die Vereinigten Staaten, die Unabhängigkeit der neuen Republik militärisch zu schützen, eine einmalige Zahlung von zehn Millionen Dollar zu leisten und jährlich eine Pachtgebühr von zweihundertfünfzigtausend Dollar an Panamá abzuführen. (Der Jahresbeitrag wurde 1936 auf vierhundertdreißigtausend und 1955 auf 1930000 Dollar erhöht.) Im Jahre 1914 wurde der Kanal für den Verkehr freigegeben.

Aber die Republik von Panamá erwies sich noch lange nicht als lebensfähiges Staatsgebilde. Bis 1918 fanden wiederholt militärische Eingriffe der Vereinigten Staaten statt; seitdem drückte Washington mit den Mitteln der Diplomatie auf die schwachen Regierungen, die da in Panamá City kamen und gingen. Wahlen in Panamá werden von einer Handvoll prominenter Familien beherrscht. Die meisten Präsidenten waren unfähige Gestalten. Als der tüchtigste mag José Antonio Remón gelten, der von 1947 bis 1952 Chef der Nationalgarde war und in dieser Zeit als faktischer Diktator vier Präsidenten ins Amt brachte und wieder absetzte und sich dann schließlich 1952 selbst zum Präsidenten wählen ließ. Remón schaffte Ordnung, verbesserte die Verwaltungsorganisation, bestand auf Unbestechlichkeit des öffentlichen Dienstes und verringerte die Staatsschuld. Aber im Januar 1955 wurde Remón ermordet. Seitdem ist Panamá zu den schlechten alten Sitten zurückgekehrt.

Böses Blut schaffen die Spannungen zwischen Panamá und den Vereinigten Staaten. Panamá behauptet nicht ohne Grund, daß die amerikanischen Kanalbehörden panamaische Bürger bei der Einstellung von Arbeitskräften benachteiligen, rassische Diskriminierung betreiben und die Souveränität des Panamá-Staates mißachten. Im Vertrag von 1936, den der amerikanische Senat 1939 ratifizierte, gaben die Vereinigten Staaten jede Eingriffsbefugnis auf, sagten sich von der Verpflichtung los, die Souveränität Panamás militärisch zu schützen, verzichteten auf die Polizei- und Hygieneaufsicht in Panamá City und Colón und versprachen, verbilligte Waren aus den staatlichen Warenlagern der Kanalzone nur noch an nachweisliche Einwohner der Zone abzugeben. Das war nicht genug: Panamá protestierte weiter gegen ungleiche Behandlung. Schließlich verpflichteten sich die Vereinigten Staaten 1955 in einem neuen Vertrag, jegliche Diskriminierung in bezug auf Entlohnung und Arbeitsbedingungen zu unterbinden, überließen der Republik Panamá beträchtlichen Grundbesitz in Panamá City, der der amerikanischen Panamá-Eisenbahngesellschaft gehört hatte, und gestanden Panamá das Recht zu, siebzehntausend außerhalb der Kanalzone wohnende Arbeitnehmer der Kanalverwaltung zu besteuern.

Dennoch ist in Panamá die Hetze gegen die Vereinigten Staaten ein beliebter Zeitvertreib geblieben. Als Ägypten 1956 den Suezkanal übernahm, gab es in Panamá einen Ausbruch nationalistischer Leidenschaften, und beim Zusammentritt der Londoner Konferenz über die Suezfrage protestierte Panamá mit großer Lautstärke dagegen, daß es nicht zur Teilnahme aufgefordert worden sei. Anschließend erklärte Panamás Präsident de la Guardia vor Zeitungsleuten, daß Panamá beabsichtige, in der Kanalzone »seine volle Souveränität wiederherzustellen«; die Klausel »auf ewige Zeiten« im ursprünglichen Pachtvertrag zwischen Panamá und den Vereinigten Staaten habe nur akademische Bedeutung, denn »Gott allein macht ewige Dinge, Menschen machen Verträge«. Panamás offizielle Erklärungen, in denen von solchen Dingen nicht die Rede war, enthielten den Vorschlag, die amerikanische Regierung möge die jährlichen Pachtgebühren auf drei Millionen Dollar erhöhen, die kategorische Feststellung, daß Bergwerks- und Ölgerechtsame innerhalb der Kanalzone Eigentum der Republik Panamá seien, die Forderung an die Vereinigten Staaten, von der Errichtung von Radarstationen auf panamaischem Boden Abstand zu nehmen, und die Behauptung, daß sich die Hoheitsrechte Panamás in Küstengewässern auf eine Zwölfmeilenzone erstreckten.

Solche und ähnliche Kampfpositionen haben manchen amerikanischen und nichtamerikanischen Beobachtern die Überlegung nahegebracht, ob Washington nicht gut daran täte, den Kanal irgendeiner internationalen Stelle – etwa der Organisation der amerikanischen Staaten – zu überantworten, denn lebenswichtig sei der Kanal nicht mehr für die Vereinigten Staaten – weder wirtschaftlich noch militärisch –, und militärisch lasse er sich unter den gegenwärtigen Bedingungen ohnehin nicht mehr verteidigen. Im September 1960 machte der Präsident der Vereinigten Staaten eine versöhnliche Geste: er ordnete an, daß in der Kanalzone künftighin neben der Fahne der Vereinigten Staaten auch die Fahne Panamás gehißt werden sollte.

Länder des »Spanischen Kontinents«

Die karibische Küste Südamerikas war der »Spanische Kontinent« der Piratenlegende, drei Jahrhunderte hindurch von Engländern, Franzosen und Holländern drangsaliert. Die Flaggen dieser drei Mächte flattern auch heute noch über einzelnen karibischen Inseln und manchen Gebietsstreifen des Festlands. Die beiden unabhängigen Staaten dieser Region, Venezuela und Kolumbien, liegen zwischen Panamá und dem Orinoko-Delta. Trotz der engen Nachbarschaft sind sie einander äußerst unähnlich. Venezuela ist reich an Erdöl und kann sich mit dem Ertrag der Ölwirtschaft einen Staatshaushalt von 840 Millionen Dollar leisten; der Wert der Gesamtausfuhr beläuft sich auf 2,37 Milliarden Dollar, wovon 92 Prozent auf Rohöl und Ölprodukte entfallen. Kolumbiens Wirtschaft ist bescheidener; der Staatshaushalt beansprucht etwa 200 Millionen Dollar, die Ausfuhr bringt rund 510 Millionen ein, von denen 77 Prozent aus dem Kaffee-Export kommen. Kulturell ist Venezuela zurückgeblieben, die Schulen sind unzureichend, das geistige Leben unentwickelt; Kolumbien ist ihm weit voraus – mit Autoren, die sich einen großen Namen gemacht haben, und mit einigen ausgezeichneten Universitäten. In der politischen Ebene hat Kolumbien, was Anhänglichkeit an konstitutionelle Methoden betrifft, Venezuela seit langem weit hinter sich gelassen.

Venezuela

In Venezuela leben 6,4 Millionen Menschen, davon etwa 20 Prozent Weiße, 70 Prozent Mulatten und Mestizen, 8 Prozent Neger und 2 Prozent Indianer. Rund neun Zehntel der Einwohner drängen sich in einem Viertel des Staatsgebiets zusammen: dem nordwestlichen Hochland, in das eine niedrigere Gebirgskette der Anden ausläuft; hier liegen die wichtigen Städte Carácas, Valencia und Mérida. Die Llanos, Weideland des Orinoko-Beckens, und das Guayana-Hochland im Osten und Süden beherbergen nur ein Zehntel der Gesamtbevölkerung.

Lange Zeit eine der unansehnlichsten Besitzungen Spaniens, nahm Venezuela ab 1830 einen schwachen Anlauf; zu mehr reichte es nicht. In den zwei Jahrzehnten der Unabhängigkeitskriege hatte Venezuela zuviel junge Männer für Simón Bolívars Feldzüge in Kolumbien, Ecuador und Peru hergegeben; es war nun um mindestens ein Viertel der Bevölkerung ärmer. Nur im Lichte dieser Anfänge läßt sich die an Wirren reiche Geschichte der Republik verstehen. Mehr als zwanzig Verfassungen wurden im Laufe der Jahrzehnte beschlossen und vergessen; mehr als fünfzig bewaffnete Aufstände haben die friedliche Entwicklung unterbrochen. In der Regel hat Diktatur geherrscht; politische Parteien bedeuteten wenig, politische Prinzipien noch weniger. Die politische Geschichte des Landes gleicht einer Moritatenballade, in der von fünf Despoten die Rede ist. José Antonio Páez, der erste Häuptling-Präsident, regierte mit Geschick und beträchtlicher Mäßigung von 1830 bis 1846; dann folgten fünfzehn Jahre unter den verlumpten, aber ziemlich harmlosen Brüdern Monagas; 1861 riß Páez die Macht von neuem an sich und herrschte dann noch zwei Jahre mit diktatorischen Mitteln. Trotz der Tyrannei seiner letzten Jahre wird Páez für einen der ehrlichsten und tüchtigsten der venezuelischen Diktatoren gehalten. Über die anderen haben auch die allerpatriotischsten Venezueler wenig Gutes zu sagen.

Antonio Guzmán Blanco (1870–1888) war ein eitler Pfau, tüchtig, aber ohne jegliche Skrupel, zügellos und habgierig. Cipriano Castro (1899–1908), ein alkoholsüchtiger Abenteurer, leistete nichts. Juan Vicente Gómez zeigte sich während seiner siebenundzwanzigjährigen Diktatur (1908–1935) als der Prototyp des Tyrannen. Er hatte einige Tugenden: er überwachte die Erschließung der Ölfelder, spielte Amerikaner und Engländer gegeneinander aus, schlug die größtmöglichen Gewinne für Venezuela (und für sich selbst) heraus, war schlau genug, bedeutende Ölfelder für spätere Zeiten in Reserve zu halten, und hinterließ, als er 1935 starb, einen Staat ohne einen Pfennig Schulden. Aber sein Regiment war barbarisch: Tausende wurden aus dem Lande getrieben, Tausende ins Gefängnis geworfen, gefoltert, hingemordet – alles im Namen eines »demokratischen Cäsarismus«. Sein Tod wurde wenig betrauert – außer vielleicht von den hundert Söhnen und Töchtern, die er zurückließ und für die er mit gebührendem Vaterstolz ausgiebig vorgesorgt hatte.

Auf Gómez' Tod folgte eine Atempause von dreizehn Jahren; in dieser Zeit versuchten mehr oder minder verdienstvolle und idealistische Präsidenten, einiges für das zerschundene Land zu tun. Alle diese friedlichen Bemühungen rissen 1948 schlagartig ab: der Staat wurde vom Militär übernommen; 1952 zog der fünfte und schäbigste der venezuelischen Diktatoren in die Präsidentschaft ein: Marcos Pérez Jiménez, ein sadistischer Psychopath, der mordete, folterte und plünderte. Er gab Hunderte von Millionen für Prachtgebäude in Carácas aus und steckte bei jedem vergebenen Auftrag einen üppigen Provisionssatz in die Tasche; er streichelte liebevoll die Militärs und begünstigte ihre Plünderungen und Unterschlagungen; er baute Paläste für seine und seiner Spießgesellen Orgien und verwandelte die Staatsverwaltung in einen Trümmerhaufen. Gómez' größte Tugend ging Pérez Jiménez ab: nach ihm war die Staatskasse leer und schwer verschuldet. Nichtsdestoweniger wurde er geehrt und gefeiert; als er 1954 von frischen Raub- und Mordtaten nach Washington kam, verlieh ihm Präsident Eisenhower den Orden der Verdienstlegion. Und als ihn die Venezueler schließlich im Februar 1958 aus dem Lande jagten, erlaubten ihm die amerikanischen Behörden, sich mit den gestohlenen 250 Millionen Dollar der Venezueler in Florida niederzulassen.

Das Verdienst an der Vertreibung des Pérez Jiménez ist verschiedenen Einflüssen zugeschrieben worden. Einen erheblichen Beitrag hatten zweifellos die Offiziere der bewaffneten Macht, insbesondere der Luftwaffe, geleistet: Nationalstolz gebot ihnen, eine Tyrannenherrschaft zu stürzen, die den Ruf des Landes in den Schmutz zog. Nicht gering war auch der Beitrag der Kirche: Erzbischof Arias von Carácas sprach im Namen der Hierarchie, als er die Vernachlässigung der in »untermenschlichen« Verhältnissen vegetierenden Volksmassen geißelte. Doch ist der entscheidende Anstoß von zwei Oppositionsparteien ausgegangen, die es in über zehn Jahren trotz Verbot und Auflösung verstanden hatten, immer mehr Menschen um sich zu scharen: der Christlich-Sozialen Partei, der vor allem die konservative Rechte folgte, und der Acción Democratica, einer linksorientierten Partei, die 1947/48 vorübergehend die Macht erobert und den weithin bekannten Romanschreiber Rómulo Gallegos für einige Monate zum Präsidenten gemacht hatte. Unterdrückt und als »kommunistisch« (was sie weder war noch ist) angeprangert, gewann die Acción Democratica dennoch in aller Stille die Unterstützung der Universitätsstudenten, des gebildeten Mittelstandes, der freiheitsliebenden Arbeiter.

Als Pérez Jiménez im Januar 1958 entfloh und eine Junta mit Konteradmiral Wolfgang Larrazábal an der Spitze das schwer angeschlagene Staatsschiff übernahm, traten die Oppositionsparteien endlich wieder offen hervor. Bald zeigte sich, daß die Acción Democratica unter der Führung des fünfzigjährigen Rómulo Betancourt die Bevölkerung hinter sich hatte. Die Wahlen vom Dezember 1958 gewann Betancourt mit einer imponierenden Mehrheit. Im Februar 1959 trat er das Amt des Präsidenten an. Das von ihm aus Vertretern der drei wichtigsten Parteien gebildete Kabinett hat sich ein maßvolles Reformprogramm vorgenommen, das die Hebung des Erziehungswesens, die Umstellung der Landwirtschaft auf neue Kulturen, die Inangriffnahme der Industrialisierung und die Vorbereitung einer Bodenreform mit dem Ziel der Schaffung einer selbständigen Kleinbauernschaft anstrebt. Bedroht ist das neue Regime von zwei Seiten: Angriffe kommen abwechselnd von Angehörigen der Streitkräfte, die von Pérez Jiménez inspiriert werden, und von den Kommunisten, die eine nicht große, aber laute Minderheit darstellen.

Kolumbien

Kolumbiens Staatsgebiet, das sich über 1,1 Millionen Quadratkilometer erstreckt, gliedert sich in zwei Teile: eine von Orinoko und Amazonas bewässerte Wildnis aus Wald und Dschungel, die fast zwei Drittel der Gesamtfläche des Landes ausmacht und in der sich bis jetzt nur zwei Prozent der Bevölkerung behaupten können, und das hochgelegene Andengebiet – etwas mehr als ein Drittel des Landes –, dessen Hochebenen und Täler tausend bis dreitausend Meter über dem Meeresspiegel rund achtundneunzig Prozent der Kolumbier beherbergen. Das Andengebiet ist das wirkliche, aktive Kolumbien. Es wird in nordsüdlicher Richtung von drei Ausläufern der Anden durchquert und von den Flüssen Magdalena und Cauca versorgt. Diese geographische Konstellation hat Politik, Wirtschaft und Kultur des Landes geformt. Die Verkehrsverbindungen zwischen den wichtigsten Siedlungszentren sind ungenügend; der Bogotá-Bezirk hat mit der Magdalena-Schiffahrt einen nur begrenzten Zugang zum Karibischen Meer; es fehlt immer noch an Eisenbahnen und wegsamen Straßen; die wichtigste Verbindung zwischen den weit auseinanderliegenden Städten stellt das seit 1920 bestehende Luftverkehrsnetz her. Die zerstückelte Lage des Landes bedingt einen übertriebenen Regionalismus und führt dazu, daß die Provinzen stürmisch und beharrlich um autonome Rechte kämpfen. Die Bevölkerung von über dreizehn Millionen besteht aus zwanzig Prozent Weißen, zwei Prozent Indianern, vier Prozent Negern und vierundsiebzig Prozent Mischlingen.

Politisch unterscheidet sich Kolumbien sehr wesentlich von Venezuela. Auch Kolumbien hat seit 1830 viel Gewaltanwendung, mehr als zwanzig Bürgerkriege und ein Dutzend Verfassungen erlebt. Aber zum Unterschied von Venezuela wurden hier Wahlen immer ernst genommen und häufig auf ehrliche Weise abgehalten; Diktaturperioden waren selten und von kurzer Dauer. Was das politische Getriebe angeht, besteht der entscheidende Unterschied zwischen Venezuela und Kolumbien darin, daß in Venezuela hauptsächlich konkurrierende Häuptlinge, Caudillos, einander bekriegten, wobei es nur äußerst selten um echte geistige Auseinandersetzungen ging, während in Kolumbien umgekehrt laut und hartnäckig um Prinzipien gekämpft wurde. Die Konservativen standen treu zu den Grundsätzen des Zentralismus und zur Kirche; die Liberalen setzten sich für Föderalismus und Antiklerikalismus ein. Und auch heute, hundertdreißig Jahre nach der Erringung der Unabhängigkeit, geht derselbe Kampf noch weiter. Für wirtschaftliche Reformen, namentlich für eine gerechte Landverteilung, war dagegen größeres Interesse weder bei Konservativen noch bei Liberalen zu finden.

Ebenso wie Venezuela, Ecuador, Peru und Bolivien verdankt Kolumbien seine Freiheit dem schillernden Befreier Simón Bolívar (der 1830 gestorben ist); seine erste staatliche Formgebung erhielt es von Francisco de Paula Santander unter der Parole: »Waffen haben uns die Unabhängigkeit gegeben, Gesetze werden uns die Freiheit geben.« Santander, der in den zwanziger Jahren in Bolívars Diensten gestanden hatte, trug während seiner Amtszeit (1832–1836) nicht wenig dazu bei, dem Lande das dauerhafte Gepräge einer auf Verfassungstreue gestützten staatlichen Ordnung zu geben. Er war ein Friedensstifter, der extreme Richtungen miteinander zu versöhnen suchte, der neuen Ideen zugetan war, aber die Kirche nicht provozieren wollte. Den Politikern, die ihm – bis ans Ende des 19. Jahrhunderts – nachgefolgt sind, fehlte dies ausgleichende, friedliebende Temperament. Die Regierungsgewalt ging verschiedentlich von Hand zu Hand: von den Konservativen, die sich in extremen Klerikalismus und die Unantastbarkeit der Grundbesitzerrechte verbissen, zu den Liberalen, die vom spritzigen Wein der französischen Aufklärung berauscht waren, und wieder zurück. Ein charakteristischer Ausdruck dieser wechselnden Stimmungen waren die Verfassungen, die einander in rascher Folge ablösten. Ein besonderes Gesicht gaben der Entwicklung die Narben, die die Bürgerkriege hinterließen.

Um 1861 hatten die Liberalen die Oberhand gewonnen und es dann zwanzig Jahre lang verstanden, sich an der Macht zu halten; in dieser Zeit gedieh der Föderalismus, und die traditionellen Rechte der Kirche wurden Beschränkungen unterworfen. Dann aber kamen 1880 unter der Führung des begabten Patrioten Rafael Núñez die Konservativen an die Macht. Das Land müsse, hatte Núñez verkündet, »zwischen Regeneration und Zusammen-

Das Bolivar-Gebäude und Slums in Caracas, der Hauptstadt von Venezuela
Volksbefragung in der kolumbianischen Hauptstadt Bogotá

Eisenmine bei La Serena in Chile

bruch« wählen. In seinem Regenerationseifer stellte Núñez die Macht der Kirche wieder her, errichtete ein spartanisch strenges zentralisiertes Staatsgebilde und beherrschte das Land mit starker Hand bis zu seinem Tode (1894); die Verfassung von 1886 verkörperte seine Regierungsgrundsätze.

Um die Wende des Jahrhunderts wurde Kolumbien plötzlich von zwei Ereignissen erschüttert. Im Jahre 1899 brach ein Bürgerkrieg aus; drei Jahre lang wurden die Streitkräfte der Liberalen von den Truppen der Bundesregierung bekämpft. Hunderttausend Menschen kamen ums Leben, große Vermögenswerte wurden vernichtet, und allgemeine Demoralisierung griff um sich. Das Bewußtsein des nationalen Zerfalls, das der sinnlose Krieg ausgelöst hatte, wurde unmittelbar darauf noch vertieft durch den Abfall Panamás.

Die Panamá-Angelegenheit war eine verworrene Affäre. Der kolumbischen Zentralregierung hatte Panamá nie besondere Treuegefühle entgegengebracht, und die Trennung im Jahre 1903 fiel ihm nicht schwer. Die Vereinigten Staaten, geführt von dem talentvollen, aber kriegerischen Präsidenten Theodore Roosevelt, hatten von Kolumbien die Verpachtung eines Gebietsstreifens auf der Landenge von Panamá verlangt, jedoch Kolumbiens Einverständnis nicht erlangen können; darauf ließ Washington klar erkennen, daß ihm ein Aufstand in Panamá sehr gelegen käme. Die Angelegenheit wurde durch die alte französische Kanalgesellschaft kompliziert, deren Agenten in Washington für die Abtretung des alten Kanalbauvertrages mit Kolumbien vierzig Millionen Dollar kassieren wollten und eine rege Tätigkeit in diesem Sinne entfalteten. Unter diesem kombinierten Druck schlug ein kleines Grüppchen in Panamá los: am 3. November 1903 wurden einige Schüsse abgefeuert und die Unabhängigkeit der Panamá-Republik proklamiert. Bereits drei Tage später erkannte Roosevelt die neue Republik an, und am 18. November unterzeichnete Washington einen Vertrag mit dem neugegründeten Staat: »auf ewige Zeiten« wurde den Vereinigten Staaten der gewünschte Gebietsstreifen verpachtet. Natürlich waren die Kolumbier empört und zugleich, da sie sich nicht wehren konnten, niedergeschlagen und deprimiert. Der Kanal wurde von den Vereinigten Staaten gebaut und 1914 eröffnet.

In Kolumbien setzte sich die Reaktion auf diese Schicksalsschläge in den Ruf nach einem »starken Mann« um, der die Dinge wieder ins richtige Gleis bringen sollte. Die Konservativen, die immer noch die Wahlmaschinerie beherrschten, besetzten die Präsidentschaft mit Rafael Reyes Prieto, der sofort diktatorische Maßnahmen verhängte. Obgleich das Reyes-Regime (1904–1909) beachtliche wirtschaftliche Erfolge erzielen konnte, bediente es sich brutaler Mittel und blieb äußerst unbeliebt. Nach seiner Liquidierung suchten sich die Konservativen Präsidenten von etwas mäßigerem politischem Temperament; in den folgenden zwanzig Jahren wurde unter fünf konservativen Regierungschefs das Regierungssystem verbessert und die behördliche Wahlbeeinflussung abgeschwächt; mit der steigenden Kaffeeausfuhr kam ziemlich schnell eine fühlbare wirtschaftliche Belebung. Um ihr schlechtes Gewissen in Sachen Panamá zu beschwichtigen, zahlten die Vereinigten Staaten an Kolumbien fünfundzwanzig Millionen Dollar; dieser beachtliche Betrag wurde für den Ausbau von Häfen, Eisenbahnen und Überlandstraßen verwendet. Amerikanische Erdölgesellschaften ließen sich Bohrungskonzessionen geben und investierten rund fünfundvierzig Millionen Dollar. Amerikanische Banken liehen der kolumbischen Zentralregierung und den einzelnen Departamentos (Provinzen) über zweihundert Millionen Dollar. Das alles ließ Kolumbien etwas optimistischer in die Zukunft blicken. Aber dann kam mit der Weltwirtschaftskrise von 1929 der Niederbruch der Kaffeepreise, und Kolumbien erlebte von neuem eine politische Umwälzung, diesmal allerdings in friedlichen Bahnen.

In wirklich freien Wahlen siegten 1930 die Liberalen, die dann auch bis 1946 im Sattel blieben. Sie stellten mehrere tüchtige Präsidenten: Enrique Olaya Herrera (1930–1934), Alfonso López Pumarego (1934–1938 und 1942–1945), Eduardo Santos (1938–1942), Alberto Lleras Camargo (1945/46). Die Wirtschaft erholte sich in einem stetigen Aufschwung; Grenzstreitigkeiten mit Nachbarstaaten wurden beigelegt; die scharf negative Haltung gegenüber der protestantischen Minderheit konnte gemildert werden; Schritt um Schritt wurden die Beziehungen zu den Vereinigten Staaten verbessert. Indes tat sich in den Reihen der Liberalen, die über eine ansehnliche Stimmenmehrheit verfügten, eine tiefe Kluft zwischen dem rechten und dem linken Flügel auf; da sie 1946 nicht mehr überbrückt werden konnte, siegten bei den Wahlen die Konservativen über die gespaltene Liberale Partei.

Mit dem Übergang der Staatsmacht an die Konservativen begann eine neue Ära der Anarchie, des Bürgerkriegs und der Diktatur, die bis 1959 anhalten sollte. Die Schuld an diesem tragischen dreizehnjährigen Zwischenspiel trifft etwa zu gleichen Teilen die demagogischen linken Elemente unter den Liberalen und die ultraklerikalen, ultrareaktionären Elemente unter den Konservativen. Der konservative Präsident Mariano Ospina Pérez (1946–1950) vermochte die einander befehdenden Kräfte nicht im Zaum zu halten; im Jahre 1948, zu der Zeit, als die Neunte Internationale Konferenz der amerikanischen Staaten in Bogotá zusammentrat, wurde der linksliberale Führer Jorge Eliécer Gaitán ermordet; das war das Signal zu einer Serie von Verschwörungen und Gegenverschwörungen mit blutigen Kämpfen in den Städten und auf dem flachen Lande. Laureano Gómez, 1950 zum Präsidenten gewählt, zeigte sich als das abschreckende Beispiel eines autoritären Klerikalen; das Diktaturregime, das dieser Bewunderer Francisco Francos und Adolf Hitlers einführte, war wohl das härteste, das Kolumbien je erlebt hat. Und der Bürgerkrieg zwischen Liberalen und Konservativen flackerte im ganzen Lande immer von neuem auf. Als eine Militärrevolte unter Führung des Generals Gustavo Rojas Pinilla im Juni 1953 Laureano Gómez vertrieb, war die Freude allgemein.

Aber die vierjährige Diktatur (1953–1957), die nun folgte, war grausam, brutal und korrupt. Als Befreier von der Gómez-Tyrannei gefeiert, enttäuschte Rojas Pinilla das Volk in jeder Beziehung. Er zerstörte die Überreste des parlamentarischen Systems, zeigte keinerlei Verständnis für wirtschaftliche Notwendigkeiten, unterdrückte die Presse, verhaftete und mordete seine Kritiker. Anders als sein langjähriger Freund Odría, der Präsident von Peru, bereicherte er sich an Staatsaufträgen und raffte ein wahres Vermögen an Grundbesitz und Viehherden zusammen. Sein Regime hatte aber ein Gutes: die unermüdliche Verfolgung der Führer der beiden großen Parteien rief nicht nur unter den Parteien, sondern auch im ganzen Volk eine so einheitliche Oppositionsstimmung hervor, daß sich schließlich Liberale und Konservative zusammenfanden und Rojas gemeinsam stürzten. Nach getaner Tat schlossen die beiden Parteien ein Stillhalteabkommen ab, in dem sie sich zur Zusammenarbeit verpflichteten und darauf einigten, abwechselnd den Präsidenten der Republik zu stellen.

Als Rojas Pinilla im Mai 1957 nach Spanien entkam, fiel die Staatsgewalt zunächst an eine Militärjunta. Sie stand vor gewaltigen Problemen: in den entlegeneren Provinzen dauerten immer noch Guerillakämpfe an; die Finanzlage war verzweifelt – der Diktator hatte eine halbe Milliarde Dollar Schulden hinterlassen. Die einzige Hoffnung war das problematische Bündnis der Konservativen und Liberalen. Die Schlüsselfigur im konservativen Lager war der Ex-Diktator Laureano Gómez, immer noch im Exil in Spanien; der Bannerträger der Liberalen war der kluge Alberto Lleras Camargo. Wie zu erwarten war, zeigte der unversöhnliche Gómez keine Neigung zur Verständigung; darauf flog Lleras nach Spanien und brachte es fertig, Gómez umzustimmen. Unter diesem eigenartigen Gespann wurde das Parteienabkommen tatsächlich eingehalten. Im März 1958 erfolgten in ziemlicher Freiheit die Kongreßwahlen, die den Liberalen eine sichere Mehrheit brachten. Und dann geschah das Unerwartete: Gómez befürwortete energisch die Wahl Lleras Camargos zum Präsidenten; Lleras wurde fast einstimmig gewählt und übernahm im August die Präsidentschaft. Er hat seine Regierung, in die er alle wichtigen Gruppen berufen hatte, mit weiser Mäßigung geführt. Es gab zwar noch Terrorakte in manchen ländlichen Gebieten, aber allgemein herrschte am Ausgang des Jahres 1960 das Gefühl vor, daß Kolumbien endlich den Weg zu einem geordneten Staatswesen wiedergefunden hatte.

Indianische Andenregion

Drei Republiken – Ecuador, Peru und Bolivien – teilen sich heute in das Gebiet, über das einst die Inkas herrschten: 2,6 Millionen Quadratkilometer Küstenflachland, Hochebenen und Dschungel. Das ist Indianerland; von den 17,5 Millionen Menschen, die hier leben, sind mindestens achtzig Prozent rein indianischer oder gemischter spanisch-indianischer Abstammung, zehn bis fünfzehn Prozent sollen weiß sein, und dazu gibt es kleinere Gruppen von Negern, Japanern, Chinesen und anderen Völkern. Die Geschichte der drei Staaten ist durch Mangel an politischer Stabilität und ständige Wiederkehr von Diktaturen gekennzeichnet. Heute tasten sie sich zu demokratischen Daseinsformen vor – trotz den Erschwerungen, die ihnen Armut und Analphabetentum auferlegen.

Ecuador

Die heutige »Republik des Äquators« liegt in dem Gebiet, das die Inkas Quitu nannten; das war, solange das Inkareich existierte, sein nördlicher Vorposten. Nach der Eroberung durch Spanien war das frühere Quitu dann drei Jahrhunderte lang eine *presidencia* des Vizekönigtums von Lima. Das Gebiet ist in neuerer Zeit geschrumpft: unter den Spaniern gehörte zu ihm eine Fläche von über einer Million Quadratkilometern, aber im 19. und auch noch im 20. Jahrhundert haben Kolumbien, Brasilien und Peru ein Stück Land nach dem anderen annektiert; heute weht die Fahne Ecuadors nur noch über einem Territorium von 271 000 Quadratkilometern. Ecuadors vier Millionen Einwohner bewohnen vier ganz unterschiedliche Regionen: ungefähr drei Fünftel der Bevölkerung leben in der Sierra in Hochebenen und Gebirgstälern etwa zweitausenddreihundert bis dreitausend Meter über dem Meeresspiegel; etwa ein Drittel bevölkert das Flachland an der achthundert Kilometer langen Küste; schätzungsweise fünf Prozent, primitive Indianerstämme, führen ein abgeschlossenes Dasein im östlichen Dschungel; und etliche Hundert Menschen haben sich auf den um den Äquator verstreuten Galapagos-Inseln achthundert bis elfhundert Kilometer westlich niedergelassen. Ecuadors Bevölkerung setzt sich aus etwa neununddreißig Prozent Indianern, einundvierzig Prozent Mestizen, zehn Prozent Negern und zehn Prozent Weißen zusammen.

Wirtschaftlich ist Ecuador eins der stiefmütterlich bedachten Länder Südamerikas. Hier herrschen noch völlig koloniale Zustände: das Land hängt von der Bananen-, Kaffee- und Kakaoausfuhr ab und muß den größten Teil seines Bedarfs an Industrieerzeugnissen durch Einfuhr decken. Kulturell und politisch hat es an der entsetzlichen Armut und dem Analphabetentum von vielleicht neunzig bis fünfundneunzig Prozent der Bevölkerung schwer zu tragen. Schulen waren immer dünn gesät. Die kirchliche Seelsorge wird – bis auf wenige hervorragende Ausnahmen – seit eh und je von höchst mangelhaft ausgebildeten Geistlichen versehen.

Seit der Trennung von Groß-Kolumbien im Jahre 1830 ist die Geschichte Ecuadors eine uneben zusammengehauene Kette von Despotien. Es hat in der Zwischenzeit sechzehn verschiedene Verfassungen und siebenundvierzig Personen im Präsidentenamt gegeben. Zwei Streitfragen haben immer im Vordergrund gestanden: dem Klerikalismus traten mit schneidender Schärfe Gegner der Kirche entgegen, und unaufhörlich befehdeten einander das konservative Quito und das liberale Guayaquil.

Nach den ersten dreißig Jahren politischer Scharmützel, in denen keine auf Dauer achtunggebietende Persönlichkeit hervorgetreten ist, wurde Ecuador sein erster bedeutender Diktator beschert. Gabriel García Moreno, der »christliche Herkules«, herrschte absolut und mitunter weise von 1860 bis zu seiner Ermordung 1875. Brillant, exzentrisch, unanfechtbar ehrlich, widmete sich García Moreno hingebungsvoll dem Ausbau eines dem Herzen Jesu geweihten theokratischen Staates. Er bewunderte Philipp II., den Glaubenseiferer des 16. Jahrhunderts, als den größten aller katholischen Herrscher; er war überzeugt, daß »die Zivilisation die Frucht des Christentums« sei; er unterwarf sich und sein Volk der härtesten Disziplin. Es gab keine Freiheit, aber es gab Fortschritt: García Moreno organisierte eine brauchbare Verwaltung, baute Straßen, förderte den Außenhandel, zog ausländisches Kapital heran, verbesserte die Anbaumethoden in der Landwirtschaft, spornte die Erziehungsarbeit an. Er schmiedete die ecuadorianische Nation zusammen und prägte seine Vision und seinen Willen dem Volk so fest auf, daß bei aller Schwäche der Präsidenten und trotz wiederholten Bürgerkriegen sein Erbe noch zwei Jahrzehnte nachwirkte und die eigentliche integrierende Kraft in Ecuador blieb.

Nach 1895 hat die Entwicklung Ecuadors wenig Bemerkenswertes aufzuweisen. Von 1895 bis 1944 regierten die Liberalen; ihre tüchtigsten Präsidenten waren Eloy Alfare (1895 bis

1901 und 1906–1911) und Leónidas Plaza Gutiérrez (1901–1905 und 1912–1916); eine gewisse Steigerung der Produktivität wurde erzielt, namentlich bei Kakao, und einige wenige Familien bereicherten sich im zweiten Jahrzehnt des Jahrhunderts. Aber die meiste Kraft verwandten die Liberalen auf die Bekämpfung der Kirche und auf innere Zwistigkeiten; zur Stärkung des Landes trugen sie nur wenig bei.

Neue Unruhe störte die Entwicklung nach 1944. Von 1944 bis 1947 regierte José María Velasco Ibarra (der schon früher – 1934/35 – das Amt des Präsidenten bekleidet hatte und dann wieder von 1952 bis 1956 amtieren sollte), ein Demagoge, der wenig dazu beitrug, geordnete Verhältnisse und Wohlstand herbeizuführen. Am tüchtigsten zeigte sich Galo Plaza Lasso (1948–1952), ein tatkräftiger Landwirt, der mit Bodenarten, Saatgut, Düngemitteln und Viehzucht ausgezeichnet Bescheid wußte und seine Tätigkeit an der Spitze des Staates dazu benutzte, seinem rückständigen Volke einiges solide Wissen auf diesen für das Wohlergehen des Landes entscheidenden Gebieten beizubringen. Als überzeugter Demokrat brachte er es zuwege, die Armee in Schach zu halten, aufsässige Politiker zu zügeln, unverfälschte Wahlen durchzuführen und dem Lande mehr Achtung vor verfassungsmäßigen Grundsätzen einzuflößen, als Ecuador je gekannt hatte. Plazas bleibender Einfluß zeigt sich vielleicht am besten darin, daß die übliche Plage der bewaffneten Aufstände weder Velasco Ibarra in seiner dritten Amtsperiode noch Camilo Ponce Enríquez, der nach ihm 1956 die Präsidentschaft übernahm, ernsthaft zu schaffen machte. Anscheinend hatte seit Plaza die Überzeugung an Boden gewonnen, daß Entscheidungen von nationaler Tragweite im Wahllokal statt in Kasernen getroffen werden sollten.

Zur Überraschung und Erschütterung der politisch denkenden Minderheit brachten die Wahlen von 1960 den Sieg des gefürchteten, nun siebenundsechzigjährigen José María Velasco Ibarra, der somit zum viertenmal in die Präsidentschaft berufen wurde. Ein Demagoge von reinstem Wasser, gewann Velasco die Wahlen auf die Weise, daß er der unwissenden Wählermasse alle möglichen irdischen Güter verhieß (und Töne anschlug, die an den Klang der Reformeingriffe Fidel Castros auf Kuba erinnerten). Eine seiner ersten Amtshandlungen war die Ankündigung, daß Ecuador die Regelung der Grenzstreitigkeiten mit Peru, die 1942 auf Betreiben der Vereinigten Staaten, Argentiniens, Brasiliens und Chiles zustande gekommen war und Ecuador um einige Tausend Quadratkilometer Dschungelland im Amazonasbecken ärmer gemacht hatte, fortan nicht mehr anerkennen werde. Indes meinten umsichtige Beobachter, daß das schwache und rückständige Ecuador kaum wagen könnte, sich auf einen neuen Konflikt mit dem viel stärkeren Peru einzulassen.

Peru

Das Land, das heute Peru heißt, war einst das Herzstück des Inkareiches und später die Zentraldomäne des spanischen Vizekönigtums, dem der größte Teil Südamerikas vom Karibischen Meer bis zur Magalhãesstraße unterstand. Mit seinen 1,25 Millionen Quadratkilometern Fläche, einer Küstenlänge von 2270 Kilometern und einem westöstlichen Durchmesser (an der weitesten Stelle) von fast 1300 Kilometern ist Peru das viertgrößte Land Lateinamerikas. Geographisch ist es dreigeteilt. Das Küstenland, etwa ein Zehntel des gesamten Staatsgebietes, ist ein langer, schmaler Streifen, zum größten Teil kahle Sandwüste, hier und da von wenigen kleinen Flüssen in blühende Oasen verwandelt, in denen fast ein Fünftel der Bevölkerung des Landes Unterkunft findet; das größte Zentrum ist die Hauptstadt Lima (1,1 Millionen Einwohner), die nicht nur über die Küste, sondern auch über das ganze Land gebietet. Daneben erhebt sich die Sierra: drei Gebirgsketten der Anden, deren Plateaus und Bergabhänge – insgesamt dreiundsechzig Prozent des Staatsgebiets – drei Viertel der peruanischen Nation beherbergen. Hier gibt es Städte, die mehr als dreitausend Meter über dem Meeresspiegel liegen: Cuzco, Puno, Ayacucho, Juliaca. Der dritte Teil des Landes ist die *montaña*, das üppig wuchernde Dschungelland der Ostkordillere mit schnellen Flüssen, die zum Stromgebiet des Amazonas hinabgleiten: etwa fünf Prozent der Landesfläche mit weniger als fünf Prozent der Bevölkerung.

Zu fünfundvierzig Prozent sind die gut zehn Millionen Einwohner Perus reine Indianer, dreiundfünfzig Prozent sind gemischter spanisch-indianischer Abstammung, und noch nicht zwei Prozent werden als Weiße gezählt. Peru ist ein Indianerland, aber seinen Staat und seine Wirtschaft beherrschen von Anfang an einige Dutzend spanische Familien, denen der meiste Grundbesitz gehört und die in den besten Häusern Limas residieren. Es gibt in Peru einige Chinesen und Japaner. Die Einwanderung aus Europa war immer gering, doch haben Deutsche, Italiener und Deutsch-Schweizer bei der wirtschaftlichen Erschließung des Landes eine wichtige Rolle gespielt.

Perus Wirtschaft ist vielseitig und vielgestaltig. Die reichen Vorkommen an Erdöl, Blei, Kupfer, Eisen, Zink, Silber, Gold und Vanadium werfen hübsche Profite ab für die amerikanischen, englischen und sonstigen ausländischen Unternehmer, die sie ausbeuten, und für den Staat, der sich dafür bezahlen läßt. Auch die agrarische Produktion ist vielfältig; Baumwolle und Zucker liefern etwa vierzig Prozent der Ausfuhrerlöse; rund fünfundachtzig Prozent der Bevölkerung leben von der Agrarwirtschaft. Den größten Teil des volkswirtschaftlichen Ertrages ziehen allerdings die ausländischen Kapitalbesitzer und die vornehmen Familien Limas an sich. Die Indianer- und Mestizenmassen bilden ein unterernährtes, zum überwiegenden Teil analphabetenhaftes Proletariat.

Die Politik des Landes seit der Unabhängigkeit ist steril gewesen: die Parteien waren schwindsüchtig, die Wahlen gefälscht, die politischen Prinzipien leeres Wortgeklingel. Zumeist haben Diktatoren geherrscht. Immerhin ist Peru um die zwei Streitprobleme herumgekommen, die Mexico, Kolumbien und andere Länder lange Zeit so schweres Kopfzerbrechen bereitet haben: die Föderalismus-Zentralismus-Kontroverse war durch die eindeutige Vormachtstellung Limas von vornherein entschieden, und die Auseinandersetzung zwischen Kirche und Antiklerikalen war nur selten wütend, so daß die Kirche von ihren historischen Vorrechten mehr hat behalten können als in sonst einem Land Lateinamerikas.

Nach der endgültigen Niederlage der Spanier im Jahre 1824 war Peru zunächst zum Spielball seiner Kriegshelden geworden; zwei Jahrzehnte lang tobten zerstörende Kämpfe zwischen einzelnen Personen und Cliquen. Soldaten, die keine Löhnung erhielten, wurden nachgerade zu Banditen; das Land verfiel der Anarchie. Im Jahre 1845 bemächtigte sich der Präsidentschaft Ramón Castilla, der fähigste Regierungschef, den Peru im 19. Jahrhundert gehabt hat; mit einer kurzen Unterbrechung (1851–1854) blieb er bis 1862 an der Spitze des Staates. Sein Regime war diktatorisch, aber durch des Diktators Weisheit und Gutartigkeit gemildert. Castilla sorgte für Ordnung, förderte verbesserte Anbaumethoden und gab den Anstoß zur Wiederaufnahme der bergbaulichen Produktion, die ein halbes Jahrhundert daniedergelegen hatte. Obgleich er glühender Katholik war, besänftigte er die Antiklerikalen durch Abschaffung der Kirchengerichte. Er hob die Negersklaverei auf und unterband – wenigstens in der Theorie – die Heranziehung der Indianer zu Zwangstributen. Im Jahre 1860 gab er Peru eine Verfassung, die fünfzehnte in vierzig Jahren; darin wurde die Staatsgewalt zum größten Teil auf den Präsidenten übertragen, das Wahlrecht beschränkt und die Sonderstellung der Kirche anerkannt. Als Castilla 1862 abtrat, war Peru besser verwaltet und wirtschaftlich in besserer Verfassung, als es in den nächsten fünfzig Jahren sein sollte.

Die größten Wohltäter Perus waren nicht Menschen, sondern Vögel. Seit undenklichen Zeiten hatten Millionen von Seevögeln ihre Exkremente auf den unbewohnten Inseln in der Nähe der Pazifikküste abgelagert. Vom Regen nicht hinweggespült, hatten sich ganze Berge von Vogeldung aufgehäuft. Die Inkas hatten ihn benutzt, und die Indianer hatten große Ladungen ins Gebirge geschafft, um den Boden der Abhangstufen zu düngen, die sie aus den Bergen herausgehauen hatten. Mit dem Abbau des Silbers von Potosí (Bolivien) beschäftigt, hatten sich die Spanier um diesen prosaischen Schatz nicht gekümmert. Aber in den vierziger Jahren wurde dieser Guano auf Castillas Initiative hin zum Staatsmonopol erklärt, und kurze Zeit darauf gingen große Schiffsladungen nach Übersee, den erschöpften Boden Europas anreichern zu helfen. Dann wurden in den trockenen Wüsten des Südens große Salpetervorkommen entdeckt; Peru erteilte Konzessionen an ausländische Unternehmer, hauptsächlich Engländer und Chilenen, die den Salpeter abbauten und an europäische Düngemittel- und Schießpulverfabriken lieferten. Vierzig Jahre lang war Peru reich.

Der neuentdeckte Reichtum zeugte Unheil. Erstens entfesselte Spanien, das schon lange von der Wiedereroberung des verlorenen Kolonialreichs geträumt hatte und nun auch noch von den Guanoschätzen angelockt wurde, einen Seekrieg gegen Peru (1864–1866) und besetzte die Chincha-Inseln, zog sich am Ende aber dann doch zurück. Zweitens korrumpierte das so leicht sprießende Geld die peruanischen Politiker; die meisten schwachen Präsidenten, die auf Castilla folgten, waren korrupt. Ein besonders trübes Kapitel war der Eisenbahnbau unter dem Präsidenten José Balta (1868–1872) und einigen seiner Nachfolger. Der amerikanische Abenteurer Henry Meiggs, halb Scharlatan, halb Genie, erbaute einen großen Teil des Eisenbahnnetzes, das einerseits die Hafenstadt Mollendo mit Cuzco, anderseits Callao und Lima mit Huancayo verbindet, verteilte fette Bestechungssummen an Präsidenten und Kongreßmitglieder und behielt nicht wenig für sich. Das dritte Unheil war der Pazifik-Krieg von 1879 bis 1883, in dem Chile um den Salpeter der Wüste gegen Peru und Bolivien kämpfte. Chile siegte, zwang Bolivien zur Hergabe seines Küstenlandes und nahm den Peruanern den größten Teil ihres reichen Salpetergebietes weg. So versiegte in den achtziger Jahren Perus Goldregen. Ins 20. Jahrhundert schlitterte das Land im Bewußtsein nationalen Versagens und mit einer aus dem unseligen Krieg herrührenden Schuldenlast von zweihundert Millionen Dollar.

In den ersten Jahrzehnten des neuen Jahrhunderts war das wichtigste Geschehen die Diktatur Augusto B. Leguías (1908–1912 und 1919–1930). Der energische und gründliche Leguía stellte die Ordnung wieder her, kurbelte Landwirtschaft und Bergbau an und rettete Perus zerrütteten Kredit an den internationalen Märkten. Er lieh neunzig Millionen Dollar von amerikanischen Banken, baute Eisenbahnen, Straßen, Häfen, Bewässerungsanlagen und – einen pomphaften Marmorpalast für sich selbst. Er zog ausländische, hauptsächlich amerikanische Gesellschaften ins Land, die den Bergbau ausbauten, die Schiffahrt organisierten und Erdöl zu fördern begannen. Da er einige Bildungsideen hatte, baute er zahlreiche Schulen, importierte Lehrkräfte aus den Vereinigten Staaten und tat einiges zur Milderung der unmenschlichen Bedingungen, unter denen sich die Masse der Indianer abmühte. Aber es gab nur wenig Freiheit unter Leguías unerbittlichem Regiment.

Die unvermeidliche Revolte nahm ihren Ausgang von den Studenten der sterbenskranken San-Marcos-Universität; die glanzvollsten Studentenführer waren José Carlos Mariátegui und Víctor Raúl Haya de la Torre. Mariátegui schrieb die schärfsten kritischen Abhandlungen über die Übel Perus – und starb. Aber Haya de la Torre, oft im Gefängnis oder im Exil, immer der Abgott der Masse und Gründer der APRA (Alianza Popular Revolucionaria Americana), hat das Leben Perus von den Tagen Leguías an bis heute stark beeinflußt. Während Peru nach der 1930 erfolgten Absetzung Leguías unter Luis Sánchez Cerro (1930–1932), Oscar Benavides (1933–1939) und Manuel Prado (1939–1945) richtungslos einherstolperte, blieb Haya de la Torre – manchmal im Exil, manchmal im Gefängnis oder in den Vorstadtbezirken Limas verborgen – die einzige einflußreiche Gestalt in Peru, von manchen als Kommunist verschrien, aber von der Mehrheit seines Volkes fast wie ein Messias verehrt. Seine politischen Lehren waren eine seltsame Mischung von Sozialismus und Faschismus: er wollte die Indianer befreien, den ausländischen Imperialismus abschütteln, den Panamá-Kanal internationalisieren, den Grund und Boden und die Industrie verstaatlichen.

Eine Gelegenheit, ihr Können zu erproben, erhielt die APRA unter der Präsidentschaft des Liberalen José Luis Bustamente (1945–1947). Tatsächlich verdankte Bustamente seine Wahl den *apristas*, und Dutzende von Politikern aus der näheren Umgebung Haya de la Torres waren plötzlich im Kabinett, im Kongreß und in zahlreichen Regierungsämtern zu finden. Da er nun die Oberhand hatte, leitete Haya de la Torre verschiedene durchgreifende Maßnahmen in der Richtung auf Arbeitsbeschaffung, Bodenreform und Industrialisierung in die Wege. Aber gegenüber dem wütenden Widerstand der Grundbesitzer, Bankiers, Industriellen und Militärs entpuppte sich die APRA als naiv und hilflos. Als dann ein führender Zeitungsmann ermordet wurde, die Marine in Callao meuterte und die *apristas* sich beides in die Schuhe schieben ließen, war das liberale Intermezzo schnell vorbei: eine Militärjunta mit General Manuel Odría an der Spitze drängte Bustamente 1947 aus dem Amt und warf einige hundert *apristas* ins Gefängnis.

Unter Odría, der von 1947 bis 1950 mit Hilfe der Armee regierte und sich für die Amtsperiode 1950–1956 ordnungsgemäß zum Präsidenten wählen ließ, wurden die führenden *apristas* verhaftet oder verbannt. Haya de la Torre flüchtete in die kolumbische Botschaft in Lima (nach lateinamerikanischer Praxis gewähren alle Botschaften politischen Flüchtlingen diese Art Asyl) und blieb dort fünf Jahre, bis Odría ihm schließlich gestattete, ungeschoren das Land zu verlassen. Die *apristas* waren inzwischen in der Illegalität untergetaucht und konspirierten ohne viel Erfolg.

Den meisten Peruanern hat Odrías achtjährige Diktatur eine Linderung der Not gebracht. Natürlich gab es in dieser Zeit keine Demokratie und sehr wenig Freiheit, aber auch wenig Brutalität. Nach der allgemeinen Konfusion, zu der die *apristas* mehr als genug beigetragen hatten, stellte Odría wieder geordnete Zustände her. Es gab unter seinem Regime wenig dramatische Effekte, aber viel Leistungen. Er gab Peru eine vernünftige und funktionsfähige Sozialversicherung, baute Krankenhäuser und Schulen und stabilisierte die angegriffene Wirtschaft. Anders als seine Zeitgenossen Rojas Pinilla in Kolumbien und Pérez Jiménez in Venezuela, verzichtete Odría darauf, sich im Amt zu bereichern. Und wiederum im Gegensatz zu diesen Diktatoren trat er, als seine Amtszeit abgelaufen war, ohne Umstände ab und ließ das Volk in undirigierten Wahlen einen neuen Präsidenten wählen. In den Jahren, die Odría an der Spitze des Staates verbracht hatte, verdreifachte sich das Volkseinkommen, und die Ausfuhr stieg von 162 auf 248 Millionen Dollar.

Gewählt wurde für 1956 bis 1962 der frühere Präsident Manuel Prado, für den sich seine früheren APRA-Feinde in letzter Minute gegen die anderen Kandidaten entschieden hatten. Unter seiner schwachen Regierung zeigten sich Zerfallserscheinungen sowohl in der Ordnung des öffentlichen Lebens als auch in der Wirtschaft. Die noch zahlreichen *apristas*, die Haya de la Torre nicht von Europa aus führen konnte, waren eigentlich nur noch Störenfriede. Prado, dem 1959 der tüchtige Pedro Beltrán als Premier an die Seite trat, sah sich häufigen Streiks und Unruhen gegenüber.

Führenden Peruanern scheint unterdes immer noch nicht die Erkenntnis gekommen zu sein, daß die Hauptkrankheit ihres Landes die ungleiche Verteilung des Reichtums ist. An der Spitze der Wirtschaftspyramide sind einige wenige Familien – die »Vierzig Familien«, wie der Volksmund sagt –, die einen großen Teil des Bodens besitzen, Zucker und Baumwolle produzieren, mit den die Bergwerke und Ölfelder betreibenden ausländischen Gesellschaften unter einem Hut stecken und einen übergroßen Teil des Volkseinkommens für sich beanspruchen. Und am Fuß der Pyramide sind die zwei Drittel (vielleicht etwas mehr, vielleicht etwas weniger) der Peruaner, die gleichsam außerhalb des Wirtschaftssystems existieren: die Landarbeiter der Sierra, die primitiven Stämme der *montaña* und viele Arbeiter der Küstenoasen. Auf den Zwischenstufen unterhalb der reichen Oberschicht und oberhalb der in Lumpen gehüllt vegetierenden Volksmasse befindet sich eine wachsende Mittelschicht von Geschäftsleuten und Intellektuellen, eine schmale Schicht relativ gut bezahlter Industriearbeiter und ein abgerissenes städtisches Proletariat, dem es schlecht geht. Haya de la Torre und seine *apristas* stellen das nun schon seit dreißig Jahren fest, und ihre Analyse war und bleibt richtig, aber ihre Stimmen sind inzwischen zu einem heiseren Geflüster herabgesunken.

Die ungeschminkten Tatsachen besagen, daß die ganz Reichen mit ihren Verbündeten in der Militärclique das Land sehr lange beherrscht haben und heute noch beherrschen und daß der äußere Glanz der angeblichen Prosperität eine Fata Morgana ist. Es ist müßig, von wirklicher Industrialisierung in einem Land zu sprechen, in dem es nur wenig Menschen gibt, die etwas kaufen können. Perus Erlösung wird ohne eine echte gesellschaftliche Revolution nicht kommen; es wäre zu wünschen, daß sie mit Zustimmung der Mächtigen käme. Aber es gibt bis jetzt nur wenig Anzeichen dafür, daß sich die »Vierzig Familien« dieser offenkundigen Tatsache bewußt sind.

Bolivien

Mit einem Volk von Analphabeten, die in verzweifeltem Elend leben, mit einer Wirtschaft, deren tragendes Fundament fast völlig erschöpfte Zinngruben sind, und mit einem politischen Kurs, der nichts als ständige Gärung anzeigt, mag Bolivien, »Amerikas Tibet«, als der hoffnungsärmste aller südamerikanischen Staaten gelten. Das Land mit seinen 1,1 Millionen Quadratkilometern zieht sich quer über die drei Gebirgsketten der Anden hin. Es hat im letzten Jahrhundert durch die Raubzüge Brasiliens, Paraguays, Argentiniens, Chiles und Perus etwa die Hälfte seiner Fläche verloren. Was übriggeblieben ist, gliedert sich in zwei Teile: das *altiplano*, zwei Fünftel des Staatsgebietes viertausend bis fünftausend Meter über dem Meeresspiegel, wo vier Fünftel des bolivianischen Volkes leben, und die *yungas* (Talsenken) und Ebenen des Flachlands im Osten, drei Fünftel des Staatsgebiets mit einem Fünftel der Gesamtbevölkerung. Die Eisenbahnen und Landstraßen, die diese beiden Landesteile miteinander verbinden, reichen immer noch nicht aus, die Lebensmittel aus den Ebenen zum Hochland zu schaffen, wo es chronisch an Nahrung mangelt. Von den 3,3 Millionen Bolivianern sind etwa 54 Prozent Indianer, hauptsächlich Aimará und Quechua, 31 Prozent Mestizen, und rund 14 Prozent werden als Weiße gezählt.

Boliviens Wirtschaft ist durch einen entscheidenden Tatbestand gekennzeichnet: vom Wert der Gesamtausfuhr entfallen 55 Prozent auf Zinn und weitere 20 Prozent auf Wolframit und Blei. Aber die Zinnvorkommen sind schon fast völlig abgebaut, und die hohen Förderkosten machen Boliviens Lage auf dem Weltmarkt fast aussichtslos. In neuerer Zeit, insbesondere seit dem zweiten Weltkrieg, lebt die bolivianische Regierung von Subventionszahlungen der Vereinigten Staaten. Die Indianer des *altiplano* können ihrem Boden kaum den notdürftigsten Lebensunterhalt abgewinnen und sind immer am Rande des Verhungerns; den Bauern des Flachlands geht es etwas besser. Das Ganze aber ist eine Hunger- und Seuchenökonomie.

Die politische Anarchie spiegelt das soziale und wirtschaftliche Elend wider. Seit Simón Bolívar dem Lande 1825 Namen und Unabhängigkeit gab, hat es über sechzig regelrechte Revolutionen und Dutzende von kleineren Erhebungen gegeben. Bolivien hat seitdem vierundvierzig Präsidenten verbraucht, von denen acht ermordet worden sind. Parteien und politische Programme haben im allgemeinen keine tiefere Bedeutung. Die meiste Zeit herrscht der eine oder andere Caudillo.

Wenig ideenreich waren die Diktaturen des 19. Jahrhunderts. Als der tüchtigste und ehrlichste Diktator erscheint im Rückblick Andrés Santa Cruz (1829–1839). Unter seiner eisernen Faust gab es einigen Fortschritt. Voller Ehrgeiz annektierte er 1836 ganz Peru und hielt die beiden Länder drei Jahre lang zusammen, bis Chiles Armee seinem Imperiumstraum ein Ende bereitete. Der brutalste der Diktatoren dürfte Mariano Melgarejo (1865 bis 1871) gewesen sein: das barbarische Gemetzel, das er veranstaltete, hat noch nicht einmal ein so moderner Meister der Terrorkunst wie der dominikanische Trujillo nachmachen können. Seine tiefste Demütigung erfuhr Bolivien im Krieg von 1879 bis 1883, in dem ihm Chile seine Pazifikküste raubte.

Gelinde Besserung kam im 20. Jahrhundert mit José Manuel Pando (1899–1904) und Ismael Montes (1904–1909 und 1913–1917): während ihrer Regierungszeit gelang eine Teilumstellung von der Militär- auf die Zivilregierung, eine leichte Belebung der Wirtschaft und die Beendigung der Gebietsstreitigkeiten mit Chile und Brasilien. Aber unter Daniel Salamanca (1931 gewählt) stürzte sich Bolivien in den Wahnsinnskrieg mit Paraguay um den Gran Chaco, das unbesiedelte Gebiet – meist Wüste –, das die beiden Länder voneinander trennt. Über hunderttausend Bolivianer und Paraguayer fielen in dem dreijährigen Krieg, und Bolivien büßte ein Territorium ein, das es für einen Bestandteil seines Staatsgebietes gehalten hatte.

Im Gefolge des Chaco-Krieges stiegen einige der Kriegshelden, die den Krieg verloren hatten, einer nach dem anderen zur Präsidentschaft empor. Eine weitere Folge war, daß sich die Empörung über die Niederlage in Haßausbrüche gegen das »Triumvirat der Zinnbarone« verkehrte, deren Gesellschaften die Produktion beherrschten. Während des zweiten Weltkriegs, als die Vereinigten Staaten, auf die größtmögliche Zinnlieferung bedacht, den unpopulären Präsidenten Enrique Peñaranda stützten, richtete sich die von der Linken geschürte Wut gegen Washington.

Einen Präsidenten von Format hat Bolivien vor 1952 nicht gekannt; es lernte ihn kennen, als sich Víctor Paz Estenssoro, Ex-Professor der Nationalökonomie und Führer des MNR (Movimiento Nacional Revolucionario), der Präsidentschaft bemächtigte. Abwechselnd ist Paz als Kommunist und als *peronista* (er hat einige Jahre im Exil in Argentinien Peróns Taktik studiert) hingestellt worden; seine Anhänger sagen, er sei ein aufrichtiger Patriot mit sozialistischen Tendenzen. Sein erstes Angriffsziel war der Zinnbergbau, der lange Zeit fünfzehn bis zwanzig Prozent der Weltproduktion (und sechzig bis siebzig Prozent der bolivianischen Ausfuhr) geliefert hatte. Im Oktober 1952 unterzeichnete Paz das Enteignungsdekret; betroffen waren die Patiño-Gruppe, an der Amerikaner zu zweiundzwanzig Prozent beteiligt sind, der Hochschild-Konzern, der sich hauptsächlich in chilenischem Besitz befindet, und die Aramayo-Unternehmungen mit schweizerischem und britischem Kapital. Das Resultat war katastrophal: die staatliche Monopolgesellschaft, die die Bergwerke betreiben sollte, konnte kein qualifiziertes technisches Personal bekommen und fand sich in ständigem Konflikt mit den sechzigtausend Bergarbeitern, die ihr Führer Juan Lechín, Kommunist und Mitglied der Paz-Regierung, zu immer radikaleren Forderungen antrieb.

Paz' nächster Kreuzzug war das Bodenreformgesetz von 1953, das die Enteignung aller großen *haciendas* (auf die drei Viertel des bebauten Bodens Boliviens entfielen) und die Verteilung ihrer Ländereien auf die landarmen und landlosen Massen vorsah. Das Gesetz war zweifellos längst überfällig, aber es wurde unsachgemäß und ungeschickt durchgeführt, und die neugeschaffenen selbständigen Kleinbesitzer waren der Aufgabe der Bewirtschaftung eigener Betriebe nicht gewachsen. Die Begeisterung der Volksmassen für Paz war nicht gering, doch gab es auch nicht wenig bösartige Opposition von zwei Seiten: den Kommunisten unter Juan Lechín und den enteigneten Bergwerks- und Grundbesitzern. Indes konnte sich Paz trotz einer Reihe von Aufständen bis 1956 an der Regierung halten.

Bei den Wahlen von 1956 siegte Hernán Siles Zuazo, der Kandidat Paz Estenssoros, ein stiller, eher dem Denken und Lernen zugetaner Mensch. Siles war sofort im Kreuzfeuer der Angriffe von links und rechts. Tatsächlich war die Förderung der Zinnbergwerke von Jahr zu Jahr zurückgegangen, während die Produktionskosten mit den höheren Löhnen, die die Bergarbeiter unter Lechíns Führung errangen, anstiegen. Im Jahre 1956 wurden vierzehn Prozent weniger Zinn gefördert als im Jahre 1953; die Produktionskosten stellten sich auf 1,10 bis 1,15 Dollar je Pfund und lagen damit etwa fünfzehn bis zwanzig Prozent über dem Weltmarktpreis. Die Regierung beschloß darauf, zehntausend Bergarbeiter zu entlassen, womit sie eine neue Streikwelle auslöste. Der Streit war aber auch 1960 noch nicht entschieden.

Große Mühe verwandte Siles darauf, die Verwertung der reichen bolivianischen Erdölvorkommen zu organisieren. Er stieß auf Widerstand, denn das ausländische Kapital hatte nicht vergessen, daß Bolivien 1937 den beträchtlichen Ölfelderbesitz der Standard Oil Company of New Jersey enteignet hatte. Trotzdem machte die von Siles vorgeschlagene Gewinnverteilung Eindruck, und einige Ölkonzerne, darunter Gulf Oil und Royal Dutch Shell, sind auf den Plan eingegangen und haben die Arbeit aufgenommen.

Intensiv bemühte sich Siles auch um die Probleme der Landwirtschaft; dabei stellte sich heraus, daß Lebensmittel und Vieh der höheren Preise wegen in großen Mengen nach Peru und Argentinien geschmuggelt wurden, während Bolivien, um sein Lebensmitteldefizit zu decken, zur selben Zeit Fleisch und Getreide in Argentinien und den Vereinigten Staaten kaufen mußte. Getreulich sorgte Siles für die Durchführung der Pazschen Bodenreform: die Statistik für 1956 wies rund achthunderttausend Grundbesitzer gegen nur fünfzigtausend im Jahre 1952 auf.

Unerfreuliche Feststellungen mußten im Verkehrswesen getroffen werden; da Bolivien Maschinen und Lebensmittel über Pazifikhäfen einführt, muß der Eisenbahntransport von der Pazifikküste bis nach Bolivien sichergestellt werden; nun ergab sich aber, daß Schiffsladungen monatelang in den Häfen liegenblieben, weil die bolivianischen Bahnen nicht genügend Güterwagen und Lokomotiven hatten, sie zu befördern. Einige Fortschritte gab es dagegen im Eisenbahnbau: neue Linien wurden gebaut vom östlichen Santa Cruz nach Corumbá in Brasilien und von Santa Cruz nach Yacuiba in Argentinien. Verschiedentlich streikten Bergarbeiter, Erdölarbeiter und Eisenbahner; das war die Antwort der Arbeiter auf die Währungsinflation und die steigenden Lebenshaltungskosten. Zu all diesen Schwierigkeiten kam dann auch noch die Drohung der östlichen Provinz Santa Cruz, sich von Bolivien zu trennen.

Der bolivianische Staat ist seit geraumer Zeit bankrott. Siles appellierte um Hilfe an die Vereinigten Staaten; der Appell war aber auch eine halbe Drohung: wenn ihr nicht helft, bedeutete Siles der amerikanischen Regierung, werdet ihr es mit einem kommunistischen Bolivien zu tun bekommen. Von 1955 bis Ende 1958 hatten nun die Vereinigten Staaten der bolivianischen Regierung Direktbeihilfen in Höhe von über hundert Millionen Dollar zukommen lassen; 1959 mußten sie mit weiteren dreiundzwanzig Millionen nachhelfen. So nervös diese ständige Abzapfung von Mitteln die amerikanischen Behörden machte, die Alternative war nicht erfreulicher: die niedrigen Löhne der unzufriedenen bolivianischen Bergarbeiter könnten eine Situation schaffen, die es linken Demagogen leicht machen würde, das Land an sich zu reißen. Weder den Vereinigten Staaten noch irgendeinem der Nachbarländer Boliviens behagte die Aussicht, eines Tages mitten im Herzen Südamerikas einen von Kommunisten beherrschten Staat vorzufinden.

Das Jahr 1960 brachte der schwer heimgesuchten bolivianischen Wirtschaft einige Erleichterungen. Dank einer Anleihe des Internationalen Währungsfonds konnte der Kurs der bolivianischen Währung stabil gehalten werden, und die Vorräte an ausländischen Zahlungsmitteln erfuhren einen Zuwachs; das Anziehen der Lebenshaltungskosten wurde verlangsamt. Bei den Präsidentschaftswahlen vom Mai 1960 siegte erneut Victor Paz Estenssoro mit großer Mehrheit. Der von den Massen vergötterte Paz ist zweifellos der fähigste politische Führer, den das moderne Bolivien hervorgebracht hat.

Das heutige Bolivien ist ein unglückliches und von schweren Sorgen bedrängtes Land. Nur wenige der 3,3 Millionen Bolivianer können sich satt essen, haben anständige Behausungen oder auch nur den kleinsten Überschuß für Lebensbequemlichkeiten. Hygienische Einrichtungen und Gesundheitspflege sind von einer grausigen Unzulänglichkeit; Tuberkulose, Malaria und Darmkrankheiten fordern ihre Opfer in erschreckender Zahl. Die Säuglingssterblichkeit ist hoch. Ärzte und Krankenhäuser stehen nur einer kleinen privilegierten Minderheit zur Verfügung; ein Arzt hat im Durchschnitt viertausend Menschen zu betreuen, und auf je tausend Menschen kommen weniger als zwei Krankenhausbetten. Boliviens kultureller Zustand ist kläglich. Die Schulen sind in den Städten unzureichend, auf dem flachen Land fast gar nicht vorhanden. Die San-Andrés-Universität hat schöne neue Gebäude im Zentrum von La Paz, aber wenig zu bieten. Die Kirche bedient sich einer kaum ausgebildeten Geistlichkeit, und ihr Prestige ist nicht so hoch wie in Chile und Argentinien. Gute Dienste leisteten einige Missionsgeistliche, namentlich die Maryknoll-Patres und -Schwestern. Auch protestantische Missionare, nach 1900 in geringer Zahl zugelassen, haben sich bewährt.

Boliviens wirtschaftliche Zukunft ist trübe. Es gibt noch beträchtliche Vorkommen an Zinn, Wolfram, Antimon, Kupfer, Blei, Zink, Gold, Silber und Erdöl. Ihre wirksame Erschließung harrt indes der technischen Hilfe und des Kapitals. Die Vereinigten Staaten steuern nicht wenig bei, doch bedarf es noch vieler zusätzlicher Millionen an ausländischem Kapital, damit die bolivianischen Bergwerke auf rentable Basis gestellt werden können. Aber ausländisches Kapital wird durch die innenpolitische Lage abgeschreckt. Bolivien leidet weiterhin an chronischer Lebensmittelnot, obgleich es in den östlichen Bergen und Ebenen ausgezeichneten anbaufähigen Boden gibt. Dennoch könnte eine mutige und fähige Führung mit vernünftiger Unterstützung von draußen auch jetzt noch auf all diese Fragen eine Antwort finden. Zu der Stunde, da dies geschrieben wird, gibt es in der bolivianischen Führung mutige und fähige Menschen. Groß und zahlreich zugleich sind jedoch die Hindernisse, die sich vor ihnen auftürmen.

Chile

Als »das Land, wo die Erde endet«, beschrieben im 16. Jahrhundert Araukaner-Indianer ihre Heimat dem spanischen Eroberer Pedro de Valdivia. »Wo die Erde endet«, ist die Landkarte verblüffend: nordsüdlich zählt Chile fast viertausendzweihundert Kilometer, aber von Westen nach Osten ist das Gelände selten mehr als hundertfünfzig Kilometer breit. Im Osten begrenzen es die hochragenden Anden mit Gipfeln, die sich mehr als siebentausend Meter in die Höhe recken; im Westen sind die niedrige Küstenkordillere und der Ozean. Eigentlich gibt es nicht ein Chile, sondern vier: die nördliche Wüste, fast ohne Niederschläge, wo sich sechs Prozent der Gesamtbevölkerung des Landes auf ein Drittel des nationalen Territoriums verteilen; Zentralchile, das sechzehn Prozent des Staatsgebietes ausmacht und fünfundsechzig Prozent der Bevölkerung beherbergt; die Chile-Wälder südlich des Bío-Bío-Flusses, auf die etwa vierzig Prozent des Staatsgebietes entfallen und in denen achtundzwanzig Prozent der Bevölkerung leben, größtenteils nördlich der Insel Chiloé; und das atlantische Chile im äußersten Süden, auf beiden Seiten der Magalhãesstraße: etwa sieben Prozent der Fläche mit einem Prozent der Bevölkerung.

Konsolidierung

Die 7,3 Millionen Chilenen sind ein ziemlich homogenes Volk, hauptsächlich spanischer Abstammung mit einer beträchtlichen Beimischung indianischen Stammesgutes. Es gibt nur wenig reine Indianer, vielleicht drei Prozent der Gesamtbevölkerung. Die Einwanderung aus Europa war stetig, aber wenig zahlreich. Den größten Anteil haben Deutsche gestellt, die das Gebiet in der Gegend der vielen Seen im Süden bevorzugten. Daneben gab es unter den Einwanderern Engländer, Iren, Franzosen, Italiener, Jugoslawen. Die rund hunderttausend – oder etwas mehr – Europäer haben auf die Entwicklung Chiles einen gewaltigen Einfluß ausgeübt: ein Beweis dafür ist das Überwiegen deutscher und englischer Namen in den führenden Kreisen der Nation.

Chiles politische Geschichte bietet einen scharfen Kontrast zu der Geschichte der Indianerländer Ecuador, Peru und Bolivien: in Chile ist es, obgleich es viele Zusammenstöße gegeben hat, auf jeden Fall ordentlicher zugegangen; es gab nur wenig Diktaturen, und sie waren immer von kurzer Dauer; Chile hat sich mit Entschiedenheit um demokratische und verfassungsmäßige Lebensformen bemüht und sie häufig verwirklichen können. Mexicos und Kolumbiens blutige Schlachten zwischen Zentralisten und Föderalisten sind Chile erspart geblieben: Santiago hatte die Vorherrschaft früh errungen und leicht behauptet. Dagegen kennt Chile seit seinen staatlichen Anfängen einen heftigen Disput um die Kirche: ihre ersten Siege im Kampf gegen die Sondervorrechte der Kirche errangen die Antiklerikalen schon in den vierziger Jahren des vorigen Jahrhunderts, und sie haben seitdem weiter für einen weltlichen Staat gefochten; aber die Schärfe des chilenischen Antiklerikalismus wurde gemildert durch die Feinfühligkeit, die Klugheit und das soziale Verantwortungsbewußtsein der Kirchenführer, namentlich in den letzten Jahrzehnten. In der Sphäre der Parteipolitik gab es schon in den zwanziger und dreißiger Jahren des vorigen Jahrhunderts das Gegeneinander von Konservativen und Liberalen. Ihr Wettstreit hat dem ganzen Jahrhundert seine Note gegeben. Aber um die Jahrhundertwende rückten die Liberalen weit nach rechts in die nächste Nähe der Konservativen, und die oppositionelle Mitte und Linke wurde von den Radikalen und diversen Splitterparteien gebildet.

Auf die ersten Trubel, die die Loslösung von Spanien abschlossen, folgte eine dreißigjährige Periode (1830–1860) geordneter Regierungsverhältnisse unter den Konservativen, der Partei der Grundbesitzeraristokratie der Zentralebene. Natürlich war die Ordnung des Staatswesens autokratisch und mit einer strengen Vollzugsgewalt ausgestattet; praktisch war das konservative Regime eine Diktatur der herrschenden Klasse. Die führende Persönlichkeit der Epoche war Diego Portales, ein arroganter, aber auch sachkundiger Patriot, der sich zur »Religion des Regierens« bekannte. Obgleich er jedes öffentliche Amt ausschlug, war er, bis er 1837 einem Mörder zum Opfer fiel, der wirkliche Diktator des Landes. Die Verfassung von 1833, die bis 1925 in Kraft bleiben sollte, war sein Werk; sie verwirklichte bis ins einzelne sein Programm der Vereinigung aller Befugnisse einer zentralistischen Staatsgewalt in den Händen des Präsidenten. Den Konservativen hat sie bis in die jüngste Zeit als Orientierungsmaßstab gedient.

Die dreißig Jahre der konservativen Herrschaft waren die Zeit konstruktiven Aufbaus: um 1840 war Chile bereits der größte Kupferproduzent der Welt; Kohle wurde in der Nähe von Concepción gefördert; das Araukanerland südlich von Valdivia wurde erschlossen; die deutschen Einwanderer begannen in den vierziger Jahren ins Land zu strömen; die Schifffahrt nahm einen rapiden Aufschwung, und allmählich verdrängte Valparaiso das peruanische Callao als Haupthafen der Pazifikküste. In diese Zeit fiel ein – nicht sehr bedeutender – kriegerischer Konflikt: 1839 entsandte Portales eine Armee nach Bolivien, um den bolivianischen Diktator Santa Cruz zu stürzen. Auch eine geistige Renaissance zeichnete sich in den vierziger Jahren ab. Junge Liberale schrieben mit forschem Übermut von einer »wahren, volkstümlichen und parlamentarischen Republik«. Unter der begnadeten Führung des Venezuelers Andrés Bello wurde 1843 die Chilenische Universität gegründet. Einige der besten Volksschulen Südamerikas begannen ihre Arbeit.

Den zweiten Abschnitt der politischen Geschichte Chiles (1860–1891) kennzeichnet der permanente Krieg zwischen Liberalen und Konservativen. Die Liberalen siegten wiederholt über die Kirchenmänner: 1865 wurde Nichtkatholiken die Freiheit der Religionsausübung gewährt: 1875 fielen die Kirchengerichte; 1880 übernahm der Staat sämtliche Friedhöfe; 1883 wurde die Zivilehe zur gesetzlichen Einrichtung. Auch eine Anzahl von Demokratisierungsmaßnahmen konnten die Liberalen durchsetzen: eine Verfassungsänderung von 1868 untersagte die Wiederwahl eines amtierenden Präsidenten; 1871 wurden Minderheitsparteien im Kongreß zugelassen; 1885 brachte die Abschaffung des Besitznachweises als Voraussetzung der Wahlberechtigung eine erhebliche Vermehrung der Wählerschaft, wenn auch noch die Hälfte der Bevölkerung infolge des Ausschlusses der des Lesens und Schreibens Unkundigen ohne Wahlrecht blieb.

Das größte militärische Abenteuer dieser Periode war der Pazifik-Krieg (1879–1883), der Chile das gesamte bolivianische Küstengebiet und die peruanische Wüste mit ihren Salpeterschätzen verschaffte. Die Periode des liberal-konservativen Zweikampfes ging mit der Präsidentschaft des Liberalen José Manuel Balmaceda, der ab 1886 amtierte, zu Ende. Brillant und erfinderisch, hatte er mancherlei imponierende öffentliche Arbeiten angebahnt und viele Schulen gebaut. Aber nachdem sich die Liberalen in zwei feindliche Richtungen gespalten hatten, verlor er die Mehrheit im Kongreß und wurde von einer gegnerischen Mehrheitskombination abgesetzt. Der Konflikt löste einen Bürgerkrieg aus, der acht Monate dauerte und ein zerrissenes Land hinterließ.

In den Beziehungen zwischen Präsident und Kongreß hatte eine neue Ära begonnen. In den dreißig Jahren (1891–1920), die dem Sturz Balmacedas folgten, hatten die Präsidenten den Kongreß nicht mehr in der Hand. Statt einer Mehrheitspartei gab es jetzt mehrere Parteien, die im Kongreß Koalitionen eingingen, wechselnde Mehrheiten zustande brachten und somit die großen Machtbefugnisse des Präsidenten, wie sie die Portales-Verfassung von 1833 vorsah, lahmlegten. Zudem hatten sich die Parteienfronten verschoben: die Konservativen vertraten nach wie vor die Grundbesitzeraristokratie der Zentralebene; die Liberalen aber hatten sich – außer in Kirchenfragen, in denen sie hartnäckig antiklerikal blieben – auf die Seite der Konservativen geschlagen; die Rolle der Opposition fiel der zahlenmäßig starken und lärmend auftretenden Mittelstandspartei der Radikalen zu. Die Industrie- und Bergbauinteressen des Nordens, denen die Vorherrschaft Santiagos ein Dorn im Auge war, machten gemeinsame Sache mit den Radikalen; verstärkt wurde der Einfluß der Radikalen noch durch die energischen Vertreter des Südens, darunter viele deutsche Farmer und Geschäftsleute. Bergleute und Industriearbeiter gründeten 1912 die Sozialistische Arbeiterpartei. Ab 1920 nahmen an den Wahlen auch die Kommunisten teil. Es gab ständige Parteispaltungen oder Absplitterungen. Am Ende war – wie in Frankreich – babylonische Sprachenverwirrung das Lebenselement der Politik.

Leichtverdientes Geld floß in dieser Ära in den politischen Bereich – und korrumpierte. Die den Bolivianern und Peruanern entrissenen Salpeterlager lieferten die Hälfte der Staatseinnahmen, und aus diesem Füllhorn ergossen sich nach 1900 große Mittel in Verwaltungsbauten, Straßen, Brücken und Hafenanlagen. Mit dem Salpetergeld griff Korruption um sich: Politiker ließen sich für die Vermittlung von Staatsaufträgen bezahlen; obgleich die Kongreßmitglieder keine Diäten bezogen, gaben Kandidaten große Beträge aus, um sich wählen zu lassen. Bestechlichkeit breitete sich in den unteren Rängen der Beamtenschaft aus. Nur der gewöhnliche Sterbliche hatte vom Geldsegen gar nichts: die Landarbeiter schufteten von Sonnenaufgang bis Sonnenuntergang buchstäblich für Pfennige; die Bergarbeiter förderten Kupfer und Kohle für Hungerlöhne ohne Unfall- oder Sterbefallversicherung. Die Annehmlichkeiten des Lebens blieben zwei oder drei Prozent der Bevölkerung vorbehalten. Über neun Zehntel der Chilenen hausten in elenden Löchern und hungerten. Gegen Ende des ersten Weltkrieges versiegten die fetten Salpeter- und Kupferprofite; die Massen waren in zornigem Aufruhr und riefen nach dem Erlöser.

Reformen und Nöte

Als Arturo Alessandri 1920 zum Präsidenten gewählt wurde, schien es, als sei das Gebet der geschundenen Masse erhört worden. Alessandri, ein reicher Anwalt aus dem Norden und Sohn eines italienischen Einwanderers, versprach Gesetze zur Verbesserung der Löhne und Arbeitsbedingungen, mehr Kongreßsitze für die abgelegenen Provinzen, Trennung von Kirche und Staat und höhere Besteuerung des Grundbesitzes der Aristokratie. Aber die konservativen Kräfte im Kongreß und Zwistigkeiten unter den Parteien der Mitte und der Linken brachten das Programm zum Scheitern. Alessandri erreichte nur eins: eine umfassende Sozialgesetzgebung, die ungefähr im Sinne der entsprechenden Gesetze Mexicos und Uruguays das Recht der Arbeiter auf den kollektiven Tarifvertrag, den Schutz der Arbeitskraft im Betriebe und weitreichende Rentenansprüche garantierte.

Die Gesamtwirtschaft hatte schwere Schäden erlitten: nachdem in Deutschland die Stickstoffgewinnung aus der Luft entwickelt worden war, schrumpften die Absatzmärkte des Chilesalpeters fast auf den Nullpunkt. Alessandri, der sich mit seinen großzügigen Plänen nicht hatte durchsetzen können, wurde überdies 1924 aus dem Amt gedrängt und floh nach Italien. Im nächsten Jahr zurückgeholt, verbrachte er sechs fruchtbare Monate in der Präsidentschaft; in diese Zeit fielen die Schaffung der Verfassung von 1925 und die Annahme mehrerer Gesetze, die die früheren Versprechungen, auch hinsichtlich der Trennung von Staat und Kirche, einlösten. Aber wieder wurde Alessandri aus der Präsidentschaft vertrieben; er kehrte nach Italien zurück. Es folgte nun 1925–1931 die Diktaturregierung von Carlos Ibáñez del Campo. Sein sauberes, aber hartes Regime florierte, solange die ihm von New Yorker Bankiers gegen fadenscheinige Sicherheiten geliehenen dreihundert Millionen Dollar reichten. Als 1930 die Weltkrise auch Chile traf und keine Anleihen mehr aufgetrieben werden konnten, wurde allenthalben stürmisch auf Ibáñez' Rücktritt gedrängt; er ging und fand 1931 Zuflucht in Argentinien. Achtzehn Monate lang schleppte sich Chile torkelnd unter kurzlebigen Präsidenten und Militärjuntas weiter. Verzweifelt verfiel man schließlich 1932 auf Wahlen, und der wetterfeste Arturo Alessandri wurde aus dem Exil zurückgerufen.

Das neue Regime Alessandri (1932–1938) wurde zur Diktatur. Der einstige Reformer schien den revolutionären Sturm und Drang vergessen zu haben; er bewährte sich nunmehr als der anerkannte Sachwalter der großen Bergbau- und Agrarinteressen. Unter Alessandri und seinem gewieften Finanzminister Gustavo Ross erholte sich die chilenische Wirtschaft: durch Steuervergünstigungen und Subventionen wurde die Bautätigkeit in Schwung gebracht; Einfuhrbeschränkungen schützten die Devisenvorräte; das Gleichgewicht des Staatshaushalts wurde hergestellt, allerdings ohne Vorkehrungen für den Zinsendienst der Auslandsanleihen; inländische Staatsschuldverschreibungen wurden billig aufgekauft und außer Kurs gesetzt; die Wasserkraftwerke verdoppelten ihre Elektrizitätserzeugung; es gelang der Regierung sogar, die Eisenbahnlinie, die Santiago mit Argentinien verbindet, ihren englischen Besitzern abzukaufen. Aber trotz all diesen Leistungen wuchs die Mißstimmung gegen Alessandri und Ross. In den Wahlen von 1938 wurde die Regierung geschlagen, die Wählerschaft schwenkte nach links.

Nach 1938 spiegelte sich in der politischen Entwicklung ein neuerlicher Niedergang der Wirtschaft. Die Inflation, die durch das Schrumpfen des Salpeterabsatzes nach 1920 und die sinkenden Kupferpreise ausgelöst worden war, untergrub das wirtschaftliche Gleichgewicht. Der Peso, der 1920 noch einen halben amerikanischen Dollar galt, entwertete sich ständig; bis 1959 war er auf weniger als einen tausendstel Dollar abgesunken. Die Preise kletterten steil in die Höhe; die durch häufige Streiks erkämpften Lohnerhöhungen kamen mit den steigenden Lebenshaltungskosten nicht mit. Vier Jahre lang, von 1938–1942, hatte Chile eine Volksfrontregierung, die aber rasch auseinanderfiel, als die Kommunisten und Sozialisten ernste Schwierigkeiten verursachten. Für 1942–1946 wurde Juan Antonio Ríos und für 1946–1952 Gabriel González Videla gewählt; beide waren tüchtig und dem Lande ergeben, aber angesichts der Verschärfung der Wirtschaftskrise machtlos. Die Kupferpreise sanken weiter; die Lebensmittelknappheit und die Notwendigkeit, Fleisch und Getreide aus Argentinien zu importieren, verschlangen die restlichen Reserven. Die unbeständige Wählerschaft verlangte erneut nach einem »starken Mann«, der allen Nöten beikommen sollte, und entschied sich für denselben, inzwischen fünfundsiebzigjährigen Carlos Ibáñez del Campo, der sich 1927–1931 als Diktator betätigt, dann gegen seine Nachfolger alle möglichen Verschwörungen angezettelt hatte und sich nun einer engen Freundschaft mit Argentiniens Perón erfreute. Trotz dieser unersprießlichen Vergangenheit absolvierte Ibáñez seine Regierungszeit (1952–1958) relativ erfolgreich, obgleich weder er noch sonst jemand zur Behebung der wirtschaftlichen Notlage viel beizutragen wußte.

Bei den Präsidentschaftswahlen von 1958 siegte der Konservative Jorge Alessandri, der Sohn Arturos, allerdings nur mit einem geringen Stimmenvorsprung vor dem gemeinsamen Kandidaten der Kommunisten und anderer Linksgruppen. Der tüchtige Anwalt Jorge Alessandri machte sich an seine Aufgabe mit großer Energie: den großen landwirtschaftlichen Produzenten wurde ultimativ zu verstehen gegeben, daß sie ihre Betriebe zu modernisieren und die Lebensmittelerzeugung zu steigern hätten; die Beamten wurden auf schmale Rationen gesetzt; dem Kongreß verlangte Alessandri praktisch diktatorische Wirtschaftsvollmachten ab.

In den folgenden Jahren wurden beträchtliche Erfolge erzielt. Die Währung wurde stabilisiert und die Inflation entscheidend verlangsamt; der Staatshaushalt für 1959 schloß ohne Defizit ab. Bei den Kommunalwahlen vom April 1960 zeigte sich, daß Alessandris Politik an Sympathien gewonnen hatte, während die Kommunisten im Rückgang waren. Im Mai 1960 wurde Chile von mehreren Erdbeben und anschließend von Überschwemmungskatastrophen heimgesucht; Tausende von Menschen kamen um, und die materiellen Verluste gingen in die Hunderte von Millionen Dollar. Von den unmittelbaren Schäden abgesehen, brachte das Unheil eine Zerrüttung des Wirtschaftslebens mit sich, die die Regierung Alessandri vor schwerwiegende neue Probleme stellte.

Bei alledem ist Chile heute noch eins der vier oder fünf lateinamerikanischen Länder, in denen sich wesentliche Elemente der Demokratie erhalten haben. Chilenische Wahlen sind gewöhnlich weitgehend unbeeinflußt, und Chiles Presse ist frei. Kulturell hat Chile allerhand vorzuweisen. Seine Musiker, Dichter und Romanschriftsteller zählen zu Amerikas künstlerischer Elite. Viele Schulen haben ein hohes Niveau, wenn es auch insgesamt nicht genug Schulen gibt. Die Universitäten gehören zu den besten in Südamerika. Die Kirche, die für gute Ausbildung der Geistlichkeit sorgt, ist sozial hellhörig und fortschrittlich.

Dagegen ist Chile wirtschaftlich immer noch in einer üblen Verfassung. Seine Bergwerke und Erzgruben liefern Nitrate, Kupfer und verschiedene andere Metalle; auf die Berg- und Hüttenproduktion entfallen neunzig Prozent der Ausfuhr. Die chilenischen Industrien produzieren die verschiedensten Verbrauchsgüter, aber der Inlandsmarkt ist so klein, daß Schuhe, Kleidung und Haushaltsartikel mehr kosten, als wenn Chile sie, statt sie im Inland herzustellen, aus dem Ausland importierte. Nahrungsmittel sind immer noch knapp. Das ist für die chilenische Wirtschaft eine schwere Belastung: zehn oder mehr Prozent des Fleisch- und Getreidebedarfs müssen durch Einfuhr aus Argentinien und anderen Ländern gedeckt werden.

Die Hauptschwäche der chilenischen Wirtschaft hängt damit zusammen, daß es nicht genug landwirtschaftlich nutzbaren Boden gibt. Die Bevölkerung lebt von dem, was die Großgüter der Zentralebene und die kleineren landwirtschaftlichen Betriebe an den südlichen Seen erzeugen. Das Problem ist nicht nur, daß der Boden nicht reicht; der wenige verfügbare Boden ist auch noch zum größten Teil in den Händen weniger Großgrundbesitzer. Auf die *fundos*, die Großgüter, entfällt die halbe Bodenfläche der Zentralebene, und in den Besitz der *fundos* teilen sich rund sechshundert Familien, für die der Grundbesitz ein Prestigeausweis ist, gleichsam die Bescheinigung ihrer Zugehörigkeit zur Aristokratie. Die ungerechte Verteilung des Grundbesitzes ist ein Hohn auf die chilenische Demokratie. Damit wird ein System der Landarbeit verewigt, das den Arbeiter zwar nicht gesetzlich, aber kraft Gewohnheitsrechtes an den grundherrlichen Boden fesselt und für wenige Pfennige endlos lange arbeiten läßt. Hinzu kommt, daß die *fundos* nicht genug produzieren: weil so billige Arbeitskräfte verfügbar sind, wird die Einführung von Maschinen immer wieder hinausgeschoben; modernen Methoden der Düngung, der Saatgutauswahl und der Bekämpfung der Bodenverschlechterung wird nicht genug Aufmerksamkeit zugewandt. Seit 1900 sind die Hektarerträge zurückgegangen, bei Weizen um etwa zwölf, bei Mais um sechzehn Prozent. Die Nahrungsmittelerzeugung pro Kopf der Bevölkerung in Chile ist etwa halb so groß wie in Schweden oder der Schweiz.

Das Verlangen nach einer Bodenreform mit dem Ziel der Zerschlagung der Feudalgüter und der Schaffung gesunder Bauernbetriebe ist weit verbreitet. Die Kommunisten setzen sich für eine Agrarreform nach mexicanischem Muster ein; die Gemäßigten möchten die Reform lieber schrittweise durchführen. Mittlerweile betreiben die Kommunisten, deren es dreißig- bis fünfzigtausend gibt, ihre wütende Agitation unvermindert weiter. Die sozialen und wirtschaftlichen Probleme des Landes machen die Not außerordentlich drückend. Eine wirksame Lösung scheint niemand parat zu halten.

La-Plata-Republiken

Argentinien zwischen Beharrung und Fortschritt

Argentiniens 2,8 Millionen Quadratkilometer bezeichnen ein Territorium, das sich in nordsüdlicher Richtung über 3700 Kilometer erstreckt und ostwestlich eine Weite (an der breitesten Stelle) von etwa 1300 Kilometern hat. Die Südspitze des Landes kommt fast an die kalte Antarktis heran, die nördlichste Region ist subtropisch. Das Kernstück des Landes sind die Pampas, fast ein Viertel des Staatsgebietes, im Halbkreis um Buenos Aires gelegen, das fruchtbarste anbaufähige Land in ganz Lateinamerika. Hier leben drei Viertel der argentinischen Bevölkerung, hier sind über sechzig Prozent der Viehbestände des Landes, hier werden achtzig Prozent seines Getreides erzeugt. Die Pampas sind fast gleichbedeutend mit Argentinien; das südliche Patagonien ist größtenteils trocken und nur als Schafweide von Nutzen, und das westliche Gebiet im Schatten der Anden ist halbtrocken und auf Bewässerung angewiesen. Die über zwanzig Millionen Argentinier, meist spanischer und italienischer Herkunft, sind (wie die Uruguayer) eine der homogensten weißen Bevölkerungsgruppen Lateinamerikas. Argentinien hat nur wenig Indianer, kaum mehr als ein Prozent der Gesamtbevölkerung.

Das moderne Argentinien hat sich eigentlich erst seit der Mitte des 19. Jahrhunderts herauszukristallisieren begonnen. Gewiß wurden schon 1810 einige tastende Schritte auf dem Weg zur Unabhängigkeit gemacht, und 1816 wurde die offizielle Unabhängigkeitserklärung verkündet; dann aber gab es bis 1826 ein konfuses Durcheinander von Juntas, Triumviraten und Oberdirektoren, anschließend 1826/27 die kurze Präsidentschaft des bedeutendsten Führers der argentinischen Frühgeschichte, Bernardino Rivadavia, und zwischen 1829 und 1852 fast ständig die blutige Diktatur des Juan Manuel de Rosas. Seinen Platz unter den freien Nationen nahm Argentinien in Wirklichkeit erst im Februar 1852 ein: mit dem Einmarsch des Generals Justo José de Urquiza und seiner Truppen in Buenos Aires begann die Ära, in der sich unter bedeutenden Führern die Einigung der argentinischen Nation vollzog.

Die vier Jahrzehnte von 1852 bis 1892 sind die Periode der Konsolidierung der Republik. Die Außenprovinzen konnten dazu bewogen werden, ihren ständigen Kleinkrieg gegen Buenos Aires aufzugeben; der Einheit der Nation wurde 1880 symbolisch mit der Gründung der nationalen Hauptstadt La Plata Ausdruck verliehen. Die Caudillos der weitverstreuten Provinzen, die sich nie an Gesetz und Recht gehalten hatten, wurden endlich an die Kandare genommen. In diesen Jahrzehnten wurde das Land von Einwanderern – hauptsächlich aus Italien und Spanien – besiedelt. Das waren auch Jahre des wirtschaftlichen Aufstiegs: mit englischem Kapital wurde das Eisenbahnnetz ausgebaut und Grenzland für Siedler erschlossen; Rinder- und Schafherden wuchsen um ein Vielfaches; der Getreidebau nahm zu; der Handel mit der Außenwelt, insbesondere mit England, dehnte sich aus.

Es gab in diesen Werdejahren bemerkenswerte Menschen an der Spitze des Staates. Bartolomé Mitre, Präsident von 1862 bis 1868, hatte sich als tapferer Kämpfer gegen den Diktator Rosas hervorgetan; er war aber auch ein gewandter Polemiker und der Verfasser verdienstvoller biographischer und historischer Werke. Mitre hat viel dazu getan, das Land aus dem anarchischen Chaos, in dem es Rosas hinterlassen hatte, zum Zusammenschluß und zur Einheit zu führen. Die Konfusion hatte noch in den fünfziger Jahren angehalten, mit vielen Geplänkeln und blutigen Gefechten zwischen den Anhängern der Hafenstadt Buenos Aires und den Föderalisten aus den Außenprovinzen. Aber schon 1853 hatten sich die Argentinier eine Verfassung gegeben, die ihnen gute Dienste geleistet hat, bis sie der Diktator Perón 1949 durch ein eigenes Verfassungswerk ersetzte. Mitre zwang das Land zur Disziplin, errichtete einen brauchbaren Regierungsapparat, erweiterte den Postdienst, verlängerte die Telegraphenlinien, gab den öffentlichen Finanzen eine feste Gestalt, organisierte die Justiz und baute das Schulwesen aus. Ein dunkler Fleck in der Chronik seiner Leistungen war ein sinnloser Krieg mit Paraguay von 1865 bis 1870.

Als die vielseitigste und brillanteste Figur in der Geschichte der argentinischen Politik ragt Domingo Faustino Sarmiento hervor, der die Präsidentschaft 1868–1874 innehatte. Während der Rosas-Diktatur hatte Sarmiento lange Jahre im chilenischen Exil zugebracht, wo er viel veröffentlichte und nicht wenig zum Aufbau des chilenischen Schulwesens beitrug. Er war bombastisch und arrogant, aber auch glanzvoll. Sein Buch »Das Leben Facundos oder Zivilisation und Barbarei« ist eine klassische Analyse der Struktur Argentiniens in den Tagen der Caudillos und Gauchos. Er kannte Europa und die Vereinigten Staaten aus eigener Anschauung; die Eindrücke, die er auf Reisen gesammelt hatte, kamen ihm später bei der Gestaltung des argentinischen Schulsystems zustatten. Er unterbrach seine Tätigkeit als Präsident, um das Land in Washington zu vertreten, kehrte dann wieder ins Amt zurück. Unter dem Einfluß dieser eindrucksvollen Persönlichkeit wurden Eisenbahnen gebaut, die Einwanderung aus Europa begünstigt, neue Schulen eröffnet; das kulturelle Leben erhielt neuen Auftrieb. Zu seinem Nachfolger wurde 1874 Nicolás Avellaneda, der das begonnene Programm mit einigem Erfolg fortführte. Weniger erfreulich war die Bilanz der achtziger Jahre: die plötzliche Prosperität, die der vermehrte Export von Getreide und Fleisch mit sich brachte, wirkte korrumpierend; sie verlockte dazu, den Indianern im Süden fruchtbare Ländereien zu rauben, mit denen wild spekuliert wurde; an der Freibeuterei und Plünderung großen Stils, die daraus erwuchs, waren auch hohe Regierungsbeamte beteiligt. Das Regierungssystem der großen Grundbesitzer zeigte die ersten Risse.

Das Jahr 1890 war ein Wendepunkt: zum erstenmal trat eine organisierte Opposition hervor. Der Zustrom spanischer und italienischer Einwanderer hatte eine städtische Mittelschicht geschaffen, die sich nun in der Politik bemerkbar machte. Vier Jahrzehnte, von 1890 bis 1930, kämpfte eine Mittelstandspartei, die Unión Cívica Radical, gegen die Vormachtstellung der Aristokratie und ihrer militärischen Bundesgenossen. Es war ein zäher Kampf gegen übermächtige Kräfte: die alte Garde stellte weiterhin Kandidaten für die Präsidentschaft und sorgte dafür, daß sie mit Hilfe von Wahlbetrug und Fälschung der Wahlergebnisse gewählt wurden; die Radikalen, geführt und inspiriert von Hipólito Irigoyen, fochten erbittert und unermüdlich. Im Jahre 1910 beging die Aristokratie einen verhängnisvollen Fehler; sie erkor für die Präsidentschaft einen ehrlichen und weisen Mann, Roque Sáenz Peña, der sich in gewissem Sinne als Reformer erwies: er setzte 1912 ein Wahlgesetz durch, das Männern über achtzehn Jahre das allgemeine Wahlrecht bei

»freien und geheimen Wahlen mit Wahlpflicht« verhieß. Peña stand zu seinem Wort: 1916 wurden freie Wahlen durchgeführt, und das Resultat war, daß die Radikalen einen entscheidenden Sieg erfochten und Irigoyen zum Präsidenten gewählt wurde. Allerdings enttäuschte Irigoyen die Hoffnungen seiner Anhänger. Die Politik, die er als Präsident (1916–1922) betrieb und die alle dem Volk von der habgierigen Aristokratie angetane Unbill wiedergutmachen sollte, war ehrlich gemeint, aber chaotisch und launenhaft. An Irigoyens Stelle trat 1922 ein anderer Radikaler, Marcelo T. de Alvear, reich, intelligent und korrupt, der aber immerhin mit mehr Umsicht regierte als sein Vorgänger. Dann wurde 1928 Irigoyen, inzwischen achtundsiebzig Jahre alt und völlig senil, zum zweitenmal zum Präsidenten gewählt. Nun ganz und gar außerstande, seine Aufgabe zu bewältigen, wurde er 1930 durch einen Staatsstreich des Militärs gestürzt. Die Radikalen hatten ihre Chance gehabt und sie kläglich vertan.

Mit der Machtübernahme durch die Generale war Argentinien von neuem der Oligarchie der intransigenten Konservativen anheimgefallen. Nach zweijähriger Militärherrschaft, die ihre Gegner brutaler unterdrückte, als es je ein Regime seit den Zeiten Rosas versucht hatte, siegte 1932 in relativ freien Wahlen der Konservative Augustín P. Justo. Tüchtig, reich und gelegentlich sogar uneigennützig, errichtete Justo ein Diktaturregime, das er selbst mit einer kräftigen Dosis gesunden Menschenverstands versetzte und milderte. Die Aufgabe, die er zu bewältigen hatte, war nicht einfach: einerseits mußte nach dem Chaos, das die Radikalen angerichtet hatten, ein funktionierendes Regierungssystem aufgebaut, anderseits das Land aus der Versumpfung, die die Weltwirtschaftskrise zur Folge hatte, herausgeholt werden. Die Krise traf Argentinien sehr schwer, denn die Fleisch- und Getreidepreise waren auf den tiefsten Stand in dreißig Jahren gesunken. Justo wertete die Währung ab, schrieb für verschiedene Waren Festpreise vor, führte eine strenge Devisenkontrolle ein und setzte radikale Einfuhrbeschränkungen durch. Die Erholung kam sprunghaft. Überschüsse in der Staatskasse ermöglichten sogar die Rückzahlung einiger Auslandsanleihen, den Erwerb eines Teils der argentinischen Eisenbahnen aus englischem Besitz und die Schaffung eines staatlichen Petroleummonopols. Der Zustrom ausländischen Kapitals wurde begrüßt und begünstigt. Die Nationalisten beschuldigten Justo zwar, Ausländern zu günstige Verträge eingeräumt zu haben, aber die meisten Argentinier waren der Meinung, er habe das Land aus tiefster Not errettet.

Im Jahre 1938 fiel die Präsidentschaft an Justos persönlichen Kandidaten, Roberto M. Ortiz. Reich, begabt und konservativ, bewies Ortiz sehr bald, daß er sich von den Kräften, die ihn an die Macht gebracht hatten, unabhängig fühlte. Zu ihrer großen Empörung setzte er Sáenz Peñas Wahlgesetz wieder in Kraft und sorgte zunächst dafür, daß in den Provinzen frei gewählt wurde; beides wurde ihm als »Verrat an seiner Klasse« ausgelegt. Als der zweite Weltkrieg ausbrach, erklärte sich Ortiz schon 1939 unmißverständlich für England; das kostete ihn die Unterstützung zahlreicher mit den Achsenmächten sympathisierender Generale. Indes war Ortiz ein schwerkranker Mann und mußte Mitte 1940 aus dem Amt scheiden, womit die Staatsexekutive automatisch dem Vizepräsidenten Ramón S. Castillo zufiel. Castillo aber war ein extremer Nationalist und Isolationist; er verwarf Ortiz' alliiertenfreundliche Haltung und bekundete seine Sympathie mit den Achsenmächten. Im Innern unterdrückte er die Redefreiheit, griff in die Autonomie der Provinzen ein und duldete, daß die Wahlen von neuem manipuliert und verfälscht wurden. Zu dem Zeitpunkt (1943), da die nächsten Präsidentschaftswahlen fällig gewesen wären, hatte Castillo seine Popularität bereits verscherzt.

Bevor es aber zu Wahlen gekommen war, erfolgte ein bewaffneter Staatsstreich. Castillo wurde gestürzt. Die Staatsgewalt gelangte in die Hände einer von General Pedro Ramírez geführten Militärjunta. Was an politischen Freiheiten nach Castillo noch übrig war, wurde von Ramírez vernichtet. Der Kongreß wurde aufgelöst, Wahlen wurden nicht anberaumt, regiert wurde mit Verordnungen der Exekutive. Um den Militärdiktator scharte sich ein bunter Haufen von Ultranationalisten, Antisemiten und Fremdenhassern aller Art. Gegen Ende 1943 zeigte sich als die tonangebende Persönlichkeit ein bis dahin unbekannter Offizier: Juan Domingo Perón, ein Oberst, dessen Namen bis dahin kaum jemand gehört hatte, übernahm das Arbeitsministerium und begann ein systematisches Liebeswerben um die größtenteils unorganisierte Arbeiterschaft. Ihm zur Seite stand seine Geliebte Eva Duarte. Der Erfolg dieses Gespanns war phänomenal. Acht Monate nach dem Juni-Staatsstreich war Perón bereits so mächtig, daß er Ramírez beseitigen und an seine Stelle den Vizepräsidenten Farrell setzen konnte. Der wirkliche Herrscher war nunmehr Perón. Zwei Jahre später ließ er sich ordnungsgemäß zum Präsidenten wählen und wurde 1951 für weitere sechs Jahre wiedergewählt.

Perón und sein Erbe

Juan Domingo Peróns Diktatur dauerte von Anfang 1944 bis zum September 1955. Es war eine allumfassende, fast unangefochtene, bis zum äußersten schamlose Diktatur. Während dieser fast zwölfjährigen Periode war Peróns Stärke die treue Zuneigung der Arbeiter: in Perón glaubten sie zum erstenmal einen Mann an der Spitze des Staates zu haben, der sich mit ihren Interessen indentifizierte. In seinen Bemühungen, die Arbeiter an sich zu binden, hatte Perón die unschätzbare Hilfe Evitas. Jung, schön, gewandt und bar aller Skrupel, magnetisierte Evita die *descamisados*, die »Hemdlosen«, und spornte sie zu immer ergebenerer Anbetung Peróns – und ihrer selbst – an. Perón und Evita heirateten 1945. Nun konnte Evita, nachdem sich Perón 1946 zum Präsidenten hatte wählen lassen, als »die erste Dame des Landes« auftreten. Aber die vornehmen Damen der Hauptstadtgesellschaft zeigten ihr die kalte Schulter. Evitas Antwort war die Gründung einer weitgespannten Wohlfahrtsstiftung, die ihren Namen trug; sie hatte nun die Oberaufsicht über Krankenhäuser, Kliniken, Waisenhäuser und andere Wohlfahrtseinrichtungen, die über hundert Jahre unter dem Patronat der tugendhaften Matronen der argentinischen Gesellschaft gestanden hatten. Sie brachte Millionenbeträge auf, organisierte Kampagnen gegen die verschiedensten Nöte und Mißstände, verteilte Gaben an Bedürftige und wurde zum lebenden Symbol christlicher Nächstenliebe in einem Land, in dem die Armen seit jeher nur wenige Fürsprecher hatten. Sie erzielte nicht nur gewaltige demagogische Erfolge, sondern nahm auch in der Tat die Gelegenheit wahr, viel Gutes zu tun. Als der Krebs sie im Juli 1952 dahinraffte, wurde Evita von Millionen als *la madona de América* gefeiert, und viele Gesuche um ihre Heiligsprechung gingen an den Heiligen Stuhl.

Es gab noch andere Bundesgenossen. Die Geistlichkeit unter Führung des Kardinals Copello half energisch bei der Wahl Peróns 1946 und bei seiner Wiederwahl 1951; allerdings wandte sie sich von ihm ab, als er sich nach dem Tode Evitas zu Angriffen auf die Kirche hinreißen ließ. Mit freigebiger Bezahlung und mancherlei Pfründen hielt Perón die Armee bei der Stange; erst als sich die honorigeren Armee-, Marine- und Luftwaffenoffiziere zu der Überzeugung durchgerungen hatten, daß er das Land verriet, kehrten sie ihm den Rücken. Die schreierischen Nationalisten, die England- und Amerikahasser fanden durchaus Gefallen an Perón: für sie war er ein zweiter Rosas, vom Schicksal ausersehen, dem Lande den ihm gebührenden Platz in der Welt zu sichern.

Daß Perón die Wirtschaft ruinierte, wurde klar, als er seine Maßnahmen ausbaute. Er gründete die staatliche Monopolgesellschaft IAPI (Instituto Argentino de Promoción de Intercambio), die Weizen und andere Produkte den argentinischen Erzeugern zu niedrigen Preisen abkaufte und sie einer nach dem Krieg hungernden Welt zu hohen Preisen verkaufte; bis heute steht noch nicht eindeutig fest, wieviel Hunderte von Millionen die IAPI verdient hat und was aus ihnen geworden ist. Aber die Landwirte, die gezwungen wurden, Weizen, Mais und Vieh zu Verlustpreisen an das staatliche Monopol zu verkaufen, schränkten den Anbau und die Viehzucht ein; die Lebensmittelausfuhr ging ständig zurück, und die Volkswirtschaft erstickte. Dann versprach Perón den Argentiniern die »wirtschaftliche Emanzipation«: er erwarb das gesamte Eisenbahnnetz, das Engländern, und das Telefonnetz, das Amerikanern gehört hatte; er rief Industrien ins Leben, von denen er sagte, daß sie schlechthin alles erzeugen würden, von Lokomotiven bis zu Reißzwecken. Er unterließ es nur, zu erklären, wie eine Schwerindustrie in einem Land gedeihen kann, das wenig Eisen und Kohle und nicht genug Hydroelektrizität hat und nicht mehr als sechzig Prozent seines Benzinbedarfs aus eigenem Erdöl decken kann. Immerhin produzierte Argentinien 1954 eine große Anzahl von Verbrauchsgütern und stellte sogar einige Kraftfahrzeuge, landwirtschaftliche Maschinen und sonstige Produktionsgüter her. Nur war es ein Pyrrhussieg: die Industrialisierung wurde mit schweren Opfern der Landwirtschaft erkauft; der Rückgang der agrarischen Produktion entfesselte eine Inflationsspirale; die Löhne stiegen immer wieder, und die Preise kletterten noch schneller in die Höhe. Zu der Zeit, da Perón endlich gestürzt wurde, bewegte sich das Wirtschaftsleben nur noch im Schneckentempo.

Große Erfolge waren Perón in der Ebene der internationalen Beziehungen beschieden. Die Mächte, die ihn 1944 und 1945 nicht ernst genommen hatten, fanden gegen 1955, daß sie mit ihm koexistieren müßten: seine Regierung wurde von allen Staaten anerkannt; Argentinien gehörte den Vereinten Nationen an und hatte einen Sitz in deren Sicherheitsrat. Die Vereinigten Staaten hatten sich anfänglich in kühler Distanz gehalten, aber nachdem Perón 1946 offiziell zum Präsidenten gewählt worden war, wurden die amerikanischen Vertreter in Buenos Aires angewiesen, ihn mit Respekt und Ehrerbietung zu behandeln. Im Umgang mit anderen lateinamerikanischen Staaten spielte sich Perón als ihr Schirmherr auf: er wollte sie vor den »imperialistischen« Vereinigten Staaten schützen. Seine Agenten bemühten sich eifrig um die Nachbarländer und stifteten erheblichen Unfrieden in der inneren Politik Uruguays, Paraguays, Chiles, Boliviens und Perus; in fast allen Ländern Lateinamerikas provozierten seine Beauftragten laute Ausbrüche gegen die Vereinigten Staaten.

Trotz alledem war zu Beginn des Jahres 1955 schwer zu verkennen, daß Peróns Tage gezählt waren. Industrieführer und Großgrundbesitzer besahen sich die Trümmer des einst blühenden Argentiniens, erkannten, daß etwas geschehen müsse, und hatten doch nicht die Macht, etwas zu tun. Nervosität bemächtigte sich der militärischen Führer: teils ging es ihnen darum, ihre Haut zu retten für den Fall, daß das Machtgebilde der *peronistas* einstürzen sollte, teils waren sie ehrlich um das Schicksal des Landes besorgt; aktiv in der konspirativen Sammlung der Gegner waren vor allem die Chefs der Marine und der Luftwaffe. Einer militärischen Aktion stand allerdings die Befürchtung im Wege, daß ein Sturz des bestehenden Systems zur Übernahme des Staates durch die organisierte Arbeiterschaft führen könnte.

Ein wichtiger Herd der Unzufriedenheit war die Kirche. In früheren Jahren hatten – trotz dem offenen Protest einiger idealistischer Bischöfe und vieler Priester – Kardinal Copello und die Mehrheit des Episkopats Perón unterstützt; doch nach dem Tode Evitas erließ Perón mehrere Edikte, die die Männer der Kirche zutiefst aufwühlten: die Ehescheidung wurde legalisiert; verschiedene gegen die Prostitution errichtete Schranken wurden hinweggeräumt. Als die Kirche Einwände erhob, erklärte Perón unumwunden, mit kirchlichen Einflüssen im Erziehungswesen müsse Schluß gemacht werden; er drohte überdies mit der Trennung von Kirche und Staat und befürwortete sogar die Besteuerung des Kirchenvermögens. Im Juni 1955 demonstrierten darauf hunderttausend Katholiken auf der Plaza de Mayo vor der Casa Rosada, dem Präsidentenpalais; von dort marschierten sie zum Kapitol, wo einige übereifrige Jugendliche die päpstliche Fahne hißten. Einige Flugzeuge der Kriegsmarine überflogen die Stadt und warfen über der Casa Rosada Bomben ab. Die Vergeltung folgte auf dem Fuße: *peronista*-Banden stürmten einige der bedeutendsten Kirchen, legten Feuer, richteten im Innern der Gotteshäuser Verwüstungen an, zerstörten Statuen. Zwei prominente Würdenträger der Kirche, die zu protestieren wagten, wurden kurzerhand in ein Flugzeug gesetzt und nach Rom gebracht. Nun exkommunizierte der Vatikan Perón und alle seine Mitarbeiter, weil sie »die Rechte der Kirche mit Füßen getreten« hätten. In New York schrieb die einflußreiche katholische Zeitschrift *Commonweal*: »Die Kirche hat Jahrhunderte hindurch furchtbare Kompromisse mit der Tyrannei geschlossen..., aber... die Kirche ist der letzte, unbeugsame Feind eines jeden Staates, der von seinen Bürgern totalen Gehorsam verlangt.«

Fast jeder wußte nun, daß es mit Perón zu Ende ging. Die Monate Juli und August brachten neue Komplotte und Straßenaktionen, die von der Polizei mit Gewalt unterdrückt wurden. Perón schrieb an den Argentinischen Gewerkschaftsbund, er sei bereit, zurückzutreten; darauf streikten die Arbeiter im ganzen Lande, um ihre Treue zu Perón zu bekunden. Ein Leitartikel der *New York Times* nannte Peróns Rücktrittsofferte »die Krampfreaktion eines Erschrockenen, der ein Spiel spielt, das er bereits verloren hat«. Am 16. September meuterte Militär in den Heereskasernen in Córdoba, Rosario, Santa Fé und Paraná; General Eduardo Lonardi wurde zum »Führer der Befreiungsbewegung« ausgerufen. Am 19. September trat Perón zurück und suchte Schutz auf einem paraguayischen Kanonenboot, das in der La-Plata-Mündung vor Anker lag. Am 23. September übernahm Lonardi die Präsidentschaft einer provisorischen Regierung. Eine erregte Menge stürzte Hunderte von Statuen Peróns und Evitas von ihren Sockeln und riß Plakate mit ihren

Bildern von den Mauern. Die Ära Perón war tot. Der Hauptverantwortliche fand Zuflucht in Paraguay, später in Panamá, Venezuela und der Dominikanischen Republik. Eine der ersten Handlungen der neuen Regierung war die Veröffentlichung detailliert belegter Angaben über den verschwenderischen Luxus, mit dem der flüchtige Diktator seine Wohnungen ausgestattet hatte. Dann wurden die Wertgegenstände und Juwelen im Werte von mehreren Millionen Dollar ausgestellt, die Perón und Evita im Laufe der Jahre zusammengescharrt hatten. Für viele niederschmetternd war die Bekanntgabe der Tatsache, daß sich Perón nach dem Tode Evitas ein dreizehnjähriges Mädchen als Geliebte zugelegt und sie mit dem persönlichen Schmuck Evitas, der *madona de América*, überschüttet hatte. Das Gerücht wurde kolportiert, daß Perón bei seiner Flucht einige Millionen Dollar – oder einige hundert Millionen – hatte mitgehen heißen.

Die Lonardi-Regierung stand vor einer beängstigenden Aufgabe: die Staatskasse war leer; auf dem Staat lasteten große Verpflichtungen aus Verträgen, über die keine näheren Angaben existierten; die Auslandsschuld erreichte 1,2 Milliarden Dollar, die Inlandsschuld an die 5 Milliarden Dollar; Goldvorräte und sonstige Reserven waren auf 450 Millionen Dollar zusammengeschmolzen; die Ausfuhr erreichte nur noch die Hälfte dessen, was sie im Durchschnitt der Jahre 1941–1946 betragen hatte; der Geldumlauf war seit 1946 um etwa fünfhundert Prozent angewachsen; die Staatseisenbahnen waren in voller Zerrüttung. Der ehrliche, dem Lande treu ergebene Lonardi hatte tüchtige und sachkundige Männer in sein Kabinett berufen, aber nun hieß es, es seien darunter zu viele Reaktionäre, von denen einige mit Perón zusammengearbeitet hätten. Lonardi schaffte die Zensur ab und bot den *peronistas* eine Amnestie an, doch wollten nur wenige von ihnen die Heimkehr riskieren. Von neuem wurden freundschaftliche Beziehungen mit der Kirche angeknüpft. Indes wurde Lonardi sowohl von *peronistas* als auch von *antiperonistas* aufs schärfste angegriffen; ohne viel Aufhebens wurde er nach achtwöchiger Regierungstätigkeit durch ein Komplott der Militärs abgesetzt. An seine Stelle trat ein anderer General, Pedro Eugenio Aramburu. Dieser Wechsel wurde als Beginn eines härteren Kurses gegen die *peronistas* interpretiert.

Fast drei Jahre blieb Aramburu an der Regierung. Was immer er in dieser Zeit unternahm, stieß auf Hindernisse: wiederholt wurden von Perón-Agenten, die zwei Drittel der Gewerkschaften in der Hand hielten, Streiks angezettelt; Bomben explodierten; Terrorakte erregten die Öffentlichkeit; neue Verschwörungen in der Armee kamen ans Tageslicht. Die Wirtschaft war immer noch im Niedergang, die Preise stiegen, das Geld entwertete sich, mehrmals wurden von Lohnempfängern Lohnerhöhungen durchgesetzt. Aramburu war nicht untätig: er gab die große Tageszeitung *La Prensa*, die Perón 1951 geraubt hatte, an ihren ursprünglichen Eigentümer Gainza Paz zurück; er annullierte Peróns Ehescheidungsgesetzgebung, verbot die Prostitution, hob Peróns Verfassung von 1949 auf und setzte die alte Verfassung von 1853 wieder in Kraft. Mehr noch: er stellte die Autonomie der Zentralbank wieder her, erreichte die Aufnahme Argentiniens in die Weltbank und den Internationalen Währungsfonds, brachte die Erdölgewinnung in Schwung und schloß günstige Handelsverträge mit der Bundesrepublik Deutschland, Großbritannien, Österreich, Belgien, Frankreich, Italien, Holland, Norwegen, Schweden und der Schweiz ab.

In den ersten wirklich freien Wahlen, die seit 1916 abgehalten wurden, wählte Argentinien im Mai 1958 Arturo Frondizi zum Präsidenten. Frondizi, der nur einen Flügel der Radikalen Partei vertritt, siegte mit einer geringfügigen Mehrheit, nachdem er zu verstehen gegeben hatte, daß eine Verständigung mit den *peronistas* nicht ausgeschlossen sei. Seitdem haben sich die *peronistas* mehr als einmal beschwert, daß er das vor der Wahl gegebene Versprechen nicht gehalten habe, und sporadische Gewaltausbrüche scheinen in Peróns Hauptquartier in Venezuela, später in der Dominikanischen Republik geplant worden zu sein. Auch mit den Armeeführern hatte Frondizi seinen Kummer: im September 1959 wurde er gezwungen, einen tüchtigen Kriegsminister, der einigen Generalen nicht paßte, zu entlassen; anders ausgedrückt: das Militär ließ den Staatschef in einer demütigenden Form wissen, daß es nicht ohne weiteres bereit sei, sich der Zivilgewalt unterzuordnen.

Im Gegensatz zu dem von ihm früher eingenommenen Standpunkt hat Frondizi mit ausländischen Ölkonzernen, darunter Standard Oil of New Jersey und Royal Dutch Shell, mehrere Verträge über Ölbohrungen und den Bau von Pipelines und Raffinerien unterzeichnet. Da Argentinien Erdölprodukte in großer Menge importieren muß – sie machten lange Zeit ungefähr ein Viertel der gesamten argentinischen Einfuhr aus –, fand diese Entscheidung des Präsidenten den Beifall aller, die Argentiniens Abhängigkeit von der Öleinfuhr beklagen. Die Ölgesellschaften erzielten in der folgenden Zeit so große Erfolge, daß die Ölerzeugung 1959 um fast dreißig Prozent und 1960 noch weiter gesteigert werden konnte; Wirtschaftsfachleute äußerten die Meinung, daß Argentinien schon 1962 ohne Öleinfuhr würde auskommen können. Inzwischen hatte Frondizi auf Anraten der UN-Wirtschaftskommission für Lateinamerika ein Sparsamkeits- und Selbstbeschränkungsprogramm in die Wege geleitet und für insgesamt 329 Millionen Dollar Anleihen von der Export- und Import-Bank in Washington und dem Internationalen Währungsfonds bewilligt bekommen. Die Devisenkontrolle ist aufgehoben worden: der Pesokurs sollte sich unbeeinflußt einpendeln. Ebenso sind alle Preiskontrollen gefallen.

Diese Maßnahmen hatten weitere Preiserhöhungen, neue Lohnforderungen und verschärfte Inflation zur Folge. Auf Versuche der Regierung, Streiks zu unterbinden, antworteten die Gewerkschaften mit Verratsbeschuldigungen. Mitte 1959 war in verschiedenen Bevölkerungsschichten die Meinung verbreitet, Frondizi habe im Kampf gegen die Inflation versagt.

Immer noch stehen Argentinien trübe Tage bevor. Im Laufe des Jahres 1958 waren die Lebenshaltungskosten um fünfundvierzig Prozent angestiegen, und im selben Jahr belief sich der Passivsaldo der Handelsbilanz auf 235 Millionen Dollar. Die Staatsschuld hatte sich im Laufe des Jahres verdoppelt, und der Geldumlauf war um zweiundvierzig Prozent angestiegen. Zwischen 1956 und 1958 zeigten die Viehbestände einen Rückgang von 47 auf 40,5 Millionen Stück. Die Weizenproduktion, die 1928 349 Millionen Bushels betragen hatte, erreichte 1956/57 nur noch 260 Millionen; die Maisproduktion war von 396 Millionen Bushels 1935 auf 235 Millionen Bushels 1957/58 gesunken. Perón hat sich, wie man daraus entnehmen kann, für Argentinien als sehr kostspielig erwiesen.

Uruguay – Experimente

Im Jahre 1828 als Pufferstaat zwischen Brasilien und Argentinien gegründet, ist Uruguay heute eins der erfreulichsten, mit der besten Schulbildung versehenen und bestgeordneten Länder Lateinamerikas. Seine 187000 Quadratkilometer bestehen zum größten Teil aus Talbecken, die zwischen Hügeln und Bergrücken eingebettet sind. Die Bevölkerung von 2,7 Millionen ist überwiegend italienischer und spanischer Abstammung mit geringen Einsprengseln von Deutschen, Franzosen, Engländern und anderen Europäern. Fast ein Drittel der Uruguayer lebt in der Hauptstadt Montevideo. Etwa achtzig Prozent der Fläche sind Rinder- und Schafweide, weniger als zehn Prozent Ackerland.

Die Entwicklung im 19. Jahrhundert war turbulent. Im ersten Vierteljahrhundert der Unabhängigkeit störten wiederholte Eingriffe Argentiniens und Brasiliens den Frieden des Landes. Das ganze Jahrhundert hindurch tobten Kämpfe zwischen den konservativen *Blancos* (»Weißen«) und den liberalen *Colorados* (»Roten«), mit etwa vierzig bewaffneten Revolten untermalt; 1896 führte ein blutiger Bürgerkrieg zur Aufrichtung der ausschließlichen Herrschaft der *Blancos* in sechs (von insgesamt achtzehn) Provinzen. In diesen Sturmjahren wanderten etwa vierhunderttausend Europäer ein; sie besiedelten das flache Land, ließen die Hauptstadt beträchtlich anschwellen und brachten eine wohlhabende Mittelschicht hervor.

Das Fazit nach 1900 ist eindrucksvoll und zu einem erheblichen Teil nur José Batlle y Ordóñez zu verdanken. Als Redakteur der einflußreichen Zeitung *El Día*, die er 1896 gegründet hatte, formte er das Denken und Tun des kleinen Landes. Er war zweimal Präsident (1903–1907 und 1911–1915) und blieb eine machtvolle Persönlichkeit bis zu seinem Tode (1929); sein nachhaltiger Einfluß ist heute noch zu spüren. Er war ein unerschütterlicher, gläubiger Demokrat; seine politischen Vorstellungen orientierten sich am Vorbild der staatssozialistischen Experimente der Schweiz und der kollegialen Staatsführung, wie sie der Bundesrat der Eidgenossenschaft darstellt. Unermüdlich vertrat Batlle seine politischen Auffassungen in den redaktionellen Beiträgen seiner Zeitung. Zum Teil hatte er Erfolg: Uruguay behielt zwar einen Präsidenten an der Spitze des Staates, begrenzte aber seine Machtbefugnisse durch die Schaffung eines Präsidentschaftsrates; die wirkliche Kollegialverfassung der Staatsspitze, für die sich Batlle eingesetzt hatte, kam erst 1951, lange nach seinem Tode.

Batlles Sozial- und Wirtschaftsprogramm umfaßte Presse- und Redefreiheit und freie Wahlen; allgemeine Schulpflicht mit unentgeltlichem Unterricht; Koalitionsfreiheit und Recht der Arbeiter auf kollektive Tarifverträge; Achtstundentag, Mindestlohn, Altersversicherung, Unfallversicherung. Viele seiner Vorschläge, die sich auf die wirtschaftliche Betätigung des Staates richteten, sind verwirklicht worden. Eine staatliche Versicherungsbank (Banco de Seguros del Estado) mit Geschäftsbefugnissen in allen Zweigen des Versicherungswesens wurde 1912 geschaffen. Ebenfalls 1912 ging die gesamte Licht- und Kraftversorgung auf ein Staatsmonopol über. Die von Batlle erstrebte Verstaatlichung des gesamten Eisenbahnverkehrs ließ allerdings bis 1948 auf sich warten. Aber schon 1916 wurde die Verwaltung aller Hafenanlagen des Landes einer staatlichen Gesellschaft übertragen. Ein staatliches Fleischkonservenunternehmen wurde 1928 mit der Aufgabe ins Leben gerufen, mit privaten (namentlich amerikanischen) Firmen in Wettbewerb zu treten. Die Stadtverwaltung von Montevideo ist sogar in die Hotelindustrie eingedrungen: sie besitzt und betreibt in eigener Regie drei große Touristenhotels. Der Erfolg dieser staatssozialistischen Experimente war nicht bemerkenswert: sie funktionierten passabel in den zwanziger Jahren, als Geld überall im Überfluß war, aber in den Krisenjahren nach 1929 ist es ihnen schlecht ergangen, und es geht ihnen heute schlecht.

Seit den Zeiten Batlles ist der Weg der uruguayischen Regierung voller Unruhe gewesen. Zwischen 1934 und 1938 herrschte eine Diktaturregierung. Eine sehr schwierige Situation entstand für Uruguay in der Zeit der Perón-Herrschaft in Argentinien: nach Uruguay kamen viele politische Flüchtlinge aus Argentinien, und die Presse veröffentlichte viel Material über die argentinischen Zustände; Perón rächte sich mit einer Sperre aller Ferienreisen nach Uruguay und mit der Abdrosselung der Zufuhr vieler Waren, die Uruguay dringend brauchte. Das kleine Land äußerte sich dennoch auch weiterhin in voller Freiheit über den mächtigen Nachbarstaat, zum Teil ermutigt durch das von der Konferenz der amerikanischen Staaten 1947 gegebene Versprechen, jeden Mitgliedstaat im Falle der Aggression anderer Staaten zu schützen.

Die 1951 beschlossene Einführung einer kollegialen Staatsführung hat die Erwartungen Batlles kaum erfüllt. Der neunköpfige Nationalrat hat es an der klugen Verständigungsbereitschaft, die Batlle erhofft hatte, recht empfindlich fehlen lassen: die Vertreter der Mehrheitspartei, der *Colorados*, waren untereinander gespalten, und die extremen *Blancos* unter der Führung des kraftstrotzenden alten Luis Herrera benutzten ihre drei Minderheitssitze, um alles zu blockieren, was die Colorados vorhatten. Überdies begannen die staatssozialistischen Experimente ihre Fragwürdigkeit in dem Maße zu offenbaren, wie die Wirtschaftslage ungünstiger wurde. Der Absatz der Wolle auf den internationalen Märkten ging erheblich zurück, was Uruguay sehr empfindlich traf, weil die Ausfuhr des Landes traditionell zu mehr als der Hälfte von der Wolle bestritten wurde. Nun zeigte sich, daß Uruguays stolze Sozialversicherung den Krisenstürmen nicht gewachsen war. Hatte Batlle, der optimistische Vater der Altersversorgung, zuviel versprochen?

Die schlimmsten Schwierigkeiten ergaben sich natürlich aus der absinkenden Konjunktur. Der Peso, der 1950 einen halben amerikanischen Dollar wert war, war bis 1959 auf einen zehntel Dollar gefallen. Die Konserven- und Gefrierfleischfabriken, deren Erzeugnisse etwa zwanzig Prozent der uruguayischen Ausfuhr stellten, machten von Jahr zu Jahr geringere Umsätze. Die amerikanischen Konzerne Swift und Armour legten ihre Betriebe in Uruguay im November 1937 völlig still, womit zwölftausend Menschen mit einem Schlag arbeitslos wurden. Die staatliche Konservenfabrik schloß Jahr für Jahr mit einer Verlustbilanz ab. Einer der Gründe der Fleischkrise war die schwarze Ausfuhr: große Viehherden – nach manchen Schätzungen bis zu dreihundertfünfzigtausend Stück jährlich – wurden von Schmugglern über die Nordgrenze nach Brasilien getrieben. Im Jahre 1959 war Fleisch in Uruguay so knapp geworden, daß Rindfleischkäufe in Argentinien vorgenommen werden mußten.

Die Wahlen im November 1958 brachten die Niederlage der *Colorados*, die dreiundfünfzig Jahre lang die führende Partei geblieben waren; die absolute Mehrheit errangen die extrem rechten *Blancos* (»Nationalpartei«), seit Jahren diktatorisch geführt von dem ultramontanen Katholiken und Rechtsradikalen Luis Herrera, einem Verehrer Francos und Mussolinis. Ihren Sieg hatten die *Blancos* dem Eifer zu verdanken, mit dem sie die *Colorados* für alle wirtschaftlichen Leiden des Landes verantwortlich machten. Kaum aber waren sie an der Macht, als auch sie in mehrere feindliche Richtungen zerfielen. Die Vertreter der Landbevölkerung führten beredte Klage darüber, daß Uruguay bis dahin nur zum Vorteil Montevideos und zum Nachteil der kleineren Städte und der Landbezirke regiert worden sei. Besonders trat als neuer Sprecher der *Blancos* Benito Nardone hervor, der Wortführer der landwirtschaftlichen Interessen. Gegen Anfang 1959 wurde das Verhältnis zwischen Herrera und Nardone sichtlich gespannt, und die Fehde zog in der Deputiertenkammer weite Kreise. Unter den *Blancos* schien es nicht weniger stürmische Dispute zu geben als früher unter den *Colorados*. Im April 1959 starb Herrera im Alter von fünfundachtzig Jahren. Damit war Nardone zum führenden Mann der *Blancos* geworden. Für José Batlles sozialistische Utopie war das kein guter Abschluß.

Paraguay — Diktaturen

Die ringsherum von anderen Ländern eingeschlossene Republik hat eine Fläche von 407000 Quadratkilometern, die hügliges Flachland, gutbewässerten Ackerboden, Weide und undurchdringliche Wälder umfaßt; die Wälder liefern Yerba (Maté, das Lieblingsgetränk vieler Südamerikaner) und Quebrachoholz zu Gerbzwecken und als Baumaterial. In der nordwestlichen Wildnis des Chaco, den Paraguay im Krieg mit Bolivien (1932 bis 1935) erobert hat, gibt es Busch, Wald, Dschungel und wahrscheinlich reiche Ölvorkommen. Die Paraguayer, heute 1,7 Millionen, sind ein einheitlicher Stamm, der aus der Vermischung von Spaniern, Brasilianern und Indianern (hauptsächlich Guaraní-Stämmen) hervorgegangen ist. Deutsche, Italiener, Spanier und andere Europäer, die in neuerer Zeit eingewandert sind, üben, obgleich sie nur wenige Tausend sind, einen sehr erheblichen Einfluß aus. Als Siedler sind Italienisch-Schweizer erfolgreich.

Paraguays Landwirtschaft ist primitiv; das Land hat noch nie Getreide und Vieh von der Qualität hervorgebracht, die den Naturbedingungen entspräche. Ausländische, vornehmlich argentinische Unternehmen verfügen über beträchtlichen Grundbesitz und haben viel zu sagen. Vom Ausfuhrwert von rund 32 Millionen Dollar jährlich entfallen siebenunddreißig Prozent auf Holz, zwanzig Prozent auf Quebrachoextrakt und siebzehn Prozent auf Baumwolle. Paraguay ist, welche Maßstäbe man auch anlegen möge, ein armes Land, das für seine Bevölkerung nicht viel getan hat. Diese innere Schwäche macht es leicht zum Spielball politischer Häuptlinge. Seit der Trennung von Spanien im Jahre 1810 ist Paraguay von der Geißel der Tyrannei kaum jemals verschont gewesen.

Selten hat Paraguay Freiheit von der Herrschaft seiner Caudillos gekannt. Seine Diktaturen waren immer verschroben und gründlich, selten wohlwollend. Die erste Diktatur, die auch die längste, ehrlichste und kompletteste war, errichtete Dr. José Gaspar Rodríguez de Francia im Jahre 1811, und sie währte, kaum je auf Widerstand stoßend, bis 1840. Francia war strikt, grausam und unbestechlich. Er schloß Paraguay von der Außenwelt ab; er brach die Beziehungen zum Vatikan ab und ernannte seine eigenen Bischöfe und Priester; er unterwarf das Volk einer spartanischen Disziplin und brachte ihm Ackerbau und Viehzucht bei. Es gab keine Freiheit, aber es ging den Paraguayern besser als zu irgendeiner späteren Zeit. Nicht weniger grausam, aber absolut unfähig waren Francias Nachfolger Carlos Antonio López (1841–1862) und Francisco Solano López (1862–1870). Beide waren Wüstlinge und Verschwender. Solano López provozierte den Krieg gegen Argentinien, Uruguay und Brasilien (1865–1870), in dem Paraguay fast seine gesamte männliche Bevölkerung auf dem Schlachtfeld verlor und große Territorien an Argentinien und Brasilien abtreten mußte. Das Land blieb bis 1876 von brasilianischen Soldaten besetzt, die eine neue Generation von Paraguayern zeugten.

Während des halben Jahrhunderts, das dem Krieg folgte, regierte eine Reihe von geistlosen Herrschern mit der alten Stupidität und Richtungslosigkeit. In gewissem Umfang profitierte das Land von der Einwanderung von etwa vierzigtausend Menschen aus Italien, Spanien, Deutschland und Argentinien; im Weizenbau und in der Viehzucht wurden gewisse Fortschritte gemacht. Um 1928 hatte Paraguay nicht mehr als achthunderttausend Einwohner; die meisten waren arm und Analphabeten.

Im Jahre 1932 wurde Paraguay in den Krieg mit Bolivien um den umstrittenen Gran Chaco hineingezwungen. Was Bolivien bewegte, war der Wunsch, Häfen am Paraguay-Fluß zu erlangen, um auf diese Weise über den Río de la Plata einen Zugang zum Ozean zu haben; Paraguay dagegen verteidigte ein Stück Land, das es als rechtmäßigen Bestandteil seines Territoriums ansah. Obgleich Bolivien eine größere Armee hatte, gewann Paraguay den Krieg: 1935 wurde ein Waffenstillstand unterzeichnet; danach erhielt Paraguay, wie ein Historiker bemerkte, ein Gebiet von »20000 Quadratmeilen (rund 51800 Quadratkilometer) ... zum Preis von rund drei Bolivianern und zwei Paraguayern je Quadratmeile«.

Die sieben Präsidenten, die seit dem Chaco-Krieg in Paraguay regiert haben, waren Diktatoren, die sich nur im Grad der Unfähigkeit voneinander unterschieden. Der gegenwärtige Präsident Alfredo Stroessner ist ein Tyrann nach klassischem paraguayischem Vorbild. Seinen Sturz strebten in den Jahren 1959 und 1960 mancherlei Verschwörungsaktionen im Innern an, und Gruppen politischer Emigranten versuchten von Argentinien aus, in Paraguay einzufallen; alle diese Bemühungen fanden ein blutiges Ende. In dem geplagten Land gibt es weder Freiheit noch Wohlstand.

Brasilien

Im Rahmen der zwanzigköpfigen lateinamerikanischen Staatenfamilie ist Brasilien etwas Besonderes, Einmaliges. Weil es von Portugiesen geschaffen und Jahrhunderte hindurch regiert wurde, hat es ein ganz anderes Naturell als die von Spanien geformten Länder. Portugal hat seiner amerikanischen Kolonie nicht nur seine Sprache aufgeprägt, sondern auch seine weniger strenge und steife Art in Politik, Religion und Sitten. Auch der starke Zustrom afrikanischer Sklaven, die sich mit der brasilianischen Gesamtbevölkerung weitgehend vermischt haben, hat zur Herausbildung andersartiger kultureller Wesenszüge beigetragen.

Zur Beschreibung Brasiliens müssen Superlative herhalten. Seine 8,5 Millionen Quadratkilometer machen es zum größten Land Lateinamerikas. (Zum Vergleich: die Vereinigten Staaten haben eine Fläche von 9,3 Millionen Quadratkilometern.) Mit seinen 63,47 Millionen Menschen ist es auch das bei weitem volkreichste. Und seine großen und vielfältigen Naturreichtümer – fruchtbarer Boden, riesige Waldungen, reiche Vorkommen an fast allen Metallen und Mineralien (und all das noch kaum ausgebeutet!) – lassen es als eine der wichtigsten Schatzkammern der Welt erscheinen.

Die Brasilianer sind ein Gemenge von Indianern, Portugiesen und Negern – mit Kreuzungen der verschiedensten Art –, zu denen seit Mitte des vorigen Jahrhunderts einige Millionen Einwanderer aus Deutschland, Italien, Spanien und anderen europäischen Ländern und etwa dreihunderttausend Japaner hinzugekommen sind. Über die ethnische Zusammensetzung der Bevölkerung Brasiliens gibt es keine verläßliche Statistik; es könnte da vielleicht etwa zwei Prozent Indianer, vierzig Prozent Neger oder Mulatten und fünfzig Prozent Weiße geben; das sind aber nur Mutmaßungen, keineswegs sichere Angaben. Auf die einzelnen Teile ihres Staatsgebiets sind die Brasilianer sehr ungleichmäßig verteilt. Fast neunzig Prozent bewohnen eine Fläche, die weniger als dreißig Prozent des Ganzen ausmacht: das schmale Küstenflachland, das sich vom »Höcker«, Brasiliens äußerster östlicher Ecke, nach dem Süden zieht, und den südlichen Teil des Landes, also das Gebiet zwischen der Nordgrenze von Minas Gerais und der Uruguay-Grenze von Rio Grande do Sul. Fast die Hälfte des nationalen Territoriums nimmt das feuchte, heiße und kaum besiedelte Amazonenstromland ein. Der Besiedlung durch wachsende brasilianische Bevölkerung und durch Einwanderer aus fremden Ländern harren noch riesige brauchbare Ländereien auf den Hochplateaus des Binnenlandes.

Das Kaiserreich

Brasiliens neuere Geschichte gliedert sich in zwei Perioden: die Zeit des Kaiserreichs, das von 1822 bis 1889 bestand, und die Zeit der Republik von 1889 bis heute. Brasiliens Trennung von Portugal war schmerzlos. Unter dem Druck Napoleons war Portugals königlicher Hof 1807 von Lissabon fortgezogen und hatte sich in Rio de Janeiro niedergelassen; man hoffte, das Mutterland von dort aus regieren zu können. An Stelle der geisteskranken Königin Maria I. herrschte als Regent ihr Sohn João, der 1816 nach ihrem Tode unter dem Namen João VI. als König des Vereinigten Königreichs von Portugal, Brasilien und der Algarve gekrönt wurde. Im Jahre 1821 wurde João zur Aufrechterhaltung des portugiesischen Thrones nach Lissabon zurückgerufen und hinterließ als Regenten in Rio de Janeiro seinen dreiundzwanzigjährigen Sohn Pedro. Im Jahre 1822 proklamierte dieser junge Mann klugerweise die Unabhängigkeit Brasiliens (ohne freilich auf sein Erbrecht in Lissabon zu verzichten); die Nabelschnur, die Brasilien mit Portugal verband, wurde – fast unmerklich – zerschnitten und das Kaiserreich Brasilien als freier und selbständiger Staat errichtet. In der Gesamtbilanz Lateinamerikas im 19. Jahrhundert hebt sich die Lebenszeit des Kaiserreichs Brasilien als die längste Periode ab, in der einem Land politischer Friede und beträchtliche Elemente einer demokratischen Ordnung vergönnt waren.

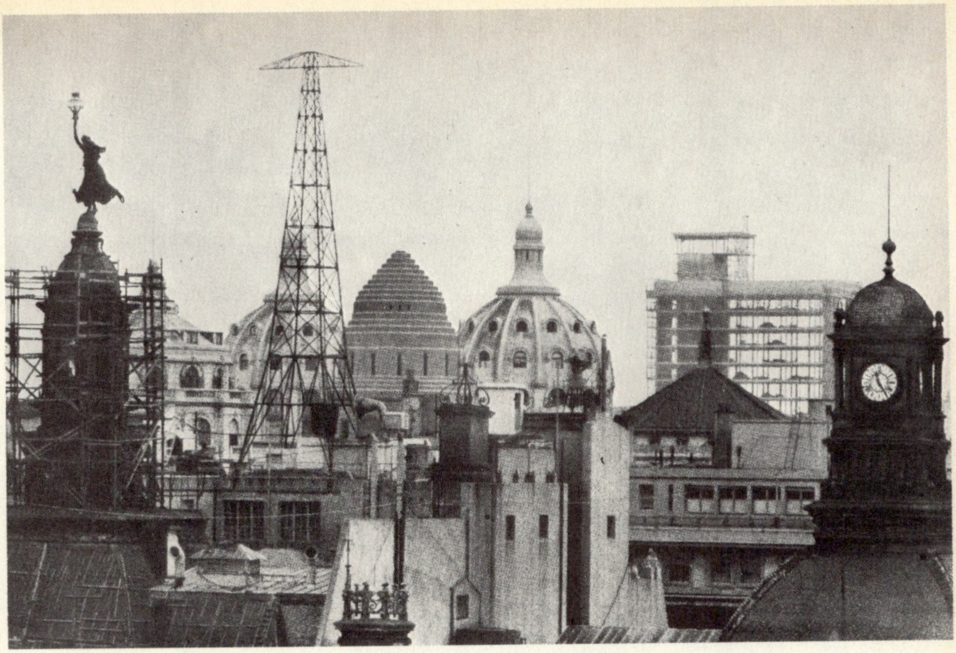

Türme der City von Buenos Aires. Rinderherde in der argentinischen Pampa

Regierungspalast und entstehende Wohnhäuser in Brasilia

Allerdings waren zunächst mancherlei Schwierigkeiten zu überwinden. Von 1822 bis 1831 regierte Pedro I. (1826 als Pedro IV. auch zwei Monate lang König von Portugal, worauf er dann zugunsten seiner siebenjährigen Tochter Maria da Gloria verzichtete), und dieser erste Kaiser war alles andere als ein tüchtiger oder erfolgreicher Herrscher. Kennzeichnend für seine Regierungszeit waren heftige Streitigkeiten um Brasiliens Beziehungen zu Portugal, erbitterte Auseinandersetzungen über die Verfassung von 1824, der Krieg mit Argentinien um die Freiheit Uruguays (1825–1828), eine maßlos verschwenderische Hofhaltung und des Kaisers notorische eheliche Untreue. Nach neun Jahren fanden die Brasilianer, sie hätten von diesem Kaiser genug. Pedro I. dankte 1831 zugunsten seines Sohnes ab und kehrte nach Lissabon zurück.

Der Thronfolger Pedro II. war noch nicht sechs Jahre alt, als der Vater davonsegelte. Während der zehn Jahre, in denen er in der Obhut von Erziehern stand, wurde das Kaiserreich von Regenten betreut. Mehr als einmal sah es so aus, als sei der Zerfall des Reiches nicht mehr aufzuhalten: separatistische Aufstände brachen aus, 1831 im nördlichen Pará, 1833 in Minas Gerais und 1834 in Mato Grosso und Maranhão; dann tobte zehn Jahre lang (1835–1845) ein Sezessionskrieg im südlichen Rio Grande do Sul. Es scheint wie ein Wunder, daß es den Regenten in den langen Vorbereitungsjahren des kleinen Pedro gelang, die staatliche Einheit Brasiliens zu erhalten. Im Jahre 1841 wurde Pedro, der gerade sechzehn Jahre alt geworden war, als Kaiser von Brasilien gekrönt. (Die zweiundzwanzigjährige Schwester regierte bereits seit sieben Jahren als Königin Maria II. in Portugal, war zum zweitenmal verheiratet und Mutter von zwei Söhnen.)

Die achtundvierzigjährige Regierungszeit Pedros II. hat sich als die konstruktivste und demokratischste Periode in der Geschichte Brasiliens erwiesen. Absolut ehrlich und seiner Aufgabe ergeben, nicht unklug, klarsichtig in weltpolitischen Angelegenheiten, dazu von einigen hervorragenden Ministern beraten und unterstützt, hielt Pedro das Land mit Erfolg zusammen – mitunter reichlich selbstherrlich, aber immer gutartig. Um die Mitte des Jahrhunderts hatte das Land noch keine feste Gestalt gewonnen, offenkundig aber waren seine schweren Geburtsfehler. Von der Bevölkerung, die sich auf über sieben Millionen belief, waren drei bis vier Millionen Sklaven, eine Million freie Neger und Mulatten, eine Million oder mehr Indianer und vielleicht zwei Millionen Weiße. Über das unvermessene und unbekannte Amazonenstromgebiet hatte die Zentralregierung so gut wie keine Gewalt, und in den nördlichen und südlichen Grenzprovinzen war ihre Machtvollkommenheit begrenzt.

Pedros Regierungssystem war eine tropische Abwandlung des englischen Parlamentarismus mit Premierminister und Kabinett, aber mit einer Deputiertenkammer, die sich der Kaiser zu einem erheblichen Teil selbst aussuchte. In diesem System übte Pedro die »vermittelnde« Funktion aus, die die Verfassung von 1824 dem Monarchen zuwies. Da es keine wissende, informierte und in der Ausübung des Wahlrechts geschulte Wählerschaft gab, die die Macht der »vermittelnden« Gewalt hätte einschränken können, war Pedros Regiment autokratisch. Wäre es von einem argentinischen Rosas gehandhabt worden, so wäre es eine ungenierte Diktatur geworden; unter Pedro war es vernünftig und gerecht.

In den vierziger Jahren mußte die Monarchie mehrere Bürgerkriege durchstehen, die auf die Loslösung einzelner Teile des Staatsganzen abzielten: 1841 in Maranhão; 1842 in Minas

Gerais und São Paulo; bis 1845 in Rio Grande do Sul; 1849 in Pernambuco. Dann kamen in den fünfziger und sechziger Jahren schwere Konflikte mit dem Ausland. Zuerst geriet Brasilien in eine scharfe Auseinandersetzung mit England. Der Kern des Problems war der Sklavenhandel. Einerseits lag England daran, die bedrohliche Konkurrenz von Sklavenhalterländern ein für allemal loszuwerden; anderseits ließ es sich von einer weltanschaulichen Haltung leiten, die durch bestimmte Kreise – zum Beispiel die Quäker – aktiviert wurde. Aus diesen Motiven hatte England die brasilianische Regierung zwingen wollen, den Sklavenhandel schon ab 1830 zu unterbinden. Da das nicht geschehen war, entschied das englische Parlament 1845, daß brasilianische Sklaventransporte künftighin gekapert und der Entscheidung englischer Prisengerichte überantwortet werden sollten. Tatsächlich wurden in der folgenden Zeit Sklavenschiffe gekapert, und England weigerte sich, ein Schiedsgericht anzuerkennen. Im Jahre 1850 segelten englische Kreuzer sogar in den Hafen von Rio de Janeiro und brachten dort einige Sklavenschiffe auf. Hinzu kamen noch weitere Zwischenfälle. Schließlich beschloß Pedro II. 1863, die diplomatischen Beziehungen mit Großbritannien abzubrechen. Pedro selbst hatte für die Sklaverei nichts übrig und war entschlossen, ihr so bald wie möglich ein Ende zu bereiten, aber er wehrte sich gegen das englische Diktat.

Brasiliens kostspieligster Krieg kam in den sechziger Jahren. In Erfüllung von Bündnisverpflichtungen gegenüber Argentinien und Uruguay sah sich Brasilien veranlaßt, gegen Paraguay zu Felde zu ziehen. Auf dem Spiel standen unter anderem brasilianische Ansprüche in Uruguay. Das Ergebnis des Krieges war, daß brasilianische Truppen in Paraguay einmarschierten und das Land mehrere Jahre besetzt hielten.

Seit den fünfziger Jahren hatte in Brasilien eine stürmische Entfaltung wirtschaftlicher Energien eingesetzt. Im äußersten Süden erlebte die Viehzucht einen gewaltigen Aufschwung. Pernambuco und Bahia vervielfachten ihre Zucker-, Tabak- und Baumwollerzeugung. São Paulo bereicherte sich am Kaffee. Insgesamt schien sich das wirtschaftliche Schwergewicht nach dem Süden zu verlagern. Der Eisenbahnbau griff um sich, die Schiffahrt nahm zu, der Postverkehr wurde ausgebaut, das Telegraphennetz erweitert. In all dieser vielversprechenden Aktivität zeigte sich die stimulierende Wirkung der vermehrten Einwanderung aus Italien, Deutschland, Spanien und Portugal. In den fünfziger und sechziger Jahren wanderten jährlich einige tausend Menschen nach Brasilien ein; bis zum Sturz des Kaiserreichs (1889) waren über sechshunderttausend ins Land gekommen, und bis Mitte des 20. Jahrhunderts sollte der Einwanderungsgewinn im ganzen fast fünf Millionen erreichen.

In den siebziger und achtziger Jahren zeigten sich in deutlichen Umrissen die Kräfte, an denen dann später die Monarchie gescheitert ist. Pedro war ein guter Katholik, aber sein Katholizismus entsprach eher der in England oder in den Vereinigten Staaten verbreiteten Variante als der streitbaren Orthodoxie der Kirche in Portugal oder Spanien. Während seiner Besuche in Europa oder in den Vereinigten Staaten bewegte sich Pedro gern und ohne Scheu in protestantischen und Freidenkerkreisen. Im Jahre 1865 weigerte er sich, die Veröffentlichung einer päpstlichen Enzyklika gegen die Freidenker zu gestatten. Das trug ihm wütende Angriffe von katholischer Seite ein, was wiederum seine Autorität in kirchentreuen katholischen Kreisen untergrub. Zu den gespannten Beziehungen mit der Kirche gesellten sich dann Konflikte mit dem Militär. Nach dem siegreichen Krieg gegen Paraguay in den sechziger Jahren entdeckten die Generale, daß ihnen größerer Einfluß auf den Staat gebühre. Pedro dagegen vertrat die Auffassung, daß das Geschäft des Regierens Sache der Zivilgewalt sei, und verweigerte den Militärs die von ihnen geforderten Zugeständnisse. Mittlerweile waren aber auch republikanische Stimmungen im Lande stärker und artikulierter geworden. Viele Geistliche und Militärs, die an Pedro II. immer weniger Gefallen fanden, erwärmten sich nun für einen Regimewechsel.

Der entscheidende Faktor, der das Ende der Monarchie bewerkstelligte, war die Abschaffung der Sklaverei. Seit Jahren schon hatte sich im Lande eine der Sklaverei feindliche Haltung verbreitet. Auch der Kaiser war ein Anhänger der Sklavenbefreiung; doch hielt er es für angebracht, den entscheidenden Schritt langsam vorzubereiten und ihn nicht ohne Zustimmung des Volkes zu vollziehen. Verschiedene Maßnahmen gegen die Sklaverei, die die Zahl der Sklaven reduzierten, darunter vor allem das Rio-Branco-Gesetz von 1871, waren bereits durchgeführt worden. Nun erfolgte 1888 während einer Europa-Reise des Kaisers die endgültige Abschaffung der Sklaverei: das Befreiungsgesetz trug die Unterschrift der Kaisertochter Isabella, die für die Dauer der Abwesenheit des Vaters als Regentin eingesetzt worden war. So kam es, daß die Großgrundbesitzer, die ihre Sklaven verloren hatten, die Generale, die mehr Macht wollten, die Männer der Kirche, denen Pedros Liberalismus verhaßt war, und die Idealisten, die von einer Republik träumten, gemeinsame Front machten und 1889 Pedros Thronverzicht erzwangen.

Republik und Kaffee

Von 1889 an ist die Geschichte der brasilianischen Republik, der »Vereinigten Staaten Brasiliens«, bis in die Gegenwart reich an Wechselfällen gewesen. Schon der Übergang vom Kaiserreich zur Republik spiegelte eine einschneidende wirtschaftliche Veränderung wider. Vom Norden, wo in der langen Epoche der Sklaverei die Erzeugung von Zucker, Baumwolle, Tabak und Kakao floriert hatte, verschob sich das ökonomische Schwergewicht zum Süden, wo jetzt Viehzucht und Kaffeeanbau unumschränkt herrschten. Kaffee war das neue Zauberwort: um 1896 entfielen auf Brasilien sechsundsechzig Prozent der Weltproduktion von Kaffee, in den ersten Jahren des neuen Jahrhunderts sogar fünfundsiebzig Prozent. Kaffee aber bedeutete São Paulo.

Das erste Lebensjahrzehnt der Republik war eine Zeit der Militärdiktaturen, allgemeinen Wirren und Kasernenmeutereien. Die Idealisten, die an der Gründung der Republik teilgenommen hatten, wurden von raffgierigen Generalen überspielt. In diesen Jahren war der einzige Präsident von Format Prudente José de Moraes Barros, aber auch in seiner Amtszeit (1894–1898) gab es allenthalben Aufstände.

Am erfreulichsten waren noch die zwölf Jahre von 1898 bis 1910, in denen sich drei Präsidenten durch eine verdienstvolle Amtsführung hervortaten. Brasiliens fähigster Repräsentant in dieser Zeit war Baron do Rio Branco, der mit seiner Führung der auswärtigen Politik dem Lande in der ganzen Welt Prestige verschaffte. Hauptsächlich sein Werk war die friedliche Schlichtung der leidigen Grenzstreitigkeiten mit Argentinien, Französisch-Guayana,

Bolivien, Britisch-Guayana, Holländisch-Guayana, Kolumbien und Venezuela. Sichtbar war in diesen Jahren der wirtschaftliche Aufstieg: die Kaffeeprofite ermöglichten die Ausdehnung der Hafenanlagen, den Bau von Eisenbahnen und Fortschritte im Schulwesen.

Rückschläge kamen im zweiten und dritten Jahrzehnt unseres Jahrhunderts, in einer Zeitspanne, in die die Regierungstätigkeit von fünf Präsidenten fiel. Einer organischen Entwicklung stand dreierlei im Wege: die ständigen Eingriffe der Militärs, die zentrifugalen Kräfte in den größeren Provinzen und der Verfall der Wirtschaft. Eine neue Generation von Generalen und Admiralen war herangewachsen, die bei wichtigen staatlichen Entscheidungen mitreden wollte. Bei den Wahlen von 1910 verbündeten sich die Generale mit einzelnen Provinzgewaltigen, mit denen sie gemeinsam die Wahlen manipulierten; dem Lande wurde eine Armee beschert, die der Demokratie kein Verständnis entgegenbrachte und an demokratische Methoden nicht glaubte. Mit dem Erstarken separatistischer Tendenzen in einzelnen Provinzen verschärften sich auch die Kämpfe unter ihnen. Eine Partei von gesamtnationaler Bedeutung gab es nicht; jede der bedeutenderen Provinzen hatte ihre eigene politische Maschine und ihren lokalen Boss. Am mächtigsten waren die Maschinen von São Paulo und Minas Gerais, die auch abwechselnd die Präsidenten der Republik stellten; als neuer und anspruchsvoller Konkurrent trat im Süden Rio Grande do Sul auf. Die Lage wurde noch mehr dadurch kompliziert, daß jede größere Provinz ihre eigene Miliz hatte; die Miliz von São Paulo konnte sich sogar mit der nationalen Armee messen.

In dieser Zeit der Wirren begann der wirtschaftliche Ruin. Um 1910 lebte Brasilien vom Export von Kaffee und Kautschuk. Ein halbes Jahrhundert lang hatte der wilde Kautschuk des Amazonentals immer mehr Arbeitskräfte angezogen. Um die Jahrhundertwende deckte Brasilien den gesamten Weltbedarf an Kautschuk, um 1910 immer noch neun Zehntel des Weltbedarfs. Aber in diesen Jahren fingen auch die Gummibäume in den ostindischen Pflanzungen der Engländer und Holländer an, Kautschuksaft in großer Menge herzugeben. Bis 1921 sank Brasiliens Anteil an der Weltkautschukversorgung auf ein knappes Zehntel; danach ist er fast nur noch symbolisch gewesen. Dann geriet der Kaffeemarkt ins Wanken. Seit ihren frühesten Anfängen im 18. Jahrhundert war die brasilianische Kaffeeproduktion ununterbrochen angewachsen; von dem Kaffee, der in der Welt um die Jahrhundertwende verbraucht wurde, kamen, wie schon vermerkt, drei Viertel aus Brasilien. Indes taten die Kaffeepflanzer von São Paulo, wo sich der Kaffeeanbau konzentrierte, des Guten zuviel: mehr und mehr Kaffee wurde angebaut, bis schließlich Brasilien die ganze Welt hätte allein versorgen können. Aber Brasilien war nicht der einzige Produzent: auch Mittelamerika, Kolumbien, Afrika und Ostindien brachten Kaffee auf den Weltmarkt. Kaffeeberge türmten sich in den Lagerhäusern; große Mengen wurden verbrannt oder ins Meer geworfen. Die Preise sanken katastrophal; so kostete ein Pfund »Rio Nr. 7« im Jahre 1929 15 ¾ amerikanische Cents, im Jahre 1938 nur noch 5 ¼ Cents. Um 1930 war Brasilien, dessen Ausfuhr zu sechzig bis siebzig Prozent aus Kaffee bestand, bankrott. Gab es noch einen Ausweg?

In der langen Liste der lateinamerikanischen Caudillo-Diktaturen erscheint das brasilianische Regime Getúlio Vargas' (1930–1945) als ein besonders tüchtiges autokratisches Regime. Viele Brasilianer waren auch in der Tat mit Vargas der Meinung, er sei unentbehrlich und unersetzlich. Die Probleme der bankrotten Wirtschaft packte er mit Geschick und häufig mit Erfolg an; er beseitigte die Binnenzölle, die die einzelnen Provinzen voneinander abriegelten, verringerte die Steuerlast, förderte den Industrieaufbau, schränkte den Kaffeeanbau ein, beschaffte ansehnliche Anleihen in den Vereinigten Staaten und verbesserte Brasiliens Position auf dem internationalen Markt.

Nicht minder geschickt – mit Rangminderung, Konzessionen, Verbannungsbefehlen – ging er mit Politikern um. In Vargas' diktatorischem Regime gab es verhältnismäßig wenig Brutalität. Selbst die, die ihn mit Waffengewalt bekämpften, kamen mit geringen Gefängnisstrafen davon. Vargas mußte mit Aufständen und Erhebungen fertig werden, die von den verschiedensten Seiten ausgingen: von den Kommunisten, von den rechtsradikalen *Integralistas*, vom mißgünstigen und eifersüchtigen São Paulo. Er überspielte sie alle. Im Jahre 1938 sagte er die versprochenen Wahlen ab und erließ eine neue Verfassung. Ihr Leitgedanke war *Novo Estado*, der »neue Staat«, der manche Ähnlichkeit mit Mussolinis korporativem Staat hatte. Seine Macht war absolut: er ernannte sämtliche Staatsbediensteten – oben und unten; er dekretierte Sozialreformen und räumte den Arbeitnehmern mehr Rechte und größeren Schutz ein, als sie je vorher gekannt hatten. Seine Wirtschaftsrezepte waren zunehmend nationalistisch, die Parole lautete »Brasilien den Brasilianern«, und ausländischen Betrieben wurden immer drückendere Fesseln angelegt.

Im ganzen waren Vargas' Maßnahmen wirksam. Der Arbeiterschaft ging es etwas besser, die Lebensbedingungen wurden günstiger. Trotzdem mußte eine amtliche Erhebung 1938 feststellen, daß der durchschnittliche Monatslohn der brasilianischen Arbeiter in Stadt und Land nicht mehr als 11,80 Dollar betrug. Insgesamt aber gab es mehr Industriezweige und mehr Betriebe, und die Förderung der Bergwerke war etwas gestiegen. Beim Ausbruch des zweiten Weltkrieges schwankte Vargas eine Weile zwischen Alliierten und Achsenmächten und ließ sich seine Entscheidung zugunsten der Vereinigten Staaten gut bezahlen. Wiederholt mußten die Vereinigten Staaten Anleihen und Subventionen hergeben. Schließlich erklärte Brasilien im August 1942 den Achsenmächten den Krieg und schickte ein Expeditionskorps von fünfundzwanzigtausend Mann nach Italien. Als der Krieg vorbei war, erzwang die lange zurückgehaltene Unzufriedenheit der Militärs und der Gesamtbevölkerung Ende 1945 Vargas' Abtritt von der politischen Bühne.

Ungelöste Probleme

Seit 1945 ist Brasiliens Politik unbeständig. General Enrico Dutra, der 1946–1950 an der Spitze des Staates stand, war nicht mit Ideen gesegnet. Endlose Schwierigkeiten bereiteten ihm sowohl die Kommunisten als auch der keineswegs bußfertige Vargas. Dutras Regime war sauber, in bescheidenem Umfang sogar demokratisch. Die Presse war frei; öffentliche Kritik war erlaubt. Im Jahre 1946 gab Dutra dem Land eine neue Verfassung, in der Vargas' Sozialgesetzgebung beibehalten, aber das, was Vargas vom Faschismus übernommen hatte, ausgemerzt wurde. Die Wirtschaft in Ordnung zu bringen war Dutra allerdings nicht gegeben (ebensowenig wie vielen anderen Regierungschefs in den Vereinigten Staaten und in Europa). Die Inflation griff weiter um sich; Devisenvorräte in Höhe einer halben Milliarde Dollar wurden nutzlos vergeudet: unverantwortliche Luxusimporte wurden nicht beschnitten; Rio de Janeiro und São Paulo bauten neue Riesengebäude. Die Beamtenschaft war weit und breit korrupt, Dutra selbst offenbar nicht. Aber die Wirtschaft war am Ende seiner Amtsperiode wieder am Rande des Zusammenbruchs.

Dank einer der unberechenbaren Launen des politischen Spiels wurde 1950 – in ziemlich einwandfreien Wahlen – zum Nachfolger Dutras wieder Getúlio Vargas gewählt. Jetzt trat er als Bannerträger der Freiheit und Interessenvertreter der Massen auf, aber seine Stimme hatte die alte Zauberkraft eingebüßt. Er war von geistlosen und meist auch korrupten Mitarbeitern umgeben; seine Regierung hatte weder Format noch Charakter. Die Wirtschaft wand sich in schlimmeren Zuckungen als je zuvor: die Lebenshaltung wurde von Monat zu Monat teurer; der Cruzeiro, theoretisch auf dem Stand von fünf amerikanischen Cents stabilisiert, wurde zu zwei Cents gehandelt. Die schwebende Schuld war auf fast eine Milliarde Dollar angewachsen, aber die Brasilianer wehrten sich empört gegen alle Spar- und Abbaumaßnahmen. Auf diese unerbittlichen Tatsachen reagierte Vargas mit immer leidenschaftlicheren nationalistischen Parolen. Das typische Produkt dieser Periode war die staatliche Monopolgesellschaft für die Bewirtschaftung des Erdöls (*Petrobraz*), deren Anteile weder Ausländer noch mit Ausländern verheiratete Brasilianer erwerben durften. Vergebens traten Wirtschaftssachverständige für eine Politik ein, die eine Einschränkung der drückenden Erdölimporte – ein Viertel der Gesamteinfuhr Brasiliens – ermöglichen würde. *Petrobraz* wurde zum nationalen Prestigesymbol; die Folge war, daß nur sehr wenig Erdöl gefördert wurde. Unterdes verschlechterte sich das Verhältnis zu den Vereinigten Staaten; man machte also die Großmacht im Norden zum Prügelknaben, der für alle Kümmernisse Brasiliens herhalten mußte. Das alles, verschärft durch die Unfähigkeit und Käuflichkeit der Regierungsclique, strapazierte die Geduld auch der Geduldigsten. Im Jahre 1954 war das Militär, angespornt vor allem von den Offizieren der Luftwaffe, so weit, daß es mit Nachdruck Vargas' Rücktritt verlangte. Die Antwort war Vargas' Selbstmord im August 1954.

Über ein Jahr lang amtierten nun notdürftig zusammengestoppelte Regierungen, von denen sich keine zu halten vermochte. Als Sieger ging aus den internen Auseinandersetzungen Juscelino Kubitschek hervor: als Kandidat für die Präsidentschaft nominiert und ordnungsgemäß gewählt, trat er im Januar 1956 sein Amt an. Dem tüchtigen Demagogen aus Minas Gerais stand als Vizepräsident João Goulart zur Seite, Mitbeteiligter an vielen dunklen Machenschaften, die zu Vargas' Sturz geführt hatten. Kennzeichnend für Kubitscheks Regierungszeit waren viele, viele Reden, ausgiebige Projektemacherei zur Errettung des Landes und die Beschleunigung der Inflation mit steigenden Lebenshaltungskosten und fortgesetzter Mehrausgabe von Papiercruzeiros: Mitte 1960 war der Cruzeiro nur noch etwas über einen halben Cent wert. Kubitscheks meistpublizierte Leistung war der Bau der neuen Landeshauptstadt Brasilia in der Binnenprovinz Goias, tausend Kilometer von Rio de Janeiro entfernt. Große Geldmittel, die für Schulen, Gesundheitsdienst und produktive Investitionen dringend benötigt wurden, pumpte der Präsident in dies Projekt hinein, das in alle Ewigkeit den Ruhm Brasiliens – und Kubitscheks künden soll. Im April 1960 wurde die neue Hauptstadt feierlich eingeweiht, und zu Zehntausenden kamen die Besucher, um die modernen Bauten zu bewundern, die der Wille eines einzelnen im isolierten, öden Binnenstreifen eines weitgestreckten Landes aus dem Boden gestampft hat. Die bloße Errichtung der Monumentalbauten hat nicht weniger als eine halbe Milliarde Dollar verschlungen, und es dürfte ebensoviel kosten, daraus eine bewohnbare Stadt zu machen. Inzwischen hat es Kubitschek immer wieder abgelehnt, auf die weisen Mäßigungsratschläge der Export- und Import-Bank in Washington oder des Internationalen Währungsfonds zu hören. Die Devisenvorräte waren fast auf den Nullpunkt gesunken, die Notenpresse arbeitete pausenlos weiter, und Brasilien mußte die Vereinigten Staaten immer wieder um Hilfe angehen. Ob Janio Quadros, den die Wahlen im Oktober 1960 zum Nachfolger Kubitschcks bestimmt haben, diese Verhältnisse grundlegend ändert, ändern kann, wird die Zukunft lehren. Immerhin steht er in dem Ruf, ein guter Wirtschaftspolitiker zu sein.

Heute bietet Brasilien ein ernüchterndes Bild dar. Ein reiches Land beherbergt ein bitterarmes Volk. Zuverlässige Statistiken, mit denen sich das illustrieren ließe, sind spärlich. Eine neuere Schätzung beziffert das jährliche Pro-Kopf-Einkommen der Gesamtbevölkerung auf 217 Dollar; in diesem Durchschnittsbetrag sind natürlich Millionäre und Bettler berücksichtigt. Reich sind nur ganz wenige Brasilianer: die Besitzer der Großplantagen und Industriewerke. Es gibt eine ziemlich breite Mittelschicht, aber die meisten Menschen, die zu ihr gezählt werden, leben von so niedrigen Gehältern, daß sie sich weder genug Nahrung noch eine angemessene Wohnung leisten können. Es gibt eine wachsende Schicht gelernter Industriearbeiter, namentlich in São Paulo, die ihr Auskommen haben. Aber die siebzig oder achtzig Prozent der Brasilianer, die die Felder beackern, die Viehherden hüten, in den Bergwerken arbeiten und überhaupt alle weniger qualifizierte Arbeit in Stadt und Land verrichten, kommen mit all ihrer Arbeitsleistung auf nicht mehr als ein paar amerikanische Cents pro Tag. Sie sind ständig hungrig; in ihrem Ernährungshaushalt gibt es kein Fleisch, keine Milch, kein Obst, kein Gemüse.

Brasiliens Bedürfnisse sind ebenso zahlreich wie vordringlich. Die Landwirtschaft muß modernisiert werden. Gewiß haben Kaffee- und Baumwollanbau in São Paulo und zu einem erheblichen Teil Ackerbau und Viehzucht in Südbrasilien von wissenschaftlichen Erkenntnissen und qualifizierten Arbeitsleistungen profitiert; dafür sind im wesentlichen italienische, deutsche und japanische Einwanderer verantwortlich. Aber die viel typischere Großplantage (*fazendeiro*) ist nach wie vor feudal, verschwenderisch und unproduktiv. Ein kleines Grüppchen von Menschen besitzt immer noch viel zuviel Land. Die Maßnahmen zur Erschließung des Binnenlandes, das von strebsamen Brasilianern und Neueinwanderern besiedelt werden sollte, gehen kaum über leere Gesten hinaus. Ein bißchen ist man mit der Verwendung von Maschinen, mit besserer Bewässerung und Düngung weitergekommen. Aber wenn die Ernährung der Menschen sichergestellt und die Ausfuhr vermehrt werden soll, muß die Landwirtschaft viel differenzierter und vielfältiger betrieben werden.

Die Industrialisierung, die in São Paulo bereits beachtlich ist, muß weiter vorangetrieben werden. Doch sind sich Brasilianer, die nachdenken, im klaren darüber, daß auf einem Markt, auf dem ungefähr fünfundachtzig Prozent der dreiundsechzig Millionen Einwohner kein Geld für Anschaffungen haben, dem Absatz von Textilien, Schuhen, Kühlschränken, Autos und anderen Gaben der Industrie äußerst enge Grenzen gezogen sind.

Radikal muß das Verkehrsnetz verbessert werden. Bodenfrüchte, die in einer Entfernung von achtzig Kilometern von Rio de Janeiro oder São Paulo geerntet werden, verfaulen, weil es keine Eisenbahn oder nicht genug Lastwagen (oder keine zu allen Jahreszeiten passierbaren Straßen) gibt, mit denen die Ware auf den Markt gebracht werden könnte. Das brasilianische Eisenbahnnetz hat eine Gesamtlänge von nur 37000 Kilometern. (Argentinien, mit einem Drittel der Fläche, hat ein Eisenbahnnetz von 43500 Kilometern.) Es gibt nur 92000 Kilometer gute Straßen. Manche Provinzen verfügen über keinerlei Eisenbahn- oder Straßenverbindungen mit anderen Provinzen.

Nötig ist verstärkte Einwanderung. Die 4390519 Einwanderer, die zwischen 1874 und 1940 ins Land kamen (34 Prozent aus Italien, 29 Prozent aus Portugal, 14 Prozent aus Spanien, 4,5 Prozent aus Japan, 4,1 Prozent aus Deutschland), haben dem Land Energie und Können gebracht. Der Einwanderungsstrom ist seit 1940 nicht abgerissen, war jedoch zahlenmäßig unzureichend. In der landwirtschaftlichen Ansiedlung der Neueinwanderer haben sich die brasilianischen Regierungen nicht gerade als sachkundig erwiesen.

Bessere Hygiene, Krankenhäuser, Kliniken, Ärzte sind lebensnotwendig. »Brasilien«, sagt ein brasilianischer Arzt, »ist ein riesiges Krankenhaus«, aber es ist ein Krankenhaus ohne Krankenhäuser. Auf je 2500 Einwohner entfällt ein Arzt, auf je 1000 Einwohner ein Krankenhausbett.

Brasilien braucht Schulen und Lehrer. Schulplätze gibt es für nicht ganz die Hälfte der brasilianischen Kinder, und die brasilianische Grundschule gehört zu den schlechtesten Lateinamerikas. Höhere Schulen gibt es hauptsächlich im begünstigten Süden. Universitäten und technische Lehranstalten, namentlich in São Paulo, sind von hohem Niveau.

Die Erfüllung der verheißenen Größe der brasilianischen Nation harrt der Verwirklichung der nationalen Einheit. Brasilien ist immer noch nicht viel mehr als eine lose Zusammenfügung von Staaten, die keine echte Bindung an gesamtnationale Zielsetzungen kennen. Das politische Leben ist auf Personen zugeschnitten: in den einzelnen Staaten und Provinzen herrschen noch die lokalen Bosse; politische Parteien bedeuten nicht viel. Der Staat São Paulo, der mehr als die Hälfte der landwirtschaftlichen Produkte und Industrieerzeugnisse Brasiliens produziert, wirft seinen Schatten über das ganze Land. Im Zunehmen ist die Macht Minas Gerais' und der Südstaaten. Das übrige Brasilien ist ein Kolonialreich, dessen Interessen von den politischen Führern in Rio de Janeiro und den Herren der Wirtschaft in São Paulo in der Regel mißachtet werden.

Raymond Aron

WELTDIPLOMATIE: FRONTEN UND PAKTE

Seit langem im Umlauf, läßt sich der Ausdruck »Weltdiplomatie« genau eigentlich erst seit 1945 auf die Wirklichkeit anwenden. Mit der Diplomatie ist es nicht wie mit der Wirtschaft: im 19. Jahrhundert gab es zwar, auch wenn sie nicht die Gesamtheit der Menschen und Länder erfaßte, eine Weltwirtschaft, aber keine Weltdiplomatie. Die internationalen Beziehungen haben sich zwischen 1939 und 1945 nicht graduell, sondern der Sache nach gewandelt.

Der Krieg von 1914 bis 1918 war kaum in höherem Maße Weltkrieg als der Peloponnesische Krieg im 5. Jahrhundert vor unserer Zeitrechnung. Er ging das gesamte System der europäischen Nationen ebenso an, wie der Krieg, über den Thukydides berichtet hat, das System der griechischen Stadtstaaten anging. Zur Zeit des ersten Weltkrieges beherrschte allerdings Europa die Welt; unter den Siegern waren zwei Mächte, deren Besitzungen sich über einen großen Teil Asiens und Afrikas erstreckten, unter den Besiegten zwei Nationalitätenreiche, deren Zerstückelung durch die Niederlage beschleunigt wurde; die Rückwirkungen der großen Auseinandersetzung hatten ihren Widerhall an allen Ecken und Enden des Planeten. Der unerbittliche Kampf und die Erschöpfung der Nationen, die das Schicksal des Menschengeschlechts mit ihrem eigenen verschmolzen zu haben glaubten, brachten die Grundlagen der politischen Ordnung bis an die entlegensten Winkel des Erdballs ins Wanken.

Dagegen erreichte der Krieg von 1939 bis 1945 Weltdimensionen, weil er ein doppelter Krieg war. Die Weltreichexperimente Hitler-Deutschlands und Japans waren, obgleich ihr zeitliches Zusammenfallen kein Zufall war, weder in ihrem Ursprung noch in ihren Zielsetzungen identisch. Ohne die günstige Gelegenheit, die ihm der in Europa bereits vom Zaun gebrochene Konflikt bot, hätte sich Japan vielleicht nicht zum Sturmangriff auf die europäischen und amerikanischen Positionen im Fernen Osten entschlossen.

Der Eintritt der Vereinigten Staaten in den Krieg gegen Ende des Jahres 1941 bezeichnete die tatsächliche Vereinheitlichung der Kriegshandlungen und damit auch des diplomatischen Kraftfeldes. Von Stund an war die amerikanische Republik – sowohl in den Gewässern der Philippinen als auch bei der Landung in der Normandie – der Hauptakteur. Im Herzen Deutschlands wie im Zentrum Koreas stieß sie auf denselben Rivalen:

die Sowjetunion. Im Jahre 1945 gab es nur noch ein diplomatisches Kraftfeld; es umspannte die fünf Erdteile und wurde von zwei Riesen beherrscht.

Wo stehen wir fünfzehn Jahre danach? Was sind die dauerhaften, wenn nicht gar permanenten Wesensmerkmale des diplomatischen Kraftfeldes? Und worin zeigen sich wandelbare Züge, die der Zukunft ein anderes Gepräge geben könnten?

Absolute Diplomatie

Zwischen den großen politischen Gebilden des 17. Jahrhunderts – dem Kaiserreich China, dem Reich des Großmoguls, dem Imperium Spaniens in Amerika und den Königreichen Frankreich und England – waren die Verbindungen spärlich, die Austauschgelegenheiten begrenzt. Suchten die Souveräne von Peking, Delhi oder Paris die Kräfte abzuschätzen, auf die sie im Kriegsfall bauen konnten oder die sie im Kriegsfall zu fürchten hatten, so dachte keiner von den dreien an die anderen zwei; damals gehörten Asien und Europa nicht zum selben diplomatischen Feld. Künftighin gehören sie zu einem einzigen Feld, das den Erdball umschließt.

In unserem Zeitalter hat die Dimension des Raums nicht mehr ihre alte Bedeutung. Cäsar und Napoleon brauchten ungefähr die gleiche Zeit, um von Rom nach Paris zu gelangen. Alexis de Tocqueville brauchte drei Wochen, um den Ozean zu überqueren. Jetzt beansprucht die Überfahrt weniger Stunden als zu Beginn unseres Jahrhunderts Tage. Tôkyô ist heute von San Francisco weniger weit entfernt als Moskau zu Napoleons Zeiten von Paris.

Nicht weniger als die Beförderungsgeschwindigkeit hat die Kapazität der Verkehrsmittel zugenommen. Die Vereinigten Staaten sind in der Lage, millionenstarke Armeen Tausende von Kilometern von ihren Stützpunkten entfernt zu konzentrieren und sie zu Lande oder zur See mit der Eisenbahn und über Autostraßen, sogar durch die Luft zu versorgen. Früher verschmolzen die Grenzen des diplomatischen Kraftfeldes mit denen der militärischen Intervention; sie verschwinden schicksalhaft mit der Allgegenwart der Macht der Großen.

Ist die Konzentration der militärischen Macht in den Händen zweier Staaten, die Kontinente sind, eine zeitweilige Erscheinung? Sie ist es in einem gewissen Sinne. Andere Kraftzentren haben sich bereits herausgebildet, die die Vorherrschaft der Hauptakteure des Dramas eingeschränkt haben und weiter einschränken werden. Aber wenn die industrielle Zivilisation nicht auseinanderbricht, werden die Verkehrs-, Produktions- und Verteilungsmittel weiter wachsen, die Beziehungen aller Art zwischen den Staatsgebilden intensivieren und die Schaffung von Staaten enormen Ausmaßes begünstigen. Die Einheit des diplomatischen Kraftfeldes ist zunächst und vor allem der Ausdruck dafür, daß die Einheit des Menschengeschlechts im Werden ist.

Dazu kommt ein anderes grundlegendes Element. Die echte oder scheinbare Allgegenwart der Vereinigten Staaten und der Sowjetunion geht darauf zurück, daß jeder der beiden Riesen eine Idee verkörpert oder zu verkörpern scheint, daß jeder eine der beiden Daseinsordnungen repräsentiert, die unserer Zeit ihren Stempel aufprägen. Der Wettstreit zwischen Washington und Moskau läßt sich ebensosehr machtpolitisch wie ideologisch deuten, ohne daß man mit Gewißheit sagen könnte, ob nach den Vorstellungen der führenden Personen die Macht der Ideologie oder die Ideologie der Macht dient.

Die beiden Lager umfassen nicht alle Staaten der Erde. Viele Staaten legen sowohl im Machtkonflikt als auch im Konflikt der Ideen Wert darauf, als nicht festgelegt zu gelten. Aber je nach der Natur des Regimes und der Beschaffenheit der Machthaber nimmt sich diese Neutralität in den Augen der Sowjetführer und der Führer der westlichen Welt verschieden aus. Ist die Struktur der staatlich-gesellschaftlichen Institutionen zum Gegenstand des Kampfes der Staaten untereinander geworden, so werden alle Wechselfälle der Innenpolitik zu verlorenen oder gewonnenen außenpolitischen Schlachten. In ihrer monolithischen Erscheinungsform existieren die beiden Blöcke im Grunde nur in Europa, die übrige Welt ist mehr Einsatz als Subjekt des Wettstreits zwischen Amerika und der Sowjetwelt (oder zwischen dem Westen und dem Kommunismus, zwischen »Kapitalismus« und »Sozialismus«).

Der ideologische Konflikt zwischen den beiden größten Industrieländern der Welt und die Tatsache, daß sich so viele Staaten trotz allen diplomatischen und propagandistischen Verlockungen weigern, für das eine oder das andere Partei zu nehmen, sind wiederum Folgen des Siegeszuges der industriellen Zivilisation. Diese Zivilisation ist im Begriff, die gesamte Menschheit in ihren Bannkreis zu ziehen, aber nicht alle Länder haben auf diesem Königsweg der Modernisierung dieselbe Etappe erreicht. Welchen Maßstab man auch heranziehen möge – ob das Brutto-Sozialprodukt, das Sozialprodukt pro Kopf der Bevölkerung, den Anteil der in der Industrie beschäftigten Arbeitskräfte, die Arbeitsproduktivität oder die Lebenshaltung der Bevölkerung –, die Unterschiede zwischen der weißen Minderheit des Westens und den Massen der Farbigen in Afrika und Asien sind gewaltig.

Nie war in früheren Zeiten die ungleiche Verteilung des Reichtums so sehr ausgeprägt. Im 16. Jahrhundert dürfte sich die Lebenshaltung des englischen Bauern von der des indischen nicht allzusehr unterschieden haben. Nur die privilegierten Minderheiten waren vor dem Aufkommen der industriellen Zivilisation am Kulturgenuß beteiligt. Der Frieden, die Ordnung und die Machtposition der einzelnen Staaten trugen dazu bei, die Lebensverhältnisse der Massen zu verbessern und sie über ein Elendsniveau zu erheben. Aber noch in den ersten Jahren des 19. Jahrhunderts blieb in Frankreich mitten im Frieden und Wohlstand die Hungersnot eine akute Gefahr.

Im Laufe der letzten zwei oder drei Jahrhunderte hat die Zahl der Menschen auf unserem Planeten gewaltig zugenommen; aber nur die Länder des Westens haben dank der Auswanderung nach Amerika und dem rapiden Tempo des wirtschaftlichen Fortschritts die zusätzliche Produktionskapazität zur Verbesserung der Geschicke aller ausnutzen können. Anderswo ist entweder (so in Asien) die Bevölkerung schneller gewachsen als die Menge der Güter und Lebensmittel, oder die Industrialisierung hat (so in der Sowjetunion) zuallererst der Akkumulation der Machtmittel gedient. In der gegenwärtigen Periode rückt die industrielle Zivilisation die Menschen näher zusammen, aber zugleich reißt sie zwischen ihnen Abgründe auf. Die Bewohner Indiens sind heute besser als in irgendeinem vergangenen Jahrhundert über das informiert, was in Amerika geschieht; sie erfahren, daß es drüben Bauern und Arbeiter gibt, die anders leben als sie selbst. Soll die Sowjetideologie den Sozialismus und den kommenden Überfluß als Nachfolger des Kapitalismus verkünden: das ist nur eine Ironie der Geschichte. Im Hinblick auf die moderne Zivilisation schlägt die Sowjetunion nur einen abgekürzten Weg vor, der über die Allmacht des Staates führt.

Indem die industrielle Zivilisation die Menschen zusammenführt und voneinander entfernt, wertet sie die Grenzen zugleich auf und ab. Vor fünfzig Jahren lehnten es die europäischen Großmächte ab, die Souveränität Chinas zu respektieren, und planten tatkräftig die Aufteilung des Reiches der Mitte in Einflußzonen. Heute gibt es eine internationale Organisation, die Vereinten Nationen, in der ein Staat soviel gilt wie der andere. Jeder hat eine Stimme – außer der Sowjetunion, die einem diplomatischen Zufall aus der Kriegszeit deren drei verdankt. Die Souveränität soll sakrosankt sein zu einer Zeit, da die Ungleichheit der militärischen und ökonomischen Kräfte so eklatant ist wie nie zuvor und so viele Staaten unfähig scheinen, sich aus eigener Kraft am Leben zu behaupten.

Der Respekt vor der Souveränität ist nicht ganz fiktiv; er bringt einige Konsequenzen mit sich. Zwar vermag er nicht mehr die europäischen Imperien zu retten, in die die nationale Erhebung gegen die Kolonisatoren und Imperialisten schwere Breschen geschossen hat; er gewährt den von Großbritannien nach dem ersten Krieg im Nahen Osten gezimmerten arabischen Staaten kaum eine Chance, ihre Existenz zu sichern; auch den anderen künstlichen Staatsgebilden, die aus der Zerreißung der Kolonialimperien hervorgegangen sind, gibt er nicht die Mittel an die Hand, an denen es ihnen gebricht. Aber nie wurde das Prinzip der Nichteinmischung in die inneren Angelegenheiten anderer Staaten so laut proklamiert wie in unseren Tagen. Und nie waren diese inneren Angelegenheiten so unzertrennlich verbunden mit außenpolitischen Machtkämpfen; nie hat es so viele Staaten gegeben, die unfähig waren, ihre Souveränitätsrechte geltend zu machen.

Gibt es für diesen paradoxen Widerspruch eine sinnvolle Erklärung? Wenigstens ganz abstrakt läßt sich eine Antwort andeuten. Die industrielle Zivilisation trägt dazu bei, das Prinzip der Gleichheit der Menschen auch auf Kollektivgebilde auszudehnen; sie zersetzt die traditionellen Strukturen, sowohl die der Imperien als auch die der Arbeit, wodurch die Existenz und die Grenzen der staatlichen Gebilde in einem großen Teil des Erdballs immer mehr in Frage gestellt werden. Um das Chaos zu vermeiden, proklamiert man die Heiligkeit der Staaten. Und weil die proklamierten Prinzipien mit den Tatsachen nicht übereinstimmen, widerspricht die Praxis der Diplomatie unaufhörlich der Lehre vom internationalen Recht oder den Theorien der internationalen Gesittung.

Die Ungleichheit der Staaten wird noch unterstrichen durch die Technik des Kriegswesens. Die moderne Industrie hat den Staatsmännern Waffen in die Hand gegeben, mit denen sich Zerstörungen von früher ungeahnten Ausmaßen bewerkstelligen lassen. Die Sprengkraft der thermonuklearen Waffen bemißt sich nach Megatonnen und nicht mehr wie bei den Atombomben von Hiroshima und Nagasaki nach Kilotonnen; das heißt: die Kernwaffen von heute sind tausendmal so mächtig wie die von gestern. Aber auch

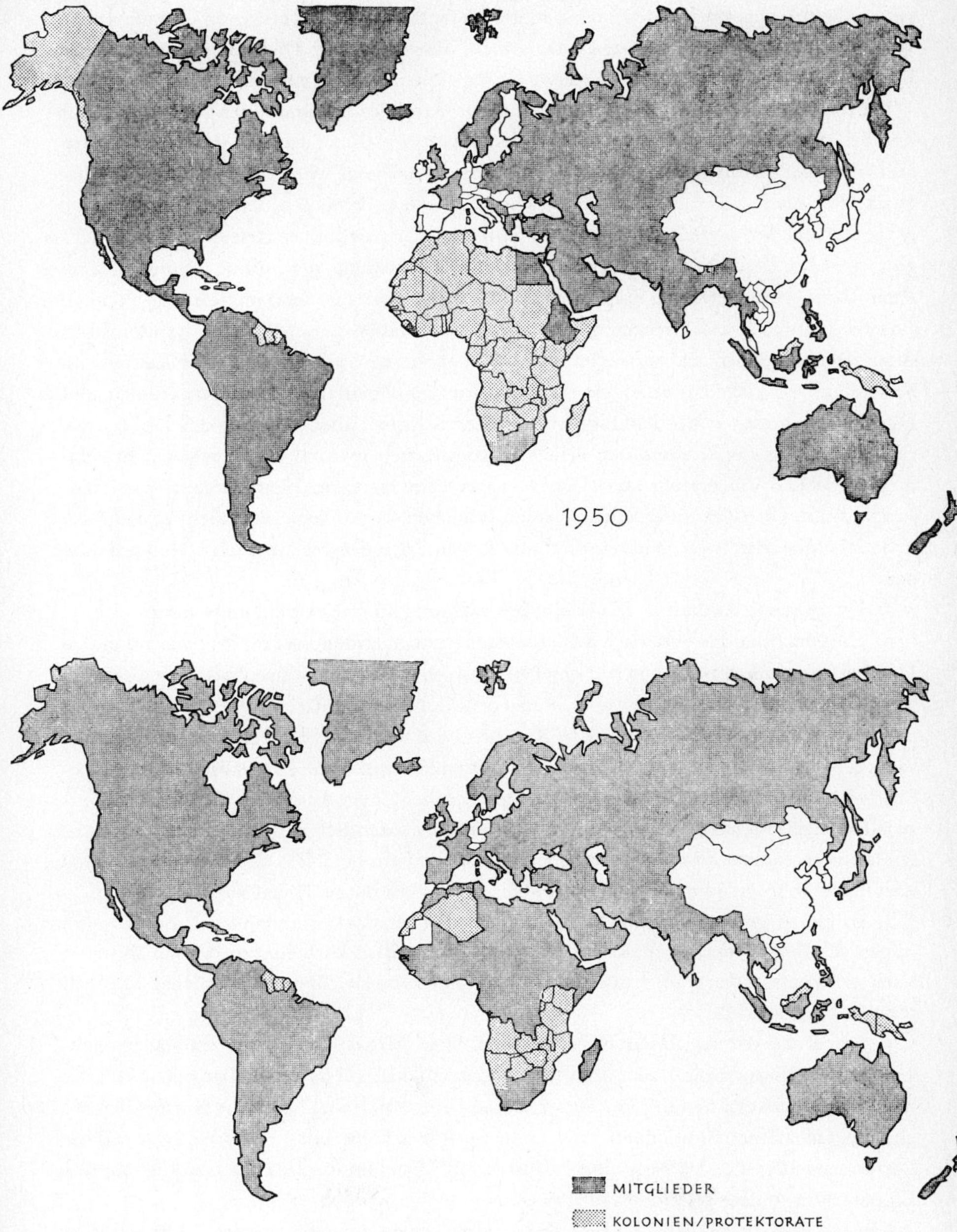

Vereinte Nationen · UN 1960

schon die gestrigen reichten aus, den größten Teil einer Stadt zu verwüsten, Zehntausende von Menschen zu töten oder zu verkrüppeln. Ein oder zwei Dutzend thermonukleare Bomben würden ein Land von mittlerer Größe aktionsunfähig machen.

Die atomare Bewaffnung bestimmt nicht den Gang der Ereignisse; sie hat es nicht zur Zeit des amerikanischen Monopols getan, und sie tut es nicht zu der Zeit, da es vier Staaten gibt, die über Kernwaffen verfügen. Die Drohung, seinesgleichen zu »atomisieren«, benutzt man nicht beliebig in jeder wie immer gearteten Situation. Mit der Anwendung grauenerregender Waffen löst man nicht beliebig jeden wie immer gearteten Konflikt. Es gibt eine Art ironischer Gerechtigkeit, die die Entwicklung der Militärtechnik in zwei Richtungen vorangetrieben hat. Die Atombomben und die thermonuklearen Bomben sind die grandiose und furchtbare Vollendung der Bomben mit chemischer Explosivkraft. Aber gegen Kanonen, Panzerwagen und andere moderne Waffen haben die Menschen ein Verteidigungs-, vielleicht sogar ein Angriffsmittel gefunden: mit Maschinenpistolen und Dynamit kann man zwar nicht moderne Armeen besiegen, aber oft genug den Besatzungsmächten, den Kolonisatoren, den Privilegierten das Leben unmöglich machen. Ohne das ungeschriebene Völkerrecht zu verletzen, kann kein reguläres Heer Grenzen passieren; Propaganda, Guerillas und Geheimagenten brauchen darauf keine Rücksicht zu nehmen.

So sehen bei der ersten Analyse die auffälligsten Züge der gegenwärtigen Konstellation aus:

1. Der gesamte Erdball ist in ein einziges diplomatisches Kraftfeld einbezogen.

2. Die Macht und provisorisch auch die Atom- und thermonuklearen Waffen sind in den Händen von zwei von Europa aus gesehen peripheren Staaten konzentriert, die beide im Vergleich zu ihrer Bevölkerung über immense Räume verfügen.

3. Die Wirkung des diplomatischen Kampfes wird vervielfacht durch den ideologischen Wettstreit zwischen den beiden Riesen, die beide nicht nur Zentren rivalisierender ökonomischer und politischer Systeme sind, sondern auch Modelle besonderer Typen der industriellen Zivilisation darstellen. Während die meisten »nichtfestgelegten« Länder nach der wirksamsten Industrialisierungsmethode Ausschau halten, bemühen sich die beiden Riesen darum, sie in ihrer Botmäßigkeit zu halten oder in ihre Botmäßigkeit zu bringen.

4. In einem großen Teil des Erdballs (Teile Südostasiens, Naher Osten, Afrika) sind infolge des Zerfalls der europäischen Imperien, und weil wirkliche nationale Gemeinwesen noch nicht entstanden sind, staatliche Grenzen und selbst der Bestand staatlicher Souveränität in Frage gestellt.

5. Die Rolle der regulären Heere ist wenigstens zeitweilig reduziert infolge der zunehmenden Wirkungskraft der Atom- und thermonuklearen Waffen an dem einen Pol, der individualisierten Waffen der Partisanen am anderen Pol; dabei lassen die Kernwaffen die einmal geschaffenen Situationen – mögen sie noch so grotesk sein – erstarren, während die Partisanenwaffen den Völkern ohne Industrie ein Mittel an die Hand geben, die von den Eroberern errichtete Ordnung umzuwerfen.

6. Als Überbau über dieser brodelnden Welt erhebt sich ein System internationaler Legalität, dessen Symbol und Garant die Vereinten Nationen sind und in dessen Rahmen alle Staaten, die großen wie die kleinen, mit den gleichen Rechten und den gleichen Pflich-

Ost und West vor dem Gipfelgespräch
Chruschtschow nach seiner Landung in Washington am 16. September 1959

Eisenhower auf seiner Reise in die NATO-Länder vor dem Gipfelgespräch in Washington
Ankunft in Bonn am 26. August 1959

ten ausgestattet, die Verpflichtung auf sich genommen haben, die gegenseitige Souveränität zu respektieren. In einem Zeitalter, in dem die außenpolitischen Kämpfe mit den Mitteln des Wettbewerbs der Parteien und des Staatsstreichs ausgetragen werden, verkünden die Vereinten Nationen feierlich, daß die Einmischung in die inneren Angelegenheiten souveräner Staaten ein Verbrechen sei.

Vielleicht wäre die Formel von der »absoluten Diplomatie« das beste Resümee dieser Analyse der internationalen Beziehungen. Bei Clausewitz gab es die Unterscheidung zwischen dem absoluten Krieg, in dem sich die jedem Waffengang zwischen den Staaten innewohnende Tendenz zur extremen Gewaltanwendung vollendet, und dem wirklichen Krieg, der zumeist aus politischen Gründen an den extremen »absoluten« Fall nicht herankommt. Der Krieg ist absolut, wenn die Kriegführenden alle ihre Kräfte für einen rücksichtslosen Sieg einsetzen, dessen Ausdruck und dessen einziger unwiderleglicher Beweis nur die restlose Entwaffnung des Feindes sein kann.

Zu gewissen Zeiten geht es im Kampf der Staaten im Frieden wie im Krieg nur um einen begrenzten Einsatz. Mit Waffengewalt bemühen sich die Staaten, einander eine Provinz zu entreißen; mit List und Intrigen versuchen sie, ihre Position zu festigen, die Gunst der nichtbeteiligten Staaten oder der vorübergehend dem Feindeslager zuneigenden Oppositionspartei im Innern zu gewinnen. Im 20. Jahrhundert ist das anders geworden: von einigen befriedeten Zonen abgesehen, durchlebt die Menschheit eine revolutionäre Periode. Der Sieg der kommunistischen Partei in China wird noch lange Zeit die Entwicklung Asiens beeinflussen; er hat schon jetzt die Beziehungen zwischen den internationalen Kräften umgekrempelt. Die Diplomatie ist total, weil *alles* in Frage gestellt ist und weil die Akteure *alle* Mittel benutzen; der Bestand der Staaten, das politische Regime, die wirtschaftliche Organisationsform, die herrschenden oder akzeptierten Ideologien: alles hängt von der Konkurrenz zwischen den Staaten und (oder) den Parteien ab. Die Atombomben, die thermonuklearen Waffen, die Panzerdivisionen, die Maschinenpistolen und das Dynamit der Partisanen, die im Rundfunk verbreitete oder geflüsterte Propaganda, die Staatsstreiche der Obersten, die Aufstände der Massen, die Beziehungen der Diplomaten, der Legalitätsformalismus des Weltparlaments in New York: das alles hat, wenn auch nicht in gleichem Maße, seine Wirkung auf den Gang der Geschichte.

Anhaltender Konflikt und begrenzte Kriege

Die beiden Giganten sind, soweit sie spontan agieren, revolutionär, auch wenn beide unter bestimmten Voraussetzungen die Revolution beenden und die Ordnung stabilisieren wollen. Aber die Sowjetunion ist auf eine mehr bewußte Weise revolutionär, und sie hat, wenn ihre Anhänger einmal an der Macht sind, die größere Chance, die Revolution wirksam zum Abschluß zu bringen.

Daheim sind die Vereinigten Staaten konservativ und revolutionär in einem. Sie sind konservativ in ihrer Treue zu einer der ältesten Verfassungen der Welt, in ihrer pragmatischen Haltung gegenüber allen zu lösenden Problemen, in ihrer Ablehnung der Ideologien und der Gewalt, in ihrer Sorge um die Erhaltung der geistigen Kontinuität und der Lebenskraft religiöser Überzeugungen. Aber die amerikanische Gesellschaft war das Werk von Europäern, die, mit den Mitteln ihrer Heimatkulturen ausgestattet und ohne sich (außer in unbedeutendem Ausmaß) mit den Einheimischen zu vermischen, ein jungfräuliches Land erschlossen. Anders als in Europa hatte sich die industrielle Zivilisation jenseits des Atlantischen Ozeans nicht in einen von der feudalen oder aristokratischen Ordnung ererbten Rahmen einzufügen. Außer im Süden, wo die Gesellschaft auf die Sklaverei gegründet war (es hat eines Krieges und einiger Jahrzehnte bedurft, damit sich der Süden dem Norden anpaßte), brauchte sie keine verwurzelten Gewohnheiten, keine durch eine hierarchische Ordnung geheiligten Werte zu überwinden. Die Freizügigkeit einer Bevölkerung, deren Arbeitskräfte es für normal halten, von einem Ende des riesigen Landes zum anderen zu ziehen; die Sicherheit des ungehinderten Aufstiegs für die Begabten, die Fleißigen und vor allem die Erfolgreichen; die Ideologie (wenn nicht die Wirklichkeit) des Marschallstabes im Tornister eines jeden Staatsbürgers; mancherlei Wesenszüge einer Gesellschaft von Pionieren: das alles ließ sich den Erfordernissen der industriellen Zivilisation ohne Hemmnisse anpassen.

Auf Grund ihrer Erfahrung und mehr noch ihrer politischen Vorstellungen von der Welt konnten die Amerikaner nicht umhin, über die Institutionen der von ihnen nach dem zweiten Weltkrieg besetzten Länder abfällig zu urteilen. War das Land, in das sie kamen, eine europäische Kolonie, so verdammte in ihren Augen die niedrige Lebenshaltung der Massen die Kolonisatoren, denen sie ohnehin aus der Überlieferung der eigenen (schlecht interpretierten) Revolution ziemlich feindlich gegenüberstanden. In Europa selbst – vor allem in dem Europa, das nach den Jahren des Krieges und der Revolution verarmt war – fanden Soldaten und Diplomaten zu viele Überbleibsel vergangener Zeiten, die sich nicht rechtfertigen ließen. In Amerika hatten sich die Staaten in einer Föderation zusammengefunden; sollten nicht auch die europäischen Nationen zu Frieden und Wohlstand gelangen können, indem sie ihre Souveränität einer überstaatlichen Föderation aufopferten? Vollends unverständlich kam den Siegern das auf einer Personenhierarchie ruhende System der Ungleichheit vor, das sich ihnen in Japan als Muster darbot; es widersprach ihrer vom 18. Jahrhundert und von der protestantischen Tradition übernommenen individualistischen Philosophie ganz und gar. Gegenüber den Kolonialreichen der Europäer, gegenüber den nationalen Traditionen, gegenüber der festverwurzelten Autoritätsverehrung wirkte der amerikanische Einfluß von selbst revolutionär.

Ihre Revolution verkündeten die Vereinigten Staaten, indem sie das Recht auf Unabhängigkeit, auf Gleichheit, auf Glück, auf Wohlstand proklamierten, indem sie die Schande der Kolonialpolitik allen Europäern und die Schande des Massenelends den Privilegierten ins Bewußtsein riefen und für alle Menschen ein Schicksal am Horizont aufleuchten ließen, das dem Schicksal der freien Bürger Amerikas gleichen sollte. Aber was war denn das Programm, das sie mitbrachten, um diese Revolution gegen die Privilegien der Geburt und die Misere der Vergangenheit zum Abschluß zu bringen und eine neue Ordnung zu konsolidieren? Sie hatten nur ein Programm, und dies Programm ließ sich in dem einen Wort

Freiheit zusammenfassen: Freiheit für die Gewerkschaften, Forderungen zu stellen; Freiheit für die Parteien, miteinander in Wettbewerb zu treten; Freiheit für die Opposition, Kritik üben; Freiheit für die Intellektuellen, zu reden und zu schreiben; aber auch Freiheit für die Demagogen, die Massen aufzuwiegeln. Seit zwei Jahrhunderten war die verfassungsmäßige Ordnung der Zement der amerikanischen Gesellschaft; warum sollte es nicht anderswo genauso gehen können? Im großen Wettkampf um den Erdball schlug gerade dies Prinzip zum Nachteil der Vereinigten Staaten aus. Wo sich die russische Partei durchsetzen konnte, verschwanden oder versanken die den Vereinigten Staaten mehr oder minder freundlich gesinnten Parteien in der Illegalität. Während ein Regime westlichen Stils die Tätigkeit der Parteien toleriert, die es zerstören wollen, duldet ein Regime östlichen Stils keinerlei organisierte Opposition, duldet noch nicht einmal eine Organisation – ob beruflicher, ob intellektueller Art –, die zu einer autonomen Betätigung fähig wäre. Mehr noch, ein Regime im Sowjetstil baut von neuem eine gesellschaftlich-staatliche Hierarchie auf, wenn auch im Namen der Gleichheit. Es stellt die absolute Herrschaft einer Minderheit wieder her, wenn auch im Namen der Freiheit. Es zwingt der Gesellschaft eine offizielle Ideologie auf, wenn auch im Namen des Rationalismus.

Aber die beherrschende Rolle der Sowjetunion und der Vereinigten Staaten trägt noch andere neue Elemente in die Weltarena hinein. Weder der eine noch der andere der beiden Giganten hat in der Vergangenheit eine ähnliche Position eingenommen wie heute. Rußlands diplomatische Tradition ist durch die bolschewistische Revolution umgemodelt worden; die diplomatische Tradition der amerikanischen Republik stammt aus einer Zeit, in der Isolierung, nicht Führung das erstrebte Ziel war, und Amerika empfindet auch heute die Führerrolle eher als eine belastende denn eine begeisternde Verpflichtung. Im vorigen Jahrhundert haben die Vereinigten Staaten Außenpolitik getrieben, als hätten sie mit Vorbedacht drei Hauptziele verfolgt: im Einvernehmen mit Großbritannien eine Intervention der europäischen Mächte in Nord- und Südamerika zu verhindern, das eigene Staatsgebiet südlich und westlich möglichst weit auszudehnen und sich aus den Zwistigkeiten Alt-Europas herauszuhalten. Was immer die Beweggründe und Ideologien dieser Diplomatie gewesen sein mögen, sie mutet nachträglich besehen vernünftig, dafür aber weniger originell an, als die Amerikaner selbst es wahrhaben möchten. Es mangelte den Vereinigten Staaten nicht an Expansionsdrang, dem alten Grund so vieler europäischer Konflikte. Nur brauchten sie keinen großen Krieg, um ihren Expansionswillen zu manifestieren; es hat ihnen genügt, Napoleon Louisiana abzukaufen und Spanien die Provinzen fortzunehmen, die es nicht mehr zu verteidigen vermochte. Ihre pazifistische Philosophie hinderte die Expansion nicht, solange sie nicht auf den Widerstand einer Großmacht stieß.

Nur während einer kurzen Periode gegen Ende des vorigen Jahrhunderts war der Imperialismus für die Vereinigten Staaten eine ernste Versuchung. Viel beständiger und viel tiefer blieb die Tendenz, die in der berühmten Formel von der »Offenen Tür« und der Anerkennung der Souveränität Chinas zum Ausdruck kam. Aus verschiedenen Motiven, unter denen das Sendungsbewußtsein vermutlich schwerer wog als die Jagd nach Profit, hielten sich die Führer der Vereinigten Staaten für die auserwählten Beschützer der Unantastbarkeit Chinas, für die Freunde eines großen Volkes, das die widerstreitenden

Ansprüche der Russen, Japaner, Engländer, Deutschen und Franzosen mit Versklavung bedrohten. Die amerikanischen Missionare hatten in das Reich der Mitte das Christentum getragen, die amerikanischen Kaufleute hatten Handelsbeziehungen angeknüpft und den Mythos vom riesigen chinesischen Markt (oder zum mindesten die Hoffnung darauf) verbreitet, und die amerikanische Diplomatie proklamierte die Unverletzlichkeit der chinesischen Souveränität und das Prinzip der Offenen Tür.

Von diesem politischen Programm des State Department zu Beginn des Jahrhunderts führt eine logische, geradlinige Entwicklung zu den Vereinten Nationen. Als die Unantastbarkeit Chinas der Einsatz im Rivalitätsspiel war, proklamierten die amerikanischen Diplomaten die moralische Pflicht, den auseinanderfallenden Staat zu achten und sich in seine inneren Angelegenheiten nicht einzumischen, die insofern schon international geworden waren, als es eine chinesische Zentralregierung, die dem Ausland hätte die Stirn bieten können, nicht gab. Im Jahre 1945 wurde zum Fundament der Vereinten Nationen die Universalgeltung eben der juristischen Formeln gemacht, die so lange Jahre die Stelle einer amerikanischen China-Politik eingenommen hatten. Die Gleichheit aller Staaten – bei der Abstimmung und vor dem Weltgewissen – wurde zum Prinzip erhoben. Freilich hindert dieser Grundsatz die Großmächte nicht daran, ihre Kämpfe im Innern aller Staaten fortzuführen, aber er verbietet ihnen die Anwendung der Gewalt gegenüber einem Staat – und sei er noch so schwach –, der im Rahmen der normalen Souveränitätsvorrechte Maßnahmen gegen ihre Interessen ergreift (z.B. Nationalisierung ausländischen Vermögens oder sogar Ausbildung von Guerillakämpfern, die umstürzlerische Bestrebungen in Nachbarländer hineintragen sollen).

Trotz ihrer moralisierenden und legalistischen Philosophie der Außenpolitik sind die Vereinigten Staaten mehr als irgendeine andere Großmacht vergangener Zeiten in Bürgerkriege verwickelt worden. Sie haben vergebens die Nationalisten gegen die Kommunisten in China unterstützt. Sie versuchen, mit Dollars, mit Propaganda, mit Agenten ihre Freunde zu stärken und ihre Feinde zu entwaffnen. Sie haben damit weniger Erfolg als die Sowjetunion, nicht nur weil sie in solchen Dingen weniger erfahren sind oder weil sie ihre Freunde veranlassen, mit der Duldung jeder beliebigen Opposition den Umsturz zu begünstigen, sondern auch weil sie ihre Interventionen nur mit schlechtem Gewissen vornehmen und sich dazu fast immer nur entschließen, wenn sich der Eingriff legal rechtfertigen läßt. Gewiß haben amerikanische Truppen in Korea und im Libanon interveniert, aber nur auf Ersuchen der legalen Regierung des Landes oder in Ausführung von Beschlüssen der Vereinten Nationen. Um das Dossier untadelig zu erhalten, verfolgen die Vereinigten Staaten den »Legalismus« bis ans bittere Ende und bleiben dabei, als die ordnungsmäßige Staatsgewalt Chinas die Regierung des Formosa-Emigranten Chiang Kai-shek anzuerkennen.

Die Sowjetunion überbietet sich in Legalität nicht minder als in Revolutionsmacherei. Sie hat das Prinzip der Nichteinmischung in die inneren Angelegenheiten anderer Staaten auf ihre Fahnen geschrieben, während doch keine andere Großmacht je eine so enge Verbindung mit einem überstaatlichen Propaganda- und Umsturzapparat gehalten hat wie sie oder je so viel Geld ausgegeben hat für die Verbreitung ihrer Lehren und die Untergrabung der gegnerischen Positionen. Die Überlegenheit der Sowjetunion in den Kämpfen, die von den Parteien ausgefochten werden, beruht nicht allein auf dem guten Gewissen der Revolutionäre, die an ihrer Sache nie zweifeln und alle Rechtsvorschriften, die sie zu achten vorgeben, mit Füßen treten. Rußlands kommunistische Machthaber verfügen in allen Ländern über treuergebene Männer und Parteien, die ihnen nicht aus Gewinnsucht, sondern aus Leidenschaft dienen; in diesem Sinne gibt es nirgends amerikanische Parteien, und die Parteien, die den Vereinigten Staaten dienen, müssen ihre Treue verschleiern, um nicht als käufliche Agenten zu erscheinen. Washington ist kein ideologisches Kraftzentrum.

In diesem ständigen Wettbewerb, der die ganze Welt umfaßt, ist Moskau seinen Gegnern noch auf eine andere Weise überlegen. Stalin, Molotow, Chruschtschow haben sich nie jemandem definitiv verpflichtet gefühlt. Eine Regierung, die Kommunisten hinrichtet oder ins Gefängnis wirft, verliert deswegen noch lange nicht die Freundschaft der Männer im Kreml, sofern ihr sonstiges Tun als objektiv im Einklang mit den Interessen des Kommunismus gilt. Nasser hat noch nie annehmen müssen, daß das Bündnis mit Moskau ihm die Pflicht zur Tolerierung der ägyptischen Kommunisten auferlegte, und Chruschtschow hat Nasser noch nie um ihretwillen unter Druck gesetzt. Dieser Art »Realismus« sind die Vereinigten Staaten nicht fähig. Gewiß genieren sie sich nicht, mit politischen Systemen zusammenzuarbeiten, die sie moralisch verurteilen, aber die amerikanische Opposition ist sofort dabei, die mangelnde Grundsatzfestigkeit der Regierung anzuprangern, und amerikanische Diplomaten setzen sich für liberale Maßnahmen meistens nicht aus realpolitischer Berechnung ein, sondern weil sie sich an bestimmte Überzeugungen halten.

Auf diplomatischem Gebiet finden die Vereinigten Staaten in ihrer Vergangenheit zwei unverfälschte Traditionen, gleichsam zwei Idealtypen vor: Frieden durch Isolierung, Sieg durch Vernichtung. Wenn, wie Alexis de Tocqueville meinte, die saubere Trennung von Krieg und Frieden das Wesensmerkmal der Demokratie ist, sind die Vereinigten Staaten entschieden demokratisch. Bis 1950 hatten sie dreimal eine enorme Kriegsmaschine mobilisiert; sie haben sie ebenso schnell vom ersten Friedenstag an wieder demontiert. Nach der Waffenstreckung der Südstaaten, des wilhelminischen Kaiserreichs, des von den ersten Atombomben getroffenen Japans war jeweils das Ziel erreicht. Mit der bedingungslosen Kapitulation des Feindes war der Krieg zu Ende, der Frieden wieder eingekehrt; sofort begann die Demobilmachung der Armee. Auch wenn die Diplomaten eine kriegstüchtige Armee noch so sehr brauchen, um mit Feinden oder mit Verbündeten zu verhandeln, ist diese Notwendigkeit, die den Politikern des alten Europas selbstverständlich war, von der amerikanischen öffentlichen Meinung oder auch von Amerikas Regierungsmännern nie erkannt oder zum mindesten nie zugegeben worden; jedenfalls gaben sich die Regierungsmänner meistens damit zufrieden, der öffentlichen Meinung zu folgen.

Die Diplomatie nach 1945 hat aber ihre Bestimmungsgründe – das ist oft genug ausgesprochen worden – in einer Situation, die weder dem einen noch dem anderen reinen Typus, weder dem Frieden noch dem Krieg, angehört. In Europa wird die territoriale Regelung von keinem der beiden Lager als endgültig akzeptiert. Selbst wenn man von der machtpolitischen und ideologischen Rivalität der beiden Riesen absieht, gibt es keinen Frieden aus dem einfachen Grunde, weil ein großer Teil der Menschheit noch auf der Suche ist nach der bestgeeigneten politischen Organisation und nach der besten Methode der Modernisierung. Nach 1945 hatten die Vereinigten Staaten entdecken müssen, daß das Ende des Krieges nicht automatisch der Beginn des Friedens war. Im Jahre 1950 mußten sie dazulernen, daß Kriege nicht immer bis zur Vernichtung oder Entwaffnung des Feindes geführt werden.

Die aus Europa stammenden Pioniere mußten die Indianer bekriegen, um das Land in Besitz zu nehmen. Die Nordstaaten mußten die Südstaaten aufs Haupt schlagen, um die Oberhoheit der bundesstaatlichen Gewalt zu etablieren. Es war in diesem Fall logisch, die bedingungslose Kapitulation zu fordern, denn das Kriegsziel war die Vernichtung der staatlichen Existenz des Feindes, der Konföderation der Südstaaten. An die Vernichtung der staatlichen Existenz Deutschlands dachte aber Wilson 1918 ebensowenig wie Clemenceau oder Lloyd George. Die alliierten Staatsmänner waren sich indes einig in dem Entschluß, die Friedensbedingungen zu diktieren, das heißt die Mittelmächte zu entwaffnen, ihnen vor jeder Verhandlung über die endgültige Regelung alle Mittel des Widerstandes zu entwinden. Um nun das nächste Mal den Besiegten nicht die Möglichkeit zu geben, gegen die Friedensvertragsbestimmungen unter Berufung auf frühere Versprechungen zu protestieren, nahm Franklin D. Roosevelt im Krieg von 1939 bis 1945 die aus dem amerikanischen Bürgerkrieg überlieferte Formel der bedingungslosen Kapitulation wieder auf, eine diesmal unlogische Formel, denn das Ziel war nicht, die staatliche Existenz Deutschlands auf die Dauer zu zerstören.

In Korea hätte ein totaler Sieg die Vereinigung der beiden Staaten, die im Süden und im Norden aus den Okkupationszonen hervorgegangen waren, zur Folge gehabt. Es war nicht unberechtigt, sich diese Vereinigung zum Ziel zu setzen, um so mehr, als die Entscheidung der Vereinten Nationen einem solchen Unterfangen die Weihe unbestreitbarer Legalität verliehen hätte. Der Eingriff Chinas veränderte die Situation von Grund auf. Von diesem Augenblick an hatten die Vereinigten Staaten die Wahl zwischen einem Frieden durch *totalen Sieg*, der nach der Zerstörung der chinesischen Widerstandskraft hätte diktiert werden können, einem Frieden durch einen *Teilsieg*, der nach militärischen Erfolgen gegen die chinesischen Freiwilligen in Korea, aber ohne die Zermalmung oder Entwaffnung Chinas hätte erhandelt werden müssen, oder einem *Frieden ohne Sieg*, nach unentschiedenen Kämpfen durch Verhandlungen zu erreichen und mehr oder minder auf die Sanktionierung der tatsächlichen Situation zu beschränken. Die Vereinigten Staaten – Truman ebenso wie Eisenhower – wählten die letztgenannte Lösung. Sie wollten weder das Risiko eines totalen Krieges gegen China auf sich nehmen noch den Preis für einen eindeutigen, aber auf den koreanischen Kriegsschauplatz beschränkten Sieg zahlen. Sie begnügten sich mit einer Remispartie, einem defensiven Sieg über die nordkoreanische Aggression, der zugleich den Verzicht auf eine Wiedervereinigung durch Waffengewalt besiegelte. Die Vereinigten Staaten hatten, vielleicht nicht ohne dabei Fehler zu machen, die für sie neue Logik des begrenzten Krieges erlernt. In der Lehrzeit war die durch die Abberufung General MacArthurs ausgelöste große Diskussion ein Stück Anschauungsunterricht.

In der Welt der absoluten Diplomatie hat der begrenzte Krieg auch sein Gegenstück. Gestützt auf seine eigene Erfahrung, hat Mao Tse-tung die Begriffe und die Theorie des »anhaltenden Konflikts« entwickelt. Auch Lenin hatte den Kampf zwischen Kapitalismus und Sozialismus, zwischen Bourgeoisie und Arbeiterklasse als einen echten Krieg gesehen; er würde in hundert verschiedenen Schlachten ausgetragen werden und sein Schauplatz die ganze Welt sein. Geführt wird dieser Krieg bald mit Kanonen, bald mit Maschinenpistolen; bald mit Schießpulver, bald mit Worten; bald mit der Verkündung unversöhnlicher Feindschaft und bald mit dem Anschein friedlicher Zusammenarbeit. Im Kampf werden alle Mittel mobilisiert, alle Einzelepisoden sind als Elemente eines Ganzen, als Etappen eines Prozeßablaufs gedacht: der Krieg der Klassen, der politisch-gesellschaftlichen Systeme und der machtpolitischen Blöcke ist eine Epoche der Weltgeschichte, deren Dauer nicht vorausgesehen werden kann.

Um die Welt in diesen Kategorien zu begreifen, mußten die Vereinigten Staaten die glücklichen Zeiten der Einsamkeit vergessen, auf die Alternative von Krieg und Frieden verzichten, den Frieden als kriegerisch ins Auge fassen, die begrenzten Kriege akzeptieren, das Verlangen nach echten Lösungen unterdrücken, sich an die Koexistenz mit Todfeinden gewöhnen, kurzum all die Dinge hinnehmen, die sie für die spezifischen Merkmale der alten europäischen Diplomatie gehalten hatten. Gezwungen, im Weltmaßstab und mit einem noch nie dagewesenen Aufgebot an Gewaltmitteln das machtpolitische Spiel zu spielen, werden dieselben Vereinigten Staaten als imperialistisch verschrien, die stets geneigt waren, alle Staaten bis auf die amerikanische Republik der Todsünde des Imperialismus für schuldig zu halten.

Hat etwa die Sowjetunion, um sich dem Dauerkonflikt anzupassen, eine ähnliche Wandlung durchmachen müssen wie die Vereinigten Staaten, die von den Formeln »Keine Verpflichtungen« und »Keine Verwicklungen« zur verpflichtenden Mitgliedschaft in den Vereinten Nationen und zu einer großen Zahl vertraglicher Bindungen gelangt sind? Gibt es einen entscheidenden Unterschied zwischen der Außenpolitik der Sowjetunion und der Außenpolitik des zaristischen Rußlands oder gibt es ihn nicht? Die Antwort auf eine solche Frage ist um so schwieriger, als die Vereinigten Staaten, ohne ihr Regime zu ändern, ihre Politik geändert haben, grundlegend sogar, weil sich Veränderungen in ihrem Innern und in der Welt, die sie umgibt, dazwischengeschoben hatten. In jedem Fall würde sich Rußland als zweitgrößte Industriemacht der Welt anders verhalten müssen, als es sich in einer Zeit verhielt, in der es von Frankreich Kapital lieh, um Eisenbahnen bauen zu können.

Über diese erste Feststellung hinaus scheinen mir zwei Thesen von gegensätzlichem Charakter gleichermaßen unbestreitbar zu sein. Die Sowjetführer begreifen ihre Beziehungen zu anderen Staaten, begreifen Krieg und Frieden mit Hilfe von typisch kommunistischen Denkmitteln. Ein Rußland, das 1945 ein autokratisches oder parlamentarisches Regime gehabt hätte, wäre nach dem Verschwinden dazwischengeschalteter Puffergebilde möglicherweise spontan zum Rivalen der anderen Großmacht geworden; aber seine Führer, auf eine marxistisch-leninistische Weltanschauung nicht festgelegt, wären der These von der unvermeidlichen und unversöhnlichen Feindschaft zwischen den zwei Machtblöcken nicht gefolgt; zum mindesten ist nicht erwiesen, daß nichtkommunistische Machthaber dieselbe Vorstellung von der Menschheit und ihrer Entwicklung hätten haben müssen. Von einer anderen Warte gesehen, muß sich jedoch jede staatliche Diplomatie nach einem machtpolitischen Kalkül richten, und so manche Entscheidung der Sowjetunion kann auch in den

Kategorien des traditionellen Machtspiels gedeutet und als Beweis dafür angeführt werden, daß sich die Sowjetunion gegenüber ihren Verbündeten und ihren Rivalen nicht anders verhält als jeder beliebige, nicht ideokratisch regierte Staat. Schon 1921 hatte sich die Sowjetregierung mit einer Türkei verbündet, deren neuer Staat zwar einer Revolution entstammte, aber die Kommunisten verfolgte. Und 1939 hat Stalin nicht gezögert, seine Hand Ribbentrop entgegenzustrecken. In Perioden der Krise, in Augenblicken der Gefahr ist es das nationale Interesse, das den Männern des Kremls als Leitstern dient.

Der Widerspruch zwischen diesen beiden Thesen braucht nicht akut zu werden, wenn nicht die eine oder die andere verallgemeinert wird. Die beiden Alternativhypothesen, daß die Entscheidungen des Kremls durch ideologische Erwägungen diktiert oder daß sie von ideologischen Erwägungen völlig unbeeinflußt seien, sind gleichermaßen unwahrscheinlich. Es gibt Situationen, in denen alle Staatsmänner in derselben Weise handeln müssen, weil der machtpolitische Kalkül – den Krieg vermeiden oder seine Last auf andere abwälzen, Bundesgenossen rekrutieren, Zeit gewinnen – dieselben Entscheidungen erzwingt. Umgekehrt ist es so gut wie unvorstellbar, daß die Männer des Kremls die Angelegenheiten des Sowjetstaates zu allen Zeiten so verwalten sollten, als ob sie an den Klassenkampf und an die Todfeindschaft zwischen Kapitalismus und Sozialismus nicht glaubten. Hätte ein nichtideokratischer russischer Staat seine Herrschaft in Osteuropa auf einer dauerhaften Grundlage errichten wollen, so hätte er einiges anders gemacht; zum mindesten hätte er Osteuropa nicht eine Regierungsform aufgenötigt, die gleichzeitig die geistige Gleichschaltung und die Vormundschaft Moskaus verbürgt.

Von den spezifischen Merkmalen einer kommunistischen Diplomatie sollten zwei, die für den Ablauf der Weltpolitik wichtig sind, festgehalten werden: die Permanenz des Konflikts und die Unbegrenztheit der Zielsetzungen. Die Sowjetunion handelt unablässig so, als sei sie ständig im Kriegszustand; nie akzeptiert sie eine territoriale Regelung als definitiv. Jeder Erfolg, den der Kommunismus erzielt, dient als Ausgangspunkt für einen neuen Vorstoß. Jeder Rückzug zielt auf eine Umgruppierung der Kräfte um einer zukünftigen Offensive willen. Im Gegensatz dazu träumen die Vereinigten Staaten von einer dauerhaften Stabilisierung, von einem freundschaftlichen Arrangement, das für alle Beteiligten annehmbar wäre. Ihr Gegner steht aber im Dienste einer Revolution, die erst an dem Tag zum Stillstand kommen wird, da sie nach Einbeziehung der gesamten Menschheit ihr Ziel erreicht und auf den Trümmern der mit ihr konkurrierenden Ideen und Organisationen allenthalben die absolute Ordnung wiederhergestellt haben wird.

Diplomatie der Abschreckung

Wenn nach der Auffassung eines der Riesen der Konflikt permanent ist, wenn außerdem ein erheblicher Teil der Menschheit auf die Bildung neuer Staaten ausgeht, warum ist dann im Lauf der Jahre, die seit 1945 verstrichen sind, nicht ein neuer großer Krieg ausgebrochen? Auf diese Frage gibt es mehrere Teilantworten, die einander nicht ausschließen, und eine

Generalantwort, die über Teilaspekte hinausgreift. Wir wollen die Teilantworten kurz Revue passieren lassen und bei der übergreifenden Antwort verharren.

Ein internationales System, das zweipolig ist, begünstigt seinem Wesen nach den Dauerkonflikt. Die bipolare Struktur erlaubt überhaupt keine echte Stabilisierung; die Motive der Konflikte zwischen beiden vorherrschenden Staaten sind zahllos, weil es in ihrem Wettstreit primär darum geht, auf wessen Seite sich alle anderen Staaten schlagen. Trotzdem zögern die Riesen, sich in einen Krieg auf Leben und Tod zu stürzen: noch sind ihre lebenswichtigen Interessen nicht bedroht, und der offene Kampf würde sie – ganz gleich, wer siegt – ungeheuer viel kosten. Solange noch vernünftig gerechnet wird, liegt es im Interesse der beiden Hauptakteure, den totalen Krieg zu vermeiden, weil die Kosten für den einen wie für den anderen größer wären als der Gewinn, den der Sieg bringen könnte.

Es ließe sich freilich einwenden, daß dieselbe Überlegung Perikles hätte davon abhalten müssen, den Peloponnesischen Krieg zu unternehmen. Doch haben sich, wenn man Thukydides Glauben schenken darf, weder Perikles noch die Könige von Sparta leichten Herzens auf das Abenteuer eingelassen. Sie wurden schließlich in die Dialektik des Machtkampfes hineingezogen, aber nicht ohne vorher den Frieden des Nikias abgeschlossen, nicht ohne es vorher mit Perioden der friedlichen Koexistenz versucht zu haben. Niemand kann sagen, in welche Situation der anhaltende Konflikt, in dem wir leben, einmünden wird.

Von den beiden Riesen hat sich der eine seit jeher zu einer pazifistischen Philosophie bekannt, was allerdings die amerikanische Diplomatie nicht hindert, sich gelegentlich Ausbrüchen des Zorns und der Brutalität – wie etwa im Krieg gegen Spanien – hinzugeben. Der andere Riese betrachtet den Konflikt als normal, greift aber nur unter außergewöhnlichen Umständen zum offenen Krieg, in dem reguläre Heere die Grenzen überschreiten. Die Sowjetdiplomatie ist expansionistisch, aber der Krieg ist für sie nur ein Expansionsmittel neben anderen, dazu ein besonders kostspieliges. Die beiden Riesen neigen um so weniger zu einer Kraftprobe auf Biegen und Brechen, als ihr Ausgang in jedem Fall eine zweischneidige Angelegenheit wäre. Soll man sich vorstellen, daß dem Sieger das gesamte Gebiet zufiele, das von Wladiwostok über Moskau, Berlin und Paris bis San Francisco reicht? Siegte die Sowjetunion, so würde sie angesichts der gewaltigen Unterschiede in der Lebenshaltung mit Terror regieren müssen. Siegten die Vereinigten Staaten, so würden sie das Imperium gar nicht zusammenhalten können, denn um ihrer Prinzipien willen würden sie überall die nationale Unabhängigkeit und die demokratische Ordnung wiederherstellen. Von den Römern haben die Amerikaner weder den Sinn für die Pazifizierung von Weltreichen noch die dazu nötige Begabung geerbt.

Es gibt aber noch Wichtigeres. Dieser Großraum, der das nördliche Asien, Europa und Nordamerika umfaßt, gleichsam die Verlängerung des europäischen Systems bis zu den peripheren Staaten, ist nicht eigentlich das Feld, in dem die Vereinigten Staaten und die Sowjetunion aufeinanderprallen. Freilich erfolgte die Begegnung der russischen und amerikanischen Heere an der Elbe, und die Diplomaten streiten sich seitdem über die Grenzziehung und die Einheit Deutschlands. Aber der Einsatz ist hier begrenzt. Die Mehrzahl der Menschen lebt außerhalb dieses Raums, in den sich die industriell entwickelten Länder teilen. Die Massen Asiens und Afrikas sind das Objekt, dem der Konkurrenzkampf um den

Erdball gilt. Könnte der Sieger diese im Elend lebenden Massen, zu denen auch die Erben versunkener Hochkulturen gehören, wirklich beherrschen? Reine Illusion: sogar die Sowjetunion wird ihre Kommandostellung China gegenüber nicht allzulange halten können. Von dem Tag an, da ihr keine ebenbürtige Militärmacht mehr gegenüberstände, könnte sie zwar, ohne Repressalien zu befürchten, den Erdball ausplündern (bis zu dem Tag, an dem sich auch China eine Atomrüstung zugelegt hätte); sie könnte aber nicht souverän über die Hunderte von Millionen Menschen herrschen, die andere Sprachen sprechen, andere Götter verehren und auf die Wohlstandssegnungen des siegreichen Sozialismus vergebens warten würden.

Die »dritte Welt« ist zu groß und potentiell zu mächtig (es gibt allein mehr als sechshundert Millionen Chinesen), um bloßes Objekt der Geschichte zu sein und sich dem Sieger in jenem Krieg auf Leben und Tod passiv zu ergeben, der das von der Alten und der Neuen Welt gebildete System einbeziehen und am Ende zerstören müßte. Sparta und Athen stritten sich um die Vorherrschaft über das System der griechischen Stadtstaaten. Die Vereinigten Staaten und die Sowjetunion streiten sich weniger um die Vorherrschaft über das System der europäischen Nationen als um die Vorherrschaft über die Massen Asiens und Afrikas. Aber schon die Kosten des Krieges würden den Überlebenden daran hindern, diese Vorherrschaft zu verwirklichen.

Sollten sich die beiden Riesen trotz alledem in einen Kampf auf Leben und Tod stürzen, so würden sie nicht der Vernunft gehorchen, sondern der Dialektik der Macht, das heißt letztlich der Leidenschaft. Soweit sich die Kampfesweise voraussehen läßt, besteht die Gefahr, daß die Zerstörung alle Kriegführenden, ja auch die Unbeteiligten treffen müßte. Die massiven Vernichtungswaffen leihen ihren mächtigen Beistand der Sache der Gegner des tödlichen Krieges, der Sache der Vernunft. Unter die Phase der totalen Kriege, die die erste Hälfte des Jahrhunderts ausgefüllt haben, ziehen die Atom- und thermonuklearen Waffen einen vorläufigen, vielleicht sogar den definitiven Schlußstrich.

Erinnern wir uns an die elementaren Tatsachen. Die Bombe von Hiroshima entsprach einer Sprengkraft von zwanzigtausend Tonnen Trinitrotoluol. Die Sprengkraft der thermonuklearen Bombe zählt nicht nach Tausenden, sondern nach Millionen Tonnen TNT. (Die Gesamtzahl der Bomben, die im letzten Krieg über Deutschland abgeworfen worden sind, entsprach einer Sprengkraft von kaum anderthalb Millionen Tonnen TNT.) Die Zone der totalen Vernichtung läßt sich bei einer thermonuklearen Bombe noch in Quadratkilometern ausdrücken; die radioaktiven Niederschläge einer »schmutzigen« Bombe verpesten ein Gebiet, das sich über Hunderte von Kilometern vom Ort des Abwurfs erstreckt. Bei einer gewissen Intensität thermonuklearer Bombardements könnten ganze Länder, ja der gesamte Erdball unbewohnbar werden.

Die Menschen zeichnen sich seit eh und je durch die Begabung aus, einander umzubringen. Eben darum ist mir die Philosophie von Hobbes schon immer als das beste, das einzige Fundament vorgekommen, auf dem sich das Prinzip der Gleichheit der Individuen aufrichten läßt: der Schwächste ist immer noch imstande, den Stärkeren zu töten. Die Zerstörung ganzer Städte, ja ganzer Zivilisationen durch den Krieg datiert nicht erst seit der Verwendung nuklearer Sprengstoffe, noch nicht einmal seit der Erfindung des Schießpulvers; die Römer brauchten bloß Hacken und Spaten, um Häuser in Trümmer zu legen und die Bürger Karthagos zu Sklaven zu machen, und von Karthago ist nichts übriggeblieben. Aber im Vergleich zur totalen Zerstörung früherer Zeiten führen die thermonuklearen Waffen zwei neue Momente ein.

Jeder nicht einseitig geführte thermonukleare Krieg muß alle Beteiligten, auch den Sieger, mehr kosten, als er einbringen kann. Sollte es diesmal stimmen, daß »alle Übel, die man mit dem Krieg vermeiden zu können vorgibt, weniger schlimm sind als der Krieg selbst«? Alles hängt von den Kriegszielen der Angreifermacht ab. Ist das Ziel die Ausrottung des Feindes, so rettet die Kapitulation auch den nicht, der sich in der Hoffnung, am Leben zu bleiben, dem Kampf entzieht. Man fragt sich vergebens, welcher erstrebte Ertrag des Sieges die Kosten des Krieges aufwiegen könnte, wenn nicht wiederum der ersehnte Preis die Ausrottung des Gegners ist. Nach 1918 ebenso wie nach 1945 haben die Sieger den Besiegten geholfen, sich wieder aufzurichten. Nach einem thermonuklearen Krieg wäre die Rückkehr zur internationalen Solidarität grausamer Hohn. (Was nicht besagt, daß sie ausgeschlossen ist.)

Damit, daß die Kernwaffen verwendbar geworden sind, drängen sich neue Vorstellungen auf oder werden alte umgemodelt. Eine zentrale Bedeutung erlangt der Begriff der Abschreckung *(deterrent)*. Die Drohung mit den Kernwaffen genügt, den potentiellen Aggressor, sofern er sie ernst nimmt, davon abzuhalten, seine Pläne zu verwirklichen. Die Vorstellung vom Kräfteverhältnis beherrscht nicht mehr den politisch-strategischen Kalkül; an ihre Stelle tritt das Gleichgewicht des Schreckens. Ist einmal eine Macht in der Lage, einer anderen Verluste zuzufügen, die größer sind, als der Ertrag des großartigsten Sieges je sein könnte, so ist das Verhältnis der beiderseitigen Kräfte bedeutungslos geworden: daß die eine Macht zwei-, fünf- oder zehnmal soviel thermonukleare Bomben gelagert hat wie die andere, besagt überhaupt nichts, sobald die Kernwaffenkapazität der beiden an die Schwelle untragbarer Zerstörung heranreicht. Das Gleichgewicht des Schreckens wäre nur dann umgeworfen, wenn eine Macht Abwehrmittel hätte, mit denen sie die Kernwaffenbeförderungsmittel der anderen lahmlegen und somit ihre Zerstörungskapazität unter die Schwelle des Untragbaren herabdrücken könnte. Sobald eine Macht die Möglichkeit hat, eine andere mit solchen Mitteln zur Kapitulation zu zwingen, ohne dabei unerträglichen Schaden zu erleiden, sind wir wieder bei der alten Situation angelangt, in der das Kräfteverhältnis entscheidet, obgleich der Krieg auch in diesem Eventualfall nur dann wieder »vernünftig« wird, wenn es um einen enormen Einsatz geht. Um welcher Eroberung willen würde es sich lohnen, die Wirkungen eines halben Dutzends thermonuklearer Bomben in Kauf zu nehmen? Von einer *Abschreckungsstrategie* sprechen wir dann, wenn die Drohung, massive Zerstörungswaffen zu gebrauchen, dem Feind ein bestimmtes Vorgehen effektiv verbietet.

Seit 1945 sind bereits verschiedene Phasen des Atomzeitalters abgelaufen. Der erste augenfällige Unterschied ist der zwischen dem amerikanischen Monopol und dem sowjetamerikanischen Duopol (an dem sich auch dadurch nicht viel ändert, daß der Atomklub in Großbritannien ein drittes Mitglied hat oder mit Frankreich ein viertes bekommt). Nur bedeutet der bloße Besitz der Waffen nichts, wenn man die Angriffsobjekte nicht erreichen kann. Anscheinend hat die Sowjetunion ihre erste Atombombe 1949 explodieren lassen. Sie besaß um diese Zeit keinerlei Träger – ob Flugzeuge, ob Raketen –, die die Bomben hätten nach New York oder Washington bringen können. Das wirkliche Gleichgewicht zwischen den beiden Riesen stellte sich erst um 1957/58 ein, nachdem es der Sowjetunion gelungen war, die strategische Luftwaffe und ballistische Geschosse von mittlerer oder sogar interkontinentaler Reichweite verwendungsfähig zu machen.

In den Jahren, die der Herstellung dieses tatsächlichen Gleichgewichts voraufgingen, war die Ungleichheit weniger ausgeprägt, als sie sich denen darstellt, die sich darauf beschränken, die auf beiden Seiten verfügbaren Bomben, Flugzeuge und Ferngeschosse miteinander zu vergleichen. Zwischen 1945 und 1950 hatte die Sowjetunion weder Bomber, die New York hätten überfliegen und an ihren Stützpunkt zurückkommen können, noch erst recht interkontinentale Geschosse oder Atombomben. Dagegen verfügten die Vereinigten Staaten über einen gewissen Vorrat an Atombomben, schwere Bomber vom Typ B 36, für die ein Direktflug nach der Sowjetunion und zurück kein Problem ist, und mittlere Bomber, die von jedem beliebigen Startplatz im Bereich eines die Sowjetunion umzingelnden Netzes von Luftstützpunkten aufsteigen konnten. Die amerikanische Überlegenheit wäre vernichtend gewesen, wäre nicht Westeuropa, um diese Zeit der echte oder vermeintliche Haupteinsatz im Machtspiel der beiden Riesen, völlig außerstande gewesen, sich im Kriegsfall zu wehren und die Besetzung durch den Feind zu verhindern. Die Europäer fürchteten einen Krieg, auch einen siegreichen, weil er ihnen mit einer jahrelangen Okkupation unsagbare Verwüstung und den vielleicht unabänderlichen Niedergang bringen mußte. Westeuropa war faktisch ein Geisel in den Händen der Sowjetunion; seine Schwäche stellte das Gleichgewicht zwischen den Riesen wieder her. Ein System ist nie stärker als sein schwächstes Glied; die amerikanische Strategie war lahmgelegt durch die Angst, die die Divisionen der Roten Armee den Europäern einflößten.

Dieser Konstellation ist sich der Westen erst um 1950/51, während der durch die Aggression Nordkoreas und den Eingriff der chinesischen Freiwilligen ausgelösten Krise, bewußt geworden. Als aber einige Jahre später die Wiederaufrüstung nicht die ihr anfänglich gesetzten Ziele, sondern nur die, die sich mit einer Friedenswirtschaft vertrugen, erreichte, hatte sich die Situation nicht gebessert, sondern verschlechtert. Ohne Atomwaffen war die Armee des Nordatlantikpaktes nicht imstande, die Sowjetarmee aufzuhalten. Sie war gerade noch stark genug, die Sowjetunion zu zwingen, ihre aggressiven Absichten in Mobilmachungsmaßnahmen kundzutun. Aber inzwischen hatte die Sowjetunion ihre atomare Rüstung ausgebaut. Ab 1953 oder 1954 erfreute sie sich bereits eines ziemlichen Reichtums an Kernwaffen; zwei oder drei Jahre später, ungefähr zur selben Zeit wie die Vereinigten Staaten, hatte sie auch schon thermonukleare Bomben entwickelt und eine Anzahl hergestellt. Im Jahre 1958 produzierten Sowjetfabriken mehr schwere Bomber (Typ Wisent) als amerikanische Fabriken (Typen B 52 und B 58). Was schließlich die ballistischen Ferngeschosse betrifft, hatte die Sowjetunion offensichtlich einen Vorsprung: sie benutzte bereits Raketen von mittlerer Reichweite und hatte wenigstens einige Exemplare interkontinentaler Geschosse. Die Vereinigten Staaten behielten eine unbestreitbare Überlegenheit nur in einer Beziehung: sie hatten mehr Luftstützpunkte; dazu waren diese

Stützpunkte von den Lebenszentren der Sowjetunion weniger weit entfernt als die Startplätze, von denen aus die mit Hammer und Sichel geschmückten strategischen Bomber aufsteigen, vom Gebiet der USA.

War das Gleichgewicht des Schreckens damit aufgehoben? Ich glaube es nicht. Ein Gleichgewicht besteht, wenn, wie schon gesagt, jede Seite imstande ist, der anderen Zerstörungen über die Grenze des Tragbaren hinaus zuzufügen, Zerstörungen also, die den Krieg absurd machen und dem Sieg jede Bedeutung nehmen. Daß das gegenwärtig der Fall ist, scheint keinem Zweifel zu unterliegen. So wirksam die Luftabwehr in der Sowjetunion auch sein mag, die amerikanische Luftwaffe ist so groß und verfügt über so viele Stützpunkte zu Lande und zur See, daß im Kriegsfall die wichtigsten städtischen und industriellen Zentren der Sowjetunion betroffen wären. Es kann sein, daß die Sowjetunion den Schock ertragen, die russische Armee ihre Aktionsfähigkeit bewahren und die benachbarten Gebiete in Europa und im Nahen Osten überfluten würde. Die Kosten wären nicht weniger enorm; in der Tat wären sie so phantastisch, daß sich die Männer des Kremls – angenommen, sie handelten aus Vernunftüberlegungen – zur Kraftprobe nicht würden entschließen können, ohne in sie hineingetrieben oder zu ihr gezwungen worden zu sein. Aber auch die Vereinigten Staaten würden die Initiative zur Kraftprobe nicht ergreifen und ihren Feind nicht in eine Situation bringen, in der er keinen anderen Ausweg hätte und keinen anderen zu haben glaubte.

Wird das Gleichgewicht des Schreckens im Lauf der nächsten Jahre umgeworfen werden? Voraussichtlich nicht, obgleich der Sowjetunion einige Vorteile zufallen müssen. Zwischen 1960 und 1964 wird sie wahrscheinlich mehr interkontinentale Fernraketen herstellen als die Vereinigten Staaten und möglicherweise eine wirksamere Flugzeugabwehr aufgebaut haben und besser imstande sein, schwere Erschütterungen zu überstehen, ohne daß die Grenze des Untragbaren erreicht wird. Sie rechnet damit, daß der Krieg nach dem ersten Austausch thermonuklearer Verwüstungen weitergehen wird, während die Amerikaner zu glauben scheinen, daß diese erste gegenseitige Zerstörungsprobe von apokalyptischen Ausmaßen eher das Ende einer Welt als die erste Phase eines Krieges anzeigen müßte.

Eine entscheidende Störung des Gleichgewichts des Schreckens bleibt aus den drei folgenden Gründen unwahrscheinlich: 1. Der technische Fortschritt begünstigt – einer gängigen Meinung zum Trotz – die strategische Defensive, nicht die Offensive. Tatsächlich ist es für die Seite, die zur Offensive schreitet, logisch, die Vergeltungsmittel der Gegenseite, die sie besiegen will, treffen und zerstören zu wollen. Dagegen versucht die Seite, die in der Defensive ist, die Fabriken und Städte des Feindes zu treffen, weil für sie die Hoffnung sinnlos geworden ist, den Schlägen zu entgehen, die sie bereits getroffen haben. Nun ist es aber viel leichter, Städte zu zerstören als Vergeltungsmittel (Luftstützpunkte und Raketenabschußbasen). 2. Je mehr Zeit verstreicht, um so größer wird das Verwundbarkeitsgefälle zwischen den Vergeltungsmitteln und den Städten, das heißt den Startplätzen der Flugzeuge und den Raketenschießplätzen auf der einen, den städtischen Siedlungen auf der anderen Seite, weil die Zahl der Stützpunkte und Schießplätze wächst, während ihre verwundbare Ausdehnung abnimmt (unterirdische Raketenabschußbasen, U-Boote als Raketenträger). 3. Unter diesen Umständen müssen bei den Sachverständigen die Zweifel an der Wirksamkeit der Abwehr so vieler und so verschiedenartiger Angriffe die Oberhand gewinnen. Logischerweise müßten sie den Staatsmännern zur Vorsicht raten.

Hat die relative Ungleichheit der Zerstörungskapazität keine Folgewirkungen? Theoretisch dürfte sie keine haben, denn schließlich stirbt man nur einmal, und es müßte völlig gleichgültig sein, ob die eine Partei alle Städte des Gegners zweimal dem Boden gleichmachen kann, wenn der Gegner die Möglichkeit hat, die Städte des Angreifers auch nur einmal vom Erdboden zu tilgen. Dieser Überlegung haften aber zwei Schwächen an. Die Theoretiker sind sich nicht einig darüber, ob es möglich oder unmöglich ist, thermonukleare Angriffe zu überstehen. Die Theoretiker der Sowjetunion schreiben und handeln so, als ob sie an diese Möglichkeit glaubten, zumal sie auch noch mit dem Bau unterirdischer Schutzanlagen verbessert werden könnte. Wenn sie überzeugt sind, daß sie drei vernichtende Schläge in der Zeit austeilen können, in der sie nur einen durchzustehen haben, werden sie zu Recht oder zu Unrecht finden, daß ihr Land die thermonukleare Phase des Konflikts überleben und daß das gegnerische Land sie nicht überleben würde. Dennoch würden die Staatsmänner der überlegenen Seite einen Krieg nicht ersehnen, dessen Ertrag weiterhin hinter den Kosten der Kriegführung zurückbliebe. Sie werden aber diese Möglichkeit nicht mit der gleichen Entschlossenheit ausschalten, wie es die schwächere Seite tun müßte. Die Ungleichheit des Schreckens hat ihre Konsequenz; sie erhöht die Gefahr einer durch Mißverständnisse ausgelösten Explosion.

Aber selbst wenn die Ungleichheit der Zerstörungsmittel aus dem Grunde ohne Folgen bleibt, weil beide Seiten die für den totalen Krieg kritische Sättigungsgrenze erreicht haben, kann es passieren, daß die Öffentlichkeit und sogar die Regierungen irrigen Vorstellungen erliegen und die tatsächlich vorhandene Rüstungsgleichheit verkennen. Das ist keine willkürliche Annahme: der Westen neigt bereits dazu, dem Sowjetblock globale Überlegenheit zuzuschreiben, während doch die Sowjetunion einen Vorsprung bestenfalls bei einem einzigen Typ von Atomwaffenträgern hat und in der totalen Zerstörungskapazität von den Amerikanern wahrscheinlich immer noch übertroffen wird.

Welche Rolle hat in der Weltdiplomatie die »einseitige Abschreckung« gespielt? Welche Rolle spielt in ihr die »gegenseitige Abschreckung«? Es läßt sich kaum ein Ereignis aufspüren, das dem Atommonopol der Vereinigten Staaten seinen Ursprung zu verdanken gehabt hätte. Gerade in der Zeit des amerikanischen Monopols (1945–1949) hat die kommunistische Partei ihren Sieg im chinesischen Bürgerkrieg errungen, in dem es ja nicht nur um das Regime, sondern auch um Chinas Zugehörigkeit zu dem einen oder anderen Lager ging. Gewiß hatten die Vereinigten Staaten damals noch keinen großen Vorrat an Atomwaffen. Aber selbst wenn sie ihn gehabt hätten, wäre nichts anders gelaufen; der Beweis ist erbracht worden, als die Aggression der Nordkoreaner begann und die chinesischen Freiwilligen eingriffen. Am 25. Juni 1950 erwogen die Washingtoner Führer noch nicht einmal die Möglichkeit einer atomaren Gegenaktion; von der Verwendung der Atomwaffe wurde im Dezember 1950 vage gesprochen. Aber niemand hat im Ernst den Vorschlag gemacht, die Städte Chinas zu verwüsten, um die Aggression aufzuhalten oder zu ahnden. Die Atomwaffen waren wirkungslos, soweit es sich darum handelte, den Ablauf von Bürgerkriegen zu beeinflussen; ihr Zerstörungsradius stand offenbar in keinem rechten Verhältnis zu den Ereignissen in Asien oder zur Größenordnung eines lokalen Krieges.

Läßt sich aber dann wenigstens sagen, daß das Atommonopol der Vereinigten Staaten das waffenlose Europa auf dem europäischen Schauplatz 1945 bis 1952 vor einer Invasion bewahrt hat? Mehr als einmal ist diese These aufgestellt worden. Ich halte sie trotzdem nicht für richtig. Mit oder ohne Atomwaffen hätten die Angelsachsen die Sowjetisierung des gesamten europäischen Kontinents nicht geduldet. Nachdem sie einen Erschöpfungskrieg geführt hatten, um Deutschland daran zu hindern, den Alten Kontinent mit Waffengewalt zu einigen, hätten sie sich der direkten Wiederaufnahme desselben Versuches durch eine ihren Interessen noch feindlichere Kontinentalmacht erst recht widersetzt. Amerikas und Englands Entschlossenheit, den westlichen Teil des Alten Kontinents nicht in die Einflußsphäre der Sowjetunion fallen zu lassen, war den Männern im Kreml nicht entgangen. Noch damit beschäftigt, die von der Nazi-Invasion hinterlassenen Trümmer wegzuräumen, hätten sie einen neuen Weltkrieg nicht riskiert.

In der ersten Phase hat die Atombombe weniger das außenpolitische Verhalten der Sowjetunion (die schließlich nicht gezögert hat, die nordkoreanische Aggression zu entfesseln) als die Militärpolitik der Vereinigten Staaten und ihrer europäischen Bundesgenossen beeinflußt. Bis 1950 hatten Amerika und seine Verbündeten ihr Verteidigungsbudget so sehr beschnitten, daß die wirklich verfügbaren Streitkräfte auf einen lächerlich niedrigen Stand gesunken waren. Die Vereinigten Staaten hatten noch keine zehn gutausgebildete Divisionen marschbereit; sie mußten gut die Hälfte ihrer Armee einsetzen, um die Truppen eines kleinen Satelliten der Sowjetunion zu schlagen. In der späteren Phase haben sich Amerikaner wie Europäer ihre Verteidigung mehr kosten lassen. Schon für Friedenszeiten haben die Vereinigten Staaten ein ansehnliches Heer (etwa zwanzig Divisionen), eine mächtige Luftflotte (hundertzwanzig bis hundertdreißig Geschwader) und eine den Flotten aller anderen Staaten überlegene Kriegsmarine aufgebaut. (Das amerikanische Verteidigungsbudget von vierzig bis fünfzig Milliarden Dollar jährlich entspricht etwa fünfundsiebzig bis hundert Prozent des französischen Brutto-Sozialprodukts von 1957.)

Auch danach läßt sich das Gleichgewicht der Landstreitkräfte in Europa ohne den Gebrauch taktischer Atomwaffen nicht herstellen. In einem Krieg zwischen den beiden Lagern wäre die Verwendung von Atom- und thermonuklearen Waffen unvermeidlich. Nach der Logik der Abschreckung herrscht Frieden dort, wo nichtatomare Kriegführung wenn nicht unmöglich, so doch zum mindesten unwahrscheinlich geworden ist. Wo nichtatomarer Krieg möglich ist, reicht die Abschreckung zur radikalen Ausschaltung bewaffneter Konflikte nicht aus, wenn sie auch dazu beiträgt, sie zu begrenzen. Die Massenvernichtungswaffen sind sowohl in der Theorie als auch in der Praxis die Hauptursache für die Rückkehr zum begrenzten Krieg. Und nur die Begrenzung der Konflikte beläßt der Gewaltanwendung einen »vernünftigen« Sinn. Der unbegrenzte Krieg kann kein Instrument der Politik mehr sein, weil er niemandem einen Sieg bringt. Vor der Ära der Atomwaffen konnte nach der Clausewitzschen Vorstellung der absolute Krieg als der echte Krieg, als der Krieg, der sein eigentliches Wesen verwirklicht, erscheinen. Im Atomzeitalter ist es anders geworden. Der Krieg büßt seinen menschlichen Charakter ein, wenn die Gewaltanwendung die physische

Vernichtung der kämpfenden Nationen nach sich zieht oder wenn der Feind, der sich dem Willen des Siegers zu unterwerfen hätte, vom Erdboden verschwunden ist.

Die Strategie der Abschreckung zerstückelt das diplomatische Kraftfeld, das von der Kommunikations- und Produktionstechnik vereinheitlicht wird. Sie trägt im Zeitalter der totalen Diplomatie dazu bei, die Kriegsschauplätze und die von den Kriegführenden zu verwendenden Waffen zu begrenzen. Die Massenvernichtungswaffen bieten ein Beispiel der Dialektik: indem sie die Bemühungen um immer zerstörerischere Waffen vollenden, leiten sie eine Umkehrung der Entwicklung ein. Hiroshima und Nagasaki liegen am Ende des Weges, an dessen Beginn die Revolverschüsse von Sarajewo abgefeuert worden waren. Vielleicht bezeichnen diese Märtyrerstädte auch den Zugang zu einem anderen Weg.

Die Weltblöcke in Europa

Weder in Europa noch in Asien hat es seit dem zweiten Weltkrieg einen Frieden in dem Sinne gegeben, in dem die Europäer das Wort vor 1914 verstanden. Das aber, was man den Kalten Krieg nennt, hat auf den beiden Kontinenten verschiedene Erscheinungsformen angenommen.

Das Europa von der französischen Atlantikküste bis Stalingrad, über das sich 1943 das Hitlersche Imperium erstreckte, ist von zwei Armeen befreit worden, von denen die eine von der Wolga, die andere aus England gekommen war. Symbolischerweise stießen die Befreier an der Elbe aufeinander. Die durch den Zufall des Kriegsglücks gezogene Demarkationslinie berichtigten Diplomaten in den Vereinbarungen der Londoner Botschafterkonferenz. Die Grenze zwischen den drei westlichen Okkupationszonen und der Sowjetzone ist zur Grenze zwischen zwei Welten geworden. Lange bevor der Nordatlantikpakt unterzeichnet wurde, waren die beiden Blöcke ins Leben getreten.

Im Osten ist keins der von den Sowjettruppen befreiten Länder (außer Jugoslawien, das freilich seine Befreiung zum Teil der eigenen Widerstandsbewegung verdankte) einem kommunistischen Regime und dem Warschauer Pakt entgangen. Später, 1956, hat die ungarische Revolution einen Sieg errungen, wie er in unserem Jahrhundert noch keiner Revolution von unten geglückt war; doch waren die Aufständischen den Divisionen der Roten Armee nicht gewachsen: in Budapest gibt es wieder eine Regierung, die sich zum orthodoxen Kommunismus bekennt, aber es gibt nicht mehr die Illusion eines Regimes, das dem Proletariat oder dem Volke dient. In Warschau hatte sich die antistalinistische Revolte der Parteikader bemächtigt, und Gomulka, der eingekerkert worden, aber der Hinrichtung entgangen war, wurde zum Sprachrohr sowohl der rußlandfeindlichen Bevölkerung als auch der kommunistischen Funktionäre, die das Regime mit Reformen zu retten versuchten; die Männer des Kremls haben die Revolution vom Oktober 1956 nicht ohne Zögern toleriert, und sie bemühen sich seitdem, die »Volksdemokratie« von Warschau ohne die Anwendung extremer Mittel wieder auf die richtige Linie zu bringen.

Die polnischen und ungarischen Ereignisse von 1956 haben die Stärke und die Zerbrechlichkeit des Sowjetblocks in Europa enthüllt. Künftighin steht fest, daß die heutigen Moskauer Führer gewillt sind, ihre Herrschaft über den Osten Europas zu behaupten, notfalls auf den Spitzen der Bajonette. Es steht gleichfalls fest, daß die Westmächte Moskau das Recht, innerhalb seiner Einflußsphäre zu schalten und zu walten, konzediert haben, weil ihre Angst vor der Auslösung eines Atomkrieges stärker war als ihr Wunsch, den Freiheitskämpfern zu Hilfe zu kommen. Indes werden die Sowjetmachthaber, solange sie den Willen dazu aufbringen, jede Erhebung der versklavten Völker mühelos unterdrücken, selbst wenn diese Erhebung von Staats- und Parteikadern ermutigt und angeführt werden sollte. In diesem Sinne ist der Block so lange unverwundbar, wie das Sowjetregime in Rußland seine Kohäsion und seine Kraft behält.

Der Block ist nicht zum Imperium geworden. Die Grenzen zwischen den Volksdemokratien sind nicht ausgelöscht. In den letzten Jahren des Stalin-Regimes war es für einen Polen nicht einfacher, in die Sowjetunion oder die Tschechoslowakei zu reisen als nach Frankreich. Jedes Land der Volksdemokratie war in sich abgeriegelt, und alle waren sie Gefangene der Sowjetunion. Sogar auf wirtschaftlichem Gebiet blieb die Arbeitsteilung im Anfangsstadium: jedes einzelne Land »baute den Sozialismus auf«, indem es dem Vorbild des großen Bruders folgte, und wurde so zu einer Art Miniaturausgabe der Sowjetunion. Den Gipfel der Unvernunft erklomm Ungarn, wo die Vorrangstellung der Schwerindustrie den Bau von Hochöfen und Walzwerken erzwang, für die Kohle und Eisen aus dem Ausland eingeführt werden mußten. Seit dem Tode Stalins hat die Arbeitsteilung einige Fortschritte gemacht, ohne daß der von der Sowjetarmee beherrschte Raum in Zukunft für den freien Austausch von Personen und Ideen geöffnet wäre. Die Sowjetarmee braucht nur abzuziehen, und man wird entdecken, daß das Unabhängigkeitsverlangen der Völker nicht vernichtet, vielleicht nicht einmal geschwächt worden ist.

Die politischen Systeme in den einzelnen Ländern haben es nicht geschafft, einen neuen Menschen zu prägen oder die Bevölkerung für sich zu gewinnen. Aber die Gewohnheit, die Notwendigkeit wirken sich zu ihren Gunsten aus. Seit 1956 rechnet man nicht mehr auf den Westen, und die Aktiven machen Karriere in der Partei oder im Staat, weil es eine andere Perspektive nicht gibt. Die Lockerung des Terrors begünstigt eine Haltung der Beherrschten, die der Einwilligung in das Beherrschtwerden nahekommt. Aber die Russen bleiben weiter unpopulär, und die Massen sehen das Regime der Einheitspartei und der offiziellen Ideologie als etwas Gegebenes, nicht etwas Rechtmäßiges; als unvermeidlich, nicht als normal; als aufgezwungen und nicht gewollt.

Auf der anderen Seite ist der westliche Block vielleicht in höherem Maße stabil, als man aus den allzu sichtbaren Spannungen, die ihn ständig in Unruhe halten, schließen könnte. Wie die osteuropäischen Länder von den Sowjetarmeen, so sind die Länder Westeuropas von den angelsächsischen Armeen befreit worden. Seitdem ist die militärische Einheit der westlichen Hälfte ebenso aufrechterhalten worden wie die der östlichen Hälfte, aber die amerikanische Hegemonie hat wenig Ähnlichkeit mit der Sowjetherrschaft. Island, das eine halbe Million Einwohner zählt, kann an dem Tage, an dem sein Parlament es beschließt, die amerikanischen Soldaten aus ihren Stützpunkten vertreiben. Die Zugehörigkeit zum atlantischen Bündnis ist im Innern eines jeden Mitgliedsstaates zwar nicht in Frage gestellt, sie steht aber zur Diskussion. Alle politischen Wahlen sind Schlachten im Kalten

Krieg. Einer demokratisch gefaßten Entscheidung eines europäischen Landes, die Neutralität zu wählen und die atlantische Gemeinschaft zu verlassen, würden die Vereinigten Staaten keine Gewalt entgegensetzen.

Die drei wichtigsten Länder Westeuropas, Frankreich, Italien und Deutschland, hatten im Krieg gegnerischen Lagern angehört. Frankreich und Deutschland waren durch ein Jahrhundert von Kriegen und durch Ströme von Blut und Haß getrennt. Fünfzehn Jahre nach Kriegsende hat die Bundesrepublik ein stabiles parlamentarisch-demokratisches Regime, und die sechs Mächte Klein-Europas haben sich vorgenommen, binnen anderthalb Jahrzehnten einen gemeinsamen Markt Wirklichkeit werden zu lassen.

Während sich östlich der Demarkationslinie die Sowjetherrschaft in einer einheitlichen Mächtegruppierung darstellt, die politisch, wirtschaftlich und militärisch zugleich ist, zeichnen sich im Westen je nach dem konkreten Zweck der übernationalen Zusammenschlüsse vielfältige Kombinationen ab.

Militärisch faßt der Nordatlantikpakt fünfzehn Staaten zusammen: die Vereinigten Staaten und Kanada; Island, Dänemark und Norwegen; Holland, Belgien und Luxemburg; Großbritannien, die Bundesrepublik Deutschland und Frankreich; Italien, Portugal, Griechenland und die Türkei. Dem Bündnis gehören also fünf Ländergruppen an: Nordamerika, Skandinavien, die Niederlande, die mittel- und westeuropäischen Großmächte und die (östlichen und zentralen) Anlieger des Mittelmeeres. Sollte zu Portugal noch Spanien hinzutreten, so würde man noch eine sechste Gruppe unterscheiden müssen, die des westlichen Mittelmeeres (Italien, Frankreich, Portugal, Spanien).

Die Nordatlantikpakt-Organisation (NATO) ist ihrem Wesen nach ein militärisches Bündnis. Sie enthält insofern ein politisches Element, als ihre Mitglieder in dem Ruf stehen, die Menschenrechte, wenn nicht gar die Grundsätze der demokratischen Politik zu respektieren (am weitesten von der repräsentativen oder demokratischen Orthodoxie entfernt ist die politische Ordnung Portugals und der Türkei). Das Bündnis hat, was immer darüber gesagt worden sein mag, keine wirtschaftliche Bedeutung. Außerdem bekennen sich mehrere Länder zur freien oder westlichen Welt, ohne der NATO angeschlossen zu sein.

So zählt man in Europa drei militärisch neutrale Länder, die zur westlichen Kultursphäre und zum Europäischen Wirtschaftsrat (OEEC) mit den ihm angegliederten wirtschaftlichen Organisationen gehören: Schweden, die Schweiz und Österreich. Die Neutralität Schwedens und der Schweiz ist von einer »klassischen« Abart. Sie beruht primär auf einer günstigen geographischen Lage: Schweden und die Schweiz liegen nicht an den wichtigen strategischen Kraftlinien und haben die Aussicht, in einem künftigen Krieg von den feindlichen Heeren ebenso verschont zu werden, wie es in den beiden letzten Kriegen geschehen ist. Ihre Neutralität wird im übrigen von einer Militärmacht geschützt, die vermutlich ausreicht, eine Invasion so kostspielig werden zu lassen, daß der mögliche Invasionsgewinn zunichte gemacht würde. Die beiden Länder können sich außerhalb der Blöcke halten, weil sie relativ stark sind.

Anders ist die Lage Österreichs, das sich zur Neutralität als Gegenleistung für die Räumung des Landes durch die Besatzungsmächte hat verpflichten müssen und dessen Armee für die Aufrechterhaltung der Ordnung im Innern genügt, aber keinen Angreifer »abschrecken« kann. Österreich ist ein Puffer zwischen den beiden Blöcken. Daß es in Friedenszeiten auf keinen der beiden festgelegt ist, bringt beiden Lagern Vorteile, bedeutet aber auch zugleich, daß das Land im Konfliktsfall Gefahr läuft, sofort besetzt zu werden.

Wieder anders liegen die Dinge in Jugoslawien. Sein Regime gehört, auch wenn sein totalitärer Stil gemildert ist, nach wie vor zur Sowjetgattung, aber in seiner Außenpolitik bekennt sich das Land zur Neutralität. Diese Neutralität unterscheidet sich allerdings zutiefst von der schwedischen oder schweizerischen, die den politischen und moralischen Anschluß an das westliche Lager einbegreift. Die jugoslawische Neutralität, die auf die Launen des Kremls reagiert, indem sie der Linie der Sowjetpolitik näherkommt oder sich von ihr entfernt, hat eine gewisse Ähnlichkeit mit der Neutralität Indiens, wenn nicht mit der Ägyptens, die beide nach außen hin den Sowjetthesen freundlicher gegenüberzustehen scheinen als den westlichen Thesen, aber im Grunde vor den »Feinden des Imperialismus« mehr Angst haben als vor den Westmächten. Vor allem hat der Fall Jugoslawien eine symbolische Bedeutung: er zeigt, daß Staaten, die sich sozialistisch nennen, von Zwistigkeiten nicht weniger heimgesucht werden als die Staaten der Vergangenheit. Titos Jugoslawien mußte mit Moskau an dem Tag brechen, an dem es den Wunsch verspürte, von seiner Souveränität ernsthaft Gebrauch zu machen.

Der Konflikt zwischen den beiden Militärblöcken in Europa ist eine tatsächliche Gegebenheit, obwohl eine mehr oder minder friedliche Koexistenz für eine längere Zeitdauer möglich ist. Solange die Demokratie im Westen prosperiert und den Völkern eine höhere Lebenshaltung sichert, als sie dem Proletariat im Osten beschert ist, werden sich die Machthaber der Volksdemokratien nicht sicher fühlen und werden auch in Wirklichkeit nicht in Sicherheit leben. Solange die Roten Armeen im Herzen Europas, etwa zweihundert Kilometer vom Rhein, auf Posten bleiben, werden anderseits die Staatsmänner von Bonn, Paris, London und Washington nicht in Sicherheit leben können und sich mit Recht bedroht fühlen. Die territorialen Probleme sind so geregelt und die Regierungssysteme so organisiert, daß die Existenz des einen Blocks die Existenz des anderen gefährdet. Es liegt nicht in der Macht der Menschen, diesen seinem Wesen nach unversöhnlichen, wenn auch vielleicht nicht bluttriefenden Konflikt unvermittelt aus der Welt zu schaffen.

Die Konkurrenz der beiden Blöcke würde den Charakter einer dauerhaften Koexistenz viel eher annehmen, wenn wenigstens die Grenze klar gezogen wäre und beide Seiten die Demarkationslinie für halbwegs sinnvoll halten könnten. Ein Blick auf die Karte genügt: Deutschland ist in zwei Teile zerschnitten. Zur Not könnte ein solches Los normal erscheinen, lebten wir in dem Zeitalter, in dem die Völker das Kommen und Gehen der Heerscharen passiv über sich ergehen ließen und ohne Begeisterung, aber auch ohne Protest aus einer Botmäßigkeit in die andere hinüberwechselten. Aber wenn in unserem Zeitalter die militärischen Gebilde übernational geworden sind, so sind doch die staatlich-politischen Gebilde national geblieben, und die inneren Treueverpflichtungen der Menschen gelten zumeist nach wie vor den Nationen und nicht den übernationalen ideologischen oder militärischen Gebilden. Die anhaltende Spaltung Deutschlands ist das Symbol dieses historischen Widerspruchs zwischen militärischen und politischen Gebilden, zwischen der patriotischen Treuepflicht und der ideologischen Bindung.

Zu allem Überfluß ist die Teilung Deutschlands noch verdoppelt durch die Teilung Berlins. Inmitten der »Demokratischen Republik« von Pankow bilden zwei Millionen Berliner eine Insel westlicher Lebensweise, und sie geben deren Wesenszüge kund: Freiheit und Wohlstand. Die Berliner Enklave verhindert die Isolierung der »Demokratischen Republik«, hindert sie daran, die Sowjettechnik der Abriegelung und ideologischen Benebelung mit Hochdruck anzuwenden. Die »Demokratische Republik« ist nach dem Westen geöffnet, und Tausende von Menschen geben in einem ständigen Plebiszit jahraus, jahrein dieselbe Antwort: das einzige Volk, das die Wahl hat, entscheidet sich für den Kapitalismus gegen den Sozialismus, für den Westen gegen den Osten, für den Pluralismus gegen die Einheitspartei und für den Wohlstand gegen Opfer, die einer fernen und glorreichen Zukunft dargebracht werden. Dies permanente Plebiszit ist selbst ein Angriff auf das Sowjetregime, das zwar auch eine demokratische Legitimität verkündet, aber die Deutung des Volkswillens der Partei vorbehält.

Niemand wird sagen können, wie lange diese territoriale und politische Regelung vorhalten wird. Aber es wird auch, was noch viel schlimmer ist, niemand sagen können, wie sich dieser Zustand einer kriegerischen Koexistenz in einen Zustand wahrhaft friedlicher Koexistenz verwandeln könnte. Theoretisch lassen sich drei Methoden der Befriedung denken: die erste, die traditionell ist, führt über das Zwischenstadium des Krieges; die zweite, ebenfalls traditionell, nimmt ihren Weg über Verhandlungen; die dritte, die originellere, müßte sich aus evolutionären geschichtlichen Veränderungen auf der einen oder der anderen Seite oder auch auf beiden gleichsam von selbst ergeben.

Eine europäische Neuordnung durch Krieg ist offensichtlich nicht ausgeschlossen: Zwischenfälle sind immer möglich. Aber ein solcher Ausgang ist unwahrscheinlich, weil keiner der beiden Riesen gigantische Zerstörungen riskieren möchte, bloß um die heutige Regelung, die in mancher Hinsicht unerfreulich ist, aber zur Not doch akzeptabel scheint, durch eine andere abzulösen. Im übrigen würde der Krieg die Gefahr mit sich bringen, daß gerade das auf der Strecke bliebe, worum es geht: die europäische Kultur mit ihren Lebenden und ihren Toten, mit ihren stets neu emporsprießenden Staaten und ihren alten Quadersteinen. Der kritische Zwischenfall kann in Europa durch einen Versuch der Sowjetführung, die Westmächte aus West-Berlin zu vertreiben, ausgelöst werden; er kann aber auch einen Konflikt in Asien oder im Nahen Osten zum Ausgangspunkt haben. Europa kann in einen Krieg verwickelt werden, ohne den Anlaß dazu zu liefern und ohne das eigentliche Streitobjekt zu sein. Soviel zu diesem einen Eventualfall, den man beiseite lassen kann, wenn vorausgesetzt werden darf, daß sich die Ereignisse nach dem Willen der Menschen und nach der Vernunft richten.

Eine Neuordnung durch Verhandlungen würde voraussetzen, daß die beiden Lager – und im wesentlichen die beiden Riesen – imstände wären, sich über den Inhalt einer neuen, von der heutigen abweichenden Regelung zu verständigen. Diese Möglichkeit kommt mir, solange die beiden Lager das sind, was sie sind, im höchsten Grade unwahrscheinlich vor. Im Westen ist viel darüber spekuliert worden, ob es möglich wäre, die Einheit der beiden Deutschlands mit der Neutralität des vereinten Deutschlands zu erkaufen. Aber die Männer des Kremls wollen das politische System nicht opfern, das sie in Ostdeutschland

Unterzeichnung des Nordatlantik-Paktes in Washington am 4. April 1949

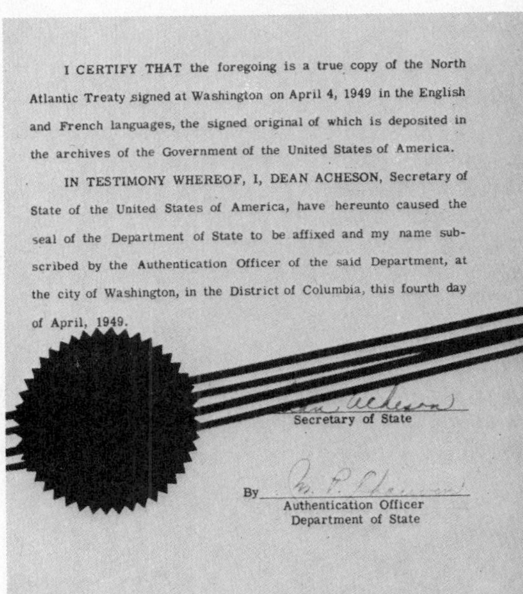

I CERTIFY THAT the foregoing is a true copy of the North Atlantic Treaty signed at Washington on April 4, 1949 in the English and French languages, the signed original of which is deposited in the archives of the Government of the United States of America.

IN TESTIMONY WHEREOF, I, DEAN ACHESON, Secretary of State of the United States of America, have hereunto caused the seal of the Department of State to be affixed and my name subscribed by the Authentication Officer of the said Department, at the city of Washington, in the District of Columbia, this fourth day of April, 1949.

Secretary of State

By

Authentication Officer
Department of State

Die Schlußseite des Dokuments

Die Grenze zwischen Ost und West

errichtet haben, und die Männer von Bonn wollen nicht die Bande zerreißen, die sie mit den Mitgliedsstaaten Klein-Europas und des Nordatlantikpaktes verbinden.

Gewiß könnten in Zukunft andere Männer in Bonn geringere Ansprüche stellen als Bundeskanzler Adenauer und bereit sein, die Einheit Europas und die atlantische Allianz der überragenden, ausschließlichen Sorge um die Einigung des Reiches zum Opfer bringen. Aber keine Bonner Regierung, mag sie den sozialdemokratischen Auffassungen noch so nahestehen, könnte darauf verzichten, eine fortschreitende Entsowjetisierung Ostdeutschlands zu verlangen – es sei denn, sie wollte Selbstmord begehen. Solange aber die Männer des Kremls das bleiben, was sie sind, werden sie in bezug auf die Erhaltung der »sozialistischen Errungenschaften der DDR«, das heißt der nach Sowjetmuster aufgebauten politischen und wirtschaftlichen Institutionen (Einheitspartei und Planwirtschaft), keine Konzessionen machen. Und Adenauers Nachfolger werden gezwungen sein, das Fortbestehen der Teilung dem Risiko der Sowjetisierung vorzuziehen, das die von Moskau vorgeschriebenen Bedingungen unvermeidlich mit sich bringen würden. Eine auf Deutschland beschränkte ost-westliche Verständigung über die Wiedervereinigung des Kontinents ist und bleibt für lange Zeit unwahrscheinlich.

Unlängst ist über eine andere Eventualität spekuliert worden: die Teilentwaffnung einer Zone im Zentrum Europas (»kernwaffenfreie Zone«) oder die vollständige militärische Räumung des Alten Kontinents, das heißt den Abzug der Sowjetarmeen einerseits, der amerikanischen Armeen anderseits. Auch solche Abmachungen sind unwahrscheinlich; die Amerikaner sehen in einer partiellen Entmilitarisierung die Gefahr einer totalen Neutralisierung. Zum Ausgleich für die militärischen Nachteile, die nach Meinung der Washingtoner Führer jede Abrüstung – sei sie auch nur partiell und lokal – bedeuten muß, bietet die Sowjetführung keinerlei politische Vorteile an. Im übrigen haben die thermonuklearen Waffen eine paradoxe Konsequenz: sie fördern Regelungen, bei denen die Armeen einander von Angesicht zu Angesicht gegenüberstehen. Da niemand einen Krieg aus freien Stücken entfesseln will, ist die Kriegsgefahr um so weniger akut, je geringer das Risiko von Mißverständnissen und Zwischenfällen ist. Die Schaffung kernwaffenfreier Zonen ist viel eher geeignet, unvorhersehbare Zwischenfälle, deren Explosivkraft zu fürchten ist, wahrscheinlich zu machen.

Was die militärische Räumung betrifft, in deren Gefolge sich politische Veränderungen einstellen müßten, liegt sie in der Mitte zwischen den bereits erwähnten Neuordnungsvarianten Nummer 2 und Nummer 3. Im Grunde wäre ein Abkommen über die Räumung nur unter der Bedingung wünschenswert, daß sich ihm eine Vereinbarung über das politische Schicksal der beiden Teile Europas anschlösse. Unterstellen wir einmal, daß sich die beiden Großen über die Zurückziehung ihrer Truppen verständigen, ohne daß Washington wüßte, welche politischen Veränderungen in der Ostzone die Moskauer Führer zu dulden bereit wären: was würde im Fall einer Revolution in Warschau oder in Budapest geschehen?

Diese Analyse ist nur dem Anschein nach negativ. Eindeutig geht aus ihr eins hervor: schaltet man den unwahrscheinlichen Krieg und die ebenso unwahrscheinliche Einigung durch Verhandlungen aus, so muß die von allen Menschen, die guten Willens sind, erstrebte, aber unter den gegenwärtigen Bedingungen unmögliche europäische Neuordnung einschneidende Veränderungen im Sowjetlager oder im atlantischen Lager oder in beiden zur Voraussetzung haben. Jedem steht frei, sich auszumalen, welche katastrophalen Veränderungen im westlichen Lager eintreten müßten, damit das atlantische Bündnis zerfiele und der Rest des demokratischen Europas dem Joch des Sowjetkommunismus ausgeliefert würde. Lieber möchte man indes von dem Tag träumen, an dem die regierenden Männer in Moskau weder den Vergleich zwischen der Lebenshaltung hüben und drüben zu scheuen noch den Appell an die Freiheit zu fürchten haben und die Grundlage der Sicherheit und Größe der Sowjetunion in der Zufriedenheit der Nachbarvölker statt in ihrer Knechtung erblicken.

UdSSR-China-Block und USA-Defensivblock

Der politischen Konstellation in Asien fehlt die übersichtlich einfache Struktur des europäischen Zweiblöckesystems. Freilich haben in Asien sowohl die Vereinigten Staaten als auch die Sowjetunion ihre Bündnissysteme, aber weder das eine noch das andere ist den europäischen Blöcken ähnlich, und den nichtfestgelegten Ländern kommt da eine ganz andere Machtposition zu als den europäischen Neutralen.

Die Sowjetunion ist in Asien mit drei kleinen Ländern und einem sehr großen liiert: Nordkorea, der Äußeren Mongolei und Nord-Vietnam auf der einen, China auf der anderen Seite. Von den drei kleinen Ländern gehört eins, die Äußere Mongolei, gemäß chinesisch-russischen Vereinbarungen ganz offiziell zur russischen Einflußsphäre. Nordkorea war im Juni 1950 völlig unter dem Einfluß der Sowjetunion; die Kriegsintervention der chinesischen Freiwilligen dürfte die Situation etwas verändert haben, ohne daß man von einer Rivalität zwischen beiden kommunistischen Großmächten sprechen könnte.

Der entscheidende Unterschied zwischen dem Sowjetsystem in Europa und dem Sowjetsystem in Asien liegt auf der Hand: in Asien ist der wichtigste Träger der kommunistischen Machtgruppierung ein Staat, der kraft seiner gegenwärtigen und mehr noch seiner zukünftigen Machtposition kein Satellit ist und kein Satellit sein kann. Es war die chinesische kommunistische Partei, nicht die russische Rote Armee, die den Sieg im chinesischen Bürgerkrieg erfochten und ein Regime kommunistischen Typs begründet hat. Der Sieg ist auch nicht etwa auf die Weise errungen worden, daß die chinesischen Kommunisten treu, ergeben und unablässig die Weisungen Stalins befolgt hätten; Stalin selbst hat, wie es scheint, am Ausgang des zweiten Weltkriegs noch mit einer längeren Lebensdauer des Chiang Kai-shek-Regimes gerechnet. Eine gewisse Rolle hat die russische Hilfe 1945 gespielt, als die Materialvorräte der japanischen Manchurei-Armee den Truppen der chinesischen Kommunisten übergeben wurden. Mindestens ebenso groß wie der Mao Tse-tung vom großen Bruder gewährte Beistand war aber die Hilfe, die die Amerikaner den chinesischen Nationalisten zur Verfügung stellten. Die wirkliche Entscheidung über den Ausgang des Bürgerkrieges haben innere Entwicklungen in China gebracht.

Auch wenn Mao Tse-tung der russischen Intervention die Macht zu verdanken gehabt hätte, was – man muß es mit Nachdruck wiederholen – durchaus nicht der Fall war, wäre er noch lange nicht in dasselbe Unterwerfungsverhältnis geraten, in dem sich die Machthaber der osteuropäischen Länder gegenüber der Sowjetunion befinden. Was die »nationalen Kommunisten« unter den Willen Moskaus zwingt, ist letztlich weder die Tatsache, daß sie im Troß fremder Heere ins Land gekommen sind (die Herkunft eines Regierungssystems ist bald vergessen), noch daß sie sich, weil sie im Innern nicht beliebt sind, auf das Ausland stützen müssen (wer an der Macht ist, kennt keine Dankespflicht). Sie sind gefügig, weil jedes für sich und im Vergleich zum Giganten, der sie beschirmt, alle zusammen schwach sind. Was den Regierungsmännern Polens, Rumäniens, Ungarns an Aktionsfreiheit zusteht, hat ihnen die Gnade des Kremls eingeräumt. Den Herren des Kremls war die Wiederkehr Gomulkas lieber als eine militärische Niederwerfung der polnischen Revolution; aber die ungarische Revolution mit Waffengewalt zu unterdrücken schien ihnen richtiger, als die Folgewirkungen eines Regimes Imre Nagy in Kauf zu nehmen, das auf seiner Neutralität bestanden und ein Vielparteiensystem legalisiert hätte.

Maos China ist völlig unabhängig; die Russen haben dort weder Stützpunkte noch Besatzungstruppen. Die Geheimpolizei ist durch und durch chinesisch, und denselben Autonomiewillen, den Stalin einem Tito nicht konzedierte, akzeptieren Chruschtschow und die Seinen bei den Führern des Reiches der Mitte. Zweifellos hat China enge Bindungen an die Sowjetunion. Das Verhältnis wird durch zweierlei zusammengehalten: vornehmlich ideologische Bande, die sehr fest sind, weil es sich um eine verwandte Revolution und in beiden Fällen um ideokratische Staaten handelt, sodann aber auch wirtschaftliche und politische Bande, die dadurch verstärkt werden, daß China auf Sowjethilfe angewiesen ist und daß Amerika dem chinesischen Regime feindlich gegenübersteht. Manche Beobachter beharren darauf, daß ideologische Wahlverwandtschaft allein ein Bündnis auf die Dauer nicht zusammenzukitten vermag. Auf lange Sicht ist das unbestreitbar. Es läßt sich nicht aus der Welt schaffen, daß die fast menschenleeren Siedlungsgebiete in den nördlichen Regionen Asiens, über denen die Sowjetfahne weht, für das übervölkerte China eine Verlockung sein könnten. Sollten Pekings Regierungsmänner eines Tages den Drang nach Expansion verspüren, so würde vermutlich die sozialistische Verbrüderung an ihren Ansprüchen zerbröckeln, für die sich eine passende Rechtfertigungsideologie leicht finden ließe. Soweit sind wir noch nicht. Die Führer des kommunistischen Chinas nehmen die Lehre, auf die sie sich berufen und aus der sie ein Staatsbekenntnis gemacht haben, durchaus ernst. Einstweilen widerspricht das nationale Interesse nicht der ideologischen Entscheidung, sondern fügt ihr auch noch zusätzliche Motive hinzu.

Von wem sollte China die technische Hilfe, das Kapital, die Ingenieure und die Maschinen bekommen, die es für die Industrialisierung braucht, wenn nicht von der Sowjetunion? Je mehr sich die Vereinigten Staaten als unversöhnlicher Feind des kommunistischen Chinas geben, je entschiedener sie ihm den Eintritt in die Vereinten Nationen verweigern, je mehr Waffen sie dem Chiang Kai-shek-Regime auf Formosa liefern, um so mehr sind Mao und die Seinen gezwungen, bei dem Staat Unterstützung zu suchen, der, nachdem er ihnen als Vorbild und Wegweiser gedient hat, sie mit dem Schutzmantel der atomaren Abschreckung umgibt und zugleich einen unentbehrlichen Beitrag zur Modernisierung Chinas leistet.

Das russisch-chinesische Bündnis, das ein Bündnis zwischen Gleichen ist, ist der reale Hintergrund der asiatischen Konstellation. Nichts berechtigt zu der Erwartung, daß das in wenigen Jahren anders werden könnte. Was folgt daraus für die Außenpolitik der Sowjetunion? In welchem Maße muß Chruschtschow, wenn es darauf ankommt, seinen Verbündeten in Peking Konzessionen machen? Inwieweit gibt Mao Tse-tung, auch wenn es um rein asiatische Probleme geht, den Ratschlägen und Forderungen des großen Bruders nach? Gibt es innerhalb der kommunistischen Parteien der asiatischen Länder Konkurrenzkämpfe zwischen einer chinesischen und einer russischen Fraktion? Machen wir uns nichts vor: in all diesen Fragen können wir uns bestenfalls auf Eindrücke und Hypothesen stützen. So scheint der Eindruck fundiert zu sein, daß die Männer des Kremls auf die Ansprüche und Wünsche der Männer von Peking in steigendem Maße Rücksicht nehmen. Ebenso scheint die Hypothese einiges für sich zu haben, daß es unter den Funktionären der auf den neuen Glauben noch nicht ganz geeichten Länder trotz russisch-chinesischem Einvernehmen im Entscheidenden und trotz der anerkannten Vorherrschaft Moskaus als Mekka des Kommunismus und Sitz des Kalifats sowohl solche gibt, die auf den Kreml schauen, als auch solche, die ihre Blicke auf die verbotene Stadt richten. Hier und da gehen die Auffassungen Moskaus und Pekings auch in ideologischen Dingen auseinander: so manche Chruschtschow-These über die friedliche Koexistenz ist auf die Gegnerschaft der Chinesen gestoßen, und die Russen haben mit herber Kritik an Maos Experimenten mit den Volkskommunen nicht hinter dem Berg gehalten. Aber sogar in Nord-Vietnam, das lange Zeit ein Teil des chinesischen Reiches war und seit jeher im Bann der chinesischen Kultur steht, unterhält das Regime von Ho Chi-Minh direkte, enge Beziehungen zur Sowjetunion.

Die Vereinigten Staaten haben in Asien kollektive Verteidigungsverträge mit britischen Dominien (Australien, Neuseeland) und den insularen Mächten (Japan, Philippinen, Formosa); sie haben nach den Genfer Verträgen vom August 1954 einen Verteidigungspakt für Südostasien (SEATO) abgeschlossen, der nur ein blasser Abklatsch des Nordatlantikpaktes ist. Die Ähnlichkeit zwischen den beiden Pakten ist formaler, die Unterschiede sind höchst realer Natur.

Der ANZUS-Vertrag zwischen den Vereinigten Staaten, Australien und Neuseeland, am 1. September 1951 unterzeichnet und seit dem 28. April 1952 in Kraft, bringt zum Ausdruck, daß die Vereinigten Staaten die Stelle Großbritanniens als Protektor der »weißen Dominien« im pazifischen Raum eingenommen haben. Ebenfalls am 28. April 1952 ist der Sicherheitspakt zwischen Japan und den Vereinigten Staaten wie der Friedensvertrag von San Francisco in Kraft getreten, der den Kriegszustand zwischen den beiden Ländern offiziell beendete und eine Normalisierung der Rechtsstellung der Okkupationstruppen ermöglichte. Für Japan bedeutete das Vertragswerk zwei Vorteile: die Ausgaben der amerikanischen Truppen erbrachten einige hundert Millionen Dollar, die das Defizit der japanischen Zahlungsbilanz auffüllten; die weitere Stationierung dieser Truppen hinwiederum war gleichbedeutend mit der Einbeziehung Japans in das Schutzgebiet der »atomaren Abschreckung«. Im Jahre 1960 ist ein Sicherheitspakt zwischen Japan und den Vereinigten Staaten hinzugekommen; trotz heftigen Protesten der Linksparteien, der Gewerkschaften und der radikalen Studentenorganisationen hat das japanische Parlament seine Ratifizierung beschlossen. Auch formal ist damit jeder Angriff auf Japan für die Vereinigten Staaten ein *casus belli.*

Die Pakte mit den Philippinen und der nationalistischen Regierung auf Formosa gehören in dieselbe Kategorie wie die vertraglichen Bindungen zwischen den Vereinigten Staaten und Japan. Die Staaten, die da beschützt werden, sind Inseln, und die Formel von der gegenseitigen militärischen Hilfeleistung ist eine juristische Fiktion; in Wirklichkeit haben die Vereinigten Staaten die Verpflichtung übernommen, die Philippinen und Formosa zu verteidigen, und sich dafür die Benutzung von Marine- und Luftstützpunkten einräumen lassen. Wenn der Pakt mit Chiang Kai-shek besondere Erwähnung verdient, so deswegen, weil der Fall trotz ähnlichen Zügen einzigartig ist. Die Vereinigten Staaten haben sich zur Verteidigung eines Regimes verpflichtet, das zwar nach ihrer Auffassung die legale Staatsgewalt Kontinentalchinas ist, das aber, durch den Sieg der kommunistischen Armeen vom Kontinent vertrieben, nichts sein kann als die tatsächliche Staatsgewalt auf der Insel Formosa. Nachdem die amerikanischen Stabschefs erklärt hatten, daß Formosa zum Gürtel der von der amerikanischen Marine und Luftwaffe verteidigten insularen Positionen gehöre und nicht weniger unentbehrlich sei als Okinawa oder die Philippinen, haben die Washingtoner Diplomaten ein Abkommen unterzeichnet, das den nie erklärten Krieg gegen das wirkliche China, das von Peking, und seine sechshundert Millionen Menschen auf Jahre hinaus verlängert. Zum blutigen Krieg wird dieser Krieg an dem Tag werden, an dem Chruschtschow und Mao Tse-tung das für richtig befinden werden.

Der südostasiatische Verteidigungspakt ist ein eigenartiges Gemenge von Fiktion und Wirklichkeit. Die Teilnahme Frankreichs und Großbritanniens an dieser Organisation ist mehr fiktiv als real, die militärischen Machtmittel beider Länder sind zu beschränkt, als daß sie in einer Entfernung von Zehntausenden von Kilometern starke Kräfte zur Verfügung stellen könnten. Pakistan, das dem Südostasienpakt ebenso angehört wie dem CENTO-Pakt, verspürt weniger die Drohung einer Sowjetaggression, als daß es die Unterstützung des Auslands in seinem Wettkampf mit Indien braucht: die beiden Pakte verbessern seine Aussicht, Waffen zu bekommen, und verstärken zugleich seine diplomatische Position bei Verhandlungen mit Delhi. Thailand, dessen Hauptstadt Bangkok der SEATO als Hauptquartier dient, spielt seit Beginn des Kalten Krieges mit amerikanischen Trümpfen; für den Augenblick hat es keine Angst vor einem Einbruch chinesischer Armeen, aber auch China hat seine Thai-Bevölkerung, die halbautonom organisiert ist und einer auf die Zerstückelung Burmas und Thailands unter dem Vorwand der staatlichen Vereinigung des gesamten Thai-Volkes zielenden Pan-Thai-Bewegung als Vorhut zustatten kommen könnte.

Die Befürchtungen und Hintergedanken der drei asiatischen SEATO-Länder sind nicht dieselben; ihr gemeinsames Ziel ist, sich den Schutz und gelegentlich auch die wirtschaftliche und militärische Hilfe der Vereinigten Staaten zu sichern. Von diesem gemeinsamen Ziel abgesehen, bilden die Philippinen, Thailand und Pakistan weder geographisch noch politisch ein zusammenhängendes Ganzes, das etwa der Gemeinschaft der NATO-Mitgliedsstaaten entspräche. Die Vereinigten Staaten sehen im SEATO-Pakt ein Instrument, das ihren Diplomaten und Militärs die Beziehungen zu den Ländern, die sich vom russisch-chinesischen Block bedroht fühlen, und in Washington selbst der Staatsexekutive die

Beziehungen zu den gesetzgebenden Körperschaften erleichtert. (Ein in Washington populäres Scherzwort sagt, daß alle von den Vereinigten Staaten abgeschlossenen Verträge eine Geheimklausel enthalten, die den Pakt zwischen dem Präsidenten und dem Kongreß betrifft.)

Die dritte Gruppe der asiatischen Länder, die man eine dritte Kraft oder die Gruppe der Nichtfestgelegten nennen könnte, umfaßt Indien, Burma, Indonesien, Kambodscha, Laos, Ceylon und Afghanistan. Gewiß sind Indien und Ceylon Mitglieder des Britischen Commonwealth; aber welcher Deutung des Wesens des Commonwealth man auch immer den Vorzug geben mag, Tatsache ist, daß jeder Mitgliedsstaat die alleinige Entscheidung über den Kurs seiner Diplomatie behält; noch nicht einmal ein Krieg zwischen zwei Commonwealth-Ländern (etwa zwischen Indien und Pakistan) kann als ausgeschlossen gelten. Der Grad des britischen Einflusses hängt nicht davon ab, ob das betreffende früher der britischen Souveränität unterworfene Land dem Commonwealth angehört oder nicht, sondern von mannigfachen anderen Umständen: der wirtschaftlichen Bindung des Landes an England oder der politischen Haltung seiner Regierung. Im Rahmen des Commonwealth sind die verschiedensten Haltungen möglich: vom Anschluß an den Nordatlantikpakt (Kanada) bis zur vollendeten Neutralität (Indien); nur der Anschluß an den Sowjetblock wäre mit der Zugehörigkeit zum Commonwealth unvereinbar.

Die nichtfestgelegten Länder Asiens unterhalten in der wirtschaftlichen Ebene engere Beziehungen mit der westlichen Welt als mit der Sowjetwelt. Obgleich der Anteil der Sowjetunion am Außenhandel Burmas, Indiens, Ceylons und Indonesiens in den letzten Jahren eine aufsteigende Tendenz gezeigt hat, behält der Westen seine überragende Position. In wirtschaftlichen Angelegenheiten haben die nichtfestgelegten Länder trotz aller Hilfe, die die Sowjetunion ihnen angeboten oder tatsächlich gewährt hat, das Lager nicht gewechselt.

Politisch wird Indien nach Methoden und in einem Geiste regiert, die mit den Forderungen der westlichen Demokratie in Einklang stehen. Wenn Jawāharlāl Nehru seine Strenge den Mitgliedern der NATO und seine Nachsicht der Sowjetunion zukommen läßt, tut er das in einer durchaus westlichen Sprache, der Sprache der französischen Neutralisten oder mehr noch des linken Labour-Flügels in England, niemals mit dem Zynismus und der Doppelzüngigkeit der Kommunisten. Dasselbe gilt – mit einigen Abweichungen in der Schattierung – von Kambodscha. Dagegen stolpert Indonesien von Krise zu Krise, unfähig, sich selbst zu regieren, solange es dem Kampf der Parteien volle Freiheit gewährt, und dennoch nicht gewillt, sich der Allmacht einer Partei zu unterwerfen.

In der Ebene der Moral oder der Ideologie schwanken die Regierungsmänner dieser Länder zwischen dem Ressentiment gegen die früheren Kolonisatoren, der Bindung an die vom Westen übernommenen Werte der Demokratie und der Legalität, der Bewunderung für die Leistungen des Sowjetregimes und schließlich der Angst vor der Macht Chinas. Je nach dem Fall sind solche bewußten oder unbewußten Gefühle stärker oder weniger stark ausgeprägt: die Regierungsmänner von Laos möchten enge Beziehungen zu Frankreich aufrechterhalten, die Regierungsmänner Indonesiens scheinen immer die Feinde Hollands zu bleiben, und in den Regierungsmännern Indiens streiten sich Bewunderung, Liebe und Bitterkeit gegenüber England. Süd-Vietnam ist ein Fall für sich. Auf Grund der Bestimmungen des Waffenstillstands von Genf gehört es nicht der SEATO an und hat keinen Verteidigungsvertrag mit den Vereinigten Staaten unterzeichnet, wird aber von ihnen wirtschaftlich und politisch unterstützt. Als der malaiische Staat seine Unabhängigkeit erlangt hatte, stellte er Großbritannien weiterhin Militärstützpunkte zur Verfügung.

Die diplomatischen Gefilde Asiens, wie sie hier beschrieben worden sind, zeigen eine ganz andere Struktur als die europäischen. Aber es ist im Verlauf der Geschichte auch nie anders gewesen. Jedes große asiatische Staatsgebilde – Japan, China, Indien – hat eine Entwicklung in der Richtung auf ein einiges Imperium durchgemacht. Japaner, Chinesen und Inder haben sich hauptsächlich untereinander geschlagen. Aber außer den Kriegen um die Einheit haben Japaner, Chinesen und Inder auch Kriege geführt, um sich vor Eindringlingen zu schützen, Nomaden fernzuhalten oder das eigene Staatsgebiet zu vergrößern. Ein großer Krieg zwischen diesen Reichen ist erst in unserem Jahrhundert zum Ausbruch gekommen, als die Japaner ihre militärische Überlegenheit, von der sie wußten, daß sie sie nur einer vergänglichen Situation verdankten, dazu benutzen wollten, China zu erobern.

Im Verhältnis zu den Großmächten der Welt ist die Gegenwartsposition dieser drei großen Gebilde verschieden: Japan ist mit den Vereinigten Staaten, China mit der Sowjetunion verbündet, und Indien ist nicht festgelegt. Begünstigt diese gegensätzliche Stellungnahme eine dauerhafte Stabilisierung? Sieht man vom Willen zur Ausbreitung der eigenen Ideologie ab, so kann man sich schlecht vorstellen, was China oder die Sowjetunion bewegen sollte, die japanischen Inseln anzugreifen; die Inseln sind arm an Naturschätzen und überreich an Einwohnern: die etwa hundert Millionen Menschen, die auf ihnen leben, können ein halbwegs menschenwürdiges Lebensniveau nur erreichen, wenn sie ein Fünftel ihrer Lebensmittel und den größten Teil ihrer Rohstoffe einführen.

Indien – wie übrigens auch Japan – könnte sich unter dem Druck der Wechselfälle seiner inneren Politik auf ein Sowjetsystem hin entwickeln. Wegen seiner Übervölkerung und seiner Armut droht ihm jedoch keine ernsthafte Gefahr einer Invasion von chinesischer Seite. Man müßte sich schon ein von Bürgerkriegen zerrissenes Indien ausmalen, um sich vorstellen zu können, daß seine Grenzen von chinesischen Armeen überschritten würden.

Rechnet man mit einem Zeitraum von wenigen Jahren, so erscheinen als die Gefahrenzonen die drei geteilten Länder Korea, China und Vietnam, wobei die Aufrechterhaltung der chinesischen nationalistischen Regierung auf Formosa die größte Gefahr darstellt. So stark das koreanische Nationalgefühl auch sein mag – Nordkorea und Südkorea sind von den zwei Riesen zu sehr abhängig, als daß sie die Initiative zu kriegerischen Handlungen ergreifen könnten. Ebensowenig hat Süd-Vietnam die Mittel, die Wiedervereinigung mit Waffengewalt zu versuchen; Nord-Vietnam, das solche Mittel hat, wird zweifellos die Parolen Pekings und Moskaus befolgen. Was Quemoy, Matsu und Formosa betrifft, hängt die Entscheidung von Peking und zum Teil von Moskau ab. Die Koexistenz der beiden Chinas birgt nicht notwendigerweise das Risiko einer durch Mißverständnisse oder Zwischenfälle ausgelösten Explosion in sich, aber die Regierungsführer des kommunistischen Chinas können natürlich die bloße Tatsache, daß sich Chiang Kai-shek oder einer seiner Nachfolger in Taipeh behauptet und die Fiktion eines nichtkommunistischen Chinas oder die Hoffnung darauf am Leben erhält, von heute auf morgen für unerträglich befinden.

Rechnet man mit größeren Zeiträumen, so kann ganz Südostasien als Gefahrenzone erscheinen: seine Staaten sind schwach, und auf seinem Territorium gibt es, nach asiatischen Maßstäben gemessen, mehr Reichtümer als Menschen. In den Augen der Chinesen sind Burma, Thailand, Kambodscha und Laos reiche und menschenleere Länder. Sie könnten versucht sein, die Konflikte der Parteien und die Schwäche der Regierungen auszunutzen, um eine Infiltration zu unternehmen, ja, sich gegebenenfalls in diesen Ländern festzusetzen; die Chinesen sind zahlreich und fruchtbar genug, um in den solchermaßen kolonisierten Gebieten binnen wenigen Jahren oder Jahrzehnten zur Mehrheit zu werden, wie sie es auf Malaya fast schon geworden sind.

In gewissem Sinne sind diese drei geteilten Länder und die verlockenden Naturschätze Südostasiens ein lokal begrenztes Problem. Wollte man darüber hinaus über einen etwaigen Konflikt zwischen den um einige Millionen jährlich zunehmenden Chinesen und der Sowjetunion mit ihren zu drei Vierteln unbewohnten nordasiatischen Regionen spekulieren, so müßte man über die Grenzen des historischen Horizonts, der unseren Blicken zugänglich ist, hinausgreifen.

Nationalismus auf der Suche nach der Nation

Drei Weltregionen sind bisher außerhalb der Betrachtung geblieben: der Nahe Osten, Afrika und Südamerika. Der Nahe Osten liegt seit eh und je an der Wegkreuzung der Einflußstraßen, ist seit eh und je der Herd leidenschaftlicher Ausbrüche gewesen. Afrika betritt gerade erst die Weltbühne. Südamerika wird in vielleicht einem halben Jahrhundert auf der politischen Landkarte einen seiner Größe auf der physischen Landkarte weniger unangemessenen Platz beanspruchen, als es ihr heutiger ist.

Die Vereinigten Staaten haben viele Jahre den Wunsch gehegt, im Mittelosten einen der NATO ähnlichen Verteidigungspakt zuwege zu bringen. Es ist ihnen nie geglückt. Dafür gelang Großbritannien 1955 der Abschluß des Bagdad-Pakts, dem außer ihm selbst die Türkei, der Irak, Iran und Pakistan beitraten, vier islamische Staaten also, von denen aber nur einer als arabisch bezeichnet werden kann. Aufstandsbewegungen verhinderten den von Großbritannien gewünschten Beitritt Jordaniens. Der Sturz der Regierung Nuri es Said und der Abfall des Iraks reduzierten den Pakt 1958 auf die drei nichtarabischen Staaten der Region.

In den zehn Jahren, die dem Weltkrieg folgten, war der Nahe Osten für den Westen eine Art Schutzgehege. Die großen Konzerne beuteten die reichsten Ölfelder der Welt aus. Die britischen Truppen hielten die Suezkanalzone besetzt. Die Arabische Legion Jordaniens, von den Engländern geschaffen und ausgebildet, unterstand noch dem Kommando eines englischen Generals. In Bagdad und Amman herrschten haschemitische Souveräne, die ihr Glück London verdankten. Ibn Sa'ud stellte der amerikanischen Luftwaffe Stützpunkte zur Verfügung. Die zum größten Teil in die Illegalität getriebenen kommunistischen Parteien waren zahlenmäßig schwach und dem äußeren Anschein nach wenig erschreckend. Einige Jahre später ist alles umgeworfen. Der Westen hat den größten Teil seiner militärischen Positionen eingebüßt; der Sowjeteinfluß, hinter der panarabischen Bewegung verborgen, setzt sich durch. Von der Menge wird die Sowjetunion bejubelt, der Westen beschimpft. Die Neutralität der Vereinigten Arabischen Republik (Ägypten und Syrien) und der Länder, die ihnen folgen, ist ein militärischer Gewinn für den Sowjetblock. Europa läuft Gefahr, in Krisenzeiten vom Erdöl des Nahen Ostens abgeschnitten oder von denen erpreßt zu werden, die den Zustrom des für den Alten Kontinent unentbehrlichen Brennstoffs abriegeln können. Welche Ereignisse haben diese völlige Umkehrung der Fronten herbeigeführt?

Vor dem ersten Weltkrieg war dieser Teil der Welt unter türkischer Oberhoheit. Nach der Auflösung des Osmanischen Reiches sind hier Staaten entstanden, von denen keiner einen wirklichen Nationalwillen in dem Sinne verkörperte, in dem Renan dies Wort verstand. Syrien, Irak, Libanon, Jordanien waren Namen von Staaten, nicht von Nationen. Jedes dieser Länder war konfessionell heterogen. Hier, wo die Heilsreligionen der Welt entstanden sind und wo auch heute noch Gott vielen als die einzige ernste Angelegenheit erscheint, gehört das Individuum zuallererst seiner religiösen Gemeinschaft. Als Mandatarmacht in Syrien und im Libanon machte Frankreich – nicht ohne den Hintergedanken des »Teile und herrsche« – Unterschiede zwischen verschiedenen Religionen; aber es hatte die Unterschiede, die es um der Behauptung seiner Herrschaft willen ausbeutete, nicht geschaffen. Christen und Mohammedaner, Sunniten und Schiiten, christliche Sekten und islamische Sekten lebten nebeneinander, ohne daß ein irakisches oder syrisches Nationalgefühl die Bindung des Einzelnen an seinen Glauben und seine Kirche auch nur in Krisenzeiten hätte überschatten können.

Alle Teile der Welt, die der Reihe nach erst von der islamischen Welle, dann von der türkischen Welle überflutet worden sind, haben nie die Fähigkeit bewiesen, Staatsgebilde nach europäischem Muster zu errichten. Sie haben auch keinerlei Gegenstück zu den mittelalterlichen Stadtgemeinden gekannt, in denen sich in Europa ein Bürgertum der friedlichen Arbeit und freiheitlichen Verwaltung entwickelte. Religiöse Gewalten und zivile Gewalten waren im wesentlichen verschmolzen. Die einen wie die anderen standen in der Botmäßigkeit dessen, der ihnen das Schwert in den Nacken setzte. Sultane und Kalifen – ob sie Araber waren oder Türken – erteilten Befehle an Untertanen, an Waffengefährten oder an Gläubige Allahs, niemals an Staatsbürger. Worauf hätten sich hier die parlamentarischen Republiken gründen können, deren institutionelle Fassaden die westlichen Kolonisatoren hinterließen, als sie sich zurückzogen?

Nach 1918 lag eine Zeitlang alle Macht bei den Engländern, denn das türkische Reich war auseinandergefallen, und die Engländer verfügten noch über große Armeen. Aber das britische Weltreich war groß geworden, ohne in Friedenszeiten je ein stehendes Heer gehabt zu haben. Die unvermeidliche Demobilmachung der von Marschall Allenby befehligten Weltkriegsarmee zwang die Minister in London, eine Regelung für den Nahen Osten zu ersinnen, bei der England als Schutzmacht mit einem Mindestmaß an militärischen Machtmitteln auskommen könnte. Entsprechend der britischen Tradition wurde die Karte der »indirekten Kontrolle« ausgespielt: Staaten wurden geschaffen – zunächst der Irak, dann Jordanien –, die für unabhängig erklärt und auf Englands Betreiben in die überstaatlichen internationalen Organisationen aufgenommen wurden und deren Politik England weiterhin beeinflussen konnte.

Diese Politik, die trotz allem die Wahrnehmung der wichtigsten Interessen Großbritanniens während eines Vierteljahrhunderts verbürgte, war von Anfang an einer schweren Belastung ausgesetzt: England hatte während des Krieges Verpflichtungen übernommen oder Versprechungen gemacht, die sich schlecht miteinander vertrugen. Die arabischen Nationalisten, Hussein und seine Familie, die Zionisten und Frankreich: sie alle erwarteten ihr Teil vom Sieg über das Reich der Osmanen. Aber es entstand kein geeintes Arabien, von dem Lawrence geträumt hatte; Feisal wurde von Gouraud aus Damaskus vertrieben; die Zionisten hatten zwar eine »nationale Heimstätte« in Palästina errungen, aber die genehmigte jüdische Einwanderung war viel zu stürmisch nach der Meinung der Araber und nie ausreichend nach der Meinung der Zionisten. Frankreichs Anwesenheit in Syrien und im Libanon schien in der Zeit zwischen den beiden Kriegen in ständigem Widerstreit mit der britischen Politik zu stehen. Die Situation während des zweiten Krieges erlaubte es schließlich der britischen Regierung, dem französischen Mandat über Syrien und den Libanon ein Ende zu bereiten. Aber der Konflikt zwischen Juden und Arabern in Palästina wurde nur noch unlösbarer.

Die nationalsozialistischen Verfolgungen hatten nach 1933 eine zweite Einwanderungswelle ins Rollen gebracht. Nach 1945 konnten die Engländer den Überlebenden des größten Massakers der Geschichte den Zugang zum Gelobten Land nicht verwehren, ohne all die herauszufordern, die aufgewühlt waren durch das unsagbare Leid und die bittere Ungerechtigkeit. Duldeten aber die Engländer eine ungezügelte Einwanderung, so beschworen sie den Zorn der Araber, ihrer Führer und Sprecher herauf, denn nach deren Auffassung war Palästina ein integrierender Bestandteil des arabischen Erbes, und die Errichtung einer jüdischen nationalen Heimstätte oder mehr noch eines jüdischen Staates mußte die historischen Rechte der nach den Geboten des Propheten lebenden einheimischen Bevölkerung verletzen.

Finanziell geschwächt und nicht imstande, die Araber und Juden Palästinas miteinander zu versöhnen oder den einen wie den anderen die *pax Britannica* aufzuzwingen, überließ es Großbritannien 1948 den Vereinten Nationen, eine Lösung zu finden. Die Generalversammlung der Vereinten Nationen ersann in der Tat eine Lösung; aber der Krieg zwischen den Juden und den arabischen Nachbarstaaten erzwang an Ort und Stelle eine andere Lösung. So wurde 1948 der Staat Israel geboren, und mehr als eine Million palästinensische Araber flüchteten nach Syrien und vor allem nach Jordanien; Hunderttausende blieben dort in Zelten hausen, und ihren Lebensunterhalt bestritt die Hilfsorganisation der Vereinten Nationen, für die namentlich die Vereinigten Staaten und Großbritannien die Geldmittel aufbrachten.

Die militärische Ohnmacht aller arabischen Staaten, die es zusammen nicht fertigbrachten, die halbimprovisierten Legionen der sechshunderttausend Juden Palästinas zu besiegen, war höchst anschaulich zutage getreten. Das Debakel wurde aber auch zu einem der mächtigen Antriebe der nationalistischen Bewegung, die sich die politische Erneuerung der islamischen Staaten zum Ziel setzte. Die Bewegung fand ihre Führung, ihre Ideologie, ihre ersten Impulse in Ägypten, dem bevölkerungsreichsten der Staaten, denen sowohl der Islam als auch die arabische Welt ihr Gepräge geben. Die revolutionären Offiziere, die König Faruk vertrieben, hatte die Demütigung der Niederlage zutiefst beeindruckt; sie sahen ihre Ursache in den korrupten Zuständen der Monarchie und des Regimes der Paschas; sie träumten von der Möglichkeit, dem arabischen Volk zeitgemäße Institutionen und einen zeitgemäßen Lebensstil zu geben.

Diesen Erneuerungsbestrebungen brachte die westliche, insbesondere die amerikanische Diplomatie zunächst viel Sympathie entgegen. Im Vergleich zu den Großgrundbesitzern und Paschas, auch wenn sie eine parlamentarische Fassade aufrechterhielten, erschienen die aus dem Kleinbürgertum oder aus der großen Volksmasse stammenden Offiziere, die von sauberen Sitten und öffentlichen Arbeiten großen Stils sprachen, in der Tat als fortschrittlich. Ihre Feindschaft gegen die Imperialisten, das heißt die Europäer, schien den amerikanischen Diplomaten weder empörend noch beunruhigend; sie meinten, daß der Nationalismus dieser Offiziere nach der Verwirklichung ihrer berechtigten Forderungen eine Versöhnung mit dem Westen nicht ausschließen würde. Es ist alles ganz anders gekommen. Aber wenn man auf die Entwicklung zurückblickt, kann man verstehen, warum sich der arabische Nationalismus, wie ihn Nassers Ägypten interpretiert, gegen den Westen gekehrt hat.

Ob die Araber einen ehrlichen Haß gegen Israel empfinden oder ob schwache Regierungen diesen Haß als Herrschaftsmittel benutzen – unverkennbar ist eins: der Mitte des 20. Jahrhunderts mit Waffengewalt wiedererrichtete jüdische Staat zieht die feindseligen Emotionen sowohl der Massen als auch der Elite der Nachbarländer auf sich. Ein arabischer Staatschef, dem es gelänge, den jüdischen Staat, dessen bloße Existenz schon einer Aggression gleichkommt, zu vernichten, würde seine Herrschaft über ein riesiges Reich errichten können, das in ihm den Helden eines neuen Kreuzzugs, den Propheten eines neuen Islams feiern würde. Aber selbst wenn die Diplomaten solche Wünsche verspüren sollten, könnten die Vereinigten Staaten, weil sie eine Demokratie sind, den Staat Israel, den die amerikanischen Juden am Leben erhalten, nicht preisgeben. Die Sowjetunion hat es leicht, ihre Araberfreundschaft zu beteuern: sie läßt durchblicken, daß es nicht unmöglich sei, den Staat Israel von der Landkarte zu tilgen.

Das Ressentiment der armen Völker und der verwestlichten Eliten wendet sich gegen die »Imperialisten«, die im Nahen Osten die Europäer sind. Die Europäer gelten als die »alten Reichen«, selbst wenn sie neben den Amerikanern wie neue Arme wirken. Einst waren sie die Herren, und der Reichtum der armen Länder ist nach wie vor ganz oder teilweise in ihrem Besitz. Dasselbe Wort »Ausbeutung« kann ebenso die Erschließung der Bodenschätze wie die Aufhäufung unrechtmäßiger oder übermäßiger Profite bedeuten. Der Doppelsinn des Wortes ist Ausdruck und Symbol einer intellektuellen und mehr noch einer gefühlsmäßigen Konfusion. Der Ausländer, der die in *ihrem* Boden vergrabenen Naturschätze zutage fördert, kann nichts anderes sein als ein »Ausbeuter«. So erscheinen den Massen und oft auch den Eliten die westlichen Menschen, ohne die das Erdöl unverwertbar unter dem Sand der Wüsten bliebe, gleichsam als Diebe und Wucherer; wie die Verträge zwischen den Ölgesellschaften und den Regierungen aussehen, spielt dabei keine Rolle.

Schließlich gibt es einen weiteren Grund, der noch viel wichtiger ist: die Zerbrechlichkeit aller Staaten, die aus dem Zerfall des Osmanenreiches hervorgegangen sind. Was den Inhalt des syrischen, libanesischen oder irakischen Nationalismus ausmachte, war der Wille, den Franzosen oder den Engländern nicht mehr untertan zu sein; weder die Massen noch die Eliten empfanden eine leidenschaftliche Bindung an eine Nation, die es nicht gab, oder an einen Staat, der ihnen fremd blieb oder sogar fremdländisch erschien. In der ganzen Region kommt die erregte Debatte über Projekte der staatlichen Umbildung, besonders über den Staat des »fruchtbaren Halbmonds« (Vereinigung Syriens und des Iraks unter der haschemitischen Monarchie) nie zur Ruhe. Das Hindernis »separatistischer Nationalismen« brauchte von der panarabischen Bewegung gar nicht erst ausgeräumt zu werden, weil es solche Nationalismen kaum gab. Mehr noch: von dem Augenblick an, da Nasser zum Sinnbild des panarabischen Nationalismus geworden war, wurden automatisch alle die zu »Agenten des Imperialismus«, die sich gegen den panarabischen Nationalismus im Interesse der Unabhängigkeit eines den beherrschten Massen gleichgültigen Staatsgebildes auflehnten.

Vor einem Vierteljahrhundert hatte Großbritannien den zu Nutz und Frommen der haschemitischen Herrscher nach Maß geschneiderten Staaten die Unabhängigkeit gewährt. Das war ein liberaler Trumpf: wer sich als Nationalist gab, mußte gegen die französische Mandatsmacht in Syrien und im Libanon rebellieren, weil sie den Eingeborenen keine eigene Regierung gewährte und das Mandatsgebiet direkt verwaltete. Gestern wurden als Agenten des Imperialismus Staatsmänner wie Nuri es Said angeprangert, weil sie für den Westen, gegen die Sowjetunion Partei ergriffen; wird das morgen das Schicksal General Kassems sein, weil er sich dem Aufgehen des Iraks in der Vereinigten Arabischen Republik widersetzt?

Ist eine so gewordene panarabische Bewegung der Ausdruck eines echten Nationalismus oder lediglich ein Eroberungswerkzeug? Es ist nicht einfach, die Frage zu beantworten: die eine wie die andere Möglichkeit enthält ein Körnchen Wahrheit. Der Nationalismus ist echt, wenn er den Wunsch der Beherrschten ausdrückt, von Angehörigen desselben Gemeinwesens regiert zu werden, das heißt von einem Staat, der ihr Staat ist und an dem sie teilhaben können. Aber viele Iraker und Syrier – vor allem unter den neuen Mittelschichten – empfanden den Staat, der ihr Staat sein sollte, als etwas Fremdes. Die haschemitische Monarchie und das autoritäre Regime Nuri es Saids vertieften diese Kluft. Wird sie von den revolutionären Offizieren, die im Juli 1958 die Macht ergriffen haben, überbrückt werden können?

Wie ein den Bestrebungen des arabischen Nationalismus entsprechender Staat aussehen und wo er haltmachen müßte, läßt sich schwerlich sagen. Jeder Nationalismus – ob er sich zum Islam oder zur arabischen Idee bekennt – beruft sich auf einen vagen Mythos und auf verschwommene Gefühle. Keins der arabischen Länder ist wirklich arabisch im Sinne der rassischen Herkunft (am allerwenigsten Ägypten). Die arabische Sprache und die arabische Kultur schaffen allerdings eine Art Gemeinschaft, deren Strahlungsbereich vom Indischen bis zum Atlantischen Ozean reicht. Aber ein Staat, der ein so gewaltiges Gebiet umschlösse, wäre von den Massen ebenso entfernt und erschiene den Eliten als ein ebenso künstliches Gebilde wie die Staaten, die gerade erst als Schöpfungen der Imperialisten entlarvt wurden.

Wie dem auch sei: dem panarabischen Nationalismus gegenüber ist der Westen auf zweifache Weise entwaffnet. Verteidigt er die Staaten von gestern, so bleibt er hinter dem Nationalismus meilenweit zurück. Versagt er sich – außer auf Verlangen der legitimen Regierung – jede militärische Intervention, so begibt er sich aller Aktionsmittel gegen eine Eroberungsstrategie, die mit Staatsstreichen, der Aufputschung von Massenleidenschaften und Zersetzungstechniken arbeitet. Als Oberst Nasser zur Macht kam, hielt Großbritannien noch die Suezkanalzone besetzt und beeinflußte durch sein militärisches Dabeisein das politische Werden der Region. Aber unter dem Druck der amerikanischen Führung hat sich Großbritannien schließlich bereit gefunden, die Kanalzone zu räumen. Von diesem Augenblick an trug alles, was die Sowjetführung tat und was der Westen zu tun unterließ, gleichermaßen dazu bei, Nasser gegen den Westen aufzubringen und ihm dabei den stürmischen Applaus der Menge zu sichern. Es genügt, die Etappen aufzuzählen: Bagdad-Pakt; Waffenkaufvertrag zwischen Ägypten und der Sowjetunion; Verweigerung westlicher Kredite für den Assuan-Damm; Israeli-Ausfall nach der Sinai-Halbinsel; französisch-britische Suez-Expedition; Sturz Nuri es Saids. Gegen Ende 1960 scheint Nassers Ägypten den entscheidenden Einfluß in der Region auszuüben. Sogar die Emire der britischen Protektorate müssen fortan um ihr Leben und ihre Throne bangen.

Welche Position nehmen Nassers Ägypten und die Vereinigte Arabische Republik in der internationalen Frontenbildung ein? Ganz gewiß eine antiwestliche, soweit es um Worte und Massenleidenschaften geht. In der wirtschaftlichen Ebene sind die arabischen Länder des Nahen Ostens auf den Westen angewiesen, der allein ihr Öl bezahlen, abtransportieren und verbrauchen kann; wirtschaftlich orientieren sie sich denn auch weiterhin auf Europa. Strategisch hat der Westen seine Positionen in diesem Teil der Welt verloren; lebenswichtig sind sie indes nie gewesen. Am Ende kristallisieren sich die Kernfragen heraus: Wie weit wird sich die Vereinigte Arabische Republik noch ausdehnen? Was kann der Ausgang des panarabischen Nationalismus sein, wenn er sich einmal in den Besitz staatlicher Institutionen gesetzt hat und mit ihnen verwachsen ist? Werden sich die verschiedenen heute bestehenden Staaten in ihrer gegenwärtigen Gestalt behaupten oder von einem ebenso gebrechlichen wie weitgespannten Großreich absorbiert werden? Wird es den Kommunisten gelingen, die Nationalisten abzulösen? Einstweilen sind die Beziehungen zwischen der Vereinigten Arabischen Republik und dem Irak, an dessen Spitze General Kassem steht, gespannt. Weder der Kommunismus noch der ägyptische Nationalismus, der die panarabische Bewegung zu vertreten vorgibt, hat einen entscheidenden Sieg errungen.

Manche der Mechanismen, die sich im Nahen Osten zugunsten der antiwestlichen Kräfte ausgewirkt haben, sind auch schon in Nordafrika und im Schwarzen Afrika in Bewegung gesetzt. Es besteht die Gefahr, daß die Unabhängigkeit die Massen enttäuscht, weil westliches Kapital und westliche Techniker von dannen ziehen und die Armut drückender wird. Die Eliten, die die Massen Afrikas und Asiens führen, finden sich mit nichts ab, was nicht die volle Unabhängigkeit bringt; ist aber die Unabhängigkeit formal hergestellt, so gilt das wirtschaftliche Dabeisein der alten Kolonialmacht als Überbleibsel der Kolonialherrschaft und als Verletzung der Souveränität, die sie schon deswegen für überaus kostbar halten, weil sie gerade erst errungen worden ist. So schlittern die neuen Staaten von der

Unabhängigkeit in die Neutralität und von der Neutralität in den Neutralismus hinein, der in größerem oder geringerem Maße dem Sowjetlager zugute kommt.

Dennoch wäre es irrig zu glauben, daß dieser Prozeß immer bis zum Ende abläuft, also bis zur »Fortschrittsfront« oder bis zum Kommunismus. In Nordafrika bleibt Tunesien unter Bourguiba – trotz dem Krieg in Algerien – prowestlich; Marokko will sich an keinen der Blöcke binden, aber es ist dem Westen gegenüber nicht feindlich gesinnt und beläßt den Franzosen eine erhebliche Rolle in der Wirtschaft und im Erziehungswesen. Die Gefahren sind unverkennbar; die Zukunft hängt vornehmlich vom Ausgang des Algerien-Konflikts ab. Ginge der Krieg in Algerien immer weiter, so wäre das Schlimmste zu befürchten; aber das Schlimmste wäre nicht minder zu befürchten, wenn die Revolutionäre mit einem Schlag an die Macht kämen und die französische Minderheit das Land ebenso überstürzt verließe, wie es die Belgier im Kongo getan haben.

Im Schwarzen Afrika ist nach dem französischen Versuch der Schaffung einer »Gemeinschaft«, das heißt der Gründung autonomer afrikanischer Republiken, die bereit wären, von sich aus auf die volle Unabhängigkeit zu verzichten, die Emanzipationsbewegung unwiderstehlich geworden: alle Gebiete, die vordem zu Französisch-Westafrika oder zu Französisch-Äquatorialafrika gehört hatten, sind 1960 unabhängig geworden – ebenso wie Belgisch-Kongo, das britische Nigerien und die einstigen deutschen Kolonien Togo und Kamerun, die unter französischem Mandat gestanden hatten. Die Übertragung der Souveränität auf die neuen Staatsgebilde ist in den von Frankreich abhängigen Gebieten im allgemeinen friedlich und in einer Atmosphäre der Freundschaft mit den Ex-Kolonisatoren vor sich gegangen; anders war es nur in Guinea, wo der Staatschef Sékou Touré »fortschrittlichen« Tendenzen nachgeht und in seiner Partei Kommunisten behält, und in Kamerun, wo eine Oppositionspartei zum Partisanenkampf übergegangen ist. Gleichfalls friedlich war der Übergang in den Englisch sprechenden Territorien Ghana und Nigerien. Dagegen hat der durch keine Überleitungsphase vorbereitete Souveränitätswechsel im ehemals belgischen Kongo eine schwere Krise ausgelöst, zu einem Auseinanderfallen des Staates, das die Vereinten Nationen als Tatsache hinnehmen mußten, geführt und die Gefahr der Auslandsintervention heraufbeschworen.

In Südamerika ist das Ressentiment gegen die USA stark und verständlich. Die ungleiche Verteilung von Macht und Reichtum ist eklatant. Die Vereinigten Staaten kaufen Rohstoffe, ohne den Preisschwankungen große Beachtung zu schenken, und kümmern sich nicht unmittelbar um den Aufbau dieser unterentwickelten Länder. Ob sie autoritäre Regierungen unterstützen oder Regierungen, die nichts tun, in Kauf nehmen: für die Massen und die linke Intelligenz sieht es so aus, als habe sich das Land des Dollars mit den Mächten der Despotie und der Stagnation gegen Freiheit und Prosperität verbündet. In neuerer Zeit scheint die Entwicklung der Ideen und Ereignisse eine Wendung zum Liberalen genommen zu haben. In Argentinien, in Venezuela, auf Kuba sind die Despotien gestürzt worden. Aber auf Kuba ist die von Fidel Castro geführte Revolution wütend antiamerikanisch. In ganz Südamerika sind die Vereinigten Staaten auf der Suche nach Regierungen, die die Fähigkeit hätten, mit demokratischen Methoden auf den wirtschaftlichen Aufstieg hinzuarbeiten. Es ist ihnen kein leichtes, solche Regierungen zu finden, und die Sowjetunion hält sich nicht für verpflichtet, die Monroe-Doktrin zu befolgen.

Reservierte Jagdgehege gibt es nicht mehr: weder in Afrika noch in Amerika. Das Ende der europäischen Imperien und die Befreiung der früher beherrschten Völker haben die beiden Kontinente dem Wettstreit der großen Mächte und der Ideologien geöffnet.

Perspektiven

Die Analyse des diplomatischen Getriebes mündet weniger in Prophezeiungen als in Feststellungen. Bestimmte Entwicklungslinien kann man berechtigterweise in die Zukunft projizieren. In anderen Fällen darf man unterstellen, daß die Situation, wie sie sich in der Gegenwart darstellt, auf lange Zeit geronnen ist. Und schließlich gibt es Bereiche, in denen das Chaos so groß ist, daß der Gang der Entwicklung vom unvorhersehbaren Ereignis allein beherrscht scheint, in dem sich die Leidenschaften der Menge und das Handeln großer Männer niederschlagen.

Aller Wahrscheinlichkeit nach wird das Gleichgewicht des Schreckens in den nächsten Jahren und Jahrzehnten erhalten bleiben. Sofern die Geschichte den Geboten der Vernunft folgen will, ergibt sich daraus, daß der Krieg zwischen den Riesen, der von thermonuklearen Bomben, strategischer Luftwaffe und ferngelenkten ballistischen Geschossen Gebrauch machen sollte, nicht stattfinden wird. Doch bleibt auch in bezug auf dies Kapitel Ungewißheit bestehen in zweifacher Richtung. Zu fragen wäre: Wie kann die thermonukleare Bombe in der Epoche des Gleichgewichts des Schreckens diplomatisch genutzt werden? Und unter welchen Umständen kann der eine oder der andere Riese die Drohung mit dem selbstmörderischen Krieg als Druckmittel so handhaben, daß ihm geglaubt und die Drohung ernst genommen wird?

Wenn es auf der anderen Seite den vier heutigen Mitgliedern des Atomklubs, wie zu erwarten ist, nicht gelingt, sich über die Sperrung der Aufnahme weiterer Mitglieder zu verständigen, werden sich andere Mächte eine bescheidenere Atomrüstung und Bombenträger von geringerer Reichweite zulegen. Ob die Menschheit überlebt, hängt mehr denn je von der Mäßigung der Regierungsmänner ab. Eine eigenartige Diplomatie der Abschreckung wird die Beziehungen von Staaten regeln, deren Zerstörungskapazität die größten Unterschiede aufweist, unter denen aber noch der schwächste die Möglichkeit hat, dem stärksten Wunden zu schlagen, die in anderen Zeitläuften für nahezu tödlich gehalten worden wären.

Daß eine territoriale Neuordnung in Europa erzwungen oder durch Verhandlungen erreicht wird, bringt offenbar weder die Diplomatie der Abschreckung noch die traditionelle Diplomatie oder die Technik des Umsturzes fertig. Obgleich gewisse hypothetische Möglichkeiten – Viermächteverhandlungen über Berlin oder Verhandlungen zwischen den beiden deutschen Regierungen – nicht ohne weiteres als ausgeschlossen zu betrachten sind, wird die Spaltung des alten Kontinents entlang der Demarkationslinie so lange die grundlegende Gegebenheit sein, wie Lebenshaltung, Regierungssystem und Weltanschauung auf beiden Seiten des Eisernen Vorhangs so verschieden bleiben, wie sie es heute sind. Aber die Völker Osteuropas stehen der Ideologie und der Praxis der Sowjetunion so offensichtlich ablehnend gegenüber, daß das allein uns verbietet, an der Zukunft zu verzweifeln. Auch das Sowjetregime ist nicht undurchlässig für fremde Gedanken und vor Abnutzung durch den Lauf der Zeit nicht geschützt.

In Asien ist die politische und territoriale Regelung noch weniger beständig als in Europa. Zur Not kann man die Inseln – Japan und die Philippinen – als fest mit dem amerikanischen System verknüpft ansehen. (Aber es gibt nicht wenig Kreise in Japan, die neutralistischen Gedanken huldigen.) Ungewiß ist dafür das Schicksal der kleinen Staaten Südostasiens. Laos, Kambodscha, Süd-Vietnam, Burma und Thailand sind gleich schwach und außerstande, sich im Fall eines Angriffs von außen zu verteidigen. An dem Tag, an dem China imperialistische Ansprüche (im traditionellen Sinn und im traditionellen Stil) anmelden sollte, wären diese Staaten durch nichts geschützt als durch eine aus der Ferne wenig wirksame und wenig wahrscheinliche amerikanische Interventionsdrohung. Von dieser militärischen Hypothese abgesehen, sind diese neuen Staaten aber auch politisch schwach; manche haben es mit einer wenig homogenen Bevölkerung und mit fordernd auftretenden Minderheiten zu tun; allen fehlt es an einer starken Staatsgewalt oder einer gut funktionierenden Verwaltung. Welche Art Regime diese Länder – und auch Pakistan und Indonesien – in zehn oder zwanzig Jahren haben werden, läßt sich nicht voraussehen. Welche außenpolitische Position sie künftighin beziehen werden, wird aber von der Gruppierung abhängen, die dann an der Macht ist, und von den Ideen, auf die sie sich beruft.

Für die allernächste Zeit werden die Ereignisse in Asien von der Entwicklung einerseits Chinas, anderseits Indiens bestimmt werden. China gehört zum Sowjetblock; Indien proklamiert seine Neutralität. China wird von einem Regime regiert, das dem der Sowjetunion nachgebildet ist; es bedient sich mit einer unvergleichlichen Energie und mit Ergebnissen, die sogar über das hinausgehen, was Stalins Rußland in den dreißiger Jahren erreichte, der Technik der Fünfjahrespläne und der allgemeinen Wirtschaftsplanung. Indien hat das vom britischen Raj ererbte Verwaltungssystem beibehalten und es mit einer Regierung und parlamentarischen Körperschaften überbaut, deren Praxis den britischen Vorbildern ähnlich ist. Über das Gewicht, das den Einflüssen Pekings und Delhis, der westlichen Demokratie und des Kommunismus zufällt, werden in hohem Maße die Fortschritte entscheiden, die hüben und drüben auf dem Weg zur selben industriellen Zivilisation werden erzielt werden können.

Noch weniger gesichert ist das staatliche und außenpolitische Schicksal der gesamten Region, die von Pakistan (oder von Indonesien) bis zur Atlantikküste Marokkos, ja sogar bis zu den Waldgebieten Zentralafrikas reicht. Die Grundursache der Ungewißheit ist das Fehlen staatlicher Gebilde, deren in Jahrhunderten geschmiedete Einheit sich den Herzen der Menschen aufgeprägt hätte und deren Grenzen auf der Landkarte unzweideutig erkennbar wären. In der gesamten Welt des Islams erhebt sich der Nationalismus, aktiv, bisweilen überschäumend, voller Angriffslust gegen die »Imperialisten«, aber ohne ein gegenständliches Ziel, an dem er sich festbeißen könnte. Ist die Nation, von der Iraker,

Das Zentrum der US-Luftabwehr
Kartensaal der atomsicheren Anlage bei Omaha/Nebraska

Atomraketen der UdSSR
Maiparade sowjetischer Streitkräfte auf dem Roten Platz in Moskau, 1969

Ägypter oder Marokkaner träumen, das aus Erinnerungen und Visionen geborene arabische Vaterland? Ist diese Nation der Irak, Ägypten, Marokko? Ist sie die Gemeinschaft derer, die sich im mohammedanischen Glauben finden? Die meisten neuen Länder dieses immensen Gebietes sind von bunt zusammengewürfelten Völkern besiedelt; es fehlt ihnen an tüchtigem Verwaltungspersonal; sie sind übervölkert und beuten ihre Naturschätze nur unzureichend aus. Weiß man das, so begreift man auch, warum sich sehr wenig darüber sagen läßt, wie die politische Landkarte Vorderasiens und Afrikas in zehn oder zwanzig Jahren aussehen könnte.

Werden auch noch die letzten Inseln der europäischen Souveränität im Nahen Osten und in Afrika verschwinden? In absehbarer Zeit entspräche die Unabhängigkeit des Gesamtgebietes der Logik der Entwicklung in den britischen Protektoraten Arabiens. In Bälde dürfte die antikoloniale Bewegung auch die portugiesischen Kolonien in Afrika (Angola, Mozambique) ergreifen. In Kenia, in Tanganjika, in Nord- und Südrhodesien bemühen sich die Engländer, ohne sich über die Schwierigkeiten etwas vorzumachen, um Reformen und Fortschritte im Rahmen von Staatsgebilden, die Angehörige verschiedener Völker, Menschen verschiedener Hautfarbe umfassen sollen. Was wenig Zweifel hervorruft, ist die Annahme, daß sich vom Nahen Osten bis nach Afrika und Südamerika in zunehmendem Maße in den Kalten Krieg verstrickte politische Systeme ausbreiten werden. Man wird hier also mit staatlichen Gebilden zu rechnen haben, die den widerstreitenden Einflüssen der Vereinigten Staaten und der Sowjetunion, der westlichen und der kommunistischen Welt ausgesetzt sind, zwischen den Anhängern des Repräsentativsystems und den Gläubigen des marxistisch-leninistischen Evangeliums hin- und hergerissen werden und die Anziehungskraft zweier Lebensordnungen verspüren: auf der einen Seite der Freiheiten, die der Westen erhält und verteidigt, und auf der anderen Seite der Verheißungen der Macht und des industriellen Aufstiegs, die ihnen das Planwirtschafts- und Einparteisystem darbringt.

Bereits an der Schwelle des 19. Jahrhunderts beschäftigten sich Philosophen und Historiker mit der Zukunft des Gebildes, das sie damals schon die industrielle Gesellschaft nannten. Später hat Auguste Comte mit furchtlosem Dogmatismus dekretiert, daß die menschliche Gesellschaft nicht zwei Ziele zugleich verfolgen könne: entweder sie wolle mit dem Krieg auf die Menschen oder sie wolle mit der Arbeit auf die Natur einwirken. Nach seiner Meinung hatten die damals existierenden Gesellschaften das Zeitalter der Kriege bereits hinter sich gelassen und waren in das Zeitalter der Industrie eingetreten.

Wir haben diese Illusionen verloren. Die Industrie bleibt Kriegsmittel und Kriegsziel in einem, sie ist nicht für die gesamte Menschheit zum Selbstzweck geworden. Schon deswegen zeigt die Weltdiplomatie in unseren Tagen Wesenszüge, die einander zu widersprechen scheinen. Manche Kolonialmächte klammern sich an ihre Besitzungen, obgleich sie heute nur noch Belastungen, keine Profitquellen mehr sind. Die Wirtschaft verlangt nach politischen Zusammenballungen von gewaltiger Ausdehnung, aber auf dem Erdball mehren sich die Staaten, einer kleiner und elender als der andere. Der Abstand zwischen den Großen und den Kleinen ist über alle Maßen groß, aber der Formalismus der überstaatlichen Legalität proklamiert die Gleichheit aller souveränen Mitglieder der Vereinten Nationen.

Widersprüche einer »Übergangsphase«, würde Comte sagen. Die unlängst noch geknechteten Völker müssen zuerst einmal zur Selbstbestimmung kommen, bevor sie die Erfordernisse der Solidarität begreifen können. Die gestern noch über andere gebietenden Imperiumsvölker müssen für ihre vergeblichen Herrschaftsversuche mit schmerzlichen Opfern aufkommen, bevor ihnen die Vorzüge einer Zusammenarbeit zwischen Gleichen aufgehen. Die Riesen müssen offiziell die Achtung vor der Souveränität – und sei es halbfiktiver Staaten – verkünden, damit sich ihr Wettkampf im Rahmen feststehender Regeln abspiele.

Gewiß: die Paradoxien unseres Jahrhunderts lassen sich leicht erklären, wenn man sich die entscheidenden Tendenzen der Geschichte, die wir erleben, vor Augen hält. Für uns ist die industrielle Zivilisation ein ökonomisches Verhängnis, aber für einen großen Teil der Menschheit ist sie noch nicht mehr als eine ferne Zukunftshoffnung. Für uns ist die nationale Selbstbestimmung ein politisches Verhängnis, aber für einen großen Teil der Menschheit ist sie weniger das Bekenntnis zu einem realen Gemeinwesen als die Auflehnung gegen die Herrschaft des anderen. Die geballte Zerstörungskraft der Massenvernichtungswaffen ist für uns das militärische Verhängnis, aber sie läßt uns die Wahl zwischen dem Frieden mit Hilfe einer Weltregierung, der Begrenzung der Konflikte durch die Mäßigung der Beteiligten und der Selbstvernichtung der industriellen Gesellschaften. Für die voraussehbare Zukunft gibt es keine Hoffnung auf eine Weltregierung, es sei denn am Ausgang einer apokalyptischen Katastrophe. Das Risiko der Selbstvernichtung ist in der gegenwärtigen Phase glücklicherweise schwach; so sehr scheinen die Besitzer der erschreckenden Waffen – zum erstenmal in der Geschichte – entschlossen, den Krieg nicht zu führen, zu dem sie sich rüsten.

Die Menschheit ist dazu verurteilt, das traditionelle Spiel der Politik weiterzuspielen, während die Technik sie der Alternative des totalen Krieges oder des totalen Friedens gegenüberzustellen scheint. Vielleicht ist die Geschichte endlich einmal weiser als die Moralisten, die nach dem Absoluten greifen.

Zwischen dem Verzicht auf die Gewalt, dessen keine Gesellschaft fähig ist, und der unbegrenzten Gewaltanwendung, die kollektiver Selbstmord wäre, verfolgt die Geschichte einen Mittelweg, der in vielen seiner Züge durch die Erfindungen der Wissenschaft und der Industrie erneuert wird, der aber immer erkennbar bleibt, weil er gekennzeichnet ist durch die Doppelnatur der Menschheit: zugleich unwandelbar und veränderlich zu sein.

Carlo Schmid

DIE ZWEITE INDUSTRIELLE REVOLUTION

Das überhandnehmende Maschinenwesen quält und ängstigt mich; es wälzt sich heran wie ein Gewitter, langsam, langsam; aber es hat seine Richtung genommen, es wird kommen und treffen.

Goethe, Wilhelm Meisters Wanderjahre

Neue Erfindungen, die die Produktionsverhältnisse entscheidend verändert haben oder mit Sicherheit verändern werden; grundlegende Veränderungen im Verhältnis von Staat und Wirtschaft, in deren inneren und äußeren Bezogenheiten; umstürzende Zwänge, die der Wettlauf der großen Weltmachtblöcke auf die naturwissenschaftliche Forschung und die durch diese ermöglichten Techniken ausübt, sind im Begriff, die Lebensordnungen der Menschen im Weltmaßstab zu verändern, wie vor bald zweihundert Jahren die Erfindung der Dampfmaschine, vor hundert Jahren die Nutzbarmachung der Elektrizität als Energiespender, vor sechzig Jahren der Siegeszug des Explosionsmotors bis ins letzte Dorf und die Ausbeutung der Ölvorkommen überall in der Welt alle wirtschaftlichen, gesellschaftlichen, politischen und humanen Verhältnisse so umgestaltet haben, daß man mit vollem Recht von dem Zeitalter der industriellen Revolutionen spricht – allerdings erst, seitdem man sich mehr oder weniger am Ende der ersten Epoche dieses Zeitalters stehend fühlt. Das ist nicht verwunderlich, denn die Epochen werden sich dessen, was sie ausmachen, im allgemeinen immer erst bewußt, wenn sie an ihrem Ende stehen; wenn ihre technischen, intellektuellen und seelischen Leistungen nicht mehr ausreichen, die hervorgerufenen Veränderungen zu meistern.

Noch ist dieser Prozeß nicht abgeschlossen. Nur wenige seiner Phasen sind heute schon genau genug meßbar, um Gegenstand historischer Erfassung sein zu können. So wird sich dieses Kapitel nur zu oft mit Annäherungswerten begnügen müssen, mit Deutungen, mit Vermutungen, mit Schätzungen. Mehr als einen Versuch, ein Fließendes in seinen Reflexen zu beschreiben und Perspektiven ausfindig zu machen, kann man heute nicht wagen.

Nichts erscheint uns selbstverständlicher, als von einem »Fortschritt« auf allen denkbaren menschlichen Lebensgebieten – bis in die innere Verfassung des Menschen hinein – zu reden, und doch ist dieser Begriff nur eine vom Ursprung abstrahierende Verallgemeinerung, von etwas, was zuerst im Bereich der Technik beobachtet wurde und im strengen Verstande allein dort seinen wahren Sinn hat. Allein die Technik kennt »Fortschritt« als immanente Bewegung der Gedanken und Sachen; nur hier kann man beim Vergleich des heutigen Standes der Werkzeuge, Arbeitsmittel und maschinellen Aggregate mit dem früherer Zeiten einen »Fortschritt« messen und sagen, »wieviel weiter« man gekommen ist.

Erst die Philosophie der Manufakturepoche hat den Fortschritt als apriorische Absicht dem geschichtlichen Geschehen untergeschoben.

Früheren Kulturen, die noch keine industrielle Technik kannten, war eine solche Haltung, die alle Vergangenheit unbarmherzig an der Gegenwart mißt und unablässig fragt, worauf die Geschichte denn hinaus wolle, durchaus fremd. Nie kam es den Griechen, wenn sie Geschichte trieben, auf die Zukunft an; sie haben Geschichte noch in Naturbegriffen gedacht, sei es als Wiederkehr des Gleichen oder des Ähnlichen, als Kreislauf oder als rhythmische Bewegung, als »Stirb und Werde«. Noch Machiavelli war des Glaubens, daß sich die Geschichte nie wesentlich wandle und der Mensch sich in ihr immer gleich bleibe. Erst als sich die Menschen anschickten, die äußere Natur bewußt durch Organisation und Technik zu beherrschen, ist neben vielem anderen auch die Vorstellung aufgekommen, daß jeder Schritt vorwärts in der Beherrschung der Naturkräfte zugleich auch einen Schritt vorwärts in Richtung der ethischen und geistigen Vervollkommnung des Menschen nötig mache und gleichzeitig auch ermögliche. Seitdem gilt »Fortschritt« schlechthin als der Motor des geschichtlichen Geschehens und paradoxerweise die Geschichte selbst als dessen unablässig sich in seinen Produkten darstellender Schöpfer, der immerdar auf dem Wege zu seiner eigenen Utopie ist. Stetigkeit und Sprung, Kontinuität und Diskontinuität, sie alle machen in ihrer Dialektik den technischen Fortschritt aus. In jeder neuen Erfindung steckt neben einem neuen Gedanken oder Prinzip stets auch das ganze technische Wissen des Zeitalters; indem sie Altes weiterführt oder gar aufhebt, ruht sie immer auch auf Erkenntnissen, die früheren Stadien, ja bereits den rohen Anfängen der Technik geläufig waren. Was je gefunden, erkannt und realisiert wird, schließt lückenlos an etwas Vorhandenes an, bedeutet nie den Abschluß der Entwicklung, sondern treibt neue Überlegungen, Forschungen und Versuche hervor.

Dennoch wäre nichts irriger, als in der technischen Entwicklung nur einen gleichförmig daherfließenden Strom zu sehen, den Zuflüsse immer mehr auffüllen; die stetige, oft im verborgenen sich darstellende, mit ihr selbst gegebene Bewegung des Prozesses der Technik kennt auch Sprünge, durch die die Allmählichkeit des nur vermehrenden Fortgangs unterbrochen wird. In manchen Zeiten mag der Geist der Technik langsam und still einer neuen Gestalt entgegenreifen und am Bau der Welt nur ein Teilchen nach dem anderen auflösen und durch neue ersetzen, in anderen wieder scheint er sich gleichsam zusammenzuziehen und mit einem Schlag Gebilde neuer Schöpfung aus sich herauszutreiben.

Ohne Zweifel hat man einen solchen sprunghaften Fortschritt beim Übergang von der Dampftechnik zur Elektrotechnik und Atomtechnik vor sich, einen anderen etwa in der engen Arbeitsgemeinschaft, die zwischen Technik und Biologie begründet wurde und zur Biotechnik führte. Es wird immer schwierig bleiben, zu beurteilen, ob man gerade in einer solchen »revolutionären« Phase der technischen Entwicklung oder nur in einer sich über viele Phasen hin erstreckenden Evolution lebt, in der Vorhandenes immer weiter verbessert wird, ohne das Grundschema der Lebensordnungen zu verändern. Revolutionen kommen nicht selten auf leisen Sohlen, und das Neue tritt nicht überall mit der gleichen Stärke und in gleicher Sichtbarkeit auf. Auch sind nicht die technischen Apparaturen selbst »revolutionär«, sondern die Veränderungen, die durch sie am Menschen und in der Organisation der menschlichen Gesellschaft vorgehen. Alle Technik dient dem Menschen für die von ihm gesetzten Zwecke – an diesem Postulat sind auch jene scheinbar übermächtigen Apparaturen zu messen, denen sich der moderne Mensch oft schutzlos ausgeliefert fühlt, weil sie ihm auch seine Zwecke vorzuschreiben scheinen.

Haben uns nun die neuen Erfindungen und was sie mit sich brachten – die Entbindung der im Atom schlummernden Kräfte, die Möglichkeit, durch elektronische Maschinen nicht nur die Muskelkraft, sondern auch kontrollierende und steuernde Denkprozesse des Menschen zu ersetzen, die Lenkung wissenschaftlicher Forschungsprogramme nach politischen und militärischen Gesichtspunkten durch den Staat – in eine zweite industrielle Revolution geworfen? Es ist nicht müßig, diese Frage zu stellen. Falls es sich nur um Wandlungen gestriger und gegenwärtiger Verhältnisse handeln sollte, möchten Verbesserungen und Anpassungsmaßnahmen innerhalb unserer bisherigen Ordnungen ausreichen, um der neuen Lage Herr zu werden; handelt es sich aber um einen revolutionären Umbruch, dann stünden wir vor der Notwendigkeit, mit den sich verändernden Lebensverhältnissen der Menschen fertig zu werden, zumindest aber den Strom, der gegen die Dämme unserer gesellschaftlichen, politischen, moralischen Ordnungsgefüge heranschwillt, zu kanalisieren.

Ob Ereignisse auf dem politischen Felde eine revolutionäre Lage herbeigeführt haben, läßt sich in der Regel leicht erkennen: Niemand wird daran zweifeln, daß 1789 im Zuge politischer Ereignisse eine Umwälzung stattgefunden hat, durch die auf so gut wie allen Gebieten die Lebensverhältnisse nicht nur des französischen Volkes entscheidend umgestaltet wurden; niemand wird bestreiten, daß die Oktoberrevolution von 1917, die aus dem Zarenreich die UdSSR gemacht hat, in ihrem Wirkungsbereich das Verhältnis des Menschen zu seiner materiellen und humanen Umwelt und zu sich selber grundlegend veränderte, ja sogar im Begriff ist, die von dieser Umwälzung noch nicht unmittelbar betroffenen Völker zu zwingen, auch ihr Verhalten sich selber gegenüber in ein Verhältnis zu dem zu setzen, was im sowjetischen Machtbereich geschieht.

Schwieriger wird die Beantwortung der Frage, ob hervorragende Ereignisse auf anderen Gebieten, etwa auf dem Felde wissenschaftlicher Erkenntnis oder dem der Technik und der Produktionsmethoden, eine revolutionäre Umwälzung ausgelöst haben. Hat die allgemeine Aufnahme des Satzes Bacons, daß man der Natur Herr wird, indem man ihren Gesetzen gehorcht, in Verbindung mit der quantitativen Physik Galileis und Newtons eine Revolution ausgelöst? Hat die Erfindung und Einführung der Dampfmaschine eine Revolution ausgelöst, die zu einer allgemeinen Umgestaltung aller Lebensverhältnisse geführt hat?

Wer sich mit den Folgen der Erfindung eines Watt befaßt hat, wird nicht anders können, als diese Frage zu bejahen. Es ist heute für jedermann sichtbar geworden, daß die durch die Dampfmaschine möglich gewordene und erzwungene arbeitsteilige, bisher notwendig kapitalistisch betriebene Industriegesellschaft die alte Feudalordnung umgestürzt und das Bürgertum zur herrschenden Klasse gemacht hat, die bei aller formalen allgemeinen Rechtsgleichheit dies so sehr war, daß sich zum mindesten über ein Halbjahrhundert hin zwischen der neuen herrschenden Klasse und dem gleichzeitig entstandenen Proletariat eine Kluft auftat, die dem großen konservativen englischen Staatsmann Disraeli Veranlassung gab zu sagen, daß jeder Staat in zwei Nationen aufgespaltet sei.

Haben die neuen Erfindungen ähnlich umwälzend gewirkt? Oder ist nur weiter vorangetrieben worden, was schon im Gange war? Wo ist der Bastillesturm erfolgt, von dem an der Einbruch einer neuen Welt datiert werden könnte? Sicherlich ist das neue Wesen, vor dessen Auswirkungen wir heute stehen, in Fortsetzung des technischen Denkens möglich geworden, das die Mechanik Newtons und die Dampfmaschine eingeleitet haben. Diese Feststellung sollte uns aber den Satz Hegels nicht vergessen lassen, daß von einem bestimmten Moment an Quantität in Qualität umschlägt, daß also das »Mehr« ein »Anderssein« auslöst. Und die zweite industrielle Revolution hat in der Tat weitere und damit andere Wirkungen als die erste.

Diese hatte im wesentlichen nur Europa und Amerika (sehr viel später Japan) erfaßt; was heute geschieht, erfaßt jedoch sämtliche Kontinente. Die neuen Produktionsmöglichkeiten und die politischen Bewegungen, die sie erzwungen haben, mobilisieren industriell und politisch zusätzlich eine Milliarde Menschen, die bisher nur am Rande dazu verurteilt waren, die vom weißen Mann gemachte Geschichte zu erleiden. Nunmehr werden sie eigene Geschichte machen können, die vielleicht morgen Weltgeschichte sein wird.

Mag es auch heute noch erlaubt sein zu glauben, daß die neuen Kraftquellen und Produktionsmöglichkeiten nur evolutionären Charakter tragen; morgen wird es nicht mehr möglich sein zu übersehen, daß die heutige technische Entwicklung und ihre politischen Elongaturen im Begriff sind, eine revolutionäre Umgestaltung der Lebensverhältnisse der Menschheit und ihrer gesellschaftlichen und politischen Ordnungen herbeizuführen.

Ende des Laisser-faire

Die erste industrielle Revolution hat das Verhältnis von Stadt und Land völlig verändert, indem sie es möglich machte, daß in allen Industrieländern im Gegensatz zu den Jahrhunderten vorher die Mehrheit der Bevölkerung vom Land in die Städte ziehen konnte. Während zu Beginn des 19. Jahrhunderts vier Familien landwirtschaftlich tätig sein mußten, um eine städtische Familie zu ernähren, ernährt heute eine in der Landwirtschaft tätige Familie vier städtische Familien. Daß dies für sich allein schon einen umstürzenden Wandel der Lebensordnung mit sich bringen mußte, liegt auf der Hand. Welche Auswirkungen diese Verkehrung des Verhältnisses von Stadt und Land künftig mit sich bringen wird, ist noch nicht zu übersehen, jedoch erscheint es heute schon in höchstem Maße wahrscheinlich, daß dadurch die Sozialstrukturen gleich gewaltig verändert werden könnten wie einst beim Übergang vom Nomadendasein zum seßhaften Bauerntum.

Die durch das Maschinenwesen möglich gewordene Steigerung der Produktivität der Arbeit kam zunächst der Arbeiterschaft nicht im geringsten zugute. Zunächst einmal stieg die Arbeitszeit auf vierzehn bis sechzehn Stunden täglich und sanken die Löhne. In der Mitte des letzten Jahrhunderts begann (in England) der Staat regulierend in die Arbeitsverhältnisse einzugreifen. Gegenüber der Vorstellung, die menschliche Arbeitskraft sei nichts anderes als eine Ware, deren Preis sich nach Angebot und Nachfrage richtet, wurde das

Prinzip aufgestellt, daß der Staat auch in einer freien kapitalistischen Wirtschaft in die Produktionsverhältnisse einzugreifen habe, und zwar um des Menschen willen. Damit wurde eine Entwicklung eingeleitet, in deren Verlauf der Grundsatz auf den Schild gehoben werden sollte, daß der Mensch nicht bloßer Faktor, sondern auch Maßstab der industriellen Produktionsmethoden zu sein habe. Freilich konnten staatliche Eingriffe dieser Art die Übelstände des ökonomischen Wildwuchses für sich allein nicht beseitigen. Dies konnte nur durch eigene Bemühungen der Arbeiterschaft geschehen, die ihrerseits wieder feste Organisationen (Gewerkschaften) voraussetzten, denn einzeln war der Arbeiter dem Unternehmer gegenüber wehrlos. Durch Verhandlung mit den Unternehmern – oft nach harten Kämpfen – konnten die Arbeiter fortlaufend Verbesserungen der Arbeits- und Lebensbedingungen erzielen. Als sich dann die Arbeiterschaft zu den Gewerkschaften hin eigene politische Parteien schuf, gelang es ihr allmählich, die in ihr lebendig gewordenen Impulse mit den Erkenntnissen der Sozialwissenschaft zu verbinden und Umgestaltungen der Rechtsordnung herbeizuführen, die eine der Vergangenheit gegenüber recht andersartige Verteilung des Sozialproduktes erzwangen. Die neuen Produktionsverhältnisse selbst haben also nicht nur den Staat zum Eingreifen veranlaßt und ihn damit zum Schicksal des Menschen in der Industriegesellschaft gemacht, sondern sie haben gleichzeitig in der organisierten Arbeiterschaft eine Macht hervorgerufen, die ihre Gefahren bannen und neutralisieren half.

In den letzten sechzig Jahren hat sich in den USA das Sozialprodukt verachtfacht, während die Bevölkerung sich nur verdoppelt hat. In Europa ist das Durchschnittseinkommen je Kopf der Bevölkerung im gleichen Zeitraum um etwa zweihundert Prozent gestiegen. Die steigende Ergiebigkeit der Arbeit geht dank des Einflusses der Arbeiterschaft auf die Politik nicht nur mit einem Ansteigen des Volkseinkommens, sondern auch mit dessen Umverteilung Hand in Hand. Sie hat auch zu einer veränderten sozialen Struktur geführt, denn durch immer modernere Produktionsmethoden werden Arbeitskräfte eingespart; gleichzeitig wächst der sogenannte tertiäre Bereich (neben Landwirtschaft und Industrie): die Verwaltung, der Handel, die Dienstleistungen und der große Bereich der Unterhaltung. In allen Industrieländern sinkt die Zahl der Arbeiter prozentual gegenüber den anderen Berufen. Dadurch verändert sich der Stil des Verhältnisses des Individuums zur Gesellschaft, des Einzelnen zum Staat. In dem Beitrag über »Gesellschaft und Kultur« wird das ausführlich dargestellt.

Auch das Verhältnis des Staates zur Wirtschaft hat sich grundlegend gewandelt. Während im 19. Jahrhundert der Staat zunächst nur indirekt in wirtschaftliche Vorgänge einzugreifen pflegte und sich in der Hauptsache mit den sozialen Wirkungen der Industrialisierung befaßte, zwangen die großen Wirtschaftskrisen nach dem ersten Weltkrieg zu einem direkten Eingreifen. Aus einem bloßen Schiedsrichter oberhalb der wirtschaftlichen und gesellschaftlichen Prozesse wurde ein immer tiefer und stärker eingreifender Gestalter. Während Wirtschaft und Gesellschaft bisher bloße Substrate des Staates waren, werden sie nunmehr immer mehr mit ihm identisch.

Am deutlichsten kommt dies darin zum Ausdruck, daß der Staat heute über den Staatshaushalt zum wirksamsten Verteiler des Sozialproduktes geworden ist. Die Milliardenbudgets setzen immer größere Teile des Sozialproduktes unter politischen Gesichtspunkten um. Damit erhalten im Zeitalter des allgemeinen Wahlrechts die breiten Massen über den politischen Weg einen immer größeren Einfluß auf die Steuerung der Bewegungen des Sozialproduktes. Auch in Ländern politisch liberaler Prägung ist der Staat heute zum Wohlfahrtsstaat geworden. Bei dieser Wertung der Bedeutung des Staates für die aktive Gestaltung des Wirtschaftsprozesses ist dem Umstand noch gar nicht Rechnung getragen, daß auch in Friedenszeiten das ständige Anwachsen der militärischen Rüstung den Staat zu einem immer größeren Faktor der Beeinflussung des Produktionsprozesses selbst macht.

Initialzündung durch militärische Bedürfnisse

Militärische Bedürfnisse waren während des ganzen 19. Jahrhunderts weder Antrieb industrietechnischer Neuerungen, noch bestimmten sie Ziele und Stil der industriellen Produktion, noch riefen sie von sich aus grundlegende technische Neuerungen oder gar Methoden wissenschaftlichen Forschens hervor. Alle technischen Fortschritte von Bedeutung geschahen in Funktion von Bedürfnissen der Friedenswirtschaft oder in Auswertung von Ergebnissen zweckfreier Forschung und kamen zunächst immer friedlichen Zwecken zugute. Die militärische Verwertung folgte der friedlichen Nutzung nach. In der Periode zwischen dem Kriege 1870/71 und dem ersten Weltkrieg hat die Entwicklung der industriellen Produktionsverhältnisse die europäischen Gesellschaftskörper grundlegend umgestaltet, sie hat jedoch das militärische Denken und die Organisation des Militärwesens kaum bestimmt, und umgekehrt haben militärische Faktoren die Produktionsverhältnisse und die Struktur der Gesellschaft kaum beeinflußt. Die europäischen Großmächte haben den ersten Weltkrieg geführt, als handele es sich um einen klassischen Krieg im Stil des 19. Jahrhunderts, der sich mit den herkömmlichen Potentialen und Methoden austragen lasse; man nutzte die vorhandenen Techniken aus, so gut es ging, wandte aber keine grundlegend neue, der Friedensproduktion grundsätzlich fremde an.

Gewiß gilt auch noch heute, daß erst eine bestimmte Entwicklungsstufe der industriellen Friedensproduktion erreicht sein muß, ehe bestimmte militärtechnische Prozesse eingeleitet werden können, doch wird heute mehr und mehr auch die entgegengesetzte Tendenz wirksam. Immer mehr treiben nämlich neue militärische Vorstellungen die industrielle Revolution voran; oft schaffen sie überhaupt erst den Spielraum, dessen sie zu ihrer Entfaltung bedarf. Zwar kann man als sicher annehmen, daß die Erzeugung von Kernenergie für friedliche Zwecke auch ohne die Anstrengungen geglückt wäre, die von den USA während des zweiten Weltkrieges für die Herstellung der Atombombe aufgebracht wurden; es steht aber außer jedem Zweifel, daß ohne die gewaltigen amerikanischen Bemühungen, die der Herstellung von Atombomben gewidmet werden mußten, die Entwicklung auf dem Gebiet friedlicher Nutzung der Kernenergie bei weitem noch nicht den Stand erreicht hätte, bei dem sie heute angelangt ist.

Raketen – REICHWEITEN UND FLUGZEITEN

FLUGZEITEN ERRECHNET AUS DER MITTLEREN GESCHWINDIGKEIT

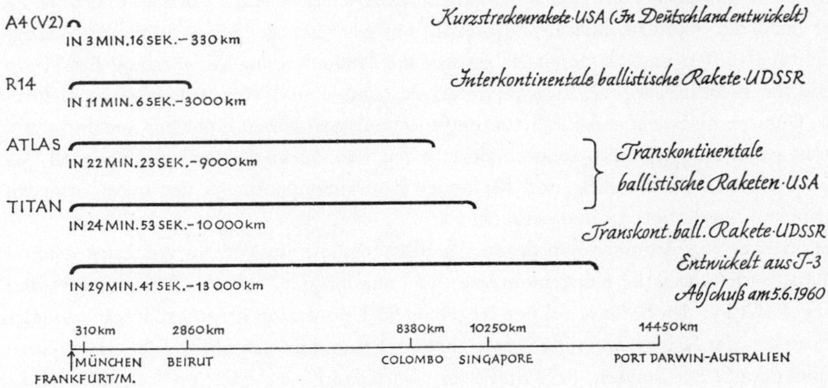

Atombomben

Atombombenexplosion von Hiroshima am 6.8.1945
H-Bombenexplosion im Pazifik (Bikini-Atoll) am 1.3.1954

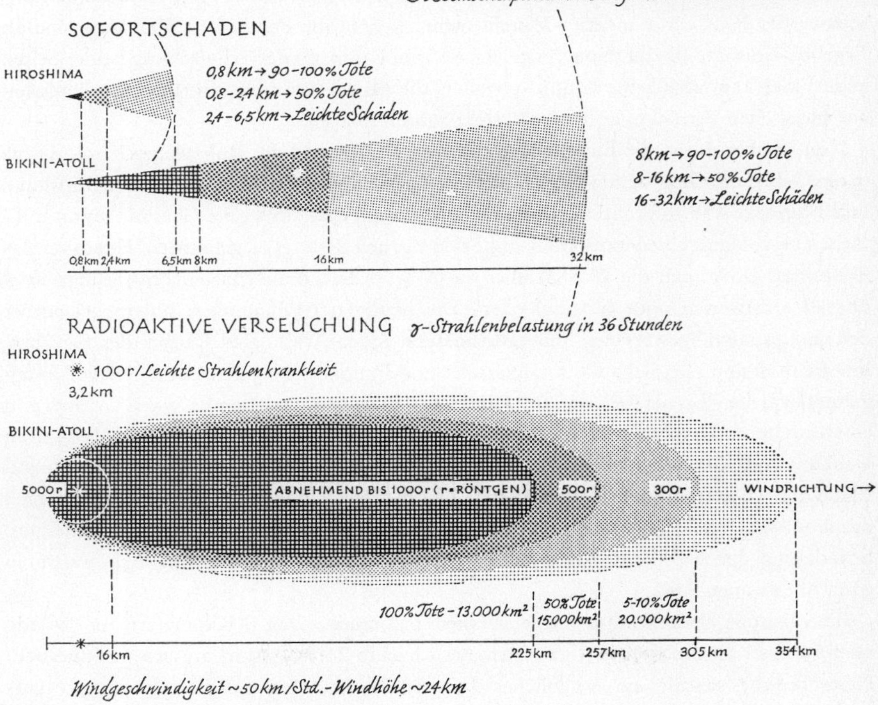

Was die militärische Revolution unserer Tage von der nur wirtschaftlich ausgerichteten industriellen unterscheidet, ist vor allem das beispiellose Tempo, in dem sie sich vollzieht – ihm gegenüber erscheint das Tempo der »eigentlichen« industriellen Revolution bedächtig. So ist denn der militärtechnische Fortschritt am weitesten gediehen: atomare Massenvernichtungswaffen und als deren Nebenprodukt Methoden zur Verwendung der Kernenergie für nichtkriegerische Zwecke; interkontinentale und Weltraumraketen; elektronische Gehirne und elektronische Steuerungsmechanismen haben nicht nur Industrie und Technik selbst revolutioniert, sondern sie schaffen Umwälzungen auch auf anderen Gebieten. So haben sie die Ziele und Methoden der Außenpolitik, ja der internationalen Beziehungen überhaupt, radikal verändert.

Der Einsatz von Atombomben gegen japanische Städte im zweiten Weltkrieg gehörte durchaus in die klassische Konzeption von der Funktion der Waffe im Kriegseinsatz und von der Funktion des Krieges bei der Regelung in Unordnung geratener internationaler Beziehungen: der Krieg war nach allgemeiner Anschauung eines der Mittel – das schärfste – im Machtkampf der Staaten, dem Stärksten eine Neuordnung der Machtverhältnisse zu ermöglichen. Voraussetzung dafür, daß der Krieg eine solche »rationale« Funktion erfüllen kann, ist, daß wenigstens der Sieger physisch erhalten bleibt. Ein Krieg, der für beide Parteien notwendig zum Selbstmord werden müßte, ist kein Mittel der Politik, keine Fortsetzung der Politik mit anderen Mitteln mehr: er hebt die Politik auf. Man kann sich als Ergebnis einer Politik durchaus vorstellen, daß ein Krieg mit der Schwächung beider Seiten endet; man kann sich keine Politik vorstellen, die Mittel verwendet, die mit Notwendigkeit zur physischen Vernichtung beider Partner führen müssen.

Nun ist aber durch die Entwicklung der Kernwaffen und der Raketengeschosse, die sie in das Gebiet des Gegners tragen, gerade diese Lage eingetreten. Die Bomben auf Hiroshima und Nagasaki waren furchtbar, aber ihr Abwurf gab den USA eine Chance, Japan militärisch beschleunigt niederzuwerfen, ohne den eigenen Bestand zu gefährden. Heute verfügt neben den USA auch die UdSSR über die Möglichkeit, diese Massenvernichtungsmittel überall abzuwerfen oder hinzuschießen. Die heutigen Atombomben haben gegenüber den auf Japan abgeworfenen die tausendfache Sprengkraft. Der Radius des Gebietes, innerhalb dessen alle Gebäude total zerstört und fünfundsiebzig Prozent der Bevölkerung getötet wurden, betrug bei der auf Hiroshima abgeworfenen Bombe 2,4 Kilometer; in einem weiteren Umkreis von 6,5 Kilometern vernichteten Luftdruck und Strahlung noch Gebäude und Menschenleben. In Hiroshima wurden siebzigtausend bis achtzigtausend Menschen getötet, und hunderttausend bis hundertachtzigtausend Menschen kamen durch unmittelbare Einwirkung des Bombenabwurfs zu schweren Schäden. Die mittelbare Schädigung durch die sekundären Folgen der Strahlungen werden erst in Jahrzehnten ganz zu erkennen sein.

Eine heutige Bombe hätte dagegen einen Todesradius von 8 Kilometern und würde noch in einer Entfernung von 32 Kilometern leichte Zerstörungen anrichten. Innerhalb dieses Bezirkes würde ein erheblicher Teil der Bevölkerung getötet oder schwer verletzt werden. Der durch die Detonation einer solchen Bombe aufgewirbelte radioaktive Staub würde weitere Gebiete verseuchen (siehe Graphik Seite 431). Ein erfolg-

Atomspürer mit Geiger-Zählern bei einer Luftschutzübung

Das britische Atomkraftwerk Chapelcross in Schottland

reicher Angriff auf die fünfzig bedeutendsten Städte der USA würde vierzig Prozent der Bevölkerung der USA, fünfzig Prozent ihrer Schlüsselindustrien und sechzig Prozent ihrer Industriekapazität überhaupt der Zerstörungskraft solcher Bomben aussetzen. Aller Voraussicht nach würde das siebzig bis achtzig Millionen Tote und eine noch größere Anzahl von Verletzten bedeuten, dazu den Zusammenbruch aller ärztlichen Dienste, des ganzen Verwaltungsapparates, die völlige Lähmung der Wirtschaft – kurz, ein solcher erster erfolgreicher Angriff schon würde praktisch die USA zumindest politisch funktionsunfähig machen. Das gleiche gälte im umgekehrten Falle für die Sowjetunion und jeden anderen Staat. Da jede der Atommächte technisch in der Lage ist, einen Vergeltungsschlag von gleicher Zerstörungskraft wie der Angreifer zu führen, selbst wenn der Gegner ihr zuvorgekommen sein sollte, käme auch ein präventiv gedachter Angriff mit Massenvernichtungswaffen einem Selbstmord gleich. Von einem bestimmten Grade der Zerstörung an ist alles nur Vernichtung und sind Unterschiede mit Null zu bewerten. Angesichts solcher Gewißheiten hat der Krieg aufgehört, ein Mittel der Politik zu sein. Die Außenpolitik der Mächte muß sich seitdem auf Ziele beschränken, die ohne Krieg zu erreichen sind; die Diplomatie muß noch mehr als früher alle ihre Anstrengungen darauf konzentrieren, vor allem anderen den Gedanken an Krieg überhaupt gegenstandslos zu machen. Dies erzwingt auf beiden Seiten eine Politik der Erhaltung des *status quo*, auch in den Fällen, in denen sie jeglicher politischen Notwendigkeit und Gerechtigkeit im alten Verstande ins Gesicht schlägt. Es hat weiter zur Folge, daß die Außenpolitik nicht mehr endgültige Regelungen herbeiführen kann, sondern jeweils nur ein System von Aushilfen zur Ermöglichung eines *modus vivendi*, dessen Voraussetzungen und Modalitäten immer wechseln werden. Es wird eine paradoxe Lage entstehen: Die Weltmächte werden gezwungen sein, durch immer größere, sich gegenseitig wie ein Keil den andern treibende Anstrengungen zu versuchen, das atomare Gleichgewicht sowohl zu ihrem Vorteil aufzuheben, als auch es immer wieder herzustellen, um den Anreiz zum präventiven Atomkrieg zu beseitigen. Da dies Wechselspiel aber seine Gefahren für beide Seiten hat, werden sie auch immer wieder zu neuen Versuchen schreiten müssen, Vereinbarungen über ein Verbot weiterer Herstellung nuklearer Waffen und zur Vernichtung der schon vorhandenen herbeizuführen. Solche Vereinbarungen setzen, sollen sie wirksam sein, Kontrolleinrichtungen voraus, die einen radikalen Abbau der bisher allgemein im Schwange befindlichen Vorstellungen über die Souveränitätsrechte der Staaten zur Voraussetzung haben, was wiederum nicht ohne Rückwirkung auf das Bewußtsein der Individuen von ihrem Verhältnis zum Staate selbst bleiben könnte. Hatte schon die Zeit nach dem ersten Weltkrieg eine Bewegung zur Ächtung des Krieges aus moralischen und Vernunftgründen ausgelöst – »auch ein gewonnener Krieg macht sich nicht bezahlt ...«, so hebt sich in dem Zeitalter, darin neues Kriegsdenken und neue Kriegstechnik die zweite industrielle Revolution ausgelöst haben und weitertreiben, der Krieg aus immanenten Gründen als eine rationale Institution der Außenpolitik überhaupt auf und zwingt die Staaten zu einer adäquaten Gestaltung ihrer internationalen Beziehungen. Entweder werden sie diese neuen Kriegsmittel gegenstandslos machen oder um der Erhaltung des Gleichgewichts willen ihre Herstellung oder Anhäufung so steigern müssen, daß schließlich ein unerträglich hoher Teil des Sozialproduktes dazu verwendet werden muß, die Arsenale zu füllen – ohne daß damit auch nur eines der Weltprobleme einer Lösung zugeführt werden könnte.

1938 gaben die USA 1,1 Milliarden Dollar für Verteidigungszwecke aus, 1956 dagegen rund 42 Milliarden und 1960 mehr als 45 Milliarden. Ähnliches gilt für die sowjetischen Militärausgaben, wenn auch deren prozentualer Anstieg gegenüber dem Vorkriegsstand wesentlich geringer ist. 1939 beliefen sich die offiziell zugegebenen Verteidigungsausgaben der Sowjetunion auf 39,2 Milliarden Rubel; 1952 erreichten sie die Höhe von 113,8 Milliarden; in den folgenden Jahren machten sie im Durchschnitt rund 100 Milliarden Rubel aus. Legt man den Durchschnitt der fünfziger Jahre zugrunde, so beanspruchen zur Zeit in der Sowjetunion die Militärausgaben zwischen 20 und 25 Prozent des gesamten Volkseinkommens, in den USA etwa 12 Prozent.

Die Revolution auf dem Gebiet der Kriegstechnik hat sich auf Zielsetzung und Technik der wissenschaftlichen Forschung übertragen. Während vor dem zweiten Weltkrieg die Staaten so gut wie nirgends die Initiative ergriffen haben, um die wissenschaftliche Forschung auf die Förderung ihrer politischen Zwecke hin zu organisieren, ist das atomare Zeitalter weitgehend durch die Staaten in Verfolgung ihrer militärischen Bedürfnisse heraufgeführt worden. Der Weg vom Laboratorium zur technischen Auswertung der neugefundenen Ergebnisse der reinen Forschung ist auf Geheiß der Regierungen und nicht von den Impulsen des Marktes her beschritten worden. Die Regierungen wollten sich ohne Rücksicht auf die Kosten die wirksamsten aller denkbaren Waffen verschaffen. Dafür gaben sie Aufträge an Forscher und Techniker und brachten Mittel auf, die sie für zweckfreie Forschung oder ökonomische Zwecke nie aufgebracht haben würden. Auch heute, da die großen Konzerne in großem Umfang schon eigene Forschungen betreiben und auswerten, sind es die Regierungen, die antreiben, Richtungen weisen, Forschungsziele festsetzen, die Forschung finanzieren, ja sogar dazu übergehen, ihre Schulsysteme danach einzurichten, wie der Bedarf an Naturwissenschaftlern und Technikern gedeckt werden könnte, den das atomare Zeitalter nötig machen wird. Es besteht durchaus die Möglichkeit, daß die Schule künftig nur noch als Mittel der Ausbildung und nur noch nebenher als Mittel der Bildung angesehen wird.

Die USA geben jährlich viele Milliarden Dollar, die Sowjetunion viele Milliarden Rubel aus, um die naturwissenschaftliche Forschung voranzutreiben, nicht um der Steigerung und Vermehrung der wissenschaftlichen Erkenntnis willen, sondern um durch neuerlangtes Wissen um die Vorgänge innerhalb des Mikrokosmos der Materie ihr Potential an militärischer Macht zu vergrößern. Es ist klar, daß die Gewöhnung der Staaten an das Kommandieren auf den wichtigsten Gebieten der wissenschaftlichen Forschung und der Technik Folgen haben muß: auch die liberalen politischen Systeme werden eine kommandierte Technik erhalten, was den Unterschied zwischen »freier« Welt und »Sowjetwelt« auf manchen Feldern zum Schrumpfen bringen wird. Das Ingenieursdenken hat eine Tendenz, sich zu universalisieren und auch die Vorstellungen vom Wesen des Staates zu »besetzen«. Der politische Totalitarismus ist immanente Ausprägung eines technokratischen Lebensgefühls.

Diese Entwicklungen werden über ihre Ursachen hinausführen. Wie zur Zeit der ersten industriellen Revolution Weltpolitik nur noch durch die Staaten gemacht werden konnte.

die über Kohle und Öl verfügten, so werden nun wahrscheinlich nur noch die Staaten Geschichte machen können, deren wissenschaftliches, technisches und industrielles Potential ausreicht, um mit den beiden großen Atommächten USA und Sowjetunion Schritt zu halten. Die anderen werden in mehr oder weniger großer Differenzierung sich daran gewöhnen müssen, daß sie künftig Geschichte zu erleiden haben werden. Die Staaten Europas werden kaum in der Lage sein, es den beiden Giganten gleichzutun, auch nicht,

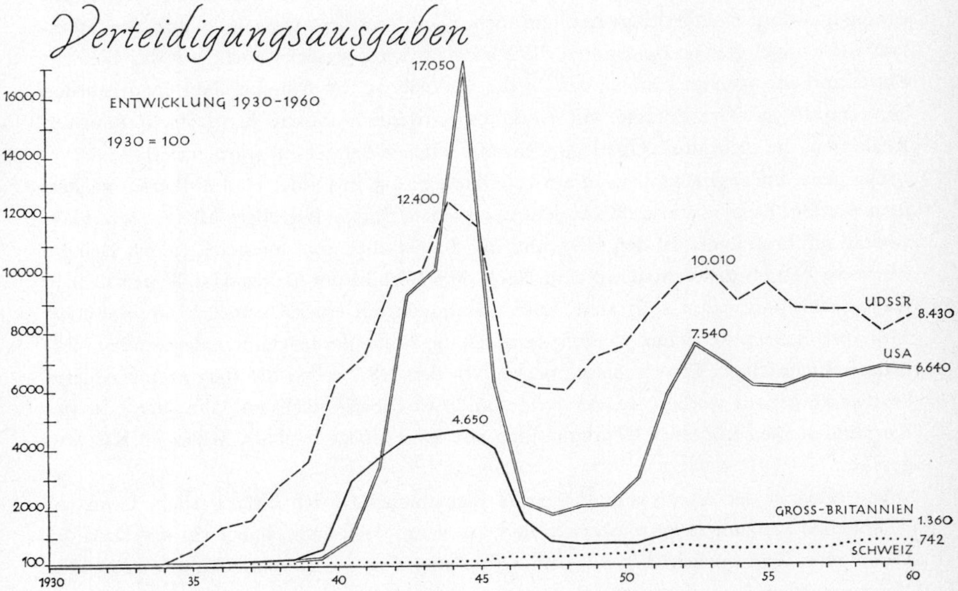

wenn sie mehr als bisher politisch und wirtschaftlich zusammenrücken sollten – bedarf es doch zur vollen Entfaltung der atomaren Techniken, vor allem zu militärischen Zwecken, mächtiger leerer Räume, über die Europa nicht verfügt und trotz der Herrschaft Frankreichs über die Sahara nicht verfügen wird. Diese Umstände werden sich unausweichlich auch auf den Gebieten auswirken, auf denen atomare Energie friedlichen Zwecken nutzbar gemacht werden kann.

Neue Energiequellen

Von den neuen Techniken, die sich im Anschluß an die Entdeckung der Kettenreaktion beim Uranatom entwickelt haben, hat keine mehr die Phantasie der Menschen erregt als die der industriellen Verwendung der Kernkräfte für friedliche Zwecke. Kernspaltung und Kernfusion sollten als neue Kraftquellen zu den klassischen Energiespendern Kohle, Wasser, Öl treten: die Menschheit brauche sich nicht mehr vor dem Versiegen der fossilen Rohstoffe zu fürchten; Gebiete ohne Kohle, ohne Ölvorkommen, ohne Wasserkräfte würden künftig Industrien entwickeln können, was bisher nur den Ländern zu beiden Seiten des Kohlegürtels der nördlichen Hemisphäre und den Ländern, die mit gesicherter Zufuhr des Erdöls rechnen konnten, möglich war.

Bisher ist man jedoch, was die technischen und ökonomischen Möglichkeiten anlangt, nur wenig über Versuchsstadien hinausgekommen. In einigen Ländern hat man Versuchsreaktoren gebaut; einige Schiffe, vornehmlich Unterseeboote, werden durch atomare Energie angetrieben; in England wird elektrischer Strom unter Ausnutzung von Kernenergie gewonnen – allerdings hat man nicht allein um dieses Zweckes willen das Atomkraftwerk angelegt, von dem unten die Rede sein wird, sondern auch, um das Element Plutonium erzeugen zu können, das für die Herstellung von Atombomben unentbehrlich ist; auch die atomare Energie, die es erlaubt, schwedische Städte zu heizen, stammt aus Reaktoren, die nicht ohne Überlegungen militärischer Art gebaut worden sind.

Das genannte englische Werk ist am 17. Oktober 1956 in Calder Hall in Betrieb genommen worden. Es ist so stark, daß es dem Energienetz Englands größere Mengen von Elektrizität zuführen kann. In den USA und der Sowjetunion sind ähnliche, jedoch kleinere Werke in Betrieb genommen worden. Nach dem Vorbild des Calder-Hall-Typs sollen in England bis zum Jahre 1965 acht weitere Stationen mit einer Gesamtleistung von zwei Millionen Kilowatt errichtet werden; sie sollen die Hälfte des bis dahin entstehenden Neubedarfs Englands an Primärenergie decken. In den USA sollen bis 1967 zwanzig Kernkraftwerke gebaut werden. In der Sowjetunion ist für die nächsten Jahre der Bau von Kernkraftwerken mit einer Gesamtleistung von zwei bis zweieinhalb Millionen Kilowatt geplant.

Von allen in der Natur vorkommenden Elementen läßt sich bislang allein Uran zur technischen Nutzung der Atomkernkräfte verwenden, doch liefert dabei nur der Kern des Urans vom Atomgewicht 235 bei seiner Spaltung den die Kettenreaktion auslösenden Neutronenüberschuß. Uran 235 ist in der Natur jedoch lediglich mit einem Anteil von 0,7 Prozent des natürlichen Uranvorkommens enthalten. Über 99 Prozent des natürlichen Urans hat das Atomgewicht 238 und ist nicht spaltbar. Um das spaltbare Material zu erhalten, muß Uran 238 in ein neues künstliches Element, Plutonium 239, verwandelt werden, was außerordentlich kostspielig ist und der industriellen Verwendung der atomaren Energie wirtschaftliche Grenzen setzt.

Weite Perspektiven eröffnet ein anderes Verfahren zur Gewinnung von Atomenergie: die Verschmelzung von Kernen des Wasserstoffatoms. Das ist bisher nur in den Wasserstoffbomben gelungen; der Verschmelzungsprozeß konnte noch nicht unter Kontrolle gebracht werden. Aber auch dieses Problem wird eines Tages gelöst werden. Vorausgesetzt, daß die Kontrolle des Verschmelzungsprozesses eine technisch hinreichend ausnutzbare Leistung erlauben sollte, wird man dann aus einem Liter Wasser so viel Energie gewinnen können wie heute aus zwanzigtausend Tonnen Kohle.

Es scheint heute jedoch sicher, daß in den nächsten zwei bis drei Jahrzehnten des Jahrhunderts schon aus Gründen der Kosten der Beitrag der Kernenergie zur Energieversorgung der Erde, verglichen mit dem der klassischen Energieträger, noch recht bescheiden bleiben wird. Kernenergie wird kaum eine so gefährliche Konkurrenz für die Kohle werden, wie

Erdöl und Erdgas es heute sind. Es wird noch einige Zeit dauern, ehe die Atomkraftwerke mit den herkömmlichen Werken der Energiegewinnung überhaupt in wirtschaftlichen Wettbewerb treten können.

Die Vorräte an fossilen Brennstoffen sind zudem größer, als man vor einigen Jahren glaubte annehmen zu müssen. Die Reserven an klassischen Energieträgern reichen weit aus, um die Energieversorgung der Menschheit auch bei einer Verdoppelung ihrer Kopfzahl und einer Steigerung ihres Sozialproduktes auf das Sechsfache bis zum Jahre 2000 sicherzustellen. In den Vereinigten Staaten und der Sowjetunion kann die Kohle zusammen mit dem Erdöl, Erdgas und hydroelektrischer Energie den Energiebedarf gar noch für ein Jahrtausend decken, selbst unter der Voraussetzung, daß der Bedarf im bisherigen Tempo anwachsen sollte. In Europa allerdings, vornehmlich in England, ist die Lage ungünstiger; hier könnten außenwirtschaftliche Gründe dazu zwingen, ein Defizit im nationalen Energiehaushalt schon in unserem Jahrhundert durch Kernenergie auszugleichen.

Kann also für die nächste Zeit noch nicht erwartet werden, daß die für die industrielle Produktion der Erde benötigte Energie zu einem wesentlichen Teil durch die Freisetzung nuklearer Kräfte gewonnen werden wird, so erlaubt doch die bisherige Entwicklung, vor allem die Erfahrung, daß jeder Fortschritt eine Kettenreaktion neuer Möglichkeiten auslöst, die Annahme, daß die Jahrzehnte, die auf uns zukommen, in beträchtlichem Maße im Zeichen industrieller Verwertung nuklearer Kräfte stehen werden. Der Leiter der Entwicklung von Reaktoren in der amerikanischen Atomenergiekommission, Frank K. Pittman, hat im Frühsommer 1960 auf der Weltenergiekonferenz in Madrid erklärt: »Eine vollentwickelte Atomindustrie in den nächsten fünf oder zehn Jahren erwarten zu wollen, wäre unrealistischer Optimismus. Ich würde es aber für einen unrealistischen Pessimismus halten, wenn jemand für die nächsten dreißig bis fünfzig Jahre etwas anderes als eine weitverbreitete Atomindustrie erwarten sollte.«

Welcher Art diese Industrien im einzelnen sein könnten, ist heute nicht vorauszusehen. Einen Hinweis auf die sich ergebenden Möglichkeiten kann vielleicht die an Bedeutung immer mehr zunehmende Verwendung industriell erzeugter radioaktiver Isotope geben. Isotope sind Atome eines und desselben Elementes, die sich chemisch völlig gleich verhalten, aber sich in ihren physikalischen Eigenschaften unterscheiden. Dank der Emission von Strahlen, die die chemischen Eigenschaften nicht verändern, gestatten sie die Untersuchung chemischer, physikalischer, biologischer Vorgänge in einem bisher nicht gekannten Ausmaß. Mit ihrer Hilfe kann man Phänomene beobachten, die bisher nicht untersucht werden konnten. Es gibt kaum ein Wissensgebiet, auf dem sie nicht die Forschung weiterführen könnten, handele es sich um Struktur und Verhalten der lebenden Zelle oder von Mineralien und Metallen. Ihre Verwendungsmöglichkeit geht aber über die bloße Erleichterung und Weiterführung wissenschaftlicher Forschung hinaus; es ist heute schon möglich, mit Hilfe radioaktiver Isotope die Erbanlagen von Pflanzen und Tieren zu verändern, um Wachstumsbedingungen zu schaffen, die sich auf die Steigerung der Erträge in der Landwirtschaft nicht weniger auswirken werden, als dies durch die Einführung der mineralischen Düngung vor hundert Jahren geschah. So kann es nicht wundernehmen, daß auf der Genfer Atomkonferenz des Jahres 1955 der Vorsitzende der Isotopenkommission,

W. E. Libby, erklären konnte: »Die Isotope allein würden alle Bemühungen rechtfertigen, die wir zum Zwecke der Entwicklung der Atomenergie unternommen haben.«

Aber nicht nur der wissenschaftliche, auch der wirtschaftliche, ja überhaupt der materielle Bereich wird sich durch die Wissenschaft vom Atom derart tiefgreifend ändern. Zu allen Zeiten haben grundlegende Wandlungen des naturwissenschaftlichen Weltbildes sich auch auf die Vorstellungen vom Wesen der Gesellschaft, von den ihre Strukturen bestimmenden Kräften, ja auch vom Sinn des menschlichen Daseins und den möglichen Zielsetzungen des auf diesen Sinn hin sich orientierenden menschlichen Strebens ausgewirkt. Man denke an die »humanistischen« Auswirkungen der Rezeption des copernicanischen Weltbildes, der mechanistischen Physik Galileis und Newtons, die zur Entzauberung der Welt geführt haben und die Vorstellung weckten, daß das Geschehen auf dieser Erde nicht von jenseitigen Lenkungen, sondern von erkennbaren, meßbaren und berechenbaren körperhaften Bewegungen ausgelöst werde und daß infolgedessen der vernunftbegabte Mensch, im Besitz des Wissens von diesen Gesetzlichkeiten, imstande sei, sich die Natur dienstbar zu machen und ihre Dienste unter Kontrolle zu halten – auch die Natur der sozialen Körper, die sich bei Kenntnis der Gesetze ihrer Mechanik in ihren Funktionen beherrschen und sogar verändern ließen.

Wenn das vor drei Jahrhunderten begründete naturwissenschaftliche Weltbild den Denkstil und die Lebensordnungen des Mittelalters zu verändern, ja umzuwälzen imstande war, ist es dann nicht wahrscheinlich, daß die heutigen, von den bisherigen Annahmen so verschiedenen Erkenntnisse vom Wesen der Materie und dem Verhalten ihrer Komponenten unsere Vorstellungen vom Wesen der sozialen Körper, dem Verhalten der sie konstituierenden und bewegenden Faktoren und der Stellung der Individuen innerhalb ihres Gefüges verändern werden – vielleicht sogar den Stil unseres Denkens, vor allem aber unsere Vorstellungen von den Grenzen der Kontrollierbarkeit der Wirkungen der vom Menschen in Anwendung seines Wissens vom Bau der Materie entbundenen Kräfte? Wird damit die Fabel vom Zauberlehrling nicht eine neue Dimension erhalten?

Phasen der Mechanisierung

Was man technischen Fortschritt nennt, ist die Steigerung der Ergiebigkeit der Arbeit des Menschen durch Einsatz von Maschinen, die menschliche Arbeitskraft freisetzen oder deren Reichweite ausdehnen. Das Ideal – und darum unerreichbar – war zu allen Zeiten das Perpetuum mobile; das praktisch erstrebte Ziel war der Automat, der, einmal eingestellt, aus dem Rohstoff möglichst das Endprodukt, zum mindesten aber ein Zwischenprodukt herstellt, ohne daß der Mensch ein- und zugreift. Der Automat übernahm und kombinierte im Anfangsstadium seiner Entwicklung Funktionen, die der Mensch bisher durch Einsatz von Muskelkraft ausgeübt hatte. Eine weitere Stufe war die Übernahme von Funktionen, die bisher Tastsinn, Gesichtssinn und Gehör des Menschen vorbehalten waren. Schließlich gelang es, den Automaten Produktionsvorgänge anzuvertrauen, die sonst durch die kontrollierende, steuernde Denktätigkeit des Menschen bewältigt werden mußten. Als vorläufig letzte Stufe wird angestrebt, die ganze Fabrik zu einem Automaten zu machen, den der Mensch zwar »einstellt«, an dem er aber sonst so gut wie nichts mehr zu tun hat. Dieses Ziel wird nicht nur angestrebt, um menschliche Arbeitskraft zu sparen, sondern auch um der Präzision des Produktionsvorganges willen.

Wegen seiner Freiheit, seiner Unberechenbarkeit und seiner Launen beeinträchtigt der Mensch die Vollkommenheit technischer Leistungen genauso, wie es ein Pfeiler nicht berechenbarer Tragkraft oder ein Schwungrad mit willkürlicher Umlaufszeit tun würde. Er wird darum in der technischen Rechnung immer einen Störungsfaktor darstellen, den es soweit wie möglich auszuschalten gilt. Dazu mußte man Geräte entwickeln, die die elementaren Fähigkeiten des menschlichen Gehirns erledigen konnten, als da sind: wechselseitige Beziehungen zu erkennen; vorauszusehen, was durch verschiedene bekannte und mögliche Faktoren innerhalb und außerhalb des Gewollten entstehen könnte; Gemeinsamkeiten zu integrieren. Wo es gelang, den ganzen Kreis der Fertigung durch automatische Koppelung aller dieser Aufgaben zu schließen, war der Mensch mit seiner Fähigkeit, spontan zu handeln und rational oder emotional unter Möglichkeiten zu wählen, innerhalb dieser Kette überflüssig geworden.

Solche Systeme geschlossener Kontrolle, die den korrigierenden Eingriff des Menschen überflüssig machen, sind heute tausendfache Wirklichkeit. Das erste industrielle Zeitalter kannte den geschlossenen Kontrollkreis im Prinzip nur bei einzelnen mechanischen Arbeitsgängen; nur ein einzelnes maschinelles Aggregat wurde auf Selbstregelung und Selbststeuerung umgestellt, noch nicht zusammenhängende Gruppen von Aggregaten. Den umwälzenden Fortschritt brachten das Fließband und die elektronische Steuerung des Fertigungsprozesses im ganzen.

Den Anfang machte unmittelbar vor Ausbruch des ersten Weltkrieges Henry Ford durch Einrichtung einer Fertigungsstraße für Automobile in seiner Detroiter Fabrik. Auf solchen Straßen wird das durchlaufende Gut in einem bestimmten, unter dem Gesichtspunkt der größtmöglichen Ersparung von Betriebskosten errechneten Rhythmus den einzelnen Stationen der Fertigung so zugeführt, daß gleichzeitig an allen Teilstücken gearbeitet werden kann und am Ende der Transferstraße das Endprodukt »abfällt«. Auch hier geht die Tendenz dahin, menschliche Arbeit überflüssig zu machen und nicht nur den Lauf des Transferbandes zu automatisieren, sondern auch die während der einzelnen Phasen der Bearbeitung notwendig werdenden Tätigkeiten. So sind heute schon Industriebetriebe so weit automatisiert, daß vom Auftreffen des Rohlings auf der Transferstraße bis zum Ausstoß des Fertigproduktes kein menschlicher Handgriff mehr nötig ist und sogar fehlerhafte Stücke automatisch ausgestoßen werden.

Die Fließbandproduktion stellt völlig neue, dem Stand der bisherigen Entwicklungen geradezu entgegengesetzte Beziehungen zwischen Mensch und Maschine her. Das Fließband ist nicht mehr der verlängerte Arm des Menschen, ein Werkzeug, dessen sich der Mensch bedient, um das Werkstück in Funktion seines Arbeitsvermögens zuzurichten. Im Fließbandverfahren werden vielmehr Art und Ausmaß der menschlichen Arbeit von der Maschine vorgeschrieben, die den Menschen »in ihren Griff nimmt«. Einst waren

Maschinen nicht viel mehr als höher entwickelte, universelle Werkzeuge, deren sich ein gelernter Arbeiter bediente, um den Werkstoff zu bearbeiten, wobei es ebensosehr auf ein durch Lehre und Übung erworbenes Urteilsvermögen wie auf Geschick und Gefühl für die Eigenheiten des Werkstoffes ankam. Mit dem Übergang zum Fließband löste sich dies intime Verhältnis des Menschen zur Maschine auf. Die traditionellen, in langer Lehrzeit erworbenen Kenntnisse und Handfertigkeiten des Berufsarbeiters verloren an Bedeutung. Für die Bedienung der neuen Spezialmaschinen genügt die Ausführung schematischer Handgriffe, die jeder angelernte, auf die Bedienung gerade dieser Maschine spezialisierte Arbeiter vornehmen kann. Der Mensch arbeitet fortan an der Maschine, nicht mit der Maschine am Werkstück. Der Fertigungsprozeß wird so immer weiter atomisiert; er ist in seinen Einzelphasen immer einfacher zu bewältigen. Damit vertieft sich bei der Fertigung der Graben zwischen Gestaltung und Ausführung. Der Abstand zwischen Konstrukteur und Organisator einerseits und ausführendem Arbeiter anderseits wird immer größer. Die Einheit und Überschaubarkeit der Arbeit verschwindet. Der Spielraum für Spontaneität und Eigeninitiative des Arbeiters wird immer geringer. In der äußersten Konsequenz könnte es dazu kommen, daß im Fertigungsprozeß die Bewegungen der Menschen, soweit diese darin nicht entbehrlich werden können, ähnlich schematisiert werden wie die Bewegungen der Zahnräder und Hebel von Maschinen und daß als einzige menschliche Leistung die Tätigkeit des dies alles organisierenden Gehirns übrigbleibt.

Es scheint, als ob diese Organisationsfunktion die spezifische schöpferische Leistung des Menschen im heutigen Stadium der Großfertigung sein wird. Er wird sich die Maschinen ausdenken müssen, denen er seinen Platz abtritt; er wird ihr Nebeneinander und Miteinander rational koordinieren müssen. Dies wird ihm keine Maschine abnehmen können, denn auch die vollkommenste Steuerungs- und Kontrollapparatur kann nicht schöpferisch denken. Ihre »Gedanken« können nur auf Geleisen laufen, die der Mensch gelegt hat. Sie kann nichts denn Befehle ausführen, die der Mensch ihr einkonstruiert hat. Die elektronischen »Gehirne« können keinen »eigenen« Gedanken denken; sie können nicht mehr als Impulse aufnehmen und verarbeiten, für die sie »vorinstruiert« worden sind.

Die elektronischen Steuerungsapparaturen sind für militärische Bedürfnisse erfunden worden. Für das Richten von Geschützen, die schnellfliegende Ziele zu beschießen hatten, wurden automatisch funktionierende Geräte notwendig, die alle für das Erfassen des Zieles erforderlichen Berechnungen automatisch ausführen konnten. Sicher wäre es möglich gewesen, elektronische Apparaturen für Kontrolle und Steuerung von Maschinen von vornherein für die freie Friedenswirtschaft zu entwickeln. Doch waren die Industriellen weder in der Lage noch willens, die ungeheuren Mittel aufzubringen, die für die Entwicklung der Elektronik nötig waren. Diese Mittel konnte nur der Staat aufbringen, und die Mittel dafür konnte er von seinen Parlamenten nur unter dem Zwang der Kriegsnotwendigkeiten erhalten.

Was im Krieg geschaffen wurde, ist in der Folge der Technik im allgemeinen zugute gekommen. Überall werden elektronische Rechenanlagen verwendet, und mehr und mehr werden »Befehlsmaschinen« und »Datenverarbeitungsmaschinen« in die Betriebe eingeführt. Dies sind keine Kraftmaschinen im herkömmlichen Sinn, sondern maschinelle Einrichtungen, die Arbeiten anordnen und die Erledigung dieser Arbeiten durch andere

Maschinen überwachen können. Diese Maschinen reagieren in Bruchteilen von Sekunden und sind damit, was die Promptheit des Eingehens auf einen Vorgang betrifft, dem menschlichen Nervensystem und der Kombinationsgeschwindigkeit des Denkvermögens des Menschen ebenso überlegen, wie es die herkömmlichen Kraftmaschinen gegenüber der menschlichen Muskelkraft gewesen sind. Die Verwendung dieser Geräte reicht vom Feststellen einer Lohnausrechnung und der Ermittlung der Zahlenwerte für unternehmerische Dispositionen bis zur Ausführung kompliziertester Berechnungen für Forschungsarbeiten. Sie führen in wenigen Minuten Berechnungen durch, zu denen früher Hunderte von Mathematikern und Ingenieuren Wochen und sogar Monate gebraucht hätten. Hinsichtlich der Komplexität der diesen Gerätschaften zu stellenden Probleme gibt es grundsätzlich keine technische Grenze. Der einzige begrenzende Faktor ist die Fähigkeit des Menschen, ein Problem analytisch zu erfassen und seine Koordinaten in angemessener Weise der Maschine »einzugeben«. Die Maschine selbst ist nicht imstande, ein Problem zu sehen und zu erkennen; darum bleibt der Mensch immer Herr auch noch der vollkommensten Rechen- und Steuerungsapparatur. Er muß ihr richtig befehlen, wenn sie richtig gehorchen soll, und er muß ihr Richtiges befehlen, denn er hat zu verantworten, was sie tut.

Die Automation ist also in ihrer Wirkung beschränkt; durch Rechen- und Steuerungsgeräte können nur repetitive Leistungen vollzogen und Entscheidungen getroffen werden, die auf Grund der im voraus übersehbaren Kriterien letztlich nichts anderes sind als mechanisch gelöste Rechenexempel. So ist denn ein besonders wichtiger Anwendungsfall der Automation das Büro. Hier bahnt sie in der Tat eine völlige Umwälzung an. Für alle repetitiven Büroarbeiten großen Umfangs ist die Überlegenheit elektronisch gesteuerter und kontrollierter Büromaschinen über die Handarbeit mit Bleistift und Schreibmaschine so überwältigend, daß kaum ein Unternehmen auch nur mittlerer Größe auf Automatisierung wird verzichten können. Die Organisation der Büroarbeit auf der Grundlage der Verwendung von hochspezialisierten Maschinen für nur einen Arbeitsgang – die Schreibmaschine, die Rechenmaschine, die Hollerith-Maschine – hat zu einer immer weitergehenden Zersplitterung geführt und damit zu einer Bürokratisierung, die Gefahr lief, sich selber lahmzulegen. Die elektronische Büromaschine macht die Einführung eines zentral gesteuerten Arbeitsgangs möglich, der die verschiedensten Abteilungen eines Büros zu integrieren vermag. Dies wird dadurch möglich, daß der Kalkulator einmal gespeicherte Daten von praktisch unbegrenzter Vielzahl und Vielfalt nach einem beliebig festzulegenden Programm mit unerhörter Geschwindigkeit zu bearbeiten und daraus die verschiedensten Schlüsse zu ziehen vermag. So schließt ein Bankunternehmen heute zum Jahresende mit Hilfe von Elektronenrechnern in achtzig Stunden alle Konten ab. Diese Arbeit nahm vor Einführung der Elektronik eine ganze Abteilung der Bank drei Monate lang in Anspruch.

Ein Luftverkehrsunternehmen, das über ein weitverzweigtes Streckennetz verfügt und eine Tagesleistung von sechshunderttausend Flugkilometern aufweist, überwacht die Buchungen für alle Flüge von einem einzigen Orte aus. Bei Vollbelegung einer Maschine geht ein Warnsignal an die Außenstellen. Von jeder solchen Stelle aus können so sichere Buchungen auch für Anschlußstrecken selbst auf längere Zeit im voraus im Verlauf weniger Minuten erfolgen.

In einem Werk der General Electric in den USA wird in zwei Stunden der Zahltag für zwölftausend Arbeitnehmer vorbereitet. In diesen zwei Stunden werden die Nettoauszahlungen ausgerechnet, die Lohnkosten auf die einschlägigen Konten verteilt und alle Resultate auf ein magnetisches Band übertragen. In weiteren vier Stunden besorgt das Gerät die Ausstellung der Schecks für die bargeldlose Lohnzahlung, die Lohnlisten, die Personalberichte und die Eintragungen auf die Konten. Was die Maschine in sechs Stunden leistet, nahm bisher bei großem Personalaufwand eine volle Woche in Anspruch.

In einer großen deutschen Versicherungsgesellschaft hat jeden Morgen um acht Uhr der Generaldirektor sämtliche Neuabschlüsse des Vortages, die Höhe der eingezahlten Versicherungsbeiträge, die Höhe der ausgezahlten Prämien, die Zahl der Versicherten, die die Prämienzahlungen schuldig geblieben sind, und alle übrigen zahlenmäßig erfaßbaren Bewegungen seines Unternehmens vor sich liegen. In dem Maschinensaal, in dem diese Arbeit geleistet wird, befinden sich nur wenige Personen.

Was die industrielle Produktion betrifft, so ist die Automation am weitesten entwickelt in den Ölraffinerien und überhaupt in der chemischen Industrie. Eine bekannte Raffinerie, die früher achthundert Menschen beschäftigte, kann heute die gleiche Produktion mit zwölf Angestellten schaffen. Neben der chemischen Industrie stellt sich die Maschinenindustrie immer mehr auf Automation um. Ein Werk Fords in Cleveland, in dem Zylindermotorblöcke hergestellt werden, braucht heute für die völlige Herstellung eines Motorblocks vom Rohling bis zum Fertigstück fünfzehn Minuten; früher benötigten die modernsten Fließbandverfahren dazu neun Stunden. Diese Leistung wird von einem Fünftel der Arbeiter vollbracht, die im alten Verfahren nötig waren. Ein Versuchswerk, das in Pittsburg aufgebaut wird, soll mit sechs Mann Bedienung die Millionenstadt mit Elektrizität versorgen. Elektronische Rechenmaschinen haben heute schon Eingang in die Planungsstäbe der Regierungen gefunden. Wassilij Leontjew, ein amerikanischer Wissenschaftler russischer Abstammung, hat Maschinen konstruiert, die es gestatten, wissenschaftlich fundierte Prognosen aufzustellen. Man kann seitdem die Beanspruchung jedes Herstellungszweiges der amerikanischen Wirtschaft durch jede neue Bedarfsverschiebung genau vorausberechnen. Leontjews mechanische Rechnungsmethode arbeitet mit zweihunderttausend Einzelwerten, die alle miteinander in Wechselbeziehung gesetzt werden. Ein Beispiel für die Vortrefflichkeit der Methode: Im Jahre 1947 erwartete die amerikanische Stahlindustrie, angesichts der Umstellung auf die Friedenswirtschaft, einen Rückgang des Bedarfs an Stahl. Leontjew rechnete das gegenteilige Ergebnis aus und behielt recht. Das erstaunlichste war, daß sich die Differenz zwischen seiner Prognose und dem wirklichen Stahlbedarf nur auf einige hundert Tonnen belief. Heute hat man die Leontjewschen Methoden so weit verfeinert, daß die Regierung der USA sich dieser Maschinen sogar für politische und strategische Wahrscheinlichkeitsrechnungen bedient. Diese Entwicklung hat eine Reihe von Folgen.

Es werden erhebliche Kosten erspart werden, denn die Erfahrung hat gezeigt, daß die Einsparung von Arbeitskräften so gut wie immer den Kostenaufwand für die Investition von Maschinen deckt. Sodann werden Arbeitskräfte eingespart werden, das heißt, die zahlenmäßige Relation zwischen Arbeiter und Ingenieur, zwischen Arbeiter und Angestellten wird sich weiter zugunsten des Ingenieurs und des Angestellten verschieben: je mehr

Funktionen die Maschine selbsttätig zu erledigen bekommt, desto wichtiger und qualifizierter wird die Tätigkeit der Menschen, die den Arbeitsprozeß zerlegen und den Arbeitsplan für die Maschine technisch einrichten und überwachen. Diese Tätigkeit aber setzt ein Wissen voraus, das nur auf hochqualifizierten Fachschulen erworben werden kann. Am deutlichsten zeigt sich dieser Prozeß in der Sowjetunion. Dort wurden an den mittleren technischen Fachschulen 1928 56000, 1937 369000, 1940 383000, 1950 426000, 1955 588000 Studenten aufgenommen, wobei die große Zahl der durch Briefkurse Unterwiesenen nicht mitgezählt ist.

Wird auch nicht die ganze Wirtschaft von diesem Prozeß ergriffen werden, so ist es doch schon heute sicher, daß die Automation ganze wirtschaftliche Strukturen umwälzen wird. Wie rasch die Entwicklung vor sich geht, können einige Zahlen erläutern. In den USA hat sich die Produktion elektronischer Maschinen von 1947 bis 1954 um 275 Prozent erhöht, während die Zahl der dabei beschäftigten Arbeiter nur um 40 Prozent erhöht werden mußte. Für Großbritannien hat man errechnet, daß die Zahl der Industriearbeiter, auf deren Schicksal die Automatisierung einen bedeutenden Einfluß haben dürfte, etwa bei 40 Prozent aller in der Industrie produktiv Beschäftigten (rund 15 Prozent aller Erwerbstätigen) liegen wird. Nimmt man die Büroangestellten hinzu, so wird in Großbritannien etwa ein Fünftel aller in der Industrie und im Büro berufstätigen Menschen von der Automatisierung betroffen werden. In den anderen Industriestaaten liegen die Verhältnisse nicht anders.

Wie sich die Automatisierung quantitativ auf den Arbeitsmarkt auswirken wird, ist noch nicht abzusehen, denn die Weltwirtschaft befindet sich gegenwärtig in einer aufsteigenden Phase, und darum war die Automatisierung für den Grad der Prosperität der Wirtschaft dieser Jahre noch nicht von entscheidender Bedeutung. Doch dies kann sich ändern. Die Automatisierung könnte auf manchen Gebieten Arbeitslosigkeit erzeugen, eine Gefahr, die besonders für die Büroangestellten besteht. Viel wahrscheinlicher ist aber, daß sie zu einer weiteren Verkürzung der Arbeitszeit führen wird. In den USA streben Regierung, Unternehmer und Gewerkschaften dieses Ziel bewußt an, einmal um die lebende Generation unmittelbar in den Genuß der Steigerung der Produktivität ihrer Arbeit kommen zu lassen, und dann, um zu vermeiden, daß die zweite industrielle Revolution von ähnlich verhängnisvoller Wirkung für die breiten Massen wird, wie es die erste war. Eine von der Regierung der USA eingesetzte Kommission ist der Meinung, daß innerhalb der nächsten fünfzehn bis zwanzig Jahre eine Verkürzung der Arbeitszeit auf wöchentlich sechsunddreißig Stunden erwartet werden kann. Dies würde bei einem neunstündigen Arbeitstag eine Freizeit von drei vollen Tagen in der Woche bedeuten. Es leidet keinen Zweifel, daß Europa dieser Entwicklung wird folgen müssen.

Das Kaufkraftproblem wird neue Aspekte erhalten, denn die Automatisierung erzwingt eine Wirtschaftsverfassung, in der man mit einem bestimmten und beständigen Niveau der Beschäftigten und ihrer Kaufkraft rechnen können muß. Die Unternehmer werden an einer Stabilität der Einkommen der in der Wirtschaft Beschäftigten mindestens ebenso interessiert sein wie ihre Arbeiter und Angestellten. Alle diese Umstände werfen eine Reihe von Problemen auf, deren Lösung auf vielen Gebieten neue Methoden nötig macht. Aus einer unkontrollierten Entfaltung der neuen Faktoren der Industriegesellschaft könnte eine Katastrophe für die Menschheit entstehen. Dem drohenden Wildwuchs zu steuern kann nur gelingen, wenn rechtzeitig geplant wird – nicht im Sinne der Einrichtung einer Kommandowirtschaft, sondern so, daß der Prozeß in Kenntnis aller Faktoren, die ihn ausgelöst haben, und in Voreinschätzung der Wirkungen, die er auslösen könnte, so kanalisiert wird, daß der Mensch ihn unter Kontrolle halten kann. Um nur ein Beispiel zu nennen: bislang konnte man die Berufswahl jedem Einzelnen überlassen; man konnte damit rechnen, daß Angebot und Nachfrage von selbst ein richtiges Gleichgewicht herstellen würden. Heute besteht die Gefahr, daß junge Menschen Berufe wählen, die in zehn oder zwanzig Jahren in Anbetracht der geschilderten Entwicklung der Technik vielleicht nicht mehr ausgeübt werden. Heute muß die Berufswahl gesteuert werden, damit die jungen Menschen sich für Berufe interessieren, für die man sie auch nach Jahrzehnten technischen Fortschritts noch brauchen wird.

Auf den Staat und die gesellschaftlichen »Zwischengewalten« kommt eine Verantwortung zu, von der zu hoffen ist, daß sie energischer und umsichtiger in die Hand genommen werden wird, als dies beim Auftreten der ersten industriellen Revolution geschah. Gesellschaftliches, Ökonomisches, Politisches werden sich immer intensiver durchdringen. Darin liegt die Gefahr, daß der Mensch vergesellschaftet, verstaatlicht werden könnte, während es doch gerade heute darum geht, Staat und Gesellschaft zu vermenschlichen. Bei allem Glauben an die Regenerationsfähigkeit des in allem Gesellschaftlichen vorhandenen Humanen kann nicht übersehen werden, daß es heute in einer spezifischen Weise bedroht ist; die Industriegesellschaft könnte in die Hand einer Technokratie geraten, die eines Tages alles beherrschen könnte, indem sie ihre Entscheidungen nicht nach dem Maße des Menschen, sondern ausschließlich im Hinblick auf das gute Funktionieren ihrer Automaten trifft, denen sie den Menschen unterwirft. Diese Unterwerfung kann sich auf alle Lebensgebiete erstrecken, einschließlich der öffentlichen Meinungsbildung und der Formung sowie der inhaltlichen Bestimmung der Vorstellungswelt des einzelnen Menschen. Heute schon vermögen Motivforschung, die Auswertung ihrer Resultate durch elektronische Maschinen und die Massenmedien die Menschen nicht nur im Akzessorischen ihrer Entscheidungen zu beeinflussen, sondern ihnen die Wahl dessen abzunehmen, ja vom Unterbewußtsein her unmöglich zu machen, was sie zum Gegenstand ihrer Wünsche machen könnten, in der privaten Sphäre so gut wie in der politischen. Damit ist die Funktionsfähigkeit der Methoden der heutigen Formen der politischen Demokratie in Frage gestellt. Wo es nur um die Befriedigung materieller Bedürfnisse geht, ist die technokratische Diktatur – sie kann durchaus als rational begründete Entscheidung der betroffenen Bürger sich geltend machen – der auf individuellen ethischen Überzeugungen und auf dem Ausgleich widerstreitender, aber legitimer Interessen beruhenden Demokratie technisch überlegen. Darum ist es eine der wichtigsten Aufgaben dieser Zeit, die geistigen Werte der Demokratie so lebendig werden zu lassen, daß das Bewußtsein ihrer Unverzichtbarkeit die Menschen gegen die Versuchungen immunisiert, die in der Perfektion der Technik liegen.

Frauen am Fließband
Montage von Tonarmen im Gerätewerk der Telefunken GmbH., Berlin

Walzstraße zur Herstellung von armierten Betonplatten in einem Versuchswerk in Moskau

Freizeit – Segen oder Fluch?

Es ist gezeigt worden, welche Gefahren die neuen Methoden der industriellen Produktion für den Menschen mit sich bringen; sie geben den Menschen, die in Reih und Glied der Industriegesellschaft stehen, jedoch auch Chancen, die sie bisher in ihrer großen Mehrheit nicht hatten.

Die immer weitergehende Verringerung der Arbeitszeit zugunsten einer Ausdehnung der Freizeit, wie sie die neuen Techniken erlauben, ohne das Sozialprodukt zu gefährden, könnte Zustände schaffen, die es dem Menschen ermöglichen, seinen Ort im Koordinatensystem der Wirtschaft und Gesellschaft bejahen zu können, ohne auf Selbstachtung verzichten zu müssen, und darüber hinaus sich in der Erfüllung der ihm darin gestellten Aufgaben in der Realität seines Berufes als Mensch bestätigt zu wissen. Idee und reale Existenz des Menschen könnten so wieder zur Deckung kommen.

Drei Funktionen werden von der Freizeit in der industriellen Gesellschaft erfüllt. Einmal dient sie dem Ausgleich der Spannungen und des Energieverzehrs, dem der Mensch im industriellen Produktionsprozeß ausgesetzt ist; sie leistet, was Karl Marx »Reproduktion der menschlichen Arbeitskraft« nannte. Sie dient weiter der Erholung von den Anstrengungen eines Hauptberufes, in dem die Persönlichkeit eines Menschen aufzugehen vermag; freilich kommt diese zweite Funktion nur einer kleinen Gruppe intellektueller Berufe und Menschen in leitender Tätigkeit zugute. Schließlich erfüllt die Freizeit die Funktion, das Unbehagen einer Lebenswirklichkeit zu betäuben, die der arbeitende Mensch im Tiefsten seines Herzens nicht bejahen kann; sie stellt die Kulissen, darin wir unsere Träume ihre Lügentänze aufführen lassen, durch die uns das Surrogat zur Wahrheit umgefälscht wird.

Wenn die Freizeit sich so weit ausdehnt, daß sie mehr Zeit umfaßt als die Tätigkeit im mechanisierten Produktionsprozeß, kann sie zu etwas anderem werden, zu etwas, das in den Mittelpunkt aller sozialen Überlegungen gerückt werden müßte, die durch die zweite industrielle Revolution herausgefordert werden. Sie könnte eine Veränderung der Lebensordnungen des Menschen bewirken, die ihm erlaubt, sich auf andere Weise als bisher der »Versachlichung« seiner Existenz zu entziehen. Bisher wurde der Mensch geprägt und bestimmt von der Arbeit im Betrieb. Innerhalb der Mechanismen der bis zur Automatisierung aller Prozesse arbeitsteiligen Gesellschaft ist die abhängige Arbeit für den Menschen aber kaum noch Wesensbejahung oder gar Selbsterzeugungs- oder Selbstvergegenständlichungsakt, in dem Karl Marx den humanen Sinn der Arbeit sah. Diese Arbeit entfremdet den Menschen sowohl der Natur als sich selbst, als der menschlichen Gattung überhaupt. Der Entfremdungsprozeß konnte den Menschen ergreifen, weil die Arbeit, die den größeren Teil seiner Zeit beansprucht, infolge der Virulenz ihrer entseelenden Mechanik das Leben des Menschen auch außerhalb von Fabrik und Büro zu einer Funktion ihrer Zwänge machte – oft sogar zu ihrem Abfallprodukt. Wenn aber die Arbeitszeit an Volumen hinter der Freizeit zurücktritt, der arbeitende Mensch also Zeit findet, mit sich selber umzugehen und die Arbeit im Betrieb als etwas Komplementäres zu betrachten, könnte es sein, daß das Leben auch des Arbeitsmenschen der Industriegesellschaft zu einem Zustand der

Freiheit wird; der Mensch ist frei – sagt Karl Marx –, »wenn er sich in einer von ihm selbst geschaffenen Welt anschaut«.

Diese Hypothese gilt natürlich nur im reinen Falle, gibt es doch Faktoren genug, die in gegensätzlicher Richtung wirken könnten. Ihre Verwirklichung könnte an der Unfähigkeit des Menschen, seine Freizeit sinnvoll zu nutzen, ebenso scheitern wie an Mängeln oder am Versagen der gesellschaftlichen Integrationskräfte dieses Zeitalters, als da sind: Familie, Kirche, Gewerkschaften, Parteien, Schulen und so weiter. Nur wenn der Mensch in seinem geistigen und seelischen Vermögen so gebildet ist, daß er auch ohne den Zwang der Arbeitsdisziplin etwas mit sich anzufangen und in seinem Dasein einen Sinn verwirklicht zu finden vermag, dessen Gegenstand er selber ist, wird die lange Freizeit ihm zum Segen ausschlagen. Sonst wird sie zu einem Fluche werden – dem Fluch der Langenweile –, zu geistiger und seelischer Verödung, der auch der höchstspezialisierte und bestausgebildete Ingenieur verfallen kann. Es wird also nicht genügen, die Menschen nur auszubilden, man wird sie in des Wortes weitester Bedeutung bilden müssen. Diese Bildung wird nicht nur eine intellektuelle und ästhetische, sie wird vor allen Dingen eine moralische sein müssen. Es kommt darauf an, den Menschen Kriterien zu geben, nach denen sie ihr Verhältnis zu sich selber und zu ihrer Umwelt bestimmen können.

In einem Zeitalter immer weiter ausgreifender Technisierung der gesellschaftlichen Prozesse und der darin verflochtenen kollektiven und individuellen Vorstellungsweisen wird die politische Bildung zu einem entscheidenden Faktor. Das neue Zeitalter hat die Tendenz, den spezialisierten Techniker zum Prototypen richtig begriffener menschlicher Existenz zu erheben. Es besteht aber eine unbestreitbare Affinität zwischen dem Denken des Nur-Technikers am Reißbrett und dem Denken des totalitären Ideologen, ist doch für diesen im allgemeinen Politik nicht viel anderes als Domestikation der Massen, wie dem Techniker die Domestikation der Materie zum Lebenszweck geworden ist.

Bildung ist nur dann Formung des Menschen zur Persönlichkeit eigenen Wertes, wenn sie es vermag, den Menschen die Freiheit nicht als Idol, sondern als die oberste Lebensmacht erscheinen zu lassen, ein Zustand, der allein das Leben lebenswert macht, ein Gut, das man darum keinem anderen Gute, auch nicht dem des technischen Fortschrittes, unterwerfen darf. Der technische Fortschritt darf nie mit dem Verzicht auf die Freiheit bezahlt werden, kann er doch seinen, das Materielle transzendierenden Sinn nur in seinem Vermögen haben, den Menschen vom Zwang der äußeren Umstände seiner Lebenswirklichkeit frei zu machen.

Die industrielle Bewegung wird universal

Die wirtschaftliche, soziale, moralische, politische Emanzipation der bisher unterentwickelten Völker ist im Begriff, das Verhältnis der Kontinente zueinander von Grund auf zu verändern; sie mindert den politischen Rang und damit die bisherige Autarkie der alten Führungsnationen in einschneidender Weise und scheint sie zum Objekt von Bewegungen zu machen, die sich in Regionen der Erde vollziehen, deren Existenz bisher ausschließlich Funktion der Machtverhältnisse und Machtverschiebungen in Europa und Nordamerika gewesen war. Vielleicht ist dies die eigentliche Weltrevolution.

Mit der Rezeption der industriellen Produktionsmethoden durch die nichteuropäischen Völker schließt sich, nach einem Wort Hans Freyers, die Weltgeschichte Europas zur Weltgeschichte der ganzen Erde auf. Noch das 19. Jahrhundert ist im strengen Sinn des Wortes »europäische« Geschichte: der geschichtliche Grundvorgang dieses Zeitalters ist die einseitige Ausbreitung Europas und seiner Konflikte über den ganzen Erdball und die Steuerung des Geschehens der außereuropäischen Kontinente von Europa aus. Die industrielle Bewegung griff über den europäischen Kontinent hinaus; sie schloß ferne Räume auf, aber sie band diese Räume an die Völker, die die industriellen Produktionsmethoden handhabten, nämlich die Völker Europas und des nordamerikanischen Kontinents. Die Länder und Völker, die am europäischen Industriemonopol keinen Anteil hatten, lebten in der doppelten Abhängigkeit einer Zubringer- und Abnehmerlandschaft, die sich rings um Westeuropa lagerte.

Im 20. Jahrhundert schlägt dieser Prozeß um. Die Gedanken, die das Abendland zuerst gedacht, und die Machtmittel, die es zuerst ersann, werden nunmehr von Welten, die ihm hörig waren, aufgegriffen und gegen ihren Ursprung selbst gekehrt. Der in Europa gezüchtete Keim geht in den ganzen Planeten ein. Er überträgt die bisher nur dem Okzident eigentümliche Ruhelosigkeit auch auf die »erwachten« Völker und treibt in ihnen Kräfte hervor, die in der Ideologie der europäischen Hegemonialmächte nicht vorgesehen waren. Um die Gebiete an der Peripherie der industrialisierten Welt mit dem größtmöglichen Erfolg nutzbar zu machen, hat der Westen dort die vorgefundenen Lebensformen teils absichtsvoll, teils ohne es zu wollen zerstört. Er hat »schöpferische Unzufriedenheit« mit den bestehenden Zuständen geweckt und durch den Aufriß bisher nie gekannter Perspektiven den »Ehrgeiz« der Einheimischen angestachelt.

Auch dort, wo er keine unmittelbare Kolonialherrschaft ausübte, hat er einen der wirtschaftlichen Entwicklung konformen Verwaltungsapparat errichtet und damit bisher unbekannte Vorbilder für ein eigenes staatliches Leben gesetzt. So wurde ein Prozeß ausgelöst, der von einem bestimmten Punkt an zwangsläufig der Kontrolle seiner Urheber entwachsen mußte. Das Verlangen nach Neuem schritt ungeduldig über das Erreichte und den jeweiligen, vom weißen Mann für »angemessen« erachteten Stand der Möglichkeiten zur Befriedigung der materiellen Lebensbedürfnisse hinaus. Das in Europa proklamierte Postulat des »Ändern-Dürfens und Ändern-Wollens mit dem Ziele des öffentlichen Wohles« (Jakob Burckhardt) wurde von den farbigen Völkern selbst beansprucht, die den Westen in seinen Ideen, vor allem in der Idee des Rechtes der Nationen auf Selbstbestimmung und Freiheit von Not, beim Worte nahmen. Dem Westen war es erwünscht, daß sich überkommene Lebensformen änderten, die ihm die Nutzbarmachung jener fernen Gebiete erschwerten; daß daraus ein Aufstand gegen die politische und nationale Unmündigkeit erwuchs, hat er nicht gewünscht und nicht gesehen; er hat besonders nicht rechtzeitig begriffen, in welchem Umfang die Emanzipation der farbigen Völker seine eigenen Lebensverhältnisse umwälzen mußte.

Nun bildet sich eine Solidarität von Völkern, die bisher kaum voneinander gewußt haben. Sie beruht heute noch darauf, daß diese Völker in Anspruch nehmen, was andere Völker aus den Postulaten der »Vernunft« für sich abgeleitet, ihnen aber verweigert haben. So wie bisher die Europäer, die Amerikaner sich insgesamt als »Weiße« und damit allen anderen gegenüber als Einheit empfunden haben, so empfinden sich die »farbigen Völker« nunmehr als Einheit, und zwar als Einheit, die eine Chance hat, dem weißen Mann die Herrschaft über die Erde zu entreißen, die er bisher als Monopol behauptet hatte.

Die Mittel hierfür hat er ihnen selbst in die Hand gegeben, indem er bei ihnen aus Gewinnstreben Industrien aufbaute und Anlagen errichtete, die dazu dienen sollten, ihm ihre Rohstoffe nutzbar zu machen. Dafür hat er die alten Stammesordnungen aufgelöst oder doch gelockert, ohne für das neue Proletariat adäquate Organisationen und Infrastrukturen zu errichten, die einen allmählichen und geordneten Übergang zur politischen Autonomie und eine beiden Seiten gleich zuträgliche Anpassung der neuen an die alten Ordnungen hätten ermöglichen können. So vollzieht sich der Einbruch des Industriezeitalters in diese jungfräulichen Länder gleichzeitig mit einem Einbruch politischer Revolutionen, die die Form des Freiheitskampfes gegen fremde Unterdrücker annehmen. Nationalismus ist noch immer die politische Lebensform gewesen, in der die Völker den revolutionären Sprung aus der Abhängigkeit von archaischen Bedingungen in die Emanzipation und den »Fortschritt« vollziehen.

Einige Zahlen mögen verdeutlichen, wie weit schon heute (1960) die Auswanderung der modernen industriellen Produktion aus ihrer einstigen europäisch-nordamerikanischen Domäne fortgeschritten ist. Noch um 1860 fielen fast vier Fünftel der industriellen Weltproduktion auf Europa und davon etwa die Hälfte auf England; knapp 20 Prozent fielen auf die USA und kaum 5 Prozent auf den Rest der Welt. Unmittelbar vor Beginn des ersten Weltkrieges fielen auf Europa und Amerika zusammen mehr als 90 Prozent der industriellen Weltproduktion und auf den Rest der Welt noch nicht einmal 10 Prozent. Ungefähr um die Mitte der achtziger Jahre überflügelten die USA zum erstenmal das damals führende Industrieland England, und sie stehen seitdem an der Spitze der Weltproduktion: In drei Vierteln eines Jahrhunderts ging – bei stärkster Steigerung der absoluten Zahlen der Produktion – Europas Anteil an der Weltproduktion ständig zurück, und zwar von 75 Prozent im Jahre 1880 auf 25 Prozent im Jahre 1954, während auf der anderen Seite der Anteil Amerikas sich ständig erhöhte. Auf Rußland entfielen in den letzten Jahrzehnten vor dem Weltkrieg nur knapp 4 Prozent der industriellen Weltproduktion; in den zweiten Weltkrieg ging es bereits mit etwa 10 Prozent der Weltproduktion, und zu Ende der fünfziger Jahre beläuft sich sein Anteil auf fast 20 Prozent. Trotz der rückläufigen Bewegung des europäischen Anteils behaupten Nordamerika und Europa zusammen gegenwärtig noch einen Anteil von etwa 65 Prozent an der industriellen Weltproduktion. Auf Indien und China entfällt vorerst noch ein geringer Anteil; Ende der siebziger Jahre wird er jedoch mit Sicherheit auf fast 10 Prozent angewachsen sein.

Wenn also auch die Industrialisierung der Entwicklungsländer noch in den Anfängen steckt, so ist doch die industrielle Wachstumsrate in Indien oder China schon heute viel höher als in den Vereinigten Staaten oder in der Sowjetunion. 1956 hatte der Bruttowert

Reisbauer im Delta des Roten Flusses in Nord-Vietnam

Die Tätigkeit der Weltgesundheitsorganisation (WHO) in den Entwicklungsländern
Aufklärung indischer Schulkinder über die Schädlichkeit der Malaria-Mücke

der industriell erzeugten Güter Chinas erstmals den Wert der landwirtschaftlichen Erzeugung des Landes überschritten; 1949 machte er nur ein Drittel des Wertes der landwirtschaftlichen Erzeugung aus. Die Kohleproduktion Chinas hatte sich 1957 gegenüber der Vorkriegszeit etwa verdoppelt, die Kraftstromerzeugung mehr als verdreifacht, die Stahlerzeugung verfünffacht: sie stieg zwischen 1952 und 1955 von 1,35 Millionen Tonnen auf 2,85 Millionen Tonnen und erhöhte sich bis 1957 auf rund 5,5 Millionen Tonnen. In Indien stieg der Index der industriellen Produktion von 100 im Jahre 1946 auf 109 im Jahre 1948, dann auf 129 im Jahre 1952 und auf 135 im Jahre 1953. Die Erzeugung elektrischen Stromes hatte sich von 1948 bis 1953 etwa verdoppelt, doch waren zu diesem Zeitpunkt von den rund 700000 indischen Dörfern erst wenige tausend elektrifiziert.

Afrika erzeugt 100 Prozent der Industriediamanten, zwei Drittel des Goldes, die Hälfte des Antimons, ein Drittel des Chroms, zwei Drittel des Kobalts, 35 Prozent der Phosphate, 39 Prozent des Mangans, 14 Prozent des Zinns, 27 Prozent des Kupfers der Welt. Seine Bauxitlager scheinen unerschöpflich. Fast überall findet sich Öl. Dazu folgende andere Ziffern: Die in Afrika investierten »weißen« Kapitalien verzinsen sich durchschnittlich zu 15 bis 20 Prozent, sind also in fünf bis acht Jahren nach Europa und den USA zurückgeflossen. Dagegen: Die 230 Millionen Afrikaner haben je Kopf ein Jahreseinkommen von 120 Deutschen Mark. Ganz Afrika nimmt jährlich etwa 24 bis 32 Milliarden Mark ein, das heißt ein Viertel des Volkseinkommens Frankreichs, hat aber dabei fünfmal mehr Einwohner. Diese Zahlen muß man sich vor Augen halten, wenn man verstehen will, was in Afrika heute geschieht und was der Welt dort bevorstehen könnte. Sie werden absolut und relativ weiter anwachsen, und der afrikanische Kontinent wird sich mit eigenen Initiativen bemerkbar machen.

Mit der Auswanderung in die bisher von ihr noch nicht erschlossenen Räume wird die industrielle Technik »wahrhaft universal«. Nach dem Gesetz der Expansion um ihrer selbst willen ist die industrielle Bewegung angetreten; dieser Expansion bieten sich in den riesigen Räumen Asiens, Afrikas, Südamerikas größere Chancen, als sie der begrenzte europäische Kontinent je zu eröffnen vermochte. Die Industrialisierung wirkt daher dort anders als einst in Europa, wo sie zunächst eine in sich geschlossene Welt zu zerstören hatte. Hier, wo verjährte Zustände radikal aufgehoben werden, aber zugleich weitergeführt wird, was in dem neuen Selbstbewußtsein der erwachten Völker an Willen zur Verwirklichung eines eigenen Lebensgefühls offenbar geworden ist und nach autonomer Ausformung drängt, vollzieht sich die Industrialisierung ohne jedes schlechte Gewissen und weit jenseits des Pessimismus, mit dem die alten Industrievölker die von den Zauberlehrlingen bedrohte Zukunft zu betrachten gelernt haben.

Um sich die Möglichkeiten, die die industrielle Revolutionierung der sogenannten Entwicklungsländer eröffnet, mit ausreichender Deutlichkeit vor Augen zu stellen, muß man die Ursachen des selbstsicheren, hemmungslosen Optimismus begriffen haben, mit dem die Führer der »farbigen« Völker das Werk der Industrialisierung in Angriff nehmen. Sie erwarten ganz offenbar von der industriellen Technik, daß sie über Nacht ganze Kontinente, die bisher heteronom beherrschtes Hinterland waren, in moderne Weltmächte verwandeln und zur Weltgeschichte erwecken wird. Diese Erwartung mag uns als zu hoch gegriffen erscheinen, wichtig ist aber, daß die Entwicklungsländer selbst dieser Erwartung entsprechend handeln. Auch wenn diese Erwartung nicht bestünde, müßte sich schon allein der Bevölkerungsüberschuß als übermächtiger Antrieb zur Industrialisierung auswirken. In China lebt fast ein Viertel der Bewohner dieser Erde; auf dem indischen Subkontinent drängt sich nahezu ein Fünftel zusammen. In China leben heute also schon mehr Menschen als in den USA, der Sowjetunion und den großen europäischen Industriestaaten zusammen. Die Republik Indien hat heute schon eine Bevölkerung, die ungefähr der der Vereinigten Staaten und der Sowjetunion zusammen entspricht. Diese Bevölkerungen werden rapide anwachsen, die Bevölkerung Indiens ist in den letzten 10 Jahren um 70 Millionen gestiegen.

Die übergroße Mehrheit dieser Millionenmassen lebt in einer unvorstellbaren Armut. Die Lebenserwartung liegt weit unter der hochentwickelter Industriestaaten; das Pro-Kopf-Einkommen macht nur einen Bruchteil des Pro-Kopf-Einkommens in den Ländern aus, die schon im vollen Genuß der Ergebnisse der modernen Industriegesellschaft sind. Die indische Volkszählung vom Jahre 1951 ergab, daß die Jahrgänge von 0 bis 14 Jahren in Indien 38 Prozent der Bevölkerung bildeten; nur knapp 3,3 Prozent der Bevölkerung erreichten ein Alter von 65 Jahren und mehr. Berechnungen der Vereinten Nationen für das Jahr 1949 ergaben, daß in den meisten asiatischen Ländern, aber auch in großen Gebieten Afrikas und zum Teil noch in Süd- und Mittelamerika das Einkommen je Kopf der Bevölkerung unter 100 US-Dollar im Jahr lag.

Armut und Elend sind in den Entwicklungsländern so groß, weil dort die Landwirtschaft zumeist die einzige Quelle des Lebensunterhalts ist. Die Landwirtschaft beschäftigt drei Viertel bis neun Zehntel der erwerbstätigen Bevölkerung; sie wird durchweg höchst unrationell betrieben und ist in weiten Gebieten überhaupt noch nicht mechanisiert. Fast überall findet sich eine die Produktivität beeinträchtigende Unterbeschäftigung. In Bengalen sind die Jutebauern schätzungsweise etwa neun Monate im Jahr ohne Arbeit, in anderen Gebieten Indiens sechs bis sieben Monate, in anderen wieder mindestens fünf Monate. In einigen chinesischen Provinzen fand der Bauer eigentlich nur für etwa drei Monate im Jahr landwirtschaftliche Beschäftigung.

Die geringe Ergiebigkeit der Landwirtschaft in den Entwicklungsländern ruft dort einen ständigen Druck der Bevölkerung auf den Nahrungsmittelspielraum hervor. Die Menschen leben zumeist gerade an der Grenze des zur Bewahrung des Lebens Notwendigsten. Sie sind darum dem Zwang unterworfen, jede Mehrerzeugung, die durch eine Verbesserung der landwirtschaftlichen Produktionsmethoden erreicht werden könnte, unverzüglich zu verbrauchen. Dies bedeutet, daß sie die Bedingungen, unter denen sie dem Teufelskreis ihres Elends entrinnen könnten, selbst wieder zunichte machen.

Die Grundbedingung jedes wirtschaftlichen Fortschritts, ohne den es unmöglich ist, die in solchem Tempo wachsende Bevölkerung zu ernähren, erst recht nicht, ihre Lebensumstände zu verbessern, ist aber, daß die Menge der produzierten Güter im Verhältnis zum Anwachsen der Bevölkerung schneller wächst. Dies setzt voraus, daß die Mehrerzeugung nicht völlig aufgezehrt, sondern in die bestehende Produktionsausrüstung investiert wird. Um solche Voraussetzung sicherzustellen, sehen die politischen Führer der jungen Völker unter den obwaltenden Umständen kein anderes Mittel als die Konzentration aller verfügbaren Kräfte auf die Industrialisierung ihrer Länder – ungeachtet aller Härten und aller Rückschläge, die zwangsläufig eintreten werden. Man übernimmt das Allerneueste, man betreibt riesenhafte Projekte, für die oft noch der nötige Unterbau, vor allem aber ein Stamm ausgebildeter Facharbeiter fehlt und die daher die zeitweilige Unterstützung ausländischer Firmen und Techniken nötig machen, deren man sich eines Tages wird entledigen wollen. Man verzichtet auf Übergänge: wo schon der Ersatz des Holzpfluges durch den eisernen Pflug ein ungeheurer Fortschritt wäre, begnügt man sich nicht

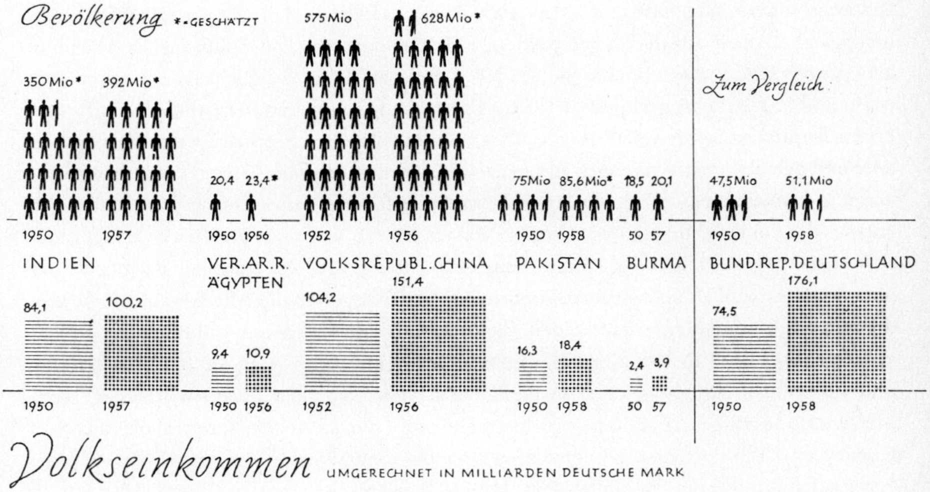

damit, eiserne Pflüge herzustellen, sondern läßt durch ausländische Firmen Stahlwerke bauen. Schwerindustrielle Vorhaben genießen unbestrittenen Vorrang vor allen anderen industriellen Unternehmungen, obwohl der Ausbau gewisser Leichtindustrien, durch die die landwirtschaftliche Überschußbevölkerung viel leichter absorbiert werden könnte, der besonderen wirtschaftlichen Lage dieser Länder sicher angemessener wäre. Die ehrgeizigen Pläne werden nicht alle gelingen; es werden Folgen eintreten, an die man nicht dachte. Rückschläge können die Staatsfinanzen und die Handelsbilanzen in verhängnisvoller Weise in Mitleidenschaft ziehen. Doch scheint es heute noch nicht so, als ob die Wahrscheinlichkeit solcher Rückschläge in jenen Ländern zu Resignation und Mutlosigkeit führen werde. Offenbar glaubt man noch nicht, die hochgesteckten Ziele »realistisch« korrigieren zu sollen; man scheint im Gegenteil zu glauben, mögliche Rückschläge durch noch schnelleres Vorantreiben der Industrialisierung auffangen zu können.

Die neuen Energiequellen und Produktionsmethoden werden für die Entwicklungsländer von besonderer Bedeutung sein, gestatten sie doch eine Loslösung auch der Schwerindustrie von den Standorten der Kohle. Was heute noch als Utopie erscheinen muß, könnte eines Tages Wirklichkeit werden: wo bisher die Erzeugung von hundert Millionen

Kilowatt elektrischer Energie 35000 Tonnen Kohle und damit 3500 Eisenbahnwagen Transportmaterial benötigen, werden dieselben hundert Millionen Kilowatt elektrischer Energie nur 35 Kilogramm angereichertes Uran erfordern, die ohne Schwierigkeit überallhin transportiert werden können. Man wird für die Industrialisierung keine Kohlenbergwerke abzuteufen haben; man wird auf kostspielige Bahnbauten verzichten können. Die neuen Produktionsmethoden könnten sich so leichter in die herkömmliche soziale Struktur der heutigen Entwicklungsländer eingliedern lassen, als es in Europa möglich war.

Die Entwicklungsländer werden Wirtschaftsverfassungen entwickeln, die ihren besonderen Verhältnissen entsprechen. Sie könnten sich die erforderlichen Kapitalien in den alten Industrieländern beschaffen, würden aber damit Gefahr laufen, in wirtschaftliche Abhängigkeit solchen Ausmaßes zu geraten, daß für eigenständige politische Entwicklung kein großer Raum mehr bliebe. Sie werden daher von dieser Möglichkeit nur ausnahmsweise und in möglichst geringem Umfang Gebrauch machen und versuchen, die erforderlichen Kapitalien selbst aufzubringen. Dies wird nur durch organisierte staatlich angeordnete und gelenkte Anstrengungen des ganzen Volkes möglich sein. In der Tat haben so gut wie alle Entwicklungsvölker für ihre Wirtschaftsverfassung »sozialistische« Vorstellungen entwickelt, die freilich recht verschieden von dem sind, was der europäische Sozialismus sich einst vorgestellt hat. Es könnte sein, daß künftig von der einstigen Peripherie der industrialisierten Welt aus wirtschaftspolitische Vorstellungen in die Alte Welt hineinwirken, die sich sehr von denen unterscheiden, die einst auf jene Völker ausstrahlten.

Heute ist es noch nicht soweit. Heute brauchen jene Völker noch die Hilfe der Staaten und Völker der »alten«, in sich so zerfallenen Welt. Von allen Seiten wird ihnen diese »Entwicklungshilfe« angeboten – nicht immer nur, um zu helfen, sondern oft, um dem Rivalen eine Einflußsphäre zu versperren oder um dem eigenen Block einen Zuwachs zu verschaffen. Es ist für die »alten« Völker oft schwerer, ein Entwicklungsland dazu zu bringen, eine Hilfe anzunehmen, als für dieses, eine zu erhalten. Es hat seinen guten Grund, daß die politische Haltung der neuen Staaten, die durch die industrielle Revolution unserer Weltzeit möglich geworden sind, der Neutralismus ist: das Sich-auf-keine-Seite-Schlagen macht ihre weltpolitische Macht aus. Heute bedienen sie sich ihrer, um von jeder Seite zu profitieren. Es könnte aber eines Tages möglich werden, daß die heute noch unterentwickelten Länder, gestützt auf die ungeahnten Möglichkeiten, die ihnen die technische und industrielle Entwicklung bietet, die Rolle des Vermittlers zwischen den beiden Machtblöcken spielen, die sich mit bestückten Abschußrampen gegenüberstehen.

Goetz Briefs

INTERNATIONALE GEWERKSCHAFTSBEWEGUNG

Gewerkschaften gehören heute zur sozialen Struktur aller industriellen Länder, selbst derer, die erst anfangen, Industrien zu entwickeln. Das Geburtsland der Gewerkschaften war Großbritannien; von dort aus haben sie ihren Siegeszug über die kapitalistisch erschlossene Welt angetreten. Ursprünglich waren sie im Rahmen einer liberal-kapitalistischen Ordnung entstanden; heute finden wir sie auch in kommunistischen und sozialistischen Wirtschaftssystemen, allerdings nicht als freie, unabhängige Verbände, sondern eingeordnet in das Planungssystem und abhängig von den Zwecken und Anweisungen der Planungsbehörden. Wenn man unter Gewerkschaften die autonomen Verbände von Lohnarbeitern und Angestellten versteht, so wie sie sich klassisch in Westeuropa und Amerika entwickelten, dann sind die Gewerkschaften im Raum des Kommunismus überhaupt keine Gewerkschaften. Die Bezeichnung als solche ist zweideutig. Die Scheidung der internationalen Gewerkschaftsbünde in freie und kommunistische bringt das ebenso zum Ausdruck wie die Nicht-Vertretung der kommunistischen Gewerkschaften beim internationalen Arbeitsamt. Ähnliches galt für die faschistischen Gewerkschaften unter der *Carta del Lavoro* und für die Gewerkschaften von Vichy-Frankreich.

Zwischen freien Gewerkschaften und liberalem Kapitalismus besteht ein enger Zusammenhang. Auf Einzelheiten einzugehen, ist hier nicht der Platz; das ist an anderer Stelle dieses Werkes geschehen. Bemerkt sei nur, daß mit dem Durchbruch des wirtschaftlichen Liberalismus die alten Arbeits- und Schutzordnungen der vor-kapitalistischen Zeit verschwanden, wie denn überhaupt der Individualismus jener Jahrzehnte nach Rousseauschem Muster alle Zwischengebilde *(corps intermédiaire)* zwischen Staat und Individuum aufzuheben trachtete und weithin tatsächlich aufhob. So entstand die moderne Wirtschaftsgesellschaft, wie Adam Smith das einmal ausdrückte, als eine Art »Handelskompanie, in der jeder sozusagen ein Händler ist«, auch der Arbeiter. Es stellte sich bald heraus, daß die neu aufsteigende und rasch wachsende Schicht der Lohnarbeiter die Händlerfunktion nicht erfüllen konnte. Wer von der Hand in den Mund lebt, wer keine Übersicht über seine Marktlage hat, wer auf keine Reserven zurückgreifen kann, ja, wer nicht einmal die Spielregeln der neuen, individualistischen Wirtschaft verstand, weil er noch in den Vorstellungen der alten Zeit verwurzelt war; wer genau wußte, daß er vom Wohlwollen eines Brotherrn abhängt, der den Markt kannte und selber den Wechselfällen der Marktlage ausgesetzt war, der war von Hause aus unfähig, ein mitbestimmender Faktor im Verhandeln von Löhnen und Leistungen zu sein. Der damalige Sprachgebrauch in England bezeichnete den Arbeiter als den »Labouring Poor«, oft schlechthin als »The Poor«, und dieser Ausdruck findet sich noch in der Mitte des 19. Jahrhunderts gelegentlich in der englischen Wirtschaftsliteratur. Das ist sehr bezeichnend; dem »arbeitenden Armen« gegenüber war der Arbeitgeber im wahrsten Sinne des Wortes ein Wohltäter, der Brotherr, mit dem man nicht als Händler verhandeln und abschließen konnte. Die gelernten Berufe, zum Beispiel in Buchdruck, Baugewerbe, Metallverarbeitung, waren die ersten, die durch Organisation ihre Marktlage zu verbessern strebten; ihre Ausbildung gab ihnen, wenigstens bei gutem Geschäftsgang, die Aussicht, über Löhne und Arbeitsbedingungen verhandeln zu können. Sie fanden die erste Anerkennung durch den Arbeitgeber, als es ihnen gelang, Tarifverträge abzuschließen. Kurz nach der Mitte des 19. Jahrhunderts, im Jahre 1851, entwickelte die Vereinigte Gesellschaft der Maschinenbauer den Grundtypus der »Business Union«, jener Gewerkschaft, die sich als reiner Geschäftsagent für die Mitglieder dem Arbeitgeber gegenüber fühlte und keinerlei ideologische Belastung ins Geschäftsverhältnis mitbrachte. Dieser Typus breitete sich schnell in Großbritannien und später auch, durch Samuel Gompers, in den Vereinigten Staaten aus. Was diese Geschäftsgewerkschaft kennzeichnet, ist, daß sie stellvertretend die Händlerfunktion für ihre Mitglieder übernimmt; damit ordnet sich die Gewerkschaft nach Zielsetzung und Taktik in das bestehende Wirtschaftssystem ein. Durch die Gewerkschaft sollen jene Möglichkeiten ausgenutzt werden, die der jeweilige Arbeitsmarkt bietet. Es stellte sich heraus, daß es solche in der Tat in unerwartetem Maße gab – entgegen der Annahme der zeitgenössischen Wirtschaftslehre, daß das »Wirtschaftsgesetz« die Löhne, die Preise und andere Einkommen durch Angebot und Nachfrage streng bestimme.

Offenbar war eine Lücke im »Gesetz«. Sie entsteht tatsächlich durch die Dynamik der kapitalistischen Wirtschaft, also dadurch, daß freie Unternehmer durch Erfindungen, durch technisch-wirtschaftlichen Fortschritt, durch Markterweiterung, durch neue Qualitäten von Waren periodisch aus dem Gesetz der Wirtschaft ausbrechen, und zwar unter Ausnutzung einer von den Banken ermöglichten Kreditausdehnung. Wenn solche wirtschaftlich-technischen Fortschritte sich häufen, dann entsteht Wirtschaftsaufschwung und Hochkonjunktur. Dieser Aufschwung absorbiert die Arbeitslosigkeit; wenn diese verschwindet, drängt der Wettbewerb das Lohnniveau von selber nach oben. Das ist die ideale Situation für den gewerkschaftlichen Vorstoß.

An diesem Punkt wird der enge Zusammenhang zwischen freier Unternehmungswirtschaft und freier Gewerkschaft deutlich sichtbar. Gewerkschaften konnten Erfolge erzielen, weil sie sich der Struktur und Dynamik der Wirtschaft einordneten. Als Verbände adoptierten sie die Grundregeln der individualistischen Wirtschaft: Selbstverantwortung, Selbstinteresse und Wettbewerb – all das nun übertragen auf den Verband und dem einzelnen Arbeiter abgenommen. Hier liegt die hervorragende Schutzfunktion der Gewerkschaft, daß der Verband nun die Händlerfunktion übernimmt, die der einzelne Arbeiter zu erfüllen außerstande war. Von hier aus verstehen wir auch die große Bedeutung von Arbeits-

Arbeitsbedingungen in einer walisischen Kupfermine am Ende des 18. Jahrhunderts
Aus einem Aquarell von Julius Caesar Ibbetson, 1792
Cardiff, National Museum of Wales

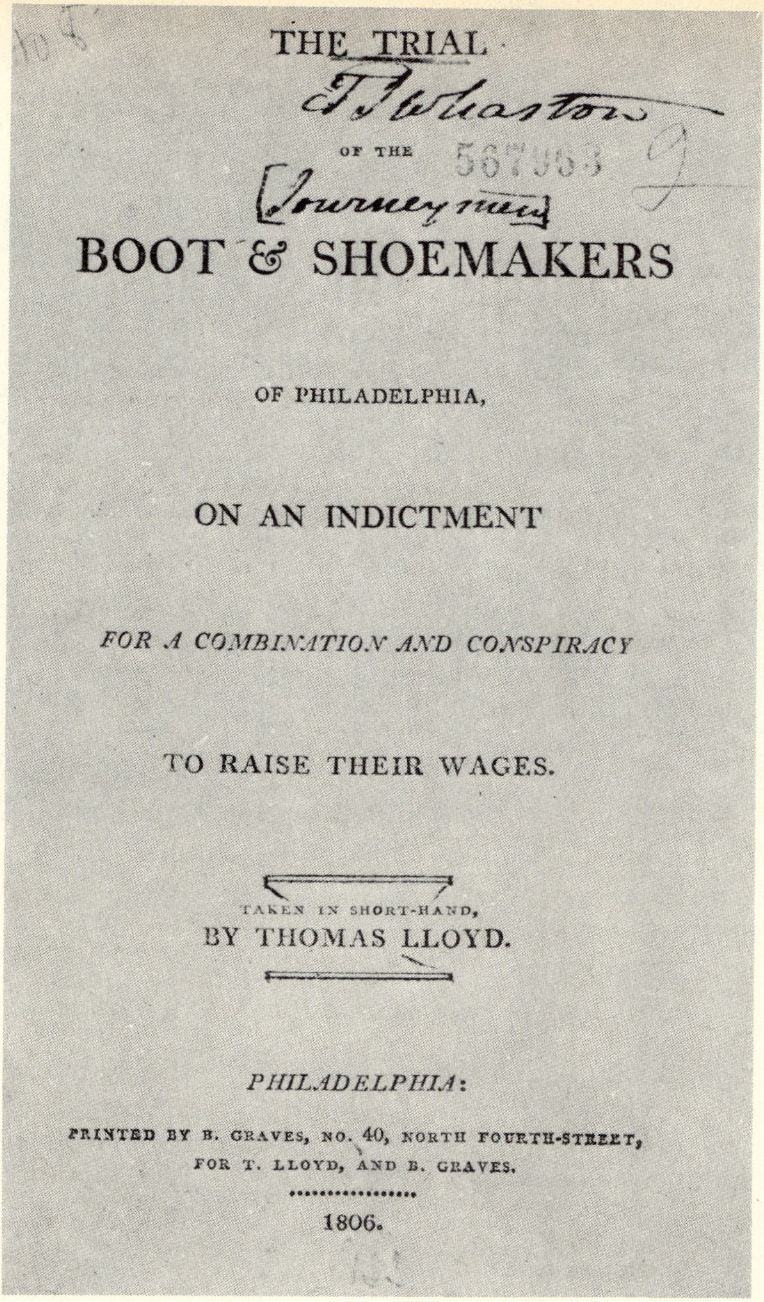

THE TRIAL

T. Wharton

OF THE

567963

[Journeymen]

BOOT & SHOEMAKERS

OF PHILADELPHIA,

ON AN INDICTMENT

FOR A COMBINATION AND CONSPIRACY

TO RAISE THEIR WAGES.

TAKEN IN SHORT-HAND,

BY THOMAS LLOYD.

PHILADELPHIA:

PRINTED BY B. GRAVES, NO. 40, NORTH FOURTH-STREET,

FOR T. LLOYD, AND B. GRAVES.

1806.

Streik der Schuhmacher in Philadelphia, 1806
Titelseite des nach dem Stenogramm gedruckten Berichtes
über die Gerichtsverhandlung gegen die Streikenden

recht und Sozialpolitik: auch deren Erfolg hängt zwar letzten Endes an den Möglichkeiten, welche die Dynamik der kapitalistischen Wirtschaft eröffnet; aber indem sie diese Möglichkeiten ausnutzen, stärken sie wiederum die Gewerkschaften in ihrer stellvertretenden Händlerfunktion. In Tarifverhandlungen zwischen Gewerkschaft und Arbeitgeber verwirklicht sich die Feststellung von Adam Smith, daß in einem individualistischen Wirtschaftssystem jeder »sozusagen ein Händler« sei – mit der Einschränkung freilich, daß für die nicht handlungsfähige Schicht ein von ihnen selbst gebildetes Kollektiv eintritt.

Wenn die Dynamik der Wirtschaft den Gewerkschaften diese Spielräume der Mitbestimmung in den Arbeitsbedingungen eröffnete, so ist es dieselbe Dynamik, die diese Spielräume wiederum schließt, nämlich beim Abschwung und in der Depression. Jede Geschichte der Gewerkschaften, vor allem des 19. Jahrhunderts – das wirtschaftlich-sozial gesehen erst mit 1914 für Westeuropa, mit 1935 für die USA schließt –, berichtet mit ermüdender Gleichförmigkeit, wie diese und jene Jahre für die Gewerkschaften schlechte Jahre waren, weil der Geschäftsgang schlecht war. Manche Gewerkschaften verschwanden bei einer Depression einfach von der Bildfläche; andere fristeten ihr Dasein unter starkem Verlust an Mitgliedern und Reserven; aber beim ersten Anzeichen besserer Geschäftslage regte sich überall wieder gewerkschaftliches Leben. Manche gewerkschaftlichen Erfolge überlebten die Depression, wenn auch nur formal; aber sobald wirtschaftliche Erholung eintrat, konnte von der gehaltenen Ebene aus der neue Vorstoß für eine Aufbesserung der Arbeitsbedingungen erfolgen. In dem Maße, wie die ansteigende Geschäftslage den Arbeitsmarkt verknappte, rückten die Gewerkschaften wieder in ihre Händlerfunktion ein; sie konnten mit dem Arbeitgeber über Löhne und Tarife verhandeln oder ihn durch ihr bloßes Vorhandensein dazu bringen, von selbst bestimmte Arbeitsbedingungen zuzugestehen. Das letzte gilt da, wo, wie zum Beispiel in Deutschland, ganze Industrien bis zum Jahre 1918 zwar große Gewerkschaften hatten, die aber keine Anerkennung durch die Arbeitgeberverbände fanden (Kohle, Eisen, Stahl).

Um zusammenzufassen: 1. Die Gewerkschaften des 19. Jahrhunderts erkannten formell oder de facto das bestehende System von Wirtschaft und Gesellschaft an. Wenn sie es, wie zum Beispiel sozialistische Gewerkschaften, aus ideologischen Gründen nicht taten, lag eine faktische Anerkennung vor, denn sie trachteten, gewerkschaftliche Ziele hier und jetzt durchzusetzen. Das galt vor allem für jene zentraleuropäischen Verbände, die im Umkreis des Marxismus entstanden und im Kapitalismus ihren Feind sahen. Wo sie als Gewerkschaften für bessere Arbeitsbedingungen kämpften, fügten sie sich faktisch der gegebenen Ordnung ein. Daraus entstanden die Spannungen zwischen der Sozialdemokratie und den Gewerkschaften, die dann im Mannheimer Abkommen von 1906 ihr Ende fanden: die Partei erkannte die Selbstbestimmung der Gewerkschaften an.

2. Die Gewerkschaften des 19. Jahrhunderts blieben an den Rhythmus und die Dynamik der kapitalistischen Wirtschaft gebunden; ihre Erfolge oder Mißerfolge hingen engstens mit dieser Dynamik zusammen. Selbst die an Mitgliedern und Kassen starken Verbände wurden schwach, wenn Arbeitslosigkeit und Depression herrschten; sie wurden stark und schlagkräftig, wenn die steigende Konjunktur den Arbeitsmarkt verknappte. So war die Gewerkschaft jener Zeiten eine abhängige Variable im kapitalistischen Wirtschaftssystem.

Es sei freilich bemerkt, daß die Gewerkschaften gelernter Berufe schon im 19. Jahrhundert den Zusammenhang zwischen Angebot und Lohnhöhe auf ihrem Markte begriffen; wo sie in der Lage waren, den Zugang zu ihrem Beruf zu regulieren oder Arbeitszeiten zu beschränken, waren sie schon eine relativ unabhängige Variable. Das galt mehr für die Vereinigten Staaten und Großbritannien als für den europäischen Kontinent, hier nur in geringem Maße. In Amerika gab es damals schon den *Closed Shop* und den *Union Shop* in einzelnen gelernten Berufen; die Funktion dieser Einrichtungen bestand darin, hochbezahlte »Jobs« vor dem Wettbewerb anderer Arbeiter abzuschließen. In mancher Hinsicht zeigte diese Politik Züge, die uns aus dem verfallenden Zunft-Zeitalter wohlbekannt sind. Das gilt bis zum heutigen Tage – in der Tat heute mehr denn je.

Ich bezeichne die Gewerkschaft des 19. Jahrhunderts als klassische Gewerkschaft, weil sie auf dem klassischen Kapitalismus beruhte, der seinerseits auf der frühen Form des wirtschaftlichen Liberalismus aufbaute, nämlich auf dem klassischen Liberalismus. Es kennzeichnet die klassische Gewerkschaft, daß sie aus der Arbeiterschaft selber entstand, aus der spontanen, oft heroischen und immer opferbereiten Entschlossenheit, durch Abwehr unwürdiger Arbeitsbedingungen, durch Einrichtungen gegenseitiger Hilfe und durch solidarisches Zusammenstehen dem arbeitenden Menschen jenen Grad von Lebenssicherheit, Gleichberechtigung und Vertretung zu geben, der ihm als Person in unserem westlichen Kulturkreis zukommt.

Die klassische Wirtschaftslehre, wie übrigens heute auch der Kommunismus, hat die freien Gewerkschaften als Fremdkörper in ihrem System empfunden. Solange die Wirtschaftslehre im wesentlichen ihr Problem statisch sah, bestand keine Aussicht, den Gewerkschaften eine wirtschaftlich sinnvolle Aufgabe zuzuschreiben, es sei denn, man suchte sie dort – wo aber die Gewerkschaft ihren Standort gerade nicht hatte –, wo rückständige, verfallende oder ungünstig gelegene Firmen Löhne unter dem sonst üblichen Lohnniveau zahlten. Lujo Brentano, der die ersten großen Studien über das englische Gewerkschaftswesen in den siebziger Jahren machte, unternahm es, die Gewerkschaft als Ergänzung einer liberalen Wirtschaftsordnung zu rechtfertigen. Er war der Ansicht, daß durch gewerkschaftliche Politik die Funktion der Arbeit als einer W a r e vollendet werden könne, damit der Arbeiter die echte Händlerfunktion erhalte. Er fand nämlich, daß auf dem Arbeitsmarkt das liberale Warengesetz nicht funktioniere, weil Arbeitsangebot, unabhängig von der Nachfrage, durch seine menschliche Inkorporation immer vorhanden sei; mit anderen Worten: der arbeitende Mensch kann sein Angebot nicht zurückhalten, wenn die Nachfrage zurückgeht; er muß vielmehr um so schärfer anbieten. Brentano glaubte, in der Gewerkschaft die Institution zu sehen, die durch Unterstützungen an arbeitslose Arbeiter ihr Angebot vom Markt wegnähme und damit den Arbeitsmarkt unter das Gesetz von Angebot und Nachfrage stelle. Die Brentanosche These stammte aus der englischen Erfahrung, und das heißt aus der Erfahrung der Gewerkschaften für Berufe mit Spezialausbildung. Aber selbst dort hatte sie ihre Einschränkungen, weil bei starker Arbeitslosigkeit die Gewerkschaften eine Angebotsverminderung nicht durchhalten konnten, denn sie verloren dadurch Mitglieder und Kassenbestände. Erst recht galt die These nicht für die Verbände der angelernten und ungelernten Berufe. Es ist darauf hinzuweisen, daß es weder die Absicht noch die Wirkung der Gewerkschaften ist, die Arbeit vollends zur Ware zu machen; für die Gewerkschaften handelt es sich vielmehr darum, die menschliche und bürgerliche Person des arbeitenden Menschen gegen den Druck zu schützen, der aus dem scharfen Wettbewerb stammt. Daß in der modernen Entwicklung des Gewerkschaftswesens die gewerkschaftliche Politik durch Angebotsregulierung geradezu einen Kartellcharakter angenommen hat und nun wirklich die Arbeit als abgewogene »Ware« für einen verhandelten Preis abzusetzen trachtet, hängt mit der Wendung der klassischen Gewerkschaft zur befestigten Gewerkschaft zusammen. Für die klassische Gewerkschaft jedenfalls gilt, daß sie Freiheit und Selbstbestimmung für den »arbeitenden Armen«, für den »Proletarier«, zu sichern trachtete.

Es wurde vorhin bemerkt, daß diese klassische Zeit der Gewerkschaften in Europa mit dem Jahr 1918, in den USA 1935 zu Ende geht. Ich nenne die Gewerkschaft, die sich seitdem aus klassischen Formen entwickelte, die befestigte Gewerkschaft. Versuchen wir, uns darüber zu verständigen, was damit gemeint sei.

In die Augen springt zunächst die Tatsache, daß die Gewerkschaft der westlichen Industrieländer heute durch Gesetzgebung und Rechtsprechung befestigt ist. Die klassische Gewerkschaft hat es, selbst unter den günstigsten Umständen, nur zu einer rechtlichen Duldung gebracht; und diese war oft genug zweifelhaft und von polizeilicher Aufsicht umschattet. Gelegentlich genügte (zum Beispiel in England die Taff Vale Entscheidung von 1901) ein Gerichtsurteil, um die Duldung zweifelhaft zu machen; und wir wissen, wie der Paragraph 153 der »Deutschen Gewerbeordnung« und seine Auslegung die im Paragraphen 152 zugestandene Koalitionsfreiheit sachlich wieder beschränkte. Dasselbe galt in den USA, besonders zu der Zeit, in der richterliche Verfügungen *(injunctions)* häufig zur Abdrosselung gewerkschaftlicher Aktionen benutzt wurden (1895–1932). Die befestigte Gewerkschaft hingegen genießt vollen rechtlichen, wenn nicht gar verfassungsrechtlichen Schutz; sie ist nicht bloß geduldet, sie ist anerkannt im vollen positiven Sinne als ein wichtiger Ordnungs- und Funktionsträger in Wirtschaft und Gesellschaft. Die Präambel zum Wagner Act von 1935 wie zum Fair Labor Standards Act von 1938 drückt das mit aller Klarheit aus. In Deutschland hat die Verordnung der Volksbeauftragten vom Dezember 1918 wie das Tarifvertragsgesetz von 1923 – um nur diese beiden Gesetze zu erwähnen – die gleiche Anerkennung der Gewerkschaft gebracht. Noch stärker »befestigt« wurden die Gewerkschaften durch das Gesetz über die Mitbestimmung in der Kohlen- und Eisenindustrie vom Mai 1951, wie auch – in minderem Umfang – durch das Betriebsverfassungsgesetz vom Oktober 1952. Der deutsche Soziologe von Nell-Breuning erwähnt 1957 in einem Aufsatz, daß ein Doktorand, der über die Gewerkschaften in der Rechtsordnung arbeitete, bereits vor mehreren Jahren sechsundachtzig Gesetze gefunden habe, in denen von den Gewerkschaften die Rede sei; die Zahl dieser Gesetze habe sich seither noch weiter vermehrt. Und der Verfasser fährt fort, in der großen Mehrzahl der Fälle handele es sich um Vorschriften, durch die den Gewerkschaften Zuständigkeiten beigelegt oder Befugnisse zuerkannt werden, an erster Stelle die Tarifhoheit, an zweiter Stelle die Beteiligung an der Arbeitsgerichtsbarkeit, an den Selbstverwaltungsorganen der Sozialversicherung und neuerdings an der Ausübung des Mitbestimmungsrechts. Man kann ohne Übertreibung sagen, daß in allen westlichen Industriestaaten die rechtlich und administrativ volle Anerkennung der Gewerkschaften Tatsache geworden ist. Unterschiede bestehen in Einzelheiten, aber sie berühren nicht das Wesentliche, daß die Gewerkschaft als soziale Institution mit weitreichenden wirtschaftlichen und sozialen Aufgaben und Wirkungen rechtlich geschützt, wenn nicht gar, wie besonders in den Vereinigten Staaten unter dem New Deal, von der Exekutive stark gefördert wird. Selbst das Arbeitsrecht in den Staaten, die nicht so weit gehen wie die USA, erkennt immer die Gewerkschaft als die berufene Vertretung und das Sprachrohr der Arbeiterschaft an.

Die befestigte Gewerkschaft ist auch in ihrem Verhältnis zum Arbeitgeber befestigt. Er muß sie als Vertragspartner anerkennen und bona fide mit ihr verhandeln, sobald eine Mehrheit von Betriebsarbeitern sich für sie ausgesprochen hat. Sie vertritt dann gleichzeitig alle Betriebsmitglieder, ob organisiert oder nicht. Nach dem Arbeitsrecht der USA muß der Arbeitgeber mit seiner Belegschaft durch die Gewerkschaft verhandeln; so kann er etwa über Lohnerhöhungen, Ausgabe verbilligter Aktien, Betriebspensionen und dergleichen nicht entscheiden, ohne die Gewerkschaft zugezogen zu haben. Die Stellung der Gewerkschaft als ausschließlicher Repräsentant kommt darin zum Ausdruck; nichts soll gegen sie, nichts ohne sie, möglichst alles, was die Belegschaft betrifft, durch sie geschehen. Das Arbeitsrecht anderer Länder geht nicht so weit; der den mächtigen amerikanischen Gewerkschaften eigene Drang zur totalen Repräsentation hat sich anderswo kaum so stark entwickelt.

Das hat seinen Grund. In den USA fehlt nämlich jener Antrieb zur gewerkschaftlichen Solidarität, der in westeuropäischen Ländern aus ideologischer Wurzel stammt; in den USA fehlt die gesellschaftliche Klassenstruktur, wie sie im Nachhall des Feudalismus in europäischen Ländern oft weiterwirkt; so fehlt auch das Klassenbewußtsein und die ganze Motivreihe, die antikapitalistisch ist und sich nach einem anderen, sozialistischen, kommunistischen oder syndikalistischen Wirtschaftssystem orientiert. Hinzu kommt, daß die Freizügigkeit in diesem amerikanischen Halb-Kontinent eine Mobilität der Arbeiterschaft ermöglicht, die für Gewerkschaftsbildung und Gewerkschaftssolidarität nicht günstig ist. Ferner war hier für lange Jahrzehnte die Aufstiegschance in wirtschaftliche Unabhängigkeit recht groß; sie überlebte als Mythos noch zu der Zeit, in der Lohnarbeit für die große Masse lebenslängliches Schicksal und in hohem Grade vererblich ist. Veranschlagt man dazu noch die pragmatische, an Lohn und Stelle (Job) interessierte Haltung des amerikanischen Durchschnittsarbeiters, dann wird verständlich, warum die Gewerkschaften besorgt waren, die Mitgliedschaft nicht bloß der spontanen Zustimmung der Arbeiter zu überlassen. Der Closed Shop wie der Union Shop sind Wege, den Unternehmer vertraglich zu zwingen, nur Mitglieder der Gewerkschaft einzustellen oder, wie beim Union Shop, die Mitgliedschaft vom Arbeiter innerhalb eines kurzen Zeitraumes zu verlangen. Beide Methoden sind zwar Forderungen gegen den Unternehmer, aber der Druck geht, der Absicht nach, gegen jene Arbeiter, die aus irgendwelchen Gründen sich der Gewerkschaft fernhalten oder ihr untreu werden. Die Höchstform der Anerkennung durch den Unternehmer ist also der (inzwischen für illegal erklärte) Closed Shop und der in zwanzig Staaten der USA nicht mehr legale Union Shop. Das Verbot aber verliert an Bedeutung, wenn andere

Formen des Beitragszwanges gewerkschaftlich angewandt werden; daß es deren genügend gibt, dafür zeugen die moralischen und oft gewalttätigen Druckmittel, die gegen unorganisierte Arbeiter von der Gewerkschaft angewandt werden, sei es im Namen der Solidarität der Arbeiterschaft oder der institutionellen Interessen der jeweiligen Gewerkschaft.

Damit sind wir schon beim dritten Kriterium der befestigten Gewerkschaft: sie ist auch gegenüber dem Arbeiter befestigt. Wenn sie das Recht hat, ihn zu repräsentieren oder ihn faktisch repräsentiert, wenn sie seine Arbeitsbedingungen regelt, ob er Mitglied ist oder nicht, wenn Gesetzgebung und Gericht die Gewerkschaft anerkennen und wenn Regierungen ihnen eine wichtige Funktion in Wirtschaft und Gesellschaft zuschreiben, wenn sie schließlich in allen Industriestaaten des Westens öffentlich und sozial sanktioniert sind und selbst von den Kirchen ermutigt und gefördert werden, wenn Nichtmitgliedschaft als Drückebergerei gegenüber den Aufgaben und Verantwortungen der Gemeinschaft gilt, – dann scheint allerdings mindestens eine Art moralischen Zwanges zum Beitritt gegeben. Amerikanische Gerichte sind in einzelnen Fällen so weit gegangen, einen rechtlichen Zwang zur Mitgliedschaft anzuerkennen. Europäische Gewerkschaften verfügen im allgemeinen nicht über einen rechtlichen Zwang zur Mitgliedschaft; aber es gibt gewerkschaftliche Druckmittel genug, so etwa die Weigerung, mit Nichtorganisierten zusammenzuarbeiten, mit denen das Ziel erreicht werden kann. Diese Art des gewerkschaftlichen Zwanges ist älter als die rechtliche Befestigung; so kann man sagen, daß es faktisch befestigte Gewerkschaften in gewissen gelernten Berufen gab, ehe die gesetzliche Befestigung ausgesprochen wurde. Das Gesetz bestätigt in solchen Fällen nur einen Zustand, der zuvor schon gesichert schien.

Es gibt einige bedeutende, den Gewerkschaften nahestehende Autoren, beispielsweise den Engländer V. L. Allen, die den Gedanken der Zwangsmitgliedschaft weit von sich weisen. Sie wird als moralisch unhaltbar, als der Gewerkschaft unwürdig und letzten Endes für die Gewerkschaft schädlich bezeichnet. Man weist darauf hin, daß Zwangsmitgliedschaft immer, zumal bei großen Verbänden, zu einem Verdorren des solidarischen, fraternellen und demokratischen Zusammenhangs innerhalb der Gewerkschaft führt.

Es wäre ein Irrtum zu glauben, gesetzliche Form genüge, um die Gewerkschaft real zu befestigen. Diese Erfahrungen haben besonders die Entwicklungsländer gemacht, die sich dem Internationalen Arbeitsamt anschlossen und den Beschlüssen dieser Organisation zustimmten. Zur wirklichen Befestigung gehört, daß die Gewerkschaften imstande sind, die von Gesetz und Rechtsprechung gebotenen Möglichkeiten und Spielräume auszunutzen. Das ist nun in fast allen unentwickelten Ländern nicht der Fall. Die gesetzlich ausgesprochene Befestigung kommt häufig mehr der politischen Arbeiterbewegung zugute als den Gewerkschaften, für die sie gemeint war. Der Grund liegt in der Schwäche der Gewerkschaften überall da, wo zwischen Kapitalbedarf und Arbeitsangebot ein Mißverhältnis besteht. In den ersten Jahrzehnten des westlichen Kapitalismus hat man ja erfahren, daß bei unzureichender Kapitalbildung und starkem Angebot von Arbeitskräften die Gewerkschaft mit ihren Mitteln keine wirkliche Befestigung durchsetzen kann. Die Arbeiterschaft neigt unter solchen Umständen wenn nicht zu Maschinenstürmerei, so zu radikaler, politischer Bewegung. Daß jenes Mißverhältnis zwischen Kapitalbildung und

Großbritannien

Hier entwickelten sich die ersten Gewerkschaften und (1844) Konsumvereine der Arbeiter in Europa. Beide Institutionen entsprachen der wirtschaftlich-sozialen Umschichtung und breiteten sich mit der Industrialisierung aus. Gewerkschaftsartige Verbände reichen aber bis in das 18. Jahrhundert zurück; allerdings haftete ihnen noch vieles vom Charakter der Handwerkerzünfte an. Mit der »industriellen Revolution« formierte sich langsam ein reiner Gewerkschaftstyp, der 1851 in dem neuen Modell der Vereinigten Gesellschaft der Maschinenbauer *(Amalgamated Society of Engineers)* seine Form fand. Er wurde weithin akzeptiert; so auch von dem langjährigen Präsidenten des amerikanischen Gewerkschaftsbundes (1886), *Samuel Gompers*. Dieser Typ bedeutete in der Regel eine Gewerkschaft der gelernten Arbeiter; die Bewegung der ungelernten begann erst unter den Londoner Dockarbeitern während des großen Streiks von 1889.

Das Hauptorgan der britischen Gewerkschaften ist der *Trades Union Congress (TUC)* mit dem Sitz in London. Er ist an den *Internationalen Bund Freier Gewerkschaften* angeschlossen, der seinen Sitz in Brüssel hat. Etwa 24 Millionen Engländer sind Lohn- und Gehaltsempfänger; davon ist rund ein Drittel, etwas über acht Millionen (1956), in großen Industriegewerkschaften oder in zersplitterten Berufsverbänden (187 Verbände) organisiert. Eine Sonderstellung nimmt der schottische *Trades Union Congress* ein, dessen Mitglieder meist der Londoner Zentrale direkt oder indirekt angeschlossen sind. Daneben bestehen unabhängige Verbände von Bauarbeitern, Schullehrerinnen und anderen. Die größten Gewerkschaften sind die der Verkehrsgewerbe *(Transport and General Workers Union)* mit 1,3 Millionen Mitgliedern, der Bergleute *(National Union of Mineworkers)*, der Eisen- und Stahlarbeiter und der Eisenbahner. Daneben eine Fülle von kleinen, oft nur lokalen Verbänden, bis hinunter zu einem lokalen Verband der Kleiderbügler mit 106 Mitgliedern. Die Tendenz des englischen Gewerkschaftswesens geht offensichtlich auf stärkere Zentralisation aus.

USA

Wie in England ist es in den USA schwer, ein genaues Datum für die Anfänge des Gewerkschaftswesens anzugeben. Der Übergang von zunftartigen zu gewerkschaftsähnlichen Verbänden in den Jahren 1790 bis 1825 läßt sich kaum genau bestimmen. Es folgte eine Periode, in der sich in den Verbänden gewerkschaftliche Ziele mit sozialen und politischen vermischten. Manche Verbände standen allen Schichten und Berufen offen. Das galt noch für die »Ritter der Arbeit« *(Knights of Labor)*, die, bis 1879 ein Geheimbund, alle Berufe aufnahmen (ausgenommen das Bankgewerbe und die Gastwirte). Die »Ritter der Arbeit« hatten eine Zeitlang große Bedeutung, verfielen dann aber rasch, teils wegen einiger mißglückter Streiks, teils weil die gelernte Arbeiterschaft sich mehr dem geschlossenen Berufsverband zuneigte. Diesem Streben folgend, gründete der aus England eingewanderte *Samuel Gompers* 1886 den Amerikanischen Gewerkschaftsbund *(American Federation of Labor, AFL)*. Von Anfang an folgte der Bund dem britischen Vorbild rein geschäftsmäßiger Beziehungen zu den Arbeitgebern *(business union)* und gewährte den ungelernten Arbeitern keinen Zugang. Erst im »New Deal« (1933/35) begann die Regierung, das Gewerkschaftswesen energisch zu fördern. Dieser Politik folgte dann die große Organisierungswelle in der Großindustrie (Stahl und Eisen, Automobile, Glas, Chemie, Öl). Da aber die *AFL* die Ungelernten nur zögernd in ihre Organisation aufnahm, begann der *Congress of Industrial Organizations (CIO)*, seit 1938 als selbständige Bewegung, sehr erfolgreich die Belegschaften in der Großindustrie zu organisieren. Dies führte zwangsläufig zu mancherlei Konflikten, die erst 1955 durch die Verschmelzung beider Verbände beigelegt wurden, ohne daß Grenzstreitigkeiten sich bis zum heutigen Tage befriedigend lösen ließen.

Die Mitgliederzahlen der Gewerkschaften in den USA wuchsen sehr langsam. Um 1890 waren erst 1,6 Prozent der Arbeiterschaft organisiert, 1930 7 Prozent. Dann folgte der neuen arbeitsrechtlichen Gesetzgebung von 1935 (und der Errichtung des *National Labor Relations Board*) ein geradezu explosiver Aufschwung, der vor allem die bisher nicht organisierten Belegschaften der Massenindustrien erfaßte. Die *AFL-CIO* hat heute rund 13 Millionen Mitglieder in 194 *National Unions* oder *Federations* (*International*, wenn kanadische Verbände dazugehören). Nicht angeschlossen an den Gewerkschaftsbund sind rund 5 Millionen organisierte Arbeitnehmer, darunter zwei von den vier Eisenbahnerverbänden, die *Teamsters Union* (Lkw-Fahrer) und einige andere Gruppen, die wegen umfangreicher Korruptionen aus der *AFL-CIO* ausgeschlossen wurden. Die Bergarbeitergewerkschaft war schon vor Jahren freiwillig aus der *AFL* ausgeschieden. Daneben bestehen einige zum Teil kommunistisch infizierte Verbände, die ebenfalls dem Gesamtverband fernstehen.

Die Gewerkschaften in den USA erfassen heute etwa 18 Millionen Arbeiter und Angestellte. Rund 35 Prozent davon sind in den sechs großen Verbänden (Teamsters, Automobilarbeiter, Stahlarbeiter, Maschinisten, Zimmerleute und Arbeiter der Elektroindustrien) organisiert. Die große Organisierungswelle ist inzwischen deutlich abgeflaut, vor allem weil die dringendsten Bedürfnisse der Arbeitnehmer weithin erfüllt sind und die Organisation der Belegschaften oft weitgestreuter Betriebe zu kostspielig geworden ist. Hinzu kommt, daß weite Kreise, namentlich der Angestellten, wegen eines gewissen Widerstands in der öffentlichen Meinung und – in den Südstaaten – der örtlichen Arbeitgeber nicht mehr bereit sind, den

Gewerkschaften beizutreten. Eine allgemein in den USA spürbare »Organisationsmüdigkeit« hat dazu geführt, daß in der jüngeren Generation von Angestellten und Arbeitern die Beziehungen zu den Traditionen der Gewerkschaftsbewegung ihrer Väter stark geschwunden sind.

Deutschland

Die Anfänge des deutschen Gewerkschaftswesens liegen in den vierziger Jahren des 19. Jahrhunderts (Buchdrucker), und zwar handelte es sich ebenfalls um Verbände für Facharbeiter. Ende der sechziger Jahre traten zwei neue Verbandsgebilde auf, die *Hirsch-Dunckerschen Gewerkvereine* und die sozialistischen Verbände. Erstere waren dem englischen Modell nachgebildet, letztere meist marxistisch orientiert, also mit starker politischer Bindung und daher auch eher imstande, ungelernte Arbeiter zu organisieren. Anfang der neunziger Jahre wurden in Opposition zu den erstarkten sozialistischen Verbänden die ersten christlichen Gewerkschaften gegründet. Schließlich entstanden Gewerkschaften der Angestellten *(Allgemeiner Freier Angestelltenbund, AFA-Bund; Deutschnationaler Handlungsgehilfenverband, DHV; Gesamtverband Deutscher Angestelltengewerkschaften, Gedag; Gewerkschaftsbund der Angestellten, GdA; Verband der weiblichen Handels- und Büroangestellten, VwA)* und der Beamten *(Deutscher Beamtenbund, DBB)*; daneben einige kleinere Verbände.
Das deutsche Gewerkschaftswesen war von Anfang an in verschiedene Richtungen gespalten. Selbst die Konsolidierung zum *Deutschen Gewerkschaftsbund (DGB)* nach dem zweiten Weltkrieg hat keine Einheitsstruktur schaffen können. Dies um so weniger, als große Teile der Angestellten und Beamten außerhalb des *DGB* geblieben sind. Auch eine kleine christliche Gewerkschaftsbewegung hat sich seit 1956 wieder gemeldet. Etwa 30 Prozent aller Arbeiter und Angestellten in Westdeutschland sind gewerkschaftlich organisiert, davon rund 6 Millionen in den 16 Industrieverbänden des *DGB*. Etwa ein Drittel der organisierten Angestellten hat in der *Deutschen Angestellten-Gewerkschaft (DAG)* einen eigenen Verband mit 435000 Mitgliedern.

Frankreich

Wieviel von den rund 21 Millionen Arbeitern und Angestellten gewerkschaftlich organisiert sind, ist schwer zu sagen, da die meisten Verbände keine verbindlichen Mitgliederzahlen bekanntgeben. Die Entwicklung in diesem Lande war langsam und diffus; teils wegen der gewerblichen Struktur des Landes, teils wegen verschiedener politischer Strömungen in der Arbeiterschaft, teils aber auch wegen der mangelnden Organisationsfähigkeit oder Organisationswilligkeit der Arbeiterschaft. Von gewerkschaftlicher Seite nimmt man unverbindlich eine Mitgliederzahl von insgesamt 5,5 Millionen an; Schätzungen aktiver Mitglieder gehen aber bis auf 1,5 Millionen hinunter.
Das französische Gewerkschaftswesen erhielt erst spät (1884) eine klare rechtliche Basis; politische Einflüsse verschiedener Herkunft trugen zur Aufspaltung und zu einer etwas chaotischen Dynamik bei.
Der stärkste Verband dürfte der kommunistische Gewerkschaftsverband sein *(Confédération générale du Travail; CGT)*, mit offiziell 3 Millionen Mitgliedern in 40 Verbänden. Er gehört dem kommunistischen *Weltgewerkschaftsbund (WGB)* an. Daneben hat sich die *Force Ouvrière* mit offiziell einer Million (wahrscheinlich um 300000) Mitgliedern in 86 Verbänden entwickelt. Ein unabhängiger Verband ist auch die Gewerkschaft der höheren Angestellten *(Confédération générale des Cadrés; CGC)*. Der Verband der christlichen Arbeiter *(Confédération française des Travailleurs chrétiens; CFTC)* hat 51 Mitgliedsverbände und eine offizielle Mitgliederzahl von 900000. Schließlich die *Confédération générale des Syndicats Indépendants (CGSI)* von 1948, von der 1955 ein »Verband für Arbeit und Freiheit« absplitterte. Die gegenwärtige Tendenz scheint dahin zu gehen, nationale Industrie- oder Berufsverbände aus den verschiedenen politisch aufgespaltenen Föderationen zu bilden.

Italien

Die Gesamtzahl der organisierten Arbeiter und Angestellten wird mit über 8 Millionen angegeben, dürfte aber näher bei 5 Millionen liegen. Wie in Frankreich ist in Italien der stärkste Verband der kommunistische, der an den kommunistischen *Weltgewerkschaftsbund* angeschlossen ist. 1950 wurde ein Nationalverband der Arbeiter *(Confederazione Italiana Sindicali Lavoratori; CISL)* gegründet, der nicht politisch orientiert ist, in dem aber die christlich-demokratischen Elemente (neben sozialistischen und anderen Gruppen) überwiegen. Ein weiterer antikommunistischer Verband ist die Italienische Arbeiter-Gewerkschaft; daneben noch einige unabhängige Verbände. Der Nationalverband der Arbeiter gibt rund 2 Millionen Mitglieder in 31 Verbänden an, der kommunistische Gewerkschaftsbund *(Confederazione Generale Italiana del Lavoro; CGIL)* 4,5 Millionen in 54 Verbänden. Der unabhängige Verband nationaler Gewerkschaften gibt 900000 Mitglieder in 39 Verbänden an.
Die wirtschaftliche Struktur des Landes und politische Differenzen kennzeichnen, wie in Frankreich, das Bild der Gewerkschaften. Auch hier ist die Organisationswilligkeit der Arbeiter, abgesehen von den großen Industriezentren um Mailand und Turin, nicht sehr bedeutend.

Belgien

Von ungefähr 3 Millionen Lohn- und Gehaltsempfängern sind rund 60 Prozent organisiert, und zwar in einer Reihe von politisch verschieden orientierten Verbänden. Der größte unter ihnen ist der Allgemeine Arbeiterverband von Belgien *(Fédération générale du Travail de Belgique; FGTB)* mit einer offiziellen Mitgliederzahl von 600000 bis 700000, gegliedert in 14 Verbänden. Diese Föderation steht der belgischen Sozialistischen Partei nahe und ist dem *Internationalen Bund Freier Gewerkschaften* angeschlossen. Der nächstgrößere Verband ist der Christliche Belgische Gewerkschaftsverband *(Confédération des Syndicats chrétiens; CSC)*, der ebenfalls zwischen 600000 und 700000 Mitglieder in 18 Verbänden angibt; er steht der Christlich-Demokratischen Partei nahe. Weit schwächer ist die Zentrale der Liberalen Gewerkschaften Belgiens *(Centrale générale des Syndicats libéraux de Belgique; CGSLB)*; sie hat rund 40000 Mitglieder und steht der Liberalen Partei nahe. Ihr Schwergewicht liegt bei Angestellten und Arbeitern der öffentlichen Dienste. Daneben bestehen noch zwei Splittergruppen unabhängiger Gewerkschaften, die eine davon für Journalisten.

Dänemark

Von den ungefähr 2 Millionen Arbeitern und Angestellten sind fast 1,5 Millionen organisiert. Ungefähr 46 Prozent davon gehören zum Dänischen Gewerkschaftsbund *(De Samvirkende Fagforbund i Danmark)*, der dem *Internationalen Bund Freier Gewerkschaften* angeschlossen ist. Der Gewerkschaftsbund hat 70 Verbände, darunter manche kleine von nur lokaler oder professioneller Bedeutung. Neben dem Gewerkschaftsbund bestehen 9 unabhängige Verbände mit geringer Mitgliederzahl und der Nationalausschuß für öffentliche Angestellte und Funktionärs-Organisationen, der 100000 Mitglieder angibt; er wird vom Dänischen Gewerkschaftsbund stark bekämpft.

Die Niederlande

Ungefähr 40 Prozent (etwa 1,3 Millionen) der rund 3,5 Millionen Arbeiter und Angestellten sind gewerkschaftlich organisiert. Die drei größten Gewerkschaftsbünde unterscheiden sich nach religiös gebundenen und politischen Programmen. Während der stärkste Verband, der Niederländische Gewerkschaftsbund *(Nederlands Verbond van Vakverenigingen; NVV;* rund 470000 Mitglieder in 23 Verbänden), seinen politischen Flügel in der Arbeiterpartei hat, steht der Niederländische Katholische Gewerkschaftsbund *(Nederlandse Katholieke Arbeidersbeweging; KAB)* mit 380000 Mitgliedern in 25 Verbänden der Katholischen Volkspartei nahe. Die dritte große Gewerkschaft, die Nationale Vereinigung christlicher Arbeiter *(Christelijk Nationaal Vakverbond in Nederland; CNV)* mit über 200000 Mitgliedern in 26 Verbänden, steht den beiden protestantischen Parteien nahe. Die katholischen und die christlichen Verbände sind Mitglieder des *Internationalen Bundes Christlicher Gewerkschaften.* Der unbedeutende kommunistische Einheitsbund der Gewerkschaften gibt offiziell 40000 Mitglieder in 15 Verbänden an und gehört zum kommunistischen *Weltgewerkschaftsbund.*

Österreich

Über 50 Prozent der rund 2,3 Millionen Arbeiter und Angestellten sind in 16 Verbänden organisiert; die weitaus größte Zahl gehört zum *Österreichischen Gewerkschaftsbund (ÖGB)*, der verschiedene politische Richtungen, bis 1951 sogar Kommunisten, enthält. Die Ämter im *Österreichischen Gewerkschaftsbund* werden entsprechend der Stärke der verschiedenen politischen Richtungen besetzt; den größten Einfluß haben die Sozialisten. Der Bund ist angeschlossen an den *Internationalen Bund Freier Gewerkschaften*, mit Ausnahme der christlichen Gruppe (rund 90000 Mitglieder), die zum *Internationalen Bund der Christlichen Gewerkschaften* gehört. Die stärksten Verbände sind die der Holz- und Bauarbeiter (rund 180000 Mitglieder) und die *Gewerkschaft der Metall- und Bergarbeiter* (rund 230000 Mitglieder), ferner die *Gewerkschaft der Angestellten in der Privatwirtschaft* mit rund 170000 Mitgliedern und die der Eisenbahner mit rund 120000 Mitgliedern.

Schweden

Etwa 77 Prozent der Lohn- und Gehaltsempfänger (3,5 Millionen) sind gewerkschaftlich organisiert, also fast 2 Millionen. Dem Allgemeinen Schwedischen Gewerkschaftsbund *(Landsorganisationen i Sverige)* gehören rund 1,4 Millionen Arbeiter in 44 Verbänden an; die Zentralorganisation der Angestellten *(Tjänstemännens Centralorganisation; TCO)* gibt rund 440000 Mitglieder in 42 Verbänden an. Beide Verbände gehören dem *Internationalen Bund Freier Gewerkschaften* an. Neben ihnen bestehen noch drei kleinere Gewerkschaften mit zusammen rund 75000 Mitgliedern, darunter ein Zentralverband der Akademiker mit 40000 Mitgliedern in 37 Verbänden. Die schwedischen Gewerkschaften haben ihre politische Vertretung in der sozialistischen Arbeiterpartei, die seit Jahren die führende politische Macht darstellt.

Die Schweiz

Von den rund 1,8 Millionen Arbeitern und Angestellten sind etwa 700000 organisiert. Der weitaus stärkste Verband ist der dem *Internationalen Bund Freier Gewerkschaften* angeschlossene *Schweizerische Gewerkschaftsbund* mit über 400000 Mitgliedern. Eng liiert mit ihm ist die Vereinigung schweizerischer Angestelltenverbände mit rund 80000 Mitgliedern. Zwei weitere Verbände sind richtungsorientiert: der *Christlich-Nationale Gewerkschaftsbund* mit über 70000 Mitgliedern in 10 Verbänden und der *Schweizerische Verband Evangelischer Arbeiter und Angestellter* mit über 17000 Mitgliedern. Die beiden zuletzt genannten Verbände sind dem *Internationalen Bund der Christlichen Gewerkschaften* angeschlossen. Ein *Landesverband Freier Schweizer Arbeiter* (über 17000 Mitglieder) ist an den *Internationalen Bund Freier Gewerkschaften* angeschlossen. Außerdem gibt es in der Schweiz noch 6 kleine unabhängige Verbände für Spezialberufe (Artisten, Bankangestellte, Lehrer, Postbeamte, kantonale Beamte, Polizei, Maschinen- und Elektrotechniker).

*

Die gewerkschaftlichen Arbeiter-Organisationen der kommunistischen Länder (und Spaniens) sind hier nicht aufgeführt worden, weil sie nicht als freie Verbände im üblichen Sinne gelten können. Gewerkschaftliche Organisationen gibt es heute in fast allen unabhängigen Staaten, selbst in den gerade aus der kolonialen Abhängigkeit entlassenen Ländern. Wegen der Dürftigkeit und Unzuverlässigkeit des statistischen Materials folgen hier nur einige generelle Bemerkungen.

Die industriell erst in der Entwicklung begriffenen Länder haben Gewerkschaften auch da gegründet, wo die wirtschaftlichen Voraussetzungen fast völlig fehlten. Die Gewerkschaften waren in der Regel am Kampf um die nationale Unabhängigkeit wesentlich beteiligt; aber die mangelnden wirtschaftlichen Voraussetzungen hinderten ihre Aktionen und hatten häufig zur Folge, daß die Regierungen sie mit dem Argument scharf kontrollierten, den wirtschaftlichen Aufbau schützen und Ruhe und Ordnung aufrechterhalten zu müssen.

Ein in mancher Hinsicht typisches Beispiel ist Syrien, seit 1958 mit Ägypten zur Vereinigten Arabischen Republik verbunden. 1920 wurde Syrien französisches Mandat. Die französische Verwaltung suchte die fast mittelalterlichen Zunftverhältnisse zu bewahren, mußte aber die Gründung von Gewerkschaften zulassen. Die einschränkende Bedingung war, daß Arbeiter und Unternehmer – der im allgemeinen kleinen Werkstätten – sich in derselben Organisation zusammenschlossen. – 1946 wurde Syrien unabhängig, und die Arbeiterführer verlangten Koalitionsfreiheit und ein modernes Arbeitsrecht. Beides konnten die Gewerkschaften in der kaum entwickelten Wirtschaft nicht erzwingen. Politische Motive begannen die eigentlich gewerkschaftlichen Interessen zu überwuchern. Die Verfassung von 1950 übergab denn auch der Regierung die Verantwortung für den Arbeitsmarkt und die Regelung der Arbeitsverhältnisse.

Syrien schloß sich bald dem *Internationalen Arbeitsamt* an und unterwarf sich damit den dort festgelegten Normen. Ein Land mit nur 1,8 Millionen Beschäftigten (400000 außerhalb der Landwirtschaft) übernahm Verpflichtungen, die nur in modernen Industrieländern tragbar sind. Die schnelle Industrialisierung konnte auf Arbeitsreserven in der weithin unterbeschäftigten Landwirtschaft zurückgreifen, denen die Gewerkschaften machtlos gegenüberstanden. Darüber hinaus beschränkte das Arbeitsrechtsgesetz von 1946 die Gewerkschaften durch staatliche Kontrollen, die den Streik praktisch ausschlossen. Hinzu kam, daß das Gesetz Arbeitszeit, Urlaub, die Bezahlung von Überstunden und die Unfallverhütung bis ins einzelne regelte und der Regierung die Verantwortung dafür übertragen hatte. Aus naheliegenden Gründen hatten diese Bestimmungen für die weitverstreuten, primitiven Kleinbetriebe praktisch keinerlei Bedeutung. Einziges Mittel für gewerkschaftliche Aktionen blieb der politische Druck.

Das Interesse der Arbeitnehmer an den Gewerkschaften ist deshalb gering. Von den 400000 in der gewerblichen Wirtschaft beschäftigten Arbeitern und Angestellten sind etwa 32000 organisiert (1957); die meist lokalen Gewerkschaften zählen selten mehr als fünfundsiebzig, oft nur zwölf Mitglieder.

Ein gänzlich anderes Bild dagegen bieten die Belegschaften der ausländischen Erdölfirmen, namentlich der Irak-Petroleum-Gesellschaft. Sie bilden eine Art erratischen Wirtschaftsblocks in der fast noch mittelalterlichen Landschaft. Hier fördert die Regierung mit allen Mitteln die drei dort angesiedelten Gewerkschaften, läßt aggressive Forderungen zu und schützt die Belegschaften, indem sie den Unternehmen vielerlei soziale Verpflichtungen auferlegt.

Hier gleichen die Gewerkschaften den Verbänden, wie sie im Westen üblich sind. Gegenüber den fremden, kapitalstarken Unternehmen haben sie – mit ausdrücklicher Zustimmung der Regierung – den Status der Befestigung; in der übrigen Wirtschaft ist ihnen nur das bare Existenzminimum erlaubt, das dazu noch durch patriarchalische Maßnahmen aufs äußerste eingeengt ist.

Immerhin wird damit verhütet, daß die Macht der gewerkschaftlichen Aktionen bei den unzureichenden wirtschaftlichen Voraussetzungen und den überhöhten Erwartungen chaotische Zustände herbeiführt, wie es tatsächlich in einer Reihe anderer Entwicklungsländer geschehen ist. Es scheint, daß die westliche Entwicklung nicht dadurch übersprungen werden kann, daß man sich mit fremder Hilfe schnell industrialisiert und das westliche Gewerkschaftssystem mit den Normen des Internationalen Arbeitsamtes auf ihrem Höchststand übernimmt.

Arbeitsangebot die Ursache der schlechten Arbeitsbedingungen und gewerkschaftlichen Schwäche ist, zeigt sich auch im Sowjetsystem; daher gibt es hier auch überlange Arbeitszeiten, schlechte Löhne, schlechte allgemeine Arbeitsbedingungen, Ausbeutung der Arbeitskraft in großem Stil, die weit über all das hinausgeht, was Marx im englischen Kapitalismus beobachtet und was ihn veranlaßt hatte, seine Ausbeutungsdoktrin zu formulieren. Wenn ein Wirtschaftssystem wie das russische der Absicht nach auf »Aufhebung der kapitalistischen Ausbeutung« zielt, um das Arbeiterparadies herzustellen, dann kann es zwar die Gewerkschaften nicht mehr als freie und autonome Vertretung der Arbeiterschaft anerkennen, aber es kann die Tatsache nicht aus der Welt schaffen, daß auch ein ideologisch konzipiertes Wirtschaftssystem den Kapitalmangel nur durch Ausbeutung der Arbeiter in großem Stil beheben kann.

Zur wirklichen Befestigung der Gewerkschaft gehört also die Aussicht, das mehr oder weniger weite rechtliche Gewand der Befestigung mit Organisation und Macht ausfüllen zu können. Es mag gut klingen, gesetzlich mit der Vertretung der Arbeiterinteressen betraut zu sein, den Achtstundentag und soziale Sicherungen verschiedenster Art gesetzlich verankert zu haben – aber all das hängt in der Luft, wenn die feste Basis des faktisch Möglichen fehlt. Hier ist auf den Irrtum hinzuweisen, der in den Gewerkschaften eine Art schöpferischer Potenz sieht. Man trifft, selbst in den Vereinigten Staaten, oft die Meinung, schlechte »Lohngebiete« durch Gewerkschaftsgründung überwinden zu können. Das ist im allgemeinen nicht zutreffend. Die Gewerkschaft ist in erster Linie ein Organ der Arbeitsordnung und der Einkommensverteilung; daran mögen sich gewisse wirtschaftliche Wirkungen anschließen. Aber sie ist keine wirtschaftlich schöpferische Potenz. Wo Industriezweige nicht recht hochkommen oder langsam verkümmern, wo überscharfe Konkurrenz auf preisempfindlichen (elastischen) Märkten lastet, kann die Gewerkschaft mit ihren Mitteln nicht viel ausrichten. Erst wenn die Zuwachsrate der Produktivität wächst, gewinnt die Gewerkschaft ihren marktordnenden und anteilerhöhenden Sinn. Kurz gesagt, der gewerkschaftliche Erfolg hängt vom Produktionsertrag ab. Ohne wirtschaftliche Produktivität kann die Gewerkschaft ihre rechtliche Befestigung nicht ausnützen, kann sie keine Organisationsmacht werden, die ihren Anteil an der »bestrittenen Zone« (Webb) der Verteilung sichert.

Damit haben wir die wesentlichen Kriterien der Befestigung beisammen und können den Unterschied ermessen, der zwischen der Gewerkschaft im klassischen und im befestigten Zustand liegt. Man kann es auf die kurze Formel bringen, daß die klassische Gewerkschaft eine abhängige Variable war, während die befestigte eine (relativ) unabhängige Variable geworden ist. Die klassische Gewerkschaft fügte sich in das funktionierende Wirtschaftssystem ein; die befestigte ist ein (relativ) aktiver Faktor in diesem System, ja sie verändert dieses System sogar, so daß man vom kapitalistischen Wirtschaftssystem bereits gesagt hat, es neige zum »Laborismus« (Sumner Slichter). Andere, etwa Calvin Hoover, sprechen von einem »gemischten System«, während Bernard Dempsey so weit geht, die Bezeichnung »kapitalistisch« ganz abzulehnen; die Bezeichnung habe keinen Sinn mehr, weil das Kapital seine Privilegien und seine Priorität durch den Einfluß der befestigten Gewerkschaft weithin verloren habe.

Es ist nun aber nicht so, daß die Gewerkschaft der westlichen Länder heute von der ausschließlich klassischen Form zu der ausschließlich befestigten übergegangen sei. Es wurde schon bemerkt, daß in der Zeit der klassischen Gewerkschaft Spezialberufe eine faktische Befestigung besaßen; so reicht also der Zustand der Befestigung in die Ära der klassischen Gewerkschaft hinein. Umgekehrt sind in der Ära der Befestigung Restbestände der klassischen Gewerkschaft durchaus noch vorhanden, weil – wie oben gesagt – eine legale Befestigung nicht immer eine tatsächliche Befestigung bedeutet. Wo die wirtschaftlichen Bedingungen nicht ausreichen, versagt die legale Befestigung, wird sie für alle praktischen Zwecke wirkungslos. Auch in hochentwickelten Industrieländern fehlen zuweilen die wirtschaftlichen Voraussetzungen für eine tatsächliche Befestigung: unelastische Märkte, fortschrittliche Produktionsweisen, hohe Kapitalinvestitionen pro Arbeitsplatz, gesicherte, wenn nicht monopolartige Marktpositionen (Kartelle) einzelner Firmen und Industriezweige. Wo Voraussetzungen dieser Art nicht gegeben sind, gibt es keine befestigte Gewerkschaft, obschon die legale Voraussetzung vorhanden sein mag. Wenn zum Beispiel das Textilgewerbe unter den Druck einer neuen künstlichen Faser kommt und kaum seine Kosten decken kann oder wenn in anderen Industrien der Absatz lange Zeit preiselastisch ist, verharrt die Gewerkschaft im klassischen Zustand. Ihre Vorstöße mögen Kleinigkeiten verbessern, zumal solche, die nichts kosten, aber sie werden hinter dem weit zurückbleiben, was die in günstigen Produktions- und Marktverhältnissen operierenden Gewerkschaften erzielen können. Wenn sie versuchen, mit Druckmitteln aufzuholen, laufen sie nur Gefahr, sich aus dem Markt hinauszumanövrieren oder gar Betriebe stillzulegen und sich damit selbst den Boden unter den Füßen wegzuziehen. In fast allen westlichen Ländern beobachtet man, daß privilegierte und gut placierte Gewerkschaften mit starker Befestigung neben unterprivilegierten und schlecht placierten stehen; ein Sachverhalt, der für die Gewerkschaftssolidarität nicht ohne Gefahren und Schwierigkeiten ist. In Schweden wie in England hat diese Differenz zwischen den Gewerkschaften zu Vorschlägen über ein zentrales gewerkschaftliches Lohnamt geführt, das zwischen gut und schlecht placierten Gewerkschaften ausgleichen soll. Bis jetzt waren diese Bestrebungen ohne Erfolg, weil die einzelnen Verbände auf ihrer Autonomie in Lohnfragen bestanden.

*

Die klassische Gewerkschaft war der eine Flügel der Arbeiterbewegung des 19. Jahrhunderts, der andere die politische Arbeiterbewegung. In dem Maße, in dem sich der Kapitalismus entfaltete und die wirtschaftliche Produktivität zunahm, erwies sich die marxistische Prognose vom notwendigen Umschlag des Kapitalismus in den Sozialismus als immer weniger begründet. So minderte sich der radikale politische Auftrieb der Arbeiterbewegung und verstärkte sich zunehmend die gewerkschaftliche Bewegung. Das ist der eine Vorgang, der in unserem Zusammenhang von Bedeutung ist. Aber daneben steht ein anderer. Die Entwicklung zur befestigten Gewerkschaft in den westlichen Industrieländern, dort also, wo die Gewerkschaft imstande war, die gesetzliche Befestigung durch Organisation und Marktdruck voll auszunutzen, hatte eine doppelte Wirkung, eine quantitative, indem sie immer mehr Arbeiter und immer mehr Berufe umfaßte, und eine qualitative, indem sich auch Angestellte und Beamte gewerkschaftlich organisierten. Hält man das zusammen mit der Entwicklung von Kartellen und kartellähnlichen Verbänden in Industrie, Handel, Landwirtschaft, ja sogar in den akademischen Berufen, so begreift man, daß sich die Gesellschaft allmählich von der individualistischen Struktur des 19. Jahrhunderts in jene Struktur gewandelt hat, die man seit Harold Laski als »pluralistisch« bezeichnet. Die befestigte Gewerkschaft also gehört zu den pluralistischen Verbänden, die die Struktur der gegenwärtigen westlichen Gesellschaft ausmachen. Innerhalb dieser Gesellschaft selbst, die ja, politisch gesehen, demokratisch ist, verfügen die Gewerkschaften in der Regel über ein anderen Verbänden überlegenes politisches Gewicht. Da die Willensbildung in der Demokratie von Wählerstimmen abhängt, haben die Gewerkschaften auf Grund der von ihnen beeinflußbaren Stimmenzahl erhöhte politische Bedeutung im Vergleich mit anderen pluralistischen Verbänden. Hier liegt das Problem der Beziehung zwischen moderner Gewerkschaft und Demokratie.

Der andere Sachverhalt, ebenfalls von großer Bedeutung, ist der, daß die Gewerkschaft durch Befestigung, Ausdehnung und Größe ihren Charakter als Bewegung weithin verloren hat. Unter Bewegung verstehen wir hier spontane soziale Unruhe, veranlaßt durch schlechte Lebensbedingungen und durch das Gefühl, in der Preis- und Einkommensbildung vom Markte und im sozialen Zusammenhang keine Gerechtigkeit und Anerkennung zu finden. Die Triebkraft zur Bewegung sind Reformwünsche oder Utopien. Eine Bewegung kristallisiert sich in Verbänden, wenn sie ihre Führung gefunden hat. Wenn diese Verbände an wirtschaftlichem und politischem Gewicht gewonnen und Ausbreitung über ihr mögliches Feld gefunden haben, schwindet langsam das ursprüngliche Bewegungsmotiv; aus der Bewegung wird eine geordnete Verbandsform mit Struktur und Apparat. Das ist genau das, was die Gewerkschaftsbewegung der westlichen Welt im Zustande der Befestigung erfahren hat: sie hat sich strukturiert und institutionalisiert, so weit schließlich, daß den leitenden bürokratischen Stäben das Interesse an der Spontaneität verlorengehen kann. Aus den flüssigen Massen der Arbeiterbewegung haben sich gleichsam Kristalle gebildet, die ihre Form und Struktur, ihr »Gesetz« gefunden haben.

Das zuletzt Gesagte gilt in der Hauptsache für die Gewerkschaften der westlichen industriellen Welt, soweit sie sich im Zustand der aktuellen Befestigung befinden. In der Welt des Kommunismus ist die ideologische und politische Arbeiterbewegung durch klassenfremde Intellektuelle zur Herrschaft gelangt. Hier sind die Ansätze der kapitalistischen Wirtschaft und das Privateigentum an Produktionsmitteln durch Kollektiveigentum und durch zentrale Planungsbehörden ersetzt worden. Hier herrscht also »Befehlswirtschaft«. Die zentrale Planwirtschaft erwies sich als unverträglich mit freien, autonomen Gewerkschaften; wenn die Gewerkschaft überleben sollte, mußte sie sich in das Plansystem und seine Anforderungen einfügen. Das ist im kommunistischen Raum seit 1931 geschehen; die Gewerkschaften sind mit der Verantwortung für die betriebliche Sicherung der Plandurchführung, daneben mit gewissen sozialen Aufgaben betraut worden. Sie sind also im Kommunismus Organe der Planungsbehörden und damit Organe der Herrschaft über den Produktions- und Leistungsvorgang, das heißt der Sache nach Herrschaftsorgane. Verbindungsglieder zu ihrer Vergangenheit sind der Name Gewerkschaft und einige Wohlfahrtsaufgaben. Es bestätigt sich, was man hätte voraussagen können, daß freie Arbeiterverbände in einer zentralen Planungswirtschaft ein Fremdkörper sind, also nicht geduldet werden können. Es liegt eine gewisse Ironie darin, daß der Kommunismus zwar nicht, wie Marx glaubte, den Staat absterben läßt zugunsten einer Gesellschaft, »in der die freie Entwicklung eines jeden die Bedingung der freien Entwicklung aller ist«; sondern die Freiheit eines jeden zusammen mit der Freiheit aller ist in der Planwirtschaft verschwunden; was sich mit despotischer Härte befestigt hat, ist der kommunistische Staat.

Neben dem kommunistischen Bereich gibt es schließlich Länder, in denen die Gewerkschaften politisch kontrolliert werden und ihre Bewegungsfreiheit weithin beschränkt ist. Das galt für das faschistische Italien, auch für Vichy-Frankreich, für Spanien und einige andere Staaten am Rande der industriellen Entwicklung. Es sei versucht, hier einen globalen Überblick über das, was herkömmlich als »Arbeiterbewegung« bezeichnet wird, zu geben:

1. Gebiete der befestigten Gewerkschaft, die frei sind vom politischen Radikalismus; dahin rechnen vor allem die USA, Kanada, die Schweiz, Holland.

2. Gebiete, in denen aus der befestigten Gewerkschaft heraus, aus Gründen ihrer Erfolge und der Sichtbarkeit ihrer Grenzen, eine neue Unruhe entsteht, mit der Neigung, von der Gewerkschaft her ein Wirtschafts- und Gesellschaftssystem syndikaler Natur zu entwerfen. Das gilt annäherungsweise für England und, in geringerem Maße, für die Bundesrepublik.

3. Gebiete, in denen sich die Gewerkschaft als politische Arbeiterbewegung zu formieren beginnt oder schon einigermaßen formiert ist. Hier steht sie unter dem Gesetz der »Bewegung«. Das gilt in der Regel für die Entwicklungsländer.

4. Das große kommunistische Gebiet, in dem die Gewerkschaft zu einem Organ zentraler Planwirtschaft denaturiert ist.

5. Gebiete außerhalb des Kommunismus, in denen die Gewerkschaft unter strenger staatlicher Kontrolle gehalten wird.

Diese Gliederung ist »idealtypisch«; sie berücksichtigt nicht die Prägung durch nationale, soziale und kulturelle Motive. Bei aller Gemeinsamkeit im Gewerkschaftlichen sind doch große Unterschiede unverkennbar; das gilt sogar dann, wenn die ideologische Prägung, etwa durch den Marxismus, gleichartig ist. Der weltanschauliche Einschlag darf nicht übersehen werden; er fehlt nirgends. Es ist ja nicht so, daß es eine »reine gewerkschaftliche Vernunft« gäbe, frei von weltanschaulichen und kulturellen Einflüssen; bei den marxistischen Gewerkschaften nicht und auch nicht bei solchen, die einen ideologischen Einschlag nur sehr milde und peripher erfahren haben, wie etwa die englischen Gewerkschaften, bei denen die fabische Doktrin relativ unerheblich war, dann aber doch in der Labour-Regierung stark an Einfluß gewann.

*

Wir haben die Bedeutung erkannt, die das System der freien Unternehmung für Entwicklung, Programm und Struktur der Gewerkschaften hatte; sie folgen ihm als seine Schatten. Je weiter entfaltet und produktiver das System, desto größer die Chancen gewerkschaftlicher Erfolge. Aber es wäre einseitig, diese Erfolge nur von daher zu deuten. Daneben sind die Gesetzgebung, das Recht und die Politik eines Landes von großer Wichtigkeit. Selbst in einem industrialisierten Lande können Verfassung wie Rechtsprechung die Spielräume der Gewerkschaften verengen, wenn nicht gar unterbinden. Umgekehrt können sie sie fördern. Von Hause aus sind die Gewerkschaften der Demokratie zugeneigt, in der Tat so weit, daß sie in ihr die ihnen günstigste politische Form sehen. Das heißt nicht, daß sie notwendig gegen die Monarchie sind; die englischen, skandinavischen, belgischen und holländischen Gewerkschaften sind bis heute nicht antimonarchistisch. (Demokratie muß also nicht mit Republik gleichgesetzt werden; Monarchie kann die krönende Spitze demokratischer Institutionen sein, wie das vor allem für England gilt.) Von der Demokratie erwarten die Gewerkschaften die Ausräumung überlebter Arbeitsgesetzgebung und überlebter und bedrückender Rechtsformen und Verwaltungspraktiken. Von ihr erwarten sie darüber hinaus die politische Repräsentation der Arbeiterschaft, nicht notwendig durch eine Arbeiterpartei, wie seit 1869 in Deutschland und seit 1906 in England; der Repräsentation kann durchaus Genüge geschehen in dem Gewicht, das die Gewerkschaften für bürgerliche Parteien haben, wie etwa heute in den USA in beiden Parteien, zumal aber der demokratischen; oder, wie im England des 19. Jahrhunderts, in der liberalen Partei. Von der Demokratie erwarten sie ferner das größere Verständnis für ihre Aufgaben und Ziele und größeres Ansehen des Verbandes wie seiner Führer. Schließlich sind die Gewerkschaften von ihren Anfängen an in sich demokratisch gestimmt; es schien nur natürlich, daß der eigene Wesenszug auch in der Struktur des Staates seine Entsprechung finde. Vor allem aber, und das gilt mehr für die befestigte als für die klassische Gewerkschaft: demokratische Verfassung und demokratische Institutionen erlauben der Gewerkschaft, sich positiv in das politische Geschehen einzuschalten und über die Gesetzgebung das zu erreichen zu suchen, was durch die eigene Macht nur unsicher und langsam zu schaffen wäre.

Die befestigte Gewerkschaft der westlichen Länder hat ihre rechtliche Sanktion durch die Demokratie erfahren. Von ihr stammen ihre Privilegien und die politischen Mittel, mit denen gewerkschaftliche Forderungen durchgesetzt werden können. Wenn in der klassischen Periode der Gewerkschaft die Demokratie die Funktion hatte, als Ventil wirtschaftlicher und sozialer Spannungen zu dienen, dann ist sie in der Ära der befestigten Gewerkschaft das Mittel, die Parteien und durch sie den Staat für gewerkschaftliche Ziele einzuspannen. Damit ist die Demokratie zur kategorialen Form des politischen Denkens der befestigten Gewerkschaft geworden.

Anders sieht es bei jenen Gewerkschaften aus, die in unterentwickelten Ländern entstehen und heute die Wahl haben, sich nach dem westlichen oder dem kommunistischen Vorbild einzurichten. Es zeugt für den Mythos-Charakter der politischen Demokratie, daß selbst die im Wesenszug autokratischen Systeme darauf bestehen, sich als Demokratien, und zwar als »allein echte« Demokratien, zu erklären – im Gegensatz zu den bloß »formalen« Demokratien des Westens. So entsteht im kommunistischen Bereich der widersinnige Begriff der Volksdemokratie, obwohl das Volk alle Rechte und alle Mitwirkung bei der politischen Willensbildung und Handlung verloren hat und sogar die persönlichen Rechte des Einzelnen vom Kollektiv absorbiert sind – im Interesse einer schnellen Industrialisierung nach der Planung zentraler Behörden. Die westliche Demokratie, mit ihren freiheitlichen Rechten für Personen und Verbände, erscheint hier als Hemmnis der wirtschaftlichen Entwicklung und wird darum verworfen. Die Gewerkschaftsbewegung nimmt unter solchen Umständen von vornherein Kurs auf den Kommunismus. Dabei wird sie, durchaus bewußt, zum dienenden Organ von Planungsbehörden. Hier liegt eine Denaturierung der Gewerkschaften vor, die auch dadurch nicht gemildert wird, daß kommunistische Regierungen gewisse Äußerlichkeiten der Demokratie sorgfältig wahren, so etwa Wahlen zu gesetzgebenden Körperschaften, Beschlüsse dieser Körperschaften durch Abstimmung, nominelle Rechte von Personen und Verbänden. Die Erfahrung mit kommunistischen Experimenten beweist seit über vierzig Jahren, daß die Freiheit der Gewerkschaft wesentlich zusammenhängt mit freier Unternehmung und freier Demokratie. Von Zeit zu Zeit mag die freie Gewerkschaft mit diesen Grundlagen in Spannung geraten, aber sie lebt von ihnen. Wo sie sie verliert oder gar selbst aufhebt, verliert und gibt sie sich selbst auf.

Insgesamt gesehen – und das gilt für das 19. Jahrhundert bis heute – sind in der Arbeiterbewegung diese beiden polaren Haltungen zutage getreten: der Glaube an die Diktatur und der an die Demokratie. Wenn und wo die rechtlichen und wirtschaftlichen Daseinsbedingungen verzweifelt werden, liegt immer die Neigung vor, auf den politisch-wirtschaftlichen Umsturz zu dringen und die Organisation zu diesem Zweck zu benutzen. Wo die wirtschaftliche und demokratische Entwicklung die Lage der Arbeiterschaft hebt, siegt der gewerkschaftliche Gedanke und verliert der politische Radikalismus an Boden.

Es wurde bemerkt, daß eine Wahlverwandtschaft der Gewerkschaften zur politischen Demokratie schon darin vorliegt, daß sie selber von Hause aus demokratische Gebilde sind. Die Gewerkschaft entstand ursprünglich als eine Verbindung von Berufsgenossen, und sie funktionierte als solche. Willensbildung wurde demokratisch bestimmt; in manchen frühen englischen Gewerkschaften ging der Vorsitz reihum, und man legte großen Wert auf demokratisches Verfahren. Das war in den kleinen Verhältnissen früher Gewerkschaften, die ja nach Berufen organisiert waren, durchaus möglich. Das demokratische Pathos konnte noch tiefere Werte ansprechen, nämlich das brüderliche Zusammenstehen in der gleichen Notlage wie die alle verbindende Berufstradition.

Das ist wesentlich anders geworden mit der Entwicklung von Großverbänden, die denselben Preis für ihre Größe, für ihre strukturelle Festigkeit und für die Ausdehnung ihrer Aufgaben, wie jede andere große Organisation, bezahlen müssen. Das Brüderliche, Gemeinschaftliche tritt zurück, das Demokratische verliert seine Direktheit und wird formal. »Verwaltung« wird notwendig, und damit erscheint der routinierte Bürokrat auf der Bildfläche. Wo früher der altgediente, oft noch selbst arbeitende Sekretär und Kassierer die laufenden Geschäfte versah, erscheint heute der Funktionär in seinen mannigfachen Abwandlungen, vom Präsidenten machtvoller Verbände bis zum lokalen oder Betriebsvertreter. Die heutige Gewerkschaft mußte sich institutionalisieren, weil sie an Umfang und an Größe der Aufgaben gewaltig gewachsen ist. Ganz abgesehen von den Erfordernissen der Verwaltung, die immer einen Apparat verlangt, verlangt die Erfüllung weitschichtiger Zwecke und Aufgaben ein Maß von Rationalität und Sachkunde, das nur von Experten erwartet werden kann, die mit den Dingen vertraut und für ihre Aufgabe mehr oder weniger spezialistisch gebildet sind.

Aus diesem Sachverhalt entsteht das vielerörterte Problem von Masse und Führung; es war in Deutschland schon vor dem ersten Kriege aktuell, und es hat nichts von seiner Aktualität verloren – im Gegenteil. Wenn die frühen Gewerkschaften auf der Spontaneität und aktiven Teilnahme der Mitglieder beruhten, so ist die Existenz befestigter Gewerkschaften durch die Stärke ihrer Institutionen und ihres Apparates bedingt. Wenn die klassische Gewerkschaft fortgesetzt um Mitglieder werben mußte, liegt für die befestigte kein solcher Zwang vor. Es gibt die erwähnten gesetzlich anerkannten Formen zur Zwangsmitgliedschaft (den Closed oder Union Shop), und es gibt gewerkschaftliche Druckmittel für den gleichen Zweck; der Closed oder Union Shop kann auch durch gewerkschaftliche Praktiken gesichert werden. Dafür bieten englische Gewerkschaften ein sprechendes Beispiel. All das verschiebt nun die Gewichtsverteilung zwischen Gewerkschaft und Mitgliedern, so weit schließlich, daß der amerikanische Gewerkschaftsbund im Jahre 1948 vor dem Obersten Bundesgericht kurz und bündig behaupten konnte, die Gewerkschaft sei »die Regierung über alle Arbeitsplätze«, und darum habe kein Arbeiter das Recht, eine Stelle anzunehmen, wenn er nicht Mitglied einer (anerkannten) Gewerkschaft sei. Hier deklarierte sich die Gewerkschaft gleichsam als der Feudalherr über alle Arbeitsplätze, denn wie im mittelalterlichen Feudalrecht kein Landbesitz ohne Oberherrn anerkannt war, so hier keine Arbeitsstelle ohne den Oberherrn der Gewerkschaft. Das ist der krasseste Ausdruck der Gewichtsverschiebung zwischen Gewerkschaft und Arbeiter. Die Freiwilligkeit der Mitgliedschaft ist verloren; der Arbeiter muß organisiert sein, um eine Stelle zu finden und zu halten, kurz, um leben zu können. Weder das englische noch das deutsche oder skandinavische Gewerkschaftswesen ist je so weit gegangen. Daß aber das Verlangen nach möglichst umfassender Organisierung in den Gewerkschaften überall vorhanden ist, ist leicht zu verstehen; und daß gewerkschaftliche Mittel dazu, direkt oder indirekt, eingesetzt werden, liegt klar zutage, mehr bei Verbänden, in denen noch berufliche Interessen bestimmend sind, als bei anderen. Es ist zu vermuten, daß für diesen allumfassenden Anspruch der Gewerkschaften mehr die institutionellen Gründe sprechen als die Interessen der Mitglieder. Wenn solcher Druck auf Organisierung noch mit *Check-off*-Bestimmungen verbunden ist, dann entfernt sich die Abhängigkeit der Gewerkschaft von der freien Zustimmung der Mitglieder noch weiter; sie wird finanziell unabhängig, und der Kassierer braucht den Mitgliedern nicht mehr wegen der Beiträge nachzulaufen.

Man sieht, wie in der befestigten Gewerkschaft das institutionelle Interesse eine gewisse Priorität vor dem der Mitglieder beansprucht; wie ferner die Verwaltung der großen Verbände das persönliche Band zwischen Führung und Mitgliedschaft auf aktenmäßige Beziehungen vermindert. Das mag für die erfolgreiche Politik der Gewerkschaften von Vorteil sein; aber es läßt das gemeinschaftliche und demokratische Moment zurücktreten, wenn nicht gar verschwinden. Hier liegt der Grund für die großen Bedenken mancher Kenner des Gewerkschaftswesens gegen jede Form von Zwangsmitgliedschaft und ihr Nachdruck darauf, daß es den Arbeitern erlaubt sei, beizutreten oder nicht und auszutreten, wenn es ihnen paßt. In diesem »Contract-Out« sieht zum Beispiel der Engländer V. L. Allen ein wichtiges Mittel, den Zusammenhang zwischen Führung und Mitgliedschaft zu gewährleisten; darum sein Hinweis, daß Streiks, die Gewerkschaftsprinzipien durchsetzen sollen, ihren Charakter geändert haben; sie sind nicht mehr, wie früher, Streiks für das Koalitionsrecht, sondern für den Beitrittszwang. Auch lehnt er es ab, einen Zusammenhang zwischen gewerkschaftlicher Stärke und Zwangsmitgliedschaft anzuerkennen; denn es sind die starken Gewerkschaften und nicht die schwachen, die den Organisationszwang erstreben und durchführen. Es ist ihre Stärke, die es ihnen erlaubt, und ihre Institutionalisierung, die es ihnen nahelegt. Bei Firmen und Industrien, die der Gewerkschaft die Zwangsmitgliedschaft ihrer Belegschaften im Tarifvertrag zugestehen, liegt unter anderem das Motiv vor, hohe Kapitalinvestitionen nicht durch einen Organisationsstreik stillegen zu lassen. V. L. Allen, der die Zwangsorganisation in England wie in den Vereinigten Staaten sorgfältig beobachtet hat, kommt zu dem Ergebnis, daß sie verwerflich sei und obendrein vom Standpunkt der dauernden Gewerkschaftsinteressen unerwünscht. Der Arbeiter wird zum bloßen Inhaber einer Mitgliedskarte und nicht zu einem echten Gewerkschaftler. Er wird zum toten Ballast der Gewerkschaft, ohne aktive Teilnahme, ohne Interesse am Ganzen. Ebenso unhaltbar ist der häufige Vorwand der gewerkschaftlichen Führung, zumal in den USA, sie müsse wegen der gewerkschaftlichen Disziplin darauf bestehen, daß unorganisierte Arbeiter nicht beschäftigt werden. Aber wenn Disziplin dauernd und allverbindlich gemacht wird, dann droht der Mißbrauch der Autorität und die Scheidung zwischen dem, was institutionelles und was Mitgliedsinteresse ist. An englischen, vor allem aber an amerikanischen Beispielen zeigt sich, in welchem Grade die Übermacht des Verbandes zur Rechtlosigkeit der Mitglieder – nicht zu sprechen von den unorganisierten Arbeitern – werden kann. Die Untersuchungen des amerikanischen Senats (McClellan-Ausschuß) haben eine Unsumme verbrecherischer Zwangsmethoden gegen Mitglieder, Nicht-Mitglieder und Unternehmer zutage gefördert. Von den Enthüllungen dieses Ausschusses sagte der Präsident des Amerikanischen Gewerkschaftsbundes, er habe zwar gewußt, daß es viel Korruption in einzelnen Verbänden gebe, aber nicht, daß sie solche Ausmaße angenommen habe.

Für manche Verbände in den westlichen Ländern liegt hier das ernste Problem vor, wie ihre institutionell gesicherte Macht und die damit notwendige Ausdehnung von Bürokratie und Apparat in Einklang gebracht werden könne mit den Motiven humanitärer und freiheitlicher Art, die die Gewerkschaften von ihren Anfängen an gepflegt haben. Es war immer ihr Stolz, den Arbeiter gegen Marktdruck und Unternehmerwillkür geschützt zu haben; nun ist es ihre Verantwortung, ihn davor zu schützen, daß er nicht aus dem Regen von Marktdruck und Betriebsherrschaft in die Traufe von Gewerkschaftsdruck und Funktionärsherrschaft gerät. Es ist schon viel gewonnen, wenn die Gewerkschaften, wie das in der Bundesrepublik, England, USA und anderen Ländern der Fall ist, sich heute ernstlich überlegen, warum in weiten Kreisen der Mitgliedschaft das Interesse an der Gewerkschaft erlahmt ist; warum die jüngere Arbeitergeneration so oft eine indifferente, wenn nicht ablehnende Haltung einnimmt, warum der Wechsel im Mitgliedsbestand vieler Verbände so hoch ist, warum die Gewerkschaften in manchen Ländern über einen gewissen Mitgliedsbestand trotz intensiver Werbung nicht hinauskommen. Der Wiener Soziologe Karl Bednarik hat in seinem Buch »Der junge Arbeiter von heute – ein neuer Typ« die »existentielle Indifferenz« des jungen Arbeiters gegen alle Art von Organisation, auch gegen die gewerkschaftliche, behandelt. Der junge Arbeiter ist »fertig« mit ihnen allen; er hat kein Solidaritätsbewußtsein mehr; die »Überschattung der sozialen Apparaturen« hat selbst unter den älteren Arbeitern das Solidaritätsgefühl verblassen lassen. Der junge Arbeiter verteidigt seine Freiheit von aller Organisation und aller Solidarität »am Nullpunkt«. Wieweit die Darstellung Bednariks den wirklichen Sachverhalt deckt, ist schwer zu sagen; daß sie einen wichtigen Aspekt der Beziehung zwischen Arbeiter und Gewerkschaft aufgedeckt hat, wird kaum zu leugnen sein. Wenn die Voraussetzungen und Ziele echter Gemeinschaft durch Vermassung, durch soziale Apparaturen und bloße Funktionalität verlorengehen, verblaßt der Antrieb zur Teilnahme und Mitverantwortung; und was bleibt, ist die Mitgliedskarte und die Möglichkeit, die Organisation auszunutzen, statt sie lebendig zu machen.

Mit der Größe, Befestigung und Institutionalisierung machtvoller Verbände geht ihr Drang zur totalen Repräsentation. Er ist in den mächtigen amerikanischen Verbänden stark spürbar, auch in manchen englischen; weniger in deutschen, schweizerischen oder in Verbänden anderer kontinentaler Länder. Was ist mit totaler Repräsentation gemeint? Sie liegt vor, erstens, wenn bestehende Verbände ein Monopol auf ihrem Gebiet beanspruchen, das heißt, wenn sie konkurrierende Verbände nicht aufkommen lassen, gleichgültig, ob es sich um schon bestehende oder um neue Verbände handelt. Das Leitmotiv ist die Machtsicherung des bestehenden Verbandes auf seinem Gebiet; hier strebt er eine Art Souveränität an. Aber die Erfahrung lehrt, daß er gleichzeitig diese Souveränität auf Territorien ausdehnen will, die schon von anderen Gewerkschaften beansprucht werden. Totale Repräsentanz dieser Art bedeutet für den einzelnen Arbeiter, daß er diesem Verbande angehören muß, auch wenn er Gründe hat, gerade ihm fernzubleiben. Zweitens, in einem weiteren und kritischeren Sinne kann totale Repräsentation den Anspruch erheben, das Gewerkschaftsmitglied in allen seinen Beziehungen zu Betrieb, Arbeitsmarkt und sogar Parteizugehörigkeit zu vertreten. Totale Repräsentation hat hier eine doppelte Spitze: sie richtet sich gegen den Arbeitgeber, der nichts für die Belegschaft tun darf, ohne mit der Gewerkschaft verhandelt zu haben. Alles, was vom Unternehmen hinsichtlich der Belegschaft beabsichtigt wird (zum Beispiel Pensionen, betriebliche Wohlfahrtseinrichtungen, Urlaub, Aktienausgabe), muß durch die Gewerkschaft vermittelt werden. Hier stellt sie sich zwischen den Arbeitgeber und die Belegschaft, ja sie unterbindet jeden direkten Einfluß des Arbeitgebers auf die Belegschaft oder einzelne Arbeitergruppen. Die andere Spitze der totalen Repräsentation richtet sich gegen die Belegschaft selber: sie soll möglichst kein Vertrauens- und Treueverhältnis zum Betrieb haben, das Sympathien für die Gewerkschaft absorbieren könnte; der Arbeiter soll von keiner anderen Instanz Vorteile erwarten als von der Gewerkschaft. Seine primäre Treue gehört dem Verband; selbst das Maß von Betriebstreue, ohne das kein Betrieb leben kann, soll für die Gewerkschaft verfügbar sein. Die Mitglieder sollen abgedichtet werden gegen alles, was nicht Gewerkschaft ist. Die gewerkschaftliche Machtfülle soll sturmsicher sein dadurch, daß der Arbeiter sozusagen in seiner ganzen Existenz von ihr vertreten wird. Unnötig zu sagen, daß bei weitem nicht alle Großverbände so weit gehen; aber die Feststellung soll nicht unterlassen werden, daß sich Tendenzen nach dieser Richtung häufig nachweisen lassen. Man kann in dem gewerkschaftlichen Verlangen nach totaler Repräsentanz ein Zeichen innerer Unsicherheit sehen; besonders der gewerkschaftliche Rückschlag infolge der langen Depression ist nicht vergessen, und so sucht man den möglichsten Grad der Sicherung und Sturmfestigkeit zu erreichen. Es können aber auch ideologische Gründe in die gleiche Richtung drängen: so haben zum Beispiel kommunistische Gewerkschaften in der Klassenkampfthese den Grund für totale Repräsentation. Das klassenkämpferische Kollektiv beansprucht, den Arbeiter ganz und durchaus zu vertreten, damit er »von der kapitalistisch verseuchten Umwelt« nicht befleckt werde.

Die Gewerkschaftsrichtungen

Versuche, die Arbeiterschaft als Ganzes in einem Gewerkschaftsgebilde zusammenzuschließen, haben eine lange Vorgeschichte; sie sind nie erfolgreich gewesen. Verbände für gelernte und ungelernte Arbeiter haben sich getrennt entwickelt, mit oder ohne spätere Zusammenfassung in einem Dachverband. Gewerkschaften, die ideologisch und politisch beeinflußt waren, haben ihren Weg neben unabhängigen Verbänden gefunden. Gewerkschaften, die mehr von einer Zusammenarbeit mit der Arbeitgeberseite erwarteten, existierten neben solchen, die auf Abwehr und Angriff gestimmt waren. Daneben gab es von jeher Richtungen, die in kirchlicher Zugehörigkeit ihren Organisationsrahmen fanden: christliche Gewerkschaften, katholische, evangelische, jüdische Gewerkschaften (früher in Polen, heute noch in New York und in Israel). Erwähnt werden soll auch der Verbandstyp, der sich für seine politische Vertretung eine eigene Arbeiterpartei aufbaut. So beispielsweise in England, den skandinavischen Ländern und in gewissem Umfang in Deutschland; dann der Typus, der grundsätzlich politisch neutral ist, aber durch bestehende Parteien seinen Einfluß geltend machen will. Schließlich der ältere französische Syndikalismus, der alle Politik verwarf und seine eigene Methode des Klassenkampfes durch direkte Aktion entwickelte. All das und manches andere hat seinen Niederschlag in der Gewerkschaftsbewegung gefunden. Wenn dennoch gesagt werden kann, daß die Tendenz allgemein auf Vereinheitlichung geht, so ist zu bemerken, daß sie nirgendwo zur Einheitsgewerkschaft geführt hat, ferner, daß sie in manchen Fällen zwar einheitliche Dachverbände hat entstehen lassen, die aber keine reale Einheit von Politik und Führung darstellen. Das gilt sowohl für den Deutschen Gewerkschaftsbund wie für den britischen Trades Union Congress, wie für den Amerikanischen Gewerkschaftsbund (AFL–CIO), der heute zwei große Verbände in sich vereinigt. Diese Dachverbände haben keine Autorität und Zuständigkeit hinsichtlich der konkreten Interessen, welche die großen nationalen Verbände (zum Beispiel die 16 Industriegewerkschaften in der Bundesrepublik) verfolgen. Insbesondere die Lohnpolitik ist das ängstlich gehütete Reservat der Einzelverbände. Das zeigte sich vor allem in England und Schweden, wo seit einiger Zeit die Einrichtung eines zentralgewerkschaftlichen Lohnamtes zur Abstimmung der verschiedenen Lohnebenen und Lohnforderungen erwogen worden, aber an der Lohnautonomie der Einzelverbände gescheitert ist, die sie sich nicht durch eine übergeordnete Instanz beschränken lassen wollten. Nur da, wo Gesamtinteressen der Arbeiterschaft der Regierung oder der Öffentlichkeit gegenüber vertreten werden, etwa in Fragen des gesetzlichen Mindestlohnes, der Höchstarbeitszeiten, der Frauen- und Kinderarbeit, haben die nationalen Dachverbände ihre Aufgabe. Sie vertreten alle Gewerkschaften, die an diesen Dingen ein gemeinsames Interesse haben, bei Parlament und Regierung. Man darf also nicht das Bestehen eines nationalen gewerkschaftlichen Dachverbandes, der übrigens in keinem Falle alle Verbände deckt, mit der Einheit der Gewerkschaften verwechseln.

So bietet die gewerkschaftliche Landkarte ein buntes Bild von Richtungen und Besonderheiten. Die Idee einer politisch-wirtschaftlichen Einheit hat nur Sinn von orthodox-marxistischen Voraussetzungen aus: wenn der Kapitalismus seinem Wesen nach Ausbeutung der Arbeiterklasse ist, wenn demzufolge die gesamte Arbeiterklasse gegen alle anderen Interessen die »Emanzipation des Proletariats« wünscht, dann hat es Sinn, eine einheitliche Organisation aller Ausgebeuteten anzustreben. Daher der Aufruf des kommunistischen Manifestes: »Arbeiter aller Länder, vereinigt euch!«, daher das Programm der ersten Internationale.

Wenn es aber nicht so ist, daß der Kapitalismus wesentlich auf Ausbeutung beruht; wenn es nicht stimmt, daß es ein einheitliches proletarisches Klasseninteresse gibt, das alle anderen Interessen übersteigt, dann ist Raum für eine Vielheit gewerkschaftlicher Programme, Ziele und Formen. Und genau das hat sich in der Wirklichkeit gezeigt, so sehr sogar, daß die Einheit der Gewerkschaft, wo sie versucht wurde oder gar erreicht zu sein schien, doch wieder fraglich wurde oder sich spaltete. Das Beispiel des DGB als Einheitsgewerkschaft ist sehr bezeichnend; er hat nie alle Verbände umfaßt; er hat die christlichen und freien Verbände aufgesaugt und insofern die »Richtungsgewerkschaften« beseitigt. Aber dann stellte sich heraus, daß die Einheit nicht vertraglich festgelegt werden kann; innerhalb des DGB meldeten sich Strömungen, die auf größere Freiheit für ihre Anschauungen und für ihre Sondergruppen drängten, und von außen her entstanden neue Versuche, christliche Gewerkschaften zu bilden.

Der Außenstehende mag glauben, es könnten sich doch alle Verbände auf das »rein Gewerkschaftliche« einigen. Er unterstellt gewissermaßen die Existenz einer reinen Gewerkschaftsvernunft. Aber das scheint eine irrige Annahme zu sein, weil die Gewerkschaften ja nicht in einem geistigen, moralischen und kulturellen Vakuum existieren. Die reine Gewerkschaftsvernunft gibt es nicht, auch nicht in den weltanschaulich und – mehr oder weniger – politisch neutralen Gewerkschaften der Vereinigten Staaten. Kein Mensch und schon gar kein Verband kann Willensentscheidungen setzen und durchführen, ohne eine Orientierung im Grundsätzlichen zu haben – er braucht nicht einmal des Grundsätzlichen sich klar bewußt zu sein. Es kann eng gefaßt sein wie bei den amerikanischen Gewerkschaften und sich auf Löhne, Arbeitszeiten und allgemeine Bedingungen der Arbeit beschränken; dann ist die einheitliche Front leichter zu bilden und zu wahren; oder dieses Grundsätzliche kann, wie auf dem traditionsschweren Boden Europas, weit gespannt sein; dann ist die Folge, daß die Gewerkschaftsvernunft sich irgendwie auseinandersetzen muß mit Anschauungen und Normen, die von anderswoher auch noch für die Gewerkschaft als verbindlich betrachtet werden. Die relative Einheitlichkeit des amerikanischen Gewerkschaftswesens erklärt sich aus einer Gesellschaft frei von feudalen Restbeständen, aus der sozialen Mobilität, aus der frühen politischen Gleichberechtigung der Arbeiterschaft – aber vor allem daraus, daß die amerikanische Gewerkschaft reiner und stärker als irgendeine andere das kapitalistische

Rede einer Agitatorin vor Londoner Transportarbeitern, 1911

Sitzung des Deutschen Gewerkschaftsbundes in Berlin, 1957

Ethos (oder was sie dafür hält) begriffen und für sich zur Leitnorm gemacht hat. Der hochgeschätzte Gründer und langjährige Präsident des amerikanischen Gewerkschaftsbundes, Samuel Gompers, drückte das einmal vor einem Senatsausschuß aus: die Gewerkschaften »verlangen mehr und mehr und immer mehr«. Von demselben Gompers stammt das Wort, daß eine Firma, die keine Profite mache, vom Gewerkschaftsstandpunkt aus ein Verbrechen begehe; und David Dubinsky, der hervorragende Leiter der Damenkleider-Gewerkschaft, erklärte vor Jahren, daß »die Gewerkschaft den Kapitalismus benötige wie der Fisch das Wasser«. Trotzdem ist das amerikanische Gewerkschaftswesen gespalten. Zwei der vier großen »Bruderschaften« der Eisenbahner stehen draußen, ebenso die Bergarbeitergewerkschaft und eine Reihe unabhängiger Verbände. Neuerdings hat sich der Gewerkschaftsbund veranlaßt gesehen, den riesigen Verband der Lastkraftfahrer und die Wäscherei- und Bäckereigewerkschaften wegen Korruption auszuschließen. Die Einheit kann also auch verlorengehen, wenn ein Maß an ethischen Normen von der Zentrale verlangt wird.

Gewerkschaftsrichtungen können sich auf kirchlichem oder auf radikalem Boden bilden. Die kommunistischen Gewerkschaften, getrennt von nicht-kommunistischen, sind das eine Beispiel für den Richtungsstreit; das andere sind die christlichen Verbände. Gegen die These Legiens, daß die kapitalistische Ausbeutung nur durch Beseitigung des Lohnverhältnisses behoben werden kann, stand der Leitsatz des Ersten Christlichen Gewerkschaftskongresses von 1899, daß »die Wirksamkeit der Gewerkschaften von versöhnlichem Geiste durchweht und getragen sein soll«. Die Forderungen müssen maßvoll sein, aber fest und entschieden vertreten werden. Der Ausstand darf nur als letztes Mittel und dann erfolgversprechend angewandt werden. Man begreift den Unterschied der weltanschaulichen und ethischen Haltung in diesen Äußerungen und versteht, daß eine einheitliche Gewerkschaft bei derart verschiedenen Ausgangspositionen nicht entstehen kann. Ähnlich, wenn auch etwas anders im Grundsätzlichen, liegen die Dinge für die englischen Gewerkschaften; vom Fabiertum herkommende Gruppen können, selbst in der Einheitsform, mit jenen sich kaum verständigen, die den Kommunismus vertreten. Die Vermutung ist nicht abzuweisen, daß ein Gutteil der Einheit, die sich international in den Gewerkschaften vorfindet, mehr auf Arbeitsrecht, Sozialverwaltung und -apparat aufbaut als auf einer alle Strömungen in sich vereinigenden Gewerkschaftsvernunft.

Die Gewerkschaft wurde vorhin als der Schatten bezeichnet, der dem Kapitalismus überallhin folge. Aber der Kapitalismus selber ist eine bunte Vielheit von Industrien und Firmen, die zwar nach bestimmten wirtschaftlichen Grundsätzen sich bilden und verfahren, die aber keineswegs ein einheitliches Ganzes sind. Viel weniger noch ist der »internationale Kapitalismus« eine Wirklichkeit. Es gibt zwar kapitalistische Querverbindungen und Interessentenzusammenhänge zwischen den Nationen, aber es gibt keinen internationalen Kapitalismus; am allerwenigsten gibt es ein identisches Interesse zwischen den nationalen Kapitalismen. Die Vorstellung, daß die Einheitsgewerkschaft des »nationalen und internationalen Proletariats« dem nationalen und internationalen Kapitalismus entspreche, ist völlig abwegig und eine pure Fiktion. Die Einheit der nationalen oder internationalen Gewerkschaften kann nur aus einem Grunde stammen: nicht aus dem Gegen, sondern aus dem Für, auf das sich Arbeiter aller Art und Herkunft einigen könnten. Dieses gemeinschaftliche Für kann nur in Recht und Gerechtigkeit für den arbeitenden Menschen gefunden werden, in seinem Anspruch auf Repräsentation, in seiner Solidarität und gegenseitigen Verantwortung, in seinem Wert als Mensch und Bürger. Wenn hier die Einheit nicht begründet ist, dann ist sie überhaupt nicht zu begründen. Denn in allem anderen gehen, national wie international, sogar von Verband zu Verband, die Traditionen, die Werthaltungen und Interessen weit auseinander.

Es ist fraglich, ob die Einheitsgewerkschaft für die Gewerkschaften selber und für ihre Mitglieder als Ganzes wünschenswert sei. Es kann durchaus diskutiert werden, ob um der Einheit willen nicht viele von unten her wirkende Kräfte, die für die lebendige Gewerkschaft wichtig sind, gelähmt werden. Es kann fraglich sein, ob nicht der Apparat bei der Einheitsgewerkschaft eine Priorität und Autorität gewinnt, die aus manchen Gründen bedenklich ist; ob nicht Führung und Mitgliedschaft noch weiter voneinander entfernt werden. Die Gefahr liegt im Übersehen des Grundsatzes der Subsidiarität. Nach diesem Grundsatz soll alles, was untere Einheiten der Gesellschaft oder einzelne Personen bewirken und erledigen können, von ihnen bewirkt und erledigt werden, und nur in Notfällen sollen diese Sub-Strukturen auf ihre je höhere Struktur zurückgreifen. Wie ein vernünftiges Gleichgewicht zwischen Führung und Sub-Strukturen, Gesamtheit und Gliedern gesichert werden kann, ist das Kardinalproblem moderner Demokratien. Hier auch liegt das Problem für nationale, noch mehr für internationale Einheits-Gewerkschaften.

Das Genossenschaftswesen und die Anpassung an den Kapitalismus

Soweit die Gewerkschaften bei der Verfolgung ihrer wirtschaftlichen und sozialen Ziele politische Mittel anwenden, nutzen sie zunächst nur, wie oben erläutert wurde, die gewöhnlichen staatsbürgerlichen Rechte aus. Andererseits liegt ein Machtpotential aber auch in ihrer Eigenschaft als Vertreter einer großen, wenn nicht der größten Verbraucherschicht. Lohneinkommen liegt in der Regel unter der sogenannten Akkumulationsgrenze, also der Grenze, über der aus dem Einkommen Vermögen angesammelt werden kann. (Das heißt nicht, daß Sparen aus dem Lohn unmöglich sei; aber dieses Sparen ist Zwecksparen, Ansammlung von Reserven für künftigen Verbrauch.) Nicht nur deswegen besteht die Hauptaufgabe der Gewerkschaften in der Aufbesserung des Nominallohns; aber Nominallöhne sollen ja reale Einkommen bilden; den Arbeiter interessiert die Kaufkraft der Löhne. Wenn auch nicht zu leugnen ist, daß die Nominalsumme ihre große Anziehungskraft hat, kommt es im Arbeiterhaushalt schließlich doch darauf an, daß höhere Löhne höhere Kaufkraft bedeuten. Arbeiterschaft wie Gewerkschaften sind also an Einrichtungen interessiert, welche die Kaufkraft der Löhne heben. Diese Aufgabe erfüllt das Genossenschaftswesen: das Auskommen mit dem Lohneinkommen soll genossenschaftlich gebessert werden.

Die Anfänge des Genossenschaftswesens liegen über ein Jahrhundert zurück. Beeinflußt von den Ideen des englischen Textilindustriellen und Sozialreformers Robert Owen, gründeten einige Arbeiter in Rochdale im Jahre 1844 den ersten Konsumverein. Die unglaublichen Mißstände im Kleinhandel des damaligen Englands, zumal die unerhörten Nahrungsmittelverfälschungen, andererseits der Wunsch, mehr Kaufkraft aus den Löhnen zu holen, gaben den Anlaß zu diesem Unternehmen. Bei dem Sinn der Angelsachsen für praktische Selbsthilfe war der Erfolg über Erwarten groß. Heute haben die britischen Genossenschaften Millionen von Mitgliedern. Sie beschränken sich nicht auf die Verteilung durch Konsumvereine, sondern erzeugen in ihren Fabriken eine große Anzahl solcher Waren, die der laufende Verbrauch der Arbeiterschaft wie auch anderer Kreise mit begrenztem Einkommen verlangt. Der Genossenschaftsgedanke breitete sich schnell auch auf dem Kontinent aus; das gilt vor allem für Deutschland, die skandinavischen Länder, für Holland, Belgien, die Schweiz und für Frankreich und Italien. Heute ist ein wohlausgebildetes Genossenschaftswesen eine geradezu normale Ergänzung der Gewerkschaften.

Es gibt freilich eine große Ausnahme: die Vereinigten Staaten. Das Genossenschaftswesen hat hier fast keine Förderung durch die Gewerkschaften gefunden. Das liegt nicht nur an dem Vorrang des Lohninteresses der amerikanischen Arbeiterschaft, obschon auch das eine Rolle spielt; auch nicht nur an der höheren Lohnebene Nordamerikas, von der aus gesehen Kaufkraftverbesserung auf genossenschaftlichem Wege als nicht der Mühe wert erscheint; zumal die Gewerkschaften bis 1935 fast ausschließlich gelernte Arbeiter erfaßten, also die höchsten Lohnstufen. Auch die mangelnde Seßhaftigkeit der amerikanischen Arbeiter genügt nicht zur Erklärung; obschon auch sie ihren Anteil hat. Es ist anzunehmen, daß der Hauptgrund darin liegt, daß das amerikanische Nahrungsmittelgewerbe mehr und mehr kapitalistisch aufgezogen wurde und darum immer neue Waren für Massenmärkte, immer neue Formen der Kundenwerbung und immer gefälligere Methoden der Bedienung entwickelte. Als sich die Massengewerkschaft seit 1935 in Amerika auszubreiten begann und die Löhne anfingen, auch dort erheblich zu steigen, war das Lebensmittelgewerbe in höchst fortschrittlicher Weise organisiert, so sehr, daß Konsumgenossenschaften kaum Boden finden konnten. Die britischen Konsumgenossenschaften machen heute die Erfahrung, daß sie die amerikanischen Verkaufsmethoden nachahmen müssen, bei Strafe des Verlustes an Umsatz und Mitgliedern. Was früher die Stärke der britischen Konsumgenossenschaften ausmachte – eben das Demokratisch-Genossenschaftliche im Aufbau, in der Finanzierung und der Leitung –, ist in Gefahr, zu ihrer Schwäche zu werden gegenüber dem Vordringen amerikanischer Verteilungsmethoden. Dieser Wandlung sind sich gelegentlich die Konsumgenossenschaften selbst bewußt, und sie beklagen, daß damit der herkömmliche demokratische Charakter verlorengehe; auch die große rational geleitete Genossenschaft bekommt fast den Charakter eines rein kapitalistischen Unternehmens.

Die von den Konsumgenossenschaften betriebenen Großhandels- und Produktionsbetriebe haben sich von ihren Anfängen an genötigt gesehen, sich geschäftsmäßig, wenn man will kapitalistisch, an der Marktlage orientiert zu verhalten. Von Anfang an führte gerade das zu Reibungen mit ihren gewerkschaftlich organisierten Arbeitern, denn die Belegschaften genossenschaftlicher Unternehmungen erwarteten bessere Arbeitsbedingungen von ihrem genossenschaftlichen Betrieb, als Privatunternehmungen sie gewähren konnten. Darum sahen sich die Genossenschaften gezwungen, ihre Lohn- und Arbeitsbedingungen möglichst den Marktbedingungen anzupassen. Beatrice Webb hat in ihrem klassischen Buch über das Genossenschaftswesen auf diese Punkte schon in den neunziger Jahren hingewiesen.

Aber nicht nur mit dem Genossenschaftswesen dringen die Gewerkschaften in die Produktion und Verteilung, also in die Wirtschaft ein. Wir beobachten heute eine lebhafte gewerkschaftliche Investitionstätigkeit im Bauwesen, in der Versicherung, auf dem Grundstücksmarkt, insbesondere beim Häuserbau, selbst in der Schiffahrt (die amerikanische Bergarbeitergewerkschaft unter Führung von J. L. Lewis hat mit einer anderen Firma gemeinsam eine Schiffahrtslinie für Kohlenexport), in Hotels, in Rundfunk- und Fernsehstationen, im Druck- und Verlagsgewerbe und vielem anderen mehr. Viele Verbände besitzen oft erhebliche Aktienpakete großer Privatunternehmungen und haben dadurch ein gewisses Kontrollrecht. Man kann ohne Übertreibung sagen, daß in unseren westlichen Industriestaaten neben dem Privatkapitalismus und dem der öffentlichen Hand sich ein bedeutsamer Flügel gewerkschaftlicher Geschäftstätigkeit entwickelt hat – ob man das als Gewerkschaftskapitalismus bezeichnet, ist eine Frage der Terminologie. Sicher ist das eine, daß im allgemeinen gewerkschaftliche Unternehmungen mit Geschäftssinn und Sachverstand geleitet werden. Unnötig zu sagen, daß die großen Fonds, die sich bei den Gewerkschaften ansammeln, nach Investition drängen. Das gilt zumal für die Vereinigten Staaten, wo die Jahreseinnahmen der Gewerkschaften auf fünf- bis sechshundert Millionen Dollar geschätzt und außerdem riesige Wohlfahrtsfonds von den Gewerkschaften verwaltet werden. Die Gewerkschaft hat sich der kapitalistischen Umwelt angepaßt.

Damit stoßen wir auf einen Sachverhalt von großer Bedeutung. Wenn die Gewerkschaft sich um ihrer eigenen Existenz und ihrer Erfolge willen der bestehenden Wirtschaftsordnung anpaßt, dann nimmt sie damit auch deren Ethos an. Aus ihrer Natur als Interessenverband für die Verkaufsbedingungen der Arbeit folgt, daß sie möglichst günstige Bedingungen herauszuholen sucht. Im 19. Jahrhundert handelte es sich dabei vornehmlich um bessere Löhne und kürzere Arbeitszeit. Im Zeitalter der befestigten Gewerkschaft reicht der Radius ihres Einflusses weit darüber hinaus; eine Fülle von Zielen scheint erreichbar, an die keine frühere Gewerkschaft gedacht hat. In der Zeit der klassischen Gewerkschaft konnte sie ihre Forderungen im Bewußtsein vorantreiben, daß die Marktlage schon die Grenze ziehen würde; sie war nur ausnahmsweise in der Lage, zuverlässig zu kalkulieren, was durchzusetzen war; darum mußte sie sich an das Mögliche herantasten. Sie trug also keine Verantwortung für das Maß ihrer Forderungen – die lag beim Markte. In der befestigten Gewerkschaft von heute – genau gesagt, bei den Verbänden, die die Befestigung real durchgesetzt haben – ändert sich das Bild. Bei ihnen herrscht in der Regel eine viel bessere Kenntnis sowohl des Arbeitsmarktes wie auch des betreffenden Produktenmarktes und eine viel bessere Einsicht in die Kosten- und Ertragslage der Unternehmungen. Bei ihnen liegt ferner das weitaus höhere Druckpotential: hier erst trifft es zu, daß alle Räder stillstehen, »wenn es der starke Arm«, zum Beispiel der britischen oder amerikanischen Eisenbahn- und Transportarbeiter, der Dockarbeiter oder der deutschen Bergleute und Metallarbeiter so »will«. Das ist eine neue Sachlage; denn hier kommt »die Gerechtigkeit für uns«, die jede Gewerkschaft mit ihren Mitteln anstrebt, in Versuchung, sich mit der Macht, Forderungen durchzusetzen, zu identifizieren: Der Radius der »Gerechtigkeit für uns« deckt sich mit dem »unserer Macht«. Das hat vor allem in den USA, aber auch selbst in nationalisierten Unternehmungen in Großbritannien und in Australien zu bedenklichen Zuständen geführt; vor allem besteht hier die Gefahr eines inflationistischen Drukkes, der unvermeidlich die schwächeren Verbände wie auch ganz allgemein die Verbraucher trifft. Das Monopol, ursprünglich auf der Unternehmungsseite beheimatet, hat hier seine Entsprechung auf der Gewerkschaftsseite gefunden. Wenn sich auf der Grundlage stark expansiver Industrien, unelastischer Märkte und eines elastischen Kreditvolumens beide Monopolmächte »friedlich« auf dem Rücken des Verbrauchers verständigen, dann ist der Preisauftrieb institutionell und unvermeidlich geworden. Wenn dann noch der Staat für Vollbeschäftigung verantwortlich gemacht wird, fällt eine wichtige Hemmung der Gewerkschaftspolitik, nämlich die Bedrohung durch Arbeitslosigkeit, weg.

Uns interessiert im Zusammenhang mit dem Übergreifen des kapitalistischen Geistes auf die befestigte Gewerkschaft folgendes: Es kann nicht ausbleiben, daß der Drang nach mehr und mehr, den Samuel Gompers als Programm der Gewerkschaften erklärte, auch innerhalb der Gewerkschaft Konsequenzen hat, besonders bei Führern und Funktionären. Auch die letzten Reste demokratischer Gebarung können dem Mißbrauch der Macht erliegen. Das gilt kaum für die europäischen Gewerkschaften; aber es hat sich in unerwartet großem Umfang bei einer Reihe amerikanischer Verbände gezeigt. Der Senatsausschuß unter dem Vorsitz des Senators McClellan hat eine Unzahl von Verbrechen, Beraubung von Gewerkschafts- und Wohlfahrtsfonds, Betrug und offene Gaunerei, Gewalttat bis zum Mord, Verletzung demokratischer Grundsätze, zutage gefördert. Der amerikanische Gewerkschaftsverband unter Führung seines Präsidenten George Meany und seines 1. Vizepräsidenten Walter Reuther hatte schon im Jahre 1955 einen Ausschuß für moralisches Verhalten eingesetzt, dessen Normen für alle angeschlossenen Verbände verbindlich sind. Dieser Ausschuß hat den mächtigsten Verband des Gewerkschaftsbundes, den Verband der Lastkraftfahrer, und zwei andere Verbände aus dem Gesamtbund ausgeschlossen. Zur Wahrung insbesondere der Rechte von Mitgliedern gegen undemokratische Gewerkschaftspraktiken haben zwei Verbände, die Gewerkschaft der Polsterer und die der Automobilarbeiter, einen Ausschuß eingesetzt, dessen Mitglieder Persönlichkeiten des öffentlichen Lebens sind. Diese Ausschüsse haben darüber zu wachen, daß den Mitgliedern der Gewerkschaft durch die Funktionäre und Verwaltungen kein Unrecht zugefügt wird. Wenn es bei den europäischen Gewerkschaften die von der amerikanischen Öffentlichkeit wie von den Gewerkschaften selber beklagten Mißstände nicht in dem Maße gibt, so liegt das daran, daß sie bei weitem nicht so vom Geiste des »*go getting*«, des rasch Reichwerdens – auch mit zweifelhaften Mitteln –, angesteckt sind wie in den Vereinigten Staaten. Es ist keine Übertreibung zu sagen, daß manche Verbände, besonders unter den großen amerikanischen, kapitalistische (wenn man das Wort überhaupt hier anwenden darf) Unternehmungen geworden sind. Man vergleiche ihre Einkünfte mit denen europäischer Gewerkschaften, ihre Vermögensbildung mit der europäischer Verbände, die Spitzengehälter, Spesen und sonstigen Zuwendungen hüben und drüben, und man begreift die Unterschiede im Ethos. Der Kondottieretyp des Gewerkschaftsführers ist in Europa praktisch unbekannt. In den Vereinigten Staaten hat er erfahrungsgemäß seinen Boden.

Der Drang zur Internationalität

Die Gewerkschaften entstanden überall auf lokalem und nationalem Boden; aber ihre Geschichte zeigt, daß in ihnen der Drang nach internationaler Einigung lebendig war. Dieser Drang hat mehrere Gründe, ist aber nicht ohne weiteres selbstverständlich. Man kann zunächst darauf hinweisen, daß er sich als eine Parallele des internationalen liberalen Gedankens bildete, des Gedankens der internationalen Freiheit des Handels, der Kapitalbewegung und Wanderung. Da der Staat nach der liberalen wie später auch nach der marxistischen Auffassung im Zuge einer geschichtlichen Notwendigkeit »überwunden« wird, da gleichzeitig die Begriffe der »Menschheit« und der »Gesellschaft« als den Staat transzendierende Begriffe den Atem der Zeit für sich hatten, erschien die Wendung der Arbeiterbewegung ins Internationale nur als ein weiterer Ausdruck dessen, was sich als Fortschritt, wenn nicht gar als geschichtliche Notwendigkeit darstellte. Der kardinale Begriff jener Zeit – eine Überlieferung der Aufklärung – war die Menschheit, und der ihr konforme Begriff war die Gesellschaft. In beiden Begriffen äußert sich der Protest gegen die alten Institutionen von Staat und Kirche, von Zunft und Staatsmonopol. Alldem aber lag schließlich das neue Bild vom Menschen zugrunde, von seiner Autonomie, seiner Vernunft, seinem Glauben an die Natur und seiner natürlichen Güte (Rousseau). In diesem Bild vom Menschen erkannte sich die Gesellschaft als freie Verbindung vernünftiger Wesen, und die umfassendste Gesellschaft war die Menschheit. Was der klassische Liberalismus durch Freihandel und freie Wirtschaft zu verwirklichen meinte, das erstrebten die meistens bürgerlichen Ideologen (Marx, Engels, Lassalle) der Arbeiterbewegung von der menschheitlichen Verbrüderung des Proletariats. Da das Proletariat in der bestehenden wirtschaftlichen Ordnung national wie international als ausgebeutet und unterdrückt erschien, sollte aller Ausbeutung und aller Unterdrückung dadurch ein Ende gemacht werden, daß gegen die sogenannte »Internationale des Kapitals« die Internationale des Proletariats gesetzt wurde. Hier lag eins der Motive der beginnenden internationalen Arbeiterbewegung; es ist bis heute das Leitmotiv der von Moskau beherrschten Internationale geblieben, wieviel auch von dem Pathos der Anfänge, von seiner Aufrichtigkeit und seiner Noblesse der Gesinnung inzwischen verflogen sein mag. Im klassischen Liberalismus wie im Umsichgreifen des demokratischen und egalitären Gedankens der Zeit lag also schon ein wichtiges Motiv, die nationale Arbeiterbewegung über sich hinaus ins Internationale zu drängen. Wenn, wie Fedor Stepun es einmal ausdrückte, der Sozialismus der metaphysische Milchbruder des Liberalismus ist, dann mußte das menschheitliche Pathos des klassischen Liberalismus auch den Sozialismus anstecken. In ihrer klassischen Form visierten beide die Menschheit und die Gesellschaft statt der Nation und des Staates an.

Übersehen wir dabei aber nicht die ganz realistischen Motive und Ziele, die ebenfalls auf internationale Verbrüderung und Zusammenarbeit von nationalen Gewerkschaftsgruppen drängten. Zunächst ist da die Tatsache, daß die nationalen Arbeitsmärkte an ihren Rändern Berührung und Austausch mit fremden Arbeitsmärkten hatten. Zwischen ihnen bestand ein oft starkes Lohngefälle, und die höhere Lohnebene geriet unter den Druck der niederen. Das galt vor allem für gelernte Arbeiter. Der oft formlose Übergang von einem

Land zum anderen erleichterte die verhältnismäßig umfangreiche Wanderung von Arbeitskräften. Abgesehen von der Massenwanderung nach Nordamerika, zogen deutsche Handwerker und gelernte Arbeiter nach der Schweiz, nach Frankreich und England; französische und belgische Arbeiter nach England. Später war der Wanderungsdruck ungelernter Arbeiter von Süd- und Osteuropa eine dauernde Bedrohung der gewerkschaftlichen Lohnpolitik für die zentraleuropäischen Industrieländer, vor allem für Deutschland. Diesen Druck auf den nationalen Arbeitsmarkt zu regeln war eine Aufgabe, die nur international angefaßt werden konnte. Dasselbe galt für Einrichtungen gegenseitiger Hilfe, die bei fortschrittlichen Nationen und deren Gewerkschaften schon entwickelt waren. Verständigung auf internationaler Grundlage war in diesen wie in anderen Hinsichten um so mehr erwünscht, als die Dynamik des Kapitalismus Perioden von Verbesserungen und Verschlechterungen des Arbeitsmarktes mit sich brachte. Wenn bei Krise und Depression die Gewerkschaftspolitik auf ihre Grenze stieß, erschien die Zuwanderung von draußen als höchst unerwünscht. Ferner, wenn Arbeiter der entwickelten Länder für englische, französische oder deutsche Firmen in weniger entwickelten Ländern arbeiteten, legten sie Wert darauf, dort wirtschaftlich und rechtlich befriedigende Verhältnisse vorzufinden. Daß daneben auch kulturelle und politische Ziele nicht ohne Einfluß blieben, ist nicht zu verwundern; die internationale Solidarität der Gewerkschaften fand besonderen Ausdruck, wenn es galt, wichtige Streiks in anderen Ländern zu unterstützen oder Wahlgelder für die Unterstützung ausländischer Arbeiterparteien zur Verfügung zu stellen.

Der Amerikaner Louis Lorwin, der die Geschichte der internationalen Arbeiterbewegung geschrieben hat, erwähnt sechs Gründe für die internationale Verbindung nationaler Arbeiterverbände:

1. die Massenwanderung
2. den Wettbewerb auf dem Weltmarkt
3. gegenseitige Hilfe in Wirtschaftskämpfen
4. Verbreitung der politischen Demokratie, zumal Schutz kleinerer Länder gegen den Angriff mächtiger Nachbarn
5. die Frage von Krieg und Frieden
6. das sozialistische Ideal der Emanzipation der Arbeiterklasse

Er sieht in der internationalen Zusammenarbeit der Gewerkschaften teils eine Methode, teils ein Programm; es ist wohl richtiger zu sagen, daß sie ein pragmatisches und ein politisch-ideologisches Ziel hat.

Es ist nicht unsere Aufgabe, der Geschichte der internationalen Verbindung von Gewerkschaften nachzugehen. Es sei nur kurz erwähnt, daß die schüchternen Anfänge bis in die fünfziger Jahre des vorigen Jahrhunderts hineinreichen. Damals kam in England zuerst der Gedanke einer internationalen Verbindung der Gewerkschaften auf, und zwar im Zusammenhang mit der starken Einwanderung gelernter Arbeiter aus Deutschland, Frankreich und Belgien. Ein Londoner Bauarbeiterstreik veranlaßte die englischen Unternehmer, Arbeiter der benachbarten Kontinentalländer einzustellen. Zu gemeinsamer Abwehr organisierten die Londoner Gewerkschaften im Jahre 1860 einen Dachverband, den Trades Union Council, dessen führende Mitglieder bald erkannten, daß eine Verständigung mit den kontinentalen Verbänden notwendig sei. Die politische Entwicklung auf dem Kontinent kam dem entgegen: die Entfaltung des liberalen Gedankens in Frankreich und Deutschland in den sechziger Jahren, die Anfänge der politischen Konsolidierung Italiens, die Aufhebung der Leibeigenschaft in Rußland 1861 und die Sklavenbefreiung in den USA 1865. Die Zeichen der Zeit standen auf Emanzipation und Demokratie.

1864 wurde dann die erste Internationale gegründet. Die Inauguraladresse wurde Karl Marx anvertraut; er verfaßte auch die Statuten. Im September 1866 trat der erste Kongreß der Internationale in Genf zusammen mit nur sechzig Mitgliedern, von denen die Mehrzahl aus England kam und siebzehn Gewerkschaften mit ungefähr fünfundzwanzigtausend Mitgliedern vertrat. Hier schon zeigten sich gleich drei Mängel: erstens die geringe Zahl von Mitgliedern und die Schwäche der nationalen Sektionen; zweitens der schlechte Eingang von Beiträgen, der dazu führte, daß die Zentrale mit Gehältern und Mieten fast dauernd im Rückstand war (der Kongreß von 1866 verfügte über Mitgliedsbeiträge von etwas über neunhundertsiebzig Mark; davon kamen zweihundertfünfundachtzig Mark aus England, fünfhundertfünfundzwanzig Mark aus Frankreich und einhundertsechzig Mark aus der Schweiz); drittens vor allem die weite Differenz der ideologischen und praktischen Programmpunkte.

Die englischen Delegierten waren weltanschaulich und praktisch liberal, die wenigen deutschen Delegierten waren Marxisten; die Franzosen waren Anhänger Proudhons (Mutualisten), die Schweizer nannten sich Neue Christliche Humanisten, die Belgier folgten der Doktrin von Colins, nach der Atheismus und Spiritualismus zusammen mit kollektivem Landeigentum und privatem Kapitalbesitz die Grundlage der Emanzipation der Arbeiter sein sollte. Den Höhepunkt erreichte diese Internationale auf ihrem vierten Kongreß in Basel 1869. Hier blieb das bisher herrschende französische Programm in der Minderheit, während der Marxsche Gesichtspunkt den Vorrang hatte. Der Kongreß forderte die Bildung nationaler und internationaler Gewerkschaften als Mittel des Widerstandes gegen das Kapital, aber auch als Grundstock einer »Gesellschaft der Zukunft«. Das Jahr 1870 brachte dann den schnellen Verfall der Internationale, teils wegen des deutsch-französischen Krieges, teils wegen der Pariser Kommune, die Marx in seiner Broschüre »Bürgerkrieg in Frankreich« in seinem Sinne interpretierte. Die Furcht vor der Kommune veranlaßte die meisten europäischen Regierungen, die Arbeiterbewegung entweder unter polizeiliche Aufsicht zu stellen oder ganz zu unterdrücken. Unnötig zu sagen, daß der Verfall der Internationale auch mit ihrer ideologischen Zersplitterung zusammenhing. Der politische Druck legte es nahe, das Hauptquartier der Internationale an einen neutralen Ort zu verlegen. So kam sie nach New York, wo sie dann praktisch bedeutungslos wurde. 1876 vollzog man den Akt, der längst fällig war: ihre Auflösung.

Während der Pariser Weltausstellung von 1889 kam es zur Gründung einer zweiten Internationale. Auch sie rechtfertigte nicht die hochfliegenden Erwartungen, die an die internationale Solidarität der Arbeiterschaft geknüpft waren. Sie war zwar innerlich weniger gespalten als die erste Internationale, brach aber durch den ersten Weltkrieg zusammen. Nach dem Kriege entstanden dann nebeneinander zwei internationale Organisationen, eine kommunistische unter Führung Rußlands und die sogenannte »zweieinhalbte« der Gewerkschaften freier Länder mit Sitz in Amsterdam. Der zweite Weltkrieg zerstörte auch diese Gründungen, aber er konnte nicht den Drang zur internationalen Verständigung beseitigen. 1945 wurde in Paris ein Weltverband der Gewerkschaften gegründet, dem fast alle größeren nationalen Verbände beitraten, mit Ausnahme des amerikanischen Gewerkschaftsverbandes AFL und der Christlichen Internationale, die zwar bei der Gründung vertreten war, aber nicht beitrat. Im Jahre 1949 spalteten sich die freien Gewerkschaftsverbände von dem Weltverband ab und gründeten den Internationalen Verband der Freien Gewerkschaften. So existieren also heute wiederum, wie nach dem ersten Weltkrieg, zwei Internationale, genauer gesagt drei, wenn man die Christliche Internationale dazurechnet.

Die späteren Internationalen haben immer wieder mit Nachdruck auf die erste zurückgegriffen. Oberflächlich gesehen war die erste Internationale ein höchst problematischer Anfang, der nie über die Kinderkrankheiten hinauskam und hinter dem viel Rhetorik und Aufregung, aber wenig unmittelbarer Gehalt stand. Nähere Betrachtung aber ergibt ein etwas günstigeres Bild. Zunächst löste dieser Anfang einen doppelten Mythos der Internationale aus; und zwar bei den Regierungen und in bürgerlichen Kreisen den Mythos einer finsteren, revolutionären, die Ordnung, den Frieden und die Sicherheit bedrohenden und gottlosen Macht, gegen die man mit allen Mitteln vorgehen müsse, während die klassenbewußte Arbeiterschaft das erste Aufleuchten der proletarischen Weltverbrüderung zu sehen glaubte und damit den ersten Vorstoß zu einer friedlichen, gerechten und gleichheitlichen Ordnung der Menschheit. Beide Mythen, jeder an seinem Platz, haben ihre geschichtliche Dynamik gehabt. Daneben die mehr praktische Bedeutung der ersten Internationale: wir sehen sie besonders in dem Kontakt der führenden Männer der nationalen Arbeiterbewegungen, in der Verbreitung einer Pragmatik des sozialen Fortschritts (Achtstundentag, internationale Arbeitergesetzgebung und Arbeiterstatistik), in der Anregung zu Gewerkschaftsgründungen in manchen Ländern und nicht zuletzt in der Klärung ideologischer Unterschiede, vorab in der Zurückweisung des Proudhonschen Mutualismus und Bakunins Bild von der eigentums- und staatenlosen Selbstordnung der gesellschaftlichen Kräfte.

Die soziale und politische Bedeutung der Gewerkschaften

Die Gewerkschaften der freien Welt erheben den Anspruch, die Arbeiter gegenüber dem Arbeitgeber, der Öffentlichkeit und dem Staate zu vertreten. Das sei im folgenden als »aktive Repräsentation» bezeichnet. Um das Recht, ihre Mitglieder bei der Abrede über den Arbeitsvertrag zu vertreten, haben die Gewerkschaften lange kämpfen müssen; sie gewannen es zunächst bei den gelernten Berufen, deren Marktlage günstiger war als die der ungelernten. Am schwierigsten war es in der Schwerindustrie und in der Industrie der Massenfertigung zu gewinnen. Heute wird die gewerkschaftliche Repräsentation nirgendwo bestritten; in Deutschland war sie seit Weimar sogar verfassungsmäßig festgelegt.

Aber das Repräsentationsrecht umfaßt mehr als Lohnverhandlungen und den Abschluß von Kollektivverträgen; es reicht, da die Ausführung der Vertragsbedingungen immer wieder neue Entscheidungen und Kompromisse erfordert, in das alltägliche Leben der Betriebe hinein. Daraus hat das nationale Arbeitsamt in den USA (National Labor Relations Board) den Schluß gezogen, daß Kollektivverhandlungen ein fortlaufender Vorgang seien. Nach amerikanischem Arbeitsrecht vertritt übrigens die Gewerkschaft, wenn sie bei einer Betriebswahl die Mehrheit gewonnen hat, die gesamte Belegschaft, ob organisiert oder nicht. Darauf haben die Gewerkschaften bestanden; aber nachdem sie sich dieses Recht gesichert hatten, machten sie daraus ein Argument für den Gewerkschaftszwang.

Da die Arbeitsverträge verschiedene Rückwirkungen auf das öffentliche Leben haben können, erhebt die Gewerkschaft auch der Öffentlichkeit gegenüber einen Repräsentationsanspruch; vor allem bei Streitigkeiten aus dem Arbeitsverhältnis, bei Streiks oder Aussperrungen kann die Versorgung der Bevölkerung gestört und überhaupt Unruhe in die Öffentlichkeit getragen werden.

Wo sich auf der gewerkschaftlichen Grundlage eine starke Arbeiterpartei (Deutschland, England, Schweden, Australien) gebildet hat, repräsentiert die Gewerkschaft schließlich den Arbeiter indirekt, auch dem Staate gegenüber.

Die Repräsentation nach außen setzt innerhalb der Gewerkschaften die Solidarität ihrer Mitglieder voraus. Der Arbeitsmarkt gehört, von Zeiten der Hochkonjunktur und vielleicht der Inflation abgesehen, zu den »Käufermärkten«. Selbst in der Hochkonjunktur kann sich lokales Überangebot hartnäckig behaupten. Zeitweiliges und weit gestreutes Überangebot summiert sich zur perennierenden Arbeitslosigkeit (gewöhnlich um drei Prozent des Gesamtangebots). Ferner gibt es unzureichende Löhne bei Unternehmungen, die ertraglos sind oder nahe an der Ertragsgrenze operieren. Neben all dem gibt es Wechselfälle im Arbeiterleben, für die der Einzelne kaum Vorsorge treffen kann: Krankheit, Alter, Unfall, Invalidität. In solchen Fällen liegt das Lohnverhältnis nahe bei der Armut. Hier setzt die Gewerkschaft mit Einrichtungen der gegenseitigen Hilfe an. Nicht zuletzt auf diesem Gebiet liegt ihre große Leistung zu einer Zeit, als der liberale Staat des 19. Jahrhunderts außer der Armenpflege keinerlei direkte soziale Verantwortung anerkannte. Allerdings ist damals die gewerkschaftliche Hilfe fast ausschließlich gelernten Arbeitern zugute gekommen, da es praktisch keine Verbände der ungelernten gab. Deutschland war hier mit der Kranken-, Unfall- und Invaliditätsgesetzgebung der achtziger Jahre bahnbrechend. Heute sind diese Sozialeinrichtungen, vermehrt um die Arbeitslosenversicherung, zum Allgemeingut der westlichen Welt geworden (nur die Vereinigten Staaten haben keine gesetzliche Krankenversicherung, aber ein weit ausgebautes System betrieblicher und privater Krankenversicherung). Die solidarische Hilfe in den Notständen des Arbeiterlebens hat viel von ihrer Bedeutung verloren, weil der Wohlfahrtsstaat unter dem Druck von Arbeiterparteien und Gewerkschaften das Feld weithin mit Beschlag belegt hat. So haben die Gewerkschaften teils ergänzende, teils Ersatzaufgaben übernommen, und zwar im Bewußtsein, daß solidarische Hilfe zu ihren wichtigen Verpflichtungen rechnet – ganz abgesehen von der Nützlichkeit für den gewerkschaftlichen Zusammenhalt, für die Mitgliederwerbung und die Schlagkraft der Verbände.

Eine weitere Aufgabe liegt in der politischen Schulung und kulturellen Hebung der Arbeiterschaft. Eine neuaufsteigende, an Zahl schnell zunehmende Gruppe wie die Arbeiterschaft, den Wechselfällen des Marktes und der Konjunkturen ausgesetzt, ist in Gefahr, zu verelenden oder im Sklavenaufstand sich Luft zu machen. Das lehrt die Erfahrung der westlichen Länder; Friedrich Engels' Buch über »Die Lage der arbeitenden Klassen in England« und Gerhart Hauptmanns »Weber« bieten Beispiele. Lassalles Klage über die »verdammte Bedürfnislosigkeit der Arbeiter«, Marx' Aufruf an die »Proletarier aller Länder«, sich zu vereinigen, Gompers' Wort vom »Mehr und Mehr und Mehr« richteten sich auf dasselbe Ziel: die menschenwürdige Existenz des Arbeiters, seine Hebung aus Elend und Demoralisierung, seine Gleichberechtigung im gegenwärtigen Staat oder in einer künftigen Gesellschaft, seine Freiheit. Der aus der jüdisch-christlichen wie aus der stoischen Lehre stammende Begriff vom Menschen als Person, der in der industriellen Revolution und der sie begleitenden Zerstörung aller früheren Sozialordnungen in Gefahr war verlorenzugehen, bestimmte den inneren Auftrieb des Sozialismus wie der Gewerkschaften. Es ist jedoch falsch, wenn man glaubt, der liberal-kapitalistische Gedanke habe grundsätzlich diese Personnatur des Menschen geleugnet. Der wirtschaftliche und politische Liberalismus war auch eine soziale Heilslehre; auch er wollte den Weg zur höchsten Wohlfahrt weisen, indem er die Kräfte des Individuums aufrief und an sein Selbstinteresse appellierte. In diesem Sinne war der Liberalismus, der Absicht nach, nicht asozial und nicht apersonalistisch; aber seine Verwirklichung im *Laissez-faire*-Kapitalismus ergab, unter der Gegebenheit mangelnder Kapitalbildung und überreichen Arbeitsangebotes, die Verelendung der »arbeitenden Armen« und damit deren Entpersönlichung und soziale Abwertung. Wir stehen heute dagegen in der analogen Gefahr, daß das Personantlitz des Menschen vom Kollektiv verschlungen wird. Dem Kollektiv wird mehr zugetraut, als es leisten kann; das Heil wird in der Institution gesucht, in der es, bei der Natur des Menschen, nicht liegen kann.

Wie dem auch sei, die Gewerkschaft hat die große soziale Bedeutung, durch Repräsentation, durch gegenseitige Hilfe und durch politische und kulturelle Schulung den seiner selbst bewußten Arbeiter und gleichberechtigten Staatsbürger von heute mitschaffen zu helfen. Wenn, wie der damalige Erste Vorsitzende des Deutschen Gewerkschaftsbundes, Christian Fette, mir sagte, »der deutsche Arbeiter von heute ... kein Proletarier mehr« sei, wenn der Prototyp dieses Arbeiters, der »arbeitende Arme« der ersten englischen Arbeitergeneration im Arbeiter von heute nicht mehr erkennbar ist, dann hat die Gewerkschaft hier ein ganz großes Verdienst. Das ist eine Leistung, die man nicht von außen her erwarten konnte: nicht vom Staat, nicht vom patriarchalischen Unternehmer, nicht von noch so gut gemeinten Sozialeinrichtungen; sie mußte aus Geist und Willen der Arbeiterschaft selber kommen. Die einzige Sozialform, die sie gebildet hat, ist die Gewerkschaft. Lenin hat das anerkannt mit der Bemerkung, daß von der Arbeiterschaft nicht mehr als die Gewerkschaft erwartet werden konnte; der Kommunismus mußte von außen, von klassenfremden Ideologen an sie herangetragen werden.

Übersehen wir dabei nicht die Voraussetzungen, die der Gewerkschaft ihre Leistungen möglich machten. Die Gewerkschaft operiert ja nicht in einem Vakuum. Sie fand die liberale und demokratische Ideenwelt und deren Niederschläge vor. Der liberale Staat mit seinen Freiheitsrechten und demokratischen Einrichtungen, die liberal-kapitalistische Wirtschaft mit ihrer Offenheit der Märkte und ihrer dynamischen Produktionsweise wurden für den Erfolg der Gewerkschaften entscheidend.

Es ist verständlich, daß die Gewerkschaften lange Zeit ihre Aufmerksamkeit in erster Linie auf Fragen des Lohnes und der Arbeitszeit richteten. Hier lag ihre vordringlichste Aufgabe, und es war schon viel gewonnen, wenn sie hier erfolgreich waren. Nach und nach aber traten auch die Probleme des Betriebslebens in den gewerkschaftlichen Blickkreis, die Fragen der Betriebs- und Arbeitsordnung, der Betriebshygiene, der Anstellungen und Entlassungen, der Kommunikation im Betrieb, schließlich der Herrschaft im Betrieb. Das 19. Jahrhundert sah im Betrieb das Privateigentum des Besitzers und sprach ihm die entsprechenden Hausherrnrechte zu. Der Arbeitsvertrag war ein reiner Obligationenvertrag; aus ihm erwuchsen der Belegschaft keinerlei Rechte und Forderungen über das im Vertrag stipulierte Verhältnis hinaus. Die volle Betriebsherrschaft ruhte beim Arbeitgeber; daraus folgten mancherlei Mißstände. Deren drückendsten Teil hat die Gesetzgebung nach und nach ausgeräumt; dazu gehörte zum Beispiel das Verbot, anstatt des Geldlohnes in Ware zu bezahlen, das Verbot der Frauen- und Kinderarbeit unter Tage im Bergbau, das Verbot überlanger Arbeitszeiten schließlich auch für erwachsene Männer, die Fabrikinspektion, Bestimmungen über Lohnzahlungen und, in den neunziger Jahren, schüchterne Anfänge einer Betriebsvertretung nach deutschem Recht.

Das war gewiß sehr wichtig, aber es war nicht alles. Das Betriebskommando des Arbeitgebers über Anstellung, Entlassung, Aufrücken, Betriebsordnung, Akkorde ... blieb gesetzlich unangetastet. Selbst in das Familienleben und das bürgerliche Verhalten der Arbeiter griffen Arbeitgeber gelegentlich ein (Freiherr von Stumm an der Saar). Eine gewisse Attitüde des Feudalherrn mischte sich in Deutschland, mehr noch in östlichen Industrieländern auf dem Hintergrund großer Grundherrschaften, leicht dem Verhalten des Arbeitgebers bei. Abwehr dagegen wurde zuerst von Gewerkschaften der Gelernten unternommen und die Betriebsherrschaft des Unternehmers hier verhältnismäßig frühzeitig gemildert (Buchdrucker-, Baugewerbe). Die befestigte Gewerkschaft von heute hat hier teils mit, teils ohne gesetzliche Hilfe die Dinge sehr geändert. Betriebsvertretungen in der einen oder anderen Form gehören heute zum Ordnungsrahmen der Firmen (Betriebsräte, Betriebsvertrauensmänner, Shop stewards, Produktionsausschüsse, Committee men, Chapel men im amerikanischen typographischen Gewerbe, Patrol men bei den amerikanischen Gewerkschaften der Seeleute). Dazu rechnen nach deutschem Recht in der Kohle- und Eisenindustrie auch die Arbeitsdirektoren. In den Vereinigten Staaten haben die Gewerkschaften zwar keine gesetzlich verankerte Mitbestimmung verlangt; das hat sie aber nicht gehindert, in Kollektivverträgen eine oft geradezu paritätische, wenn nicht gar entscheidende Mitbestimmung in Fragen durchzusetzen, die das Betriebsleben berühren. Ganz allgemein gilt, daß die Betriebsautonomie des Unternehmers durch die Gewerkschaften und deren Organe erheblich reduziert ist. Professor Slichter spricht von einem »System des Betriebsrechts«, das sich auf den Kollektivverträgen und dem von den Gewerkschaften entwickelten Betriebsbeschwerdeverfahren aufbaut. So ragt heute in allen westlichen Staaten der lange

Fahrplantafeln auf dem Waterloo-Bahnhof in London während des Eisenbahnerstreiks, Mai 1955

Gewerkschaftssiedlung in Sun Valley in Florida

Arm der Gewerkschaften in den lebendigen Betriebsprozeß hinein und mildert Spannungen und Reibungen, die sich unvermeidlich bei der Zusammenarbeit vieler Menschen an einer gemeinsamen, aber stark unterteilten Aufgabe ergeben.

Die in amerikanischen Kollektivverträgen stark entwickelte Mitbestimmung der Gewerkschaften in den Betrieben hat manche Autoren dazu veranlaßt, die Gewerkschaft als eine Art »Regierungsmacht« zu deuten. Den Gewerkschaften sind ja quasi öffentliche Aufgaben rechtlich zuerkannt oder faktisch zugestanden, und zwar in solchem Maße, daß ein amerikanischer Beobachter vom Rang des Obersten Bundesrichters Brandeis, ein Mann von ausgesprochener Gewerkschaftsfreundlichkeit, die Gefahr signalisierte, daß der einzelne Arbeiter nun den autokratischen Arbeitgeber eintausche gegen die autokratische Gewerkschaft – dann nämlich, wenn die Gewerkschaft die Zwangsmitgliedschaft beanspruche. Die Gewerkschaften der meisten anderen Länder sind nicht so weit gegangen; in England hat die Labour-Regierung (1945–1951) zwar Gewerkschaftsvertreter in die Verwaltung der nationalisierten Industrie berufen, mit der Bedingung aber, daß sie aus ihrer Gewerkschaft austreten. Trotz der Unterschiede zwischen den einzelnen Ländern bleibt es dabei, daß überall der Gewerkschaft ein Maß von öffentlicher Aufgabe zugesprochen ist, das ihr, als einer privaten Organisation, einen privilegierten, gleichsam öffentlichen Charakter gibt. Damit ist die Gewerkschaft in eine Zwielichtzone geraten, was ihr erlaubt, auf ihrem Privatcharakter zu bestehen, wenn sie öffentlicher Verantwortung ausweichen will, andererseits aber auf ihrem öffentlichen Charakter zu pochen, wenn sie zum Beispiel private Verbandsinteressen wahren will. Professor Roscoe Pound, der hervorragende Rechtsgelehrte der Harvard-Universität, hat in einer eindrucksvollen Schrift dargelegt, daß die amerikanischen Gewerkschaften eine privilegierte Rechtsstellung haben, die nur mit dem Feudalrecht vergangener Zeiten und mit den Privilegien des königlichen Gottesgnadentums verglichen werden könne. Wer, wie manche amerikanische Autoren, in der Gewerkschaft ein »government« sieht, wer, wie der Amerikanische Gewerkschaftsbund, die Gewerkschaften als »government über alle Arbeitsplätze« bezeichnet und daraus folgert, daß jeder Arbeiter Gewerkschaftsmitglied sein müsse, der plädiert für die Gewerkschaft als Staat im Staate. Wenn sie die Regierung über alle Arbeitsplätze der Nation ist, hat sie größere Macht als der demokratische Staat, weil sie die Herrschaft über die Lebensgrundlagen der weitaus größten Sozialschicht und, durch das Wahlrecht, vielleicht sogar die Herrschaft über den Staat selber hat. Großbritannien von 1945 bis 1951 und Schweden seit Jahrzehnten, für lange Zeit auch die australischen Gewerkschaften, sind Beispiele dieser syndikalistischen Herrschaft über den Staat und über den Staatsapparat. Den äußersten Gegenpol dessen haben wir paradoxerweise im »Arbeiterparadies« der Sowjetunion: dort sind die Gewerkschaften dem autokratischen Staat absolut unterworfen und zu Organen der Herrschaft über den Arbeiter reduziert worden.

Die Entwicklungsländer bieten ein anderes und fast überall verschiedenes Bild. Bei ihnen fehlt die demokratische Tradition, und der Industrialismus befindet sich erst in den Anfängen. Altüberkommene religiöse Vorstellungen und Bindungen wirtschaftlich irrationaler Natur, Tabus und patriarchalische Verhältnisse, Stammesgewohnheiten und Stammessitten sind Hindernisse auf dem Weg rationaler Wirtschaft und freier Gewerkschaften

Abgründige Armut und unglaubliches Massenelend stehen oft unvermittelt neben phantastischem Reichtum. Die bürgerliche, in den Dingen des Diesseits verhaftete Mittelschicht von Kaufleuten, Unternehmern, Finanziers, Ingenieuren und Chemikern fehlt ganz oder erscheint in dürftigen Anfängen. Die Sparquote ist gering, die Kapitalbildung unzureichend und ein geordnetes Kreditwesen kaum vorhanden. Die unteren Volksschichten sind in der Regel analphabetisch. Aber die Regierungen dieser Länder, bedrängt von Übervölkerung, sind entschlossen, moderne Industrien zu entwickeln, und zwar schnell. Daher die Fülle von Fünf- und Sieben-Jahresplänen, die bedenkenlose Aufnahme von Anleihen, aber auch die Auflösung der traditionellen Ordnungen und Sozialstrukturen. Anders als die Entwicklungsländer des 19. Jahrhunderts haben sie gleich zwei Modelle zur Auswahl: das westliche und das sowjetrussische. Je nachdem sie sich entschließen – und manchen von ihnen fällt es schwer, sich zu entscheiden –, müssen sie das Gewerkschaftsmodell des Westens oder das der Sowjets akzeptieren. China hat den letzten Weg gewählt; die arabische Welt, Indien, Süd- und Mittelamerika (mit einigen Schwankungen) das westliche. Aber die Gleichung geht nicht glatt auf; so werden zum Beispiel in Syrien die Gewerkschaften in den einheimischen Industrien vom Staat streng kontrolliert, während sie derselbe Staat bei den fremden Ölgesellschaften in ihren Forderungen ermutigt und bestärkt. Allgemein ist zu sagen, daß die Lohnarbeiterschaft der Entwicklungsländer, die ja ihre frühere koloniale Abhängigkeit losgeworden sind, weniger etwas für eigentliche Gewerkschaftsaufgaben übrig hat als für politische, oft kommunistische Bestrebungen. An das Internationale Arbeitsamt angeschlossen, haben diese Länder fast alle gesetzliche Schutzbestimmungen erlassen, denen die wirtschaftlichen und sozialen Voraussetzungen weithin fehlen. Die Folge ist eine Wendung der Gewerkschaften ins Politische (Argentinien unter Perón, Kuba unter Castro). Die Arbeiterbewegung scheint sich dort in jener politischen »Vorphase« zu befinden, die auch Europa gekannt hat (der Lassallesche Allgemeine Deutsche Arbeiterverein, die englische Chartistenbewegung), soweit man sich freilich nicht dem Kommunismus verschrieben hat. Man vergißt zu leicht, daß die europäischen Industriestaaten und Nordamerika vor noch nicht allzu langer Zeit auch Entwicklungsländer waren und in ihrer Arbeiterbewegung ähnliche Ungewißheit zeigten wie die modernen Entwicklungsländer. War nicht auch der Kommunismus eine gewichtige politische Ideologie der frühen europäischen Arbeiterbewegung? War nicht für Zentraleuropa der marxistische Sozialismus dasselbe, fast bis zum ersten Weltkrieg?

Übersehen wir nicht den Spaltpilz, der in die Gewerkschaften der Entwicklungsländer häufig durch Kasten- oder Rassenunterschiede hineingetragen wird. Das rassische Gemisch in Südafrika (Weiße, Neger, Inder), von Indonesien und den Malaienstaaten, von Ägypten und Brasilien ist eine Plage für die junge Gewerkschaftsbewegung dieser Länder. Dazu kommen häufig noch religiöse Gegensätze, in Indien zum Beispiel zwischen Mohammedanern und Hindus, ähnlich in Indonesien und auf den Philippinen. All das ist schwierig genug in den Vereinigten Staaten, wo selbst heute noch einige Gewerkschaften satzungsgemäß und andere faktisch schwarze Arbeiter ausschließen. Schwierigkeiten lokaler Natur zeigen sich heute auch in England infolge des Stromes farbiger Zuwanderung aus britischen Kronländern und Kolonien. Zumal wenn Gewerkschaften gute Stellungen für Mitglieder reserviert halten, ist Diskriminierung auf Grund von Rasse, Konfession oder Geschlecht häufig anzutreffen. Hautfarbe und Konfession mögen dabei nur äußere Vorwände sein, hochbezahlte Jobs der eigenen Mitgliedschaft vorzubehalten, manchmal sogar die Neigung, sie ausschließlich an Söhne oder Schwiegersöhne von Mitgliedern zu vererben. Das trifft man in den Vereinigten Staaten und auch in Australien; es ist wesentlich durch das Mitbestimmungsrecht erleichtert, das manche Berufsverbände bei Einstellung und Entlassung von Arbeitern haben.

Es wurde schon bemerkt, daß die Gewerkschaften von Hause aus demokratisch sind und daß diese Gesinnung auch auf ihre Haltung zum Staat zurückwirkt. Deutsche, britische, schwedische und amerikanische Autoren und Gewerkschaftsführer preisen die Gewerkschaften geradezu als Hort der Demokratie, als Wahrerin der demokratischen Freiheiten. Dagegen melden sich Stimmen, welche die innergewerkschaftliche Demokratie und die Echtheit der demokratischen Zuverlässigkeit in Frage ziehen. Freundliche und feindliche Stimmen zugleich melden sich in der Kritik; die freundlichen Stimmen sind geneigt, gesetzliche oder andere Wege zu weisen, welche die innergewerkschaftliche Demokratie stärken und die Gewerkschaften als zuverlässige Hilfstruppe der politischen Demokratie erhalten wollen.

Was zunächst die Demokratie innerhalb der Gewerkschaften anlangt, so teilen sie das Schicksal aller Großverbände, wie Roberto Michels schon vor Jahrzehnten gesagt hat: Der Preis für die Macht und Größe von Verbänden und Parteien ist bürokratische Verwaltung, oligarchische Führung und die Spannung zwischen Masse und Führung – die Spannung oder die zunehmende Gleichgültigkeit der Mitglieder gegen ihren Verband. Der kleine Verband des 19. Jahrhunderts konnte brüderlich und demokratisch sein; der große Verband mit seinen Hunderttausenden von Mitgliedern – in Detroit gibt es sogar einen Betriebsverband von Automobilarbeitern (bei Ford), der sechzigtausend Mitglieder hat – kann nicht »brüderlich« sein; seine »Demokratie« beschränkt sich mehr oder weniger auf gelegentliche Wahlen und Abstimmungen; und selbst da kommt es oft genug vor, daß die Führung die Wahl selbst oder den Zugang zu ihr manipuliert, wenn nicht sabotiert. Dafür haben Goldstein und Allen reiche Unterlagen aus England geboten; in den Vereinigten Staaten leisteten das verschiedene Ausschüsse des Parlaments. In den USA hört man gelegentlich die Äußerung, daß es unbillig sei, für das Verhältnis innerhalb der Gewerkschaften demokratische Formen zu erwarten; die Gewerkschaft als Kampftruppe müßte solidarisch hinter der Führung stehen. Unnötig zu sagen, daß das ein gefährliches und auch unzutreffendes Argument ist. Die innergewerkschaftliche Demokratie ist leider, vor allem in den Vereinigten Staaten, England und Australien, zu einem echten Problem geworden, teils weil die herrschenden Führerschichten kein frisches Blut von unten aufnehmen, teils weil die demokratischen Rechte und Freiheiten der Mitglieder eingeschränkt worden sind. Daß auch die Exklusivität mancher Gewerkschaften in hochbezahlten Berufen undemokratisch ist (weil sie die Aussichten der Nichtzugelassenen ausschließt), liegt auf der Hand. Züge, die an den Verfall der Zunftzeit erinnern, sind in manchen angelsächsischen Verbänden offensichtlich – ebenso Züge feudalrechtlichen Anspruchs der Verbände über ihre Mitglieder.

Was das Verhältnis der Gewerkschaften zur politischen Demokratie betrifft, so wird gelegentlich der Einwand erhoben, daß die Gewerkschaft in der Demokratie nur ein Mittel für gewerkschaftliche Zwecke sieht. Ihre demokratische Zuverlässigkeit wird also rein pragmatisch gewertet, etwa entsprechend dem im alten Preußen oft gehörten Wort, gemünzt auf die konservativen Adelsschichten: »Und der König absolut, wenn er unsern Willen tut.« Wo starke Gewerkschaften mit einer starken Arbeiterpartei das parlamentarische Übergewicht haben, läge die Versuchung nahe, die politische Macht der Gewerkschaft dauernd zu befestigen, also einen Gewerkschaftsstaat durch Verfassungsänderung zu etablieren. Wenn diese Versuchung besteht, dann ist sie bis jetzt in den altdemokratischen Ländern des Westens nicht realisiert worden. Dagegen zeigt die Erfahrung in einigen Entwicklungsländern, daß Diktaturen auf der Grundlage von politisch engagierten Gewerkschaften wohl möglich sind. Das gilt oder galt für Peróns Argentinien, für Castros Kuba, für Kerala, für Nassers Ägypten, für Indonesien, für Guatemala und für den Irak. Vermutlich sind das Übergangserscheinungen, wobei fraglich bleibt, ob sie zum westlichen oder zum sowjetischen Gewerkschaftsmuster führen oder vielleicht zu einem Muster dazwischen. Daß der Trend zur Politisierung der Gewerkschaften stark ist und daß damit eine Neubesinnung über den demokratischen Prozeß einsetzen könnte, mag zutreffen. Zumal wenn sich die Idee der Demokratie von der politischen Ebene auf die wirtschaftliche und vielleicht auf die Gesamtheit des menschlichen Zusammenlebens ausbreitet, wenn also aus ihr eine Weltanschauung des »Demokratismus« gemacht wird, dann könnte der Preis die Wendung zur »autoritären Demokratie« (Indonesien, Ägypten), wenn nicht gar zu ihrer Aufhebung sein. Ein Warnungssignal war die für die USA völlig unerhörte dritte und vierte Wiederwahl Franklin Roosevelts; die Massen verlangten nach dem Führer und akklamierten ihn selbst in diesem Land mit stark verwurzelter Demokratie. Haben wir etwas Ähnliches nicht auch in Deutschland im Jahre 1933 erfahren? Und waren nicht die Gewerkschaften machtlos dagegen? Daß ihnen beim Kapp-Putsch die Abwehr gelang, beweist nichts; ihn trugen keine Massen, und er war zu offensichtlich reaktionär.

Die wirtschaftliche Bedeutung der Gewerkschaften

Den Gewerkschaften wird als positiver Beitrag zugerechnet, daß sie die Lage der Arbeiterschaft wesentlich gehoben haben: durch Lohnerhöhung, durch wirtschaftlich rationale Arbeitszeitverkürzungen, durch ihren Druck auf wirtschaftlich-technische Fortschritte, durch bessere, den Konsum hebende und damit die Nachfrage steigernde Verteilung des Volkseinkommens, durch geordnete Betriebs- und Arbeitsmarktverhältnisse, durch berufliche Erziehung und Menschenbildung, die der Leistung zugute kommen, und vieles andere mehr. Selbst wo gewerkschaftliche Aktionen zu Lasten von Verbraucherinteressen gehen, sagt man (in gewissen Grenzen mit Recht), daß es vitale Gesichtspunkte des Arbeiterinteresses gebe, die dem Verbraucherinteresse vorangehen, etwa das Verbot von Frauen- und Kinderarbeit, von überlangen Arbeitszeiten und anderem.

Wenn man den Katalog von wirtschaftlich günstigen Einflüssen der Gewerkschaft mustert, steigen doch gewisse Bedenken auf. Sollte es wirklich zutreffen, daß sozial erwünschte Ziele und Erfolge der Gewerkschaften ganz von selbst auch wirtschaftlich vernünftig sind? Manchmal sieht es so aus, als ob das in der Tat angenommen würde; der Führer der amerikanischen Stahlarbeitergewerkschaft, McDonald, ebenso wie sein Vorgänger Philip Murray haben das klar ausgesprochen. Eine ganzseitige Zeitungsanzeige zeigte erst vor kurzem (Mai 1959)

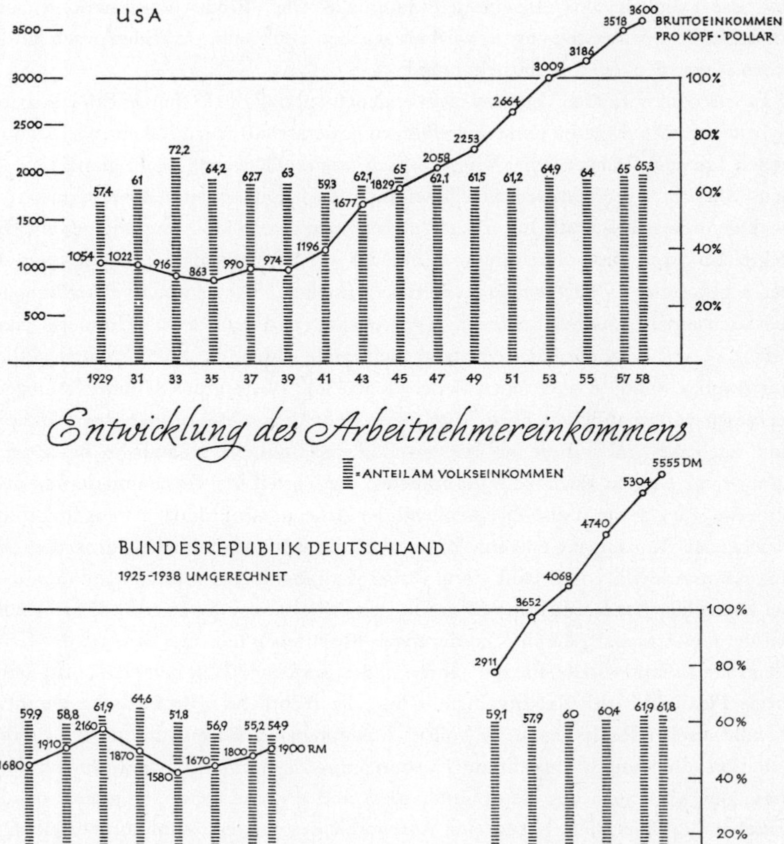

einen zum Überfließen vollen Piratenkoffer mit der Unterschrift: »Soll das allein den Aktionären zukommen?« Die Gewerkschaft verlangte eine Milliarde Dollar Löhne pro Jahr mehr mit der Begründung, dadurch steige die Kaufkraft im ganzen Land, und Vollbeschäftigung für Kapital und Arbeit seien gesichert. Hier wird in naiver Weise angenommen, daß die Forderung einer besonderen Gewerkschaft für die Gesamtwirtschaft nur positive Rückwirkungen haben könnte. Wir stehen hier vor der Umkehrung des früher oft gehörten Satzes, das, was gut sei für das Geschäft, sei gut für jedermann. Beides ist ein gefährlicher und der Wirklichkeit durchaus nicht entsprechender Mythos. Aber schon hat der Mythos seine Theorie in einer Travestie der Doktrin des großen Wirtschaftsgelehrten John Maynard Keynes gefunden. Sie hat Schule gemacht, nicht nur in westlichen Ländern. Sie ist ein wirtschaftlicher Gefahrenherd erster Ordnung, weil sie primär das Problem der Verteilung sieht, und das lediglich vom monetären Standpunkt. Die »Produktionsfunktion« (technisch-wirtschaftliche Voraussetzungen) wird als gegeben unterstellt, im Widerspruch zur dynamischen Natur der freien Unternehmung.

Es will dem normalen Verstand nicht einleuchten, daß die Fülle von Erleichterungen der Arbeit, von oft veralteten und schwerfälligen gewerkschaftlichen Arbeitsregeln, von ständig neuen Lohnerhöhungen (die, wie statistisch festgestellt wurde, in England und Amerika dem jährlichen Produktionszuwachs vorauslaufen) und Arbeitszeitverkürzungen, die gewerkschaftliche Beschränkung freier Unternehmensentschließungen, die gewerkschaftliche Begrenzung und Einklammerung von Jobs, das Aufrücken nach dem Betriebsalter, die Fülle der sogenannten *»fringe benefits«* (Betriebspensionen, freie Hospitalbehandlung, Ferien), die nach amerikanischer Schätzung pro Arbeiter und Jahr in die Hunderte von Dollar gehen, es will dem normalen Verstand nicht einleuchten, daß all das wirtschaftlich nicht nur tragbar, sondern auch noch fördernd sein soll. Wenn große Unternehmungen durch technisch-wirtschaftlichen Fortschritt gewerkschaftliche Mehrforderungen kompensieren und nach Maßgabe ihrer reduzierten Einheitskosten die zusätzliche Belastung tragen können, so entgeht doch dem Verbraucher der Vorteil der Kostenminderung ganz oder teilweise; hier gewinnt also entsprechend der Arbeiter als Produzent, was ihm und seinesgleichen als Konsument entgeht. Wenn aber die gewerkschaftliche Forderung dem Produktivitätszuwachs vorausläuft, dann ist bei flexiblem Kreditvolumen Inflation die Folge; bei kontrolliertem Kreditvolumen ergibt sich Arbeitslosigkeit, irgendwo, nicht notwendig bei der Gewerkschaft, die ihre Forderungen übertrieben hat. Das ist einer der Gründe für die große Inflationswelle, die seit Jahren in der westlichen Welt bemerkbar ist. Die heutige große Flexibilität des Kreditvolumens und die rechtliche oder faktische Verantwortung demokratischer Regierungen für Vollbeschäftigung sind die institutionelle Grundlage der Inflation von heute. Unternehmungen (durch ihre Zustimmung zu gewerkschaftlichen Forderungen, aber auch aus Gewinninteressen) und manche Gewerkschaften, vor allem die kostenmäßig führenden, haben eine Autonomie der Kostenbestimmung erreicht, der das Kreditvolumen zu folgen hat. Darauf wurde in einem amerikanischen Senatsausschuß vom 17. Juli 1957 hingewiesen. Wenn *»pressure groups«* einen solchen Grad von Autonomie erlangt haben, während die Regierung für Vollbeschäftigung haftbar gemacht wird, sind sie in der Lage, mit ihrer »Druckmacht« vorzustoßen, ohne die wirtschaftlichen Folgen davon verantworten zu müssen. Das gilt vor allem für die Vereinigten Staaten, Großbritannien und die skandinavischen Länder. Erwägungen über die Zahlungsbilanz und die Ausfuhr bieten von Zeit zu Zeit Hemmungen. Der Schweizerische Metallarbeiterverband hat jedoch mit der entsprechenden Arbeitgeberorganisation seit dem Jahre 1938 ein wirtschaftlich vernünftiges und tragbares Abkommen gefunden, das weder inflationistisch wirkt noch die Zahlungsbilanz belastet.

Bei all dem darf man die große Differenz, die innerhalb der Gewerkschaften zwischen den verschiedenen Gruppen sich auftut, nicht übersehen. Einige der Verbände sind stark und unter aggressiver Führung in expansiven und großen Industrien oder in Industrien, die für unelastische Märkte arbeiten, angesiedelt, wo die Nachfrage also nicht prompt den Preis beeinflußt. Andere Verbände sind weniger stark, weniger vorteilhaft angesiedelt, aber immer noch gut daran. Daneben zeigen aber die Gewerkschaften mittlerer und kleinerer Firmen oder von Firmen mit elastischen oder schwankenden Märkten oder ungünstiger Lage ein großes Lohngefälle; sie müssen die Privilegien der bessergestellten Gewerkschaften mitbezahlen. Es kann ja auch nicht anders sein: je mehr eine Volkswirtschaft aus Lohn- und Gehaltsbeziehern besteht, desto weniger Sinn hat ein Vorwärtsdruck günstig plazierter Verbände für die weniger günstig plazierten; diese tragen als Verbraucher, wenn nicht gar als Produzenten, die Privilegien der anderen. Wenn zum Beispiel der Installationsarbeiter im amerikanischen Baugewerbe fünf Dollar pro Stunde bekommt, an Samstagen fünfzig Prozent, am Sonntag sogar hundert Prozent mehr, dann zahlen die viel schlechter verdienenden Textil- und anderen Arbeitergruppen in ihren Wohnungskosten dafür lebenslang Tribut. Kurz: Ausbeutung kann sich auch zwischen gewerkschaftlich organisierten Gruppen ergeben.

Den Gewerkschaften ist das wohlbekannt; in Schweden und England hat man daher ein gewerkschaftliches Zentrallohnamt diskutiert; aber vorläufig ist der Gedanke an der Lohnautonomie der einzelnen Verbände gescheitert.

Das Problem rückt in hellere Beleuchtung durch die statistisch erhärtete These von der stabilen Lohnquote. Die Forschungen von hervorragenden Statistikern haben ergeben, daß der Lohn- und Gehaltsanteil am nationalen Einkommen über lange Jahrzehnte, soweit das statistische Material reicht, relativ konstant geblieben ist, und zwar gleichgültig, ob Gewerkschaften existierten oder nicht, ob sie stark waren oder schwach. Der Nationalökonom Joseph Alois Schumpeter hat diese Stabilität anerkannt, ebenso die Professoren Slichter, Kuznets, Colin Clark und Gibrat. Keynes, gewiß ein unverdächtiger Zeuge und durchaus gewerkschaftsfreundlich, bezeichnete diese Stabilität der Lohnquote als »a bit of a miracle«, und Clark Kerr (California Universität), eine unangezweifelte Autorität, stellt kurzerhand fest: »Der Lohnanteil der Arbeiterschaft am Nationaleinkommen ist in einem höheren Grade konstant geblieben als irgendeine andere Variable in der Wirtschaftsgesellschaft.« Er schließt die Frage an: »Wenn Keynes und die Statistik recht haben, warum dieser Aufwand an Anstrengung, Aufregung und Schimpfen bei so geringem Resultat?« Auch bekannte Intellektuelle der Gewerkschaften und Arbeiterparteien, wie der Engländer Crosland, die Schweden Lundberg und Rudolf Meidner, haben die Stabilität zugegeben.

Nun könnte man einwenden, ohne die Gewerkschaften wäre der Anteil der Arbeiter am Nationaleinkommen nicht so hoch gewesen und so stabil geblieben, wie er ist. Dem widerspricht die Erfahrung, daß diese Stabilität auch für jene Jahrzehnte nachweisbar ist, in denen es Gewerkschaften nur sporadisch und nur unter gelernten Arbeitern gab. Selbst Länder, die lange von Inflationen geplagt waren und zum Teil noch sind, zeigen dieselbe Konstanz der Lohnquote (Frankreich, Chile).

Das Handelsministerium der Vereinigten Staaten hat die Lohn- und Gehaltsquote vom Nationaleinkommen für eine Reihe von Jahren sorgfältig aufgearbeitet. Wir geben im folgenden eine verkürzte Darstellung:

	1919	1940	1958
Lohn- und Gehaltsquote	63,5 %	65,2 %	63,7 %
Steueranteil am Nationaleinkommen	11,5 %	16,6 %	25,2 %
Eigentumsanteile	25,0 %	18,2 %	11,1 %

Das Gesamteinkommen ist hier berechnet als Nationaleinkommen plus Steuern aller Art außer der Einkommensteuer. Der Arbeitsanteil und der der Eigentümer ist berechnet unter Ausschluß von Personal- oder Gesellschaftssteuern.

Angenommen nun, der statistische Nachweis der relativen Konstanz der Lohnquote sei erbracht, dann erscheint der wirtschaftliche Einfluß der Gewerkschaften in einem wesentlich anderen Licht. Es ist dann ganz offenbar falsch, den Gewerkschaften eine Art schöpferischer Potenz zuzuschreiben – als ob die Hebung der Arbeitsbedingungen ihnen zuzuschreiben sei. Wenn bessere Löhne nicht inflatorisch verpuffen sollen, müssen sie aus erhöhter Produktivität stammen; darauf kann dann die Gewerkschaft sozusagen »ziehen«; am meisten dort, wo Unternehmungen technisch und wirtschaftlich sehr expansiv sind oder auf unelastische Nachfrage treffen. Wenn die Gewerkschaften ihre Erfolge nicht aus der Beschneidung von Unternehmungsgewinnen erzielen (welche Meinung sehr häufig anzutreffen ist), wenn sie nicht aus der Verkürzung von Besitzeinkommen stammen, woher stammen sie dann? Nur aus den technisch-wirtschaftlichen, die Einheitskosten senkenden Fortschritten der Unternehmungen. Wenn diese Quelle aber von den dort angesiedelten Gewerkschaften beschlagnahmt wird, entgeht sie allen übrigen und dem Verbraucher. Man kommt nicht daran vorbei, daß Arbeiter und Gewerkschaften in schwächerer Lage die privilegierte Lage der anderen mitbezahlen. Soweit es gewerkschaftliche Politik ist, das Lohngefälle zu mindern, mindert sie auch diese »Ausbeutung von Arbeitern durch Arbeiter« (Heinrich Dietzel). Aber erstens ist das durchaus nicht überall der Fall; viele Berufsgewerkschaften, im angelsächsischen Kreis besonders, schirmen ihre Jobs sorgfältig gegen Wettbewerb ab; und zweitens legen alle Gewerkschaften der Gelernten Wert darauf, ihre Lohnebene in gewissem Abstand zu den anderen zu halten. Drittens sind es ja auch nicht nur Lohndifferenzen, um die es sich hier handelt; mit den gelernten Jobs sind ja auch vielerlei Privilegien verbunden, zumal die gewerkschaftlich vorgeschriebenen Leistungsbeschränkungen.

Schätzung und Bewertung der Gewerkschaften haben seit ihrem Aufkommen einen merkwürdigen Zyklus gezeigt. Auf schärfste Ablehnung folgte Duldung und schließlich volle Anerkennung; und diese Anerkennung hatte ihren Höhepunkt in Europa seit 1919, in England besonders seit 1945, in Amerika seit 1934. Die Gewerkschaften sind geradezu ein Partner in Betrieb und Unternehmung wie im demokratischen Staat geworden, und Regierungen müssen sich gelegentlich mit der Rolle eines Junior-Partners begnügen, wenn nicht gar mit der einer Exekutive machtvoller Arbeiterparteien und Gewerkschaften. Diese Konjunktur an Geltung und Gewicht der Gewerkschaften scheint heute im Abflauen begriffen zu sein; die Gewerkschaften selber klagen darüber, und es gibt Kenner und Freunde des Gewerk-

Arbeitsbedingungen im chinesischen Straßenbau, 1956

Demonstration von Gewerkschaftlern gegen Preissteigerungen, Mainz 1959

schaftswesens, die glauben, daß sich das Gewerkschaftswesen zumindest in einer latenten Krise befindet.

Wo liegen die Anzeichen der Krise? Zunächst in der Tatsache, daß die Gewerkschaften einen offenbar nur sehr schwer zu erweiternden Mitgliederstamm haben; ferner in der zunehmenden Kritik von außen, in der Abkühlung der öffentlichen Meinung, in der Indifferenz, wenn nicht gar Unzufriedenheit weiter Arbeiterkreise selber, in einer gewissen Versteifung von Gesetzgebung und Rechtsprechung. Die einen sagen: die Gewerkschaften haben zuviel Macht, sie sind ein Staat im Staate und unterminieren die Demokratie. Die anderen sagen: sie gebrauchen ihre Macht nicht richtig, aber sie könnten sie richtig gebrauchen. Wieder andere sagen: sie müssen sich von wirtschaftlich unvernünftigen Forderungen, von Korruption und Gewalttätigkeiten reinigen. Wieder andere sehen mit Besorgnis eine Wendung der Gewerkschaften zum Kollektivismus. Der Unzahl von Einwänden können wir hier nicht nachgehen. Im tiefsten Grunde scheint mir die Krise aus der Tatsache zu stammen, daß die Gewerkschaften hart an die Grenze des wirtschaftlich Sinnvollen und Möglichen gestoßen sind – nicht alle, aber die mächtigsten und aggressivsten unter ihnen. Ihre Schwäche liegt also genau dort, wo Schumpeter sie für den Kapitalismus fand – nämlich ausgerechnet in ihren großen Erfolgen. Es meldet sich die Krise von zwei Seiten her, von der Gleichgültigkeit breiter Arbeitergruppen und der Begrenzung des Möglichen. Verstärkt spielt die Schwäche der innergewerkschaftlichen Demokratie hinein; wenn die Gewerkschaft zum Automaten für Lohnerhöhungen reduziert wird, hat sie zuwenig Gehalt, die Mitglieder innerlich zu berühren. Sie zahlen dann ihre Beiträge, wie sie Versicherungsmarken kleben, und wünschen weiter nicht belästigt zu werden. Ob diese und andere mehr nebensächlichen Ursachen der latenten Krise beseitigt werden können, steht dahin. Der Versuch, aus den Gewerkschaften eine Weltanschauung entstehen zu lassen und ihnen die ganze Realität des arbeitenden Menschen anzuvertrauen, ist zu phantastisch, um auch nur erörtert zu werden. Vielleicht ist es so, daß sie sich strukturell und funktionell der durchaus neuen Umwelt anpassen müssen, in der sie heute stehen. Sie brauchen eine neue Philosophie; denn mit jener, die das Gesetz ihrer Anfänge bildete, kommen sie heute nicht mehr aus.

Hans Freyer

GESELLSCHAFT UND KULTUR

Die Epoche der Weltkriege

Als sich das 19. Jahrhundert zum Ende neigte, fand sich kein Dichter, der, wie Schiller hundert Jahre zuvor, gesungen hätte:

> Wie schön, o Mensch, mit deinem Palmenzweige
> stehst du an des Jahrhunderts Neige
> in edler, stolzer Männlichkeit.

Optimismus gab es genug, und solchen von der lauten Sorte. Optimismus in bezug auf den Fortschritt der Technik, die die kühnsten Erwartungen eher übertraf, als daß sie hinter ihnen zurückgeblieben wäre. Optimismus in bezug auf die Ausbreitung der Zivilisation und – auf dem Hintergrund einer Friedenszeit von mehreren Jahrzehnten – Optimismus in bezug auf die allmähliche Befriedung der Erde.

Der Geist aber stimmte seine Harfen auf die Tonart Fin de siècle. Welche von den geistigen Bewegungen, die um 1900 im Schwange waren, hätte sich nicht im Gegensatz zu dem abgelaufenen Jahrhundert gefühlt, hätte sich nicht kritisch gegen das eingestellt, was es seine Errungenschaften nannte, hätte ihm nicht abgesagt und abgeschworen – anklagend, entrüstet, verzweifelt oder mit jener Mischung aus Resignation und Zynismus, die sich selbst Fin de siècle nannte.

Heute, im Abstand zweier Menschenalter, vermögen wir die geschichtliche Leistung dieses männlichen, arbeitsamen, erfindungsreichen und unternehmungsfrohen Jahrhunderts mit einiger Objektivität zu beurteilen. Wir sehen, daß es in der Geschichte der sozialen und politischen Ordnung einen revolutionären Umbruch, in der Geschichte der Technik aber einen Neueinsatz bedeutet, wie er nur alle fünf- oder zehntausend Jahre vorkommt. Wir sehen, daß es in lauter Biederkeit und handfest-bürgerlichem Realismus ein äußerst gewagtes, für alle Zukunft entscheidendes Unternehmen begonnen hat. In ihm ist das Schicksal angelaufen, in dessen Bann die Erde heute noch steht und noch lange stehen wird.

Mit dieser Einsicht sind wir aber zugleich frei geworden sowohl von den Perspektiven, die das 19. Jahrhundert eröffnet glaubte, wie von den meisten Formen der Selbstkritik, die seinen Fortschritt wie ein dunkler Schatten begleiteten und die am Schluß seinen Horizont trübten. Kein Wunder, daß solch ein Jahrhundert die Dynamik, die in ihm selbst lebte, gradlinig in die Zukunft verlängerte und die Dialektik, die in ihm virulent war, schulgerecht zu Ende dachte. Alle geschichtsphilosophischen Theorien, die im Bewußtsein des 19. Jahrhunderts repräsentative Geltung gewannen, haben das getan, das erste diejenigen, die aus dem liberalen Lager kamen, das letzte diejenigen, die in den sozialistischen Theorien enthalten waren.

Aber ein geschichtlicher Neubeginn dieser Größenordnung setzt sich nicht von seinen ersten Anfängen aus gradlinig oder exakt dialektisch fort. Er gleicht viel mehr einer jener Weltraumraketen, die ihre ersten Energiereservoire unterwegs abwerfen und aus neuen, die dann erst entzündet werden, zusätzlichen Antrieb herausholen. Er zieht immer neue Kräfte auf sich zusammen, in sich hinein und appelliert in seinen späteren Phasen möglicherweise an ganz andere Motive als zu Beginn. Zudem wird eine solche Anfangsentscheidung, kaum daß sie geschehen ist, in das ruhelose Triebwerk der Geschichte, der immer tatsächlichen und immer fordernden, hineingesogen. Jede Situation, die von der ersten Entscheidung erzeugt worden ist, erschließt Möglichkeiten und lädt Widerstände auf, die vorher nicht da waren, fordert also zu neuen Entscheidungen auf. Jede Gestalt, die sich aus dem Geschehen heraushebt, bleibt dem Gesetz untertan, daß die Geschichte Wandlung ist – stille und stetige Wandlung nach Art eines organischen Prozesses, aber auch gewaltsame Umformung, wie wenn Halbfabrikate durch die Spalte einer Walzstraße hindurchgeschickt werden.

Das System der Industriegesellschaft ist davon nicht ausgenommen. Bereits heute, im Rückblick auf fünf Generationen industrieller Entwicklungen, ist klar zu sehen, daß zwar der Antrieb, der von den ersten »Steppen der Industrie« (wie Alexis de Tocqueville sie nannte) ausgegangen ist, unaufhaltsam weitergewirkt hat, daß aber die Gestalt des Menschen und der Gesellschaft, die er erzeugte, nichts weniger als endgültig und nicht einmal ein Entwurf auf längere Frist gewesen ist. Weder die Prognosen der fortschreitenden Liberalisierung und Internationalisierung des industriellen Systems noch die Prognosen seiner Katastrophe trafen zu, und was von ihnen zutraf, traf nur so zu, wie ein Jugendtraum sich verwirklicht, nicht als Hinzufügung des abstrakt Vorausgedachten zum festgehaltenen Anfang, sondern als Umbildung zu einer neuen nüchternen Gestalt. Das System der Industriekultur ist im 20. Jahrhundert zu einer neuen, zu seiner zweiten Gestalt umgebildet worden. Unsere Urgroßväter hatten völlig recht, wenn sie glaubten, mit dem Dampfroß (wie man damals noch sagte) sinke nicht nur die Postkutsche, sondern eine ganze Welt dahin, und wenn sie über die neue Welt, in der der Mensch künftig zu leben haben werde, je nachdem wehklagten oder frohlockten. Nur daß wir heute, im Vergleich zu ihnen, in einer mindestens so stark gewandelten Welt leben wie sie, im Vergleich zu der von ihnen so genannten guten alten, das heißt vorindustriellen Zeit.

Der vergleichende Rückblick und die Absetzung gegen das 19. Jahrhundert darf noch einen Schritt weitergehen, ohne den Strukturwandel überzubewerten und die Kontinuität zu unterschätzen. In der ganzen ersten Phase seiner Geschichte ist das industrielle System im wesentlichen auf den europäisch-atlantischen Raum beschränkt gewesen, in seinem Aufbau aber war es ein typisch unfertiges, im Werdeprozeß, sogar in einer permanenten Revolution befindliches Gebilde. Die Tatsache, daß die Industriereviere als eine Art

Inseln, die neuen Großstädte als Zentren eines Sogs und einer Ausstrahlung in die europäischen Volkswirtschaften hineingesetzt wurden, war dafür ebenso symptomatisch wie die Tatsache, daß in der industriellen Technik, Betriebsführung und Sozialordnung allerorten vorindustrielle, nämlich handwerkliche, patriarchalische, ständische Elemente wirksam mitspielten.

Demgegenüber ist das industrielle System der Gegenwart eine ausgereifte Struktur, gewiß nicht in dem Sinne, daß sein technischer und organisatorischer Ausbau vollendet wäre – daß es sich weiter perfektioniert und daß es weiter expandiert, gehört sogar zu seinem Wesen –, doch in dem Sinne, daß die ihm eigenen Prinzipien der standardisierten Massenproduktion, der Rationalisierung aller Lebensverhältnisse und der langfristigen Planung normative Geltung erlangt haben. Auch dafür gibt es eindeutige Symptome, etwa die Tatsache, daß die Machbarkeit der Sachen bis in den molekularen Aufbau der Werkstoffe vorgetragen worden ist, daß einige wesentliche Produkte auf ihre optimale Form durchkonstruiert sind und damit ihre Herkunft aus organischen oder handwerklichen Vorbildern völlig abgestreift haben, ferner die Tatsache, daß Kategorien, die in der industriellen Technik entwickelt worden sind, auch auf ganz andre Tätigkeitsfelder übergreifen.

Erst in dieser neuen Gestalt hat das industrielle System seine Bindung an die spezifisch abendländischen Voraussetzungen überwunden. Es ist nun in hohem Maße übertragbar geworden, auch auf Völker und Räume ganz andrer Artung und Entwicklungsstufe. Seine universale Ausbreitung bildet daher eins der großen geschichtlichen Themen des 20. Jahrhunderts, und die moderne Weltpolitik steht wesentlich unter diesem Zeichen, so wie die des 19. Jahrhunderts unter dem Zeichen stand, daß die europäischen und amerikanischen Fabriken mit ihren geschulten Arbeiterheeren als die Werkstätten der Welt, die anderen Kontinente aber als ihre Rohstoffgebiete und als die Absatzmärkte für ihren Produktionsüberschuß galten.

Das 20. Jahrhundert hat mit einer Verzögerung von einem Jahrzehnt eingesetzt. Erst die Schlachten der Balkankriege, erst die Schüsse von Sarajewo läuteten es richtig ein. In der Epoche der Weltkriege ist die neue Gestalt der Industriekultur geschichtlich zutage getreten. Damit soll selbstverständlich nicht geleugnet werden, daß viele Elemente, die in sie eingegangen sind, seit längerem bereitlagen, daß viele Prozesse, auch über die Jahrhundertschwelle hinweg, zu ihr konvergierten. Aber erst vom zweiten und dritten Jahrzehnt an hoben sich ihre Grundlinien deutlich ab. Sie wurden von der nationalökonomischen, soziologischen und staatsrechtlichen Theorie *in flagranti* erfaßt; daher die produktive, sehr spannungs- und gegensatzreiche Bewegung in den Sozialwissenschaften der zwanziger Jahre. Doch ebenso wach stellte sich die wirtschaftliche Praxis, stellten sich die Menschen bis in ihr Alltagsverhalten auf die neue Lebensordnung ein, auf die Chancen und Zwänge, auf die Spielregeln und Finten, die ihr gemäß waren. Die Parole Anpassung wurde dominant. Und auch hier gab es so etwas wie eine gute alte Zeit: es war die vor 1914. Ihre Vertreter fanden sich weder in dem Dickicht der einschlägigen Bestimmungen noch in den Umrechnungsschlüsseln der Inflationszeiten noch in den Praktiken zurecht, mit denen das Einfache höchst kompliziert, das Komplizierte höchst einfach manipuliert werden mußte und konnte, schon gar nicht in dem Jargon, der für alles dies aufkam.

Die Kriege selbst haben bei dem Strukturwandel stark mitgewirkt, auslösend, befördernd und beschleunigend. Es ist bekannt, daß sie dies immer tun, was den Fortschritt der Technik betrifft. Sie forcieren Entwicklungen und Entdeckungen. Sie befehlen, wo sonst gewartet wird, verschwenden Material und Menschen, wo sonst sorgsam kalkuliert wird, setzen Erfinder und Arbeitskräfte mit einer Planmäßigkeit an, die für Friedenszwecke noch lange nicht aufgebracht worden wäre, die nun aber zum Vorbild wird. Nicht nur der Heiße, auch der Kalte Krieg wirkt in diesem Sinne. Darum ist die ganze Epoche der Weltkriege, einschließlich der Zwischenzeiten, mit ihrem mehrmaligen Hin und Her von Spannung und Entspannung, als eine Überdrucklage zu betrachten, in der die neue Gestalt der industriellen Gesellschaft zur Schnellreife gebracht worden ist.

Das gilt nicht nur für den Weiterbau des technischen Apparats und für die Vorstöße, die da geglückt sind, es gilt auch für die Institutionen und Verwaltungsprinzipien, mit denen die Gesellschaft durchgeordnet wurde, für die Methoden, Arbeit zu organisieren, Betriebe zu rationalisieren, über Vorräte zu disponieren, Verkehrsprobleme zu bewältigen, Massenbedürfnisse zu befriedigen und zu steuern, Nachrichten an den Mann zu bringen. In einer modernen Volkswirtschaft, die den Großteil der Menschen von den ursprünglichen Subsistenzquellen abgeschnitten und in hochspezialisierte Funktionen hineingenötigt hat, sind alle Leistungen und alle Bedürfnisse in hohem Grade interdependent; jeder Einzelne ist in seiner wirtschaftlichen und gesellschaftlichen Existenz vom Funktionieren des Ganzen abhängig und auf die öffentlichen Veranstaltungen angewiesen, die ihm zuteilen, was er sich selbst nicht beschaffen kann. In Kriegslagen hat das die Folge, daß die Grenze zwischen dem, was militärisch und was zivil, zwischen dem, was unmittelbar und was nur mittelbar kriegswichtig ist, flüssig wird; die Schlachtfelder reichen dann bis in die Fabrik, die Gebrauchsgüter herstellt, bis in die Handwerksstube, erst recht in den Bauernhof hinein. Nicht nur die Länder, die von den Kriegen voll- und überbeansprucht waren, und nicht nur diejenigen, die mit dem Schibboleth der totalen Mobilmachung teils spielten, teils blutig ernst machten, sondern alle, auch die sehr reichen und relativ unberührten, bekamen diesen Zwang zu spüren. Anbaureglements, Produktionspläne, Lenkung und Umschulung der Arbeitskräfte, Bewirtschaftung der Rohstoffe und Räume wurden allgemeingültige Kategorien. Nur die Härte ihres Zugriffs und die Modalitäten ihrer Handhabung waren variabel.

Hier zeigt sich nun vor allem, daß von den Nach- und Zwischenkriegslagen ebenso starke Wirkungen ausgingen wie von der Anspannung der Kriege selbst. Probleme türmten sich auf, die die Leistungsfähigkeit der privaten Initiative und des freien Markts bei weitem überstiegen: Wiederaufbau ganzer Provinzen, Umstellung riesiger Produktionsanlagen auf andere Zwecke, Wiederanknüpfung zerrissener Verbindungen, Umsiedlung und Eingliederung von Millionen Menschen. Aber auch abgesehen von diesen Sonderanforderungen machte sich die Notwendigkeit geltend, die Regelungen zu verdichten und die Versorgungsapparaturen auszubauen, deren das moderne Massendasein, voraussetzungsvoll wie es ist, in seinem Normalablauf bedarf. Soviel auch unter allgemeinem Aufatmen von den kriegs- und krisenbedingten Eingriffen wieder abgebaut wurde, der Sektor, der unter Verwaltung steht, verkleinerte sich zwar, wenn die Lebensmittelkarte und der Bezugschein fielen, aber von anderen Seiten her vergrößerte er sich stetig, und im ganzen schrumpfte er keineswegs auf sein früheres Maß zurück.

Daß sie nahezu an allen Stellen von Akten staatlicher Verwaltung durchsetzt ist und sich überdies aus eigenen Antrieben in einem vielstufigen Gitterwerk von Organisationen und Institutionen festmacht, ist das zuerst ins Auge fallende Merkmal der Industriegesellschaft des 20. Jahrhunderts. Man wird aber nie vergessen dürfen, daß dies, zumindest was ihre westliche Form betrifft, nur die eine Seite der Sache ist. Es wäre sehr falsch, die freien Industriegesellschaften des Westens und die kommunistischen Systeme, die mit Bewußtsein totalitär sind, als bloße Gradabstufungen, wohl gar als Entwicklungsphasen eines fortschreitenden Prozesses, also jene als Zwischen- oder Vorformen totalitärer Ordnungen mit nur eben noch eingeschalteten Resten von Freiheit zu betrachten. Sie sind vielmehr die im Prägewerk der Weltkriegsepoche durchgeformte zweite Gestalt der industriellen Gesellschaft, sehr voraussetzungsvoll und gewiß voller Probleme, doch mit der deutlichen Tendenz, sich in ihrem Strukturgesetz zu stabilisieren.

Die Schreckbilder einer total verwalteten Welt, die die *science-fiction*-Literatur entwirft, haben mehr den Wert einer (oft sehr guten) Karikatur oder, wenn sie in die tieferen Schichten greifen, eines gesunden Warnrufs als den einer strukturellen Kennzeichnung dessen, was ist. Dieses System appelliert immerzu an die Eigentätigkeit des Menschen; es appelliert nicht nur an sie, sondern setzt sie voraus. Mindestens gibt es zahlreiche Gelegenheiten zur Betätigung der individuellen Kräfte, so mannigfaltige, daß, wer sie alle verpaßt, selber daran schuld ist. Seine innere Mobilität ist außerordentlich groß; das bedeutet zwar einerseits, daß man die vorgesehenen Wege und Schienen benutzen muß, aber auch: daß man sie benutzen kann. Im eigenen Interesse gibt das System der Jugend, dem Aufstiegswillen der Familie, dem Bildungsstreben und der individuellen Entschlußkraft viel Raum. Es treibt sie sogar an und macht sich aus vielen Gründen, von denen später zu sprechen sein wird, eine ernste Sorge daraus, daß sie nicht erlahmen. Denn daß alle Begabungen heraufgeholt werden, alle Fähigkeiten zur Betätigung kommen und die Schlüsselposten in harter Auslese besetzt werden, ist die Bedingung dafür, daß das durchgeordnete System nicht in seiner Ordnung erstarrt.

Das Zusammenspiel von Freiheit und Ordnung und das gegenseitige Fundierungsverhältnis zwischen den beiden Bauelementen, das in der Epoche der Weltkriege geschichtliche Wirklichkeit geworden ist, ist also denkbar kompliziert; wie simpel ist dagegen jede, auch die geistvollste Utopie. Hegel hat in dem, was er die bürgerliche Gesellschaft nennt, diesen streng systematischen Zusammenhang, zu dem die freien Individuen und ihre partikularen Interessen verflochten sind, großartig vorausgedacht, nur daß im nachbürgerlichen Zeitalter die Gleichungen, nach denen das Ganze konstruiert ist, in viel höhere Grade hinaufgerückt sind. Die Fristen und Räume, über die sich die Planung erstreckt, sind wesentlich erweitert. Erschütterungen abzudämpfen, Schwankungen auszubalancieren, Überstürzungen rechtzeitig zu bremsen – alles das gehört zum Handwerk. Ein Stück Hybris ist immer dabei, die Hybris, die in jedem Vorhaben steckt, das auf Vollrationalisierung ausgeht. Stabilität wird gewollt und mit vielen Mitteln gesichert, aber sowohl der lange Trend der Expansion wie auch die aktive Unruhe der persönlichen Initiative werden bewußt eingeplant. So ergibt sich ein sehr spannungsreiches, auch hochempfindliches, dennoch in sich ausgewogenes Gebilde, jedenfalls im Vergleich mit der Stoßhaftigkeit und dem Prozeß der »schöpferischen Zerstörung« (Schumpeter), in denen der Kapitalismus des 19. Jahrhunderts existiert hat.

Dieser veränderten Gestalt der Industriekultur sieht sich nun auch der Geist, sehen sich die Philosophie und die Dichtung, die Wissenschaft und die Literatur, die Historie in ihren Fern- und ihren Nahperspektiven, die Kulturkritik und die Zeitanalyse gegenübergestellt. Schon daraus erklärt sich vieles vom Strukturwandel des Denkens und der Sprache, von den veränderten Fragestellungen, Akzentsetzungen und Kategorien, von der neuen Lineatur der Zeichnung und der neuen Tonalität der Aussage. Die Absetzung gegen alles, was noch schwellend oder hausbacken, abstrakt-idealistisch oder grob materialistisch im Stile des 19. Jahrhunderts dachte und dichtete, war sehr entschieden, auch wenn sie sich nicht als offene Sezession vollzog.

Auch hier bezeichnet der Beginn der Epoche der Weltkriege ziemlich genau die Schwelle zwischen den Zeitaltern, und auch hier haben sowohl die Kriege selbst wie ihre Folgen und Begleitumstände in vielen Fällen auslösend und antreibend gewirkt, als übergewaltige Stoffe, die nach Bewältigung verlangten, als Zwang zum Engagement für oder wider. Die Materialschlachten und die Untergrundbewegungen, die totalitären Regimes und ihre Konzentrationslager wurden zum Thema, zum Hintergrund oder zum Symbol. Der dunkle Glanz, der von den einen ausstrahlte, der Pesthauch, der aus den anderen aufstieg, legte sich über alles. Die Grenzsituationen der Katastrophe, die Beanspruchungen des Menschen bis ins Unmenschliche hinein wurden zum Stigma des Zeitalters, das sie erduldete und überstand.

An dieser Stelle sei vorgreifend eine Linie aus der Situation und Haltung des gegenwärtigen Geistes herausgehoben; sie zieht sich durch viele seiner Positionen, auch durch sehr gegensätzliche, hindurch wie ein Wasserzeichen, das die Epoche ihnen eingeprägt hat. Man weiß: jede Stellungnahme, selbst die scharf kritische, hat die Grundstruktur der hochtechnisierten und hochrationalisierten Gesellschaft als unüberspringbare Wirklichkeit anzuerkennen; wenn sie das nicht tut, gleitet sie in die Unverbindlichkeit ab. Damit entfallen einige der Haltungen, die der Geist im 19. Jahrhundert vielfach eingenommen hat, gerade in seinen großen und selbständigen Formen, die das Erbe des Humanismus wahrten: das Ethos des Warnens, die Mahnung zur Umkehr, schon die Mahnung zum Einhalten. Der industrielle Prozeß und die mit ihm verbundene Umbildung der Gesellschaftsordnung sind inzwischen viel zu weit fortgeschritten, als daß es in bezug auf sie eine echte Wahl geben könnte. Der Zustand, den sie erzeugt haben, hat als entschiedene Wirklichkeit zu gelten, als das Spielfeld, auf dem auch das Gegenspiel allein angesetzt werden kann, als die Ausgangslage, von der aus nach vorn gedacht werden muß. Auch die radikalste Frage muß alle wesentlichen Voraussetzungen des Systems in sich aufnehmen, sonst trifft sie ins Leere. Auch die radikalste Opposition muß sich seiner Techniken und Taktiken bedienen. Und selbst wer abseits zu gehen und sich in eigene Büsche zu schlagen gewillt ist, gerät immerzu auf Wege, die die gegenwärtige Lebensordnung just für diesen Sonderfall vorgesehen hat.

Die geistigen Kräfte der Gegenwart wissen sich also in die neue Lebenswelt hineingestellt als in den Zustand, um den es sich heute und in absehbarer Zeit allein handelt. In diesem Sinne akzeptieren sie ihn. Sie denken in seiner Logik, spielen in seinen Rhythmen, arbeiten (oder rütteln) an seinen Problemen. Das ist kein Kotau vor den Tatsachen, sondern eine legitime historische Einsicht, wenn auch oftmals eine unbewußte. In ihr kommt die Erfahrung zum Ausdruck, daß sich das industrielle System im ersten Drittel des 20. Jahrhunderts zu jener merkwürdigen Bündigkeit geschlossen hat, von der wir sprachen. Sein universaler Ausgriff über die ganze Erde wirkt dabei als zusätzliches Indiz.

Dieses bewußte oder unwillentliche Bekenntnis zur gegenwärtigen Wirklichkeit verträgt sich nun trotzdem mit den gewagtesten Fragestellungen und mit unbedingten Entscheidungen; es verhindert sie nicht, sondern provoziert sie. Wenn die Frage gestellt wird, wie es unter den gegenwärtigen Bedingungen um den Menschen bestellt ist und wie es morgen um ihn bestellt sein wird, so wird sie bestimmt nicht in dem Bewußtsein gestellt, man habe den Maßstab des Menschlichen mit Sicherheit in der Hand und vermöge daran die Zivilisation, die über uns hereingebrochen ist, souverän zu messen. So wurde sie in der Kulturkritik des 19. Jahrhunderts zumeist gestellt, doch wir sehen heute sehr klar, daß der Normbegriff des Menschen, der zugrunde gelegt wurde, viele zeitgebundene Züge trug und daß zudem erhebliche Anleihen an vorindustriellen Mustern gemacht wurden. Die Kruste von Sachlichkeit, Apparat und Betrieb, die das sekundäre System der Industriekultur über die Erde gelegt hat, ist hart wie Zement. Das besagt nicht, daß man sie nicht aufbrechen könnte und sollte. Der Wille dazu ist im Geist immer lebendig. Auch im gegenwärtigen Geist lebt er. Nur ist er sich zweier Dinge von vornherein bewußt: erstens daß die Werkzeuge, mit denen man bohrt, danach sein müssen, sodann daß die Menschlichkeit, auf die man dann stößt, recht anders aussehen könnte als in Stifters Nachsommer – was wiederum keinen Verrat an jener herrlichen Humanität bedeutet, nur eben auch keine schlichte Sehnsucht nach ihr zurück.

Das Ja zur Gegenwart, mit dem der gegenwärtige Geist beginnt, begreift sehr illusionslos alle die Entfremdungen ein, die dem Menschen auferlegt sind. Auch damit wird immer gerechnet, daß viele von ihnen unaufhebbar sind und daß sie sich mit der Perfektionierung des Systems eher verhärten als mildern werden. So ist also die Frage nicht, wie der Mensch ihrer ledig werden kann, sondern: aus welchen Reserven er die Kraft herholen kann, mit ihnen fertig zu werden, und wie er sich wandeln muß, um ihnen gewachsen zu sein. Damit wird das menschliche Dasein gegen seine Zukunft hin und gegen die Mächte hin aufgeschlossen, die mehr als Gegenwart sind. Es wird nicht nur unter Forderungen gestellt, sondern selbst als Forderung begriffen. Eben darin zeigt sich, daß das Eingehen auf die Voraussetzungen des modernen Lebenssystems nicht Anpassung ist, oder Anpassung nur in dem Sinne, wie die Front der Lage angepaßt sein muß. Der imperative Ton, der in den repräsentativen Formen des gegenwärtigen Geistes erklingt, liegt sehr weit ab von den evolutionistischen Lösungen, die für das 19. Jahrhundert charakteristisch waren, noch weiter von den weltanschaulichen Entwürfen, die den Ertrag der bisherigen Erkenntnis zur Einheit eines Weltbildes zusammenzufassen versprachen, das »auch die Bedürfnisse des Gemüts befriedigen würde«. Die Wahrheiten des christlichen Glaubens werden nicht als Tröstung, sondern als Ärgernis eingesetzt. Die Existenzphilosophie formuliert sich nicht als gehabtes Wissen, sondern als Aufruf zum eigentlichen Sein. Humanismus legitimiert sich nicht als Erbe, sondern als Position trotzdem, und wenn als Erbe, dann als ein solches, das unter sehr neuen Bedingungen anzutreten ist.

Die neue Gestalt der westlichen Industriegesellschaft

Um 1880 begannen, seit der Jahrhundertwende verstärkten sich die Entwicklungen, die aus der ersten Gestalt der industriellen Gesellschaft in die zweite hineinführten. Sie entsprangen teils aus den veränderten Bedingungen, unter die sich die wirtschaftlichen Betriebe, besonders die großen und hochrationalisierten, gestellt fanden, teils aus den machtpolitischen und sozialpolitischen Erfordernissen der Staaten. Selbstbindungen der freien Konkurrenz zwischen den Werken, langfristige Verschränkungen zwischen den Unternehmungen, Schutzzollforderungen ganzer Berufsgruppen und Produktionszweige und der Übergang zu gemischtwirtschaftlichen Formen veränderten das Bild gegenüber den Pionierzeiten des Kapitalismus bereits im Wilhelminischen Zeitalter erheblich; schon die Elektrifizierung stand unter diesem Zeichen. Von der anderen Seite her verdichteten sich die gesetzlichen Regelungen, die Verwaltungsmaßnahmen und die öffentlichen Institutionen, mit denen der Staat das wirtschaftliche und gesellschaftliche Leben durchwirkte. Die Kategorie privates Unternehmertum im alten Wortsinne genügte nicht mehr, nachdem die industrielle Produktion zum entscheidenden Machtfaktor in der Weltpolitik geworden war. Auch die Kategorie soziale Frage genügte nicht mehr, als die industriellen Arbeiterschaften die anderen Gesellschaftsstände an Menge einholten und der Verstädterungsprozeß alle Lebensbedingungen veränderte. Die beiden Größen Staat und Gesellschaft begannen zusammenzuwachsen oder sich doch vielfältig miteinander zu verschränken, sehr im Gegensatz zu den unbedingt liberalen Forderungen, mit denen die industrielle Bewegung auf den Plan getreten war, und zu der Konsequenz, mit der sich der Staat auf der Höhe des 19. Jahrhunderts aller Eingriffe in das Geschäftsleben und in den Marktmechanismus, auch in den Arbeitsmarkt, enthalten hatte.

Insofern ist also die zweite Gestalt der Industriegesellschaft aus ihrer ersten allmählich herausgewachsen und hat sich stückweise zusammengefügt. Dies widerspricht aber nicht der vorhin aufgestellten These, daß sie erst unter dem politischen Hochdruck der Kriege und unter den besonderen Beanspruchungen der Nachkriegslage ausgeprägt worden ist. So nämlich schafft die Geschichte ihre Gestalten immer: aus vorgeformtem, vorgeglühtem Material, dann aber in einem Prägestock, der endgültig zugreift; aus heterogenen Bewegungen, die sie zu einer Struktur zusammenrafft. Seit einem Menschenalter steht diese Struktur vor uns. Sie ist um so deutlicher profiliert, je mehr ein Land den Zustand der Vollindustrialisierung erreicht hat. Gerade diese Skala zeigt, daß der Geschichtsprozeß auf absehbare Zeit weiterhin auf sie hinarbeitet. Sie hat das Ethos der privaten Initiative und das Prinzip der freien Interessenvertretung in sich aufgenommen, und sie vermag das, weil sie zugleich ihr organisatorisches Gerüst und die Institutionen, die den Ausgleich sichern, erheblich verstärkt hat. Von den individualistischen Grundfiguren aber, in denen der erste Aufbau der Industriekörper vonstatten gegangen war, von freiem Markt, freier Konkurrenz, freiem Arbeitsvertrag hat sie sich sehr weit entfernt.

Die zweiteilige Formel von einer Gesellschaft, die die Sphäre der individuellen Freiheit sei, und einem Staat, der diese Freiheit respektiere und garantiere, gab die Lage der Jahrzehnte, in denen *coal and cotton were kings*, im wesentlichen adäquat wieder. Im Zeitalter der kartellierten Großindustrien und der sozialpolitischen Gesetzgebungswerke wurde sie brüchig, im Zeitalter der Kernenergie und des Sozialstaats wurde sie hinfällig. Der Staat und die Gesellschaft, *government* und *society*, sind nicht mehr zwei trennbare Bereiche, sie überlagern und durchdringen sich, wie schon gesagt, von beiden Seiten her. In der politischen, ökonomischen und soziologischen Theorie spiegelt sich das deutlich wider. Die gesellschaftlichen Interessenverbände sind ein verfassungsrechtliches Problem geworden. Das Thema *the governmental process* (MacIver) ist ein soziologisches Thema. Jeder Jahresbericht eines Industrieverbands oder einer Gewerkschaft ist ein politisches Votum.

Schon der Anteil der unmittelbaren Staatstätigkeit an der Volkswirtschaft ist immer größer geworden, die Vorhaben, die wegen ihrer Größenordnung, ihrer unelastischen Kostenstruktur oder ihrer öffentlichen Bedeutung sinngemäß der öffentlichen Hand zufallen, immer zahlreicher. Auch in den Ländern, in denen früher jeglicher Etatismus verpönt war, ist die wirtschaftliche Eigentätigkeit des Staats und seiner Untergliederungen in stetiger Zunahme. Das ist aber längst nicht das einzige. Viel wichtiger sind die mittelbaren Handhaben, die Gesetze, Verordnungen, Erlasse und Entscheidungen, mit denen der Staat in das gesellschaftliche Leben eingreift. Er entnimmt einen großen Teil der Arbeitslöhne und Gehälter wie auch viele Preise dem Gesetz von Angebot und Nachfrage und bestimmt sie politisch. Nicht mehr bloß durch die klassischen Mittel der Zölle, Transport- und Hafentarife, sondern auf viel geraderen Wegen, durch Stützungs- und Sanierungsmaßnahmen, durch Abstimmung der Prioritäten, mit denen den verschiedenen Sektoren der Wirtschaft Investitions- und Absatzchancen eröffnet werden, am direktesten durch seine Steuer- und Währungspolitik reguliert er das gesamte Wirtschaftsleben ein und macht sich selbst zu einem Produktionsfaktor, der allgegenwärtig in ihm mitwirkt. Als Sozialstaat aber ist er zum Verteiler des Sozialproduktes im größten Stile geworden, auch das zwangsläufig, weil der Mensch unter den heutigen Daseinsbedingungen umfangreicher Versorgungsapparaturen bedarf, um in den Genuß der lebensnotwendigen Güter zu kommen, und weil ein wachsender Teil der Bevölkerung, nämlich alle diejenigen, die in das Programm der Vollbeschäftigung nicht einbeziehbar sind, auf die Sicherungen und Unterstützungen angewiesen ist, die in früheren Verhältnissen die Familien, die Nachbarschaften, die Kirchen und die karitativen Verbände zu gewähren vermochten, die aber in der Massengesellschaft nur ein bürokratisch ausgebautes Sozialsystem leisten kann.

Viele Probleme der heutigen Großdemokratien resultieren einfach daraus, daß die Verfassungen, auch wenn sie ein Muster politischer Weisheit sind, auf diese Hypertrophie staatlicher Funktionen nicht eingestellt sind. Die Bürokratien wachsen nach Umfang und Vielgliedrigkeit, und es wächst ihre Macht, auch gegenüber der Legislative und der parlamentarischen Kontrolle, denn je weiter ein Verwaltungssystem in die gesellschaftlichen

Einzelprobleme hinein verästelt ist, desto stärker konzentriert sich die Entscheidungsgewalt auf diejenigen, die nicht nur über das Fachwissen, sondern auch über das Amts- und Dienstwissen (Max Weber) verfügen. Die einsichtigsten unter den liberalen Kritikern der Demokratie haben seit langem darauf hingewiesen, daß aus der Belastung des Staats mit immer mehr Aufgaben geradezu Gefahren für die Demokratie erwachsen können. Die beiden Leitideen der Demokratie, die Freiheit des Einzelnen und die Gleichheit aller, drohen in Konflikt zu kommen, weil sich, zumal unter den Bedingungen einer modernen Industriegesellschaft, die Gleichheit nicht von selbst herstellt, sondern nur so verwirklicht werden kann, daß ein Verwaltungsapparat aufgebaut wird, der allen das Notwendige zuteilt und zu diesem Zweck die Gesellschaft mit einem Netzwerk von komplizierten, aber uniformen Regelungen überzieht. In Tocquevilles »La démocratie en Amérique« steht, über ein Jahrhundert hinweg vorgreifend, eine Zukunftsvision, die nachdenklich machen kann, nüchtern und apokalyptisch zugleich: eine zahllose Menge einander ähnlicher Menschen, jeder dem anderen ein Fremder, so gleich sie sind; über ihnen eine übermächtige Vormundschaftsgewalt, die es übernommen hat, sie nicht nur zu Wohlstand und Aufklärung, sondern zu ihrem Glück zu zwingen; ein *despotisme administratif* trotz verfassungsmäßig garantierter Volkssouveränität.

Ob die Sozialfunktionen, die in der Hand des Staates aufgesammelt sind und die natürlich potentiell eine ungeheure Herrschaftsmacht bedeuten, nicht jederzeit auch »in Machtfunktionen konvertiert werden könnten« (Ernst Forsthoff) – diese Frage ist also ganz richtig gestellt. Gewisse Erfahrungen der Kriegswirtschaft und das Beispiel der totalitären Regimes haben den Blick für diese Gefahren geschärft. In den westlichen Ländern werden sie, wenigstens in Zeiten einer relativen Krisenfreiheit, einerseits dadurch gebannt, daß der Staat eine so totale Anspannung seiner Herrschaft nicht nötig hat, anderseits und vor allem dadurch, daß die gesellschaftlichen Machtgruppen scharf aufeinander aufpassen und sich gegenseitig in einer Art Gleichgewicht halten, so daß keine allein den Ausschlag zu geben vermag.

Denn sich gegenüber, auf der Seite der Gesellschaft also, erzeugt der moderne Staat nicht nur den Staatsbürger, der mit Menschen- und Bürgerrechten ausgestattet ist und auf staatsbürgerliche Pflichten hin beansprucht wird, sondern, in seiner Eigenschaft als Verwaltungsstaat, den Interessenten, der auf Gesetzgebung und Verwaltung Einfluß zu nehmen bestrebt ist, in seiner Eigenschaft als Sozialstaat aber den Berechtigten und den (wirklich oder angeblich) noch nicht Gleichberechtigten, den Bevorteilten und den Benachteiligten. Indem er den Menschen so nimmt, zwingt er ihn in die Haltung des Fordernden förmlich hinein, und damit diese Forderungen gehört werden, müssen sie sich als Macht formieren, indem sie sich organisieren. Sie organisieren sich zunächst in der Form der politischen Partei, aber das Interessenmosaik einer ausgereiften Industriegesellschaft ist viel zu mannigfaltig und zu verschlungen, als daß es in einem System von Parteien aufgefangen und zur Sprache gebracht werden könnte. So organisieren sie sich also zu Großverbänden und üben als solche Macht aus, ringen als solche um Resonanz in der öffentlichen Meinung und um Einfluß auf die staatliche Willensbildung, sei es auf dem Wege über die Parteien, sei es durch direkte Einwirkung auf die Legislative und den Verwaltungsmechanismus.

An die Stelle eines freien Spiels der gesellschaftlichen Kräfte im Rahmen eines Staats, der *pouvoir neutre* ist, tritt also der Wettbewerb der organisierten Interessengruppen um den Staat, das heißt um das Recht, Recht zu setzen. Auch dieser Umbildungsprozeß reicht mit seinen Anfängen weit ins 19. Jahrhundert zurück. Er begann mit den Gewerkschaften der Industriearbeiter. Aus dem Klassenkampf erwachsen, sind sie das Organ zur Institutionalisierung des Interessengegensatzes geworden, der mit dem freien industriellen Arbeitsvertrag entstand und durch die Härten der Proletarisierung verschärft wurde. Inzwischen sind alle gesellschaftlichen Gruppen diesen Weg gegangen, soweit sie organisierbar und imstande waren, ihr Interesse zur Geltung zu bringen, die Unternehmer, die Bauern, der gewerbliche Mittelstand, die Angestellten, die Beamten und die freien Berufe.

Der Sozialapparat, von dem die Industriegesellschaft des 20. Jahrhunderts gestützt wird, enthält also außer den sich verdichtenden staatlichen Einschlägen die verschiedenartigsten halböffentlichen und privaten Institutionen in sich: festgefügte Zweckverbände und Interessenverflechtungen von Fall zu Fall, Massenorganisationen mit eigenen Bürokratien und Kampfbünde aus besonderem Anlaß. Er ist in allen westlichen Industrieländern sehr gleichmäßig entwickelt, auch in denjenigen mit den stärksten liberalen Traditionen, und es ist heute ein Thema der amerikanischen Soziologie, zu erörtern, wieviel von ihrer früher so eifersüchtig gehüteten Freiheit die Menschen drangegeben haben und weiter dranzugeben bereit sind – auch an die Verbände, die sie zur Wahrung ihrer Interessen aus freien Stücken über sich errichtet haben. Denn einmal gegründet, sei es auch aus Anlaß einer aktuellen Lage, entfalten alle diese Organisationen die Tendenz, sich zu befestigen und zu expandieren. Sie vertreten dann nicht mehr nur die Interessen, zu deren Vertretung sie bestellt sind, sondern außerdem ihr eigenes, besonders wenn sie aus dem Stadium der Ehrenamtlichkeit in das der Bürokratisierung gelangt sind. Sie erstreben institutionell gesicherte Mitspracherechte, wenn möglich den Status einer Behörde mit hoheitlichen oder quasi-hoheitlichen Funktionen. Es gehört wohl ein wenig zur Definition der Bürokratie, daß sie durch das Wachstum ihrer Agenden (und ihrer selbst) ihre Unentbehrlichkeit beweist.

Im großen gesehen aber ist der Übergang zu der organisierten Form des gesellschaftlichen Pluralismus unumkehrbar. Der Prozeß der Willensbildung in einer Demokratie unseres Zeitalters speist sich aus den gesellschaftlichen Interessen, und er gibt demjenigen die besten Chancen, der mit den schlagkräftigsten, das heißt am besten organisierten Kräften in ihn eingreifen kann. Die großen Verbände mit ihren eingearbeiteten Funktionären, ihren Informationsdiensten und ihren Lobbyisten am Sitz von Regierung und Parlament sind eine der stärksten Mächte in diesem Spiel, den Parteien oft überlegen, weil sie in ihren Zielsetzungen eindeutiger und zumeist kapitalkräftiger sind als diese. Sie werden zwar in keiner Verfassung genannt, und ihre Aktionen sind nicht staatsrechtlich legitimiert. Aber auch die Parteien sind ja von den Verfassungstexten und von der juristischen Theorie mit einer merkwürdigen Hartnäckigkeit ignoriert worden, auch noch, als sie längst als entscheidende Faktoren des politischen Geschehens vor aller Augen standen. Ähnliches wiederholt sich in der neuen Phase der Industriegesellschaft mit den Verbänden. Gesehen werden freilich die Probleme, die damit aufkommen, mit steigender Deutlichkeit, und ein großer Teil der Diskussionen um den Strukturwandel der modernen Demokratien geht um diesen

Punkt, etwa um die Frage, was getan werden kann, damit die neuen politischen Größen der Interessenverbände den Charakter von *pressure groups*, die im dunklen arbeiten, abstreifen und ihre Tätigkeit ins Licht der Öffentlichkeit gerückt wird.

Daß sie aber da sind, sich an vielen Stellen in den politischen Prozeß einschalten, sich als Antreiber oder *veto groups* geltend machen, sich als Betroffene oder Sachverständige zum Wort melden, ist für jeden, der die gesellschaftliche Wirklichkeit von heute realistisch betrachtet, im Grunde selbstverständlich, zudem ist es legitim. Denn in ihnen treten die großen Massivs zutage, aus denen sich das Gefüge der industriellen Gesellschaft zusammensetzt; daß sich dabei die stärksten Verbände, hinter denen Millionen von Mitgliedern und Millionenbeträge flüssiger Mittel stehen, am stärksten durchsetzen, ist gleichfalls nicht zu verwundern.

Der Staat sei, seiner Idee zuwider, in die Gesellschaft und ihre Gegensätze »verstrickt« – diese Formel wurde schon von den Sozialisten des 19. Jahrhunderts und von denjenigen gefunden, die um die überparteiliche Hoheit der Staatsmacht im kapitalistischen System besorgt waren. In ihrem Munde bedeutete sie, daß die herrschenden Gesellschaftsklassen den Staatsapparat personell und ideologisch durchdringen und in den Dienst ihrer Klasseninteressen zwingen würden oder daß sie das bereits getan hätten. Heute bedeutet jene Formel, daß sich die Interessenverbände gleichsam in den Staat hineingekämpft haben, daß ihre Auseinandersetzungen in die politische Struktur und in den Ablauf der politischen Entscheidungen aufgenommen worden sind. Sie bedeutet »Pluralismus«.

Dieser Begriff wird oft im kritischen Sinne gebraucht, und die Entwicklung, die auf ihn hingeführt hat, wird von vielen mit gemischten Gefühlen betrachtet. Als die ersten großen Interessengruppen in organisierter Form auftraten, standen sie im Marktgeschehen und waren von seinen Konjunkturen abhängig. Heute sind sie so mächtig geworden und so stabilisiert, daß sie dem Markt und daß sie zugleich der staatlichen Wirtschafts-, Währungs- und Sozialpolitik Daten zu setzen vermögen (Goetz Briefs). Wer und was bürgt dafür, daß ihr Wettstreit nach gut liberalem Schema zum einigermaßen gerechten Ausgleich führt, nur eben, im Vergleich zum klassischen Liberalismus, nicht mehr zwischen den Individuen, sondern zwischen den Gesellschaftsgruppen? Und muß nicht in dem Maße, wie die mächtigsten von ihnen eine legalisierte und sogar privilegierte Stellung gewinnen, der Staat seine Eigenschaft als überlegene Instanz über den partikularen Interessen verlieren und zu deren bloßer Resultante ohne eigene Entscheidungsgewalt werden?

Hier liegen in der Tat die offenen Fragen, die die neue Gestalt der westlichen Industriegesellschaft in sich trägt. Jede geschichtliche Gestalt trägt solche offenen Fragen in sich. Sie ist immer auch »Lage«, immer auch Feld, beinahe im physikalischen Sinne des Wortes, sonst wäre sie keine geschichtliche Wirklichkeit, sondern ein idealtypisches Modell. Es gehört zur inneren Gesetzlichkeit der westlichen Demokratie im gegenwärtigen Zeitalter, daß sie sich pluralistisch aufbaut, mit allen Konsequenzen, die sich daraus ergeben; dies macht ihren Unterschied zu den totalitären Systemen ebenso wesentlich aus wie die Tatsache, daß die Grundrechte des einzelnen Staatsbürgers verfassungsmäßig gesichert sind.

Seit der Oktoberrevolution von 1917 – sie ist auch einer der Glockenschläge, die das 20. Jahrhundert eingeläutet haben – steht die industrielle Gesellschaft in dieser doppelten

Die politische Rednerin vor einer Massenversammlung in Paris

Jugendbrigade bei einer Besprechung der Wettbewerbsverpflichtung in einem volkseigenen Werk im Bezirk Halle

Ausprägung vor uns: als Sozialstaat, der sich nach den Spielregeln der Demokratie aus dem Pluralismus der gesellschaftlichen Interessen integriert, und als zentralistischer Kommunismus. Mit einer ungeheuren Konsequenz hat sich die Sowjetunion seither im gerafften Tempo zur Industrieweltmacht erhoben, wobei sie sich aller Mittel und Möglichkeiten des totalitären Regimes bediente: Auf- und Ausbau des Produktionsapparats nach zentralem Plan, Organisation der Arbeitskräfte ohne Rücksicht auf landschaftliche, berufsmäßige und andere traditionelle Bindungen und Verwurzelungen, forcierte Heranbildung des technokratischen Nachwuchses. Totalitäre Systeme erzeugen mit politischen Mitteln eine »monolithische« Gesellschaftsstruktur (Monnerot), indem sie alle Untergliederungen der Gesellschaft gleichschalten und in direkte Kontrolle nehmen. Nicht nur die Massenorganisationen, die *ad hoc* geschaffen werden, sondern alle Teilgruppen bis hinunter zum einzelnen Betrieb und zum Wohnblock werden dann, nach Lenins bezeichnendem Ausdruck, zu Treibriemen, die ohne eigene Autonomie den Antrieb von oben nach unten übertragen.

Man wird nie vergessen dürfen, daß die beiden Systeme zwei Äste an einem Stamm, besser gesagt zwei Stämme aus einer Wurzel sind, mit mehr gemeinsamen Zügen ausgestattet, vor allem mit mehr gemeinsamen Problemen belastet, als es an der Oberfläche scheint, wie das bei Gegnern im weltgeschichtlichen Format immer der Fall ist. Die Unterschiede zwischen ihnen, nicht nur in ihrer politischen Verfassung, sondern auch in ihrem gesellschaftlichen Aufbau, erst recht in ihrem geistigen und sittlichen Gehalt, sind trotzdem so groß, daß sie einen Weltgegensatz begründen. Der Bann der Zweiteilung, die in den Begriffen westlich und östlich zum Ausdruck kommt, liegt als das wohl wichtigste Resultat zweier Weltkriege über der gegenwärtigen Erde. Damit ist nicht gesagt, daß er das letzte Wort der Weltgeschichte ist. Was die Neuländer und die Altkulturen, die erst jüngst von der industriellen Bewegung ergriffen worden sind, aus ihr machen werden und was sie von ihren je eigenen Voraussetzungen und Traditionen in die Neubildungen einbringen werden, ist noch keineswegs abzusehen.

Fürs erste aber stehen sich die beiden Systeme in nahezu klaren Fronten gegenüber. Diese Fronten sind eingeschnitten in einen Erdball, der insgesamt in das Abenteuer der Industrialisierung, das in Europa begann, hineingezogen wird. Viele der Völker und Räume, die sich neu darin engagieren, neigen dem östlichen Weg stärker zu als dem westlichen, weil sich die Entwicklung der Produktivkräfte und die Organisation der Arbeitskräfte staatssozialistisch leichter und schneller vorantreiben lassen, weil widerstehende demokratische Institutionen nicht vorhanden sind und weil sich die kommunistische Ideologie mit den aufflammenden Nationalismen, den Rassen-Emanzipationsbewegungen, oft auch den außerchristlichen Religionen amalgamiert. Das westlich verfaßte Industriesystem steht also in der Defensive gegen einen ebenbürtigen Gegner, zugleich im Kampf um die Entwicklungsländer. Durch beide Beanspruchungen werden seine Strukturlinien ständig verschärft, seine Leistungen ständig gesteigert.

Soziale Umschichtung im 20. Jahrhundert

Für die Umschichtung der Gesellschaft im Zeitalter der Weltkriege gilt im besonderen Maße, was für alle unsere Themen im allgemeinen gilt: die Prozesse, die auf sie hinführen, sind von langer Hand angelaufen, und ihre Voraussetzungen liegen zum Teil tief im 19. Jahrhundert. So ist es mit gesellschaftlichen Umschichtungen immer. Sie lassen sich nicht datieren wie politische Ereignisse, wie Erfindungen, Entdeckungen oder erste Werke eines neuen Stils. Sie summieren sich aus molekularen Vorgängen auf und treten erst von einer gewissen Schwelle an als gewandelte Struktur in die Erscheinung. Trotzdem, wenn man die sozialstatistischen Kurven analysiert, in denen sich der Umschichtungsprozeß darstellt, so springt ins Auge, daß ihre charakteristischen Bewegungsansätze und Umbrüche in die Zeit des ersten Krieges fallen. Auch hier fassen wir also ein Stück von der Wirklichkeit und vom Geist des 20. Jahrhunderts.

Zwei große Tiefenbewegungen liegen dem Strukturwandel der Gesellschaft zugrunde. Die erste ist das veränderte Bevölkerungsgesetz. Die Umbildung der alten Volksordnungen zur industriellen Klassengesellschaft des 19. Jahrhunderts ist im Zeichen einer Bevölkerungsvermehrung vor sich gegangen, die in der Weltgeschichte wohl einmalig ist. Die Volkszahlen der Industrieländer stiegen auf das Doppelte, auf das Zweieinhalb- und Dreifache. Die Ursachen dieser Bevölkerungsbewegung liegen nur zum Teil in den Fortschritten der ärztlichen Kunst und der hygienischen Veranstaltungen; diese wirken erst im weiteren Verlauf mit, dann allerdings entscheidend. Die ersten Anstöße kamen vielmehr von den Emanzipationsbewegungen, von denen die industrielle Ära eingeleitet wurde, vor allem von den liberalen Agrarreformen, die große Teile des bäuerlichen Nachwuchses und der unterbäuerlichen Schichten für die Abwanderung vom Land freisetzten. Der Dauerantrieb aber kam aus dem industriellen System selbst. Ein wechselseitiger Kausalzusammenhang entfaltete sich. Nur ein starker Zustrom von »Händen« machte den raschen Aufbau der Industriekörper möglich; er wurde denn auch von diesen laufend aufgesogen; der Geburtenüberschuß ganzer ländlicher Provinzen ist in die industriellen Reviere abgewandert. Anderseits erzeugte erst die Fabrik die rechtlich freie, wenn auch in proletarischer Situation lebende, und in den ersten Generationen sehr kinderreiche Arbeiterfamilie, während die abhängigen Arbeitskräfte der vorindustriellen Gesellschaft, das ländliche Gesinde, die Handwerksgesellen, vielfach zur Ehelosigkeit verurteilt gewesen waren. In einigen Ländern kamen starke Wanderungsgewinne hinzu, so vor allem in den Vereinigten Staaten. Dann überschritt das Bevölkerungswachstum, aus dem der Aufbau des Industriekörpers und die Auffüllung der Städte bestritten wurde, jedes natürliche Maß.

Im 20. Jahrhundert ist diese Bevölkerungswelle in den Altindustrieländern abgeklungen; eben dafür liegen die Stichjahre im Jahrzehnt des ersten Krieges. Die Bevölkerungsbewegung hat die für entwickelte Industriegesellschaften typische Figur des »geringen Bevölkerungsumsatzes« – niedrige Geburtenziffern bei stark gesenkter Sterblichkeit – angenommen, mit der Folge, daß die Volkszahlen etwa konstant geworden sind, daß sich die Altersgliederung zugunsten der höheren Jahrgänge verschoben und daß sich der Mechanismus der industriellen Reservearmee schon von dieser Seite her verändert hat. Daß es Großstädte, auch ausgesprochene Industriegroßstädte gibt, die an Einwohnerzahl nicht mehr zunehmen, wäre im 19. Jahrhundert ein Krisensymptom gewesen, heute ist es in den vollindustrialisierten Ländern eine häufige Erscheinung geworden.

Der zweite große Trend geht von den Fortschritten der Produktionstechnik und der Rationalisierung der Betriebe aus; er betrifft die Verteilung der Berufstätigen auf die Sektoren der Arbeitswelt. Das große sozialgeschichtliche Ereignis des 19. Jahrhunderts war die Heraufkunft der industriellen Arbeiterschaft, die Entstehung einer Gesellschaftsklasse sozusagen aus dem Nichts, aber mit einem noch nie dagewesenen Wachstumstempo, das sich mit dem Fortgang der Industrialisierung automatisch steigern zu müssen schien, dazu einer Gesellschaftsklasse, deren Klassenlage völlig neu war, scharf unterschieden nicht nur von der Bourgeoisie, der sie sich entgegengesetzt fühlte, sondern auch von allem, was außerhalb dieser Klassenspannung stand, vom Landvolk und von der Handwerkerschaft, aus deren depossedierten Elementen die ersten Generationen der Arbeiterschaft stammten und aus denen sie sich laufend rekrutierte. Daß sie in absehbarer Zeit die überwiegende Mehrheit aller Werktätigen ausmachen würde, schien sicher. Daß sie in sich immer gleichförmiger werden müsse, schien eine zwangsläufige Folge des technischen Fortschritts zu sein. Noch Frederick Taylor meinte: je vollkommener die Maschine werde, desto simpler werde die Arbeit an ihr.

Um 1850, noch um 1880 konnte es in der Tat so aussehen, als ob der Prozeß der Industrialisierung zur immer klareren Herausbildung scharf getrennter Gesellschaftsklassen führen müsse. Dies war die Prognose der marxistischen Soziologie, aber auch bürgerliche Soziologen, Männer wie Lorenz von Stein und später Gustav Schmoller, hatten dem zwar Mahnungen und sozialpolitische Remedien, aber zunächst keine Tatsachen entgegenzusetzen, die dem Begriff der Klassengesellschaft und der Tendenz zur Verschärfung ihrer Kampfspannung widerstritten hätten. Um 1920 waren diese Prognosen überholt, wie übrigens fast alle, die von der ersten Phase des Industrialismus aus ins 20. Jahrhundert hinein aufgestellt worden sind. Das heißt natürlich nicht, daß die gegenwärtige Sozialstruktur keine Klassengegensätze in sich enthielte. Doch diese bilden nicht das prinzipielle Bau- und Bewegungsgesetz des Gesellschaftskörpers. Vielmehr hat eine Reihe sehr verschiedenartiger Entwicklungen zu einem ganz anderen Effekt geführt.

Schon rein quantitativ ist der Anteil der Industriearbeiterschaft an der Gesamtzahl der Berufstätigen in keinem Industrieland wesentlich über ein Drittel hinausgewachsen. Die Berufsstatistiken zeigten deutlich, daß er auf dieser Größenordnung konstant blieb oder sogar leicht absank, auch schon vor der Vollautomatisierung, von der aber mit Sicherheit anzunehmen ist, daß sie weiter in dieser Richtung wirken wird. Von einem gewissen Stadium der Hochtechnisierung und der Betriebsrationalisierung an bedeutet fortschreitende Industrialisierung nicht mehr wachsende Arbeiterzahlen. Sie bedeutet vielmehr einerseits Verstärkung und Verbesserung des sachlichen Apparats, anderseits Auf- und Ausbau einer bürokratischen Organisation, in der die Produktion vorgeplant, durchgerechnet, laufend kontrolliert und marktgängig gemacht wird. Im eigentlichen Fertigungsvorgang werden dann, auch bei steigendem Produkt, Arbeitskräfte entbehrlich. Statt dessen füllen sich die Büros, die Zeichensäle und Laboratorien, die Materialprüfungsstellen, die Marktbeobachtungs- und Werbeabteilungen mit technischen und kaufmännischen Angestellten. Die Angestelltenschaft hat sich erst im 20. Jahrhundert als die zweite industrielle Massenschicht herausgebildet, dann aber mit noch viel stärkerer Wachstumstendenz als die Arbeiterschaft im 19. Jahrhundert.

Ihr Wachstum ist ein Teil eines weitergreifenden Vorgangs, der sich in der Berufsgliederung aller gegenwärtigen Industriegesellschaften beobachten läßt. Zu seiner Erfassung bedienen sich die heutigen Sozialwissenschaften des Schemas der »drei Sektoren« (C. Clark). Der Grundgedanke dabei ist, daß die menschliche Arbeit in sehr verschiedenem Grade technisierbar ist: ihr Ertrag wird durch den Einsatz und die Vervollkommnung des technischen Apparats in den drei Sektoren in charakteristisch verschieden hohem Maße gesteigert. Im »primären« Sektor, dessen Kerngebiet die Landwirtschaft ist, ist der Produktionsertrag je Arbeitskraft im Verlauf des industriellen Zeitalters etwa im Verhältnis von eins zu drei gesteigert worden. Da nun ferner der Sättigungspunkt für den Bedarf an Produkten dieses Sektors absehbar und in den reicheren Ländern in die Nähe gerückt oder bereits erreicht ist, ist ein großer Teil der früher in ihm beschäftigten Arbeitskräfte entbehrlich geworden. Tatsächlich sind aus den Tätigkeiten der Urproduktion, besonders aus der Landwirtschaft, laufend Arbeitskräfte abgeströmt, zunächst in die damals noch menschenhungrige Industrie.

Diese erste Phase des großen Umschichtungsprozesses reichte in den Altindustrieländern bis an die Jahrhundertgrenze oder ein wenig darüber hinaus. Heute ist sie im wesentlichen abgeschlossen. Die Besetzung des primären Sektors mit menschlichen Arbeitskräften ist auf eine typische Größenordnung, die um fünfzehn Prozent liegt, offenbar auf Dauer eingeschwungen.

Viel höher liegt der Technisierungsgrad im »sekundären« Sektor, dessen Kernbestand die Industrie ist. Wenn ein gewerblicher Produktionszweig um die Mitte des 19. Jahrhunderts vom Handwerksbetrieb zur Werkzeugmaschine mit Dampfantrieb, dann zu Anfang des 20. zum Fließband übergegangen ist und neuerdings Teile seines Betriebes vollautomatisiert hat, wird die menschliche Arbeitskraft mit einem Faktor multipliziert, der die Größenordnung von zwanzig spielend erreicht und sogar erheblich überschreiten kann. Anderseits ist der Sättigungspunkt für den Bedarf an Industrieprodukten nicht physiologisch begrenzt, sondern er verschiebt sich mit der Erhöhung des Lebensstandards, und das Angebot vermannigfaltigt die Bedürfnisse. Aber selbst wenn man ihn, wie J. Fourastié vorgeschlagen hat, hypothetisch auf das Sieben- bis Zehnfache des heutigen amerikanischen Verbrauchs an Industrieerzeugnissen ansetzt (was einen sehr hohen Lebensstandard für die überwiegende Mehrzahl der Haushaltungen bedeutet), erscheint er nicht unerreichbar, und für einige wesentliche Sorten von Waren ist er in den reicheren Ländern in greifbare Nähe gerückt. So zeigt sich also eine zweite Phase des Umschichtungsprozesses an, die zwar zum guten Teil in der Zukunft liegt, die aber schon deutlich begonnen hat und sich in dem stagnierenden oder rückläufigen Anteil der Arbeiterschaft an der Berufsgliederung bereits auszudrücken beginnt: das Einschwingen der Beschäftigtenzahl auch des sekundären Sektors auf eine etwa konstante Größe, die voraussichtlich gegenüber dem heutigen Stand ein gut Teil niedriger liegen wird.

Großstadtbevölkerung nach Arbeitsschluß

Autos auf dem Parkplatz eines Stadions

Um so klarer zeichnet sich ein dritter Sektor ab; zu ihm gehören die Tätigkeiten der Verwaltung, der Leitung, Planung und Organisation, der kommerziellen Vermittlung und des Verkehrs, ferner die Berufe der Erziehung und Bildung und mit einem immer höher werdenden Anteil die Dienstleistungen für hygienische, kulturelle und Vergnügungszwecke. Diese Tätigkeiten sind großenteils nicht technisierbar, und wenn sie es sind, so nicht mit der Wirkung, daß menschliche Arbeitskräfte eingespart werden. Für eine Sättigung des Bedarfs an ihnen aber sind keine Anzeichen zu erkennen und auch für die absehbare Zukunft keine zu erwarten. Im Gegenteil, ein gehobener Lebensstandard stürzt sich, nach Absättigung des primären und des sekundären Bedarfs, typischerweise auf die tertiären Bedürfnisse, auf Hygiene, auf Bildung und Fortbildung, auf Verkehr, auf Sport und Unterhaltung.

Der tertiäre Sektor wächst also stetig. Die Ursachen dafür liegen für jedes seiner Teilgebiete anders, sind aber immer klar aufweisbar. Die Vergrößerung und Konzentration der Produktionsbetriebe verringert im ganzen die Zahl der Arbeitskräfte, die für den Herstellungsvorgang benötigt werden, sie läßt aber gleichzeitig einen Verteilungsapparat entstehen, der immer mehr anschwillt: Händler kleinen und mittleren Formats, außerdem in den Großproduktionsstätten selbst Verkaufsabteilungen, Versand- und Werbebüros mit Scharen von Angestellten. Dieselben Ursachen, verbunden mit der steigenden Marktabhängigkeit der Haushalte und der starken inneren Mobilität der Gesellschaft, verdichten das Netz der Verkehrsbewegungen: auch hier entstehen tertiäre Berufe in Massen. Von den Ursachen, die zur Vergrößerung der Beamtenkörper führen, wurde schon gesprochen; sie liegen vor allem in der Fülle der Aufgaben, die der Sozialstaat übernommen hat, und in der Unzahl der öffentlichen Versorgungsbetriebe, auf die das moderne Leben angewiesen ist. Wiederum andere Kausalzusammenhänge bedingen das besonders starke Wachstum des Teilsektors Erziehung und Unterricht. Die durchschnittlichen Schulzeiten werden in allen Ländern verlängert, immer mehr Spezialausbildungen, großenteils durch die Spezialisierung der Arbeitswelt hervorgetrieben, werden entwickelt; viele Aufgaben der Erziehung und Lehre, die früher an die Familien und an die Werkstätten gebunden waren, werden zu eigenen Lehrgängen ausgegliedert. Analoge Ausgliederungsvorgänge spielen auch anderswo, etwa in der Gesundheitspflege und Krankenbehandlung, eine Rolle. Die Verkürzung der Arbeitszeiten, die für alle schematisierten Berufe zügig im Gange ist, bringt Dienstleistungen und ganze Veranstaltungen hervor, die ausgesprochen tertiären Charakter haben: Kinos, Tourismus, Sportbetrieb. Die Gruppe derer, die davon leben, daß andere Freizeit zur Verfügung haben, die konsumiert, erfüllt oder gestaltet werden muß, zeigt einen besonders deutlichen Anstieg.

»Nichts wird weniger industriell sein als die aus der industriellen Revolution geborene Zivilisation«, in dieser überspitzten Formel hat J. Fourastié die strukturellen Veränderungen der Gesellschaft zusammengefaßt, und er sieht darin »die große Hoffnung des 20. Jahrhunderts«. Überhaupt werden an das Gefälle, das in der Verteilung der Menschen auf die drei Sektoren in den industriell fortgeschrittensten Ländern zu beobachten ist, vielfach überschwengliche Erwartungen geknüpft, etwa die, daß in Bälde je zehn Prozent der Arbeitskräfte vollauf genügen würden, um die Gesellschaft mit Agrarprodukten und, in einer dann vollautomatisierten Industrie, für einen sehr hohen Lebensstandard mit

Industriewaren zu versorgen, und daß alles andere für Dienstleistungen, immer mehr auch für kulturelle, zur Verfügung stehen würde. Sicher werden auch diese Bäume nicht in den Himmel wachsen. Aber die Feststellung, daß im gegenwärtigen Zustand der Industriegesellschaft der tertiäre Sektor allein noch ein echtes Wachstum zu verzeichnen hat, ist legitim.

Soziologisch gesehen stecken in diesem Sektor die allerverschiedensten Elemente, vom hochbezahlten Star bis zum niederen Angestellten, vom Spezialarzt bis zur Krankenschwester, vom Großkaufmann bis zum kleinen Ladner. Aber es sind ganz überwiegend Positionen, die in das dualistische Schema von Kapitalist und Arbeiter, erst recht in die alten Klassenbegriffe Bourgeoisie und Proletariat nicht hineinpassen, sondern quer zu ihnen liegen und mit ihrer Hauptmasse einem freilich stark differenzierten Mittelstand angehören. Teilweise sind es wirtschaftlich Selbständige, »alter Mittelstand«. Wesentliche Teile der altmittelständischen Schichten, die in den Prognosen des 19. Jahrhunderts als schwindender Restposten und als *quantité négligeable* betrachtet wurden, etwa viele Handwerke und vor allem der selbständige Detailhandel, haben sich als überraschend krisenfest erwiesen und sogar ihren Bestand verstärkt, gerade in den Großstädten. Zum größeren Teil aber sind die Positionen, die im anschwellenden tertiären Sektor entstehen, »neuer Mittelstand« im Angestellten- oder Beamtenverhältnis. Nur hat die Alternative Besitz eigener Produktionsmittel oder Arbeit an fremden fortschreitend ihre Bedeutung verloren, nachdem die sogenannten unselbständigen Stellungen an Masse zugenommen und auf alle Niveaus übergegriffen haben. Die bekannte Wandlung in der rechtlichen und ökonomischen Verfassung der großen Wirtschaftsbetriebe, nämlich die Trennung von Eigentum und Management, zeigt, daß sie auch in den obersten Lagen des gesellschaftlichen Gefüges nicht mehr gültig ist.

Einige weitere Entwicklungen, die das 20. Jahrhundert gebracht hat, sind zu dem Bild der neuen Schichtungsstruktur hinzuzunehmen, vor allem die soziale Hebung der Industriearbeiterschaft im ganzen und ihre reiche Differenzierung nach Arbeitsform, Entlohnung und Aufstiegschancen. Die proletarische Situation, zu der anfangs überlange Arbeitszeiten, Löhne dicht beim Existenzminimum und darunter, uneingeschränkte Frauen- und Kinderarbeit, Slums, völlige Ungesichertheit im Krankheitsfall und im Alter und absolute Krisenanfälligkeit gehört hatten, ist durch den Ausbau des Arbeitsrechts und die steigende Macht der Gewerkschaften in allen wesentlichen Stücken entproletarisiert worden. Die Reallöhne zeigen seit langem steigende Tendenz und sind praktisch nicht mehr nach unten flexibel. Zudem staffeln sie sich in einer weiträumigen Skala, deren obere Stufen klar in die mittelständischen Einkommen hineinragen.

Alle diese Entwicklungen konvergieren zu der Schichtungsstruktur, die für die westlichen Industriegesellschaften des 20. Jahrhunderts typisch geworden ist. Nicht daß sie schon überall voll verwirklicht wäre, doch sie arbeitet sich überall heraus. Das Bauprinzip der reinen Klassengesellschaft, insbesondere der Gegensatz von Bourgeoisie und Proletariat, hat nicht um sich gegriffen, sondern ein viel komplexeres Schichtungsgefüge bildet sich heraus, eine »Verlagerung entlang veränderter Fronten« (Theodor Geiger). Daher sind die traditionellen Kategorien großenteils unergiebig geworden, selbst der Begriff Klasse. Das neuerdings vielfach gebrauchte Schlagwort »nivellierte Mittelstandsgesellschaft« bezeichnet den Tatbestand nur ungefähr, immerhin nach einem seiner wesentlichen Merkmale. Die mittelständischen Lagen im Gesellschaftsaufbau verstärken sich. Die verschiedenen Einkommensarten – Arbeiterlöhne, Angestellten- und Beamtengehälter, freie Einkommen aus Handel, Gewerbe und Dienstleistungen aller Art – überschneiden sich immer stärker, und die Einkommenskala im ganzen schiebt sich zusehends zur Mitte hin zusammen, jedenfalls in einem breiten mittleren Streifen, der den größten Teil der Gesamtbevölkerung umfaßt. Bei wachsendem Sozialprodukt bedeutet das, daß die überwiegende Mehrheit der erwerbstätigen Bevölkerung einen steigenden Anteil an den Zivilisationsgütern gewinnt, auch an solchen, die noch vor zwei Generationen als Luxus gegolten hätten. Mittelständische Leitbilder werden allgemein dominant, teils mit Anleihen an der Lebensgestaltung, die für das Bürgertum typisch war, zum größeren Teil in Richtung auf einen nachbürgerlichen Zivilisationskomfort, dessen Muster in den Großstädten ausgegeben werden, aber von ihnen aus breitlaufen. Auch der kleinstädtische Haushalt arbeitet mit den arbeitsparenden, bequem zu handhabenden Geräten, auch im Dorfkino laufen die Filme, die zeigen, wie es im *high life* zugeht.

Doch dieser »Mittelstand« ist nicht in dem Sinne »nivelliert«, daß er ein einheitlicher Block wäre. Er baut sich vielmehr in zahlreichen Stufen auf, deren Schwellen zwar klein, aber bedeutungsvoll sind. Maßgebend sind zunächst die Abstufungen des Einkommens, denn sie entscheiden über den Anteil am allgemein angebotenen Lebensstandard, der für den Einzelnen erreichbar ist; sie bestimmen die Marge für den freien Konsum, praktisch gesprochen für den etwas höheren Mietaufwand, die etwas anspruchsvollere Ferienreise, die etwas hubraumgrößere Motorisierung und die etwas höheren Aufwendungen für die Ausbildung der Kinder. Dabei sind einige weitere Bedingungen zu erfüllen, und das Berufsverhalten der heutigen Menschen zeigt, daß sie mit viel Instinktsicherheit und Überlegung gestellt werden: die Sicherheit am Arbeitsplatz, die im Lauf der Jahre anfallenden Versorgungsrechte, die Ausbaufähigkeit der Position und die Chancen des Aufstiegs in und außer der Reihe. Der Berufsinhalt und das Berufsprestige, das Bestreben, in einer sinnvollen und lohnenden, in einer angesehenen, in einer sauberen und angenehmen Arbeit zu stehen, wirken außerdem immer mit.

Gerade die Vielfalt und Stetigkeit der Übergänge zwischen den einzelnen Positionen ermöglicht, daß sie beständig auch realisiert werden. Es herrscht eine hohe Mobilität in den gegenwärtigen Industriegesellschaften, wenn auch mit beträchtlichen Unterschieden zum 19. Jahrhundert; vor allem die amerikanischen Soziologen betonen, daß in dieser Hinsicht das Zeitalter der unbegrenzten Möglichkeiten vorüber ist. Die horizontale Mobilität äußert sich weniger in den massenhaften Binnenwanderungen, die für die erste Phase des Industriesystems charakteristisch waren, als in einem ruhelosen Orts-, Wohnungs- und Arbeitsplatzwechsel; die Menschen sind in schiebender und drängender Bewegung wie die Gesteinsbrocken auf dem Rüttelsieb. Die vertikale Mobilität äußert sich nicht in dramatischen Aufstiegen zu einem ganz anderen sozialen Status, sondern im Vorwärtskommen (oder Zurücksinken) um eine oder zwei Sprossen auf der Stufenleiter des Berufsprestiges und des Lebensstandards. Eben darum werden die Aufstiegsmöglichkeiten erstrebbar, sei es im individuellen Arbeitsleben, sei es im Generationengang. Durch den Ausbau des öffentlichen

Bildungswesens werden sie befördert, an vielen Stellen sind sie zu förmlichen Karrieren institutionalisiert. Neben dem festen Willen, im Konsum nicht zu kurz zu kommen, spielen sie in der Lebensplanung der Familien die entscheidende Rolle, bis in die Bemessung der Kinderzahl hinein.

Die westlichen Länder zeigen diese Schichtungsstruktur in verschiedenen Graden der Ausprägung, so die Vereinigten Staaten von Amerika und die skandinavischen Länder in höheren als Deutschland, Frankreich und England, sowohl in Richtung auf stärkere An- und Ausgleichung wie auf höhere Mobilität. Aber alle zeigen sie als weitergehenden Prozeß, unter fortschreitendem Abbau der Reste der altständischen Ordnungen. Die obersten Lagen werden dabei nicht eingeebnet. Die Reichen werden noch reicher, sofern ihr Besitz nicht in feudalen Formen abseits der Kreisläufe der Wirtschaft liegt. Proletaroide Existenzen aber und Armut als soziales Problem kennen die industriellen Gesellschaften, je weiter sie sich in der bisherigen Richtung fortbilden, nur noch an den Rändern der Arbeitswelt, bei den nicht in sie Einbezogenen oder aus ihr Ausgeschiedenen, und als Folgen politischer Katastrophen.

Auf der ganzen Erde machen freilich die Länder dieser Struktur, wenn es hochkommt, ein Fünftel aus. Rings um sie dehnen sich die Räume, in denen die materielle Not herrscht, auch wenn sie schon in das Kraftfeld der Weltzivilisation partiell einbezogen sind oder von ihren Ausstrahlungen getroffen werden. Von den 2,9 Milliarden Menschen leben anderthalb im Hunger. Die Fähigkeit und der spontane Drang des industriellen Systems, Massengüter zu produzieren, Seuchen zu bekämpfen, Arbeitskräfte zu beschäftigen, haben also ein weites Feld vor sich.

Die Arbeitswelt

Die Arbeitswelt des 20. Jahrhunderts ist in Betrieben, typischerweise in Großbetrieben, an ihren Entwicklungsspitzen in Riesenbetrieben organisiert. Das bedeutet, daß die Trennung von Arbeitsstätte und Haushalt, die in der vorindustriellen Welt die Ausnahme war, für den Großteil der arbeitenden Menschen zur Regel geworden ist; nur noch beim Bauerntum und bei einem Teil der selbständigen Handwerker und Gewerbetreibenden fallen Betrieb und Haushalt zusammen. Für die Arbeitsleistung selbst bedeutet es, daß sie in einen Großvorgang eingeordnet und unter dessen Gesetz gestellt wird, insofern also fremdbestimmt ist. Sie verliert den Charakter des selbstverantwortlichen Tuns auf Grund eigener Disposition, auf eigene Rechnung und Gefahr. Dafür werden in ihr alle die formalen Eigenschaften dominant, die die Einfügung in ein vorgeplantes Ganzes erfordert: Anstelligkeit, Disziplin, Pünktlichkeit, Bereitschaft zur Kooperation. Dies gilt auch für die hochspezialisierten und hochqualifizierten Leistungen, und es gilt nicht nur, wenn sich der Betrieb als Maschinensystem und laufendes Band, sondern auch wenn er sich als bürokratisches System darstellt, also nicht nur in den Fabriken, sondern auch in den Büros, Ämtern und Anstalten. Ebenso verliert die individuelle Arbeitsleistung, indem sie in den Betrieb eingestellt wird, die

Qualität, ein Ganzes zu schaffen, oder sie büßt wenigstens vom Charakter des ganzheitlichen Berufs vieles ein. Die bisherige Geschichte der industriellen Arbeitswelt zeigt bereits mehrere Etappen dieses Prozesses. Wie schon die ersten Maschinen zahlreiche Vollhandwerke ausgeschaltet, wie die Fließbänder weitere Fachkräfte durch eine Kette stark fragmentierter Tätigkeiten ersetzt haben, so ist heute die Automation im Begriff, eine noch nicht ganz abzusehende Reihe von Fachberufen überflüssig zu machen. Die Arbeitsformen, die dann neu entstehen, sind zwar ebenfalls hochqualifiziert, zeigen aber alle den neuen Typ, daß sie in den Betriebsvorgang eingefügt sind wie ein gut gefrästes Maschinenglied. In einem Betrieb produziert kein Einzelner mehr etwas Reales, sondern nur das ganze System, unter das alle subsumiert sind, produziert etwas, (Hegel).

Hierzu ist sofort einschränkend zu sagen, daß die moderne Arbeitswelt außerordentlich formenreich und vielschichtig ist. Es ist unmöglich, sie in eine einzige Formel zu fassen, und es wäre sehr falsch, sie insgesamt nach dem Bilde eines industriellen Riesenwerks vorzustellen, das in Serienfertigung arbeitet – wie das in sensationell aufgemachten Gegenwarts- und Zukunftsreportagen zuweilen geschieht. Sie enthält zahlreiche ältere Bestände in sich, zeitgemäß umgebildet und durchaus lebenskräftig. Es gibt Handwerke, die zwar mit Maschinen arbeiten, aber echte Meisterarbeit leisten. Landarbeit bleibt auch mit Traktoren bäuerlich, und daß das Auge des Herrn das Vieh fett macht, gilt auch bei rationellster Weidewirtschaft und Stallfütterung. Lehren, Heilen, Rechtsprechen, Forschen können autonome Tätigkeiten bleiben, auch wenn sie in einen Großbetrieb hineinorganisiert werden.

Aber die Arbeit im industriellen Sektor ist doch nicht nur ein Sonderfall, sondern der Prototyp. Hier ist das Prinzip, den Arbeitsprozeß in unselbständige Teile zu zerlegen, ihn daraus zusammenzumontieren und ihn soweit wie möglich selbstläufig zu machen, am konsequentesten durchgeführt. Nicht nur, weil sie den größten Teil des Sozialprodukts erarbeitet, sondern als Muster der Arbeitsverfassung ist der Industriebetrieb zur »repräsentativen Institution« (Peter Drucker) der modernen Gesellschaft geworden. Seine Rationalisierungsmethoden, seine Lohnsätze und sein Betriebsklima wirken als Vorbilder. Das Ideal des in sich durchkonstruierten und dann abschnurrenden Betriebes ist expansiv und dringt auch in ganz andere Bereiche ein, selbst in solche, in die es nicht gehört. Immer mehr vom Gehalt der Arbeit wird im Produktions- und Organisationsplan vorweggenommen, wird in den Apparat hineinobjektiviert, tritt also an den Menschen als präzisierter Auftrag heran und unterwirft ihn sozusagen einer Fernsteuerung.

Das gilt auch an den Stellen, wo die neueste Technik den Arbeiter nicht mehr auf die Wiederholung mechanischer Handgriffe, sondern auf Überblick, technisches Verständnis und wache Aufmerksamkeit beansprucht. Dann greift ein sehr positives Verhältnis des Menschen zur Maschine Platz, und ein großer Teil der Anklagen, die seit ihrem ersten Auftreten gegen sie gerichtet worden sind, wird hinfällig. Der Mensch wird nicht von ihr versklavt, er bedient sie nicht mehr, sondern er sitzt, nicht mehr im Overall, sondern im weißen Mantel, im Schaltraum einer Apparatur gegenüber, deren Lauf er beaufsichtigt. Aber auch hier ist seine Arbeit funktionalisiert. Der Antrieb zu ihr kommt nicht aus seiner Person, sondern aus dem Sachzusammenhang des Betriebes. Zudem ist zu bedenken, daß auf absehbare Zeit nur für eine kleine Elite mit derartigen Arbeitsformen, für das Gros der industriellen Belegschaften aber weiterhin mit stärkster Arbeitsfragmentierung und Fesselung an den Maschinengang zu rechnen ist. Die Kategorie der Angelernten nimmt fast überall zu, und die Anlernzeiten verringern sich. Die Höchstleistungen werden binnen kurzem erreicht, oft dadurch, daß die Arbeitsverrichtungen sich im Menschen selbst mechanisieren.

Nun soll man gewiß das Gegenbild der vorindustriellen Arbeitswelt nicht idealisieren. Auch dort hat nicht lauter freischöpferische Tätigkeit stattgefunden. Auch der alte Handwerker schuf nicht, wie der Vogel singt. Die menschliche Arbeitswelt ist in allen ihren Zuständen ein sehr traditionshaltiges Gebilde gewesen. In ihren Werkzeugen, in ihren Arbeitsregeln und ihrem Ethos war das Erbe von Jahrtausenden gegenwärtig, und insofern ist von jeher alle Arbeit gleichsam auf gebahnten Wegen gelaufen. Doch das ist nun die entscheidende Veränderung: industrielle Arbeit läuft nicht mehr bloß auf gebahnten Wegen, sondern auf Schienen, aus denen sie gar nicht heraus kann. Sie läuft um so glatter, je williger sie auf ihnen läuft. Ja, sie wird überhaupt erst systemrichtig und wirksam, wenn sie dem vorgegebenen Schienensystem folgt; und für die Mehrzahl der Arbeiten in einer Großbürokratie gilt dasselbe.

Ersatz personaler Vollverantwortungen durch vorgeplante Funktionen, die wie Zahnräder ineinandergreifen: auf diesen Typus der Arbeit bewegt sich unsere Arbeitswelt, alle Ausnahmen zugestanden, im großen und ganzen zu. Auf ihn und seine Anforderungen ist der Mensch von heute eingestellt, und es wäre eine ganz falsche Sentimentalität, zu glauben, daß er sonderlich darunter litte. Er will genau wissen, was verlangt ist, im übrigen freilich möglichst ungeschoren sein. Er will das Schienensystem vorfinden, auf dem seine Arbeit laufen kann, und es soll ein gutes Schienensystem sein. Die These des jungen Wilhelm von Humboldt, eine Tätigkeit sei überhaupt nur menschenwürdig, wenn sie es gestatte und sogar verlange, daß der Mensch viel von seinem eigenen Wesen in sie lege, wird dann als obsolet empfunden. Die modernen Arbeitsformen verlangen das nicht, sie gestatten es nicht einmal; je mehr sich der Produktionsapparat und das Organisationsgefüge perfektionieren, desto weniger. Es gibt ihnen gegenüber nur entweder die völlige Hingabe an den Betrieb und das Aufgehen in ihm – das ist oft das Schicksal derer, die auf einem gehobenen Posten stehen – oder das Ethos der bloßen sauberen Erledigung des technisch Notwendigen und die Verlagerung der inneren Bezirke der Person in einen Freiraum jenseits der Arbeit.

Diese nüchterne Sachlichkeit im Verhältnis zum Betrieb und zur Arbeit in ihm ist zwar nicht als die durchgängige, doch als die zeittypische Haltung anzusetzen, vor allem auch in der Jugend. Sie wird binnen kurzem erworben, großenteils schon mitgebracht. Sie ist ein Teil des Anpassungsvorgangs, zu dem das industrielle System den Menschen zwingt, den dieser aber auch bereitwillig vollzieht, weil er ihm viele Entlastungen einbringt. Die Arbeit wird drahtig geleistet, aber die Person zieht sich aus ihr zurück.

Doch Anpassung ist immer auch eine Reduktion, nämlich auf die Eigenschaften und Anstrengungen, die das Milieu erfordert, unter Ausfällung alles dessen, was nicht gefragt ist und möglicherweise stören könnte. Es ist kaum zu leugnen, daß die Arbeitsformen, die für das industrielle System typisch sind, einiges ausfällen, was in den vorindustriellen Berufstätigkeiten drin war, auch wenn sie härter, anstrengender und unbequemer waren.

In einem Arbeitskreis, der als ganzer einigermaßen übersehbar ist und die Selbsttätigkeit des Menschen ins Spiel bringt, wird – als das menschliche Korrelat zu der Gegenstandswelt, mit der es die Arbeit konkret zu tun hat – langfristig eine vollständige Erfahrung erworben. Eine ganze Welt von Einsichten, Fragestellungen und Überzeugungen wird gesammelt, die dann dem Menschen zu eigen ist. Eben das leisten die hochspezialisierten Berufsarbeiten, in die das industrielle System die Mehrzahl der Menschen hineinnötigt, wesentlich nicht – nicht nur weil sie den Einzelnen zumeist auf einen recht engen und monotonen Sektor eigener Erfahrung beschränken, sondern vor allem, weil sie zwischen ihn und die Gegenstände das Zwischenglied des Apparats einschalten, der die Arbeit eigentlich verrichtet, bis hin zu dem Grenzfall, daß der arbeitende Mensch kaum mehr zu wissen braucht, was die Großapparatur, deren Lauf er an Lichtsignalen und Kurvenschreibern kontrolliert, eigentlich produziert oder was die Bürokratie, deren Akten er nach modernsten Prinzipien registriert, eigentlich verwaltet.

Dieser Erfahrungsschatz, der sich dort anreichert und hier nicht, ist aber nicht nur eine Zugabe, auf die auch verzichtet werden könnte, sondern aus ihm speisen sich die aktiven Antriebe, die in die Arbeit eingehen. Es besteht ein Kreislauf zwischen dem, was eine Arbeit mitteilt, und dem, was der Mensch von sich selbst in sie zu investieren vermag. Und umgekehrt besteht ein Kreislauf, nun aber ein *circulus vitiosus*, zwischen der Einengung des Blickfeldes im industriellen Arbeitsvorgang und dem Schwund der Antriebsenergien im Menschen. Bloße Ermahnungen nützen da nicht viel, und auch die rein informatorische Aufklärung über den Gesamtzusammenhang des Betriebs ist nur ein Behelf.

Dabei sind die Anforderungen, die diese Arbeiten stellen, in ihrer Weise sehr hoch. Sie spannen den Menschen an, und sie spannen ihn ein. Doch sie spannen ihn ein wie ein Rad, das im Getriebe mitgenommen wird. Wenn man von der Annahme ausgeht, daß der Mensch keine Einzweckapparatur, sondern auf Vielfertigkeit angelegt ist, und von der weiteren Annahme, daß er sich in irgendeinem Grade mit seiner Arbeit identifizieren können muß, um sie auf die Dauer ohne Schaden zu tun, so wäre zu sagen: in vielen dieser Arbeiten ist die Reduktion so stark, daß es objektiv unmöglich wird, sich mit ihnen zu identifizieren. Man kann von ihnen nicht leben, oder man kann es nur im materiellen Sinne der Lohntüte oder der TOA. Sie werden zum reinen Job.

Auf die neuartigen Ermüdungs- und Erschöpfungserscheinungen, die sich dann einstellen und die sich zu sehr langwierigen und widerspenstigen Symptombildern auswachsen können, ist von ärztlicher Seite längst hingewiesen worden, und es ist klar ausgesprochen worden, daß es sich dabei nicht um eigentliche Ermüdung wegen zuviel oder zu harter Arbeit handelt, sondern um die systembedingte Lahmlegung von Antriebsenergien. Sie zeigen sich, bis hin zu förmlichen Ermüdungsneurosen, auch bei stark verkürzter Arbeitszeit und bei Tätigkeiten, die durch die technische Zurüstung maximal erleichtert sind, bei den Angestellten im Büro nicht minder als bei den Arbeitern am Fließband. Sie sind die Kehrseite einer Rationalisierung, die rein vom Sachprozeß her denkt. Sie sind, wenn sie sich häufen, das Signal dafür, daß der biologische Rhythmus von Spannung und Entspannung im arbeitenden Menschen über die Anpassungsfähigkeit hinaus gestört und daß der Spielraum der Eigentätigkeit über das auf Dauer Erträgliche hinaus eingeengt ist. Das wäre dann nicht mehr bloß eine Reduktion, die in Kauf zu nehmen ist, sondern es wäre ein Verschleiß, für den die Abschreibungsraten laufend in menschlicher Währung gezahlt werden.

Wohl aber gehören zum System der gegenwärtigen Arbeitswelt einige Selbstkorrekturen, die von denjenigen, die auf *social engineering* fixiert sind, aber auch von den Kritikern oft vergessen werden. Sie entspringen zum Teil aus der Eigenlogik der großbetrieblichen Arbeitsverfassung und machen sich daher stillschweigend und hinterrücks auch dort geltend, wo man entschlossen ist, das »Menschenmaterial« hundertprozentig in industrielle Produktivkraft zu verwandeln. Zum anderen und größeren Teil ergeben sie sich, als Forderungen oder als Möglichkeiten, aus der Entscheidung, die das westliche System getroffen hat: die Freiheit des Menschen in sich einzuplanen, der privaten Initiative Chancen zu geben und sich an möglichst vielen Stellen in der Selbstverantwortung des Einzelnen abzustützen.

Von den vielfältigen Einschlägen andersartiger Arbeitsformen und ganzheitlicher Berufe in der modernen Arbeitswelt wurde schon gesprochen. Sie sind nicht bloße Restbestände, die aus Pietät geschont werden, sondern in der Sache, das heißt in diesem Fall im Autonomiegehalt der Aufgaben begründet, um die es in ihnen geht. Tätigkeiten, die nicht voll durchrationalisiert und nicht ganz von der Person abgehoben werden können, gibt es natürlich besonders in denjenigen Berufen, in denen es sich um Menschenbetreuung und Menschenführung, um Erziehung und Fürsorge, um schöpferische Gestaltung und den Umgang mit geistigen Werten handelt. Die Tendenz, alle menschlichen Leistungen zu funktionalisieren und dadurch den glatten Ablauf zu sichern, ist freilich so stark, daß sie auch vor diesen Bereichen nicht haltmacht. Dann aber setzen erfahrungsgemäß wirksame Widerstände ein. Es setzt, nicht nur von den Interessenten vertreten, sondern auch mit einer lebhaften Resonanz im öffentlichen Bewußtsein, die Einsicht ein, daß es Wirkungsweisen gibt, in denen das bürokratische Schema von Bevorschriftung und Erfolgsbericht ganz an der Oberfläche bleibt oder geradezu sachwidrig wird. Widerstände dieser Art sind im Bildungswesen, bei den Ärzten und in anderen freien Berufen laut geworden. Sie gehören zu den Auseinandersetzungen, in denen die westliche Gesellschaft das Gleichgewicht zwischen Organisation und Freiheit, zwischen Massenbedarfsbewältigung und Autonomie sucht.

Und sogar an ihren Verdichtungsstellen, an denen ein anderes Prinzip als das der vollrationalen Organisation nicht in Betracht kommt, korrigiert sich die moderne Arbeitswelt mit einer gewissen Sicherheit selbst. Ein Betrieb, in dem Zehntausende von Köpfen und Händen zusammenspielen, muß klappen, ein Verwaltungssystem, von dessen Funktionieren Millionen abhängig sind, desgleichen. Das ist ihr Ethos, so wie es der Sinn der Maschine ist, daß sie geht. Aber auch hier bilden sich ganz von selbst Herde und Kerne von Eigenverantwortung heraus, oder sie lassen sich bei gutem Willen und dann zum evidenten Nutzen der Sache in den Sachbetrieb einbauen – an all den offenen oder geheimen Gelenkstellen, wo das Schema versagt, wenn es nicht in selbständigem Ermessen variiert wird, wo auch die bloße Routine sich heißläuft und der Charakter des Menschen gleichsam als Lagermetall gebraucht wird. Jeder Betrieb hat solche Persönlichkeiten, geliebt oder gefürchtet, keineswegs nur an der Spitze und auf den obersten Niveaus, sondern auch in den

Das automatisierte Büro
Elektronische Großrechenanlage IBM 705 in der Zentrale der holländischen Luftverkehrsgesellschaft KLM in Amsterdam

Der gesteuerte Verkehr
Rolltreppen im Bus-Bahnhof New York

mittleren Lagen bis weit nach unten, und die sehr guten Betriebe sind erfahrungsgemäß dadurch charakterisiert, daß sie nicht nur sehr gute Maschinen, sondern auch, just in diesem Sinne, die guten Leute haben.

Die andere Selbstkorrektur, die die moderne Arbeitswelt in sich vollzieht, besteht darin, daß, bei steigendem und sehr breit verteiltem Sozialprodukt, die Freizeit zunimmt, jedenfalls in allen Berufen, in denen die Arbeitszeit samt allen anderen Arbeitsbedingungen tarifvertraglich oder gesetzlich normiert ist. Wer die Fünftagewoche erreicht hat, hat ein Drittel des Jahres arbeitsfrei – was ihm zu gönnen ist. Die leitende Oberschicht und viele geistige Berufe haben dafür um so länger zu tun, und auch das ist nicht so paradox, wie es auf den ersten Blick aussieht, wenn es auch manche Gefahren mit sich bringt. Ganzheitliche Berufe schwingen in einen Feierabend aus, zum Job aber, und erst zu ihm gehört die Freizeit und gehört das Hobby. In sie schießen die Kräfte ein, die in der Arbeit nicht gesättigt oder sogar lahmgelegt werden, im guten Fall als überschüssige Aktivität, im besten als Produktivität, im schlechten Fall als ungestillter Reizhunger.

Diese Zweipoligkeit ist aus dem Bild der modernen Arbeitswelt nicht wegzudenken, sie ist aber durchaus ein Produkt des 20. Jahrhunderts. 1870 galt der Zwölfstundentag als eine Errungenschaft. 1910 war der Achtstundentag noch umstritten. Seitdem ist die jährliche Arbeitsdauer im Durchschnitt aller Wirtschaftszweige von 3500 auf 2000 Stunden gesenkt worden. Daß sie noch wesentlich verkürzt werden kann, ohne daß die Erhöhung des Lebensstandards blockiert wird, ist freilich unwahrscheinlich.

Begreiflicherweise knüpfen sich große Hoffnungen an diesen Übergang »von der Arbeitsgesellschaft zur Freizeitgesellschaft«, und dies wahrlich nicht nur von seiten der Freizeitindustrien, die sich mit Verve auf die neuen Chancen gestürzt haben. Anderseits ist das Bewußtsein sehr lebendig, daß damit Probleme aufgeworfen sind, die großenteils unbewältigt sind und die weder durch die illustrierten Zeitschriften noch durch Film und Fernsehen, noch durch das Motorrad und den Kleinwagen allein gelöst werden können.

Das Neonlicht der Anonymität und der Mann ohne Eigenschaften

Die Begriffe Masse, Massendasein, Massenmensch werden seit geraumer Zeit, auch in der wissenschaftlichen Literatur, zur Bezeichnung des Lebenszustandes in der industriell-bürokratischen Gesellschaft so ausgiebig und meist so pauschal verwendet, daß es notwendig geworden ist, sie kritisch zu überprüfen, oft sogar zweckmäßig, sie zu vermeiden. Sie meinen nicht nur die quantitative Vermehrung der Bevölkerungen und ihre Zusammenballung an den Zentren der Arbeit, des Verkehrs und des Konsums. Sie meinen die Tatsache, daß in den Menschenmengen, die dort beisammen sind oder im Strom mitschwimmen, der eine den anderen nicht kennt und daß zwar alle das gleiche tun, aber jeder für sich allein, nur in einer vagen Weise dadurch angetrieben oder bestätigt, daß die unbekannten anderen es auch tun. Masse ist also eine Qualität des Zusammenseins. Ihr Charakteristikum ist die Vereinzelung des Einzelnen trotz, sogar infolge der Gegenwart vieler, ist

Tuchfühlung ohne Gemeinsamkeit, flüchtige und wechselnde Partnerschaft statt eingelebter Nachbarschaft. Ihre Signatur ist die Anonymität. Diese ist aber nicht etwas Negatives, sondern es gibt im Gefüge der industriellen Gesellschaft zahlreiche Institutionen, Ordnungsprinzipien und Hilfsmittel, die ganz unentbehrlich sind und von denen Anonymität ausstrahlt. Anonymität ist also nicht nur ein Schatten, der über dem gegenwärtigen Leben liegt, sondern ein künstliches Licht, in dem es spielt.

Überall, wo menschliches Tun an und mit Apparaturen arbeitet, wird es anonymisiert, und wo arbeitete es heute nicht an und mit Apparaten? Der Künstler, der ein Werk vollendet hat, signiert es mit seinem Namen. Daß aber der angelernte Arbeiter das Produkt, an dem er ein Minimum getan hat, mit seinen Initialen zeichnen sollte, wäre sinnlos zu denken. Die Massenware hat keinen Namen. An seine Stelle tritt sein Surrogat, das einprägsame Kunstwort, das durch Reklame propagiert wird. Es garantiert für den absolut gleichmäßigen Inhalt aller Packungen, auf denen es steht. Beanstandungen bitten wir an unsere Zentrale oder an eine der Filialen zu richten, die wir an allen größeren Plätzen unterhalten.

Wo nicht fabriziert, sondern verwaltet, verordnet, zugeteilt wird, heißt der Apparat nicht Maschine, sondern Bürokratie, doch mit derselben Wirkung. Wer hat einen Fall entschieden, eine Ordnungsstrafe erteilt, ein Gesuch genehmigt? Nicht der Beamte als namentliche Person, sondern das Amt, die Stelle, die Instanz. Die Unterschrift ist unleserlich, aber sie interessiert auch nicht, wichtig ist allein der Briefkopf, der die Dienststelle nennt. Im Verkehr mit ihr verliert auch der Verwaltete seine Personalität. Alle persönlichen Beziehungen zwischen Menschen sind ein Abglanz des Wortes »Ich habe dich bei deinem Namen gerufen«. Hier aber wird zum Menschen gesagt: du bist dran, wenn deine Nummer aufgerufen wird. Oder es wird ihm gesagt: du gehörst zur Kategorie der Festbesoldeten, der Versicherungspflichtigen, der Zuzugsberechtigten, und dein Fall wird unter dieser Rubrik erledigt.

Wo nicht fabriziert, auch nicht Laufendes und Wiederkehrendes verwaltet, sondern etwas Einmaliges langfristig ins Werk gesetzt wird, tritt das Anonyme als Plan auf. Es ist für alle größeren Vorhaben im Stile der Zeit charakteristisch, daß sie auf lange Fristen und über weite Räume hinweg geplant werden müssen. Der Plan ist dann das unpersönliche Movens, das hinter allen persönlichen Beiträgen steht und sich in ihnen auswirkt. Fragt man aber, wer ihn selbst, den Plan, macht, so lautet die Antwort in allen normalen Fällen: viele Erfahrungen und Wahrscheinlichkeitsberechnungen, viele Erwägungen und Entscheidungen sind in ihn eingegangen. Er ist das Werk vieler Köpfe, typische Generalstabsarbeit und als solche anonym. Vielleicht ist er sogar das Werk eines Planungsautomaten. Sollte er aber das Werk eines Einzelnen sein, so tritt er bestimmt unter einem Tarnwort auf. Denn auch die Mächte, die in der gegenwärtigen Gesellschaft wirken, treten zumeist in der Öffentlichkeit nicht mit Namen und zuweilen überhaupt nicht in die Erscheinung; jedenfalls haben sie keine Krone auf und kein Zepter in der Hand. Auch hier tauchen die impersonalen Ausdrücke auf, die jedem geläufig sind: die Geschäftsleitung, die Regierung, die Partei, die Industrie, die Börse, die Presse, die Mehrheit; diese ganz ins Neonlicht der Anonymität getaucht, wenn sie mit den Methoden der Meinungsforschung ermittelt wird.

Das Gerede vom Massenmenschen bekommt erst dann Substanz, wenn man sich nicht bei den mehr oder minder vagen Vorstellungen des Gewimmels und Gedränges, der überfüllten Lokale und der gesenkten Niveaus beruhigt, sondern nüchtern analytisch nach den Bedingungen fragt, unter die die gegenwärtige Gesellschaftsordnung den Menschen praktisch stellt. Die Probleme des Massendaseins werden damit nicht verharmlost, sondern allererst in vollem Ernst gestellt.

Der Sozialapparat, von dem die industrielle Gesellschaft in ihrer zweiten, hochorganisierten Gestalt durchzogen und überlagert ist, arbeitet notwendigerweise so, daß er die Menschen immer je in einer bestimmten Hinsicht betrifft (und seine offensichtliche Tendenz ist, sie in immer zahlreicheren Hinsichten zu betreffen, mit jeder neuen Verordnung in einer neuen), daß er sie aber als ganze nicht in sich eingliedert. Er nimmt die Menschen nicht »voll«, sondern in der saubersten Weise partiell, appelliert nicht an die Tiefenschichten ihrer Person, höchstens an ihre Bereitschaft, Konflikte zu vermeiden und in vorgesehenen Grenzen ihr Interesse zu wahren. Er durchlocht die Menschen gleichsam wie Hollerithkarten und ermöglicht so ihre Verwaltung nach generellen Gesichtspunkten. Die notwendige Folge ist, daß der Mensch in die entsprechende innere Haltung hineinkommt, sogar hineingezwungen wird. Er reagiert als je so Betroffener oder so nicht Betroffener, und wenn er nicht betroffen ist, ist er im allgemeinen froh. Er lebt an einem objektiv gewordenen System von Direktiven und Angeboten, von Chancen und Zwängen entlang, sich fügend, wo es notwendig ist, sich anpassend, wo es nützlich ist, mitnehmend, was anfällt.

Eine solche Sozialordnung wird, je reiner sie ihren Typus entfaltet, um so mehr zu einem gut konstruierten Orientierungssystem, das sozialtechnisch ausgezeichnet funktioniert; es funktioniert aber immer so, daß es an den Menschen fertige Situationsschemata und Verhaltensmuster heranträgt, auf die er nur anzuspringen braucht, dann verhält er sich sachgemäß, sozusagen verkehrsrichtig. Verhält er sich aber unsachgemäß, so wird er überfahren, oder er kommt, auch im übertragenen Sinne des Wortes, über keine Wegkreuzung. Das Normalverhalten des Menschen in seiner sozialen Umwelt wird dann gleichsam unabhängig von seiner Person. Auf die Frage: warum verhält er sich so? lautet die Antwort nicht: weil er so ist. Sie lautet auch nicht: weil er sich aus bestimmten inneren Motiven so verhalten will. Sondern sie lautet: weil er im Schnittpunkt dieser und jener Institutionen, Organisationen und Interessenverflechtungen, unter dem Gebot dieser und jener Vorschriften, unter der Hut dieser und jener Sicherungen steht, und weil ihm diese die Verhaltensmuster fertig zuliefern, allerdings auch zumuten, worauf er denn als wohlerzogener Verkehrsteilnehmer des modernen Lebens bereitwillig und im eigenen Interesse eingeht.

Der Mann ohne Eigenschaften erscheint dann auf der Bildfläche. Seine Eigenschaften und Motivationen sind im Sozialsystem vorgenormt wie seine Arbeitsleistungen im Betriebsplan. Auch sie laufen auf Schienen und nehmen die Weichen, wie sie gestellt sind. Mit den Verhaltensweisen aber objektiviert der Apparat auch die dazugehörigen Meinungen, Gefühle und Gesinnungen, oder er droht das wenigstens zu tun. Zu den Eigenschaften ohne Mann treten dann die Aussagen ohne Mann, sogar die Überzeugungen ohne Mann. Die gegenwärtige Welt wimmelt von solchen Aussagen, die über den Köpfen der Menschen ein objektives Dasein gewinnen: Informationen, nach denen jeder greift und die er akzeptiert, selbst wenn er ihnen nicht ganz traut, Etikettierungen, die sich in den Gedächtnissen festsetzen, so daß sie unbewußt reproduziert werden, Denkschemata, oft bloße Redewendungen, die alle vorkommenden Fälle und Probleme in sich aufnehmen können. Alle Urteile, die normalerweise gefällt werden, sind damit in ihren Prädikaten vorentschieden. Man fällt sie nicht, man schließt sich ihnen nur an. Und auch die Emotionen und Gesinnungen reichen dann nicht mehr in den Grund der Person hinab, geschweige denn, daß sie aus ihm aufstiegen.

Daß der Großteil der Menschen, nachdem er von der Möglichkeit einer autarken Lebensführung abgeschnitten ist, auf den funktionierenden Markt und auf den funktionierenden Sozialapparat, ebenso auf die funktionierenden Informationsmaschinen angewiesen ist, ist eine irreversible Entwicklung. Insbesondere ist sicher, daß sich das Maschennetz der Regelungen, das über die Gesellschaft gelegt ist, noch weiter verdichten und daß es eher noch mehr Bezirke ergreifen wird, als daß es die schon ergriffenen wieder loslassen könnte. Die Frage ist nur, von welcher Grenze an dieser Prozeß den Menschen daran gewöhnen könnte, sich in das Schema des unselbständigen, verwalteten und zugeteilten Lebens, einschließlich der dirigierten Freizeit, widerstandslos, gedankenlos (oder auch skeptisch) einzufügen und dann auch in Dingen, mit denen es ihm ernst sein sollte, klein beizugeben. Das nämlich wäre eine sehr neue, sehr subtile und ganz ins Innere des Menschen greifende Form der Entfremdung, ein Leben, von dem man sagen könnte, daß es nicht mehr von innen her lebt, sondern von außen her gelebt wird, ein Mensch, von dem man sagen könnte, daß er ohne Ich auskommt und daß es ihm dabei ganz gut geht.

Der Inhalt, den Marx angesichts der Lage um 1850 dem Begriff der Entfremdung gegeben hat, ist von der Geschichte großenteils überholt. Die Entfremdung äußert sich in der Industriegesellschaft neuer Art und im *welfare state* nicht mehr als proletarische Ausgesetztheit und als Verhärtung des Klassenschicksals, wohl aber als extreme Abhängigkeit des Menschen von den Schienenwegen, auf denen sein Leben läuft, von den Apparaturen der Güterversorgung und Existenzsicherung, von den laufenden Transportbändern und den durchgenormten Weisen ihrer Benutzung. Das ist keine Entfremdung in der Offenheit eines sozialen Dramas, sondern eine unmerkliche, sogar freiwillig hingenommene und mitgemachte – ein Zwang, der als solcher nicht gefühlt wird, besonders weil er viele Erleichterungen und Genüsse einbringt, der aber seine Opfer um so tiefer in die Passivität hineinmanövriert. Die Persönlichkeit des Menschen wird dann nicht vergewaltigt, aber sie wird ausgewaschen.

Hier setzt die zeitgenössische Kulturkritik vor allem ein. Martin Heideggers Begriff des »man« und der eigentlichen Existenz, Karl Jaspers' Begriff der Freiheit des Selbstseins zielen in diese Richtung. Aber auch diejenigen, die die Lage nur zu registrieren und jedes Werturteil, ja sogar die Fragen, die mit ihr gestellt sind, aus ihren Analysen auszufiltern bestrebt sind, sehen hier den kritischen Punkt. Daher die dominante Rolle, die die Kategorie Anpassung in der neueren Soziologie spielt. Der Tatbestand der Entfremdung, besonders in seinen gegenwärtigen Formen, und der nüchterne Begriff der Anpassung gehören in der Tat eng zusammen. Nicht nur die moderne Arbeitswelt, von der wir dies schon aufzeigten, sondern das System der Industriegesellschaft insgesamt stellt ein dauerndes Anpassungsproblem dar. Wir haben es hier mit einem Gebilde zu tun, das sich, wenn es auch natürlich letzthin vom Menschen geschaffen worden ist, ihm gegenüber in hohem Grade verselbständigt hat, mit einem »sekundären System«, dem sich der Mensch wie einer zweiten, künstlichen Umwelt anpassen muß und dem optimal angepaßt zu sein zur Lebensfrage wird. Die adäquaten Verhaltensweisen sind in den Institutionen vorgeformt; was vom Menschen verlangt wird, ist, daß er sich anpaßt, möglichst bis in sein Inneres hinein. Der erste Kunstgriff des Systems ist, daß es die Anpassung bequem macht, sein zweiter, daß es sie unmerkbar, gelegentlich sogar sehr offen erzwingt. Anpassungsfähigkeit und Anpassungswilligkeit werden durch viele Erleichterungen und durch den Lebenserfolg prämiiert. Unfähigkeit dazu oder Widerstand dagegen stehen unter Strafe, nämlich unter dem Risiko, nachgesetzt oder ausgeschaltet zu werden.

Wie in allen Anpassungsvorgängen ist mit vielen Reduktionen zu rechnen, und es entsteht die Frage, was von diesen ergriffen und was verschont wird. Es ist damit zu rechnen, daß eine Auslese stattfindet: die Eigenschaften, die der Anpassung dienen, bekommen das positive Vorzeichen des Zeitgemäßen. Hierzu hat David Riesman (»The Lonely Crowd«) die folgende These aufgestellt. Die industrielle Gesellschaft in ihrer ersten Phase – gedacht ist vor allem an das Amerika der Pionier- und Expansionszeit, aber immer auch an die europäischen Industriegesellschaften des 19. Jahrhunderts – sei so gebaut gewesen, daß sie die größten Erfolgschancen dem »innengeleiteten« Typus eröffnet habe, das heißt dem Menschen, der sich aus eigenem Entschluß seine Ziele setzt und dann alle seine Kräfte auf sie konzentriert, dem Menschen, der gleichsam einen Kreiselkompaß in seinem Inneren trägt, nach dem er den Kurs seines Lebens bestimmt. Seit mehr als einem Menschenalter fordere die industrielle Gesellschaft aber den »außengeleiteten« Typ, den Menschen, der fähig ist, sich einzustellen, sich umzustellen, den Menschen, dessen Inneres nach dem Modell eines Radargeräts konstruiert ist, das auf Außenreize, auch auf minimale, rasch und zuverlässig reagiert. Diesem Menschentyp gehöre die Zukunft, ihm gehöre schon die Gegenwart. Alles, was David Riesman zur Analyse der gegenwärtigen amerikanischen Gesellschaft beibringt, dient dem doppelten Nachweis, daß die Institutionen, die Leistungsanforderungen, die Aufstiegschancen klar auf den außengeleiteten Typus zugeschnitten sind und daß dieser Typus tatsächlich vorherrscht, zumal in den jüngeren Generationen. Der von innen bestimmte Mensch erscheint dann als gestrig oder vorgestrig, als Residuum eines gesellschaftlichen Zustands, den es schon nicht mehr gibt, als Fremdling in einer gewandelten Welt, jedenfalls als das gerade Gegenteil zu allem, was Anpassung heißt.

Es wäre natürlich eine arge Konstruktion, anzunehmen, daß die Menschen einer Großgesellschaft insgesamt binnen einer oder zwei Generationen in Richtung auf einen bestimmten Typus variieren könnten. Aber unbestreitbar richtig ist, daß das neue System der industriellen Gesellschaft in viele Tätigkeitsfelder, die früher dem freien Wettbewerb überlassen waren, Sicherungen und Ausgleiche eingeschaltet hat, daß es Regelungen und Systematisierungen gefunden hat, wo früher der persönlichen Initiative viel Freiheit gegeben war, daß es auch an den Stellen, wo größte objektive Verantwortungen konzentriert sind, die Eigenverantwortung des Einzelnen nicht freiläßt, sondern einschränkt und absichert, daß es also aufs Ganze gesehen den persönlichkeitsbestimmten, auf Selbstverantwortung tendierenden Menschen nicht begünstigt, sondern ihm die glatte und perfekte

Anpassung erschwert. Gefragt sind die Fähigkeit und die Bereitschaft, nach verordneten Spielregeln mitzuspielen, wobei alle Kunstgriffe, die dazu dienen, sie zum eignen Nutzen zu wenden, großzügig verziehen und sogar eingerechnet werden. Gefragt ist vor allem die Gabe, mit den anderen auszukommen; die *human relations* werden zu einem zentralen Problem und zum Arbeitsfeld eigener Spezialisten. Kontaktfähigkeit ist eine der Eigenschaften, die in den Stellenangeboten und Bewerbungen groß geschrieben werden. Sich unentbehrlich zu machen, ohne die Gruppennorm offensichtlich zu verletzen, wird zum Gebot der Lebenskunst, und auch die *marginal differentiations*, auf die Wert gelegt wird, sind in den Willen zum Konformismus einbezogen. Das Hauptanliegen ist, im Apparat an einem guten Platz zu stehen oder an einen guten Platz zu kommen. Auch das Bildungswesen stellt sich, unmerklich oder offen, mit seinen Lehrgängen und Beurteilungsmaßstäben auf den optimal angepaßten Typus ein.

Das Dorado für alle diese Erscheinungen ist der Mittelstand in den Berufsstellungen des tertiären Sektors. Diese Berufe, zusammen mit der städtischen Lebensumwelt, befördern die Reaktionsgeschwindigkeit, die Fähigkeit, Fälle formal zu erledigen, und die Technik des unverbindlichen Verkehrs mit Menschen, auch soweit sie nicht ausgesprochen Kundendienst sind. Sie bewegen sich in komplizierten Beziehungsgeflechten und sind großenteils Karrieren in einer wenn auch nicht amtlich fixierten Hierarchie. Daß man sich in jenen zurechtfindet und daß man sich in dieser empordient, gehört dazu. Es könnte sein, daß gegenüber dem Heer von Verkäufern und Vertretern, von Bürokräften und Routinebeamten, von Werbungsexperten und Freizeitgestaltern der Facharbeiter, der am primären Material arbeitet und in dem noch ein Stück Handwerkerstolz lebt, eines Tages etwa in dem Lichte erscheint, in dem für den eingefleischten Städter der Bauer steht, und daß ganz allgemein der Mensch, der im eigenen Streifen autonom tätig ist, als Ausnahme empfunden wird.

Doch hier ist nun wiederum an den Formenreichtum und die Vielschichtigkeit der modernen Arbeitswelt zu erinnern, und diese Erinnerung gilt für die Sozialordnungen aller westlichen Völker, auch derer, in deren Gesellschaftsaufbau nicht so viele ständische Reste und altbürgerliche Traditionen nachklingen wie in den europäischen Ländern. Denn es handelt sich auch hier nicht nur um ältere Bestände, die bewahrt und geschont werden, sondern um eingebaute Schichten, und zwar um solche, die tragen. Sie können gar nicht weggebracht werden, sosehr auch die Entwicklung für das sekundäre System arbeitet. Die gesellschaftliche Ordnung der Industriekultur besteht nicht durchgehend aus Verbänden, die nach rationalen Prinzipien organisiert sind. Sie enthält in sich außerdem Gruppen, denen der Mensch als ganzer oder doch mit sehr wesentlichen Schichten seiner selbst angehört, Institutionen, die ihn nicht nur betreffen, sondern verorten und verpflichten, Lebenskreise, in denen er als Person genommen wird und mit seiner Person einzustehen hat – wobei man nicht ausschließlich an die Familie zu denken hat, obwohl an sie zuerst, sondern auch an Nachbarschaften im räumlichen und im geistigen Sinn, an Arbeits- und Gesinnungsgemeinschaften. Daß es sie gibt, gehört auch zum Pluralismus der gegenwärtigen Gesellschaft. Nicht einmal die totalitären Systeme haben die tabula rasa schaffen können, auf der eine monolithische Gesellschaft aufgebaut sein müßte. An der Familie sind sie bisher alle gescheitert.

Auch an allen diesen »primären« Gruppen nagen die Rationalisierungstendenzen des Zeitalters. Selbst die moderne Kleinfamilie ist gegenüber dem, was Wilhelm Heinrich Riehl »das ganze Haus« nannte, ein stark verändertes, beinahe ein rationales Gebilde. Die städtischen Wohnverhältnisse, die Aushöhlung des Haushalts, seine Entlastung von vielen Tätigkeiten, die früher zu seinem Pensum gehörten, durch den Markt und durch die Institutionen der öffentlichen Hand, ferner die größere Selbständigkeit der Kinder in den *teens* und schon die Umbildung der Ehe nach dem Modell der gleichberechtigten Partnerschaft haben in diesem Sinne gewirkt. Damit hat die Familie viel von ihrer Fähigkeit eingebüßt, mit Sonderfällen fertig zu werden, etwa andere Verwandte mitzutragen, Hilfskräfte im Dauerverhältnis in sich einzugliedern; die Rationalisierung eines Sozialgebildes hat immer die Folge, daß es seine Tragfähigkeit für Ausnahmefälle einbüßt. Aber von einem rationalen Betrieb, der mit vollverwendbaren Arbeitskräften rechnet, ist die Familie trotzdem himmelweit entfernt, ebenso von einem Zweckverband, der sich als System aus vorberechneten Beiträgen und Gegenleistungen aufbaut. Die Sicherheiten, die sie bietet, wirken nicht nach dem technischen Prinzip, daß gegen voraussehbare Pannen Absicherungen eingeschaltet sind, sondern nach dem organischen Prinzip, daß Glieder für einander eintreten, Störungen von innen her ausgeheilt und zum Nutzen des Ganzen Opfer gebracht werden können. Erfahrungen, die zu denken geben und die großenteils bereits wissenschaftlich ausgewertet sind, haben gezeigt, daß die Familie auch in ihrer gegenwärtigen Gestalt solcher Leistungen in hohem Grade fähig geblieben ist. Die amerikanischen Soziologen konstatierten das bei der Wirtschaftskrise um 1930 (»the family encounters the depression«). In viel größerem Maßstab zeigte es sich in den Ländern, die unter den Wirkungen und Nachwirkungen des Luftkrieges, dann unter dem Zeichen der wirtschaftlichen Not und der Zwangsumsiedlungen standen, besonders in Deutschland. Da hat sich die Familie als der Halt erwiesen, der Notlagen aufzufangen vermag, wenn das System der rationalen Versicherungen und Hilfen versagt. Das gleiche gilt von den nachbarschaftlichen Zusammenhängen, wenn auch in weitem Abstand.

Daß diese Schicht der primären Ordnungen der tragende Grund ist, auf dem das System der industriellen Gesellschaft ruht, ist durchaus bewußt geworden, desgleichen die Einsicht, daß nur dort die Kräfte wachsen und nachwachsen können, die in den Wunderwerken der rationalen Organisation nun und nimmer erzeugt werden können, die aber dauernd in sie eingebracht werden müssen. Daraus ergibt sich die Forderung, daß alles getan werden muß, um jene Ordnungen zu erhalten, sie gegen Aushöhlung und Verschleiß zu schützen und sie nach Möglichkeit zu festigen, wo sie brüchig zu werden drohen. Das ist keine (wie das heute beliebte Schlagwort heißt) Restauration. Wohl aber liegt hier der Ursprung der konservativen Tendenzen, die der sozialstaatlich organisierten Industriegesellschaft ebenso wesentlich innewohnen wie die Sorge um den Weiterbau des rationalen Apparats, der unentbehrlich geworden ist. Alle politischen Parteien wie die meisten großen Interessengruppen, Gewerkschaften wie Unternehmerverbände, haben diese Dinge als Programmpunkte in ihre Plattformen aufgenommen.

Vieles davon liegt auf dem Gebiet der Siedlungsplanung. Die Bestrebungen, die Industrie zu dezentralisieren und die Großstädte aufzulockern, begannen in der Form der

Gartenstädte und Stadtrandsiedlungen um die Jahrhundertwende, aber erst seit den zwanziger Jahren drangen sie durch. Die Voraussetzungen für sie wurden erst durch die Verdichtung und Verschnellerung der Nahverkehrsmittel geschaffen. Was von den Hoffnungen, die auf sie gesetzt werden, zutreffen wird: Stärkung der Familie, Bildung übersehbarer Nachbarschaften mit sinnvollen Zentren, Wiederverwurzelung des halbnomadisch gewordenen Zivilisationsmenschen, bleibt abzuwarten. Daß der Typus der *open society*, der der pluralistischen Industriegesellschaft wesensgemäß ist, in seiner Grundstruktur verändert werden könnte, wäre freilich nicht nur eine falsche Hoffnung, sondern eine falsche Zielsetzung.

Das Dominantwerden technischer Kategorien

Die Technik hat es im 20. Jahrhundert zu so evidenten Hochleistungen gebracht, und sie ist in der ganzen Breite der Kultur, bis hinein in die Küche und die Kinderstube, so allgegenwärtig geworden, daß Denkformen und Verhaltensweisen, die in ihr entstanden und primär auf sie zugeschnitten sind, allgemein dominant werden. In allen Sprachen der Welt ist ein doppelter Prozeß im Gange: technische Vorstellungen dringen in den Bedeutungsgehalt zahlreicher Worte und Wendungen ein, auch solcher, die ihrem ursprünglichen Sinne nach mit Technik nichts zu tun haben, und anderseits greift die spezielle Terminologie der Technik mit einer Expansionskraft, wie keine andere Fach- oder Sondersprache sie zeigt, auf außertechnische Wortfelder über. Das Wort schalten, das noch vor hundert Jahren mit walten zusammenging und die allseitige Betätigung in einem Verantwortungsraum bezeichnete, ist klar transitiv geworden und hat sich ganz auf technische Verrichtungen konzentriert. Das Wort Empfang meint vorwiegend nicht mehr die Aufnahme eines Gastes, sondern das technisch einwandfreie Auftreffen eines Reizes, eines Signals oder einer Nachricht auf das Gerät, auf das sie gezielt sind. Für den korrelativen Prozeß, das Ausgreifen technischer Termini auf außertechnische Felder, gibt es in allen Sprachen Dutzende von Beispielen.

In diesen Begriffsverschiebungen stecken natürlich immer auch sehr handfeste Wertvorstellungen, steckt das ganze zwingende Ethos der Technik: wenn mit gut gezielten Mitteln der optimale Effekt erreicht wird, ist alles in Ordnung; wenn aber Sand im Getriebe ist und die Kräfte irgendwo nicht voll ausgelastet sind, so ist das schlimm und beinahe eine Sünde. Und dieses Ethos sickert mit den Sprachgewohnheiten in das Bewußtsein ein, oder jene sind nur das Symptom dafür, daß technische Denkmodelle in der Vorstellungswelt, technische Einstellungen im Verhalten überhandnehmen – etwa so wie in einem religiös bestimmten Zeitalter alles, auch das Profane, in den Lichtkegel der religiösen Gültigkeiten und Gegensätze gerückt wird.

So hat etwa die Idee des Fortschritts, im Vergleich zu den beiden vorangegangenen Jahrhunderten, eine deutliche Umprägung erfahren, nämlich auf den Modus des Fortschreitens, in dem die Technik, und zwar diejenige des gegenwärtigen Zeitalters, existiert. Sie hat

Der Schallplatten-Konsum

Der Filmschauspieler vor seinen Anbeterinnen

sowohl den kämpferischen Unterton verloren, der mitklang, als es um die fortschreitende Aufklärung der Geister ging, wie die rationale Sicherheit, die sie hatte, als die Göttin der Vernunft zugleich als die Göttin der Geschichte galt, wie auch das moralische Pathos, das ihr innewohnte, als fortschrittliche Gesinnung den klaren Gegensatz zu Reaktion bedeutete. Sie ist zu einer sehr nüchternen Kategorie geworden. Sie bezeichnet, beinahe wertfrei, einen Sachprozeß, der nach Art einer Kettenreaktion voranschreitet, eine unumkehrbare und unaufhaltsame Bewegung, die, wenn einmal die Initialzündung erfolgt ist, aus sich selbst ihre Antriebe empfängt.

Die Technik, will sagen die Technik des industriellen Zeitalters und im eigentlichen Sinn erst die des 20. Jahrhunderts, ist der Modellfall, nach dem diese Kategorie gebildet ist. Noch zur Zeit von Liebig, Bunsen, Gauß und Weber, als sich die Technik bereits aus der Empirie der ersten Erfinder abgelöst und mit der exakten Naturwissenschaft vermählt hatte, waren es doch lauter einzelne Erfinder- und Entdeckertaten, die ihr jeweils ihre Fortschritte eintrugen. Heute, da die großen Konzerne ihre Produktionsprogramme auf anderthalb Jahrzehnte hinaus entwerfen und die dafür benötigten Erfindungen, soweit sie noch nicht vorliegen, in betriebseigenen Forschungsstätten erarbeiten lassen, ist der Fortschritt der Technik nicht mehr auf Glück, Zufall und Einzelleistungen gestellt. Er ist zu einem Sachprozeß geworden, der aus sich selbst läuft und gerade darum institutionalisiert werden kann. Auf den Feldern, an denen die politischen Mächte interessiert sind, ist das erst recht der Fall.

So ergibt sich das Vorstellungsmodell, das uns heute vertraut ist: Viele einzelne Linien des technischen Fortschritts, mannigfach miteinander verschlungen, schieben sich sozusagen von selbst in die Zukunft, und es ist dann nur die Frage, wann der nächste und übernächste Punkt, der sich oft schon absehen läßt, erreicht werden wird, in zwei, in zehn oder in zwanzig Jahren, und von wem er erreicht werden wird. Der scharfe Wettbewerb zwischen den Firmen und zwischen den Mächten, die Taktik der Geheimhaltung und mancherlei Zufälligkeiten überdecken zwar diese Struktur, aber sie liegt deutlich zugrunde. Wie beim Pferderennen wechselt immerzu die Führung, besonders in der Spitzengruppe, doch das ganze Feld bewegt sich in der gleichen Richtung und etwa im gleichen Tempo. Daß es immerhin mehrere Linien gibt, auf denen der Fortschritt gleichzeitig betrieben wird, und daß man auf der einen von ihnen die Vordermänner der anderen Linien überholen kann, kompliziert das Bild ein wenig. Aber sehr bald konzentriert sich das ganze Feld auf der Bahn, auf der zur Zeit die besten Chancen bestehen. Der Sputnik-Komplex ist ein sehr reines Beispiel für diese Sachlage. Doch auch in anderen Bereichen geht der technische Fortschritt so vor sich.

In diese Form gehärtet ist die Kategorie Fortschritt zu einer schlüssigen Denkform geworden, etwa so, wie im Denken früherer Zeiten der Kreislauf, die rhythmische Wiederholung eines Vorgangs, die Wiederkehr ähnlicher Phänomene in bestimmter Reihenfolge zwingende und überzeugende Grundfiguren gewesen sind. Wenn der Trend erkannt ist, der Fortschritt im rein tatsächlichen und wertfreien Sinn, der in einem Sachbereich herrscht, so gilt ein Stück Wirklichkeit als übersehbar geworden und sogar als gedeutet, wie vordem durch den Aufweis der Rhythmen, in denen sich das Geschehen bewegt. Die moderne

Technik ist die Geburtsstätte dieser Kategorie, und ihr Prozeß wird durch sie in hohem Maße sachgerecht interpretiert. Aber von da strahlt sie aus. Sie wird zum universellen Denkmodell. Auch das ist wohlbegründet und sachgerecht, denn sie findet in den ökonomischen und gesellschaftlichen Prozessen, die auf dem Felde der industriellen Gesellschaft spielen, vielerlei Ansatzpunkte. Die fortschreitende Verstädterung der Wohnweise, der Umbau der zwischenmenschlichen Beziehungen und der Sozialstrukturen zu rationalen Zweckorganisationen, das Gefälle der Arbeitskräfte in der Richtung vom agrarischen zum industriellen und weiter zum tertiären Sektor, die Angleichung der Konsumgewohnheiten durch alle gesellschaftlichen Schichten hindurch – all das sind irreversible und unaufhaltsame Prozesse, deren Fortschritt sich messen und mit gewissen Wahrscheinlichkeitsgraden in die Zukunft extrapolieren läßt, wobei die Frage nach ihrem Wert kaum eindeutig zu beantworten ist und beinahe irrelevant wird.

Eine weitere, wesentlich kompliziertere Denkform, die gleichfalls in der Technik ihren Ursprung hat, aber von ihr aus universell ausgreift, ergibt sich daraus, daß die industrielle Technik längst nicht mehr vollständig in die Formel aufgeht, die für den *homo faber* gültig war. Sie schafft nicht mehr bloß Mittel und Werkzeuge für vorgegebene Zwecke. Das tut sie natürlich auch noch. Aber vor allem schafft sie geballte Kräfte, hochgradige Spannungen, manipulierbare Verfahrensweisen, die für viele Zwecke verwendbar sind. Sie schafft gleichsam ein Können überhaupt, so daß sich nunmehr die ganz andere Frage stellt: was kann man damit alles machen, das heißt, was kann man nunmehr alles wollen? Was geben die Antriebskräfte, die Geschwindigkeiten, die Feinheitsgrade, die erreichbar geworden sind, alles her? Und was an Nutzeffekten läßt sich aus einer Verfahrensart herausholen? Wie viele Verwendungszwecke haben sich nachträglich und großenteils unvorhergesehen an die Röntgenstrahlen agglutiniert, und wie viele werden sich an die Kernphysik agglutinieren! Das bedeutet, im Vergleich zur vorindustriellen Technik, eine Umdrehung der geistigen Grundsituation um hundertachtzig Grad. Der technische Geist wird damit gleichsam absolut gesetzt. Er wird aus der Führung vorgegebener Zielsetzungen entlassen. Die Intention wird immer mehr, die zunächst für einen bestimmten Zweck ausgearbeiteten Mittelzusammenhänge und Verfahrensweisen von diesem abzulösen, sie frei zu variieren, sie nach allen Möglichkeiten, die sie etwa in sich enthalten könnten, durchzuprobieren und zu sehen, was dabei herauskommt, auch an neuen Zielsetzungen.

Auch diese Denkform ist zuerst in der Technik und in den exakten Naturwissenschaften entwickelt worden. Auch sie hat sich ausgebreitet und ist zu einer der progressiven Bewußtseinsformen des Zeitalters geworden. Sie ist zum Beispiel in die Wissenschaften eingedrungen, auch in viele Geisteswissenschaften. Man konstruiert dann alle überhaupt denkbaren Figuren durch, zu denen die Elemente, die im sozialen Geschehen wirken, kombiniert sein können; dann findet sich wohl, daß zwanzig dieser Modelle bloße abstrakte Möglichkeiten sind, denen nichts Wirkliches entspricht, aber der einundzwanzigste Fall ist ein Treffer, er schließt ein bestimmtes soziales Phänomen theoretisch auf. Das ist schon genau das gleiche Verfahren wie in den Experimentalserien der Chemiker und der Physiologen, wenn sie brauchbare neue Kunst- und Wirkstoffe suchen. Die mathematisierten Sozialwissenschaften bieten sehr klare Beispiele für diese Denkform. Aber auch in der neuen

Kunst findet sich Verwandtes. Es handelt sich dann nicht mehr darum, für schon definierte Zwecke die spezifischen Denkmittel oder (in der Kunst) Darstellungsweisen zu finden, sondern darum, die Begriffszusammenhänge und Methoden (in der Kunst: die Ausdrucksmittel, die Werkstoffe, die Konstruktionsprinzipien) mit größter Beweglichkeit und Voraussetzungslosigkeit durchzuspielen, ihre Möglichkeiten systematisch auszuschöpfen, sozusagen aus der Technik den Gehalt hervorspringen zu lassen. In der Malerei, Baukunst und Plastik, auch in der Musik ist dieser Geist sichtbar am Werk. Das ergibt die artistische Note und die Laboratoriumsgesinnung, die in ihren Spitzenleistungen spürbar ist. Schon der hohe Abstraktionsgrad, zu dem die Wissenschaften und Künste an ihren vordersten Frontlinien allesamt gelangt sind, die Ablösung der Problemstellungen von der sinnlichen Anschauung, setzt die Techniken des Experimentierens und der mathematischen Durchordnung frei und gibt ihnen *plein pouvoir*, so daß es zum Autonomwerden der technischen Vollzüge kommt.

Sodann ist daran zu denken, daß die Technik des 20. Jahrhunderts die klare Tendenz zeigt, durch alle naturgegebenen Materialien hindurch- und immer tiefer in die molekulare Struktur der anorganischen Materie hineinzugreifen. Sie stellt Stoffe mit wünschbaren Eigenschaften, die die Natur gar nicht kennt, synthetisch her, baut Großmoleküle künstlich auf. Sie befreit sich damit in steigendem Maße von dem, was naturhaft zuwächst und nachwächst. Der ausgesprochen wissenschaftliche Charakter der modernen Technik kommt damit erst voll zur Auswirkung. Die anorganische Natur ist in viel höherem Grade erkennbar als das Lebendige, sie bietet daher auch viel günstigere Bedingungen für den technischen Zugriff. Sie ist machbarer. Aber auch die gewachsenen Stoffe rücken unter diesen Gesichtspunkt. Sie werden als Ausgangsbasis für technische Umwandlungen betrachtet, etwa das Holz und das Laub als Zellulose, die in zahlreiche Transformationen hineingeschickt werden kann.

Damit wird der technische Geist in einem zweiten Sinne absolut gesetzt. Er wird von allen Rücksichten befreit, die lebendigen Wesen und eigenwertigen Stoffen gegenüber gelten. Er entfernt sich von allen Formen der Wartung, der Hegung und Kultivierung, sogar von denen der bloßen Bearbeitung, denn er hat es mit einem Material zu tun, das zur Verarbeitung da ist. Der Gedanke, daß irgendwelche Mittel und irgendwelche Ziele um des Gegenübers willen unerlaubt sein könnten, verliert seinen Sinn.

Dieser Technizismus senkt sich nun in die Fundamente einer Gesellschaft ein, deren Zivilisation vom Funktionieren des technischen Apparats schlechthin abhängig geworden ist und deren Menschen größtenteils in hochtechnisierten Berufen stehen. Die Kategorie der Machbarkeit greift auch auf organisatorische, auf politische, auf erzieherische Aufgabenbereiche über. Werbetechniken, Ausleseverfahren, Anlernmethoden, aber auch Propagandaformeln und politische Parolen werden längst unter diesem Gesichtspunkt gesehen, und nachdem die erste, sozusagen naive Phase der *human-relations*-Bewegung vorüber ist, ist man sich sehr klar darüber geworden, daß mit diesen Bestrebungen zur Humanisierung der Betriebe nicht nur ein menschlicher Faktor in die technische Welt eingebaut wird, sondern daß auch umgekehrt das Menschliche darin unter technische Kategorien gebracht wird, wenn auch unter die einer eigenen Technik, nämlich des *social engineering*.

Das Bewußtsein, daß die Technik ihre Grenzen überschreitet, wenn sie sich auf den Menschen selbst ansetzt, weil sie ihn dann als Material und nicht als Subjekt behandelt, ist zwar noch vorhanden, und es macht sich zum Teil sogar als Widerstand geltend, etwa im Falle der unterschwelligen Beeinflussungsmethoden. Aber das betrifft nur die besonders krassen Fälle. Alles andre bürgert sich wie selbstverständlich ein. Daß zum Beispiel die Werbung mit fachlichem Raffinement die schwachen Punkte studiert, an denen man dem Normalverbraucher Bedürfnisse beibringen kann, die er von sich aus nicht hat, und daß dann weiterhin die Angebote genau so weit standardisiert und genau so weit differenziert werden, daß der natürliche Konformismus des Menschen und sein natürliches Prestigebedürfnis optimal darauf einspielen, gilt als völlig normal.

Auch hier ist es wieder nicht schwer, die Ansatzpunkte für das Dominantwerden der technischen Kategorien in der Lebenswelt der industriellen Gesellschaft zu finden. Wenn die Produktion von Gebrauchsgütern nicht an einem, sei es naturhaft, sei es traditionell, vorgegebenen Bedarf orientiert ist, sondern das Bedürfnis für die Produkte, die sie produziert, fortlaufend mitproduzieren muß, so wird es eben ein technisches Problem, wie man im Menschen Bedürfnisse wecken und sie zugleich so standardisieren kann, daß sie als lohnende Massenbedürfnisse anfallen. An die *hidden persuaders* (V. Packard) hat sich also der Mensch gewöhnt, sie gehören zu seiner Welt. Sind sie übrigens so verborgen? Sie wirken ja doch in aller Öffentlichkeit. Man muß ihnen ehrlicherweise konzedieren, daß ihre Praktiken und das Geld, das sie damit verdienen, nur die Folgeerscheinung der zur Beliebigkeit freigelassenen Bedürfnisse sind. Die auf den Menschen als Arbeitskraft angesetzten Techniken aber haben ihren Ansatzpunkt darin, daß die moderne Arbeitswelt den Menschen zumeist als Träger einer gut definierten funktionalen Leistung im Rahmen eines Plans beansprucht. Auf solche Sachleistungen kann man ihn testen, man kann ihn darauf mit ausgearbeiteten Methoden anlernen, man kann ihn dafür konditionieren. Die Techniken, die diesen Zwecken dienen, sind ebenso wichtig wie diejenigen, die im sachlichen Produktionsapparat stecken. Freilich sind sie noch längst nicht so ausgefeilt wie diese.

Die atmosphärische Lage in einer Lebenswelt, in der technische Denkformen und Verhaltensweisen derart dominant geworden sind, heißt Sachlichkeit. Dieses Wort fehlt in keinem der Versuche, das gegenwärtige Zeitalter zu charakterisieren und die innere Haltung des modernen Menschen zu beschreiben. Man kann deutlich verfolgen, wie es aufkommt, erst als Gegenthese gegen den Stil des 19. Jahrhunderts und seine Nachklänge, dann als positives Programm, schließlich als Normbegriff, dem niemand widerstreitet. Es kommt auf vielen Wegen auf, in der Kunstkritik und in den Warenkatalogen, in den Personalgutachten und in der Organisationslehre. Seine Geburtsstätte und sein spezifischer Geltungsraum ist die Technik. Sie gewiß nicht allein: jedes ausgewachsene Sachgebiet entwickelt seine Normen und Praktiken und weist Eingriffe in sie als unsachlich ab. Aber der Technik ist dieser Wertbegriff in besonderem Maße konform, weil ihre Erfolge sich überhaupt nur daraus ergeben können, daß der Gesetzlichkeit der Dinge ohne Willkür nachgegangen wird, weil jede persönlich bedingte Abweichung sich als Schaden ausweist und weil, nirgends so schlagend wie hier, die bessere Sache der Feind der guten ist. In alle Gegenstandsbereiche und Verrichtungen, in die sie eindringt, trägt die Technik die Norm der Sachlichkeit hinein und immer auch den positiven Wertakzent, den diese Kategorie in ihr selber hat.

Das Verhältnis des Menschen zu den Dingen, mit denen er umgeht, versachlicht sich in dem Grade, in dem Technik in ihnen investiert ist, und das gilt nicht nur für die Kleingeräte, sondern auch für das Haus, das aus Beton gegossen statt aus Steinen gebaut, für die Wege, die asphaltiert statt bloß festgetreten, für die Reiseziele, die gebucht statt erwandert werden. Am vollkommensten gilt es, wenn ein Gegenstand seine technisch perfekte Form erreicht hat. Dann ist er nicht mehr Hausrat mit dem besonderen Geruch, der einem solchen anhaftet. Schon deswegen nicht, weil mit der Erreichung der optimalen Form normalerweise die Herstellung in Serien verbunden ist. Das erleichtert die Pflege, verbilligt die Reparaturen oder macht sie überflüssig, weil jederzeit ein identisches Stück zu haben ist. Die Dinge werden dann rund und glatt vor lauter Zweckmäßigkeit und geben keine Anhaltspunkte mehr für ein persönliches Attachement. Sein Auto liebt man nur im Scherz wie das Kind seinen Roller. Stahlmöbel und ein Kühlschrank sind Erbstücke nur im rein materiellen Sinne des Worts.

Das ergibt eine sehr eigentümliche Mischung von Nähe und Ferne zu den Dingen. Eine Nähe, weil sie dem Menschen nun wirklich »zuhanden« sind. Sie sind immer dienstbereit, man braucht sie nur einzuschalten, aufzudrehen oder anzulassen, während die Handhabung des alten Hausrats doch vielfach recht umständlich war. Darum gewöhnt man sich sehr leicht und rasch an sie; man wächst in ihren Gebrauch hinein beinahe wie in den der eigenen Glieder. Die Befürchtung, daß mit jedem Stück Technik, das neu hinzutritt, eine neue seelische Problematik entstehen würde, ist im wesentlichen dadurch behoben worden, daß diese Technik als solche immer besser wurde. Aber zugleich eine Ferne – denn bei all ihrer Nähe und Zuhandenheit sind die Produkte der Technik, gerade in ihrer hochgesteigerten Rationalität, höchst undurchsichtig und unbekannt. Wieviel wissenschaftliche Theorie steckt in den Gegenständen des täglichen Gebrauchs, und wie narrensicher sind sie in der Benutzung! Tatsächlich werden sie in aller Ruhe unverstanden hingenommen, und es geht trotzdem. Nie sind die Geräte, mit denen der Mensch täglich hantierte, vernunfthaltiger gewesen, und nie hat er von ihnen weniger gewußt. Im perfekten Fall schalten sie sich sogar von selbst ein und regulieren sich automatisch. Auch die Sorge um ihre Pflege entfällt. Staubwischen genügt; alles andere besorgt ein Mann, der auf Telefonanruf kommt oder im Abonnement kontrolliert.

Die gleiche Sachlichkeit stellt sich im Verhältnis zu den anderen Menschen ein. Die Versachlichung der zwischenmenschlichen Beziehungen steht mit dem Umsichgreifen der Anonymität im wechselseitigen Zusammenhang. Da immer mehr Begegnungen im Lichte der Anonymität vor sich gehen, Verhandlungen durch Dritte, Aktenverkehr statt mündlicher Aussprache, Telefonate mit Unbekannt zum gewohnten Stil der Kommunikation werden, lohnt sich ein persönlicher Einsatz nicht, und er findet auch keine Handhaben. Dafür macht das beiderseitige Interesse und schon die Rücksicht auf Zeitersparnis den sachlichen Ton notwendig. Hierzu gehört allerhand Wendigkeit, vor allem aber der klare Blick dafür, wo das Sachliche aufhört und das Persönliche beginnt, und das bewußte Einhalten vor dieser Grenze. Der Umgangston wird kühl und entwickelt eine unverbindliche

Höflichkeit, die rein praktisch gedacht ist und auch so verstanden wird. Die Sprache wird äußerst trennscharf für Situationsunterschiede, bezeichnet sie aber immer nur und läßt sich nie auf sie ein. Ihre Formeln sind auf glatte Erledigung durchgenormt wie die Geräte auf glatte Verwendbarkeit. Das Individuelle, auch wenn es sich nicht betont, sondern nur schlicht äußert, wird dann von einer oft sehr niedrigen Grenze an als schräg empfunden.

Seine Höhepunkte, auch wertmäßig, erreicht dieser neue Stil der Sachlichkeit dann, wenn die Menschen einander in Arbeits- und Abhängigkeitsbeziehungen begegnen, die von der Logik eines rationalen Betriebs geformt sind. Da kommt es zur nahezu reinen Ausprägung des Typus, den Max Weber als »legale Ordnung« beschrieben hat. Alle Leistungsverpflichtungen, alle Anordnungsbefugnisse und alle Unterordnungen laufen über den Sachzusammenhang. Sie folgen sogar geradewegs aus ihm, und so werden sie auch verstanden. Das ergibt im guten Fall eine sehr saubere und großzügige Ethik, die die Freiheit der Person ehrlich respektiert, ein männliches Mit- und Zueinander auf dem Boden der gemeinsamen Sache, das auf gegenseitiges Vertrauen und Anerkennung des anderen begründet ist. Der Sachverstand allein entscheidet, und er ist oft auf der Seite dessen, der in der Befehlshierarchie weiter unten steht, weil er am Material arbeitet; dafür hat der andere den größeren Überblick über die Erfordernisse des Ganzen einzusetzen, die auch zur Sache gehören. Auch diese Formen einer *operational authority* sind im Grunde technische Kategorien. Auf sie spricht der gegenwärtige Mensch, auch der junge, zuverlässig an, während er alle Forderungen und Verpflichtungen, die sich nicht rational legitimieren können, leicht als persönliche Willkür und als patriarchalische Reste empfindet.

Leben aus zweiter Hand

Leben in Kultur ist immer zum guten Teil – man ist versucht zu sagen: zu seinem besten Teil – Leben aus zweiter Hand. Denn es bewegt sich in einem Raum gestalteter Dinge, von denen Gültigkeit ausstrahlt. Erkenntnisse und Einsichten, von anderen gewonnen, nun aber ins allgemeine Bewußtsein eingesenkt, teilen sich dem Menschen mit. Ausgebildete Praktiken zur Daseinsbewältigung liegen bereit zum Gebrauch. Werke der Kunst und der Sprache vermitteln ihm Anschauungen und Emotionen, die er allein nie hätte erfliegen können, die ihm aber zugänglich werden, da sie in hoher Form dargeboten sind. In den Institutionen sind ihm Muster des Verhaltens vorgezeichnet. Im Geleise oder im Banne dieses objektiven Geistes, von ihm zugleich erfüllt und geführt, geht alles Leben vonstatten, um so sicherer, je stärker die Formen der Kultur ausgeprägt sind; erst wenn sie brüchig werden, werden die Hilfen und Führungen unsicher.

Dabei sind die Prozesse, in denen der objektive Gehalt der Kultur in aktuelles Leben umgesetzt wird, außerordentlich mannigfaltig. Alle seelischen Haltungen von bloßer Hinnahme und unbewußtem Nachvollzug über verständnisvolle Aneignung bis zu aktiver Stellungnahme und selbständiger Auseinandersetzung sind darin verschlungen. Aber immer ist irgend etwas von Eigentätigkeit dabei. Ohne sie wäre der Sinn, der in den Kulturwerken aufgespeichert ist, gar nicht zu entbinden. Immer handelt es sich gleichsam um Handreichungen. Zu einer Handreichung aber gehören zwei: die zweite Hand, die sich selbst reicht oder die etwas darreicht, aber auch die erste, die sich in die gereichte Hand legt oder sich die Gabe zu eigen macht. Ohne Bild gesprochen: auch Leben aus zweiter Hand ist in allen Graden der geistigen Lebendigkeit und sogar der schöpferischen Aktivität fähig. Es muß ja verstehen und sich einverleiben, was ihm geboten wird. Es muß in eigenem Bemühen den Sinngehalt erschließen, der in den objektiven Beständen der Kultur verborgen ist. Das vollkommene Beispiel für diesen Sachverhalt ist die Sprache. Sie enthält in ihrem objektiven Gefüge einen überschwenglichen Reichtum von möglichem Sinngehalt und virtueller Formkraft. Aus ihm schöpft jeder, der sie spricht, und insofern spricht er immer aus zweiter Hand. Das ist eine Bindung, doch immer auch eine Befreiung oder jedenfalls eine Hilfe zur Freiheit. Gerade weil die Sprache so vieles, im Grunde alles vorgibt, wird das Eigenste, das Persönlichste in ihr sagbar. Sie hilft es sagen. Es fällt uns in ihr etwas ein.

Auch an diesem Punkt hat von jeher die Kulturkritik eingesetzt – soweit sie nicht bloß der Ausdruck des Unbehagens oder eines allgemeinen Ärgernisses an der modernen Welt, nicht bloß das Ressentiment ausgeschalteter Schichten oder Modepessimismus oder getarnter Nihilismus war (alles das ist sie unterwegs auch gewesen und ist es zum Teil noch heute), sondern ehrliche Besinnung über die Gesetzmäßigkeiten der Industriekultur und über die Anpassungen, zu denen sie den Menschen zwingt. Der Begriff der Entfremdung, recht verstanden, meint immer die doppelte Frage, ob nicht dieses grandiose Lebenssystem die Bezirke, in denen der Mensch aus erster Hand lebt, auf ein Minimum zusammenschrumpfen läßt und ob es nicht außerdem die Hilfen, Regelungen und Gängelungen, deren das Leben in seinem Normalablauf dann bedarf, so sehr verdichtet, daß die Eigenkräfte des Menschen, ähnlich wie in der Arbeitswelt, eher lahmgelegt als aktiviert werden.

Was das erste betrifft, so wirken zweifellos viele Entwicklungen darauf hin, daß sich der Umkreis des Selbstbeschafften und Selbstbesorgten ständig verkleinert. Der Haushalt gibt immer mehr Tätigkeiten an die Industrie und die *service*-Betriebe ab, organisierte Versicherungen ersetzen die private Vermögensbildung, das Sendeprogramm tritt für die Hausmusik ein, der Kindergarten für viele Sorgen der Kinderstube und für die Märchen erzählende Großmutter. Ein klares Symptom dafür ist, daß die Devise *do it yourself* zum Programm mit Widerstandscharakter geworden ist, und zwar im wesentlichen zum Programm für die Freizeit. Das Fähnchen, auf dem sie geschrieben steht, flattert über vielen *hobbies*.

Viel wichtiger noch ist die Befürchtung, daß sich alle Formen des Lebens aus zweiter Hand wesentlich verändern könnten, wenn die Angebote sich häufen, wenn die Auswahl zwischen ihnen allzu bequem oder die Wahl allzu belanglos wird und wenn die Akte, in denen der Mensch sie aufnimmt, immer mehr von ihrer Spontaneität verlieren. Auch in dieser Richtung wirken einige Prozesse, die das industrielle System in Gang gesetzt hat und die mit seinem Ausbau unaufhaltsam weitergreifen. So vor allem die Schematisierung des Konsums, die neben der Vervollkommnung des Produktionsapparats die Bedingung für die Möglichkeit der Massenerzeugung ist. Es ist die fraglose weltgeschichtliche Leistung des industriellen Systems, daß es den äußeren Lebensstandard sehr breiter Volksschichten auf und zum Teil über das Niveau der höchstprivilegierten Stände in früheren Gesellschaftsordnungen emporgehoben hat. Diese Leistung beruht darauf, daß der Bedarf für die Produkte nicht einfach erwartet, sondern hervorgerufen, nicht wie er anfällt erfüllt, sondern von der Angebotseite her genormt und gesteuert wird. Der Konsum wird damit zum Problem, der Verbraucher zum Objekt einer dauernden und komplizierten Manipulation, und zu diesem Behuf muß er zunächst einmal in die reine Verbraucherhaltung hineingedrängt werden.

David Riesman hat das Dominantwerden dieser Haltung beim gegenwärtigen Menschen durch alle Lebensbereiche hindurch verfolgt, bis in die Beziehungen der Geschlechter, bis in den Sport, den man sich auf dem Bildschirm ansieht, statt ihn auf grüner Wiese selber zu treiben, bis in die Bildungsinteressen und ins politische Verhalten hinein. Der außenbestimmte Mensch, den er als Typus des Zeitalters ansetzt, ist erstens anpassungsbeflissen, sodann und vor allem ist er konsumbereit. Und zwar ist er in beiden Hinsichten fremdbestimmt, ohne irgend darunter zu leiden oder sich etwas anderes zu wünschen. Dafür sorgt der Markt, und der Normierungsdruck der Nachbarn, gerade der ganz- oder halbanonymen, sowie die eigene Angst, nicht auf der Höhe zu sein, kommen ihm in der bekannten Weise zu Hilfe.

An der Tatsache Konsum, die an sich natürlich eine Grundfigur des Daseins ist – der Mensch hat Bedürfnisse, er muß sie befriedigen, um zu leben, und er befriedigt sie, indem er konsumiert –, vollzieht sich damit eine Veränderung, die sehr tief greift. Der Mensch hat nun auch seine Bedürfnisse zum guten Teil aus zweiter Hand. Er hat sie nicht von sich selbst, sie werden ihm beigebracht, auferlegt oder aufgezwungen, wenn auch mit einem Zwang, der unmerkbar ist, so daß er keinen Widerstand auslöst. Das kann zur förmlichen Umkehrung jener Grundfigur des natürlichen Konsums, zur Umkehrung des Lebens aus zweiter Hand führen. Es ist kein Wunsch lebendig, der nach Erfüllung verlangt, sondern eine Erfüllung wird geboten, die – warum nicht? – mitgenommen und dann bald auch gewünscht wird. Der Mensch wird zum bloßen Widerhall dessen, was die Zivilisation ihm zuruft.

Alles das ist relativ harmlos, solange es sich in den oberflächlichen Schichten des Warenkorbs hält. Handelt es sich aber um Konsumgüter höherer Art, um Bildung, Kunstgenuß, Lektüre und geistige Vergnügungen, so wird es ernst. Denn dann kommt es auf die innere Bereitschaft, mit der der Mensch aufnimmt, auf die Eigentätigkeit, mit der er fragt, und auf die Produktivität, mit der er verarbeitet, entscheidend an. Dann setzt unvermerkt ein Prozeß der Erosion ein: der empfangsbereite Humus der Seele wird weggeschwemmt, wenn die Gabe, statt sich einzusenken oder einzuprägen, als sensationell aufgemachte Reizwirkung ankommt und wenn sogar der Traum, statt aus der Seele aufzusteigen, als fabrizierter und gebrauchsfertig gelieferter Traum wie ein Platzregen auf sie niedergeht. Anders gesagt: dann wird die Frage akut, wie der Mensch aus dem Konsum hervorgeht, gesättigt, was doch wohl der gesunde Sinn jedes Konsums ist, oder gerade gierig, erfüllt oder gerade entleert, gesammelt oder zerstreut und aufgehetzt, und um noch höhere Kategorien einzusetzen: ergriffen oder bloß gekitzelt, verwandelt oder bloß berieselt, wie ein Hund, der aus dem Wasser kommt; er schüttelt sich ein wenig, dann ist er wieder trocken.

Lux 8
Spatiodynamische Skulptur von Nicolas Schoeffer, 1959

Sachlichkeit und Rationalisierung der Küche

Erosionsprozesse befördern sich immer von beiden Seiten, so auch hier. Jede Schwächung des subjektiven Pols im Konsumverhältnis verstärkt den Druck, und der verstärkte Druck wäscht und weht die Elemente des Widerstandes eins nach dem anderen weg. Schließlich kommt nur noch an, was dieser Passivität gemäß ist, also nur was zerstreut, Zeit vertreibt, folgenlos beschäftigt, oder auch: was aufscheucht, aufregt und weitere Bedürfnisse weckt. Gerade diesen Weg schlägt aber die Freizeitindustrie mit Vorliebe ein, und der Reizhunger des Menschen kommt ihr entgegen. Sie nimmt ihn, statt ihn zur Eigentätigkeit aufzurufen, als Leerraum, der vollgestopft werden will, als Dürre, die alles aufschluckt. Typische Ersatzerlebnisse, Ersatzspannungen und Ersatzlösungen werden gegeben, immer näher an den Zerreißpunkt heran; auf keine Grenzsituation wird verzichtet, die sich im Trickverfahren einfangen läßt. Alles dies unter der nur allzu berechtigten Voraussetzung, dann aber immer auch mit der Wirkung, daß diese Erlebnisse nicht erlebt, sondern nur als Reizmittel genossen, daß diese Aufpeitschungen nicht erlitten werden, sondern nur kitzeln, und mit der weiteren Folge, daß beim nächsten Mal das Knockout nur befriedigt, wenn es noch um zwei Striche näher an den letalen Ausgang herangetrieben wird. Die Kategorie *trophé*, die Platon verwendet, wenn er von der Wirkung der Musik auf den Menschen spricht, schlägt dann überhaupt nicht mehr ein, viel eher die Erfahrung, daß kranke Mägen nach der Speise lüstern sind, die das Übel verschlimmert.

Solche Erwägungen treffen auf vieles im modernen Veranstaltungswesen, im Informationsdienst und im Bildungswesen zu. Faßt man aber die Erscheinungen im einzelnen unter diesem Gesichtspunkt auf, so zeigt sich, daß sie allesamt ambivalent sind. In den meisten Fällen liegt ein Bedürfnis, das in der Struktur der gegenwärtigen Lebenswelt begründet ist, objektiv vor. Daß es dann auch aufgestachelt und durch Überfütterung unersättlich gemacht werden kann, ist nur die andere Seite der Sache, und die Grenze, wo das eine aufhört und das andere beginnt, ist recht schwer zu bestimmen. Ebenso zeigt sich, daß die geistige Ware, die geboten wird, in vielen Fällen hochwertig ist, ähnlich wie die Massenartikel der Industrie nur zu Anfang der handwerklichen Arbeit an Qualität unterlegen waren, während heute längst Serienfertigung und Qualitätssteigerung zusammengehen. Die Schallplatten geben Konzerte von Weltformat, die Photographie produziert Bilder von Meisterrang, die großen Zeitungen vermitteln eine Orientierung, die ebenso universal wie präzis ist. Auch hier ist es wieder nur die andere Seite der Sache, daß die Großproduktion an Nachrichten und Unterhaltungsstoff sich die Möglichkeit nicht entgehen läßt, auch dem niederen Geschmack, bis hin zum allerschlechtesten, zu Willen zu sein, und daß sie den Versuch, ihn zu bekämpfen (der wohl auch im ganzen nicht viel Hoffnung hätte), nicht unternimmt, vielmehr aus der gegebenen Sachlage ihren Profit zieht.

Beim Thema Information wird die Ambivalenz besonders offensichtlich. Der Informationen über einen sehr weiten Umkreis von Gegenständen bedarf der Mensch heute etwa so dringend wie der Wanderer einer Geländekarte. Er wirtschaftet nicht mehr im übersehbaren Kreis, in dem er langfristig eigene Erfahrungen sammeln kann, sondern auf einem sehr unübersichtlichen Felde, über das ein gediegenes Wissen zu erlangen äußerst schwer und in vielen Fällen kaum möglich ist, dessen Konstellationen und Konjunkturen ihn aber unter Umständen vital betreffen. So muß er sich also daran gewöhnen, von Informationen zu leben, die von Spezialisten für den allgemeinen Gebrauch zubereitet werden, von typischen Erfahrungen zweiter Hand: er hat sie nicht selbst gemacht, er kann sie nicht einmal nachprüfen, er weiß sogar, wenn er einigermaßen intelligent ist, daß sie zum guten Teil lanciert und gesteuert sind, trotzdem hungert er nach ihnen und nimmt sie ab, wie sie kommen. Zudem ist der Zivilisationsmensch in seinen besseren Exemplaren vielseitig interessiert, auch über seine praktischen Interessen hinaus. Das ist eine seiner guten Eigenschaften; sie gehört zu seiner Außenbestimmtheit, wie zum Leben in einer geschlossenen Erfahrungswelt das Gespür für deren innere Zusammenhänge gehört. Fernen und unzugängliche Fremdheiten gibt es für ihn so wenig wie für den Weltverkehr. Sein Begriff des Wissenswerten ist sehr weit gespannt. Der Mensch mit den vielseitigen Interessen ist so etwas wie die Zeitform des Gebildeten.

Beide Bedürfnisse werden von der Presse mit einem hohen Grad von Perfektion befriedigt. Ihre Nachrichtennetze umspannen den Erdball. Nicht nur die Kurse an allen Börsen und die Aktualitäten von überallher sind in Sekundenschnelle da, sondern ein Stab von Experten berichtet auch über die Hintergründe des Geschehens und über die Zustände in aller Welt. Gerade daß sie unmittelbar aus der Situation geschöpft und für den Tag gearbeitet sind, gibt diesen Berichten eine Geschliffenheit hoher Art und eine Wirkung über den Tag hinaus.

Trotzdem setzt auch hier jene Umkehrung ein, die für die neuen Formen des Lebens aus zweiter Hand charakteristisch ist. Belehrungen über Dinge, die er nicht selbst erkunden konnte, Ratschläge für Situationen, in denen er sich allein nicht zurechtfand, hat der Mensch immer gebraucht. Er holte sie sich bei denen, die es besser wußten, und baute sie in seinen eigenen Haushalt ein, soweit sie sich bewährten. Er suchte die andere Hand, die ihm helfen konnte, und machte sich zu eigen, was sie ihm gab. Er stellte Fragen und empfing Antworten. Hier aber ist der Fall ganz anders. Es geschieht keine Handreichung, sondern es wird massenhaft und pausenlos Informationsmaterial ausgeschüttet. Und von der anderen Seite wird keine Frage gestellt, sondern es ist nur ein vielseitiges, ein allseitiges Interesse da, das so lange zuhört, bis es müde wird oder etwas Besseres zu tun hat. So werden zwar Kontakte zur Wirklichkeit vermittelt, unendlich viele, immer neue und immer wechselnde, aber keine Zugänge zu ihr, keine Einstiege in sie, denn dazu bedürfte es eines, der selber einsteigt, wenn auch mit Hilfe.

Schon damit läuft eine Art Erosion an, mindestens in dem Sinne, daß der aufnehmende Boden unspezifisch wird. Es gibt aber auch Einwirkungen, die ihn ganz auslaugen und die dann erst richtig zum Zuge kommen. Mordfälle, Verkehrskatastrophen und Skandale kleinen Kalibers laufen dann in den Schlagzeilen derart breit, daß man den Durchschnittsleser für völlig sensationsbesessen halten müßte (was er bestimmt nicht ist), wenn man sich nicht der fatalen Wechselwirkung erinnerte, die zwischen der rein passiven Verbraucherhaltung und dem Konsumgut, in diesem Falle dem Unterhaltungsthema, besteht, das sich konsequent auf sie einstellt. Dazu gehört, außer gruseligen Einzelvorfällen, vor allem der Auf- und Ausbau einer Themenwelt, die die Phantasie unverbindlich beschäftigt, einer Bilderwelt, die aktuell und dabei völlig illusionär ist, gleichsam eines Mythos für Hinz und Kunz, natürlich eines solchen, der von niemandem ernsthaft geglaubt wird und darum frei weiter-

Striptease in einem Nachtlokal

Bildungsgut in preiswerten Taschenbüchern

gesponnen werden kann, wofür die Religionsgeschichte von Spätzeiten zahlreiche Beispiele gibt. Die Gegenstände dieses Mythos sind bekannt: die sagenhaft Reichen auf ihren Luxusjachten, die Fürstenhäuser einschließlich der depossedierten, das Privatleben (wenn man es so nennen darf) der Filmgrößen, dazu die Affären der internationalen Spionage, des Rauschgiftschmuggels und Waffenhandels. Die Schauplätze sind stark schematisiert: Hotelhallen, Klubräume, Hafenkneipen. Ebenso stark sind die Typen schematisiert, lauter Mischungen, die kompliziert aussehen, aber im Grunde höchst primitiv sind und die schon immer zum Repertoire der Bänkelsänger gehört haben: Eiskälte gepaart mit Leidenschaft, Heldentum gepaart mit Gemüt, Laster mit Unschuld. Daß immer dieselben Typen und, wenn es sich um Zeitfiguren handelt, dieselben Namen wiederkehren, ist geradezu die Bedingung dafür, daß die Dinge dem Konsumenten eingängig und schmackhaft sind. Besonders charakteristisch sind die Kettenthemen, die unbeschränkte Fortsetzung gestatten, ähnlich den Bildstreifen der *comics*.

Daß die Unterhaltungsbedürftigkeit des Menschen mit der Vermehrung der Freizeit zunimmt, ist zwangsläufig. Daß aber auch sein Bildungsbedürfnis steigt, beweisen viele Erfahrungen der Verleger, der Büchereien und der Volkshochschulen. Dabei handelt es sich in weiten Kreisen nicht nur der Jugendlichen in erster Linie um Fachbildung, um Nutzwissen, um Weiterbildung im Beruf, in den weitergreifenden Bestrebungen unter Einbeziehung der wissenschaftlichen Werke, die die Theorie des betreffenden Fachgebiets geben. Aber auch der Wille zur Allgemeinbildung ist nicht als rückgängig zu bezeichnen – wobei man sich freilich der ganzen Problematik dieses Begriffs bewußt sein muß. Der hohe Begriff der Bildung, der in der Goethezeit geprägt wurde, beruhte nicht nur auf gesellschaftlichen Voraussetzungen, die großenteils nicht mehr gegeben sind, sondern auch und vor allem auf geistesgeschichtlichen Voraussetzungen, nämlich darauf, daß die geistige Welt, die das Bildungsstreben vor sich sah, bei allem Reichtum sehr geordnet war, von großen durchgehenden Denkformen beherrscht, zumeist der Anschauung zugänglich und noch kaum irgendwo auf einen umständlichen Forschungsapparat angewiesen. Wer irgendwo, in der Kristallographie oder in der Farbenlehre oder in der Indologie, selbstschöpferisch oder ernst kenntnisnehmend tätig war, hatte damit einen Weg in die Mitte. Ein geistiges Ganzes war vorgegeben, das von irgendeiner Seite her innerlich angeeignet, in persönliche Gestalt umgesetzt werden konnte. Es war weithin möglich, sowohl in der praktischen Berufsarbeit wie im privaten Studium, Zugänge zu ihm zu gewinnen, und sie erschlossen sich auf beiden Wegen von selbst, dort als wohlfundierte Einsichten, die in den Kopf und das Herz eingingen, hier als wache Teilnahme an allem, was gedacht, geschaffen und gestaltet wurde.

Die geistige Produktion von heute, die Forschung wie die Kunst und die Dichtung, hat diese Zugänglichkeit nicht. Ebensowenig führen ihre Teile zueinander hin und in ein Ganzes hinein, und zwar nicht nur, wie gewöhnlich gesagt wird, wegen zu weit getriebener Spezialisierung, sondern weil ihre Problemstellungen und ihre Methoden in die höchsten Grade der Abstraktion hinausgehoben sind. An ihren vordersten Frontlinien bekommen sie den Charakter des Esoterischen. Immer mehr Einzelwissenschaften gehen diesen Weg, und die Synthesen, die sich zwischen ihnen anbahnen, vollziehen sich dann erst recht in hochabstrakten Formeln. Die Weltanschauungspanoramen im Stile der Vorkriegszeit, jene Gesamtüberblicke, die mit großer Dreistigkeit den Welträtseln zu Leibe gingen, sind *vieux jeu.*

Damit ergibt sich die Lage, daß der Gebildete nicht mehr Amateur ist, der den Professional ergänzt, sondern Laie, der nur von außen zusieht. Dazu bedarf er der Übersetzungen, und diese müssen, wie die Dinge liegen, Vereinfachungen sein. Der Behelf, mit Denkmodellen von gestern zu arbeiten, ist oft nicht zu vermeiden. Der Abstand zwischen dem Gelände, in dem sich die Forschung bewegt, und den Wegen, die ein Leitfaden weisen kann, hat sich mindestens verzehnfacht. Allgemeinbildung ist also in einem neuen und sehr dezidierten Sinne zu einem Leben aus zweiter Hand, das heißt in diesem Falle zu einem Wissen und Denken aus zweiter Hand geworden. Man braucht dabei nicht einmal an die Fälle zu denken, bei denen die Summe alles Wißbaren restlos in die Quizform gebracht und so verfügbar gemacht wird; dann wird aus der zweiten Hand eine fünfte und sechste. Aber auch manche der gutgemeinten Bildungsbücher kommen dem nahe. Sie erinnern stark an einen intellektuellen Sozialtourismus, der unter sachkundiger Führung von Aussichtspunkt zu Aussichtspunkt fährt; wer mitfährt, bekommt das ganze Orientierungssystem, einen Einstieg irgendwo in die Dinge selbst bekommt er allerdings nicht.

Die positive Kehrseite ist, daß die Aufbereitung des Materials nie vollkommener war als heute und daß die Werke der Weltliteratur in Großauflagen allgemein zugänglich gemacht werden. So findet also der selbständig Strebende doch Wege, die er mindestens ein Stück weit in Ruhe zu gehen vermag. Auch die Sekundärliteratur der Handbücher und Überblicke gibt einige Beispiele für echte Handreichungen, die schönsten dort, wo die Forscher selbst es über sich gewinnen, aus der Schule oder aus der Werkstatt zu plaudern.

Unter dem gleichen Dilemma steht die musische und die künstlerische Bildung. Auch sie ist unter die Gesetzlichkeiten der Massenkonsumkultur gestellt, mit allen Chancen der reichen Angebote und der breiten Wirkung, mit allen Gefahren der wahllosen Hinnahme und der modischen Konjunkturen. Auch hier legt sich um das Gute, an dem wahrlich kein Mangel ist, ein breiter Saum von Tingeltangel. Die Ambivalenz im gegenwärtigen Konzert-, Ausstellungs- und Festwochenbetrieb ist ein vielberedetes Thema. Die Theaterkritiken sind dazu übergegangen, immer auch die Haltung des Publikums zu registrieren, und sie sind ihr gegenüber ebenso kritisch wie gegenüber der Bühne.

Im Sport werden die Phänomene des Lebens aus zweiter Hand darum so evident, weil er seinem Wesen nach Selbsttätigkeit ist, sogar frei spielende, in der der Einsatz der eigenen Antriebskräfte zum Selbstzweck wird. Aber »Interesse am Sport« – das besagt im heutigen Sprachgebrauch nur zu einem schmalen Bruchteil Selbstbetätigung, zumeist das gerade Gegenteil davon. Nach einer neueren Statistik betrug in Deutschland die Zahl der Sonntagszuschauer beim Fußballsport das Hundertfache, die Zahl der Totospieler das Sechshundertfache der klubmäßig organisierten Spieler; dabei ist Fußball der ausgesprochene Volkssport. Alles das sind Sportinteressenten, nur daß Interesse dann nichts als Dabeisein in Masse und Starkult, Sensationslust und Rekordfieber bedeutet, und auch dies in lauter Ersatzerlebnissen. Die Leistungen selbst sind in den Spitzengruppen so hochgetrieben, daß stellenweise die Stoppuhr versagt und hochtechnische Hilfsmittel nötig werden, um die

Differenzen zu messen. Sie entfernen sich damit sowohl von der Idee der Kalokagathie wie vom *gentleman*-Bild der *colleges*, aus denen sich der moderne Sport herleitet. Auf diesem Felde ist der Amateur die positive Figur, bis hin zu den Jungen und Mädchen, die Ball spielen, schwimmen und Ski laufen. Daß das 20. Jahrhundert eine Renaissance des Sports gebracht hat, ist gleichwohl gewiß, auch daß sie sich im körperlichen Erscheinungsbild und Gehaben der Menschen sichtbar auswirkt, sogar, so kann man im Vergleich zum 19. Jahrhundert finden, in der Mode. Ihr Leitbild ist zwar in erster Linie der *chic*. Auch hat sie, wie immer, so auch in den letzten Jahrzehnten manche Volten geschlagen und mehrfach mit Rückgriffen auf historische Muster gespielt. Aber ihr großer Trend geht auf den Menschen, der Sport treibt oder doch treiben könnte, auf freie Beweglichkeit, federnden Gang und unverkrampfte Haltung.

»In die Freiheit verstrickt«

Bevor wir die Situation des Geistes in der gegenwärtigen Lebenswelt und die Positionen abhandeln, die er darin beziehen kann, sei der Versuch gemacht, eine prinzipielle Spannung zu formulieren, in der jede geistige Kraft heute steht, gleichviel wo sie ansetzt und wohin sie zielt. Mit der Formel »in die Freiheit verstrickt« hat Arnold Gehlen die Situation der Kunst im 20. Jahrhundert oder wenigstens einige wesentliche Züge in ihr gekennzeichnet, nämlich die folgenden. Seit dem Impressionismus haben die Künstler die Stilentwicklung als eine ihrer Absichten in sich selbst hineingenommen, sie lassen sie nicht mehr bloß über sich hinweggehen. Schon deswegen setzt sich jede neue Gestaltungsidee drastisch vom schon Vorhandenen ab; im Gegensatz zu diesem werden die Mittel und die Effekte gewählt. Der bedrückend schnelle und scharfe Wechsel der Kunstformen ist also nicht als Mode abzutun, sondern er ist ein Ablaufsgesetz, das sich dialektisch aus der Freiheit ergibt. Jeder neue Schritt wird auf Gegensätzlichkeit schematisiert; auf Impressionismus folgt Expressionismus, auf Expressionismus neue Sachlichkeit, auf gegenständlich ungegenständlich, auf geometrisch abstrakt informell abstrakt. Echte Rückgriffe und schon Anknüpfungen werden unmöglich, Aktualität ist immer nur in der Richtung nach vorn zu suchen. Schon das kann zu einer Verstrickung in die Freiheit werden, weil sich die Möglichkeiten zu prinzipiellen Gegensätzen erschöpfen könnten.

Vor allem aber ist der Künstler, gerade wenn er in Freiheit neu anfängt, zwar nicht an einen vorgegebenen Bildtypus, wohl aber um so fester an den seinen verhaftet, weil ein eigener schlagender *concetto* selten ist. Der Prozeß geht noch weiter. Weil keine Tradition da ist, wird das Bild selbst zur Inspirationsquelle des Malers. Es kommt zu einem Sicheinwühlen in eine abgeschnürt-immanente Entwicklung, die nicht aufzuhalten ist und die dem Künstler als eine *a tergo* wirkende Schubkraft erscheint. Er wird sich dann in seinem Werk selbst rätselhaft. Hier liegt einer der Gründe für die Theorien, für ganze Metaphysiken, die zur Interpretation der Werke gesucht werden.

Es sei gestattet, diesen Gedankengang, der auf die Kunst, vor allem auf die Malerei gewiß zutrifft, zu verallgemeinern. Er verliert dann zwar seinen spezifischen Schlüsselwert für bestimmte markante Züge gerade der gegenwärtigen Kunst, bleibt aber geeignet, die Situation des Geistes überhaupt im 20. Jahrhundert zu charakterisieren, und kann dazu helfen, die Spannung zu kennzeichnen, die wir meinen.

Daß sich die neue Gestalt der Industriegesellschaft als unüberspringbare Wirklichkeit aufdrängt, dessen ist sich der Geist sehr klar bewußt. Er weiß: hier ist Rhodos. Der Zeit gemäß zu sein wird zwar keineswegs zur Zielformel, aber zur Minimalforderung in allen geistigen Bewegungen seit dem Ende des ersten Weltkrieges, bei den Avantgarden schon in den Jahren zuvor, wobei »zeitgemäß« sinnvollerweise nicht das Zeitalter meint, wie es obenhin ist, sondern wie es eigentlich ist. Die Grundstruktur wird bejaht, aber selbst vom Ballast des anderen wird vieles einbezogen.

Tatsächlich sind das Denken und das geistige Schaffen seither in einem überaus starken Maße auf die eigene Gegenwart fixiert und immerzu mit ihr beschäftigt gewesen. Die Thematik der repräsentativen philosophischen Systeme ebenso wie die Sujets der Romane und die Fabeln der Bühnenstücke zeigen das Zupacken auf Gegenwartsproblematik. Wo die geistige Produktion scheinbar vom Zeitalter abschweift, sich in die geschichtliche Vergangenheit begibt oder ihre Themen ins Zeitlose, etwa in die Gestaltenwelt des antiken Mythos versetzt, auch da bricht sie nicht aus der Gegenwart aus und will es auch gar nicht. Das gilt nicht nur für die Fälle, in denen der historische Vorwurf bloße Travestie ist, sondern auch dort, wo wirkliche Vergegenwärtigung einer Vergangenheit gewollt wird und gelingt, wie zum Beispiel bei der genauen Nachzeichnung der Wochen vor den Iden des März von Thornton Wilder. Auch da guckt aus allen Ecken der gegenwärtige Mensch heraus, in allen Fragestellungen lauert die gegenwärtige Problematik. Wird aber das zeitlose, das mythische oder das utopische Kostüm gewählt, so ist auch das oft nur das formale Mittel, um die Gegenwartsfragen prägnant und sozusagen absolut zu stellen.

Der Wille, im geschichtlich Gewesenen sich einzuhausen oder sich zu beleben, wie er dem historischen Roman großen Stils eigen war, ist dem gegenwärtigen Geist sehr fremd. Noch fremder ist ihm der romantische Glaube, die Vergangenheit sei der Wahrheit näher gewesen als wir. Nicht als ob er die Wahrheit zu haben glaubte – daran zweifelt er sogar sehr stark –, aber er weiß, daß die Wahrheit, auf die er angewiesen ist, eine spezifisch gegenwärtige Wahrheit sein müßte, sonst wäre die Existenz ohne Wahrheit, also der Nihilismus unüberwindbar; und alle Wege, die zu ihr führen, müssen, sofern sie zunächst von der Gegenwart abführen, zu ihr zurückführen, oder sie sind Flucht. Immerzu, auch im Zeitlosen, hört der gegenwärtige Geist die Mahnung: *nostra res agitur*. Er will sie hören, er provoziert sie geradezu. Er hat weder die Muße noch den Spieltrieb noch das humanistische Interesse, in anderen Zeiten und Lebenswelten teilnehmend zu verweilen. Er ist in der Gegenwart engagiert. Der Begriff Engagement tritt in vielen gegenwärtigen Geistesrichtungen, auch in sehr gegensätzlichen, als Leitbegriff auf, im geistigen Aktivismus der »Weltbühne« wie im Existentialismus wie im christlichen Personalismus. Er hat viele Bedeutungen, und wahrscheinlich haben beide Meinungen recht, sowohl die, daß Literatur nur dann ernsthaft in Betracht kommt, wenn sie *engagée* ist, wie die, daß sich Literatur, wenn sie zur Dichtung aufsteigt, aus dem Engagement löst. Wir nehmen den Begriff zunächst in seiner unmittelbarsten und schlichtesten Bedeutung: der gegenwärtige Geist weiß sich durch die Fragen, die hier und jetzt gestellt sind, voll beansprucht, und er gibt sich selbst keinen Urlaub von ihnen.

Dies ist die eine Seite der Spannung. Die andere besteht darin, daß dem Denken und dem geistigen Schaffen unter den gegenwärtigen Bedingungen ein Maß von Freiheit, nämlich von Voraussetzungslosigkeit und Führungslosigkeit zugefallen oder auferlegt ist wie wohl nie zuvor. Das sekundäre System der Industriekultur leistet dasjenige nicht, was Kulturen bisher immer geleistet haben. Sie waren Führungssysteme, nicht nur was den rechtlichen Status der Menschen und den Umfang ihrer möglichen Zielsetzungen, sondern auch was die Grundentscheidungen des Denkens und des geistigen Schaffens betraf. Demgegenüber ist die Industriekultur in ihrer entwickelten Gestalt ein offenes Feld, wenn auch ein solches, das auf Schritt und Tritt zur Anpassung zwingt. Auch in sie ist der Mensch hart einbezogen, aber nicht im Modus der Unmittelbarkeit, sondern der Anpassung, nicht im Zustand der Behausung, sondern der Entfremdung.

Es ist natürlich immer ein gewagtes Unternehmen, Großperioden der Menschheitsgeschichte derart auf Formeln abzuziehen und sie makroskopisch miteinander zu vergleichen. Es ist aber gewiß kein Zufall, daß die gegenwärtige Epoche diese Denkweise nahelegt. Seit Alfred Weber ist von immer mehr Seiten und bereits von recht verschiedenen Ansätzen aus der Gedanke vertreten worden, der Übergang zur Industriekultur sei eine der großen Kulturschwellen in der Geschichte der Menschheit, an Größenordnung nur vergleichbar mit dem Übergang zur Seßhaftigkeit am Anfang des neolithischen Zeitalters oder mit der Geburt der Hochkulturen im 4. vorchristlichen Jahrtausend. Die ganze Geschichte der vorindustriellen Hochkulturen rückt unter diesem Aspekt zu einer Einheit zusammen. Ihr übergreifender Sinn war, daß der Mensch seine Werke in eine natürliche Landschaft einpflanzte und diese gleichsam in den Geist erhob. Das gebaute Haus war das Symbol für diese erste große Wandlung des menschlichen Daseins, und mit ihm war vieles mitgesetzt: der eingehegte, auf Dauer in Pflege genommene Raum, Besitzstücke, die als gebundenes Erbe den Generationenwechsel überwölbten, Institutionen, die sich, nun ebenfalls bodenständig, über das zusammengehörige Leben spannten und es nach außen abgrenzten, Häuser auch für die Götter, auch für die Toten, Traditionen der Lebensgewohnheit, der Sitte, der technischen Zurüstung und der moralischen Verpflichtung, die sich im Alltag der Arbeit und im Rhythmus des Jahres niederschlugen. Was aber über das Lebensnotwendige hinaus an Werken und Gedanken, an Schönheit und Besinnung gefunden wurde, fügte sich in den kultivierten Raum wie in ein gegebenes Koordinatensystem ein.

Widerspruch und Widerstand gegen die legitime Ordnung gab es immer, auch individuelle Ausbrüche aus ihr, Revolutionäre und Häretiker, Aufklärung und Skepsis gegen den allgemeinen Glauben. Aber diese Kräfte waren gleichsam die geistige Unruhe innerhalb des gültigen Ganzen. Diese freien Geister suchten nur eigene Antworten auf die Fragen, die allgemein gestellt waren. Diese Ketzer waren Ketzer in bezug auf eine allgemeingültige Kirche und insofern ihr zugehörig.

Das Symbol der Industriekultur ist nicht mehr das Haus, sondern die Maschine. Nietzsche hat von ihr gesagt, sie sei eine Prämisse, aus der alle Konsequenzen zu ziehen einen erheblichen Mut voraussetzen würde. Das industrielle System hat sie gezogen, es ist dabei, sie immer vollständiger zu ziehen, und dann zeigt sich, daß, wie das Haus einen ganzen neuen Weltzustand in sich geborgen hatte, so auch die Maschine einen ganzen neuen Weltzustand in sich birgt. Sie enthält in sich alle Ansätze zur Ausbildung eines sekundären Systems. Sie »vermittelt« die Arbeit des Menschen, wie Hegel schon angesichts ihrer ersten Exemplare fand. Sie vermittelt, das heißt sie instrumentalisiert weiterhin das Verhältnis des Menschen zur Natur, vor allem sein Verhältnis zu den anderen Menschen und zum sozialen Ganzen. Wenn man mit ihr ernst macht, erzeugt sie als ihr Gegenbild eine soziale Struktur, die genauso funktionabel, aber auch genauso unangreifbar-sachlich ist wie sie selbst und die ihre Menschen zwar beansprucht, aber sie nicht in eine innere Führung nimmt.

Dann ist auch der Geist »unbehaust« (Hans Egon Holthusen). Er findet keine Ordnung vor, der zugestimmt oder gegen die revoltiert werden könnte, denn ein maschinelles System ist keine Angelegenheit der Legitimität, sondern nur der Effizienz. Er findet keine Fragen vor, die allgemeinverbindlich gestellt wären, und so ist er nicht nur in seinen Antworten frei, sondern schon in seinen Fragen. Er gerät in die merkwürdige Rolle eines Ketzers, ohne daß es eine allgemeine Kirche gibt, in bezug auf die er einer ist. Er agiert auf einem Felde, das zwar sach-logisch völlig durchgeplant ist, aber gerade darum für freie Schöpfungen keine Führungslinien enthält, auf einem »wüsten Land« (T. S. Eliot), in dem es Quellen des ursprünglichen Lebens nicht gibt noch geben kann. Das gewährt ihm eine Freiheit, die höchst unheimlich ist, eine Freiheit zunächst »wovon«, zugleich aber eine absolute Freiheit »wozu«. Seine Schöpfungen sind nicht schöpferische Zutaten zu einem vorhandenen Reichtum, sondern sie werfen sich ins Leere, und das Koordinatensystem, auf das sie sich aufzeichnen, ist immer auch schon freie Setzung. Das ist wohl genau die Situation, die Nietzsche gemeint und geschildert hat. Er hat sie absolut gesetzt, indem er sagte, Werte müßten und könnten nur frei gesetzt werden. Als geschichtliche Situation aber ist sie im gegenwärtigen Zeitalter gegeben.

In der Gegenwart engagiert, aber in allen Entscheidungen und schon in allen Vorentscheidungen allein gelassen, auf ein Aktionsfeld verwiesen, das zugleich völlig determiniert und im höchsten Maße undeterminiert ist – in der Spannung zwischen diesen beiden Polen stehen alle Formen der geistigen Betätigung, alle jedenfalls, die sich nicht wie die positive Wissenschaft in Gestalt konstanter Problemstellungen und Methoden ihr eigenes autonomes Führungssystem geschaffen haben (es wird sich zeigen: selbst sie), sicher aber alle Weisen des geistigen Schaffens, die auf Situationsbestimmung, auf Daseinserhellung, auf Sinndeutung aus sind, also die Philosophie und die Literatur, ebenso alle, die die selbstgenügsame Form intendieren, also die Kunst und die Dichtung. Sie finden keinen Stil vor, der sie trüge, nicht einmal eine Sprache, aus der sie schöpfen könnten. Der Stil muß immer erst gesetzt werden mit dem Werk, das ihn haben will, die Sprache muß immer erst kreiert werden. Damit kommt es zu jener unabsehbaren Bewegung, die von der Seele über das Werk und von diesem auf sie zurückläuft, und das ist genau die Verstrickung in die Freiheit, von der wir ausgingen.

Die Möglichkeit, alle Prämissen frei zu variieren, immer neue Bezugssysteme zur Erfassung des Gegenstandes zunächst willkürlich zu setzen, sie dann aber konsequent, sogar bis zur Paradoxie durchzuhalten, gehört ohnedies zur Arbeitsweise des gegenwärtigen Geistes; sie ergibt sich aus dem Dominantwerden technischer Kategorien in allen seinen Bereichen. Sie wird daher immer bewußt ergriffen, sowohl in den Wissenschaften wie auch in den Künsten; das macht die »Familienähnlichkeit« (Arnold Gehlen) der Lyrik, der abstrakten Malerei, der atonalen Musik mit den neuen Wissenschaften aus. Die Lage ist dann auf beiden Seiten völlig anders als in jeder traditionalen, sei es idealistischen, sei es realistischen Erkenntnistheorie. Das Subjekt tritt nicht gut Kantisch als ein präformiertes, mit bestimmten Anschauungs- und Denkformen ausgestattetes Bewußtsein ins Spiel, und das Objekt gilt nicht als ein gegenüberstehendes Sosein, das als solches gleichsam eingefangen wird und zum guten Ende begriffen, verstanden oder ausgedrückt und dargestellt ist. Die Bezugssysteme, die Beobachtungsapparaturen, die gewählten Aspekte sind immer das erste, und sie sind das Übergreifende. Sie machen die Frage, wo das Subjekt aufhört und wo der Gegenstand beginnt, unentscheidbar, oder sie machen den Schnitt zwischen beiden selbst zu einer Entscheidung wie in der modernen Physik. Sie binden das Verfahren, sobald es sich auf sie eingelassen hat, und sie projizieren das Objekt auf immer neue Ebenen, transformieren es in immer neue Aggregatzustände und Wellensysteme, durchleuchten es mit immer neuen Sorten von Strahlen. Diese Aufhebung der Grenze zwischen dem erkennenden Intellekt und den Gegenständen, zwischen dem erlebenden Bewußtsein und der erlebten Natur ist etwas sehr anderes als die früheren Formen des Subjektivismus, etwa als die romantische Ironie. Sie sind für den Erkenntnis- und Darstellungsvorgang selber konstitutiv geworden und bedeuten daher nicht mehr die Souveränitätserklärung des Subjekts, sondern zwar seine Freiheit in der Wahl der Ansätze, aber auch seine Verstrickung in diese.

Zur Arbeitsweise des Geistes im 20. Jahrhundert und zur Rhythmik seiner Bewegungen gehört immer auch der Rückgriff auf zeitlich und räumlich ferne Muster. Auch er steht unter dem Zeichen einer sehr freien Wählbarkeit. Die äußere Möglichkeit dazu ist durch die Aufschließung und Aufbereitung des historischen, ethnographischen und soziologischen Materials geschaffen worden, ferner durch die Durchlässigkeit der gegenwärtigen Welt und durch die Annäherung aller Kontinente aneinander, mindestens in dem Sinne, daß sich die westlich geprägte Weltzivilisation wie eine gleichmäßige Schicht über ihre Altbestände gelegt hat. Schon dadurch werden alle Modelle und Kategoriensysteme präsent, deren man bedarf. Es ist zum Beispiel eine Erfahrung, daß ein sozialer oder ein politischer Roman, der unter einer sehr anderen Sonne spielt, die Menschen überall unmittelbar und ohne Fremdheitsakzent anzusprechen vermag, auch über die beiden Meridiane hinweg, die die westliche und die östliche Welt voneinander scheiden. Das ist nicht eigentlich »Weltliteratur« im Sinne Goethes, viel eher das Bewußtsein, daß auch Instrumente anderer Herkunft dazu dienen können, die eigene Existenz auszuloten, daß sie vielleicht sogar dazu nötig sind.

Besondere Bedeutung bekommen dann die Apperzeptionsweisen und die geistigen Gehalte, die in den Gegenformen zur Moderne greifbar sind: im Exotischen, im Primitiven, im Archaischen, im Früh- und Urzeitlichen. Sie bedeuten nicht nur Flucht oder Ausbruch in eine andere Welt, sondern mindestens zum Teil auch das experimentierende Bestreben, von außen her neue Tangenten an die Gegenwart zu legen, von unten her neue Aspekte auf sie zu gewinnen. Auch hier sind die Variationsbreite der Möglichkeiten und die Freiheit, sie zu benützen, nahezu universal. Negerplastik und Südseemotive, chinesische Tuschen und Altmittelmeerisches wurden nicht nur imitiert, sondern rezipiert. Das Primitive gewiß zunächst mit Vorrang, so in den ersten Phasen der modernen Malerei vor und dicht nach dem ersten Krieg. Aber die vielberedete Primitivisierung des Geschmacks und der Denkformen im Industriezeitalter ist ein sehr vielschichtiges Phänomen. Es spielt in ihr, unter vielem anderen, auch das Motiv mit, auf das es uns hier ankommt. Die stärkste aufschließende Wirkung versprachen diese Werke mit ihrer ungezähmten Ausdruckskraft und ihrer dumpfen Tiefe, weil sie zur *civilité* in der größten Spannung stehen und weil doch gerade die Entfremdungen der Hochzivilisation viele ungesättigte Triebe und viele sehr primitive Reaktionen nicht nur eingekapselt in sich enthalten, sondern sogar freisetzen. Aber hochstilisierte und technisch raffinierte Muster, etwa des Manierismus, werden immer auch herangezogen.

Außerdem ist freilich einzurechnen, daß die Freiheit, in die sich der Geist im gegenwärtigen Zeitalter versetzt findet, auch als solche ausgenützt werden kann und daß dies nach Kräften geschieht. Das hat dann mit einem experimentierenden Verfahren, das um die Bewältigung der Gegenwartsprobleme bemüht ist, unter Umständen nicht mehr viel zu tun. Die Freiheit in der Wahl der Wertsysteme und die freie Verfügung über das ganze Arsenal der technischen Mittel werden zum Selbstzweck oder zu einer Artistik, die rein auf den Effekt hin produziert. Die Effekte bestimmen sich sei es nach den Bedingungen der Massenwirkung, sei es nach den mitgehenden Neigungen esoterischer Kreise von Kennern und Käufern. In beiden Fällen wird leicht das Gesetz der steigenden Reizschwelle wirksam. Hochgetriebene Virtuosenleistungen existieren immer im Medium des Überbotenwerdens, und dasselbe gilt für Gewagtheiten in der Thematik und in der Diktion. Das Exzentrische, sogar das Verrückte wird akzeptiert, wenn es nur gut gemacht ist. Auch für Schocks aller Art ist das Publikum sehr empfänglich.

Die Wissenschaften

Die Industriekultur beruht von Anfang an auf dem Dreibund zwischen der Naturwissenschaft, der Technik und der kapitalistischen Produktionsweise. Das Zusammengehen dieser drei Faktoren zu einer funktionellen Einheit, in der jeder von den beiden anderen bedingt ist, aber auch antreibend auf sie einwirkt, ist ein einmaliges weltgeschichtliches Ereignis. Keine der früheren Hochkulturen hat ihre Technik so radikal auf Wissenschaft gegründet, keine hat ihre Wissenschaft so konsequent auf Naturbeherrschung abgestellt, keine ihr Wirtschaftssystem und ihren Sozialapparat so auf wissenschaftliche und technische Rationalität hin entwickelt wie das Abendland seit dem Beginn des industriellen Zeitalters.

Seit dem 17. Jahrhundert kristallisieren sich die drei Tatbestände, die in das Zusammenspiel eingehen, klar heraus. Zuerst die Naturwissenschaft in ihrer spezifisch abendländischen Gestalt, als exakte Forschungsarbeit, die sich planmäßig des Experiments bedient und die

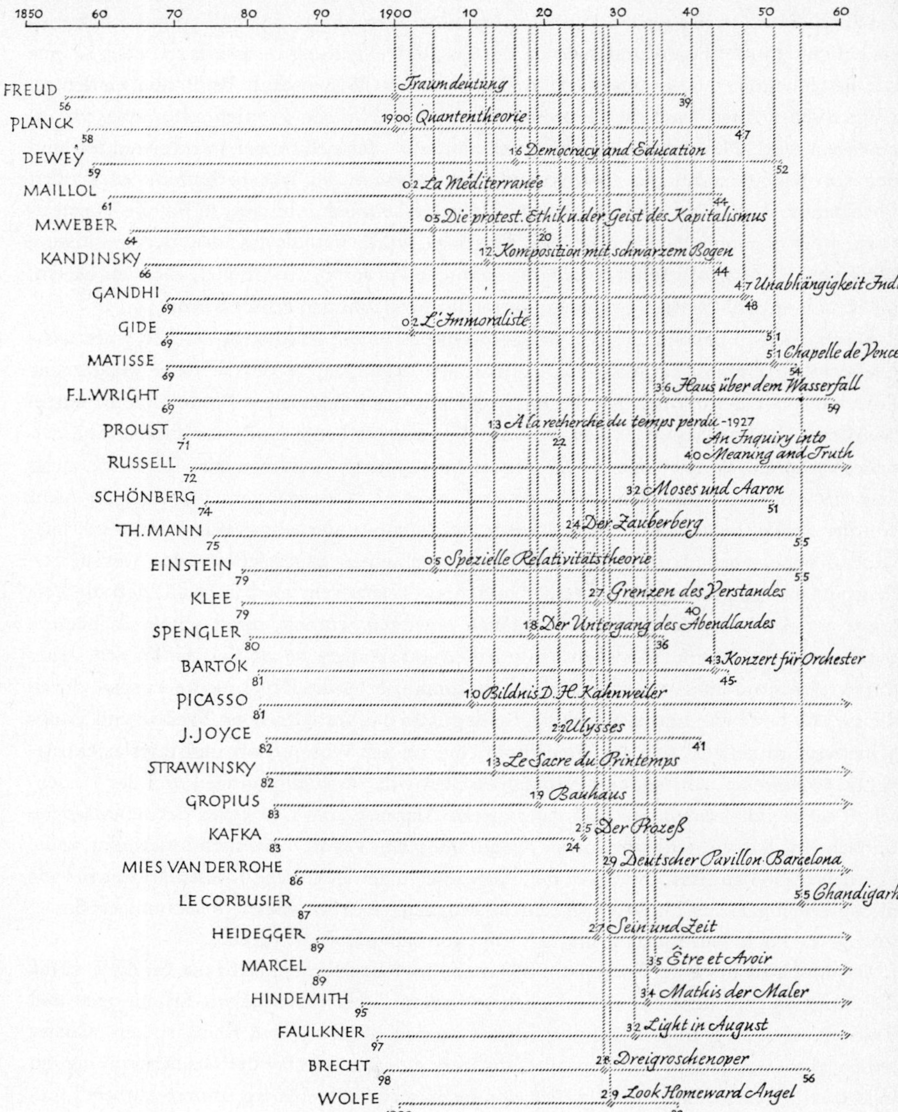

KOORDINATEN *Kultur im 20. Jahrhundert*

nicht das Wesen der Dinge denkerisch aufzuschließen, wohl aber die gesetzmäßige Abfolge der Erscheinungen in strengen Formeln abzubilden bestrebt ist. Diesen Typus der Erkenntnis endgültig inthronisiert und ihm von Europa aus Weltgeltung verschafft zu haben ist eine der geschichtlichen Leistungen des 19. Jahrhunderts. Wissenschaft heißt nun eindeutig: methodischer Angriff auf die Gegenstandswelt, der an vielen Fronten selbständig vorangetrieben wird, Plural der Einzelwissenschaften also, der sich immer stärker verästelt und den ein mehr oder minder abstrakt gedachtes »System der Wissenschaften« als Einheit überspannt. Auch über den Bereich der Naturerscheinungen hinaus, so für die Theoretisierung der ökonomischen und sozialen Vorgänge, wurde damals das Ideal der »positiven« Wissenschaft gültig, zunächst als programmatische Forderung, die freilich auch von denen, die sie am entschiedensten vertraten, oft recht unvollkommen erfüllt wurde.

Dieser Aufbau des Systems der positiven Wissenschaften ist also im Zeichen jener weltgeschichtlich einmaligen Konstellation vor sich gegangen, in der sich die theoretische Forschung mit dem Willen zur Technik und mit der industriellen Produktion zu einem Wirkungszusammenhang verband. Was die Wissenschaft heute fand, war morgen maschinelles Verfahren, Verkehrsmittel oder Nachrichtenapparat, Heildroge oder Impfstoff; vieles aber hätte sie wohl gar nicht gefunden und vieles nicht einmal gesucht, wenn ihr nicht von der Praxis, sei es vom sozialen Nutzen, sei es vom unternehmerischen Interesse, fortlaufend neue, auch ganz prinzipielle Problemstellungen zugespielt worden wären. Die Biographien der großen Naturforscher und Ärzte zeigen sehr eindrucksvoll, daß die Veränderung der Welt, die ihre Entdeckungen bewirken würden, meist schon als höchste Synthesis in den Akt des Forschens einbegriffen war. Anderseits sah sich die Theorie selber um so stärker auf die Technik angewiesen, je komplizierter die Experimente wurden, durch die sie sich bestätigte und weiterbaute. So liegt also das Verhältnis von Theorie und Praxis keineswegs so einfach, wie die Vorstellung einer reinen Wissenschaft und ihrer nachträglichen technischen Anwendung glauben machen will. Zweifellos gingen von der Wissenschaft selbst immerzu starke und ganz direkte Impulse aus. Das Ethos des unablässigen Fortschritts, das ihr, will sagen ihrer abendländischen Form, wesentlich innewohnt, teilte sich den beiden anderen Instanzen mit. Aber sowohl der technische Konstruktionswille wie die unternehmerische Initiative griffen alle Möglichkeiten auf, die die Forschung eröffnete, solange sie noch warm waren, und schürten von sich aus den Prozeß.

Das Machtinteresse der Staaten muß man immer hinzudenken, nicht nur für die Technik der Kriegswaffen, doch für sie natürlich vor allem. Über die neuesten Erfindungen und Entdeckungen zu verfügen und den Zugang zu den Material- und Energiepotentialen zu haben, die es gestatten, sie im großen ins Werk zu setzen, ist bei der Größenordnung der in Betracht kommenden Mittel weder eine technische noch eine eigentumsrechtliche, sondern eine politische Frage. Ein klares Symptom dafür ist, daß, spätestens seit der Geburt der Kernphysik, der naturwissenschaftliche Forscher nicht mehr frei ist in dem Sinne, wie Galilei und Newton frei waren. Seine Arbeit ist, ob er will oder nicht, das Eigentum der politischen Mächte, noch ehe sie geleistet wird. Seine Gedanken unterstehen ihm nur, solange er sie verschweigt, und selbst das hilft ihm im Grunde nichts, denn dann werden sie über kurz oder lang von anderen gedacht werden, die sie nicht verschweigen werden.

Über ihren Gebrauch hat er keine Gewalt. Der Vorstoß in den Weltraum, zunächst ein wissenschaftliches und ein technisches Problem, ist sofort unter politischen Gesichtspunkten konzipiert worden.

Die Folge ist die Allgegenwärtigkeit der Wissenschaft im gesamten System der Industriekultur, durch alle seine Schichten hindurch, von den Riesenvorhaben bis zu den banalsten Verrichtungen. Die folgende Spannung ist anscheinend unbegrenzt dehnbar: in ihrem Vollzug werden die Wissenschaften immer mehr zum Spezialistenwerk, in ihren vordersten Lagen zum esoterischen Gespräch zwischen einer Handvoll von Fachmännern; in ihrer Lebenswirkung aber sind sie öffentlich und präsent. Nicht nur daß in jeder Kartoffel Agrikulturchemie steckt, in jedem Küchengerät Elektrotechnik, in jedem Stück Holz wissenschaftlich betriebene Forstwirtschaft, auch die Rechtspflege und die Medizin, die Sozialversicherung und das Erziehungswesen sind durchaus auf Wissenschaft begründet. Es wird zum eigenen Problem, die freischöpferische Tätigkeit da, wo sie unersetzbar ist, etwa die des Arztes, des Lehrers, des Sozialhelfers, vor der allzu engen Verstrickung nicht nur in bürokratische Regelungen, sondern auch bereits in die wissenschaftliche Methodik zu schützen, die anderseits für ihre Arbeit unentbehrlich ist.

All das gehört zu dem unumkehrbaren Gang, den die abendländische Wissenschaft eingeschlagen hat. Sie ist dadurch zum entscheidenden Faktor im System der Industriekultur geworden, hat also, weltgeschichtlich gesehen, die große Kulturschwelle forcieren helfen, die das industrielle Zeitalter in der Geschichte der Menschheit bedeutet. Eben dies hat sich im 19. Jahrhundert entschieden, und das 20. ist insofern dessen geradlinige Fortsetzung, allerdings in einem stark beschleunigten Tempo, mit einem viel höheren Grade von Bewußtheit und wesentlich kühner in der Wahl der Ansätze. Einige Großplanungen von heute, die im Vertrauen auf die Tragfähigkeit der wissenschaftlichen Vorausberechnungen unternommen werden, übertreffen die Utopien des vorigen Jahrhunderts bereits um ein beträchtliches.

Um so wichtiger ist es nun, festzustellen, daß die Wissenschaft in ihrer Binnengeschichte, nämlich hinsichtlich ihrer methodischen Prinzipien und ihrer Kategoriensysteme, im Zeitalter der Weltkriege eine epochemachende Wende vollzogen hat, die einem »Grundlagenwandel« (Werner Heisenberg) gleichkommt. Der große Trend, der im 17. Jahrhundert einsetzte und im 19. zur klaren Fortschrittslinie wurde, ging weiter, aber ein Sprung geschah, wie wenn aufgestaute Energien durchbrächen. In sehr großer Breite, nahezu durch alle Disziplinen hindurch, arbeitete sich binnen einem Menschenalter ein Wissenschaftstypus heraus, der Geist vom Geiste des 20. Jahrhunderts ist. Man könnte von ihm sagen, was Hegel von der Philosophie gesagt hat: sie sei ihre Zeit, in Gedanken gefaßt. Das bedeutet nicht, schon bei Hegel nicht, daß der Philosophie (oder der Wissenschaft) die Aufgabe zufiele, den Sachgehalt oder den Sinngehalt des Zeitalters in begrifflicher Form ins Bewußtsein zu heben; das nämlich ist, soweit es überhaupt möglich und überhaupt eine Aufgabe ist, nicht nur das Werk dieser beiden, sondern die Kunst und die Literatur sind dabei ebensosehr beteiligt, und jedenfalls ist es nur eins ihrer Probleme. Es bedeutet vielmehr: die geistige Struktur des Zeitalters tritt hier im Material des Gedankens in die Erscheinung, wobei die Annahme ist, daß sich die Strukturlinien in diesem Material schärfer abzeichnen, als wenn sie als Bild oder als dichterisches Wort, als Institution oder als politisches Ereignis zutage treten.

Schon die schlichten Daten genügen zum Beweis, daß den ersten vier Jahrzehnten des 20. Jahrhunderts ein hervorragender Rang in der Weltgeschichte der Wissenschaft zukommt. Da das im vorigen Band gegebene Kapitel »Neue Wissenschaft« die Geschichte besonders der naturwissenschaftlichen Disziplinen schon behandelt hat, braucht hier nur an die wichtigsten Daten erinnert zu werden. Die Entdeckung neuer Phänomene, die Schlüsselwert hatten, die resolute Ablösung von den alten Denkmodellen und die Konzeption neuer Grundbegriffe beschränkten sich nicht auf die Physik, wenn auch in dieser der Grundlagenwandel zuerst und am pointiertesten einsetzte. Hier hat gleich das erste Jahrzehnt die beiden Namen erster Größenordnung auf den Plan geführt und die beiden Theorien gebracht, auf denen die neue Mikrophysik und dazu die neue Kosmologie beruhen. 1899/1900 fand Max Planck die Quantentheorie. Sie wurde seit 1905 von Albert Einstein verallgemeinert, seit 1913 auf den Atombau angewandt (Niels Bohr) und in den folgenden fünfzehn Jahren von zahlreichen Forschern bis zur vollständigen mathematischen Präzision ausgearbeitet; die Quantenmechanik (Werner Heisenberg) und die mathematisch äquivalente Wellenmechanik (Louis de Broglie, Erwin Schrödinger) sind aus ihr entwickelt worden. Den zweiten großen Ansatz bildete Albert Einsteins spezielle Relativitätstheorie. Auch sie ist von der internationalen Physik und Mathematik rasch und stetig weitergebaut worden. Die in ihrem Rahmen von Einstein aufgestellte Äquivalenzbeziehung zwischen Masse und Energie enthüllte sehr bald ihre grundlegende Bedeutung für die Physik der Atomkerne.

Um 1927 konnten die quantentheoretischen Gesetze der Mikrophysik als grundsätzlich geklärt gelten, soweit es sich um die Elektronenhüllen der Atome handelt. Von da an wird die Kernphysik zum beherrschenden Thema. 1932 entdeckte James Chadwick bei der Beschießung von Beryllium mit Alphastrahlen die Neutronen. 1934 wurde mit Hilfe der Neutronen von Frédéric Joliot und Irène Joliot-Curie die erste künstliche Radioaktivität erzeugt. 1938 erreichten Otto Hahn und Fritz Straßmann die Spaltung des Urankerns in zwei nahezu gleich große Bruchstücke; da die Trümmer nicht stabile Kerne sind, sondern bei der Spaltung wieder Neutronen frei werden, war die Möglichkeit gegeben, eine Kettenreaktion einzuleiten, die einen beträchtlichen Teil der in der Masse des Urankerns gebundenen Energie freisetzte. 1942 ist von Enrico Fermi in Chicago der erste Atomreaktor in Betrieb gesetzt worden.

So drängen sich in den Raum eines Menschenalters Großereignisse zusammen, wie sie sonst, auch in den besten Zeiten der Wissenschaftsgeschichte, auf Jahrhunderte verteilt sind. Die Dichtigkeit des Vorgangs ist beinahe noch eindrucksvoller als das Tempo des Fortschritts. Resultate, die sich in einem speziellen Zusammenhang ergeben haben, werden sofort zu übergreifenden Verfahrensmodellen erweitert, Hypothesen sofort auf experimentell faßbare Situationen zugespitzt. Die geistige Voraussetzung dafür ist die Bereitschaft, jede aussichtsreiche Denkweise und Rechenart allseitig durchzuvariieren, bis sie, wenn auch nur partiell, auf ein Phänomen zutrifft, auch über den Hiatus des ganz Unvorstellbaren hinweg. Die noch tiefere Voraussetzung ist die völlige Befreiung von den Grundvorstellungen und methodischen Prinzipien, die bisher für alle Wissenschaft verbindlich waren; man definiert, was von ihnen ausgelesen, was ausgeklammert werden soll. Auch diese Freiheit wird mit einer genialen Sicherheit geleistet, bis hin zu der Entscheidung, daß »endgültige« Resultate mit Hilfe eines bestimmten Systems von Begriffen immer nur für bestimmte umgrenzte Erfahrungsbereiche zu gewinnen sind (Werner Heisenberg). Der Mut, auch auf ganz offenem Problemfelde und mit ständig wechselnden Bezugssystemen zu arbeiten, ist, mindestens vorläufig noch, die Bedingung für jeden weiteren Fortschritt und wird als solche bewußt akzeptiert. Immer ist die Möglichkeit eingerechnet, daß trotz allen experimentell gesicherten Resultaten alles wieder problematisch werden kann, je tiefer man in die atomaren Systeme eindringt. Die Entdeckung der neuen, unstabilen Elementarteilchen hat neuerdings wieder Fragen aufgeworfen, für die nur die allerersten Lösungsansätze vorliegen.

Gerade in dieser Hinsicht wird das Stück Wissenschaftsgeschichte, in dem die Grundlagen für das neue Bild von der Natur und vom Weltall gelegt worden sind, für immer von allerhöchstem Interesse sein: als Beispiel dafür, wie nüchterne Einzelforschung und kühn vorgreifende theoretische Phantasie zusammenwirken können, aber auch zusammenwirken müssen, wenn eine in Jahrhunderten befestigte Vorstellungswelt überwunden werden soll, und wie gleichsam lange Durststrecken einer dem Gegenstand völlig entfremdeten Abstraktion in Kauf genommen werden müssen, ehe die Dinge in neuer Perspektive sichtbar werden. Daß der Durchbruch geglückt ist, ist heute längst entschieden, wenn auch gerade die führenden Forscher überzeugt sind, daß der Kontinent einer geschlossenen naturwissenschaftlichen Theorie noch in weiter Ferne liegt. Aber die neuen Denkmethoden konsolidieren sich, sie bewähren sich in einem überraschenden Ausmaß und liefern immer größere Komplexe von einsichtigen oder doch berechenbaren Zusammenhängen. Es gibt zwar noch kein System der neuen Naturerkenntnis, noch nicht einmal eine durch alle Teilgebiete hindurchtragende Erkenntnistheorie, aber es gibt, bescheiden gesprochen, einen sich deutlich herausbildenden Stil des Denkens. Auch über die exakten Naturwissenschaften hinaus – und dies nicht nur so, daß Kategorien und methodische Prinzipien von den Natur- auf die Geisteswissenschaften überpflanzt werden, wie das im älteren Positivismus mit Vorliebe getan wurde, sondern so, daß die gleichen Figuren des Denkens: Funktionskreise, Gestaltkreise, komplementäre Verwendung gegensätzlicher Untersuchungsweisen zur Charakterisierung eines und desselben Objekts, von der Sache her in allen Wissenschaften auftauchen. Die Absage sowohl an mechanische wie auch an »organische« Modelle ist allen Wissenschaften gemeinsam.

Auch im Raum der Wissenschaft macht also das Zeitalter der Weltkriege Epoche, auch hier gibt es ein spezifisches 20. Jahrhundert, das sich mit Bewußtsein gegen das 19. absetzt, trotz der viel stärkeren Kontinuität der Problemlinien und der viel stärkeren Verflochtenheit des Generationengangs, die der wissenschaftlichen Forschung im Vergleich zur bildenden Kunst eigen sind. Die Absetzung ist in der Physik am deutlichsten, sie kommt in dem prägnanten Begriff der »klassischen« Physik zum Ausdruck. Doch dieser Begriff hat auf anderen Gebieten seine Parallelen oder wenigstens Analogien, und von einem »klassischen Geschichtsbild«, von dem sich das moderne abhebt, darf sehr wohl gesprochen werden.

Ein Grundlagenwandel ist auch in den Geisteswissenschaften im Gange, nur ist er hier nicht so präzis zu datieren wie auf dem Felde der Physik. Er vollzieht sich in der vielgliedrigen Kleinarbeit der Einzeldisziplinen, während er dort als klare Abfolge von Entdeckungen heraustritt, die den Charakter von Wegemarken haben. An die Stelle der großen Theorien, die den Rahmen für alle weiteren Problemstellungen setzen, treten in den Kultur- und Sozialwissenschaften individuelle Leistungen; sie haben mitten im Positivismus oder (so bei Wilhelm Dilthey) in der Begriffssprache der Lebensphilosophie die neuen Denkweisen antizipiert, die dann seit den zwanziger Jahren in alle Wissenschaften eingesickert sind oder vielmehr sich aus deren konkreter Arbeit herauskristallisiert haben. So ging also hier der Grundlagenwandel großenteils unterirdisch und nicht in der offenen Dramatik vor sich, die der Physik ihren führenden Rang gegeben hat.

Mit welch dürftigen wissenschaftstheoretischen Mitteln hat sich etwa noch Max Weber behelfen müssen! Weder seine Methodik noch seine Resultate waren damit wirklich bezeichnet. Inzwischen haben sich nahezu alle Wissenschaften vom überkommenen Typus, damit vielfach auch von der überkommenen Systematik stillschweigend oder offen abgelöst. Ein Symptom dafür ist, daß sich Scheidungen, die für unüberbrückbar gehalten wurden und die ausgesprochene Schul- und Richtungsgegensätze begründeten, erledigt oder doch entschärft haben, so die zwischen Mechanismus und Vitalismus in der Biologie, zwischen historischem und systematischem Verfahren bei der Analyse kultureller Gebilde, zwischen Individualismus und Kollektivismus in der Geschichtswissenschaft, sogar die zwischen Geistesgeschichte und historischem Materialismus. Auch die Grenzen zwischen den Einzelwissenschaften öffnen sich an vielen Stellen, nicht nur dadurch, daß sich Querverbindungen zwischen ihnen auftun und die Grenzstreifen zu wichtigen Problemfeldern werden, sondern auch dadurch, daß höher abstrahierte Kategorien die Gegenstandssphären gegeneinander aufschließen. Eine neue Systematik der Wissenschaften, die diese Veränderungen einrechnet, ist eins der Desiderate an die zukünftige Philosophie. Aber die Voraussetzungen dafür schafft die Forschung selbst, indem sie allerorten Fragestellungen und Denkmodelle entwickelt, die über die alten Abgrenzungen hinwegragen.

Durchgehende Züge sind: die Entstofflichung der materiellen Gegebenheiten, der weitgehende Verzicht auf die Anschaulichkeit der zugrunde gelegten Denkmodelle, die Absage an bildliche Vorstellungen zugunsten von Formeln, die sich mathematisch oder logistisch weiterentwickeln lassen, das Hindrängen auf Funktionskreise statt auf substantielle Gestalten, auf Verhaltensstrukturen, die experimentell faßbar sind, schließlich das Hineinnehmen des erkennenden Subjekts, seiner Fragestellungen und Beobachtungsapparate in die Aussagen, nicht nur bei deren Gewinnung, sondern endgültig, so daß also sogar die Vorstellung drangegeben wird, die bisher für alle Wissenschaft konstitutiv war: der Forscher stehe einem Objekt »gegenüber«, und dieses werde als solches, im guten Falle total, im unvollkommenen annäherungsweise in die Erkenntnis aufgenommen.

Alles dies, besonders das letzte, ist wiederum in der modernen Physik am deutlichsten und von daher bereits ins allgemeine Bewußtsein eingegangen. Der Mensch, so formuliert Werner Heisenberg, steht nur noch sich selbst gegenüber. Wenn makrophysikalische Meßapparate auf mikrophysikalische Objekte angesetzt werden, handelt es sich nicht mehr um die Wahrnehmung eines unabhängig vom Forschungsakt vorhandenen Sachverhalts, sondern der Zugriff des Instruments verändert den Gegenstand; die Methode kann sich nicht mehr vom Gegenstand distanzieren. So ist also der Gegenstand der Forschung »nicht mehr die Natur an sich, sondern die der menschlichen Fragestellung ausgesetzte Natur«, und die mathematische Formel »bildet nicht mehr die Natur, sondern unser Wissen von der Natur ab«.

Daß diese neue Erkenntnissituation schwere philosophische Probleme aufwirft, ist allgemein zugestanden und wird sogar sehr lebhaft empfunden. Sie komplizieren sich noch weiter dadurch, daß an entscheidenden Stellen verschiedene, und zwar unvereinbare Beobachtungs- und Berechnungsmethoden angesetzt werden müssen, um die verschiedenen »Seiten« der Gebilde einzufangen. So erscheinen in der Physik sowohl das Licht wie auch die elementaren Teilchen der Materie je nach dem gewählten experimentellen Verfahren entweder als Wellen oder als Korpuskeln, aber diese komplementären Eigenschaften können nicht gleichzeitig einer messenden Beobachtung unterworfen werden. Diese Doppelnatur der Mikrowelt hat der Physik »die Richtung ins Unanschauliche aufgezwungen« (A. March). Sie muß sich grundsätzlich damit zufriedengeben, Systeme von Gleichungen aufzustellen, die es gestatten, den Ausgang der Experimente vorauszusagen, auch wenn der physikalische Sinn der angestellten Rechnungen nicht erkenntlich ist. Daß sie auch die eingelebten Grundbegriffe der alten Naturlehre, denen, zu Recht oder zu Unrecht, ein Anschaulichkeitswert anhaftete, aufgegeben oder aufgelockert hat, ist bekannt. Die Relativitätstheorie hat mit der Entdeckung der Äquivalenz von Masse und Energie den klassischen Substanzbegriff, die Quantentheorie den strengen Kausalitätsbegriff entwertet. Denn ihre für die mikrophysikalischen Erscheinungen gültigen Gesetze sind von statistischer Art und lassen den einzelnen Quantensprüngen einen bestimmten Spielraum; der volle Determinismus der Gesetze der Makrophysik wird dann zum bloßen Sonderfall für das Durchschnittsverhalten der großen Kollektive von Mikrogebilden.

Einige der neuen Begriffsbildungen, für die sich die Physik entschieden hat, haben, wie gesagt, bereits den Rang von Denkformen gewonnen, die auch in anderen Wissenschaften anwendbar sind, so der Begriff der Komplementarität in der Biologie und in der Psychologie. Noch wichtiger ist, daß die Wissenschaften vom Leben, von der Gesellschaft und von der Kultur, eine nach der anderen, von sich aus Vorstellungsmodelle und Verfahrensweisen entwickeln, die mit denen der Physik deutlich stilverwandt sind. Dabei liegt der Akzent teils mehr darauf, daß Strukturgesetze und Funktionsgesetze von den Substanzen, an denen sie vorkommen, bewußt abgehoben und als solche in theoretische Formeln gefaßt werden, teils mehr darauf, daß das Instrument der Mathematik auf Erscheinungen angewandt wird, die den Methoden des geisteswissenschaftlichen Verstehens vorbehalten waren, teils mehr darauf, daß die Gegenstandswelt eines Bereichs von wechselnden Sichtpunkten aus auf ihre Kategorien durchleuchtet wird. Ein Beispiel für den ersten Fall ist die Kybernetik. Sie denkt in ihren kritischen Formen nicht mehr daran, daß durch das Studium der Steuerungs- und Nachrichtenapparate das Wesen des Lebens erklärt oder der Unterschied zwischen Organismus und Maschine aufgehoben werden könnte. Aber seit die Technik das Prinzip der Rückkoppelung entdeckt und sogar »ultrastabile« Systeme (W. Ashby) konstruiert hat, und seitdem anderseits die Physiologie rücklaufende Nervenfasern und komplexe Schaltkreise in allen Teilen des Nervensystems aufgewiesen hat, ist es möglich geworden, Apparate mit Selbstregulierung und sensorisch-motorische Kreisprozesse im Organismus aufeinander abzubilden, immer in dem Bewußtsein, daß es sich nur um partielle Strukturgleichheiten handelt und daß die Komplexität im organischen Leben um viele Potenzen höher liegt als selbst in den kompliziertesten Homöostaten.

Den Weg zur Mathematik haben, zuerst in den angelsächsischen Ländern und in Italien, dann überall die Wirtschaftswissenschaften eingeschlagen, und es zeigt sich immer mehr, daß damit nicht nur Handlungsstrukturen und Kreislaufprozesse auf dem ökonomischen Felde exakt beschrieben werden können, sondern daß die mathematische Formulierung auch neue Fragestellungen ergibt und die theoretische Vereinheitlichung bisher getrennter Problemgebiete ermöglicht. Auch auf die anderen Sozialwissenschaften dehnt sich diese Bewegung aus, wenn auch vielfach nur in dem Sinne, daß sich die Methoden der empirischen Untersuchung mit Mathematik ausrüsten. Stellenweise aber dringt die Mathematisierung bis in die zentralen Bezirke der Theorie vor, so etwa in der Psychologie, Sozialpsychologie und Charakterologie. Korrelationsstatistik und Faktorenanalyse mit mathematischen Mitteln treten dann an Stelle der qualitativen Beobachtung und des direkten Experiments. Die Theorie der Spiele (J. v. Neumann, O. Morgenstern) stellt den Entwurf einer universellen mathematischen Theorie hochkomplizierter Handlungsstrukturen dar.

Das Umdenken substantieller Gestalten in Funktionskreise, organischer Gebilde in Verhaltensstrukturen beschränkt sich nicht auf die Bereiche, in denen mathematische Methoden anwendbar sind, sondern es beherrscht seit Jakob von Uexküll, seit Max Weber und seit der Entstehung der modernen *cultural anthropology* die Wissenschaften vom Leben und von der Kultur insgesamt. Es hat zu einer Neufassung ihrer Fragestellungen und Denkformen geführt, die heute bereits so gesichert ist, daß ein internationales Gespräch möglich geworden ist, das gerade in diesen Wissenschaften infolge der Verschiedenheit der philosophischen Grundlagen früher auf viele Hemmungen stieß. Es wäre aber sehr falsch, in der Funktionalisierung der Denkweisen lediglich eine Neuauflage des Positivismus, zum Beispiel in der Verhaltensforschung, die seit dreißig Jahren in der Biologie dominant geworden ist, eine Art Behaviorismus zu sehen, der die Innenseite des Lebens methodisch ausklammert. Ihre entscheidende Wendung liegt vielmehr gerade darin, daß sie »das Tier als Subjekt zum Objekt der Forschung macht« (Adolf Portmann); ihr Problem ist »das Aufbauen von Innenwelt durch Lebendiges«. Die Ganzheit des Organismus wird dann nicht als ein substantiell Gegebenes betrachtet, wohl aber als die Voraussetzung akzeptiert, aus der sich die speziellen Fragestellungen erst ergeben, so die Frage, wie die Erbkoordinationen eines Lebewesens mit seinen Zuwendungen zur Umwelt, zum Partner, zum Feind funktional zusammenhängen und wie aus Ererbtem und Erfahrenem Verhaltensstrukturen »geprägt« werden. Auch diejenigen Äußerungen, die nicht oder nicht vollständig aus dem Mechanismus von Anpassung und Selektion erklärbar sind, werden dann immer einbegriffen.

Daß die neue Biologie mit ihrer Neufassung der Ganzheitskategorie, mit ihrem Hindrängen auf Verhaltensforschung und mit ihrer Einbeziehung der Innerlichkeit auch auf die Anthropologie einwirken würde, zeigte sich bereits in den zwanziger Jahren (Max Scheler). Diese Einwirkungen haben sich seither verstärkt, und sie sind in der fruchtbarsten Weise ambivalent. Sie ergeben einerseits zahlreiche Möglichkeiten, menschliche Antriebsstrukturen und Werkschemata, bis hin zur Sprache und zu den sozialen Ordnungen, wenigstens zum Teil biologisch zu interpretieren, anderseits führen sie dazu, daß die Sonderart des Menschen als des nicht auf bestimmte Instinkte festgelegten, auf »Handlung« gestellten Wesens mit neuer Klarheit heraustritt und bis in die Wahrnehmungssphäre und die Motorik hinein empirisch faßbar wird (Arnold Gehlen). Die Anthropologie ist damit zum Treffpunkt biologischer, psychologischer, kulturwissenschaftlicher und philosophischer Kategorien geworden. Sie bezeichnet heute bereits eine der Herdstellen, von denen aus sich das System der Wissenschaften umbaut.

Es hieße die Dinge vereinfachen, wenn man die These aufstellen wollte, daß die Geisteswissenschaften insgesamt auf den gleichen Wegen sind. Denn in ihnen ist die Vielfalt der Methoden sehr groß und der Stil des Denkens sehr eingelebt. Die Prinzipien der Textkritik, der Hermeneutik und der historischen Analyse, die im 19. Jahrhundert entwickelt worden sind, sind in vielen Disziplinen so unentbehrlich, daß sie höchstens im gleichen Sinne verfeinert werden können. Dennoch ist, zumindest als eine Linie der Entwicklung, auch hier zu konstatieren, daß die Einzelwissenschaften auf das Ziel hin, den Gesamtzusammenhang der Kultur zu erfassen (und höher gegriffen: auf das Ziel hin, ein neues Wissen von der Geschichtlichkeit des Menschen zu erringen), zusammenrücken und daß sich ihre Methoden, auch die fachspezifischen, unter dieser Fragestellung verschränken. Daß dabei die substanzhaften Denkmodelle nach Art von Oswald Spenglers »Kulturseele« und Leo Frobenius' »Paideuma« ausgeschaltet werden, stellt eine Parallele zur Umdenkung des Ganzheitsbegriffs in der Biologie dar, und diese Wandlung ist in den Kulturwissenschaften sogar besonders wichtig, weil damit die Alleinherrschaft der Kategorie »Ausdruck« entfällt. Die Kulturen werden dann zu Feldern; die Kreisprozesse, die in ihnen spielen, werden nur begreifbar, wenn sie unter ständig wechselnden Gesichtspunkten aufgenommen werden.

Verhaltens- und Handlungsweisen oder – bei dem stärkeren Objektivitätscharakter der kulturellen Erscheinungen – Haltungen, Denk- und Ethosformen, Stilbildungen und Traditionsbildungen werden auch hier zu den Elementen, aus denen der Strukturzusammenhang des Ganzen aufgebaut wird. Ein solcher Strukturzusammenhang ist außerordentlich vielschichtig. Er reicht von den Mythen bis zur Gebrauchstechnik, von der Familienordnung bis zu den Herrschaftsordnungen und Rechtsinstitutionen. Die seit Max Scheler und Nicolai Hartmann in der Kulturphilosophie und Psychologie entwickelten Schichtenlehren bilden sozusagen den Raster dafür. Im Hintergrund steht Hegels Begriff des objektiven Geistes, der postum seine Überlegenheit über den romantischen Begriff des Volksgeistes erweist, vor allem darin, daß er die Entfremdung als positives Moment in die Idee der menschlichen Freiheit einrechnete: Kultur ist ein dialektisches Gebilde, ihre Prozesse nehmen alle den Umweg über Objektivationen und positive Ordnungen, und ihre Geschichtlichkeit schließt sowohl ein, daß sich der Mensch in den Entäußerungen wiederfindet, wie daß er sich beständig in neue hineinbegibt.

Durch ihre materielle Zusammenarbeit und ihre Methodenverschränkung sind die Kulturwissenschaften fähig geworden, das Problem des Strukturzusammenhangs einer Kultur empirisch in Angriff zu nehmen, ein Problem also, das früher wesentlich in der Philosophie beheimatet war, und sie tun das (was nur scheinbar paradox ist) zum Teil unter viel stärkerer Abstraktion von der Anschaulichkeit als diese. Sie tun es zunächst für die Primitivkulturen; für sie *patterns* auszuarbeiten ist das zentrale Problem der *cultural anthropology* geworden. Die Ethnologie, früher eine wesentlich beschreibende Disziplin, ist damit zu einer hochtheoretischen Wissenschaft geworden. Aber auch für die Theorie der Hochkulturen ist dieser Prozeß im Gange, auch hier in der Form, daß die Kategorien mehrerer Einzelwissenschaften zu einer synthetischen Problemstellung verflochten werden, so die der Sprachwissenschaft und der Philosophiegeschichte, oder die der Archäologie, der Religionsgeschichte und der politischen Historie, oder die der Wirtschaftsgeschichte, der Rechtswissenschaft und der Soziologie.

Die Grundlage dafür bildet die Tatsache, daß die außereuropäischen Hochkulturen, vor allem die des Alten Orients, durch die neueren und neuesten Ausgrabungen und Schriftentzifferungen zu einer Präsenz gebracht worden sind, die noch um 1900 kaum zu erhoffen war. Die Ablösung der Prähistorie aus der naturwissenschaftlichen und ihre Aufschließung für die historische Denkweise gehört in denselben Zusammenhang. Der geschichtliche Raum ist damit nicht nur unerhört erweitert, sondern gleichzeitig den linearen geschichtsphilosophischen Konstruktionen entrückt worden; dafür ist er für die empirisch greifbaren, freilich sehr komplizierten Fragen der interkulturellen Beziehungen und des immanenten Kulturwandels, der Völkerbewegungen, Durchdringungs- und Überlagerungsprozesse geöffnet worden. Hier liegen die Ansätze für das neue Geschichtsbild, das sich vom klassischen deutlich abhebt.

Die Denkmodelle der neuen Kulturwissenschaften werden, auch im Bereich der traditionellen Methoden, steigend abstrakter, wenn auch in anderer Weise als in den experimentellen Wissenschaften. Ähnlich wie dort bedeutet das Ansetzen komplementärer Fragestellungen auf ein Objekt nicht eine Vereinfachung, sondern einen höheren Abstraktionsgrad der möglichen Resultate. Wohl aber wird damit erreicht, daß sich die Probleme gleichsam verdichten und auf die Schlüsselphänomene zusammenziehen. Wie eng sind heute alle Philologien, überhaupt alle mit der Sprache befaßten Disziplinen zusammengerückt, und von wie vielen anderen Wissenschaften her wird das Phänomen der Sprache außerdem angepeilt! Es ist dadurch gewiß immer komplexer, aber auch durchsichtiger geworden; doch dasselbe gilt ja für die Fragen des Atombaus auch. Die historischen Wissenschaften sind in ihrem nachpositivistischen, das heißt in diesem Fall in ihrem nachhistoristischen Zustand für die Grundfiguren des geschichtlichen Geschehens, etwa für die Vieldimensionalität geschichtlicher Situationen, für die Wege und Windungen geschichtlicher Erbgänge, für die Bedingtheit und Reichweite geschichtlicher Entscheidungen sehr hellsichtig geworden. Es ist schwer zu sagen, was diese Blickschärfung mehr gefördert hat: die Erweiterung der Sicht über die klassischen dreitausend Jahre und über den antik-abendländischen Raum hinaus, die höhere Komplexität der Denkmittel oder die Erfahrungsmassen und die Entscheidungsfülle der gegenwärtigen Epoche. Vermutlich haben alle drei zusammengewirkt.

Das internationale Gespräch über Fragen des kulturellen Fortschritts
auf dem Kongreß für kulturelle Freiheit in der Berliner Kongreßhalle, 1960

Die Macht des Obskuren
Wahrsagerei auf einem französischen Jahrmarkt

Eins aber tun die neuen Wissenschaften ausgesprochen nicht, sehr im Unterschied zu den positivistischen des 19. Jahrhunderts. Sie schließen ihre derzeitigen Resultate nicht zu Synthesen mit Endgültigkeitsanspruch zusammen, sie bieten sich also nicht als »Weltanschauung« oder als Religionsersatz an. Das gilt für alle Wissenschaften von der Kosmologie bis zur Universalgeschichte im gleichen Sinne und in gleichem Maße, und es liegt nicht nur an der Abstraktheit ihrer Denkformen und an dem esoterischen Charakter, den ihr Betrieb gerade dort angenommen hat, wo sie es mit den höchsten Zusammenhängen zu tun haben, sondern bereits an der logischen Struktur ihrer Fragestellungen. Sie könnten es also gar nicht, selbst wenn sie es wollten, und so wollen sie es denn auch nicht, wo sie sich ihres Tuns kritisch bewußt sind. Die direkte Auswertung einzelwissenschaftlicher Resultate auf weltanschauliche Entscheidungen ist fast immer ein arger Kurzschluß. Die modernen Wissenschaften arbeiten wesentlich auf offenem Felde. Alle Lösungen setzen sich sofort in die Klammer des Vorbehalts künftiger Forschungen. Alle sind sich ihres partiellen Charakters bewußt.

Das schließt immerhin nicht aus, daß die Erkundungen der Wissenschaft, vorläufig, wie sie sind, und prinzipiell offen, wie sie bleiben, sekundär berichtet und in der Breite mitgeteilt werden können. Es gibt Enzyklopädien aller Formate und Aufmachungen, Überblicke und Digests (darunter auch gute), und sie werden in erstaunlich hohen Auflagen gelesen. Ihr Adressat ist zunächst jener vielseitig oder allseitig interessierte Mensch, von dem wir früher sprachen. Schon das ist fraglos ein Gewinn, denn die Dinge sind objektiv interessant. Es ist aber darüber hinaus wohl kein unbegründeter Optimismus, zu glauben, daß die Wissenschaften in der gegenwärtigen Kultur über ihre Nutzanwendungen hinaus auch in dem tieferen Sinne eine Lebenswirkung tun, daß etwas von ihrem Geist auch noch in den populären Übersetzungen lebendig bleibt.

Die Weltbedeutung der abendländischen Wissenschaft bestand von Anfang an sowohl darin, daß sie Macht verlieh, wie darin, daß sie aufklärte. Sie hat den Raum des Wißbaren erweitert, ihn aber immer auch gegen alle Formen des Aberglaubens und des Afterwissens abgeschirmt. Die Wissenschaften des 20. Jahrhunderts leisten das gerade durch den hohen Grad von Bewußtheit, mit dem sie das Wißbare definieren. Ihre Wirkung, auch in ihren Ausstrahlungen auf die Allgemeinheit, könnte und müßte also sein, daß sie die Dämme verstärken, hinter denen mit wachsendem Druck trübe Fluten andrängen, von weltanschaulichem Geschwätz bis zur wohlgezielten Ideologie, vom Obskurantismus bis zur Ersatzreligion. Auch diese alle gehören zum Zeitgeist. Es wäre sehr töricht zu verkennen, daß es ein sehr hoher Anspruch ist, dessen allgemeine Erfüllung kaum zu erwarten ist, der Mensch solle in einer Welt des Wissens leben, die prinzipiell offen ist. Und es wäre sehr unehrlich zu leugnen, daß infolgedessen der Aberglaube auch grassiert, teils in raffiniert aufgemachten, teils in sehr grobschlächtigen Formen, bis hin zu den »Horoskopen«, auf die keine Zeitung mehr verzichten zu können glaubt.

Engagement auf Kurzschluß

Das Phänomen der Ideologie gehört zum industriellen Zeitalter. Der Begriff Ideologie tritt im ersten Drittel des 19. Jahrhunderts auf, mit Vorklängen in den Jahrzehnten um die Französische Revolution, und das ist nicht nur ein Datum der Begriffsgeschichte, sondern das industrielle System, zunächst in seiner Gestalt als werdende Klassengesellschaft und als demokratische Bewegung, und das Denken in Ideologien gehören wesensmäßig zusammen. Hier erst wird die Ideologie zum wirksamen Kampfmittel, daher sehr bald zum universellen Stil der Auseinandersetzungen, zur durchgebildeten Sprache, in der sowohl die Verhältnisse wie die Willensziele formuliert werden müssen, um Interesse zu erwecken und Engagement hervorzurufen. Die realsoziologischen Voraussetzungen dafür sind: der Wegfall eingelebter, für das Bewußtsein fraglos gültiger, die gesellschaftlichen Unterschiede übergreifender Legitimierungen, die Auflösung der ständischen Ordnungen, in denen partikuläre Freiheitsrechte und Sonderverpflichtungen im Rahmen eines Ganzen aufeinander abgestimmt waren, die Radikalisierung der Klassengegensätze seit dem Aufkommen des Maschinenwesens, sodann der Gedanke, der seit 1789 alle Revolutionen angetrieben hat, man könne eine Ordnung der Gesellschaft, ein System der Güterverteilung und eine gerechte Verfassung des Staats nach rationalen Maximen konstruieren. Sobald dieser Gedanke dominant wird, werden diejenigen, die im Wege oder auch nur beiseite stehen, zu Feinden der Vernunft, zu Feinden des Volks, zu Feinden der Menschheit. Es erwächst gegen sie die Pflicht des letzten Kriegs und das Recht der Ausrottung. Der Begriff des Feindes aber oder vielmehr die These, daß dieser Begriff nicht einen relativen, sondern einen absoluten Sinn habe, ist der eigentliche Schlüssel für Ideologien. Sie stehen alle auf dem Dogma, daß es Freund-Feind-Fronten gebe, die nicht nur in Lebensinteressen und konkreten Situationen, sondern in der Idee des Menschen begründet sind und die darum zum totalen Kampf, sogar zum totalen Siege zwingen.

Der Ursprung der Ideologien liegt also in den sozialen Gegensätzen, die das industrielle System aufgeworfen hat, und insofern ist der Bürgerkrieg, will sagen derjenige des industriellen Zeitalters, der eigentliche Krieg. Erst in einem zweiten Schritt, endgültig erst in der Epoche der Weltkriege ist die Tatsache einer ideologisch geladenen Politik aus dem Binnenraum der sozialen Kämpfe in die Sphäre der Weltpolitik übertragen worden, mit allen Folgen der Totalisierung der Gegensätze und der Erstarrung der Fronten, die sich daraus ergeben. Dieser Prozeß hängt sehr tief mit der Veränderung zusammen, die die Nationen im Schmelztiegel der Weltkriege und unter dem Hochdruck der Nachkriegslage erlitten haben und die Ortega y Gasset als ihre »Verflüchtigung« beschreibt. Sie sind, willig oder mit Widerstand, in die Mächtegruppen und Mächtekonstellationen höherer Potenz eingegliedert worden, in die sich die Erde aufteilt und die das Privileg der großen Waffen haben; nur innerhalb ihrer vermögen sie ihre autonomen Ziele zu verfolgen. Das bedeutet Abstriche an ihrer Souveränität, Abstriche an ihrer politischen Substanz, es bedeutet aber auch ihre Subsumtion unter ideologische Kategorien. Dafür, daß Nationen ein Sendungsbewußtsein übernationaler oder menschheitlicher Art in sich entwickelten, gibt es zwar auch früher schon Beispiele; Frankreich hat das getan, England, Rußland, die Vereinigten Staaten von

Amerika. Aber der moderne Fall ist sehr anders. Es »verflüchtigt« sich der Charakter der Nationen als konkreter Subjekte ihrer eigenen Geschichte. Sie identifizieren sich mit ideologischen Positionen oder werden von außen her mit solchen identifiziert. Sie werden zum Feind der Menschheit oder zum Hort der Freiheit, zum Vorkämpfer der sozialen Weltrevolution oder zum Bollwerk gegen sie, zum Garanten des Weltfriedens oder zu dessen Störenfried; wobei es sich, wie angemerkt sei, nicht um die Frage handelt, was und wieviel davon objektiv zutrifft, sondern nur um die Tatsache der Ideologisierung des politischen Kräftespiels und aller seiner Figuren. Ideologien, gerade die großen, sind nie bloße Vortäuschung oder zweckhafte Lüge, sondern es werden in ihnen wirkliche Positionen formuliert, wirkliche Fronten bezeichnet, nur eben mit dem Willen, sie ins Absolute zu überhöhen und zu kontradiktorischen Gegensätzen zu verschärfen.

Es ist schwer zu entscheiden, ob die Breiten- und Tiefenwirkung der Ideologien im 20. Jahrhundert zu- oder abgenommen hat und was in dieser Hinsicht weiterhin zu erwarten ist. Mehrere Entwicklungen, die interferieren und zum Teil einander entgegenwirken, wären dabei in Rechnung zu stellen. Zunächst ist zu bedenken, daß auch in der neuen Gestalt der industriellen Gesellschaft viele Momente wirksam geblieben sind, die den Ideologien ihre Macht im öffentlichen Bewußtsein und ihren Kampfwert in den sozialen Auseinandersetzungen gegeben haben. Die Klassengegensätze haben sich zwar in der beschriebenen Weise abgeschliffen und entschärft, aber daß hartgesottene Interessengruppen, schlagkräftig organisiert, einander gegenüberstehen, ist nicht zu leugnen, es gehört sogar zum Strukturgesetz der sozialstaatlich verfaßten pluralistischen Gesellschaft. Auch wo ihre Machtkämpfe in institutionalisierten Formen vor sich gehen, wird auf ideologische Argumente nicht verzichtet, und die Ideologie auf der einen Seite induziert immer die auf der anderen.

Wirksam geblieben sind vor allem die Ursachenreihen, die das Bewußtsein des gegenwärtigen Menschen für die Sprache und Logik der Ideologien empfänglich machen. Er lebt unter so komplizierten und fremdbestimmten Bedingungen, daß er dauernd gezwungen und daher gewöhnt ist, Informationen hinzunehmen, die er nicht nachprüfen kann, Handlungs- und Meinungsschemata zu akzeptieren, die mit eigner Erfahrung nicht unterbaut sind, und sogar in seiner Arbeit sich in Zusammenhänge einzufügen, die er nur unvollkommen überschaut. Den großen Kreisläufen gegenüber, von denen seine Existenz abhängig geworden ist, versagt das eigene Urteil erst recht. In dieser Erfahrungsleere siedeln sich die Ideologien an; sie finden hier ihre Chance, aber auch ihre Aufgabe und zum guten Teil sogar ihren Inhalt. Sie warten mit einer Pauschalformel auf, in der gerade diese undurchsichtigen Zusammenhänge gedeutet werden. Sie wissen mit einem Wort zu sagen, welche Mißstände in der gegenwärtigen Ordnung bestehen und wer an ihnen schuld ist. Sie wissen zu sagen, wie die Entwicklung weitergehen wird und auf wen die Hoffnungen zu setzen sind. Sie sind gleichsam die Informationen im großen, im Weltanschaulichen, und sie liefern die sittlichen Haltungen, die man einzunehmen hat, gleich mit. Sie sind also einem Lebenssystem, das die konkreten Erfahrungsmöglichkeiten des Einzelnen überschreitet, wohl aber als Ganzes für ihn existenzbestimmend ist und daher nach Deutung verlangt, exakt angepaßt. Kein Wunder, daß der Mensch der industriellen Gesellschaft für sie sehr anfällig ist.

Hinzu kommt der hohe Entwicklungsstand der modernen Propagandatechnik. Sie hat es meisterhaft gelernt, Parolen, Leitbilder, Wunschbilder zugkräftig zu plakatieren und sie an den Mann zu bringen, das heißt, sie auf diejenigen Situationen abzustimmen, in denen sie Resonanz finden. Daß Ideologien insbesondere in Krisenlagen eine unheimliche Macht gewinnen können, haben Faschismus und Nationalismus gezeigt. Für welche Ideologien die brüchigen Teile des tertiären Sektors ansprechbar sein könnten, ist noch keineswegs durchgeprobt. Wenn sich Nationalismen und politische Befreiungsaktionen mit sozialen Forderungen und womöglich mit religiösen Erneuerungsbewegungen amalgamieren, ergeben sich hochexplosible Mischungen; dafür liefern die Entwicklungsländer Beispiele.

Alle Ideologien sind Kampfinstrumente, nicht nur in dem Sinne, daß sie ihre Position als Front und als Ausgangslage für einen Sieg formulieren, auch nicht nur in dem Sinne, daß sie den Feind in der Form, wie sie ihn brauchen, in das Bild des Ganzen aufnehmen, sondern sogar in dem Sinne, daß sie ihre Bindung an eine bestimmte Interessenlage leugnen; dafür rechnen sie freilich den gegnerischen Ideologien diese Bindung um so eindringlicher und oft mit viel Scharfsinn nach. Das klassische Beispiel dafür ist der Marxismus, in dessen Ideologienlehre der Begriff der Ideologie ursprünglich rein polemisch konzipiert war. Die herrschenden Klassen aller bisherigen Gesellschaftsordnungen haben ihre Interessen mit Ideologien umkleidet und bis zur Unkenntlichkeit in solche umformuliert, weil sie erkannt haben, daß man die Menschen so am sichersten und billigsten beherrscht; die herrschende Klasse der bürgerlichen Gesellschaftsordnung tut das mit dem größten Raffinement. Ganze Systeme des Rechts und der Moral, ganze Philosophien und Literaturen, erst recht die Religionen wurden nach diesem Schlüssel interpretiert, und die Aufgabe war dann immer, die Ideologien zu entlarven, das heißt den Herrschaftsanspruch bloßzulegen, der sich durch sie zu legitimieren strebt. Jedenfalls: Ideologie, das waren immer die anderen, während man selbst die lautere Wirklichkeit des wissenschaftlich erkannten Geschichtsprozesses repräsentierte.

In dieser Hinsicht ist nun freilich im 20. Jahrhundert eine wesentliche Änderung eingetreten. Die Ideologien sind zum Objekt der Kritik geworden, zunächst im Verhältnis zueinander. Wer die Argumente des Gegners eine Ideologie nannte, auf den fiel dasselbe Prädikat zurück, so daß sich der polemische Gebrauch des Begriffs neutralisierte. Schon die Vermehrung der Ideologien, ferner die Aufspaltung des Marxismus in feindliche Richtungen wirkte in diesem Sinne. Darüber hinaus wurde eine theoretische Wissenschaft von den Ideologien entwickelt, die vor allem Vilfredo Pareto verpflichtet war. Er hat als erster in großer Form die neue Fragestellung durchgeführt, die darin besteht, Denkinhalte und Vorstellungsreihen zu den »Residuen«, das heißt zu den Handlungsimpulsen und Interessen in Beziehung zu setzen, mit denen sie erfahrungsgemäß zusammen auftreten. Daraus ergab sich, als Teil der Wissenssoziologie, eine Ideologienlehre, die die Ideologien und schon die Bewußtseinsstrukturen, die ihnen zugrunde liegen, auf die Seinslagen hin »relationiert« (Karl Mannheim), denen sie zugeordnet sind.

Man kann mit Fug und Recht bezweifeln, ob diese Veränderungen, die im intellektuellen Raum spielen, direkt auf die politische Wirklichkeit eingewirkt, ob etwa die Ideologien durch sie einen Teil ihrer Überzeugungskraft eingebüßt haben. Aber einen Teil ihrer

»Warten auf Godot«
Szene aus einer Pariser Aufführung des Stückes von Samuel Beckett, 1956

Finale eines tatarischen Volksstückes im Bolschoi-Theater in Moskau, 1957

Naivität haben sie sicher eingebüßt. Sie sind im Kampf gegeneinander zu höherer Bewußtheit gezwungen worden. Sie müssen sich selbst als Systeme von Thesen verstehen, die auf Kampf und Wirkung berechnet sind. Sie müssen die Einwände, die zu erwarten sind, präventiv abwehren, sei es, indem sie denjenigen, der sie machen wird, pauschal diskriminieren, sei es, indem sie seine Denkweise als situationsbedingtes falsches Bewußtsein von vornherein einrechnen. Vor allem müssen sie, da es auf Massen- und Dauerwirkung, auch im Feindlager, ankommt, ihre Sender verstärken. Sie müssen um der Einprägsamkeit willen immer dasselbe sagen, doch immer lauter und mit immer größeren Worten.

Hier setzt nun ein Mechanismus ein, der möglicherweise doch zu einer Schwächung des ideologischen Faktors führen könnte, stellenweise wohl schon dazu geführt hat; es fragt sich nur, wie nachhaltig und in welcher Breite. Kann eine Wahrheit auf Dauer Glauben erwecken, wenn sie so lautstark bei jeder passenden und unpassenden Gelegenheit verkündet wird, wenn sie so große Worte macht und wenn ihre Texte denen der Gegenwahrheit so ähnlich werden, daß man nur einige Vokabeln auszuwechseln braucht, um hier und dort dasselbe zu hören? Worte wie Volk und Vaterland, Freiheit, Gleichheit, Menschheit und Friede verfallen notwendig der Inflation, wenn sie ohne volle Deckung ausgegeben werden. Kommt noch der evident lügenhafte Gebrauch hinzu, so ist der Verschleiß gewiß. Der Nationalsozialismus hat darin das Äußerste getan, schon durch die Bedenkenlosigkeit, mit der er die Ideen je nach Lage und Zweck gewechselt hat. Doch das Phänomen als solches ist allen totalitären Ideologien gemeinsam. Ein Sondergericht, daß in direktem Auftrag der Macht gesetzwidrige Bluturteile fällt, heißt Volksgerichtshof. Eine Polizei, die mit einiger Zuverlässigkeit auf das Volk schießt, heißt Volkspolizei. Wenn einer dem anderen nicht traut, auch nicht trauen kann, besteht Volksgemeinschaft. Die Folge davon kann eigentlich nur sein, daß die Ideologiengläubigkeit erlahmt, und das würde zunächst einmal heißen, daß die Fähigkeit wächst, zwischen den Zeilen der Ideologien zu lesen und das unbedingte Ja, das sie fordern, zurückzuhalten. Symptome dafür sind denn auch vorhanden, nicht nur in der »skeptischen Generation« (Helmut Schelsky) der Nachkriegsjugend in Deutschland.

Trotzdem kann von einer Ideologiendämmerung nicht die Rede sein. Dazu ist das System der industriellen Gesellschaft mit dem Denkschema der Ideologie viel zu fest verbunden. Alle Mächte und Bewegungen legitimieren sich in diesem System in dieser Sprache und zwingen einander in sie hinein. Seit aber jener große Übergriff der Ideologien auf das Feld der Weltpolitik stattgefunden hat, also seit der Epoche der Weltkriege, hat sich dieser Zusammenhang erst recht befestigt. Die politische Erde als ganze ist ideologisch polarisiert; der Nullmeridian ihres Gradnetzes, das heißt die Begriffe östlich und westlich sind ideologisch definiert. Der Traum, daß sie unter dem Gesetz und unter den Segnungen der Industriekultur *one world* werden würde, hat sich erfüllt, nur eben selbstverständlich nicht so, wie er geträumt wurde, sondern so, wie die Geschichte Träume erfüllt. Sie schafft nie Utopien, sie schafft immer Spannungsfelder, im gegenwärtigen Fall eins, das die ganze Erde übergreift und in dem es keine isolierbaren Teilräume mehr gibt.

Nachdem die Menschheit in diesem konkret-geschichtlichen, völlig unutopischen Sinne zur Weltbürgerschaft geeint, nämlich insgesamt in das Lebenssystem der Industriekultur hineingezogen worden ist, kann es nicht mehr als sinnlos erscheinen, daß ihre Kriege zu Bürgerkriegen werden, ideologisch selbstgerecht, total in den Zielen und in den Mitteln. Die Mächte, jedenfalls diejenigen, zwischen denen die Entscheidungen fallen, rüsten sich außer mit den nuklearen mit ideologischen Waffen auf, die Ideologien aber amalgamieren sich je mit einer Macht, die auch über die anderen Waffen verfügt und die dann nicht nur ihr Vorkämpfer und Herold, sondern ihr Körper wird. Eben damit gewinnen sie eine neue Gewalt, auch über die Seelen und Geister der Menschen. Eine noch so geistvolle Ideologie, die keine solche Verkörperung in einer realen Macht hätte, wäre eine literarische Angelegenheit und im Grund überhaupt noch keine Ideologie. Wer sich einer Ideologie verschreibt, meint immer auch die Macht, die ihr Körper ist. An ihr, an ihren Kämpfen und Siegen will er Anteil haben. Daß sie völlige Unterwerfung auch des Kopfes und des Gewissens fordert und daß in ihrem Dienst schon Lauheit Verrat ist, meint er mit. Gerade dieses Opfer seiner Person bedeutet für ihn die Bestätigung seiner Existenz, und dieses Aufgehen in einem anderen, mit vielen anderen zusammen, ist ihm köstlicher als die Freiheit.

Hier ist nun auch der Geist betroffen, und zwar bis in seine hohen Formen hinein. In der soeben gekennzeichneten Struktur des gegenwärtigen Zeitalters ist ihm eine der Positionen, die er einnehmen kann, vorgezeichnet. Er kann eingespannt werden oder sich selbst einspannen in eine der Fronten. Er kann sich im Kampf der Interessen und der politischen Mächte auf die eine Seite schlagen, und zwar so gründlich, daß er sich ganz zur Verfügung stellt. Er weiß, daß er dann selbst zur Ideologie wird, aber gerade das will er. Eine sehr merkwürdige Umkehrung der Wertakzente ist in dieser Hinsicht im Gange. Während ursprünglich die bürgerliche Welt als die Brutstätte der Ideologien galt, gilt nun derjenige, der keine Ideologie hat und sich keiner verschreibt, sondern auf seine Freiheit Wert legt, als »bürgerlich«, will sagen als unentschieden, als unkämpferisch, als privat und zukunftslos.

Nahezu in allen seinen Formen ist der gegenwärtige Geist in dem Sinne »engagiert«, daß er von den Problemen des Zeitalters nicht loskommt, auch nicht loskommen will, und daß er die gegenwärtige Lebensordnung als die Ausgangslage anerkennt, von der aus nach vorn gedacht werden muß. Nur daß ihm diese Gegenwart, offen wie sie ist, keine vorgegebenen Prämissen, nicht einmal verbindliche Fragestellungen an die Hand gibt, sondern alles freiläßt. Nur indem der Geist sich selbst festlegt, nur durch die Entscheidung für eine Ideologie, also nur durch ein Engagement im spezifischen Sinne, durch ein Engagement auf Kurzschluß kann er das Koordinatensystem, das als ein allgemeingültiges im Zeitalter nicht vorhanden ist und das er selbst hat zerstören helfen, für sich zurückgewinnen.

Littérature engagée dieser Art hat es natürlich immer gegeben, seit es Ideologien und die Möglichkeit der freien Wahl zwischen ihnen gibt, in Frankreich das ganze 19. Jahrhundert hindurch, desgleichen im zaristischen Rußland, in Deutschland und anderen Ländern vor allem in den Zeiten des Vormärz. Im Zeitalter der Weltkriege ist eine Reihe von Momenten hinzugekommen, die die ideologische Bindung und Selbstbindung der Literatur, der Kunst und der Wissenschaft verstärkt, aber auch die Problematik akut gemacht haben, die in dieser Position des Geistes liegt. Wenn sich eine politische Macht und eine Ideologie miteinander identifizieren, wird das ganze Geistesleben im beherrschten Raum, einschließlich seiner Ausstrahlungen in die Umwelt, in Dienst genommen und zu diesem Behuf »ausgerichtet«. Der Nationalsozialismus hat das mit seinen Begriffen der entarteten Kunst, der liberalistischen Wissenschaft, der arteigenen Physik und der völkischen Geschichtsanschauung in höchst banausischer Weise getan, zugleich aber mit vielen brutalen Zugriffen, die schwere Wunden in das deutsche Geistesleben schlugen. Das Sowjetsystem hat es, wenn auch mit einigen Schwankungen in der Generallinie, sehr konsequent im Sinne einer materialistischen Weltanschauung, einer »proletarischen« Kultur und einer technokratischen Bildung getan und tut es noch.

Dabei sind diejenigen Fälle im Grund uninteressant, in denen die Philosophie, die Kunst und die Dichtung nur eben bereitwillig die Themen und die Thesen übernehmen, die ihnen das System auferlegt. Wichtig aber sind die Fälle, wo die ideologische Entscheidung bis in die innere Form der geistigen Werke hineinwirkt und nicht nur den Inhalt, sondern auch die Art der Aussagen bestimmt. Bert Brecht spricht vom »epischen Theater«: es stelle die Menschen und ihre Schicksale, im Unterschied zum dramatischen Theater, nicht so dar, daß sie die Endgültigkeit und Selbstverständlichkeit gewinnen, die die große Kunst ihren Gegenständen zu verleihen vermag; es weise vielmehr die Zustände als nicht-selbstverständlich, als veränderbar auf und setze das Verhalten der Personen der Kritik aus, nütze also die fehlende vierte Wand der Bühne und die Anwesenheit des Publikums aus, um zu lehren und zu wirken, einer Philosophie ähnlich, die die Welt nicht nur zu erklären, sondern zu verändern beabsichtigt; beide seien freilich nur als Organe einer Bewegung und einer realen Macht möglich, die ihrerseits dieselbe Absicht hat.

Analog ist eine bildende Kunst denkbar, der eine Ideologie die Hand führt, desgleichen eine Wissenschaft, deren Fragestellungen durch eine solche fundiert sind oder doch eingeengt werden. Beide werden denn auch gefordert, organisiert oder wenigstens begünstigt, gelegentlich sogar von Systemen, die nicht totalitär sind. Der Geist tritt dann in eine Verpflichtung über die Verpflichtung hinaus, die aus der Autonomie seiner Arbeit folgt. Damit aber wird eine Spannung gesetzt, die so strukturbedingt ist, daß sie jederzeit akut werden kann. Der Geist steht immer unter einem gewissen Argwohn, auch wenn er zur Linientreue entschlossen ist, und er steht zu Recht darunter. Denn die Macht muß natürlich fordern, daß alles, was in ihre Ideologie eingeht, Parolen zur Sammlung und zur Scheidung der Geister, Instrumente der Selbstbehauptung und der Offensive liefert. Wer bürgt aber dafür, daß die Wissenschaft nicht unterwegs dem Objektivismus verfällt, also ihre Wahrheiten über die Grenze hinaus weiterdenkt, innerhalb deren sie sich in die Ideologie einfügen? Desgleichen die Kunst. Wo kämen wir hin, wenn sie zwar unseren Sieg, aber auch seine Opfer, oder wenn sie zwar unsere Gegner im Sturz, aber noch im Sturze menschlich oder gar schön darstellen wollte? Und wird sie das nicht tun, gerade wenn sie gut ist? Dann hätte sie ihren Verrat schon begangen, ebenso wie die Wissenschaft, wenn sie zwar in Sachen der Erblehre, der Rassenkunde und der Geschichtsdeutung die Argumente beibrächte, die uns dienen, aber die anderen Möglichkeiten auch nur theoretisch offenließe.

Eine weitere Veränderung ergab sich aus der Vervielfältigung und Überkreuzung der ideologischen Fronten. Hierfür waren die zwanziger Jahre der Höhepunkt, und die Herdgebiete lagen in Deutschland und in Frankreich. Die drei oder vier großen politischen

Ideologien, die das 19. Jahrhundert kannte, waren im wesentlichen auf die offiziellen Parteien aufgeteilt, in deren Programmen absorbiert und eindeutig nach rechts und links geordnet. Nun aber verwirrten sich diese beiden Pole der traditionellen Politik, zuweilen vertauschten sie sich. Demokratisch und autoritär, national und bolschewistisch, konservativ und revolutionär mischten sich zu neuen Einheiten. Diese Legierungen standen über den Parteien und legten Wert darauf, aber es war oft nicht zu entscheiden, ob sie rechts oder links über ihnen standen. Die Krise des liberal-demokratischen Systems (eins der Stichworte dieses Jahrzehnts), tiefer gesehen die Krisis der bürgerlichen Welt, bildete den Hintergrund. Die verbindende gemeinsame Grundlage, die parlamentarische Diskussionen allein möglich macht, entfiel. Wo der Terminus Widerstand zum Programm wurde, war immer zuerst der Widerstand gegen die Mitte und gegen die mittleren Ausgleiche gemeint, die als faul empfunden wurden.

In diese Bataillen ist das Geistesleben der Zwischenkriegszeit sehr stark verwickelt gewesen, und in noch breiterem Umfang war es von ihnen infiziert. Sie spielten zum guten Teil in den Hirnen, in den Zeitschriften, in den bündischen Gruppen und Zirkeln; wenn sie zu Stichflammen ausbrachen, dann freilich auch in Straßenschlachten, und dann waren sofort die politischen Mächte interessiert. Das totale geistige Engagement, etwa das gegen den Krieg, das gegen die Trägheit des sozialen Gewissens, hat nicht nur alarmierend, sondern auch produktiv gewirkt; es hat große Kunstwerke und Dichtungen erzeugt, in andere ist es als Ferment eingegangen. Wo es fehlte, erging die Anklage auf Ästhetizismus oder auf Schlimmeres. Auch synthetische Lösungen wurden oft für die eine der beiden Seiten usurpiert.

In der Ära des zweiten Kriegs und in der Hochspannung, in die hinein er sich fortsetzte, wurde die Ideologisierung der politischen Mächte und ihrer Gegensätze entscheidend für die Situation des Geistes. Nationen, die sich mit einer ideologischen Position identifizieren oder mit ihr identifiziert werden, sind keine Vaterländer mehr; das Wort »in meines Vaters Hause sind viele Wohnungen« trifft auf sie nicht mehr zu. Sie werden in einem ganz anderen Sinne als dem von Ernest Renan gemeinten »plébiscites de tous les jours«. Im Kampf gegeneinander lösten sich die Ideologien von den Nationen ab, griffen über sie hinweg oder spalteten sie, doch waren sie anderseits fest mit einigen Machtstaaten verkoppelt und wurden in ihrer Hand zu immateriellen Waffen, die alle Grenzen durchdrangen. Zwei Systeme von Gleichungen, die schlechterdings nicht ineinander zu transformieren sind, zerren dann, besonders wenn Heißer Krieg herrscht, an jedem Menschen, an jeder persönlichen Entscheidung, so auch an jedem geistigen Werk – selbst wo eine Ideologie nicht evident als Herrschaftsinstrument und Knechtungsmittel mißbraucht wird, aber dort natürlich erst recht. Damit eröffnet sich die »heutige Landschaft des Verrats« (Margret Boveri), doch zugleich wird der Begriff des Verrats ambivalent. Loyalität gegenüber der Macht, in der die Ideologie verkörpert ist, wird Verrat, nämlich an allem, was in der Ideologie vergewaltigt, verfälscht oder verkrampft wird; und Verrat wird Treue, nämlich Treue zu all diesem. Ezra Pound, der schon ob seiner überragenden dichterischen Bedeutung eins der großen Beispiele für diese Situation und ihre Tragik ist, hat immer darauf bestanden, daß er dem Vaterland diene, dem wahren, eigentlichen Amerika, dessen Garant Walt Whitman sei, gegen das Amerika des Geldes und der ausgelaugten Sprache.

Der Begriff des »Eigentlichen«, also das eigentliche Amerika, das eigentliche Frankreich, das eigentliche Deutschland, das eigentliche Rußland, reißt die geschichtliche Wirklichkeit an allen Stellen auseinander, in den glücklicheren Fällen nur für die Dauer einer politischen Katastrophe, so daß persönliche Tapferkeit und Geduld den Riß überbrücken können, in den schweren Fällen auf unabsehbar lange Fristen. Auch hier muß wieder, solange es um die strukturelle Kennzeichnung einer Lage geht, die Frage ausgegrenzt werden, auf welcher Seite das objektive Recht liegt, das heißt, diese Frage kann, wenn überhaupt, nur von Fall zu Fall entschieden werden. Zuweilen ist es so, daß die Ideologie, die die Nation im Griff hat, nur eben die Gegenideologie induziert, in der aber trotzdem vieles von der eigentlichen Substanz gehütet sein kann. In anderen Fällen liegt die Rechtsfrage viel eindeutiger. Wenn die Ideologie, die in der Macht sitzt, ein Volk seinem Wesen völlig zu entfremden droht, so wird der Geist in die äußere oder innere Emigration, in die stumme Passion oder in den Heroismus des Widerstands hineingezwungen.

Registrierungen und Bilanzen

Die Gegenwartsbezogenheit des Geistes tritt am offensichtlichsten in die Erscheinung, wenn er die Gegenwart zu seinem Thema macht, und diese Intention ist in ihm sehr lebendig. Sie arbeitet mit den verschiedensten Methoden, schlüpft in die verschiedensten Stile: Tatsachenreports auf Grund statistischer Erhebungen, feuilletonistische Momentaufnahmen prägnanter Situationen, soziologische Analysen, Zeitromane, die, was die Exaktheit der Materialverarbeitung betrifft, mit der strengsten Wissenschaft Ranggleichheit beanspruchen und von ihr die Parole der Wertfreiheit übernehmen. Der Ehrgeiz ist immer, zu registrieren, was vorliegt, dann wohl weiter: die Dinge zu durchleuchten und ihren sachlichen Zusammenhang aufzuhellen, mit dem festen Entschluß, nichts von eigener Phantasie und Gemütsbewegung einzumischen und auch dann nicht enttäuscht zu sein, wenn sich die Zusammenhänge als höchst banal erweisen. Aber schon das erste, die reine Registrierung, gilt als Aufgabe und als Verdienst, weil damit das sehr unübersichtliche Feld der Gegenwart wo nicht begriffen, so doch kartographiert wird. Man weiß: Nebelschichten von traditionellen Wertungen und von eingewöhnten Nomenklaturen, von Klischee-Urteilen und sogar von irreführenden Deutungen liegen dick über der gegenwärtigen Wirklichkeit. Im Grunde sieht niemand sie so, wie sie ist, sondern jeder sieht sie, wie »man« sie sieht. So wird es zu einer Leistung des Geistes, auf die Daten als solche zurückzugehen, sie mit der Sachlichkeit aufzufassen, mit der sie in der Realität wirken, sie zu präzisieren – oder auch, wenn nötig, sie in der Unbestimmtheit und Vieldeutigkeit zu belassen, in der sie sich wirklich befinden und aus der sie nur von denen herausgehoben werden, die an solcher Fixierung ein Interesse haben.

Der Geist rüstet sich zu diesem Geschäft mit viel Spürsinn aus, dazu mit viel Nüchternheit und Illusionslosigkeit. Vor Zynismus hat er nicht die geringste Angst, dagegen scheut er vor jeder Pathetik zurück und ist nervös gegen Prädikate, die zu schön sind, um wahr zu sein. »Abenteuer und Irrfahrten eines seelischen Vivisektors zu Beginn des 20. Jahrhunderts«, notiert Robert Musil in seinem Tagebuch. Auch wo es noch gar nicht um Anatomie, sondern um reine Beschreibung geht, wird nicht Anschaulichkeit gewollt, sondern Kennzeichnung, Diagnose. Die Sprache wird kalt, schmal, abstrakt. Sie bevorzugt Ausdrücke aus der Automationstechnik, aus der Verwaltungspraxis und aus den Börsenberichten, auch wenn von geistigen Dingen die Rede ist. Sie versucht, es den Wänden aus Glas und Beton gleichzutun, zwischen denen das moderne Leben verläuft, es den leise surrenden Apparaten nachzutun, in denen Energien aufgestapelt sind, mit denen man ganze Länder rationell kultivieren oder rationell vernichten kann. Keine ciceronianischen Perioden, die einen schönen Schwung vortäuschen, wo in Wahrheit alles ein hartes Asyndeton ist. Hingehämmerte Hauptworte mit Punkten dazwischen, dann wieder jagende Verben. Auch das ist ein Engagement, nur mit Einschaltung einer Distanz, ein Engagement mehr des Intellekts als des Willens. Das Zeitalter registriert sich selbst. Es referiert über sich selbst. Subjekt, Gegenstand und Adressat werden identisch, aber zwischen ihnen ist die Spannung der zweiten Reflexion. Denn jede Feststellung ist in diesem Fall, gewollt oder ungewollt, eine Reflexion, eine Besinnung, ein Akt des Selbstbewußtseins, da es ja um die eigene Situation und die Befindlichkeit in ihr geht. Wenn die einzelnen Posten registriert werden, ergibt sich der innere Zwang, sie auch gegeneinander aufzurechnen. Die Inventur über die Tatbestände wird zur Bilanz, wird zumindest zum Material für eine solche und drängt auf sie hin.

Damit mündet diese Haltung des Geistes mit der sogenannten Kulturkritik zusammen, oder anders gesagt: sie tritt an die Stelle dessen, was bislang Kulturkritik hieß. Die Auswechslung ist zwar noch keineswegs vollständig geschehen; die Zwischenkriegszeit brachte mehrere bedeutende Schriften vom Typus der Kulturkritik hervor und führte ihr neue Kategorien zu oder gab den alten ein neues Gewicht, so etwa dem Begriff des Massendaseins (Ortega y Gasset, Hendrik de Man). Auch ist die Grenze zwischen den beiden geistigen Haltungen nicht scharf zu ziehen. Dennoch ist recht deutlich und als internationale Erscheinung die Wendung zu beobachten: während die Kulturkritik das Zeitalter vor ihr Gericht forderte, richtet der heutige Geist seine Objektive auf die Gegenwart und geht ihr mit seinen Mikrophonen nach, um ihre Selbstzeugnisse und noch ihre Lautkulissen einzufangen. Ausgefragt wird sie dabei auch, sogar einer dauernden Vernehmung unterzogen, und ihre Geständnisse, Vorspiegelungen und Fehlleistungen werden mit viel Psychoanalyse ausgewertet. Aber die Einstellung ist nicht die des Richters, der im Besitz der Normen ist, viel eher die des Physiologen oder des Zeithistorikers, der den Ablauf eines Prozesses (nehmen wir an: eines sehr kritischen, vielleicht lebensgefährlichen Prozesses) mit innerer Beteiligung, doch mit der des Theoretikers verfolgt, so etwa wie Thukydides die Krisis der Polis im Peloponnesischen Krieg verfolgt haben mag; die Voraussetzungen, auf denen das gegenwärtige Zeitalter beruht, sind dann von vornherein eingerechnet und insofern akzeptiert. Ankläger, Verteidiger und Richter neutralisieren sich sozusagen in einer Person, in der des kritischen Beobachters. Die Absicht geht auf Tatbestandsaufnahme, in den anspruchsvolleren Formen auf Diagnose, aber sowohl die Judikatur wie auch die Therapie stehen auf einem anderen Blatt.

Es gibt diesen Typus der Literatur heute überall auf der Welt, wo die Industriekultur zu ihrer zweiten Gestalt ausgereift ist, ebenso wie es im 19. Jahrhundert fast in allen Ländern, die von der industriellen Revolution erfaßt wurden, Kulturkritik gab. Auch in Amerika haben seit der Wirtschaftskrise von 1929/30 und seit dem zweiten Weltkrieg die Gegenwartsanalysen und Zeitdiagnosen breit eingesetzt, nur daß das dramatische Vorspiel der Kulturkritik im europäischen Stil gefehlt hat; denn das 19. Jahrhundert war drüben nicht die Zeit der nationalen Krisen und der sozialen Kämpfe, sondern die Zeit der Nationwerdung, des Aufstiegs zur Weltmacht und der Prägung des amerikanischen Menschen. Dagegen sitzt den europäischen Denkern das Ethos der Kulturkritik sehr tief. Daher klingt vieles davon auch heute noch mit, zum Beispiel die Fragen: Wovon bewegt sich die Menschheit weg, wenn sie sich der industriell-bürokratischen Lebensordnung endgültig verschreibt? Womit wird der Fortschritt an technischer Macht, an Lebensverlängerung und an Wohlstand bezahlt, und ist dieser Preis nicht großenteils in menschlicher Währung fällig? Welche Entfremdungen neuer Art erlegt dieses System mit jedem weiteren Schritt zu seiner Perfektion dem Menschen auf? Ein typisch europäischer Einschlag in den modernen Selbstanalysen der Gegenwart ist auch der Hinweis auf die Muster von Spätkulturen, die in der Weltgeschichte schon vorliegen (Oswald Spengler, Arnold Toynbee). In den Spätzeiten der alten Kulturen erkennt sich das Abendland wieder; besonders die ausgehende Antike legt den Vergleich nahe.

Doch auch hier ist die Wendung unverkennbar. Alle diese kulturkritischen Gedanken werden einbegriffen in das Ziel, die Gegenwart zu charakterisieren, so wie sie ist. Auch der Ausdruck Spätzeit verliert dann seine Werttönung und wird zum reinen Strukturbegriff. Daß das Abendland unterzugehen im Begriffe sei wie ein leck gewordenes Schiff, hat ja auch Spengler keineswegs gemeint. Das Thema ist und wird immer mehr: die Eigengesetzlichkeit der Industriekultur in ihrer zweiten Gestalt, die Eigengesetzlichkeit des Zeitalters, das in der Epoche der Weltkriege begonnen hat. Wir haben bereits früher die Vermutung ausgesprochen, daß dies keine Nachgiebigkeit gegenüber dem Lauf der Dinge und kein Erlahmen des Werturteils bedeutet, vielmehr die Einsicht, daß mit dem Anbruch des industriellen Zeitalters eine Kulturschwelle erster Größenordnung überschritten worden ist, daß anders als unter den nunmehr gültig gewordenen Bedingungen künftig nicht mehr gelebt werden kann und daß daher die alten Wertmaßstäbe großenteils unanwendbar, jedenfalls unspezifisch geworden sind. Dieser Einsicht ist der Wille zur reinen Bedingungsanalyse konform, ebenso wie der Einsicht, daß die industrielle Revolution eine alte Welt dahinsinken lassen werde, die ernste Besinnung auf den Wert des Dahinsinkenden konform war.

Eine Frage läßt sich freilich auch aus der saubersten Tatbestandsaufnahme nicht ausgrenzen: die Frage, wie es unter den Bedingungen der gegenwärtigen Lebensordnung um den Menschen bestellt ist und wie es morgen um ihn bestellt sein wird, wenn sich die Dinge noch ein Stück weiter in der gleichen Richtung weiterentwickelt haben werden. Denn jene Bedingungen sind ja nicht äußere Umstände, die wie Kulissen um den Menschen herumstehen, sondern sie wirken in ihn hinein. Sie beanspruchen ihn auf bestimmte Leistungen und Verhaltensweisen. Sie formen ihn also, sie machen etwas aus ihm, und die Frage, was sie aus ihm machen, ist nicht auszuschalten. Sie ist es, die allen diesen Gegenwartsanalysen ihren diagnostischen Charakter gibt. Das Bestreben, sie nach Möglichkeit zurückzudrängen, ist unverkennbar, besonders in den amerikanischen Theorien des gegenwärtigen Zeitalters. Die objektivste Wendung, die man ihr geben kann, besteht darin, daß man die Veränderungen der Bewußtseinslage und der Antriebsstruktur, die die moderne Lebenswelt im Menschen hervorruft, ausdrücklich zum Thema macht, also auch den Prozeß der inneren Anpassung, des Sichhineinfindens in das sekundäre System samt allen Entfremdungen, die dazu gehören, mit der Distanz des Beobachters registriert. Doch auch dann ist der Frage kaum auszuweichen, was von dem menschlichen Typus und von dem Stil der Lebensführung, die dabei herauskommen, zu halten ist. Die europäischen Diagnosen gehen vor allem auf die Bewußtseinsspaltungen, denen die heutige Zivilisation Vorschub leistet und die sie stellenweise sogar nötig macht, sodann auf die Vereinzelung und Vereinsamung des Menschen, die die Kehrseite des Massendaseins ist, und auf die Aushöhlung der Persönlichkeit als Folge ihrer immer nur partiellen und immer nur funktionalen Beanspruchung. Die amerikanischen Autoren diagnostizieren in erster Linie auf fortschreitenden Konformismus. Sie bestätigen also in aller Nüchternheit und *ex eventu* Tocquevilles Zukunftsvision. In beiden Fällen wird zwar aus den kritischen Begriffen, etwa aus dem des außenbestimmten Typus, des vollangepaßten Menschen, der Konsumkultur, der Rationalisierung und Entlastung die negative Werttönung mit Sorgfalt ausgesiebt, aber im Saldo, das heißt in der Gesamtcharakteristik der Zivilisation erscheint sie doch wieder, sei es in Richtung auf das »Zeitalter der Angst« (Wystan Hugh Auden), sei es in Richtung auf das »Jahrhundert des kleinen Mannes«. Auf die Gegenbegriffe, so auf den des autonomen Menschen, fällt dann ein verklärendes Licht.

Das gleiche gilt, wenn sich die Diagnose nicht auf die Befindlichkeit des Menschen, sondern auf die Entwicklungstendenzen des zivilisatorischen Apparats richtet, wenn also die Frage gestellt wird: Wieweit lassen sich die Prinzipien, auf denen das moderne Lebenssystem beruht, durchführen, ohne daß sie sich totlaufen oder überschlagen? Von welcher Grenze an führt Rationalisierung zur Unvernunft, Sicherung zur Unfreiheit, Ausbau der Sachsysteme zum Verlust der Mitte (Hans Sedlmayr)? Es ist sehr notwendig, diese Fragen zu stellen, sogar bis zu einem gewissen Grade möglich, sie objektiv zu beantworten. Aber natürlich muß auch in diesem Falle eine Art Normbegriff des Menschen vorausgesetzt werden, so stark auch die Wandlungs- und Modulationsfähigkeit der menschlichen Natur in ihn eingerechnet werden mag. Erst von ihm aus wird entscheidbar, wo die Kategorie der Anpassung ihren Sinn verliert und wo die Subsumtion des Menschen unter die von ihm produzierten Sachen nicht mehr bloß Entfremdung, sondern Verschüttung bedeuten würde.

Im übrigen denken alle diese Gegenwartsanalysen futuristisch, und auch das mit gutem Recht, denn die gegenwärtige Zivilisation ist ein Feld weiterlaufender Prozesse. Vor allem ihre technischen Bestände existieren im Modus des Fortschritts. Sie tragen ihre Zukunft schon in sich, und diese Zukunft »hat schon begonnen« (Robert Jungk). Sie muß also einkalkuliert werden, wenn die Bilanz nicht schon im ersten Ansatz falsch werden soll. Daher gehört ein großer Teil der sogenannten *scientific fiction* dem Sinne nach zur Zeitdiagnostik, soweit sie nämlich Kurven, in die die Realität schon eingemündet ist, ein Stückweit extrapoliert und aus Prämissen, die bereits akzeptiert sind, die Schlüsse zieht, die bisher noch

Die Einsamen
Gemälde von Bernard Buffet, 1958. Paris, Privatbesitz

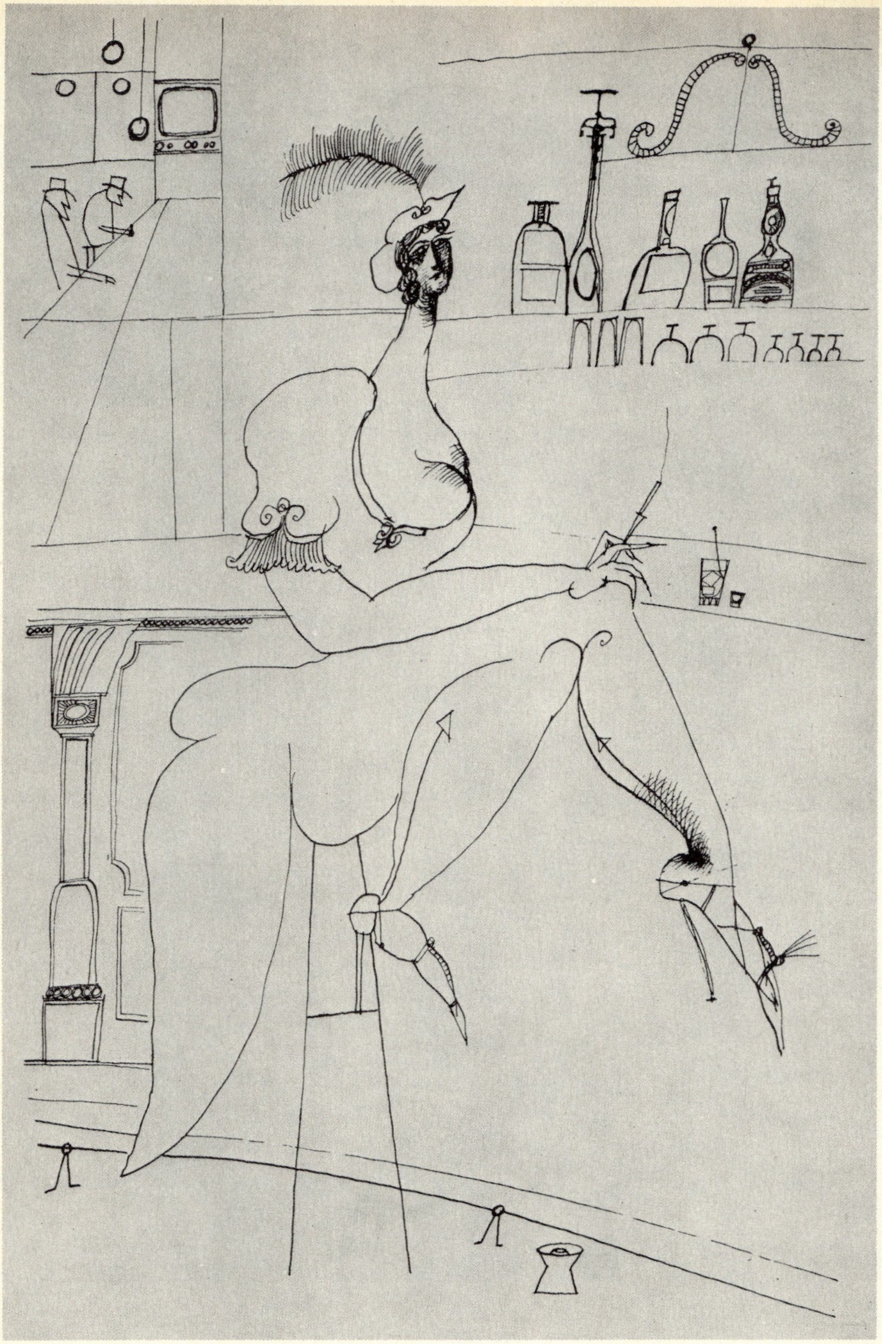

An der Bar. Karikatur von Saul Steinberg

niemand, höchstens hie und da ein totalitäres Regime, offen zu ziehen gewagt hat. Aldous Huxleys »Brave New World« war der erste Treffer: die Gesellschaft, die vom Moment der künstlichen Befruchtung an für die vollkommene Anpassung der Individuen an ihre Klassenlage sorgt und in der alles, was die stabile Ordnung stören könnte, so die Erotik, der Erkenntnistrieb, das religiöse Bedürfnis, durch Ersatzbefriedigungen zuverlässig gesättigt ist; das Restproblem des Todes hat man unschädlich gemacht, indem man es bagatellisierte und die Stunden der Agonie mit allem erdenklichen Komfort umgab. George Orwell (»1984«) denkt mit der gleichen linearen Konsequenz die Logik der totalitären Bürokratie zum idealtypischen Ende: eine absolute Diktatur, die mit ihren Fernaugen und -ohren in alle Schlafzimmer hineinreicht, alle persönlichen Beziehungen abkehlt, die Gesellschaft durch den systematisch genährten Haß zusammenhält und die einzige Liebe, die es geben darf, die zum Großen Bruder, durch das Mittel der Tortur nicht nur äußerlich zu erzwingen, sondern als inneres Motiv in die ausgehöhlten Seelen einzupflanzen weiß. Ray Bradbury (»Fahrenheit 451«) pointiert einen Zug, der bei den meisten anderen auch vorkommt: eine Feuerwehr mit umgekehrtem Vorzeichen verbrennt alle Bücher und hetzt diejenigen, die noch welche lesen, mit vollautomatischen Spürhunden zu Tode; sekundäre Systeme müssen auf ihre geschichtliche Voraussetzungslosigkeit Wert legen, jede Tradition, die noch lebendig ist, bildet eine Gefahr für sie. So werden immer einzelne Kurven oder Bündel von solchen in eine Zukunft verlängert, die schon als absehbar gilt. Die Gesamtheit der Tendenzen, die im gegenwärtigen Zeitalter am Werke sind, samt allen Interferenzen weiterrechnen zu wollen, würde wohl jede Vorstellungskraft übersteigen.

Es ist schon oft vermerkt worden, daß die Zukunftsromane und Zukunftsreportagen des 20. Jahrhunderts einem Pessimismus huldigen, der in der Geschichte des utopistischen Denkens neu ist und der vor allem gegen die Utopien absticht, die für die Anfangszeiten des industriellen Systems typisch waren. Sie zeigen, daß der Fortschrittsglaube des 19. Jahrhunderts, besonders das Vertrauen zu den segensreichen Wirkungen der Technik, einen bösen Riß bekommen hat; sie lieben es, die hoffnungslose Gefangenschaft des Menschen im zivilisatorischen Apparat, sein Versinken in der Masse und sein Scheitern in der Freiheit zu konstatieren. Aber dieser »Pessimismus« ist nicht das wesentliche an ihnen. Man verkennt ihre Denkweise, wenn man sie als Utopien versteht. Sie wollen gar nicht das Bild einer sozialen Ordnung entwerfen, die irgendwo im Raum oder in der Zeit, nur eben nicht jetzt und hier, bestehen könnte. Sondern sie zielen auf die Gegenwart, wie sie ist, nur nicht mit dem Mittel der direkten Beobachtung, sondern in einem konstruktiven Verfahren, gleichsam wie der Geometer durch das Netz seiner Hilfslinien zur Anschauung bringt, was alles in einer gegebenen Figur angelegt ist, wo ihre Linien sich schneiden, wo sie asymptotisch zusammenlaufen, wo sie abbrechen oder rückläufig werden. Dieser konstruktive Riß wird dann benützt, um die Figur, die das Thema bildet, will sagen die Gegenwart, aufzuschließen. Er wird als Vergrößerungsglas und als Zeitraffer benützt, um ihre Struktur und ihre Entwicklungstendenzen sichtbar zu machen. An dem Modell werden alle die Eigenschaften eingeübt, die der moderne Zeitanalytiker braucht oder zu brauchen glaubt: kaltblütige Hinnahme der Systemvoraussetzungen, Bereitschaft zu allen technisch möglichen Lösungen, Verzicht auf alle Vorbehalte, die gemeinhin im Namen der Menschlichkeit gemacht werden.

Das andere denkerische und literarische Mittel, mit dem die Gegenwartsdiagnosen gern arbeiten, ist der Schnappschuß, mit viel Routine in der Auswahl signifikanter Objekte und mit viel Raffinement im Schnitt. Der Film hat diese Technik ausgebildet, aber die Literatur, sowohl die dramatische wie die epische wie der Essay, hat sie übernommen. Die gewollte Wirkung ist dann der Schock, nicht in therapeutischer Absicht, sondern lediglich zum Zweck der Augenaufschließung. Das Zeitalter soll in diesen Fotos und Montagen sich selbst erkennen, in diesen grotesken Fehlschlägen seine Illusionen, in diesen Entlarvungen seine Masken, in diesen Explosionen sein Spiel mit dem Feuer. Wenn solche offensiven Zeitcharakteristiken aus einem ernsten sittlichen oder politischen Engagement kommen, kann eine kathartische Wirkung von ihnen ausgehen. Sie können dann (was zu unserm nächsten Thema überleitet) ein Stück Bewältigung der Gegenwart oder der unmittelbaren Vergangenheit leisten. Im allgemeinen wird man freilich den Tiefgang des *épater le bourgeois* nicht überschätzen dürfen. Der moderne Bürger oder Nachbürger läßt sich recht gern epatieren. Wenn die Darstellung brillant gemacht ist, kann man ihm nahezu alles sagen, etwa daß seine Geschäfte hart am Rande der Schiebung, seine Ehen hart am Rande des Bruchs und die Veranstaltungen seines Kulturbetriebs zum guten Teil Firlefanz sind. Die Bereitschaft, sich in Frage stellen zu lassen, ist aber keineswegs dekadente Selbstaufgabe oder auch nur Unsicherheit; man weiß vielmehr, daß es heilsam ist, wenn Ventile eingebaut sind.

Zudem ist zu bedenken, daß die Technik des literarischen Schocks recht billig ist. Es finden sich immer viele, und sie finden sich binnen sehr kurzer Zeit, für die die großen Muster der Anklage einfach die neue Masche sind, die sie mit Geschick mitmachen. Der Abstand zwischen der Avantgarde und dem Gros ist in dieser Hinsicht sehr klein geworden, und das Ganze erinnert zuweilen an jene strategischen Situationen, in denen man in der vordersten Linie immer noch sicherer ist als in den mittleren Auffangstellungen.

Bewältigungen

Eine Registrierung der Bestände des Zeitalters, auch die sachgerechteste und bilanzehrlichste, ist noch keine Bewältigung der gegenwärtigen Welt. Sie kann sogar zu dem Resultat gelangen, daß diese Welt nicht zu bewältigen ist und daß also der Mensch zur Zeit, vielleicht auch künftighin in einer unbewältigten Welt zu leben hat. Das Gefühl, daß es notwendig sein könnte, in einer unbewältigten Welt zu leben, und die nüchterne Frage, ob ein solches Leben nicht sehr wohl möglich ist, stehen heute offen; aus beiden wird längst eine kulturphilosophische These gemacht. Das System der modernen Zivilisation legt so viel Apparatur zwischen den handelnden Menschen und die gegenständliche Welt, es schaltet so viel formale Anweisungen, so viel Informationen und Orientierungen, so viel Erfahrungen zweiter Hand in sein Verhalten ein, daß eine Zwischenschicht entsteht, in der sich das funktionalisierte Tun allein noch bewegt und allein noch zurechtfindet. Diese Schicht absorbiert alle Lebenskräfte und dichtet sie zugleich gegen die Wirklichkeit der Dinge ab. Nicht einmal die sinnliche Wahrnehmung trifft unmittelbar auf den Gegenstand. Auch sie läuft über den Apparat; an die Stelle des konkreten Dings schiebt sich das reproduzierte Bild, die abgekürzte Formel, das schematisierte »Erlebnis«.

Solange sich das Instrumentarium der Technik auf die konkreten Dinge richtete und sie sozusagen mit ihren eigenen Maßen maß, half sie dazu, die Gegenstandswelt aufzuschließen, ihre Qualitäten kennenzulernen, ihre Formen nachzudenken. Mit jedem Akt der Bearbeitung und mit jedem anschaulichen Erfolg, den er einbrachte, reicherte sich die Welterfahrung an. Erfahrung genau in diesem Sinne des Worts, Erfahrung, die die gegenständliche Welt ausschöpft, war das Organ, mit dem der Mensch – nicht in großartigen und seltenen Aufschwüngen, sondern in schlichtem Sachverstand – seine Welt bewältigte. Dieses Organ also wird blind und stumpf. Die moderne Großtechnik schärft es nicht, sondern setzt es außer Kraft. Indem sie die gegenständliche Welt, die der Mensch in den Griff nehmen und begreifen kann, mit der sekundären Wirklichkeit der selbstläufigen Mechanismen überbaut und den Menschen wie die Dinge in diese hineinzieht, deformiert sie den Sachverhalt der Erfahrung und der Bewältigung. Wo die Erfahrung auf der Grundlage der Arbeit nicht ausreichte, setzte die übernatürliche Technik der Magie ein, die seit prähistorischen Zeiten in der Welt- und Selbstauffassung des Menschen eine zentrale Rolle gespielt und sich mit großer Zähigkeit bis in die monotheistischen Kulturen hinein gehalten hat. Aber auch sie hat natürlich in der modernen Welt ihre Wirkungskraft verloren und existiert höchstens noch in der läppischen Form des Aberglaubens.

Alles Leben in der gegenwärtigen Zivilisation, zumal alles bewußte, steht im Zeichen dieser Entwirklichung. Daß es mit dem Realitätssinn des heutigen Menschen nicht zum besten bestellt ist, ist seit Joseph Schumpeter oft konstatiert worden; er sah darin den eigentlichen Kern aller Schwierigkeiten. In der Tat kann es verwundern und Spott erregen, wenn ein Spezialist, der in seinem Fach bestens funktioniert, bereits im Streifen dicht daneben prompt danebenhaut, oder wenn sich ein Intellekt, dessen Rationalismus auf höchsten Touren geht, im Alltagsverhalten und selbst in Fragen, die ihm wichtig sein sollten, mit primitiven Klischeeurteilen begnügt, die evidente Irrtümer enthalten. Doch diese Ausfallserscheinungen im Realitätssinn sind selber nur ein Symptom. Der Kontakt zur Wirklichkeit wird nicht nur verscherzt oder verpaßt, sondern die Wirklichkeit selbst entweicht. Sie wird verdrängt, übersponnen, abgedeckt. Der unter Asphalt gelegte gewachsene Boden, die für den Tourismus zurechtgemachte Landschaft, das durch Klimatisierung korrigierte Wetter sind die Symbole dafür. Erst damit ist das Problem der Bewältigung in seiner scharfen zeitgemäßen Form gestellt. Eine Wirklichkeit, die mir nicht mehr gegeben ist, zu der ich keine Zugänge, in die ich keine Einstiege habe, kann ich auch bestimmt nicht bewältigen.

Hier ist die Kunst aufgerufen, die Kunst und die Dichtung. Sie wissen, daß es ihre Sendung und ihr Vermögen ist, die unverstellte, unverbaute Wirklichkeit auszusagen, und das heißt in diesem Zeitalter: die verlorene zurückrufen, mit dem Zauberstab, der ihnen verliehen ist. Das ist die Antwort – es ist wenigstens die erste Antwort –, die sie auf die Hölderlinfrage geben: »Und wozu Dichter in dürftiger Zeit?«, und sie finden dafür die Zustimmung des Zeitalters. Je dünner, bruchstückhafter und verschlüsselter die Erfahrungen, je abstrakter und problemoffener die Auskünfte der Wissenschaft werden, desto mehr ergeht an die Dichtung und an die Kunst der Anspruch, daß sie stellvertretend die Wirklichkeit bewältigen, und desto allgemeiner wird das Zutrauen, daß sie das können. Es ist zwar immer recht schwer, die Wirkungsmacht der Kunst und der Poesie im Bewußtsein eines Zeitalters richtig abzuschätzen, zumal heute, da der Einfluß der öffentlichen Veranstaltungen, der gemachten Publizität und des Handels, auch des spekulativen, aus dem Kunst- und Literaturbetrieb kaum wegzudenken ist. Aber die Hoffnung, daß, wenn irgendwer, die Künstler und die Dichter die Wahrsager dessen sein könnten, was im tieferen Sinne wirklich ist, ist doch heute sehr lebendig, auch in einem großen Teil der Jugend. Vielleicht ist es wirklich so, daß Kunst und Dichtung in der gegenwärtigen Situation »in ihr eigentliches, ihr sakramentales Stadium treten« (Günter Blöcker), daß sie »zum Bestandteil der Existenz werden, die ohne sie nicht zu bewältigen ist«, weil in einer von der Entwirklichung bedrohten Welt der Künstler der Mensch ist, »der noch voll in der Realität steht«.

Natürlich erhebt sich dann sofort die Frage: Steht er noch voll in ihr? Sucht er nicht auch selbst, mit Schiller zu sprechen, die verlorene, nur nicht wie ein Romantiker, sondern als ein Mensch der industriellen Zivilisation? Die Aufgabe, um die es geht, war immer gestellt, und alle Künste haben ihr von jeher gedient. Es ist aber ein entscheidender Unterschied, ob sie nur zum Bilde klären, was im Alltag getrübt ist, zum Wort erwecken, was sonst dumpf schweigt, erhöhen, was in den Niederungen des Lebens auch da ist – oder ob sie das harte Werk auf sich nehmen müssen, in ein Land einzudringen, das verriegelt ist, hindurchzugreifen durch all die Abstraktionen, Technisierungen und Entlastungen, mit denen sich das sekundäre System der Zivilisation gegen die Wirklichkeit abgedichtet hat, hindurchzugreifen auch durch die Hüllen und Hilfen der Tradition, nicht mehr bloß mit dem Zauberstab, sondern mit gewaltsameren Mitteln der Beschwörung; und eben zu diesem Wagnis ist die Kunst der Gegenwart gezwungen. Sie ist dann nicht mehr Ergänzung oder Vollendung, Läuterung oder Deutung des Lebens, sondern konstituiert sich in sehr einsamer Verantwortung als die Gegeninstanz gegen die abgeleiteten Weisen der Existenz, denen das Zeitalter gehört. Sie konstituiert sich als »die andere Welt« (André Malraux), die mit der Welt der Praxis nicht auf einen Nenner zu bringen ist, in der aber allein Menschlichkeit erfahren, Schicksal wahrhaft bezwungen werden kann und von der ein Abglanz des errungenen Siegs auch auf das übrige Dasein fällt.

Die Kunst muß alle ihre Werkformen und schon ihre schlichten Mittel, das Wort, die Farbe, den Klang in eine sehr harte Schule nehmen, sie muß waghalsig mit ihnen experimentieren, wenn sie leisten sollen, was ihnen zugemutet wird. Bezeichnungen sind zu finden für Wirklichkeiten, für die die Sprache keinen Namen hat, »stereoskopische« Worte (Ernst Jünger), die in die Dimension der Tiefe eindringen, Bilder, die die Sache nicht umkleiden, sondern sie wie ein Wirbel in sich hineinschlucken, Formeln, die Destillate aus Hunderten von Impressionen sind und die eine weitere Ausdeutung nicht zulassen, weil sie alle Bedeutungen in sich eingesogen haben. Es kann daher nicht überraschen, daß immer wieder der Einwand oder der Vorwurf der Dunkelheit, der Schwerverständlichkeit, der Unverständlichkeit erhoben wird, auf dem Felde der Dichtung vor allem gegen die Lyrik. Was von ihnen berechtigt ist, zeigt im wesentlichen an, daß ein Dichter sich übernommen oder daß er sich verstiegen hat; und daß bei diesem Mut zu den Gipfeln und zu den Abgründen (und bei diesem Zwang zu ihnen) einige sich übernehmen, manch einer sich versteigt, ist nicht zu verwundern. Der andre Teil des Vorwurfs ist unberechtigt; die moderne Dichtung stellt sich ihm, und nicht einmal ungern. Auch wo sie nicht gradewegs beansprucht, die Metaphysik zu ersetzen und das Sein selbst zum Klingen zu bringen, sondern bei der Aufgabe beharrt, die menschliche Wirklichkeit aufzuschließen und von ihr, sei es auch nur ein Stück, zu bewältigen, muß sie alle Kräfte der Sinne, des Denkens und der Sprache zusammenraffen. Wie tief liegen die Urphänomene des Daseins unter der Zivilisationskruste begraben! Die Essenzen des Lebens haben sich aus den Dingen zurückgezogen wie im Winter die Säfte aus den Bäumen.

Die moderne Literaturkritik liebt es, den Weg, den die Dichtung des 20. Jahrhunderts geht, mit dem Wort »mythisch« zu bezeichnen; wo ein großes Werk diesen Weg weit oder zu Ende gegangen ist, rühmt sie, die Dichtung sei zum Mythos geworden, sie habe den Mythos des Zeitalters geschaffen; auch die Dichter selbst haben ihre Intention oder wenigstens die Muster, denen sie nachstrebten, vielfach mit diesem Wort benannt. Damit kann wohl kaum gemeint sein, daß in dieser Zeit ein neuer Mythos im Entstehen wäre, daß er zunächst in der Dichtung Gestalt gewänne und sich von ihr aus dem allgemeinen Bewußtsein mitteilen würde. Von der Glaubensbereitschaft, die dazu erforderlich wäre, kann ein Zeitalter nicht weiter entfernt sein, als es die Gegenwart ist. Sicher haben an den Mythen der Völker die Dichter und die fahrenden Sänger stark mitgearbeitet, doch sie schöpften aus vorhandenen Quellen des Wissens und konnten gewiß sein, daß die göttlichen Gewalten, von denen sie sprachen, gegenwärtig waren. Das mythische Denken (wenn man es schon so nennen mag) der heutigen Dichtung steht gegen alle Wahrscheinlichkeiten des Zeitalters. So kann sie von diesem und von der Sprache, in der es spricht, auch keine Hilfe erwarten. Nur von Fall zu Fall und nur mit hohen persönlichen Einsätzen kann es gelingen, durch die Zweckzusammenhänge, in die die Zivilisation die Menschlichkeit eingefangen hat, durchzubrechen und unterhalb ihrer Wahrheiten aufzudecken, die dem Mythos wertgleich sind.

Einiges läßt sich immerhin rein phänomenologisch über die Stilmittel, Kunstgriffe und Wagnisse sagen, mit denen die Dichtung des 20. Jahrhunderts den Einbruch in die Tiefenschicht des Daseins geschafft und über die bloße Zeitschilderung hinaus Bewältigung der Gegenwart geleistet hat. Das erste ist die Auflösung und Umprägung der tradierten Werkformen und Werkgattungen, ihre Vermischung und Durchstellung in nahezu allen denkbaren Kombinationen. Sie betrifft vor allem den Roman. Wenn man sie als Zertrümmerung der Romanform oder als förmliche Absage an sie beschreibt, etwa im Sinne von Thomas Manns Frage, ob es nicht aussähe, als käme heute auf dem Gebiet des Romans nur noch das in Betracht, was kein Roman mehr sei, so ist der Sachverhalt rein negativ bezeichnet. Es handelt sich aber um einen sehr positiven Vorgang. Der Roman wird zum »Sammelbecken der Formen« (Günter Blöcker). Der Essay, oft zu eigener Existenz ausgewachsen, gehäufte Aphorismen, aber auch Dramatisches, Filmverwandtes und Hörspielhaftes gehen in ihn ein, dazu rein lyrische Partien; oftmals ist die Erzählung ganz in Lyrismus getränkt, anderswo wird sie zur reinen Reihung von Szenen, die gleichsam experimentell durchgespielt werden. Das Stilprinzip des Romans, Charaktere in Vorgängen zu entwickeln, Vorgänge aus Charakteren herzuleiten, wird damit in der Tat aufgegeben. Sowohl das psychologische Interesse, das den bürgerlichen Roman charakterisierte, wie auch die Zentrierung seiner Fabel in individuellen Personen entfallen. Aber grade das ist der Sinn, sogar die bewußte künstlerische Absicht. Diese universale Erzählform, die alle Aussageweisen in sich aufgesammelt, wird zwar »formlos«, aber eben damit auch fähig, die Gegenwart zu erfassen, die selber formlos ist. Sie leitet vom Roman der Geschehnisse und Schicksale zum Epos des Seins über. Ihr Thema ist nicht mehr das Individuell-Seelische, sondern der psychische Mechanismus als solcher, so ganz klar in der Technik des *monologue intérieur*. James Joyce hat das zuerst mit Bewußtsein getan, um »den großen Mythos des alltäglichen Lebens zu bauen«. Auch alle anderen, die die Romanform zertrümmerten und sie so oder so ins Universale erweiterten, haben genau gewußt, was sie damit wollten; so Robert Musil, daß nur der experimentelle Essay-Roman den eigenschaftslosen Menschen wiederzugeben vermag, der nicht aus sich selbst, sondern aus wechselnden Sachzusammenhängen lebt. Überhaupt geht der Prozeß der Umprägung der literarischen Formen im hellsten Lichte des Bewußtseins vor sich. Er wäre für das Drama, von Luigi Pirandello bis Samuel Beckett, ebenso leicht aufweisbar wie für den Roman.

Das zweite ist die Sprache. Die Literatur des 20. Jahrhunderts ist mit Leidenschaft beflissen, der Sprache ihre Aussagekraft zurückzugewinnen, und das heißt zunächst gegen die Sprachverarmung, Sprachverkümmerung und Sprachermattung anzukämpfen, die in der Welt der sekundären Interessen und der Massenmedien grassiert. Es ist, als ob eine Schar radikaler Legitimisten sich verschworen hätte, eine altgeheiligte Macht, der das Zeitalter abtrünnig geworden ist, in ihr souveränes Recht der Wirklichkeitsbewältigung wiedereinzusetzen. In dieser Hinsicht besteht eine deutliche Kontinuität zu den Spracherneuerern der Vorkriegszeit, zu Stefan George, Rainer Maria Rilke, Hugo von Hofmannsthal und weiter zurück zu Stéphane Mallarmé und Charles Baudelaire, zu Walt Whitman und Edgar Allan Poe. Man braucht kaum zu sagen, daß aus diesem Ringen kein Sprachstil von irgendwelcher Einheitlichkeit und Allgemeingültigkeit hervorgegangen ist, wie es in einer klassischen Epoche der Literatur der Fall gewesen wäre. Jeder beginnt von neuem auf eigene Faust und ist in die Freiheit verstrickt, daß aus allen Quellen geschöpft, daß auf allen Gassen gesammelt, daß aber auch in den ältesten Bergwerken Nachlese gehalten werden kann, wenn man nur den Mut aufbringt, in verfallene Stollen einzudringen. Alle Zonen des Seins werden wie mit Insektenfühlern abgetastet, um Sprachwerte, Klänge, Substantive aus ihnen zu saugen. Die zivilisatorischen Schichten werden immer auch angezapft, der Sport, die Bürosprache, der Slang, doch immer auch die Bereiche der Sinnlichkeit, der Versonnenheit, des Traums und des Rauschs. Das ergibt keine stetigen Muster. Wer fündig geworden ist, gilt nicht als Vorbild, oder nur in dem Sinne, daß er zu eigener Ausbeute anreizt.

Ein durchgehender Zug und ein Konvergenzpunkt der Bestrebungen läßt sich aber doch markieren. Die Sprache soll bezeichnen, ohne daß ein amorpher Rest bleibt, sie soll nicht umschreiben, sondern benennen – zugleich aber soll sie, bis zum Rand mit Bedeutung beladen, bersten vor Ausdruckskraft. Sie soll den Sinn präzisieren wie eine exakte Formel, und zugleich soll sie aus sich selbst singen. Die Mathematik, die in ihr angelegt ist, und die

Musikalität, die ihr eingeboren ist, sollen in ein genaues Gleichgewicht gebracht werden. Sowohl Paul Valéry wie Ezra Pound – um zwei ganz extreme Fälle zu nennen – haben das je in ihrer Art angestrebt. Auch dieser sprachschöpferische Prozeß verläuft in der modernen Literatur im vollen Lichte des Bewußtseins. Die meisten Dichter und Schriftsteller reflektieren auf ihn, zuvor, unterwegs oder im nachhinein. Dahinter steht die Überzeugung, daß Gedichte, zumal in dieser Zeit, nicht nur geschenkt und empfangen werden (dies freilich auch), sondern daß sie auch gemacht oder, wie Paul Valéry sagt, hergestellt werden. »Poesie bedeutet *fabrication.*«

Selbstverständlich lassen sich die beiden Aspekte der Werkformen und der Sprachgestaltung nur im abstrakten Denken von der gegenwärtigen Literatur ablösen, sie sind im Einklang mit der Thematik der Werke und, da es in der Kunst ein Äußeres und ein Inneres nicht gibt, mit ihr sogar identisch. Es geht dieser Literatur nicht um ein individuelles Dasein, so interessant es auch sei, sondern um das Dasein überhaupt, und um das erste nur insofern, als die Ströme des Daseins auch durch den Menschen irgendwo in der heutigen Welt, durch seine banalen Affären, Nöte, Ängste und Schicksale hindurchgehen. Der Phänotyp wird nicht psychologisch, sondern existentiell, das heißt als der heutige Ausschnitt des Arthaften, des Übergegenwärtigen begriffen. Schicksale, die rein individuell wären, gibt es nicht, jedes Schicksal reicht tief in die Urschichten des Menschlichen hinab, bis hin zum ersten Sündenfall und zur ersten Irrfahrt. Diesen Anschluß an das allgemein Menschliche, diese Aufschließung nach unten hin mag man allerdings sehr wohl als mythisch empfinden.

Es ist sehr verständlich, daß daher das Problem der Zeit in den Mittelpunkt rückt. Die Schliche und Tücken der Zeit, die Gründe und Hintergründe der Zeit, dieser vergehenden, verrinnenden, sich aufstauenden und auflagernden, unheimlich wirklichen und ganz irrealen Zeit: an diesem Rätsel arbeiten viele Dichtungen, und zuweilen ist das ganze Werk eine Arbeit an ihm: vom Rätsel der Zeit aus versuchen sie die Wirklichkeit der Gegenwart zu bewältigen. Kann man die Zeit außer Kraft setzen, indem man die Zeiger der Uhr abschraubt, und spielt nicht alles wirkliche Leben in einer Zeit ohne Uhren (William Faulkner)? Kann man die Zeit verlieren und kann man sie wiederfinden? Man kann es gewiß: in der Erinnerung, im Kunstwerk, aber dann ist sie nicht mehr Zeit, sondern gegenwärtige Vergangenheit und wirklich gelebtes Leben (Marcel Proust). Oder ist die Zeit schlechthin das Element des Bösen und das Leben, will sagen das Leben im Egoismus und im Betrieb, der Narr der Zeit, so daß es zur Aufgabe, aber auch zur großen Möglichkeit des Menschen wird, den Fesseln der Zeit zu entfliehen und in die Zeitlosigkeit durchzustoßen, von der alle Mystiker des Westens und des Ostens gesprochen haben (Aldous Huxley)?

Da wir uns so gut wie alle zum Leserdurchschnitt rechnen müssen und nur einen begrenzten, von persönlichem Geschmack und vielen Zufällen bestimmten Ausschnitt aus dem Schaffen unseres Jahrhunderts überblicken, sind wir nicht befugt, darüber zu urteilen, wieviel von der gegenwärtigen Wirklichkeit in der Literatur geistig bewältigt worden ist. An die Stelle eines solchen Gesamturteils tritt der glückliche Fund, zuweilen als Lohn für eine instinktive Suche, tritt die Begegnung mit einem Gedicht oder mit einer Geschichte zur rechten Stunde und die Dankbarkeit dafür, oder auch der produktive Affront, der irremacht, aufrüttelt und anspornt, und auch dafür die Dankbarkeit.

In Thomas Manns Zauberberg sind die Vorkriegsjahre bewältigt, ihr Spiel mit der Wirklichkeit, ihre auf Uferlosigkeit angelegten Problemdebatten, ihre Flucht in die Unverbindlichkeit, in den Geist, in die Krankheit; bewältigt auch in dem Sinne, daß durch die Materialschlacht des ersten Krieges, in der die Geschichte scheinbar endet, hindurchgeblickt wird und daß die weiterkreisenden Ringe einbezogen werden, die von dieser Vorkatastrophe ausgehen. William Faulkners Romane sind die Bewältigung der Wirklichkeit des amerikanischen Südens, mit all ihren Finsternissen, ihrer unbewältigten Geschichte und ihrer unbändigen Lebensfülle; doch auch hier werden die Menschen und Schicksale der provinziellen Heimat bewältigt, indem sie ins Zeitlos-Menschliche geweitet werden. Thomas Wolfes stürmisches Genie scheint sich der Welt mehr zu bemächtigen als sie zu bewältigen, doch wenn irgendeiner, so hat er im gegenwärtigen das allgegenwärtige Amerika und in diesem die Wirklichkeit erschlossen, aus der kein Weg zurück und in die alle Wege hineinführen. Es ist wie ein nüchtern-reiner Grenzfall von Bewältigung, wenn in Franz Kafkas Romanen die Welt als völlig verfremdet erscheint, reguliert von undurchschaubaren und ungreifbaren Mächten, als ein grausig banales System, in dem jedes Normalverhalten gut geht, in das aber aufgenommen zu werden für denjenigen existentiell unmöglich ist, der zum Kompromiß und zur Selbsttäuschung unfähig ist.

Den anderen Grenzfall bezeichnet die Lyrik der *poésie pure*. Wenn die Sprache zu jenem Gleichgewicht zwischen Benennung und Klang, zwischen Musik und Bedeutung gebracht, wenn sie zu diesem Gleichgewicht erhöht wird, werden die »reinen« Verse möglich, von denen Paul Valéry sagt, ihre Macht beruhe auf einer undefinierbaren Harmonie zwischen dem, was sie sagen, und dem, was sie sind; sie sind die große Parallele zu den Formelketten der Geometrie, die in sich schlüssig sind und den Raum ausmessen. Indem der Geist zu souveräner Form wird, bewältigt er die Wirklichkeit nicht wie ein Objekt, wohl aber ist er dann selber bewältigtes Dasein, und das ist die »anthropologische Erlösung im Formalen« (Gottfried Benn).

> Im Gedichte
> die Dinge mystisch bannen durch das Wort

und

> formen bis die Hülle
> die ganze Tiefe trägt

wird dann nicht nur zur Moral des Künstlers, sondern zum Sieg über das Dämonische, zur Überwindung des Nihilismus, zum Ja über den Abgründen.

Bohrungen

Der Ausgangspunkt für die hier zu besprechenden Erscheinungen ist wiederum, daß sich die Sachzusammenhänge und Beziehungsgeflechte der modernen Welt zu einer eigenen Realität, zu einer Ersatzrealität verdichtet haben, so daß derjenige, der ganz in ihnen zu leben gezwungen ist, der Wirklichkeit verlustig geht, in die der Mensch wie alle Kreaturen hineingehört; je besser er sich jenen angepaßt hat, desto mehr entschwindet ihm diese. Das ist der Sinn des Terminus »sekundäres System«. Das Gefühl nimmt überhand: wenn wir einen Gegenstand greifen, so greifen wir ihn nicht, sondern realisieren seinen Funktionswert und sind Abnehmer der Firma, die ihn hergestellt hat; wenn wir ein Land sehen, so sehen wir nicht, sondern fotografieren gleichsam mit bloßem Auge; wenn wir mit Herrn X. sprechen, so sprechen wir nicht mit einem Menschen, sondern bewegen uns nach vorgesehenen Spielregeln auf einem Feld konvergenter oder divergenter Interessen. So geht es also nicht nur darum, eine Zeitgegebenheit zu bewältigen, die sich durch ihre Ungreifbarkeit der Bewältigung entzieht, sondern dem Geist – und nicht ihm allein – ist die Aufgabe gestellt, durch die gegenwärtige Welt hindurchzustoßen auf die Wirklichkeitsschichten, gegen die sie sich abgedichtet hat.

Da nun mit einigem Grund angenommen werden kann, daß diese Wirklichkeit noch da ist, heute wie je, nur eben verschüttet, und daß sich das sekundäre System nicht ganz zum freischwebenden Gebilde abgeschnürt hat (was freilich seine Tendenz ist), so handelt es sich darum, zu graben, zu bohren, freizulegen. Das Ziel wäre, das Dasein, auch das zivilisierte, auf seine Seinsgrundlagen zu stellen und im Menschentum, auch wenn es in ganz abgeleiteten Formen existiert, das Menschliche aufzudecken. Man wird dann allerdings immer damit rechnen müssen, daß die Bohrung, auch im Erfolgsfalle, zwar Gründe, aber nicht Fundamente freilegt, Gründe auch mit dem Nebensinn von Hintergründen, vielleicht sogar von Abgründen.

Es gibt genug Beispiele dafür, daß die Kunst und die Literatur zu jedem Wagnis bereit sind, das dazu dienen kann, die Zivilisationskruste aufzusprengen. Die Gewaltsamkeit und die Grausamkeit, das Verbrechen, der Mord, die Perversität werden ihr zu Beweisen, daß es Seinsschichten gibt, die von der Domestikation des Menschen nicht entstellt sind. Das Geschlechtliche wird geheiligt als Zugang zum Sein und als Bestätigung dafür, daß der Mensch wie alle Kreatur in der unzerstörbaren Wirklichkeit steht, in die er hineingeschaffen ist. Doch viel typischer ist im ganzen der andre Fall: Schicht um Schicht wird abgetragen, um die Strukturen freizulegen, die von der Zivilisation überbaut worden sind. Dann wird nicht mit Sprengstoffen gearbeitet, sondern mit Sonden und Skalpellen. Das Organ der Erkenntnis ist nicht die gewaltsam durchgreifende Faust, sondern das gespannte Auge und ein Intellekt, der so hochgetrieben ist, daß er bis ins Vorrationale hineinreicht. Es werden keine Urgründe aufgerissen, aber die strukturellen Hintergründe werden sichtbar gemacht. Auch das ist eine Transzendenz zur Wirklichkeit hin, in sehr moderner Form, der Denkweise der neuen Naturwissenschaft deutlich geistesverwandt. Zuweilen meint man ein Bedauern darüber zu spüren, daß sich die entdeckten Strukturen nicht in reinen Zahlenverhältnissen ausdrücken lassen wie diejenigen der atomaren Gebilde.

Es gibt abstrakte Maler, die genau in diesem Sinne auf die Frage, was sie suchen, die Antwort geben: den Gegenstand. Sie schürfen nach unentdeckten Qualitäten des Sichtbaren und nach verborgenen Strukturen, die der Wirklichkeit eingesponnen, eingemustert, eingewachsen sind. Daß von der Fülle der Tönungen und Figuren, um die sie die Welt unseres Auges erweitern, nur ein Teil den Anspruch erheben kann, dem Kern des Seins näher zu liegen als der unzerstörte Gegenstand, ist selbstverständlich.

Auch an die neue Sprache der Dichtung ist hier zum zweiten Male zu denken. Man fühlt, wie ihr immer schärfer gezähnte Profile eingesetzt, wie die Antriebsenergien und die Tourenzahlen beständig erhöht werden, um die Bohrungskraft zu steigern. Denn wenn sich die Sachwelt mit so starkem Eigensinn zur Decke geschlossen hat wie im gegenwärtigen Zeitalter, wird die Frage nach dem Sinn des Ganzen transzendent; wenn das Menschliche so überfremdet ist, ist es nicht aus den Dingen und Verhältnissen aufzuschlüsseln, sondern muß aus den Schichten, in denen es noch quillt, heraufgeholt werden. Es ist die ewige Aufgabe des Geistes, die Frage nach dem Sinn nicht einschlafen zu lassen und sie besonders dann zu akzentuieren, wenn sie in Gefahr ist, von der Eigenmacht der Sachen und von den Verlautbarungen der Interessenverbände übertönt zu werden. Es ist die ewige Aufgabe des Geistes, die Bewegung rege zu halten, die den Menschen mit seinem Lebensgrund verbindet. Insofern will der Geist auch heute, was er immer gewollt und gesollt hat. Dennoch ist seine Situation im Zeitalter anders als je, seine Fragen und seine Antworten klingen und sind neu, weil die objektiven Bedingungszusammenhänge, in die der Mensch und die Natur eingekrustet sind, äußerst schwer aufzulösen sind, weil ein Standpunkt außerhalb von ihnen, der nicht rein illusionär ist, schwer zu gewinnen und weil damit zu rechnen ist, daß das Menschliche, nach dem die Suche geht, anderswo zu finden sein könnte, als der ältere Humanismus und seine Dichtung geglaubt haben.

Als Bohrungsstelle dient, besonders in den stilleren Formen der Dichtung, auch heute noch die Natur, wo sie raunt oder wo sie dröhnt wie eine gespannte Membran. Nur müssen die Sinne sehr geschärft sein, um im Gewühl der modernen Geräusche solche Töne zu hören, und die Sprache muß hochgezüchtet werden, um sie nachzubilden. Die Lyrik kommt in ihren größten Leistungen, die freilich wie in allen Epochen selten sind, zu herrlichen Aussagen, zu den schönsten wohl dort, wo sie surrealistische Bilder in die Augensprache der Volkspoesie einschießt wie bei Garcia Lorca. Sie erreicht dann das unmittelbare Sein nicht nur tief unter den Verstrickungen des Zeitalters, sondern ins Zeitlose überhaupt versenkt, mit allen Schauern des Glücks und der Unheimlichkeit.

Als Bohrungsstelle dient sodann, heute wie je, der einzelne Mensch, der auch in der Masse ein Einzelner bleibt und als solcher sein Schicksal erfährt, unterdrückt oder sich aufbäumend oder auf sich selbst zurückgeworfen; oder dient der Mensch zu zweien, zu dreien, der Mensch in den intimen Gruppen oder in den schicksalhaften Zufallsbegegnungen, da, wo die Einzelnen einander nötig haben, wo sie einander quälen oder erwecken, auf die Probe stellen und bestätigen. Auch hier hat die gegenwärtige Literatur, wie kaum zu leugnen ist, urbildliche Situationen aufgeschlossen, die im Betrieb unsichtbar geworden sind, zum Beispiel die Geschichte von dem, der »zu weit hinausgefahren ist« (Ernest Hemingway). Vielleicht hat sie in der Kurzgeschichte eine der Formen gefunden, die besonders geeignet sind, sowohl hinter die Psychologie wie hinter die materiellen Zustände zurückzugreifen und die Ströme ins Wort zu heben, die durch den Menschen hindurchgehen. Aber natürlich ist auch das längst zur Technik geworden. So kann es denn in den breiteren Schichten der Literatur nicht fehlen, daß zwar wasserführende Schichten angebohrt, dann aber doch nur Springbrunnen aus ihnen gespeist oder die Wasser auf Beete geleitet werden, auf denen rein private Blumen wachsen.

Der andre Fall ist, daß das Menschliche grade dort aufgesucht wird, wo der Mensch es nur zerstückt und verderbt, nur gleichsam wider Willen und vielleicht sogar widerwillig in sich trägt, also in den Steinwüsten und Dschungeln der Zivilisation oder im Terror der Bürgerkriege, dort, wo er in den Klauen der Gewalt ist oder im krampfhaften Aufstand gegen sie. Daß sie das mit einer gewissen Vorliebe tut, hat der modernen Literatur viel Kritik eingetragen, nicht ganz zu Recht, denn schließlich hat sie diese Grenzsituationen nicht frei erfunden, sondern Maschinenherrschaft und abstrakte Bürokratien, Okkupationen und Partisanenkämpfe, Atombomben und Gehirnwäschen, der Machtrausch der totalitären Systeme und ihre Konzentrationslager – diese »Pest« ist real, mindestens in dem Sinne real, daß ihre Apparaturen und sogar ihre Antriebe potentiell bereitliegen und jederzeit akut werden können. Möglichst viel von diesen Bedingungen wird also in den Begriff des Menschen hineingenommen, und das Menschliche ist dann nicht eine Idee, die man aufrufen kann, sondern eine konkrete Revolte, die selber unter das Gesetz der feindlichen Umwelt gestellt ist, beinahe selber eine Bedingungslage; insofern ist André Malraux' Themaformel »La condition humaine« ein symbolischer Titel.

Der Ruf nach dem Menschen, wie er im Expressionismus zur Zeit des ersten Krieges erklang, war doch recht grell, laut, aber auch leer wie ein Schrei. Er ist heute leiser geworden, jedenfalls differenzierter, darum aber nicht weniger dringlich. Er weiß, daß die Bestimmung, Mensch zu sein, sich auch »in sehr verworrener Weise« (wie es bei André Malraux einmal heißt) verwirklichen kann. Er weiß zudem, daß der Mensch in der technischen Existenz, in die er hineingeraten ist, nicht nur verlorengehen, sondern aus ihr auch in neuer Gestalt erstehen könnte. Wenn freilich kurzerhand der neue Menschentyp imaginiert wird, der mit Bewußtsein und sogar mit Lust Rad im Räderwerk, Nummer in der Anonymität, Mann in Reih und Glied ist, so ist das die kurzschlüssige Lösung. Die tieferen Geister wissen: es gibt eine unverlierbare Substanz des Menschlichen, die sich nur in dem Sinne wandeln kann, daß sie sich der überdimensionierten Welt gewachsen zeigt; dazu aber muß sie selbst durch einen Nullpunkt hindurch, durch den Nullpunkt des »Absurden« (Albert Camus).

Denn eins hat der gegenwärtige Geist vor allem begriffen, und das ist eine sehr wichtige Einsicht: daß der Mensch seine Menschlichkeit nicht wie einen Schatz heben und dann besitzen kann, daß er vielmehr immer nur zu seinem eigentlichen Sein aufgerufen werden kann, indem man ihm zu tun gibt, das heißt, indem man ihn oder indem er sich mit der Wirklichkeit konfrontiert. Er kann die Pest bekämpfen, auch wenn er weiß, daß sie viel stärker ist als er. Er kann über die Welt triumphieren, auch indem er an ihr scheitert. Jedenfalls kann er immer nur »die Karten ausspielen, die er in der Hand hat« (André Gide). Auch mit dem Gegenspiel, wie es gemischt ist, wird er immer zu rechnen haben, und er selbst wird in dem Prägestock der Zeit, ob er will oder nicht, zu einem Menschen der Zeit geprägt werden, in dem im guten Fall die unauslöschliche Humanität wie eine holde Zuwaage oder im besten Fall als das Metall spürbar ist, das in die Prägung eingegangen ist.

Werden aber damit nicht alle Probleme des menschlichen Daseins – und weitergehend alle Probleme des Seins überhaupt – der Zeit überantwortet, und wird nicht die Gegenwart, statt daß in ihr (auch in ihr!) ein Stück Ewigkeit erfahren wird, an eine Zukunft versklavt, die aus ihr werden soll? Dies ist nun genau die Frage, an der auch die Philosophie des 20. Jahrhunderts immerzu arbeitet und an der sich in ihr die Geister scheiden. Jedenfalls ist es die eine ihrer hintergründigen Fragen; sie wird sofort akut, wenn die Geschichtlichkeit als wesentliche Bestimmung in den Begriff des Menschen aufgenommen wird.

Man wird die Lebenswirkung der modernen Philosophie gewiß nicht überschätzen dürfen. Auch sie ist von dem Schicksal, eine esoterische Angelegenheit zu werden, nicht verschont geblieben; daß sie gelegentlich zum Modeartikel wird, ist nur die unernste Kehrseite davon. Trotzdem ist es keine Übertreibung, zu sagen, daß, von einigen wenigen originalen Polen induziert, ein philosophisches Kraftfeld besteht, dessen Schwingungen sich dem allgemeinen Denken mitteilen, und daß von daher alle tiefergreifenden Besinnungen über Lebens- und Zeitfragen eine philosophische Ladung, zumindest eine philosophische Torsion bekommen, bis in die Leitartikel und Feuilletons der Zeitungen hinein. Eine charakteristische internationale Erscheinung ist in dieser Hinsicht der Essay. Er ist in breiter Fülle, darunter auch in sehr hohen Formen da. Dem Gesetz seiner literarischen Gattung gemäß werden in ihm die Probleme mehr gestellt als gelöst, die Aspekte mehr aufgetan und durchprobiert als synthetisch verarbeitet. Doch Essays wie die von Ortega y Gasset, Bertrand Russell, Thomas Stearns Eliot, Romano Guardini, Ernst Jünger – die Reihe ließe sich durch alle Lager hindurch auf das Vielfache verlängern – sind aus der philosophischen Reflexion der Gegenwart nicht wegzudenken. Und der Essay ist natürlich nicht die einzige Stätte der Begegnung zwischen Philosophie und Literatur. Auch die Dichtung und die Philosophie sind einander sehr nahe gerückt, von beiden Seiten her. Nicht nur viel philosophische Problematik, sondern auch philosophische Diktion ist in die Dichtung eingedrungen. Anderseits ist die Philosophie an entscheidenden Stellen zur Interpretation der Dichtung geworden, sowohl der klassischen wie der modernen, zum Beispiel bei Martin Heidegger.

Die Philosophie als Fachdisziplin aber – und auch das ist sie mit innerer Notwendigkeit geworden – ist heute so vielfältig verästelt und bis zum Verlust einer gemeinsamen Diskussionsbasis in Richtungen ausgefächert, daß jeder Versuch eines Überblicks ein rein formales Ordnungsschema zu werden droht. Auf den Pluralismus der Systeme wirkt in der Philosophie bereits die Tatsache hin, daß ältere und älteste Denker stetig durch die Zeit hindurchreichen oder gleichsam eruptiv wieder auftauchen können; sie werden dann in die Bewegung des Philosophierens neu hineingezogen und vermögen darin eine ungeahnte Aktualität zu gewinnen. Es ist für die Philosophie des 20. Jahrhunderts charakteristisch und spricht für ihre geistige Lebendigkeit, jedenfalls aber ist es das Gegenteil von Historismus, daß sie an solchen Wiederentdeckungen, Rückgriffen und Neuinterpretationen sehr reich

Pferd und Reiter
Plastiken von Marino Marini auf der »II. documenta« in Kassel, 1959

»Der Teck«
Besitzgier und Mordlust in dem Ballett von Maurice Béjart

ist. Nicht nur Platon und Aristoteles, auch die Vorsokratiker sind völlig präsent. Thomas von Aquino wie die Nominalisten werden mit neuen Augen gelesen. Hegel ist eine geistige Macht von höchster Aktualität. Desgleichen Marx, und keineswegs nur bei den Marxisten. Kierkegaard ist in der sogenannten Kierkegaard-Renaissance der zwanziger Jahre überhaupt erst zur Wirkung gekommen.

Dazu kommt, daß die Philosophie sich selbst immer Problem ist und daß es zu ihrem Inhalt gehört, ihren Ort im Raum des Wissens, ihr Verhältnis zu den Wissenschaften und das Gefälle ihrer Fragestellungen souverän zu bestimmen. Es ist eine ihrer Möglichkeiten, daß sie sich als reine Wissenschaftslehre bestimmt, als Analysis der übersubjektiv gültigen Denkformen und der nach dem Vorbild der Mathematik formalisierten Begriffssprache, als szientifische Zusammenführung der Einzelwissenschaften auf einer höheren Ebene der Abstraktion. Das Kronland dieser Philosophie ist England (Bertrand Russell, George Moore, Alfred North Whitehead); in den angelsächsischen Ländern kann sie wohl als vorherrschend bezeichnet werden, trotz aller Vielfalt der philosophischen Richtungen auch da, und ihre internationale Ausstrahlung ist sehr stark. Die früher geschilderte Intention der heutigen Wissenschaften, übergreifende Strukturbegriffe zu entwickeln, kommt ihr von der empirischen Seite her entgegen. Die erregendste der modernen Einzelwissenschaften, die Physik, stellt die prinzipiellsten Probleme auch für die philosophische Interpretation, vor allem solche erkenntnistheoretischer Art.

Aber das 20. Jahrhundert hat auf dem Felde der Philosophie auch und vor allem eine Wiederauferstehung der Metaphysik gebracht, für viele überraschenderweise, denn der Sieg des Positivismus schien um die Jahrhundertwende endgültig. Der rasch anschwellende Strom metaphysischen Denkens speiste sich aus vielen Zuflüssen, darunter auch aus wiedererweckten alten Philosophien. Sein wichtigstes Quellgebiet aber lag in der Phänomenologie. Diese öffnete vom scholastischen Begriff der Intention aus den Blick auf die gegenständliche Welt, auf ihre Strukturen und Gültigkeiten. Die Frage nach dem ontologischen Charakter der phänomenologisch aufgeschlossenen Wesenheiten blieb zwar fürs erste unbeantwortet, Edmund Husserl selbst hielt sie sogar geflissentlich in der Schwebe, aber sie war mit präziser Dringlichkeit gestellt, und an diesem phänomenologischen Ausgangspunkt haben daher sowohl die Bestrebungen auf eine systematische Ontologie als Lehre von den dem Sein als solchem zukommenden Bestimmungen (Nicolai Hartmann) wie auch die Neubegründung eines ontologischen Weltbegriffes (Max Scheler) wie die existentialistischen Richtungen der Philosophie angesetzt.

Mit dem philosophisch wieder ernst genommenen Problem des Seins war immer auch die Frage nach dem Menschen aufgeworfen, auch sie ins Metaphysische vertieft, also nicht als Frage nach den empirischen Zusammenhängen, in denen der Mensch steht, sondern als Frage, was er seinem Wesen nach sei: Geschöpf Gottes oder Glied der Natur, Produkt und Gefangener seiner Geschichte oder Produkt seiner eigenen Entscheidungen, Objekt des gesellschaftlichen Prozesses oder Subjekt einer freien Kommunikation. Es ist ein Grundzug dieser Philosophie, der übrigens auch von außen her, das heißt von seiten der szientifischen und neupositivistischen Richtungen als Eigentümlichkeit der modernen kontinental-europäischen Philosophie kritisch angemerkt zu werden pflegt, daß sie um das

Problem des Menschen zentriert oder auf dieses »eingeengt« ist, daß sie die Kategorien der traditionellen Metaphysik allesamt auf den Menschen und seine Existenz »umbezieht«. Diese humanistische Wendung ist im Existentialismus evident. Doch gerade sie gibt ihm seinen Schlüsselwert in der gegenwärtigen Philosophie. Denn ein Denken, das existentialistisch in der Seinsweise des menschlichen Daseins ansetzt, führt notwendig, und zwar unter neuen Aspekten, auf das Sein hin, das sich im Dasein entweder verhüllt oder lichtet, das in ihm verfehlt oder gehütet wird (Martin Heidegger).

Die Einzelwissenschaften, die sich mit dem Menschen beschäftigen, also die Psychologie, die Soziologie und im weiteren Sinne alle Kulturwissenschaften, können die nach dem Menschen fragende Philosophie nicht ersetzen; daß sie es könnten, war der positivistische Irrtum. Auch die moderne Anthropologie kann es nicht, wenn sie auch an Teilerkenntnissen, die in jede philosophische Synthesis eingehen müssen, besonders fruchtbar ist. Alle diese Wissenschaften stellen den Menschen fest, oder sie stellen dies und das an ihm fest, als ob er ein Objekt wäre; sie denken sein Wesen als Struktur, die mit analytischen Methoden aufgehellt werden kann, oder sie denken ihn als Faktor in die Wirkungszusammenhänge der Natur, der Geschichte und der Gesellschaft hinein, in denen er tatsächlich steht. Aber so weit diese Denkweise auch vorangetrieben wird und so vieles sie an Einsichten einbringt, sie stößt an eine Grenze, wenn wir selber der Gegenstand der Erkenntnis sind. Dann wird das Denken aus einer Feststellung, daß etwas so und so ist, notwendig zu einem zwar zielstrebigen, aber unvollendbaren Akt, in dem der Mensch sich als freies Selbst zu ergreifen strebt, in dem er sich also nicht in Zusammenhänge einordnet, sondern zur Freiheit aufruft.

Die Philosophie entfernt sich also mit Bewußtsein von den Wissenschaften, zwar nicht von ihren Einsichten, die sie vielmehr aufnimmt und benutzt, doch von ihrer Erkenntnishaltung und ihrem Gegenstandsbegriff. Das dokumentiert sich sehr deutlich in ihrer Sprache, die zur »Chiffrensprache« wird (Karl Jaspers). Als Gegenbild zu der logistischen Zeichensprache, der der andere Teil der modernen Philosophie zustrebt, entsteht eine Symbolsprache, die, wenn man sie mit herkömmlichen Begriffen charakterisieren wollte, als denkendes Dichten oder als dichtendes Denken erscheint und die zuweilen, der zeitgenössischen Dichtung ähnlich, aus den Wurzeln der Worte die Geheimnisse herauszuholen versucht, die die ernüchterte Sprache der Gegenwart in Vergessenheit gebracht hat.

Alle Probleme der Transzendenz sind in die moderne Philosophie, auch wo sie sich ganz auf die Frage nach dem Menschen konzentriert, hineingenommen und werden in ihr sogar mit neuer Schärfe gefaßt, vor allem, wie schon angedeutet, das Problem, wie tief die Geschichtlichkeit des Menschen in sein Wesen hineinreicht. Die Geschichtlichkeit des Menschen bildet bei den meisten repräsentativen Denkern der Gegenwart den zentralen Ansatz, und wenn sie so zum Thema gemacht wird, erhebt sich natürlich die Frage, ob der Mensch nicht zum durch und durch geschichtlichen Wesen wird, dessen möglicher transzendenter Sinn dann nur in einer zeitlichen Zukunft zu suchen wäre und nur da gefunden werden könnte. Hiergegen aber erhebt sich dann der Gedanke, das menschliche Dasein stehe auf einem Seinsgrund, der überzeitlich, geschichtstranszendent, »perennis« ist (Neuthomismus). An dieser Stelle liegen wohl die zentralen Fragen des gegenwärtigen Philosophierens und seine offenen Entscheidungen. Auch der mit aller Entschiedenheit als geschichtliches Wesen definierte Mensch braucht schließlich an die Zeitlichkeit, die das Medium seiner Endlichkeit ist, nicht ganz ausgeliefert zu werden; das geschieht erst dann, wenn aus der Geschichte ein säkularisierter Chiliasmus gemacht wird, der sie in einem irdischen Paradiese (wohl gar in einem schon vorhandenen) enden läßt. So tauchen also alle Probleme der Metaphysik wieder auf, auch wenn sie auf den Menschen »umbezogen« werden. Gerade wenn der Mensch als offene Existenz begriffen wird, fragt es sich, wogegen sein Dasein offen ist, gegen das Nichts oder gegen Gott, gegen eine perfekte Gesellschaftsordnung, in der er moralisch versorgt und aufgehoben sein wird, oder gegen eine geschichtliche Verantwortung, die selber offen ist. Denn »Humanismus« sagen alle, zumindest in der Überschrift oder im Schlußsatz.

Die offene Situation

Am schwersten ist beim Überblick über eine geschichtliche Epoche immer dasjenige herauszuarbeiten, was man das Gefüge des Geschehens nennen könnte, nämlich die Wirkungspotenz der einzelnen Anstöße, ihre Konstanz und Durchschlagskraft oder ihre Wandlungsfähigkeit, wenn sie mit anderen zusammentreffen, überhaupt der ganze Rhythmus von Durchbrüchen und Auswertungen, von Vorgriffen und Verarbeitungen, in dem die Themen des Zeitalters in der Zeitfolge entwickelt und seine Intentionen schrittweise oder stoßweise zur Wirklichkeit gebracht werden. Handelt es sich um ein Zeitalter, dessen Geschehen noch nicht zu Ende gewoben ist und dessen offener Saum wir selber sind, so steigert sich diese Schwierigkeit, und es kann dann fraglich werden, ob das Gefüge seines Ablaufs überhaupt schon erkennbar ist, ob sich zum Beispiel schon beurteilen läßt, welche Ereignisse sich auf Dauer eingraben, welche über kurz oder lang verwehen werden, und von welchen Werken und Mustern ein nachhaltiger Impuls ausgeht.

Was die hier behandelten Jahrzehnte, und zwar zunächst ihre Geistesgeschichte, betrifft, so springt die überragende Bedeutung der zwanziger Jahre schon heute klar heraus. In ihnen liegt der Ursprung der allermeisten Problemstellungen, die uns heute noch beschäftigen. Vieles hat dort die erregende Schärfe des neuen Einfalls und der waghalsigen Attacke gehabt, was inzwischen zum methodischen Verfahren verwissenschaftlicht worden ist oder sich zur breiten Bewegung beruhigt hat. Die Herdgebiete lagen damals in den beiden vom ersten Krieg am stärksten beanspruchten Ländern, in Deutschland und Frankreich. Man überschaue den Werkkatalog der beiden Literaturen in der Zeitspanne zwischen den Kriegen: eine dichte Reihe großer Daten zwischen Marcel Prousts »A la recherche du temps perdu« und André Gides »Journal«, zwischen Rilkes »Duineser Elegien« und Thomas Manns Josephsroman. Ebenso in der bildenden Kunst. Daß die entscheidenden Impulse für die Erneuerung des philosophischen Denkens in den zwanziger Jahren liegen, lehrt jeder Blick auf den heutigen Stand der Philosophie; für die Theologie gilt dasselbe. Es gilt aber auch für die meisten Einzelwissenschaften, sogar für die Physik. Sucht man die

Anfänge, die langhin weitergewirkt, die Gedanken, die prinzipielle Diskussionen entfesselt haben, so sieht man sich immer wieder auf dieses Jahrzehnt zurückgeführt. In den historischen und politischen Wissenschaften kam hinzu, daß die Katastrophe des ersten Krieges vieles aufgerührt, daß sich aber die Fronten, auch die zwischen extremen Positionen, noch nicht so verhärtet hatten, wie es dann durch den Nationalsozialismus, durch den zweiten Krieg und durch die ideologische Zweiteilung der Welt geschah. Das ergab eine sehr lebendige und horizontoffene, wenn auch zuweilen orientierungslose und irrlichternde Diskussion.

Im selben Jahrzehnt datiert auch der gewaltige Aufschwung der amerikanischen Literatur, besonders des Romans; man könnte sagen, daß er für Europa in die Bedeutung einrückte, die in der Generation zuvor der russische Roman gehabt hatte. Darüber hinaus geriet das amerikanische Geistesleben, auch die Wissenschaft, in eine Bewegung, durch die es einerseits für Fragestellungen aufgeschlossen wurde, die bislang als rein europäisch gegolten hatten, anderseits von sich aus in neue Bereiche ausgriff. Der Wille zu scharfer Sozialkritik reicht in der amerikanischen Literatur beträchtlich weiter zurück, neu aber ist, daß diese Kritik nicht nur soziale Mißstände geißelt, sondern bis zur Revision der Ideologie des amerikanischen Traums und bis zum Angriff auf die optimistische »Lebensphilosophie« vordringt. Die Frage nach dem Sinn des Lebens, die Frage nach dem Menschen, was er eigentlich sei, wird in aller Unbedingtheit gestellt, schonungslos auch gegen alle Versuche, der Person des Menschen durch Verbesserung der gesellschaftlichen Zustände eine Autonomie zu garantieren (Reinhold Niebuhr).

Wenn das Gefüge des Geschehens in der ersten Hälfte des 20. Jahrhunderts vollständig zu übersehen sein wird, wird sich wahrscheinlich zeigen, daß der Rhythmus, der in der Geistesgeschichte schon heute ungefähr erkennbar ist, auch im ganzen gültig ist. Auch für die Umbildung der sozialen Schichtungsverhältnisse in den westlichen Industriegesellschaften, auch für das veränderte Verhältnis von Gesellschaft und Staat und für den Strukturwandel der modernen Demokratien dürften die markanten Kurvenpunkte in der Zwischenkriegszeit liegen, desgleichen für die großen Wandlungen der politischen Erde, für den Aufmarsch der neuen Weltmächte, für den endgültigen Ausgriff des industriellen Systems über die ganze Erde, für den Zusammenbruch des europäischen Kolonialismus, für den Neueintritt der Altkulturländer und der »Entwicklungsländer« in die Weltpolitik.

Das Entscheidende ist nun, daß alle diese Neubildungen, mit denen das 20. Jahrhundert in seinem zweiten und dritten Jahrzehnt eingesetzt hat, nicht geradenwegs in befestigte oder auch nur gleichgewichtige Lagen eingemündet sind. Sie blieben aktuelle Impulse, blieben als solche wirksam, gerieten aber damit auch immer neu in Verwirrung, stauten sich auf oder erlahmten, wurden verdrängt oder gingen unter Tage. Das bedeutet in der Geistesgeschichte, daß im Jahrzehnt des zweiten Krieges und seither an den offenen Problemen unablässig weitergearbeitet wurde, im vollen Bewußtsein, daß sie auch dann noch offen bleiben würden (so vor allem in der Wissenschaft) oder daß den neuen Ansätzen, die sich keineswegs zum Stil befestigten, ruhelos neue Nuancen oder, erst recht ruhelos, Ausbrüche nach vorn abverlangt wurden (so vor allem in der Kunst). In der politischen Geschichte und in der Sphäre der ökonomischen und sozialen Ordnungen bedeutet es, daß alles, was geschah, immer tiefer in eine Weltlage hineingeführt hat, die wesentlich offen ist, und daß sogar Entscheidungen bevorstehen, die sie noch weiter aufreißen werden.

Auch in dieser Hinsicht hat das gegenwärtige Zeitalter eine Grundform des geschichtlichen Geschehens deutlich herausgestellt, die in anderen Zeiten nur verhüllt da ist, nämlich das Akutwerden neuer Entscheidungen gerade dadurch, daß eine bestimmte Entscheidung getroffen worden ist, das Aufbrechen neuer und tieferer Risse gerade dadurch, daß sich an bestimmten Stellen die Dinge zu bündiger Gestalt gefestigt haben. Das System der modernen Industriegesellschaft hat sich zweifellos stabilisiert, es hat viele seiner internen Spannungen in sich ausgeglichen. Es ist krisenfester und expansionsfähiger geworden, als es in seiner ersten Gestalt im 19. Jahrhundert war, auch wohl, so ist zu hoffen, widerstandsfähiger, als es bei ähnlichen machtpolitischen Beanspruchungen damals gewesen wäre. Aber es hat sich gerade damit in eine Weltlage hineinbegeben oder ist in sie hineingeraten, die auch die Beanspruchungen hochtreibt und die immer neue, immer gewaltigere Gegenkräfte gegen die Ursprungsländer der industriellen Bewegung wachruft.

Im weltpolitischen Aspekt ist die Offenheit der Situation, die das Schicksal des 20. Jahrhunderts auf absehbare Zeit zu sein scheint, am offensichtlichsten. Der erste Weltkrieg endete in einer mit vielen Spannungen geladenen Lage, die zwar nicht zwangsläufig, aber potentiell dem zweiten zutrieb (was natürlich diejenigen nicht entlastet, die ihn provoziert und schließlich ausgelöst haben). Der zweite Krieg aber hinterließ eine Dauer-Konfliktsituation, die sich bereits ins zweite Jahrzehnt hinein frisch erhalten hat und die noch mindestens der nächsten Generation zur Last fallen wird; denn immer neue Krisenherde tun sich in ihr auf. Daß die Katastrophen, die als Möglichkeiten in ihr angelegt sind, im Zeichen der Atombombe stehen, läßt sie in einer Perspektive erscheinen, die als apokalyptisch zu empfinden leider nicht bloße Hysterie ist.

Es gehört daher zur gegenwärtigen Situation, daß sie ein Problem unausweichlich macht, das in anderen Zeitaltern nicht mit dieser Dringlichkeit, oft überhaupt nicht gestellt war: die Bewältigung der Vergangenheit, aus der wir unmittelbar herkommen und die uns so oder so anhängt. Das gilt nicht nur für Deutschland, obwohl für dieses zuallererst. An Mahnungen, die Gegenwart und jeder Einzelne – denn auf diesen fällt es zurück, weil der Ort der Bewältigung das Gewissen ist – habe zu bewältigen, was in den Jahren des Dritten Reiches geschehen ist, fehlt es nicht, und diese Mahnungen haben in jeder Hinsicht recht. Um die Bereitschaft dazu ist es freilich nicht zum besten bestellt. Das dürfte nicht ausschließlich, wenn schon zum guten Teil, an der relativ raschen Normalisierung der Lebensverhältnisse nach der Katastrophe liegen, auch nicht nur an der bitteren Chance, die gerade der totale Zusammenbruch gab, das Alte abzuschreiben und resolut zwischen den Trümmern neu aufzubauen; dieser Komplex von aufgezwungener Beschränkung, zupackender Tüchtigkeit, Erfolg und Wirtschaftswunder war freilich – und ist – eine gewaltige Verführung, die miterlebte, miterlittene oder mitverschuldete Vergangenheit aus dem Gewissen und sogar aus der Erinnerung zu verdrängen. Sondern es liegt auch, und tiefer gesehen wohl vor allem, an der Schwere der Last.

Der Begriff der Bewältigung wird selber ambivalent, jedenfalls aber senkt er sich in die tiefsten Schichten der Existenz ein, wenn nicht nur ein Leid (sei es auch eine Unsumme von Leid), nicht nur ein Schicksal, sei es auch ein grauenvolles, sondern eine Schuld zu bewältigen ist – eine Schuld, die, je weiter sie fortschritt, um so mehr die unheimliche Fähigkeit bewies, von den Herden aus, an denen sie faßbar war, unaufhaltsam breitzulaufen wie eine Farbe, die sich in feinste Partikel zerteilen kann und die auch da noch einsickerte und abfärbte, wo gar keine Mithilfe geleistet oder sogar widerstrebt wurde. Bewältigung kann dann nicht mehr heißen, daß durch brave Werke das Vergangene abgegolten, nicht einmal, daß es durch tätige Reue ausgelöscht werden könnte, sondern nur, daß es in die eigene Existenz aufgenommen und in alle Zukunft mitgenommen wird; entscheidend wird dann die Frage nach dem Tiefgang der Erfahrung, nach der Standhaftigkeit, mit der sie ausgehalten, und nach dem Ernst, mit der sie verwunden wird. Die Aussage aber, man habe die Vergangenheit bewältigt, wird, von ganz seltenen Ausnahmen abgesehen, geradezu suspekt. Dies ist der Grenzfall, vielleicht der einzige, wo geschichtliche Wirklichkeiten zu den Tiefenvorgängen in der sittlichen Person in direkte Analogie gesetzt werden können. Auch da gibt es ja ein Verstricktsein in Schuld, das nicht einfach wiedergutgemacht, sondern nur getragen und ausgetragen werden kann. Es gehört wohl auch zur Offenheit der gegenwärtigen Situation, daß in ihr solche nicht abrechenbaren Konten laufen.

Als er im Gange war, und noch in den Jahren danach, türmte sich das Ereignis des zweiten Weltkrieges wie eine gewaltige Trombe vor den Augen der Mitlebenden auf. Die weltgeschichtliche Großwetterlage, in die es hineingehört, im ganzen zu überblicken, das ist auch heute noch kaum möglich. Es wird aber in dem Maße möglich, wie die weltweiten Bewegungen, die der Krieg ausgelöst hat, sich verselbständigen und nun ihrerseits Spannungsfelder mit eigenen Zentren und eigenen Auswirkungen erzeugen, und wie in den Großräumen Asiens und Afrikas neue Energien aufbrechen, die mit selbständigem Machtwert in das Kräftespiel einschießen. All das hat aber heute schon begonnen. Ungeheure Fragen, die erst der Ausgang des zweiten Krieges, zum Teil erst das letzte Jahrzehnt aufgeworfen hat, rücken über Nacht in das Stadium der Aktualität. So die Frage, welchen Belastungs- und Zerreißproben das Spannungsverhältnis zwischen den beiden hochindustrialisierten und vollgerüsteten Weltmächten gewachsen sein wird; die Frage, wie sich das Machtverhältnis zwischen den beiden kommunistischen Imperien gestalten wird, wenn die chinesische Volksrepublik die ersten Engpässe ihrer Industrialisierung überwunden haben wird; die Frage, ob und wo auf der Erde »dritte« Mächte ein Eigengewicht geltend machen werden; die Frage, in welche Schicksale und Entscheidungen sich der Schwarze Erdteil hineinbegibt, indem er sich befreit. Da alle diese Prozesse miteinander verschlungen, zudem die Umbrüche, die in jedem einzelnen von ihnen möglich sind, nicht abzusehen sind, ist in der gegenwärtigen Situation, auf etwas längere Frist gesehen, nahezu alles offen. Nur im einzelnen Moment schürzen sich die Dinge zu Konstellationen, die sich zu einem bestimmten Entschluß verdichten lassen, dann freilich einen solchen auch nötig machen. Alle Kataraktsituationen zetteln sich für den, der sich darin befindet, zu lauter Momentanentschlüssen auf.

Wenn es wahr ist, daß der Übergang zur industriellen Lebensform eine der ganz großen Kulturschwellen in der Geschichte der Menschheit bedeutet, so tritt das Bewußtsein, daß wir seit über einem Menschenalter in einer offenen Situation leben, in ein geschichtsphilosophisches Licht. Natürlich kann ein Schema, das mit dem Maß von mehreren Jahrtausenden über die Weltgeschichte hinwegmißt, nicht die besondere Problematik eines einzelnen Halbjahrhunderts aufschließen, nicht seine Verwicklungen und Nöte als sinnvoll interpretieren. Es kann aber doch eine Ahnung davon vermitteln, daß eine solche Transformation der geschichtlichen Existenz des Menschen keinen Bereich des Lebens und keinen Winkel der Erde unberührt lassen kann, daß sie Bewegungen in Gang setzen muß, denen auf langhin keine Ruhelage abzugewinnen ist, und daß sie, wie die politische Erde gebaut ist, Konflikte auflädt, die an den Rand der totalen Katastrophe führen, sogar Spannungslagen erzeugt, die dauernd am Rand dieses Abgrunds entlanggehen.

Erst die zweite Phase der industriellen Bewegung, die im 20. Jahrhundert einsetzte, hat diese Situation akut werden lassen. Erst sie hat die industrielle Lebensform aus einer abendländischen Angelegenheit und einem Privileg der weißen Völker zum universalgeschichtlichen Thema gemacht und zugleich die Machtsteigerung, die in ihr angelegt ist, so aktualisiert, daß alle Maße, auch die Größenordnung der politischen Subjekte, zwischen denen die eigentlichen Entscheidungen fallen, darunter auch diejenige der offenen und latenten Konflikte, in Weltformat hinaufgetrieben werden. In der Epoche der Weltkriege ist der Prozeß angelaufen, durch den die Geschichte im bisherigen Sinne, die zwischen den Hochkulturen, den Staaten und den alten Imperien spielte, auf »one world«, das heißt, realistisch übersetzt, auf eine Weltgeschichte umgeschaltet wird, in deren Unruhe alle Energien der Erde, auch die schlummernden, hineingezogen werden. Es wird aller Voraussicht nach geraume Zeit dauern, ehe auf diesem neuen Niveau irgendein Gleichgewicht reif wird.

Eine solche Lage verweist den Menschen, sie verweist alle politischen Entschließungen und alle Formen des geistigen Schaffens um so stärker auf die Gegenwart und bindet sie an diese. Erlöserische Endlösungen, die einen endgültigen Zustand versprechen und sich als Wegweisung dahin anbieten, werden dann zur Verführung, insofern nicht einmal zur gefährlichen, sondern sehr durchsichtigen, als man ihnen zumeist von weitem ansieht, daß sie nur die ideologische und utopistisch aufgedonnerte Fassade handfester Machtinteressen sind. Von der Leere der Zukunft aus, in die sie eine säkularisierte Ewigkeit hineinspiegeln, entleeren sie das eigentlich Volle, nämlich das an Möglichkeiten und Aufgaben Volle, die Gegenwart. Alles, was wir wollen, auch wenn es das kühnste Wollen ist, muß in die Gegenwart eingepflanzt werden, es kann nur in sie eingepflanzt werden, darum ist die entschlossene Annahme der Gegenwart der erste sittliche Akt und die Voraussetzung alles verantwortlichen Tuns. Daß wir damit beständig in einen offenen Prozeß hineinhandeln, der uns unsere Intentionen früher oder später aus der Hand nimmt und sie zu immer neuen Anforderungen konkretisiert, ist gleichfalls gewiß und mit der gleichen Entschlossenheit zu akzeptieren. In diesem Sinne ist es wahr, daß nicht das Ewige unseren Dienst verlangt, sondern das Zeitliche. Jenes kann uns nur geschenkt werden, in diesem aber sind wir nicht nur befangen, sondern auch verpflichtet. Geschichtliche Existenz in einem Zeitalter wie dem gegenwärtigen ist gleichsam der reine Fall irdischen Daseins: ein Weg, der bestimmt nicht zu einem endgültigen Ziele führt – doch der Glaube, er führe vorwärts, ist, solange wir ehrlich mit menschlichen Maßen messen, nicht sinnlos.

Gabriel Marcel

RELIGIÖSES DENKEN IN DER HEUTIGEN WELT

Über die Entwicklung der Religion oder genauer des religiösen Denkens in der Welt der Gegenwart soll ich am Ausgang dieser monumentalen Geschichte einige zusammenfassende Betrachtungen anstellen. Es kann sich dabei wirklich nur um Betrachtungen handeln, nicht etwa um eine systematische Untersuchung, die nur eine Forschungsequipe von Spezialisten bewältigen könnte. Eine solche Untersuchung vorzunehmen, hielte ich mich auch nicht für berufen. Dagegen darf ich wohl sagen, daß meine eigenen Überlegungen dem Problem der Religion oder im besonderen der Frage, was religiöses Denken sein könnte, seit der schon fernen Zeit gelten, da ich – es ist etwa ein halbes Jahrhundert her – meine ersten selbständigen Denkversuche unternahm; sie liefen eigenartigerweise eben in dieser Richtung, die meiner häuslichen Umgebung völlig fremd war. Natürlich sehe ich heute viel klarer als damals die schier unüberwindlichen Schwierigkeiten, die sich einem solchen Unterfangen entgegenstellen. Da gibt es eine Art Wagemut, die mit Unwissenheit oder Mangel an Erfahrung einhergeht: wenn ich jetzt, am Abend meines Lebens, auf vergangene Jahre zurückblicke, bin ich entsetzt ob der naiven Anmaßung, mit der ich mich einst kopfüber in solche intellektuellen Abenteuer zu stürzen pflegte.

Freilich muß auch noch hinzugefügt werden, daß die Welt, die sich heute unseren Blicken darbietet, kaum noch irgendwelche Abmessungen gemein hat mit der Welt, in der ein französischer Bürgerssohn einige Jahre vor dem ersten Weltkrieg aufwuchs. Das ist so offensichtlich, daß es keiner näheren Begründung bedarf. Nicht so offensichtlich ist die Einwirkung dieses radikalen Wandels auf den Charakter des religiösen Denkens. Fragt man danach, so zeigt sich sogleich, daß die unkompliziert anmutende Frage nicht nur schwer zu beantworten, sondern auch schon schwer zu präzisieren und sachgerecht zu behandeln ist. Unter diesem Gesichtswinkel führt namentlich die Betrachtung des katholischen Denkens zu Feststellungen, die einander zu widersprechen scheinen.

Einerseits ist nicht zu verkennen, daß an den Universitäten und theologischen Lehranstalten viele Theologen nach wie vor das vortragen, was sie für die traditionelle Lehre der Kirche halten, und sich dementsprechend für den Wandel, von dem ich gesprochen habe, überhaupt nicht interessieren. Sie scheinen es für erwiesen zu halten, daß dieser Wandel der theologischen Wissenschaft nichts anhaben kann, wenn sie von den Gegebenheiten des Geoffenbarten ausgeht und Schriftgelehrten folgt, die sich diese Gegebenheiten am unmittelbarsten zu eigen gemacht haben. Gemeint ist hier natürlich die eigentliche Theologie, nicht das, was sich auf ihre Nutzanwendung im sozialen Bereich bezieht: die Wandlungen der katholischen Soziallehre, namentlich seit dem Pontifikat Leos XIII., sind zu offen und zu beharrlich verkündet worden, als daß man ihre Tragweite unterschätzen könnte, auch wenn solche Neuerungen in manchen rückschrittlichen Ländern eine sehr unfreundliche Aufnahme gefunden haben und obgleich die Kräfte sozialer Beharrung, mit denen sich die Kirche oder vielmehr die Hierarchie in diesen Ländern recht oft solidarisiert, nichts unversucht lassen, um die vom Vatikan ausgehenden Neuerungsideen in der Welt der Tatsachen zu entkräften. Allerdings müßte man hier von einer sehr nuancenreichen Palette Gebrauch machen, wollte man übertreibende Vereinfachung vermeiden. Zudem ist es auch nicht einfach zu entscheiden, ob die Soziallehre noch im eigentlichen Sinne zum Bereich des religiösen Denkens gehört. Schon die Tatsache, daß diese Frage noch, wovon ich jedenfalls überzeugt bin, der Beantwortung harrt, deutet darauf hin, daß weder unter den Gläubigen noch im glaubenden Bewußtsein selbst Klarheit darüber besteht, was im letzten Betracht religiöses Denken ist – oder gar Religion schlechthin.

Anderseits löst solche theologische Starre heftigen Unwillen unter vielen Christen aus, die sich nicht damit begnügen, ihre Religion zu praktizieren, sondern sie auch denken wollen. Vor allem fällt es ihnen schwer, sich damit abzufinden, daß als offizielle Lehre der Kirche autoritativ ein Denkgebilde präsentiert wird, das in so vieler Hinsicht einem längst vergangenen Zeitalter und einer längst überholten Wissenschaft hörig bleibt und sich, wie sie glauben, nur behaupten kann, weil ihm willkürliche Entscheidungen zu Hilfe kommen, die sein Leben indes nur künstlich verlängern. Was man von einer solchen Haltung auch denken möge, sicher ist, daß sie bei ihren Anhängern durchaus nicht die Neigung erzeugt, vom Offenbarungsgegebenen abzuweichen oder es in Frage zu stellen. Was in Frage gestellt wird, ist dessen vielleicht nur äußerliche und brüchige Verknüpfung mit der Gedankenwelt hellenischen Ursprungs, die zur Folge hatte, daß das Geoffenbarte in kategorielle Formen gegossen wurde, von denen man sich fragen muß, ob sie ihm gemäß sind.

Hier stoßen wir auf ein entscheidendes Problem: das der Geschichte und ihrer Geltung. In gewissem Sinne beherrscht das Problem das gesamte Denken der Gegenwart, und deswegen kommt es darauf an, zu ergründen, wie sich echtes religiöses Denken (auch wenn wir zunächst nicht genau wissen, was hier »echt« ausdrückt) zur Geschichte verhalten kann und muß. Die beschriebene Geisteshaltung äußert sich konkret darin, daß die Entwicklung, in deren Verlauf das ursprünglich evangelisch Gegebene in den Rahmen des theologischen Denkens hineingestellt worden ist, als nebensächlich und deswegen verdächtig gesehen wird. Offenbar geht dieser Zweifel auf eine prinzipielle Grundposition zurück, deren relative Gültigkeit sich nicht bestreiten läßt, wiewohl es unkluge Willkür wäre, aus ihr eine unabweisbare Forderung zu machen. Dort, wo das Kommen des Erlösers in seiner Geschehenseinmaligkeit in den Mittelpunkt leidenschaftlichen, inbrünstigen Interesses rückt, stellt sich begreiflicherweise auch das Bedürfnis ein, dies Einmalige möglichst scharf von allem abzugrenzen, was, an ihm gemessen, eine rein menschliche und vielleicht abwegige Entwicklung gewesen sein mag.

Die Verkündung des Dogmas von der Aufnahme Mariens in den Himmel
durch Papst Pius XII. in der Peterskirche in Rom, 1950

Verwendung einer Moskauer Kirche als Wohnhaus

Wie sollte man aber auf der anderen Seite das vielleicht, nein, sogar bestimmt Willkürliche einer Position übersehen, die dieser Entwicklung alle mehr als menschliche Qualität abspricht? Das ist die diametral entgegengesetzte Grundposition. Auch ihre Berechtigung läßt sich schwerlich von vornherein verneinen: sie will im geschichtlichen Ablauf die über Menschliches hinausgehenden Spuren dieses im wahrsten Sinne des Wortes ursprünglichen Geschehens festhalten, dessen Wesen und Wert man möglicherweise verkennt, wenn man es an einem bestimmten Punkt in der Zeit oder an einem bestimmten Ort im Raume zu fixieren sucht. Doch wenn dies Geschehen über sein eigentliches Hier und Jetzt hinausgreift, dann ist es so gut wie selbstverständlich, daß es die Geschichte gewissermaßen sich selbst zuordnet, und dann kann man die Geschichte nicht so sehen, als habe sie keine Beziehung zu diesem einmaligen Geschehen, als sei sie die Abfolge zufälliger Umstände.

Kann man sich damit begnügen, daß man diesen Dualismus in den Grundpositionen und Grundforderungen feststellt, ohne den Versuch zu machen, ihn zu überwinden? Ich glaube, daß das nicht geht. Gerade an dieser Stelle möchte ich etwas einschalten, was mir wichtig scheint: der Pluralismus, mit dem sich manche Philosophie zur Not befreunden kann, widerstrebt zutiefst dem religiösen Denken. Ich für mein Teil halte es für schwierig, wenn nicht gar für unmöglich, etwas vorzuschreiben, was man eine radikale Neutralisierung der Geschichte nennen könnte: das wäre eine rein abstrakte Position, die sich zwar theoretisch halten ließe, gegen die sich aber in den Menschen unserer Zeit etwas sehr Wesentliches aufbäumt. Man sollte sich hier zu einer sehr vorsichtigen, wie so oft verneinend formulierten Bejahung entschließen: es dürfte nicht stimmen, daß die Geschichte als Entwicklungsprozeß von einem religiösen Bewußtsein als indifferent beurteilt werden kann, indifferent gegenüber bestimmten radikalen Forderungen, auf die es nicht, ohne sich selbst zu verleugnen, verzichten zu können glaubt. Darin glaube ich die Einwirkung des gesellschaftlichen Wandels zu sehen, von der ich oben gesprochen habe. Indes wird man, auch wenn man diese Einwirkung für unbestreitbar hält, beachten müssen, wieviel Ungeklärtes sie noch umgibt.

Soweit ich hier Zeugnis ablegen kann – das ist wohl die mir zugedachte Aufgabe –, möchte ich meinen, daß sich das Bewußtsein der Menschen, zum mindesten derer, die aus innerer Berufung über die menschliche Situation nachdenken, im Laufe des letzten halben Jahrhunderts unmittelbarer und kontinuierlicher als etwa in der voraufgegangenen Periode dem Geschehen verhaftet gesehen hat. Konkreter gesprochen: es ist immer weniger möglich gewesen, moralisch unbeteiligt zu bleiben. Nicht daß sich die Menschen notwendigerweise zu politischer Stellungnahme verpflichtet gefühlt hätten; im Gegenteil: sie haben politische Stellungnahme oft als etwas empfunden, was inneren Geboten ihres Wesens widersprach. Aber es schien ihnen nicht mehr erlaubt, ja, noch nicht einmal möglich, in der Rolle des Zuschauers bei einer Tragikomödie zu verharren, in der das Burleske oft nur vom Gräßlichen abgelöst wurde.

Inwieweit erhellt diese Beobachtung die allgemeinere Frage, um die es hier geht? Welcher grundsätzliche Zusammenhang besteht zwischen dem, was wir Religion nennen, und der Tatsache, daß man das Geschehen keineswegs als etwas Indifferentes oder Neutrales betrachtet, sondern sich von ihm zutiefst berühren läßt? Ein Stück weiter kommen wir mit

Paul Tillichs Definition des formalen Kriteriums der Theologie »Gegenstand der Theologie ist das, was uns letztlich *(ultimately)* angeht: nur die Aussagen sind theologisch, die ihren Gegenstand insoweit behandeln, als er dazu angetan ist, uns letztlich anzugehen« *(Systematic Theology)*. Zwar muß das Verhältnis von Religion und Theologie zunächst ausgeklammert bleiben, aber dennoch erleuchtet Tillichs These den Weg, den wir gehen müssen. Grundsätzlich: nur dann hat das Wort Religion einen Sinn, und nur dann ist Religion echt, wenn es dem Menschen letztlich auf sie ankommt, über alle begrenzten und Sonderinteressen hinaus, die sonst sein Handeln bestimmen. Wende ich diesen Grundsatz auf das an, was ich über das Verhältnis des zeitgenössischen Bewußtseins zum Geschehen gesagt habe, so muß ich weiter fragen: Haben wir es dort mit Religion zu tun, wo sich diese Auseinandersetzung mit dem Geschehen zur unverbrüchlichen Verpflichtung mit der Bereitschaft, das eigene Leben einzusetzen, verdichtet?

Zum Teil ist das eine Definitionsfrage. Wir hören täglich davon reden, daß der Kommunismus eine Religion sei. Aber es sind Gegner oder Kritiker des Kommunismus, die diese Ansicht äußern. Umgekehrt sagen die Kommunisten, der Marxismus habe die Religion endgültig abgelöst oder sie dadurch überwunden, daß er einen rational unbegründbaren und historisch an zusammengebrochene oder zusammenbrechende Gebilde gebundenen Glauben durch eine wissenschaftliche Wahrheit ersetzt habe. Tatsächlich scheint die Aussage, der Kommunismus als solcher sei eine Religion, sinnlos: er ist eine Ideologie, und das ist etwas ganz anderes. Schon eher hätte es einen Sinn, davon zu sprechen, daß der Glaube an den Kommunismus religiöser Natur sei. Aber auch das wäre zu präzisieren. Dieser Glaube gilt nicht einer vorgeblich wissenschaftlichen Lehre, sondern der Vorstellung von einer kommenden Gesellschaft freier und gerechter Menschen, einer Gesellschaft ohne Besitz und ohne die Begierden und Wahnideen, die der Besitz gebiert. Der Glaube an solche Zukunftsbilder kann in der Tat religiöser Natur sein, vor allem dort, wo er Menschen beseelt, die bereit sind, für die Verwirklichung ihres Ideals ihr Leben hinzugeben.

Mit dem Wort Ideal kommen indes Zweifel auf, mehr noch: Besorgnisse. Man muß sich fragen, ob die Beziehung des Bewußtseins zu dem, was es als sein Ideal betrachtet, ohne völlige Verwirrung der Begriffe mit einer im strikten Sinne verstandenen Religion auf eine Stufe gestellt werden darf. Schleiermachers Definition der Religion als eines absoluten Abhängigkeitsgefühls sollte man doch nicht mit einer Handbewegung beiseite schieben. Zweifellos hat Tillich in seinem erwähnten Buch recht: »Gefühl« darf hier nicht, wie das gemeinhin geschieht, in rein psychologischem Sinne gedeutet werden; es ist bei Schleiermacher eher das unvermittelte Bewußtsein dessen, was gleichermaßen über Verstand und Willen, über Subjekt und Objekt hinausgreift; und die gemeinte »Abhängigkeit« schließt den Gebrauch der Freiheit in sich und widerstrebt jeder deterministischen und pantheistischen Deutung des Unbedingten. Mir scheint, dies Erlebnis der Abhängigkeit ist die Wurzel der Religion, wie sie zu allen Zeiten von Menschen gesehen wurde, die sie erfahren oder über sie nachgedacht hatten. Dann aber kommt dem Kampf um ein Ideal, was immer dessen ethischer Wert sein möge, die Bezeichnung Religion nicht zu. Überdies bringt Kampf – ganz besonders auch Kampf gegen Irrtum und Ketzerei – in die Religion ein Moment hinein, das ihrem Wesen fremd ist und sie entweiht.

Betende Indiofrauen in der Kathedrale von Cuzco in Peru

Priester im Meiji-Tempel in Tôkyô

Leider gehört ständige Begriffsverwirrung zu den charakteristischen Merkmalen unserer Zeit, und sie äußert sich auch in den Abirrungen vom Christentum, die wir heute erleben. Daß es da schwierige Probleme gibt, ist nicht zu bestreiten. Auch in der Aussage, daß die Religion das zum Mittelpunkt hat, was uns letztlich angeht, steckt etwas beängstigend Zweideutiges. Zunächst einmal: Wer ist hier Subjekt? Bin ich es? Sind es wir? Umfaßt dies Wir das, was ich die Menschheit nenne? Es ist nicht einmal einfach, diese so wichtige Frage präzis zu stellen. Ganz gewiß ist eine Religion der reinen Innerlichkeit möglich: im 19. Jahrhundert haben sich nicht wenige Jünger der Romantik zu ihr bekannt, und da so oder so alle Erlebnistypen nebeneinander weiterbestehen, wird es solche Gemüter auch heute geben, vermutlich als unvermeidliche Reaktion auf die großen Umwälzungen, die sich vor unseren Augen abspielen. Unserer Betrachtung ist allerdings mit dieser Feststellung noch kein klarer Weg gewiesen, denn hier setzt eine etwas verwirrende Dialektik ein: gehen wir von dem aus, was um uns herum vorgeht, so erscheint uns diese Religion der reinen Subjektivität als eine Art Überbleibsel und damit als Anomalie; aber dann müssen wir sogleich auch die Frage aufwerfen, inwieweit eine solche Aussage Geltung beansprucht, oder vielmehr, über welche Autorität derjenige verfügt, der sie formuliert. Sofern die Aussage von außen kommt, ergibt eine einfache Überlegung, daß der, der sie macht, überhaupt keine Autorität haben kann, und es bliebe nur noch zu prüfen, ob sie nicht vielleicht Aussicht hat, gerade bei denen ein Echo hervorzurufen, die sie eigentlich im Prinzip zurückweisen müßten. Wie immer, wenn echte Überlegungen angestellt werden, kann es auch hier nur eine persönliche Antwort geben: Wenn ich von jedem gesellschaftlichen Druck absehe (ein solcher Druck könnte in meinem Fall nur *ex contrario* wirksam sein), stelle ich fest, daß es mir völlig unmöglich ist, mich für mein eigenes Heil zu interessieren, wenn es nicht zugleich das Heil der Menschen ist, die ich liebe wie mich selbst oder mehr als mich selbst; gehe ich weiter, so entdecke ich, daß sich mein Interesse bis ins Unendliche erstreckt und daß ich nicht umhin kann, mir die Verse Charles Péguys zu eigen zu machen:

> Und müßte ich, um vom ewigen Nichtsein die Seelen
> der Verdammten zu retten, die am Nichtsein verzweifeln,
> in menschliches Leid meine Seele für lange versenken,
> so wünschte ich nur, sie bliebe lebendig im menschlichen Leid.

Ich glaube mich nicht zu irren, wenn ich sage, daß das religiöse Denken unserer Tage immer mehr einer universalistischen Orientierung zuneigt und daß die Prädestinationsthesen infolgedessen nur noch in kleineren geschlossenen theologischen Zirkeln vorherrschen, in die die großen Zeitströmungen nicht eindringen. Unter solchen Umständen müßte man auf die vorhin gestellte Frage antworten, daß das Subjekt, sofern es mein Ich als reflektierendes Bewußtsein ist, gar nicht anders kann, als sich einem Wir anzuschließen, das wahrscheinlich sogar mit einem »Wir alle« identisch ist.

Allerdings muß man hier auf der Hut sein: wenn ich überzeugt bin, daß ich als glaubendes und reflektierendes Ich nicht umhin kann, mich einem universalen Wir zu verbinden, so will das dennoch nicht sagen, daß ich das Recht hätte zu behaupten, der mich beseelende Glaube, der auf irgendeine Weise uns alle umschließt, sei in Wirklichkeit der Glaube aller

Menschen. Ich weiß sehr wohl, daß davon keine Rede ist, auch wenn es mich schmerzt, die Schranken zu sehen; mehr noch: ich kann verstehen, daß dieser Glaube, wenn er zu unser aller Glauben würde, Gefahr liefe, seine eigentliche Qualität einzubüßen und sich im Unbestimmten aufzulösen; jedenfalls sehe ich diese Gefahr unter den Erfahrungsbedingungen, unter denen ich existiere und die den Erfahrungsrahmen für das Bewußtsein der Menschen abgeben, denen ich mich mehr oder minder unmittelbar verbunden fühle. Anders ausgedrückt: es scheint unvermeidlich zu sein, daß die Religion in dem einzigen heute präzisierbaren Sinn eine fühlbare Spannung heraufbeschwört zwischen dem Subjekt, das ich bin, dem glaubenden Ich, und einem universalen Wir, auf das zweifellos abgezielt ist, das sich am Ende abzeichnet, das die erhoffte Vollendung sein muß, das ich aber nicht *hic et nunc* vorwegnehmen kann, ohne daß der Glaube damit der Gefahr ausgesetzt würde, eine Substanzminderung zu erleiden.

Es versteht sich von selbst, daß, wenn ich von mir als dem glaubenden Ich spreche, ich mich der Mühe der Abgrenzung und Zerlegung unterziehen muß, um nicht allein meine Erfahrung als einfaches psychologisches Einzeldatum in Rechnung zu stellen, sondern um zugleich auch alle Glaubenden einzubeziehen, denen ich begegnet bin und deren Glauben ich in dem von ihnen abgelegten Zeugnis erfahren habe: nicht nur in ihrem »Wort«, sondern auch in ihrem Leben und in ihrem sich darin enthüllenden Wesen. Wenn ich von den anderen Glaubenden spreche, verkenne ich nicht, wie gewagt und wie wenig beweisbar der Versuch wäre, etwas formal zu erfassen, was in mancher Hinsicht gar nicht in festen Umrissen faßbar sein mag. Trotzdem fühle ich mich auf Grund meiner Erfahrung, von der ich nicht absehen kann, befugt, die Behauptung aufzustellen, daß der, der glaubt, auch den anderen Glaubenden erkennt und, auch wenn er an diesem anderen Glauben nicht teilnehmen kann, gleichsam in ständiger Bereitschaft ist, sich vor ihm zu verbeugen. Ich erinnere mich ganz besonders der inneren Bewegung, die sich meiner bemächtigte, als ich zum erstenmal – es war in Sarajewo – eine Moschee betrat; dies Berührtsein, dies Wiedererkennen habe ich dann in Nordafrika und in Damaskus von neuem erlebt. Das mögen mir manche vorwerfen. Es wird auch nicht an Katholiken fehlen, die mir sagen werden, es sollte mir unmöglich sein, mich von einem protestantischen Kult rühren zu lassen. Ich lehne es ab, mich einem solchen Anspruch zu beugen; ich glaube in ihm den Keim eines neuen Fanatismus zu erkennen.

Wenn es heute ein Symptom religiöser Erneuerung gibt, so erblicke ich es darin, daß sich das religiöse Denken dem Ökumenischen zuwendet. Diese Wendung zum Ökumenischen sollte nicht so verstanden werden, als ob sie in Synkretismus umschlagen müßte. Synkretismus kann nur das Produkt eines Manipulationsbemühens sein, das in Wirklichkeit nur Überreste der Religion einbegreift und, wie mir scheint, mit wirklich religiösem Denken nichts zu tun haben kann; offenbar geht er auf eine *ars combinatoria* zurück, die sich weder über ihre Methoden noch über ihre natürlichen Schranken im klaren ist. Vielleicht ist es nicht unwichtig, diesen Gesichtspunkt zu einer Zeit hervorzuheben, da sich so viele – vor allem Frauen – weigern, den strengen Anforderungen der Religion Folge zu leisten, und statt dessen in allen möglichen Kompendien, meist Hinduismus-Popularisierungen aus zweiter Hand, nach einem wundertätigen Kitt suchen, der die Risse im Gebälk eines wankenden Glaubens schließen soll. Man kann, glaube ich, mit Bestimmtheit sagen, daß auf diesem Weg eine ernsthafte Erneuerung des religiösen Denkens nicht zu erreichen ist.

Bauen kann man hier nur auf Menschen, die ihrer Religion im tiefsten verbunden sind und die eben darum die Aufgabe auf sich nehmen, sich durch wirklich gelebten und langwährenden Kontakt mit dem inneren Wesen fremder Glaubenseinstellungen, denen sie den Charakter echten Glaubens zubilligen, vertraut zu machen. Ein Beispiel ist der Abbé Monchanin, der nicht nur über zwanzig Jahre in Indien verbracht, sondern in diesen Jahren auch das Leben eines Hindus geführt hat. Ich will gewiß nicht behaupten, daß er im Endergebnis seinen ursprünglichen und von ihm wohl bis zuletzt beibehaltenen Glauben mit der Religion, zu der er mit so großer Ausdauer und mit so heroischer Mühe einen Zugang gesucht hat, in einer Synthese verbunden habe. Überhaupt sollte man hier – das halte ich für außerordentlich wichtig – mit dem Begriff Synthese, der hier ganz und gar untauglich ist, aufräumen; tauglich ist er nur im Rahmen einer bestimmten Philosophie, und sogar dort kann es passieren, daß er nur unsachgemäß und unüberlegt der Sphäre entlehnt wird, in der seine wirkliche Bedeutung liegt: der Wissenschaft von der Natur. Ein Unterfangen wie das des Abbé Monchanin, das sicher in manch anderem Zusammenhang Nachahmung finden wird (ich denke da beispielsweise an die tiefgründigen Einblicke in die japanische Geistigkeit bei Graf Dürckheim), hat seinen unschätzbaren Wert vor allem darin, daß es die Möglichkeit eines brüderlichen Zwiegesprächs dort schafft, wo vordem ein Abgrund klaffte, den Wortkünste nur manchmal und nur äußerlich verdecken konnten.

Diesem Bedürfnis, das immer nachdrücklicher empfunden wird, entspricht vollauf das Gespräch zwischen Katholiken und Protestanten, das in unserer Ära in Gang gekommen ist und zusehends an Vitalität gewinnt. Heutzutage bedeutet das Ärgernis der Trennung der Kirchen für eine wachsende Anzahl von Christen nicht nur Kummer, sondern auch Demütigung; das geht Hand in Hand mit unbestreitbarem Fortschritt in der eigentlich religiösen Ebene. Hier aber verläuft – ich habe es bereits angedeutet – alles so, als sei es uns irgendwie verboten, die möglichen Schlußfolgerungen aus dem Gespräch vorwegzunehmen. Anscheinend muß das Gespräch täglich erlebt werden – als Bewährungsprobe, deren positive Wirkung immer mehr Anerkennung findet. Man darf annehmen, daß es sich nicht, wie es sonst mit Diskussionen um Ideen zu sein pflegt, auf ein Hin und Her oberflächlicher Rede und Gegenrede reduzieren, sondern zu einer Auflockerung führen wird, die sich mit heute unvorhersehbaren Auswirkungen bis in die Tiefen der Gemeinschaft der Gläubigen fortzupflanzen vermag. Das besagt, daß dies Gespräch die geistigen Potenzen selbst einbezieht; insofern ist es etwas anderes als der in seiner Art auch fruchtbare Meinungsaustausch, wie er sich gewöhnlich auf Kongressen oder internationalen Zusammenkünften unter Spezialisten anbahnt, die ihre Kollegen gerade über die in ihrer Arbeit erzielten Ergebnisse unterrichtet haben. Bei einem solchen Meinungsaustausch bleibt die menschliche Persönlichkeit der Teilnehmer mit allen ihr anhaftenden Gefühlsmomenten grundsätzlich außerhalb der Debatte, obschon die Trennung des Gelehrten vom Menschen nie so absolut ist, wie sie sich in der Theorie ansieht. Hier jedoch, im interkonfessionellen Gespräch, ist die Situation ganz anders, denn da, wo es wirklich um die Religion schlechthin geht, ist die konkrete Ganzheit des menschlichen Wesens beteiligt, und das widerspricht schon der bloßen Vorstellung von einer solchen Trennung. Ein trügerischer Eindruck wird bei solchen Begegnungen häufig nur dadurch erweckt, daß an die Stelle der Religion im eigentlichen Sinne etwas anderes tritt, was wirkliche oder vorgebliche Zuständigkeiten ins Spiel bringen mag. Bei näherer Überlegung zeigt sich indes, daß bei wirklich religiösen Dingen der Begriff der Zuständigkeit gar keinen Sinn hat; er tritt hinter einem ganz anderen Begriff zurück, der sich auf eine andere geistig-seelische Dimension bezieht: dem Begriff der Weihe. Auf sie allein kann sich hier Autorität stützen. Aber diese Autorität schließt schon in ihrer Wesensbestimmung jeglichen Anspruch aus. Man könnte sogar noch weiter gehen und sagen, daß der Anspruch hier die Autorität untergräbt, sie gewissermaßen sinnleer macht; das hat seinen guten Grund: Anspruch ist nichts anderes und kann nichts anderes sein als eine Seinsweise der Hoffart, und der Mensch, der sich am ehrlichsten Gott weiht, ist von allem Anfang an auch der am wenigsten hoffärtige.

So entsteht eine paradoxe Situation, die man wohl beachten sollte: wirklich geweihte Menschen hüten sich im allgemeinen, an Begegnungen teilzunehmen, die von den bestehenden Gewalten organisiert und zu denen Personen eingeladen werden, deren Legitimation zur Vertretung dieser oder jener Konfession, dieser oder jener Auffassung offiziell anerkannt ist; diese Art Amtsstempel ist in der Regel denen vorbehalten, die ihren Anspruch – und sei es nur mit der Zahl und Bedeutung ihrer Publikationen – am deutlichsten erkennen lassen. Die großen Weisen der Kontemplation in Indien, die Schweiger sind und die die Früchte des Meditierens den Schülern nur in einem langsamen, fast endlosen Destillierverfahren vermitteln, schließen sich selber von Palavern aus, bei denen Schwätzer Triumphe feiern. Das ist das sinnreichste Vorbild, das man sich denken kann.

In diesem Sinne kann man, glaube ich, ohne ungerecht zu sein, sagen, daß die internationalen Organisationen vom Typ der UNESCO zwar durchaus gültige Ergebnisse auf Gebieten wie Sozialhygiene und zur Not noch Erziehung erzielen mögen, in der Sphäre des Spirituellen aber nichts anderes zuwege bringen, als ihre Wirkungslosigkeit oder Ohnmacht festzustellen. Unter diesem Aspekt ist es ganz natürlich, daß an der Spitze der UNESCO so lange Zeit ein Mann wie Julian Huxley gestanden hat, der sich noch vor nicht allzu langer Zeit durch die Verkündung eines für den Vortragsgebrauch in mittelenglischen Provinzstädten zurechtgemachten Positivismus hervortat.

Das ist keine Abschweifung vom zentralen Thema dieser Betrachtungen. Eins wird, wie mir scheint, immer deutlicher: das religiöse Denken hat alles zu verlieren, wenn es sich in den engen Grenzen einer Sekte oder einer Lehrmeinung einschließt; nimmt es aus Angst, mit der Öffnung der Tore etwas von seiner ursprünglichen Reinheit einzubüßen, eine solche Absperrung auf sich, so setzt es sich unausweichlich der Gefahr der Verkalkung aus; nach allen bisherigen Erfahrungen wäre das das Schlimmste, was ihm widerfahren könnte. Aber die Tore öffnen hieße, zum Gespräch bereit sein; deshalb ist es lebenswichtig festzustellen, unter welchen Bedingungen das Gespräch so gehaltvoll und sagen wir nahrhaft werden kann, wie ich es bei der Besprechung der tatsächlichen Begegnung zwischen Katholiken und Protestanten glaubte erhoffen zu können. Die Schwierigkeiten sind nicht zu unterschätzen. Ich habe vorhin von Weihe gesprochen, und ich halte diesen Begriff in unserem Zusammenhang für unerläßlich; aber er bietet zugleich auch genug Anlaß zu Einwänden. In welchem

Maße dürfen die Teilnehmer am brüderlichen Zwiegespräch, das allein von Wert sein kann, die Gemeinsamkeit des Gegenstandes postulieren, dem ihre vereinten Bemühungen zu gelten hätten? Kann hier überhaupt von einem Gegenstand, von der Idee einer gegenständlichen Realität die Rede sein? Auch wenn man auf sie am Ende wahrscheinlich doch verzichtet, kann gegenseitige Annäherung vieles aufhellen. Aber was?

Solange man in der Dimension des Gegenstandes bleibt, kann das Beispiel der Erforschung eines geographisch unbekannten Gebiets dienlich sein: von verschiedenen Punkten der Erdoberfläche aus bewegen sich Expeditionen auf die zu erforschende Gegend zu; ihre Wege sind verschieden und ihre Technik wechselnd, aber am Forschungsziel hoffen sie aufeinanderzustoßen. Natürlich haben ihre verschiedenen, aber konvergierenden Marschrouten nur abgesteckt werden können, weil ihnen als gemeinsame Orientierungsgrundlage eine Karte diente, die als exakt galt und innerhalb feststehender Umrisse nur einige Lücken aufwies; eben diese Lücken sollten mit Hilfe der von den Forschern angestellten Ermittlungen geschlossen werden. Ein solches Vorgehen setzt voraus, daß das, was noch zu entdecken ist, mit dem bereits Entdeckten prinzipiell gleichartig ist; das heißt: zwischen dem schon Bekannten und dem noch Aufzufindenden darf es keinen grundlegenden Wesensunterschied geben. Da muß nun unverblümt ausgesprochen werden, daß ein Gott, der unter solchen Voraussetzungen innerhalb eines vorgegebenen Ganzen aufzuspüren wäre, alles mögliche sein könnte, nur nicht Gott. In eine präzisere Sprache übersetzt: wir können Gott nicht anders denken als in Beziehung zu einem inneren Erfordernis und in Erfüllung dieses Erfordernisses; aber dies Erfordernis ist so geartet, daß ihm keine wie immer vorgenommene objektive Ortsbestimmung gerecht werden kann. Nur Schwachköpfe, als die sich wenn nicht die Schriftgelehrten des Marxismus, so doch seine Vereinfacher erwiesen haben, konnten glauben oder zu glauben vorgeben, daß die Erforschung des Weltraums die Wahrheit des Atheismus etablieren werde. Was indes die künftigen interplanetarischen Reisen werden je widerlegen können, ist allenfalls ein Kinderglaube, den der wahre Glaube nur als unannehmbar verwerfen kann.

Gewiß kann man gelten lassen, daß sich der Begriff des Gegenstands seiner räumlichen Bestimmung entkleiden läßt, ohne damit zu verschwinden. Das gäbe uns ein anders konstruiertes Beispiel: es möge sich um die Auffindung eines »Gesetzes« handeln, also um eine wissenschaftliche Wahrheit, zu der man auf verschiedenen Wegen gelangen kann und der die Gelehrten von verschiedenen methodischen Ansätzen aus nachgehen; auch hier gibt es konvergierende Zufahrtstraßen, wenn sie auch in einer Ebene gedacht sind, die sich im Raum nicht fixieren läßt. Nur ist hier zu bedenken, daß das gesuchte Gesetz bestimmungsgemäß einen rein abstrakten Charakter hat. Und wenn man sich einen Gott für den Hausgebrauch der Philosophen, einen Gott, der nach Hippolyte Taine einem Gesetz oder einem Ewigkeitsaxiom gleicht, gerade noch vorstellen kann, so hat doch ein solcher Gott (falls die Bezeichnung hier überhaupt noch zutrifft) mit dem Gott des *homo religiosus* offensichtlich nicht das geringste gemein.

Vielleicht kann man es nunmehr mit einem dritten Exempel versuchen: mit dem großen Künstler oder dem großen Denker, welchem Menschen verschiedener Art, von verschiedenen inneren Notwendigkeiten regiert, auf verschiedenen Wegen nahezukommen trachten. Im

Gegensatz zu den beiden vorhergehenden gehört dies Beispiel wenigstens zu einer Dimension, die der ureigensten Dimension des religiösen Denkens nicht völlig inkongruent ist. Wenn gegenseitige Annäherung hier bis zu einem gewissen Grade aufschlußreich ist, so gerade deswegen, weil sich der große Denker – etwa Plato oder Goethe – oder der große Künstler – ein Rembrandt, ein Goya – nur auf höchst unzulängliche Weise als Gegenstand betrachten lassen. Es ist, als müßten wir aus verschiedenen Gesichtswinkeln etwas beschauen, was gar nicht wirklich gesehen werden kann. In diesem Sinne kann man sagen, daß, sobald wir bei der Betrachtung großer Geister bis zu einer gewissen Tiefe vorgedrungen sind, diese großen Geister selbst uns eine Haltung oder eine Orientierung auferlegen, die uns mit der Eigenart des religiösen Denkens vertraut macht. Auf die erörterte Gesprächsproblematik angewandt: die Kommunikation zwischen Glaubenden, von der oben die Rede war, ist letztlich auf das »absolut Lebende« bezogen; wenn wir genau auf das achten, was in diesem Wort liegt, wissen wir auch, daß hier über jedes gegenstandsbezogene Denken hinausgeschritten wird. Auf diese Weise wird, klarer noch als vorher, sichtbar, daß das Aufeinandertreffen der verschiedenen Zugangswege, das hier Wirklichkeit werden soll, von ganz anderer Art ist als die – sei es erwünschte, sei es notwendige – Erreichung eines gemeinsamen Ziels durch Forscher, die an demselben Forschungsvorhaben mitwirken; denn hier ist »Brüderlichkeit« das Verbindende und Vermittelnde. Höchstens ließe sich, wie schon angemerkt, sagen, daß die Demarkationslinie nicht unverrückbar ist: am Ende könnte auch die wissenschaftliche Forschung von der Herstellung brüderlicher Beziehungen zwischen denen profitieren, die heute zumeist nur fachmäßig miteinander verbunden sind.

An diesen Überlegungen darf man, so hypothetisch sie sein mögen, festhalten, wenn man nur im Auge behält, wieviel Unvollkommenes und Relatives ihnen anhaftet. Denn eine Annäherung im skizzierten Sinn setzt eine Bejahung voraus, von der man zunächst jedenfalls annehmen möchte, sie könne nicht mit dem Zeichen der Unbedingtheit versehen sein: die Bejahung dessen, was die göttliche Persönlichkeit oder der persönliche Charakter des absoluten Wesens genannt werden kann. Gerade an diesem Punkt wird beispielsweise das Gespräch zwischen Christen und Hindus entweder abbrechen oder über eine Kluft hinweg von Gesprächspartnern fortgeführt werden müssen, die voneinander so weit entfernt sind, daß sie einander kaum werden wahrnehmen, geschweige denn hören können. Vielleicht läßt sich das genauer fassen: wo die Religion den Charakter eines Glaubens hat, wo sie vor allem Treue zum Wort ist, da ist es unvermeidlich, daß dieser persönliche Charakter Gottes uneingeschränkt bejaht wird, auch wenn man dafür sorgt, daß das nicht in dem wörtlichen Sinne, der sich auf ein endliches Geschöpf bezöge, verstanden wird, sondern lediglich als Analogie. Das Wort Glaube hat indes sicher keinen Sinn für einen Hindu: ihm geht es in Wirklichkeit um Erkenntnis, mag diese Erkenntnis in ihren Wesensmerkmalen auch nicht mit dem übereinstimmen, was wir abendländischen Menschen darunter verstehen. Was immer wir im Westen von der Gültigkeit dieser Erkenntnis halten mögen, ja, sogar wenn wir zugeben, daß wir sie begrifflich nicht sicher erfassen können, fällt es uns schwer, nicht zu fragen, ob sie nicht zu einer ganz anderen Sphäre gehöre als Religion in dem Sinne, mit dem zwei Jahrtausende Christentum dies Wort angefüllt haben. Freilich zeigt sich bei näherem Zusehen, daß sich die Vorstellungen, deren Widerstreit ich hier verzeichne, vom

Der Dalai-Lama im Kreis tibetischer Mönche bei einer Feierlichkeit
zur Erinnerung an den Geburtstag Buddhas, 1959

Presbyterianerkirche in Stamford/Conn. in den USA

Gesamtzusammenhang außerordentlich komplexer Erscheinungen hauptsächlich gesellschaftlicher Natur nur in der Abstraktion lostrennen lassen, und es kann schon sein, daß in der Ebene des Sozialen eine gegenseitige Annäherung herbeigeführt wird und Nutzen stiftet. Aber worum es uns hier geht, ist das religiöse Denken, nicht die Religion als gesellschaftliches Phänomen. Gewiß kann man – und sogar mit gutem Recht – der Meinung sein, daß eine strenge Scheidung dieser Art gar nicht möglich ist und daß, wenn man das religiöse Denken aus jedem gesellschaftlichen Zusammenhang herauslösen wollte, von ihm im Grenzfall nichts übrigbliebe als ein metaphysisches Bekenntnis. Nun bezeugt aber die Mystik, ein ständiges Mahnmal, daß es solche extremen Möglichkeiten gibt, und wir wissen sehr wohl, daß sie sich von der Religion wahrlich nicht trennen lassen. Ich möchte es zum mindesten als sicher ansehen, daß sich in unserer Zeit die Entfaltung des reinsten christlichen Denkens mit wachsendem Mißtrauen gegenüber dem verbindet, was man – allerdings wohl nur in abstrakter Sicht – das Nur-Gesellschaftliche nennen könnte. Jedenfalls wird das Nur-Gesellschaftliche in einer Perspektive gesehen, die es als notwendiges Symbol oder als verständig und vorstellbar gefaßten Annäherungswert dessen begreifen läßt, was unendlich weit über das Gesellschaftliche hinausgeht.

Ich glaube nicht, daß es heute möglich ist, über die Zukunftschancen des hinduistischen Denkens ein Urteil zu fällen – auch nicht für einen, der in intimer Vertrautheit mit dem Hinduismus gelebt hat. Mit Sicherheit kann man nur annehmen, daß sich auch in einem, wie zu befürchten, vom Marxismus überfluteten Südasien hier und da Menschen erhalten werden, die eine der erhabensten Traditionen der Menschheit werden zu verkörpern wissen. Darüber, welche Lebensenergie sich diese Tradition unter den Bedingungen eines mehr und mehr insularen Daseins wird bewahren können, kann heute kaum jemand etwas sagen.

Unmittelbarer betrifft uns eine Frage, über die sich auch mit größerem Nutzen nachdenken läßt: in dem geschichtlichen Augenblick, an dem wir angelangt sind, gibt es manchen Anlaß, zu fürchten, daß sich das technokratische Denken auf lange Zeit durchsetzen wird, wenn auch nicht notwendigerweise in Formen, die kommunistisch sein oder bleiben müßten, daß also ein Positivismus obsiegen wird, der vielerlei Nuancen, besonders pragmatistischer Art, hervorbringen mag, der aber in jedem Fall seine Bemühungen darauf konzentrieren wird, unseren Planeten und vielleicht später ein umfassenderes System zu organisieren und planend zu lenken. Es kann nicht nachdrücklich genug unterstrichen werden, daß ein Denken dieser Art gigantisch übersteigerte Vorstellungen von der Macht des menschlichen Geistes in sich schließt; oft genug habe ich darauf aufmerksam gemacht, daß der Anthropozentrismus, der sich in früheren Zeiten trotz allem noch der Bejahung eines schöpferischen und allmächtigen Gottes beugte, als dessen sehr unvollkommenes Ebenbild der Mensch erschien, vor unseren Augen nicht bloß in veränderter Gestalt wiederaufersteht, sondern auch eine ungeahnte, völlig ungezügelte Entfaltung erfährt. Von dem Augenblick an, da der Glaube an den schöpferischen Gott dahinschwindet, wird der Mensch zwangsläufig dazu gebracht, sich viele Eigenschaften zuzuschreiben, mit denen er ehedem seinen Schöpfer ausstattete; da er aber ständig noch Teilmißerfolge und nicht wenig Enttäuschungen einstecken muß, schwankt er ratlos zwischen maßlosem Hochmut und einer Mutlosigkeit, die leicht in Verzweiflung ausartet, hin und her.

Man darf vermuten, daß eine Situation, die eine solche Bewußtseinsspaltung mit sich bringt, auf die Dauer dazu beitragen muß, das kritische Nachdenken von neuem zu wecken, dessen Sinnlosigkeit darzutun der Positivismus so beflissen war; sobald aber das Nachdenken wieder einsetzt, ist es aus mit dem Dogmatismus, den die Technokraten fest zu verankern glaubten. Wenn das Denken wieder zu seinem Recht kommt, ist es alles in allem höchst unwahrscheinlich, daß die hier im Schellingschen Sinne gefaßten Potenzen, die in vergangenen Zeiten in der Religion, im Religiös-Schöpferischen am Werk waren, nicht aus einem langen Schlaf erwachen sollten; wie lange der Schlaf noch anhalten wird, können wir nicht abschätzen. Indes müssen wir zu erkennen suchen, in welchem Rahmen diese Potenzen Aussicht haben, in Erscheinung zu treten und sich in der Welt, die vor unseren Augen Gestalt annimmt, zur Geltung zu bringen. Selbstverständlich muß man sich hier vor einem Irrationalismus in acht nehmen, der diese Potenzen mit wer weiß was für triebhaften Kräften würde verwechseln oder verschmelzen wollen. In Wirklichkeit geschieht hier alles in der Ebene der sprachlichen Formgebung und muß in dieser Ebene geschehen: eine Religion, die sich im Unaussprechlichen verschanzen wollte, müßte ersticken. Es kommt aber darauf an festzustellen, was dazu gehört, daß sie sich ihren Lebensatem bewahrt, statt, wie das so oft im Schoße einer institutionalisierten Kirche passiert, zu verdorren und zu verkalken. Wenn es uns gerade noch gelingt, die Tragweite und die tragische Zuspitzung der Aufgabe zu erfassen, so müssen wir uns doch darüber im klaren sein, daß ihre Bewältigung an viel zuwenig durchschaubare Voraussetzungen geknüpft ist, als daß es möglich wäre, hier mit einer eindeutigen Lösung aufzuwarten.

Was ich zu sehen glaube und was wohl eher eine weitere Schwierigkeit als ein Element der Lösung darstellt, ist dies: wer die schmerzlich nach einem Glauben Suchenden beraten oder gar lenken will, wird viel couragierter als in früheren Zeiten die Fragen anpacken müssen, die dem menschlichen Bewußtsein dadurch aufgegeben sind, daß das Böse nicht allein im Menschen angelegt ist, sondern auch in der Natur. Hier sind Metaphysik und religiöses Denken miteinander verzahnt. Und hier sollte man den Mut aufbringen, deutlich zu erklären, daß in diesem Bereich die Dogmatiker zumeist, wenn nicht gar immer, nicht mehr fertiggebracht haben, als Methoden zu erfinden, mit denen man solchen Fragen ausweichen und dennoch intellektuell ein gutes Gewissen behalten kann. Aber immer weniger reichen diese Spitzfindigkeiten dazu, die seelischen Nöte der Menschen aus der Welt zu schaffen. Während ich dies schreibe, wütet in Chile ein unerhört grausames Erdbeben, das das Land verwüstet und ein Drittel seiner Bevölkerung ins Elend des Obdachlosen- und Flüchtlingsdaseins stürzt. Ich halte es nicht für möglich, daß eine solche Katastrophe – eine unter Hunderten – auch in diesem noch größtenteils katholischen Lande vorbeigehen könnte, ohne bei vielen den quälenden Zweifel wachzurufen, dem Voltaire nach dem Erdbeben von Lissabon Ausdruck gegeben hat. Immer wieder kehren die tückischen, die tödlichen Fragen wieder: Hat Gott diese Schrecken gewollt und verursacht? Was ist das für ein Gott, der – und sei es auch nur um vorbildlicher Zwecke willen – zu solchen Mitteln greift? Und wenn Gott nicht der Urheber dieser Kataklysmen ist, können wir uns damit zufriedengeben, daß er sie erlaubt? Ist hier die Vorstellung des Erlaubten nicht allzu doppeldeutig und anthropozentrisch? Jedenfalls kann ich der Versuchung (oder ist das nicht der passende Ausdruck?) nicht widerstehen, zu meinen, daß diese Kategorien – sei es der Kausalwirkung, sei es des Erlaubten – überwunden werden müssen und daß wir nur unter einer Voraussetzung dazu gelangen können, nicht etwa Gott zu denken – das ist uns sicher unmöglich –, sondern uns in Angst und Hoffnung einem Grenzziel zu nähern, das ein solches Denken wäre, daß wir, sage ich, nur dazu gelangen können, wenn wir uns gegen eine ehrwürdige philosophisch-theologische Tradition auflehnen und Wege einschlagen, die nicht mehr die Wege der klassischen Theologie sein können. Ich mache kein Hehl daraus, daß ich schon so weit war, mich zu fragen, ob es nicht eine Lösung wäre, nicht mehr die Allmacht, sondern die »Allschwäche« eines Gottes zu betonen, der sich in der Menschwerdung seiner Allgewalt entäußert, sie wie eine unheilbringende Last von sich geworfen hat, wohl nicht um sie dem Menschen aufzubürden, sondern vielmehr um den Menschen der Versuchung auszusetzen, nach ihr zu greifen, auf daß er die Versuchung bezwinge und ihre abgründige Sinnlosigkeit begreifen lerne.

Ich weiß, daß so etwas nur eine gedankliche Grenzposition sein kann; aber ist man sich einmal dessen bewußt geworden, wie gefährlich es ist, sich Gott als Souverän, als Despoten vorzustellen, so ist es schwer, nicht in eine Richtung abzugleiten, die zu dieser Grenzposition führt. Gewiß kommt es auch darauf an, ob es noch schlechterdings möglich ist, zu einem als Allschwäche gedachten Gott zu beten; ein Gott, zu dem man nicht beten könnte, wäre nur noch ein Gott für Philosophen. Anderseits wird der Gott der Philosophen immer nur aus der Sicht der Ordnung oder des Gesetzes bemüht werden, und Ordnung und Gesetz sind schließlich nur abstrakt schematisierte Ausdrucksformen der Macht.

Bei alledem ist nicht zweifelhaft, daß einem Gebet, das man sich mehr oder minder ausdrücklich als untertäniges Gesuch an einen Monarchen denkt, eben diese Idee der göttlichen Macht und Kausalität innewohnt, der wir uns, wie ich glaubte klarmachen zu können, mit Entschiedenheit widersetzen müssen. Alle Anstrengungen der großen geistlichen Führer haben, wie mir scheint, der Abwehr dieser Vorstellung vom Gebet als Untertanengesuch gegolten, weil sie die Idee Gottes und die Beziehung zwischen Gott und seinem Geschöpf abwertet. Sieht man das Gebet anders, begreift man es als Akt der freiwilligen Teilnahme, so läßt es sich auch mit der Bejahung der Allschwäche vereinbaren: die Allschwäche ist als das gedacht, was Gott aus sich hat machen wollen, denn so gibt er sich seit dem für uns unergründlichen ursprünglichen Zustand, innerhalb dessen unsere Aussicht, zu Gott zu finden, zweifelhaft wäre.

Im Grunde besagt das alles, daß wir in der Gegenwart mehr als in irgendeinem anderen Zeitalter unseren inneren Blick auf die Menschwerdung richten müssen: ist sie das eigentliche Mysterium, so ist sie doch auch der einzige feste Punkt, auf den wir hinstreben müssen; verlieren wir ihn aus dem Auge, so wird uns alles zum undurchdringlichen Nebel.

Handelt es sich hier aber einzig und allein um Glauben? Offensichtlich geht die Bejahung des menschgewordenen Gottes über die Grenzen schlechthin alles Wissens hinaus. Müßte man indes nicht auf der anderen Seite vermuten, daß dieser Glaube gleichsam zum magnetischen Anziehungsprinzip für alles Wissen werden kann, auch dort, wo das Wissen die Exaktheitsmerkmale dessen, was wir Wissenschaft heißen, annimmt? Damit will ich sagen, daß es mir willkürlich, ja, absurd vorkäme, hier eine strenge und etwa der Kantschen Trennung von Wissen und Glauben entsprechende Abgrenzung vorzunehmen. Ein Glaube, der sich in einem Sonderbereich einsperren, sich sozusagen in ein Indianerreservat verbannen ließe, wäre, genau besehen, ein toter Glaube. Lebendig ist der Glaube nur, wenn er befruchtet; es ist aber nicht einzusehen, warum man unterstellen sollte, daß die Welt als Gegenstand der Wissenschaft dieser befruchtenden Wirkung des Glaubens unzugänglich sei. In dieser Frage sind sich so verschiedenartige Denker einig wie Paul Claudel, ein genialer Dichter, und Pater Teilhard de Chardin, ein Gelehrter mit visionärem Blick; dabei haben wir noch nicht einmal alle Konsequenzen erahnt, die bei beiden aus dem fließen, was sich zunächst nur als Intuition, als prophetische Vorwegnahme darbot.

Ginge man in dieser Denkrichtung weiter, so käme man zweifellos zu dem Schluß, daß es eine Illusion wäre, den Triumph einer von aller metaphysischen Bindung losgelösten Religion zu erwarten; anderseits widerspricht die Vorstellung, daß sich eine Religion auf eine Metaphysik gründen könne, allem, was die Erfahrung uns gelehrt hat. Wenn man dem Glauben auch weiterhin die Rolle der auslösenden oder sogar bewegenden Kraft zubilligt, muß man doch auch das grundlegende Bedürfnis nach Einheit in Rechnung stellen: das Herzstück des menschlichen Geistes, das nie ungestraft mißachtet werden kann. Doch ist die Einheit, zu der der menschliche Geist drängt, nicht dasselbe – ich habe bereits darauf hingewiesen – wie etwa eine Synthese oder – weniger noch – eine Systemkonstruktion. Möglicherweise wird gerade unser Jahrhundert den Bankrott aller Systematisierungsversuche besiegeln, die im 19. Jahrhundert mit einer für uns kaum faßbaren Anmaßung um sich gegriffen hatten und die auf die Unterordnung der Religion unter eine ihrem Wesen nach fremde Betätigungsweise hinausliefen. Mit einer solchen Unterordnung kann und darf sich eine Religion, die ihres Namens würdig ist, nicht abfinden. Behauptet aber die Religion ihren Führungsanspruch, so setzt sie wiederum in dem Augenblick alles aufs Spiel, da aus der Führung so etwas wie Imperialismus wird; dieser Wandel kann indes nicht ausbleiben, wenn die Religion einer nicht von ihr stammenden, wenn auch historisch eine Zeitlang mit ihr verbundenen Lehre ihren Stempel aufdrückt, sie damit unantastbar macht und dann, von dieser Lehre ausgehend, gesetzgeberische Vollmachten auf einem Gebiet für sich in Anspruch nimmt, das durchaus nicht das ihre ist.

*

Ich konnte nur versuchen, die Klippen mit Leuchtbojen zu umgeben, zwischen denen ein gefährlicher, unter Umständen tollkühner Kurs gesteuert werden muß. An diesem Bild sollte man doch wohl festhalten: in der Welt, die sich um uns herum konsolidiert, mehr noch als in der Welt, die voraufgegangen ist und deren Einsturz viele von uns – ein fragwürdiger Vorzug – noch werden miterleben dürfen, muß die Religion als Abenteuer eigener Art erscheinen. Aber vom Ausgang dieses Abenteuers wird – daran ist nicht zu zweifeln – das endgültige Los des Menschengeschlechts abhängen.

Golo Mann

SCHLUSSBETRACHTUNG

Der letzte Band unserer »Propyläen Weltgeschichte«, genannt »Die Welt von heute«, erschien vor fünfundzwanzig Jahren. Klar, daß er nicht vom – damals – heutigen Tag handeln konnte. Er handelte von der »Gegenwart«, ihrerseits einem sehr ungenauen historischen Begriff. Er handelte von den Jahrzehnten seit dem Ausgang des Zweiten Weltkrieges, von den Jahrzehnten seit 1945, bis zu dem Jahr, in dem die Autoren zu berichten aufhörten, um mit einem Ausblick in die Zukunft zu enden, so ungewiß, wie Ausblicke in die Zukunft immer waren und immer sein werden. Zum Beispiel hielt ein so eminent kenntnisreicher und scharfsichtiger Analytiker wie Raymond Aron die engen Bündnisbeziehungen zwischen dem kommunistischen China und der Sowjetunion für dauerhaft, ja, für naturgegeben, wenngleich er innerhalb des Bündnisses das Gewicht Chinas allmählich wachsen sah, und so die Rücksicht, welche Moskau auf Peking würde nehmen müssen. Von dem, was sein werde, dreißig Jahre später, ahnte selbst dieser Beurteiler nichts, einer, der sich seltener irrte als irgendein anderer politischer Publizist seiner Zeit.

Wer irrte sich nicht? Am wenigsten die reinen Statistiker; zum Beispiel jene, die sich mit dem Wachstum der Erdbevölkerung befassen. Daß auf unserem Planeten im Jahre 1950 etwa zweieinhalb Milliarden Menschen lebten, diese Zahl im Jahre 1985 aber ungefähr verdoppelt sein werde, um zu Ende des Jahrtausends sechs Milliarden zu betragen, soviel wußte man, weiß man. Entsprechendes über die Verstädterung im Allgemeinen, über das Anwachsen der Riesenstädte im Besonderen, an der Spitze Mexico City, das gegen Ende des Jahrhunderts dreißig Millionen Einwohner haben wird. Bloße Zahlen; wir können oder wollen uns darunter nichts vorstellen, unsere Phantasie ist träge, solange wir uns nicht selber betroffen fühlen – und von jenen Städten mit mehr als zehn Millionen Einwohnern wird nur eine, Paris, zu unserem schmalen Europa gehören. Was nun aber diese Statistiken auch bedeuten mögen, etwas Erfreuliches sicher nicht; es wäre denn, man sieht in jeder Menschenseele eine unverwechselbare Kostbarkeit, derart, daß das Universum um so reicher wird, je mehr von ihnen entstehen, um nie wieder zu vergehen. Ist das im Ernst der christlich-katholische Glaube? Käme es nicht auf die Glücksmöglichkeiten jedes einzelnen Menschen an? Wie sollen sie den hohen, ihrer Seele gegebenen Auftrag erfüllen, eng zusammengepfercht, ohne sich doch zu kennen, in vergifteter Luft hungernd und hassend? Man muß wahrheitsgetreue

Beschreibungen solcher neuen »Vororte«, wie sie heute schon etwa die Stadt Lima umgeben, studieren, um jene dreißig Riesenstädte kommender Generationen sich vorzustellen. Weder Naturkatastrophen noch menschengemachtes Unheil vermochten die Mathematiker der Zukunft bisher zu widerlegen. Die fünfzig Millionen Menschenopfer, die der Krieg Adolf Hitlers kostete – fünfzigmillionenfache Qual und Verzweiflung, das ja; für den planetarischen Statistiker jedoch nur eine Figur weit hinter dem Komma. (Von einem »Nuklearkrieg« ist, als von etwas bisher noch Unbekanntem, hier nicht die Rede.) Könnte gegen dies Schicksal rational und wirkungsvoll gehandelt werden? Ja, ohne jeden Zweifel. In China sind zum Teil durch Sterilisierung, zum Teil durch steuerliche Belastung von Kinder-Reichtum, auch durch schiere Aufklärung ins Gewicht fallende Erfolge schon erzielt worden, derart, daß Indien, welches ehedem knapp halb soviel Einwohner hatte wie China, bald deren mehr haben wird. Hier tritt organisiertes menschliches Verhalten, hier Herrschaft, hier Politik ins Spiel. Das zahlenmäßige Wachstum der Menschheit, das elementarste Geschehen also, könnte auch die Mutter elementarer Katastrophen werden, von Völkerwanderungen, nicht der Hunderttausende, wie in spätrömischen Zeiten, sondern der Hunderte von Millionen. Einstweilen bleibt das Anwachsen der Menschheit eine monotone, dumpfe, aus der Ferne bedrohliche Begleitmusik zu den Ereignisketten oder Komplexen, von denen »Geschichte« bisher gehandelt hat und seit dem Jahre 1961 zu handeln nicht aufhörte. Eine integre und tüchtige Regierung, nenne sie sich nun kommunistisch oder anderswie, kann, wie das chinesische Beispiel zeigt, leisten, was eine faule und korrupte nicht zu leisten vermag, oder jedenfalls nicht leistet, weil sie andere Interessen verfolgt; wie denn, um nur einen von zu vielen Namen zu nennen, der Präsident der Republik Mexico, Lopez Portillo, während der sechs Jahre seiner Amtszeit aus einem Lande, in dem die Mehrzahl seiner Mitbürger im tiefsten Elend lebte und die unglückliche Hauptstadt entsprechend anwuchs, ein nach Milliarden Dollar zählendes Vermögen herauspreßte. Er war ein »Demokrat« oder Chef einer sich so nennenden »Institutionalisierten Revolutionspartei«. Andere trugen andere Titel, »Präsident auf Lebenszeit« oder dergleichen, und trieben es ebenso; noch unlängst hörten wir von zweien von ihnen, um deren Lebensabend wir uns nicht zu sorgen brauchen, obgleich sie ihn fern von der geliebten Heimat verbringen müssen ... Natürlich kommt es vor, daß irgendein Tyrann das Wachstum der Bevölkerung des von ihm beherrschten Landes aus ihm eigenen Gründen bremst. So sah es der »kommunistische« Beherrscher Äthiopiens gerne, daß in den Provinzen, welche gegen sein Regime rebellierten, die Leute verhungerten, da aus Europa und den USA ihnen gebotene Hilfe sie nicht erreichen durfte. »Innere Politik« auch das, eine diskrete Art von Bürgerkriegführung.

Die Frage, ob ein Land gut, stark und stetig, unter den Auspizien einer funktionierenden Verfassung regiert wird, oder schwach und wüst, bei häufig veränderten oder ignorierten Grundgesetzen, ob die Träger der Macht in ihrem befristeten Amt sich als Diener der Nation fühlen oder aber in Wahrheit Tyrannen und Räuber sind, hatte in den letzten Jahrzehnten so viel Gewicht wie eh und je; noch immer gilt das Wort Napoleons: »Die Politik ist das Schicksal.« Wobei der eigentliche politische Bereich von jenem der Wirtschaft und Gesellschaft zusamt der sie bewegenden Faktoren nie zu trennen war, gestern so wenig wie vor zweitausend Jahren.

Das Nachwirkende

Wir begannen unseren letzten Band mit einer Betrachtung der Weltsituation im Jahre 1945, also mit den unmittelbaren Folgen des Zweiten Weltkrieges. Die waren nun schon 1961 stark in den Hintergrund getreten und taten es in den folgenden zweieinhalb Jahrzehnten noch weit mehr. Wer das Jahr 1945 als erwachsener Mensch erlebte, ist heute alt; auf der Höhe des Lebens, wer damals geboren wurde. Was, zum Beispiel, war die eben gegründete UNO damals? Ein zahlenmäßig geringer Club der Siegermächte, in welchem »der Westen«, geführt von den USA, in Vollversammlung und Sicherheitsrat über eine zuverlässige Mehrheit verfügte; heute wird sie, wenn es zum Reden, zum bloßen Zählen der Stimmen kommt, beherrscht von der »Dritten Welt«, den Namen für eine höchst bunt zusammengesetzte Sache, von der man dort, wo unser Band endete, eben zu reden begann. Wie sah die politische Weltkarte im Jahre 1945 aus? Noch immer waren halbe oder mehr als halbe Kontinente bemalt mit den britischen, mit den französischen, belgischen, niederländischen, portugiesischen Farben. Das war schon ganz anders im Jahre 1961, und wenn Raymond Aron prophezeite, mit dem, was an europäischem Kolonialbesitz noch blieb, dem portugiesischen in Afrika, einigen Resten des britischen Imperiums, werde es auch bald ein Ende nehmen, so bewies er noch einmal sein politisches Acumen. Niemand zweifelte 1961 an der militärischen Überlegenheit der Vereinigten Staaten gegenüber dem zum Gegner gewordenen großen Bundesgenossen von 1945, der Sowjetunion, Überlegenheit keineswegs an Zahl der Truppen und konventionellen Waffen, wohl aber zur See und in dem nun allem Anschein nach entscheidenden Bereich der Nuklearwaffen. Kein Gedanke daran – jedenfalls kein laut ausgesprochener –, von solcher Überlegenheit Gebrauch zu machen, um den Status quo von 1945 mit Gewalt zu verändern; von einem allmählichen »Zurückrollen« der russischen Macht in Europa aufgrund von »Stärke« wurde in der Regierungszeit des Präsidenten Eisenhower (1953–1961) wohl geredet, aber niemals ein Schritt in solcher Richtung getan, auch dann nicht, gerade dann nicht, wenn die Gelegenheit dazu sich aufdrängte.

Ein schlagendes Beispiel dafür bietet die Doppelkrise vom Oktober/November 1956: das zeitliche Zusammenfallen eines gewaltigen, echten Volksaufstandes der Ungarn gegen ihre von Moskau gegängelten Machthaber mit einem spät-imperialistischen Unternehmen der Briten und Franzosen gegen das Regime des Obersten Nasser in Ägypten, der die Suezkanal-Gesellschaft enteignet hatte. Für die Ungarn fand Präsident Eisenhower gute Worte, sonst aber nichts. Gegen das britisch-französische Unternehmen in der Suez-Krise sprach er sein nacktes Veto aus, nicht ohne es durch eine Bewegung der amerikanischen sechsten Flotte im Mittelmeer zu unterstreichen: Mit Kanonenbootdiplomatie der Europäer gegen ehemals von ihnen beherrschte Völker sollte es ein für allemal ein Ende haben. Nur dies war der Sinn des amerikanischen Vetos; an bessere Beziehungen zu dem Ägypten Nassers wurde nicht gedacht. Es ist in diesem Sinn zu sagen, daß es den viel beredeten »Kalten Krieg« der späten vierziger und der fünfziger Jahre nicht eigentlich gegeben hat. Wenn »Krieg« bedeutet, einem Gegner den eigenen Willen mit allen Mitteln aufzuzwingen, so müßte »Kalter Krieg« bedeuten: mit allen Mitteln – wirtschaftlichen Blockaden, Subversion, Waffenhilfe für innere Bürgerkriegsparteien –, nur nicht mit offener eigener Waffengewalt. Nie sind solche Mittel von der nordamerikanischen Politik gegen die Sowjetunion gebraucht worden, um an dem Status quo, so wie ihn die unglücklichen Potsdamer Beschlüsse vom August 1945 festgelegt hatten, das Mindeste zu ändern. Nur dort, wo die Sowjetunion ihrerseits die Grenzen des Status quo von 1945 überschritt, direkt oder durch bolschewistische Bundesgenossen, griffen die USA ihrerseits ein; erfolgreich in Korea (1950–1953), erfolglos in Vietnam (1962–1973), wo das tatsächlich Gewonnene durch amerikanische Innenpolitik nach dem Friedensschluß verschleudert wurde.

Von beiden Fällen unterscheidet sich der kubanische. Auf der Insel war es in den fünfziger Jahren zu einer spontanen, vielfältigen Volksbewegung gegen den ebenso grausamen wie unnützen Caudillo Batista gekommen. Unter den Guerillaführern erwies sich der von den Kommunisten als bürgerlicher Putschist angesehene Fidel Castro als der endgültige Sieger. Durchaus war Washington bereit, ihn zu akzeptieren, sogar ihm wirtschaftliche Hilfe zu gewähren. Es war Castro, der sich gegen die USA erklärte, weil er einen Feind brauchte, um seine Diktatur zu befestigen, und der, da er in der Folge russische Hilfe erbat und erhielt, spät seine »marxistisch-leninistischen« Überzeugungen entdeckte. Eine wenn auch indirekte Machtniederlassung Moskaus in der Karibik war etwas radikal Neues, ohne Beziehungen zum Status quo von 1945; derart, daß die USA sie ohne wirksame Gegenzüge geschehen ließen. Erst als russische Raketenbasen mit den dazugehörenden Waffen auf Kuba entdeckt wurden, griff Präsident John F. Kennedy ein, indem er eine Blockade rings um Kuba verhängte: die bei weitem gefährlichste Krise seit 1945. Während einiger Tage im Spätherbst des Jahres 1962 stand der Weltfriede buchstäblich auf des Messers Schneide. Was, wenn waffenbeladene russische Schiffe, nach Kuba unterwegs, die Blockade zu durchbrechen versuchten? Damals war es, daß der sowjetische Generalsekretär Chruschtschow zurückwich und in das Abziehen der russischen Basen einwilligte; eine Kapitulation, die durch geringfügige amerikanische Gegengaben weise verschleiert wurde. Ein Höhepunkt amerikanischer Überlegenheit und ihres erfolgreichen Gebrauchs? Eher wohl ein letztes Aufflackern solcher Überlegenheit; ein End- und Anfangspunkt, Beginn der Entwicklung, die zu dem noch heute andauernden »Gleichgewicht des Schreckens« zwischen den beiden größten Weltmächten führte. Hatte der Kreml bisher, wie von alters, auf seine Land- und Menschenmassen mitsamt ihren konventionellen Waffen gesetzt, so begann nun die Konzentration auf Raketen und Sprengköpfe auf der einen, auf den Bau einer riesigen Schlachtflotte auf der anderen Seite – die Leistung der langen Ära Breschnew, um derentwillen Franz Josef Strauß ihn einmal einen »großen Staatsmann« nennen konnte, wie kritisch auch neuerdings von seinen Nachfolgern über ihn geredet wird. Es war die Zeit, in der die russischen »Marschälle« auf den Höhepunkt ihres Einflusses gerieten, in der, wie knapp Qualitätsarbeit und Rohstoffe immer sein mochten, für Rüstungen jedes Zweiges das Beste gerade gut genug war. Und so blieb es bis heute.

Es ist die Art aller großen Kriege der Vergangenheit gewesen, Entwicklungen zu intensivieren und zu beschleunigen, die auch ohne sie schon unterwegs waren. Die Vormacht des alten Südens innerhalb der Vereinigten Staaten wäre im 19. Jahrhundert allemal zur Neige gegangen; der Bürgerkrieg der sechziger Jahre hat diese Entwicklung beschleunigt, hat Zeit und Form bestimmt. Gleiches gilt für die beiden großen Kriege unseres Jahrhunderts.

Die Vormachtstellung Europas überall auf dem Planeten, mit Ausnahme in den USA und in Japan, wäre auf lange Dauer gewiß nicht zu halten gewesen. Schon Europas eigenste politische Philosophie, das Selbstbestimmungsrecht der Völker, aller Völker, und die Demokratie im Innern wirkten dagegen; ein dem europäischen Imperialismus im Grunde bereits seit dem 18. Jahrhundert eingebauter Widerspruch. Zudem mußten europäisch-amerikanische Wissenschaft und Technik allmählich auf Länder übergreifen, wo sie ursprünglich nicht geschaffen worden waren. Japan gibt das erste, bewundernswerte Beispiel dafür, wobei es keinerlei Entwicklungshilfe forderte oder erhielt. Ohne eigenen Impetus, wie er Japan vorwärtstrug, kann Entwicklungshilfe nie sehr weit führen, wie wir dies während der letzten Jahrzehnte erlebten. Immer aber bleibt wahr, daß die beiden Weltkriege Zeit und Form der großen Veränderungen mitbestimmten und noch heute, vierzig Jahre nach dem letzten, mitbestimmen. Ohne den Krieg von 1914 keine Sowjetunion, sicher nicht in der Form, in der sie heute existiert. Ohne den Krieg von 1939 kein geteiltes Deutschland, mithin kein zweigeteiltes Europa; kein zweigeteiltes Korea; kein Staat Israel, wiederum sicher nicht in seiner heutigen Ausdehnung, seinem nach allem, was Europas Juden angetan worden war, unvermeidlich kriegerischen-defensiv-offensiven Geist, samt aller aufwühlenden Folgen solcher neuen staatlichen Existenz für den Nahen und Mittleren Osten. Was die explosive Renaissance des Islam betrifft, so ist sie ebenfalls durch die schmähliche Selbstverstümmelung und Selbstentlarvung Europas während der beiden großen Kriege allermindestens beschleunigt worden, auch wenn sie, für wenige Kenner, schon vor 1914 unterwegs zu sein begann... Wir sind nun sehr weit fort von 1945 und wären, ohne 1945, doch nicht dort, wo wir sind.

Verwandlungen in der Funktion des Krieges und dessen Vorbereitung

Der Krieg, meinte Heraklit, sei »der Vater aller Dinge«. *Aller* Dinge doch wohl nicht; es wäre denn, man dehnte den Begriff auf alle menschlichen Bestrebungen und Gegen- oder Parallel-Bestrebungen aus. Aber *vieler* Dinge wohl; und ganz besonders des Staates. Die Entwicklung einer frühen staatsähnlichen Organisation, die ausschließlich friedlichen Zwecken diente, ist selten in Urzeiten. Sie gilt für Ur-Ägypten; hier war die organisierte Bewässerung, also die Ernährung, der Zweck aller frühen Herrscher- und Beamtenschaft. Aber das war die Regel nicht. Die Regel war: eine Stadt gegen die andere, ein Königreich gegen das andere, kein Reich für sich allein, immer Nachbarn, die Freunde sein mußten oder Feinde und zumeist das Letztere waren. Die ältesten Großkönige, von denen wir wissen, waren Gesetzgeber wohl, aber ebenso sehr Kriegskönige. Der Krieg wuchs mit der Kultur, die Kultur mit dem Krieg. In seinem Buch »Krieg und Kultur« hat Arnold Toynbee diesen Zusammenhang anhand reicher Beispiele aufgezeigt. Seine Darstellung handelt von Urzeiten, handelt von klassischer Antike und von »modernen« Zeiten auch. Die europäischen Staaten, so wie sie sich zwischen dem 16. und dem 19. Jahrhundert entwickelten, waren Kriegsstaaten von Haus. Doppelt kriegerisch war die Expansion Europas: Krieg gegen die zu unterwerfenden Völker Amerikas und Asiens; kriegerische Konkurrenz zwischen den expandierenden Nationen, zwischen Spaniern und Portugiesen, Holländern und Spaniern, Briten und Franzosen. Kriegerische Expansion schuf den europäischen Nationalstaat; ein Zusammenhang, der durch die Gleichzeitigkeit der ersten Reise des Kolumbus und der Eroberung der letzten arabischen Besitzung auf der Iberischen Halbinsel, Granada, durch die Katholischen Könige anno 1492 klassisch dargestellt wird: die Entstehung Spaniens gleichzeitig mit dem Beginn der spanischen Expansion in Südamerika. Die europäischen Nationalstaaten entstanden durch die transozeanische Expansion, bei gleichzeitigen häufigen kriegerischen Reibungen gegeneinander. Die ersten rational geführten Ministerien waren Kriegsdirektorien, die ersten rationalen Bürokratien dienten dem Fiskus, der seinerseits den »Kriegsschatz« zu häufen und zu verwalten hatte. Dies die Keimzelle des europäischen Staates; andere, »friedliche« Zwecke folgten nach, auch sie von den unfriedlichen häufig nicht sauber zu trennen: je mehr Menschen, desto mehr Soldaten, je produktiver die Landwirtschaft, desto sicherer deren Ernährung. Völkerrecht, zu Wasser und zu Lande, war Kriegsrecht zuerst, mit dem Zwecke der Begrenzung des Krieges – »De jure belli et pacis«. In diesem Sinn konnte ein Kritiker von Immanuel Kants Essay »Zum Ewigen Frieden«, Friedrich Gentz, um 1800 schreiben: »Ohne den Krieg gäbe es keinen Frieden auf Erden.« Er meinte: Der Krieg kanalisiert die Gewalt, trennt sie von Ungewalt, so wie ein kanalisierter Fluß das Wasser vom Trocknen trennt. Man mag sagen, daß ein solcher Zustand im 18., 19. Jahrhundert erreicht war und trotz der gewaltigen Vermehrung der Truppenzahlen im Gefolge der Französischen Revolution bis 1914 erhalten blieb. Danach nicht mehr.

Die sogenannte Erste industrielle Revolution hat ihren Ursprung nicht in kriegerischen Zwecken; sie stammte aus der Experimentierfreude und Gewinnfreude einer schon bürgerlich gewordenen britischen Gesellschaft. Anfangs also wuchs wohl der Krieg an der industriellen Entwicklung, ohne selber ihr starke Antriebe zu geben. Unvermeidlich aber wurden die neuen Mittel auch für Kriegszwecke mit wachsender Wirksamkeit eingesetzt, nachdem sie einmal da waren: die Eisenbahnen, der elektrische Telegraph. Hier hätte man schon von dem sprechen können, was in unseren Jahrzehnten ein Routine-Begriff der UNO wurde: von »Double-purpose-agents«, zweifach brauchbaren Erfindungen. Was von allem, das heute neu ist, wäre denn nicht zweifach brauchbar? Das ganze ungeheure Unternehmen der Astronautik ist es ja; schwankend zwischen friedlich-praktischen, kriegerisch-praktischen und – einstweilen – rein wissenschaftlichen Zwecken.

Es sind die drei längsten und mörderischsten Kriege der letzten hundertfünfundzwanzig Jahre, der amerikanische Bürgerkrieg und die Kriege zwischen 1914 und 1945, welche Wissenschaft und Technik auf das intensivste fortentwickelt haben: Panzerschiffe, Unterseeboote und Torpedos im amerikanischen Bürgerkrieg; Flammenwerfer, Giftgase, Flugzeuge, Tanks im Ersten Weltkrieg; Radar, Raketen, Entfesselung des Atoms im Zweiten. Ohne Zweifel wäre es zur Entfesselung der Nuklearkraft auch ohne Krieg gekommen. Aber wann? Dergleichen kostet sehr viel Geld, und Geld, im Frieden investiert, verlangt Rentabilität, die hier, zunächst, eine sehr zweifelhafte gewesen wäre. Anders im Krieg. Da gilt keine Rentabilität, da gelten nur die Resultate und für die beteiligten Firmen die Kosten, wie hoch sie immer seien, zusamt dem garantierten Profit. So konnten die ersten drei Atombomben in aller Heimlichkeit während fünf Jahren konstruiert werden. Ein Unglück war es allerdings, daß der erste Zweck entfesselter Nuklearkraft Massenmord war. Wohl gemerkt, solche Neuerungen wurden überwiegend *während* des Krieges realisiert, erprobt und gebraucht; denn diese Kriege dauerten lang, vier Jahre, sechs Jahre, und zumal die USA, auf ihrem Kontinent noch durchaus unangreifbar, konnten es sich erlauben, mit systematischen Rüstungen und Neuerungen in allem Ernst erst zu beginnen, nachdem sie, der Form nach, schon in den Krieg eingetreten waren.

Mittlerweile hat der Krieg seine Funktion, wissenschaftlich-technische Forschungen treibhausmäßig zu forcieren, verloren. Dafür wird er nicht mehr gebraucht. Was statt dessen gebraucht wird, ist die permanente, permanent sich steigernde Vorbereitung eines Krieges, der niemals stattfinden soll; der nicht stattfinden darf, eben weil er, wenn er stattfände, den Namen »Krieg« nicht mehr verdiente. Es gibt kein passendes Wort für das, was dann wäre. Der gesunde Menschenverstand könnte einwenden, wendet auch täglich ein: Welchen Sinn hat es, jahraus, jahrein mehr Wissenschaft, mehr Arbeit, mehr Geld, das wohltätiger zu verwenden wäre, in Arbeitsunternehmungen zu stecken, die nie zu einem praktischen Ziel führen? Die beschämende Antwort: Wir haben es hier mit einer konkurrierenden Dynamik zu tun, deren Ende einstweilen nicht vorauszusehen ist. Wohl gab es in den siebziger Jahren ein paar Verträge, die einige wechselseitige Einschränkungen vorsahen; es ist nicht unmöglich, daß weitere folgen. Unmöglich ist das Wieder-aus-der-Welt-Schaffen eines Mittels für hundertmillionenfachen Mord an Mensch, Tier und Natur, das einmal vorhanden ist. Würden selbst alle existierenden Nuklearwaffen vernichtet, dann hieße das: Kriege, nicht nach Stunden, sondern nach Jahren zu berechnende, könnten wieder sein, und es bliebe Zeit, die Massenmordwaffen aufs neue zu produzieren. Die Nuklearwaffen entwaffnen also nicht nur sich selbst, dadurch, daß sie da sind, aber nicht gebraucht werden können, ohne daß beide Gegner einander ausrotten, im strategischen Slang einander »unzumutbaren Schaden« zufügen; sie entwaffnen auch die konventionellen Waffen für jene Mächte, die im Besitz von Nuklearwaffen sind: die beiden Weltmächte, die über 95 Prozent des Arsenals von Nuklearwaffen verfügen.

Dieser in der Geschichte der Menschheit absolut neuen Tatsache entsprechen die folgenden Beobachtungen.

Erstens: Es gibt keine »Kriegsgründe« mehr. Gäbe es sie noch, so wie sie in den vergangenen Zeiten als solche galten, so hätten wir seit 1945 noch jedes Jahr den »Dritten Weltkrieg« gehabt.

Zweitens: Es gibt keine »Kriegsziele« mehr. Bei jedem großen Krieg der Vergangenheit ging es um »Ziele«; in besonderem Maß bei Adolf Hitlers Krieg. Aber niemand könnte sagen, was denn in einem Krieg zwischen den beiden Weltmächten das »Ziel« eigentlich sein soll. Kein Landgewinn könnte den unvorstellbaren Opfern irgendeinen Sinn geben. Hier ist man nach Jahrtausenden fortschreitender Zivilisation dort wieder angekommen, wo im Paläolithikum zwei wilde Männer mit Steinkeulen sich begegneten, keiner mit einer anderen Frage im Kopfe als dieser: »Kannst du mich töten, oder kann ich dich töten?« Der Unterschied: Heute wissen sie, daß sie beide einander töten können.

Drittens: Es gibt keine »Kriegserklärungen« mehr und auch keine formalen »Friedensschlüsse«. Der Friede, der, seit er geschlossen wurde, am längsten dauerte, jener zwischen Nord- und Südkorea, ist der Form nach ein Waffenstillstand zwischen Nordkorea und der UNO, wie denn der Korea-Krieg selber der Form nach eine »Polizei-Aktion« der UNO gegen Nordkorea gewesen war.

Die selten und dann nie ohne Zweifel ausgesprochene Tatsache, daß *der* Krieg, der große, entscheidende zwischen den Weltmächten nicht mehr sein kann, hat sehr weit tragende Folgen, und keineswegs so erfreuliche, wie man erwarten könnte. Vielmehr hat sich die Prophezeiung von Friedrich Gentz bestätigt: »Ohne den Krieg gäbe es keinen Frieden auf Erden.« Eben weil *der* Krieg ausbleiben muß, haben wir seit 1945 Hunderte von »kleinen« Kriegen, Bürgerkriegen, inneren, aber von außen unterstützten Staatsstreichen und Machtergreifungen, gefolgt von Massenmördereien gehabt; dabei sollen insgesamt so viele Menschen umgekommen sein wie während der sechs Jahre von Hitlers Krieg, den Mord an den Juden mit eingeschlossen. Ein nicht erklärter Krieg zwischen dem Iran und dem Irak geht nun ins neunte Jahr, und es ist nicht abzusehen, wann er enden wird. Der Zahl der Opfer, des Einsatzes der Waffen nach wäre er früher als ein gewaltiger Krieg angesehen worden; heute ist er ein »Fait divers«, an das man sich gewöhnt hat und das in den Zeitungen nur dann erscheint, wenn wieder einmal eine neue Offensive aufflammt. Das angebliche Kriegsziel ist die »Bestrafung« des Staatschefs des Irak, der anno 1979 sich die Wirren nach dem Sturz des Schahs Reza Pahlewi zunutze machen zu können glaubte, um einen Streifen Landes zurückzugewinnen, den der Schah ihm genommen hatte. Wie es schon früher oft gegangen war, in Rußland in größtem Maßstabe: Man haßt die Tyrannen, verjagt sie oder tötet sie, aber die Territorien, welche sie gewalttätig dem Reiche einbrachten, behält man nur allzu gern.

Zu dem von keiner Macht kontrollierbaren Chaos der Kleinkriege gehört auch das der Kleinstkriege, des internationalen Terrorismus. Auch er ist ein dauernd arbeitendes Ventil des Triebes zur Gewalt, dort, wo das periodisch, ordnungsgemäß Funktionierende des Krieges alter Art nicht mehr wirken kann. Da gibt es brüderliche Querverbindungen zwischen Iranern, Palästinensern und Basken, finanziert mit Geld, das Europa für libysches Öl bezahlt, zwischen Kubanern, »Sandinisten« – ein nichtssagender Name wie »Sandino« ist immer nützlich, wenn man sich »bolschewistisch« nicht nennen will –, zwischen peruanischen »Maoisten« – auch dieser Name, obgleich völlig sinnlos, macht sich gut –, äquatorianischen, kolumbianischen Guerilleros. Die Internationalität des Terrorismus, seine weitreichenden Querverbindungen, bedeuten nicht, daß der Boden, auf dem er wächst, überall der gleiche wäre. Der baskische Terrorismus ist nichts als Spaß an Gewalt, Kriegsspiel, Erpressung, Mord und Beute. Im erneuerten demokratischen Spanien haben die Basken erreicht, was lange ihr Traum war: ihre autonome Region mit Selbstverwaltung, Selbstregierung, während sie gleichzeitig im Kongreß in Madrid verfassungsgemäß vertreten sind. Mord ist ganz gewiß nicht die Methode, den wünschbaren weiteren Ausbau ihrer Autonomie zu fördern. Ein souveräner, vermutlich dann kommunistischer baskischer Staat, der auch die baskisch sprechenden Regionen Südfrankreichs miteinschlösse, ein Albanien zwischen Frankreich und Spanien, ist unmöglich und wird von der gewaltigen Mehrheit der Basken keineswegs ersehnt; es könnte wieder nur von Tyrannen beherrscht werden. Dagegen haben die sozialen Protestbewegungen im bolivarischen Südamerika nur allzu reale Ursachen; unter nordamerikanischem Einfluß werden dort die Reichen noch reicher, während die Mittelklasse verarmt und die Armen ins äußerste Elend sinken. Leider macht es jedoch in Peru keinen Unterschied, ob man einen untauglichen oder, wie neuerdings, einen jungen, energischen, ideenreichen und überaus sozialgesinnten Präsidenten besitzt. Im Gegenteil, gerade ein solcher ist den »Maoisten« der Verhaßteste. Und ihre gewohnte Methode bleibt, die armen Indiobauern im Gebirge zu töten, wenn sie nicht von ihnen »erlöst« werden wollen.

Mit dem Terrorismus werden wir, niemand weiß wie lang, leben müssen, wie man es in den Jahrhunderten der Piraterie getan hat, und mit einem schwachen Trost: Jede Reise mit dem Auto, auch in den zivilisierten Ländern, ist noch immer lebensgefährlicher als beispielsweise ein Besuch im Lande der Basken.

Mehr Demokratie?

Die Vereinigten Staaten von Amerika – es hieße richtiger von Nordamerika – mußten auch während des letzten Vierteljahrhunderts bleiben, was sie seit 1945, willig oder widerwillig, gewesen waren und besser schon in den Jahrzehnten angeblicher Isolierung, 1919 bis 1941, gewesen wären: die Führungsmacht des Westens, führend in der Wissenschaft – kaum ein Jahr, in dem nicht wenigstens ein Nobelpreis nach den USA ginge –, in Technik und Produktion, in der Masse der Rüstungen und in der äußeren Politik, die sie, trotz des Atlantikpakts und häufiger Gipfelkonferenzen, im Wesentlichen selbständig führen und weiter führen werden, zumal Westeuropa, die »Europäische Gemeinschaft«, sich bislang nicht fähig erwies, der Weltmacht als eine zweite westliche, wäre sie auch eine bescheidenere, gegenüberzutreten und so den Traum des Präsidenten John F. Kennedy zu erfüllen: der »Westen« als eine Ellipse mit zwei Brennpunkten, dem amerikanischen und dem europäischen. Es konnte dieser Wunsch um so weniger in Erfüllung gehen, als in der Epoche, von der wir handeln, das innere, amerikanische Schwergewicht sich mit zunehmender Schnelligkeit vom Osten nach dem Westen, vom Atlantik nach dem Pazifik, verlagerte. Binnen dieses Vierteljahrhunderts hat der Staat Kalifornien seine Einwohnerschaft verdreifacht, seine Produktion, seinen Reichtum mehr als verdreifacht; überwiegend waren nun die Einwanderer nicht mehr wohlhabende Rentner aus dem Osten, sondern Emigranten, teils legale, teils illegale aus Hispano-Amerika, vor allem aus dem benachbarten Mexiko, und aus Ostasien, China, Taiwan, Indonesien, Vietnam, Kambodscha. Die Stadt Los Angeles wurde für Ostasien, was New York im 19. Jahrhundert für Europa gewesen war. Diese Neuerung bedeutet nicht nur ein ungeheures Anwachsen der Bevölkerung – sie steht heute nahe bei 250 Millionen –, sondern auch eine Veränderung in der Kombination der Rassen, der Sprach- und Religionsgemeinschaften. Zumal die Hispanics, deren es bald 20 Millionen sein werden, pflegen ihre Sprache beizubehalten. Die Asiatics nicht so sehr, auf die Dauer; dafür beweisen sie einen Drang, in die Höhe zu kommen, Einsatzbereitschaft und Talente, derart, daß ihre

Söhne schon einen beträchtlichen Prozentsatz der Studenten an den Universitäten und in den Colleges bilden; mit dem alten Ideal dieser Hochschulen – WASP, White, Anglosaxon and Protestant – ist es für immer vorbei. Noch ist Nordamerika im Ursprung eurogen, noch immer sind die politischen und rechtlichen Institutionen, welche das Leben der Nation regeln, europäischen Ursprungs. Innerhalb des von ihnen gegebenen Rahmens entwickelt sich eine Gesellschaft, die man nicht mehr als ein Europa-in-Amerika wird bezeichnen können. Daß der Handel über den Pazifik heute schon jenen über den Atlantik übertrifft, ist nur eines der Symptome der Wandlung. Im Rückgang begriffen ist das historische, das kulturelle, das politische Interesse der USA an Europa, im Rückgang die Energie der mehrhundertjährigen, wechselseitigen Befruchtung. Für Nordamerika bedeutet es noch einmal einen ungeheuren Kräftezuwachs; für Europa nicht. Denn im 19. Jahrhundert wuchsen beide Kontinente nicht bloß nebeneinander, sondern miteinander, aneinander, wie der Schreiber dieser Zeilen das im achten Band unseres Werkes zu zeigen versuchte.

Gemessen am abermaligen rapiden Wachstum der Bevölkerung und an deren Umschichtung mögen die nur politischen Ereignisse späteren Historikern von geringem Gewicht erscheinen. Auch sie müssen jedoch zu unserer Schau aus der Vogelsicht gehören, wobei wir die USA, ihre Verbündeten, ihre Nachbarn und ihre Gegner ins Visier nehmen.

Der Präsident John F. Kennedy ist als eine Art von Lichtgestalt in die amerikanische Geschichte eingegangen. Er war ein Kriegsheld, jung und reich an generösen Ideen; er wurde das Opfer eines Attentates, ehe er den Großteil seiner Vorstellungen hatte verwirklichen können, und die Hintergründe seiner Ermordung sind nie überzeugend aufgedeckt worden. Ein ermordeter Siegfried. Das begann mit seiner Inaugurationsrede – »Frage nicht, was kann Dein Land für Dich tun, frage, was kannst Du für Dein Land tun« –, steigerte sich in seinem in einer Rede vor dem Kongreß gegebenen Auftrag an die NASA, vor Ende des Jahrzehnts einen Amerikaner auf den Mond zu bringen – ein Versprechen, dessen Erfüllung er nicht mehr erlebte – und erreichte seinen Höhepunkt während der »Kuba-Missile-Crisis« Oktober 1962. Hier zeigte der Präsident sich als Staatsmann, Mut und Konsequenz mit dem Gefühl höchster Verantwortung, mit Vorsicht und Takt verbindend. Noble Pläne hatte er für die südlichen Nachbarn: Hispano-Amerika, eine »Allianz für den Fortschritt«, wie er es nannte. Aber seine Zeit reichte nicht, und das Geld, welches der Kongreß ihm für den Anfang bewilligte, reichte ebenfalls nicht.

Kennedys Nachfolger, der Texaner Lyndon B. Johnson, war der letzte in der Reihe der Präsidenten, der Franklin D. Roosevelts »New deal« – er wählte einen klingenderen Namen – fortzusetzen strebte: die soziale Förderung und Sicherung des »kleinen Mannes«, den »Krieg gegen die Armut«. Auf diesem Feld ist Johnsons Werk beträchtlich: »Medicare«, eine allgemeine staatliche Krankenversicherung, dort, wo bisher eine schwere Krankheit des Ernährers nur zu oft den Ruin der Familie bedeutet hatte, berufliche Trainingsprogramme, um aus Bettlern oder Unterstützungsempfängern nützliche Bürger zu machen, zinslose Anleihen für Studenten, zusätzliche Bürgerrechte, »Civil rights«, die jede Rassendiskriminierung bei öffentlichen Einrichtungen verboten, die sichere Ausübung ihres Stimmrechts für Afro-Amerikaner im Süden garantieren sollten. Aber schon Mitte der sechziger Jahre kam dieses soziale Unternehmen zum Stehen und wurde von keinem seitherigen Nachfolger

Johnsons noch wesentlich fortgesetzt; im Gegenteil: Unter dem Präsidenten Reagan fanden, im Zeichen der These, die Union habe viel zu viel an sich gerissen, was Aufgabe der einzelnen Staaten, der Gemeinden oder aber der Selbsthilfe sei, weitreichende Reduzierungen der zentralstaatlichen Sozialaufgaben statt. Johnson, ein Meister im ständigen Machtspiel mit den beiden Häusern der Volksvertretung, scheiterte an seiner Unkenntnis der nichtamerikanischen weiten Welt. So ließ er sich in das Abenteuer von Vietnam verlocken, ererbt von seinem Vorgänger Kennedy, welcher der südvietnamesischen Regierung schon einige hundert Militärberater geschickt hatte; unter Johnson wuchs dies Hilfscorps im Laufe der Jahre an, bis zuletzt 800000 amerikanische Soldaten gegen den kommunistischen, von Moskau unterstützten Norden in Vietnam standen, in einem Krieg, doppelt grausam, weil er, niemals »erklärt«, nicht mit der notwendigen Konsequenz und strategischen Planung geführt wurde, mit der nur »echte« Kriege geführt werden konnten. So verderblich die Lage in Vietnam für die häufig untätigen, in die Netze der Korruption und der Drogen geratenen amerikanischen Truppen wurde, so sehr bedrängte sie den Mann im Weißen Haus; immer lauter und stärker wurde die Opposition im eigenen Land, geführt von den Kirchen wie von den großen Universitäten. Das war der Beginn jener Studenten-Revolution, die, von Kalifornien ausgehend, ihren Weg über den amerikanischen Osten, über Paris und Berlin bis nach Tokio nahm. Freilich muß man sagen, daß die amerikanischen Studenten Gründe für ihren Protest besaßen, welche den Europäern durchaus ermangelten. Unter diesem Druck entschloß sich Johnson, auf eine zweite Amtsperiode – genauer, eine dritte, denn er hatte als Vizepräsident die Erbschaft des ermordeten Kennedy angetreten – zu verzichten.

Sein Nachfolger, der Republikaner Richard Nixon, hätte als großer Präsident in die Geschichte eingehen können, hätte er sich nicht zuletzt in einen eigentlich verbrecherischen Unsinn eingelassen, unfähig, sich von ihm zu befreien: in die Affäre »Watergate«. Und dann wurden »Watergate« und »Vietnam« zu einem einzigen Komplex des Unheils und der Schande zusammengezogen, obwohl beide Ereignisketten rein gar nichts miteinander zu tun hatten. Zusammen erschienen sie den Amerikanern als ein Doppel-Symptom für den Niedergang ihres Gemeinwesens, als ein Verlust an Macht wie an Moral. Erst dem Präsidenten Ronald Reagan sollte es gelingen, den im Lande umgehenden Pessimismus zu überwinden und in sein Gegenteil, neuen Stolz, neue Zukunftshoffnung zu verwandeln.

Nixon ging prompt daran, den Krieg in Südasien zu »vietnamisieren«, das hieß, die amerikanischen Truppen, Division um Division, nach Hause zu schaffen, so, wie sie ehedem Division um Division verschickt worden waren. Zuletzt sollten nur noch Berater bleiben, wie am Anfang, und für den Notfall die amerikanische Luftwaffe. Diese neue Taktik war keineswegs erfolglos. Wie sonst hätte es, Januar 1973, in Paris zu einem Vertrag kommen können, der, ohne formal ein »Friedensvertrag« zu sein, in der Realität dennoch einer war, zwischen Nordvietnam auf der einen, Südvietnam und den USA auf der anderen Seite? Nixon glaubt heute noch, und er hat gute Argumente dafür, daß dieser Vertrag hätte halten können, wäre er der Unterstützung des Kongresses, also seiner eigenen Nation, sicher gewesen. Er war es nicht. Der Kampfruf »No more Vietnams« war nun der leidenschaftliche Glaube einer Mehrheit seiner Mitbürger, mithin auch des Kongresses, der in diesen Jahren in seinem nie endenden Kampf mit dem Weißen Haus wieder einmal die Oberhand gewann.

Dazu kam die immer engere Verstrickung des Präsidenten in die »Watergate«-Affäre, die ihm sein Prestige raubte, seine amtlichen Tätigkeiten paralysierte, schließlich ihn zwang, das Weiße Haus freiwillig zu räumen, um einer schmählichen Absetzung durch den Kongreß zu entgehen. Ein denkwürdiger Schritt in der zweihundertjährigen Geschichte der USA; der erste seiner Art. Daß es einem Bundesrichter mittleren Ranges gelang, den mächtigsten Mann im Lande in immer engere Engen zu treiben, ihn allen Verzögerungen und Schwindeleien zum Trotz zur Herausgabe der Tonbänder mit den geheimsten Gesprächen zu zwingen und so seiner Mitschuld zu überführen, darf man wohl als einen historischen Triumph des Rechtes und einer tief verwurzelten Demokratie ansehen.

Das ist jedoch für den Historiker kein Grund, Nixons Verdienste zu ignorieren. Sie liegen auf dem Felde der Außenpolitik, für die Regierung in Washington stets dem schwierigsten, weil die Amerikaner von Anfang an so wenig Außenpolitik wie nur möglich haben wollten, weil in diesem Sinn auch die Verfassung konstruiert ist und die beiden Häuser der Volksvertretung selber Außenpolitik unmöglich betreiben können, es aber als ihre Funktion ansehen, in tiefem Mißtrauen die Diplomatie des Staatschefs und seiner Berater striktest zu kontrollieren und zu behindern. Um wieviel glücklicher sind in dieser Beziehung die Machthaber im Kreml! Um so bewundernswerter bleiben die drei Leistungen, die Nixon, im Bunde mit seinem Staatssekretär, dem deutschen Immigranten Henry Kissinger, vollbrachte. Die erste: eine Veränderung im Verhältnis zur Sowjetunion, Besuch Nixons in Moskau, Gegenbesuch des Generalsekretärs Breschnew in den USA, Unterzeichnung eines Vertrages zur Begrenzung strategischer Nuklearwaffen – SALT I – und weiterreichende Vorsätze. Die zweite, entschieden hoffnungsvolle: der Entschluß, das kontinentale China als das eigentliche anzuerkennen, anstatt daß die USA an der abergläubisch zu nennenden These festgehalten hatten, die legitime Republik China sei vorübergehend auf der Insel Taiwan, Formosa, beheimatet, bis zu dem Tag, an dem der besiegte Führer der Kuo-min-tang seine rechtmäßige Stellung in Peking wieder werde einnehmen können. Es war Nixon, der es wagte, solchem Widersinn ein Ende zu machen und China zu besuchen. Ihm gelang die Aufnahme diplomatischer Beziehungen, und Weg wie Ziel zu einem entschieden positiven Verhältnis waren nun klar zu erkennen. Die dritte Leistung: das bei weitem bedeutendste der arabischen Länder, Ägypten, das unter dem Präsidenten Nasser sich ganz dem Kreml in die Arme geworfen hatte, von dieser verfänglichen Freundschaft zu befreien und für eine Allianz oder wenigstens eine Zusammenarbeit mit Washington zu gewinnen.

Der Hergang dieses Wandels ist merkwürdig genug; er hat zu tun mit dem fünften und hoffentlich letzten Krieg zwischen Israel und den arabischen Staaten, dem Oktoberkrieg von 1973. Da er, im Gegensatz zu den früheren Kriegen, den Ägyptern wenigstens anfangs bedeutende Erfolge brachte, schien zum erstenmal ein ehrenhafter Friede zwischen beiden Staaten möglich. Henry Kissinger bemühte sich, als ehrlicher Makler zwischen Kairo und Jerusalem hin- und herfliegend, diesen Frieden zu fördern. Sein Ziel erreichte er damals nicht. Wohl aber gelang ihm, der als Historiker im Stil des vergangenen Jahrhunderts noch an das Gewicht persönlicher Freundschaften glaubte, die Anknüpfung einer solchen mit dem Präsidenten Sadat. Dieser über Kissinger: »Er hat noch immer alles gehalten, was er versprochen hat.« Es folgten ein Besuch Nixons in Kairo, die Wiederaufnahme diplomatischer Beziehungen, die Zusage wirtschaftlicher Hilfe. 17000 russische Militärberater hatte Sadat schon vorher hinausgeworfen... Müßten wir eine edle Tat eines führenden Politikers während des letzten Vierteljahrhunderts nennen, so gäbe es kein Zögern: Präsident Sadats Besuch in Jerusalem, seine Rede vor der Knesset, anno 1977. Er war des Krieges müde und des langen Geschwätzes auch; er wünschte Gerechtigkeit für die Juden und Gerechtigkeit für die heimatvertriebenen Palästinenser, für den Staat Israel einen gesicherten, für dessen Nachbarn nicht gefährlichen, sondern nützlichen Platz im Nahen Osten. Und so sein Wort an Israels Volksvertreter: »Sie sind willkommen in dieser Region!« Eine wahre Tragödie, daß sein israelischer Partner, Menachem Begin, durchaus anderen Charakters war. Er verstand die Feierlichkeit des Momentes gar nicht. Später ließ er wissen: Seine Israeli bedürften keines Willkommengrußes, sie seien, wo sie seien, nach dem Willen Gottes und dank ihrer militärischen Macht, das genüge... Zu einem Friedensvertrag zwischen Israel und Ägypten – genauer: zu einem formellen Zeitplan für die zu treffenden Vereinbarungen – kam es dann doch, im Jahre 1977. Es war Nixons zweiter Nachfolger, Präsident Carter, welcher dieses Geschäft mit schönem Takt zustande brachte. Leider blieb es unvollendet. Immer hatte Sadat das Problem der aus ihrer Heimat vertriebenen Palästinenser als das entscheidende angesehen; für sie galt es, eine Heimstätte zu schaffen. Dagegen scheint Begin den Vertrag für einen Tausch gehalten zu haben: die Halbinsel Sinai, welche die Israeli seit 1967 besetzt hielten, für Ägypten; Cisjordanien – Judäa und Samaria – für Israel. Dieses Mißverständnis oder Doppelverständnis führte, so glauben wir, zu Sadats Ermordung im Jahre 1981. Die Araber achten keinen Chef, der sich betrügen läßt... Im Resultat sind die Konflikte im sogenannten Nahen Osten, verbunden mit dem Mittleren, so verworren und blutig wie eh und je; der erfindungsreiche Geist Henry Kissingers hat sich umsonst bemüht, der noble Sadat ist zusamt seiner Vision vom orientalischen Frieden verschwunden.

Mehr Demokratie? In Hispano-Amerika kann man recht wohl davon reden. Während der frühen achtziger Jahre fielen nacheinander, teils unter dem Druck populärer Gewalt, teils mehr oder weniger friedlich die langjährigen Diktaturen in Argentinien, Uruguay, Brasilien, zuletzt auf den Philippinen, wo im Moment, in dem wir dies niederschreiben, die Entwicklung noch eine offene ist. Es verblieben nur noch zwei südamerikanische Diktaturen: in Chile und in Paraguay. Demokratie: Rechtssicherheit, Freiheit der Presse und Rede, Freiheit, politische Gruppierungen zu bilden, Kontrolle der Regierungen durch die frei gewählten Vertreter der Regierten. Es ist nicht zu bestreiten, daß die USA, ohne jene nun verschwundenen Tyranneien geschaffen zu haben – das taten sie nur gelegentlich in Zentralamerika –, doch lieber mit ihnen handelten als mit ungesicherten demokratischen Führern. Hier scheint nun unter dem Druck des Kongresses und eines großen Teiles der öffentlichen Meinung ein Wandel vor sich zu gehen, dessen Dauerhaftigkeit noch unter Beweis zu stellen bleibt. In Nicaragua mußte der Diktator Somoza schon 1979 aus dem Lande fliehen, weil, wie er selber klagte, der Präsident Carter mit »gezinkten Karten« gegen ihn gespielt, das hieß, ihm die amerikanische Unterstützung entzogen hatte, ohne die seine Tyrannei der gewaltigen gegen ihn stehenden Mehrheit des Volkes nicht gewachsen war. Dort aber wurde aus der neuen Demokratie bald etwas, das dem bolschewistischen System, ohne mit ihm identisch zu sein, Jahr für Jahr näher kam; ein Prozeß, der durch kubanischrussische materielle, zumal militärische Hilfe und Ratgeber kräftig unterstützt wurde. Ein sehr ernstes Beispiel für ein Dilemma der nordamerikanischen Politik: Sie will Demokratie überall und besonders in ihrer Nachbarschaft, aber sie kann nicht bestimmen, was die von ihren Tyrannen befreiten Völker mit ihrer neuen Freiheit anfangen werden, kann nicht hindern, daß sie sich aus Liebedienern der USA in deren Feinde verwandeln. So beschränkt sich Nordamerika auf indirekte Hilfe, meist unter dem täuschenden Nenner »humane Hilfe«, für Gegner des neuen ultralinken Herrschaftssystems, wie sie zugunsten der sogenannten Contras in Nicaragua betrieben wird – binnen sechs Jahren ohne den mindesten Erfolg, man wollte es denn als einen Erfolg bezeichnen, wenn ein armes Land noch ärmer, ein unglückliches Land noch unglücklicher gemacht wird. Dies Dilemma wurzelt tief in der Geschichte, im politisch-moralischen Glauben der Nordamerikaner. Die Folgen sind ungut. Zudem glauben wir, daß gegenüber Nicaragua eine energischere, offenere, konstruktivere Haltung gleich anfangs möglich gewesen wäre.

Mehr Demokratie auch in Europa. Damit meinen wir nicht jenes »Mehr Demokratie wagen«, das zeitweise in der Bundesrepublik als Schlagwort umging, in dessen Zeichen Selbstbestimmung oder Mitbestimmung in Bereichen eingeführt wurden, etwa in den Schulen, wohin sie nur sehr begrenzt paßten. Auch ohne mehr Demokratie zu wagen, hat die bundesdeutsche Demokratie ihre Feuerproben längst bestanden. Zwei tiefreichende Machtwechsel, 1969 und 1982/83, wurden strikt verfassungsgemäß vollzogen, ohne daß die notwendige Kontinuität im Inneren und Äußeren je gefährdet gewesen wäre. Alle sechs Staatsoberhäupter seit 1949 haben aus ihrem schwierigen Amt ein je anders geartetes, dem Gemeinwesen immer nützliches Kunstwerk gemacht und so das Vertrauen zur neuen deutschen Republik befestigen helfen. Große Debatten im Bundestag, öffentliche Streitgespräche zwischen Politikern unterscheiden sich nicht mehr von entsprechenden Auftritten in den klassischen Demokratien Westeuropas. Trotz der »Fünf-Prozent-Klausel«, die eine Parteienzersplitterung verhindern sollte, gelang es einer vierten Partei, sich durchzusetzen und neue Charaktere, neue Ideen in die Parlamente zu bringen; ein Zeichen lebendiger Demokratie auf jeden Fall. Selbst angesichts einer Welle terroristischer Mordtaten wurde der Versuchung, die Grenzen des Rechtsstaates auch nur um Geringes zu erweitern, niemals nachgegeben. Was die Beziehungen zum »Zweiten deutschen Staat«, zu Osteuropa überhaupt betrifft, so hat man hier mit Maß und Weisheit das in sich Unnormale so weit normalisiert, wie möglich war, im Interesse einer Erhaltung der Nation und im Interesse besonders der Bürger in der DDR. In den fünfziger Jahren war es noch Mode zu fragen, ob »Bonn« am Ende nicht doch ein anderes »Weimar« sein werde? Dieser Vergleich hat mittlerweile seinen Sinn verloren.

Erfreuliche, wahrhaft staunenswerte Überraschungen kamen gegen Ende der Epoche, von der wir handeln, von der Iberischen Halbinsel. Während Jahrzehnten war Portugal von einem integren und strengen, nicht durchaus illiberalen, aber entschieden undemokratischen, das hieß dem »Volkswillen« tief mißtrauenden Professor, Salazar, autoritär, mit einer Dosis »Corporatismus«, regiert worden. Dieses System geriet in den sechziger Jahren in eine Kette von Krisen. Seit dem Tode Salazars, 1970, schien das Ende der Semi-Diktatur nur noch eine Frage der Zeit zu sein; wie so oft kamen die liberalen Reformen, die Salazars

Nachfolger dekretierte, zu spät und zu spärlich. Entscheidend wirkte ein hoffnungsloser Kolonialkrieg in Afrika. Es waren die in Angola und Mozambique kommandierenden portugiesischen Offiziere, die, in der Gewißheit, daß der blutige und kostspielige Versuch, die Kolonien zu erhalten, niemals glücken könnte, ihren Aufstand in das Mutterland selber trugen. Die militärische Junta, die nun in Lissabon die Macht an sich brachte, war zunächst entschieden »linken«, sozialistischen, wenn auch nicht doktrinär-kommunistischen Charakters; es kam zur Enteignung des Großgrundbesitzes und der bedeutendsten industriellen Unternehmungen. Dagegen wieder reagierte die Mehrheit der Bürger gelegentlich der Wahlen zu einer verfassunggebenden Versammlung, danach das erste demokratische Parlament. Die Kommunisten, sich der Allmacht nahe fühlend, konnten nur 12 Prozent der Stimmen gewinnen. Heute scheint eine parlamentarisch-pluralistische Demokratie in Portugal, ungeachtet einiger Krisen, die noch zu überwinden sind, fest im Sattel zu sein; eine Situation, zu welcher die Entwicklung im großen Nachbarland indirekt beigetragen haben mag.

So, wie während der letzten Jahre des Kaisers Franz Joseph von Österreich alle Welt wissen konnte, daß es nach seinem Tode innerhalb der Donau-Monarchie zu fundamentalen Veränderungen kommen würde, wußten auch die Spanier: das System des General Franco konnte nicht länger dauern, als er selber dauerte. Ohne es zu wollen – er traute sich selber alles zu, seinen Mitbürgern aber gar nichts –, hatte sein Regime durch die Jahrzehnte die Grundlage schaffen helfen, auf welcher, nach seinem Tod, 1975, ein tragfähiges, demokratisches System geschaffen werden konnte. In den sechziger Jahren war die wirtschaftliche Wachstumsrate Spaniens die höchste in der westlichen Welt. Es entstand eine breite Mittelklasse, eben das, was der unglücklichen Republik von 1931 gefehlt hatte. Dazu kamen Millionen von Spaniern, die außerhalb des Landes, in Frankreich, Deutschland und in der Schweiz arbeiteten und nicht bloß Geld nach Hause schickten, sondern auf häufigen Urlaubsreisen auch etwas von dem Geist ihrer Gastländer heimtrugen, während umgekehrt ein Strom von Abermillionen Touristen sich nach Spanien ergoß, welches so Italien den ersten Platz im Bereich der Touristik abgewann. Das war das Werk des ideenreichen Ministers Manuel Fraga Iribarne, eines der jungen Politiker am Rande des Regimes, die schon in den sechziger Jahren wußten, daß Spanien nun zur Demokratie reif geworden war und solche Reife rechtzeitige, vorsichtige Erfüllung forderte, um die neuen Kräfte zu kanalisieren. Seinerseits tat der greise »Generalissimus« alles, um eben diese Entwicklung hintanzuhalten. Er band den von ihm ernannten Nachfolger Juan Carlos von Bourbon – dessen als Chef des Hauses berechtigter Vater, Don Juan, schien Franco zu liberal – mit allen nur erdenklichen Staatsdokumenten an die Erhaltung der bestehenden Ordnung. Vergeblich. Der junge König, charakterstark, von hoher Intelligenz und gut beraten, war von Anfang an entschlossen, dem Königreich das demokratische Gefüge zu geben, das die große Mehrheit der Bürger nun wünschte, demokratisch nicht nur im Zentrum, auch in den historisch oder linguistisch charakterisierten Regionen, die, im modernen Gewand, jene Autonomie erhalten sollten, welche der Zentralismus der Habsburger und Bourbonen ihnen genommen hatte. Es gelang; ohne Revolution, ohne Racheakte an den Mitgliedern der entmachteten alten Elite und so, daß Francos Politisches Testament formal geachtet, indes der Wille des Testamentes total außer Kraft gesetzt wurde. Eine großartige Leistung des Staatschefs, seiner Berater, der Politiker der Mitte und der Linken, kaum behindert durch das Überleben grollender Franquisten. Im Jahre 1982 gewannen die Sozialisten einen gewaltigen Wahlsieg, und seitdem regieren sie; man könnte jedoch nicht sagen, daß sie eigentlich »sozialistisch« regieren. Im Gegenteil: Sie rationalisieren, sie eliminieren unrentable Betriebe, um so innerhalb der Europäischen Gemeinschaft konkurrenzfähig zu werden. Es fand nur eine einzige Enteignung statt – aus juristischen, nicht aus ideologischen Gründen. Insgesamt dürfen wir hoffen und glauben: Die lange Epoche, an die zweihundert Jahre, während derer Spanien im Zustand gefährlichster Polarisierung existierte, während derer es zwei Spanien gab, die immer wieder gegeneinander schlugen, grausam während des Bürgerkrieges, noch grausamer nach dem Sieg – die Racheakte der Franquisten nach dem Sieg, indes ihre eigenen Verbrechen ungesühnt blieben, waren die abscheulichsten – diese Epoche ist nun zu Ende, die Nation – Nation aus Nationalitäten oder Regionen –, die zu unserer europäischen Kultur so viel beigetragen hat, dann aber zeitweise abseits lebte, ist nach Europa zurückgekehrt.

Der Osten

Eine der spanischen vergleichbare Entwicklung, der Übergang von einer Autokratie, die annähernd vierzig Jahre gedauert hatte, zu einer wohlbalancierten, maßvollen Demokratie, ist zwischen Berlin-Ost und Wladiwostok undenkbar. Noch jeder Nachfolger Stalins hat zu Beginn Neues und Besseres versprochen. Und Neues geschah in Tat und Wahrheit: zum Beispiel die Auflösung der Stalinschen Sklavenlager, welche Millionen getretener Gefangener die Freiheit gab, durch Chruschtschow. Noch jeder »Neue« hat erhöhte Anstrengungen gefordert: vermehrte Produktion bei besserer Qualität, reicheren Konsum, mehr Selbständigkeit für die Leiter industrieller Unternehmungen, Realisierung neuer Technologien; auf der moralischen Seite effizientere Arbeit, weniger Alkoholkonsum, Bekämpfung der Korruption. Gute Forderungen, die wohl auch Wirkungen erzielten – zunächst. Aber an der theologisch-ökonomisch-historischen Doktrin, auf welcher das Riesenreich besteht, durfte und darf nichts geändert werden und nichts an der Organisierung der Macht, die auf der Doktrin beruht: die Alleinherrschaft der Partei zusamt ihrer Unfehlbarkeit; sie garantiert durch die Unfehlbarkeit des Marxismus-Leninismus, die Verneinung der freien Marktwirtschaft und jeden privaten Besitzes an den Produktionsmitteln die Identität von Staat und Partei als doppelköpfigem Meister über alle Gaben der Wirtschaft und Kultur. In diesem Sinn erscheint die Sowjetunion nicht reformierbar – im Gegensatz zu ihrem Vorgänger, dem Zarismus, der es im 19. Jahrhundert durchaus war, im 18. auch. Von oben dekretierte Reformen sind in der Menschheitsgeschichte aber nicht alles – bei weitem nicht. In dem von so vielen hochbegabten Völkern bewohnten Reich bewegt sich manches, was nicht in den Akten steht. Jeder Reisende, komme er nun aus Odessa, aus Georgien, aus den islamischen Gebieten, auch nur aus dem Baltikum, erzählt: Es sei alles ganz anders als noch vor zehn

Jahren; freier, froher, wohlhabender, nicht ohne kaum verborgene Verachtung für die Zentrale in Moskau und deren Doktrin.

Sogar ist zu vermuten, daß die Bürger in den Staaten der Sowjetunion selbst es leichter haben als jene des »Ostblocks«. Für diese gilt noch immer auf das schärfste die »Breschnew-Doktrin«: Wer einmal Mitglied der moskowitischen Kirche ist, darf nicht wieder heraus. Besonders bitter haben die Tschechen die Wirkung dieser Doktrin im Sommer 1968 erfahren, während die Polen von der »brüderlichen Hilfe«, welche die Russen hätten geben können, nur durch einen Staatsstreich ihrer eigenen Armee und ein nachfolgendes Militärregime bewahrt werden konnten. So deprimierend das Ende des von der Gewerkschaft »Solidarität« so froh und gerecht Begonnenen auch ist, so bedeutet es doch nicht, daß alles vergebens war, daß sich in Polen gar nichts zum Freieren hin verändert hätte – eine Entwicklung, welche der ungarischen seit 1956 von ferne zu vergleichen ist. Der Weg zu mehr Freiheit dieser im Ursprung von 1945 in einem befreiten und gefangenen Völker pflegt drei Schritte vorwärts und zwei zurück zu führen. Auch im »anderen deutschen Staat« ist heute, nicht zuletzt dank des veränderten Verhältnisses zur Bundesrepublik, das geistige Leben entschieden freier, als es vor zwanzig Jahren war. Und mit Jahrzehnten muß man hier rechnen. Die Zarin Katharina die Große zu einem französischen Besucher: »Dies Land, das ich regiere, ist so unermeßlich groß, daß ein Jahr bei uns soviel gilt wie ein Tag bei Euch in Paris...« Auch im schleppenden Tempo der Veränderungen wirkt Mütterchen Rußland zurück auf seine spät angenommenen Söhne.

Ob der Marxismus für die Russen eine ihnen von Haus aus fremde Importware sei, darüber mag man streiten. Bestreiten läßt sich nicht, daß russische Kritiker Marx früh entdeckten – er war sehr stolz darauf –, und daß er gegen Ende seines Wirkens eine hoffnungsvolle Aufmerksamkeit auf Rußland zu lenken begann. Ohne jeden Zweifel total fremd war jene westeuropäische Doktrin für das »Reich der Mitte«, für China, ob Kaiserreich oder Republik. Es mag dies ein Grund dafür sein, daß dort um die Interpretation der Doktrin noch unvergleichlich häufiger, wilder und blutiger gestritten wurde als in der Sowjetunion, wobei von Anfang an nicht so sehr von »Marxismus-Leninismus« wie von »Marx und den Gedanken Maos« gesprochen wurde, zwei geistige Energien, die eine vergangen, die andere präsent, die wohl oder übel einander irgendwie finden mußten, derart, daß seit die Kommunisten im Jahre 1949 ganz China beherrschten, es zu zahlreichen Umschwüngen, zu nicht bloß theoretischen, sondern höchst gewalttätigen Konflikten über die rechte Art der Verbindung beider Lehren kam. Bis endlich einer der Nachfolger Maos, während seiner Europa-Reise, wissen ließ: »Wir messen nicht die Wirklichkeit an der Theorie, sondern die Theorie an der Wirklichkeit.« Man war wohl zu höflich, ihm die Gegenfrage zu stellen: Warum es denn dann der Theorie überhaupt bedürfe?... Deshalb lassen sich die Spannungen zwischen der Sowjetunion und China, die trotz eines im Jahre 1950 in Moskau geschlossenen Bündnisses früh sich anmeldeten und ihrerseits ein Gewoge von Auf und Ab bildeten, hinführend auf der einen Seite zu russischer technologischer Hilfe, auf der anderen Seite aber zu militärischen Zusammenstößen am Ussuri, keineswegs nur durch theoretische Meinungsverschiedenheiten erklären. Mao verurteilte Chruschtschows Entstalinisierung als einen Verrat an der Diktatur des Proletariats, verurteilte seinen

Versuch, zu einem erträglichen Verhältnis mit den USA zu gelangen, als »Sozialimperialismus«. Als aber, noch zu Maos Zeiten, der Präsident Nixon China besuchte, als es zur Aufnahme diplomatischer Beziehungen zwischen beiden Mächten kam, später zu einem Verhältnis, das man als entschieden freundlich bezeichnen kann, war diese Neuerung durchaus kein »Sozialimperialismus« mehr, und die scharfen Spannungen zwischen Moskau und Peking verhärteten sich. Daß der Freundschaftsvertrag von 1950, längst abgestorben, endlich auch formal aus der Welt geschafft wurde, war kein Ereignis mehr. Rußland und China: zwei benachbarte Reiche mit vieltausend Meilen langen Grenzen, von denen das eine sich auf Kosten des anderen territorial gewaltig vergrößert hatte und, trotz allem Leninismus, von dem unrecht Gewonnenen keinen Quadratkilometer zurückzugeben gedenkt, zwei Reiche also, zwischen denen zweifelhafte Freundschaft mit mehr oder weniger direkter Feindschaft abwechselt. Dafür bedurfte es keiner ideologischen Gegensätze; allenfalls boten sie den Vorwand.

Im Rahmen unserer Schlußbetrachtung ist kein Kurzbericht über die Geschichte Chinas seit 1949 oder 1961 zu erwarten. Die rein politischen oder theoretischen Wortgebilde und Versprechen, die proklamierten und wieder zerrissenen Verfassungen, die »Drei Roten Banner«, die »Hundert Blumen«, die »Drei Freiheiten« – was sagen solche Wortgebilde über das ungeheure Drama eines Volkes von nahezu einer Milliarde Menschen während eines Vierteljahrhunderts? Die Machtkämpfe an der Spitze, zwischen Gruppen, auch zwischen Individuen, das Verdrängtwerden und Wiederauftauchen von Anführern, der politische, ideologische Kampf um von Peking aus nie völlig zu beherrschende weit entfernte Regionen, das beständige Korrigieren des einmal Beschlossenen, das Schwergewicht auf die Industrialisierung zu legen, nein, auf die Landwirtschaft, nein, auf beide im gleichen Maß, die Zentralisierung der Industrie und wieder ihre Dezentralisierung, so daß jede Volkskommune nicht nur für ihre Ernährung, sondern auch für ein wenig Stahlproduktion zu sorgen hätte, die Versendung von Millionen Studenten aufs Land, damit sie eins würden mit den Bauern, und wieder ihre Zurücksendung in die Hochschulen – nur ein Spezialist könnte all das zur Darstellung bringen in einem Werk, welches den Leser doch in einiger Verwirrung zurückließe. Sind ja schon die Geschichten unserer Großen Französischen Revolution verwirrend genug.

Die bei weitem schlimmste Periode, die Kulturrevolution der Jahre 1966 bis 1968, gehört zu jenen destruktiven Unterbrechungen einer überwiegend positiven Entwicklung, die keiner erkennbaren historischen Notwendigkeit entstammen, sondern Willensakte sind: hier der Wille Maos, seine Revolution vor Bürokratisierung, Erstarrung, »Stalinisierung« zu schützen, sie als Revolution permanent zu machen und so weiterzuführen durch die Vernichtung dessen, was von uralter chinesischer Kulturtradition noch bestand; ein Wille, der von antiintellektuellen Intellektuellen an den Universitäten freudig aufgegriffen wurde – von den Bauern weniger. Die Folgen waren fürchterlich, nicht nur für Hunderttausende von Ermordeten oder Verbannten, auch für die in ihrer Arbeit gestörten und beängstigten Völker des Reiches. Daß solches Unwesen abgeblasen werden konnte, drei Jahre nachdem es angeblasen worden war, ist ein anderes Anzeichen der Willkür des Ganzen. Den Ruhm Maos konnte es nicht verdunkeln, nicht im Leben und nicht im Tode; ist ja der Ruhm eines Toten leichter zu erhalten, allenfalls wieder herzustellen, als der des Lebenden. Aber Maos Witwe erging es schlecht.

Es gibt starke Argumente für die These, wonach Wissenschaft und Wirtschaft im russischen Reich sich ohne Lenins Revolution nicht langsamer entwickelt hätten, als sie es im Zeichen seiner Revolution taten. Für China ist ein solches Argument unseres Wissens nie verteidigt worden. Wohl fing die Vorgängerin der Kommunisten, die Kuo-min-tang, hoffnungsvoll an, sank aber bald zu einer unschöpferischen, korrupten Tyrannei herab. Die Gründe für ihren Zusammenbruch waren mit Händen zu greifen, obgleich in den USA jeder, der sie bei Namen nannte, Jahrzehnte hindurch sich kommunistischer Sympathien verdächtig machte. Die Steigerung der chinesischen Produktion auf allen Gebieten seit 1950, von der elektrischen Energie bis zum Getreide, ist bewundernswert: Da gab es Verdoppelungen, da gab es Verzehnfachungen. Und so gelang es auch, die größten Flüsse einzudämmen, deren periodische Überschwemmungen ehedem unsagbares Leid angerichtet hatten. Heute ist China für Europäer und Nordamerikaner geworden, was es noch niemals gewesen war: ein Reiseland. Und wer zurückkehrt, hat Erfreuliches zu berichten – vielleicht, weil er weniger Erfreuliches zu sehen keine Gelegenheit erhält... Warnend sollte man hinzufügen: Ob die Wendung zum Besseren, Freieren hin, sogar zu ein wenig Kleinkapitalismus, eine endgültige ist – genau dies weiß man angesichts von Ländern mit kommunistischen Regierungen niemals.

Aufklärung und ihre Grenzen

Zeitweise war es in Deutschland Mode – ist sie es noch? –, die geistige oder wissenschaftliche Bewegung, die der Historiker im späten 17. Jahrhundert beginnen läßt und der man den Namen »Aufklärung« gegeben hat, als in ihren Folgen mehr schlecht als gut anzusehen: die »Dialektik der Aufklärung«. Ja, gewiß, Aufklärung habe uns Demokratie gebracht, aber ebenfalls den totalen Staat; die Verlängerung des Lebens durch die medizinische Wissenschaft, mit ihrerseits so viel bösen wie guten Folgen, aber auch »Auschwitz«, auch die Nuklearwaffen. Vor allem: Aufklärung sei »total«. Sie könne und werde vor nichts haltmachen; nicht vor dem Allerintimsten, nicht vor dem, was früher als das Allerheiligste galt; sie kenne keinen Respekt und keine Gnade. So, grob zusammengefaßt, die viel subtilere Kritik, die von einigen beredten deutschen Gelehrten angeboten wurde. Ihnen sei gewünscht, in einem Traum, weit realistischer, als Träume sein können, etwa einen Tag lang im Deutschland des 14. Jahrhunderts zu leben, oder, sagen wir, zu Beginn des 17. Jahrhunderts für einen Tag, eine Nacht als »Hexer« in die Hände der Polizei eines deutschen Fürstenstaates zu fallen. Vielleicht hätten sie dann das Buch »Dialektik der Aufklärung« nie geschrieben. »Dialektik« führt uns im Ernst nicht weiter; sei sie positive, bejahende, wie sie es die längste Zeit war, sei sie negative, wie sie es unter den Händen jener geistreich-späten Philosophen wurde. Wie viel schlichter und wahrer die Beschreibung jedes geschichtlichen Ereignisses, die Raymond Aron uns gab: »ambivalent und unerschöpflich«. Ambivalent: Es kann zu etwas Gutem führen und zu etwas Schlechtem auch. Unerschöpflich: Im voraus weiß man nie, wohin es führt; es mag nie geplante, nie für möglich gehaltene Folgen haben, und die allerverschiedensten obendrein. Wenn das für jedes historische Großphänomen gilt, das Erscheinen einer neuen religiösen Lehre, eine politisch-soziale Revolution, einen wissenschaftlichen Durchbruch – warum soll es dann für einen von Dutzenden Generationen in vieler Herren Länder fortgeführten geistigen Arbeitsgang nicht gelten? Totale Unentrinnbarkeit der Aufklärung? Erstens: Sie *muß* diesem Gesetz nicht folgen. Zweitens: Sie tut es in Wahrheit nicht. Sie tut es unter den »Aufklärern« – und das sind heute die Adepten der Wissenschaft – selber nicht. Die Frage, was soll oder darf man tun von dem, was man tun kann, ist heute einer der »Gelehrten-Republik« ungleich bewußtere, als sie es zu Beginn des Jahrhunderts war, wobei die aus dem vorigen Jahrhundert stammende Trennung zwischen den Natur- und den Human- oder Geisteswissenschaften offenbar im Schwinden begriffen ist. Die Frage, um nur ein Beispiel zu nennen, was die neue genetische Wissenschaft mit dem Menschen anstellen darf, was nicht, geht den Theologen, den Juristen, den Soziologen, zuletzt den Politiker ebenso an wie den Biologen; den Kommunisten ebenso sehr wie den Anhänger einer freien Marktwirtschaft. Eine eigentliche Katholizität, im Stil des europäischen Mittelalters, wird diese »Republik« freilich in für uns voraussehbaren Zeiten nicht sein können. Dazu reicht, trotz allen guten Willens, die Gemeinsamkeit nicht aus, dafür sind die von Machtpolitik gesetzten Grenzen zu stark. Hätten wir sie aber, unsere dialektischen Kritiker wären die ersten, sich mit schrillen Warnungen gegen »Konzile«, »Synoden«, »Inquisitionen« im Erdmaßstab zu wenden.

Empirisch ist festzustellen, daß »Aufklärung« keine »totale« Macht erringen konnte, selbst wenn und insoweit sie es wollte oder wollen mußte, wie die These lautet. Aufklärung und tradierte Religion vertragen sich nicht; dafür ist Immanuel Kant, ernstester, frömmster aller Aufklärer, der schlagende Beweis. Es gibt ja aber die christlichen Kirchen noch. Haben sie in Europa an Einfluß, an »praktizierenden« Gläubigen verloren, so keineswegs in Hispano-Amerika, in Afrika. Wenn dort die Bischöfe das Heil der Seele zusammensehen mit einer menschenwürdigen Existenz hier auf Erden – die »Theologie der Befreiung« –, so bedeutet dies gewiß keinen Verrat am Evangelium; es scheint, daß auch der Vatikan sich dieser Erkenntnis nicht länger verschließen will. Die Menschenrechte selber sind ja im Ursprung christliche, erarbeitet von Theologen der Spätscholastik, bevor sie säkularisiert wurden. In einem alten europäischen Gemeinwesen, Polen, bleibt die katholische Kirche der Hort der Nation, ihrer Freiheit, ihrer Dauer überhaupt. Und selbst wenn der »polnische« Papst, Johannes Paul II., in Weltgegenden erscheint, in denen das Christentum nur von geringen Minderheiten übernommen wurde, empfangen ihn die Massen mit einer Begeisterung, die aus Besserem als bloßer Sensationslust stammt; im Gefühl, daß hier einer kommt, der es gut mit allen Menschen meint. Also ist Aufklärung nicht »total«. Da sie kein Individuum ist, weder Mensch noch Dämon, hätte es keinen Sinn zu fragen: nicht total, weil sie es nicht sein kann oder weil sie es nicht sein will?

Keineswegs »total« war sie auch in dem Sinn, daß sie sich über den Erdkreis dermaßen verbreitet hätte, wie dieser »europäisiert« erschien. Hier mußten die Europäer eine Illusion verlieren. Weil wir während ein paar Jahrhunderten, auch nur ein paar Jahrzehnten, regiert hatten, direkt oder indirekt, in Afrika, im Nahen und Mittleren Osten, in Südasien, so glaubten wir, jene Völker dächten nun mehr oder weniger so wie wir selber, was für eine dünne, englisch oder französisch gebildete Elite auch zutraf. Ein Beispiel dafür ist der eigentliche Gründer und erste Regierungschef der Indischen Republik, Jawaharlal Nehru, dessen Bücher sich lesen wie die eines Professors der London School of Economics. Ähnlich, obgleich von anderem Charakter, war auch der letzte Schah von Persien, der es für schieren Zeitverlust hielt, am Freitag noch eine Moschee zu besuchen, der an nichts dachte als an die Modernisierung, Säkularisierung, Industrialisierung seines Reiches; der eben darum den riesigen Grundbesitz der Mullahs enteignete, wie jenen der Feudal-Aristokratie, der die Frauen gleichstellen wollte mit den Männern, der, kurzum, für Persien tun wollte, was Zar Peter der Große für Rußland getan hatte. Über seine Großprojekte gebückt, verlor er jeden Kontakt mit seinen Untertanen, sah nicht, wie sie wirklich waren, ahnte nichts von dem, was in den Moscheen vorging, und mußte zuletzt sein Heil in der Flucht suchen, ehe sein Besieger aus der Ferne, der Oberpriester Khomeini, aus Paris in Teheran eintraf. Was seither im Iran geschehen ist, hielt man wohl für unmöglich: die Herrschaft von Gottesgelehrten, die durch Interpretation des Heiligen Buches, des Korans, ihres Amtes walten; die Rückversetzung der Frauen in das gedrückte, verschleierte Leben der Vorzeit, das der Prophet ihnen aufgegeben hatte; die Wiedereinführung der grausamsten Körperstrafen für weltliche, für religiöse und nicht zuletzt für politische Abirrungen; zudem der nun ins achte Jahr gehende Krieg gegen die Iraker, mit dem uneingestandenen Ziel, die »islamische Revolution« über Mesopotamien hinaus in den Nahen Osten und nach Afrika zu tragen, ein Krieg, in dem man fünfzehnjährige Knaben, versehen mit einem Zettel, der ihnen das Paradies sichert, in die Massaker treibt – wir hätten das alles für möglich halten sollen. Die »Aufklärung« war dort, woher sie kam, ein mehrhundertjähriger, harter und, zumal am Anfang, opferreicher Arbeitsprozeß, an dem Afrikaner und Asiaten sich nicht beteiligt hatten, um spät, von oben mit imperialen Methoden ausgeteilt, einige seiner Früchte geschenkt oder aufgezwungen zu erhalten. Wie konnten wir glauben, das ginge dort sehr tief und gelte für immer? Gewiß ist auch Nationalstolz im Spiel und von religiösem Willen nicht zu trennen. Nun, da man frei ist – von fremder Herrschaft! –, will man den Europäern zeigen, wie tief man ihre Traditionen und Lebensarten verachtet.

Ein Widerspruch drängt sich auf: Jene, die nach der heiligen Weisheit des Propheten leben wollen, verschmähen doch nicht gewisse Früchte der »Aufklärung«, welche die mehr oder weniger großen »Satane«, die USA, die europäischen Staaten, die Sowjetunion ihnen bieten; die allermodernsten, die allerwirksamsten Waffen zumal, aber auch friedliche Errungenschaften. Der Sohn des Oberpriesters Khomeini hat, wir lasen es, allein das Recht, mit seinem Automobil in die Höfe der Moscheen zu fahren, und wir dürfen annehmen, daß es sich da um etwas Besseres als einen Mittelklassewagen handelt. In einem französischen Jet flog sein Vater von Paris nach Teheran, er konnte es dank einer Propaganda, die er jahrelang mittels elektrischer Apparaturen in seiner Heimat hatte betreiben können ... Für den Westen ist alles das ein schwacher Trost; im Ertragen von Widersprüchen hat menschliche Wirklichkeit sich von je her als sehr geduldig erwiesen.

Es gab die großen Versuche, der Geschichte der Menschheit einen klar zu erfassenden Sinn zu geben; sei es der Menschheit im Ganzen, von ihren Anfängen an, wie es am großartigsten und verführerischsten der deutsche Philosoph Hegel vermocht hat; sei es, daß man sie aufteilte in einzelne Kulturen, die, wie Organismen den gleichen Gesetzen folgend, entstanden, blühten und vergingen. Wir haben das klingende Schlußwort Hegels: »Bis hierher ist das Bewußtsein gekommen, und dies sind die Hauptmomente der Form, in welcher das Prinzip der Freiheit sich verwirklicht hat...«, und Oswald Spenglers düstere Forderung als Frucht seiner Lehre vom »Untergang des Abendlandes«: »Wir haben nicht die Freiheit, dies oder jenes zu erreichen, aber die, das Notwendige zu tun oder nichts«. Das Notwendige in der Sicht dieses wenig hilfreichen Philosophen: den unvermeidlichen Untergang »prachtvoll« zu vollziehen. Immanuel Kant, Geschichtsphilosoph auch er, durchaus dem 18. Jahrhundert angehörend, nicht wie Hegel dem 18. und 19., war deswegen nicht unweiser; im Gegenteil, er war vorsichtiger in seinen Hoffnungen, denen er eine gute Dosis Skeptizismus beigab. Auch er sah »Aufklärung« als die große Aufgabe der Menschheit an, als den »Ausgang des Menschen aus seiner selbstverschuldeten Unmündigkeit«. Aufklärung würde zu freien, sich selber bestimmenden bürgerlichen Gesellschaften führen. Den roten Faden ihres Fortschreitens sollten die Historiker suchen, das übrige, und das war leider das meiste, Aberglauben, Kriege, dumpfe Tyrannei, aber fortlassen, denn daraus sei nichts zu lernen. Doch die unter dem Gesetz sich selber regierende bürgerliche Gesellschaft genügte nicht, solange sie in einem Staat lebte unter anderen Staaten, die, so wie der Mensch war, so wie sein Staat war, unvermeidlich gegeneinander existierten, so daß die nackte Gewalt, im Inneren eines Staates gebannt, sich jederzeit nach außen wenden konnte. Solcher Antagonismus war, an sich betrachtet, sogar notwendig, weil ohne ihn die Menschheit leicht in schlaffe Untätigkeit zu verfallen drohte. Aber das war nur die eine Seite der Sache. Die andere lag in der Frage: »Ob nicht die Zwietracht, die unserer Gattung so natürlich ist, am Ende für uns eine Hölle von Übeln, in einem noch so gesitteten Zustande, vorbereitete, indem sie vielleicht diesen Zustand selbst und allen bisherigen Fortschritt in der Kultur durch barbarische Verwüstung wieder vernichten werde...«?

Das Wünschenswerte: ein Weltzustand, der nie ganz ohne Gefahr ist, damit die Kräfte des Menschen nicht einschlafen, der aber durch eine allgemeine Staatenverbindung, einen »Völkerbund«, die Menschheit vor Selbstvernichtung schützt. Als Garanten einer solchen unsicheren Sicherheit sah Kant nicht so sehr die Verfassung des von ihm anvisierten Völkerbundes an, worauf er sich in jenem Essay gar nicht einläßt, sondern die »Moralisierung« des Menschen in der Gesellschaft. »Wir sind in hohem Grade durch Kunst und Wissenschaft *kultiviert.* Wir sind *zivilisiert,* bis zum Überlästigen... Aber uns für schon *moralisiert* zu halten, daran fehlt noch sehr viel... Solange aber die Staaten alle ihre Kräfte auf ihre eitelen und gewaltsamen Erweiterungsabsichten verwenden..., ist nichts von dieser Art zu erwarten; weil dazu eine lange innere Bearbeitung jenes gemeinen Wesens zur Bildung seiner Bürger erfordert wird. Alles Gute aber, das nicht auf moralisch-gute Gesinnung gepfropft wird, ist nichts als lauter Schein und schimmerndes Elend. In diesem Zustande wird wohl das menschliche Geschlecht verbleiben, bis es sich, auf die Art, wie ich gesagt habe, aus dem chaotischen Zustande seiner Staatengesellschaft herausgearbeitet haben wird.«

Wenn heute sein Geist herniederstiege, er wäre von dem, was er in den Zeitungen läse oder im TV sähe, weniger überrascht als Hegel; ungleich weniger überrascht als Hegels Schüler Karl Marx, der mit wissenschaftlicher Sicherheit die letzte und größte, die proletarische Weltrevolution vorausgesagt hatte, danach aber ewigen Frieden in Freiheit und Wohlstand. Nichts von solcher triumphaler Gewißheit bei Kant. In dem redlich-vertrackten Netze seines Denkens fing er manches ein, das heute so aktuell scheint wie vor bald zweihundert Jahren. Der Mensch hat immer gefährlich gelebt und wird es stets, aller Sicherungen zum Trotz; ja, er muß gefährlich leben, weil sonst nichts Neues aus ihm werden könnte und das schon Erworbene zerfallen müßte. Nur muß er aufpassen, daß seine Selbstgefährdung nicht zur Selbstvernichtung führt. Ein Rat, der heute mehr Aktualität hat, auch öfter besprochen, ja sogar befolgt wird. Was die von Kant geforderte »Moralisierung« betrifft, so wird man kaum entscheiden können, ob sie seither Fortschritte gemacht hat. Unsäglicher Massenmord geschah in unserem Jahrhundert und geschieht weiterhin. Daß gegen Ende des 18. Jahrhunderts auf die Folter als juristisches Instrument verzichtet wurde, hat sie nicht aus der Welt geschafft. Auf der anderen Seite haben wir eine Einrichtung wie »Amnesty International«, die mit vorbildlicher Unparteilichkeit, trotz allen Widerstandes der Tyrannen, Justizmorde und Folterungen feststellt, zählt und der weiten Welt bekannt macht. Und wenn es zu Immanuel Kants Zeiten so viele Naturkatastrophen gab wie heutzutage, Erdbeben, Vulkanausbrüche, Dürre und Hungersnot, aber niemand half und niemand helfen konnte, weil man ein paar hundert Meilen weiter weg gar nichts davon wußte, so werden heute die Möglichkeiten der Hilfe, geboten durch Schnelligkeit der Nachrichten und des Transportes, nach Kräften wahrgenommen. Hier dürfte man beinahe von Brüderlichkeit sprechen; einem Anzeichen für etwas, von dem es nie genug geben kann.

Der Begriff »Fortschritt«, der, zu Beginn des 18. Jahrhunderts geboren, das 19. beherrschte, ist aus der Mode gekommen. Fortschritt wohin? Wessen Fortschritt? Und wenn dieses Zeitalter kein »Zeitalter des Fortschrittes« mehr ist, welche anderen Namen taugen? Keine. Man spricht von einem »Postindustriellen Zeitalter«. Was soll das, wenn uns schon unsere Mahlzeiten fertig von den Fabriken geliefert werden? Man spricht von »Postmoderne«. Aber seit das Wort »modern« modern wurde, was ebenfalls erst im 18. Jahrhundert geschah, bedeutete es das »Neueste«, und Neueres als das Neueste gibt es nicht. Man spricht von einem »Postchristlichen Zeitalter«. Aber das trifft, wie wir sahen, das Ganze keineswegs. Keine Epoche gehorcht einem einzigen Nenner, und das ist gut so. Warum ihn suchen?

Nie hat der Mensch gewußt, wohin er ging; nicht im Großen und Ganzen, nicht im einzelnen Abenteuer. Hätten die »Katholischen Könige« Spaniens vorausgesehen, wohin die Reise des Kolumbus führen werde, zur unterdessen großen demokratischen Republik von Nordamerika, sie hätten ihn gewiß hübsch zu Hause gelassen. Heute hat jeder Astronaut seine Aufgabe, ungleich präziser, überwachter, als die vagen Ziele der Conquistadoren es waren. Wohin aber die Astronautik noch führen, welchen Sinn sie, im Rückblick von weiteren vierhundert Jahren, gehabt haben wird – die Allerweisesten ahnen es nicht.

Romane, Filme, mögen ein glückliches Ende haben oder ein tragisches. Eine »Weltgeschichte« hat keines von beidem; sie kann nichts als offen lassen. Wer heute jung ist, also tief in das 21. Jahrhundert hinein leben wird, mag, mit den Augen des Alters gesehen, mehr Mut brauchen als jene, welche die letzte Nacht des Jahres 1899 mit Hochrufen auf den Fortschritt, auf das Vaterland samt seiner Kolonien, seiner Flotte und seines kaiserlichen Herrschers feierten. Zum Teil geführt durch Pädagogen, zum vitaleren Teil unbewußt, »instinktiv«, bereitet jede Generation sich auf die Zeit vor, in der sie wird leben müssen. Der Mensch ist mit seiner historischen Zeit identisch, als Individuum in einer anderen, früheren oder späteren, nicht vorstellbar; daher ist es nur Spiel, wenn einer sagt, er hätte lieber im 19. Jahrhundert gelebt als im späten 20. Eine Trennung zwischen der Persönlichkeit und ihrer Zeit gehört in das Gebiet der Pathologie oder, schlichter, der Biologie: Das ganz Junge weiß von der Epoche seiner Schicksale noch nichts, der ganz Alte gibt auf, versteht, wie der Ausdruck ist, die Welt nicht mehr. Jene in der Mitte des Lebens *müssen* sie verstehen, denn es ist ihre Welt und es gibt für sie keine andere.

Kilchberg am Zürichsee, im April 1986

UNIVERSALGESCHICHTE IN STICHWORTEN

NAMEN- UND SACHREGISTER

QUELLENVERZEICHNIS DER ABBILDUNGEN

UNIVERSALGESCHICHTE IN STICHWORTEN

1945

Vereinte Nationen Die Charta der Vereinten Nationen tritt in Kraft (24.10.); Ende 1945 von einundfünfzig Nationen ratifiziert. Ziele der UN: Erhaltung des Weltfriedens, Schutz der Menschenrechte, Besserung der wirtschaftlichen und sozialen Verhältnisse in allen Ländern; Organe der UN sind die Vollversammlung, die jährlich einmal zusammentritt, und der aus elf Mitgliedern bestehende Sicherheitsrat (fünf ständige Vertreter der Großmächte USA, Sowjetunion, Großbritannien, Frankreich und China mit Veto-Recht und sechs von der Vollversammlung auf ein bis zwei Jahre gewählte nichtständige Mitglieder). Für Streitigkeiten zwischen Mitgliedstaaten der UN wird ein Internationaler Gerichtshof geschaffen (Sitz in Den Haag). Weitere internationale Institutionen mit wirtschaftlichen und sozialen Aufgaben werden geschaffen und der UN angeschlossen.

Internationale Politik siehe auch Universalgeschichte in Stichworten Band IX.
Entsprechend dem Potsdamer Abkommen erste Außenministerkonferenz der Großmächte in London (11.9.–2.10.); die Verhandlungen über die Friedensverträge scheitern an der Frage, welche Staaten an ihnen teilnehmen sollen. In Paris Konferenz der Alliierten über ihren Anteil an den westdeutschen Reparationslieferungen, Verteilung der deutschen Auslandsguthaben (9.11.–21.12.). Auf der Konferenz von Moskau (16.–26.12.) Vereinbarung der Außenminister der USA, der Sowjetunion und Großbritanniens über den Abschluß von Friedensverträgen mit Italien, Rumänien, Bulgarien, Ungarn und Finnland, über den Rückzug der amerikanischen und sowjetrussischen Truppen aus China und über die Erweiterung der rumänischen und bulgarischen Regierungen durch demokratische Politiker; Korea soll ein unabhängiger Staat werden; für den Fernen Osten wird eine Kommission, für Japan ein alliierter Rat eingesetzt. Vereinbarung mit den USA und Großbritannien, das Gebiet von Triest vorläufig gemeinsam zu verwalten. Loser Zusammenschluß der sieben arabischen Staaten Ägypten, Transjordanien, Syrien, Libanon, Irak, Saudiarabien, Jemen zur Arabischen Liga (22.3.). Freundschaftsvertrag der Sowjetunion mit *Chiang Kai-shek* (58; 14.8.): Port Arthur wird gemeinsamer Seestützpunkt, südmanchurische Eisenbahn wird sowjetrussischer Verfügungsgewalt übergeben, Dairen wird offener Hafen mit sowjetischem Hafenkommandanten, China anerkennt Mongolische Volksrepublik (Äußere Mongolei).

Politik der Länder siehe auch Universalgeschichte in Stichworten Band IX.
Deutschland: Die vier Besatzungsmächte setzen einen Kontrollrat aus den Oberbefehlshabern ihrer Zonen ein für alle Deutschland als Ganzes betreffenden Fragen; Beschlüsse müssen einstimmig gefaßt werden (5.6.). Eine interalliierte Kommandantur übernimmt die Verwaltung des in vier Sektoren geteilten Berlins (11.7.). Die Militärregierungen errichten in den Besatzungszonen deutsche Länderverwaltungen (Sommer 1946 abgeschlossen), das Saargebiet erhält eine eigene Verwaltung unter französischem Protektorat (7.7.). Allmähliche Neubildung von Parteien und Gewerkschaften in allen Zonen (Juni in der sowjetischen, August in der amerikanischen Zone), CDU (in Bayern CSU), FDP, KPD, SPD, Zentrum entstehen; endgültiges Verbot der NSDAP und ihrer Gliederungen durch Kontrollratsgesetz (10.10.). In Berlin schließen sich CDU, SPD, KPD, LDP zum Antifaschistischen Block zusammen (8.12.). Beginn der Demontagen von Industriewerken und Beschlagnahme großer Industrieunternehmen in allen Zonen. Arbeitspflicht für Männer von 14 bis 65 und für Frauen von 15 bis 50 Jahren. In der Sowjetzone Beginn der Bodenreform (Enteignung und Aufteilung des Großgrundbesitzes über hundert Hektar; 10.9.) und Errichtung von elf deutschen Zentralverwaltungen mit wirtschaftlichen Aufgaben (August); die im Potsdamer Abkommen vorgesehenen Zentralverwaltungen für ganz Deutschland werden wegen des französischen Einspruchs im Kontrollrat nicht aufgebaut. Prozeß des Internationalen Militärtribunals in Nürnberg gegen die Hauptkriegsverbrecher beginnt (20.11.), die Alliierten stellen je einen Ankläger, Neutrale oder Deutsche werden nicht hinzugezogen. Die Militärregierungen leiten die »Entnazifizierung« zur Ausschaltung der Nationalsozialisten aus dem öffentlichen Leben ein (Fragebogen, Einstufung der Mitglieder der NS-Organisationen in fünf Kategorien; 1946 Ausbau des Verfahrens). Die Aussiedlung der Deutschen aus den polnischer und sowjetrussischer Verwaltung unterstellten deutschen Gebieten beginnt (im August etwa dreißigtausend Flüchtlinge täglich durch Berlin).
Großbritannien: Wahlsieg der Labour Party (5.7.), *Clement Attlee* (62) wird Premierminister, *Ernest Bevin* (64) Außenminister; ein großangelegtes Sozialisierungsprogramm läuft an, Verstaatlichung der Bank von England (Dezember) und der Zivilluftfahrt; Verlängerung der kriegswirtschaftlichen Kontrolle.
Frankreich: Bei den Wahlen zur Verfassunggebenden Nationalversammlung (21.10.) erhält die Kom-

munistische Partei die meisten Stimmen; es folgen die Sozialisten und das Mouvement Républicain Populaire (MRP). *Charles de Gaulle* (55) wird Ministerpräsident der vorläufigen Regierung (13.11.). Hochverratsprozeß gegen Marschall *Pétain* (89) und *Pierre Laval* (62), beide werden zum Tode verurteilt, *Pétain* jedoch zu lebenslänglicher Haft begnadigt (August und Oktober). Verstaatlichung der Bank von Frankreich (vom 1.1.1946 an).

Italien: Provisorisches Parlament, die Consulta, unter *Carlos Graf Sforza* (72); Regierungsbildung durch *de Gasperi* (64) (9.12.; Ministerpräsident bis 1953).

Die Niederlande: Ein beratendes Komitee (fünfzig Mitglieder) als vorläufiges Parlament (16.7.); politische Säuberung unter Abgeordneten und Beamten (August; Wahlen zur ersten und zweiten Kammer 1946).

Spanien: Sicherung der bürgerlichen Rechte durch das »Grundgesetz der Spanier« (18.7.), Aufnahme von Monarchisten in die Regierung (30.7.); Spanien räumt die Zone von Tanger, in der die internationale Verwaltung wiederhergestellt wird (11.10.). Außenpolitische Isolierung.

Österreich: Nach den Wahlen (25.11.) wird eine Koalitionsregierung aus Volkspartei, Sozialisten und Kommunisten gebildet, Bundeskanzler wird *Leopold Figl* (43; 18.12.); *Karl Renner* (75) wird zum Präsidenten der Republik gewählt (20.12.); Anerkennung der Regierung durch die Besatzungsmächte (1.1. 1946).

Tschechoslowakei: Abzug der sowjetrussischen Truppen (bis Dezember); freie demokratische Regierungsform bleibt erhalten; Beginn der Verstaatlichung von Bergbau, Industrie und Bankwesen (Oktober).

Polen: *Stanislaw Mikolajczyk* (44), Vertreter der Bauernbewegung, tritt in die Regierung ein; seine Partei wird jedoch ebenso verfolgt wie die beiden anderen bedeutenden polnischen Parteien, Rechtsnationalisten und Sozialisten; Verstaatlichung großer Betriebe und Bergwerke.

Ungarn: Durchführung einer Agrarreform, Beginn der Verstaatlichung des Bergbaus; Wahl zur Nationalversammlung endet mit dem Sieg der Kleinbauernpartei (fünfundsiebzig Prozent der Stimmen) vor Sozialisten und Kommunisten (6.11.).

Jugoslawien: Bei den Parlamentswahlen (11.11.) stimmen fast neunzig Prozent der Wähler für die Einheitsliste der kommunistisch geführten Volksbefreiungsfront; König *Peter II.* (22) wird abgesetzt, Proklamation der Volksrepublik (29.11.); Regierung *Tito* (53) wird von den USA und Großbritannien anerkannt; neue Verfassung am 31.1.1946.

Bulgarien: Wahlsieg der Vaterländischen Front (Sozialisten, Kommunisten und Bauernpartei) unter Führung des Kommunisten *Georgij Dimitrow* (63; 18.11.); auf sowjetische Veranlassung Unterdrückung der Bauernpartei; Agrarreform.

Rumänien: Wachsender kommunistischer Einfluß in allen wichtigen Regierungsstellen seit der Einsetzung des Kabinetts der Nationalen Front (FND) unter *Petre Groza* (61; 6.3.); Verkündung einer Agrarreform (22.3.); politische Prozesse und Säuberungsmaßnahmen.

Brasilien: *Getulio Vargas* (62) tritt zurück (Oktober); Abkehr von der strengen Nationalisierungspolitik.

Palästina: Ägypten, Irak, Syrien und Libanon warnen, daß die Errichtung eines jüdischen Staates in Palästina einen Krieg auslösen werde; ständige Zwischenfälle zwischen Juden und Arabern (November/Dezember).

Iran: Spannung mit der Sowjetunion, die ihre Truppen nicht abzieht. Die von der Sowjetunion unterstützte Tudeh-Partei setzt eine demokratische Regierung in Aserbeidschan ein und versucht, es vom Iran zu trennen.

Mongolei: Das mongolische Volk erklärt sich in einer Volksabstimmung fast einstimmig für die Unabhängigkeit (Oktober).

China: Erneuter Ausbruch des Bürgerkrieges (Oktober/November).

Korea: Nach Beendigung der japanischen Herrschaft sowjetrussische (12.8.) und amerikanische Besetzung (8.9.) des Landes; der 38. Breitengrad wird Demarkationslinie; die Bildung einer koreanischen Regierung wird vereinbart (27.12.).

Indochina: *Ho Chi-minh* (51), Führer der Unabhängigkeitsbewegung (Viet-minh), proklamiert die unabhängige Republik Vietnam (Hauptstadt Hanoi); französische Wiederbesetzung löst Unruhen aus (Oktober).

Indonesien: *Achmed Sukarno* (44) und *Mohammed Hatta* (43) verkünden die Unabhängigkeit (17.8.).

Japan: Amerikanische Militärregierung unter General *MacArthur* (65); Kriegsverbrecherprozeß; Aufteilung des Großgrundbesitzes beginnt (Dezember).

KULTUR Die Satzung der UNESCO, der UN-Organisation für Erziehung, Wissenschaft und Kultur, wird auf einer vorbereiteten Konferenz in London beraten und tritt am 4.11. in Kraft. *Victor Gollancz* (52) gründet die Wohltätigkeitsbewegung »Rettet Europa«.

LITERATUR *Jean Giraudoux* (63) »La folle de Chaillot«. *Carlo Levi* (43) »Christus kam nur bis Eboli«. *Max Picard* (57) »Hitler in uns selbst«. *Theodor Plievier* (54) »Stalingrad«.

KUNST *Hans Hartung* (41) Erste »T«-Bilder. *Karl Hofer* (67) »Blumenstilleben«.

SOZIALWESEN Gründung des Weltgewerkschaftsbundes auf einer internationalen Konferenz in London (17.2.) beschlossen und in Paris vollzogen (3.10.).

1946

VEREINTE NATIONEN Erste Vollversammlung in London (10.1.–15.2.): Als Sitz der Weltorganisation wird New York bestimmt, der norwegische Außenminister und Völkerrechtler *Trygve Lie* (50) zum Ersten Generalsekretär gewählt; weitere Themen:

Kontrolle der Atomkernenergie, Flüchtlingsfragen, Übernahme der Mandatsgebiete des Völkerbundes (ehemalige deutsche Kolonien) als Treuhandgebiete durch die UN. Am 14.6. tritt eine von der UN eingesetzte Kommission zur Kontrolle der Atomkernenergie zusammen, die Sowjetunion empfiehlt ein grundsätzliches Verbot der Atomwaffen, die USA legen einen Kontrollplan vor. Fortsetzung der ersten Vollversammlung in Lake Success (Long Island; 23. 10.–16. 12.): Verurteilung des faschistischen spanischen Regimes, Aufnahme Schwedens und Islands in die Organisation. Iran beschwert sich beim Sicherheitsrat wegen der sowjetischen Einmischung in seine inneren Angelegenheiten (Januar); die Sowjetunion kündigt den Abzug ihrer Truppen an (April). Der Völkerbund beschließt in Genf seine Selbstauflösung und überträgt seine Aufgaben an die UN (18.4.).

Internationale Politik Nach vorbereitenden Konferenzen in Moskau (Dezember 1945) und Paris (25.4.–16.5. und 15.6.–12.7.) Pariser Friedenskonferenz zur Beratung der Friedensverträge (29.7. bis 15.10.); endgültige Fertigstellung der Verträge auf der Außenministerkonferenz in New York (3.11. bis 12.12.), hier auch vorbereitende Besprechung des Deutschland-Problems. Italienisch-österreichisches Abkommen über Südtirol (5.9.): Recht der Selbstverwaltung für die deutschen Bewohner. Die USA geben die Stützpunkte auf den Azoren an Portugal zurück (2.6.). Jugoslawien erhält von Italien die Provinz Venezia Giulia mit Istrien. Albanische Küstenbatterien beschießen britische Schiffe (20.5.); britische Zerstörer laufen in der Straße von Korfu auf Minen (22.10.); der Zwischenfall wird vor der UN verhandelt.

Politik der Länder Deutschland: Industrieplan des Kontrollrats mit Beschränkung oder Abbau bestimmter Zweige der Industrie (26.3.). In der sowjetischen Zone werden die Sozialdemokraten zwangsweise mit den Kommunisten zur Sozialistischen Einheitspartei (SED) verschmolzen (21.4.); in den westlichen Zonen wird die Verschmelzung abgelehnt, ebenso von der Berliner SPD, die neben der SED bestehenbleibt. Erste Wahlen in den ländlichen Gemeinden der amerikanischen Zone (Januar), wo der Aufbau der Selbstverwaltung mit der Wahl der verfassunggebenden Landtage beendet ist (Juni); erste Gemeindewahlen in der britischen Zone (September; Landtagswahlen im April 1947); Wahlen zu kommunalen Selbstverwaltungskörperschaften aller Stufen in der französischen Zone (Oktober 1946 bis Mai 1947); in der sowjetischen Zone Gemeindewahlen (September) und Kreis- und Landtagswahlen (Oktober); SED die stärkste Partei; bei den Berliner Wahlen zur Stadtverordnetenversammlung (20.10.) nur 19,8 Prozent aller Stimmen für die SED, aber 48,7 Prozent für die SPD. Enteignung von Wirtschaftsunternehmen in der sowjetischen Zone (30.6.); ein Teil der deutschen Industriebetriebe (25 bis 30 Prozent der Industriekapazität der sowjetischen Zone) geht als Sowjetische Aktiengesellschaften (SAG) in den Besitz der Sowjetunion über (5.6.). Rede des amerikanischen Außenministers *James F. Byrnes* (67) in Stuttgart (6.9.): der Umfang etwaiger Gebietsabtretungen an Polen stehe noch nicht fest, die USA hätten sich nicht verpflichtet, die Abtretung der polnisch verwalteten Gebiete an Polen auf der Friedenskonferenz zu unterstützen, die Besatzungspolitik werde geändert werden (Herstellung der wirtschaftlichen Einheit Deutschlands, Vorbereitung für die Wahl einer deutschen Zentralregierung). Errichtung von fünf deutschen Zentralstellen mit wirtschaftlichen Aufgaben für die amerikanische und britische Zone (5.9.); Plan zum wirtschaftlichen Zusammenschluß beider Zonen. Bodenreform in der amerikanischen und britischen Zone (beschränkte Abgabe von Land gegen Entschädigung, 10.9.). Gesetz über die Zollgrenze zwischen der französischen Zone und dem Saargebiet (22.12.). Urteilsverkündung im Nürnberger Kriegsverbrecherprozeß (1.10.). Weitere Prozesse werden von den USA gegen Ärzte und Juristen, gegen das für die Konzentrationslager zuständige SS-Sicherheitshauptamt, gegen die IG Farben und andere bis 1950 durchgeführt.

Großbritannien: Gesetz über Sozialversicherung führt Alters-, Betriebsunfall- und Witwenrenten sowie Kranken- und Arbeitslosenunterstützung ein; Verstaatlichung des Kohlenbergbaus (21.5.). Britisch-Transjordanischer Bündnisvertrag (22.3.).

Frankreich: Rücktritt *de Gaulles* (56; 20.1.). Volksrepublikaner bei den Wahlen (2.6.) stärkste Partei, *Georges Bidault* (47) mit großer Mehrheit zum Ministerpräsidenten gewählt (19.6.), Burgfrieden unter den Parteien. Durch Volksabstimmung wird die neue Verfassung bestätigt, Gründung der Vierten Republik (13.10.). Neuwahlen mit Sieg der Kommunisten. Verstaatlichung von Bergwerken, Gas-, Elektrizitäts- und Versicherungsgesellschaften (März bis August).

Italien: Abdankung des Königs (9.5.) und des Thronfolgers (13.6.); Wahlen für die konstituierende Nationalversammlung (2.6.) mit Sieg der Christlichen Demokraten; nach einer Volksabstimmung Proklamation der Republik (18.6.).

Griechenland: Wiederherstellung der Monarchie durch Volksabstimmung (1.9.); nach Rückkehr des Königs Fortdauer der innenpolitischen Spannungen.

Sowjetunion: Der neugewählte Oberste Sowjet (10.2.) ändert die Verfassung: Rat der Volkskommissare wird in Ministerrat umbenannt. Regierungsumbildung (19.3.): *Stalin* (67) bleibt weiterhin Sekretär des Zentralkomitees der KPdSU, Vorsitzender des Ministerrats und Minister der Streitkräfte; stellvertretende Ministerpräsidenten werden unter anderen *Berija* (47), *Mikojan* (51), *Woroschilow* (65) und *Kaganowitsch* (53).

Bulgarien: Die Opposition fordert Rücktritt der Regierung (29.3.). Nach einer Volksabstimmung (8.9.) wird die Volksrepublik proklamiert (15.9.). Regierungsbildung (November), *Dimitrow* (64) Ministerpräsident.

Jugoslawien: Verstaatlichung der gesamten Wirtschaft. Erzbischof *Stepinać* (48), das Haupt der kroatischen Kirche, wird zu sechzehn Jahren Zwangsarbeit verurteilt (11.10.; am 5.12.1951 vorzeitig entlassen).
Ungarn: Proklamation der Republik (2.2.).
Albanien: Proklamation der Volksrepublik (11.1.).
Tschechoslowakei: Bei den Wahlen (Mai) werden die Kommunisten die stärkste Partei (achtunddreißig Prozent). *Eduard Beneš* (62) wird wieder zum Staatspräsidenten gewählt.
Rumänien: Die Westmächte anerkennen die Regierung *Groza* (5.2.). Bei den Parlamentswahlen (19.11.) neunundachtzig Prozent der Stimmen für die kommunistisch gelenkte FND; Appell der demokratischen Opposition an die Weltöffentlichkeit bezweifelt das Wahlergebnis.
Argentinien: Vizepräsident Oberst *Juan Domingo Perón* (51) läßt sich zum Präsidenten wählen.
Ägypten: Die britischen Truppen beginnen, das Land, mit Ausnahme der Kanalzone, zu räumen (9.8.).
Syrien: Nach dem Abzug der fremden Truppen Unruhen.
Transjordanien: Es wird unabhängiges Königreich.
Indien: Eine vorläufige Vereinbarung zwischen der britischen Regierung und der Kongreßpartei führt zur Bildung eines Interimskabinetts mit *Jawāharlāl Nehru* (57) als Stellvertretendem Ministerpräsidenten (24.8.); Einberufung einer Verfassunggebenden Versammlung. Schwere Konflikte zwischen Hindus und Mohammedanern in Calcutta (August), Ausbruch des Bürgerkrieges.
Indochina: Frankreich sichert Vietnam vertraglich Selbstverwaltung im Rahmen der Französischen Union zu (6.3.); Abschluß eines Waffenstillstandes, dennoch erneute Kämpfe (19.12.).
China: Einigung aller Parteien über eine Koalitionsregierung (31.1.); Eröffnung der Nationalversammlung gegen kommunistischen Widerstand (15.11.). Annahme der neuen Verfassung (25.12.). Keine endgültige Einigung zwischen Kuo-min-tang und Kommunisten; die USA schränken Hilfelieferungen an *Chiang Kai-shek* (59) ein; verschärfte kommunistische Opposition, erneuter Ausbruch des Bürgerkrieges.
Manchurei: Abzug der sowjetrussischen Truppen (ab 15.1.).
Japan: Zum erstenmal nehmen Frauen an den Wahlen (10.4.) teil; *Shigeru Yoshida* (68) wird Ministerpräsident (10.5.). Japan wird durch eine neue Verfassung konstitutionelle Monarchie (7.10.).
Philippinen werden unabhängig (4.7.).
Indonesien: Abkommen von Linggadjati (15.11. paraphiert, 25.3.47 unterzeichnet): Bildung einer Niederländisch-Indonesischen Union aus den Niederlanden (mit Surinam und Curaçao), der Indonesischen Republik (Java, Sumatra, Madoera) und Borneo; die Indonesische Republik als föderativer demokratischer Staat gedacht (Vereinigte Staaten von Indonesien).

KULTUR Erste allgemeine Sitzung der UNESCO (November). Gründung der Weltgesundheitsorganisation. Die CARE-Gesellschaft beginnt Pakete in die unter den Kriegsfolgen leidenden Länder zu senden.

LITERATUR *Hermann Broch* (60) »Der Tod des Vergil«. *Friedrich Georg Jünger* (48) »Die Perfektion der Technik«. *Juan Ramón Jiménez* (65) »La estacion total«. *Pär F. Lagerkvist* (55) »Barabbas«. *Elisabeth Langgässer* (47) »Das unauslöschliche Siegel«. *Reinhold Schneider* (43) »Weltreich und Gottesreich«. *Dylan Thomas* (32) »Deaths and Entrances« (Gedichte). *Carl Zuckmayer* (50) »Des Teufels General«.

KUNST *Jackson Pollock* (34) »Der Schlüssel«. *Wols* (33) Erste große Bilder.

MUSIK *Paul Hindemith* (51) »When Lilacs last in the Dooryard bloom'd«, Requiem für die Gefallenen. *Arthur Honegger* (54) »Symphonie liturgique«. *Ernst Křenek* (46) »Sinfonische Elegie für Streichorchester«. *Igor Strawinsky* (64) Ebony-Concerto für Jazzband. Kranichstein/Darmstadt, Ferienkurse; Musikpreis 1952 zum erstenmal verliehen.

WIRTSCHAFT Gründungssitzung der 1944 auf der Konferenz von Bretton Woods vorgeschlagenen Internationalen Bank für Wiederaufbau und Entwicklung (die »Weltbank«) mit Sitz in Washington (1.–18.3.).

NATURWISSENSCHAFT Vierte Antarktis-Expedition des amerikanischen Admirals *Richard Byrd* (68; Winter 1946/47). US-Rakete zur Erforschung der Atmosphärenschichten erreicht eine Höhe von achtundachtzig Kilometer.

1947

VEREINTE NATIONEN Eine Kommission für Palästina soll Vorschläge für die Zukunft des Landes nach Beendigung des britischen Mandats ausarbeiten (Sondersitzung der Vollversammlung, 28.4.–15.5.); die Kommission entscheidet sich für eine Teilung Palästinas. Zweite Vollversammlung in New York (16.9.–29.11.): Pakistan in die Organisation aufgenommen; Sonderkommissionen für Korea und den Balkan werden eingesetzt; die Teilung Palästinas in einen jüdischen und arabischen Staat mit Jerusalem als internationaler Enklave wird beschlossen; arabische und jüdische Opposition gegen diesen Plan. Die USA übernehmen die ehemaligen japanischen Mandatsgebiete in Treuhandschaft (19.7.). Der seit 1946 währende Streit um die Herrschaft in der Suezkanalzone und im Sudan wird von Ägypten vor die Organisation gebracht (April).

INTERNATIONALE POLITIK Die Friedensverträge mit Finnland, Italien, Ungarn, Rumänien und Bulgarien werden in Paris unterzeichnet (10.2.): Finnland muß Karelien, Rumänien Bessarabien und die Bukowina abtreten, Italien wird zu Reparationszahlungen an die Sowjetunion, Jugoslawien, Griechenland und Äthiopien verpflichtet und muß seine Kolonien und Istrien abtreten, Triest wird unabhängiger demilitarisierter Freistaat mit Volksvertretung und Regierungsrat, vom Sicherheitsrat wird ein Gouverneur eingesetzt, ein Freihafen wird geschaffen; die Verträge treten am 15.9. in Kraft. Der geplante Staatsvertrag mit Österreich, das zu den befreiten, nicht den besiegten Ländern gezählt wird, wegen der Uneinigkeit zwischen den Westmächten und der Sowjetunion vertagt. Die Außenministerkonferenz in Moskau (USA, Großbritannien, Sowjetunion, 10.3.—24.4.) erweist die Uneinigkeit der Großmächte in den wichtigsten deutschen Fragen (Art und Menge der Reparationen, Grenzen, politische und wirtschaftliche Einheit); die Entlassung aller Kriegsgefangenen bis Ende 1948 wird beschlossen. Auch die (fünfte) Außenministerkonferenz in London (25.11.–15.12.) bringt keine Einigung; die Verhandlungen über den deutschen Friedensvertrag werden aufgeschoben, die Reparationsfrage bleibt in der Schwebe. Als Folge der Truman-Doktrin (12.3. verkündet), die allen in ihrer Freiheit bedrohten Völkern die Hilfe der USA zusichert (vor allem Griechenland und der Türkei), wird der »Marshallplan« aufgestellt: »European Recovery Program« (ERP); Geld- und Warenlieferungen aus den USA sollen den Wiederaufbau Europas fördern (5.6.). Auf der Grundlage des »Marshallplans« wird von zunächst vierzehn europäischen Staaten gemeinsam ein europäisches Wirtschaftsprogramm ausgearbeitet (12.7.—22.9.); die osteuropäischen Staaten halten sich fern (Polen und die Tschechoslowakei widerrufen ihre anfängliche Zusage, ebenso Finnland), Westdeutschland wird einbezogen; die »Organization for European Economic Cooperation« (OEEC, Europäischer Wirtschaftsrat) entsteht (in Kraft seit 16.4.1948); die OEEC überdauert den »Marshallplan«. US-Truppen räumen Island (9.4.). Britisch-französischer Beistandspakt gegen einen deutschen Angriff in Dünkirchen abgeschlossen (4.3.). Auf der Panamerikanischen Konferenz in Rio de Janeiro (15.—30.8.) Vertrag mit dem Versprechen gegenseitiger Hilfe im Falle eines Angriffs.

Politik der Länder Deutschland: Preußen wird durch Kontrollratsgesetz (25.2.) formell aufgelöst. Wirtschaftlicher Zusammenschluß der amerikanischen und britischen Zone (Bizone, 1.1.), französische und sowjetische Zone zum Anschluß aufgefordert, Protest Frankreichs und der Sowjetunion. Interzonenkonferenz der deutschen Ministerpräsidenten (5.—7.6.), die Ministerpräsidenten der sowjetischen Zone verlassen die Konferenz, als ihre Forderung abgelehnt wird, die Frage der politischen Einheit (deutsche Zentralregierung) vor wirtschaftlichen Fragen zu besprechen. Die sowjetische Militärregierung überträgt ihre wirtschaftlichen Befugnisse auf fünf deutsche Zentralverwaltungen (15.6.), Bildung der »Deutschen Wirtschaftskommission« (zentrale Verwaltung der sowjetischen Zone). *Ernst Reuter* (58) zum Berliner Oberbürgermeister gewählt (24.6.), wird durch sowjetisches Veto am Amtsantritt gehindert, *Louise Schröder* (60) übernimmt stellvertretend das Amt. Besprechung der drei Westmächte in London über das Ruhrgebiet und die Verteilung der Ruhrkohle (22.—27.8.). Der gewählte saarländische Landtag beschließt eine Verfassung, die das Land, politisch autonom, wirtschaftlich an Frankreich angliedert (9.11.); Regierung unter Ministerpräsident *Johannes Hoffmann* (57; 19.12.); das Saarland wird einem französischen Hohen Kommissar unterstellt (10.1.1948).

Großbritannien: Zur Überwindung der Wirtschaftskrise Notprogramm beschlossen (13.8.); Fortführung der Sozialisierung. Der König gibt den Titel »Kaiser von Indien« auf (22.6.). Britische Treuhandschaft für Tanganjika, Kamerun und Togo von der UN gebilligt. Neue Verfassungen für Cypern und Malta.

Frankreich: *Vincent Auriol* (63) zum Präsidenten der Republik gewählt (16.1.). Die Kommunistische Partei aus der Regierungskoalition ausgeschlossen. *Charles de Gaulle* (57) gründet Sammlungsbewegung des französischen Volkes (Rassemblement du Peuple Français, RPF; 7.4.) und fordert Präsidialregime. Streikwelle im Winter 1947/48. In den folgenden Jahren rascher Wechsel der Regierungen.

Italien: Spaltung der sozialistischen Partei; die Mehrheit für enge Zusammenarbeit mit den Kommunisten (7.1.). Linksparteien werden in die Opposition gedrängt.

Spanien: General *Franco* (55) bleibt Staatschef, will einen König als Nachfolger bestimmen; in einer Volksabstimmung wird dieser Plan angenommen (Volksentscheid für die Monarchie; 6.7.).

Griechenland: Hilfegesuch der Regierung an die USA (3.3.). Die Aufständischen sind vor allem im Norden des Landes erfolgreich, rufen die Republik aus (16.8.) und bilden eine Gegenregierung (Dez.).

Bulgarien: Auflösung der Bauernpartei (26.8.). Neue Verfassung der Volksrepublik (4.12.).

Sowjetunion: Gründung des »Kommunistischen Informationsbüros« (Kominform) in Warschau zum Erfahrungsaustausch und zur Zusammenarbeit unter den kommunistischen Parteien und Ländern Europas (30.9.); an der Konferenz nehmen Vertreter der kommunistischen Parteien Jugoslawiens, Bulgariens, der Tschechoslowakei, Frankreichs, Italiens, Polens, Ungarns und der Sowjetunion teil. Der sowjetische Vertreter *Schdanow* (51) betont die Spaltung der Welt in ein imperialistisches Lager um die USA und ein anti-imperialistisches um die Sowjetunion. Der Oberste Sowjet nimmt Verfassungsänderungen an (Februar): Abschluß und Kündigung von internationalen Verträgen bleibt der Union vorbehalten, Recht auf jährlich bezahlten Urlaub, Verringerung der Arbeitszeit in einigen Berufen. Abschaffung der Todesstrafe für Friedenszeiten (26.5., für Hochverräter, Spione und Saboteure 1950 wieder eingeführt). Die Sowjetunion weigert sich, an der Marshallplanhilfe teilzunehmen, und diffamiert sie als Instrument des Dollarimperialismus.

Rumänien: Die Kommunistin *Anna Pauker* (54) wird Außenminister (16.11.). König *Michael* (26) zur

Abdankung gezwungen (30.12.); Rumänien wird Volksrepublik (neue Verfassung am 5.3.48). Verbot der Nationalen Bauernpartei.
Ungarn: Unter sowjetischem Druck beginnt die zwangsweise Auflösung der Kleinbauernpartei (Februar). Innenpolitische Wirren – Verhaftung oppositioneller Abgeordneter.
Polen: *Mikolajczyk* (46), Führer der seit den Januarwahlen (Sieg der »Blockparteien«) oppositionellen Volkspartei, flieht nach Großbritannien (20.10.), wo sich schon vorher eine neue Exilregierung gebildet hat.
Argentinien: Verstaatlichung der überwiegend im britischen Besitz befindlichen Eisenbahnen. Nationaler Wirtschaftsrat für die Planwirtschaft geschaffen (Mai). Einführung des Frauenwahlrechts (9.9.).
Brasilien: Die Kommunistische Partei wird für illegal erklärt (Mai).
Indien: Verkündung der Unabhängigkeit Indiens (15.8.), zwei unabhängige Staaten entstehen: die Indische Union und das mohammedanische Pakistan; sie bleiben Mitglieder des Commonwealth. Die Indische Union gliedert sich nach schwerem Konflikt das Fürstentum Hyderabad an (September) und übernimmt provisorisch das Protektorat über Kashmir; der indisch-pakistanische Streit um Kashmir führt de facto zu einer Teilung des Landes (ein Drittel von Pakistan besetzt). In Pakistan wird *Mohammed Ali Jinnah* (71) erster Generalgouverneur.
Burma: Wahl zur Verfassunggebenden Versammlung (9.4.). Annahme der Verfassung (24.9.). Von Großbritannien aus dem Commonwealth entlassen (17.10.).
Thailand: Durch Staatsstreich errichtet Marschall *Pibul Songgram* (50) eine Militärdiktatur, Beibehaltung der Monarchie.
Korea: Die Koreakommission beginnt ihre Arbeit in Seoul (21.5.).
Indonesien: Die Niederlande fühlen sich an das Abkommen von Linggadjati nicht mehr gebunden und beginnen auf Java Polizeiaktion gegen indonesische Republikaner (21.7.), die jedoch auf Verlangen des Sicherheitsrates eingestellt werden muß (4.8.).

KULTUR Älteste Bibelhandschriften in Palästina gefunden (Qumrân am Toten Meer).

LITERATUR *Jean Anouilh* (37) »Oreste«. *Wolfgang Borchert* (26) »Draußen vor der Tür«. *Albert Camus* (34) »La Peste«. *Christopher Fry* (40) »A Phoenix too Frequent«. *Hermann Kasack* (51) »Stadt hinter dem Strom«. *Thomas Mann* (72) »Doktor Faustus«.

KUNST *Willi Baumeister* (58) »Vitale Landschaft«. *Constantin Brancusi* (71) »Aufstrebendes«. *Henry Moore* (49) »Familiengruppe«. *Richard Neutra* (55) Haus Tremaine in Kalifornien. Große Kunstausstellung im Art Institute in Chicago im Zeichen surrealistischer und abstrakter Malerei.

MUSIK *Benjamin Britten* (34) »Albert Herring«. *Werner Egk* (46) »Abraxas«. *Gottfried von Einem* (29) »Dantons Tod«. *Paul Hindemith* (52) Marienlieder, zweite Fassung. *Carl Orff* (52) »Die Bernauerin«. *Arnold Schönberg* (73) »Ein Überlebender aus Warschau«, op. 46.

SOZIALWESEN Welternährungsrat gegründet (Food and Agricultural Organization, FAO). Vertreter aus zwanzig Ländern gründen in Oxford die Liberale Weltunion (12.4.). Die Union der Christlich-Demokratischen Parteien entsteht. Taft-Hartley-Gesetz in den USA über die Koalitionsfreiheit der Arbeitnehmer: es ist nicht gestattet, den Arbeitnehmer zum Beitritt zu einer Gewerkschaft zu zwingen; stärkere Überwachung der Gewerkschaften und Beschränkung des Streikrechts (23.6.).

WIRTSCHAFT Genfer Vereinbarung zur gegenseitigen Stabilisierung und Herabsetzung der Zollschranken im Rahmen der Meistbegünstigung (»Kleine Welthandelscharta«; General Agreement on Tariffs and Trade, GATT). Gemeinsamer Zolltarif der Beneluxländer in Kraft (1.1.). Währungsreform in der Sowjetunion, in Österreich und in Schweden. Geldabwertung in Italien.

TECHNIK *Charles Yeager* (24) erreicht mit Düsenflugzeug Überschallgeschwindigkeit (etwa 1700 Kilometer je Stunde).

1948

VEREINTE NATIONEN Die Vollversammlung (21.9. bis 12.12.) richtet Appelle an Albanien, Bulgarien und Jugoslawien, Hilfeleistungen für die griechischen Aufständischen einzustellen, und an die Großmächte, die Berliner Frage zu regeln. Die Atom- und Abrüstungskommissionen nehmen ihre zeitweilig unterbrochene Arbeit wieder auf. Die Organisation übernimmt die Versorgung der Palästinaflüchtlinge. Ein Sonderausschuß für kollektive Sicherheit aus elf Mitgliedern wird geschaffen. Im politischen Ausschuß wird der sowjetische Atomabrüstungsplan abgelehnt.

INTERNATIONALE POLITIK Im Brüsseler Pakt (17.3.) vereinbaren Großbritannien, Frankreich und die Benelux-Staaten, ihre wirtschaftlichen, sozialen und kulturellen Beziehungen zu festigen und sich bei jedem Angriff gegenseitig beizustehen; gemeinsame Beratungen über militärische Fragen (27./28.9.) führen zu einem ständigen Westverteidigungsstab unter Marschall *Bernard Law Montgomery* (61). Auf der Londoner Sechsmächtekonferenz (23.2.–6.3. und 20.4. bis 2.6.) wird von Vertretern der USA, Großbritanniens, Frankreichs und der Benelux-Staaten über das Deutschlandproblem beraten: die wirtschaftliche Eingliederung Westdeutschlands in Westeuropa und Errichtung einer internationalen Ruhrkontrolle werden vorgesehen; es wird empfohlen, eine verfassunggebende Versammlung für Westdeutschland einzuberufen; die Sowjetunion protestiert. In Den Haag unter *Churchills* (74) Vorsitz Kongreß für ein Vereinigtes Europa unter Teilnahme von Vertretern aus dreißig Ländern (7.–10.5.). IX. Panamerikanische Konferenz von Bogotá: Gründung der »Organisation amerikanischer Staaten« (OAS; 30.4.) als panamerikanisches Verteidigungssystem. Die Warschauer Konferenz (23./24.6.) der osteuropäischen Außenminister unter *Molotows* (58) Vorsitz fordert die Durchführung der Potsdamer Entmilitarisierungs- und Demobilisierungsbeschlüsse, Viermächtekontrolle der Ruhr, eine vorläufige Regierung für ganz Deutschland, einen Friedensvertrag mit Deutschland und Abzug der Besatzungstruppen. Sowjetische Freundschafts- und Beistandspakte mit Rumänien (4.2.), Ungarn (18.2.), Bulgarien (18.3.) und Finnland (6.4.); der »Ostblock«, dem auch Polen und die Tschechoslowakei angehören, formiert sich. Bündnisverträge der Satellitenstaaten untereinander. Das Kominform verurteilt die Politik der jugoslawischen Kommunisten (Agrarpolitik und Nationalismus; 27.6.), Ausschluß der jugoslawischen KP aus dem Kominform. Wirtschaftsblockade über Jugoslawien verhängt.

POLITIK DER LÄNDER Deutschland: Weiterer Ausbau der Bizonenverwaltung (Gründung der Bank deutscher Länder am 1.3.) und der ostzonalen Deutschen Wirtschaftskommission. Der sowjetrussische Militärgouverneur, Marschall *Sokolowskij* (51), verläßt aus Protest gegen die Londoner Empfehlungen den Kontrollrat (19.3.), der danach nicht wieder zusammentritt. Aus dem von den Blockparteien und Massenorganisationen der sowjetischen Zone beschickten (II.) Volkskongreß bildet sich als »gesamtdeutsche« Vertretung der »Deutsche Volksrat« (18./19.3.). Die Westmächte überreichen den westdeutschen Ministerpräsidenten die »Frankfurter Dokumente« über die Einberufung einer verfassunggebenden Versammlung, Überprüfung der Ländergrenzen und ein zukünftiges Besatzungsstatut (1.7.). Konstituierung des Parlamentarischen Rates (von den Länderparlamenten gewählt) in Bonn (1.9.), um eine Verfassung auszuarbeiten; *Konrad Adenauer* (72) wird sein Präsident. Mit britisch-amerikanischer Zustimmung führt Frankreich die wirtschaftliche Eingliederung des Saargebietes durch, französische Währung und Wirtschaftsgesetze werden eingeführt. Auf sowjetrussische Veranlassung erste Verkehrskontrollen und Beschränkungen des Post- und Warenverkehrs zwischen Berlin und dem Westen (1.4.). Spaltung der Gewerkschaften in Berlin (26.5.). Währungsreform in den Westzonen (20.6.) und in der sowjetischen Zone und in Groß-Berlin (23.6.). Einführung der DM-West in West-Berlin (23.6.) wird Anlaß für die sowjetische Blockade West-Berlins mit Sperre des Güter- und Personenverkehrs von und nach Westdeutschland, Einstellung der Lebensmittel-, Kohle- und Stromlieferungen aus der sowjetischen Zone (24.6.). Errichtung der Luftbrücke zwischen den Westzonen und West-Berlin zur Versorgung der Bevölkerung (26.6.–12.5.49). Die sowjetische Delegation verläßt die Alliierte Berliner Kommandantur (1.7.). Verlegung des Magistrats nach West-Berlin. Im Ostsektor wird ein neuer Magistrat unter *Friedrich Ebert* (54) als Oberbürgermeister einberufen (30.11.). Die Wahlen zur Stadtverordnetenversammlung in West-Berlin (5.12.) bringen einen Wahlsieg der SPD; einstimmige Wahl *Ernst Reuters* (59) zum Regierenden Bürgermeister (7.12.). Gründung der »Freien Universität« in West-Berlin (5.12.).

Die Niederlande: *Juliana* (39) wird Königin (4.9.).

Portugal: Freundschafts- und Nichtangriffspakt mit Spanien vom 7.3.1939 um zehn Jahre verlängert (20.9.).

Italien: *Luigi Einaudi* (74) wird Staatspräsident (Juni).

Griechenland: Offensive der Regierungstruppen gegen die kommunistischen Aufständischen im Grammosgebirge (ab 19.6.).

In Rumänien, Bulgarien, Ungarn, Polen und der Tschechoslowakei entstehen Einheitsparteien unter kommunistischer Führung, die die sozialistischen Parteien aufsaugen.

Tschechoslowakei: Politischer Umsturz: Im Konflikt mit dem kommunistischen Innenminister treten neun Minister und zwei Staatssekretäre zurück (20.2.); Ministerpräsident *Klement Gottwald* (52) bildet eine überwiegend kommunistische Regierung (26.2.); der parteilose Außenminister *Jan Masaryk* (62) wird tot aufgefunden (10.3.); volksdemokratische Verfassung (9.5.), Rücktritt des Staatspräsidenten *Beneš* (64; 7.6.), *Gottwald* unterzeichnet in Vertretung des Präsidenten die Verfassung (9.6.) und wird dessen Nachfolger (14.6.); sowjetisches Veto im Sicherheitsrat verhindert Untersuchung der Vorgänge.

Finnland erwehrt sich kommunistischer Infiltration. Das finnische Parlament erzwingt Rücktritt des Innenministers, der hohe Polizeiposten mit Kommunisten besetzen wollte (Mai); Finnland bleibt weiter politisch vom Ostblock unabhängig.

USA: Präsident *Harry S. Truman* (64) wird wiedergewählt (2.11.).

Brasilien: Kommunistische Abgeordnete aus den Staatsvertretungen und dem Bundesparlament ausgeschlossen (Januar).

Kolumbien: Kommunistische Unruhen; Abbruch der Beziehungen zur Sowjetunion (April).

Sudan: Gesetzgebende Versammlung einberufen (20.12.), die 1952 einen Verfassungsentwurf vorlegt.

Südafrikanische Union: Wahlsieg der Nationalpartei über die United Party (4.6.); *Daniel F. Malan* (74) Ministerpräsident, Rassentrennung verschärft, Politik des »Apartheid«.

Palästina: Das britische Mandat erlischt (15.5.). Der nationale Rat (Vertreter der jüdischen Bevölkerung in Palästina) proklamiert in Tel Aviv den souveränen Staat Israel (15.5.), *Chaim Weizmann* (74) wird erster Präsident, *David Ben Gurion* (62) Ministerpräsident. Einfall von Truppen der Arabischen Liga und Freischärlern in Palästina, Kämpfe in und um Jerusalem, im Negeb und in Galiläa; durch seine Luftüberlegenheit bleibt Israel erfolgreich gegen die Liga; Offensive gegen Ägypten erst durch britische Warnung gestoppt; Friedensvermittlungsversuche der UN, ihr Beauftragter *Graf Folke Bernadotte* (53) von jüdi-

schen Extremisten ermordet (17.9.). In den folgenden Jahren (bis 1950) wandern über eine halbe Million Juden nach Israel ein; Flucht und Vertreibung von etwa neunhunderttausend palästinensischen Arabern.
Irak: Bündnis- und Beistandspakt mit Großbritannien wird wegen antibritischer Volksstimmung nicht ratifiziert.
Indien: Durch Vermittlung der UN Waffenstillstand in Kashmir; endgültige Lösung nicht erreicht. *Mahatma Gandhi* (79) von einem religiösen Fanatiker ermordet (30.1.).
Ceylon: Ceylon wird unabhängig, bleibt als Dominion im britischen Commonwealth (4.2.).
Burma: Errichtung der selbständigen Union von Burma, sie wird unabhängige Republik (4.1.). Bürgerkrieg zwischen der Regierung, dem Minderheitsvolk der Karen und Kommunisten.
Indochina: Andauer der Kämpfe; Frankreich verhandelt nicht weiter mit der Regierung *Ho Chi-minh* (54; 29.1.). Bildung einer vorläufigen Regierung für Vietnam (Mai).
Malaya: Gründung des Malaiischen Bundes (Federation of Malaya) aus neun Sultanaten im Südteil der Halbinsel Malakka und den britischen Kronkolonien (1.4.), verwaltet durch Hohen Kommissar, Exekutivrat, Gesetzgebenden Rat. Jahrelange kommunistische Aufstandsbewegung.
China: *Chiang Kai-shek* (61) von der Nationalversammlung zum ersten verfassungsmäßigen Präsidenten gewählt (19.4.), besondere Vollmachten für zwei Jahre. Nach der Kapitulation Mukdens (30.10.) ist die Manchurei fest in kommunistischer Hand; weitere Erfolge der Kommunisten in Nordchina (November) sichern ihre Herrschaft.
Korea: Proklamation der Volksrepublik in Nordkorea (16.2.). Allgemeine Wahlen in Südkorea (10.5.); erste Verfassung von der Nationalversammlung angenommen (17.7.); *Syngman Rhee* (73) zum Präsidenten gewählt (20.7.); die amerikanischen Truppen ziehen ab (November). Die Sowjetunion zieht ihre Truppen zurück (ab 19.9.) und nimmt diplomatische Beziehungen zu Nordkorea auf (Oktober). Beide koreanische Staaten beanspruchen die Herrschaft über ganz Korea.
Japan: Urteilsverkündung im Kriegsverbrecherprozeß (12.11.).
Indonesien: Zweite Polizeiaktion der Niederländer auf Java (19.12.): Verhaftung *Sukarnos* (47); im Sicherheitsrat Vorwurf gegen die Niederlande, die UN-Satzung verletzt zu haben; Abschluß eines Waffenstillstands auf fünf Monate.

KULTUR Auf der Weltkirchenkonferenz von Amsterdam (22.8.–4.9.) wird der Ökumenische Rat der Kirchen geschaffen.

LITERATUR *Jean Bazaine* (44) »Notes sur la Peinture d'aujourd'hui«. *Martin Buber* (70) »Der Weg des Menschen«. *Ernst Robert Curtius* (62) »Europäische Literatur und lateinisches Mittelalter«. *Norman Mailer* (25) »The Naked and the Dead«. *Jean Paul Sartre* (43) »Les Mains sales«. *Hans Sedlmayr* (52) »Verlust der Mitte«. *Thornton Wilder* (51) »The Ides of March«.

MUSIK Moskauer Musikerkonferenz verurteilt Werke von *Schostakowitsch* (42), *Prokowjew* (57), *Chatschaturjan* (45) und *Mjaskowskij* (67) als formalistisch.

SOZIALWESEN Alters- und Invalidenversorgungsgesetz in Schweden.

NATURWISSENSCHAFT *Richard Kuhn* (48) begründet biochemische Genetik.

TECHNIK Einweihung des Fünf-Meter-Spiegel-Teleskops auf dem Mount Palomar/USA (Reichweite etwa zwei Milliarden Lichtjahre). Beginn des Baus von Staudämmen zur Damodarregulierung in Indien.

WIRTSCHAFT Abwertung des französischen Franc (Januar). Vereinheitlichung des Zollwesens in Belgien, in den Niederlanden und in Luxemburg (Benelux-Union; 1.1. und 1.10.).

1949

VEREINTE NATIONEN Auf Anordnung der Organisation Waffenstillstandsverträge zwischen Israel einerseits und Ägypten, Libanon, Transjordanien und Syrien andererseits abgeschlossen. Vereinbarung einer Demarkationslinie, durch die Israel vergrößert wird (3.4.); der Israel zugesprochene Küstenstreifen bei Gaza bleibt von ägyptischen Truppen besetzt. Aufnahme Israels in die Organisation. Verurteilung der bulgarischen und ungarischen Kirchenprozesse. Beschluß der Vollversammlung, daß die ehemaligen italienischen Kolonien Cyrenaika, Tripolitanien und Fezzan vereinigt und am 1.1.1952 der unabhängige Staat Libyen werden sollen.

INTERNATIONALE POLITIK Abschluß des Nordatlantikpaktes (North Atlantic Treaty Organization, NATO) in Washington auf zwanzig Jahre zwischen den Benelux-Staaten, Dänemark, Frankreich, Großbritannien, Island, Italien, Norwegen, Portugal, Kanada und den USA mit der Verpflichtung zu gegenseitiger Hilfe im Falle eines Angriffs (4.4.); die USA sichern jedem Teilnehmer Rüstungshilfe zu (Mutual Defence Assistance Act); nach Inkrafttreten des Paktes (24.8.) erste Sitzung des Atlantikrates in Washington (ab 17.9.), ein gemeinsames Oberkommando wird gebildet. Besatzungsstatut für Westdeutschland unterzeichnet (8.4., Konferenz der drei westlichen Außenminister in Washington): Rechte der Alliierten bei Errichtung eines westdeutschen Staates festgelegt, die Hohe Alliierte Kommission löst die Militärregierungen ab, Einschränkung der Demontagen und Industrieverbote, Errichtung einer Internationalen Ruhrbehörde. In Paris (sechste) Tagung der Außenminister der vier Großmächte über Deutschland (23.5.–20.6.): die Sowjetunion wünscht Viermächtekontrolle, eine Zentralregierung auf der Grundlage der bestehenden Wirtschaftsverwaltungen, internationale Kontrolle des Ruhrgebiets; die Westmächte erstreben eine Regierung, die aus allgemeinen Wahlen hervorgehen soll, politische Rechte in ganz Deutschland, Verzicht auf Reparationen aus der laufenden Produktion, Viermächtekontrolle mit dem Prinzip, Entscheidungen nach Mehrheitsbeschlüssen zu treffen. Eine Einigung wird nicht erzielt, auch nicht über die Frage der Normalisierung der Lage in Berlin; lediglich eine Steigerung des Handels zwischen den Westzonen und der Ostzone wird beschlossen; über den österreichischen Staatsvertrag wird weiterverhandelt. Konferenz der drei westlichen Außenminister in Paris (9.–10.11.): Erweiterung der Rechte der Bundesrepublik und ihre Einbeziehung in Westeuropa werden empfohlen; Frankreich befürwortet dauernde Entwaffnung und Industriekontrolle Deutschlands. Londoner Zehnmächtepakt (5.5.): Die Benelux-Staaten, Dänemark, Frankreich, Großbritannien, Irland, Italien, Norwegen und Schweden schaffen sich ein gemeinsames Organ, den Europarat; er besteht aus der Beratenden Versammlung (von den einzelnen Regierungen entsandte Vertreter), die jährlich zweimal tagt, und dem (Außen-) Ministerrat, der jeweils vor der Beratenden Versammlung geheim tagt; Sitz: Straßburg; erste Tagung des Rates beginnt (3.8.), der Belgier *Paul-Henri Spaak* (50) wird Präsident der Beratenden Versammlung; im selben Jahr werden noch Griechenland, Island und die Türkei aufgenommen. Die Kommunistenführer Frankreichs und Italiens, *Maurice Thorez* (49) und *Palmiro Togliatti* (56), kündigen für den Kriegsfall Unterstützung der Sowjetunion durch die Kommunistischen Parteien ihrer Länder an. Konferenz asiatischer Staaten in Delhi (21./22.1.) verurteilt Vorgehen der Niederlande in Indonesien als Aggression.

POLITIK DER LÄNDER Deutschland: Gegenblockade vom amerikanischen und britischen Militärgouverneur verhängt (4.2.); Warendurchgangsverkehr zwischen der sowjetischen Zone sowie Ost-Berlin und Westeuropa unterbunden. Abbruch der Berlin-Blokkade und der Gegenblockade (12.5.) entsprechend der New Yorker Vereinbarung der vier Großmächte (4.5.), den freien Zugang nach Berlin wiederherzustellen. Dem West-Berliner Magistrat wird ein Besatzungsstatut überreicht (14.5.). Verkündung des vorläufigen Grundgesetzes für die Bundesrepublik Deutschland (23.5.). Wahlen zum ersten Bundestag (14.8.), CDU erhält 31 Prozent der Stimmen, die SPD 29,2 Prozent, FDP 11,9 Prozent, KPD 5,7 Prozent, Bayernpartei 4,2 Prozent und DP 4 Prozent, andere Parteien und Unabhängige 14 Prozent; Wahl von *Theodor Heuss* (FDP; 65) zum Bundespräsidenten (12.9.) und von *Konrad Adenauer* (CDU; 73) zum Bundeskanzler (15.9.), Bildung einer Regierung aus CDU, FDP und DP (20.9.). Das Besatzungsstatut für Westdeutschland tritt in Kraft (21.9.). »Petersberger Abkommen« zwischen dem Bundeskanzler und den Alliierten Hochkommissaren (21.11.): Die Bundesrepublik darf sich an internationalen Organisationen beteiligen (deutsche Vertreter in die Ruhrbehörde). Der »Deutsche Volksrat« nimmt die Verfassung für eine »Deutsche Demokratische Republik« an (19.3.). Wahlen zum (III.) Volkskongreß in der sowjetischen Zone und in Ost-Berlin (15.5.), in denen die vom Volksrat aufgestellte Einheitsliste angenommen oder abgelehnt werden kann. Der vom III. Volkskongreß bestimmte »Deutsche Volksrat« erklärt sich zur Provisorischen Volkskammer und proklamiert die »Deutsche Demokratische Republik« (»DDR«; 7.10.); Länderkammer und Regierung konstituieren sich ohne parlamentarische Wahlen, *Wilhelm Pieck* (73) wird Präsident, *Otto Grotewohl* (55) Ministerpräsident (11.10.). Wahlen werden bis zum Oktober 1950 verschoben; die sowjetische Militärverwaltung überträgt der provisorischen Regierung ihre Verwaltungsfunktionen (10.10.).

Großbritannien: Fortdauer der Wirtschaftskrise. Dockarbeiterstreik.

Irland: Es scheidet aus dem Commonwealth aus und wird selbständige Republik (18.4.).

Portugal: Staatspräsident *Carmona* (80) mit großer Mehrheit wiedergewählt (14.2.).

Italien: Landarbeiterstreiks in der Po-Ebene (Mai). Agrarkrise in Süditalien (gewaltsame Landbesetzungen).

Griechenland: Sieg der Regierungstruppen über die Aufständischen (6.9.), Einstellung der Kämpfe (Oktober).

Österreich: Neuwahlen (9.10.): Mehrheit der Österreichischen Volkspartei, Regierung unter *Figl* (47; 7.11.).

Sowjetunion: *Andrej J. Wyschinskij* (66) löst *Molotow* (59) als Außenminister ab (5.3.).

Polen: Marschall der Sowjetunion *Rokossowskij* (53) wird polnischer Verteidigungsminister (6.11.). Der Stellvertretende Ministerpräsident und Generalsekretär der Partei, *Wladislaw Gomulka* (44), wird verhaftet.

Tschechoslowakei: Eingriffe des Staates in kirchliche Angelegenheiten; Verhaftung zahlreicher Geistlicher (führt 1951 zum Zwangsaufenthalt des Erzbischofs *Beran* [63] auf Schloß Rozmital).

Ungarn: Kardinal *Joseph Mindszenty* (57) wegen angeblichen Hochverrats zu lebenslänglichem Gefängnis verurteilt (8.2.).

Jugoslawien: Wirtschaftliche Wendung *Titos* (57) zum Westen; Abschluß mehrerer Handelsabkommen; Annäherung an Griechenland und Italien. Darauf in den Ostblockstaaten Säuberungswelle gegen den »Titoismus« mit Schauprozessen und Hinrichtungen führender Funktionäre.

Südwestafrika (ehemalige deutsche Kolonie, Mandatsgebiet der UN) erhält Selbstverwaltung und Vertretung im Parlament der Südafrikanischen Union.

Israel: Waffenstillstand (März); in der Folgezeit häufige Grenzzwischenfälle mit den arabischen Nachbarn.

Syrien: Drei blutige militärische Staatsstreiche; Wahlen zur Verfassunggebenden Nationalversammlung (November); in den folgenden Jahren wiederholt Staatsstreiche.

Iran: Attentatsversuch auf den Schah von Anhängern der Tudeh-Partei, die für illegal erklärt wird. Einberufung der Verfassunggebenden Versammlung. Siebenjahresplan beschlossen.

Thailand: Neue Verfassung: konstitutionelle Monarchie mit autoritären Zügen, der vom König ernannte Staatsrat führt die Regierung (23.3.).

Indochina: Frankreich anerkennt in mehreren Verträgen die Unabhängigkeit der neu entstandenen indochinesischen Staaten Vietnam (Annam, Tongking und Cochinchina), Laos und Kambodscha im Rahmen der Französischen Union; Frankreich behält militärische Stützpunkte und wirtschaftlichen Einfluß und ist begrenzt weiter für die Außenpolitik zuständig; die Kämpfe gegen die kommunistischen Vietminh dauern an.

China: Großoffensive der Kommunisten über den Yangtse-Fluß, Eroberung von Peking, Nanking und Shanghai (Januar—Mai). Proklamation der Volksrepublik China durch den politischen Volksrat in Peking (1.10.); oberste Gewalt beim Zentralrat der Volksregierung, Vorsitzender *Mao Tse-tung* (56), Ministerpräsident und Außenminister *Chou En-lai* (51), Regierungsbildung 3.10. Indien anerkennt die Regierung der Volksrepublik China (30.12.).

Japan: Wahlsieg der liberal-demokratischen Partei (21.1.), Mehrheit für *Shigeru Yoshida* (71).

Philippinen: Bewaffnete Erhebung der »Huks«, der 1942 gegen Japan gegründeten Volksarmee.

Indonesien: Einstellung der indonesisch-niederländischen Feindseligkeiten (3.8.). Nach Einigung auf der Haager Round-table-Konferenz (2.11.) Gründung der Vereinigten Staaten von Indonesien mit der Hauptstadt Djakarta (Batavia) und *Achmed Sukarno* (48) als erstem Präsidenten, *Mohammed Hatta* (47) wird Ministerpräsident (Dezember). Die neue Republik und die Niederlande bilden die Niederländisch-Indonesische Union (2.11.).

KULTUR Viertes Abkommen der Genfer Konventionen über den Schutz der Zivilbevölkerung und in Kriegsgefangenschaft geratener Partisanen (12.8.). Anordnung des Heiligen Offiziums über die Exkommunikation aller Katholiken, die der Kommunistischen Partei ohne Zwang angehören (1.7.).

LITERATUR *Thomas Stearns Eliot* (61) »The Cocktail Party«. *Martin Heidegger* (60) »Holzwege«. *Karl Jaspers* (66) »Vom Ursprung und Ziel der Geschichte«. *George Orwell* (46) »1984«. *Arnold Schönberg* (75) »Style and Idea«.

MUSIK *Karl Amadeus Hartmann* (44) »Des Simplicius Simplicissimus Jugend«. *Olivier Messiaen* (41) »Turangalila-Sinfonie«. *Carl Orff* (54) »Antigonae«.

KUNST *Alberto Giacometti* (48) »Platz«. *Walter Gropius* (62) Harvard Graduate Centre (Baubeginn). *Joan Mirò* (56) »Frauen und Vogel im Mondschein«. *Georges Rouault* (78) Glasfenster für die Kirche in Assy.

SOZIALWESEN Spaltung des Weltgewerkschaftsbundes nach dem schon 1948 erfolgten Austritt der britischen, amerikanischen und niederländischen Gewerkschaften; Bildung des Internationalen Bundes Freier Gewerkschaften (9.12.). Neues Sozialprogramm in den USA »Fair Deal« (5.1.) zur Stabilisierung der Wirtschaft durch Eingriffe in das Wirtschaftsleben. *Trumans* (65) Punkt-Vier-Programm, offizielle Verkündung der amerikanischen Entwicklungshilfe (20.1.). In der Bundesrepublik Zusammenschluß mehrerer Arbeitnehmerverbände zum »Deutschen Gewerkschaftsbund« (DGB) mit fünf Millionen Mitgliedern (13.10.); durch »Soforthilfegesetz« des Wirtschaftsrates wird Lastenausgleich eingeleitet (Abgabe von erhaltenen Vermögenswerten für Flüchtlinge und Kriegsgeschädigte; 24.5.). Abschaffung der Todesstrafe im Grundgesetz.

NATURWISSENSCHAFT Atombombenexplosion in der Sowjetunion, von den USA bekanntgegeben (23.9.).

WIRTSCHAFT Ostblockstaaten gründen den »Rat für gegenseitige Wirtschaftshilfe« (COMECON; 25.1.); »DDR« wird 1950 aufgenommen. Die Kollektivierung der Landwirtschaft in den Ostblockstaaten beginnt (am eifrigsten in Bulgarien, wo 1951 achtundvierzig Prozent der Ackerfläche erfaßt sind). Der Europäische Wirtschaftsrat legt einen europäischen Zahlungsplan fest (März). Im Rahmen der OEEC Bestrebungen zur Liberalisierung des europäischen Handels. Internationale Ruhrbehörde beginnt ihre Tätigkeit (18.7.). Vorbereitung einer Wirtschaftsunion in den Benelux-Ländern, Vorunion seit 1.10. In Japan Abwertung des Yen (Juni) und in Großbritannien des Pfundes (September). Französisch-italienischer Zollunionsvertrag unterzeichnet (22.1.).

1950

VEREINTE NATIONEN Ausschluß Nationalchinas vom Sicherheitsrat abgelehnt (13.1.). Der Sicherheitsrat stellt Friedensbruch durch Nordkorea fest und fordert es auf, seine Truppen zurückzuziehen (25.6.); er erklärt Nordkorea zum Angreifer und fordert alle Mitgliedsstaaten auf, Südkorea mit allen Mitteln zu unterstützen (27.6.); die Sowjetunion erklärt die Beschlüsse des Sicherheitsrates für ungültig, da ihr Vertreter nicht anwesend gewesen sei. Alle UN-Hilfstruppen in Südkorea kämpfen unter UN-Flagge; Bildung eines gemeinsamen Oberkommandos unter US-General *MacArthur* (70; 7.7.). Der sowjetrussische Vertreter *Jakob Malik* (44) übernimmt turnusgemäß den Vorsitz im Sicherheitsrat; keine Einigung über die Vertretung Chinas und über Beendigung des Koreakrieges (1.8.). Vollversammlung (19.9. bis 15.12) berät über Wiederherstellung des Friedens in Korea; der Beschluß über den Boykott Spaniens (aus dem Jahr 1946) wird aufgehoben; Indonesien als sechzigstes Mitglied aufgenommen; indischer Antrag, die Chinesische Volksrepublik an Stelle Nationalchinas zuzulassen, abgelehnt (19.9.); Aufforderung an alle Staaten, deutsche und japanische

Kriegsgefangene zu entlassen; der politische Ausschuß nimmt die Acht-Mächte-Entschließung an, die der Vollversammlung Maßnahmen zur Neugestaltung ganz Koreas empfiehlt (4.10.; 45 : 5 Stimmen); Eritrea soll als autonomes Gebiet an Äthiopien angeschlossen werden, Somaliland soll als Treuhandgebiet an Italien gegeben und nach zehn Jahren selbständig werden. Sowjetisches Veto im Sicherheitsrat, als dieser die Volksrepublik China auffordern will, ihre »Freiwilligen« aus Korea zurückzuziehen (November).

INTERNATIONALE POLITIK Bei den südkoreanischen Parlamentswahlen Mehrheit für die Parteien, die *Syngman Rhee* (75) unterstützen (30.5.). Einfall nordkoreanischer Truppen in Südkorea (25.6.); auf das südkoreanische Hilfsgesuch Befehl Präsident *Trumans* (66) an die US-See- und Luftstreitkräfte, Südkorea zu unterstützen (27.6.); Großbritannien und andere Staaten senden Truppen, Kriegsschiffe und Flugzeuge nach Südkorea. Insgesamt achtunddreißig Nationen unterstützen die Aktionen der UN in Korea mit wirtschaftlicher oder militärischer Hilfe, fünfzehn mit Land-, Luft- oder Seestreitkräften (28.6.); schneller Vorstoß nordkoreanischer Truppen (Seoul besetzt, 27.6.), bis September werden die UN- und südkoreanischen Truppen auf das Gebiet um Pusan (im Süden der Halbinsel) zusammengedrängt, jedoch wirft ihr Gegenangriff (ab 15.9.) die Angreifer hinter den 38. Breitengrad zurück (8.10.; nordkoreanische Hauptstadt Pyongyang besetzt, 20.10.) und erreicht die nordkoreanisch-manchurische Grenze (26.10.); durch Eingreifen starker »Freiwilligen«-Verbände der Chinesischen Volksrepublik werden die UN-Truppen wieder auf den 38. Breitengrad zurückgedrängt (27.11.–12.12.), türkische Truppen decken den fluchtartigen Rückzug. Die Sowjetunion proklamiert Nichteinmischung und kennzeichnet den Krieg als Angriffskrieg Südkoreas; Appell an den Sicherheitsrat, die Einstellung des Kampfes und Zurückziehung der US-Truppen anzuordnen (27.6.). Londoner Konferenz der drei Westmächte (11.–13.5.) über die weitere Deutschland-Politik, den österreichischen Staatsvertrag, Südostasienfragen und das Auswanderungsproblem. New Yorker Außenministerkonferenz der drei Westmächte (12.–23.9.) über folgende Fragen: Verteidigung der freien Welt in Europa und Asien; Wiederaufrüstung Deutschlands; die Regierung der Bundesrepublik Deutschland wird als einzig freie und gesetzlich konstituierte Regierung bis zur Wiedervereinigung Deutschlands anerkannt, sie sei Vertreterin des deutschen Volkes in internationalen Angelegenheiten; die alliierten Truppen übernehmen außer den Besatzungsaufgaben den Schutz der Bundesrepublik Deutschland und der Westsektoren Berlins; Anerkennung der Volksrepublik China und Formosas, die USA sind gegen eine politische Anerkennung Rotchinas, da sie einer moralischen gleichkomme. Der Atlantikrat beschließt, eine europäische Armee unter Oberbefehl General *Dwight D. Eisenhowers* (60) aufzustellen; deutsche Beteiligung ist vorgesehen (18.–19.12.). Sechs-Mächte-Konferenz der Benelux-Staaten, der Bundesrepublik Deutschland, Frankreichs und Italiens (20.–27.6.) über den Schumanplan (Zusammenschluß der Kohle- und Stahlindustrien vom 9.5.). Verhandlungen des Europarates (7.–28.8., 19.–25.11.) über den Schumanplan, Aufstellung einer europäischen Armee mit deutscher Beteiligung; Ausarbeitung einer Verfassung für die Vereinigten Staaten von Europa beschlossen. Erklärung Frankreichs, Großbritanniens und der USA, jede Verletzung der Grenzen im Nahen Osten zu verhindern. Abschluß des Arabischen Sicherheitspaktes (Beistand für den Fall eines Angriffes) zwischen Ägypten, Jemen, Libanon, Saudiarabien und Syrien (17.6.). Eine Kommission des Rates der Panamerikanischen Union empfiehlt Sanktionen gegen die Dominikanische Republik, Guatemala und Kuba, falls sie den Frieden nicht wahren (März), seit Dezember 1949 Konflikt zwischen der Dominikanischen Republik und den beiden Staaten, die sich gegenseitig Kriegspläne vorwerfen. Stockholmer Appell des kommunistisch gelenkten Weltfriedensrates zum Verbot der Atombombe (21.3.).

POLITIK DER LÄNDER Deutschland: Bonner Memorandum über die Kriegsgefangenenfrage an die UN. Beschluß des Bundestages über den Beitritt der Bundesrepublik zum Europarat (15.6.). Regierungsbeauftragter für Verstärkung der alliierten Truppen eingesetzt, Amt *Blank* (45; 26.10.). Aufhebung der Lebensmittelrationierung in der Bundesrepublik (1.5.). Aufstellung militärischer Polizeikräfte in der »DDR«. Grenzvertrag der »DDR« mit Polen, in dem die Oder-Neiße-Linie als endgültige Grenze anerkannt wird (6.7.). Volkskammerwahlen (15.10): mit Hilfe der Einheitsliste sichert die SED sich und den von ihr beeinflußten Massenorganisationen die Mehrheit der Abgeordnetenmandate (70%); für die Einheitsliste der »Nationalen Front« werden mehr als 99% der Stimmen abgegeben. *Otto Grotewohl* (56) wird wieder Ministerpräsident.

Frankreich: In den Saarkonventionen erhält Frankreich das Recht, bis zu einem Friedensvertrag mit Deutschland die Saargruben auszubeuten (3.3.). Verlängerung der Militärdienstzeit auf 18 Monate (Oktober).

Belgien: Obwohl König *Leopold III.* (49) von der Regierung nach Neuwahlen zurückgerufen wird (20.7.), muß er nach sozialistischen Demonstrationen auf die Ausübung der königlichen Rechte zugunsten einer Regentschaft seines Sohnes *Baudouin* (20) verzichten (1.8; formelle Abdankung *Leopolds* am 16.7. 1951, *Baudouin* wird 17.7.51 König).

Italien: Landzuweisungen im Rahmen einer Bodenreform in Kalabrien und Sizilien (Oktober). Freundschaftsvertrag mit der Türkei (23.3.). Italien erhebt Anspruch auf ganz Triest.

Sowjetunion: Die Zusammenlegung der Kolchosen zu größeren Betriebseinheiten beginnt auf *Nikita Sergejewitsch Chruschtschows* (56) Initiative hin.

Polen: Abkommen zwischen Staat und Kirche: Anerkennung der päpstlichen Autorität in Glaubens- und Sittenfragen und in der kirchlichen Rechtsprechung, Unterordnung der Kirche unter Staatsinteressen.

Jugoslawien: Bildung von Arbeiterräten (17.6.), die an der Lenkung der Staatsbetriebe und der Wirtschaft mitwirken sollen.

USA: Gesetz gegen Spionage, Sabotage und Untergrundbewegung; Gesetz zur Erweiterung der Sozialversicherung. Präsident *Truman* (66) verkündet sein Acht-Punkte-Programm über die amerikanische Politik im Koreakonflikt (1.9.). Verkündung des nationalen Notstandes (16.12.): Erhöhung der Soldatenzahl, Verstärkung der Verteidigung.

Brasilien: *Getúlio Vargas* (67) erneut zum Präsidenten gewählt; er proklamiert eine Regierung der Evolution. Handelsvertrag mit der Bundesrepublik Deutschland (Juni), Freigabe deutscher und japanischer Vermögen (November).

Marokko: Der Sultan fordert von Frankreich die Aufhebung des Protektoratsvertrages von 1912.

Libyen: Beschluß der Verfassunggebenden Nationalversammlung, daß Emir *Mohammed Idris el Senussi* (60) König des vereinten Libyens werden soll (25.11.).

Liberia: Pakt über Beistand und Zusammenarbeit mit den USA.

Sierra Leone: Großbritannien setzt einen Legislativ- und Exekutivrat aus Eingeborenen ein (14.7.).

Ägypten: Wahlsieg der Nationalisten (Wafd; Januar), *Nahas Pascha* (71) Ministerpräsident; die Wafd-Regierung erklärt den britisch-ägyptischen Vertrag von 1936 für hinfällig und fordert Abzug der britischen Truppen aus Ägypten. Opposition gegen die Korruption und Mißwirtschaft der Wafd (Oktober). Der ägyptische König nimmt den Titel »König von Ägypten und dem Sudan« an; die britische Regierung erkennt dies nicht an und verspricht dem Sudan Selbstverwaltung.

Transjordanien: Die arabisch besetzten Teile Palästinas werden mit Transjordanien zum Staat Jordanien vereinigt (24.4., »Jordanisches Haschemitisches Königreich«).

Türkei: Die von *Kamal Atatürk* gegründete Republikanische Volkspartei verliert bei Wahlen zur Nationalversammlung die Mehrheit (14.5.); der Führer der Demokratischen Partei, *Celâl Bayar* (64), wird mit großer Mehrheit zum Präsidenten gewählt (22.5.), neuer Ministerpräsident wird *Menderes* (51; 30.5.), er kündigt Liberalisierung der Wirtschaft an.

Indien: Die Indische Union gibt sich eine Verfassung (26.1.): sie wird selbständige demokratische Republik im Rahmen des britischen Commonwealth mit föderativem Staatsaufbau, allgemeinem Wahlrecht und bürgerlichen Grundrechten. *Jawāharlāl Nehru* (61) Ministerpräsident, Außenminister und Minister für Atomenergie. Minderheitenabkommen zwischen der Indischen Union und Pakistan (8.4.).

Indochina: Das französische Parlament billigt die Verträge mit den indochinesischen Staaten (28.1. und 2.2.). In Vietnam wird die Gegenregierung unter *Ho Chi-minh* (56) von der Sowjetunion anerkannt (31.1.). Erfolgreiche Offensive der Aufständischen, Übergang vom Guerilla- zum Großkrieg (September). Konferenz von Pau (29.6.–27.11.) zwischen Franzosen und Vietnamesen erfolglos. Aufstellung vietnamesischer Divisionen von Frankreich eingeleitet.

Thailand: Königskrönung *Bhumibols Adulyadej* (23; 5.5.). Thailand bietet den USA Stützpunkte an (September).

Malaya: Entsendung britischer Truppen gegen die Partisanen (April).

China: Großbritannien anerkennt die Chinesische Volksrepublik (6.1.). Der Bürgerkrieg auf dem Festland beendet (13.1.). Dreißigjähriger Freundschafts- und Beistandspakt zwischen der Chinesischen Volksrepublik und der Sowjetunion (14.2.): Rückgabe der manchurischen Eisenbahn, Port Arthurs und Dairens bis 1952 vorgesehen, Unabhängigkeit der Mongolischen Volksrepublik anerkannt, Kredite für China. Truppen der Chinesischen Volksrepublik besetzen Tibet (ab 26.10.), Lhasa erreicht (9.11.); Flucht des Dalai Lama nach Indien (später zurückgekehrt). Handelsverkehr zwischen den USA und der Chinesischen Volksrepublik von beiden Seiten gesperrt (17.12.). *Chiang Kai-shek* (63) erneut zum Präsidenten Nationalchinas gewählt (1.3.). Präsident *Truman* (66) gibt bekannt, daß die USA einen Angriff auf Formosa mit Waffengewalt verhindern werden (27.6.).

Japan: Große Streikwelle (März).

Philippinen: Fortdauer der Plünderungen und Brandschatzungen durch die Huks. Fünf-Jahres-Hilfsprogramm von den USA unter der Bedingung vorgeschlagen, daß wirtschaftliche und politische Reformen durchgeführt werden.

Indonesien: Aufstand auf den Süd-Molukken gegen die Bundesregierung (April), Proklamierung einer unabhängigen Republik. Seitdem erbitterter Kleinkrieg um die Inseln. UN lehnen Vermittlung ab. Umbildung der Vereinigten Staaten von Indonesien in eine zentralistische Republik (April). Neue Regierung zur Ausarbeitung einer Verfassung gebildet. In den folgenden Jahren häufige Kabinettswechsel.

KULTUR Erster Kongreß für Kulturelle Freiheit in Berlin. Zählung der Weltbevölkerung erfaßte 2,4 Milliarden Menschen.

LITERATUR Sammelband »The God that failed« (*Ignazio Silone*, 50, *Arthur Koestler*, 45, *André Gide*, 81, *Louis Fischer*, 54, *Richard Wright*, 42, und andere begründen ihre Abkehr vom Kommunismus). *Romano Guardini* (65) »Das Ende der Neuzeit«. *Arthur Koestler* (45) »The Age of Longing«. *David Riesman* (41) »The Lonely Crowd«.

KUNST *Jean Cocteau* (59) »Orphée« (Film). *Alfred Manessier* (39) »Dornenkrone«.

MUSIK *Gian-Carlo Menotti* (39) »Der Konsul«. Studio für Elektronische Musik am Nordwestdeutschen Rundfunk, Köln, unter *Herbert Eimert* (53) und *Karlheinz Stockhausen* (22). Erneuerung der Donaueschinger Musiktage.

WIRTSCHAFT Goldrubel wird in der Sowjetunion eingeführt (1.3.): Wert des Rubels nicht mehr vom Goldgehalt des Dollars abgeleitet (Grundlage für Rubel- neben Dollar- und Sterlingblock). Bildung einer Europäischen Zahlungsunion (EZU) im Rahmen der OEEC macht jede Zahlung von Land zu Land in jeder westeuropäischen Währung möglich, Übernahme der Bank für Internationalen Zahlungsausgleich (BIZ, 1930 gegründet). Pläne zur gemeinsamen Leitung der westeuropäischen Kohle- und Stahlproduktion (Mai bis August, Plan des französischen Außenministers *Robert Schuman*; 64). Die britische Regierung veröffentlicht den Colombo-Plan für die industrielle und landwirtschaftliche Entwicklung Süd- und Südostasiens; Teilnehmer werden im Laufe der Zeit: Australien, Burma, Ceylon, Großbritannien, Indien, Indonesien, Japan, Kambodscha, Kanada, Laos, Malaiischer Bund, Nepal, Neuseeland, Pakistan, Philippinen, Süd-Vietnam, Thailand; die USA sind mit dem Rat assoziiert.

TECHNIK Ölleitung von Dhahran am Persischen Golf bis Sidon (Libanon) am Mittelmeer. Bau des Turkmenischen Hauptkanals von der Sowjetunion beschlossen (21.9.; 1000 Kilometer lang). Größtes Wasserkraftwerk der Welt bei Kuibyschew im Bau.

1951

VEREINTE NATIONEN Die Vollversammlung erklärt Rotchina zum Angreifer (1.2.); kein UN-Mitglied soll Kriegsmaterial an die Volksrepublik China liefern, die Ostblockstaaten nehmen an der Abstimmung nicht teil (18.5.). Die Vollversammlung in Paris (6.11.–5.2.52) beschließt, eine internationale neutrale Kommission zu bilden, die die Möglichkeiten für freie Wahlen in ganz Deutschland prüfen soll (20.12.); die »DDR« verweigert der Kommission die Einreise. Eine Kommission für Abrüstungsfragen wird gebildet, die auch über Atomwaffen verhandeln soll. Zwischen dem UN-Oberkommandierenden und dem nordkoreanisch-rotchinesischen Oberkommando beginnen Waffenstillstandsverhandlungen (10.7.; mehrfach unterbrochen). Präsident *Truman* (67) setzt General *Douglas MacArthur* (71) als Oberkommandierenden der UN-Truppen ab (11.4.), Nachfolger wird General *Matthew B. Ridgway* (56).

INTERNATIONALE POLITIK Washingtoner Konferenz (10.–14.9.) der westlichen Außenminister: das Besatzungsstatut soll revidiert werden, Westdeutschland sich an der europäischen Armee beteiligen; die Stationierung alliierter Truppen, Berlinfrage und Wiedervereinigung Deutschlands bleiben alliierter Entscheidung vorbehalten. Vertrag über die Gründung der Europäischen Gemeinschaft für Kohle und Stahl (Montanunion, nach dem Schumanplan) auf fünfzig Jahre (18.4.): die Regierungen der Benelux-Staaten, der Bundesrepublik Deutschland, Frankreichs und Italiens übergeben Kompetenzen der Kohle- und Stahlindustrie der zu schaffenden Hohen Behörde der Montanunion, die durch ein internationales Parlament (Gemeinsame Versammlung) kontrolliert wird. Beratungen der Außenminister der sechs Schumanplanländer über den Plan des französischen Ministerpräsidenten *René Pleven* (50), eine europäische Armee aufzustellen (Plevenplan; Europäische Verteidigungsgemeinschaft, EVG; 15.2. und 22.11.). Vorschläge des Europarates für engere europäische Zusammenarbeit (Bildung einer europäischen politischen Gemeinschaft; 26.11–11.12.). Zur Intensivierung der Zusammenarbeit zwischen den vier skandinavischen Staaten (nicht in außen- und militärpolitischen Fragen) wird der Nordische Rat gegründet (5.12.), Eröffnungssitzung im Februar 1953. Abschluß militärischer Beistandsverträge zwischen den USA und den Philippinen, Australien und Neuseeland (Australia, New Zealand, USA, ANZUS-Pakt; 30.8./1.9.). Tagung der Außenminister von Guatemala, Honduras, El Salvador, Nicaragua und Costa Rica (Oktober); Organisation der mittelamerikanischen Staaten gegründet (ODECA); »Charta von San Salvador« als Programm für die Union der mittelamerikanischen Staaten proklamiert.

POLITIK DER LÄNDER Deutschland: Verhandlungen über einen deutschen Beitrag zu den NATO-Streitkräften (23.1.). Die Selbständigkeit der Bundesrepublik Deutschland wird größer; sie erhält Paßhoheit, muß aber die Schulden aus Vorkriegsanleihen und Nachkriegshilfe anerkennen (Beschlüsse der New Yorker Außenministerkonferenz vom 6.3.); *Konrad Adenauer* (75) übernimmt bis zur Erlangung der vollen Souveränität das neugebildete Außenministerium. Bundesgrenzschutz als Polizeitruppe geschaffen (15.2.). Die Bundesrepublik Deutschland Mitglied des Europarates (7.4.). Sie nimmt diplomatische Beziehungen auf (13.6.). Großbritannien und Frankreich beenden formell den Kriegszustand mit Deutschland (9.7.), danach die USA (18.10.) und alle übrigen ehemaligen Gegner Deutschlands bis auf die Ostblockstaaten. Das Bundesverfassungsgericht in Karlsruhe nimmt seine Tätigkeit auf (28.9.). Durch Volksabstimmung wird der Südweststaat gebildet (9.12.) aus Baden, Württemberg-Baden und Württemberg-Hohenzollern; am 11.11.1953 Verfassung des neuen Bundeslandes Baden-Württemberg. In der »DDR« Fünfjahresplan verkündet (1.1.). Die Volkskammer schlägt die Bildung eines Gesamtdeutschen Rates aus Vertretern der Volkskammer und des Bundestages vor, der die Einheit Deutschlands vorbereiten soll (Schlagwort »Deutsche an einen Tisch«; 30.1., wiederholt am 15.9.).
Großbritannien: Sozialisierung der Eisen- und Stahlindustrie (Februar). Wahlsieg der Konservativen (27.10.): Regierung *Winston Churchill* (77; 3.11.), *Anthony Eden* (54) Außenminister.

Frankreich: Bei den Wahlen zur Nationalversammlung erhalten die Kommunisten und die Anhänger *de Gaulles* (61) die meisten Stimmen (17.6.). Frankreich überläßt den USA Stützpunkte in Marokko (13.7.).

Italien: Die Revision des Friedensvertrages von 1947 in bezug auf die Beschränkung der Streitkräfte, das Verbot von Grenzbefestigungen und das der Herstellung von Kriegsmaterial wird für vollzogen erklärt (21.12.).

Portugal: General *Craveiro Lopez* (57) wird nach dem Tod *Carmonas* (82; 18.4.) auf sieben Jahre zum Staatspräsidenten gewählt (22.7.). In einem Abkommen werden den USA Stützpunkte auf den Azoren für die Dauer des Atlantikpaktes und im Kriegsfall eingeräumt (6.9.).

Sowjetunion: Anläßlich der Revolutionsfeier (7.11.) wird der allmähliche Übergang vom Sozialismus zum Kommunismus proklamiert.

Jugoslawien: Die drei Westmächte bezeichnen jeden Angriff auf Jugoslawien als Aggressionsakt (Februar). Beginn der Dezentralisation der Wirtschaft. US-Anleihe in Höhe von fünfzig Millionen Dollar (28.8.). US-Waffenlieferungen vorgesehen (14.11.).

Argentinien: Präsident *Juan Perón* (56) wiedergewählt (11.11.).

Libyen wird unabhängiges Königreich (24.12.).

Nigeria erhält neue Verfassung (26.6.; legislative und exekutive Räte).

Südafrikanische Union: Rat der Eingeborenenvertretung im Parlament abgeschafft, dafür gewährt das Bantu-Behörden-Gesetz gewisse territoriale und Stammesselbstverwaltungsrechte. Rücktritt *Malans* (77).

Ägypten: Das Parlament kündigt den Vertrag über die Stationierung britischer Truppen in der Suezkanalzone (1936) und den über die gemeinsame Verwaltung des Sudans durch Ägypten und Großbritannien (1899; 16.10.). Unruhen in der Kanalzone. Großbritannien entsendet Truppen und Kriegsschiffe.

Jordanien: König *Abdullah* (69) ermordet (20.7.), Nachfolger wird sein Sohn *Talal* (42), der, zum Rücktritt gezwungen, seinem Sohn *Hussein* (16) den Thron überlassen muß (11.8.52).

Jemen: Britisch-jemenitischer Vertrag (20.1.): Aufnahme diplomatischer Beziehungen, Bildung einer Kommission zur Markierung der Grenze zwischen Jemen und dem britischen Protektorat von Aden beschlossen (aber nicht verwirklicht).

Iran: Das Parlament beschließt (15.3.), die größtenteils im Besitz der Anglo-Iranian Oil Company befindlichen Erdölvorkommen zu verstaatlichen; Großbritannien protestiert; Streiks und Unruhen im Ölgebiet. *Mohammed Mossadegh* (71), radikaler Befürworter der Verstaatlichung, wird Ministerpräsident (29.4.). Ergebnislose Verhandlungen zwischen der Regierung und der Anglo-Iranian Oil Company über die Verstaatlichung (14.–19.6.). Großbritannien ruft den Sicherheitsrat an (28.9.).

Indien: Erste Wahlen; von insgesamt 489 Sitzen erringt die Kongreßpartei 362, stärkste Oppositionspartei ist die Kommunistische mit 27 Sitzen. Der Streit mit Pakistan um Kashmir verschärft sich; Truppen beider Länder an den Grenzen Kashmirs (15.7.); vergebliche Bemühungen des Sicherheitsrates.

Indochina: Großangriff der Vietminh im Delta des Roten Flusses (ab 28.5.).

China: Tibet-Vertrag in Peking unterzeichnet (23.5.), Tibet in seinen inneren Angelegenheiten autonom. Außenpolitik und Verteidigung unterstehen der Volksrepublik China.

Korea: Front kommt in der Nähe des 38. Breitengrades zum Stehen; keine größeren Kämpfe mehr.

Japan: Friedensvertrag mit den ehemaligen Gegnern (außer Sowjetunion und Indien) unterzeichnet (8.9.): Japan erhält die volle Souveränität, zahlt keine Reparationen mehr, verliert alle Besitzungen außerhalb der Hauptinseln (Besitzstand von 1854), Abzug der Besatzungstruppen. Sicherheitsvertrag mit den USA, die militärische Stützpunkte und Truppen in Japan unterhalten dürfen (26.10. vom Reichstag ratifiziert).

LITERATUR *William Faulkner* (54) »Requiem for a Nun«. *James Jones* (30) »From Here to Eternity«.

MUSIK *Paul Dessau* (57) »Die Verurteilung des Lukullus«. *Igor Strawinsky* (69) »The Rake's Progress«.

KUNST *Max Bill* (43) »6 Energiezentren« (Gemälde). *Bernard Buffet* (23) »Die Kreuzigung«. *Henri Matisse* (82) Kapelle in Vence. *Pablo Picasso* (70) »Massaker in Korea«. *Graham Sutherland* (48) »Dornenhaupt«.

SOZIALWESEN Wiederbegründung der (2.) Sozialistischen Internationale durch die Sozialistischen Parteien aus vierunddreißig Ländern in Frankfurt/Main (30.6.–3.7.), Formulierung der Ziele und Aufgaben des demokratischen Sozialismus. Gründung der Panamerikanischen Gewerkschaftsorganisation (16.1.), der Verbände aus einundzwanzig Republiken (außer Mexico und Argentinien) angehören.

TECHNIK Erstes Farbfernsehen in den USA. Ständiges Fernsehprogramm in der Bundesrepublik Deutschland. Tauernkraftwerk Kaprun fertiggestellt.

WIRTSCHAFT Vereinheitlichung der Landwirtschaft in den Benelux-Staaten (1.1.). Bundesrepublik Deutschland schließt sich dem GATT an.

1952

VEREINTE NATIONEN Beschluß kollektiver Maßnahmen zur Abwehr von Aggressionen. Generalsekretär *Trygve Lie* (56) tritt von seinem Posten zurück. Asiatische und afrikanische Mitgliedstaaten unterbreiten den französisch-tunesischen Streit dem Sicherheitsrat, der aber nicht darüber berät (April).

INTERNATIONALE POLITIK Note der Sowjetunion an die drei Westmächte mit dem Vorschlag, auf einer

Viererkonferenz einen Friedensvertrag für Deutschland auszuarbeiten (Wiedervereinigung, Aufstellung eigener Streitkräfte, Aufnahme in die UN, Bündnislosigkeit, Anerkennung der im Potsdamer Abkommen festgesetzten provisorischen Grenzen; 10.3.). Der Westen fordert vor Diskussion über den Friedensvertrag freie Wahlen für eine gesamtdeutsche Regierung und außenpolitische Entscheidungsfreiheit für ein wiedervereinigtes Deutschland und besteht auf provisorischem Charakter der Grenzregelung von 1945 (Note vom 25.3.). Unterzeichnung des Deutschlandvertrages (Generalvertrages) zwischen den USA, Großbritannien, Frankreich und der Bundesrepublik Deutschland (26.5.): Deutschland gleichberechtigt in die europäische Gemeinschaft einbezogen, Besatzungsstatut soll aufgehoben werden, Souveränität für die Bundesrepublik vorgesehen. Griechenland und die Türkei treten dem Nordatlantikpakt bei (25.2.). Die Außenminister der Benelux-Staaten, der Bundesrepublik Deutschland, Frankreichs und Italiens unterzeichnen in Paris den Vertrag über die Europäische Verteidigungsgemeinschaft (EVG): Vereinigung der westeuropäischen Streitkräfte in einer übernationalen Armee unter gemeinsamem Oberkommando; Großbritannien und die anderen NATO-Partner werden durch gegenseitige Beistandspakte mit der EVG verbunden (27.5.). Ein von der Montanunion gebildeter Verfassungsausschuß entwirft einen Plan für eine europäische politische Gemeinschaft; ein europäischer Premierminister, Exekutivrat, ein direkt gewähltes Unterhaus und ein aus den Vertretern der nationalen Parlamente ausgewählter Senat werden vorgesehen (Dezember). Wiedergutmachungsabkommen der Bundesrepublik Deutschland mit Israel (10.9.; März 1953 ratifiziert). Militärische Beistandspakte der USA mit Brasilien, Chile, Ecuador, Peru und Kuba. Britische Exportsperre nach dem Iran (August). Der von Großbritannien angerufene Internationale Gerichtshof erklärt sich für den britisch-persischen Ölkonflikt als nicht zuständig (22.7.). Iran bricht die diplomatischen Beziehungen zu Großbritannien ab (22.10.). Friedensvertrag und Sicherheitspakt zwischen Japan und den USA; der ANZUS-Pakt tritt in Kraft (28.4.). Japan erlangt Souveränität wieder. Friedensvertrag zwischen Japan und Indien (9.6.). In Korea Fortgang der Waffenstillstandsverhandlungen und der Kämpfe; angeblich Bakterienkrieg.

POLITIK DER LÄNDER Deutschland: Gesamtdeutsches Wahlgesetz vom Bundestag angenommen (6.2.), auch in der »DDR« Wahlgesetzentwurf veröffentlicht (Wahlen nicht unter internationaler, sondern unter Kontrolle gesamtdeutscher Ausschüsse). Innenpolitischer Kampf in der Bundesrepublik um die Zustimmung zum EVG- und Deutschlandvertrag und um die Frage, ob ein deutscher Wehrbeitrag verfassungsmäßig sei (Januar, Juli). Auflösung der fünf Länder der »DDR«, Einteilung in vierzehn Verwaltungsbezirke (23.7.).

Großbritannien: Nach dem Tode König *Georgs VI.* (57; 6.2.) wird seine Tochter als *Elisabeth II.* (26) Königin (Krönung am 2.6.).

Sowjetunion: 19. Parteitag der KPdSU (Oktober), das Politbüro des Zentralkomitees der Partei wird durch ein Präsidium mit erhöhter Mitgliederzahl ersetzt; außenpolitischer Grundsatz der Koexistenz verkündet.

Polen: Die neue Verfassung tritt in Kraft; Polen wird Volksrepublik (22.7.).

Tschechoslowakei: Todesurteil für den ehemaligen Generalsekretär der Partei *Rudolf Slánský* (51) in einem Schauprozeß in Prag (November).

Rumänien: Unter der Beschuldigung von Rechtsabweichungen wird *Anna Pauker* (59) ihrer Ämter enthoben (Juli).

USA: General *Dwight D. Eisenhower* (62) wird zum Präsidenten gewählt (4.11.); republikanische Mehrheit in beiden Häusern des Kongresses.

Bolivien: Enteignung der ausländischen Zinnbergbauunternehmen (Oktober), Gründung einer staatlichen Monopolgesellschaft.

Chile: Kandidat der Landarbeiterpartei *Carlos Ibáñez del Campo* (75) auf sechs Jahre zum Präsidenten gewählt.

Dominikanische Republik: *Hector Bienvenido Trujillo* (44), Bruder des vorigen Militärdiktators, zum Präsidenten gewählt (16.5.).

Kuba: General *Fulgencio Batista y Zaldivar* (51) stürzt den 1948 gewählten Präsidenten *Prío Socarrás* (49; 10.3.).

Puerto Rico: Neue Verfassung. Keine Besteuerung durch die USA mehr.

Ägypten: Antibritische Demonstrationen in Kairo, Ausnahmezustand (26.1.). Staatsstreich von Offizieren (23.7.) führt zur Abdankung und Verbannung *König Faruks* (32), sein sieben Monate alter Sohn wird als *Fuad II.* zum König proklamiert; Einsetzung einer dem Revolutionsrat verantwortlichen Regierung unter General *Mohammed Nagib* (51; Juli), der auch Ministerpräsident wird (7.9.); Verhaftung vieler Politiker; Bodenreform beschlossen.

Eritrea: Neue Verfassung (10.7.), Eritrea gibt gemäß UN-Beschluß von 1950 wesentliche Hoheitsrechte an Äthiopien ab.

Korea: *Syngman Rhee* (77) auf weitere vier Jahre zum Präsidenten von Südkorea gewählt (5.8.).

LITERATUR *Paul Celan* (32) »Mohn und Gedächtnis«. *Ernest Hemingway* (54) »The Old Man and the Sea«. *Marie-Luise Kaschnitz* (51) »Ewige Stadt«. *Karl Krolow* (37) »Die Zeichen der Welt«.

MUSIK *Boris Blacher* (49) »Preußisches Märchen«. *Rolf Liebermann* (42) »Leonore 40/45«.

KUNST *Le Corbusier* (65) Cité radieuse, Marseille. *Henri Laurens* (67) »Der große Amphion«. *Georg Meistermann* (41) Glasfenster im Gebäude des Westdeutschen Rundfunks, Köln. *Fritz Winter* (47) »Vor den Feuern«.

SOZIALWESEN Lastenausgleichsgesetz (16.5.) und Betriebsverfassungsgesetz (11.10.) in der Bundesrepublik Deutschland. Staatliche Sozialversicherung in Indien.

Technik Erster planmäßiger Verkehrsflug über die Arktis von Europa nach Japan. Wolga-Don-Schifffahrtskanal fertiggestellt (3.6., hundert Kilometer). Erste britische Atombombe (2.10.) und erste amerikanische Wasserstoffbombe (1.11.).

Wirtschaft Londoner Schuldenkonferenz (28.2. bis 4.4. und 19.5.–8.8.): Die Bundesrepublik Deutschland anerkennt Auslandsschulden in Höhe von etwa vierzehn Milliarden DM. Hohe Behörde der Montanunion (Sitz Luxemburg) geschaffen (10.8.), Großbritannien richtet eine Delegation ein. Überwindung der wirtschaftlichen Stagnation in England. Kredithilfe der USA für Spanien (Januar).

1953

Vereinte Nationen Der Schwede *Dag Hammarskjöld* (48) wird als Nachfolger des Norwegers *Trygve Lie* Generalsekretär der Organisation (Vollversammlung vom 24.2. bis 23.4.). Waffenstillstand in Panmunjon zwischen den UN-Truppen und den nordkoreanisch-chinesischen Streitkräften beendet den Koreakrieg (27.7.); die Demarkationslinie entspricht dem Frontverlauf; Rückführung der Kriegsgefangenen unter neutraler Aufsicht.

Internationale Politik Beratungen der Regierungen der Montanunionstaaten über den Entwurf einer europäischen politischen Gemeinschaft (März) verlaufen ergebnislos. Demonstranten in Triest fordern den Anschluß an Italien (März); größte Spannung in der Triestfrage im Oktober, italienische und jugoslawische Truppen beiderseits der Zonengrenze zusammengezogen. Erörterung von Plänen zur Europäisierung des Saargebiets im Europarat (20.9.). *Adenauers* (77) Besuch in den USA; die Erneuerung des Freundschafts-, Handels- und Konsularvertrages von 1923 vereinbart (6.–17.4.). Abkommen zwischen den USA und Spanien (29.9.): Spanien gewährt den USA militärische Stützpunkte und erhält dafür langfristige Wirtschaftshilfe. »Akte von Santiago« zur Herstellung einer Wirtschafts- und Zollunion zwischen Argentinien und Chile (März); Paraguay (August) und Ecuador (November) schließen sich an. »Deklaration von Buenos Aires«: Argentinien und Nicaragua proklamieren Gemeinsamkeit ihrer wirtschaftlichen und politischen Ziele. Großbritannien gründet eine Zentralafrikanische Föderation (14.7.) aus Nord- und Süd-Rhodesien und Njassaland; Wahlen zum ersten Parlament der Föderation (Dezember). Aus Nigeria, Teilen Kameruns, Gambia, der Goldküste, Sierra Leone und einem Teil Togos wird die Föderation von Britisch-Westafrika gebildet (Verfassung 1954). Erstes Treffen sozialistischer Parteien aus asiatischen Staaten in Rangoon (Januar); Gründung eines eigenen Büros. Sowjetisch-indisches Handelsabkommen auf fünf Jahre (2.12.). Portugiesisch-indischer Konflikt um die Abtretung der portugiesischen Kolonien in Indien (Goa, Damão, Diu; Juni). Sicherheitspakt zwischen Südkorea und den USA (1.10.), sowjetrussische Wirtschaftshilfe für Nordkorea.

Politik der Länder Deutschland: Der Bundestag billigt den EVG- und den Deutschland-Vertrag (19.3.). Zweite Bundestagswahlen in der Bundesrepublik (6.9.): die Regierungsparteien (CDU/CSU, FDP, DP, BHE) erhalten zwei Drittel aller Sitze, die CDU/CSU allein 244 (45,2 Prozent der abgegebenen Stimmen); *Konrad Adenauer* (77) wird zum zweitenmal zum Bundeskanzler gewählt. »Neuer Kurs« in der »DDR« (11.6.); bessere Versorgung mit Lebensmitteln und Verbrauchsgütern, Preissenkungen, Förderung der Privatwirtschaft, Überprüfung von Gerichtsurteilen. Streiks der Bauarbeiter in der Berliner Stalinallee für Herabsetzung der Arbeitsnormen (16.6.); die Streiks führen zum Volksaufstand gegen das SED-Regime in Ost-Berlin und der ganzen »DDR«; sowjetisches Militär schlägt in blutigen Zusammenstößen mit den meist unbewaffneten Demonstranten die Erhebung nieder, Ausnahmezustand über Ost-Berlin verhängt, standrechtliche Erschießungen und Massenverhaftungen (17.6.). Die Regierung der »DDR« erklärt, die Aufstände seien von westlichen Eindringlingen provoziert worden; der 17.6. wird in der Bundesrepublik als »Tag der deutschen Einheit« gesetzlicher Feiertag. Von 1949 bis 1952 sind rund 675000 Menschen aus dem östlichen in den westlichen Teil Deutschlands geflüchtet, im Jahre 1953 allein 331000; das Bundesvertriebenengesetz (19.5.) gewährt dem »Sowjetzonenflüchtling« staatliche Hilfe; auch in den nächsten Jahren hält diese Fluchtbewegung an. Die Sowjetunion sichert der »DDR« vertraglich zu, die Reparationen zum Ende des Jahres auslaufen zu lassen (22.8.); die sowjetischen Unternehmen (SAG) werden in Volkseigene Betriebe (VEB) umgewandelt.
Großbritannien: Das Unterhaus beschließt die Reprivatisierung der verstaatlichten Eisen- und Stahlindustrie (17.3.); staatliche Aufsichtsbehörde zur Kontrolle der industriellen Wirtschaft.
Frankreich: Die vierte und umfangreichste Amnestie seit 1947 gibt 400 ehemaligen Abgeordneten, Senatoren und Räten, die 1946 für national unwürdig erklärt worden waren, ihre Wählbarkeit zurück (11.3.); etwa 10000 Beamte werden rehabilitiert. *René Coty* (71) zum Präsidenten der Republik gewählt (23.12.). *Charles de Gaulle* (63) löst Parlamentsfraktion seiner Bewegung auf; die Abgeordneten schließen sich zur »Union républicaine d'action sociale« (URAS) zusammen.
Dänemark: Verfassungsänderung durch Volksentscheid (28.5.): Einführung des Einkammersystems und Möglichkeit der weiblichen Thronfolge.
Italien: Eine Regierung aus Fachleuten unter *Giuseppe Pella* (51) wird gebildet (15.8.). In der Folge häufige Regierungswechsel. Generalstreiks zur Sicherung der Arbeitsverhältnisse (September/Dezember).

Sowjetunion: *Josef Stalin* (73) stirbt (5.3.); *Georgij M. Malenkow* (51) wird Ministerpräsident, *Lawrentij P. Berija* (54) Innenminister (6.3.). Erlaß einer Amnestie, Milderung der Strafgesetzgebung, Grundsatz der friedlichen Koexistenz. *Nikita Sergejewitsch Chruschtschow* (59) wird Erster Sekretär des Zentralkomitees der KPdSU (September). Verhaftung *Berijas* (10.7.); er wird wegen Landesverrats verurteilt und hingerichtet (23.12.). Große Streikwelle im Zwangsarbeitslager Workuta (Kohlengebiet im Nordural) und anderen Lagern (Juli) vom Militär niedergeschlagen. Änderung der Wirtschaftspolitik verkündet: erweiterte Verbrauchsgütererzeugung, Einschränkung der Schwerindustrie (»Neuer Kurs«; 8.8.).

Polen: Verbannung des Kardinals *Stephan Wyszynski* (52) in ein Kloster (28.9.). Polnisches Episkopat spricht sich für Unterstützung der Volksrepublik aus (17.12.).

Ungarn proklamiert ebenfalls den »Neuen Kurs«; an Stelle von Parteisekretär *Mátyás Rákosi* (61) wird *Imre Nagy* (57) Regierungschef und kündigt Reformen an (4.7.): Senkung der Planziffern, erhöhte Produktion von Konsumgütern, Auflösung der bäuerlichen Kollektivbetriebe zugelassen, freie Betätigung der Kirchen.

Tschechoslowakei: Volkserhebung in Pilsen (Anfang Juni) von der Sicherheitspolizei niedergeschlagen; wirtschaftspolitische Maßnahmen sollen die Lage der Bevölkerung erleichtern (»Neuer Kurs«).

Jugoslawien: Neue Verfassung (13.1.): Selbstverwaltung der Arbeiter in den Betrieben bestätigt; *Tito* (61) von der Nationalversammlung (Bundesversammlung und Produzentenrat) zum Staatspräsidenten und Vorsitzenden des Exekutivrates, des höchsten Regierungsgremiums, gewählt. Zwangskollektivierung aufgehoben. Staatsbesuch *Titos* in London.

Bolivien: Bodenreformgesetz, Enteignung der großen Haciendas.

Britisch-Guayana: Neue Verfassung. Wahlsieg der linksgerichteten Fortschrittlichen Volkspartei; ihr Führer, *Cheddy Jagan* (35), wird Ministerpräsident; die Verfassung von Großbritannien durch eine Interimsverfassung ersetzt (22.12.): die Gesetzgebende Versammlung wird von der britischen Krone ernannt, nicht gewählt (das Provisorium noch 1954 für weitere vier Jahre empfohlen).

Costa Rica: Der Sozialist *José Figueres* (45) wird Präsident; er befolgt demokratische Grundsätze und verurteilt die Diktaturen in den karibischen Ländern.

Kolumbien: General *Gustavo Rojas Pinilla* (53) setzt nach *Gomez'* (64) Sturz die Diktatur fort.

Ägypten: Die Republik wird ausgerufen (18.6.); Verkündung einer vorläufigen Verfassung, Auflösung aller politischen Parteien. Ministerpräsident *Mohammed Nagib* (52) wird Staatspräsident, Oberst *Gamal ad-Din Nasser* (35) Stellvertretender Ministerpräsident. Britisch-ägyptisches Abkommen sieht für 1956 Entscheidung der Sudanesen über Selbständigkeit oder Union mit Ägypten vor (12.2.).

Libyen: Beitritt zur Arabischen Liga (März).

Marokko: Unruhen; Sultan *Sidi Mohammed ben Jussef* (42) durch Stammesoberhäupter der Berber abgesetzt und von der französischen Regierung verbannt (August). Der neue Sultan *Sidi Mohammed ben Mulay Arafa* (55) stimmt den französischen Reformgesetzen zu.

Iran: Ministerpräsident *Mohammed Mossadegh* (73) will das Parlament auflösen; durch den kaisertreuen General *Zahedi* (56) gestürzt, der selbst Ministerpräsident wird (19.8.); drei Jahre Haft für *Mossadegh*. Wiederaufnahme der diplomatischen Beziehungen mit Großbritannien (6.12.).

Saudiarabien: Nach König *Ibn Sauds* (73) Tod wird *Saud ibn Abdul Asis* (50) sein Nachfolger (9.11.).

Indochina: Finanzielle Unterstützung der USA für Frankreich und die mit ihm verbündeten Staaten in Indochina (30.9.), um die Anstrengungen zur Bekämpfung der Vietminh zu verstärken. Vietminh-Truppen dringen durch Laos zur Grenze von Siam vor (25.12.); damit ist das französisch beherrschte Indochina geteilt. In Laos eingedrungene Vietminh werden zurückgeschlagen. Französisches Militärabkommen mit Kambodscha.

Laos: Volle Souveränität erhalten (22.10.), Bündnis- und Freundschaftsabkommen mit Frankreich.

China: Erster Fünfjahresplan der Volksrepublik China tritt in Kraft.

KULTUR Gründung des Internationalen Schulbuchinstituts in Braunschweig, das vor allem die Geschichtsbücher von Vorurteilen und einseitigen Darstellungen anderer Völker reinigen soll. Eröffnung der Hochschule für Gestaltung in Ulm.

LITERATUR *Ingeborg Bachmann* (27) »Die gestundete Zeit«. *Samuel Beckett* (47) »En attendant Godot«. *Friedrich Heer* (37) »Europäische Geistesgeschichte«. *Nikolaos Kazantzakis* (71) »Griechische Passion«. *Arthur Miller* (38) »The Crucible«.

MUSIK *Boris Blacher* (50) »Abstrakte Oper Nr. 1«. Studio di Fonologia Musicale Milano. Gründung des Deutschen Musikrates in Bonn/Hamburg.

KUNST *Hans Arp* (66) »Der Wolkenhirte«. *Max Ernst* (62) »Old Man River – Vater Rhein«. *Marino Marini* (52) »Il Miracolo« (erste Fassung). *Mark Tobey* (63) »Festival«. *Ossip Zadkine* (63) Denkmalsfigur für die zerstörte Stadt Rotterdam. Vorgeschichtliche Malereien in der Höhle Cougnac bei Gourdon.

NATURWISSENSCHAFT Die Sowjetunion im Besitz der Wasserstoffbombe. Erstbesteigung des Mount Everest (8882 m) durch *Edmund P. Hillary* (34) und *Sherpa Tensing* (40).

1954

VEREINTE NATIONEN Die neunte Vollversammlung (21.9.–17.12.) lehnt den sowjetischen Antrag ab, die Volksrepublik China an Stelle von Nationalchina als Mitglied in die Organisation aufzunehmen. Entschließung der Großmächte über die Abrüstung. Unruhen in Cypern, Generalstreik und Pressezensur (August); die Organisation greift das Problem auf.

INTERNATIONALE POLITIK Berliner Außenministerkonferenz der USA, Großbritanniens, Frankreichs und der Sowjetunion (25.1.–18.2.); behandelt werden die Deutschlandfrage, der österreichische Staatsvertrag, der Korea- und Indochinakonflikt und die Frage der europäischen Sicherheit; der Deutschlandplan des britischen Außenmisters *Anthony Eden* (57), der »Erste Edenplan« (freie Wahlen in ganz Deutschland, Ausarbeitung einer Verfassung durch die gewählten Abgeordneten und Bildung einer Regierung, die die Regierungen der Bundesrepublik Deutschland und der »DDR« ablösen soll, Abschluß eines Friedensvertrages) trifft auf den Widerstand des sowjetischen Außenministers *Wjatscheslaw Molotow* (64), dessen Vorschlag, Bildung einer Regierung aus den Vertretern der Regierungen der Bundesrepublik Deutschland und der »DDR«, danach Wahlen, von den Westmächten abgelehnt wird. Der sowjetische Vorschlag eines gesamteuropäischen Sicherheitsvertrages auf 50 Jahre (10.2.) von den Westmächten verworfen. Auf der Genfer Konferenz (26.4.–21.7.) werden die beiden asiatischen Hauptprobleme mit den Vertretern der Volksrepublik China und Indochinas beraten; Vertreter der fünfzehn UN-Staaten, die Truppen nach Korea entsandt haben, nehmen teil; die Koreaverhandlungen scheitern, aber über den Indochinakonflikt kommt Vereinbarung zustande: Ende der Feindseligkeiten in Kambodscha, Laos und Vietnam, Teilung Vietnams längs des siebzehnten Breitengrades (Nord-Vietnam an die Vietminh); freie Wahlen in beiden Teilen Vietnams unter internationaler Kontrolle für Juli 1956 vorgesehen; Abzug der französischen Truppen; Garantie für die territoriale Integrität von Laos, Kambodscha und Vietnam. Die französische Nationalversammlung lehnt die Ratifizierung des EVG-Vertrages ab (31.8.), da die geforderten Änderungen von den anderen Staaten nicht gebilligt werden (Konferenz zu Brüssel, 19. bis 22.8.). Daraufhin beraten die Außenminister der EVG-Staaten, Kanadas und der USA in London neue Möglichkeiten (28.9.–3.10.); in der Londoner Schlußakte wird die Regierung der Bundesrepublik Deutschland als einzig freie und rechtmäßig gebildete deutsche Regierung anerkannt; neue Garantieerklärung für Berlin. Auf den Pariser Konferenzen (19.–23.10.) werden Einzelheiten des neuen Weges festgelegt: Umbildung des Brüsseler Paktes (Fünf-Mächte-Vertrag vom 17.3.1948) zur Westeuropäischen Union mit Beitritt Italiens und der Bundesrepublik Deutschland (WEU); die Bundesrepublik Deutschland darf weder Atomwaffen noch chemische und biologische Waffen herstellen; auf Beschluß einer Fünfzehn-Mächte-Konferenz wird die Bundesrepublik in die NATO aufgenommen; Abänderung des Deutschlandvertrages (Mai, 1952); bis zur Festsetzung des deutschen Truppenbeitrages zahlt die Bundesrepublik monatlich 600 Millionen DM; sie soll souverän werden, die ausländischen Truppen im Lande dienen der gemeinsamen Verteidigung und gelten nicht mehr als Besatzungstruppen (Truppenvertrag), den Besatzungsmächten bleiben nur Fragen vorbehalten, die Gesamtdeutschland betreffen; die Bundesrepublik verpflichtet sich, Wiedervereinigung und Änderung der gegenwärtigen Grenzen nicht mit Gewalt herbeizuführen. In Paris gleichzeitig französisch-deutsches Saarabkommen: das Saargebiet soll wirtschaftlich mit Frankreich verbunden bleiben, sich aber unter Kontrolle der WEU selbst verwalten; eine Volksabstimmung der Saarbevölkerung wird über dieses Statut entscheiden. Auf einer Moskauer Konferenz (29.11.–2.12.) protestieren die Vertreter des Ostblocks, der Volksrepublik China und der »DDR« gegen die Pariser Beschlüsse, vor allem gegen die Wiederaufrüstung der Bundesrepublik, die baldige Wiedervereinigung sei nun unmöglich; die eigenen Vorschläge für einen kollektiven Sicherheitspakt werden wiederholt. Neues Triest-Statut wird von Großbritannien, den USA, Italien und Jugoslawien paraphiert (5.10.): Die provisorische Teilung in eine britisch-amerikanisch verwaltete Zone A und eine jugoslawisch verwaltete Zone B wird modifiziert durch Angliederung der vergrößerten Zone B an Jugoslawien, der verkleinerten Zone A einschließlich der Stadt an Italien; Abzug der britischen und amerikanischen Streitkräfte, Triest wird Freihafen. Militärischer Beistandspakt zwischen Griechenland, Jugoslawien und der Türkei (Balkanpakt, 9.8.), Sicherung der territorialen Integrität (ein Freundschaftsvertrag war 1953 vorausgegangen). Entschließung der interamerikanischen Konferenz von Carácas gegen die kommunistische Bewegung auf dem amerikanischen Kontinent (13.3.). Britisch-ägyptisches Abkommen über die Suezkanalzone: Abzug der britischen Truppen binnen zwanzig Monaten, Ägypten garantiert freie Schiffahrt im Kanal, im Kriegsfall darf die Zone wieder besetzt werden. Vertrag zwischen den USA und Libyen über Luftbasen und Wirtschaftshilfe. Die Ministerpräsidenten von Indien und China, *Nehru* (65) und *Chou En-lai* (56), verkünden fünf Grundsätze friedlicher Koexistenz (Pantscha-Schila): gegenseitige Anerkennung und Unverletzlichkeit der Souveränität, Ablehnung jeder Aggression, keine Einmischung in die inneren Angelegenheiten anderer Staaten, Gleichberechtigung und Streben nach gemeinsamen Vorteilen, friedliches Nebeneinanderleben (30.6.). Colombo-Konferenz der Regierungschefs von Burma, Ceylon, Indien, Indonesien und Pakistan spricht sich für Unabhängigkeit Indochinas, Aufnahme der Volksrepublik China in die UN und für Lösung der Probleme Tunesiens und Marokkos aus (Mai). Verteidigungsbündnis zwischen den USA, Großbritannien, Frankreich, Australien, Neuseeland, Siam, Pakistan und den Philippinen (8.9.; South East Asia Treaty Organization, SEATO). Gegenseitiger militärischer Beistandspakt zwischen Pakistan und den USA (19.5.). Verteidigungspakt zwischen den USA und Nationalchina (1.12). Bei dem Besuch *Bulganins* (59) und *Chruschtschows* (60) in Peking (29.9.–12.10) wird ein Kommuniqué über den Abzug der sowjetrussischen Truppen aus Port Arthur bis Mai 1955 und über eine Wirtschaftshilfe für China veröffentlicht. Reichsstatut zwischen den Niederlanden, Surinam und den niederländischen Antillen vereinbart (15.12): Die Gebiete verbleiben im Reichsverband bei selbständiger Verwaltung ihrer inneren Angelegenheiten. Auflösung der Niederländisch-Indonesischen Union von den beiden Staaten beschlossen (10.8.).

Politik der Länder Deutschland: Grundgesetzänderung in der Bundesrepublik (26.3.): Verteidigung ist Aufgabe des Bundes, EVG-Vertrag nicht verfassungswidrig. *Theodor Heuss* (70) in Berlin zum zweitenmal zum Präsidenten der Bundesrepublik gewählt (17.7.) Die Sowjetunion anerkennt die »DDR« als souveränen Staat, vorbehaltlich der Verpflichtungen aus dem Viermächteabkommen und der Maßnahmen für die Gewährleistung der Sicherheit (25.3.). Neuwahl der Volkskammer der »DDR« nach der Einheitsliste der Nationalen Front (17.10.), *Otto Grotewohl* (60) bleibt Ministerpräsident (16.11.).
Frankreich: *Pierre Mendès-France* (47) zum Ministerpräsidenten gewählt (18.6.), seine Aufgaben: neue Vorschläge für die EVG, Verbesserung der Wirtschaftslage, Beendigung des Indochina-Krieges; wirtschaftliches Ermächtigungsgesetz für die Regierung (10.8.).
Irland: Nach achtzehnjähriger Amtszeit wird Ministerpräsident *Eamon de Valera* (72) von *John A. Costello* (63) abgelöst.
Jugoslawien: *Milovan Djilas* (43) seiner Partei- und Regierungsämter enthoben (Januar).
USA: Antikommunistengesetz (19.8.). Wahlsieg der Demokraten (2.11.), demokratische Mehrheit in beiden Häusern des Kongresses. Die öffentliche Meinung richtet sich gegen Senator *Joseph McCarthy* (45), den Vorsitzenden der Kommission zur Untersuchung amerikafeindlicher Umtriebe, als er die Armee angreift (Dezember) und angesehene Amerikaner der kommunistischen Verschwörung beschuldigt.
Argentinien: Wirtschaftsunion mit Bolivien. Erfolg der Regierungspartei *Peróns* (59) bei den Kongreßwahlen (April). Auseinandersetzungen zwischen Staat und Kirche, als die Ehescheidung gesetzlich zugelassen wird (Dezember).
Brasilien: Heer und Luftwaffe fordern den Rücktritt des Präsidenten *Getulio Vargas* (71), der wenig später Selbstmord verübt (24.8.).
Britisch-Honduras: Verfassung mit gesetzgebendem Rat erhalten.
Guatemala: Revolution gegen den kommunistenfreundlichen Präsidenten (18.6.); Oberst *Carlos Castillo Armas* (40) zum neuen Präsidenten gewählt. Enteignung der US-amerikanischen *United Fruit Company* aufgehoben.
Kuba: Die Kommunistische Partei für illegal erklärt. *Fulgencio Batista* (53) zum Präsidenten gewählt.
Ägypten: Der Revolutionsrat läßt General *Nagib* (53) verhaften; *Gamal ad-Din Nasser* (36), seit dem Frühjahr Ministerpräsident, wird auch Staatspräsident (14.11.).
Algerien: Beginn eines Aufstandes nationalistischer Gruppen (1.11.).
Tunesien: Unruhen; Attentate gegen Europäer (17.7.); *Mendès-France* verspricht bei einem Besuch in Tunis die innere Autonomie des Landes (31.7.).
Kenia: Bemühungen, die seit 1952 andauernden, gegen die britische Herrschaft gerichteten Unruhen (Mau-Mau) zu beenden (März).
Iran: Ölkonflikt wird durch ein Abkommen beendet (5.8.): acht internationale Gesellschaften und der iranische Staat übernehmen die Ausbeute der Ölfelder gegen Entschädigung an die Anglo-Iranian-Oil-Company.
Indien: Eingliederung der letzten französischen Besitzungen in die Indische Union (Pondichéry, Mahé und Yanaon) (1.11.), Portugal verweigert die Übergabe von Goa, Damão, Diu.
Pakistan: Niederlage der Moslem-Liga bei den Wahlen in Ostpakistan; Spannungen zwischen Ost- und Westpakistan (Frühjahr), die durch eine Verfassungsreform beseitigt werden sollen (November/Dezember).
Indochina: Nach langem Ringen Fall der Festung Dien Bien Phu (7.5.): etwa 10000 französische Soldaten geraten in Gefangenschaft. In Kambodscha eingefallene Vietminh werden zurückgedrängt. Ende der Feindseligkeiten (20./21.7.). Frankreich gibt Kambodscha die volle Souveränität.
Malaya: Der Krieg gegen die kommunistischen, überwiegend chinesischen Partisanen ebbt ab.
China: Wahlen zum Nationalen Volkskongreß (August), zugleich Volkszählung (600 Millionen Chinesen).
Japan: Aufstellung einer neuen Armee (1.7.; 160000 Mann).

Kultur Zweite Konferenz des Weltkirchenrates von 163 protestantischen Kirchen in Evanston (Michigan, USA). Oberster Gerichtshof der USA erklärt die Rassentrennung an öffentlichen Schulen für verfassungswidrig (Auseinandersetzung in den Südstaaten).

Literatur *Ilja Ehrenburg* (63) »Tauwetter« (2 Bde. bis 1956). *Hans Freyer* (67) »Theorie des gegenwärtigen Zeitalters«. *Max Frisch* (43) »Stiller«. *Françoise Sagan* (19) »Bonjour tristesse«. *Dylan Thomas* (postum) »Under Milk Wood« (als Bühnenstück). *Richard Wright* (46) »Black Power«.

Kunst *Federico Fellini* (34) »La Strada« (Film). *Rudolf Schwarz* (57) Kirche St. Michael, Frankfurt/M.

Naturwissenschaft *Paul Niehans* (72) »Die Zellulartherapie«.

Technik Überraschend große Wirkung der zweiten amerikanischen Wasserstoffbombe (Verletzung japanischer Fischer). Stapellauf des ersten mit Atomkernenergie angetriebenen amerikanischen U-Bootes »Nautilus«. In der Nähe von Moskau beginnt das erste sowjetrussische Atomkraftwerk zu arbeiten, weitere sowjetrussische Wasserstoffbombenversuche.

Wirtschaft Streik von 50000 britischen Dockarbeitern (4.10.–2.11.). Die Produktion in der Bundesrepublik Deutschland hat sich im Vergleich zu 1936 verdoppelt (»Wirtschaftswunder«). Lohnstreiks in deutschen Metall- und Verkehrsbetrieben. Neugründung der »Deutschen Lufthansa AG« in der Bundesrepublik. Deutsche Lufthansa in der »DDR« seit Mai 1954.

1955

Vereinte Nationen Zehnte Vollversammlung (20.9. bis 20.12.): sechzehn neue Mitglieder werden aufgenommen, so Italien, Österreich, Finnland, Portugal, Ungarn, Rumänien, Bulgarien, Albanien, Spanien und andere. Nach französischem Protest wird die Algerienfrage von der Tagesordnung abgesetzt. Die UN-Kommission zur Überwachung des Waffenstillstandes in Palästina schaltet sich nach erneuten Zwischenfällen im Gaza-Streifen ein (Ende August).

Internationale Politik Der Staatsvertrag mit Österreich wird in Wien unterzeichnet (15.5.); auf Forderung der Sowjetunion Zusage der österreichischen Neutralität (Verhandlungen von Bundeskanzler *Julius Raab* [64] in Moskau, 13.–15.4.); die Besatzungstruppen ziehen ab, Österreich wird souverän, es übernimmt die früheren deutschen Vermögenswerte. Die Sowjetunion beendet formal den Kriegszustand mit Deutschland (25.1.), die anderen Ostblockstaaten schließen sich im Laufe der nächsten Monate an. Die Pariser Verträge treten in Kraft (5.5.), die alliierte Hohe Kommission wird aufgelöst. Neues Besatzungsstatut für West-Berlin. Die Sowjetunion annulliert die Bündnisverträge mit Großbritannien (aus dem Jahr 1942) und Frankreich (1944; 7.5.). Die Außenminister der Montanunion beschließen in Messina, einen gemeinsamen europäischen Markt ohne Zollgrenzen und eine europäische Organisation zur friedlichen Ausnützung der Atomkernenergie (EURATOM) zu schaffen (4.6.). Warschauer Pakt zwischen der Sowjetunion, Polen, Tschechoslowakei, Ungarn, Rumänien, Bulgarien, Albanien und der »DDR« (14.5.): gegenseitiger militärischer Beistand im Falle eines Angriffs, gemeinsames Oberkommando unter Sowjetmarschall *Iwan Konew* (58). Die »DDR« wird in die Sicherheitsgarantie einbezogen, stellt eigene Truppen aber erst nach Abschluß des Vertrages mit der Sowjetunion (20.9.), der ihr volle Souveränität verleiht. Genfer Konferenz (17.–23.7.): *Nikolai Bulganin* (60), *Dwight D. Eisenhower* (65), *Anthony Eden* (58) und *Edgar Faure* (47) verhandeln über die Sicherheit Europas, über die Abrüstung und die Wiedervereinigung Deutschlands; die Eden-Vorschläge: Abschluß eines Sicherheits- und Beistandspakts zwischen den vier Konferenzmächten und einem wiedervereinigten Deutschland, Kontrolle über dessen Rüstung und Streitkräfte, Inspektion der Streitkräfte in Mitteleuropa durch die Großmächte; *Eisenhower* schlägt Luftinspektion vor. *Bulganin* sieht die Deutschlandfrage als untergeordnet an und fordert europäischen Sicherheitspakt, der in zwei Phasen zu verwirklichen sei (zunächst sollen NATO, WEU und Warschauer Pakt bestehenbleiben); Abschluß der Konferenz bildet die Genfer Direktive für die Außenminister; sie empfiehlt Verzicht auf Gewaltanwendung und auf Unterstützung von Aggressoren, Begrenzung, Kontrolle und Inspektion der Streitkräfte und Rüstungen, Schaffung einer überwachten Zone zwischen Ost und West und betont den Zusammenhang zwischen dem Problem der Sicherheit und der Deutschlandfrage sowie die gemeinsame Verantwortung der vier Mächte für die Wiedervereinigung Deutschlands. Die Sowjetunion betont zum erstenmal die »Zwei-Staaten-Theorie«, die Tatsache zweier deutscher Staaten mit unterschiedlichen politischen, wirtschaftlichen und gesellschaftlichen Verhältnissen; die Wiedervereinigung sei nur durch Annäherung beider Staaten möglich (*Bulganins* und *Chruschtschows* Erklärung in Ost-Berlin, 26.7.). Außenministerkonferenz in Genf (27.10. bis 16.11.): ohne Ergebnis, da die Sowjetunion erst das Abrüstungsproblem lösen will, die USA vorher die Frage der Wiedervereinigung regeln wollen; die sowjetischen Bedingungen (Pariser Verträge seien Hindernisse für die Wiedervereinigung, die sozialen Errungenschaften der »DDR« müßten erhalten, Deutschland müsse bündnisfrei bleiben) für den Westen unannehmbar, der den *Eden*-Plan (1954) mit einem europäischen Sicherheitsvertrag verknüpfen will, die Achsenlinie für das vorgesehene Inspektionssystem soll die Ostgrenze eines wiedervereinigten Deutschlands sein (für *Molotow* die bestehende Zonengrenze in Deutschland); auch über die Entwicklung der Ost-West-Kontakte gibt es kein Übereinkommen. Auf Einladung der sowjetischen Regierung ist Bundeskanzler *Adenauer* (79) in Moskau (9.–13.9.): Aufnahme diplomatischer Beziehungen, Entlassung der deutschen Kriegsgefangenen und Abschluß eines Handelsvertrages werden vereinbart. Der Europarat fordert die Wiedervereinigung Deutschlands durch freie Wahlen und unterstützt die Beschlüsse von Messina (14.–27.10.). *Chruschtschow* (61) besucht Jugoslawien (26.5.–2.6.), nachdem bereits 1953 die diplomatischen Beziehungen wiederhergestellt worden waren. Die Sowjetunion verzichtet auf den Marinestützpunkt Porkkala (19.9., im Friedensvertrag 1947 von Finnland abgetreten). Deutsch-dänischer Vertrag über die Rechte der Minderheiten in Schleswig (29.3.). Nach einer Invasion aus Nicaragua appelliert Costa Rica an die Organisation der amerikanischen Staaten (OAS), die den Streit beilegen. Tunesien erhält in einem Vertrag mit Frankreich die Autonomie (3.6.), Außenpolitik und Verteidigung bleiben Frankreich vorbehalten. Ergebnislose Beratungen zwischen Großbritannien, Griechenland und der Türkei über Cypern (29.8.–7.9.). Antigriechische Ausschreitungen in der Türkei (6.9.). Ägypten erhält Waffen aus der Tschechoslowakei und schließt mit Syrien und Saudiarabien Verteidigungsverträge ab; Truppen einem gemeinsamen Oberkommando unterstellt (20./27.10.). Verteidigungsbündnis zwischen der Türkei und dem Irak (Bagdad-Pakt, 24.2.), dem sich später Großbritannien, Pakistan und der Iran anschließen. Erste Konferenz der farbigen Völker (55 Prozent der Weltbevölkerung) in Bandung (Java); die Delegierten aus neunundzwanzig asiatischen und afrikanischen Ländern wenden sich gegen Imperialismus und Kolonialherrschaft, fordern Abrüstung und Verbot der Atomwaffen und beschließen engere Zusammenarbeit (18.–24.4.). Gegensätze zwischen den Delegierten durch Zugehörigkeit ihrer Länder zum westlichen (Pakistan), östlichen (Volksrepublik China) oder neutralen Block (Indien). Verlängerung des Colombo-Planes (21.10.); die USA und Großbritannien sagen weitere wirtschaftliche Hilfe für die süd- und südostasiatischen Länder zu. *Nehru* (66) besucht Moskau (6.–22.6.) und die Sowjetunion; gemeinsame Erklärung *Nehrus* und *Bulganins* (60), die Beziehungen zwischen beiden Staaten sollen auf den fünf Grundsätzen friedlicher Koexistenz beruhen. Indische Stimmen verlangen den Anschluß der portugiesischen Kolonie Goa an Indien (Einzug unbewaffneter Inder in die portugiesischen Besitzungen, 15.8.); Abbruch der diplomatischen Beziehungen zu Portugal. Auf ihrer Asienreise (20.11.–13.12.) sichern *Bulganin* und *Chruschtschow* Indien, Afghanistan und Burma Wirtschaftshilfe zu. Beginn der Botschaftergespräche zwischen den USA und der Volksrepublik China in Genf (1.8., Repatriierungs- und andere Fragen).

POLITIK DER LÄNDER Deutschland: Innenpolitischer Kampf um die Pariser Verträge, die vom Bundestag mit den Stimmen der Regierungsparteien gebilligt werden (27.2.). Der Bundestag tritt das erstemal in Berlin zusammen (19./20.10). 67,7 Prozent der Saarbevölkerung stimmen gegen das Saarstatut (23.10), Rücktritt der Regierung *Hoffmann* (65); Landtagswahlen (18.12.) ergeben Mehrheit für die Parteien, die für Anschluß an Deutschland eintreten (74 Prozent), Bildung einer Koalitionsregierung unter *Ney* (63; CDU).
Großbritannien: Premierminister *Winston Churchill* (81) tritt zurück (5.4.), *Eden* (58) wird sein Nachfolger, Außenminister zunächst *Harold Macmillan* (61), später *Selwyn Lloyd* (51).
Frankreich: Sturz der Regierung *Mendès-France* (48; 5.2.), sein Nachfolger ist *Edgar Faure* (47; 23.2.).
Österreich: Einführung der allgemeinen Wehrpflicht (7.9.). Die letzten Besatzungstruppen verlassen das Land. Österreichs Neutralität wird Gesetz (26.10.).
Italien: *Giovanni Gronchi* (68) wird zum Staatspräsidenten gewählt (29.4.).
Griechenland: Nach dem Tod des Ministerpräsidenten *Alexander Papagos* (72) Regierungsbildung durch *Konstantin Karamanlis* (46).
Sowjetunion: Die Zahl der Soldaten soll um mehr als eine halbe Million verringert werden. *Malenkow* (53) tritt zurück; Marschall *Grigorij Schukow* (59) wird Verteidigungsminister als Nachfolger von *Bulganin*, der das Amt des Ministerpräsidenten übernimmt (8.2.).
Ungarn: Parteichef *Rákosi* (63) stürzt Ministerpräsident *Imre Nagy* (59; Frühjahr).
Jugoslawien: *Vladimir Dedijer* (41) und *Milovan Djilas* (44) zu Gefängnis mit dreijähriger Bewährungsfrist verurteilt.
Argentinien: Nach monatelangen Unruhen zwingt eine Erhebung der Armee (16.9.) Präsident *Perón* (60) zum Rücktritt und zur Flucht (nach Paraguay, 19.9.); die neue Regierung unter General *Eduardo Lonardi* (59) will Presse- und Religionsfreiheit wiederherstellen und freie Wahlen durchführen; *Lonardi* wird von General *Pedro Aramburu* (52) zum Rücktritt gezwungen (13.11.). Auflösung der peronistischen Arbeiterpartei. Abwertung des Peso (Oktober).
Algerien: Neue Unruhen, die französische Regierung verkündet den Notstand (8.4.; 20.5. erweitert), Verstärkung der französischen Truppen.
Marokko: Neue schwere Unruhen (20.8.; über tausend Tote); blutige Strafaktion französischer Truppen gegen die Aufständischen (22.8.). Sultan *Sidi Mohammed Ben Jussef* (44) übernimmt nach seiner Rückkehr mit französischer Zustimmung wieder die Regierung (16.11.).
Sudan: Einigung zwischen Großbritannien und Ägypten, ihre Streitkräfte bis 12.11. aus dem Sudan abzuziehen (24.8.). Unruhen im südlichen Sudan (August). Die Vertreter sämtlicher Parteien sind sich einig über die sofortige Proklamation der Unabhängigkeit (17.12.).
Kenia: Den Mitgliedern des Mau-Mau wird Straffreiheit zugesagt (24.1.), der Aufstand geht zu Ende.
Südwestafrika: Sieg der Nationalistischen Partei (die für Zugehörigkeit zur Südafrikanischen Union eintritt) bei den Wahlen zur Gesetzgebenden Versammlung (November).
Jordanien: Der geplante Beitritt zum Bagdadpakt führt zu Regierungskrise und Unruhen (Dezember); Auflösung des Parlaments (21.12.).
Syrien: *Shukri el Kuwatly* (64) zum Staatspräsidenten gewählt (18.8.).
Indien: Verstaatlichung der Imperial Bank of India, des Flugverkehrs und der Lebensversicherungsgesellschaften gegen Entschädigung.
Pakistan: Wahlen zur Verfassunggebenden Versammlung (21.6.).
Süd-Vietnam: Volksabstimmung (23.10.) entscheidet gegen den Kaiser *Bao Dai* (42); Ministerpräsident *Ngo dinh-Diem* (54) proklamiert die Republik und wird Staatspräsident (26.10.).
Malaya: Wahlen im Malaiischen Bund (27.7.). Amnestieangebot an die kommunistischen Rebellen im Falle ihrer Unterwerfung wird von ihnen abgelehnt (Dezember).
Indonesien: Erste Wahlen zum Parlament (29.9.).

Japan: Auflösung des Parlaments und Neuwahlen (27.2.), stärkste Partei werden die Rechten Demokraten, Kabinett *Hatoyama* (72; 19.3.), sein Programm: friedliche Diplomatie, Stabilisierung der Lebenshaltung, Verwaltungs- und Steuerreform. China: Die Provinz Sinkiang wird Autonomes Gebiet der Volksrepublik China. Die Tachen-Inseln werden unter Deckung der Siebenten US-Flotte von nationalchinesischen Truppen geräumt (6.–12.2.), ebenso die Insel Nanchi (25.2.).

KULTUR Friedensnobelpreis wird dem Büro des UN-Kommissars für Flüchtlinge in Genf verliehen. »The Family of Man«, große Foto-Ausstellung im New Yorker »Museum of Modern Arts«. Welturheberrechtskonvention tritt nach Ratifizierung durch zwölf Staaten in Kraft (6.10.).

LITERATUR *Hannah Arendt* (49) »Elemente und Ursprünge totaler Herrschaft«. *Friedrich Dürrenmatt* (34) »Besuch der alten Dame«. *Alain Robbe-Grillet* (33) »Le voyeur«.

KUNST Die Ausstellung »documenta« in Kassel vermittelt Überblick über die Kunst des zwanzigsten Jahrhunderts. *Richard Brooks* (43) »Blackboard Jungle« (Film). *Le Corbusier* (68) beendet den Bau der Wallfahrtskirche bei Ronchamp (seit 1950). *Gerhard Marcks* (66) »Albertus Magnus«.

SOZIALWESEN Fusion der amerikanischen Gewerkschaftsverbände AFL und CIO zu einem Verband (AFL/CIO).

NATURWISSENSCHAFT Auf Einladung der UN tritt in Genf eine Konferenz von zwölfhundert Wissenschaftlern zusammen, um die friedliche Nutzung der Atomenergie zu beraten. Die USA und die Sowjetunion geben geheime Forschungsergebnisse bekannt, Stromerzeugung aus Atomkernenergie wird für rentabel gehalten; zweiundvierzig Atomreaktoren sind bislang in Betrieb genommen, davon neunundzwanzig in den USA; die Weltgesundheitsorganisation erörtert die medizinische Verwendbarkeit der Atomkernenergie.

TECHNIK Der Bau des größten Wasserkraftwerks der Welt beginnt in Bratsk am sibirischen Strom Angara (Stausee mit 180 Milliarden Kubikmeter Fassungsvermögen). Der erste von fünfzehn Staudämmen zur Regulierung von Euphrat und Tigris entsteht. Der größte Fernsehturm Europas wird in Stuttgart errichtet (211 m).

WIRTSCHAFT Rekordstreikjahr in Großbritannien (3,8 Millionen ausgefallene Arbeitstage, höchste Zahl seit 1932). Währungsreform in der Volksrepublik China (28.2.; Umstellung im Verhältnis 10000:1).

1956

VEREINTE NATIONEN Sondersitzung der Vollversammlung (1.–10.11.) fordert Einstellung der Feindseligkeiten in Ägypten und Abzug der sowjetrussischen Truppen aus Ungarn. Hilferuf der Regierung *Nagy* löst keine direkten Aktionen aus. Bildung einer UN-Polizeitruppe, die die Suezkanalzone besetzt (norwegische Einheiten treffen am 21.11. in Port Said ein). Die Vollversammlung (21.11.–8.3. 1957) fordert erneut Abzug aller fremden Truppen aus Ägypten und Ungarn und ordnet Untersuchung der ungarischen Vorgänge an. Aber die UN-Beobachter erhalten keine Einreiseerlaubnis. – Sudan, Marokko, Tunesien und Japan werden Mitglied der Organisation.

INTERNATIONALE POLITIK Kämpfe zwischen Israel und Ägypten im Gaza-Streifen; *Hammarskjöld* (51) vermittelt einen Waffenstillstand (4.4.), den Israel und seine Nachbarn garantieren. Die USA verweigern Ägypten die finanzielle Unterstützung für den Bau des Nil-Staudamms bei Assuan; die ägyptische Regierung verstaatlicht daraufhin den Suezkanal (26.7.), die Kanalgebühren sollen die fehlenden Geldmittel einbringen. Die auf zwei Konferenzen (16.–23.8. und 19.–21.9.) in London von fünfzehn Staaten gegründete Vereinigung von Kanalbenutzern (1.10.) wird von Ägypten nicht anerkannt. – Israelische Truppen marschieren in Ägypten ein (29.10.) und erobern in raschem Vormarsch die Sinai-Halbinsel. Britisch-französische Luftangriffe und Landung von Fallschirmjägern in der Suezkanalzone unter dem Vorwand, den Kanal zu sichern und die israelisch-ägyptischen Kämpfe zu beenden. Syrien unterstützt Ägypten; die USA verurteilen die Aggression, die Sowjetunion droht mit bewaffnetem Eingreifen. Einstellung der Kämpfe (7.11.); der Kanal ist von versenkten Schiffen blockiert. Großbritannien und Frankreich beschließen, ihre Truppen abzuziehen (3.12.). Ungarische Studenten und Arbeiter fordern politische Reformen (19.–23.10). Die Rote Armee (wahrscheinlich schon 20.–22.10. in Marsch gesetzt) und ungarische Geheimpolizei suchen die Unruhen zu unterdrücken (24.–30.10.), die sich später (4.–9.11.) zu erbitterten Kämpfen ausweiten. Unter dem Schutz der Roten Armee Einsetzung der Regierung *Kádár*, willkürliche Verschleppung von Widerstandskämpfern in die Sowjetunion, 150000 Flüchtlinge strömen nach Österreich. Heftige Protestaktionen in nichtkommunistischen Weltstädten. Deutsch-französisches Abkommen über die Rückkehr des Saargebietes zu Deutschland (4.2.), Einzelheiten werden in weiteren Abkommen geregelt (27.10.). Italienisch-österreichische Spannungen in der Südtirolfrage. Das internationale Statut von Tanger wird aufgehoben (29.10.), die Stadt Marokko angegliedert. Der sowjetrussische Außenminister *Dimitrij Schepilow* (51) besucht Syrien, Libanon und Griechenland (22.6.–2.7.). Sowjetrussisch-japanische Fischfangkonvention unterzeichnet (15.5.), die mit Friedensvertrag oder der Aufnahme diplomatischer Beziehungen in Kraft treten soll. Die Sowjetunion beendet formell den Kriegszustand mit Japan (19.10.), diplomatische Beziehungen zwischen beiden Ländern werden aufgenommen; Verhandlungen über Territorialfragen sollen fortgesetzt werden. *Tito* (64) besucht die Sowjetunion (1.–23.6.); *Tito-Chruschtschow*-Erklärung wünscht weitere Verbesserung der Beziehungen zwischen beiden Staaten, die Sowjetunion erkennt die Möglichkeit verschiedener Wege zum Sozialismus an. *Chruschtschows* (62) Gegenbesuch in Jugoslawien (September). USA stoppen militärische Hilfe für Jugoslawien, setzen jedoch Wirtschaftshilfe fort (15.10.). Das Kommunistische Informationsbüro (Kominform) stellt seine Tätigkeit ein (17.4.). Das Büro der Sozialistischen Internationale in London erklärt Unvereinbarkeit von Sozialismus und Kommunismus (7.4.). Kairoer Konferenz (12.–18.3.) *Nassers* (38) mit *Shukri el Kuwatly* (64) und *Saud* von Saudiarabien (54) dient der Erörterung gemeinsamer arabischer Fragen; *Hussein* von Jordanien (21) und *Feisal* von Irak (18) besprechen dieselben Probleme in Amman (18.3.). Ägypten, Saudiarabien und Jemen gründen Militärallianz mit gemeinsamem Oberbefehlshaber (21.4.). Ägypten und Jordanien beschließen militärische Koordination (7.5.), Jordanisch-syrisches Militärbündnis (März). Der Sudan tritt der Arabischen Liga bei. *Nehru* (67), *Nasser* und *Tito* bekennen sich bei einem Treffen auf Brioni zur Politik der Koexistenz (19./20.7.).

POLITIK DER LÄNDER Deutschland: Gesetz über die »Volksarmee« in der »DDR«, Errichtung eines Ministeriums für nationale Verteidigung (21.1.). Das Bundesverfassungsgericht der Bundesrepublik Deutschland erklärt die Kommunistische Partei für verfassungswidrig und löst sie auf (17.8.).

Frankreich: Gesetz über die neue Verfassung der überseeischen Territorien (23.6.): im Rahmen der Französischen Union sollen zahlreiche Kolonien halbautonomen Status erhalten, weitere Ausführungsdekrete für Reformen (2./3.2.1957).

Island: Bildung einer Linksregierung, die in der NATO zu bleiben wünscht, aber den Abzug der US-Truppen fordert (21.7.), Stationierung der US-Truppen schließlich durch Vertrag, ohne Bezug auf die NATO, geregelt (26.11.).

Spanien: Studentenunruhen führen zur Entlassung des Erziehungsministers und des Generalsekretärs der Falange (15.2.).

Cypern: Die britische Regierung verbannt Erzbischof *Myriarthefs Makarios* (43) auf die Seychellen im Indischen Ozean (9.3.), anerkennt den Grundsatz der Selbstbestimmung für Cypern, bezeichnet ihn jedoch für derzeit nicht anwendbar (12.7.).

Sowjetunion: Neuer Fünfjahresplan: die Sowjetunion will bis 1960 die höchstentwickelten Länder in der Produktion übertreffen. Rücktritt Außenminister *Molotows* (66), *Dimitrij Schepilow* (51) wird sein Nachfolger (1.6.). Auf dem 20. Parteitag der KPdSU erhebt *Chruschtschow* schwere Vorwürfe gegen *Stalin* und verurteilt den Stalinkult (25.2.). Die Ostblockstaaten folgen ihm in der Ablehnung des »Stalinismus«. Unruhen in der georgischen Hauptstadt Tbilisi (Tiflis), Spannungen zwischen Russen und anderen Nationalitäten. Die wirtschaftspolitischen Befugnisse der einzelnen Unionsrepubliken werden erweitert, das Justizministerium der Union wird aufgelöst und seine Kompetenzen auf die Justizministerien der einzelnen Unionsrepubliken übertragen (4.6.).

Polen: Streiks und Protestkundgebungen der Posener Arbeiter gegen hohe Arbeitsnormen und Lebenshaltungskosten (28.–29.6.) weiten sich zu einer politischen Bewegung aus, die blutig niedergeschlagen wird; aber milde Urteile gegen die Führer der Aufständischen, die zum Teil wieder aufgehoben werden. Das Zentralkomitee der KP wählt auf seiner Tagung (19.–21.10.) den 1948 gemaßregelten *Wladyslaw Gomulka* (51) zum Ersten Sekretär, wie es der Stimmung in weiten Partei- und Arbeiterkreisen entspricht; gegen sowjetischen Einspruch Aufnahme weiterer nationalkommunistischer Politiker in die Regierung, der Verteidigungsminister, der sowjetrussische General *Rokossowkij* (60), scheidet aus der Regierung aus (»Polnischer Oktober«).

Ungarn: Oppositionelle Gruppen (der Petöfi-Club intellektueller Kommunisten hatte schon am 23.6. individuelle Freiheit gefordert) erreichen die Absetzung *Rákosis*; Nachfolger *Ernö Gerö* (57; 18.7.). Studentenversammlung arbeitet Sechzehn-Punkte-Programm aus (22.10.): Einsetzung einer neuen Regierung unter *Imre Nagy* (60), Abzug der Roten Armee, Abschaffung der Geheimpolizei, Wiederzulassung der politischen Parteien, freie Wahlen und Freiheit des Individuums. *Nagy* wird Ministerpräsident (24.10.), übernimmt die Forderungen und bildet nach blutigen Zusammenstößen mit der Roten Armee (24.–30.10.) ein Mehrparteienkabinett (27.10.). Parteisekretär *Gerö* wird von *Janos Kádár* (44; 25.10.) ersetzt. Rote Armee zieht sich scheinbar zurück, neue starke Panzerverbände überschreiten aber die Grenzen. Daraufhin Kündigung des Warschauer Vertrags und Erklärung der Neutralität Ungarns in der Hoffnung auf westliche Hilfe (1.11.). Scheinverhandlungen mit Vertretern der Sowjetunion (2.–3.11.). Angriff der Roten Armee auf Budapest und andere Zentren der Aufstandsbewegung (4.11.) mit etwa 2500 Panzern. Gegenregierung *Kádár; Nagy*, General *Maleter* (42) und andere Regierungsmitglieder verhaftet. Nach der blutigen Unterdrückung des Aufstands (9.11.) Verhaftungswelle. Die neugebildeten Arbeiterräte werden beseitigt und zahlreiche Mitglieder verhaftet (9.12.); allgemeiner passiver Widerstand, der nur langsam gebrochen wird (Dezember).

USA: Wiederwahl Präsident *Eisenhowers* (66; 6.11.).

Argentinien: Staatspräsident *Aramburu* (53) annulliert peronistische Verfassung und proklamiert die Verfassung des Jahres 1853.

Brasilien: *Juscelino Kubitschek* (54) wird nach einem Wahlsieg Präsident (31.1.).

Chile: Generalstreik gegen Lohnstoppgesetz zusammengebrochen (11.1.).

Panamá: Ausbruch nationaler Leidenschaften gegen die Beherrschung der Kanalzone durch die USA.

Ägypten: Neue Verfassung wird durch Volksabstimmung bestätigt (23.6.): Präsidialverfassung mit gesetzgebender Versammlung, die aus Einheitsliste der Nationalen Union gewählt wird.
Tunesien: Der Staat wird auch in der Außenpolitik und in der Verteidigung selbständig (20.3.).
Marokko: Das Land erhält die Unabhängigkeit (2.3.), Frankreich bleibt weiter für die Außenpolitik zuständig.
Somalia: Wahl des ersten Parlaments (Februar), das nach Beendigung der italienischen Treuhandschaft 1960 die Regierung bilden soll.
Sudan: Der Sudan wird unabhängige Republik (4.1.); Großbritannien und Ägypten erkennen seine Souveränität an.
Togo: Der unter französischer Treuhandschaft stehende Teil Togos wird autonom, verbleibt aber freiwillig in der Französischen Union; Außenpolitik, Verteidigung und öffentliche Ordnung Frankreich vorbehalten (26.8.).
Türkei: Neues Pressegesetz schränkt Pressefreiheit ein und wird gegen den Protest der Opposition durchgesetzt (7.6.).
Jordanien: König *Hussein* (21) entläßt den britischen General *Glubb Pascha* (59), den Befehlshaber der Arabischen Legion (2.3.).
Indien: Zweiter Fünfjahresplan mit dem Schwergewicht auf industrieller Produktion; Bau von drei großen Stahlwerken in Zusammenarbeit mit der Sowjetunion, Großbritannien und der Bundesrepublik Deutschland.
Pakistan: Verfassung tritt in Kraft, Ausrufung der Republik (23.3.), Pakistan verbleibt im britischen Commonwealth. Erster Präsident wird *Iskander Mirza* (57). Neue Regierung unter *Suhrawardy* (63; September). Gegensatz zwischen West- und Ostpakistan weiter vertieft.
Ceylon: Wahlsieg einer nationalistischen Linkskoalition unter *Solomon Bandaranaike* (57) über die alte anglisierte Feudalpartei; Ceylon schwenkt in den Kurs des neuen asiatischen Nationalismus ein.
Burma: Die anarchischen Zustände im Lande überwunden. Erste Parlamentswahlen.
Indonesien: Die Union mit den Niederlanden endgültig aufgehoben (15.2.), Indonesien wird souverän. Rücktritt des Vizepräsidenten *Mohammed Hatta* (54) aus Protest gegen *Sukarnos* (55) zentralistische Politik (Dezember).
China: Aufstände in Tibet (März).
Korea: Neutrale Kontrollkommission stellt ihre Tätigkeit ein (12.6.). In Südkorea wird *Syngman Rhee* (81) als Präsident wiedergewählt, der Kandidat der Oppositionspartei *Chang Myun* (57) aber wird Vizepräsident.

KULTUR Tagung des Zionistischen Weltkongresses in Jerusalem (24.4.—7.5.): *Nahum Goldmann* (62) zum Präsidenten gewählt, Appell an die Sowjetunion und Rumänien, ihren jüdischen Bürgern die Emigration zu gestatten.

LITERATUR *Wladimir Dudinzew* (38) »Der Mensch lebt nicht vom Brot allein«. *Vladimir Nabokov* (57) »Lolita«. *John Osborne* (27) »Look Back in Anger«. *Helmut Schelsky* (44) »Die skeptische Generation«. *Angus Wilson* (43) »Anglo-Saxon Attitudes«.

MUSIK *Wolfgang Fortner* (49) »The Creation«, Kantate. *Hans Werner Henze* (30) »König Hirsch«. *Igor Strawinsky* (74) »Canticum sacrum«.

KUNST *Ludwig Mies van der Rohe* (70) Hochhaus der Firma Seagram, New York. *Ernst Wilhelm Nay* (54) »Das Freiburger Bild«. *Eero Saarinen* (46) Verwaltungsgebäude des General Motors Technical Centre, Detroit.

TECHNIK Großbritannien eröffnet erstes Atomkraftwerk in Calder Hall (Kapazität 28000 kW, 17.10.).

WIRTSCHAFT Einunddreißig Länder gründen Internationale Finanzkorporation (IFC) zur Förderung produktiver Privatunternehmen in den Entwicklungsländern. Rat der OEEC beschließt weitere Liberalisierung des Handels zwischen ihren Mitgliedern und weitere Zollsenkungen.

1957

VEREINTE NATIONEN Vermittlungsversuche des Präsidenten des Sicherheitsrates zwischen Indien und Pakistan im Kashmir-Konflikt (Februar). Ergebnislose Abrüstungsverhandlungen im Auftrage der Organisation zwischen den USA (*Harold Stassen*, 50), der Sowjetunion (*Valerian A. Sorin*, 55), Großbritannien, Frankreich und Kanada in London (18.3. bis 6.9.); sowjetrussischer Vorschlag: Luftinspektion von größeren Gebieten in Asien und Europa; westlicher Vorschlag: Einstellung aller Atomwaffenversuche auf zwei Jahre, in der Zwischenzeit Schaffung eines Kontrollsystems. Verhandlungen auf unbestimmte Zeit vertagt. UN-Truppen räumen die Suezkanalzone (seit 2.4.), sie sind fortan an der israelisch-ägyptischen Grenze, im Gaza-Streifen und im Gebiet von Sharm el Sheikh am Golf von Akaba stationiert; ein UN-Militärgouverneur im Gebiet von Gaza. Der Suezkanal wird von Hindernissen geräumt (ab 8.4. frei); Kanalgebühren sind an Ägypten zu zahlen. — Aufnahme Ghanas in die Organisation (8.3.). Ein Untersuchungsausschuß stellt fest, daß die Sowjetunion 1956 in Ungarn einen Volksaufstand mit Waffengewalt unterdrückt habe und daß die Regierung *Nagy* die einzig rechtmäßige Regierung gewesen sei; das Eingreifen der Sowjetunion wird von der Vollversammlung verurteilt (14.9.). Zwölfte Vollversammlung (17.9.—14.12.): *Dag Hammarskjöld* (52) auf weitere fünf Jahre zum Generalsekretär gewählt; Malaya wird neues Mitglied. Eine Resolution fordert die Südafrikanische Union auf, das ehemalige Völkerbundsmandat Südwestafrika unter Treuhandschaftsverwaltung der Organisation zu stellen (ähnliche Resolutionen seit 1946).

INTERNATIONALE POLITIK Die Berliner Erklärung der drei Westmächte (29.7.) betont erneut die gemeinsame Verantwortlichkeit der vier Großmächte für die Wiedervereinigung Deutschlands durch freie Wahlen. Feier des 40. Jahrestages der Revolution von 1917 in der Sowjetunion (6.11.), Abgabe einer ideologischen Erklärung von zwölf kommunistischen Parteien Europas und Asiens (von Jugoslawien nicht unterzeichnet), Verbot der Atom- und Wasserstoffbomben gefordert, noch engere Zusammenarbeit beschlossen. Vorschlag des polnischen Außenministers *Adam Rapacki* (48), in Mitteleuropa (Polen, Tschechoslowakei, »DDR« und Bundesrepublik Deutschland) eine atomwaffenfreie Zone zu bilden (Oktober); der Rapacki-Plan wird im Februar und November 1958, etwas modifiziert, erneut vorgebracht. Die Sowjetunion und Polen erklären ihre vorläufigen Verwaltungsgrenzen in Ostpreußen zur endgültigen Staatsgrenze (5.3.). Finnland-Besuch *Chruschtschows* (63; Juni). Die Bundesrepublik Deutschland bricht die diplomatischen Beziehungen zu Jugoslawien ab (18.10.), nachdem dieses die »DDR« anerkannt hat (15.10.). Vorschläge des Europarates (Tagung 8. bis 11.1.) zur Errichtung einer Freihandelszone durch die Staaten, die nicht am Gemeinsamen Markt teilnehmen. Unterzeichnung der Verträge über die EWG und Euratom (26.3.): Abbau der Zölle und Handelsbeschränkungen innerhalb von zwölf Jahren, Erschließung der überseeischen Gebiete; gemeinsame Versammlung, mit dem Montanunion-Parlament vereinigt, überwacht die Behörden der Gemeinschaft, Zusammenarbeit der sechs Staaten in Atomforschung und Gewinnung von Atomkernenergie (Verträge treten am 1.1.1958 in Kraft). Die Organisation der Amerikanischen Staaten (OAS) vermittelt im Grenzkonflikt zwischen Nicaragua und Honduras (2.5.). Afro-asiatische Solidaritätskonferenz in Kairo (26.12.—1.1.1958) unter Teilnahme von vierzig Ländern (darunter die Sowjetunion): friedliche Koexistenz, Verurteilung des westlichen Imperialismus und Kolonialismus. *Eisenhower* (67) erklärt, daß die USA die Nahost-Staaten gegen einen kommunistischen Angriff verteidigen werden, wenn diese es wünschen (Eisenhower-Doktrin, 5.1.), und sagt ihnen wirtschaftliche und militärische Hilfe zu. Konferenz der Regierungschefs von Ägypten, Jordanien, Saudiarabien und Syrien in Kairo (19./20.1.) lehnt die Eisenhower-Doktrin ab, Solidaritätserklärung für Algerien. Großbritannien und Jordanien lösen den Vertrag von 1946 (13.3.), Abzug aller britischen Truppen binnen sechs Monaten. Subventionsabkommen Ägyptens, Saudiarabiens und Syriens zugunsten der jordanischen Streitkräfte (19.1.). Regierungswechsel und Umsturzversuche in Jordanien (April); Demonstration der US-Flotte im östlichen Mittelmeer. Syrien und die Türkei beschuldigen sich gegenseitiger Angriffsvorbereitungen. Syrisch-sowjetrussischer Vertrag über wirtschaftliche und technische Zusammenarbeit (28.10.). Niederländisch-indonesischer Konflikt um West-Neuguinea (Irian), das die indonesische Regierung beansprucht, Enteignung niederländischer Firmen, Schließung von niederländischen Konsulaten (Dezember) und Ausweisung niederländischer Staatsangehöriger.

POLITIK DER LÄNDER Deutschland: Das Saarland als zehntes Land in die Bundesrepublik eingegliedert, wirtschaftlich zunächst noch mit Frankreich verbunden (1.1.). Bundestagswahlen in der Bundesrepublik (15.9.), CDU erhält 50,2 Prozent der Stimmen, die SPD 31,8 Prozent. Der Dritte Bundestag tritt in Berlin zum erstenmal zusammen (15.10.), *Konrad Adenauer* (81) weiterhin Bundeskanzler (22.10.). *Willy Brandt* (44; SPD) zum Regierenden Bürgermeister von (West-)Berlin gewählt (3.10.). Vorschlag *Ulbrichts* (64): Annäherung der beiden deutschen Staaten, Zwischenlösung einer Konföderation mit Gesamtdeutschem Rat als Regierungsorgan, Wiedervereinigung, Wahlen zur Nationalversammlung (1.1.). Der Vorschlag wird vom Ministerrat der »DDR« wiederholt (26.7.). Paßgesetz in der »DDR« (12.12.): Ausreise ohne Genehmigung wird unter Strafe gestellt.

Großbritannien: Rücktritt Premierminister *Edens* (60), *Harold Macmillan* (63) wird sein Nachfolger (9.1.). Abschaffung der allgemeinen Wehrpflicht bis 1960 angekündigt, Herabsetzung der Zahl der Soldaten, Ausrüstung der Streitkräfte mit Atomwaffen (4.4.).

Irland: *Eamon de Valera* (75) wird erneut Ministerpräsident (20.3.).

Sowjetunion: Die 1943/44 nach Mittelsibirien und Kasachstan umgesiedelten Balkaren, Tschetschenen und Kalmücken bilden nach ihrer Rücksiedlung autonome Republiken (11.2.). *Andrej Gromyko* (48) wird Außenminister (15.2.). Eine Plenarsitzung des Zentralkomitees der KPdSU (29.6.) stellt *Chruschtschows* Gegner als parteifeindliche Gruppe hin, *Molotow* (67), *Kaganowitsch* (64), *Malenkow* (55) und *Schepilow* (52) werden aus dem ZK ausgeschlossen und verlieren ihre Ämter (5.7.). *Schukows* Staatsbesuch in Jugoslawien und Albanien; während seiner Abwesenheit wird er von seinem Posten als Verteidigungsminister abgesetzt, *Malinowski* (59) wird sein Nachfolger (26.10.).

Polen: Wahlen werden ein Erfolg für *Gomulka* (52; 20.1.), US-Wirtschaftshilfe in Höhe von fünfundneunzig Millionen Dollar (7.6.).

Ungarn: Weitere Streiks und Demonstrationen; Einsetzung von Sondergerichten, Hinrichtungen im Zusammenhang mit dem Volksaufstand (Januar).

USA: Der Gouverneur von Arkansas verweigert Negerkindern den Zutritt zu einer öffentlichen Schule in Little Rock; *Eisenhower* setzt Bundestruppen ein, um die Rechte der Neger zu schützen (2.9.). Gesetz zum Schutze des Wahlrechts der Neger unterzeichnet (9.9.).

Argentinien: Mehr als die Hälfte der Abgeordneten verläßt die Konstituierende Versammlung, die eine neue Verfassung beraten soll (6.11.), Ausschreibung von Neuwahlen für das nächste Jahr.

Britisch-Guayana: Wahlen zum Legislativen Rat, die (kommunistische) Partei *Cheddy Jagans* (39) erringt neun von vierzehn Sitzen (August) und bildet die Regierung.
Kolumbien: Präsident *Pinilla* (57) durch eine Militärjunta gestürzt (10.5.).
Algerien: Unruhen und örtlich harte Kämpfe dauern an; französische Verluste bisher 12000 Soldaten und Zivilisten.
Marokko: Sultanat Marokko wird Königreich, Sultan *Sidi Mohammed ben Jussef* (46) als *Mohammed V.* König von Marokko (14.8.). Neue Charta des Königs für Tanger: Beibehaltung des privilegierten Status (freie Handelszone; 30.8.). Konflikt um die spanische Enklave Ifni (November/Dezember), in die bewaffnete Marokkaner eingedrungen sind.
Tunesien: Abschaffung der Monarchie (25.7.), Ministerpräsident *Habib Bourguiba* (54), seit 15.4. 1956 im Amt, behält seinen Posten und wird zum Staatspräsidenten gewählt.
Äthiopien: Erste allgemeine Parlamentswahlen (September/Oktober).
Ghana: Die britische Kolonie Goldküste und das britische Mandat Togoland werden als souveräner Staat Ghana Dominion im britischen Commonwealth (6.3.).
Kamerun: Französischer Kabinettsbeschluß (30.1.) über ein neues Statut unter Beibehaltung der Treuhandschaft der UN; Kamerun in den zentralen Körperschaften der Französischen Union vertreten.
Cypern: Erzbischof *Makarios* (44), aus der Verbannung entlassen (28.3.), darf sich nicht nach Cypern begeben.
Israel: Abzug der letzten israelischen Truppen aus dem Gaza-Streifen (7.3.) und aus dem Gebiet von Sharm el Sheikh am Golf von Akaba (8.3.).
Irak: Rücktritt der Regierung *Nuri es Said* (19.6.), neue prowestliche Regierung.
Türkei: Einschränkung der Rechte des Parlaments (28.12.).
Indien: Der von Indien besetzte Teil von Kashmir schließt sich Indien an (26.1.). Wahlen mit erhöhter Wahlbeteiligung; Kommunisten bilden in Kerala die Regierung.
Pakistan: Ministerpräsident *Hussein Suhrawardy* (64) tritt wegen der Frage einer Reorganisation Westpakistans zurück (11.10.).
Singapore: Für 1958 beschränkte Selbständigkeit, autonom in den inneren Angelegenheiten, britisch kontrolliert in Außenpolitik und Verteidigung (April), Wahlen (Dezember) bringen Sieg der linksgerichteten People's Action Party des chinesischen Bevölkerungsteils.
Thailand: Marschall *Pibul Songgram* (60) durch eine Militärjunta gestürzt (17.9.), Feldmarschall *Sarit Thanarat* (48) übernimmt die Macht; Auflösung des Parlaments, Bildung einer neuen Regierung (26.9.).
Malaya: *Tuanku Abd ul Rahman* (62) auf fünf Jahre zum König der (seit 31.8.) unabhängigen Föderation gewählt; der Bundesstaat Malaya tritt dem Commonwealth bei; Beistands- und Stützpunktabkommen mit Großbritannien.
Laos: Die beiden nördlichen, unter der Herrschaft der kommunistischen Widerstandsbewegung Pathet Lao stehenden Provinzen mit dem übrigen Staatsgebiet vereinigt, die Pathet Lao als politische Partei zugelassen (18.11.).
Indonesien: Ausbreitung der militärischen Rebellion; die Autorität der Zentralregierung nur noch auf Java unangefochten. Rücktritt der Regierung *Sastroamidjojo* (54; 13.4.), Bildung einer außerparlamentarischen Notstandsregierung unter *Djuanda Kartawidjaja* (46) als Ministerpräsident (April). Bildung eines Nationalen Rates aus Vertretern der Inseln und der gesellschaftlichen Gruppen (Juni).
Japan: Der Außenminister *Nobusuke Kishi* (61) wird gleichzeitig Ministerpräsident (Februar).

KULTUR Internationale Rote-Kreuz-Konferenz in Delhi (24.10.–7.11.). 25. Zionistischer Weltkongreß (29.4.–2.5.). Einführung des lateinischen Alphabets in der Volksrepublik China, Reform zur Vereinfachung der chinesischen Sprache (11.12.).

LITERATUR *Milovan Djilas* (43) »The New Class«. *Lawrence Durrell* (45) Alexandrien-Romane (bis 1960). *Jack Kerouac* (34) »On the Road«. *Boris Leonidowitsch Pasternak* (67) »Doktor Schiwago«.

MUSIK *Wolfgang Fortner* (50) »Bluthochzeit«. *Paul Hindemith* (62) »Die Harmonie der Welt«. *Giselher Klebe* (32) »Die Räuber«. *Arnold Schönberg* (postum) »Moses und Aron« (szenische Uraufführung).

KUNST *Henry Moore* (59) Weibliche Figur für das UNESCO-Gebäude, Paris. *Paul Rudolf* (39) Riverview High School in Florida/USA. *Kenzo Tange* (44) Rathaus in Tôkyô. *Fritz Wotruba* (50) Relief am Bundesministerium für Unterricht, Wien. Interbau-Ausstellung, Berlin. *Nolde*-Ausstellung, Hamburg.

SOZIALWESEN Verkürzung der Arbeitszeit in Schweden auf 45 Wochenstunden, in der Bundesrepublik Deutschland auf 45 Stunden im Baugewerbe, in der Metallindustrie auf 44 Stunden.

NATURWISSENSCHAFT Das Internationale Geophysikalische Jahr beginnt (1.7.); zehntausend Wissenschaftler aus siebenundsechzig Nationen untersuchen wichtige Naturerscheinungen und tauschen Forschungsergebnisse aus. Die Internationale Atomenergieagentur (IAEA) tritt in Wien zusammen, um über die friedliche Verwendung der Atomenergie zu beraten (1.–23.10. erste Sitzung). Der erste (sowjetrussische) Satellit »Sputnik« startet in den Weltraum (4.10.). Ein zweiter sowjetrussischer Satellit startet mit einem Hund (3.11.). Erste erfolgreiche Erprobung interkontinentaler ballistischer Raketen in der Sowjetunion (August). *Werner Heisenberg* (56) und *Wolfgang Pauli* (57) erarbeiten eine universelle Formel für Elementarteilchen der Materie und ihre Wechselwirkungen (sogenannte »Weltformel«).

WIRTSCHAFT Interamerikanische Wirtschaftskonferenz (16.8.–3.9.) nimmt die zehn Punkte umfassende »Wirtschaftliche Deklaration von Buenos Aires« an. Abkommen über ägyptisch-syrische Wirtschaftsunion (2./3.9.).

1958

VEREINTE NATIONEN Bericht über den Kashmir-Konflikt; der ausgearbeitete Kompromiß von Pakistan angenommen, von Indien abgelehnt. Beobachter in den Libanon entsandt (11.6.). Sondersitzung der Vollversammlung über die Nahost-Krise (8.8.); die arabischen Vertreter sichern Nichteinmischung in die inneren Angelegenheiten des Libanons zu. Die 13. Vollversammlung (16.9.–13.12.) fordert die Großmächte auf, ein Übereinkommen über die kontrollierte Einstellung der Atomwaffenversuche zu erzielen. Die Rassenpolitik der Südafrikanischen Union wird verurteilt. Guinea wird Mitglied der Organisation. Expertenkonferenz für die Kontrolle der Kernwaffenversuche beginnt in Genf (1.7.); sie soll Methoden zur Entdeckung von nuklearen Explosionen entwickeln. Eine zweite Versammlung tritt zusammen, die über einen kontrollierten Verzicht auf weitere Versuche verhandeln soll (31.10.); ein bindendes Abkommen für die Atommächte ist angestrebt. Konferenz in Genf aus Fachleuten von je fünf westlichen und östlichen Ländern über die Verhütung von Überraschungsangriffen (seit 10.11.).

INTERNATIONALE POLITIK Auseinandersetzungen zwischen Ost und West um die deutsche Frage: *Eisenhower* fordert erneut freie Wahlen (12.1.), *Chruschtschow* erklärt die Wiedervereinigung zu einer Angelegenheit der Deutschen (22.1.), die deutsche Frage soll von den Regierungschefs der vier Großmächte erörtert werden, die Sowjetunion wünscht jedoch vorherige Einigung zwischen der »DDR« und der Bundesrepublik Deutschland (20.3.). Der Deutsche Bundestag schlägt die Bildung eines Deutschlandgremiums der vier Großmächte vor, das Vorschläge ausarbeiten soll (2.7.). Die Westmächte erklären sich einverstanden, die Sowjetunion lehnt ab (27.11.). Nach Beendigung einer Versuchsserie stellt die Sowjetunion Atombombenversuche ein (31.3.), *Eisenhower* (68) ist bereit, Atombombenversuche einzustellen, wenn die Sowjetunion keine weiteren Versuche unternimmt (22.8.). Dennoch Wiederaufnahme der sowjetischen Versuche (30.9.). *Chruschtschow* löst die zweite große Berlin-Krise aus (10.11., Rede im Moskauer Sportpalast); er fordert Beseitigung des Besatzungsregimes, Herstellung einer »normalen« Lage und Aufhebung des Viermächtestatuts in Berlin, da dieses Teil des längst überholten Potsdamer Abkommens sei. Er stellt die Übergabe der sowjetischen Funktionen in Berlin an die »DDR« in Aussicht. Die sowjetische Regierung kündigt das Viermächtestatut Berlins und fordert die Bildung einer Freien Stadt West-Berlin nach Abzug aller Truppen aus Berlin (27.11.); wenn innerhalb von sechs Monaten keine Verhandlungen aufgenommen seien, werde die Sowjetunion ihre Kontrollfunktionen auf den Verkehrswegen nach Berlin den Behörden der »DDR« übergeben. Die Außenminister der drei Westmächte beantworten das Ultimatum mit der Forderung, die Abmachungen über den Status Berlins einzuhalten, und weisen die sowjetischen Vorschläge als unannehmbar zurück (14.12.). In einer gemeinsamen Erklärung bieten die Westmächte Verhandlungen über Berlin an, die jedoch nur im Zusammenhang mit der Frage der Wiedervereinigung Deutschlands stattfinden könnten (31.12.). Die gemeinsame Versammlung der drei Europäischen Gemeinschaften (Montanunion, Gemeinsamer Markt und Euratom) tritt zum erstenmal als Europäisches Parlament in Straßburg zusammen, Präsident *Robert Schuman* (72; 19.3.). Beratungen eines OEEC-Ausschusses über eine europäische Freihandelszone unterbrochen (17.11.), da Frankreich und Großbritannien nicht übereinstimmen. Vereinbarung über die Rückführung deutscher Staatsbürger (8.4.) und Handelsvertrag der Bundesrepublik Deutschland mit der Sowjetunion (25.4.). Durch Ausdehnung der Fischereizone auf zwölf Meilen löst Island einen internationalen Konflikt aus (Juni). Besuch des finnischen Staatspräsidenten *Kekkonen* (58) in Moskau (21. bis 31.5.). Die Sowjetunion räumt Finnland Kredite ein und fordert erhöhte Abnahme sowjetrussischer Waren, erzwingt aber einen Aufschub eigener Bestellungen und Zahlungen. Erneute Gegensätze zwischen Jugoslawien und den Ostblockstaaten (Parteitag der jugoslawischen Kommunisten in Laibach; 23.4.); die Sowjetunion setzt Kreditabkommen auf fünf Jahre aus (27.5.). Konferenz von acht unabhängigen afrikanischen Staaten in Accra (Ghana; 15.–22.4.), eine ständige Organisation soll die Unabhängigkeitsbestrebungen einheitlich lenken; auf einer zweiten Konferenz (8.–13.12.) erscheinen Delegierte von achtundzwanzig Staaten. Konferenz von Tanger (28.–30.4.): marokkanische und tunesische Parteien sagen Unterstützung der Algerischen Befreiungsfront zu. Französische Flugzeuge bombardieren den tunesischen Ort Sakiet-Sidi-Joussef (8.2.); nach Abschluß eines Abkommens räumt Frankreich alle seine Stützpunkte in Tunesien mit Ausnahme von Bizerta (17.6.) und gibt eine Anzahl seiner Stützpunkte in Marokko frei. Nordafrikanische Konferenz von Tunesien, Algerien und Marokko in Algier (27.–30.4.). Beitritt Marokkos und Tunesiens zur Arabischen Liga (1.10.). Ägypten und Syrien schließen sich zur Vereinigten Arabischen Republik zusammen (VAR; 1.2.), Präsident wird *Gamal ad-Din Nasser* (40). Durch Föderation mit Jemen entstehen die Vereinigten Arabischen Staaten (8.3.; Bundesrat und gemeinsames Armeeoberkommando, aber getrennte Armeen und diplomatische Vertretungen). Der Irak und Jordanien (König *Feisal II.* und König *Hussein II.*) gründen die Arabische Union (14.2.), die aber nach der Revolution im Irak auseinanderbricht (2.8.). Besuch *Nassers* in Moskau und Belgrad, sowjetische Anleihe für den Bau des Assuan-Staudamms (23. 10.); Abkommen der VAR mit der Sowjetunion über den Bau von Flugplätzen und Industrieanlagen (22. 12.). Ägyptisch-sudanesischer Streit über ägyptische Ansprüche auf Gebiete nördlich des 22. Breitengrades. Kommunistische Führer in der Vereinigten Arabischen Republik verhaftet. Die USA und Großbritannien greifen in die Vorgänge im Libanon und Irak ein (15. 7.). Auf Wunsch *Chamouns* (58) und *Husseins* landen amerikanische Truppen im Libanon und britische in Jordanien. Die Sowjetunion fordert Abzug der Truppen und Einberufung einer Gipfelkonferenz. Die amerikanischen Truppen ziehen nach der Wahl eines neuen libanesischen Staatspräsidenten ab. Amerikanisch-chinesische Besprechungen über die Formosa-Krise in Warschau (September). Beschießung der nationalchinesischen Quemoy-Inseln durch Küstenbatterien der Volksrepublik China (seit 23. 8.). Die USA drohen mit Intervention (5. 9.), die Sowjetunion weist auf ihr Bündnis mit der Volksrepublik hin (5. 9.). Waffenstillstand (zunächst auf eine Woche, 6. 10., dann endgültig, 25. 10.).

POLITIK DER LÄNDER Deutschland: Der Bundestag befürwortet die Ausrüstung der Bundeswehr mit modernsten Waffen (25. 3.). Der fünfte Parteitag der SED beschließt, den Lebensstandard der »DDR« bis 1961 über den der Bundesrepublik hinaus zu erhöhen; Landwirtschaft und Handwerk sind deshalb verstärkt zu Produktionsgenossenschaften zusammenzuschließen (10.—16. 7.).
Frankreich: Rücktritt der französischen Regierung (28. 5.), Wahl *de Gaulles* (68) zum Ministerpräsidenten mit außerordentlichen Vollmachten (1. 6.). Eine neue Verfassung soll durch Volksabstimmung bestätigt werden; das Parlament vertagt sich bis zum Herbst. Neue Verfassung mit großer Mehrheit gebilligt, auf vier Monate fast unumschränkte Gewalt für *de Gaulle* zur Neuordnung des Staates (28. 9.). Sieg der »Union für die neue Republik« (Zusammenschluß der Anhänger *de Gaulles*) bei den Wahlen zur Nationalversammlung (23./30. 11.); *De Gaulle* (68) zum Präsidenten der Fünften Republik gewählt (21. 12.). Die überseeischen Gebiete außer Guinea sprechen sich für Verbleiben in der Französischen Union aus (Sept.).
Sowjetunion: *Chruschtschow* (64) wird als Nachfolger *Bulganins* (63) Ministerpräsident (27. 3., die Führung von Partei und Staat liegt wieder in einer Hand). Gesetz über den Verkauf der Maschinen der staatlichen Motoren- und Traktorenstationen (MTS) an die Kolchosen (31. 3.). Umgestaltung des Schulwesens: Verbindung von Schule und produktiver Arbeit (25. 12.).
Ungarn: Hinrichtung *Imre Nagys* (62) und *Pal Maleters* (40) wird bekanntgegeben (17. 6.).
Finnland: Die Regierung tritt unter dem Druck der kommunistisch gelenkten Volksdemokratischen Union und der Agrarpartei zurück (4. 12.). Der Staatspräsident bezeichnet die Beziehungen zur Sowjetunion als Schicksalsfrage des finnischen Volkes (10. 12.).
USA: Große Mehrheit bei den Kongreßwahlen für die Demokratische Partei (4. 11.). Streit um die Rassenintegration in öffentlichen Schulen (Little Rock/Arkansas).
Argentinien: In den ersten freien Wahlen seit 1916 wird *Arturo Frondizi* (50) zum Präsidenten gewählt (22. 2.). Wirtschafts- und Währungsreform (29. 12.); Stützungskredite des Internationalen Währungsfonds und der USA.
Kolumbien: Einigung zwischen Liberalen und Konservativen; *Alberto Lleras Camargo* (52) zum Präsidenten gewählt (4. 5.).
Westindien: Die britischen Kolonien im Karibischen Meer schließen sich zur Westindischen Föderation zusammen und erhalten Selbstregierung (3. 1.).
Venezuela: Präsident *Jiménez* (58) nach heftigen Kämpfen gestürzt (23. 1.; seit 1952 im Amt), nach seiner Flucht übernimmt Admiral *Larrazabal* die Regierung.
Cypern: Erneute türkisch-griechische Ausschreitungen (Juni). Die Türken verlangen Teilung der Insel. Ein neuer britischer Plan, der Selbstverwaltung für die Griechen und Türken vorsieht, von den Griechen abgelehnt.
Algerien: Erhebung französischer Offiziere und Siedler gegen die Pariser Regierung (13. 5.); es bilden sich »Wohlfahrtausschüsse«, deren Sprecher die Generale *Jacques Massu* und *Raoul Salan* sind. Sie fordern ein französisches Algerien und rufen *de Gaulle* zur Übernahme der Macht in Frankreich auf. *Soustelle* in Algerien (17. 5.). Bildung einer freien algerischen Regierung in Kairo unter *Ferhat Abbas* (59; 19. 9.).
Sudan: Staatsstreich des Oberbefehlshabers der Armee *Ibrahim Abboud*, Auflösung der Parteien und Regierungsneubildung (17. 11.).
Guinea: Nach der Entscheidung gegen die neue französische Verfassung wird Guinea unabhängig (2. 10.).
Togoland: Wahlen unter UN-Aufsicht (27. 4.); Entscheidung gegen den Beitritt zur Französischen Union. Selbständigkeit für 1960 vorgesehen.
Libanon: Aufstand gegen Staatspräsident *Camille Chamoun* (58; seit 9. 5.); Straßenkämpfe in Beirut; die Regierung vermutet Unterstützung der Aufständischen durch die VAR. Der Oberbefehlshaber der Armee, General *Fuad Chehab* (56), wird neuer Präsident (23. 9.).
Irak: Neue Regierung *Nuri es Said* (3. 3.). Bei einem Staatsstreich der Armee werden König *Feisal II.* (20), der Kronprinz und der Ministerpräsident *Nuri es Said* (70) getötet (14. 7.). Proklamation der Republik in Bagdad, Regierungsbildung durch General *Abdel Kerim Kassem* (44; 14. 7.). Der Irak kündigt die Arabische Union (2. 8.) und den Bagdadpakt (24. 3. 59). Revolte von Oberst *Abdel Salam Aref* (38; Befürworter einer Union mit der VAR) gegen *Kassem* (Oktober). *Aref* verhaftet (4. 11.). *Kassem* nimmt sowjetrussische Hilfe an und arbeitet mit der Kommunistischen Partei zusammen.

Pakistan: General *Ayub Khan* (50) übernimmt die Macht; Regierung und Parlament aufgelöst (7. 10.). Staatspräsident *Iskander Mirza* (59) tritt zurück (27. 10.).
Burma: Rücktritt des Ministerpräsidenten *U Nu* (51). Bildung einer Militärregierung unter General *Ne Win* (48; 28. 10.); Verbot der KP aufgehoben.
Thailand: Staatsstreich Marschall *Thanarats* (49; Oktober), Verfassung aufgehoben; schärfere Bekämpfung der Kommunisten geplant.
Indonesien: Ultimatum fordert Rücktritt des Kabinetts *Djuanda* und Ende der »gelenkten Demokratie« *Sukarnos* (10. 2.); Proklamation eines revolutionären Kabinetts unter *Sjafruddin Prawiranegara* (49; Moslempartei). Allgemeiner Angriff gegen die Rebellen (März).
China: Bildung von Arbeitskompanien aus Bauern und Arbeitern mit gemeinsamer Unterkunft und Verpflegung (29. 8.), Zusammenfassung der landwirtschaftlichen Produktionsgenossenschaften in Volkskommunen (3. 9.). Aufstände in Tibet seit Mai.

KULTUR Der Patriarch von Venedig, Kardinal *Roncalli* (77), wird als *Johannes XXIII.* Nachfolger des verstorbenen Papstes *Pius XII.* (82; 9. 10.). Weltausstellung in Brüssel (17. 4.—19. 10.).

LITERATUR *Janheinz Jahn* (40) »Muntu, Umrisse der neoafrikanischen Kultur«. *Giuseppe Tomasi di Lampedusa* (postum) »Il Gattopardo«.

MUSIK *Samuel Barber* (48) »Vanessa«.

KUNST *Alvar Aalto* (60) Kulturgebäude, Helsinki. *Hans Scharoun* (65) Mädchengymnasium, Lünen (Westfalen). *Frank Lloyd Wright* (89) Salomon R. Guggenheim Museum, New York.

NATURWISSENSCHAFT Start des ersten amerikanischen Erdsatelliten (Explorer, 31. 1.). Das mit Kernenergie angetriebene U-Boot »Nautilus« unterfährt das Packeis des Nordpols (23. 7.—8. 8.).

WIRTSCHAFT In den USA 5,4 Mill. Arbeitslose, Höchststand seit sechzehn Jahren, Rückgang der Produktion in einzelnen Industriezweigen (Automobilindustrie). Die Bundesrepublik, Großbritannien, Frankreich, Italien, die Beneluxstaaten, die Schweiz und die skandinavischen Länder erklären ihre Währungen für frei konvertierbar. Das Abkommen über die EZU wird durch ein Europäisches Währungsabkommen ersetzt. Absatz-Krise der deutschen Kohlenindustrie. Aufhebung der Lebensmittelrationierung in der »DDR«. Abwertung des französischen Franc um fünfzehn Prozent (Dezember). Ägypten sagt der Suezkanalgesellschaft in einem Vertrag Entschädigung zu (13. 7.).

1959

VEREINTE NATIONEN Beschluß der Vollversammlung (20. 2.—14. 3.): Das französisch verwaltete Kamerun soll 1960 selbständig werden. Bitte der laotischen Regierung um Entsendung von Streitkräften zum Schutz gegen Übergriffe aus Nordvietnam und der Volksrepublik China (4. 9.); der Sicherheitsrat beschließt, eine Beobachtungskommission zu entsenden. Ungarn verweigert UN-Repräsentanten die Einreise (Juli). 14. Vollversammlung (15. 9.—13. 12.): *Chruschtschow* (65) entwickelt einen Plan zur totalen Abrüstung innerhalb von vier Jahren. Die Versammlung verurteilt die Volksrepublik China wegen der Tibet-Ereignisse (dem tibetanischen Volk wurden Freiheit und Menschenrechte vorenthalten), die Sowjetunion und Ungarn wegen ihres Verhaltens beim Ungarischen Aufstand und die Politik der Apartheid in der Südafrikanischen Union.

INTERNATIONALE POLITIK *Mikojan* (64) besucht die USA (4.—20. 1.), der britische Premierminister *Macmillan* (65) Moskau (21. 2.—3. 3.) und Vizepräsident *Richard M. Nixon* (46) die Sowjetunion (23. 7. bis 1. 8.) und Polen (2.—4. 8.). Präsident *Eisenhower* (69) besucht die Bundesrepublik Deutschland, Großbritannien und Frankreich (26. 8.—3. 9.). *Chruschtschow* besucht als erster sowjetrussischer Ministerpräsident die USA (15.—28. 9.); Gespräche mit *Eisenhower* in Camp David, neue Verhandlungen über die Deutschland- und Berlinfrage werden vereinbart. Treffen der westlichen Regierungschefs *Eisenhower*, *Macmillan*, *de Gaulle* (69) und *Adenauer* (83) in Paris (19. 12.). Die USA, Großbritannien und die Sowjetunion geben bekannt, daß sie vorläufig keine weiteren Atomwaffenversuche unternehmen werden (26./29. 8.). Abkommen über eine europäische Freihandelszone wird von Vertretern der nicht an der EWG beteiligten Staaten paraphiert (20. 11., Verhandlungen schon 20./21. 7.). Sowjetischer Entwurf eines Friedensvertrages mit Deutschland (10. 1.): Vertragsabschluß mit der »DDR« und der Bundesrepublik oder mit einem Staatenbund aus beiden, Ausscheiden der beiden deutschen Staaten aus den bestehenden Militärbündnissen, Verbot der Herstellung von Kern- und Raketenwaffen, Bombern und U-Booten, Anerkennung der Oder-Neiße-Linie als endgültige Ostgrenze; bis zur Wiedervereinigung wird West-Berlin eine freie, entmilitarisierte Stadt. Falls die Westmächte einen Friedensvertrag mit zwei deutschen Staaten ablehnen, werde die Sowjetunion einen solchen Vertrag mit der »DDR« allein abschließen (5. 3.), Frist für die Regelung der Berlinfrage über den 27. 5. hinaus verlängert. *Chruschtschow* schlägt auf seiner Albanienreise (Mai) vor, auf dem Balkan eine kernwaffenfreie Zone zu errichten. Kaiser *Haile Selassie* (67) besucht die Sowjetunion (Juli). Genfer Außenministerkonferenz der vier Großmächte zur Vorbereitung eines Gipfeltreffens der Regierungschefs; Vertreter der Bundesrepublik Deutschland und der »DDR« sind zur Beratung hinzugezogen (11. 5.—20. 6. und 13. 7.—5. 8.). Der sowjetrussische Standpunkt entspricht den Erklärungen vom 27. 11. 58 und 10. 1. 59. Der US-Außenminister *Christian A. Herter* (64) legt einen Plan vor, nach dem Wiedervereinigung, Abrüstung und europäische Sicherheit stufenweise herbeigeführt werden sollen

(14.7.): Einheit Berlins durch freie Wahlen, dann Ausschuß aus fünfundzwanzig Vertretern der Bundesrepublik und zehn der »DDR« zur Ausarbeitung eines Wahlgesetzes. Eine Einigung wird nicht erzielt, aber die Fortsetzung der Verhandlungen zu einem späteren Zeitpunkt beschlossen. Vertrag zwischen der Bundesrepublik Deutschland und Norwegen (25.7.) über die Entschädigung der Opfer der nationalsozialistischen Verfolgung (ähnliche Verträge mit den Niederlanden, Dänemark und Luxemburg waren vorausgegangen, Verhandlungen mit weiteren sieben Ländern folgen). Übereinkommen Großbritanniens mit Griechenland und der Türkei beendet den Cypern-Konflikt (19.2.): Cypern wird unabhängige Republik, im Parlament sind 70 Prozent Griechen und 30 Prozent Türken vertreten; Großbritannien behält militärische Stützpunkte. Erzbischof *Makarios* (46) kehrt zurück und wird zum ersten Präsidenten der Republik gewählt (14.12.). Zweiseitige Verteidigungsverträge der USA mit der Türkei, dem Iran und Pakistan (5.3.), Bagdadpakt wird zur Zentralen Paktorganisation (CENTO), erste Sitzung in Washington (7./9.10.). Vorstoß rotchinesischer Truppen auf indisches Gebiet führt zu ernsten Spannungen (August/September). Indisch-pakistanisches Übereinkommen in den ostpakistanischen Grenzfragen (23.10.). Antarktis-Abkommen (1.12.) sichert Nutzung der Antarktis für ausschließlich friedliche Zwecke.

POLITIK DER LÄNDER Deutschland: Bundeskanzler *Adenauer* (83) nimmt die Kandidatur für das Amt des Bundespräsidenten an (7.4.), verzichtet aber dann darauf (4.6.). In Berlin wählt die Bundesversammlung den bisherigen Minister für Ernährung, Landwirtschaft und Forsten, *Heinrich Lübke* (65), zum neuen Bundespräsidenten (1.7.). Wirtschaftliche Angliederung des Saarlandes an die Bundesrepublik (5.7.). Antisemitische Vorfälle in der Bundesrepublik (Dezember bis Januar 1960).

Frankreich: *De Gaulle* (69) ernennt neue Regierung unter *Michel Debré* (47; 8.1.). Erweiterung der Wehrpflicht und Verlängerung der aktiven Dienstzeit.

Großbritannien: Sieg der Konservativen Partei bei den Unterhauswahlen (9.10.).

Irland: Der bisherige Ministerpräsident *de Valera* (77) wird Staatspräsident (18.6.).

Sowjetunion: 21. Parteitag der Kommunistischen Partei (27.1.–5.2.): an die Stelle des laufenden Fünfjahresplanes tritt ein Siebenjahresplan (1959 bis 1965), die USA sollen in der Pro-Kopf-Erzeugung der wichtigsten Güter übertroffen werden. Erste Volkszählung seit 1939, danach hat die Sowjetunion 208,8 Millionen Einwohner.

USA: Alaska wird neunundvierzigster Bundesstaat, Hawaii fünfzigster (3.1. und 21.8.). Rücktritt des schwerkranken Außenministers *John Foster Dulles* (71), *Christian A. Herter* (64) wird sein Nachfolger (18.4.).

Argentinien: Ein Generalstreik der Gewerkschaften gegen das Wirtschaftsprogramm der Regierung bleibt ohne Erfolg (18.–22.1.).

Kuba: *Fidel Castro* (32) stürzt die Regierung *Fulgencio Batista* (58), Einmarsch in Habana (1.1.), *Castro* wird Ministerpräsident (16.2.) und regiert diktatorisch (Hinrichtung zahlreicher Batista-Anhänger, Enteignung von Ländereien in- und ausländischer Grundbesitzer, Sozial- und Wirtschaftsreformen).

Algerien: *De Gaulle* kündigt an, daß die Algerier Selbstbestimmungsrecht erhalten und spätestens vier Jahre nach Wiederherstellung des Friedens über das Schicksal ihres Landes abstimmen sollen (16.9.).

Belgisch-Kongo: Blutige Unruhen in der Hauptstadt Leopoldville (4.–6.1.). König *Baudouin* (29) kündigt baldige Unabhängigkeit für den Kongo an (13.1.). Parlament und Zentralregierung sollen 1960 gebildet werden (16.10.).

Westafrika: Französisch-Sudan, Senegal, Dahomey und Ober-Volta wollen Mali-Föderation schaffen (17.1.), die jedoch nur zwischen Senegal und Sudan zustande kommt (6.4.).

Irak: *Aref* (39) zum Tode verurteilt (7.2.), erfolglose Revolte gegen das *Kassem*-Regime (8.3.), kommunistische Unruhen (April–Juli), Attentat auf *Kassem* (45; 7.10.).

Indien: Unruhen im kommunistisch regierten Bundesstaat Kerala; Generalstreik (Ende Juni), zahlreiche Verhaftungen. Der Präsident der Indischen Union löst Regierung und Parlament Keralas auf (31.7.).

Pakistan: Die grundlegenden demokratischen Institutionen werden wiederhergestellt (26.10.).

Ceylon: *Solomon Bandaranaike* (60) ermordet (25.9.), sein Nachfolger wird *Dahanayake*, der das Parlament auflöst und die Regierung umbildet (4./8.12.).

Laos: Unruhen durch von Nordvietnam ausgerüstete Guerillas, Ausnahmezustand für ganz Laos (5.9.).

Thailand: König *Bhumibol Adulyadej* (32) proklamiert interimistische Verfassung (28.1.), die die durch den Staatsstreich *Thanarats* (50) im Oktober 1958 aufgehobene ersetzen soll.

Indonesien: *Sukarno* (58) gewinnt diktatorische Macht; löst Parlament auf und setzt Verfassung von 1950 außer Kraft (6.7.). Neue Regierung (9.7.); ein vorläufiger Höchster Rat (45 Mitglieder) und ein Nationaler Planungsrat (77 Mitglieder) werden gebildet (31.7.). Verhaftung des Generalstaatsanwaltes (12.9.).

China: Bewaffneter Aufstand in Tibet (10.–22.3. in Lhasa, in anderen Gebieten noch länger), Flucht des Dalai Lama nach Indien (17.3.). Der Pantschen Lama übernimmt die Regierung (28.3.); chinesische Besetzung; nach Niederschlagung des Aufstandes Bodenreform, Aufbau kommunistischer Kader durch chinesische Truppen; Tibet soll »Autonome Region« werden. *Liu Chao-chi* (59) wird Präsident, sein Vorgänger *Mao Tse-tung* (66) bleibt Führer der Kommunistischen Partei (27.4.). Die Regierung gibt zu, daß die veröffentlichten Produktionszahlen zu hoch waren (24.8.).

KULTUR Amerikanische Ausstellung in Moskau, gleichzeitig sowjetische Ausstellung in den USA.

LITERATUR *Heinrich Böll* (42) »Billard um halb zehn«. *Eugène Ionesco* (47) »Die Nashörner«. *Hans Platschek* (36) »Neue Figurationen«.

MUSIK *Paul Hindemith* (64) »Pittsburgh-Sinfonie«. *Karl Birger Blomdahl* (43) »Aniara«.

KUNST Kasseler Ausstellung »documenta II« gibt Überblick über Malerei, Plastik und Graphik der Gegenwart. *Chagall*-Ausstellung in Hamburg. *Alain Resnais* (37) »Hiroshima, mon amour« (Film). *Minoru Yamasaki* (47) American Concrete Institute, Detroit.

NATURWISSENSCHAFT Start einer sowjetrussischen Mondrakete (12.9.).

TECHNIK Eröffnung des St. Lawrence-Schiffahrts-Weges (für Hochseeschiffe geeignete direkte Verbindung zwischen Atlantik und den Großen Seen) (25.4.), feierliche Einweihung durch *Eisenhower* und Königin *Elisabeth II.* (33; 26.6.).

WIRTSCHAFT Zollsenkung im Bereich der EWG um zehn Prozent (1.1.). Zusammenschluß von vier zentralafrikanischen und sieben westafrikanischen Republiken zu Zollunionen im Rahmen der Französischen Union (17.1./10.6.).

1960

VEREINTE NATIONEN Der Sicherheitsrat befaßt sich mit den Unruhen in der Südafrikanischen Union und in Südkorea (19.4.). Die Regierung des Kongo ruft die Organisation um Hilfe an (11.7.); UN-Truppen nach dem Kongo (14.7.). Heftige Auseinandersetzungen im Sicherheitsrat über das Eingreifen der UN-Streitkräfte, Angriffe des sowjetrussischen Delegierten *Sorin* gegen die USA (15.–16.9.). Auf einer Sondersitzung der Vollversammlung zur Kongo-Krise wird eine von asiatischen und afrikanischen Mitgliedern eingebrachte Resolution, die Generalsekretär *Hammarskjöld* für seine Maßnahmen im Kongo das Vertrauen ausspricht, gegen die Stimmen der Sowjetunion und des Ostblocks angenommen (19.9.). Die 15. Vollversammlung eröffnet (20.9.). *Chruschtschow* (66) und die Parteichefs der Ostblockstaaten fordern eine Revision der UN-Statuten und richten heftige Angriffe gegen Generalsekretär *Dag Hammarskjöld* (55) und gegen die Bundesrepublik Deutschland. Eine Resolution zur Südtirolfrage regt Verhandlungen zwischen Italien und Österreich an (31.10.). Aufnahme der neuen afrikanischen Staaten und Cyperns (21.9./28.9./7.10.); die Organisation umfaßt neunundneunzig Mitglieder. Eine Resolution zum Algerienproblem lehnt eine von der Organisation überwachte Abstimmung in Algerien ab, bestätigt aber das Recht der Selbstbestimmung für die algerische Bevölkerung (20.12.). Liberia erhält als erster schwarzafrikanischer Staat einen Sitz im Sicherheitsrat (20.12). Die Vollversammlung vertagt sich bis zum 7.3.1961, ohne eine Einigung in der Kongofrage erzielt zu haben (21.12.).

INTERNATIONALE POLITIK Konferenz der drei Atommächte über ein Abkommen zur kontrollierten Einstellung der Kernwaffenversuche in Genf wird fortgesetzt (12.1.). *Chruschtschow* gibt bekannt, daß ein amerikanisches Flugzeug vom Typ U 2 am 1.5. über Swerdlowsk abgeschossen worden sei (5.5.). Die USA geben Erkundungsflüge über sowjetrussischem Territorium zu und erklären sie als berechtigte Abwehrmaßnahme. Ein zweites amerikanisches Flugzeug über der Barentssee abgeschossen (11.7.); die USA protestieren, da das Flugzeug nicht über sowjetrussischem Territorium, sondern über internationalen Gewässern Messungen für Forschungszwecke durchgeführt habe. Die Gipfelkonferenz der Regierungschefs der USA, Englands, Frankreichs und der Sowjetunion in Paris scheitert, ehe die Verhandlungen beginnen (16.–17.5.): *Chruschtschow* besteht darauf, daß die USA sich für den Luftzwischenfall vom 1. Mai entschuldigen. Die westliche Welt ist über das anmaßende Auftreten des sowjetrussischen Machthabers entrüstet, der aber schon auf der Rückreise in Ost-Berlin gemäßigte Erklärungen zur Berlinfrage und zu dem angedrohten Sonderfrieden mit der »DDR« abgibt (20.5.). Die Vertreter der Ostblockstaaten verlassen die Zehnmächte-Abrüstungskonferenz in Genf (27.6.). Die Konvention zur Errichtung einer Europäischen Freihandelsassoziation unterzeichnet (4.1.). *Konrad Adenauer* (84) und *David Ben Gurion* (74) treffen sich in New York (14.3.). *Chruschtschow* besucht Österreich (30.6.–8.7.) und Finnland (2.–4.9.); die Sowjetunion gibt ihre Zustimmung zum Beitritt Finnlands zur Europäischen Freihandelszone (EFTA) unter der Bedingung der Meistbegünstigung für den sowjetrussischen Handel. *Mikojan* (65) besucht Kuba (4.–13.2.). Die Sowjetunion gewährt Kuba Kredite und sagt den Ankau von Zucker zu. Außenministerkonferenz der Organisation der amerikanischen Staaten (OAS) in San José: Widerstand gegen sowjetrussisch-chinesische Intervention; die kubanische Regierung wird aufgefordert, jede Einmischung zurückzuweisen (August). Die USA brechen die diplomatischen Beziehungen zur Dominikanischen Republik ab (26.8.); die Republik soll am Anschlag auf den venezolanischen Staatspräsidenten beteiligt gewesen sein. Vertrag über die Errichtung einer lateinamerikanischen Freihandelszone von Argentinien, Brasilien, Chile, Mexico, Paraguay, Peru und Uruguay unterzeichnet (18.2.). Erfolgreiche Unabhängigkeitsbewegungen in Afrika erbringen das »Afrikanische Jahr«; es werden unabhängige Staaten: Kamerun (1.1.), Togoland (26.4.), Somalia (vordem Italienisch- und Britisch-Somaliland, 1.7.), die Republik Kongo (vordem Französisch-Kongo, 12.7.), Tschad (11.8.) und die Zentralafrikanische Republik (13.8.), Madagaskar und Kongo (vordem Belgisch-Kongo, 30.6.), Dahomey (1.8.), Niger (3.8.), Ober-Volta (5.8.),

Elfenbeinküste (7.8.), Gabun (17.8.), Nigeria (1.10.) und Mauretanien (27.11.). Nach der Einigung über die britischen Stützpunkte erhält auch Cypern die Unabhängigkeit (16.8.). Die Mali-Föderation (vordem Französisch-Sudan und Senegal) wird selbständig (19.6.), bricht aber bald auseinander (20.8.), der Sudan nimmt den Namen Mali an (22.9.). Zweite Panafrikanische Konferenz in Tunis (25. bis 31.1.). Der Ministerpräsiden von Ghana, *Kwame Nkrumah* (51), tritt für eine afrikanische Staatenunion ein. Vertrag zwischen Frankreich und Marokko: Abzug der französischen Truppen bis 2.3.1961 und Aufgabe der Luftbasen bis Ende 1963. Die Sowjetunion gewährt der VAR eine Anleihe für den Bau des Assuan-Dammes (Februar). Außenministerkonferenz im Libanon von neun arabischen Staaten (August) zur Stärkung der arabischen Solidarität. Pläne zu einem neuen unabhängigen Palästinastaat, Israel als Quelle der Unruhe bezeichnet. Drohende Note der Sowjetunion wegen der »imperialistischen Intervention« im Kongo (13.7.). Spannungen zwischen der Sowjetunion und China. Sowjetrussische Wirtschaftsexperten und Techniker werden aus China zurückgezogen: ideologische Auseinandersetzung über die Frage der Vermeidbarkeit von Kriegen im Zeitalter des Imperialismus. Zur Erörterung dieser Frage treten die Führer der Kommunistischen Parteien zu einer »Gipfelkonferenz« in Moskau zusammen (7.11.–1.12.). Fertigstellung der chinesischen Stellungen auf indischem Gebiet. Staatspräsident *Rajendra Prasad* (76) verurteilt die Volksrepublik China als Aggressor (8.2.). Ergebnisloses indisch-chinesisches Gespräch über den Grenzkonflikt (19.–26.4.), *Nehru* fordert Räumung der indischen Gebiete Ladakh und Kashmir von chinesischen Truppen. Abschluß eines Abkommens zwischen der Indischen Union und Pakistan über die Grenze Westpakistans (11.1.) und eines Vertrages über die Verteilung und Ausnutzung des Indus-Wassers (19.9.). *Chruschtschow* besucht Indien (11. bis 15.2.), Indonesien (18.2.–1.3.) und Afghanistan (2.–5.3.); Abschluß von Kulturabkommen mit Indien und Indonesien, Zusicherung weiterer Hilfe für die besuchten Staaten. Chinesisch-burmesisches Grenzabkommen: China anerkennt die 1914 festgelegte McMahon-Linie als Grenze (28.1.). Freundschaftsabkommen Rotchinas mit Nepal (29.4.). *Herter* (65) und *Kishi* (61) unterzeichnen einen neuen japanisch-amerikanischen Sicherheitsvertrag (19.1.). Indonesien bricht die diplomatischen Beziehungen zu den Niederlanden ab (17.8.), da die Niederlande Niederländisch-Neuguinea (Irian) zu internationalisieren wünschen (Erklärung des Außenministers, 5.9.).

POLITIK DER LÄNDER Deutschland: Die SPD nominiert *Willy Brandt* (47) als Kanzlerkandidaten für die Wahlen im Jahre 1961 (Parteitag in Hannover, 25.11.). Zwangskollektivierung der Landwirtschaft in der »DDR« (Frühjahr). Nach dem Tode des Präsidenten *Pieck* (84, 7.9.) ändert die Volkskammer der »DDR« die Verfassung: das Amt des Präsidenten wird durch einen vierundzwanzigköpfigen Staatsrat ersetzt, dessen Vorsitzender *Ulbricht* (67) wird. Die Behörden der »DDR« verbieten Bewohnern der Bundesrepublik Deutschland das Betreten des sowjetischen Sektors von Berlin ohne Genehmigung (9.9.). Zufahrt von Lastkähnen nach West-Berlin von den Behörden der »DDR« erschwert (August/September).

Großbritannien: Entwicklungsarbeiten an einer ballistischen Fernrakete werden eingestellt. Auseinandersetzung über die Frage der atomaren Bewaffnung in der Gewerkschaftsbewegung und der Labour Party (umstrittene Resolutionen auf dem Gewerkschaftskongreß [6.–9.9.] und dem Parteitag der Labour Party [17.10.]).

Belgien: Das zum Ausgleich der finanziellen Verluste im Kongo beschlossene Sparprogramm führt zu heftigen Protesten der Opposition und der Gewerkschaften; Streiks und Unruhen (Dezember).

Frankreich: Staatspräsident *De Gaulle* (70) strebt eigene französische Atomstreitmacht an. *De Gaulle* anerkennt das Selbstbestimmungsrecht der Algerier (14.6.; Parole vom »algerischen Algerien«); er warnt die Opposition von rechts und links und kündigt eine Volksbefragung an (4.11.). Eine Algerienreise *de Gaulles* wird wegen rechtsextremistischer Demonstrationen vorzeitig abgebrochen (13.12.). Die Regierung schreibt für den 8.1.1961 eine Volksbefragung über *de Gaulles* Algerienpläne aus.

USA: *John F. Kennedy* (43) wird mit 50,1 Prozent der abgegebenen Stimmen zum neuen Präsidenten, *Lyndon B. Johnson* (52) zum Vizepräsidenten gewählt (8.11.). Der neugewählte Präsident ernennt *Dean Rusk* (51) zu seinem Außenminister (12.12.) und *Adlai Stevenson* (60) zum Vertreter der USA im Kabinettsrang bei den Vereinten Nationen.

Brasilien: Zum neuen Präsidenten wird *Janio Quadros* (43) gewählt (3.10.).

Kuba: *Castro* läßt US-amerikanische Ölraffinerien besetzen (1.7.) und enteignet amerikanisches Eigentum (7.8.), die USA und Kuba weisen Diplomaten wechselseitig aus (Juni). Verschärfung der Situation zum Jahresende. Abbruch der diplomatischen Beziehungen (4.1.61).

Algerien: Ablösung des Generals *Massu* (52) führt zu rechtsextremistischem Putsch in Algier (23.1. bis 1.2.). Die führenden Aufrührer werden vor Gericht gestellt; doch es gelingt den wichtigsten Angeklagten, vor allem dem Abgeordneten *Lagaillarde* (29), zu entfliehen (5.12.).

Kongo: Ausgelöst durch eine Meuterei von kongolesischen Truppeneinheiten gegen die belgischen Offiziere (6.7.), beginnt eine Zeit der Wirren, in deren Verlauf sich die Provinz Katanga für unabhängig erklärt (14.7.); rivalisierende Politiker kämpfen um die Macht; überwiegend afrikanische UN-Truppen versuchen mit wechselndem Erfolg Ruhe und Ordnung wiederherzustellen, ohne sich dabei in innerpolitische Auseinandersetzungen zu mischen. Gegen

Ende des Jahres bemächtigen sich Staatspräsident *Kasavubu* (50) und Oberst *Mobutu* (30) des abgesetzten Regierungschefs *Lumumba* (34) und wollen ihn vor Gericht stellen.

Äthiopien: Staatsstreich gegen den auf Auslandsreisen befindlichen Kaiser *Haile Selassie* (68) mißlingt (15.–17.12.).

Kenia: Die Notstandsmaßnahmen gegen die Mau-Mau-Bewegung (seit 1952) werden endgültig aufgehoben (12.1.); Einberufung einer Verfassungskonferenz (18.1.–21.2.), Umbildung der Regierung unter Einbeziehung afrikanischer Minister (31.3.).

Kamerun: Eine Verfassung wird in einer Volksabstimmung angenommen (21.2.).

Ghana: In einer Volksabstimmung (19.4.) eine neue Verfassung gebilligt, *Kwame Nkrumah* wird Präsident und Ministerpräsident; Ghana Republik im Commonwealth (1.7.).

Südafrikanische Union: Einführung der Identitätskarte für Farbige (Bewegungsbeschränkung) führt zu Unruhen (21.3.). Die Farbigen verlieren im Zentralparlament eigene Vertretung (30.6.). Nach einer Volksabstimmung (5.10.) wird die Union Republik.

Türkei: Ein Gesetzentwurf, der einer Kommission zur Untersuchung der Oppositionspartei außerordentliche Vollmachten einräumt, führt zu Studentenunruhen mit der Forderung nach größeren demokratischen Freiheiten. Sturz der Regierung *Menderes,* die eine Militärregierung unter General *Gürsel* (65) ersetzt. Die ehemalige Regierungspartei wird ausgeschaltet, ein Prozeß gegen *Menderes* und andere Mitglieder seiner Regierung beginnt (Oktober). *Gürsels* »Komitee der Nationalen Einheit« scheint einen radikalen Kurs zu steuern, als der Regierungschef sich der radikalen Elemente entledigt und freie Wahlen im nächsten Jahr zusichert (13.11.); Amnestie für die politischen Gegner (20.11.).

Jordanien: Ministerpräsident *Majali* (44) wird durch ein Bombenattentat getötet (29.8.). König *Hussein* (24) beschuldigt die VAR der Anstiftung; der Chef des königlichen Kabinetts wird Nachfolger *Majalis* (30.8.).

Israel: Der ehemalige SS-Führer *Adolf Eichmann* (54), der sich bisher unerkannt in Argentinien aufhielt, gerät in israelischen Gewahrsam (23.5.). Argentinischer Protest gegen die Entführung.

Indien: Neuwahlen in Kerala (1.2.) bringen den antikommunistischen Parteien die Mehrheit. Bildung eines Komitees für ein Grenzentwicklungsprogramm unter dem Vorsitz *Nehrus* (71).

Pakistan: Gemeinderatswahlen sind Vertrauensvotum für *Ayub Khan* (52; 14.2.), der als erster indirekt gewählter Präsident seit Dekretierung des Ausnahmezustandes vereidigt wird (17.2.). Ausarbeitung einer neuen Verfassung.

Nepal: König *Mahendra* (40) stürzt die erste parlamentarische Regierung seines Landes und übernimmt selbst die Regierungsgewalt (15.12.).

Burma: Erste Wahlen für die Abgeordnetenkammer (6.2.) seit Einsetzung der Regierung *Ne Win* (50) im Oktober 1958 werden ein Sieg für die Partei des zurückgetretenen Ministerpräsidenten *U Nu* (53), der das neue Kabinett bildet.

Laos: Nach einem Staatsstreich bildet sich eine neutralistische Regierung unter dem Prinzen *Souvanna Phouma* (59; 30.8.), der auch Mitglieder der alten Regierung angehören. In der Folgezeit kommt es wiederholt zu Revolten, in deren Verlauf nordvietnamesische Truppen die Grenzen überschreiten, jedoch wieder zurückgeschlagen werden. Zum Jahresende scheinen sich die Truppen des königstreuen Generals *Nosavan* und die Regierung unter Prinz *Boun Oum* (48) durchzusetzen, als in den letzten Tagen des Jahres die Rebellen wieder an Boden gewinnen. Die Regierung beschuldigt Nordvietnam, die Volksrepublik China und die Sowjetunion der offenen Intervention.

Ceylon: Rücktritt *Dahanayakes* (20.3.) nach den Wahlen zum Repräsentantenhaus; *Dudley Senanayake* (49) bildet die neue Regierung, die jedoch nach erneuten Wahlen (20.7.) durch eine Regierung Frau *Sirimavo R. Bandaranaikes* (44) ersetzt wird, die zugleich das Verteidigungs- und das Außenministerium übernimmt.

Indonesien: Die Armeebefehlshaber gehen gegen die mächtige Kommunistische Partei des Landes vor, deren Tätigkeit sie in Süd-Sumatra und Süd-Borneo untersagen (August).

China: *Chiang Kai-shek* (73) wird nach einer Verfassungsänderung zum drittenmal Präsident Nationalchinas (21.3.).

Korea: Wiederwahl des Präsidenten *Syngman Rhee* (85; 15.3.). Gegen angebliche Fälschung des Wahlergebnisses protestieren Studenten; im Verlauf der sich entwickelnden Unruhen (26.4.) tritt *Syngman Rhee* zurück, der Vizepräsident *Lee Ki Poong* (64) begeht mit seiner Familie Selbstmord (28.4.). Zum neuen Präsidenten wird *Yoon Bo-Sun* (62) gewählt (12.8.).

Japan: Der Oberste Gerichtshof erklärt das Sicherheitsabkommen mit den USA für nicht verfassungswidrig (1.1.). Dennoch Protestaktionen gegen den Vertrag, Ministerpräsident *Kishi* (61) soll zurücktreten; die Unruhen erreichen ihren Höhepunkt kurz vor dem geplanten Besuch des amerikanischen Präsidenten, der daraufhin abgesagt wird (16.6.). Die Ratifikation des Vertrages erfolgt unter Abwesenheit der Oppositionspartei (19.6.). *Hayato Ikeda* (61) wird neuer Ministerpräsident (18.7.). Neuwahlen (20.11.) bringen einen Sieg der Regierungspartei (300 von 467 Sitzen im Reichstag).

KULTUR In Moskau wird die »Universität der Völkerfreundschaft« eröffnet (1.10.).

MUSIK *Hans Werner Henze* (34) »Der Prinz von Homburg«. *Igor Strawinsky* (78) Klavierkonzert.

KUNST *Picasso*-Ausstellung in London. *Pier Luig Nervi* (69) Ausstellungshalle Turin (Baubeginn).

Oscar Niemeyer (53) Regierungsgebäude und öffentliche Bauten in Brasilia (Baubeginn 1957).

NATURWISSENSCHAFT *Martin Strell* (48), *Anton Kalojanow* (42) und *H. Koller* (34) gelingt die Vollsynthese des Chlorophylls. Professor *Wilhelm Groth* (56) entwicklelt billigeres Verfahren zur Gewinnung von angereichertem Uran (Gaszentrifugenverfahren). Erste französische Atombombenexplosion in der Sahara (13. 2.).

TECHNIK Bau des Assuan-Damms beginnt (9. 1.). Das mit deutscher und österreichischer Hilfe erbaute indische Stahlwerk in Rourkela wird eröffnet (12. 1.). Weltenergiekonferenz in Madrid (Frühsommer). Das amerikanische Atom-Unterseeboot »Seadragon« bewältigt die kürzeste NW-Passage vom Atlantik zum Pazifik und taucht unter Eisbergen hinweg (August). Stapellauf des ersten atomgetriebenen Flugzeugträgers »Enterprise« in den USA (23. 9.).

WIRTSCHAFT Die Sowjetunion ändert Rubelparität, was faktisch eine Abwertung bedeutet. Der Mangel an Arbeitskräften in der Bundesrepublik Deutschland nimmt trotz etwa 275 000 ausländischen Arbeitnehmern krisenhaften Charakter an: auf 538 000 offene Stellen kommen nur 113 000 Arbeitssuchende (0,5 Prozent der Arbeitnehmer; August).

Heinz und Christel Pust

Für die vorliegende Sonderausgabe wurde diese Übersicht ab 1961 durch *Dr. Hermann-Josef Rupieper* erarbeitet.

1961

VEREINTE NATIONEN Der Sicherheitsrat beschäftigt sich mit einer Klage Kubas gegen eine bevorstehende Invasion durch die USA. Eine Resolution kommt nicht zustande (5./6. 1.). Der Bürgerkrieg im Kongo geht weiter. Der ehemalige Ministerpräsident *Patrice Lumumba* (35) wird nach Katanga verschleppt und ermordet (12. 2.). Die UN-Vollversammlung ermächtigt Generalsekretär *Dag Hammarskjöld* (55), Katanga gegebenenfalls mit Waffengewalt wieder in den kongolesischen Gesamtstaat einzugliedern (21. 2.). Der Sicherheitsrat lehnt einen sowjetischen Antrag auf Absetzung von *Hammarskjöld* ab (21. 2.). Bildung einer Regierung der nationalen Einheit im Kongo unter Ministerpräsident *Cyrille Adoula* (38) und seinem Stellvertreter *Antoine Gizenga* (36; 2. 8.). Anerkennung durch die UN (15. 8.). Nach schweren Kämpfen besetzen UN-Truppen Katanga (28. 8.). Nach vorübergehendem Waffenstillstand (13. 9.) gehen die Kämpfe weiter. *Hammarskjöld* bei einem Flugzeugabsturz auf dem Wege zu Verhandlungen mit Katanga-Präsident *Moise Tschombé* (42) tödlich verunglückt (18. 9.). Zum Geschäftsführenden Generalsekretär wird *U Thant* (52), Burma, gewählt (3. 11.). Der Sicherheitsrat verabschiedet eine Resolution, in der Portugal aufgefordert wird, seine repressive Politik in Angola aufzugeben (9. 6.). Syrien tritt der UNO bei (28. 9.). Die Sowjetunion beantragt, China statt Nationalchina in den Sicherheitsrat aufzunehmen (15. 12.).

INTERNATIONALE POLITIK Die USA brechen die diplomatischen Beziehungen zu Kuba ab (4. 1.). Der »Kubanische Revolutionsrat« in New York ruft zum Befreiungskrieg gegen *Fidel Castro* (34) auf (9. 4.). Eine Landung von Exilkubanern auf Kuba (10. 4.) schlägt fehl (20. 4.). US-Präsident *John F. Kennedy* (44) legt einen Zehnjahresplan zur wirtschaftlichen Entwicklung Lateinamerikas vor (Allianz für den Fortschritt) und sagt Kredite zu (13. 3.). Auf der Konferenz von Punta del Este erläutert *Kennedy* seinen Plan. Die Mittel in Höhe von 20 Mrd. $ sollen zum größten Teil von den USA aufgebracht werden. Großbritannien und die Vereinigte Arabische Republik vereinbaren die Wiederaufnahme der am 1. 1. 1956 abgebrochenen diplomatischen Beziehungen (15. 1.). Waffenruhe in Laos (2. 5.). Nach Verhandlungen zwischen den kämpfenden Parteien wird in Vientiane ein Waffenstillstandsabkommen zwischen der Regierung *Boun Oum* (49), *Souvanna Phouma* (60) und den Pathet Lao unterzeichnet (12. 5.). In Genf tritt unter Vorsitz von *Andrej Gromyko* (52) und *Sir Alexander Douglas-Home* (58) eine internationale Laos-Konferenz zusammen (16. 5.). Bildung einer Koalitionsregierung unter *Souvanna Phouma* (8. 10.). Einigung der Laos-Konferenz über den Abzug aller ausländischen Truppen aus Laos innerhalb von 75 Tagen (11. 12.). Volksabstimmung über die Zukunft Algeriens. 75% der Franzosen sprechen sich für die Algerien-Politik *de Gaulles* (71) und damit für die Selbstbestimmung Algeriens aus (6.–8. 1.). Ein Putsch französischer Generale in Algerien scheitert (22.–25. 4.). Eröffnung der algerisch-französischen Konferenz in Evian (20. 5.). *Youssef Ben Khedda* (41) ersetzt *Ferhat Abbas* (62) als Präsidenten der algerischen Exil-Regierung (27. 8.). *De Gaulle* verkündet (2. 10.) die baldige Errichtung eines souveränen und unabhängigen algerischen Staates. *Paul-Henri Spaak* (62) tritt als NATO-Generalsekretär zurück (30. 1.). Nachfolger wird der Niederländer *Dirk Stikker* (64; 18. 4.). Ein Gipfeltreffen der EWG-Staaten beschließt, England zum Beitritt aufzufordern

(10./11. 2.). Finnland tritt der EFTA bei (1. 7.). England und Dänemark beantragen die Mitgliedschaft in der EWG (10. 8.). Die Finanzminister des Commonwealth sprechen sich auf einer Konferenz in Accra gegen einen englischen EWG-Beitritt aus (11.–13. 9.). Südafrika zieht sich aus dem Commonwealth zurück (16. 3.) und wird Republik (31. 5.). Erster Präsident ist *C. R. Swart* (67). Syrien verläßt die Vereinigte Arabische Republik (28. 9.). Indische Truppen marschieren in die portugiesische Kolonie Goa ein (18. 12.). Die Sowjetunion bricht die diplomatischen Beziehungen zu Albanien ab (9. 12.). *Chruschtschow* (67) und *Kennedy* treffen sich in Wien (3./4. 6.). Die Deutschland-Denkschrift, die von der Sowjetunion am 11. 6. veröffentlicht wird, enthält ein neues sowjetisches Ultimatum: Falls die beiden deutschen Staaten sich nicht innerhalb von sechs Monaten über einen Friedensvertrag einigen, erfolgt ein separater Vertrag zwischen der Sowjetunion und der DDR. Die USA, Großbritannien und Frankreich beantworten in separaten Noten diese Forderung, bekräftigen ihre Rechte in Berlin und schlagen weitere Verhandlungen vor (17. 7.). Die DDR beginnt mit dem Bau einer Mauer um Westberlin (13. 8.). Die Belgrader Konferenz der blockfreien Staaten fordert, bei der Lösung der deutschen Frage und des Berlin-Problems nicht zur Gewalt oder zur Androhung von Gewalt zu greifen (1.–4. 9.). Erste sowjetische Atombombenexplosion nach drei Jahren (1. 9.). *Kennedy* ordnet die Wiederaufnahme unterirdischer Atomwaffenversuche an (5. 9.). Sierra Leone (27. 4.), Kuweit (7. 7.) und Tanganjika (9. 12.) erhalten ihre Unabhängigkeit von England.

POLITIK DER LÄNDER Bundesrepublik Deutschland: Das Bundesverfassungsgericht erklärt auf Antrag der Länder Hamburg, Bremen, Hessen und Niedersachsen die Gründung der Deutschen Fernseh GmbH durch die Bundesregierung als verfassungswidrig und bundesfeindlich (28. 2.). Staatsvertrag der Länder (6. 6.) über die Einrichtung eines bundeseinheitlichen Zweiten Fernsehprogramms (ZDF). Gesetz über die Lohnfortzahlung für Arbeiter bei Krankheit für 6 Wochen (31. 5.). Gesetz zur Förderung der Vermögensbildung der Arbeitnehmer (312-DM-Gesetz) verkündet (12. 7.). CDU/CSU und FDP bilden nach den Wahlen zum 4. Deutschen Bundestag (17. 9.) eine Koalitionsregierung unter Führung *Konrad Adenauers* (85; 7. 11.). Das Bundesarbeitsgericht entscheidet, daß Frauen bei gleicher Arbeit einen Anspruch auf gleichen Lohn wie Männer haben (1. 12.).
DDR: Die Regierung untersagt es der Synode der Evangelischen Kirche Deutschlands, in Ostberlin zu tagen (13. 2.). Das Arbeitsgesetzbuch wird verabschiedet (12. 4.); Aufhebung des Streik- und Koalitionsrechts. Verlängerung der Dienstzeit in der Volksarmee um sechs Monate (12. 10.).
Belgien: Ministerpräsident *Théodore Lefèvre* (47) bildet eine neue Regierung, *Spaak* wird Außenminister (25. 4.). Mit einem Marsch auf Brüssel protestieren 100000 Flamen zugunsten einer stärkeren Beteiligung der flämischen Bevölkerung an der wirtschaftlichen und kulturellen Entwicklung.
Frankreich: Mordanschlag auf *Charles de Gaulle* (8. 9.). *De Gaulle* kündigt den Erhalt einer unabhängigen französischen Armee und ihre Ausrüstung mit Atomwaffen an (23. 11.).
Griechenland: Assoziation des Landes an die EWG (9. 7.). *Karamanlis* (52) wird erneut zum Ministerpräsidenten ernannt (4. 11.).
Großbritannien: Der TUC akzeptiert die Verteidigungspolitik der Labour Party (7. 9.). Das Commonwealth-Einwanderungsgesetz wird veröffentlicht (1. 11.).
Italien/Österreich: Bei den Verhandlungen über den Status von Südtirol verlangt Österreich die vollständige innere Autonomie der Region. Die Verhandlungen scheitern (5. 7.).
Ungarn: Kollektivierung der Landwirtschaft abgeschlossen, über 90% des Ackerlandes sozialisiert (19. 2.).
UdSSR: *Nikita Chruschtschow* erklärt, daß die Schwerindustrie nicht mehr Priorität beim industriellen Aufbau besitze (19. 5.). Die Militärausgaben werden um ein Drittel auf 12 Mrd. Rubel erhöht, die Reduzierung der Truppen wird beendet (8. 7.). XXII. Parteitag der KPdSU (12.–13. 10.) und Weiterführung der Entstalinisierung. Die Leiche *Stalins* wird aus dem Lenin-Mausoleum entfernt (30. 10.), Stalingrad in Wolgograd umbenannt (11. 11.).
Türkei: Der ehemalige Präsident *Bayar* (77), der ehemalige Ministerpräsident *Menderes* (62) und weitere Minister wegen Bruch der Verfassung zum Tode verurteilt (16. 9.). Nach Parlamentswahlen (10. 10.) wird General *Cemal Gürsel* (66) für sieben Jahre zum Präsidenten gewählt. Bildung einer Regierung der nationalen Einheit unter *Ismet Inonü* (77).
Israel: Beginn des Prozesses gegen *Adolf Eichmann* (55) in Jerusalem (11. 4.), Todesurteil (15. 12.).
Ägypten: Bodenreform beschränkt den Grundbesitz auf 42 ha, politische Säuberungen und Massenverhaftungen (13. 11.).
USA: *Kennedy* als 35. Präsident vereidigt (20. 1.). Errichtung des Friedenskorps unter Leitung von *Sargent Shriver* (46; 31. 3.). Erhöhung der Rüstungsausgaben um mehr als 3 Mrd. $; Verstärkung der Armee (25. 7.). Nach Besuch von *Walt Rostow* (45) und General *Maxwell D. Taylor* (60) in Süd-Vietnam weitere Hilfsmaßnahmen und die Entsendung von Militärberatern beschlossen (15. 11.).
Kuba: Die Vereinigte Partei der Sozialen Revolution wird gegründet, alle anderen Parteien abgeschafft (26. 7.). Proklamation Kubas zum sozialistischen Land (2. 9.).
Dominikanische Republik: Staatspräsident und Diktator *Rafael Leónidas Trujillo* (69) ermordet (30. 5.).
Brasilien: Präsident *Jânio Quadros* (44) tritt zurück (25. 8.). Nachfolger wird der bisherige Stellvertreter *João Goulart* (43; 7. 9.).
Süd-Korea: Antikommunistische Militärrevolte

(15. 5.), Verabschiedung einer neuen Verfassung (6. 6.). *Chung Hee Park* (44) wird mit Hilfe der Armee Ministerpräsident (3. 7.).
Süd-Vietnam: *Ngo Dinh-Diem* (60) zum Ministerpräsidenten ernannt (9. 4.); Ausrufung des Notstandes für ein Jahr; Anlage von Wehrdörfern (19. 10.)
Marokko: Frankreich räumt den letzten Militärstützpunkt Marrakesch (30. 9.).
Tunesien: Blockade des französischen Militärstützpunktes Bizerta (17.–22. 7.). *Habib Bourguiba* (58) erklärt sich zu Verhandlungen mit Frankreich bereit (8. 9.).

KULTUR *Ralf Dahrendorf* (32) »Freiheit und Gesellschaft« (Soziologie). *Marcel Reding* (47) »Über Arbeitskampf und Arbeitsfrieden« (Katholische Moraltheologie).

KUNST *Egon Eiermann* (57) Kaiser-Wilhelm-Gedächtniskirche, Berlin. *Ernst Wilhelm Nay* (59) »Zirkelzeichen« (Gemälde).

MUSIK *Benjamin Britten* (48) »War Requiem«.

NATURWISSENSCHAFT Der sowjetische Major *Jurij Gagarin* (27) umfliegt im Raumschiff »Wostok« als erster Mensch die Erde (12. 4.). US-Fregattenkapitän *Alan Shepard* (38) mit einer Mercury-Kapsel in den Weltraum geschossen. Flugzeit 15 Minuten (5. 5.). Nobelpreis für Physik an *Rudolf Mössbauer* (32) (Dtl.) für die Entdeckung der rückstoßfreien Gammastrahlenemission in Kristallen.

SOZIALWESEN Papst *Johannes XXIII.* (80) erläßt die Enzyklika »Mater et Magistra«; Neudarlegung der christlichen Soziallehre, in die auch die überbetriebliche Mitbestimmung der Arbeitnehmer einbezogen ist (15. 5.).

TECHNIK *Walter Bruch* (53) entwickelt das PAL-Verfahren.

WIRTSCHAFT OPEC fordert höheren Anteil an den Gewinnen der Ölgesellschaften, die in ihren Ländern fördern (15. 1.). DM- (2. 3.) und Gulden-Aufwertung (6. 3.) um je 4,75%. Die OEEC wird durch die OECD ersetzt (30. 9.). Ausweitung des Welthandels und Koordinierung westlicher Entwicklungshilfe.

1962

VEREINTE NATIONEN Die Vollversammlung fordert eine liberale Verfassung für Süd-Rhodesien (28. 6.). Algerien wird Mitglied (7. 10.). Verurteilung der Apartheid und Aufforderung an die Mitgliedsstaaten, die Beziehungen zu Südafrika abzubrechen (6. 11.). Katanga akzeptiert den UN-Plan zur Wiedervereinigung des Kongo (3. 9.). Trotzdem kommt es zu neuen Kämpfen zwischen UN-Truppen und den Truppen Katangas. UN-Truppen erzwingen die Waffenruhe. *Tschombé* (43) flieht nach Salisbury (28. 12.). *U Thant* (53) wird zum Generalsekretär gewählt (30. 11.).

INTERNATIONALE POLITIK Ende des algerisch-französischen Krieges durch den Waffenstillstand von Evian (18. 2.). Die algerische Bevölkerung spricht sich mit Billigung Frankreichs in einer Volksabstimmung für Unabhängigkeit und Zusammenarbeit mit Frankreich aus (1. 7.). Die laotischen Prinzen *Boun Soum* (50), *Souvanna Phouma* (61) und *Souvanna Vong* (52) unterzeichnen in Genf ein Abkommen über die Bildung einer Drei-Parteien-Regierung (29. 1.). Die 14-Mächte-Laos-Konferenz in Genf erklärt die Neutralität von Laos (23. 7.). Amerikanisch-sowjetische Sondierungsgespräche über die Berlin-Frage (2. 1.–24. 6.). Außenministerkonferenz der Atommächte Großbritannien, Sowjetunion, USA in Genf über Abrüstung und Berlin (11. 3.). 18-Mächte-Abrüstungskonferenz beginnt – ohne Frankreich – in Genf (14. 3.). Nach einer Unterbrechung (14. 6.) Wiederaufnahme der Konferenz (16. 7.). USA verhängen ein Handelsembargo gegen Kuba (3. 2.). Die Organisation amerikanischer Staaten (OAS) beschließt den Ausschluß Kubas (14. 2.). Beginn der Kuba-Krise (22. 10.). US-Präsident *Kennedy* (45) kündigt als Maßnahme gegen sowjetische Raketenstützpunkte auf Kuba eine Blokkade an, die am 24. 10. in Kraft tritt. Nach hektischen Konsultationen ordnet *Chruschtschow* (68) den Abzug der Raketen an (28. 10.). Der indonesische Staatspräsident *Sukarno* (61) erklärt West-Neu-Guinea zur indonesischen Provinz (3. 1.). Indonesische Landungsunternehmen an der Küste West-Neu-Guineas verschärfen die niederländisch-indonesischen Spannungen (15. 5.). Niederländisch-indonesisches Abkommen über die Beilegung des Konflikts in New York unterzeichnet (15. 8.). Die UNO übernimmt die Verwaltung von den Niederlanden (1. 10.). Nachfolger von NATO-Oberbefehlshaber General *Lauris D. Norstad* (55) wird General *Lyman Lemnitzer* (63). Syrien und Frankreich nehmen die 1956 abgebrochenen diplomatischen Beziehungen wieder auf (9. 9.). Irland ersucht um Aufnahme in die EWG (18. 1.). Großbritannien beantragt Aufnahme in die Montanunion (2. 3.) und in das Euratom (5. 3.). Großbritannien und die EWG einigen sich über die Assoziierung der Commonwealth- und der karibischen Staaten (2. 8.). Treffen der Premierminister der Commonwealth-Staaten (10.–19. 9.). Großbritannien kann weiter mit der EWG verhandeln. China und Pakistan vereinbaren Verhandlungen über die Kaschmir-Grenzen (3. 5.). Indien, das Kaschmir beansprucht, protestiert (10. 5.). Grenzgefechte zwischen China und Indien in Ladakh (21. 7). Weitere Grenzzwischenfälle (20. 9.). *Jawaharlal Nehru* (73) erklärt, die Armee habe Befehl, die Chinesen aus Kaschmir und Ladakh zu vertreiben (11. 10.). Chinesische Truppen greifen an (20. 10.). Nachdem sie weit auf indisches Gebiet vorgedrungen sind, stellen die Chinesen einseitig das Feuer ein (21. 11.) und ziehen sich zurück (1. 12.). *Harold Macmillan* (68) und *Kennedy* vereinbaren im Pakt von Nassau die

Aufstellung einer multilateralen NATO-Atomstreitmacht (21. 12.). Ruanda und Burundi (1. 7.), Jamaika (6. 8.), Trinidad und Tobago (31. 8.) sowie Uganda (9. 10.) werden unabhängig.

POLITIK DER LÄNDER Bundesrepublik Deutschland: Staatsbesuch *de Gaulles* (72), erster Staatsbesuch eines französischen Präsidenten nach dem Krieg (4.–9. 9.). Die Deutsche Gesellschaft für wirtschaftliche Zusammenarbeit (DEG) nimmt ihre Tätigkeit auf (10. 9.). »Spiegel-Affäre«: Verhaftung des Herausgebers und der Chefredakteure wegen des Verdachts auf Landesverrat (16. 10.). Rücktritt der fünf FDP-Bundesminister (19. 11.) wegen der Rolle von Verteidigungsminister *Franz Josef Strauß* (47) in der »Spiegel-Affäre«. Kabinettsumbildung (11. 12.).
DDR: Volkskammer beschließt Gesetz über die allgemeine Wehrpflicht (24. 1.). Sowjetische Stadtkommandantur in Ost-Berlin aufgelöst (22. 8.).
Finnland: *Urho Kekkonen* (62) zum Staatspräsidenten wiedergewählt (15. 2.).
Frankreich: Regierung beschließt Bildung einer nationalen Atomstreitmacht (Force de frappe) (19. 1.). Ministerpräsident *Michel Debré* (50) tritt zurück (14. 4.). Sein Nachfolger *Georges Pompidou* (51) wird von der Nationalversammlung gestürzt (5. 10.). Verfassungsänderung durch Volksabstimmung, direkte Volkswahl des Staatspräsidenten (31. 10.).
Großbritannien: Das Commonwealth-Einwanderungsgesetz tritt in Kraft (1. 7.).
Italien: Parteikongreß der Democrazia Cristiana beschließt »Öffnung nach links« (8. 2.). Bildung der Mitte-Links-Regierung durch *Amintore Fanfani* (54). Staatspräsident wird *Antonio Segni* (71; 6. 5.).
Bulgarien: Premierminister *Anton Yugow* (59) aus dem Amt entfernt (5. 11.).
Jugoslawien: *Milovan Djilas* (51) zu fünf Jahren Haft verurteilt (14. 5.).
Ungarn: Ausschluß der Stalinisten aus der kommunistischen Partei (19. 8.).
UdSSR: Erhöhung der Preise für Fleisch und Brot um rd. 30% (1. 6.).
Iran: Der Schah unterzeichnet ein Gesetz zur Bodenreform (24. 1.); Übertragung von Grundbesitz an Bauern.
Israel: *Adolf Eichmann* (56) hingerichtet (31. 5.).
Jemen: Militärputsch (27. 9.). Ausrufung der Republik. *Abdullah Sallah* (45) übernimmt die Regierung.
Algerien: Bei einer Volksabstimmung votieren 99% für die Unabhängigkeit von Frankreich (1. 7.). *Mohammed Achmed Ben Bella* (46) wird erster Ministerpräsident (20. 9.).
Marokko: Volksabstimmung über die Umwandlung des Staats in eine konstitutionelle Monarchie (7. 12.).
Ghana: Attentat auf Präsident *Kwame Nkruhmah* (63; 9. 9.). Errichtung des Ein-Parteien-Staates (11. 9.).
Tanganjika: Ministerpräsident *Julius Nyerere* (40) tritt zurück (22. 1.). Nachfolger wird der Gewerkschaftsführer *Rashidi Kawana* (33). Das Land wird Republik, *Nyerere* der erste Präsident (9. 12.).
USA: Rassentrennung auf öffentlichen Verkehrsmitteln als verfassungswidrig erklärt (26. 2.). Wiederaufnahme der Kernwaffenversuche in der Atmosphäre (25. 4.). *John F. Kennedy* erzwingt mit Bundestruppen die Aufnahme des Negers *James Meredith* (29) in die Universität von Mississippi (1. 10.). Wahlsieg der Demokratischen Partei bei Kongreß-Wahlen (6. 11.).
Argentinien: Militärputsch; Präsident *Arturo Frondizi* (54) wird durch *José M. Guido* (51) ersetzt (28. 3.).
Peru: Militärputsch (18.7.); Präsident *Manuel Prado* (73) durch eine Junta ersetzt.
Burma: Militärputsch (2. 3.).
Indien: Die Kongreß-Partei gewinnt die Parlamentswahlen mit 72% (18.–27. 2.). *Nehru* wieder Ministerpräsident (10. 4.). *Sarvepalli Radhakrischnan* (74) wird Staatspräsident (13. 5.).
Pakistan: Verkündung der neuen Präsidialverfassung (1. 3.). *Mohammed Ayub Khan* (55) wird Staatspräsident, Aufhebung des Kriegsrechts (8. 6). Wiederzulassung der Parteien (14. 7.).

KULTUR Papst *Johannes XXIII.* (81) eröffnet in Rom das II. Vatikanische Konzil (6. 5.). Ende der ersten Sitzungsperiode (8. 12.).

KUNST *Federico Fellini* (42) »8 ½« (Film). *Eero Saarinnen* (gest. 1961) Empfangshalle des Flughafens Idlewild, New York, eingeweiht.

LITERATUR Nobelpreis für *John Steinbeck* (60).

MUSIK Gründung der Pop-Gruppe *The Beatles.*

NATURWISSENSCHAFT Die Europäische Weltraumforschungs-Organisation (ESRO) wird gegründet (14. 6.). Abkommen USA/UdSSR über die friedliche Nutzung des Weltraums (5. 12.).

TECHNIK Der erste Fernsehsatellit »Telestar« in Cape Canaveral gestartet (10. 7.). Jungfernfahrt des ersten amerikanischen Atomfrachtschiffes »Savannah« (21. 8.). Tunnel durch den Großen St. Bernhard (5. 4.) und den Montblanc (15. 9.).

WIRTSCHAFT *Kennedy* fordert enge Zusammenarbeit zwischen USA und EWG (11. 1.). Der EWG-Ministerrat ordnet den Beginn der 2. Phase des Gemeinsamen Marktes an (14. 1.). Die gemeinsame Agrarpolitik der EWG tritt in Kraft (30. 7.). Größter Kurssturz an der Wallstreet seit 1929 (28. 5.).

1963

VEREINTE NATIONEN UN-Truppen stellen die Kontrolle über Katanga her (21. 1.). UN übergibt West-Neu-Guinea an Indonesien (1. 5.). UN-Vermittlung im Jemen. Saudi-Arabien und die VAR erklären sich zum Abzug ihrer Truppen bereit. Sie werden durch UN-Truppen ersetzt (11. 6.). Der Sicherheitsrat fordert Portugal auf, seine Kolonien in die Unabhängigkeit zu entlassen (31. 7.). Der Sicherheitsrat stimmt für ein Teilembargo von Waffenlieferungen nach Südafrika (4. 12.). Zusammenstöße zwischen Griechen und Türken auf Zypern (27. 12.). Der Sicherheitsrat befaßt sich mit Klagen Zyperns gegen die Türkei.

INTERNATIONALE POLITIK Beendigung des Kuba-Konflikts durch eine gemeinsame Erklärung der USA und der UdSSR, daß die Behandlung der Krise im Sicherheitsrat der UN nicht nötig sei (11. 1.). *De Gaulle* (73) erklärt sein Veto gegen den Beitritt Großbritanniens zur EWG (29. 1.). Abschluß des deutsch-französischen Freundschafts- und Beistandspaktes mit der Verpflichtung zu regelmäßigen Konsultationen (22. 1.). Spanien fordert die Revision des 1953 geschlossenen amerikanisch-spanischen Verteidigungsvertrages (25. 1.). Beginn des algerisch-marokkanischen Grenzkonflikts (15. 1.). Waffenstillstand durch Vermittlung der OAU (30. 10.). Abkommen über die Errichtung eines »Heißen Drahtes« zwischen den USA und der UdSSR zur schnellen und sicheren Nachrichtenübermittlung in krisenhaften Situationen (20. 6.). Moskauer Abkommen über das Verbot weiterer Kernwaffenversuche von den USA, Großbritannien und der UdSSR unterzeichnet (5. 8.). Frankreich und China lehnen Beitritt zum Abkommen ab. Frankreich entzieht seine Nordatlantikflotte dem NATO-Oberbefehl (15. 6.). Mit der Räumung von Bizerta verlassen die letzten französischen Truppen Tunesien (15. 10.). Malaya, Singapur, Sarawak und Nord-Borneo unterzeichnen Abkommen zur Bildung der Föderation Malaysia (8. 6.). Ägypten, Syrien und Irak bilden eine neue Vereinigte Arabische Republik (17. 4.). Zerschlagung der Pro-Nasser-Bewegung in Syrien und im Irak (5. 6.). *Gamal Abd el-Nasser* (45) lehnt eine weitere Zusammenarbeit ab. Irak und Syrien schließen Militärbündnis (8. 10.). Gründung der Organisation für Afrikanische Einheit (OAU; 25. 5.). Beginn der »ideologischen Gespräche« zwischen der UdSSR und China über friedliche Koexistenz und Einschätzung des Imperialismus (6. 7.). Sie werden nach schweren Auseinandersetzungen am 20. 7. auf unbestimmte Zeit abgebrochen. Chinesisch-pakistanischer Grenzvertrag unterzeichnet (2. 3.). Sansibar (10. 12.) und Kenia (12. 12.) werden unabhängig.

POLITIK DER LÄNDER Bundesrepublik Deutschland: *Adenauer* (87) bekräftigt seine Absicht, im Herbst 1963 zurückzutreten (5. 5.). Rücktritt *Adenauers* (15. 10.). *Ludwig Erhard* (66) wird Bundeskanzler (16. 10.). Zum 10. Jahrestag des Arbeiteraufstandes in der DDR wird der 17. Juni zum Nationalen Gedenktag proklamiert (11. 6.). Staatsbesuch von US-Präsident *Kennedy* (46; 23./26. 6.). Bundesregierung untersagt Lieferung von Großstahlröhren an UdSSR aus strategischen Gründen (28. 3.). Gründung des Deutschen Entwicklungsdienstes (DED; 24. 6.). Erstes Passierscheinabkommen zwischen dem Senat von Berlin und der Regierung der DDR (17. 12.), mehr als eine Million West-Berliner besuchen Ost-Berlin. DGB beschließt ein neues Grundsatzprogramm (22. 11.).

DDR: 2. ZK-Tagung der SED beschließt den »Grundriß der Geschichte der deutschen Arbeiterbewegung« (10./12. 4.). Bildung der »Arbeiter- und Bauern-Inspektion« als neues Kontroll- und Überwachungsorgan (14. 5.). Staatsrat verabschiedet die »Richtlinien für das neue ökonomische System der Planung und Leitung der Volkswirtschaft« (15. 7.). Grundsätze der weiteren Systematisierung des polytechnischen Unterrichts beschlossen (3. 7.).

Belgien: Verabschiedung neuer Bestimmungen in der Sprachenfrage (12. 7.).

Dänemark: Sozialdemokratische Regierung *Jens Otto Krag* (49; 3. 9.), bis 1968 im Amt.

Frankreich: Verhaftung von Offizieren, die ein Attentat auf *Charles de Gaulle* planten (14. 2.). Einrichtung eines Kernwaffenversuchsgeländes auf Tahiti (1. 5.). Reduzierung der Landstreitkräfte bis 1965 (17. 10.) und Einsatzbereitschaft der Atomstreitmacht bekanntgegeben (15. 10.).

Griechenland: Vereinigte Zentrumspartei siegt bei Parlamentswahlen (3. 11.). *Georgios Papandreu* (75) neuer Ministerpräsident, tritt zurück (31. 12.), weil er sich außerstande sieht, mit der linken Sammlungsgruppe EDA zu regieren; übernimmt später wieder die Regierung. Freilassung von seit 1945 gefangengehaltenen Kommunisten (16. 11.).

Großbritannien: Tod des Labour-Führers *Hugh Gaitskell* (56; 18. 1.). Nachfolger wird *Harold Wilson* (47; 14. 2.). Premierminister *Macmillan* (69) tritt aus Gesundheitsgründen zurück (18. 10.). *Sir Douglas-Home* (60) wird Premierminister (19. 10.). Regierung beschließt die Schaffung von sechs neuen Universitäten und stellt Mittel für die Reform der Hochschulausbildung bereit (23. 10.).

Italien: *Aldo Moro* (47) bildet Mitte-Links-Regierung (4. 12.). Stabilisierung der Währung und der Zahlungsbilanz.

Österreich: Koalitionsabkommen zwischen ÖVP und SPÖ beendet mehrmonatige Regierungskrise (29. 3.). *Adolf Schärf* (73) zum Bundespräsidenten wiedergewählt (23. 4.).

Spanien: Der Generalsekretär der illegalen KP *Julian Grimau* (53) wegen Umsturzvorbereitung hingerichtet (20. 4.). Große Protestdemonstrationen.

CSSR: Freilassung seit 1949 internierter katholischer Geistlicher (3. 10.).

Jugoslawien: Neue Verfassung. *Tito* (71) zum Staatspräsidenten auf Lebenszeit gewählt (7. 4.).

UdSSR: Bekanntgabe des Aufbaus einer Raketen-U-Boot-Flotte (5. 2.). Schaffung eines Obersten Wirtschaftsrates (13. 3.). Umfangreiche Weizenkäufe in Kanada (16. 9.) und Australien. *Chruschtschow* (69) kündigt die Verdreifachung der chemischen Produktion bis 1970 an (13. 12.). Tagung des Obersten Sowjets gibt die Reduzierung der Rüstungsausgaben bekannt (16.–19. 12.).

Türkei: Amnestie für mehr als 10000 Gefangene (25. 2.).
Israel: Rücktritt von *David Ben Gurion* (77), *Levi Eschkol* (68) neuer Ministerpräsident (25. 6.).
Irak: Militärputsch. Präsident *Abd al-Karim Kassem* (49) entmachtet (17. 2.). Wiederaufnahme des Krieges gegen die Kurden (11. 6.). *Mohammed Aref* (43) neuer Ministerpräsident. Putsch der Armee gegen die Baath-Partei (20. 11.).
Saudi-Arabien: Abschaffung der Sklaverei (2. 6.).
Togo: Militärputsch. Präsident *Sylvanus Olympio* (63) ermordet (13. 1.). Bildung einer Koalitionsregierung (15. 1.).
Indonesien: *Sukarno* (62) auf Lebzeiten zum Präsidenten ernannt (19. 5.).
Kanada: Parlament stürzt die konservative Regierung *John Diefenbaker* (68) wegen Ablehnung der Ausrüstung der Streitkräfte mit Atomwaffen (5. 2.). Nach Neuwahlen (6. 4.) bilden die Liberalen unter *Lester Pearson* (66) eine neue Regierung. Setzt sich für Gleichberechtigung der Franco-Kanadier und Beteiligung an nuklearer Verteidigung ein.
USA: Das Oberste Gericht entscheidet, daß das »Vater Unser« in Staatsschulen gegen die Verfassung verstößt (17. 6.). Rassenunruhen in Alabama (2. 6.). *Kennedy* verkündet Bürgerrechtsprogramm zur Beseitigung der Rassendiskriminierung (28. 8.). Ermordung von *Kennedy* in Dallas; *Lyndon B. Johnson* (55) wird Präsident (22. 11.).
Brasilien: Volksabstimmung beschließt Wiedereinführung der Präsidialregierung (6. 1.).

KULTUR 4. Weltkonferenz für Glauben und Kirchenverfassung des Weltkirchenrates in Montreal (12.–26. 7.). Päpstliche Enzyklika »Pacem in terris» (11. 4.). Tod Papst *Johannes' XXIII.* (81; 3. 6.). Kardinal *Montini* wird Papst *Paul VI.* (66; 21. 6.). 2. Sitzungsperiode des Vatikanischen Konzils (29. 9.–4. 12.), Reform der Lithurgie.

KUNST *Hans Scharoun* (73) Berliner Philharmonie. *Ingrid Bergman* (48) »Das Schweigen« (Film). Ausstellung »Europäische Avantgarde«, Frankfurt.

LITERATUR *Christa Wolf* (34) »Der geteilte Himmel«. *Heinrich Böll* (46) »Ansichten eines Clowns«. *Rolf Hochhuth* (32) »Der Stellvertreter«.

MUSIK *Alexander Tscherepnin* (64) 2. Sinfonie.

NATURWISSENSCHAFT Die sowjetische Astronautin *Valentina Tereschkowa* (26) als erste Frau im Weltraum (16.–19. 6.). Nobelpreis für Chemie an den Deutschen *Karl Ziegler* (65) und den Italiener *Giulio Natta* (60) für Entdeckungen auf dem Gebiet der Kunststoffchemie.

WIRTSCHAFT EFTA gibt die Aufhebung der Industriezölle für Ende 1966 bekannt (10. 5.). Beginn der GATT-Konferenz in Genf zur Senkung der Zölle zwischen USA und EWG (16. 5.). EWG erhält Kartellordnungszuständigkeit (13. 3.). Assoziierungsabkommen der EWG mit 18 afrikanischen Staaten (20. 7.).

1964

VEREINTE NATIONEN Ausbruch bewaffneter Kämpfe zwischen Türken und Griechen auf Zypern. Der Sicherheitsrat beschließt die Entsendung einer UN-Friedenstruppe (4. 3.). Staatspräsident Erzbischof *Makarios* (51) kündigt einseitig die Bündnisverträge mit Griechenland und der Türkei (4. 4.). Trotz Waffenstillstand (2. 8.) flackern die Kämpfe immer wieder auf. Sicherheitsrat verlängert die Stationierung der UN-Truppen um drei Monate (28. 9.). Sicherheitsrat befaßt sich mit dem indisch-pakistanischen Grenzkonflikt in Kaschmir (3.–17. 2.). Beendigung der militärischen Operationen der UN im Kongo, Abzug der Truppen (30. 6.). Abzug der UN-Friedenstruppe aus Jemen (4. 9.).

INTERNATIONALE POLITIK Verschärfung der Vietnam-Krise. Tongking-Zwischenfall zwischen nordvietnamesischen Torpedobooten und US-Zerstörern (2.–4. 8.). US-Flugzeuge greifen nordvietnamesische Stützpunkte an. Unruhen in der Kanalzone in Panama. Panama bricht die Beziehungen zu den USA ab (9. 1.). US-Präsident *Johnson* (56) bietet einen Vertrag über die Kanalzone an (18. 12.). Frankreich erkennt China an (27. 1.). Nationalchina bricht die Beziehungen zu Frankreich ab (10. 2.). Schwere Grenzkonflikte zwischen Somalia und Äthiopien im Ogaden (8. 2.). Meutereien in Kenia, Uganda und Tanganjika. Britische Truppen intervenieren auf Wunsch der Regierungen (16.–20. 1.). Der Italiener *Manlio Brosio* (67) wird Nachfolger von NATO-Generalsekretär *Stikker* (67; 13. 5.). Freundschafts- und Beistandspakt zwischen UdSSR und DDR als Ersatz für einen Friedensvertrag (12. 6.). Sanktionen der OAS gegen Kuba beschlossen (26. 7.). Beginn der 46-Mächte-Konferenz der blockfreien Staaten in Kairo. Verabschiedung einer Resolution gegen den Kolonialismus und für das Selbstbestimmungsrecht der Völker (5. 10.). Die KPdSU ruft alle Bruderparteien für den 1. 3. 65 zu einer Konferenz zur Vorbereitung eines kommunistischen Weltkongresses auf (12. 12.). Die polnische Regierung legt einen Abrüstungsplan für Mitteleuropa vor (29. 2.). Friedensgespräche zwischen Malaysia, Indonesien und den Philippinen über gegenseitige Gebietsansprüche abgebrochen (4. 3.). Landung indonesischer Truppen in Malaysia (2. 9.). Commonwealth-Truppen greifen ein (6. 9.). Südafrika tritt aus der Internationalen Arbeitsorganisation (ILO) und der Weltgesundheitsorganisation (WHO) aus (11. 3.). Malawi (6. 7.) und Sambia (24. 10.) werden unabhängig. Vereinigung von Tanganjika und Sansibar zu Tansania (19. 10.).

POLITIK DER LÄNDER Bundesrepublik Deutschland: Neueinteilung der Wahlkreise durch das Bun-

deswahlgesetz (14. 2.). *Willy Brandt* (51) zum Vorsitzenden der SPD gewählt (16. 2.). *Heinrich Lübke* (CDU; 70) in Berlin zum Bundespräsidenten wiedergewählt (1. 7.). Das Deutsche Institut für Entwicklungspolitik in Berlin (West) gegründet (2. 3.).
DDR: Ausgabe neuer Personalausweise mit dem Vermerk »Bürger der DDR« (2. 1.). Professor *Robert Havemann* (54) wegen Abweichung vom Marxismus-Leninismus aus der SED ausgeschlossen und von seinen Lehraufgaben entbunden (12./13. 3.). Ministerpräsident *Otto Grotewohl* (70) gestorben (21. 9.). Nachfolger wird *Willi Stoph* (50; 24. 9.). Einführung des Zwangsumtausches für Reisen in die DDR und nach Ost-Berlin (1. 2.).
Frankreich: Abschaffung der allgemeinen Wehrpflicht zugunsten eines Ausleseverfahrens (7. 7.). Die Nationalversammlung räumt der nuklearen Rüstung Vorrang vor der konventionellen ein (3. 12.).
Griechenland: Nach dem Tod von König *Paul I.* (62) wird sein Sohn *Konstantin II.* (24) König (6. 3.). Bei Neuwahlen gewinnt die Vereinigte Zentrumspartei die absolute Mehrheit (16. 3.).
Großbritannien: Labour Party gewinnt Unterhauswahlen (15. 10.). *Harold Wilson* (48) wird Premierminister (16. 10.). Währungskrise, Stützung des Pfunds (20.–25. 11.).
Italien: Tod des Vorsitzenden der KPI *Palmiro Togliatti* (71; 22. 8.), Nachfolger wird *Luigi Longo* (64). Rücktritt von Staatspräsident *Segni* (73) aus Gesundheitsgründen (6. 12.). *Giuseppe Saragat* (66) nach mehreren Wahlgängen als erster sozialdemokratischer Staatspräsident gewählt (28. 12.). Verschärfung der Spannungen in Südtirol nach Urteilen im »Südtiroler Sprengstoff-Prozeß« (16. 7.).
Österreich: Rücktritt von Bundeskanzler *Alfons Gorbach* (66) wegen innerparteilicher Kämpfe in der ÖVP (25. 2.). Regierungskrise endet mit Bildung einer neuen ÖVP-SPÖ-Koalitionsregierung unter *Josef Klaus* (64; 2. 4.).
Spanien: Zunahme der innenpolitischen Spannungen. Die baskischen Separatistenorganisation ETA wird stärker.
Jugoslawien: Im ideologischen Streit zwischen China und der Sowjetunion stellt sich *Tito* (72) auf die Seite Moskaus. Assoziierung an COMECON (3. 12.).
Rumänien: Ideologische Auseinandersetzung mit der Sowjetunion, Zurückweisung der ideologischen Bevormundung (30. 5.). Hinwendung zu China.
UdSSR: »Molotow-Gruppe« aus der KPdSU ausgeschlossen (3. 4.). *Anastas Mikojan* (69) statt *Leonid Breschnew* (58) neuer Staatspräsident (15. 7.). *Chruschtschow* (70) wegen Personenkult gestürzt (15. 10.). Als Parteichef von *Breschnew* und als Ministerpräsident von *Alexej Kossygin* (60) abgelöst (17. 10.).
Ägypten: Neue Provisorische Verfassung. Die VAR ist ein »demokratischer, sozialistischer Staat«. Der Islam ist Staatsreligion (24. 4.).
Tunesien: Verstaatlichung des ausländischen Grundbesitzes (11. 5.). Entwicklung des tunesischen Sozialismus.
Saudi-Arabien: König *Saud* (62) muß zugunsten seines Bruders *Faisal* (58) abdanken (2. 11.).
Kamerun: Mit der Ablösung des Militärs beginnt eine Periode innenpolitischer Instabilität (25. 11.)
Rwanda: Schwere Stammesfehden (11.–19. 1.).
Mozambique: Beginn des bewaffneten Kampfes der Befreiungsbewegung FRELIMO gegen die portugiesische Kolonialherrschaft (25. 9.).
Südafrika: Lebenslange Haftstrafen für Führer der afrikanischen Nationalbewegungen, darunter *Nelson Mandela* (46; 12. 6.).
China: Zündung der ersten Atombombe (16. 11.).
Ceylon: Unruhen zwischen Singhalesen und Tamilen nach Einführung des Singhalesisch als Staatssprache (1. 2.).
Indien: Tod *Nehrus* (74; 27. 5.). Nachfolger wird *Lal Bahadur Schastri* (60; 9. 6.).
USA: Umfangreiche Bürgerrechtsgesetze verabschiedet: Gleichberechtigung aller Rassen bei Wahlen, Benutzung öffentlicher Einrichtungen, Arbeitsvermittlung und in Schulen (29. 6.). Tongking-Resolution des Kongresses ermächtigt den Präsidenten zur Kriegführung in Südostasien (7. 8.). *Lyndon B. Johnson* (57) zum Präsidenten gewählt (6. 12.).
Bolivien: Unruhen von Minenarbeitern lösen einen Militärputsch aus. Eine Junta unter General *Réne Barrientos Ortuno* (45) übernimmt die Macht (29. 10.).
Venezuela: Bei Präsidentschaftswahlen wird *Raul Leoni* (59) gewählt. Regiert bis 1968.
Brasilien: Reformbestrebungen der Regierung führen zu einem Militärputsch. General *Humberto Castelo Branco* (64) übernimmt die Macht (31. 9.).
Chile: Der Christdemokrat *Eduardo Frei* (53) siegt bei Präsidentschaftswahlen (4. 9.) gegen den Sozialisten *Salvador Allende* (56).

KULTUR Friedensnobelpreis für *Martin Luther King* (35).

KUNST *Ludwig Mies van der Rohe* (78) US-Courthouse and Federal Office-Building, Chicago. *Henry Moore* (66) »Moonhead« (Bronzeplastik). *Marc Chagall* (77) »Pan« (Deckengemälde im Auditorium der Pariser Oper).

LITERATUR *Jean Paul Sartre* (59) lehnt Literaturnobelpreis als »bürgerlichen Preis« ab. *Arthur Miller* (49) »Nach dem Sündenfall« (Schauspiel).

MUSIK *Dmitrij Schostakowitsch* (58) »Die Hinrichtung des Stephan Rasin« (Kantate).

NATURWISSENSCHAFT Europäische Weltraumforschungsorganisation (ESRO) konstituiert sich (23. 3.). Nobelpreis für Medizin an *Fedor Lynen* (Dtl., 53) für Arbeiten über Fettstoffwechsel. Zellulose-Synthese in den USA geglückt. Mount-Palomar-Spiegelteleskop ermittelt bisher fernste Milchstraße mit 8 Mrd. Lichtjahren. Kern des Anti-Schwerwasserstoffs in USA für kurze Zeit künstlich geschaffen.

TECHNIK Elektronen-Synchroton »DESY« in Hamburg in Betrieb genommen. Beendung der ersten Baustufe des Assuan-Staudamms (23. 5.). Einweihung der Großschiffahrtsstraße Mosel (26. 5.).

WIRTSCHAFT Harmonisierung der Getreidepreise im EWG-Bereich beschlossen (15. 12.). UN-Konferenz für Handel und Entwicklung (UNCTAD) in Genf (23. 3.–15. 6.), Empfehlungen für Abschluß internationaler Abkommen zur Stabilisierung der Preise.

1965

VEREINTE NATIONEN Indonesien tritt aus Protest gegen die Aufnahme von Malaysia in den Sicherheitsrat aus der UNO aus (21. 1.). Amerikanische Truppen intervenieren im Bürgerkrieg in der Dominikanischen Republik (28. 4.). OAS entsendet Truppen (6. 5.). UN-Sicherheitsrat arrangiert eine Feuereinstellung (22. 5.). Ausbruch des indisch-pakistanischen Krieges (4. 9.). Sicherheitsrat bemüht sich um einen Waffenstillstand (22. 9.) und fordert Indien zum Rückzug der Truppen aus Pakistan auf. Papst *Paul VI.* (68) setzt sich vor der UN-Vollversammlung für den Weltfrieden ein (4. 10.). Das Mandat der UN-Friedenstruppe auf Zypern wird mehrfach verlängert. Die Finanzkrise der UN wird durch Einigung über den Nichtentzug des Stimmrechts bei Beitragsschulden beigelegt (18. 2.–1. 9.). Die Vollversammlung fordert die 18-Mächte-Abrüstungskonferenz auf, sich für die Nichtweitergabe von Atomwaffen einzusetzen (19. 11.).

INTERNATIONALE POLITIK Der Vietnamkrieg weitet sich aus. Nachdem Nordvietnam die Entsendung von Freiwilligen-Verbänden nach Südvietnam bekanntgibt (7. 7.), antworten die USA mit offensiven Aktionen (13. 7.). Australien kündigt die Entsendung eines Infanteriebataillons an (29. 4.). Südkorea entsendet ein Truppenkontingent von 15000 Mann nach Südvietnam (13. 8.). Eine Konferenz der Premierminister der Commonwealth-Staaten schlägt eine Friedensmission in Vietnam vor (17.–26. 6.). Sie scheitert an der Opposition Nordvietnams und seiner Verbündeten. Singapur scheidet aus der Föderation von Malaysia aus (9. 8.). Indonesische Landungsunternehmen in Malaysia (8. 1.). Die VAR und Saudi-Arabien einigen sich über die Beendigung des Jemen-Konflikts (24. 8.). Verhandlungen zwischen Großbritannien und Rhodesien über die Unabhängigkeit Rhodesiens werden erfolglos abgebrochen. Rhodesien droht mit einseitiger Unabhängigkeit (8. 10.). Die von dem weißen Premierminister *Ian Smith* (46) geführte Regierung erklärt einseitig die Unabhängigkeit (11. 11.). Großbritannien antwortet mit wirtschaftlichen Sanktionen. Wegen der Ankündigung der Aufnahme diplomatischer Beziehungen der Bundesrepublik Deutschland zu Israel brechen 10 arabische Staaten die Beziehungen zur Bundesrepublik ab (15. 3.). Aufnahme diplomatischer Beziehungen zwischen der Bundesrepublik und Israel (13. 5.). Die Sowjetunion und Polen erneuern den Beistandspakt aus dem Jahre 1945. Die UdSSR garantiert die Oder-Neiße-Linie als polnische Westgrenze (8. 4.). Gambia (18. 2.) und die Malediven (26. 7.) werden unabhängig.

POLITIK DER LÄNDER Bundesrepublik Deutschland: Das Bundesverfassungsgericht betrachtet den Interzonenhandel als Handel besonderer Art (25. 2.). Errichtung eines Bildungsrates (15. 7.). Die 20jährige Verjährungsfrist für NS-Verbrechen wird nach leidenschaftlichen Diskussionen im Bundestag um vier Jahre verlängert (25. 3.). Privatisierung von Bundesvermögen durch Ausgabe der VEBA-Volksaktien (24. 5.). Der Rat der EKD veröffentlicht Denkschrift »Die Lage der Vertriebenen und das Verhältnis des deutschen Volkes zu seinen östlichen Nachbarn« (1. 10.). Scharfe Proteste der Vertriebenenverbände. CDU/CSU-Sieg bei den Bundestagswahlen (19. 9.). *Ludwig Erhard* (68) erneut zum Bundeskanzler gewählt (20. 10.).

DDR: Volkskammer beschließt »Gesetz über das einheitliche sozialistische Bildungssystem« (25. 2.). Tagung des ZK der SED beschließt 2. Etappe des »Neuen Ökonomischen Systems« (15.–18. 12.). Volkskammer verabschiedet das »Familiengesetzbuch« der DDR (20. 12.). Ministerrat beschließt Auflösung des Volkswirtschaftsrates und die Einrichtung von neun Industrie-Ministerien (22. 12.).

Frankreich: *De Gaulle* (75) wird erst im 2. Wahlgang (19. 12.) mit 55% erneut zum Staatspräsidenten gewählt. *François Mitterrand* (49) erhält 45%.

Griechenland: Verfassungskonflikt über Mitspracherecht des Königs bei der Auswahl der Minister und der Führung der Streitkräfte. Rücktritt der Regierung *Papandreou* (77). Bildung einer neuen Regierung (25. 9.).

Großbritannien: Nationalrat für Preise und Einkommen (NPIC) gebildet (11. 2.). Regierung ordnet drastische Senkung der Arbeitsgenehmigungen für farbige Einwanderer aus Commonwealth-Staaten an (2. 8.). Abschaffung der Todesstrafe auf fünf Jahre, dann vorzeitig endgültig abgeschafft (26. 10.).

Italien: Abgeordnetenhaus billigt Gesetze zur Bekämpfung der Arbeitslosigkeit und der Rezession (17. 4.).

Norwegen: Parlamentswahlen bringen erstmals seit 1935 (mit einer Ausnahme) ein bürgerliches Kabinett unter *Per Borten* (52; 12. 10.).

Jugoslawien: Maßnahmen zur Wirtschaftsreform beschlossen (24. 7.).

Rumänien: Nach dem Tod von *Gheorghe Gheorghiu-Dej* (63; 19. 3.) wird *Nikolaie Ceauşescu* (47) Partei- und Staatschef (22. 3.). Auf dem 4. Parteitag der Rumänischen Arbeiterpartei (RAP) wird diese in Kommunistische Partei Rumäniens (KRP) umbenannt. Betonung der nationalen Unabhängigkeit in Wirtschaft und militärischer Verteidigung (19.–24. 7.).

UdSSR: ZK der KPdSU beschließt Maßnahmen

zur Entwicklung der Landwirtschaft (24.–26. 3.) und zur Verbesserung der Leistung und Planung der Wirtschaft (24. 9.–4. 10.). Versuch des Aufbaus einer modernen industriellen Leistungsgesellschaft. *Nikolaj Podgorny* (62) löst *Mikojan* (70) als Staatsoberhaupt ab (9. 12.).
Türkei: Bei Parlamentswahlen (10. 10.) siegt die Gerechtigkeitspartei unter *Süleyman Demirel* (41), der eine neue Regierung bildet (27. 10.).
Afghanistan: Erstes freigewähltes Parlament wird zur Kampfarena der Stammesvertreter gegen die Reformpolitik der Regierung (14. 10.).
Kuwait: Tod von *Abdallah*. Nachfolger wird Emir *Sabbah as-Salim* (52; 24. 11.).
Algerien: Staatsstreich gegen *Ben Bella* (49). *Houari Boumedienne* (38) wird sein Nachfolger (19. 4.).
Marokko: Die reformfeindliche Regierung von König *Hassan II.* (36) ruft nach innenpolitischen Schwierigkeiten den Notstand aus (7. 6.).
Sudan: Blutige Kämpfe zwischen der arabischen Zentralregierung und den Stämmen im Süden des Landes (14. 7.).
Kongo: Innenpolitische Auseinandersetzungen nach Wahlgewinnen von *Tschombé* (46). Staatspräsident *Joseph Kasavubu* (55) schaltet *Tschombé* aus, wird jedoch in einem Militärputsch von *Joseph Mobutu* (35) entmachtet (25. 11.). Oberst *Léonard Mulamba* (37) wird Premierminister (28. 11.).
Indien: Blutige Unruhen nach der Einführung von Hindi als Staatssprache (26. 1.–13. 2.). Kompromiß durch Beibehaltung von Englisch als Verkehrssprache (2. 6.).
Pakistan: *Ayub Khan* (58) wird in freien Wahlen als Präsident bestätigt (3. 1.).
Thailand: Die »Thai Patriotische Front« tritt gegen die Militärregierung in Aktion (1. 1.). Die Aufständischen operieren vor allem im Norden des Landes.
Indonesien: Umsturzversuch der Kommunisten scheitert, weil ihm *Sukarno* (64) die erwartete Unterstützung versagt (30. 9.). Die Armee inszeniert einen blutigen Gegenputsch. Mindestens 1000000 Tote. Pogrome gegen das mit den Kommunisten verbundene Landproletariat und die chinesische Minderheit.
Philippinen: Die Nationalistische Partei von *Ferdinando Marcos* (48) siegt in Präsidentschaftswahlen (9. 11.). Reformansätze scheitern am Widerstand der Oligarchie.
USA: Präsident *Johnson* (58) unterzeichnet das Medicare-Gesetz zur Verbesserung der medizinischen Versorgung der Bevölkerung über 65 (30. 7.). Neues Wahlgesetz beseitigt Wahldiskriminierung (6. 8.). Das Great-Society-Programm bringt erhebliche Verbesserungen für die farbige Bevölkerung. Schwere Rassenunruhen in Watts (11.–16. 8.). Erste Demonstrationen gegen den Krieg in Vietnam (16./17. 10.).
Dominikanische Republik: Bewegung zur Rückkehr zu verfassungsmäßigen Zuständen entwickelt sich zur Revolution (24. 4.). Intervention der USA und der OAS-Staaten.
Kuba: Umbenennung der Vereinigten Partei der Sozialistischen Revolution in Kommunistische Partei (3. 10.).

KULTUR Internationales Olympisches Komitee (IOK) beschließt, zu den Olympischen Spielen 1968 zwei deutsche Mannschaften zuzulassen (8. 10.). 2. Vatikanisches Konzil verabschiedet Erklärungen über die Religionsfreiheit, die missionarische Tätigkeit und die pastorale Konstitution der Kirche (7. 12.). Katholische Bischöfe Polens richten Versöhnungsappell an ihre deutschen Mitbrüder und laden nach Czestochowa (Tschenstochau) ein (29. 11.). *Georg Picht* (52) Kritik der dt. »Bildungskatastrophe«.

KUNST *David Hockney* (28) »California« (pop-artiges Gemälde). *David Amnesly* (29) »Großer Ring« (Aluminium-Plastik).

LITERATUR Nobelpreis für Literatur an *Michail Scholochow* (60), UdSSR. *Günter Grass* (38) »Die Plebejer proben den Aufstand« (Schauspiel). *Norman Mailer* (42) »Der Alptraum« (Roman).

MUSIK *Leonard Bernstein* (47) »Chichester Psalms« (Oratorium). *Nikolas (Nikolai) Nabokov* (62) »Don Quichote« (Ballett).

NATURWISSENSCHAFT US-Satellit Mars IV macht Nahaufnahmen vom Mars (15. 7.). US-Mondsonde Ranger VIII sendet vor Aufschlag Nahfotos vom Mond (17. 2.). Der sowjetische Astronaut *Alexej Leonow* (31) verläßt bei Weltraumflug als erster Mensch ein Raumschiff (19. 3.). Der erste kommerziell nutzbare Kommunikationssatellit »Early Bird« von Cape Canaveral gestartet (6. 3.). Weltraum-Rendezvous der US-Raumschiffe »Gemini 6« und »Gemini 7« nach bisher längstem, zweiwöchigem Raumflug (4. 12.). *Paul Dirac* (63) entwickelt die Quantenfeldtheorie.

TECHNIK Montblanc-Tunnel eröffnet (16. 7.). Radioteleskop in Green Bank (West Virginia/USA) mit 43 m Durchmesser.

WIRTSCHAFT Pfundkrise in England, Bank von England stärkt Pfund durch große Goldkäufe (Juli). Krise in der EWG wegen gescheiterter Agrarverhandlungen. Frankreich boykottiert Verhandlungen (30. 6.).

1966

VEREINTE NATIONEN Großbritannien verhängt ein Totalembargo gegen Rhodesien, um die »illegale« Regierung *Ian Smith* (47) zum Abbau der Rassendiskriminierung und zum Widerruf der einseitigen Unabhängigkeit zu veranlassen (31. 1.). Der Sicherheitsrat ermächtigt Großbritannien, gewaltsam ein Ölembargo durchzusetzen (9. 4.). Erstmals in ihrer Geschichte verhängt die UNO Wirtschaftssanktionen gegen ein Land (15. 12.). Indonesien nimmt seine Mitgliedschaft wieder auf (28. 9.). Das Mandat der UN-Truppen auf Zypern wird mehrfach verlängert. Die UNO fordert Portugal auf, keine Söldner in Angola einzusetzen (14. 10.). Der Sicherheitsrat befaßt sich mit den gegenseitigen Beschuldigungen Syriens und Israels (14.–31. 10.) und verurteilt israelische Aktionen gegen Jordanien (16. 11.). Die Vollversammlung erklärt das Mandat Südafrikas über Südwestafrika für beendet, da Südafrika seine Verpflichtungen nicht erfüllt habe (27. 10.). Generalsekretär *U Thant* (57) erklärt sich bereit, weitere fünf Jahre zu amtieren (22. 12.).

INTERNATIONALE POLITIK Friedenskonferenz in Taschkent zwischen Indien und Pakistan unter sowjetischer Vermittlung, die kriegführenden Parteien erklären ihre Bereitschaft zum Rückzug aus den eroberten Gebieten (3.–10. 1.). Weitere Eskalation des Vietnamkrieges. Mehr als 300000 US-Soldaten im Land (1. 10.). Wiederaufnahme der Bombardierung Nordvietnams durch die US-Luftwaffe (3. 1.). Frankreich unterbreitet den NATO-Mitgliedsstaaten einen Zeitplan für seinen Austritt aus der Militärorganisation der NATO (29. 3.). NATO-Ministerrat erörtert in Brüssel die durch die französische Haltung entstandene Lage (7./8. 6.). Er beschließt, das NATO-Oberkommando für Europa nach Belgien und das Regionalkommando Europa-Mitte von Frankreich in die Niederlande zu verlegen. Großbritannien droht mit dem Abzug eines Teils der Rheinarmee, falls die Bundesrepublik nicht einer befriedigenden Lösung über den Devisenausgleich für Stationierungskosten zustimmt (25. 7.). Friedensnote der Bundesregierung an alle Staaten, mit denen Bonn diplomatische Beziehungen unterhält. Sie enthält u. a. die Bereitschaft zum Austausch förmlicher Gewaltverzichtserklärungen mit den osteuropäischen Staaten (30. 9.). Britisch Guyana (26. 5.), Bechuanaland als Botswana (30. 9.), Basutoland als Lesotho (4. 10.) und Barbados (30. 11.) werden unabhängig.

POLITIK DER LÄNDER Bundesrepublik Deutschland: Das Bundesverfassungsgericht erklärt die Finanzierung der politischen Parteien aus Haushaltsmitteln für verfassungswidrig. Die Erstattung der Wahlkampfkosten ist dagegen gestattet (19. 7.). *Ludwig Erhard* (69) wird anstelle von *Adenauer* (90) zum Vorsitzenden der CDU gewählt (13. 3.). Der Bundeskongreß des DGB verabschiedet eine Resolution gegen die Notstandsgesetzgebung (14. 5.). Führungskrise in der Bundeswehr wegen Koalitionsrecht der Soldaten (21. 9.). Nach Differenzen zwischen *Erhard* und der FDP über den Bundeshaushalt zerbricht die Regierungskoalition (27. 10.). Der Bundestag billigt einen Antrag der SPD, *Erhard* möge die Vertrauensfrage stellen (8. 10.). *Erhard* tritt zurück. Unter *Kurt-Georg Kiesinger* (CDU; 62) Bildung einer Großen Koalition mit *Willy Brandt* (SPD; 53) als Vizekanzler und Außenminister (1. 12.).

DDR: »Offener Brief« des ZK der SED an die SPD über eine Verständigung der »beiden stärksten deutschen Parteien« veröffentlicht (11. 2.). Ein Redneraustausch kommt nach einem ausgedehnten Briefwechsel wegen Absage der SED nicht zustande (29. 6.). Zweite Änderung und Ergänzung zum Arbeitsgesetzbuch beschlossen (23. 11.).
Belgien: Regierungskoalition von Christlich-Sozialen und Sozialisten unter *Pierre Harmel* (55) zerbricht. Neue Koalition der Christlich-Sozialen mit der liberalen Partei für Freiheit und Fortschritt unter Ministerpräsident *Paul van den Boeynants* (47; 19. 3.).
Frankreich: Die kommunistische Gewerkschaft CGT und die sozialistische Gewerkschaft CFDT vereinbaren ein gemeinsames Aktionsprogramm (10. 6.).
Großbritannien: Große Gewinne der Labour Party bei Parlamentswahlen (31. 3.). Andauer der Pfund-Krise. Regierung verkündet wirtschaftliches Stabilisierungsprogramm, Lohn- und Preissteigerungen sowie Steuererhöhungen (20. 7.).
Irland: *John Lynch* (49) neuer Ministerpräsident einer nationalistisch-konservativen Regierung (10. 11.).
Österreich: Nach Erringung der absoluten Mehrheit bei Parlamentswahlen bildet Bundeskanzler *Josef Klaus* (56) eine ÖVP-Alleinregierung (19. 4.).
Rumänien: Verfassungsänderung, Rumänien wird »Sozialistische Republik« (August).
Ungarn: Auf dem 9. Parteitag beschließt die Ungarische Sozialistische Arbeiterpartei (USAP) Wirtschaftsreformen (Nov.–Dez.).
UdSSR: 25. Parteitag der KPdSU (29. 3.–8. 4.) bestätigt Autorität der neuen kollektiven Führung. Wiedereinführung des Politbüros und des Amts des Generalsekretärs (*Breschnew*, 60). Vorherrschaft der Schwerindustrie bestätigt. Konsumgüterindustrie und Landwirtschaft sollen stärker berücksichtigt werden.
Jordanien: Die Palästinische Befreiungsfront (PLO) findet bei Flüchtlingen beträchtlichen Anklang. Die Regierung entzieht der PLO die Unterstützung.
Irak: Staatspräsident *Aref* (45) verunglückt tödlich. Sein Bruder, Brigade-General *Abd as-Rahman Aref* (50), wird sein Nachfolger (13. 4.).
Syrien: Staatsstreich des radikalen Flügels der Baath-Partei (23. 2.). Umwandlung des Staates in eine sozialistische Gesellschaft wird forciert.
Ghana: Militärputsch während einer Chinareise von *Kwame Nkrumah* (57). Der National Liberation Council (NLC) unter General *Joseph Ankrah* (51) übernimmt die Macht (24. 2.). Auflösung des Parlaments, Ausweisung sowjetischer und chinesischer Berater.
Nigeria: Putsch (15. 1.) und Auflösung der föderativen Verfassung (24. 5.). General *Johnson Aguiyi Ironsi* (32) übernimmt die Macht. Bei Meuterei von Soldaten der Nordregion wird *Ironsi* getötet. Teilung der Armee und Repatriierung der Soldaten in die Ursprungsregionen verschärfen die Spannungen zwischen den Stämmen (9. 8.). Rückkehr zum Födera-

tionsprinzip (31. 8.). Bei Unruhen in der islamischen Nordregion werden 10000–50000 Ibo getötet. Massenflucht der Ibo aus dem Norden. Der Gouverneur der Region, Oberst *Odumegwu Ojukwu* (33), erkennt die neue Zentralregierung unter Oberst *Yakubu Gowon* (32) nicht an.
Kongo: *Mobutu* (36) übernimmt als Präsident alle gesetzgeberische Gewalt (22. 3.). Entlassung von Premierminister *Mulamba* (38; 26. 10.). Verstaatlichung der Bergwerksgesellschaften (31. 12.).
Angola: Der ehemalige Außenminister *Jones Savimbi* (32) gründet die Befreiungsbewegung UNITA (13. 3.).
Malawi: *Ngwazi (Hastings) Kamuzu Banda* (64) zum Präsidenten gewählt (20. 5.). Ausrufung der Republik (6. 7.).
Südwestafrika: Erste militärische Zusammenstöße zwischen der Südwestafrikanischen Volksorganisation (SWAPO) und südafrikanischen Truppen in Ovamba (26. 8.).
Südafrika: Premierminister *Hendrik Verwoerd* (64) von einem weißen Gegner der Apartheid ermordet (6. 9.). *Balthazar Johannes Vorster* (51) wird sein Nachfolger (13. 9.), treibt die Apartheidspolitik weiter voran.
China: Mit Rundschreiben des ZK der KPCh beginnt die »Große proletarische Kulturrevolution«. Abrechnung mit »Resten der Bourgeoisie, des Feudalismus in Partei, Regierung und Armee« (16. 5.). Erste große Massenkundgebung der Roten Garden in Peking (18. 8.). Verteidigungsminister *Lin Piao* (59) wird neben *Mao Tse-tung* (73) stärkster Mann des Staates. Terror der Roten Garden führen zu Konflikten mit Arbeitern und Bauern in der Provinz.
Indien: Premierminister *Schastri* (61) stirbt (11. 1.). *Indira Gandhi* (49), die Tochter *Nehrus*, wird Premierminister (24. 1.).
Indonesien: Entmachtung *Sukarnos* (65) durch General *Suharto* (45; 11. 3.). Die Enteignung ausländischen Kapitals wird teilweise rückgängig gemacht (11. 8.).
USA: Ministerium für Wohnungsbau und Städtewesen (Department of Housing and Urban Development) errichtet. Minister *Robert Weaver* (59) erstes farbiges Mitglied einer US-Regierung (6. 9.). Gründung der Black Panther.
Guatemala: Bei Wahlen (März) gewinnt überraschend der reformerisch orientierte *Julio César Méndez Montenegro* (51), der von der Partido Revolucionario (PR) unterstützt wird. Er wendet sich jedoch der Oligarchie und den konservativen Militärs zu.
Dominikanische Republik: Die Militärjunta wird in Präsidentschaftswahlen (1. 6.) von dem Konservativen *Joaquin Videla Balaguer* (59) abgelöst.
Uruguay: Staats- und Wirtschaftskrise. Volksabstimmung über die Wiedereinführung des 1958 abgeschafften Präsidialsystems (27. 11.).
Argentinien: Die durch Arbeitslosigkeit, Mißwirtschaft, steigende Inflation, Verfall des Lebensstandards geschwächte Präsidentschaft von *Arturo Umberto Illias* (65) wird von konservativen Militärs durch General *Juan Carlos Ongania* (52) ersetzt; Auflösung des Kongresses, der Provinzparlamente und der politischen Parteien, Versuch der Sanierung der Wirtschaft und Lösung der sozialen Probleme.
Brasilien: Verfassungsänderung. Der Präsident wird nicht mehr vom Volk, sondern vom Kongreß gewählt. General *Arturo Costa e Silva* (64) wird als Nachfolger von General *Branco* (66) zum Präsidenten gewählt (3. 10.).

KULTUR *Herbert Marcuse* (68) »Kritik der reinen Toleranz« (philosophische Kritik der bürgerlichen Gesellschaft). Päpstliche Kommission zur Geburtenkontrolle, Vorsitzender Kardinal *Alfredo Ottaviani* (76). Papst *Paul VI.* (69) hebt den Index auf (9. 4.).

KUNST *Jean Ipoustéguy* (46) »Frau im Bade« (Plastik). *Pablo Picasso* (85) »Drei Stehende Männer« (Zeichnung). *Michelangelo Antonioni* (54) »Blow Up« (Film). *Luis Buñuel* (66) »Würgeengel« (Film). *François Truffaut* (34) »Fahrenheit 451« (Film).

LITERATUR *Martin Walser* (39) »Das Einhorn« (Roman). Literarische »Gruppe 47« besucht die USA und tagt in Princeton.

MUSIK *Iannis Xenakis* (44) »Nomos« (Komposition für Solo-Cello). Metropolitan Opera, New York, erhält neues Haus im Lincoln Center.

NATURWISSENSCHAFT Sowjetische Mondkapsel »Luna 9« landet als erste weich auf dem Mond (31. 1.). Grundlagen des genetischen Code geklärt, eindeutige Zuordnung zwischen DNS-Basensequenz und Protein-Aminosäure-Sequenz (USA). 20 Mrd. Elektronenvolt Linearbeschleuniger in Stanford, USA.

TECHNIK Myoelektrische Steuerung (über Muskelreize) einer künstlichen Hand (Großbritannien). Herstellung der Deutschen Bibliographie (Frankfurt/M.) mit Hilfe einer Datenverarbeitungsanlage. Japanischer Tanker »Idemtsu Maru« (209000 t, 342 m Länge) in Dienst gestellt.

WIRTSCHAFT Einigung über Finanzierung der gemeinsamen Agrarpolitik durch EWG-Ministerrat (26. 7.). Abkommen über den Bau von Fiat-Automobilen in der Sowjetunion und in Polen und von Renault-Automobilen in Rumänien und Bulgarien. Zusammenschluß von 25 Entwicklungsländern, 15 westlichen und fünf östlichen Industrienationen zur United Nations Industrial Development Organization (UNIDO) zur Koordinierung technischer Hilfe für die dritte Welt (22. 11.).

1967

VEREINTE NATIONEN *U Thant* (58) informiert den Sicherheitsrat über Truppenmassierung an der syrisch-israelischen Grenze (15. 1.). Ägypten verlangt Abzug der UN-Friedenstruppe von der Grenze zu Israel (16. 5.). Abzug der seit 1956 stationierten UN-Truppen (19. 5.). *U Thant* fliegt zu einem Vermittlungsversuch nach Kairo (22. 5.). Nach Ausbruch des israelisch-arabischen Krieges fordert der Sicherheitsrat zur Feuereinstellung auf (5. 6.). Ablehnung des sowjetischen Antrags, Israel als Aggressor zu bezeichnen (14. 6.). Beschluß zur Entsendung von UN-Beobachtern (9. 7.). Nahostdebatte der UNO (17. 6.–24. 7.). Sicherheitsrat beschließt »Resolution 242« zur Lösung des Konflikts (22. 11.). *U Thant* benennt den Schweden *Gunnar Jarring* (60) als Sonderbeauftragten für den Nahen Osten (23. 11.). Vollversammlung faßt Beschluß zur Errichtung eines UN-Rates für Südwestafrika und zur Bestellung eines Kommissars (19. 5.). Die Mitglieder des Rates und der Kommissar werden gewählt (13. 6.). Südafrika lehnt Intervention der UNO ab (26. 9.). Mandat der UN-Friedenstruppe auf Zypern mehrfach verlängert. UN-Truppen stellen nach schweren Kämpfen zwischen Griechen und Türken die Ruhe wieder her (15. 11.).

INTERNATIONALE POLITIK Grenzzwischenfälle an der syrisch-israelischen Grenze (April). Ägypten und Syrien setzen ihre Truppen in Alarmbereitschaft und beschuldigen Israel, eine Aggression zu planen (16. 5.). Ägyptisch-jordanisches Verteidigungsbündnis gegen Israel (30. 5.). Irak tritt dem Abkommen bei (4. 6.). Präventivschlag der israelischen Luftwaffe eröffnet den »Sechs-Tage-Krieg« (5.–10. 6.). Ausschaltung der Luftstreitkräfte von Jordanien, Irak, Ägypten und Syrien. Schwere Niederlage der arabischen Armeen. Waffenstillstand mit Jordanien/Ägypten (8. 6.). Einnahme der Golan-Höhen (9./10. 6.). Ostblockstaaten, mit Ausnahme Rumäniens, brechen diplomatische Beziehungen zu Israel ab (10./12. 6.). Der Vietnamkrieg geht weiter. Mehr als 500000 US-Soldaten, 50000 Südkoreaner und Kontingente aus Thailand, den Philippinen, Australien und Neuseeland unterstützen Südvietnam. Briefwechsel zwischen US-Präsident *Johnson* (60) und dem nordvietnamesischen Ministerpräsidenten *Ho Chi-minh* (77) ist genau wie weitere Vermittlungsversuche erfolglos. Die NATO gibt die Strategie der »massiven Vergeltung« zugunsten der »flexiblen Abwehr« auf (9. 5.). Gedankenaustausch zwischen der Bundesrepublik und der UdSSR über ein Gewaltverzichtsabkommen (7. 1.–14. 12.). Konferenz der europäischen kommunistischen Parteien in Karlsbad (ohne Jugoslawien und Rumänien) endet mit einer Erklärung über »Frieden und Sicherheit in Europa« (26. 4.). Bevölkerung Gibraltars stimmt mit großer Mehrheit gegen den Anschluß an Spanien (10. 8.). Aufnahme diplomatischer Beziehungen zwischen der Bundesrepublik und Rumänien setzt neue Akzente in der Ostpolitik (3. 2.). *De Gaulle* (77) tritt in Polen für die Anerkennung der Oder-Neiße-Grenze ein (6. 9.). Großbritannien (30. 9.) und Irland (11. 9.) stellen erneut formelle Beitrittsanträge zur EWG, EGSK und Euratom. *De Gaulle* legt erneut sein Veto ein (23. 12.). Die Südarabische Föderation wird als Volksrepublik Jemen (27. 11.) unabhängig.

POLITIK DER LÄNDER Bundesrepublik Deutschland: Beginn der »Konzertierten Aktion« zwischen Vertretern des Staates, der Wissenschaft und der Sozialpartner zur Diskussion konjunktureller Entwicklungen auf Veranlassung von Bundeswirtschaftsminister *Karl Schiller* (56; 14. 2.). Das bisherige Umsatzsteuersystem wird aufgehoben. Eine einheitliche Mehrwertsteuer festgelegt (29. 5.). Das Bundeskabinett billigt den »Leber-Plan«, ein Konzept zur Gesundung des Verkehrswesens (8. 11.). Bei Studentenunruhen gegen den Besuch des Schahs von Persien in Berlin wird der Student *Benno Ohnesorg* (26) von der Polizei erschossen (2. 6.). Der Regierende Bürgermeister von Berlin, *Heinrich Albertz* (52), tritt zurück. Sein Nachfolger wird *Klaus Schütz* (41; 19. 10.). Briefwechsel zwischen Bundeskanzler *Kiesinger* (63) und DDR-Ministerpräsident *Willi Stoph* (53) zur Frage der Normalisierung der Beziehungen zwischen der DDR und der Bundesrepublik (13. 6.–14. 10.).

DDR: Das Staatssekretariat für gesamtdeutsche Fragen wird umbenannt »für westdeutsche Fragen« (2. 2.). »Gesetz über die Staatsbürgerschaft der DDR« beschlossen (20. 2.). Der VII. Parteitag der SED (17.–22. 4.) beschließt die Gestaltung der DDR zum »entwickelten gesellschaftlichen System des Sozialismus«. *Walter Ulbricht* (74) als Vorsitzender des Staatsrates bestätigt (13. 7.).

Frankreich: Gaullisten erleiden bei Wahlen Verluste, behalten jedoch die absolute Mehrheit (12. 3.).

Griechenland: Nachdem sich die großen Parteien auf Neuwahlen geeinigt haben, Militärputsch durch Oberst *Georgios Papadopulos* (48) und Oberst *Stylianos Pattakos* (55; 21. 4.). Verbot von Parteien und Gewerkschaften, Einführung der Pressezensur. Nach einem gescheiterten Gegenputsch geht König *Konstantin II.* (27) ins Exil. *Papadopulos* wird Ministerpräsident (13. 12.).

Großbritannien: Das Unterhaus beschließt die Verstaatlichung der Stahlindustrie (26. 11.). Das Pfund wird um 14,3% abgewertet (18. 11.).

Albanien: Nach Schließung der Kirchen und Moscheen Erklärung zum »ersten atheistischen Staat der Welt«.

UdSSR: Einführung der 5-Tage-Woche (7. 3.). ZK-Plenum beschließt weitere Maßnahmen zur Erhöhung des Lebensstandards (25. 9.).

Jemen: Auf einem Gipfeltreffen der Arabischen Liga einigen sich Ägypten und Saudi-Arabien über die Beendigung der Jemen-Krise (31. 8.). Den Abzug der ägyptischen Truppen nutzen die Republikaner, die enge Beziehungen zur VAR ablehnen. *Sallal* wird gestürzt. Nachfolger wird *Abd ar-Rahman al-Irjani* (66). Die Republikaner erhalten sowjetische Unterstützung, die Royalisten Hilfe von Saudi-Arabien.

Senegal: Attentat auf Präsident *Léopold Senghor* (61) scheitert (22. 3.).

Sierra Leone: Nach Wahlen (17. 3.) innenpolitische Machtkämpfe und Militärrevolten, bei denen sich Oberst *Andrew Juxon-Smith* (34) durchsetzt (27. 3.).
Togo: Übernahme der Macht durch die Armee unter dem aus dem Norden stammenden Oberst *Etienne Eyadema* (30; 13. 1.). Er setzt eine vom Norden dominierte Verwaltung ein, Verbot aller Parteien (12. 5.).
Dahomey: Putsch jüngerer Offiziere gegen die Militärregierung (Dez.). Übergang zu einer Zivilregierung wird vorbereitet.
Nigeria: Auseinandersetzungen zwischen der Zentralregierung unter *Gowon* (33) und dem General-Gouverneur der Ostregion *Ojukwu* (34; 31. 3.), der die Sezession ankündigt. Die Zentralregierung erklärt den Ausnahmezustand und hebt die föderative Struktur des Landes auf (21. 5.). Unabhängigkeitserklärung der Ostregion als Republik Biafra (30. 5.). Beginn des Biafra-Krieges (6. 7.). Eroberung der Hauptstadt Biafras, Enugu, durch Bundestruppen (4. 10.). Intervention der OAU. Sie fordert Biafra auf, die Sezession rückgängig zu machen (27. 11.).
Malawi: Abschluß eines Handelsabkommens mit Südafrika (13. 3.) führt zur Isolation Malawis in Schwarzafrika.
Tansania: Verkündigung der »Arusha-Deklaration« durch *Julius Nyerere* (45) zur Verwirklichung des Sozialismus und verstärkter Hinwendung auf eigene Ressourcen (5. 2.). Verstaatlichung von Banken, Versicherungen und Großindustrie. Verhaltenskodex für Führungskräfte.
Uganda: Errichtung eines Einheitsstaates durch eine neue Verfassung (8. 9.).
Somalia: *Abdi Rashid Shermarke* (48) wird neuer Staatspräsident (1. 4.); prowestliche Politik, Gewaltverzichtsvertrag mit Kenya, Einfrieren des Konflikts um das Ogaden mit Äthiopien.
China: Ausbreitung der Kulturrevolution. Die Armee greift erstmals zugunsten von *Mao Tse-tung* (74) in die Machtkämpfe ein (27. 1.). Bildung von Revolutionskomitees aus Militärs, Parteikadern und Vertretern der Massenorganisationen. *Mao* und *Lin Piao* (60) distanzieren sich von den »Revolutionären Rebellen«. Der Höhepunkt der Kulturrevolution ist damit überschritten (18. 8.). Wiederaufnahme des Unterrichts an Schulen und Hochschulen (14. 11.).
Indien: Starke Verluste des Nationalkongresses bei Wahlen (13. 3.). *Indira Gandhi* (50) muß ihr Kabinett umbilden und Mitglieder des rechten Parteiflügels aufnehmen.
Südvietnam: Präsidialverfassung verabschiedet (1. 4.). Bei Wahlen unter weitgehender Ausschaltung der Opposition werden der bisherige Staatspräsident General *Nguyen Van Thieu* (44) und Vizepräsident General *Nguyen Cao Ky* (37) wiedergewählt.
Nicaragua: Durch Einschüchterung, Propaganda und Manipulationen wird *Anastasio Somoza* (42) zum Präsidenten gewählt (5. 2.). Beginn der Organisation der Sandinistischen Befreiungsfront.
Puerto Rico: In einer Volksabstimmung sprechen sich 60,5% der Bevölkerung für die Beibehaltung des bisherigen Status aus als Mitglied des Commonwealth (23. 7.).
Bolivien: Bei Feuergefechten zwischen der Armee und Guerillas wird *Ernesto »Che« Guevara* (39) erschossen (9. 10.).
Chile: Verabschiedung eines Agrargesetzes zur Enteignung von Grundbesitz. Die Regierung enteignet 18% der landwirtschaftlichen Nutzfläche. Ansiedlung von 321000 Landarbeiterfamilien.

KULTUR Internationaler Weltraumvertrag sichert den Weltraum allen Staaten und internationalen Organisationen »als Besitz der ganzen Menschheit« zur freien Verfügung zu (10. 10.). Die UNO verabschiedet eine Resolution zur Beseitigung der Diskriminierung der Frauen (7. 11.). Kongreß des International Peace Research Institute, Oslo, über die Zukunft der Menschheit bis ins Jahr 2000.

KUNST »Der Mensch und seine Welt« (Querschnitt der bildenden Kunst aus allen Zeiten auf der Weltausstellung in Montreal). »Kinetika. Museum des 20. Jahrhunderts« (Ausstellung kinetischer Kunst in Wien). *Roman Polanski* (34) »Rosemaries Baby« (Film). Eröffnung des Brücke-Museums in Berlin. *Fritz Hundertwasser* (39) »Die falschen Augenwimpern« (Farblithographie).

LITERATUR *André Malraux* (66) »Anti-Memoiren«. *Fernando Arrabal* (35) »Théâtre panique« (absurdes Theater). Schriftstellerkongreß in Prag wird zum Ausgangspunkt der Kritik am Kommunismus in der CSSR.

MUSIK *Herbert von Karajan* (59) veranstaltet die ersten Osterfestspiele in Salzburg. *Karlheinz Stockhausen* (39) »Ensemble« (vierstündiges, pausenloses Studiokonzert).

NATURWISSENSCHAFT US-Mondsonde »Surveyor 5« macht chemische Bodenproben auf dem Mond (8. 9.). Sowjetische Raumsonde »Venus 4« landet auf der Venus. Nobelpreis in Chemie an den Deutschen *Manfred Eigen* (40) u. a. für Untersuchung schnellablaufender chemischer Reaktionen.

SOZIALWESEN Sozial-Enzyklika »Populorum progressio« (28. 3.) von Papst *Paul VI.* (70) betont Notwendigkeit der gemeinsamen Hilfe für die hungernden und unterentwickelten Völker.

TECHNIK Erstes europäisches Gezeiten-Kraftwerk bei St. Malo, Frankreich, in Betrieb genommen. Fernmeldesatellitverbindung zwischen Washington und Offenbach, Bundesrepublik, für 6000 Zeichen/Min. ersetzt bisherige Fernschreibverbindung. Autostraßentunnel durch den Großen St. Bernhard (Schweiz) eröffnet (6,6 km Länge).

WIRTSCHAFT Gründung der Association of Southeast Asian Nations (ASEAN) (8. 8.), Thailand, Singapur, Malaysia und Indonesien einigen sich über die wirtschaftliche Zusammenarbeit. Die Weltbank wählt *Robert McNamara* (51) zum Präsidenten. Abschluß der Kennedy-Runde des GATT (15. 5.).

1968

VEREINTE NATIONEN Der Sicherheitsrat beschließt eine Verschärfung der Wirtschaftssanktionen gegen Rhodesien (29. 6.). Die Vollversammlung nennt Südwestafrika in Namibia um und fordert den Sicherheitsrat auf, die Kontrolle Südafrikas über Namibia zu beseitigen (12. 6.). Die UdSSR legt ein Veto gegen die Behandlung der Invasion der Truppen des Warschauer Pakts in die CSSR ein (23. 8.). Das Mandat der UN-Truppen auf Zypern wird mehrfach verlängert. UN-Konferenz zur Erforschung und friedlichen Nutzung des Weltraums in Wien (14.–27. 8.).

INTERNATIONALE POLITIK Die ersten offiziellen Verhandlungen zwischen den USA und Nordvietnam beginnen in Paris (13. 10.). Die USA stellen die Bombardierung Nordvietnams ein (31. 10.). Unterzeichnung des Vertrages über die Nichtweitergabe von Atomwaffen (1. 7.) Wegen der fortschreitenden Liberalisierung in Politik, Kultur und Wirtschaft in der CSSR unter *Alexander Dubček* (47) Beratungen von Vertretern der UdSSR, Ungarns, Bulgariens, Polens und der DDR in Warschau (14./15. 7.). Warnung an die kommunistische Partei der CSSR vor Lösung aus der Gemeinschaft der sozialistischen Staaten. Weitere Konferenzen zwischen den Vertretern der Politbüros in Cierna und Bratislava (3. 8.) bringen keine Änderung der tschechischen Haltung. Truppen der UdSSR, der DDR, Bulgariens, Polens und Ungarns marschieren in die CSSR ein (20./21. 8.). Die tschechoslowakische Führung wird nach Moskau gebracht (26. 8.) und zum Abschluß eines Vertrages über die dauernde Stationierung sowjetischer Truppen in der CSSR gezwungen (16. 10.). Verkündung der »Breschnew-Doktrin« (12. 11.) als Rechtfertigung des Einmarsches. Beschränkung der Souveränität der sozialistischen Staaten für den Fall einer Bedrohung des sozialistischen Systems. Aus Protest gegen die Invasion tritt Albanien aus dem Warschauer Pakt aus (13. 9.). Die OAU arrangiert Friedensgespräche zwischen Nigeria und Biafra (5. 8.), die erfolglos sind. Gespräche zwischen Großbritannien und Rhodesien über die Beendigung des Rhodesien-Konflikts scheitern (9. 10.). Ägypten lehnt einen Neun-Punkte-Friedensplan Israels für den Nahen Osten ab (20. 10.). Nauru (31. 1.), Mauritius (12. 3.), Swaziland (6. 9.) und Äquatorial-Guinea (12. 10.) werden unabhängig.

POLITIK DER LÄNDER Bundesrepublik Deutschland: Der Bundestag verabschiedet nach heftigen Protesten der Öffentlichkeit die Notstandsgesetze (30. 5.). Nach Inkrafttreten der Gesetze geben die Westmächte ihre Vorbehaltsrechte, aufgrund derer sie bei einer Gefährdung der Demokratie die oberste Staatsgewalt in der Bundesrepublik hätten übernehmen können, auf. Gründung der Deutschen Kommunistischen Partei (DKP; 27. 9.). 12 Jahre nach dem KPD-Verbot gibt es wieder eine kommunistische Partei.
DDR: Eine neue Verfassung tritt in Kraft. Die DDR wird zum »sozialistischen Staat deutscher Nation« erklärt (9. 4.). Verabschiedung eines neuen Strafgesetzbuches (12. 1.). Die Volkskammer beschließt die Einführung des Paß- und Visumzwangs im Reise- und Transitverkehr zwischen der Bundesrepublik und Berlin (West) (11. 6.).
Belgien: Wechsel der Koalition. Christlich-Soziale und Sozialisten bilden unter *Gaston Eyskens* (63) eine neue Regierung (17. 6.).
Dänemark: Die sozialistische Regierung *Krag* (54) wird durch eine bürgerliche Koalitionsregierung unter *Hilmar Baumsgaard* (48) abgelöst (1. 2.).
Finnland: Der Sozialdemokrat *Mauno Koivisto* (45) wird Ministerpräsident.
Frankreich: Innenpolitische Krise nach schweren Studentenunruhen (Mai) und Generalstreik. Auflösung der Nationalversammlung (30. 5.). Gaullisten gewinnen die absolute Mehrheit (23./24. 6.). Neuer Ministerpräsident wird *Maurice Couve de Murville* (61; 13. 7.).
Griechenland: Durch umstrittene Volksabstimmung angenommene neue Verfassung suspendiert die Grundrechte (25. 9.).
Großbritannien: Gesetz zur weiteren Begrenzung der Einwanderung tritt in Kraft (1. 3.). Reform des Oberhauses durch Abschaffung der Erblichkeit als Grundlage der Mitgliedschaft (20. 6.). In Nordirland beginnt der bürgerkriegsähnliche Konflikt zwischen der katholischen Minderheit und der bevorzugten protestantischen Mehrheit (5. 10.).
Italien: Nach Verlusten bei Parlamentswahlen (19. 5.) scheiden die Sozialisten aus der Regierung aus. Bildung einer christlich-demokratischen Übergangsregierung (25. 6.) durch *Giovanni Leone* (60). Es folgt neue Mitte-Links-Regierung unter *Mariano Rumor* (53; 13. 12.).
Portugal: Für den schwer erkrankten Ministerpräsidenten und Diktator *António de Oliveira Salazar* (79) übernimmt *Marcello Caetano* (62) die Macht (26. 9.). Reformversuche scheitern.
Schweden: Verfassungsänderung. Einführung des parlamentarischen Einkammersystems und Änderung des Wahlverfahrens beschlossen.
CSSR: *Antonín Novotný* (64) wird vom ZK der KPC als Erster Sekretär abgewählt. Mit seinem Nachfolger *Alexander Dubček* beginnt der »Prager Frühling« (5. 1.). *Ludwík Svoboda* (73) neuer Staatspräsident (30. 5.). Das ZK der KPC verabschiedet ein Aktionsprogramm, das durch Demokratisierung einen »Sozialismus mit menschlichem Antlitz« schaffen soll (25. 4.). Ernennung der Regierung *Oldřich Černík* (47; 8. 4.). Sie leitet die Reformmaßnahmen ein: Aufhebung der

Zensur, Rehabilitierung von Opfern der Verfolgungen, Wirtschaftsreform. Nach der Invasion durch Truppen des Warschauer Paktes (20./21. 8.) Ende der Reformen. Verfassungsreform (28. 10.). Die CSSR wird föderalistisch. Nationalitätengesetz.
Polen: Der »Prager Frühling« führt zu Studentenunruhen (8. 3.). Die Regierung reagiert mit erneuten Verfolgungen von »Revisionisten« und »Zionisten«.
Jugoslawien: Studentenunruhen in Belgrad werden durch Zusicherung von Reformen entschärft (2.–10. 6.). Steigerung der Verteidigungsanstrengungen nach der Invasion der CSSR.
Rumänien: Ablehnung der Invasion der CSSR und Zurückweisung der »Breschnew-Doktrin«.
Ungarn: Beginn der Wirtschaftsreform. Weitgehend selbständige Produktionsplanung in den Betrieben. Liberalisierung der Märkte und Preise, materielle Anreize (1. 1.).
UdSSR: Nach dem Einmarsch in die CSSR Proteste von Intellektuellen. »Erstes Memorandum« des Atomphysikers *Andrej Sacharow* (47). Beginn der »Dissidenten-Bewegung«.
Palästinische Befreiungsfront: Der Nationalrat der PLO verabschiedet auf dem Nationalkongreß in Kairo (1.–17. 6.) die »Palästinische Nationalcharta«: Palästina in den Grenzen des britischen Mandats ist die unteilbare Heimat der Palästinenser, Aufruf zum bewaffneten Kampf gegen Israel, nur Juden, die vor Beginn der zionistischen Invasion in Palästina lebten, gelten als Palästinenser.
Irak: Unzufriedenheit mit Staatspräsident *Aref* (52) führt zum Militärputsch (11. 7.) von General *Achmed Hasan al-Bakr* (56). Verworrene innenpolitische Situation.
Sierra Leone: Die Militärregierung wird durch einen »Staatsstreich der Unteroffiziere« gestürzt (18. 4.). Eine 14-köpfige Junta übernimmt die Macht.
Dahomey: Verfassungsentwurf durch Referendum angenommen (31. 3.).
Nigeria: Großoffensive gegen Biafra (25. 8.). Der Sezessionskrieg führt zu schweren Leiden der Zivilbevölkerung.
Mali: Die Nationalversammlung löst sich auf (19. 1.), alle Macht an Präsident *Modibo Keita* (53) übertragen. Militärputsch gegen die Bewaffnung von Volksmilizen. Leutnant *Moussa Traoré* (32) neuer Präsident (19. 12.).
Volksrepublik Congo: Machtergreifung durch die Armee (1. 8.). *Alfred Raoul* (38) wird Präsident (4. 8.).
Südafrika: Das »Prevention of Political Interference«-Gesetz erzwingt die Rassentrennung auf politischer Ebene (1. 5.). Selbstauflösung der Liberal Party, Trennung der Progressive Party von nichtweißen Mitgliedern.
China: *Mao Tse-tung* (75) fordert die Absolventen von Schulen und Hochschulen auf, sich von den Bauern umerziehen zu lassen (22. 12.). Mehr als zehn Millionen Jugendliche werden aufs Land geschickt. Verabschiedung eines neuen Parteistatuts (13.–31. 10.). Staatspräsident *Liu Shao-chi* (70) wird aller Ämter enthoben und aus der Partei ausgeschlossen.
Indonesien: General *Suharto* (47) übernimmt auch formell das Amt des Staatspräsidenten (27. 3.) und macht sich zum Oberbefehlshaber aller Waffengattungen.
Thailand: Verkündung einer Verfassung, die den Machtanspruch der Militärs sichern soll. Bürgerliche Parteien erhalten beschränkte Mitwirkung am politischen Leben zugesichert (20. 6.).
Vietnam: Beginn der »Tet-Offensive« (31. 1.). Der Vietkong dringt bis nach Saigon vor.
Australien: Tod von *Harold Holt* (60). Premierminister wird *John Gray Gorton* (57; 26. 2.).
Kanada: Nach Rücktritt von *Pearson* wird der Frankokanadier *Pierre Trudeau* (49) Premierminister (25. 6.).
USA: Der Farbigen-Führer *Martin Luther King* (39; 4. 4.) und Senator *Robert Kennedy* (42; 6. 6.) werden ermordet. Präsident *Johnson* (61) verzichtet auf eine erneute Kandidatur (31. 3.). Der Republikaner *Richard Nixon* (55) gewinnt knapp die Präsidentschaftswahlen (6. 11.) vor *Hubert Humphrey* (57).
Panama: Flaggenstreit führt zum Sturz von Präsident *Arulfo Arias* (69) durch die Nationalgarde. Offiziersjunta verbietet politische Parteien, beginnt mit wirtschaftlichen und sozialen Reformen. Ihr Ziel ist die Gewinnung der Souveränität.
Ecuador: Nach Wahlen wird *José María Velasco Ibarra* (71) zum fünftenmal Präsident (2. 6.).
Peru: Militärputsch (3. 10.) von General *Juan Velasco Alvarado* (58) wegen »innerer Zerrüttung des Landes« und Gewährung von Lizenzen an US-Ölgesellschaften durch Präsident *Fernando Belaúnde Terry* (56).
Brasilien: Staatspräsident General *Costa e Silva* (66) löst das Parlament auf (13. 12.). Regiert durch Dekret.

KULTUR Studentenunruhen in zahlreichen Staaten der ganzen Welt. Auf dem Eucharistischen Weltkongreß in Bogotá wendet sich Papst *Paul VI.* (71) gegen die »Theologie der Befreiung« und setzt sich für sozialen Wandel durch Gerechtigkeit und Liebe ein (15.–28. 8.). Veröffentlichung der päpstlichen Enzyklika »Humanae vitae« (29. 9.) gegen die künstliche Geburtenkontrolle.

KUNST *Ludwig Mies van der Rohe* (82) Neue Nationalgalerie, Berlin.

LITERATUR *Jewgenij Jewtuschenko* (35) »Gedichte und Poeme«. *Siegfried Lenz* (42) »Deutschstunde« (Roman).

MUSIK Carl Orff (73) »Prometheus«.

NATURWISSENSCHAFT US-Astronauten *Frank Borman* (40), *James Lovell* (40) und *William Anders* (35) umkreisen im Raumschiff »Apollo 8« als erste Menschen den Mond (25. 12.). Radioastronomen entdecken kosmisches Objekt mit rasch pulsierender Radiostrahlung: »Pulsar«. US-Tiefseebohrschiff »Glomar Challenger« bestätigt Kontinentalverschiebung.

TECHNIK Britische Luftkissen-Kanalfähre für 800 Personen und 120 km/h. Antarktisches Eisschild in Dicke von 2164 m durchbohrt.

WIRTSCHAFT 2. Welthandelskonferenz (UNCTAD) in Neu-Delhi über entwicklungspolitische Forderungen (1. 2.–9. 3.). Die Zollunion der Europäischen Gemeinschaft wird gebildet (1. 7.). Trotz ausländischen Drucks wird die D-Mark nicht aufgewertet. Das Bundeskabinett beschließt Steuermaßnahmen zur Verbesserung der internationalen Zahlungsbilanz (19. 11.).

1969

VEREINTE NATIONEN Konvention zur Eliminierung aller Formen der Rassendiskriminierung tritt in Kraft (4. 1.). Der Sicherheitsrat fordert Südafrika mehrfach zum Abzug aus Namibia auf. Nach Ausrufung des Notstands und Auflösung der Verfassung (24. 2.) in der ehemaligen spanischen Kolonie Äquatorial-Guinea durch Präsident *Francisco Macias Nguema* (47) greifen spanische Truppen in die anhaltenden Unruhen ein (27. 2.). Nach Vermittlung der UNO werden die spanischen Truppen wieder abgezogen (5. 4.). Mandat der UN-Friedenstruppe auf Zypern mehrfach verlängert. Die Vollversammlung verlangt die Einrichtung einer internationalen Kontrollorganisation über den Meeresboden (15. 12.).

INTERNATIONALE POLITIK Beginn der Friedensgespräche über Vietnam in Paris (27. 1.). Abzug von 25000 US-Soldaten aus Südvietnam (8. 6.). Die Vietnamisierung des Krieges beginnt. Zur Unterstützung Südvietnams große US-Luftangriffe auf die Nachschubwege der Nordvietnamesen in Laos und Kambodscha. Beginn von Friedensgesprächen über den Nahen Osten zwischen den USA, Großbritannien, Frankreich und der UdSSR auf der Basis der »UN-Resolution 242« in New York (8. 4.). Zusammenstöße zwischen libanesischen Truppen und PLO-Kämpfern an der israelischen Grenze (6. 5.). Blutige Grenzzwischenfälle an der sowjetisch-chinesischen Grenze am Ussuri (2. 3. und 13. 9.). Israelische Truppen überqueren den Golf von Suez (9. 9.). Ausbruch des sog. »Fußballkrieges« zwischen Honduras und El Salvador (14. 7.). Die OAS vermittelt einen Waffenstillstand. SALT-Gespräche (Strategic Arms Limitation Talks) zwischen den USA und der UdSSR beginnen in Helsinki (17. 11.). Der Ministerrat der EWG einigt sich in Den Haag, den Beitritt von Großbritannien, Dänemark, Norwegen und Irland vorzubereiten (1. 12.). Dem Ausschluß aus dem Europarat wegen Verletzung der Menschenrechte kommt Griechenland durch Austritt zuvor (12. 12.). Italien und Österreich erzielen nach mehr als zehnjährigen Auseinandersetzungen eine Vereinbarung in der Südtirol-Frage (2. 12.): Südtirol erhält mehr regionale Autonomie. 14-Mächte-Konferenz der Arabischen Staaten in Rabat (22. 9.–23. 12.) endet ohne Herstellung einer Einheitsfront gegen Israel. Beginn eines Dialogs zwischen der Bundesrepublik und der UdSSR über Gewaltverzicht (3. 7.).

POLITIK DER LÄNDER Bundesrepublik Deutschland: *Gustav Heinemann* (70) mit den Stimmen der SPD und FDP gegen *Gerhard Schröder* (CDU, 59) zum ersten sozialdemokratischen Bundespräsidenten gewählt (5. 3.). Letzte Bundespräsidentenwahl in Berlin (West). Das Gesetz über die Lohnfortzahlung im Krankheitsfall stellt Arbeiter und Angestellte im Krankheitsfall gleich (12. 6.). Grundgesetzänderung im Rahmen der Finanzreform zur besseren Verteilung der Steuern auf Bund, Länder und Gemeinden (12. 5.). Verabschiedung eines Arbeitsförderungsgesetzes (13. 5.). Beseitigung der Verjährung von Völkermord durch den Bundestag gebilligt (26. 6.). Wahlen zum Bundestag (29. 9.). Bildung einer Regierungskoalition (22. 10.) aus SPD (Bundeskanzler *Willy Brandt*, 56) und FDP (Außenminister *Walter Scheel*, 50). *Brandt* kündigt umfangreiches Reformprogramm, »mehr Demokratie« und eine Verständigungspolitik mit dem Osten an (28. 10.).
DDR: Durchreiseverbot für Mitglieder der nach Berlin (West) einberufenen Bundesversammlung zur Wahl des Bundespräsidenten (15. 2.) verhängt. Die Volkskammer beauftragt Staatsrat und Ministerrat, Maßnahmen zu ergreifen, um mit der Bundesrepublik Deutschland »Beziehungen auf der Grundlage der friedlichen Koexistenz zu unterhalten, die durch völkerrechtlich gültige Vereinbarungen geregelt und gesichert werden« (17. 12.).
Frankreich: *De Gaulle* (79) verbindet mit einem Gesetzentwurf über die Regionalisierung ein Referendum. Rücktritt nach dem negativen Volksentscheid (27. 4.). *Georges Pompidou* (58) wird neuer Staatspräsident (15. 6.).
Großbritannien: Nach schweren Unruhen in Nordirland sendet Premierminister *Wilson* (53) Truppen und beansprucht die letzte Verantwortung für Nordirland (19. 8.). Entwaffnung der militanten protestantischen Hilfspolizei. Der Versuch der Labour-Regierung, Streiks mit legislativen Mitteln zu stoppen, wird unter dem Druck der Gewerkschaften aufgegeben (18. 7.).
Italien: Nach Spaltung der Sozialistischen Partei Rücktritt der Mitte-Links-Regierung unter *Mariano Rumor* (54; 5. 6.). *Rumor* bildet eine christlich-demokratische Minderheitsregierung (9. 8.).
Schweden: *Tage Erlander* (68) tritt als Ministerpräsident und Vorsitzender der Sozialdemokratischen Partei zurück. *Olof Palme* (42) wird sein Nachfolger.
CSSR: *Gustav Husak* (56) löst *Dubček* (48) als Parteiführer ab (17. 4.). Massendemonstrationen am ersten Jahrestag des Truppeneinmarsches führen zur Verschärfung der politischen Repression.

Jugoslawien: Im Gesetz über die territoriale Verteidigung wird die gesamte Bevölkerung zum bewaffneten Widerstand im Angriffsfall verpflichtet (11. 2.).
Israel: Ministerpräsident *Levi Eschkol* (73) stirbt (26. 2.). Nachfolger wird Frau *Golda Meir* (71; 17. 3.).
Libanon: Unruhen zwischen christlicher und moslemischer Bevölkerung. Nach Eingriff der Palästinenser bürgerkriegsähnliche Zustände (Okt.). Der ägyptische Präsident *Nasser* (51) vermittelt ein Abkommen, das den Status der Palästinenser regelt. Exterritorialität der palästinensischen Lager, aber kein Waffentragen außerhalb derselben.
Libyen: Staatsstreich der Armee. Stabschef *Moamar al-Gaddafi* (27) setzt den außer Landes weilenden König *Mohammed Idris as-Senussi* (79) ab. Ausrufung der Republik, Beginn einer nationalistischen Politik.
Volksrepublik Jemen: Der radikale Flügel der Nationalen Befreiungsfront (NLF) unter *Salim Ali Rubayi* (35) übernimmt die Macht. Umgestaltung des Landes nach sozialistischem Modell unter Beteiligung der Ostblock-Staaten.
Sudan: Staatsstreich der Armee (25. 5.). Oberst *Dschafar Mohammed an-Numeiri* (39) übernimmt die Macht. Annäherung an die UdSSR, Verstaatlichung von ausländischen Banken und Unternehmen.
Ghana: Rücktritt von General *Ankrah* (54) nach einer Korruptionsaffäre. Nachfolger als Vorsitzender des Nationalen Befreiungsrates wird General *Akwasi Afrifa* (33). Verkündung einer neuen Verfassung (22. 8.). Bei Präsidentschaftswahlen gewinnt die Progress Party von *Kofi Busia* (56). Der Nationale Befreiungsrat tritt seine Befugnisse an die neue Regierung unter *Edward Akufo Addo* (63) ab.
Rhodesien: Referendum über die Erklärung zur Republik und über eine neue Verfassung (20. 6.). Festigung der Vorherrschaft der Weißen.
Somalia: Ermordung von Staatspräsident *Shermarke* (50) bei einem Staatsstreich. Der Oberste Revolutionsrat unter General *Mohammed Siyad Barre* (50) ruft die Somalische Demokratische Republik aus.
China: IX. Parteitag (1.–24. 4.), Verkündung der Beendigung der »Kulturrevolution«. *Lin Piao* (62) zum Nachfolger von *Mao Tse-tung* (76) bestimmt.
Indien: Schwere Unruhen in mehreren Bundesstaaten. Aufspaltung des Nationalkongresses von *Indira Gandhi* (52) in zwei Flügel (12. 11.). Bildung einer Minderheitsregierung *Gandhi* (Dez.).
Pakistan: Nach innenpolitischen Unruhen und Forderungen nach freien Wahlen Rücktritt des schwerkranken *Ayub Khan* (62; 25. 3.). *Yahya Khan* (52) neuer Präsident (1. 4.), ruft wegen separatistischer Bewegung in Ost-Pakistan den Ausnahmezustand aus und setzt die Verfassung außer Kraft.
Philippinen: »Neue Volksarmee« in Gebieten mit Massenarmut gegründet. Wiederwahl von Präsident *Marcos* (52) unter Einsatz großer finanzieller Mittel und Bestechungen.
Nordvietnam: Tod von Ministerpräsident *Ho Chiminh* (79; 3. 9.). Übernahme der Macht durch eine Vierergruppe unter Ministerpräsident *Pham Van-dong* (63).
USA: Verkündung der »Guam-Doktrin« durch Präsident *Nixon* (56). Die asiatischen Länder sollen ihre Probleme allein lösen (24. 7.). Massendemonstrationen gegen den Krieg in Vietnam.
Venezuela: Neuer Präsident wird der Christlich-Soziale *Rafael Caldera Rodríguez* (53).
Peru: Beginn einer radikalen Landreform (24. 6.). Bis 1976 werden 10 Mio. ha Land enteignet und in kollektives Eigentum überführt.
Bolivien: Militärputsch (26. 9.) unter General *Alfredo Ovando Candida* (51). Aufnahme von Beziehungen zu den sozialistischen Ländern.
Brasilien: Militärputsch (7. 10.) unter General *Emilio Garrastazú Medici* (64); systematische politische Repressionen gegen alle Regimegegner.

KULTUR Ständige Kommission der Katholischen Kirche und der Anglikanischen Kirche geschaffen (10. 10.).

KUNST *Joachim Schmettau* (32) »Weibliche Figur, sich den Strumpf anziehend« (Plastik). *Jan Kubicek* (42) »Vertikalsysteme« (Acryl auf Leinwand).

LITERATUR Nobelpreis für Literatur an *Samuel Beckett* (63). *Günter Grass* (42) »Örtlich betäubt« (Roman). *Alexander Solschenizyn* (51) wegen zensurfeindlicher Haltung aus dem sowjetischen Schriftstellerverband ausgeschlossen.

MUSIK Musikfestival in Woodstock, N. Y. (USA), mit 400000 Teilnehmern.

NATURWISSENSCHAFT US-Astronaut *Neil Armstrong* (39) betritt nach Landung mit »Apollo 11« als erster Mensch den Mond (21. 7.). US-Forscherteam in Harvard gelingt die Isolierung eines einzelnen Gens und seine elektronen-optische Sichtbarmachung.

TECHNIK Entwicklung des Langstreckenflugzeuges »Boeing 747« (Jumbo-Jet) für 362 Personen abgeschlossen.

WIRTSCHAFT Der EG-Ministerrat einigt sich auf Einfuhrerleichterungen aus den COMECON-Ländern (16. 12.) und über die zukünftige Finanzordnung der EG (22. 12.).

1970

VEREINTE NATIONEN Das Mandat der Friedenstruppe auf Zypern wird mehrfach verlängert. Der Sicherheitsrat fordert den Internationalen Gerichtshof auf, ein juristisches Gutachten über die Kontrolle Namibias durch Südafrika anzufertigen (29. 7.). Andauernde Grenzzwischenfälle an der Grenze Israels mit den Nachbarstaaten. Friedensgespräche zwischen Israel,

Jordanien und Ägypten unter Vorsitz des UN-Beauftragten *Jarring* (63) in New York (25. 8.) sind erfolglos.

INTERNATIONALE POLITIK Beginn der deutsch-sowjetischen Verhandlungen über ein Gewaltverzichtsabkommen in Moskau (30. 1.). Unterzeichnung des Vertrages in Moskau (12. 8.). Die Vertragspartner verpflichten sich, auf die Drohung mit und Anwendung von Gewalt zu verzichten. Die Bundesregierung übergibt den »Brief zur deutschen Einheit« und erklärt, daß der Vertrag nicht im Widerspruch zu dem Ziel stehe, die freie Selbstbestimmung des deutschen Volkes und die Einheit zu erlangen, und macht die Ratifizierung von einer befriedigenden Berlin-Regelung abhängig. Beginn der deutsch-polnischen Verhandlungen in Warschau (4. 2.). Unterzeichnung des Vertrages über die Normalisierung der Beziehungen zwischen der Bundesrepublik und Polen (7. 12.); Anerkennung der bestehenden Grenzen, Gewaltverzicht und Verbesserung der Beziehungen. Berlin-Gespräche der Botschafter der vier Siegermächte beginnen in Berlin (26. 3.). Zweite Runde der SALT-Abrüstungsgespräche über die Begrenzung von atomaren Raketenwaffen zwischen der UdSSR und den USA in Wien (16. 4.–14. 8.). Dritte Runde beginnt in Helsinki (2. 11.), bleibt ergebnislos. Atomwaffensperrvertrag von 43 Nationen ratifiziert, tritt damit in Kraft (5. 3.). US-Präsident *Nixon* (57) kündigt weitere Reduzierung der US-Truppen in Vietnam an (20. 4.). Amerikanische Aktion gegen Truppen Nordvietnams und die Vietkong in Kambodscha (30. 4.–29. 6.). Abschluß eines Freundschaftsvertrages zwischen Indien und der UdSSR (9. 8.). Beginn der EWG-Beitrittsverhandlungen mit Großbritannien, Irland, Dänemark und Norwegen (30. 6.). Tonga (4. 6.) und die Fidschi-Inseln (10. 10.) werden unabhängig.

POLITIK DER LÄNDER Bundesrepublik Deutschland: Treffen von Bundeskanzler *Brandt* (57) und DDR-Ministerpräsident *Stoph* (56) in Kassel (12. 5.). *Brandt* überreicht 20-Punkte-Memorandum zur Verbesserung der Beziehungen. »Bildungsbericht 1970« wird vorgelegt, Ziel ist ein demokratisches, leistungs- und wandlungsfähiges Bildungssystem (12. 6.). Grundgesetzänderung zur Herabsetzung des Wahlalters auf 18 Jahre verkündet (31. 7.).
DDR: DDR-Ministerpräsident *Stoph* und Bundeskanzler *Brandt* treffen sich in Erfurt (19. 3.). *Stoph* verlangt die völkerrechtliche Anerkennung der DDR. Es kommt zu spontanen Sympathie-Kundgebungen für *Brandt*. Im Rahmen der Kontrolle der Tätigkeit der SED-Mitglieder beginnt der Umtausch der SED-Mitgliedsbücher (1. 9.).
Belgien: Verfassungsreform verabschiedet (19. 12.). Flandern, Wallonien und Brüssel erhalten kulturelle und wirtschaftliche Eigenkompetenzen.
Großbritannien: Die Konservativen gewinnen die Unterhauswahlen (18. 6.). *Edward Heath* (54) wird neuer Ministerpräsident. Andauern der schweren Unruhen in Nordirland.
Italien: Abgeordnetenhaus billigt das Ehescheidungsrecht (1. 12.).
Österreich: Bei Nationalratswahlen wird die SPÖ erstmals stärkste Partei (1. 3.). *Bruno Kreisky* (59) bildet eine SPÖ-Minderheitsregierung.
Schweiz: Volksabstimmung entscheidet sich mit knapper Mehrheit gegen die von der »Nationalen Aktion gegen Überfremdung von Volk und Heimat« getragene Initiative zum Abbau der ausländischen Arbeitskräfte (17. 6.).
CSSR: Parteisäuberungen auf dem Höhepunkt, massenweise Parteiausschlüsse. *Dubček* (49), zuletzt Botschafter in Ankara, wird aus der Partei ausgeschlossen (26. 6.).
Polen: Normen- und Preiserhöhungen führen zu einem Streik der Danziger Werftarbeiter (14. 2.). Die Unruhen greifen auf andere Städte Nord-Polens über. Blutige Zusammenstöße von Polizei und Arbeitern zwingen Parteichef *Wladyslaw Gomulka* (65) zum Rücktritt. Er wird durch *Edward Gierek* (57) ersetzt. Ministerpräsident *Józef Cyrankiewicz* (59) löst *Marian Spychalski* (64) als Staatspräsident ab. *Piotr Jaroszewicz* (61) wird Ministerpräsident.
Ungarn: Neues Parteistatut verabschiedet (10.–28. 11.), gestattet Abwahl von Funktionären bei »Machtmißbrauch«. Ankündigung einer neuen Verfassung mit Aufwertung der Funktion des Parlaments.
Jordanien: Schwere Kämpfe zwischen Armee und Palästinensern (»Schwarzer September«). Irak und Syrien unterstützen die PLO. *Nasser* vermittelt einen Waffenstillstand zwischen König *Hussein II.* (35) und PLO-Chef *Jasir Arafat* (41; 27. 9.).
Ägypten: Tod *Nassers* (52; 28. 9.). Der neue Staatspräsident *Anwar as-Sadat* (52) setzt die bisherige Politik fort.
Senegal: Nach Generalstreik Wiedereinführung des 1963 abgeschafften Amt des Premierministers; wird von *Abdou Diouf* (35) übernommen (22. 6.). Liberalisierung des autoritären Führungsstils.
Gambia: Nach einem Referendum wird Gambia Republik (24. 4.). *David Jawara* (46) wird Präsident.
Nigeria: Bedingungslose Kapitulation Biafras nach Flucht von *Ojukwu* (37; 15. 1.). Generalamnestie. Der Krieg hat mehr als eine Million Tote gekostet.
Congo: Die Volksrepublik Congo wird ausgerufen (1. 1.). Nach Säuberungen wird *Marien Ngouabi* (32) Premierminister (16. 12.).
Kongo: Einrichtung des Einparteienstaates (20.–23. 5.). Alle Bürger werden Parteimitglieder (19. 11.).
Rhodesien: Proklamierung der Republik (2. 3.). Der seit 1965 bestehende Ausnahmezustand wird beibehalten. *Clifford Dupont* (65) erster Premierminister (24. 4.).
Südafrika: Durch das »Bantu-Homelands-Citizenship«-Gesetz wird schwarzen Südafrikanern die Staatsbürgerschaft des jeweiligen »Heimatlandes« aufgezwungen.
China: Auseinandersetzungen zwischen *Lin Piao* (63) und *Mao Tse-tung* (77) über die Absicht *Maos*, das Staatspräsidentenamt abzuschaffen (23. 8.–6. 9.).

Kambodscha: Ministerpräsident *Lon Nol* (57) entmachtet den abwesenden Staatspräsidenten *Norodom Sihanouk* (48; 18. 3.). Ausrufung der Republik. *Sihanouk* bildet in Peking eine Exilregierung (23. 3.).
Pakistan: Erste direkte und freie Parlamentswahlen (7. 12.). In Ost-Pakistan gewinnt Scheich *Mujibur Rahman* (50), in West-Pakistan *Zulfikar Bhutto* (42).
Philippinen: Studentenunruhen gegen die korrupte Regierung *Marcos* (53; Jan.). Islamische Separatisten beginnen auf Mindanao einen Aufstand (Juni).
USA: Der Senat widerruft die »Tongking-Resolution«, die den Präsidenten zur Kriegführung in Südostasien ermächtigt hatte (24. 6.).
Costa Rica: Wiederwahl von Präsident *José Figueres* (64). Beginn sozialer Reformen, Verstaatlichung des Grundbesitzes und der Banken.
Argentinien: Absetzung der Regierung durch eine Militärjunta. General *Roberto Levingston* (50) wird Staatspräsident (8. 6.).
Chile: Bei Präsidentschaftswahlen gewinnt die marxistische Unidad Popular von *Salvador Allende* (62) knapp die relative Mehrheit (4. 9.). Beginn des Programms »Sozialismus in Freiheit«: Verstaatlichungen, Agrarreform.

KULTUR UN-Vollversammlung erklärt 1970 zum Erziehungsjahr. Austausch von Wissenschaftlern zwischen der UdSSR und der Bundesrepublik Deutschland vereinbart. Deutsche Gesellschaft für Friedens- und Konfliktforschung gegründet (28. 10.). *Thomas Barthel* (47) entziffert die Maya-Schrift.

KUNST *Joseph Beuys* (49) »Ofen« (realistisches Objekt). Ausstellung »Das Werk von Pablo Picasso« in Avignon. *Ingmar Bergman* (52) »The Touch« (Film).

LITERATUR Nobelpreis für Literatur an *Alexander Solschenizyn* (52), in der UdSSR heftig kritisiert. *Simone de Beauvoir* (62) »Das Alter« (autobiogr. Betrachtung). *Arno Schmidt* (56) »Zettels Traum« (romanhafte Darstellung).

MUSIK *Krzysztof Penderecki* (37) »Zweites Streichkonzert«.

NATURWISSENSCHAFT Entdeckung der Enzym-Revertase (USA), die die Zelleninfektion durch RNS-Viren erklärt. Erste optische Sichtung eines Quasars.

TECHNIK Mit der Förderung von Manganknollen beginnt der Tiefseebergbau. Nachrichtenübermittlung mit Laserstrahlen durch Glasfaseroptik. Fertigstellung des Assuan-Staudammes (21. 7.).

WIRTSCHAFT Verträge zwischen der UdSSR und der Bundesrepublik Deutschland, ab 1973 sowjetisches Erdgas gegen deutsche Großröhren auszutauschen (1. 2.). Der EG-Ministerrat beschließt eine neue Finanzverfassung der EG (21. 4.).

1971

VEREINTE NATIONEN Versuche der westpakistanischen Armee, separatistische Bestrebungen in Ost-Pakistan zu unterdrücken, lösen Massenflucht nach Indien aus. Beginn der Arbeit des Hochkommissars der UN für Flüchtlingsfragen in Indien (19. 6.). Nach Ausbruch des pakistanisch-indischen Krieges verhindert die UdSSR mehrfach durch ihr Veto die Verabschiedung einer Resolution zur Feuereinstellung im Sicherheitsrat (4.–13. 12.). China wird nach Umorientierung der Politik der USA Mitglied der UNO bei gleichzeitigem Ausschluß National-Chinas (25. 10.). Der Österreicher *Kurt Waldheim* (53) wird auf fünf Jahre zum UN-Generalsekretär gewählt (22. 12.).

INTERNATIONALE POLITIK Die Bemühungen zur Beendigung des Krieges in Vietnam dauern das ganze Jahr an. Beginn der deutsch-tschechoslowakischen Sondierungen über Gewaltverzicht und Normalisierung der Beziehungen (31. 3.). Die Botschafter der vier Siegermächte unterzeichnen das Berlin-Abkommen (3. 9.). Der Niederländer *Joseph Luns* (60) wird als Nachfolger von *Brosio* (74) NATO-Generalsekretär (1. 10.). UdSSR und Indien schließen einen 20jährigen Freundschaftsvertrag (9. 8.). Indien interveniert im Bürgerkrieg in Ost-Pakistan (Bangladesh) zugunsten der Unabhängigkeit der Region. Ausbruch des indisch-pakistanischen Krieges (3. 12.). Bedingungslose Kapitulation der pakistanischen Truppen in Ost-Pakistan (16. 12.). Die USA geben die Riu-Kiu-Inseln und Okinawa an Japan zurück (17. 6.). Großbritannien erkennt nachträglich die einseitige Unabhängigkeit Rhodesiens an (24. 11.). Ägypten, Libyen und Syrien beschließen »Föderation arabischer Republiken« (17. 4.). USA, Großbritannien und die UdSSR schließen Vertrag über das Verbot der Stationierung von Massenvernichtungswaffen auf dem Meeresboden (11. 2.). Die SALT-Gespräche werden fortgesetzt. Malta kündigt das Verteidigungsabkommen mit Großbritannien (30. 6.). Großbritannien, Australien, Malaysia, Neuseeland und Singapur schließen den »ANZUS-Pakt« (10. 4.). Bahrain (4. 8.), Katar (1. 9.), Vereinigte Arabische Emirate (2. 11.) und Bhutan (9. 12.) werden unabhängig.

POLITIK DER LÄNDER Bundesrepublik Deutschland: Der Bundestag verabschiedet das Städtebauförderungsgesetz (19. 7.). Die Bundesregierung verabschiedet ein Umweltprogramm (29. 9.). *Rainer Barzel* (47) wird als Nachfolger von *Kiesinger* (67) zum Parteivorsitzenden der CDU gewählt (5. 10.). Verabschiedung der Reform des Betriebsverfassungsgesetzes (10. 11.).
DDR: *Ulbricht* (78) tritt als Erster Sekretär des ZK der SED »aus Gesundheitsgründen« zurück (3. 5.). *Erich Honecker* (59) wird sein Nachfolger. Der Ministerrat beschließt die Auflösung des Staatssekretariats für westdeutsche Fragen.

Dänemark: Nach Wahlen (21. 9.) bildet *Krag* (57) mit Unterstützung der Linkssozialisten eine sozialdemokratische Minderheitsregierung (11. 10.).
Großbritannien: Das Unterhaus stimmt dem Beitritt zur EWG zum 1. 1. 1973 zu (28. 10.).
Italien: Der Christdemokrat *Giovanni Leone* (63) wird im 23. Wahlgang zum Staatspräsidenten gewählt (27. 12.).
Österreich: *Franz Jonas* (72) zum Bundespräsidenten wiedergewählt (25. 4.). Vorgezogene Wahlen bringen der SPÖ die absolute Mehrheit (10. 10.). *Kreisky* (60) bildet eine SPÖ-Alleinregierung (5. 11.).
Schweiz: Einführung des Stimm- und Wahlrechts für Frauen (7. 2.).
Bulgarien: Neue Verfassung (18. 5.) mit einem Staatsrat als kollektivem Staatsoberhaupt.
Polen: *Gierek* (58) kritisiert die bisherige Parteiführung und stellt Wirtschaftsreformen in Aussicht (6.–7. 2.). Die Preiserhöhungen von Dez. 1970 werden zurückgenommen (1. 3.).
Jugoslawien: Verfassungsänderung; Einrichtung eines kollegialen Staatsoberhaupts, Stärkung der Arbeiterselbstverwaltung (30. 6.). »Nationale« Studentenunruhen in Kroation (22. 11.). Die kroatische Parteispitze und Regierung treten zurück (12. 12.).
Rumänien: Das ZK der KPR beschließt Stärkung der »ideologischen Erziehung« und Kulturpolitik (6. 7.).
UdSSR: Der 24. Parteitag der KPdSU (30. 3.–9. 4.) verabschiedet einen Fünfjahresplan zur Förderung der Konsumgüterindustrie und Landwirtschaft; innenpolitisch straffere Kontrollen in allen staatlich-gesellschaftlichen Bereichen, verstärkte ideologische Erziehungsarbeit. Umtausch der Parteibücher beginnt (1. 3.), 374000 Mitglieder erhalten wegen ideologischer Abweichung von der Parteinorm keine neuen Mitgliedsbücher.
Türkei: Die Armee zwingt Ministerpräsident *Demirel* (47) zum Rücktritt und droht mit der Machtübernahme, falls innerhalb eines Jahres die politische, wirtschaftliche und soziale Ordnung nicht wiederhergestellt wird. *Nihat Erim* (59) bildet eine Regierung aus Technokraten (26. 3.).
Jordanien: Die Armee beendet die bewaffnete Präsenz der Palästinenser in Jordanien (Juli). König *Hussein II.* (36) baut seine Machtposition aus. Gründung eines Stammesrates (Aug./Sept.).
Irak: Abkommen mit den Kurden (11. 3.). »Nationaler Pakt« als Grundlage der Verfassung verkündet. Bildung eines volksdemokratisch-sozialistischen Einheitsstaates.
Syrien: Erstmals seit 1966 wird ein Volksrat gebildet. Verteidigungsminister *Hafis al-Assad* (43) wird Präsident (11. 3.).
Ägypten: Sowjetfreundliche Mitglieder der alten *Nasser*-Gruppe versuchen *Sadat* (53) eine kollektive Führung aufzuzwingen. *Sadat* entmachtet seine Gegner um Vizepräsident *Ali Sabri* (51). Permanente Verfassung durch Referendum gebilligt (11. 9.), erweitert die Grundrechte, hält aber an der sozialistischen Gesellschaftsordnung fest. Die VAR wird in »Arabische Republik Ägypten« umbenannt.
Sudan: Mit Hilfe Ägyptens und Libyens schlägt *Numeiri* (41) einen prokommunistischen Putsch des linken Armeeflügels nieder (19.–22. 6.). *Numeiri* wird zum Staatsoberhaupt gewählt (10. 10.).
Algerien: Nationalisierung der französischen Ölgesellschaften (4. 1.). Charta der Agrarrevolution (8. 11.). Nicht genutztes Land wird verstaatlicht und verteilt.
Marokko: Putschversuch eines Teils der Armee gegen König *Hassan II.* (42; 10. 7.). *Hassan* kündigt Reformen an (4. 8.).
Tunesien: Reformer um Innenminister *Hédi Nouira* (60) versuchen *Bourguiba* (68) zu entmachten (11.–15. 10.). *Bourguiba* festigt seine Position.
Liberia: Tod von Präsident *William Tubman* (75). Nachfolger wird Vizepräsident *William Tolbert* (58; 23. 7.).
Kongo: Umbenennung des Landes in Republik Zaire (27. 10.).
Rhodesien: Bildung des »African National Council« (ANC) unter Bischof *Abel Muzorewa* (46; 16. 12.).
Uganda: Putsch der Armee gegen *Milton Obote* (46; 25. 1.). General *Idi Amin* (46) wird Präsident (2. 2.).
China: Nach dem Scheitern eines Putschversuchs kommt *Lin Piao* (64) bei einem Flugzeugabsturz ums Leben (12. 9.).
Indien: Die Neue Kongreßpartei von *Indira Gandhi* (54) gewinnt bei Parlamentswahlen die ⅔-Mehrheit (1.–7. 3.). Verfassungsänderungen (2. 12.). Einstellung der Zahlungen an die ehemaligen Fürsten.
Pakistan: Ost-Pakistan löst sich aus dem Staatsverband (25. 3.). Versuche der Armee West-Pakistans, die Sezession zu verhindern, scheitern an der militärischen Intervention Indiens. *Yahya Khan* (54) tritt als Staatspräsident zurück (20. 12.). *Bhutto* (43) wird neuer Staatspräsident von Pakistan.
Thailand: Das Militärregime hebt die Verfassung auf. Ein Nationaler Exekutivrat unter *Thanon Kittikatchorn* (60) soll fünf Jahre regieren und eine Verfassung entwerfen (17. 11.).
Australien: Rücktritt von Premierminister *Gorton* (60). *William McMahon* (63) wird sein Nachfolger (10. 3.).
Kuba: Regierung verkündet »Gesetz gegen die Faulheit« (März). Bis 1973 werden rd. 50000 Menschen verhaftet, die angeblich die »soziale Pflicht« Arbeit verweigert haben.
Bolivien: Bei einem blutigen Staatsstreich wird die linksgerichtete Militärregierung von dem rechtsgerichteten Oberst *Hugo Banzer Suárez* gestürzt (22. 8.).
Chile: Verstaatlichung des Bergbaus durch verfassungsändernde Gesetze (15. 6.).

KULTUR Die Weltsynode der katholischen Bischöfe bekräftigt das Zölibat (3. 1.). Grimms »Deutsches Wörterbuch« 117 Jahre nach dem Erscheinen des ersten Bandes abgeschlossen. Bundeskanzler *Willy Brandt* (58) erhält den Friedensnobelpreis.

KUNST *Alvar Aalto* (73) Konzert- und Kongreßhaus Finlandia, Helsinki. »Albrecht Dürer-Ausstellung« in Nürnberg. *Oscar Niemeyer* (64) Parteihaus der KPF, Paris. *Edward D. Stone* (69) John-F.-Kennedy-Center (Konzerthalle/Mehrzweckbau), Washington. *Stanley Kubrick* (43) »Uhrwerk Orange« (Film). *Luchino Visconti* (65) »Der Tod in Venedig« (Film).

LITERATUR Nobelpreis an *Pablo Neruda* (67), Chile. *Heinrich Böll* (54) »Gruppenbild mit Dame« (Roman). *Walter Kempowski* (42) »Tadellöser & Wolff« (Roman). *Harold Pinter* (41) »Alte Zeiten« (Schauspiel).

NATURWISSENSCHAFT US-Astronauten entdecken 2. Sternensystem in der Nähe der Milchstraße. Elektronenmikroskopischer Nachweis des Virus Doppelhelix (Doppelspiralstruktur kennzeichnet die Nukleinsäure-Erbsubstanz).

TECHNIK 1. Elektrospeicherbus im Linienverkehr. Überschallflugzeuge »Concorde« (frz./brit.) und »TU 144» (UdSSR) auf der Pariser Flugzeugschau. Größtes Wasserkraftwerk der Welt bei Krasnojarsk (UdSSR) fertiggestellt (12 Turbinen).

WIRTSCHAFT Maßnahmen zur Stabilisierung der amerikanischen Zahlungsbilanz, Aufhebung der Konvertabilität des Dollars (15. 8.). Einigung des »Zehner-Klubs« in Washington über die Abwertung des Dollars um 7,9% gegenüber dem Gold (18. 12.). Beginn der Erhöhung der Erdölpreise in den Förderländern.

1972

VEREINTE NATIONEN Der Sicherheitsrat verurteilt die Apartheid in Südafrika (2. 4.), betont die Rechte der Menschen in den portugiesischen Kolonien Angola, Mozambique und Guinea-Bissau auf Unabhängigkeit (4. 2.) und erhöht die Zahl der UN-Beobachter an der israelisch-libanesischen Grenze (19. 4.). China verhindert die Aufnahme von Bangladesh in die UNO durch ein Veto (25. 8.). Veto Großbritanniens verhindert Verabschiedung einer Resolution gegen Rhodesien (4. 12.). Erste UN-Umweltschutz-Konferenz in Stockholm (5. 6.–16. 6.); mit Ausnahme von Rumänien boykottieren alle Ostblockländer die Tagung wegen Nichtzulassung der DDR.

INTERNATIONALE POLITIK US-Präsident *Nixon* (59) legt einen Acht-Punkte-Friedensplan für Indochina vor (25. 1.). Beginn der nordvietnamesischen Großoffensive gegen Südvietnam (31. 3.) führt zur Wiederaufnahme der US-Bombenangriffe auf Nordvietnam (2. 4.). Vorübergehende Unterbrechung der Pariser Friedensverhandlungen. Die USA ziehen die Bodentruppen aus Südvietnam ab (11. 8.). *Nixon* besucht China (21.–28. 2.). Unter dem Eindruck der Annäherung Peking-Washington Geheimverhandlungen Nord-Süd-Korea über die friedliche Wiedervereinigung (4. 7.). Pakistan tritt aus dem Commonwealth (30. 1.) und der SEATO (8. 11.) aus. Während des Moskau-Besuchs von *Nixon* (22.–30. 5.) Unterzeichnung des SALT-Abkommens über die Strategische Abrüstung (26. 5.). Vorgespräche über eine Europäische Sicherheitskonferenz beginnen in Helsinki (22.–27. 11.). Viermächteschlußprotokoll über deutsch-deutsche Beziehungen (3. 6.). Das Viermächteabkommen, das Transitabkommen und die Vereinbarungen zwischen dem Senat von Berlin und der Regierung der DDR treten in Kraft. Unterzeichnung des Grundlagenvertrages zwischen der Bundesrepublik Deutschland und der DDR (21. 12.): Unverletzlichkeit der Grenzen, Normalisierung der Beziehungen, Beibehaltung der Viermächteverantwortung u. a. Beitrittserklärungen Großbritanniens, Irlands, Dänemarks und Norwegens zur EG unterzeichnet (22. 1.). Auf die Änderung der isländischen Fischerei-Grenze von 12 auf 50 Seemeilen (15. 2.) reagieren Großbritannien und die Bundesrepublik mit einer Klage vor dem Internationalen Gerichtshof. Kuba tritt dem COMECON bei (Juli). Großbritannien und Malta vereinbaren ein neues Stützpunkt-Abkommen (28. 3.). Ägypten weist alle sowjetischen Militärberater aus (18. 7.). Israelische Invasion im Südlibanon gegen palästinensische Stützpunkte (25.–28. 2.). Indisch-pakistanische Friedensverhandlungen (28. 6.–3. 7.) beenden den Kriegszustand.

POLITIK DER LÄNDER Bundesrepublik Deutschland: Verabschiedung der »Grundsätze über die Mitgliedschaft von Beamten in extremen Organisationen« (sog. Radikalenerlaß; 28. 1.). Konstruktives Mißtrauensvotum der CDU/CSU gegen Bundeskanzler *Brandt* (59) scheitert (27. 4.). Der Bundestag stimmt bei Enthaltung der CDU/CSU den »Ostverträgen« zu (17. 5.). Bei vorzeitigen Wahlen zum Bundestag wird die SPD (45,9%) stärkste Partei (9. 11.). *Brandt* bildet eine neue Regierung (15. 12.).
DDR: *Honecker* (60) nennt Bundesrepublik erstmals »Ausland« (6. 1.). Bürger der DDR, die vor dem 1. 1. 1972 die DDR verlassen haben, verlieren die Staatsbürgerschaft der DDR (16. 10.). Aufnahme diplomatischer Beziehungen zu 20 neutralen und westlichorientierten Staaten (7.–28. 12.).
Dänemark: Volksabstimmung über den Beitritt zur EG (63,5% Ja-Stimmen; 2. 10.).
Finnland: Neuer Ministerpräsident wird der Sozialdemokrat *Kalevi Sorsa* (42; 4. 9.).
Frankreich: Wahlbündnis zwischen Sozialisten (*Mitterrand*, 56), Kommunisten und Links-Radikalen (27. 6.). *Pierre Messmer* (56) vom »orthodoxen« Flügel der Gaullisten wird nach dem überraschenden Rücktritt des Vertreters des liberalen Flügels, *Jacques Chaban-Delmas* (57), neuer Ministerpräsident (6. 7.).
Großbritannien: Die Regierung in London übernimmt die direkte Regierungsgewalt über Nordirland (23./30. 3.), setzt Ministerpräsident *Brian Faulkner* (51) ab, ernennt einen Staatssekretär und löst das

Parlament auf. Beginn des »Floating« des Pfund Sterling, Abwertung der Währung um 20%.
Italien: Bildung einer Mitte-Links-Regierung *Giulio Andreotti* (53; 18. 2.). Der neue Generalsekretär der KPI *Enrico Berlinguer* (50; 17. 3.) stellt eine Beteiligung der KPI an der Regierung in Aussicht.
Norwegen: Volksabstimmung entscheidet gegen den Beitritt des Landes zur EG (24./25. 9.). Die sozialdemokratische Minderheitsregierung *Trygve Martin Bratteli* (62) tritt zurück (7. 10.). Es folgt eine bürgerliche Minderheitsregierung unter *Lars Korvald* (56; 17. 10.). Verhandlungen über einen Handelsvertrag mit der EG.
Jugoslawien: Beginn von Säuberungen in der serbischen Partei (Sept.). Rücktritt der Parteispitze.
Polen: Nach Sejmwahlen (9. 3.) Veränderung der Parteibürokratie durch *Gierek* (59). Staatspräsident *Cyrankiewicz* (61) durch *Henryk Jabłoński* (63) ersetzt.
Syrien: Die Baath-Partei schließt sich mit anderen politischen Organisationen zur »Nationalen Progressiven Front« zusammen (13. 4.).
Sudan: Friedensschluß mit den Aufständischen im Südsudan nach 17jährigem Bürgerkrieg (27. 2.). Südsudan erhält einen Autonomiestatus (4. 3.).
Marokko: Neue Verfassung durch Referendum gebilligt (1. 3.). Die Regierung wird strenger als bisher vom Parlament kontrolliert. Putschversuch von Luftwaffenoffizieren gegen König *Hassan II.* (43) scheitert (16. 8.).
Ghana: Eine rapide Verschlechterung der Wirtschaftslage führt zu einem Militärputsch und zur Absetzung von *Busia* (59; 13. 2.). Machtübernahme durch einen »Rat der Nationalen Erneuerung« unter Oberst *Ignatius Acheampong* (41).
Nigeria: »Nigerianisierung« von 22 Industrie- und Gewerbezweigen zum 31. 4. 1974 beschlossen (April).
Zentralafrikanische Republik: Oberst *Jean-Bedell Bokassa* (51) wird Präsident auf Lebenszeit (März). Repression der politischen Gegner und grausame Exzesse.
Kamerun: Referendum über eine neue Verfassung (20. 5.). Auflösung der Föderation und Proklamierung der Vereinigten Republik Kamerun (2. 6.).
Burundi: Rückkehr von König *Ntare V.* (25) aus dem Exil (30. 3.). Er wird verhaftet. Aufstand von Hutu-Bauern gegen die Tutsi (29. 4.). Hinrichtung der Rädelsführer und des Königs (6. 5.).
Südafrika: Nach Studentenunruhen Gründung der »Black People's Convention«; erste nicht-ethnische politische Organisation der Afrikaner seit 1960 (Mai/Juni).
Tansania: Dezentralisierung der Verwaltung. *Rashidi Kawawa* (43) übernimmt das Amt des Premiers (18. 2.). Forcierte Umsiedlungsaktionen in genossenschaftlich organisierte Dörfer führen zu Gewaltanwendung.
Uganda: Innerhalb von drei Monaten weist *Idi Amin* (47) rd. 50000 Asiaten aus dem Land aus (5. 8.).
Madagaskar: Nach Unruhen und Generalstreik (13. 5.) Rücktritt von Präsident *Philibert Tsiranana* (60). General *Gabriel Ramanantsoa* (66) übernimmt die Macht. Versuch sozialer und wirtschaftlicher Reformen.
Indien: Bei Wahlen gewinnt der Neue Kongreß in 14 von 16 Bundesstaaten die Mehrheit (5.–11. 3.).
Bangladesh: *Mujibur Rahman* (52) kehrt aus der Haft in West-Pakistan zurück. Er bildet ein vorläufiges Kabinett (12. 1.). Rückkehr der Flüchtlinge aus Indien. Beitritt zum britischen »Commonwealth of Nations« (10. 4.).
Ceylon: Neue Verfassung. Umbenennung des Staates in »Republik Sri Lanka« (22. 5.). Erster Staatspräsident wird *William Gopallawa* (75).
Philippinen: Nach blutigen Unruhen Verhängung des Ausnahmezustands (23. 9.). Bildung von Volksversammlungen in den Dörfern und Stadtbezirken zur Akklamation der Regierungspolitik (31. 12.).
Japan: Innerparteiliche Spannungen in der Liberal-Demokratischen Partei führen zum Rücktritt von Ministerpräsident *Eisaku Sato* (71). Neuer Ministerpräsident wird *Kakuei Tanaka* (54; 31. 8.). Verkündung eines Programms zur wirtschaftlichen und industriellen Dezentralisierung.
Australien: Die Labour Party gewinnt die Wahlen und löst die seit 1949 regierenden Liberalen ab (2. 12.). Neuer Ministerpräsident wird *Edward Gough Whitlam* (56).
Neuseeland: Die Labour Party gewinnt die Wahlen und löst die seit 1960 regierenden Konservativen ab (7. 2.). Premierminister wird *Norman Eric Kirk* (49; 25. 11.).
USA: Der Kongreß verabschiedet Verfassungszusatz über die Gleichberechtigung von Mann und Frau (22. 3.). Der Oberste Gerichtshof erklärt die Todesstrafe für verfassungswidrig (29. 6.). Wiederwahl Präsident *Nixons* mit großer Mehrheit (6. 11.).
Honduras: Linksgerichteter Militärputsch, Suspendierung von Parlament und Verfassung, *Lopez Arellano* (51) übernimmt erneut die Macht (4. 12.).
Nicaragua: Nach Rücktritt von *Somoza* (47) übernimmt eine Militärjunta die Macht (1. 5.).
Ecuador: Militärputsch gegen *Velasco Ibarra* (79; 15. 2.). Militärjunta unter General *Guillermo Rodriguez Lara* (49) kündigt Agrarreform und soziale Reformen an.
Bolivien: Abwertung des Peso um 40% (27. 10.). Streiks, Verhängung des Ausnahmezustands (23. 11.).
Chile: Nach Streiks Verhängung des Ausnahmezustands in 24 von 25 Provinzen. Aufnahme von Militärs in die marxistische Regierung *Allende* (64; 3. 11.).

KULTUR Ägyptische Tempelinsel »Philae« auf Kosten der UNESCO versetzt. *Nikolaas Tibergen* (65) »Functional Ethnology and the Human Sciences«.

KUNST *William Pareira* (63) Pyramidenförmiges Hochhaus in San Francisco (260 m). *Luis Buñuel* (72) »Der diskrete Charme der Bourgeoisie« (Film). *Robert Fosse* (45) »Cabaret« (Film). *Johannes Schaaf* (39) »Trotta« (Film).

LITERATUR Nobelpreis für Heinrich Böll (55). *Alexander Solschenizyn* (54) »August 1914« (Roman).

NATURWISSENSCHAFT Mit »Apollo 17« beenden die USA vorerst die bemannte Raumfahrt ((7.–11. 12.). Großbeschleuniger für Protonen bei Chicago in Betrieb genommen.

TECHNIK 100 km langes Förderband in der Sahara. Japan baut das größte Schiff der Welt (477000 BRT). Elektronisch-automatische Kamera für farbige Sofortbilder.

WIRTSCHAFT Welthandelskonferenz (UNCTAD III) in Santiago de Chile (13. 4.–21. 5.). Forderung nach Einräumung von Präferenzen für Produkte der Entwicklungsländer auf den Märkten der Industrieländer. Festlegung der »Währungsschlange« in der EG (21. 3.). Freihandelsabkommen zwischen der EG und den Rest-EFTA-Staaten (22. 7.).

1973

VEREINTE NATIONEN Nach Ausbruch des »Oktober-Krieges« (6. 10.–26. 10.) zwischen Ägypten, Syrien und Israel bildet die UNO eine neue Friedenstruppe (27. 10.). Eröffnung der Genfer Nahost-Friedenskonferenz unter der Schirmherrschaft der UN (21. 12.). Das Mandat der UN-Truppen auf Zypern wird mehrfach verlängert. Die Bundesrepublik Deutschland und die DDR werden Vollmitglieder der UNO (18. 9.). Der UN-Sicherheitsrat beendet die Gespräche mit Südafrika über Namibia (11. 12.). Die Vollversammlung erkennt die SWAPO als Vertreter des Volkes von Namibia an (18. 12.).

INTERNATIONALE POLITIK Waffenstillstandsabkommen zwischen den USA, Nord- und Südvietnam in Paris unterzeichnet (27. 1.). Die letzten US-Truppen verlassen Vietnam (29. 3.). Kurz nach der Unterzeichnung der Schlußakte der Vietnam-Konferenz (2. 3.) beginnt der Einmarsch nordvietnamesischer Truppen in Südvietnam. Unterzeichnung des »amerikanisch-sowjetischen Abkommens zur Verhinderung eines Atomkrieges« (22. 6.). Eröffnung der ersten Phase der »Konferenz über Sicherheit und Zusammenarbeit in Europa« (KSZE) in Helsinki (3. 7.). Beginn der »Konferenz über die beiderseitige und ausgewogene Verminderung von Truppen und Rüstungen« (MBFR) in Wien (30. 10.). Ausbruch des »Oktober-Krieges« (Jom-Kippur-Krieg). Ägyptisch-syrische Truppen greifen überraschend Israel an (6. 10.). Nach anfänglichen Erfolgen der Gegner Israels dringen die Israelis vor. Die Sowjetunion droht mit der Intervention. Die USA setzen teilweise ihre Truppen in Alarmbereitschaft. Waffenstillstandsabkommen zwischen Ägypten und Israel (11. 11.). Die arabischen Öl-Staaten versuchen durch ein Öl-Embargo die westlichen Staaten zur Aufgabe ihrer proisraelischen Haltung zu veranlassen (17. 10.). Trotz weltweiter Proteste führt Frankreich einen Atomwaffenversuch über dem Muroroa-Atoll durch (21. 7.). *Henry Kissinger* (50) proklamiert das »Jahr Europas« und schlägt eine neue Atlantik-Charta vor (23. 4.). Aufnahme der deutsch-tschechoslowakischen Verhandlungen in Prag über die Entwicklung gutnachbarlicher Beziehungen (7. 5.); Unterzeichnung der Verträge (11. 12.), das Münchner Abkommen von 1938 wird im Hinblick auf die gegenseitigen Beziehungen als nichtig erklärt. Die Bahamas (10. 7.) werden unabhängig.

POLITIK DER LÄNDER Bundesrepublik Deutschland: Nach Ablehnung des Beitritts der Bundesrepublik in die UNO durch die CDU/CSU-Fraktion tritt *Barzel* (49) zurück (9. 5.), neuer Fraktionsvorsitzender wird *Karl Carstens* (59; 17. 5.). Der Bundestag billigt den Grundlagenvertrag mit der DDR (11. 5.) und stimmt für den Beitritt zur UNO. Nach Klage Bayerns bestätigt das Bundesverfassungsgericht, daß der Vertrag im Einklang mit dem Grundgesetz steht (31. 7.).
DDR: Die Volkskammer wählt *Stoph* (60) zum neuen Staatsratsvorsitzenden und *Horst Sindermann* (58) zum Vorsitzenden des Ministerrates (3. 10.).
Dänemark: Ablösung der sozialdemokratischen Regierung *Anker Jørgensen* (51) durch eine bürgerliche Regierung unter *Poul Hartling* (59; 19. 12.).
Griechenland: Abschaffung der Monarchie, Proklamation zur Republik (1. 6.). Bei einer Volksabstimmung bejahen 78% der Wähler die Präsidial-Republik (29. 7.). Präsident *Papadopulos* (54) wird durch einen Militärputsch gestürzt (25. 11.). Neuer Präsident wird General *Phaidon Gisikis* (56).
Großbritannien: Volksabstimmung in Nordirland für den Verbleib bei Großbritannien (8. 3.). Nordirland erhält eine halbautonome Regierung aus Protestanten (6) und Katholiken (4) (21. 11.).
Irland: *Liam Cosgrave* (53) bildet Regierung aus Mitgliedern seiner »Fine Gael« und den Sozialdemokraten (14. 3.). *Erskine Childers* (68) (»Fianna Fail«) wird zum ersten protestantischen Staatspräsidenten gewählt (30. 5.).
Italien: *Berlinguer* (51; 9. 10.) schlägt die Erneuerung des »historischen Kompromisses«, d. h. die Einbeziehung der KPI in die Regierungsverantwortung vor.
Niederlande: Die seit 1970 andauernde Regierungskrise wird durch die Bildung einer großen Koalition unter *Joop den Uyl* (54) beigelegt (Mai). Verabschiedung eines wirtschaftlichen Ermächtigungsgesetzes zur Kontrolle von Mieten, Preisen und Löhnen (21. 12.).
Norwegen: Bei Parlamentswahlen knapper Sieg der Sozialdemokraten und des Linksblocks (Sept.). Bildung eines neuen Kabinetts *Bratteli* (63; 15. 10.).
Schweden: Verluste der Sozialdemokraten bei Wahlen (16. 9.). *Palme* (47) bildet wieder eine Minderheitsregierung.

Spanien: Staatschef General *Francisco Franco* (81) gibt das Amt des Ministerpräsidenten auf und ernennt Admiral *Luis Carrero Blanco* (70) zum Ministerpräsidenten (8. 6.). *Blanco* wird ermordet (20. 12.), neuer Ministerpräsident wird *Carlos Arías Navarro* (65).

Zypern: Erzbischof *Makarios* (60) für weitere fünf Jahre als Präsident bestätigt (8. 2.).

Türkei: Verabschiedung einer Verfassungsänderung durch den Senat (15. 3.). Errichtung von Sondergerichten zur Verurteilung aller Verbrechen gegen die Einheit der Nation und die Republik. *Achmed Fahri Korutürk* (70) zum Staatspräsidenten gewählt (6. 4.). Verabschiedung einer Landreform (Aug.); der Großgrundbesitz wird beschränkt, Entschädigung der Enteigneten nach Steuerwert, Übergabe des Landes an Kleinbauern und Landarbeiter.

Afghanistan: Staatsstreich gegen König *Mohammed Sahir Schah* (59). Aufhebung der Verfassung, Proklamation der Republik (17. 7.). *Sardar Mohammed Daoud* (65) wird Staatschef und Ministerpräsident.

Israel: Schwere innenpolitische Auseinandersetzungen nach dem Jom-Kippur-Krieg. Vorwürfe gegen Verteidigungsminister *Moshe Dayan* (58), die Verteidigung des Landes vernachlässigt zu haben. Der Rechtsblock (Likud) erzielt große Gewinne bei den Knesset-Wahlen (31. 12.). Arbeiterpartei und »Mapam« bleiben jedoch stärkste Parteien.

Syrien: Volksabstimmung über eine neue Verfassung (12. 3.). Syrien wird »demokratisch-sozialistischer souveräner Volksstaat«. Der Islam ist nicht mehr Staatsreligion, Präsident muß aber ein Moslem sein. Bei Wahlen zum Volksrat gewinnt die Nationale Progressive Front 140 von 186 Sitzen (26. 5.).

Ägypten: Nach Unruhen übernimmt *Sadat* (55) auch das Amt des Ministerpräsidenten (28. 3.).

Sudan: Neue Verfassung (14. 4.). Der Islam wird Staatsreligion, jedoch Christentum als Religion anerkannt. Die innere Autonomie des Südsudan wird bestätigt.

Marokko: König *Hassan II.* (44) kündet die Enteignung des ausländischen Landwirtschaftsbesitzes an (3. 3.). Industriekapital muß mindestens zu 50% in marokkanischen Händen sein.

Zaire: Beginn der Verstaatlichungspolitik von Plantagen und Bergwerksgesellschaften (30. 11.).

Rwanda: Blutige Stammesfehden zwischen Hutu und Tutsi (Febr.). Staatsstreich der Armee unter General *Juvenal Habyalimana* (36; 5. 7.). Beginn einer Politik des Ausgleichs.

Burundi: Bei Stammesfehden zwischen Tutsi und Hutu rd. 150000–250000 Tote (Mai). Entlassung von Premierminister *Albin Nyamoya* (Tutsi, 49). Nachfolger wird ein Hutu, *Michel Micombero* (33; 5. 6.).

Burma: Verfassung in einer Volksabstimmung bestätigt. *Ne Win* (62) erklärt am 12. Jahrestag seiner Machtübernahme die Revolution für beendet. Burma wird Sozialistische Republik (15. 12.).

China: X. Parteitag (24.–28. 8.). Nach Ausschaltung der Anhänger *Lin Piaos* durch die Parteipragmatiker um *Chou En-lai* (75) steigert sich der Widerstand der Linksgruppe um die Frau *Mao Tse-tungs* (80), *Chiang Ch'ing* (60), gegen *Chou En-lai*.

Pakistan: *Bhutto* (45) unterzeichnet eine neue Verfassung (12. 4.): Zweikammersystem, der Islam wird Staatsreligion, Beschneidung der Macht des Staatspräsidenten zugunsten des Premierministers.

Thailand: Massendemonstrationen von Studenten (13.–15. 10.) erzwingen die Absetzung des Ministerpräsidenten der Militärjunta. Der König ernennt einen liberalen Ministerpräsidenten.

Indonesien: Rassenunruhen gegen die chinesische Minderheit (5. 8.).

Philippinen: Zunahme der Aktionen der islamischen Separatisten. Eine Verfassung, die dem Staatsoberhaupt diktatorische Vollmachten gibt, erhält nach Vorlage in den von der Regierung dominierten Volksversammlungen Gültigkeit (17. 1.).

Australien: Mit der Änderung der bisherigen Einwanderungspolitik (»White Australia Policy«) öffnet sich das Land nach Asien (4. 1.).

USA: Ein Senatsausschuß (»Watergate-Ausschuß«) beginnt mit der Untersuchung des Einbruchs in das Wahlhauptquartier der Demokraten im Juli 1972 (17. 5.). Abschaffung der Wehrpflicht, Bildung einer Berufsarmee (1. 7.). Der Kongreß beschließt den »War Powers Act« (7. 11.). Das Recht des Präsidenten zum Einsatz von US-Truppen außerhalb des Landes ohne Zustimmung des Kongresses wird auf 60 Tage beschränkt.

Venezuela: Der Kandidat der »Accion Democratica«, *Carlos Andrés Pérez* (51), wird zum Präsidenten gewählt (12. 12.). Er erhält Sondervollmachten zur Durchsetzung einer reformerischen Politik in Gesellschaft und Wirtschaft.

Uruguay: Nach innenpolitischen Konflikten zwingt das Militär Präsident *Juan Maria Bordaberry* (45) zur Auflösung des Parlaments (27. 6.). Ein Staatsrat übernimmt seine Funktion (18. 12.); Ende des Parteiensystems.

Argentinien: Bei Präsidentschaftswahlen gewinnt der Linksperonist *Hector J. Campora* (64; 11. 3.). Die orthodoxen Peronisten erzwingen Neuwahlen (25. 9.). Der aus dem spanischen Exil zurückgekehrte *Juan Domingo Perón* (78) erhält 62% der Stimmen. Seine Frau *María Estela »Isabel«* (42) wird Vizepräsident.

Chile: Bürgerkriegsähnliche Zustände nach Wahlen, bei denen die Regierungsparteien 44% der Stimmen erhalten (4. 3.). Der Kongreß lehnt eine Regierungsvorlage zur Verfassungsänderung für eine weitere Verstaatlichung der Industrie ab. Der Oberste Gerichtshof und die oppositionelle Parlamentsmehrheit werfen Staatspräsident *Allende* (65) Verfassungsbruch vor (26. 8.). Putsch der Armee (11. 9.). *Allende* lehnt die Forderung nach Rücktritt ab. Sturz und Ermordung *Allendes*. Eine Militärjunta unter General *Augusto Pinochet Ugarte* (58) übernimmt die Macht; Ausnahmezustand, Beginn von Verfolgungen und Erschießungen.

KULTUR Friedensnobelpreis an *Henry Kissinger* (50) und *Le Duc Tho* (61) für ihre Verhandlungen zur Beendigung des Vietnamkrieges. *Le Duc Tho* lehnt den Preis ab.

KUNST *Chagall*-Ausstellung in Moskau. »Homage à *Picasso*« (Graphik-Ausstellung in Berlin (West). »Der Kubismus« (Ausstellung in Paris).

LITERATUR *Alexander Solschenizyn* (55) »Archipel Gulag« (Roman über politischen Terror und Zwangslager in der Sowjetunion).

MUSIK *Benjamin Britten* (60) »Der Tod in Venedig« (Oper nach Thomas Mann).

NATURWISSENSCHAFT Insulinsynthese in klinisch brauchbarer Menge (TH Aachen). Erfolgreicher Start des US-Raumfahrtlaboratoriums »Skylab 1« (25. 5.). Radioastronomische Aufnahme der Venusoberfläche (USA).

TECHNIK »Sears-Tower« in Chicago (443 m), höchstes Gebäude der Erde.

WIRTSCHAFT Starke Verteuerung der arabischen Erdöl-Lieferpreise (Okt.). Weitere Abwertung des Dollars um 10% (12. 2.). EG beschließt »Blockfloating« der EG-Währungen gegenüber dem Dollar (12. 3.). Europäischer Fonds für währungspolitische Zusammenarbeit gegründet (6. 4.).

1974

VEREINTE NATIONEN UN-Sondertagung in New York über Rohstoffe und Entwicklungsprobleme (9. 4.–2. 5.). Verlängerung des Mandats der UN-Friedenstruppe auf Zypern (29. 5.). Nach Ausbruch des »Zypern-Krieges« fordert der Sicherheitsrat mehrfach die Einstellung der türkischen Aktionen. Einsetzung einer UN-Beobachter-Truppe an der syrisch-israelischen Grenze beschlossen (31. 5.). Beginn der Diskussion der »Palästina-Frage« vor der UN-Vollversammlung (13. 11.). Die Vollversammlung erkennt das Recht der Palästinenser auf Heimat an, die PLO erhält einen Beobachterstatus bei der UNO (21. 11.).

INTERNATIONALE POLITIK US-Außenminister *Kissinger* (51) vermittelt ein Truppen-Entflechtungs-Abkommen zwischen Ägypten und Israel am Suez-Kanal (17. 1.) und erreicht die Waffenruhe zwischen Syrien und Israel auf den Golan-Höhen (30. 5.). Mit Unterstützung der griechischen Regierung putschen griechische Offiziere der zypriotischen Nationalgarde gegen Staatspräsident *Makarios* (61; 15. 7.). *Makarios* geht ins Exil. Türkische Invasion, um den Anschluß Zyperns an Griechenland zu verhindern (20. 7.). Nach türkischen Erfolgen erfolgt ein Waffenstillstand auf Druck der USA und Großbritanniens (22. 7.). Nach Zusammenbruch der Genfer Zypern-Konferenz (13. 8.) neue türkische Offensive. Bei Feuereinstellung (16. 8.) kontrollieren die Türken 40% der Insel. Griechenland tritt aus Protest aus der NATO aus (14. 6.). Arabisches Gipfeltreffen in Rabat (26. 10.) erkennt die PLO als alleinige Vertretung der Palästinensischen Befreiungsorganisationen an. Die EG-Staaten einigen sich darüber, 20 arabischen Staaten eine umfassende wirtschaftliche Zusammenarbeit anzubieten (4. 3.). Proteste der USA. Pakistan erkennt Bangladesh an (22. 2.). Bei einem Gipfeltreffen in der UdSSR einigen sich *Breschnew* (68) und US-Präsident *Gerald Ford* (61) über ein Zehnjahresabkommen zur Begrenzung strategischer Offensivwaffen (24. 11.). Grenada (7. 2.) und Guinea-Bissau (10. 9.) werden unabhängig.

POLITIK DER LÄNDER Bundesrepublik Deutschland: Austausch einer »Ständigen Vertretung« mit der DDR (7. 3.). Verabschiedung des Gesetzes zur Herabsetzung der Volljährigkeit von 21 auf 18 Jahre (22. 3.). Bundeskanzler *Brandt* (61) erklärt seinen Rücktritt und übernimmt die volle politische Verantwortung fürFahrlässigkeiten im Zusammenhang mit der Agentenaffäre um *Günter Guillaume* (47; 6. 5.). *Helmut Schmidt* (SPD, 56) wird neuer Bundeskanzler (16. 5.), *Hans-Dietrich Genscher* (FDP, 47) Außenminister. *Walter Scheel* (FDP, 55) wird als Nachfolger von *Gustav Heinemann* (75) zum Bundespräsidenten gewählt (15. 5.).
DDR: Die Volkskammer beschließt eine Verfassungsänderung (27. 9.): Der Begriff »Deutsche Nation« und der Hinweis auf die Wiedervereinigung werden getilgt, die DDR zum »sozialistischen Staat der Arbeiter und Bauern« deklariert.
Belgien: Gesetz über die provisorische Regionalisierung des Landes verabschiedet (21. 7.), Einrichtung von Regionalparlamenten.
Frankreich: Tod von Staatspräsident *Pompidou* (63; 2. 4.). Im 2. Wahlgang wird der Unabhängige *Valéry Giscard d'Estaing* (48) zum Staatspräsidenten gewählt (19. 5.). Neuer Ministerpräsident wird der Gaullist *Jacques Chirac* (42).
Griechenland: Das Scheitern des Putsches auf Zypern führt zum Zusammenbruch des Militärregimes (24. 7.). Der ehemalige konservative Ministerpräsident *Konstantin Karamanlis* (67) wird aus dem Exil zurückgerufen und bildet eine Regierung (25. 7.). Er setzt die Verfassung von 1952 wieder in Kraft (1. 8.). Bei Parlamentswahlen erhält er mehr als ⅔ der Stimmen (17. 11.). In einem Referendum sprechen sich 69,2% der Wähler für die Republik aus (28. 11.).
Großbritannien: Premierminister *Wilson* (58) löst nach Konflikten mit den Bergarbeitergewerkschaften das Unterhaus auf. Bei Wahlen (28. 2.) erhält keine Partei die absolute Mehrheit. *Wilson* bildet ein Minderheitskabinett (4. 3.). Erneute Neuwahlen wegen der schwierigen wirtschaftlichen und sozialen Situation bringen eine knappe absolute Mehrheit für die

Labour Party (10. 10.). *Wilson* bildet erneut die Regierung.
Italien: Bei Volksabstimmung absolute Mehrheit gegen die Aufhebung der zivilen Ehescheidung (12./13. 5.). Schwere innen- und wirtschaftspolitische Krise. Rücktritt der Regierung *Rumor* (59; 23. 11.). *Moro* (58) bildet eine neue Regierung aus Christdemokraten und Republikanern.
Luxemburg: Bildung einer Koalitionsregierung aus Sozialisten und Liberalen unter dem Liberalen *Gaston Thorn* (46; 15. 8.).
Österreich: Tod von Bundespräsident *Jonas* (74; 24. 4.). Sein Nachfolger wird der bisherige Außenminister *Rudolf Kirchschläger* (59; 23. 6.).
Portugal: Ende der Diktatur durch einen Militärputsch (25. 4.). Eine Militärjunta unter General *António de Spínola* (64) übernimmt die Macht. Verkündung eines Reformprogramms: demokratische Verfassung, Zulassung von Parteien, freie Wahlen. *Spinola* zum vorläufigen Staatspräsidenten ernannt (15. 5.). Die Parteiführer *Mario Soares* (SPP, 50) und *Alvaro Cunhal* (KPP, 61) kehren aus dem Exil zurück. Das portugiesische Kolonialreich löst sich auf. Nach Bildung einer Übergangsregierung schlägt die neue Regierung unter Oberst *Vasco dos Santos Gonçales* (53; 17. 7.) einen sozialistischen Kurs ein. Ein Putschversuch von *Spinola* scheitert. General *Francisco da Costa Gomes* (60) wird neuer Staatspräsident (30. 9.).
Jugoslawien: Neue Verfassung (21. 2.). Staatsaufbau im Delegationsprinzip von unten nach oben, Straffung der Parteispitze. Auf dem 10. Parteitag (27.–30. 5.) wird *Tito* (82) als Parteivorsitzender auf Lebenszeit bestätigt.
Rumänien: Verfassungsänderung (28. 3.). Das Amt des Staatspräsidenten wird geschaffen und von *Ceauşescu* (56) gleichfalls übernommen.
UdSSR: *Breschnew* setzt sich auf der Plenartagung des ZK mit seiner Entspannungspolitik durch (16. 12.). Innenpolitisch wird jedoch der Kurs der Abgrenzung nach außen beibehalten.
Türkei: Der Führer der Republikanischen Volkspartei *Bülent Ecevit* (49) bildet mit der islamisch-konservativen Nationalen Heilspartei eine Regierung (25. 1.). Nachdem die Heilspartei die Annexion des eroberten Teils von Zypern verlangt, tritt *Ecevit* zurück (18. 9.).
Irak: Wiederaufnahme des Kurden-Krieges. Verschlechterung der Beziehungen zum Iran wegen Streit um die Grenzziehung im Schatt al-Arab.
Israel: Nachdem ein parlamentarischer Untersuchungsausschuß Vorwürfe gegen die Regierung wegen der Vernachlässigung der Sicherheit des Landes bestätigt hat, tritt Ministerpräsidentin *Golda Meir* (76) zurück (11. 4.). Der Generalstabschef des Sechs-Tage-Krieges von 1967, *Yitzhak Rabin* (52), bildet eine Koalitionsregierung (3. 6.).
Arabische Republik Jemen: Militärputsch gegen *Irjani* (73). Oberst *Ibrahim al-Hamadi* (31) übernimmt die Macht (19. 6.). Aufhebung der Verfassung, Auflösung des Parlaments, Übergangsregierung, Annäherung an die USA.
Mali: Volksabstimmung über die Verfassung beendet die Militärherrschaft (2. 6.). Für eine fünfjährige Übergangszeit behält das Militär jedoch die Kontrolle.
Äthiopien: Verschärfung der innenpolitischen Krise nach Meutereien. Kaiser *Haile Selassi* (82) beruft eine neue Regierung zur Ausarbeitung eines Reformprogramms (18. 2.). Allmähliche Entmachtung des Kaisers durch die Streitkräfte (April–Aug.) und Absetzung (12. 9.). Nach inneren Machtkämpfen der regierenden Militärs übernimmt General *Teferi Benti* (53) die Regierung (23. 11.). Der »starke Mann« ist jedoch sein Stellvertreter im Militär-Verwaltungsrat *Haile Mariam Mengistu* (37).
Japan: Rücktritt von Ministerpräsident *Tanaka* (56) nach Korruptionsaffären (26. 11.). Sein Nachfolger wird *Takeo Miki* (67).
USA: Nach Vorbereitung eines »Impeachment-Verfahrens« durch den Kongreß (9. 5.–30. 7.) gegen Präsident *Nixon* wegen schwerer Rechtsverletzung in der »Watergate-Affäre« tritt *Nixon* zurück (9. 8.). Nachfolger wird *Gerald Ford*. Generalamnestie durch *Ford* für alle Vergehen *Nixons* (8. 9.).
Nicaragua: *Somoza* (49) wird erwartungsgemäß zum Präsidenten gewählt (1. 9.).
Costa Rica: In demokratischen Wahlen wird *Danile Oduber Quiros* (53) zum Präsidenten gewählt.
Kolumbien: Erste Präsidentschaftswahlen mit echter Alternative. Der »Liberale« *Alfonso Lopez Michelsen* (63) siegt. Versuch sozialer und wirtschaftlicher Reformen.
Argentinien: Tod *Peróns* (78; 1. 7.). Seine Witwe *Maria Estela* (43) übernimmt verfassungsgemäß die Präsidentschaft.
Brasilien: Amtsantritt von Präsident *Ernesto Geisel* (66; 16. 3.). Reformen in der Wirtschaft. Die erwartete politische Liberalisierung bleibt aus.

KULTUR Wertvolle Funde aus der Han-Zeit in China (Manuskripte). *Solschenizyn* (56) wird aus der UdSSR ausgebürgert (13. 2.).

KUNST Jubiläumsausstellung für *Caspar David Friedrich* in Hamburg und Dresden.

LITERATUR *Heinrich Böll* (57) »Die verlorene Ehre der Katharina Blum« (Roman). *Tankred Dorst* (49) »Eiszeit« (Schauspiel).

MUSIK »Schönberg-Jahr« wird weltweit begangen.

NATURWISSENSCHAFT US-Raumsonde erkundet den Planeten Jupiter. Übertragung von Erbfaktoren auf Koli-Bakterien gelingt. Forscher warnen vor biotechnischen Experimenten (z. B. Erbmanipulation).

WIRTSCHAFT Energiekonferenz in Washington (11.–13. 2.) und Jahrestagung des Internationalen Währungsfonds und der Weltbank in Washington (30. 9.–4. 10.) befassen sich mit den Auswirkungen der dramatischen Rohölpreissteigerungen und den gewaltigen Veränderungen der Zahlungsbilanzen.

1975

VEREINTE NATIONEN Das Mandat der UN-Friedenstruppen auf Zypern und im Nahen Osten wird mehrfach verlängert. Veto der USA, Großbritanniens und Frankreichs verhindert die Verurteilung Südafrikas wegen der »illegalen Besetzung« Namibias im Sicherheitsrat (6.6.). UN-Generalsekretär *Waldheim* (57) bereist Spanien, Marokko, Algerien und Mauretanien, um im Konflikt um Spanisch-Sahara zu vermitteln (25.–28.10.). Die Vollversammlung verurteilt mit Mehrheit den »Zionismus« als Form des Rassismus und der Rassendiskriminierung (10.11.).

INTERNATIONALE POLITIK Beendigung des Krieges in Indochina mit der Machtübernahme der Kommunisten in Kambodscha und Laos sowie dem Einmarsch der Nordvietnamesen in Saigon. Die SEATO löst sich auf. Iran und Irak beenden ihre Grenzkonflikte auf Kosten der Kurden (6.3.). Wegen der aggressiven Politik der Türkei gegenüber Griechenland stellen die USA die Militärhilfe für die Türkei ein (5.2.). Die Türkei stellt alle US-Stützpunkte unter türkischen Oberbefehl (25.7.). Der Marsch von rd. 250000 Marokkanern (6.–9.11.) nach Spanisch-Sahara führt zu einem Abkommen zwischen Mauretanien, Marokko und Spanien, in dem Spanien die Verwaltung an Mauretanien übergibt (14.11.). Der Suez-Kanal wird nach achtjähriger Blockade wieder für die Schiffahrt freigegeben (5.6.). Jordanien und Syrien einigen sich über die Bildung eines gemeinsamen Obersten Komitees (militärisch, politisch, wirtschaftlich) zur engen Zusammenarbeit (12.6.). Abkommen über die Zusammenarbeit zwischen der UdSSR und Libyen wird unterzeichnet (15.5.). Unterzeichnung der Schlußakte der KSZE-Konferenz in Helsinki (1.8.). Mozambique (25.6.), Kapverden (5.7.), Comoren (6.7.), Sao Tomé (12.7.), Papua-Neuguinea (16.9.), Angola (16.11.) und Surinam (25.11.) werden unabhängig.

POLITIK DER LÄNDER Bundesrepublik Deutschland: Die Konferenz der Innenminister von Bund und Ländern beschließt Maßnahmen zur besseren Bekämpfung politisch motivierter Gewalttäter (11.4.). »Extremistengesetz« vom Bundestag gegen die Stimmen der CDU/CSU-Opposition beschlossen (24.10.).
DDR: Volkskammer verabschiedet Zivilgesetzbuch (19.6.). Es löst das Bürgerliche Gesetzbuch (BGB) von 1896 ab. Der Gründungstag der DDR wird erstmals als Nationalfeiertag begangen (7.10.).
Belgien: *Leo Tindemans* (53) bildet ein Minderheitskabinett aus Christlich-Sozialen, Liberalen und dem »Rassemblement Wallon« (25.4.).
Finnland: Nach Reichstagswahlen Bildung einer Volksfrontregierung unter *Martti Miettunen* (68; 30.11.).
Griechenland: Eine neue Verfassung tritt in Kraft (11.6.); sie stärkt die Stellung des Präsidenten.
Großbritannien: Endgültiges Referendum zum britischen EG-Beitritt (62,2% Ja-Stimmen, 5.6.). Nachfolger des Vorsitzenden der Konservativen Partei *Edward Heath* (59) wird *Margaret Thatcher* (50).
Österreich: Bei Parlamentswahlen erneut absolute Mehrheit für die SPÖ (25.10.). *Bruno Kreisky* (64) wieder Bundeskanzler (28.10.).
Portugal: Konflikte zwischen Kommunisten und Sozialisten über die Gründung einer Einheitsgewerkschaft (25.1.). Der Wirtschaftsplan der Regierung setzt die Verstaatlichung der großen Wirtschaftsunternehmen durch und enteignet den Großgrundbesitz (20.2.). Bei Wahlen zur Verfassunggebenden Versammlung siegen die Sozialisten (37,8%) vor der Demokratischen Volkspartei (26,3%) und der KPP (12,5%). Kommunisten und die Bewegung der Streitkräfte (MFA) versuchen, sich über das Wahlergebnis hinwegzusetzen. Sozialisten und Rechtsparteien treten aus der Regierung aus (11.–17.7.). Gemäßigte Offiziere setzen Regierungschef *Gonçales* (54) ab. Neuer Regierungschef wird *Pinheiro de Azevedo* (58; 5.9.). Die Parteien sind in der Regierung im Verhältnis zu den Wählerstimmen vertreten. Nach einem gescheiterten Putsch (29.11.) Neustrukturierung der Armee und Ausschaltung aus der Politik durch Oberst *Antonio dos Santos Ramalho Eanes* (40).
Schweden: Neue Verfassung (1.1.): Der König ist nicht mehr Oberbefehlshaber der Streitkräfte, verliert das Recht, den Ministerpräsidenten zu ernennen und bei Kabinettssitzungen den Vorsitz zu führen.
Spanien: Tod *Francos* (82; 20.11.). *Juan Carlos I.* (37) zum König proklamiert (22.11.).
Zypern: Proklamation eines türkisch-zypriotischen Staates (13.2.) mit *Rauf Denktasch* (51) als Präsident. Im griechischen Teil bildet *Makarios* (62) eine neue Regierung (15.1.).
CSSR: *Gustav Husák* (62) folgt *Ludvik Svoboda* (80) als Staatspräsident (29.5.).
UdSSR: Nach Unterzeichnung der KSZE-Schlußakte Aktivierung der Dissidenten-Bewegung.
Türkei: Bildung einer Rechtskoalition unter *Demirel* (51; 31.3.). Wiederannäherung an die USA, Erweiterung der Beziehungen zur EG.
Iran: Errichtung des Einparteiensystems (3.3.). Versuch der Nationalen Erneuerungspartei, die Opposition gegen den Schah zu kanalisieren.
Libanon: Blutige Kämpfe zwischen Palästinensern und Christen führen zu chaotischen Zuständen. Israel und die arabischen Nachbarstaaten intervenieren.
Saudi-Arabien: König *Faisal* (69) von einem Neffen ermordet (25.3.). Nachfolger wird sein Bruder *Khalid* (62).
Tunesien: *Bourguiba* (72) wird Präsident auf Lebenszeit (19.3.).
Dahomey: Proklamation zur Volksrepublik Benin (30.1.). Gründung einer Einheitspartei.

Nigeria: Staatspräsident *Gowon* (41) wird von dem aus dem Norden stammenden General *Murtala Ramat Mohammed*(37) entmachtet (29.7.). General *Olusegun Obasanjo* (38) wird Premierminister. Maßnahmen gegen Korruption.
Tschad: Staatsstreich der Armee (13.4.). Einsetzung einer neuen Militärregierung (12.5.).
Angola: Schwere Auseinandersetzungen zwischen den rivalisierenden Befreiungsbewegungen Movimento Popular de Libertação (MPLA), União Nacional para a Independencia Total de Angola (UNITA) und der Frente Nacional de Libertação de Angola (FNLA) führen nach der Unabhängigkeit von Portugal (11.1.) zur Ausrufung von drei Republiken.
Mozambique: Nach der Unabhängigkeit von Portugal (25.6.) Proklamation zur Volksrepublik. Präsident wird *Samora Machel* (42). Verstaatlichung des Erziehungs- und Gesundheitswesens (24.7.), Errichtung von Kollektivfarmen (23.7.).
Namibia: Beginn der nach ethnischen Grundsätzen unter Ausschluß der SWAPO zusammengesetzten »Turnhallen-Verfassungskonferenz« (1.9.).
Äthiopien: Beginn des Aufruhrs in Eritrea (31.1.). Verhängung des Ausnahmezustands (16.2.). Verstaatlichung von in- und ausländischen Industrieunternehmen in Äthiopien und Bodenreform (4.3.).
Bangladesh: Verfassungsänderung, *Mujib-ur Rahman* (55) erhält unbeschränkte Vollmachten (15.1.) und wird nach Konflikten mit der Armee ermordet (15.8.). Nach mehreren Putschen setzt sich *Abu Sadat Mohammad Sayem* (58) als Premierminister durch (3.–7.11.).
China: IV. Nationaler Volkskongreß (13.–17.1). Neue Verfassung: China ist »sozialistischer Staat der Diktatur des Proletariats«, Garantie des Streikrechts, Privatisierung kleiner Parzellen. Die Reformer um *Chou En-lai* (77) setzen sich durch.
Indien: Annexion des Königreichs Sikkim, wird Bundesstaat (4.9.). Nach Verurteilung wegen korrupter Wahlkampfpraktiken ruft *Indira Gandhi* (58) den Notstand aus (26.6.): Pressezensur, Einschränkung der bürgerlichen Freiheiten.
Kambodscha: Die Roten Khmer übernehmen die Macht (20.4.). Vollständige Räumung von Phnom Penh und Umsiedlung der Bevölkerung aufs Land.
Laos: Pathet-Lao-Truppen entmachten die königliche Armee (April). Nationalversammlung beschließt die Abschaffung der Monarchie und Ausrufung der »Demokratischen Republik des laotischen Volkes« (2.12.). *Souvanna Vong* (66) wird Präsident (3.12.).
Vietnam: Eroberung von Saigon durch Truppen der FNL und Nordvietnams (30.4.)
Thailand: Nach Wahlen Bildung einer Mitte-Rechts-Regierung (17.3.). Nach Forderung auf Abzug der US-Truppen binnen eines Jahres greift das Militär ein und beendet den Parlamentarismus.
Australien: Nach Korruptionsaffäre in der Labour Party und innenpolitischen Konflikten gewinnt bei Neuwahlen (16.12.) die Liberal Party unter *Malcolm Fraser* (45).
Neuseeland: Bei Parlamentswahlen gewinnt die oppositionelle National Party die absolute Mehrheit (29.11.). *Robert David Muldoon* (54) wird Premierminister.
Kuba: 1. Parteitag der KP (17.–22.12.). Verfassungsentwurf, Parteistatut und Fünf-Jahres-Plan werden angenommen.
Peru: Ende des »linken« Militärregimes *Alvarado* (65) durch einen Militärputsch unter General *Francisco Morales Bermudez* (45; 2.9.). Generalamnestie, Stärkung der Privatwirtschaft, Reprivatisierung, Lizenzen für ausländische Öl-Gesellschaften.

KULTUR Friedensnobelpreis für den Atomphysiker *Andrej Sacharow* (54). Die Regierung der UdSSR verweigert die Ausreise zur Annahme des Preises. Acht jugoslawische Professoren aus dem »Praxis«-Kreis (Zeitschrift) erhalten Lehrverbot.

KUNST *Miloš Forman* (43) »Einer flog über das Kukkucksnest« (Film).

LITERATUR Thomas-Mann-Gedenkjahr, Öffnung seiner Tagebücher.

NATURWISSENSCHAFT Start des ersten gemeinsamen Raumfahrtunternehmens der USA und der UdSSR »Apollo-Soyus« (15.7.).

TECHNIK Kamera mit automatischer Scharfeinstellung entwickelt (USA).

WIRTSCHAFT EG gewährt im Abkommen von Lomé 46 Entwicklungsländern Kredite und weitgehende Zollfreiheit (28.2.). Erster Weltwirtschaftsgipfel der wichtigsten Industrienationen in Paris (15.–17.11.). Rohstoffkonferenz der dritten Welt in Dakar (4.8.) fordert Sonderfonds für Entwicklungsländer.

1976

VEREINTE NATIONEN Ernennung eines Sonderbevollmächtigten zur Vermittlung im Konflikt zwischen Marokko, Mauretanien und Algerien um Spanisch-Sahara (31.1.). Verhandlungen zwischen griechischen und türkischen Zyprioten unter Schirmherrschaft des UN-Generalsekretärs in Wien (17.–21.2.). UN-Truppen übergeben einen Teil der israelisch besetzten Sinai-Halbinsel an Ägypten (23.2.). Verlängerung des Mandats der UN-Truppen auf den Golan-Höhen (28.5.), auf der Sinai-Halbinsel (26.10.) und auf Zypern (26.10.). UN-Generalsekretär *Kurt Waldheim* (58) wird im Amt bestätigt (8.12.)

INTERNATIONALE POLITIK Ausbruch der Kämpfe zwischen Algerien und Marokko im Konflikt um Spanisch-Sahara (27.1.). Mauretanien und Marokko brechen die Beziehungen zu Algerien ab, nachdem Algerien die POLISARIO anerkannt hat (7.3.). Abkommen zwischen Marokko und Mauretanien über die Grenzziehung in der Westsahara (14.4.). Bedeutet De-facto-Annexion und Kontrolle der reichen Phosphatvorkommen. Ägypten kündigt den Freundschaftsvertrag mit der UdSSR aus dem Jahre 1971 (15.3.). Syrische Truppen marschieren zur Beendigung des blutigen Bürgerkriegs im Libanon in das Land ein (1.6.). Waffenstillstand nach Vermittlung durch die Arabische Liga (Okt.). 30000 Syrer und Kontingente anderer arabischer Staaten verbleiben im Land. Die Rhodesien-Konferenz in Genf (28.10.–5.12.) zwischen Vertretern der afrikanischen Befreiungsorganisationen und der weißen Minderheit scheitert. Gipfeltreffen der kommunistischen Parteien Europas (ohne Island und Albanien) in Ost-Berlin (29./30.6.). Ein Schlußdokument kommt nicht zustande. Jede KP hat das Recht auf Unabhängigkeit, die Vorherrschaft der KPdSU zerbricht. Die Seychellen werden unabhängig (29.6.).

POLITIK DER LÄNDER Bundesrepublik Deutschland: Das Gesetz über die Mitbestimmung der Arbeitnehmer in Betrieben mit mehr als 2000 Beschäftigten tritt in Kraft (1.7.). Bei Wahlen zum Bundestag Stimmverluste der SPD (3.10.). Bundeskanzler *Helmut Schmidt* (58) bildet erneut eine SPD/FDP-Koalitionsregierung (15.12.).
DDR: Der IX. Parteitag der SED (18.–22.5.) billigt ein neues Parteiprogramm und ein Parteistatut. *Erich Honecker* (64) erhält den Titel Generalsekretär und wird von der Volkskammer zum Vorsitzenden des Staatsrats gewählt (29.10.).
Frankreich: Die KPF unter *Georges Marchais* (56) lehnt die Formel »Diktatur des Proletariats« ab (7.1.) und nähert sich dem Eurokommunismus. Nach Auseinandersetzungen mit Staatspräsident *Giscard d'Estaing* (50) Rücktritt von Premierminister *Chirac* (44; 25.8.). Sein Nachfolger wird der Parteilose *Raymond Barre* (52). Verkündung eines strengen Sparprogramms.
Großbritannien: Nach dem Scheitern einer Verfassungskonferenz über Nordirland (4.3.) übernimmt London die Verwaltung. Premierminister *Wilson* (60) tritt wegen innerparteilicher Konflikte um ein Anti-Inflationsprogramm zurück (16.3.). Nachfolger wird *James Callaghan* (64; 5.4.). Abschluß eines Sozialpaktes mit den Gewerkschaften auf drei Jahre (28.6.).
Irland: Verschärfung der Gesetze gegen den Terrorismus (Sept.). Staatspräsident *Cearbhall O'Daleigh* (65) tritt zurück (22.10.). Nachfolger wird *Patrick Hillery* (53; 9.11.).
Portugal: Verkündung einer neuen Verfassung (2.4.). Erste freie Parlamentswahlen seit 1925 (25.4.). Es siegen die Sozialisten (34,8%) vor der Demokratischen Volkspartei (24,3%), dem Sozialdemokratischen Zentrum (15,9%) und der KPP (14,4%). Nachdem General *Eanes* (41) die Präsidentschaftswahlen gewonnen hat (27.6.), bildet der Sozialist *Mario Soares* (52) ein Minderheitskabinett (23.9.).
Schweden: Unzufriedenheit der Bevölkerung mit der Wirtschafts- und Sozialpolitik der sozialdemokratischen Regierung *Palme* (49) bringt bei Wahlen starke Stimmgewinne der bürgerlichen Parteien. Erstmals seit 44 Jahren eine bürgerliche Koalitionsregierung unter *Thorbjörn Fälldin* (Zentrumspartei, 50).
Schweiz: Mit *Elisabeth Blunschy* (54) wählt der Nationalrat erstmals eine Frau zur Präsidentin (2.5.).
Spanien: Aufhebung des Verbots politischer Versammlungen (25.5.). Anerkennung der politischen Parteien (9.6.). Wegen Kritik am zögernden Reformkurs Rücktritt von Ministerpräsident *Arias Navarro* (68). Sein Nachfolger wird *Adolfo Suárez* (44; 17.6.). Er forciert die Reformen, die in einer Volksabstimmung trotz Terrors von rechten und linken Extremisten breite Zustimmung finden (15.12.).
Polen: Neue Verfassung (10.12.), Polen ist ein »sozialistischer Staat«. Arbeiterunruhen wegen Versorgungsschwierigkeiten und Preiserhöhungen (25.6.). Die Regierung nimmt die Preiserhöhungen zurück. Mit dem »Komitee für die Verteidigung der Arbeiter« beginnt die Bürgerrechtsbewegung.
UdSSR: XXV. Parteitag der KPdSU (24.2.–3.3.) mit scharfer Kritik an der KPCh. *Breschnew* (70) erhält den Rang »Marschall der Sowjetunion« (8.5.).
Israel: Wegen der Siedlungspolitik in Westjordanien scharfe Spannungen im Kabinett zwischen Ministerpräsident *Rabin* (54) und Verteidigungsminister *Shimon Peres* (53). Rücktritt von *Rabin*, nachdem die Nationalreligiöse Partei ihm die Unterstützung versagt.
Libanon: Höhepunkt des Bürgerkrieges. Trennung des Landes in christliche und moslemische Gebiete. Auseinanderfallen der Verwaltung (Okt.)
Ägypten: Bei Wahlen zur Volksversammlung gewinnt die *Sadat* (58) stützende Arabisch-Sozialistische Plattform ⅔ aller Stimmen (28.10.–4.11.). *Sadat* gestattet die Umwandlung der Plattform in selbständige politische Parteien (10.12.).
Nigeria: Nach umstrittener Regionalreform Umsturz und Ermordung von Präsident *Muhammed* (38). General *Obasanjo* (39) wird Staatsoberhaupt (3.2.). Neuer Verfassungsentwurf (7.10.). Vertretung traditioneller Herrscher im Parlament, Wahl neuer Kommunalverwaltungsorgane.
Zaire: Alle ehemaligen ausländischen Besitzer von verstaatlichten Betrieben sollen 40% des seit 1964 investierten Kapitals als Aktien zurückerhalten (Jan.). Eine Regierungskommission beschließt die Rückgabe aller enteigneten ausländischen Unternehmen. 40% der Anteile verbleiben in Zaire (Sept.).
Angola: Mit Hilfe kubanischer Truppen entscheidet die kommunistische MPLA unter *Agostinho Neto* (54) den Machtkampf gegen die UNITA und die FNLA zu ihren Gunsten (März).
Rhodesien: Die »weiße« Regierung nimmt schwarze Minister in das Kabinett auf (28.4.). Zusammenschluß der ZANU (*Robert Mugabe*, 51) und der ZAPU (*Joshua Nkomo*, 59) zur Patriotischen Front (8.10.).
Südafrika: Nach Schülerstreiks Massenproteste in

Soweto (16.6.) gegen die Einführung von Afrikaans als zweiter Sprache. Ausweitung des Konflikts führt zum von Schülern und Studenten organisierten größten Streik in der Geschichte Südafrikas (Aug./Sept.). Verlängerung des Ausnahmezustands.
Bangladesh: Der Berater von *Sayem* (59), General *Zia ur-Rahman* (50), übernimmt die Macht (Nov.).
China: Tod *Chou En-lais* (8.1.). *Hua Kuo-feng* (54) wird auf Vorschlag *Mao Tse-tungs* (82) 1. Stellvertretender Parteivorsitzender (7.4.). Nach dem Tod von *Mao* (8.9.) wählt das Politbüro *Hua Kuo-feng* zum Parteivorsitzenden (7.10.). Verhaftung der Mitglieder der »Vierer-Bande« (Frau *Maos* und linke Anhänger) und ihre Entmachtung. Beginn der Normalisierung in Wirtschaft und Gesellschaft.
Indien: Protest gegen den von *Indira Gandhi* (59) ausgerufenen Notstand. Trotzdem verabschiedet das Parlament die Verfassungsänderung (2.11.): Aufhebung der Unabhängigkeit der Judikative, Beschränkung der Funktion des Präsidenten, Aufwertung des Parlaments. Verschiebung der Wahlen durch das Parlament um ein Jahr (5.11.).
Kambodscha: Umbenannt in »Demokratischer Staat Kampuchea« (5.1.). Ministerpräsident wird *Pol Pot* (48; 4.1.). Totale Isolation von der Außenwelt. Massenumsiedlungen und Hinrichtungen durch die Roten Khmer.
Vietnam: Wahlen zur ersten Nationalversammlung. Zugelassen ist nur die Kommunistische Partei (25.4.). Nord- und Südvietnam werden unter dem Namen »Sozialistische Republik Vietnam« wiedervereinigt (2.7.). Umsiedlung und Umerziehung der Bevölkerung des Südens.
Japan: Nach Wahlniederlage Rücktritt von Ministerpräsident *Miki* (69; 24.12.), Nachfolger wird *Takeo Fukuda* (71).
USA: Der Demokrat *James (Jimmy) Carter* (52) siegt bei Präsidentschaftswahlen knapp (50,4%) über Präsident *Ford* (63; 2.11.).
Kuba: Volksabstimmung über eine neue Verfassung (16.2.). Führung der KP in Staat und Gesellschaft anerkannt, Schaffung eines Staatsrats. *Fidel Castro* (49) wird Vorsitzender des Staatsrats (2.12.).
Jamaika: Wahlsieg der People's National Party (PNP) unter *Michael Manley* (52; 15.2.). Beginn der Einführung des »demokratischen Sozialismus«.
Mexico: Die neue Regierung *José López Portillo* (56; 4.7.) gibt den Kurs des Peso nach 22 Jahren Parität mit dem US-Dollar frei (31.8.). Abwertung des Peso um 40%. Beginn von Reformmaßnahmen.
Ecuador: Militärputsch stürzt das Militärregime *Rodriguez Lara* (53; 11.1.), Militärjunta unter *Alfredo Poveda Burbano* (50) bildet einen »Obersten Rat der Regierung«.
Uruguay: Absetzung von Präsident *Bordaberry* (48) durch die Streitkräfte, als er einen Ständestaat gründen will (12.6.). Neuer Staatspräsident wird *Aparicio Mendez* (72; 1.9.). Höchstes Staatsorgan wird der »Rat der Nation«.
Argentinien: Präsidentin *Isabel Perón* (45) durch die Armee gestürzt (24.3.). Eine Militärjunta unter General *Jorge Rafael Videla* (51) übernimmt die Macht. Auflösung des Parlaments, Betätigungsverbot für politische Parteien und Gewerkschaften.

KUNST »Echnaton-Ausstellung« in Berlin/München/Hildesheim.

NATURWISSENSCHAFT Super-Protonen-Synchrotron »CERN« erreicht 400 Mrd. Elektronenvolt. US-Marssonden »Viking 1 und 2« landen auf dem Mars und liefern Bodenanalysen.

WIRTSCHAFT 4. Konferenz für Handel und Entwicklung (UNCTAD IV) in Nairobi (5.–31.5.).

1977

VEREINTE NATIONEN Das Mandat der UN-Friedenstruppen auf den Golan-Höhen und auf Zypern wird verlängert. Der Sicherheitsrat stimmt einstimmig für ein verbindliches Waffenembargo gegen Südafrika (4.11.). Wegen der Annexion Osttimors durch Indonesien fordert die Vollversammlung den Generalsekretär auf, einen Vertreter nach Timor zu entsenden (8.11.).

INTERNATIONALE POLITIK Beginn der KSZE-Folgekonferenz in Belgrad (4.10.). Grundsätzliche Einigung bei amerikanisch-russischen Abrüstungsgesprächen in Genf (SALT) (18.5.). Abbruch der diplomatischen Beziehungen zwischen Kambodscha und Vietnam (31.12.). Schwere Grenzgefechte zwischen Libyen und Ägypten (21.7.). Unterzeichnung des Panamakanal-Vertrags zwischen den USA und Panama in Washington (7.9.). Panama soll bis Ende des Jahrhunderts endgültig die Kontrolle über den Kanal erhalten. Israel lehnt eine gemeinsame Nahosterklärung der USA und der UdSSR mit der Forderung nach Akzeptierung der PLO bei Verhandlungen ab (2.10.). Die USA treten wegen Politisierung der ILO aus der Organisation aus (1.11.). Besuch des ägyptischen Präsidenten *Sadat* (59) in Israel (19.11.). Einleitung einer historischen Wende in den Beziehungen. Bildung einer »Ablehnungsfront« arabischer Staaten unter Führung Libyens, die den Ausgleich ablehnen. Afro-Arabisches Gipfeltreffen in Kairo (7.9.). Saudi-Arabien gewährt großzügige Finanzhilfe an afrikanische Staaten. Dschibuti wird unabhängig (27.6.).

POLITIK DER LÄNDER Bundesrepublik Deutschland: Das Bundes-Datenschutzgesetz wird verkündet (27.1.). Fortschreibung des Energieprogramms von 1973 zur Sicherung der Nachfrage (14.12.).
DDR: Massenausreiseanträge zur Übersiedlung in die Bundesrepublik. *Rudolf Bahro* (42) veröffentlicht in der Bundesrepublik »Die Alternative. Zur Kritik des real existierenden Sozialismus«. Er wird verhaftet.
Belgien: Nach Parlamentswahlen (17.4.) bildet der

bisherige Regierungschef *Leo Tindemans* (55) erneut eine Koalitionsregierung.
Finnland: Bildung einer Mitte-Links-Regierung unter Beteiligung der Kommunisten durch den Sozialdemokraten *Sorsa* (47; 15.5.).
Griechenland: Trotz Gewinnen der Linksparteien behält die Partei von Regierungschef *Karamanlis* (70) die absolute Mehrheit bei Parlamentswahlen (20.10.). Er bildet eine neue Regierung (27.11.).
Großbritannien: Das Unterhaus beschließt begrenzte Selbstverwaltung für Wales und Schottland mit eigenen Abgeordnetenversammlungen (14. bis 16.12.).
Niederlande: Wegen Auseinanderbrechen der Koalition Rücktritt von Ministerpräsident *den Uyl* (58; 23.3.). Die Arbeiterpartei gewinnt bei Wahlen die Mehrheit (25.5.). Nach mehrmonatiger Regierungskrise bildet der Christdemokrat *Andries van Agt* (46) eine neue Regierung aus Christdemokraten und Liberalen (16.12.).
Portugal: Nach Abstimmungsniederlage im Parlament Sturz der Regierung *Soares* (53; 8.12.).
Spanien: Die ersten freien Wahlen (15.6.) seit 1936 bringen einen Sieg der Union des Demokratischen Fortschritts (UDC) von Ministerpräsident *Suárez* (45; 34%) vor den Sozialisten (28%), den Kommunisten (9%) und den Francisten (8,5%). Pakt zwischen Regierung und Opposition zur Sicherung der Demokratie und zur Verwirklichung der Wirtschaftsreformen (9.10.). Katalanien (27.9.) und das Baskenland (31.12.) erhalten die vorläufige Autonomie.
CSSR: Veröffentlichung der »Charta 77«. Mehr als 200 Unterzeichner fordern von der Regierung die Verwirklichung der in der Verfassung verbrieften Menschenrechte (5.1.). Die Regierung antwortet mit Repressionen.
UdSSR: *Breschnew* (71) wird als Nachfolger von *Podgorny* (74) Staatsoberhaupt (16.6.). Verabschiedung einer neuen Verfassung (7.10.). Stärkung der Rolle der Partei als »Vorhut des Volkes«.
Türkei: Beeinträchtigung der Parlamentswahlen durch Terror von rechts (5.6.). Die Republikanische Volkspartei erreicht trotzdem fast die absolute Mehrheit. Es gelingt ihr jedoch nicht, eine Minderheitsregierung zu bilden. Erneut Bildung einer rechtsgerichteten Koalitionsregierung unter *Demirel* (53; 21.7.), der aber nach Veränderung der Mehrheitsverhältnisse im Parlament durch Parteiaustritte zurücktreten muß (31.12.).
Israel: Der Rechtsblock Likud gewinnt die Wahlen (17.5.). *Menachem Begin* (64) bildet eine Koalitionsregierung. Aufhebung der Devisenkontrolle, Freigabe der Wechselkurse, Abwertung um 45% (28.10.).
Ägypten: Schwere Unruhen nach Erhöhung der Lebensmittelpreise (18./19.1.). Demonstrations- und Streikverbot verkündet. *Sadats* (59) Reise nach Israel (19./20.11.) stärkt seine innenpolitische Macht, da die Bevölkerung von einem Frieden mit Israel einen wirtschaftlichen Aufschwung erwartet.
Libyen: Ein Allgemeiner Volkskongreß verabschiedet eine neue Verfassung (2.–28.3.). Libyen wird umbenannt in »Sozialistische Libysche Arabische Volksdschamahirija«. Der Koran ist das soziale Gesetz.
Zentralafrikanische Republik: Präsident *Bokassa* (56) krönt sich zum Kaiser (4.12.).
Volksrepublik Congo: Ermordung von Staatspräsident *Ngouabi* (39; 18.3.). Ein Militärausschuß unter Oberst *Joachim Yhombi-Opango* (41; 7.4.) als Staatspräsident übernimmt die Macht.
Zaire: Nachdem französische und marokkanische Truppen auf Wunsch der Regierung den Angriff ehemaliger »Katanga-Gendarmen« auf die Provinz Shaba abgewehrt haben, wird *Mpinga Kasende* (39) Premierminister (6.7.).
Angola: Nach gescheitertem Putschversuch prosowjetischer Kräfte Säuberung der kommunistischen MPLA (27.5.).
Rhodesien: Premierminister *Smith* (58) lädt Vertreter der afrikanischen politischen Organisationen unter Akzeptierung des Prinzips der späteren afrikanischen Mehrheitsregierung zu Gesprächen ein (24.11.). Ein Teil der afrikanischen Organisationen nimmt an den Gesprächen teil.
Namibia: Annahme eines Verfassungsentwurfs durch die »Turnhallen-Konferenz« (18.3.). Die Verabschiedung durch das südafrikanische Parlament wird zurückgestellt, nachdem sich die westlichen Mitglieder des UN-Sicherheitsrats dagegen ausgesprochen haben. Einsetzung eines Generaladministrators für Namibia durch Südafrika (1.9.).
Tansania: Bildung einer Einheitspartei, Premierminister wird *Edward Sokoine* (39; 5.2.). Die neue Verfassung (25.4.) ordnet das Parlament und die Regierung der Partei unter.
Äthiopien: Hinrichtung von General *Benti* (56) nach Richtungskämpfen innerhalb der Militärführung (3.2.). *Haile Mariam Mengistu* (56) wird neuer Vorsitzender des Provisorischen Militär-Verwaltungsrates.
Indien: Auflösung des Parlaments (18.1.) und Neuwahlen (16.–20.3.). Das Wahlbündnis der bisher zersplitterten Oppositionsparteien erringt einen überwältigenden Sieg. *Indira Gandhi* (60) verliert ihr Mandat. Premierminister wird *Morarji Desai* (81; 25.3.). Das Wahlbündnis wird zur Partei erklärt und erringt auch Siege bei Wahlen in wichtigen Bundesstaaten.
Pakistan: Die pakistanische Volkspartei von Ministerpräsident *Bhutto* (49) gewinnt die Wahlen (7.3.). Die oppositionelle Pakistan National Alliance beschuldigt ihn der Wahlfälschung. Nach einer innenpolitischen Krise übernimmt Stabschef *Zia ul-Haq* (53) in einem unblutigen Staatsstreich die Macht (5.7.). Er regiert als »Oberster Verwalter des Kriegsrechts«. Auflösung des Parlaments, Massenverhaftungen.
Sri Lanka: Katastrophale Wirtschaftslage. Die United National Party (UNP) gewinnt die ⅔-Mehrheit bei Wahlen (21.7.). Premierminister wird *Junius Richard Jayawardene* (71). Versuch der Abwendung des Staatsbankrotts. Liberalisierung der Wirtschaft.

USA: Präsident *Carter* (53) verkündet eine Generalamnestie für alle Vietnam-Kriegsdienstverweigerer (21. 1.). Errichtung eines Energieministeriums (4. 8.).
El Salvador: Bei Wahlen Sieg der Regierungspartei (20. 2.). Vorwurf der Wahlfälschung. Verhängung des Ausnahmezustands.
Kolumbien: Schwere Zusammenstöße zwischen Militär und streikenden Arbeitern führen zu einer Regierungskrise, in deren Verlauf fast das gesamte Kabinett zurücktritt (Sept.).
Argentinien: Die argentinische Bischofskonferenz klagt öffentlich Folterungen, Festnahmen, Morde und spurloses Verschwinden von Regimegegnern als Verletzung der Menschenrechte an (1. 4.).
Brasilien: Präsident *Geisel* (69) stattet sich mit Sondervollmachten aus. Auflösung der Parlamente auf unbestimmte Zeit. Schärfere Pressezensur (1. 4.).
Chile: Die Regierung gibt die Aufdeckung subversiver Pläne bekannt und verbietet alle politischen Parteien (11. 3.).

KULTUR Das »Kulturzentrum Georges Pompidou« wird in Paris eröffnet. Ausstellung »Die Zeit der Staufer« in Stuttgart.

KUNST Ausstellung der Werke des Environment-Künstlers *Edward Kienholz* (50) in Berlin. »Tendenzen der zwanziger Jahre« (Europäische Kunstausstellung Berlin).

LITERATUR *Günter Grass* (50) »Der Butt« (Roman). *Alex Haley* (56) »Roots« (Roman).

NATURWISSENSCHAFT Durch Gen-Übertragung vom Säugetier auf Bakterium wird das wachstumregelnde Hormon Somatostatin erzeugt (USA).

TECHNIK Der sowjetische Atomeisbrecher »Artika« erreicht als erstes Überwasserschiff den Nordpol.

WIRTSCHAFT Abschluß der Konferenz über internationale wirtschaftliche Zusammenarbeit (KIWZ) nach mehr als 1½jähriger Dauer in Paris (3. 6.)

1978

VEREINTE NATIONEN Israelische Invasion im Süd-Libanon zur Unterstützung der christlichen Milizen gegen die Palästinenser (15.–20. 3.). Nach Rückzug der israelischen Truppen Schaffung einer Pufferzone unter Aufsicht von UN-Truppen (Juni). Das Mandat der UN-Friedenstruppen auf den Golan-Höhen, auf der Sinai-Halbinsel und auf Zypern wird verlängert. Eine Sondervollversammlung der UNO verabschiedet allgemeine Prinzipien zur Abrüstung, bleibt aber letztlich ohne wesentliches Ergebnis (23. 5.–1. 7.). Ein von den Westmächten erarbeiteter Plan zur Abhaltung von Wahlen in Namibia unter UN-Aufsicht (10. 4.) scheitert an Südafrika. Der Sicherheitsrat erklärt Wahlen vorab für ungültig (13. 11.).

INTERNATIONALE POLITIK Das KSZE-Folgetreffen in Belgrad wird beendet (9. 3.), grundlegende Meinungsverschiedenheiten, insbesondere in der Menschenrechtsfrage, bleiben bestehen. Äthiopien erobert unter Beteiligung kubanischer Truppen das Ogaden zurück (7. 2.). Somalia zieht seine Truppen ab. Neue Invasion von »Katanga-Gendarmen« in Zaire (13. 5.). Französisch-belgische Truppen intervenieren unter Billigung der Regierung *Mobutu* (19. 5.). Die französischen Truppen werden durch Einheiten aus Marokko, Senegal und Togo ersetzt (Juli). Konferenz zwischen Angola und Zaire. Angola gibt die Unterstützung der »Gendarmen« auf (15.–17. 7.). Konferenz von Camp Davis zwischen Israel und Ägypten unter Beteiligung der USA bringt ein Rahmenabkommen für einen Friedensvertrag (6.–17. 9.). Räumung des Sinai durch Israel, Beendigung der Militärverwaltung in Westjordanien und Gaza, endgültige Regelung der Palästinenser-Frage in fünf Jahren. Beginn der Friedensvertragsverhandlungen zwischen Ägypten und Israel in Washington (11. 10.). Die 9. Arabische Gipfelkonferenz in Bagdad (2.–5. 11.) droht Ägypten für den Fall des Separatfriedens mit Israel mit wirtschaftlichen und politischen Konsequenzen. USA und Ägypten machen Israel für das vorläufige Scheitern der Verhandlungen verantwortlich (15. 12.). Uganda annektiert Gebiete im Nordwesten Tansanias (30. 10.). Rückzug der Truppen Ugandas (Nov.). Abschluß eines Freundschaftsvertrages zwischen China und Japan (12. 8.). China stellt die Wirtschaftshilfe an Vietnam ein (3. 7.). Grenzkonflikte und Verschlechterung der Beziehungen. Freundschaftsvertrag Vietnam-Sowjetunion (5. 11.). Vietnamesische Truppen (200 000 Mann) marschieren nach Grenzzwischenfällen in Kambodscha ein (25. 12.). Die USA nehmen diplomatische Beziehungen zu China auf und brechen die Beziehungen zu Taiwan ab (15./16. 12.). Die Salomonen (7. 7.), Tuvalu (1. 10.) und Dominica (3. 11.) werden unabhängig.

POLITIK DER LÄNDER Bundesrepublik Deutschland: Der Bundestag beschließt das Gesetz zur Bekämpfung des Terrorismus (16. 2.). Der Bundesparteitag der CDU beschließt in Ludwigshafen erstmals ein Grundsatzprogramm der Partei (23.–25. 10.).
DDR: Beginn des Wehrkundeunterrichts in den Schulen für die Klassen 9 und 10 (Sept.). Schließung des Büros des »Spiegel« in Ost-Berlin wegen Veröffentlichung eines oppositionellen »Manifests« von Regimekritikern (10. 1.).
Belgien: Vorlage des Entwurfs einer Verfassungsreform zur Regionalisierung des Landes (22. 2.). Rücktritt der Regierung *Tindemans* (56) wegen Differenzen der Parteien über den Entwurf. Bildung einer Übergangsregierung (20. 10.).
Dänemark: Zur Behebung der schweren Wirtschaftskrise erstmals Bildung einer Koalitionsregie-

rung aus Sozialdemokraten und Liberalen unter dem Sozialdemokraten *Jørgensen* (56; 29. 8.).
Finnland: Staatspräsident *Kekkonen* (78) wird zum fünftenmal wiedergewählt (16. 2.).
Frankreich: Bei Wahlen zur Nationalversammlung scheitert die Linksunion aus Sozialisten und Kommunisten (19. 3.). *Barre* (54) wird erneut Ministerpräsident.
Schweden: Rücktritt der Regierung *Fälldin* (52) nach Auseinandersetzungen um die Kernkraftwerkspolitik (5. 10.). Bildung einer liberalen Minderheitsregierung unter *Ola Ullsten* (47; 18. 10.).
Spanien: Referendum über die neue Verfassung bringt eine klare Mehrheit für den sozialen und demokratischen Staat (6. 12.).
Großbritannien: Innenpolitische Kontroversen um die in den letzten Jahren erfolgte Einwanderung farbiger britischer Staatsbürger (Jan./Febr.). Die Liberalen kündigen den »Pakt« mit Labour (25. 5.).
Italien: Nach Rücktritt der Regierung *Andreotti* (59; 16. 1.) und Bildung einer neuen Regierung *Andreotti* erlangen die Kommunisten erstmals nach 1947 unmittelbaren Einfluß auf die Regierung. Rücktritt von Staatspräsident *Leone* (70) nach Bestechungsvorwurf (16. 6.). Der Sozialist *Sandro Pertini* (82) wird Staatspräsident (8. 7.). Nach der Ermordung von *Moro* (61) durch Angehörige der »Roten Brigaden« Verabschiedung von Notstandsmaßnahmen zur Bekämpfung des Terrors (26. 3.).
Portugal: Bildung einer Koalitionsregierung unter *Soares* (54; 12. 2.). Entlassung von *Soares* durch Staatspräsident *Eanes* (43) nach Differenzen über die sozialistische Landwirtschaftspolitik (27. 7.). Es folgen zwei Übergangsregierungen, die nicht die Mehrheit im Parlament besitzen.
UdSSR: Neue Verfassungen der Unionsrepubliken berücksichtigen »nationale Eigenheiten« (April).
Türkei: *Ecevit* (53) wird zum Ministerpräsidenten berufen. Das Parlament spricht ihm diesmal das Vertrauen aus (17. 1.). Nach Terror von Links und Rechts Verhängung des Kriegsrechts in 13 Provinzen (Dez.).
Afghanistan: Staatsstreich der Armee. Ermordung von Staatschef *Daoud* (69) und der Angehörigen der königlichen Familie (27. 4.). *Nur Mohammed Taraki* (62) wird Vorsitzender des Revolutionsrates und Ministerpräsident der »Demokratischen Republik Afghanistan«. Annäherung an die Sowjetunion.
Iran: Beginn der Unruhen gegen den Schah in der heiligen Stadt Gom (7./8. 1.). Verhängung des Kriegsrechts (13. 8.). Generalstreik (7. 9.). *Ayatollah Khomeini* (78) und die Nationale Front bilden in Paris die Iranisch-Islamische Nationalbewegung (5. 6.). Einsetzung einer Militärregierung (8. 11.) zur Wiederherstellung der Ruhe und Ordnung.
Israel: Die »Frieden-jetzt-Bewegung« spricht sich gegen orthodoxe Juden und Regierung für einen weitgehenden Verzicht auf die besetzten Gebiete als Preis für einen dauerhaften Frieden mit den arabischen Nachbarn aus (März/April).
Ägypten: Eine Volksabstimmung befürwortet die »Sechs Prinzipien« *Sadats* (60). Verbot der politischen und journalistischen Betätigung von Regimekritikern, deren Einstellung mit der Religion unvereinbar ist (21. 5.). Reorganisation der politischen Strukturen (Juli–Nov.).
Ghana: Nach Konflikten innerhalb des Militärrates und Androhung eines Staatsstreichs tritt *Acheampong* (47) zurück. Sein Nachfolger als Führer des Militärrates wird sein bisheriger Stellvertreter *Fred Akuffo* (41; 1. 7.). Verfassungsentwurf, Wiederzulassung politischer Parteien (27. 11.).
Nigeria: Das Verbot politischer Parteien wird aufgehoben (22. 9.).
Rhodesien: Abkommen über eine »interne Lösung« der Probleme zwischen der weißen Minderheit und einer Gruppe afrikanischer Politiker um *Muzorewa* (53; 3. 3.). Übergangsregierung, doppelt besetzter Ministerrat, 130 von 170 Artikeln der Verfassung können nur mit Zustimmung der Weißen geändert werden. Die »Politische Befreiungsfront« unter *Mugabe* (53) lehnt das Abkommen ab.
Namibia: Wahlen unter Ausschluß der SWAPO. Die Demokratische Turnhallen-Konferenz erhält 82% der Stimmen (4.–8. 12.).
Südafrika: Rücktritt von Premier *Vorster* (63; 20. 9.). Er wird Staatspräsident. Sein Nachfolger ist der bisherige Verteidigungsminister *Pieter Willem Botha* (62; 28. 9.).
Kenya: Tod Präsident *Kenyattas* (80; 22. 8.). Nachfolger wird der Vize-Präsident *Daniel Arap Moi* (54).
Bangladesh: General *Zia ur-Rahman* (52) wird durch Referendum als Staatschef bestätigt (3. 6.). Vorsichtige Hinwendung zur Demokratie.
China: Der V. Nationale Volkskongreß (26. 2.–5. 3.) bringt eine allmähliche Liberalisierung des politischen und gesellschaftlichen Lebens.
Indonesien: *Suharto* (57) läßt sich vom Volkskongreß für fünf weitere Jahre als Präsident bestätigen (22. 3.).
Philippinen: Auf amerikanischen Druck Wahlen zu einer interemistischen Nationalversammlung (7. 4.). Der zum Tode verurteilte liberale Senator *Benigno Aquino* (46) führt den Wahlkampf aus dem Gefängnis. Die Liberale Partei erhält trotz Wahlmanipulation durch die Regierung *Marcos* (61) 40% der Stimmen. *Aquino* wird begnadigt.
Japan: Rücktritt von Ministerpräsident *Fukuda* (73), nachdem er bei Wahlen für den Vorsitz in der Liberal-Demokratischen Partei unterliegt (27. 11.). *Masayoshi Okira* (68) wird Parteivorsitzender und Ministerpräsident.
Peru: Erste Parlamentswahlen seit der Machtübernahme der Militärs 1968 (18. 6.).
Chile: Volksbefragung ergibt 75,3% Ja-Stimmen für die »Legitimität« der Regierung *Pinochet* (63; 4. 1.).

KULTUR Nach dem Tod von Papst *Paul VI.* (80; 6. 8.) wird der Kardinal von Venedig, *Albino Luciani* (65), als *Johannes Paul I.* sein Nachfolger (26. 8.). Nach seinem

Tod (28.9.). wird mit dem Erzbischof von Krakau *Karol Wojtyla* (58) erstmals seit 1523 ein Nichtitaliener Papst (16.10.). Er nimmt den Namen *Johannes Paul II.* an.

KUNST Ausstellung »Paris–Berlin«, Paris. *G. Green* (56) »Holocaust« (US-Fernsehfilmserie).

LITERATUR *Shakespeares* Werke erscheinen in China.

MUSIK Disco-Musik wird populär.

NATURWISSENSCHAFT Das erste künstlich gezeugte Kind wird in London geboren (26.6.).

TECHNIK Karakorum-Straße zwischen China und Pakistan. 800 km Länge, bis 4800 m Höhe.

WIRTSCHAFT EG-Vollmitgliedschaft für Dänemark, Großbritannien und Irland (1.1.). Eröffnung von Verhandlungen zwischen der EG und 53 Staaten der dritten Welt über die Erneuerung des Lomé-Abkommens (20.7.).

1979

VEREINTE NATIONEN Die Sowjetunion verhindert durch ihr Veto im Sicherheitsrat die Annahme einer Resolution zum Abzug aller ausländischen Truppen aus Kambodscha (15.1.). Das Mandat der UN-Truppen im Süd-Libanon, auf den Golan-Höhen, auf der Sinai-Halbinsel und auf Zypern wird verlängert. Papst *Johannes Paul II.* (59) setzt sich vor der UN-Vollversammlung für den Weltfrieden ein (2.10.).Der Sicherheitsrat fordert Südafrika zur Einstellung seiner Aktionen in Angola auf (3.11.).

INTERNATIONALE POLITIK Die ersten Direktwahlen zum Europarat bringen einen Sieg der Sozialdemokraten vor den Christdemokraten (7.–10.6.). Unterzeichnung des SALT-II-Abkommens durch US-Präsident *Carter* (55) und den sowjetischen Staatschef *Breschnew* (73; 15.3.). Der NATO-Ministerrat beschließt Nachrüstung mit Mittelstrecken-Raketen gekoppelt mit Angebot zu Abrüstungsverhandlungen an Moskau (12.12.). Chinesische Truppen marschieren nach Grenzkonflikten in Vietnam ein (17.2.). Nach Abzug der Truppen (5.–16.3.) Beginn von Friedensverhandlungen (18.4.). China kündigt den 1950 geschlossenen Freundschaftsvertrag mit der Sowjetunion auf (3.4.). Großbritannien ruft eine Rhodesien-Konferenz aller Konfliktparteien nach Lusaka ein und setzt die Annahme der britischen Verfassungsvorschläge durch (4.8.). Friedensschluß zwischen der POLISARIO und Mauretanien, das alle Ansprüche auf die Westsahara aufgibt (5.8.). Marokko annektiert die Provinz Tiri-al-Gharbia vor Übergabe an die POLISARIO. Grenzkrieg zwischen Nord- und Süd-Jemen (3.–10.3.). Unterzeichnung des Friedensvertrages zwischen Ägypten und Israel in Washington (26.3.). Boykott der Arabischen Liga gegen Ägypten. Sowjetische Invasion in Afghanistan (27.12.). Nach Ausrufung der Islamischen Republik im Iran und der Flucht des Schahs tritt die Türkei aus dem CENTO-Pakt aus (15.3.). Auflösung des Pakts (30.4.). Grönland spricht sich in einem Referendum für die innere Autonomie von Dänemark aus (17.1.). St. Lucia (22.2.), die Gilbert-Inseln (12.7.) und St. Vincent (27.10.) werden unabhängig.

POLITIK DER LÄNDER Bundesrepublik Deutschland: Bundespräsident *Scheel* (60) verzichtet auf die erneute Kandidatur. *Karl Carstens* (65) wird zum Bundespräsidenten gewählt (23.5.). Ein Programmkongreß der »Grünen« faßt den Beschluß, sich als Bundespartei »Die Grünen« zu nennen (3.11.).
DDR: Die Volkskammer beschließt Strafrechtsänderungsgesetz mit erheblicher Verschärfung des politischen Strafrechts (28.6.). Wahlgesetz sieht Direktwahl der Ost-Berliner Volkskammerabgeordneten vor (28.6.).
Belgien: Überwindung der Regierungskrise durch Bildung einer Koalitionsregierung aus Christlich-Sozialen, Sozialisten und Demokratischer Front unter dem Christlich-Sozialen *Wilfried Martens* (43; 3.4.).
Dänemark: Das Parlament verabschiedet ein Gesetz über die innere Autonomie Grönlands (16.2.).
Finnland: Nach Parlamentswahlen bildet der Sozialdemokrat *Mauno Koivisto* (56) eine Koalitionsregierung aus Sozialdemokraten, Zentrum und Kommunisten (26.5.).
Großbritannien: Nach Scheitern der Autonomiepolitik für Wales und Schottland durch negative Volksabstimmung stürzt die Labour-Regierung *Callaghen* (67) durch einen Mißtrauensantrag im Unterhaus (28.3.). Die Konservative Partei erreicht bei den Unterhauswahlen die absolute Mehrheit (3.5.). *Margaret Thatcher* (54) wird die erste Premierministerin in der Geschichte Großbritanniens. Beginn einer drastischen Sparpolitik.
Irland: Nach Abstimmungsniederlagen tritt Premierminister *Lynch* (62) zurück (5.12.). Nachfolger wird *Charles James Haughey* (54; 11.12.).
Italien: Ministerpräsident *Andreotti* (60) tritt nach Verlust der Unterstützung durch die KPI im Parlament zurück (31.1.). Bei Parlamentswahlen Stimmverluste der Christdemokraten und Kommunisten (3.6.). Der Christdemokrat *Francesco Cossiga* (51) bildet nach langer Regierungskrise ein Kabinett aus Christdemokraten, Sozialisten und Republikanern (5.8.).
Österreich: Bei Wahlen gewinnt die SPÖ erneut die absolute Mehrheit (6.5.). Bildung des 4. Kabinetts *Kreisky* (68; 5.6.).
Portugal: Nach wechselnden Minderheitsregierungen Parlamentswahlen (2.12.). Das Wahlbündnis der rechten Parteien, die »Demokratische Allianz«, gewinnt die Wahlen, während die Sozialisten Stimmen verlieren.

Schweden: Nach Reichstagswahlen (16.9.) bildet der Zentrumspolitiker *Fälldin* eine bürgerliche Koalitionsregierung (11.10.).
Spanien: Bei Wahlen Sieg der Union Demokratisches Zentrum (1.3.). Ministerpräsident *Suárez* (47) bildet erneut eine Regierung.
CSSR: Verurteilung von zehn Mitgliedern der Bürgerrechtsbewegung »Charta 77« zu teilweise langjährigen Freiheitsstrafen (Nov.).
Polen: Triumphaler Empfang von Papst *Johannes Paul II.* in seiner Heimat. Regierungsfeindliche Demonstrationen am früheren Gedenktag der nationalen Unabhängigkeit (12.11.).
Türkei: Die Regierung *Ecevit* (54) tritt nach Verlusten bei Nachwahlen zurück (16.10.). Der Führer der konservativen Gerechtigkeitspartei *Demirel* (55) bildet eine neue Regierung (12.11.).
Afghanistan: Wachsender Widerstand der traditionellen Stämme gegen anti-islamische Politik der Revolutionsregierung. Der moskauorientierte *Hafisollah Amin* (53) setzt Ministerpräsident *Taraki* (63) ab (16.9.). Er wird vermutlich ermordet. *Amin* versucht mit Terror zu regieren, was mißlingt. Sturz von *Amin* nach der sowjetischen Invasion (27.12.). Der aus dem sowjetischen Exil zurückgekehrte *Bakrak Karmal* (50) übernimmt die Macht. *Amin* wird hingerichtet.
Iran: Bildung einer neuen Regierung unter *Schahpur Bakhtiar* (63; 4.1.). Schah *Mohammed Resa Pahlevi* (60) verläßt das Land (16.1.). Der Schiitenführer *Khomeini* (79) kehrt aus dem Exil zurück (1.2.). Er bildet einen Revolutionsrat und eine provisorische Regierung unter *Mehdi Basargan* (71; 5.2.). Konflikt zwischen der Kaiserlichen Garde und Luftwaffenoffizieren, bei dem sich das Oberkommando der Streitkräfte neutral erklärt. Übergabe von Waffen an Volksmilizen. Islamisierung des öffentlichen Lebens. *Khomeini* proklamiert nach einer Volksabstimmung die »Islamische Republik Iran« (1.4.). Besetzung der US-Botschaft durch Studenten, Geiselnahme und Aufforderung zur Auslieferung des Schahs aus den USA (4.11.). Rücktritt der Regierung. Ein Revolutionsrat übernimmt die Macht. Die neue Verfassung sichert die Macht der schiitischen Geistlichen (2./3.12.).
Irak: Rücktritt von Präsident *al-Bakr* (67) zugunsten von Ministerpräsident *Saddam Hussein* (42; 16.7.).
Saudi-Arabien: Schiitische Extremisten besetzen die »Große Moschee« in Mekka (21.11.). Blutige Eroberung durch die Nationalgarde.
Arabische Republik Jemen und Demokratische Volksrepublik Jemen: Die beiden Staaten beschließen nach Beendigung der Grenzkonflikte die Vereinigung (28.–31.3.).
Ägypten: Der Friedensvertrag mit Israel wird in einer Volksabstimmung mit überwältigender Mehrheit angenommen (20.4.). Bei Parlamentswahlen erhält die Partei *Sadats* (61) mehr als 3/4 der Stimmen (2.–14.6.).
Algerien: *Chadli Ben Dschedid* (50) wird als Nachfolger des verstorbenen *Boumedienne* (51) zum Präsidenten gewählt (7.2.).
Ghana: Militärs unter Hauptmann *Jerry J. Rawlings* (32) übernehmen die Macht (4.6.). Die früheren Staatschefs werden hingerichtet. Bei Wahlen siegt die in der Nachfolge von Staatsgründer *Nkrumah* stehende People's National Party (18.6.). *Hilla Limann* (45) wird neuer Premierminister (9.7.).
Nigeria: Bei Wahlen gewinnt die National Party of Nigeria von *Shehu Shagri* (54; 19.7.). Das Militär übergibt die Macht an die Zivilregierung (1.10.).
Tschad: Andauernde schwere Kämpfe zwischen rivalisierenden Militärs aus dem Norden und Süden (Febr./März). Bildung einer Übergangsregierung der Nationalen Einheit unter Berücksichtigung der regionalen Unterschiede (10.11.).
Zentralafrikanische Republik: Entmachtung von Kaiser *Bokassa* (58) mit Hilfe französischer Truppen (21.9.). Wiederzulassung politischer Parteien.
Angola: Tod Präsident *Netos* (57; 10.9.). Nachfolger wird *Eduardo dos Santos* (37; 20.9.).
Rhodesien: Erste allgemeine, gemischtrassische, gleiche Wahlen (20.4.). Die Partei von Bischof *Muzorewa* (54) gewinnt die Mehrheit. *Muzorewa* wird Premierminister eines Kabinetts aus 12 Schwarzen und fünf Weißen (29.5.).
Südafrika: Rücktritt von Präsident *Vorster* (64) wegen eines Finanzskandals (4.6.). Nachfolger wird *Marais Viljoen* (64).
Uganda: Truppen aus Tansania und Exil-Ugander vertreiben *Amin* (54). Nach Bildung einer provisorischen Regierung (13.4.) wird *Godfrey Binaisa* (69) Präsident (20.6.). Tansanische Truppen verbleiben zwei Jahre im Land.
Kambodscha: Nach Einnahme von Phnom Penh durch vietnamesische Truppen unterzeichnet die kambodschanische Regierung einen »Freundschafts- und Kooperationsvertrag« mit Vietnam (16.2.). Massenflucht der Bevölkerung nach Thailand. Der Kampf der »Roten Khmer« gegen die Vietnamesen geht weiter.
Süd-Korea: Staatspräsident *Park Chung Hee* (62) wird von seinem Geheimdienstchef erschossen (26.10.). Nachfolger wird *Choi Kyu Hah* (60).
Kanada: Die Liberalen unter *Trudeau* (60) verlieren die Wahlen (22.5.). Die Konservativen unter *Joseph (Joe) Clark* (40) bilden eine neue Regierung.
El Salvador: Sturz von Präsident *Carlos Humberto Romero* (55) durch eine Militärjunta (15.10.).
Nicaragua: Ausdehnung des Bürgerkriegs. *Somoza* (54) erklärt seinen Rücktritt (17.7.) und verläßt das Land. Übernahme der Regierungsgewalt durch eine »Junta des Nationalen Wiederaufbaus«.
Ecuador: Die Wahl von *Jaime Roldós Aguillera* (33) zum Präsidenten (29.4.) beendet das Militärregime.
Peru: Rückkehr zur Demokratie. Verabschiedung einer neuen Verfassung (12.7.).
Brasilien: Aufhebung der Dekrete von 1968 (1.1.). Umfassendes Amnestiegesetz (22.8.).

KULTUR 1. Enzyklika von Papst *Johannes Paul II.* »Redemptor hominis«.

KUNST *Joseph-Beuys*-Ausstellung im Guggenheim-Museum, New York. *Rainer Maria Fassbinder* (33) »Die Ehe der Maria Braun« (Film). Eröffnung des Internationalen Congress-Center Berlin (moderne Architektur).

LITERATUR Ausschluß von *Stefan Heym* (66), *Rolf Schneider* (47) u. a. aus dem Schriftstellerverband der DDR.

MUSIK »New Music, New York« (Festival für experimentelle Musik, New York).

NATURWISSENSCHAFT US-Raumsonden vermitteln neue Kenntnisse über die Planeten Saturn, Uranus und Jupiter. Sowjetisches Raumschiff »Sojus 34« 175 Tage im All.

WIRTSCHAFT Gründung des Europäischen Währungssystems (EWS) (13. 3.). Erhöhung der Erdölpreise durch die OPEC (28. 3.)

1980

VEREINTE NATIONEN Die Sowjetunion verhindert durch ihr Veto im Sicherheitsrat die Annahme einer Resolution zur Verurteilung der sowjetischen Invasion Afghanistans und der Forderung nach Abzug aller ausländischen Truppen (7. 1.). Eine Notstandssondertagung der Vollversammlung verurteilt die Invasion (10. 1.). Die Sowjetunion verhindert durch ihr Veto die Annahme eines Boykotts gegen den Iran wegen der Geiselnahme amerikanischer Staatsbürger (13. 1.). Eine UN-Kommission bemüht sich vergeblich in Teheran um die Freilassung der Geiseln (23. 2.). Der Internationale Gerichtshof fordert die Freilassung der Geiseln (24. 5.). Verlängerung des Mandats der UN-Truppen auf Zypern, auf den Golan-Höhen, im Süd-Libanon und auf der Sinai-Halbinsel. Der Botschafter der Bundesrepublik Deutschland bei der UNO, *Rüdiger von Wechmar* (57), wird Präsident der Generalversammlung (16. 9.).

INTERNATIONALE POLITIK Als Reaktion auf die sowjetische Invasion Afghanistans sperren die USA Weizenlieferungen in die UdSSR (4. 1.); das Nationale Olympische Komitee der USA beschließt den Boykott der Olympischen Spiele in Moskau (13. 4.). Abbruch der diplomatischen Beziehungen der USA zum Iran (7. 4.). Eine amerikanische Militäraktion zur Befreiung der Geiseln scheitert (25. 4.). Irak kündigt das Grenzabkommen von 1975 mit dem Iran auf (17. 8.). Irakische Truppen greifen den Iran an (22. 9.), Bombardierung der Erdölförderungsanlagen. Beginn der 2. KSZE-Folgekonferenz in Madrid (12. 11.). Wegen der andauernden Auseinandersetzungen zwischen polnischen Arbeitern und der Regierung warnt die Sowjetunion vor eine Tangierung ihrer militärischen Interessen (24. 11.) und zieht Truppen im Grenzgebiet zu Polen zusammen. Gefahr einer sowjetischen Invasion. Gipfelkonferenz der Warschauer-Pakt-Staaten in Moskau geht davon aus, daß die polnische Regierung die Probleme allein lösen kann (5. 12.). Griechenland kehrt in die NATO zurück (18. 10.), die es 1974 wegen der Auseinandersetzungen mit der Türkei um Zypern verlassen hatte. Zimbabwe (Rhodesien) wird unabhängig (18. 4.).

POLITIK DER LÄNDER Bundesrepublik Deutschland: »Die Grünen« verabschieden auf einem Bundesparteitag ein Programm (21. 3.), das sich neben umweltpolitischen Forderungen auch mit der Außen-, Wirtschafts- und Sozialpolitik befaßt. Wegen der Ereignisse in Polen sagt Bundeskanzler *Schmidt* (62) eine Reise in die DDR ab (22. 8.). Bei Wahlen zum Bundestag (5. 10.) Sieg der Koalitionsparteien. Bundeskanzler *Schmidt* bildet erneut eine Koalitionsregierung aus SPD und FDP (4. 11.).
DDR: Streik des West-Berliner Personals der DDR-Reichsbahn (17. 9.). Erhöhung des Zwangsumtausches für Westbesucher in der DDR von 13 auf 25 DM pro Tag (13. 10.).
Belgien: Rücktritt der Regierung *Martens* (44) nach Scheitern des Regionalisierungskonzepts (9. 4.). Nach Bildung einer neuen Regierung *Martens* (18. 5.) Verkündung eines Autonomiestatuts für Flandern und Wallonien (5. 8.).
Griechenland: Ministerpräsident *Karamanlis* (73) wird zum Staatspräsidenten gewählt (5. 5.). *Georgios Rallis* (62) wird sein Nachfolger (9. 5.).
Großbritannien: Erster Stahlarbeiterstreik in Großbritannien seit 50 Jahren (2. 1.). Die Konferenz über die Wiederherstellung der lokalen Selbstverwaltung in Nordirland scheitert (7. 1.–31. 3.). *James Callaghen* (68) tritt als Führer der Labour Party zurück (25. 10.). Sein Nachfolger wird der Führer des linken Parteiflügels *Michael Foot* (67; 10. 11.).
Italien: Rücktritt von Ministerpräsident *Cossiga* (52; 19. 3.), nachdem ihm Sozialisten und Republikaner die Unterstützung im Parlament verweigert haben. Er bildet eine neue Regierung (4. 4.). Sturz der Regierung wegen unbewältigter Wirtschaftsprobleme (27. 9.). Der Christdemokrat *Arnaldo Forlani* (55) bildet eine neue Regierung (18. 10.). Auf dem Parteitag der Christdemokraten wird erneut eine Zusammenarbeit mit den Kommunisten abgelehnt (21. 2.).
Island: Mit *Vigdís Finnbogadóttir* (50) wird erstmals eine Frau zum Staatspräsidenten gewählt (29. 6.).
Niederlande: Königin *Juliana* (71) dankt aus Altersgründen ab. Ihre Tochter *Beatrix* (42) wird Königin (30. 5.).
Österreich: Der parteilose *Rudolf Kirchschläger* (65) wird erneut zum Bundespräsidenten gewählt (18. 5.).
Portugal: Bei Parlamentswahlen siegt erneut die Demokratische Allianz (5. 10.). Ministerpräsident wird *Francisco Sá Carneiro* (46). Staatspräsident *Eanes* (45) wird mit absoluter Mehrheit wiedergewählt (7. 12.).
Jugoslawien: Tod von Staatschef *Tito* (87; 4. 5.).

Polen: *Edward Babiuch* (53) wird Nachfolger von Ministerpräsident *Jaroszewicz* (71; 18.2.). Große Streiks wegen wirtschaftlicher und politischer Mißstände (12.8.–1.9.). Rücktritt von *Babiuch* (24.8.). Nachfolger wird *Jozef Pińkowski* (52). Nach Rücktritt von Parteichef *Gierek* (67; 5.9.) wird *Stanislaw Kania* (53) sein Nachfolger. *Lech Wałęsa* (37), der Leiter des Danziger Streikkomitees, u.a. fordern unabhängige Gewerkschaften. Abkommen zwischen der Regierung und den Arbeitern über die Gründung freier Gewerkschaften (1.9.). Gründung der unabhängigen Gewerkschaft »Solidarität« in Danzig (16.9.). Tiefgreifende Veränderungen in der Partei.

Rumänien: Staatspräsident wird erneut *Ceauşescu* (62; 28.3.).

UdSSR: Rücktritt von Ministerpräsident *Kossygin* (76) aus Altersgründen (23.10.). Nachfolger wird *Nikolaj Tichonow* (75).

Türkei: Militärputsch zur »Verhinderung eines Bürgerkrieges« (12.9.). Absetzung der Regierung *Demirel* (56). Generalstabschef *Kenan Evren* (62) übernimmt die Macht. Suspendierung der Verfassung, Auflösung des Parlaments, Verhaftung von Politikern.

Afghanistan: Nach Kämpfen mit sowjetischen Truppen und Regierungstruppen in Kabul Verhängung des Kriegsrechts (22.2.). Das Präsidium des Revolutionsrats billigt den mit der UdSSR geschlossenen Vertrag über die provisorische Anwesenheit sowjetischer Truppen (5.4.). Verabschiedung einer neuen Verfassung.

Iran: *Abdulhassan Bani Sadr* (46) wird zum Staatspräsidenten gewählt (25.1.). Die streng religiös orientierte Islamisch-Republikanische Partei gewinnt die Wahlen (9.5.). Radikale islamische Gruppen übernehmen immer mehr die Kontrolle des öffentlichen Lebens.

Ägypten: Referendum über eine Verfassungsänderung ermöglicht die Verlängerung der Amtszeit des Präsidenten (22.5.).

Liberia: Militärputsch (12.4.) von Hauptfeldwebel *Samuel Doe* (28). Staatspräsident *Tolbert* (67) wird getötet. Suspendierung der Verfassung, Verhängung des Kriegsrechts.

Senegal: Rücktritt von Präsident *Senghor* (74; 31.12.). Nachfolger wird *Abou Diouf* (46).

Tschad: Höhepunkt des Bürgerkrieges. Zerfall der Regierung der Nationalen Einheit (23.3.). Frankreich zieht seine Truppen ab (28.4.).

Uganda: Nach der Rückkehr aus dem Exil wird *Milton Obote* (55) erneut zum Staatspräsidenten gewählt (15.12.).

Zimbabwe: Bei Parlamentswahlen gewinnt die ZANU/Patriotische Front von *Robert Mugabe* (27.–29.2.) die Mehrheit. *Mugabe* (55) wird Ministerpräsident (11.3.).

China: Ministerpräsident *Hua Kuo-feng* (58) erklärt seinen Rücktritt (7.9.). *Zhao Zi-yang* (62) wird sein Nachfolger (10.9.). Eröffnung des Prozesses gegen die »Vierer-Bande« (20.11.).

Indien: Bei Wahlen gewinnt die Kongreßpartei von *Indira Gandhi* (63) ⅔ der Stimmen (3.–6.1.). Sie wird erneut Ministerpräsidentin (10.1.).

Süd-Korea: Rücktritt von Präsident *Choi Kyu Hah* (61; 16.8.). Nachfolger wird *Chun Doo Hwan* (48; 27.8.). Vorlage eines Verfassungsentwurfs zur Auflösung der Parteien und der Nationalversammlung (29.9.). Sie soll durch ein Ein-Kammer-Parlament ersetzt werden. Präsidentenwahl einmalig auf sieben Jahre. Annahme des Entwurfs durch ein Referendum (22.10.).

Japan: Nach Annahme eines Mißtrauensantrags (16.5.) löst Ministerpräsident *Ohira* (70) das Parlament auf. Bei Neuwahlen Stimmgewinne der Liberal-Demokratischen Partei. Nachfolger des inzwischen verstorbenen *Ohira* wird *Zenko Suzuki* (69; 17.7.).

Kanada: Bei vorgezogenen Neuwahlen gewinnen die Liberalen die Mehrheit (18.2.). *Trudeau* (61) bildet nach dem Rücktritt der konservativen Regierung ein neues Kabinett (3.3.).

USA: Schwere Niederlage von Präsident *Carter* (56) bei Präsidentschaftswahlen gegen den Republikaner *Ronald Reagan* (69; 4.11.). Erstmals seit 1954 wieder eine republikanische Mehrheit im Senat.

Kuba: Massenauswanderung mit Unterstützung der Regierung. »Alle asozialen Elemente« erhalten Pässe (26.4.).

El Salvador: Der Christdemokrat *José Napoleon Duarte* (56) wird Präsident der Regierungsjunta (14.12.).

Honduras: Bei Wahlen zur Verfassunggebenden Nationalversammlung siegt die Liberale Partei (20.4.).

Nicaragua: Konstituierung eines Staatsrates (4.5.).

Peru: Erste demokratische Parlaments- und Präsidentschaftswahlen seit 1968. Es siegt die »Volks-Aktion« des ehemaligen Präsidenten *Fernando Belaúnde Terry* (68; 18.5.).

Argentinien: Die Militärjunta nominiert General *Roberto Eduardo Viola* (57) als Präsident auf vier Jahre (3.10.).

Chile: Referendum über einen Verfassungsentwurf und die Verlängerung der Amtszeit von Präsident *Pinochet* (65) bis 1989 (11.9.). Laut amtlichem Endergebnis stimmen 67% der Wähler dafür, 30 dagegen (11.9.).

KULTUR Aus Protest gegen die sowjetische Invasion in Afghanistan nehmen von 146 Mitgliedern des Internationalen Olympischen Komitees 65 nicht an den Olympischen Spielen in Moskau teil.

KUNST Museum of Modern Art in New York zeigt umfassende Ausstellung der Werke *Picassos*. *Wolfgang Petersen* (39) »Das Boot« (Film). *Luis Malle* (48) »Atlantic City« (Film).

LITERATUR *Tennessee Williams* (69) »Will Mr. Merrywether return from Memphis?« (Schauspiel).

NATURWISSENSCHAFT Weitere Erforschung der Planeten Jupiter, Saturn und Venus durch US-Raumsonden. Ausweitung der »Interferon-Forschung« mit der Hoffnung auf wirksame Krebsbekämpfung.

TECHNIK Sowjetische Koppelungsmanöver mit Raumfähren erlauben die Verlängerung der Flugdauer und den Austausch der Besatzungen. Die Kongreßhalle in Berlin-Tiergarten stürzt ein (Gebäude in Spannbetonbauweise). Inbetriebnahme von Europas höchster Seilbahn auf das »Kleine Matterhorn« (3820 m).

WIRTSCHAFT Bericht der Nord-Süd-Kommission über Probleme der dritten Welt unter Vorsitz von *Willy Brandt* (67) veröffentlicht. »The Global 2000 Report to the President« veröffentlicht (Bericht für US-Präsident *Carter* über die Entwicklung der Welt).

1981

VEREINTE NATIONEN Die Delegation Südafrikas wird von den Beratungen über Namibia ausgeschlossen (2. 3.). Das Mandat der UN-Truppen auf Zypern, auf den Golan-Höhen und im Süd-Libanon wird verlängert. Eine Konferenz über Kambodscha (13.–17. 7.), an der die UdSSR und andere kommunistische Staaten nicht teilnehmen, endet mit einer Resolution, die den Abzug aller fremden Truppen aus Kambodscha und die Abhaltung freier Wahlen fordert. Nach 16 ergebnislosen Wahlgängen verzichtet UN-Generalsekretär *Waldheim* (63) auf seine erneute Kandidatur für eine dritte Amtsperiode (3. 12.). Nachdem auch sein Gegenkandidat, der Tansanier *Salim Ahmad Salim* (39), verzichtet hat (8. 12.), wird der Peruaner *Javier Pérez de Cuéllar* (61) einstimmig zum Generalsekretär gewählt (15. 12.).

INTERNATIONALE POLITIK Durch algerische Vermittlung werden die amerikanischen Geiseln in Teheran nach 444 Tagen freigelassen (20. 1.). Die Außenminister der Blockfreien Staaten fordern auf ihrer Konferenz in Neu-Delhi (9.–13. 2.) den Abzug aller fremden Truppen aus Afghanistan. Beginn der amerikanisch-sowjetischen Verhandlungen über Mittelstreckenraketen in Genf (30. 11.). Israel annektiert die Golan-Höhen (14. 12.). Die USA suspendieren das Abkommen über die strategische Zusammenarbeit mit Israel. Grenzkonflikte zwischen Peru und Ecuador um eine erdölreiche Region (28. 1.–2. 2.). Die USA heben das 1980 wegen des sowjetischen Einmarsches in Afghanistan verhängte Weizen-Embargo auf (24. 4.). König *Hassan II.* (52) von Marokko akzeptiert auf dem Treffen der OAU ein Referendum über die Selbstbestimmung der West-Sahara (24.–27. 1.). Nachdem Libyen seinen Einfluß im Norden des Tschad ausdehnt, unterstützen französische Truppen die reguläre Regierung im Süden. Abzug libyscher Truppen (3. 11.). OAU-Truppen sollen den Frieden sichern. Nach einem Putsch in Gambia, der nur mit Hilfe senegalesischer Truppen niedergeschlagen werden kann, vereinbaren die beiden Staaten eine Konföderation unter dem Namen Senegambia (14. 11.). Die Palau-Inseln (als Belau) (1. 1.), Antigua (1. 11.) und Belize (21. 8.) werden unabhängig.

POLITIK DER LÄNDER Bundesrepublik Deutschland: Bundeskanzler *Schmidt* (63) droht mit dem Rücktritt, falls der Bundesparteitag der SPD den NATO-Doppelbeschluß verwirft (6. 5.). Erste große Friedensdemonstration in Bonn gegen Auf- und Nachrüstung (300 000 Teilnehmer, 9. 10.). Der *Garski*-Skandal führt zum Rücktritt des Regierenden Bürgermeisters in Berlin *Dietrich Stobbe* (43; 15. 1.). Nach Wahlen bildet *Richard von Weizsäcker* (61) einen CDU-Minderheitssenat (11. 6.).
DDR: Erstmals Direktwahl der Ost-Berliner Abgeordneten für die Volkskammer (14. 6.). *Erich Honecker* (69) wird in seinem Amt als Vorsitzender des Staatsrats und des Nationalen Verteidigungsrats, *Willi Stoph* (67) als Vorsitzender des Ministerrats von der Volkskammer bestätigt (25. 6.).
Belgien: Nach Rücktritt von Ministerpräsident *Martens* (45) wegen wirtschaftlicher Schwierigkeiten und des Sprachenkonflikts bildet der Christlich-Soziale *Mark Eyskens* (48) eine neue Regierung (2. 4.). Bei vorgezogenen Wahlen (8. 11.) Stimmgewinne der Sozialisten. Erneut Bildung einer Regierung *Martens* (17. 12.).
Dänemark: Nach Stimmverlusten bei vorgezogenen Neuwahlen (8. 12.) regiert der bisherige sozialdemokratische Ministerpräsident *Jørgensen* (59) mit einem Minderheitskabinett weiter.
Finnland: Staatspräsident *Kekkonen* (81) tritt aus Altersgründen zurück (17. 10.).
Frankreich: Im 2. Wahlgang gewinnt der Sozialist *François Mitterrand* (65) gegen den bisherigen Präsidenten *Giscard d'Estaing* (55) die Präsidentschaftswahlen (10. 5.). Bei Wahlen zur Nationalversammlung gewinnen die Sozialisten die absolute Mehrheit (26. 6.). Bildung einer Regierung unter dem bisherigen sozialistischen Premierminister *Pierre Mauroy* (53) unter Beteiligung der Kommunisten, die erstmals seit 1947 wieder in der Regierung vertreten sind. Innenpolitisches Reformprogramm, Verstaatlichung der Großbanken (Sept.).
Griechenland: Die Panhellenistische Sozialistische Bewegung (PASOK) gewinnt bei Wahlen die absolute Mehrheit (18. 10.). *Andreas Papandreou* (62) bildet die erste sozialistische Regierung Griechenlands (21. 10.).
Großbritannien: Gründung der Sozialdemokratischen Partei (SDP) durch ehemalige Mitglieder der Labour Party (26. 3.). Schwere Rassenunruhen in London und anderen Städten zwischen Rechtsradikalen und Asiaten (4. 7.).
Irland: Nach Wahlen wird *Garret FitzGerald* (54) mit Hilfe der Labour Party neuer Regierungschef (30. 6.).

Italien: Sturz der Regierung *Forlani* (56) über die Affäre um die »Freimaurerloge P 2« (26. 5.). Mit dem Republikaner *Giovanni Spadolini* (56) wird erstmals seit 1946 ein Nicht-Christdemokrat Ministerpräsident (28. 6.).
Niederlande: Nach langer Regierungskrise wegen Verlust der Mehrheit bei Wahlen (26. 5.) bildet Ministerpräsident *van Agt* (50) nun eine Mitte-Links-Regierung (21. 9.).
Norwegen: Nach dem Rücktritt des sozialdemokratischen Ministerpräsidenten *Odvar Nordli* (54) wird mit *Gro Harlem Bundtland* (40) erstmals eine Frau Ministerpräsidentin (3. 2.). Nach Gewinnen der bürgerlichen Parteien bei Wahlen (13./14. 9.) Bildung einer Regierung unter dem Konservativen *Kaare Willoch* (53; 1. 10.).
Schweiz: Volksabstimmung billigt die rechtliche Gleichstellung von Mann und Frau (14. 6.).
Spanien: Ein Putschversuch rechtsgerichteter Militärs scheitert (23. 2.). Nachfolger des zurückgetretenen Ministerpräsidenten *Suárez* (49; 29. 1.) wird *Leopoldo Calvo Sotelo* (55), ebenfalls Demokratisches Zentrum (25. 2.).
Jugoslawien: Unruhen in der vornehmlich von Albanern bevölkerten Provinz Kosovo (6. 4.). Ausnahmezustand.
Polen: Nach erneuten Streiks Ablösung von Ministerpräsident *Pinkowski* (53) durch General *Wojciech Jaruzelski* (58; 9. 2.). Vorlage eines Sanierungskonzepts für die Wirtschaft. Gründung der Bauerngewerkschaft »Land-Solidarität« (17. 3.). Parteichef *Kania* (54) wird in geheimer Abstimmung wiedergewählt (18. 7.). 1. Kongreß der »Solidarität« in Danzig (5.–10. 9.) mit Forderungen nach Wirtschaftsreform und freien Wahlen. In Warschau trifft ein Brief des ZK der KPdSU ein mit Warnung vor der »Sowjetfeindlichkeit« der Entwicklungen (17. 9.). 2. Kongreß der »Solidarität« fordert die Reform des politischen Lebens. *Walesa* (38) wird wieder Vorsitzender (26. 9.–7. 10.). Rücktritt von Parteichef *Kania* (18. 10.), *Jaruzelski* wird sein Nachfolger. Machtübernahme durch das Militär (13. 12.). Verhängung des Kriegsrechts, Verhaftung von Führern der »Solidarität«.
UdSSR: XXVI. Parteitag der KPdSU (23.–27. 2.). *Breschnew* (75) wird erneut Vorsitzender. Warnung vor den Entwicklungen in Polen und Verurteilung der Entwicklung in China.
Iran: *Khomeini* (81) setzt Präsident *Bani Sadr* (47) wegen Kritik an den Zuständen im Land als Oberbefehlshaber der Streitkräfte ab (10. 6.). *Bani Sadr* ruft das Volk zum Widerstand gegen die Tyrannei auf (14. 6.). Er wird von *Khomeini* abgesetzt und flieht außer Landes (22. 6.). Massenverhaftungen und Exekutionen nach Anschlägen auf Regierungsmitglieder. *Hojatoleslam Al Khameini* (41) wird neuer Staatspräsident (2. 10.).
Libanon: Der Bürgerkrieg weitet sich weiter aus. Schwere Kämpfe in Beirut zwischen christlichen Milizen und der syrischen »Friedenstruppe« (3. 4.). Schwere israelische Angriffe gegen Palästinenser und auf Beirut (17. 7.).
Ägypten: Präsident *Sadat* (62) geht gegen extremistische moslemische Gruppen vor (5. 9.). Er wird bei einer Militärparade von Moslems ermordet (6. 10.). *Mohammed Hosni Mubarak* (53) wird sein Nachfolger (13. 10.).
Ghana: Hauptmann *Jerry Rawlings* (34) putscht gegen Präsident *Limann* (47), den er 1979 eingesetzt hatte, und übernimmt wieder die Macht (31. 12.).
Zentralafrikanische Republik: Eine Volksabstimmung billigt die neue Verfassung zur Wiedereinführung der Demokratie (1. 2.). Präsident wird *David Dacko* (51; 15. 3.). Sturz *Dackos* durch einen Militärputsch (1. 9.), Aufhebung der Verfassung, Verbot der Parteien.
Bangladesh: Ermordung von Premier *Zia ur-Rahman* (55) bei einem Putschversuch (30. 5.). Der Amtierende Premierminister *Abd as-Sattar* (64) gewinnt die Wahlen (15. 11.).
China: Ende des Prozesses gegen die »Viererbande« mit teilweise hohen Freiheitsstrafen (25. 1.). Parteichef *Hua Kuo-feng* (59) wird wegen Personenkult und unbewältigter Wirtschaftsprobleme abgelöst. Nachfolger wird *Hu Yao-bang* (68; 26. 9.).
Malaysia: Rücktritt von Ministerpräsident *Datuk Hussein ibn Onn* (59) aus Gesundheitsgründen (16. 7.). Nachfolger wird *Dahtor Seri Mahathir Mohammed* (56; 18. 7.).
USA: Präsident *Reagan* (70) setzt ein Wirtschaftsprogramm mit 25% Steuersenkung und umfangreicher Reduzierung der öffentlichen Ausgaben, von denen nur der Verteidigungshaushalt ausgenommen ist, im Kongreß durch (28. 2.). *Reagan* wird bei einem Mordanschlag von einem psychisch Kranken schwer verletzt (30. 3.). Bekanntgabe der Produktion der Neutronenwaffe (8. 8.). Massendemonstrationen in Washington gegen die Wirtschaftspolitik (19. 9.).
El Salvador: Schwere Kämpfe zwischen Guerilleros und Regierungstruppen (Jan./Febr.).
Honduras: Bei Präsidentschaftswahlen siegt der Kandidat der Liberalen Partei *Roberto Suazo Córdova* (53; 29. 11.).
Uruguay: Ernennung von *Gregorio Alvarez Armelino* (56) als Nachfolger von Präsident *Mendez* (77; 1. 8.).

KULTUR »Preußen – Versuch einer Bilanz« (Ausstellung im ehemaligen Kunstgewerbemuseum Berlin [West]). Mordanschlag auf Papst *Johannes Paul II.* (61; 13. 5.).

KUNST *Henry-Moore*-Retrospektive in Madrid. Die Neue Pinakothek in München wird eröffnet.

LITERATUR Nobelpreis für den in Bulgarien geborenen, deutsch schreibenden Schriftsteller *Elias Canetti* (76).

NATURWISSENSCHAFT Die wiederverwendbare US-Raumfähre »Columbus« startet zu ihrem ersten Flug

(12. 4.). Befruchtung menschlichen Lebens im Labor und nachträgliche Implantation in der Gebärmutter (»Retorten-Baby«) in Australien.

WIRTSCHAFT Griechenland wird 10. Mitglied der EG (1. 1.). Das Wirtschaftswachstum der OECD-Staaten sinkt fast auf Null.

1982

VEREINTE NATIONEN Eine Notstands-Sondertagung der Vollversammlung erklärt die israelische Annexion der Golan-Höhen für null und nichtig (29. 1.–5. 2.). Der Sicherheitsrat beschließt die Verlängerung des Mandats der UN-Friedenstruppen auf Zypern, im Libanon und an der syrisch-israelischen Grenze. Verstärkung der UN-Truppen im Libanon von 6000 auf 7000 Mann (25. 2.). Der Sicherheitsrat beschließt die Entsendung eines UN-Beobachters zur Überwachung der Lage in Beirut (1. 8.). Nach 9jähriger Verhandlungsdauer unterzeichnen 119 Staaten die neue Seerechtskonvention der UNO (12. 12.). Einige westliche Industriestaaten, darunter die Bundesrepublik Deutschland und die USA, unterzeichnen nicht, weil sie mit den rechtlichen Bestimmungen über den Tiefseebergbau nicht einverstanden sind.

INTERNATIONALE POLITIK Wegen der Verhängung des Kriegsrechts in Polen beschließt die NATO-Außenministertagung in Brüssel wirtschaftliche und politische Sanktionen gegen Polen und die UdSSR (11. 1.). Das KSZE-Folgetreffen in Madrid wird wegen des als Verstoß gegen die Vereinbarungen von Helsinki empfundenen Ausnahmezustands in Polen nach kurzer Verhandlungsdauer (9. 2.–12. 3.) von den westlichen Ländern abgebrochen. Wiederaufnahme der Gespräche am 9. 11. Beginn der amerikanisch-sowjetischen Verhandlungen in Genf über den Abbau der strategischen Waffen (START) (29. 6.). Gleichzeitig Verhandlungen über nukleare Mittelstreckenraketen (INF). Spanien wird offiziell Mitglied der NATO (30. 5.). Spanien öffnet nach 13 Jahren die Grenze zu Gibraltar (15. 12.). Israel räumt nach fast 15 Jahren den letzten Teil der Sinai-Halbinsel und gibt ihn an Ägypten zurück (25. 4.). Als Vergeltungsaktion gegen einen PLO-Anschlag auf die israelische Botschaft in London marschieren israelische Truppen in den Libanon ein (6. 6.). Unterbrechung der Versorgung Beiruts zur »Aushungerung« der Palästinenser (4. 7.). Nach Entsendung einer internationalen Truppe aus Franzosen, Italienern und Amerikaner ziehen rd. 11 000 PLO-Kämpfer aus Beirut ab (21. 8.). *Arafat* (53) geht nach Tunesien ins Exil (30. 8.). Auch die syrischen Truppen ziehen ab. Nach Ermordung des designierten christlichen Ministerpräsidenten *Beschir Gemayel* (35) erobern israelische Truppen West-Beirut (14. 9.). Massaker der christlichen Milizen an Palästinensern. Erneut Ausbruch des irakisch-iranischen Grenzkrieges (22. 3.). Iran erobert besetztes Gebiet zurück. Waffenstillstand und Anerkennung der Grenze von 1975 (26. 10.). Invasion Äthiopiens in Somalia (5. 7.). Ausbruch des »Falkland-Krieges« nach Besetzung der Falkland-Inseln durch argentinische Truppen (2. 4.). Großbritannien beschließt die Seeblockade (30. 4.). Die EG-Staaten schließen sich an. Nach Seegefechten und einer britischen Gegenoffensive kapitulieren rd. 11 000 Argentinier auf den Falkland-Inseln (14. 6.). China kündigt die Wiederaufnahme der 1979 abgebrochenen diplomatischen Beziehungen zur UdSSR an (17. 10.).

POLITIK DER LÄNDER Bundesrepublik Deutschland: Bundeskanzler *Helmut Schmidt* (64) stellt wegen Kritik an seiner Politik die Vertrauensfrage. Die Koalitionsparteien SPD und FDP sprechen ihm das Vertrauen aus (5. 2.). Nach Auseinandersetzung um Haushaltssanierung und Sparprogramm treten vier FDP-Minister aus der Regierung aus (17. 9.). Ende der SPD/FDP-Koalition nach 13 Jahren. Durch konstruktives Mißtrauensvotum wird *Schmidt* gestürzt und *Heimut Kohl* (CDU, 52) mit den Stimmen von CDU/CSU und FDP zum Kanzler gewählt (1. 10.).
DDR: Erweiterung der Besuchserlaubnis für Reisen ins westliche Ausland bei Einladungen zu Geburten, Trauungen, Sterbefällen und anderen Familienereignissen (11. 2.). Die Volkskammer verabschiedet ein neues Wehrerziehungs-Gesetz, wonach Schulen, Hochschulen, Betriebe und Organisationen verpflichtet sind, auf den Wehrdienst vorzubereiten, und legalisiert den Schießbefehl an der Grenze (25. 3.).
Dänemark: Nach einer Abstimmungsniederlage der sozialdemokratischen Regierung über den Haushalt bildet der Konservative *Poul Schlüter* (53) eine bürgerliche Koalitionsregierung (3. 9.).
Finnland: Der Sozialdemokrat *Mauno Koivisto* (59) wird zum Staatspräsidenten gewählt (26. 1.).
Frankreich: Die Nationalversammlung spricht Premierminister *Mauroy* (54) für die Wirtschaftspolitik das Vertrauen aus und billigt die Gesetzesvorlage über den Lohnstopp (23./24. 6.).
Portugal: Das Parlament beschließt im Rahmen einer Verfassungsreform die Abschaffung des Revolutionsrats (14. 1.).
Schweden: Bei Reichstagswahlen erreichen die Sozialdemokraten nach 6jähriger Opposition eine regierungsfähige Mehrheit (19. 9.). Ministerpräsident wird erneut *Olof Palme* (55; 5. 10.).
Spanien: Die Sozialisten gewinnen bei Parlamentswahlen die absolute Mehrheit (28. 10.). *Felipe Gonzáles* (40) wird erster sozialistischer Ministerpräsident seit 1939 (1. 12.).
Polen: Das Parlament billigt die Verhängung des Kriegsrechts (26. 1.). Massendemonstrationen (1. 5.) für die Gewerkschaft »Solidarität«. Es gelingt der Militärregierung nicht, einen Dialog mit Bevölkerung, Kirche und Gewerkschaft zu etablieren. Auflösung der »Solidarität« (8. 10.). Erneut Unruhen. *Walesa* (39) kehrt nach 11monatiger Internierung nach Danzig zurück (14. 11.). Das Parlament beschließt die Aussetzung des Kriegsrechts (18. 12.).

UdSSR: Tod von Staats- und Parteichef *Breschnew* (75; 10. 11.). Das ZK der KPdSU wählt den früheren Geheimdienstchef *Juri Andropow* (68) zum Generalsekretär (12. 11.).
Türkei: Annahme einer neuen Verfassung durch Volksabstimmung (7. 11.). General *Evren* (64), der Führer des Putsches von 1980, wird auf sieben Jahre zum Staatspräsidenten gewählt.
Israel: Wegen der Rolle des israelischen Militärs bei dem Massaker von Palästinensern durch rechtsgerichtete christliche Milizen im Libanon Massendemonstration mit rd. 400 000 Teilnehmern in Tel Aviv gegen die Regierungspolitik (25. 9.). Einsetzung einer Untersuchungskommission.
Libanon: Nach Mord an dem designierten christlichen Staatspräsidenten *Beschir Gemayel* (14. 9.) wird sein Bruder *Amin Gemayel* (40) zum Staatspräsidenten gewählt (21. 9.).
Syrien: Schwere Kämpfe zwischen Militär und den verbotenen Moslem-Bruderschaften (2.–25. 2.).
Saudi-Arabien: Tod von König *Khalid* (69; 13. 6.). Nachfolger wird sein Bruder Kronprinz *Fahd* (62).
Kamerun: Nach 22 Jahren tritt Staatspräsident *Ahmadou Ahidjo* (58) freiwillig zurück (6. 11.). Nachfolger wird *Paul Biya* (49).
Obervolta: Militärputsch stürzt Staatspräsident *Saye Zerbo* (50; 6. 11.). Nachfolger wird *Jean-Baptiste Ouedraogo* (40; 26. 11.).
Senegambia: Errichtung einer gemeinsamen Regierung der Konföderation unter dem senegalesischen Staatspräsidenten *Diouf* (47; 4. 11.).
Tschad: Bürgerkrieg. Eroberung der Hauptstadt Ndjamena durch arabisch-moslemische Truppen des ehemaligen Verteidigungsministers *Hissen Habre* (46; 7. 6.). Er ernennt einen Staatsrat (18. 6.). Die OAU gibt den Abzug ihrer Friedenstruppe bekannt (24. 6.). *Habre* wird zum Staatspräsidenten proklamiert (21. 10.).
Bangladesh: Stabschef *Hussain Mohammed Ershad* (52) ersetzt Staatspräsident *Sattar* (65) wegen »Unfähigkeit« (24. 3.). Aufhebung der Verfassung, Auflösung des Parlaments.
China: 12. Parteitag der KP (1.–11. 9.). Stärkung der Position des Stellvertretenden Parteivorsitzenden *Teng Hsiao-ping* (78).
Indien: Ein Vertrauter von Ministerpräsidentin *Gandhi* (65), *Giami Zail Singh* (66), wird zum Staatspräsidenten gewählt (12. 7.).
Kambodscha: Bildung einer anti-vietnamesischen Exilregierung unter *Sihanouk* (9. 7.).
Sri Lanka: Staatspräsident *Jayewardene* (76) wird auf sechs Jahre wiedergewählt (22. 10.).
Japan: Ministerpräsident *Suzuki* (71) verzichtet auf eine erneute Kandidatur. *Yasuhiro Nakasone* (64) wird zum Ministerpräsidenten gewählt (26. 10.).
USA: Der Senat fordert eine Reduzierung der US-Verteidigungsausgaben bei gleichzeitiger Stärkung der kollektiven Verteidigung im Bündnis durch Heranziehung der anderen Bündnispartner (13. 5.).
Mexico: Bei Präsidentschaftswahlen gewinnt *Miguel de la Madrid Hurtado* (48; 4. 7.). Verstaatlichung der einheimischen Banken zur Überwindung der finanziellen Schwierigkeiten des Landes.
Costa Rica: Sieg der Sozialdemokraten bei Parlaments- und Präsidentschaftswahlen. Präsident wird *Luis Alberto Monge* (56; 17. 2.).
El Salvador: Parlamentswahlen ohne Beteiligung der Linken (28. 3.). Die Christdemokratische Partei unter Juntachef *Duarte* (58) wird stärkste Fraktion. Ein Bündnis der extremen Rechtsparteien unter *Roberto d'Aubisson* (38) setzt die Wahl des »Unabhängigen« *Álvaro Magaña* (57) zum Präsidenten durch (29. 4.).
Kolumbien: Bei Präsidentschaftswahlen (30. 5.) siegt der Konservative *Belisario Betancur Cuertas* (59).
Nicaragua: Verhängung des Ausnahmezustands wegen angeblicher Aggression »konterrevolutionärer Banden« aus Honduras (27. 7.).
Panama: Die Souveränität über die Kanalzone geht an die Regierung über (1. 4.). Rücktritt von Staatspräsident *Aristides Royo* (42) aus Gesundheitsgründen (30. 7.). Nachfolger wird *Ricardo de la Espriella* (47).
Bolivien: Das 1980 auf Anordnung der Militärregierung aufgelöste Parlament tritt erstmals wieder zusammen (31. 6.). Wahl des Kandidaten der Demokratischen Volksunion *Hernan Siles Zuazo* (69) zum Präsidenten. Er fordert die Unterordnung der Streitkräfte unter das Parlament.
Argentinien: Staatspräsident *Leopoldo Fortunato Galtieri* (56) tritt nach der Niederlage im »Falkland-Krieg« zurück (18. 6.). Nachfolger wird General *Reynaldo Bignone* (54). Er sagt die Schaffung eines institutionellen Systems bis 1984 zu und hebt das Parteienverbot auf.

KULTUR Beginn der Diskussion um »Samenbank-Kinder«. Weltkulturkonferenz in Mexico-City mit Forderung nach gleichberechtigten Kulturen ohne Überfremdung durch »Kultur-Imperialismus«.

KUNST Das Parthenon auf der Akropolis wird wegen Umweltschäden restauriert. *Richard Attenborough* (59) »Gandhi« (Film).

LITERATUR Nobelpreis für den Kolumbianer *Gabriel García Márquez* (54). *Umberto Eco* (59) »Der Name der Rose« (Roman).

MUSIK Im Central Park New York hören rd. 500 000 Zuhörer die Rock-Gruppe Rolling Stones.

NATURWISSENSCHAFT Weiche Landung einer Raumfähre der UdSSR auf der Venus (2. 3.). Erstes künstliches Herz eingepflanzt (USA).

WIRTSCHAFT Die OECD-Tagung in Paris (10./11. 5.) befaßt sich mit der steigenden Arbeitslosigkeit, Nord-Süd-Problemen und Energiefragen. Erstmals seit 1950 erreicht die Arbeitslosigkeit in der Bundesrepublik Deutschland die 2-Millionen-Marke (8%).

1983

Vereinte Nationen Verlängerung des Mandats der UN-Friedenstruppen auf Zypern und im Libanon. Die Vollversammlung fordert den Abzug aller ausländischen Truppen aus Kambodscha (27. 10.). Evakuierung der in Tripoli eingeschlossenen Anhänger von PLO-Chef *Arafat* (54) unter der Flagge der UNO (3. 12.). Die UN-Vollversammlung fordert zum fünftenmal in vier Jahren den Abzug der ausländischen Truppen aus Afghanistan (23. 11.). Die Konferenz über die »Palästina-Frage« in Genf (29. 8.–7. 9.), an der Israel, die USA und Kanada nicht teilnehmen, bekräftigt das Recht der Palästinenser auf Selbstbestimmung. Die USA kündigen ihren Austritt aus der UNESCO wegen des antiwestlichen, ideologischen Kurses der Organisation an (29. 12.).

Internationale Politik Nach drei Jahren endet die KSZE-Folgekonferenz in Madrid ohne besondere Ergebnisse (7. 9.). Unterbrechung der INF-Verhandlungen (21. 11.) und der START-Gespräche (8. 12.) zwischen den USA und der UdSSR in Genf. Türkische Truppen gehen mit Billigung der irakischen Regierung gegen die Kurden im Grenzgebiet zwischen beiden Staaten vor (26. 5.). Ausbruch neuer Kämpfe an der irakisch-iranischen Grenze (22. 7.). Südafrikanische Truppen dringen bei der Verfolgung von SWAPO-Anhängern immer wieder in Angola ein. Erstes Treffen der »Contadora-Gruppe« Mexico, Venezuela, Panama, Kolumbien zur Erarbeitung eines Friedensplans für Mittelamerika und den Abzug aller ausländischen Militärberater. Forderung nach Einstellung der Militär- und Erweiterung der Wirtschaftshilfe. Erneuter Ausbruch des Bürgerkriegs im Tschad (26. 6.). Nach Unterstützung der Rebellen durch Libyen entsendet Frankreich Fallschirmjäger zur Unterstützung der Regierungstruppen (1. 8.). Abschuß eines südkoreanischen Jumbo-Jets mit 269 Personen durch sowjetische Jagdflieger über Sachalin führt zu weltweiten Protesten und einer Verschärfung der Spannungen zwischen Ost und West. Zweiwöchiger Flugboykott der westeuropäischen Staaten gegen die Sowjetunion (15. 9.). Israel und Libanon unterzeichnen ein Abkommen über den Abzug der israelischen Truppen (17. 5.). Syrien weist PLO-Chef *Arafat* aus (24. 5.). Bei einem Terroranschlag moslemischer Extremisten auf die Hauptquartiere der amerikanischen und französischen Friedenstruppen in Beirut werden mehr als 200 Personen getötet (23. 10.). Ein mit libyscher Unterstützung unternommener Putschversuch im Sudan scheitert (18. 2.). Nachdem radikal-marxistische Militärs die marxistische Regierung gestürzt und einige Minister ermordet hatten, besetzen US-Truppen nach einem Hilfeersuchen kleinerer karibischer Staaten den Inselstaat Grenada (25. 10.). Bei der Eroberung kommt es zu Kämpfen mit kubanischen Einheiten. Algerien und Tunesien schließen einen Freundschaftspakt (18. 3.). Der ehemalige britische Außenminister Lord *Carrington* (64) wird zum Nachfolger des seit 1971 amtierenden NATO-Generalsekretärs *Luns* (72) gewählt (8. 12.).

Politik der Länder Bundesrepublik Deutschland: Die Auflösung des Bundestages ebnet den Weg zu Neuwahlen (7. 1.). Beträchtliche Stimmgewinne der CDU/CSU bei den Wahlen (6. 3.). Den Grünen gelingt erstmals der Einzug in den Bundestag (5,6%). *Helmut Kohl* (53) wird zum Bundeskanzler einer CDU/FDP-Koalition gewählt (29. 3.). Einsetzung eines Parlamentarischen Untersuchungsausschusses in der Partei-Spenden-Affäre um Zahlungen des Flick-Konzerns (19. 5.). Großaktionen der Friedensbewegung gegen den NATO-Doppelbeschluß (1. 9.). Der Bundestag entscheidet sich mit Mehrheit für die Stationierung neuer US-Mittelstreckenraketen (21. 11.).
DDR: Abbau der Selbstschußanlagen an der Grenze zur Bundesrepublik im Zusammenhang mit der Gewährung von Krediten an die DDR (Sept.). Hirtenbrief der katholischen Bischöfe der DDR gegen die wachsende Militarisierung (2. 1.). Gewaltsame Abschiebung eines Anhängers der Friedensbewegung in die Bundesrepublik (8. 6.).
Dänemark: Mitte-Rechts-Minderheitsregierung *Schlüter* (54) stürzt über den Sparhaushalt (15. 12.).
Finnland: Reichstagswahlen bestätigen die bisherige Koalitionsregierung (20. 3.). Ministerpräsident wird erneut der Sozialdemokrat *Sorsa* (53; 5. 5.).
Frankreich: Rücktritt der Regierung *Mauroy* (55; 22. 3.) und Regierungsumbildung. *Mauroy* wird erneut Premierminister und verkündet ein umfangreiches Sparprogramm (25. 3.). Zwangsanleihe, Devisenbeschränkungen.
Großbritannien: Beträchtliche Stimmengewinne der Konservativen bei Unterhauswahlen (9. 6.). *Margaret Thatcher* (58) wird wieder Premierministerin. Schlechtestes Ergebnis der Labour Party seit 1922. Rücktritt des zum linken Flügel gehörenden bisherigen Labour-Vorsitzenden *Foot* (70; 2. 10.). Der Parteitag wählt *Neil Kinnock* (41) zu seinem Nachfolger.
Italien: Nach vorgezogenen Neuwahlen (26./27. 6.) wegen Rücktritt der Regierung *Fanfani* (75) beträchtliche Verluste der Christdemokraten. Der Sozialist *Bettino Craxi* (49) bildet eine Koalitionsregierung aus Sozialisten, Sozialdemokraten, Christdemokraten, Republikanern und Liberalen zur Bekämpfung der Wirtschaftsprobleme (4. 8.).
Österreich: Die SPÖ verliert bei Parlamentswahlen die absolute Mehrheit (24. 4.). Bundeskanzler *Kreisky* (72) tritt zurück. Bildung einer Koalitionsregierung (18. 5.) aus SPÖ und der Freiheitlichen Partei (FPÖ) unter *Fred Sinowatz* (SPÖ, 54).
Portugal: Nach mehrmonatiger Regierungskrise und Neuwahlen (25. 4.) bilden die siegreichen Sozialisten unter *Mario Soares* (59) eine Koalitionsregierung mit den Sozialdemokraten (9. 6.).
Zypern: Der türkische Teil Zyperns proklamiert einen unabhängigen Staat (15. 11.) *Denktasch* (59) wird Präsident. Er wird nur von der Türkei anerkannt.

Polen: Blutige Auflösung von Demonstrationen für die verbotene Gewerkschaft »Solidarität« (1. 5.). Großer Empfang des Papstes durch die Bevölkerung auf seiner 2. Polenreise (16.–23. 6.). Aufhebung des Kriegsrechts (22. 7.). *Jaruzelski* (60) tritt als Verteidigungsminister zurück und wird zum Vorsitzenden des neugeschaffenen Komitees für die Landesverteidigung gewählt (22. 11.).
UdSSR: Auf der Tagung des Obersten Sowjets wird Parteichef *Andropow* (69) zum Staatspräsidenten gewählt (17. 6.). Ankündigung von Änderungen im Wirtschaftssystem (15. 8.).
Türkei: Neues Parteiengesetz gestattet die Neubildung von Parteien, verbietet jedoch die Wiederherstellung der alten und schließt »gefährliche« Politiker von der Ausübung ihrer politischen Rechte aus (24. 4.). Nach Parlamentswahlen (4. 11.) bildet die siegreiche Mutterlands-Partei unter *Turgut Özal* (33) eine Regierung (5. 12.).
Afghanistan: Schwere Kämpfe zwischen sowjetischen Truppen und Freiheitskämpfern.
Iran: Auflösung der kommunistischen Tudeh-Partei wegen regierungsfeindlicher Aktivitäten (4. 5.).
Israel: Der Sozialdemokrat *Chaim Herzog* (65) wird zum Staatspräsidenten gewählt (22. 3.). Nach Rücktritt von Ministerpräsident *Begin* (70; 15. 9.) bildet der bisherige Außenminister *Yitzhak Shamir* (68) eine neue Regierung. Harte Sparmaßnahmen und Fortsetzung der Politik *Begins*.
Libanon: Andauern des Bürgerkriegs. Auf der Genfer »Versöhnungs-Konferenz« der Konfliktparteien wird Staatspräsident *Gemayel* (41) beauftragt, seine Bemühungen um die Beilegung des Konflikts fortzuführen (31. 10.–3. 11.).
Obervolta: Der entlassene ehemalige Ministerpräsident Hauptmann *Thomas Sankara* (33) stürzt den pro-westlichen Präsidenten *Ouedraogo* (41) mit libyscher Hilfe (5. 8.).
Nigeria: Wegen der andauernden Wirtschaftskrise Ausweisung von rd. zwei Millionen Gastarbeitern aus den Nachbarstaaten (17. 1.–1. 2.). Sturz von Präsident *Shagari* (58) durch einen Militärputsch unter *Mohammed Buhari* (41; 31. 12.).
Namibia: Der Generaladministrator Südafrikas gibt die Bildung eines Staatsrats zur Ausarbeitung eines Verfassungsentwurfs bekannt (18. 7.).
Südafrika: Referendum über eine Verfassungsänderung (2. 11., 67,9% Ja-Stimmen). Einführung des Präsidialsystems, Schaffung von Parlamentskammern mit Sitzen für Mischlinge und Asiaten.
Bangladesh: Der »Oberste Kriegsrechtsadministrator« *Ershad* (53) übernimmt das Amt des Präsidenten (11. 12.).
China: Nach 15 Jahren wird mit *Li Hsien-nien* (76) wieder ein Staatspräsident gewählt.
Philippinen: Ermordung von Senator *Aquino* (51) nach seiner Rückkehr aus dem amerikanischen Exil (21. 8.). Mehr als 500 000 Menschen demonstrieren bei seiner Beisetzung. Die Kritik am Regime *Marcos* (66) nimmt zu.
Sri Lanka: Schwere Unruhen zwischen buddistischen Singhalesen und hinduistischen Tamilen (25.–30. 7).
Thailand: Auflösung des Parlaments durch den König nach Verfassungskonflikt (19. 3.). Bei Wahlen gewinnen die bisherigen Koalitionsparteien unter Ministerpräsident *Prem Tinsulanond* (63; 18. 4.).
Japan: Bei vorgezogenen Parlamentswahlen siegt die Liberal-Demokratische Partei unter Ministerpräsident *Nakasone* (65; 18. 12.).
Australien: Die konservative Regierung *Fraser* (53) verliert die Wahlen gegen die Labour Party (25. 3.), die mit *Robert Hawke* (54) den Premierminister stellt (10. 3.).
USA: Hirtenbrief der katholischen Bischöfe für Stop der Atomrüstung und Verzicht auf den Ersteinsatz von Kernwaffen (3. 5.).
Guatemala: Militärputsch unter *Oscar Humberto Mejia Victores* (52) stürzt Präsident *Efrain Rios Montt* (58; 8. 8.). Abschaffung der Sondergerichte. Seit 1982 sollen mehr als 12 000 Menschen umgebracht worden sein.
Nicaragua: Zunehmende Auseinandersetzungen zwischen den Truppen der Sandinistischen Volksregierung und Guerilleros, die von Honduras und den USA unterstützt werden.
Venezuela: Der Sozialdemokrat *Jaime Lusinchi* (59) gewinnt die Präsidentschaftswahlen vor dem Kandidaten der Christdemokraten (4. 12.).
Paraguay: Der seit 1954 regierende Staatspräsident General *Alfredo Stroessner* (71) wird wiedergewählt (15. 8.).
Argentinien: Aufhebung des Ausnahmezustands und Parlamentswahlen (30. 10.). *Raul Alfonsin* (Sozialdemokratische Bürgerunion, 46) gewinnt die Wahlen (30. 11.). Rückkehr zur Demokratie.
Chile: Unruhen und Streiks gegen das Regime *Pinochet* (68). Die großen Oppositionsparteien bilden trotz Verbots eine Demokratische Allianz (8. 8.). Massendemonstration für den Rücktritt *Pinochets* (13. 8.).

KULTUR Feier des 500. Geburtstages von *Martin Luther*. Friedensnobelpreis für den polnischen Gewerkschafter *Lech Walesa* (40). Er wird von seiner Frau entgegengenommen.

NATURWISSENSCHAFT US-Astronomen entdecken außerhalb unseres Milchstraßensystems ein sog. »Schwarzes Loch«.

WIRTSCHAFT Die Gipfelkonferenz der Blockfreien in Neu-Delhi (7.–12. 3.) befaßt sich vornehmlich mit der Krise der Weltwirtschaft.

1984

VEREINTE NATIONEN Das Mandat der UN-Truppen auf den Golan-Höhen und im Libanon wird verlängert. Der Sicherheitsrat erklärt den einseitig ausgerufenen türkisch-zypriotischen Teilstaat für illegal (11.5.). Die Zweite Internationale Konferenz für Flüchtlinge in Afrika (ICARA) in Genf erhöht die Flüchtlingshilfe und fordert alle Staaten auf, Aktionen zu unterlassen, die das Flüchtlingsproblem verschärfen könnten (9.–16.7.). Die Vollversammlung fordert mit großer Mehrheit den Abzug aller ausländischen Truppen aus Kambodscha (30.10.) und aus Afghanistan (15.11.). Großbritannien gibt bekannt, daß es beabsichtigt, Ende 1985 aus der UNESCO (22.11.) auszutreten.

INTERNATIONALE POLITIK Die USA und der Vatikan nehmen volle diplomatische Beziehungen auf (10.1.). Südafrika und Mozambique unterzeichnen einen Nichtangriffspakt (6.3.). Nach erneutem Ausbruch des Bürgerkrieges und Eroberung von West-Beirut durch schiitische Milizen ziehen Großbritannien und Italien ihre Kontingente aus der internationalen Friedenstruppe ab, die USA verlegen ihres auf Schiffe (8.2.). Frankreich zieht seine Truppen aus Beirut zurück (25.5.). Nachdem durch Schüsse aus der libyschen Botschaft in London eine Polizistin getötet wurde, bricht Großbritannien die Beziehungen zu Libyen ab (22.4). Auf die irakische Blockade seiner Ölhäfen reagiert der Iran mit Angriffen auf Tanker, die irakische Häfen anlaufen (13.5.). Der Ministerrat der Westeuropäischen Union (WEU) beschließt die Reaktivierung der Organisation (12.5.). Marokko und Libyen vereinbaren die Konföderation (13.8.). Frankreich und Libyen einigen sich auf den Abzug ihrer Truppen aus dem Tschad (17.9.). Jordanien nimmt die 1979 abgebrochenen Beziehungen zu Ägypten wieder auf (25.9.). Erstmals seit der Teilung Koreas finden Wirtschaftsgespräche zwischen dem Norden und dem Süden statt (15.11.). Die britische Premierministerin *Thatcher* (59) unterzeichnet in Peking einen Vertrag über die Rückkehr Hongkongs unter chinesische Souveränität im Jahre 1997 (19.12.). Beginn einer neuen vietnamesischen Offensive in Kambodscha (23.12.). Der Internationale Gerichtshof fordert die USA auf, die Seeblockade Nicaraguas abzubrechen (10.5.). Große sowjetische Offensive gegen afghanische Freiheitskämpfer (20.3.). Argentinien und Chile einigen sich unter Vermittlung des Vatikans über die seit 1881 umstrittene Grenze im Beagle-Kanal (18.10.). Das Nationale Olympische Komitee der UdSSR sagt die Teilnahme an den Olympischen Spielen in Los Angeles ab (8.5.). 13 Staaten schließen sich an. Brunei wird unabhängig (1.1.).

POLITIK DER LÄNDER Bundesrepublik Deutschland: Große Ostermärsche der Friedensbewegung (23.4.). *Richard von Weizsäcker* (CDU, 64) wird mit großer Mehrheit gegen die von den Grünen aufgestellte Schriftstellerin *Luise Rinser* (73) zum Bundespräsidenten gewählt (23.5.). Große Streiks in der Metallindustrie (14.5.–3.7.). Die Bundesanstalt für Arbeit zahlt zunächst kein Arbeitslosengeld an von Produktionseinstellungen Betroffene außerhalb des Streikgebietes.

DDR: Vom 1.1.–30.9. dürfen 36123 Einwohner der DDR in die Bundesrepublik ausreisen. *Honecker* (72) sagt den vorgesehenen Termin zu einem Besuch in der Bundesrepublik ab (4.9.).

Dänemark: Bei vorgezogenen Parlamentswahlen Stimmengewinne der bürgerlichen Koalitionsregierung unter Ministerpräsident *Schlüter* (55; 10.1.).

Frankreich: Premierminister *Mauroy* (56) tritt zurück (17.6.). Nachfolger wird der bisherige Haushaltsminister *Laurent Fabius* (38). Die Kommunisten beteiligen sich wegen der Umorientierung der Wirtschaftspolitik nicht mehr an der Regierung.

Großbritannien: Der Parteitag der Labour Party in Blackpool (3.10.) billigt die Forderung nach dem schrittweisen Verzicht auf alle Kernwaffen im Rahmen einer neuen Verteidigungsstrategie. Ein Bombenanschlag auf Premierministerin *Thatcher* scheitert (12.10.)

Italien: Nach einem neuen Konkordat zwischen dem Vatikan und Italien ist der Katholizismus nicht mehr Staatsreligion (18.2.).

Schweiz: Mit der Justizministerin *Elisabeth Kopp* (48) wird erstmals eine Frau in die Regierung berufen (2.10.).

Polen: Anläßlich des 40. Jahrestages der Gründung der Volksrepublik Polen verabschiedet der Sejm ein Amnestiegesetz (21.7.). Freilassung von 652 wegen politischer Delikte und rd. 35000 wegen anderer Straftaten verurteilter Personen.

UdSSR: Tod von Staatspräsident *Andropow* (69; 9.2.). Nachfolger als Generalsekretär der KPdSU und Staatspräsident wird *Konstantin Tschernenko* (73; 11.4.).

Malta: Ministerpräsident *Dom Mintoff* (68) tritt nach 13 Jahren zurück (22.12.). Nachfolger wird der bisherige Erziehungsminister *Carmelo Mifsud Bonnici* (51).

Israel: Bei vorgezogenen Neuwahlen (23.7.) kommt es erneut zu einer Pattsituation zwischen Arbeiterpartei und Likud-Block. Bildung einer Koalitionsregierung aus Vertretern der beiden Parteien (6.9.). Ablösung des Ministerpräsidenten nach dem Rotationsprinzip.

Jordanien: Nach zehnjähriger Suspendierung tritt erstmals das Parlament zusammen (9.1.). Verabschiedung eines Verfassungszusatzes, der die Nachwahl inzwischen verstorbener Mitglieder regelt. Die Vertreter des von Israel besetzten Westjordaniens werden ernannt.

Libanon: Der Bürgerkrieg bricht erneut aus (2.2.). Schiitische Milizen besetzen West-Beirut (7.2.). Die zweite libanesische Versöhnungskonferenz in Lausanne scheitert (12.3.). Bildung einer neuen Regierung unter dem sunnitischen Moslem *Rachid Karame* (63; 30.4.). Die Ämter werden paritätisch auf Christen und Moslems verteilt.

Marokko: Schwere Unruhen nach der Bekanntgabe der Erhöhung der Lebensmittelpreise (12.–19.1.).

Mauretanien: Präsident *Mohammed Khouna Ould*

Heidallah (44) wird vom regierenden Militärrat in Abwesenheit abgesetzt (12. 12.). Nachfolger wird Generalstabschef *Maauya Ould Sidi Ahmed Taya* (43).
Obervolta: Umbenennung in Burkina-Faso (4. 8.).
Guinea: Tod von Präsident *Sékou Touré* (62; 26. 3.). Nach einem Militärputsch übernimmt Oberst *Lansana Conté* (50) die Macht. Auflösung der Nationalversammlung, der Regierung und der Einheitspartei. Versuch politischer und wirtschaftlicher Reformen.
Nigeria: Bildung eines Obersten Militärrates als höchstes Staatsorgan (1. 1.). Regierungschef wird *Mohammed Buhari* (42; 18. 1.).
Südafrika: Die neue Verfassung tritt in Kraft (3. 9.). Ministerpräsident *Botha* (68) wird zum Präsidenten ernannt (17. 9.). Der neuen Regierung gehören auch ein Inder und ein Farbiger an.
Sudan: Staatspräsident *Numeiri* (54) dekretiert die Bildung eines Präsidialrats unter seiner Führung (23. 5.).
China: Das ZK der KP beschließt den Abbau der zentralen Wirtschaftslenkung, mehr Kompetenzen für Unternehmer, Lockerung der Preiskontrolle und die Einführung eines differenzierteren Lohnsystems (20. 10.).
Indien: Ermordung von Premierministerin *Indira Gandhi* (66) durch Sikhs (31. 10.). Nachfolger wird ihr Sohn *Rajiv Gandhi* (41). Exzesse von Hindus gegen Sikhs (1. 11.). Sieg der Kongreßpartei bei Wahlen (24.–28. 12.).
Malaysia: Der Sultan von Johore, *Mahmud Iskandar* (51), wird von den malaiischen Fürsten auf fünf Jahre zum König gewählt (9. 2.).
Pakistan: Referendum über die Islamisierungspolitik und Bestätigung von Staatspräsident *Zia ul-Haq* (60; 19. 12.).
Sri Lanka: Unruhen zwischen Singhalesen und Tamilen (4. 8.).
Neuseeland: Bei Parlamentswahlen Sieg der Labour Party (14. 2.). Neuer Premierminister wird *David Lange* (41; 24. 7.).
Neu-Kaledonien: Die Sozialistische Nationale Befreiungsfront der Kanaken (FLNKS) ruft in der französischen Kolonie die Republik aus (1. 11.).
Kanada: Nach Rücktritt von Premierminister *Trudeau* (65) als Parteiführer (16. 6.) und Regierungschef (30. 6.) Bildung der Regierung *John Turner* (55). Nach großem Sieg der Konservativen bei Wahlen (4. 7.) Rücktritt der Regierung. Premierminister wird *Brian Mulroney* (45; 17. 9.).
USA: Präsident *Reagan* (73) siegt bei Wahlen (6. 11.) über den Demokraten *Walter Mondale* (56).
El Salvador: Bei Stichwahlen siegt der Kandidat der Christdemokraten *Duarte* (60; 6. 5.). Gespräche mit Vertretern der Guerillabewegungen Nationale Befreiungsfront (FMLN) und Demokratische Revolutionäre Front (FDR) zur Pazifizierung des Landes (15. 10.).
Nicaragua: Die Oppositionsparteien verlieren ihren legalen Status, nachdem sie sich geweigert haben, für die Präsidentschaftswahlen Kandidaten registrieren zu lassen (22. 8.). Erste Präsidentschaftswahlen (4. 11.) seit Übernahme der Macht durch die Sandinistische Befreiungsfront. Die Sandinisten unter *Daniel Ortega Saavedra* (39) erhalten 66,7% der Stimmen. *Ortega* wird Präsident (13. 11.).
Panama: Bei Präsidentschaftswahlen siegt der Kandidat der Nationalen Demokratischen Union *Nicolas Ardito Barletta* (46; 6. 5.).
Ecuador: Bei Präsidentschaftswahlen siegt der Kandidat der Konservativen Partei *Leon Febres Cordero* (53) nach einer Stichwahl (6. 5.).
Kolumbien: Vertreter der Regierung und der Guerilla-Gruppe »Bewegung des 19. April« unterzeichnen ein Waffenstillstandsabkommen (24. 8.).
Chile: Nach Demonstrationen und Unruhen verhängt Staatspräsident *Pinochet* (69) den Ausnahmezustand (9. 11.).
Uruguay: Bei den ersten Wahlen seit der Machtübernahme durch das Militär 1973 siegt die Colorado-Partei unter *Julio Maria Sanguinetti* (71; 25. 11.).

KULTUR Friedensnobelpreis an den farbigen südafrikanischen anglikanischen Bischof *Desmond Tutu* (53).

NATURWISSENSCHAFT US-Astronauten verlassen die »Challenger«-Raumfähre mit einem »Düsenrucksack«. Erstmals bewegen sich Menschen ohne Sicherheitsleine selbständig im Weltraum (7. 2.).

TECHNIK Die größte Flutsperre der Welt wird in der Themsemündung eingeweiht (8. 5.). Das größte Wasserkraftwerk der Welt wird an der Grenze zwischen Brasilien und Paraguay in Itaipu in Betrieb genommen (25. 10.).

WIRTSCHAFT Die OPEC-Länder reduzieren die Erdölförderung, um den Preis stabilzuhalten (31. 10.).

1985

VEREINTE NATIONEN Das Mandat der UN-Truppen auf den Golan-Höhen, im Libanon und auf Zypern wird verlängert. Gespräche zwischen Vertretern der griechischen und der türkischen Zyprioten unter der Schirmherrschaft der UNO scheitern (17.–20. 1.). Fortsetzung der indirekten pakistanisch-afghanischen Gespräche unter Vermittlung eines UN-Sonderbeauftragten (20.–24. 6.). Großbritannien tritt aus Protest gegen die angeblich antiwestliche und ideologische Leitung der UNESCO aus der Organisation aus (5. 12.).

INTERNATIONALE POLITIK Beginn neuer Abrüstungsgespräche zwischen den USA und der UdSSR in Genf (12. 3.). Auf der Tagung der Nuklearen Planungsgruppe der NATO in Luxemburg fordert US-Verteidigungsminister *Caspar Weinberger* (68) die Mitglieder des Bündnisses zur Beteiligung an dem »Strategic Defense Initiative«-Forschungsprogramm (SDI) auf

(26. 5.). Griechenland teilt mit, daß es künftig nicht mehr an NATO-Manövern teilnehmen wird (7. 8.). Die EG-Außenminister einigen sich über den Beitritt von Portugal und Spanien zur EG (29. 3.). Der Warschauer Pakt wird auf einer Gipfelkonferenz der Paktstaaten um 20 Jahre verlängert (26. 4.). Israel beendet bis auf eine »Sicherheitszone« an der Grenze nach drei Jahren den Abzug der Truppen aus dem Libanon (10. 6.). Libyen weist rd. 20000 ägyptische und tunesische Gastarbeiter aus (5. 8.). Tunesien bricht die diplomatischen Beziehungen zu Libyen ab (26. 9.). Ende der Luftbrücke »Operation Moses«, mit der Israel rd. 25000 äthiopische Juden aus Äthiopien ausfliegt (3. 3.). Chinesisch-vietnamesischer Grenzkonflikt (23. 1.). Thailand protestiert gegen vietnamesische Grenzverletzungen (7. 3.). Erstmals seit 1945 Verwandtenbesuche zwischen Nord- und Südkorea (20. 1.). Grenzkrieg zwischen Burkina Faso und Mali (27.–30. 12.). Wiederaufnahme der 1981 abgebrochenen diplomatischen Beziehungen zwischen Marokko und Mauretanien (15. 4.). Uruguay nimmt die 1964 abgebrochenen diplomatischen Beziehungen zu Kuba wieder auf (17. 10.). Spanien öffnet die Grenze zu Gibraltar auch für den Autoverkehr (5. 2.). Die Regierungschefs von Großbritannien und Irland unterzeichnen das Nordirland-Abkommen, das Irland begrenzte Mitspracherechte in Nordirland einräumt (15. 11.). Gipfeltreffen zwischen US-Präsident *Reagan* (74) und dem Generalsekretär der KPdSU *Michail Gorbatschow* (54) in Genf (19.–21. 11.). Die Fortsetzung der Beratungen wird vereinbart.

POLITIK DER LÄNDER Bundesrepublik Deutschland: Der Bundestag ächtet generell Urteile des NS-Volksgerichtshofs (25. 1.). Die Bundesregierung beschließt, mit den USA Verhandlungen über eine Verbesserung des Rahmenabkommens für das SDI-Programm aufzunehmen (18. 12.). Die Bundesregierung beschließt trotz scharfer Proteste der Gewerkschaften die Änderung des (Streik-)Paragraphen 116 des Arbeitsförderungsgesetzes (18. 12.).
DDR: Entfernung aller Bodenminen an der deutsch-deutschen Grenze (1. 11.).
Belgien: Die Regierung beschließt die sofortige Stationierung von Marschflugkörpern (15. 3.). Nach Konflikt über die Reform der Verfassung Auflösung des Parlaments (2. 9.). Bei Wahlen Stimmgewinne der Christlich-Sozialen Volkspartei (13. 10.). Bildung einer Koalitionsregierung unter *Wilfried Martens* (49; 28. 10.).
Frankreich: Die Regierung beschließt die Abschaffung des Mehrheitswahlrechts und die Einführung der Verhältniswahl für die Wahlen zur Nationalversammlung (10. 4.).
Griechenland: Nachdem die Sozialisten einen eigenen Kandidaten für die Präsidentschaftswahlen nominieren, Rücktritt von Staatspräsident *Karamanlis* (78; 12. 3.). *Christos Sartzetakis* (56) wird im 3. Wahlgang vom Parlament zum Staatspräsidenten gewählt (29. 3.). Die PASOK-Partei gewinnt bei Parlamentswahlen die absolute Mehrheit (2. 6.). Ministerpräsident wird erneut *Andreas Papandreou* (66; 24. 6.).
Großbritannien: Die britischen Bergarbeiter beenden den fast ein Jahr dauernden Streik (4. 3.).
Italien: Der bisherige christdemokratische Senatspräsident, *Francesco Cossiga* (57), wird als Nachfolger von *Pertini* (89) zum Staatspräsidenten gewählt (24. 6.).
Norwegen: Die bürgerliche Koalitionsregierung verliert bei Parlamentswahlen die absolute Mehrheit, kann aber weiter regieren (8./9. 9.).
Portugal: Rücktritt von Ministerpräsident *Soares* (61; 25. 6.). Bei Wahlen Sieg der liberalen Sozialdemokratischen Partei (6. 10.). Ministerpräsident wird *Anibal Cavaco e Silva* (46; 6. 11.).
Schweden: Nach Verlusten bei Wahlen muß der sozialdemokratische Ministerpräsident *Palme* (58) mit Hilfe der Kommunisten regieren (15. 10.).
Polen: Wahlen zum Sejm. Der Boykottaufruf der verbotenen Gewerkschaft »Solidarität« wird nach Angaben der Regierung nicht befolgt (13. 10.). Stimmbeteiligung angeblich über 75%. Der Sejm wählt Regierungschef *Jaruzelski* (62) zum Vorsitzenden des Staatsrats (6. 11.). Neuer Ministerpräsident wird *Zbigniew Messner* (56).
UdSSR: Tod von Partei- und Staatschef *Tschernenko* (73; 10. 3.). Nachfolger als Parteichef wird *Michail Gorbatschow* (11. 3.). Staatspräsident wird der ehemalige Außenminister *Andrej Gromyko* (76; 2. 7.).
Ungarn: Erstmals können sich bei Wahlen unabhängige Kandidaten beteiligen. Sie erhalten 24 von 277 Sitzen in der Nationalversammlung (8. 6.).
Albanien: Tod von Parteichef *Enver Hodscha* (76; 11. 4.). Nachfolger wird Staatspräsident *Ramiz Alia* (61).
Afghanistan: Regierungsumbildung. Mehrere Parteilose übernehmen Regierungsämter (27. 12.).
Libanon: Nach Ausbruch von Kämpfen zwischen rivalisierenden Milizen Regierungskrise (17.–24. 4.).
Nigeria: Militärputsch gegen die Regierung *Buhari* (43; 27. 8.). Generalstabschef *Ibrahim Babangida* (44) übernimmt die Macht und kündigt liberale Reformen an.
Liberia: Der bisherige Vorsitzende des »Volkserrettungsrats« *Samuel Doe* (33) wird zum Präsidenten ernannt (15. 10.).
Sierra Leone: *Joseph Saidu Momoh* (48) wird als Nachfolger von *Siaka Stevens* (80) zum Präsidenten ernannt (18. 11.).
Zentralafrikanische Republik: Staatspräsident *André Kolingba* (50) löst den 1981 gebildeten Militärausschuß auf und bildet ein Kabinett, dem auch Zivilisten angehören (21. 9.).
Lesotho: Die Regierung sagt die Wahlen ab und erklärt alle Kandidaten der Regierungspartei für gewählt, weil die Oppositionsparteien die Wahlen boykottiert hätten (14. 8.).
Namibia: Delegierte der Mehrparteien-Konferenz (MPK) legen der südafrikanischen Regierung einen Verfassungsentwurf vor (26. 3). Südafrika gestattet

die Bildung einer Übergangsregierung bis zur Unabhängigkeit (17.6.).
Südafrika: Die Regierung beschließt, daß sexuelle Beziehungen und Eheschließungen zwischen Angehörigen verschiedener Rassen künftig gestattet sind (15.4.). Nach Unruhen Verhängung des Ausnahmezustands über 36 Bezirke (20.7.).
Tansania: Der einzige Kandidat bei den Präsidentschaftswahlen, *Ali Hassan Mwinyi* (60), erhält 92,2% der Stimmen (27.10.).
Uganda: Staatspräsident *Obote* (60) wird von Teilen der Armee gestürzt (27.7.). Versuch der Beendigung von Plünderungen, Morden und innerem Chaos.
Sudan: In Abwesenheit von Staatspräsident *Numeiri* (55) Militärputsch. Der Oberbefehlshaber der Streitkräfte *Abdul Rahman Suwar al-Dhahab* (51) übernimmt die Macht (6.2.).
China: Der VI. Nationale Volkskongreß proklamiert das Leistungsprinzip beim Lohn und gibt die Preisregulierung bestimmter Agrar- und Nebenprodukte durch den Markt bekannt (27.3.–10.4.). Beschluß zur Reduzierung der Streitkräfte um eine Million Mann in zwei Jahren (4.6.).
Indien: Premierminister *Gandhi* (42) empfängt Vertreter der Sikhs zur Erörterung der Lage im Punjab (24.7.). Es wird Einigung über eine Schlichtung der Differenzen erzielt.
Kambodscha: Vietnamesische Truppen erobern die letzten Stützpunkte der Truppen von Prinz *Sihanouk* (63; 11.3.).
Sri Lanka: Friedensgespräche zwischen der Regierung und Vertretern der Tamilen (8.–13.7.).
Pakistan: Wahlen zur Nationalversammlung ohne Zulassung der Parteien. Aus 1000 unabhängigen Kandidaten sind 217 auszuwählen. Wahlbeteiligung angeblich 50% (25.2.). Verfassungsänderung: Der Ministerpräsident wird vom Staatspräsidenten ernannt und muß nicht das Vertrauen der Nationalversammlung haben (30.12.).
Korea: Fortsetzung der Wirtschaftsgespräche zwischen Nord- und Südkorea.
Japan: Die Regierung veröffentlicht ein Programm zur Öffnung des Marktes für ausländische Produkte (9.4.).
USA: Präsident *Reagan* verkündet einen Sparhaushalt (4.2.). Das Repräsentantenhaus beschließt die Freigabe von Mitteln zur Unterstützung von Untergrundbewegungen in Asien, Afrika und Lateinamerika (11.7.).
Panama: Rücktritt von Staatspräsident *Ardito Barletta* (47) wegen fehlender Unterstützung. Nachfolger wird Vizepräsident *Eric Arturo Del Valle* (28.9.).
Haiti: Bei einem Referendum stimmen angeblich 99,89% für die Ernennung von *Jean-Claude Duvalier* (34) zum Präsidenten auf Lebenszeit (22.7.).
Bolivien: Präsidentschafts- und Parlamentswahlen. *Hugo Banzer* (59), der Kandidat der Nationalistischen Demokratischen Aktionspartei, erhält die meisten Stimmen (14.7.). Da er die absolute Mehrheit verfehlt, erfolgt die Wahl des Präsidenten durch das Parlament. Gewählt wird *Victor Paz Estenssoro* (78; 5.8.).
Peru: Präsidentschafts- und Parlamentswahlen (14.4.). Der Kandidat der Amerikanischen Revolutionären Volksallianz (Apra), *Alan Garcia Perez* (36), wird zum Sieger erklärt (1.6.).
Chile: Verlängerung des Ausnahmezustands nach Unruhen am Nationalen Protesttag der Opposition (10.9.).
Uruguay: Aufhebung des Verbots linksgerichteter Parteien und Verbände (1.3.).
Argentinien: Verhängung des Belagerungszustands für 60 Tage nach einer Welle von Gewaltakten (25.10.).
Brasilien: Erstmals seit 1964 wird ein Zivilist zum Präsidenten gewählt (15.1.). *Tancredo de Almeyda Neves* (74) kann das Amt wegen einer plötzlichen Krankheit nicht antreten und stirbt (22.4.). Der Interimspräsident *José Sarney* (55) wird in seinem Amt bestätigt. Verfassungsänderung: Der Präsident wird künftig durch das Volk gewählt, die ungehinderte Bildung politischer Parteien wird garantiert (9.5.).

WIRTSCHAFT Der Dollar ist mit DM 3,278 auf dem höchsten Stand seit 1971 (13.2.).

NAMEN- UND SACHREGISTER

A

B

C

D

E

G

H

I

J

K

L

M

N

O

P

Q

R

S

T

U

V

W

X

Y

Z

QUELLENVERZEICHNIS DER ABBILDUNGEN

Die Aufnahmen stammen von: ACME-Photo über Photo UP (404 o.) – AD-Bild (228, 404 u., 420) – Horst H. Baumann, Neuß (516) – Günther Becker, Kassel (584) – Hannes Betzler über Bavaria, München (432) – Werner Bischof über Magnum, Zürich (448, 599) – Henri Cartier-Bresson über Magnum, Paris (512, 561) – dpa-Bild (36, 109, 268, 269, 277, 321, 336 u., 433, 444) – Editions Clairefontaine et Guilde du Livre, Lausanne, nach »Mexique Magie Maya« (320) – Siegfried Enkelmann, Berlin (585) – Fritz Eschen, Berlin (236, 237) – Felici, Rom (596) – Rolf Gillhausen über Stern, Hamburg (100, 101) – Silva Gabriele Hahn, Berlin (543) – Rudi Herzog, Wiesbaden (525) – Historisches Bildarchiv Handke, Bad Berneck i. Fi. (45) – Franz Hubmann, Wien (540) – Hanns Hubmann, München (125) – IBM-Werkphoto (524) – Indian Military Mission, Berlin (117) – Victor Kabath, Santiago (337) – Keystone Press, London (229, 285, 384) – Hannes Kilian, Stuttgart (517) – Robert B. Lebeck, Hamburg (148, 368 o., 598) – Lichtbildarchiv Wallisfurth, Aachen (93, 176, 177, 198, 199, 216, 217, 421, 445, 565) – Bernd Lohse, Frankfurt a. M. (193) – George Mench, Stamford/Conn. (605) – Mirrorpic, London (209 o.) – Stefan Moses, München (369) – New York Public Library (457) – Hilmar Pabel, Berg/Starnberg (496) – Photo AP (161 u., 276, 284, 449, 477, 604) – Photo Hervochon, Paris (532) – Photo UP (160, 489) – Radio Times Hulton Picture Library, London (116, 209 u., 336 r., 368 u.) – Hans Reger, München (37) – Dr. Lothar Reinbacher, Offenburg (336 l.) – Herbert Rittlinger, Seeon/Obb. (304, 305) – Rowohlt Verlag GmbH, Hamburg, nach »Steinberg's Passeport« (573) – Royal Collection, Windsor Castle, copyright reserved (108) – Siemens-Archiv, München (124) – W. Suschitzky, London (140, 161 o.) – Max Scheler, Hamburg (541) – Richard Schüler, Hamburg (542) – Studio Lipnitzki, Paris (564) – Karl u. Helma Toelle, Berlin (533) – Ullstein Bilderdienst (60, 61, 92, 192, 476, 513; – von der Becke: 208 u.; – Camera Press: 141; – dpa: 497; – Popper: 149, 488; – Stangenberg: 208 o.; – UP: 597) – Marc Vaux, Paris (572) – Bernd Virnich, Bonn (385) – Otto Wimmer, Berlin (560) – Werner Wünsch über Verlag Die Schönen Bücher Dr. Wolf Strache, Stuttgart (405). – Alle anderen Fotos verdanken wir den in den Bildunterschriften genannten Museen und Archiven.